云亭法律
实务书系

公司控制权争夺战

公司治理与诉讼实战指引

唐青林　李　舒 ◎ 主　编
张德荣　李　斌 ◎ 副主编

第二版

中国法制出版社
CHINA LEGAL PUBLISHING HOUSE

编委会成员

唐青林（北京云亭律师事务所）

李　舒（北京云亭律师事务所）

张德荣（北京云亭律师事务所）

李　斌（北京云亭律师事务所）

位艳玲（北京云亭律师事务所）

王景霞（北京云亭律师事务所）

宋　涛（北京云亭律师事务所）

总　　序

"云亭法律实务书系",是北京云亭律师事务所组织撰写的法律实务类书籍。丛书作者均为战斗在第一线的专业律师,具有深厚理论功底和丰富实践经验。丛书的选题和写作体例,均以实际发生的案例分析为主,力图从实践需求出发,为实践中经常遇到的疑难复杂法律问题,寻求最直接的解决方案。

没有金刚钻,不揽瓷器活。云亭律师事务所成立以后,创始合伙人唐青林、李舒一致决定以专业耕耘作为立所之本,鼓励所有云亭律师践行"一万小时"的专业发展理论,在各自专业领域深度耕耘,实现"一米宽、十米深"的专业耕耘模式。

能把法律问题写好是优秀律师的看家本领。对于任何专业知识,我们认为有五个渐进的层次:听不懂、听得懂、说得出、写得出、写得好。我们希望云亭律师都能把专业的问题和观点用文字表达出来,训练成为"写得好"的最高级别。打赢官司靠的不是口才而是思辨能力和文字能力。打赢官司的律师,并不仅仅是口才好,更加重要的是笔头功夫好。根据我从事法律工作25年的经验,律师的写作能力和办案能力之间绝对存在正向促进关系。有理不在声高,只要你思维缜密、开庭之前起草了逻辑严密、法律精准的代理词、哪怕是口吃的律师也一样能赢得诉讼,所以说笔杆子是律师极其重要的武器,写作乃律师安身立命之本。一份优秀的代理词和辩护词,其背后其实是文字功夫和逻辑思维能力的体现。而写作是迅速提高在某个领域的专业水平的最有效途径。我们云亭律师事务所的每一位新律师,都必须经过写作训练这个关,迅速提高文字能力。

法律专业写作最难的是什么?是必须克服懒惰。和写作相比,看电视显然更加轻松愉快,写作经常面对的是冷板凳。中国法制出版社资深编辑赵宏老师和我们座谈的时候曾说:"写作是一件非常辛苦的事,必须每天勉强自己一点点!"这句话我们至少在不同的场合给云亭律师事务所的同事说了10遍。律师确实都很忙,离开学校之后,永远不会有一整段时间用于写作,但是写作的时间都是抽出来的,时间就像海绵里的水,挤挤总是有的。云亭鼓励他们耐住寂寞、长期坐冷板凳、坚持研究法律问题、把自己的研究所得写出来,这样不仅锻炼思辨能力、还锻炼写作能力。

"云亭法律实务书系"到底是怎么写出来的?云亭规定全所律师办理任何案件,都必须针对每一个争议焦点进行法律检索和案例检索,据此起草代理词、辩护词等法律文件,确保和提高办案质量。办案完成后,这些法律和案例检索成果,是封存在电脑中还是让它们充分发挥余热?云亭律师事务所倡议所有同事们在办案结束后花费时间,把办案中针对争议焦点的法律和案例检索成果和形成的法律判断,每个争议焦点整理成一篇文章,在云亭的微信公众号("法客帝国""公司法权威解读""民商事裁判规则""保全与执行")发表出来,供所内和全国各地的律师同行参考。这些文章都是真实的案例中遇到的真实的争议焦点,例如《侵犯其他股东优先购买权的股权转让合同是否有效》《股东签署"分家协议"有效吗》《股东是否有权查阅原始凭证》,这些内容都非常实用,所以文章发表出来后非常受法律实务届欢迎。

为什么云亭律师大多是相关领域的专家?云亭倡导每一位律师"忙时作业、闲时作文",长期积累。强烈建议每一位云亭律师,凡是不开庭和不见客户的日子,坚持到律所坐班,坚持阅读案例和写作,练就火眼金睛并准备好敏捷的头脑。坚持写作,坚持"磨刀"。我们相信,在任何一个专业领域,如果这个律师坚持写100篇文章,那么他至少已办理过数十个该领域案件、至少检索和阅读该领域1000个判决书。这样坚持下来,该领域便很少再有话题能难倒他,他其实已经足够成为该领域的专家。

律师如何提高写作能力?根据我们多年来的写作经验,主要有如下三点:(一)写作不能犯三个错误:不犯专业错误、不犯文字错误、不犯表述错误。(二) 写作应该主题明确、观点明确：每个争议焦点写一篇文章，而不是多个争议焦点混合在一起；裁判规则总结精准、观点明确、不模糊。(三) 文章应尽量直白易懂。哪怕读者对象是非法科专业人士，也能够看明白，切忌为了显示专业水平而拽专业术语，让人云里雾里看不懂。

  功夫不负有心人。经过多年的努力，在中国法制出版社各位领导和编辑的关心帮助下，"云亭法律实务书系"已经出版和发行了40多种书，"云亭法律实务书系"已经成为云亭专业化发展的一张名片，受到了来自全国各地高校法律教授、法官、法务、律师等法律界人士的广泛好评。在未来的岁月里，我们将继续努力，争取不辜负每一位关心和帮助我们的领导、法律界同行和每一位"云亭法律实务书系"的读者。

唐青林 李舒
北京云亭律师事务所创始合伙人
2024年1月1日

前　　言

只要有权利，就一定会有滥用权利。有滥用权利，就有为权利而斗争。

大股东利用股东权利欺压小股东，小股东利用股东权利给公司添乱，各种怪招屡见不鲜。作为战斗在公司保卫战第一线的专业律师，我们早已经见怪不怪。

在从事律师实务的办案过程中，我们经常接触到很多令人唏嘘的公司保卫战案例。为争夺公司控制权，各路人马进行各式各样的文斗或武斗：有些股东不惜大打出手争夺公司印章、银行账户支付U盾和财务账簿等公司印信；有些股东不惜采取以控告股东或高管职务侵占罪、挪用资金罪等将对方股东送进监狱的极端方式；有些昔日好友或共同经营公司几十年的老同学反目；有些姻亲反目甚至亲兄弟反目。

"太阳下没有新鲜事"，这类故事日复一日地在不同城市、不同行业、不同规模的公司中上演。故事的经过和结局自然各有不同，但身处在不同故事中的人物，却具有相似的利益取向、思考方式，所以他们在公司保卫战中会使用相同或相似的招数。作为律师，这类公司控制权争夺战的案例见多了，也就熟悉了各种常用和不常用的招数。

为什么会出现公司控制权争夺战？其核心原因是没有解决好公司治理问题。而公司治理的核心问题，是解决三大难题：（1）解决股东"黑"股东的问题，实现股东和股东之间的利益平衡；（2）解决职业经理人"黑"公司的问题，实现公司和职业经理人之间的利益平衡；（3）解决公司和债权人等利益相关方的问题，实现公司和债权人等利益相关方之间的利益平衡。

从处理公司类争议和诉讼的角度来看，整部《公司法》都在解决公司股东、职业经理人、公司其他利益相关者之间的利益平衡问题。《公司法》

两百多个条款加上五个司法解释，涉及的民事诉讼案由有 25 个之多，但其实可以归为三类争议：其一是股东与股东之间的争议；其二是股东与职业经理人之间的争议；其三是股东、公司与其他利益相关者之间（主要是公司的外部投资人，也可能包括公司的债权人等）的争议。相应地，所谓公司治理，本质就是在争议发生前，通过合理的制度设计解决好这几类主体之间的利益平衡问题，争取避免可能发生的争议。

如何防范大股东损害小股东利益？如何实现股东和股东之间利益平衡？就股东与股东之间的争议而言，大股东多是利用实际控制公司和占有多数表决权的优势，做出损害其他小股东利益的行为。这些套路包括不开股东会、排除小股东决策权、擅自作出重大经营决策、恶意不分红、不按股权比例分红、抽逃出资、转移公司业务和资产、恶意增资、恶意规避股东优先购买权、滥用公司担保、设立子公司排除小股东权利、通过关联交易套取利润等。可以毫不夸张地说，公司治理中最难防范的往往是为追求个人利益最大化而滥用股东权利的大股东。

面对大股东的滥用权利，小股东也并非无计可施，他们可以通过行使股东知情权、单方审计权、提前约定特殊的股权比例或调整表决机制、提前设定分红方案、确认公司决议无效或撤销公司决议、行使股东回购请求权、股东除名权、提起股东代表诉讼、行使强制分红权、要求公司解散等合法的招数破敌。当然，上述提及的很多招数并非《公司法》等法定的、天然的权利。这些招数能否有机会行使，完全取决于小股东在投资入股的时候，有没有聘请最专业的律师帮助其提前在《股东协议》《公司章程》中预设蕴含权利基础的条款。

公司希望他们聘请的职业经理人忠实和勤勉、能够实现考核目标。如何解决职业经理人不忠诚的问题？如何实现公司和职业经理人的利益平衡？首先要防范职业经理人怠政、懒政、不尽勤勉义务，其次要解决经理人损公肥私"黑"公司的问题，如公司董事、高管与公司进行自我交易、擅自转移公司核心资产掏空公司，甚至是劫取公司的商业机会等。公司必须提前做好制度设计，防止引狼入室。只有熟知职业经理人常用的"黑"公司的套路和招数的专业律师，才能协助公司制订出有效的反制招数。

公司法定代表人违规对外担保造成公司巨大损失、股东为恶意逃债故意约定设立999年后出资，这类案例屡见不鲜。如何解决公司和债权人等利益相关方的问题？如何实现公司和债权人等利益相关方之间利益平衡？当公司股东滥用权利使公司财产不足以清偿公司债权人的债权（人格混同、过度支配与控制、资本显著不足）、未经决议越权担保、恶意延长出资期限、抽逃出资、不当减资、不当注销公司时，显然不仅局限于公司内部，也会实际和深刻地影响到公司债权人利益，使其债权陷入不能实现或难以实现的尴尬境地。同样，公司为保证在引入外部投资者时的交易安全，也必须关注诸如隐名持股、对赌协议、股权让与担保、阴阳合同、股权的无权处分与善意取得等问题，彼此了解可能使用的"套路"及其反制措施。知己知彼方能百战百胜。

本书作者全部为战斗在公司控制权争夺战第一线的专业律师，通过长期办理大量案件以及对于公司法司法实践的长期深入观察，对股东、高管等各种身份的人在思考什么、他们在公司控制权争夺战中下一步可能怎么做都了然于胸。很多股东和高管会咨询各种专业的问题，为了回答这些问题，我们把常年工作中掌握的大量素材和各方常用的各种套路、招数、手段进行总结，集中体现在本书中。

公司控制权争夺是北京云亭律师事务所长期深度耕耘的专业业务领域之一，我们在公司治理、公司控制、股权设计、股东间争议股权诉讼等领域，办理了大量项目和案件（有些项目涉及的目标公司价值百亿元级别），大多能取得预设的胜利目标。在办理了大量涉及公司控制权争夺战的案例之后，我们总有冲动要把这些故事写出来，让更多的公司和股东受益，希望他们不要发生公司控制权争夺战，或者能在公司控制权争夺战中获得公平正义。

我们希望，可以帮助每一位阅读本书的企业家，熟知公司管理、治理的基本法律规则，避免出现公司控制权争夺战。如果已经出现了公司控制权争夺战，那么我们希望本书能够帮助企业家灵活掌握公司控制权争夺战的各种招数，做到知己知彼百战百胜，取得公司控制权争夺战的最终胜利。

鉴于水平有限，本书中难免有遗漏甚至是错误之处，恳请各界好友不吝赐教。另，本书自2019年第一次出版至此次修订再版，《中华人民共和国民法典》正式颁布，《中华人民共和国公司法》等本书涉及的多部法律法规也经历了修订甚至修正，故本书作者在此次修订本书过程中，对"法条链接""实务经验总结"等部分援引的法条进行了更新；同时，为保证援引案例的权威性，所援引案例原文中的法律条文不作调整。

欢迎读者就本书中的有关问题或公司法案例与本书作者进行探讨，本书作者联系邮箱是：18601900636@163.com。

唐青林　李舒　张德荣　李斌
2024年3月12日

目　录

一、公司控制权争夺的十大对象

（一）公司控制权争夺之"股东会"

001 股东会有哪些法定职权 …………………………………………… 1
002 股东会和董事会的职权固定不变，还是可以自由切换 ………… 3
003 股东会可否授权董事会修改公司章程 …………………………… 7
004 公司章程能否将股东会对公司分红的审批权赋予董事会 ……… 11
005 股东会的召集程序和内容在公司章程中应当如何设计 ………… 15
006 股东会的通知程序和内容在公司章程中应当如何设计 ………… 23
007 应当如何在公司章程中设计股东会召集通知条款 ……………… 30
008 股东委托他人出席股东会应提交哪些手续 ……………………… 38
009 公司章程可否提前设计股东会召开的最低出席人数 …………… 43
010 公司章程可否设计累积投票制的实施细则 ……………………… 46
011 公司章程可否将股东会特别决议事项设置为四分之三通过 …… 52
012 公司章程可将重大交易和关联交易的审批权列为股东会的职权 ……… 58

（二）公司控制权争夺之"董事会"

001 董事会有哪些法定职权 …………………………………………… 69
002 如何在公司章程中详细设计董事会审批权限 …………………… 70
003 公司章程可设计需经全体董事三分之二以上通过的董事会特别
　　　决议事项 …………………………………………………………… 77

- **004** 公司章程可设计董事提名权以防公司被恶意收购 83
- **005** 公司章程如何设计分期分级董事会制度 88

(三) 公司控制权争夺之"董事长" 94
- **001** 董事长的选任程序可以由公司章程任意约定吗 94
- **002** 公司章程可设计董事长对总经理及董事会秘书的提名权 98
- **003** 公司章程可规定董事长在一定额度内对公司财务的审批权 104
- **004** 原董事长霸占法定代表人职务，挟持公司印章不配合办理变更法定代表人的工商登记怎么办 111

(四) 公司控制权争夺之"法定代表人" 116
- **001** 公司法定代表人如何产生 116
- **002** 变更将姓名记载于章程的法定代表人必须要代表三分之二以上表决权股东同意吗 119
- **003** "股东轮流担任法定代表人"的约定是否有效 123
- **004** 新老法定代表人到底谁有权代表公司掌管公章证照并代表公司诉讼 127
- **005** 未掌管公章的法定代表人可否签字代表公司撤回起诉 132
- **006** 股东会新选举的法定代表人与工商登记的原法定代表人，谁有权代表公司 139
- **007** 合同上仅有法定代表人签字而无公司盖章，合同是否生效 142

(五) 公司控制权争夺之"总经理" 144
- **001** 董事会可否任性地毫无理由地自由撤换总经理 144

(六) 公司控制权争夺之"监事" 148
- **001** 公司章程是否需细化监事财务检查权的行使方式 148

(七) 公司控制权争夺之"经营管理权" 153
- **001** 公司章程可将经营管理的权限分级授予股东会、董事会及总经理 153

（八）公司控制权争夺之"重大事项决策权" ………………………… 165
001 公司章程规定公司重大事项需经全体股东一致通过是否有效 ……… 165

（九）公司控制权争夺之"印章证照" …………………………………… 170
001 夺取公司印章证照需要走哪三步 ……………………………………… 170
002 公司证照返还纠纷的八条裁判规则 …………………………………… 174

（十）公司控制权争夺之"敌意收购" …………………………………… 184
001 反收购的"28张牌"万某公司有哪些可打 ………………………… 184

二、大股东争夺小股东利益的十六个"套路"

（一）大股东争夺小股东利益之"恶意不分红" ………………………… 209
001 股东会未作出分红决议，股东可否请求公司分红 …………………… 209
002 已通过的分红决议若做调整须经绝对多数股东同意 ………………… 213

（二）大股东争夺小股东利益之"滥用表决权决议不按出资比例分红" …… 218
001 多数股东决定不按出资比例分红的股东会决议是否有效 …………… 218

（三）大股东争夺小股东利益之"利用关联关系在分红前套取利润" …… 222
001 大股东滥用表决权，利用关联关系套取公司利润，作出的董事
会决议无效 ……………………………………………………………… 222
002 关联交易合法有效的三要素：信息披露、程序合法、对价公允 …… 228

（四）大股东争夺小股东利益之"恶意转移公司主营业务" …………… 233
001 股东违反章程将主营业务交其他公司经营，应赔偿公司营业损失 …… 233

（五）大股东争夺小股东利益之"擅自转移公司核心资产" …………… 239
001 未经股东会同意，法定代表人将公司财产低价转让给关联公司，
合同效力如何认定 ……………………………………………………… 239

（六）大股东争夺小股东利益之"窃取公司商业机会" ………………… 244
001 股东谋取公司商业机会，其他股东应如何救济权利 ………………… 244

002 认定属于公司的商业机会需要考虑哪些因素 ················· 249

（七）大股东争夺小股东利益之"恶意规避股东优先购买权" ······· 256

001 规避侵犯股东优先购买权招数之一：投石问路 ················· 256

002 规避侵犯股东优先购买权招数之二：釜底抽薪 ················· 262

003 规避侵犯股东优先购买权招数之三：瞒天过海 ················· 268

004 规避侵犯股东优先购买权招数之四：虚张声势 ················· 273

005 从 27 个判决看侵犯股东优先购买权的合同效力 ················ 277

006 优先购买权受侵害不但要主张合同无效，还必须同时主张同等条件下购买 ··· 287

（八）大股东争夺小股东利益之"恶意增资" ······················· 291

001 对增资不知情的股东可要求确认其股权比例保持不变 ··········· 291

002 虽与持股 90% 的大股东签订增资协议并实际投资，但未经股东会决议通过的，不能取得股东资格 ································ 295

（九）大股东争夺小股东利益之"设立全资子公司间接排除小股东权利" ·· 298

001 母公司股东可否为子公司利益直接提起"股东代表诉讼" ······· 298

（十）大股东争夺小股东利益之"不开股东会，直接作决议" ······ 306

001 未实际召开股东会，持股 90% 的大股东单方作出的股东会决议不成立 ··· 306

002 未被通知参加股东会，没机会投反对票股东可否要求公司回购股份 ······· 311

（十一）大股东争夺小股东利益之"模糊表达会议议题，秘密侵夺股东权利" ·· 314

001 如何利用公司章程"含蓄"表达董事会议题 ····················· 314

（十二）大股东争夺小股东利益之"伪造小股东签名" ············· 320

001 伪造股东签名制定的股东会决议是否有效，小股东无计可施吗 ····· 320

002 伪造股东签名签订的《股权转让合同》是否有效 ················· 324

(十三) 大股东争夺小股东利益之"滥用表决权剥夺小股东提名权" … 329
001 侵害小股东章程规定的提名权的股东会决议无效 …… 329

(十四) 大股东争夺小股东利益之"恶意对股东进行罚款" …… 335
001 股东会对股东进行罚款的决议是否有效 …… 335

(十五) 大股东争夺小股东利益之"未经决议擅自为自己提供担保" … 339
001 未经股东会决议或决议存在瑕疵，公司为大股东对外签订的担保合同是否有效 …… 339

(十六) 大股东争夺小股东利益之"私设小金库" …… 347
001 "小金库"账目是否属于应当保存的会计资料，故意损毁是否构成犯罪 …… 347

三、小股东防守的十五个招数

(一) 小股东防守之"股东知情权" …… 353
001 股东知情权行使的"6W"原则 …… 353
002 股东行使知情权可否查阅"会计凭证" …… 358
003 股东行使知情权可否"复制"会计账簿 …… 364
004 公司可否拒绝股东查阅会计账簿 …… 371
005 股东行使知情权可否要求外部审计 …… 375
006 股东行使知情权是否可以委托外部会计师 …… 379
007 公司可否以股东在公司任职为由拒绝其行使知情权 …… 385

(二) 小股东防守之"设置单方审计权" …… 390
001 保障股东知情权实现的"撒手锏"——单方审计权 …… 390

(三) 小股东防守之"约定重大事项经全体股东一致通过" …… 394
001 公司章程可以约定公司重大事项须经公司全体股东通过吗 …… 394

（四）小股东防守之"约定股权比例高于出资比例" ················ 400
001 公司章程可否规定出资比例与持股比例不一致 ················ 400

（五）小股东防守之"按照实缴出资比例行使表决权" ············ 404
001 未按期缴足出资的股东表决权是否可以打折行使 ············ 404

（六）小股东防守之"启动公司决议撤销之诉" ···················· 409
001 公司决议撤销之诉的要点指南 ···································· 409
002 公司决议内容违反股东间协议约定的，股东可以请求撤销该决议 ······ 420

（七）小股东防守之"启动决议无效之诉" ·························· 424
001 代理人越权投票致使股东会决议侵害股东权利的，决议是否有效 ······ 424
002 事前未在股东会决议上签字但事后实际履行该股东会决议的股东可以再次主张该决议无效吗 ····· 428
003 公司决议的内容部分有效，部分无效，当如何处理 ············ 432

（八）小股东防守之"提前设定分红方案" ·························· 435
001 公司章程可规定利润分配基准和分红比例的衡量标准 ········ 435
002 股东会已通过的分红决议若做调整须经绝对多数股东同意 ···· 438
003 公司全体股东可以约定不按照出资比例分取红利 ············ 444

（九）小股东防守之"设置占用即冻结机制" ······················ 447
001 防止大股东侵占公司资产，公司章程可设置"占用即冻结"机制 ···· 447
002 股东"侵占"自家公司的财产，是否构成职务侵占罪 ········ 453

（十）小股东防守之"设定大股东不得干预公司生产经营条款" ···· 457
001 公司章程可规定大股东不得干预公司生产经营决策 ·········· 457

（十一）小股东防守之"行使股权回购请求权" ·················· 461
001 股东协议可约定公司重大违约时股权回购条件 ·············· 461
002 公司章程可设置《公司法》第八十九条之外的回购情形 ······ 473
003 被剥夺参与重大资产处置的股东会决议的，亦有权要求回购股权 ······ 479

- **004** 公司转让主要财产时股东可请求回购股权，法院如何认定"主要"财产 …………………………………………………………… 482
- **005** 公司章程约定"人走股留"与"公司回购自身股权"条款是否有效 ……………………………………………………………… 487

（十二）小股东防守之"股东代表诉讼" ………………………… 493

- **001** 公司章程可细化股东代表诉讼制度，明确股东代表诉讼利益的归属及分配 ………………………………………………… 493
- **002** 股东可否以合同之诉向公司外部人提起股东代表诉讼 ……… 499
- **003** 母公司股东能否代表子公司提起股东代表诉讼 ……………… 505

（十三）小股东防守之"巧用股东除名权" ……………………… 512

- **001** 1%小股东如何成功把99%的大股东除名 …………………… 512
- **002** 解除股东资格需要满足哪些实体条件和程序条件 …………… 521
- **003** 股东抽逃部分出资，股东会可决议解除其相应部分的股权吗 … 524

（十四）小股东防守之"将股东压制行为列为公司解散的事由" … 528

- **001** 隐蔽性、长期性股东压制行为可在章程中列为公司解散的理由 … 528
- **002** 股东会长期失灵无法决策，即使公司盈利亦可解散公司 …… 532
- **003** 即使股东对公司陷入僵局有过错，仍有权诉请解散公司 …… 536
- **004** 公司连续多年不开会，未必符合公司解散条件 ……………… 541

（十五）小股东防守之"行使强制分红权" ……………………… 547

- **001** 大股东滥用股权不分红，小股东可请求法院强制分红 ……… 547

四、董事、高管争夺公司利益的六种方式

（一）董事、高管争夺公司利益之"怠政懒政不尽勤勉义务" …… 551

- **001** 高级管理人员的勤勉义务在章程中如何规定 ………………… 551

（二）董事、高管争夺公司利益之"自我交易" …… 556
001 公司董监高违规与公司签订的合同无效 …… 556

（三）董事、高管争夺公司利益之"劫取公司商业机会" …… 569
001 禁止董事、高管劫取公司商业机会，什么情况构成劫取商业机会 …… 569

（四）董事、高管争夺公司利益之"擅自转移公司核心资产" …… 576
001 未经股东会同意，法定代表人将公司财产低价转让给关联公司的合同是否有效 …… 576

（五）董事、高管争夺公司利益之"协助股东侵占公司财产" …… 581
001 协助股东侵占公司财产的董事高管将被股东会罢免 …… 581

（六）董事、高管争夺公司利益之"恶意设置'金降落伞'" …… 585
001 董监高的"金降落伞"是否合法 …… 585

五、公司内部人争夺外部债权人利益的八种手段

（一）公司内部人争夺外部债权人利益之"以发起人名义为公司签合同"后抵赖履行 …… 592
001 发起人以个人名义为设立中公司签订合同，相对人应以发起人还是以公司为被告 …… 592
002 发起人在公司成立前以自己名义对外签订的合同由谁承担责任 …… 595

（二）公司内部人争夺外部债权人利益之"滥用公司法人人格" …… 603
001 公司人格否认制度之"正向刺破公司面纱" …… 603
002 公司人格否认制度之"横向刺破公司面纱" …… 612
003 公司人格否认制度之"反向刺破公司面纱" …… 623
004 公司人格否认制度之"刺破一人有限责任公司面纱" …… 624

（三）公司内部人争夺外部债权人利益之"未经决议越权担保" …… 634
001 未经股东会内部决议，公司对外签订的担保合同是否有效 …… 634

002 公司对外担保虽被判无效，但公司未必不承担责任，可能承担部分清偿责任 …………………………………………………………… 650

（四）公司内部人争夺外部债权人利益之"约定100年后缴足出资" …… 657

001 股东约定100年后认缴出资，债权人可否要求加速到期 ………… 657

（五）公司内部人争夺外部债权人利益之"恶意延长出资期限" ……… 666

001 如何利用加速到期制度直接将赔偿责任追究到股东身上 ……… 666

（六）公司内部人争夺外部债权人利益之"抽逃出资" ………………… 676

001 股东抽逃出资后，将股权转让，把公司注销，就不必再对公司债务承担责任了吗 …………………………………………………… 676

002 认定为抽逃出资的实质判断标准是什么 ………………………… 682

003 以股东注册资金偿还公司所欠股东债务，是否构成抽逃出资 …… 685

004 股东利用过桥贷款出资可否被认定为抽逃出资 ………………… 688

005 股东抽逃出资，公司高管要承担责任吗 ………………………… 692

（七）公司内部人争夺外部债权人利益之"只公告不通知，悄悄办减资" ……………………………………………………………… 697

001 "只公告不通知，悄悄办减资"相当于抽逃出资，股东需担责 …… 697

（八）公司内部人争夺外部债权人利益之"不通知不公告，悄悄办注销" ……………………………………………………………… 703

001 不通知不公告悄悄注销公司不能逃废债务，清算组成员担责 …… 703

002 有限责任公司清算组成员是否必须包括全体股东 ……………… 709

六、外部投资者在公司并购中的十大误区

（一）股权投资误区之"意向书" ……………………………………… 713

001 《意向书》为意向性文件，不具有法律约束力 …………………… 713

002 转让方签订股权转让意向书后反悔，受让方怎么办 …………… 724

（二）股权投资误区之"尽职调查" 727

- **001** 公司并购中股权转让方应充分披露以免责、受让方应审慎尽职调查以免踩坑 727
- **002** 未作尽职调查，买到被冻结股权，亿元股权转让款打水漂 736
- **003** 房地产项目并购尽职调查的重点：国有土地使用权信息 740
- **004** IPO项目的尽调重点——以"欣某电气IPO财务造假律师被罚案"为例 743

（三）股权投资误区之"黑白合同" 748

- **001** 为规避行政审批签署两份内容不同的股权转让合同（黑白合同）被法院判决无效 748

（四）股权投资误区之"股权转让还是资产转让" 751

- **001** 转让持有国有土地的公司100%股权的《股权转让合同》是否倒卖土地而无效 751
- **002** 转让矿业权的《股权转让合同》是否有效 760

（五）股权投资误区之"股权变动与股权变更登记" 768

- **001** 未完成工商登记的股权转让无效 768
- **002** 未经工商注册登记并非不能取得股东资格和股权份额 773

（六）股权投资误区之"瑕疵出资股权转让" 777

- **001** 未足额出资的股东即使已转让股权仍应承担出资责任 777
- **002** 股东未全面出资，公司有权限制其股东权利 780

（七）股权投资误区之"隐名出资" 783

- **001** 隐名出资重大法律风险及代持股协议应包含的六个重要条款 783
- **002** 哪几种情况下股权代持合同无效 792
- **003** 无书面无代持股协议即使近亲属关系也无法确认代持关系 800
- **004** 对内对外均隐名的隐名出资人如何成为公司显名股东 804
- **005** 对外隐名、对内不隐名的隐名出资人如何显名 809

| 006 | 隐名股东可否拥有知情权 …………………………………………… 813
| 007 | 隐名股东如何实现直接从公司参加利润分配 ………………… 818
| 008 | 隐名股东是否有权转让股权 …………………………………… 824
| 009 | 隐名股东伪造名义股东签章直接将股权转让给自己是否有效 …… 830
| 010 | 隐名股东可否以自己名义提起公司决议效力诉讼 ……………… 834
| 011 | "挂名股东"到底算不算股东、有无股东权利 ………………… 836

（八）股权投资误区之"股权让与担保" …………………………… 841

| 001 | 股权投资中的"先让与担保"是否应当被认定为无效 …………… 841
| 002 | 股权投资中约定"股权流质"条款无效 ………………………… 849
| 003 | 借款协议无效，为其提供担保而签订的股权转让合同是否有效 …… 852

（九）股权投资误区之"对赌协议" ………………………………… 856

| 001 | 投资人与目标公司对赌并非一律无效 …………………………… 856
| 002 | 对赌IPO失败后由股东和公司共同向投资方承担连带责任的条款是否有效 ………………………………………………………… 862
| 003 | 对赌协议应具备哪些必备条款 …………………………………… 867

（十）股权投资误区之"善意取得" ………………………………… 871

| 001 | 一股三卖，花落谁家？股权善意取得的裁判规则 ……………… 871
| 002 | 他人伪造签名转让股权，受让人能否善意取得该股权 ………… 878

一、公司控制权争夺的十大对象

（一）公司控制权争夺之"股东会"

001 股东会有哪些法定职权

根据《公司法》①第五十九条与第六十六条的规定，股东会的职权可归纳为以下六类：

（1）投资经营决定权。公司的经营方针和投资计划决定了公司的大方向，决定公司能否赢利、决定公司生死存亡，深刻影响股东的收益，决定公司的命运与未来，是公司最重大的事项，应由公司股东会来作出决定。

（2）人事权。股东会有权选任和决定本公司非由职工代表担任的董事、监事。具体权限包括选举董事、监事以及对于不合格的董事、监事予以更换。对董事、监事的报酬事项，包括报酬数额、支付方式、支付时间等，都由股东会决定。

（3）审批权。一是审批工作报告权，即股东会有权对公司的董事会、监事会或监事向股东会提出的工作报告进行审议、批准。二是审批相关经营管理方面的方案权，即公司的股东会有权对公司的董事会或执行董事向股东会提出的年度财务预算方案、决算方案、利润分配方案和弥补亏损方案进行审议。

（4）决议权。即股东会有权对公司增加或者减少注册资本，发行公司债券，公司合并、分立、变更公司形式、解散和清算等事项进行决议。值得一提的是，2013年修订的《公司法》虽然取消了法定最低注册资本制，但公司增加与减少注册资本的决议，仍然要求由股东会作出。

---

① 本书中除引用裁判文书或另作说明外，《公司法》均指2024年7月1日实施的《中华人民共和国公司法》。

（5）修改公司章程权。公司章程是由公司股东会在设立公司时制定的，所以应由公司股东会来修改，并需要由代表三分之二以上表决权的股东通过方为有效。

（6）公司章程规定的其他职权。

法规链接

《公司法》（2023年修订）

第五十九条　股东会行使下列职权：

（一）选举和更换董事、监事，决定有关董事、监事的报酬事项；

（二）审议批准董事会的报告；

（三）审议批准监事会的报告；

（四）审议批准公司的利润分配方案和弥补亏损方案；

（五）对公司增加或者减少注册资本作出决议；

（六）对发行公司债券作出决议；

（七）对公司合并、分立、解散、清算或者变更公司形式作出决议；

（八）修改公司章程；

（九）公司章程规定的其他职权。

股东会可以授权董事会对发行公司债券作出决议。

对本条第一款所列事项股东以书面形式一致表示同意的，可以不召开股东会会议，直接作出决定，并由全体股东在决定文件上签名或者盖章。

第六十六条　股东会的议事方式和表决程序，除本法有规定的外，由公司章程规定。

股东会作出决议，应当经代表过半数表决权的股东通过。

股东会作出修改公司章程、增加或者减少注册资本的决议，以及公司合并、分立、解散或者变更公司形式的决议，应当经代表三分之二以上表决权的股东通过。

002 股东会和董事会的职权固定不变，还是可以自由切换

公司章程设计要点

董事会、股东会均有法定职权和章程规定职权两类，但无论是法定职权还是章程规定职权，强调的都是权利，在没有法律明确禁止的情况下，股东可以通过公司章程调节股东会和董事会的权利边界。但是，修改公司章程、增加或者减少注册资本的决议，以及公司合并、分立、解散的决议有且只有公司股东会才有决定权，这是股东会的法定权利，公司章程将股东会的法定权利规定由董事会行使，违反了公司法强制性规定，该类条款无效。

案情简介[①]

2009年10月19日，报业公司与徐某霞共同设立报业宾馆，注册资本为250万元，报业公司51%（127.5万元），徐某霞49%（122.5万元）。

公司章程第七条规定：报业宾馆设董事会，行使下列权利：1. 决定报业宾馆的经营方针和投资计划；2. 决定总经理、副总经理的报酬事项；3. 选择和更换由股东派出的监事；4. 审议批准报业宾馆总经理的报告；5. 审议批准报业宾馆监事会的报告；6. 审议批准报业宾馆的年度财务预算方案、决算方案；7. 审议批准报业宾馆的利润分配方案和弥补亏损方案；8. 对报业宾馆增加或者减少注册资本作出决议；9. 对股东向股东以外的人转让出资作出决议；10. 对报业宾馆合并、分立、变更、解散和清算等事项作出决议；11. 修改报业宾馆章程；12. 制定报业宾馆的基本管理制度。

公司章程第三十二条规定：报业宾馆有下列情况之一，可以解散：1. 报业宾馆章程规定的营业期限届满；2. 董事会决议解散；3. 报业宾馆合并或者分立需要解散；4. 报业宾馆违反法律、行政法规被依法责令关闭；5. 因不可抗力事件致使报业宾馆无法继续经营；6. 宣告破产。

此后，徐某霞认为上述公司章程第七条及第三十二条将应由股东行使的权利赋予了董事会，违反公司法强制性规定，侵犯了股东合法权益，理应无效，遂诉

---

① 贵州省高级人民法院审理的徐某霞与报业宾馆、第三人报业公司公司决议效力确认纠纷案［（2015）黔高民商终61号］。

至法院。

本案经贵州省安顺市中级人民法院一审，贵州省高级人民法院二审，最终判定：公司章程第七条第（八）项、第（十）项、第（十一）项、第三十二条第（二）项无效；其他有效。

裁判要点精要

股东会和董事会均包括由公司法直接规定的"法定职权"和股东通过公司章程约定的"章定职权"。无论是法定职权还是章定职权，强调的都是权利，在没有法律明确禁止的情况下，权利可以行使，可以放弃，也可以委托他人行使。其实这也就意味着公司章程可以将股东会与董事会的部分职权进行调整。但是，《公司法》第六十六条第三款规定："股东会作出修改公司章程、增加或者减少注册资本的决议，以及公司合并、分立、解散或者变更公司形式的决议，应当经代表三分之二以上表决权的股东通过。"从此条规定中的法律表述用语"应当"可以看出，修改公司章程、增加或者减少注册资本的决议，以及公司合并、分立、解散的决议有且只有公司股东会才有决定权，而且应当"经代表三分之二以上表决权的股东通过"，这是股东会的法定权利。报业宾馆章程第七条第（八）项、第（十）项、第（十一）项，第三十二条第（二）项将股东会的法定权利规定由董事会行使，违反了上述强制性法律规定，应属无效。

实务经验总结

为非诉讼律师在准备相关法律文件时，避免未来发生类似纷争，致使公司章程条款被认定无效的情况发生，笔者提出如下建议：

第一，切忌股东会与董事会权限边界模糊。股东应该充分利用关于股东会或董事会职权分配的兜底条款，将一些重大事项的决策写入公司章程。例如，公司对外投资、担保、转让受让重大资产等事项的决策权，到底是由股东会行使还是由董事会行使，一定要在公司章程中作出明确规定，以免发生股东会与董事会权限边界模糊的情况。

第二，《公司法》以列举的形式规定了股东会和董事会的职权，从法律规定来看，董事会、股东会均有法定职权和章程规定职权两类。无论是法定职权还是章程规定职权，强调的都是权利，在没有法律明确禁止的情况下，股东可以通过公司章程调节股东会和董事会的权力边界。但是，修改公司章程、增加或者减少注册资本的决议，以及公司合并、分立、解散的决议有且只有公司股东会才有决定权，这是股东会的法定权利，公司章程将股东会的法定权利规定由董事会行使，违反了公司法强制性规定，应属无效。

法规链接

《公司法》（2023年修订）

第十五条 公司向其他企业投资或者为他人提供担保，按照公司章程的规定，由董事会或者股东会决议；公司章程对投资或者担保的总额及单项投资或者担保的数额有限额规定的，不得超过规定的限额。

公司为公司股东或者实际控制人提供担保的，应当经股东会决议。

前款规定的股东或者受前款规定的实际控制人支配的股东，不得参加前款规定事项的表决。该项表决由出席会议的其他股东所持表决权的过半数通过。

第五十九条第一款、第二款 股东会行使下列职权：

（一）选举和更换董事、监事，决定有关董事、监事的报酬事项；

（二）审议批准董事会的报告；

（三）审议批准监事会的报告；

（四）审议批准公司的利润分配方案和弥补亏损方案；

（五）对公司增加或者减少注册资本作出决议；

（六）对发行公司债券作出决议；

（七）对公司合并、分立、解散、清算或者变更公司形式作出决议；

（八）修改公司章程；

（九）公司章程规定的其他职权。

股东会可以授权董事会对发行公司债券作出决议。

第六十六条 股东会的议事方式和表决程序，除本法有规定的外，由公司章程规定。

股东会作出决议，应当经代表过半数表决权的股东通过。

股东会作出修改公司章程、增加或者减少注册资本的决议，以及公司合并、分立、解散或者变更公司形式的决议，应当经代表三分之二以上表决权的股东通过。

第六十七条 有限责任公司设董事会，本法第七十五条另有规定的除外。

董事会行使下列职权：

（一）召集股东会会议，并向股东会报告工作；

（二）执行股东会的决议；

（三）决定公司的经营计划和投资方案；

（四）制订公司的利润分配方案和弥补亏损方案；

（五）制订公司增加或者减少注册资本以及发行公司债券的方案；

（六）制订公司合并、分立、解散或者变更公司形式的方案；

（七）决定公司内部管理机构的设置；

（八）决定聘任或者解聘公司经理及其报酬事项，并根据经理的提名决定聘任或者解聘公司副经理、财务负责人及其报酬事项；

（九）制定公司的基本管理制度；

（十）公司章程规定或者股东会授予的其他职权。

公司章程对董事会职权的限制不得对抗善意相对人。

第一百八十二条第一款 董事、监事、高级管理人员，直接或者间接与本公司订立合同或者进行交易，应当就与订立合同或者进行交易有关的事项向董事会或者股东会报告，并按照公司章程的规定经董事会或者股东会决议通过。

第二百一十五条 公司聘用、解聘承办公司审计业务的会计师事务所，按照公司章程的规定，由股东会、董事会或者监事会决定。

公司股东会、董事会或者监事会就解聘会计师事务所进行表决时，应当允许会计师事务所陈述意见。

本案链接

以下为该案在法院审理阶段，判决书中"本院认为"就该问题的论述：

本院认为：公司章程是由公司发起人或全体股东共同制定的公司基本文件，也是公司成立的必备性法律文件，主要体现股东意志。《公司法》第十一条规定，"设立公司必须依法制定公司章程"，表明公司章程具有法定性，即它不仅体现股东的自由意志，也必须遵守国家的法律规定。只要公司章程不违反国家强制性、禁止性的法律规定，司法一般不应介入公司章程这种公司内部事务，即使司法要介入，也应保持适当的限度，即适度干预。

本案所涉公司章程规定了包括股东在内相应人员的权利和义务，对相应人员具有约束力，从有权利即有救济的角度看，如果股东认为公司章程的内容有违法或侵犯股东权利的情形，股东应有权通过诉讼维护自己的合法权利。因此，上诉人请求确认公司章程部分内容无效的权利是存在的，被上诉人报业宾馆和第三人报业公司认为"上诉人诉请确认公司章程部分无效没有法律依据"的理由不成立。在确认上诉人徐某霞享有相关的诉权后，本案的争议焦点在于报业宾馆章程内容是否部分无效。《公司法》以列举的形式规定了股东会和董事会的职权，从两条法律规定来看，董事会、股东会均有法定职权和章程规定职权两类。无论是法定职权还是章程规定职权，强调的都是权利，在没有法律明确禁止的情况下，权利可以行使，可以放弃，也可以委托他人行使。

但《公司法》第四十三条第二款规定："股东会会议作出修改公司章程、增加或者减少注册资本的决议，以及公司合并、分立、解散或者变更公司形式的决议，必须经代表三分之二以上表决权的股东通过。"从此条规定中的法律表述用语"必须"可以看出，修改公司章程、增加或者减少注册资本的决议，以及公司合并、分立、解散的决议有且只有公司股东会才有决定权，这是股东会的法定权利。报业宾馆章程第七条第（八）项、第（十）项、第（十一）项，第三十二条第（二）项将股东会的法定权利规定由董事会行使，违反了上述强制性法律规定，应属无效。因此，被上诉人报业宾馆和第三人报业公司关于"该授权不违反《公司法》的强制性规范"的辩解理由不成立，上诉人的上诉请求部分应予支持。

003 股东会可否授权董事会修改公司章程

公司章程设计要点

公司章程不可将修改章程的权力全部一揽子地授权董事会行使，但股东会可授权董事会就特定事项修改章程。

案情简介

根据《公司法》规定，修订公司章程应属股东会的法定职权，且应当经代表三分之二以上表决权的股东通过。但是实践中，竟然有上市公司的董事会直接作出修改公司章程的决定，所修改的决定直接涉及变更公司注册资本，并且十分"霸气地"宣布"本事项无须提交股东会审议"，这是怎么回事呢？原来是股东会通过决议授权董事会，就限制性股票激励计划事项修改《公司章程》、办理公司注册资本的变更登记，以及做出其等认为与限制性股票激励计划有关的必需、恰当或合适的所有行为、事情及事宜。

《烽某通信关于修改〈公司章程〉的公告》（公司董事会，2017年8月17日），以下为本公告的主要内容：①

2014年10月31日，公司召开2014年第二次临时股东大会审议通过了《烽某通信限制性股票激励计划（草案修订稿）及摘要》等相关事项及《关于提请股东大会授权董事会办理公司限制性股票激励计划相关事宜的议案》。股东大会同意授权董事会"修改《公司章程》、办理公司注册资本的变更登记，以及做出其等认为与限制性股票激励计划有关的必需、恰当或合适的所有行为、事情及事宜"等内容。

根据股东大会授权，公司于2017年8月15日召开第六届董事会第十次临时会议，审议通过了《关于修改〈公司章程〉有关条款的议案》。具体修改情况如下：一、《公司章程》第六条，原为："公司注册资本为人民币1046272966元。"现修改为："公司注册资本为人民币1045964625元。"二、《公司章程》第二十条，原为："公司股份总数为1046272966股，公司的股本结构为：普通股1046272966股。"现修改为："公司股份总数为1045964625股，公司的股本结构为：普通股1045964625股。"根据公司2014年第二次临时股东大会对董事会的授权，本事项无须提交股东大会审议。

根据公司董事会于同日发布的《烽某通信关于回购注销部分限制性股票的公告》，本次公司减少注册资本的背景是：

烽某通信2014年实施的限制性股票激励计划中的激励对象中的9人因个人原因已辞职，根据公司《限制性股票激励计划（草案修订稿）》的相关规定，上述9人已获授予但尚未解锁的186667股限制性股票将由公司回购并注销；激励对象中的36人因2016年度个人绩效考核不符合全部解锁要求，其获授限制性股票中已确认第二期不可解锁部分合计121674股，由公司回购并注销；上述合计回购并注销股份数为308341股，回购价格为7.15元/股。

笔者另行查询了公司2014年第二次临时股东大会相关文件，该次股东大会通过的《关于提请股东大会授权董事会办理公司限制性股票激励计划相关事宜的

---

① 本文中引用的公司章程原文均标注了是哪年的版本，里面提及"股东大会"字眼的地方遵照原文。引用案例中"法院认为"部分提到"股东大会"的部分也保留原文。

议案》载明：提请股东大会授权董事会，就限制性股票激励计划向有关政府、机构办理审批、登记、备案、核准、同意等手续；签署、执行、修改、完成向有关政府、机构、组织、个人提交的文件；修改《公司章程》、办理公司注册资本的变更登记；以及做出其等认为与限制性股票激励计划有关的必需、恰当或合适的所有行为、事情及事宜。

法规链接

《公司法》（2023年修订）

第五十九条 股东会行使下列职权：

……

（八）修改公司章程；

……

第六十六条 股东会的议事方式和表决程序，除本法有规定的外，由公司章程规定。

股东会作出决议，应当经代表过半数表决权的股东通过。

股东会作出修改公司章程、增加或者减少注册资本的决议，以及公司合并、分立、解散或者变更公司形式的决议，应当经代表三分之二以上表决权的股东通过。

延伸阅读

股东会可否将修改章程的权力全部或部分授权董事会行使，实践中存在一定的争议。笔者查询到3个与之有关的案例，以下为与股东会授权董事会修改公司章程相关的3个司法案例：

案例1：北京市第一中级人民法院审理的吴某与荣某公司公司决议撤销纠纷案［（2016）京01民终4160号］认为，吴某上诉表示荣某公司于2015年5月26日的董事会决议中关于回购注销议案涉及公司注册资本减少，董事会超越职权，违反公司章程，应予撤销。本院认为，吴某诉请的是董事会决议撤销，故本案的审理范围为董事会决议中载明的决议内容即部分限制性股票回购注销是否违反公司章程，董事会作出该决议是否超越职权。本案中荣某公司股东大会审议通过了公司限制性股票激励计划，并授权董事会办理限制性股票激励计划具体事宜，董事会作为执行机关对于不符合激励条件的离职人员已获授权但尚未解锁的限制性股票进行回购注销作出决议,该决议内容不违反公司限制性股票激励计划,亦未超过董事会的授权范围,故不违反公司章程的规定。

案例2:贵州省高级人民法院审理的徐某霞与报业宾馆、第三人报业公司公司决议效力确认纠纷案〔(2015)黔高民商终61号〕认为,《公司法》第四十三条第二款规定,"股东会会议作出修改公司章程、增加或者减少注册资本的决议,以及公司合并、分立、解散或者变更公司形式的决议,必须经代表三分之二以上表决权的股东通过"。从此条规定中的法律表述用语"必须"可以看出,修改公司章程、增加或者减少注册资本的决议,以及公司合并、分立、解散的决议有且只有公司股东会才有决定权,这是股东会的法定权利。报业宾馆章程第七条第(八)项、第(十)项、第(十一)项、第三十二条第(二)项将股东会的法定权利规定由董事会行使,违反了上述强制性法律规定,应属无效。

案例3:关于大股东是否可以通过股东会决议将股东会作出投资计划职权部分授予董事会,北京市第一中级人民法院审理的恒某公司与杜某春等公司决议效力确认纠纷案〔(2016)京01民终6676号〕认为,恒某公司上诉称,股东会决议第二项内容仅是股东会授权董事会对150万元以下的投资计划有决定权,不构成对公司章程的修改,即便该决议内容与《公司章程》相冲突,亦不是决议无效的法定事由,而是决议被撤销的事由。对此本院认为,涉案股东会决议将该职权部分授予董事会,其实质是修改了《公司章程》第八条关于"股东会决定对外投资计划"的内容,在未取得恒某公司代表三分之二以上表决权的股东同意的情况下,该决议内容违反了《公司法》第四十三条关于股东会会议作出修改公司章程的决议,必须经代表三分之二以上表决权的股东通过的规定,一审法院认定该决议内容无效,具有事实及法律依据,本院对恒某公司的该项上诉意见,不予支持。

案例1的背景与烽某通信本次修改公司章程的背景相同,均是股东会授权董事会办理限制性股票激励计划具体事宜,后原告认为董事会据此修改公司章程违反了公司章程、应予撤销,法院驳回了其诉讼请求,认为董事会根据股东会的授权修改公司章程、决定注册资本减少未超过授权范围,故不违反公司章程的规定。

案例2中,公司章程直接将股东会的多项法定职权交由董事会行使,法院认为涉及修改公司章程、增加或者减少注册资本的决议,以及公司合并、分立、解散的决议有且只有公司股东会才有决定权,公司章程将上述职权交由董事会行使的规定应属无效。

案例 3 中，公司章程规定"股东会决定对外投资计划"，后股东会以过半数（未过三分之二）作出"股东会授权董事会对 150 万元以下的投资计划有决定权"的决议，法院认为该决议构成对公司章程的实质修改，因未过三分之二而决议无效。

笔者结合上述 3 个案例提出建议如下：

1. 建议公司章程不要将涉及"修改公司章程、增加或者减少注册资本的决议，以及公司合并、分立、解散的决议"直接概括性地交由董事会行使，否则可能被认定为无效。

2. 对于具体事项，公司股东会可授权董事会在涉及该事项时修改公司章程，但原则上股东会决议仍需三分之二以上股东同意。

004 公司章程能否将股东会对公司分红的审批权赋予董事会

公司章程设计要点

《公司法》规定董事会有权"制订公司的利润分配方案和弥补亏损方案"，股东会有权"审议批准公司的利润分配方案和弥补亏损方案"，公司章程中可以规定董事会享有股东会所享有的审议批准公司利润分配方案的权利。

阅读提示

根据《公司法》的规定，公司股东依法享有资产收益、参与重大决策和选择管理者等权利。

股东的股利分红请求权得以实现的前提包括公司有可供分配的利润、合法有效的利润分配方案。合法有效的利润分配方案不仅指内容合法，更重要的是制定利润分配方案的程序合法。

《公司法》规定由董事会制定利润分配方案，股东会审议批准通过，由董事会和股东会分工合作完成利润分配的程序。那么，股东会能否自行制定、审议通过利润分配方案？股东会能否通过公司章程将审议通过利润分配方案的决定权授予董事会？股东的临时提案权能否修改董事会制定的利润分配方案？

笔者将通过介绍方大集团股份有限公司章程的有关条款及三个相关案例对上述问题进行分析。

章程范本

1.《方大集团章程》（2023年12月版）第四十条　股东大会是公司的权力机构，依法行使下列职权……（六）审议批准公司的利润分配方案和弥补亏损方案；第一百零九条　董事会行使下列职权……（五）制订公司的利润分配方案和弥补亏损方案。

笔者查阅了多家上市公司的章程中关于制定及审议通过公司利润分配方案的条款，其中大多数公司与上述方大集团的公司章程条款相同。

2.《中兴公司章程》（2017年6月版）第六十七条第（七）项、第一百六十条（五）的规定与上述《方大集团章程》规定相同。

3.《美的集团章程》（2017年4月版）第四十一条第（六）项、第一百零九条第（五）项规定与上述《方大集团章程》规定相同。

4.《民生公司章程》（2014年版）第四十条第（六）项、第一百零八条第（五）项规定与上述《方大集团章程》规定相同。

实务经验总结

根据《公司法》的规定，公司的利润分配方案由董事会制定、股东会审议批准。

但是对于股东人数较少、股东自行担任董事、内部机制不健全的有限责任公司，从决策效率的角度出发，股东可否结合本公司的情况以及《公司法》的规定，在公司章程中作出自由规定？在公司章程中规定由董事会决定公司的利润分配或者直接由股东会制定并决定利润分配方案？这样的章程条款是否违反《公司法》对股东会、董事会职权的规定？是否会影响相关决议的效力？

设计建议

根据有限公司、股份公司以及上市公司的不同，下述建议可按照不同的场合分别采纳和适用，其中有限公司的自治性最强。

1. 根据《公司法》的规定，公司的利润分配方案由董事会制定，由股东会审议批准。因此，对于公司利润分配方案，董事会享有的制定权以及股东会享有的审议批准权都属于法律赋予的权利。但是，董事会同时享有公司章程规定的其他权利，因此，股东会可以在公司章程中规定董事会享有利润分配的决定权。

2. 董事会享有利润分配的决定权，必须以公司章程的明确授权为限。若公司章程中对此未作规定，董事会未经授权而审议批准的利润分配方案存在效力瑕疵。

3. 董事会享有利润分配权并非适用于所有公司，对于存在控股股东的公司，由于控股股东往往掌握着董事会，若将利润分配的决定权授予董事会将使其成为控股股东追求个人利益的工具，极有可能损害中小股东的利润分配权。对于股东人数较少，由股东组成董事会的有限责任公司，若在公司章程中规定上述条款应认定为有效。

4. 董事会享有利润分配方案的制定权是法律赋予的权利，若公司的利润分配方案未经董事会制定，而是直接由股东会制定并批准审议的，应当认为该程序存在瑕疵（我们认为不至于使分配决议无效，只是存在程序瑕疵）。

5. 公司的股东享有临时提案权，其提案的内容应当以股东会职权为限。因此，股东临时提案中涉及利润分配方案的，不能对利润分配方案的内容进行实质性变更。

条款实例

1. 公司董事会行使制定公司的利润分配方案和弥补亏损方案的职权；股东会行使审议批准公司的利润分配方案和弥补亏损方案的职权。

2. 公司的利润分配方案由董事会制定，全体董事一致审议通过。

法规链接

《公司法》（2023年修订）

第四条第二款 公司股东对公司依法享有资产收益、参与重大决策和选择管理者等权利。

第五十八条 有限责任公司股东会由全体股东组成。股东会是公司的权力机构，依照本法行使职权。

第五十九条 股东会行使下列职权：

……

（四）审议批准公司的利润分配方案和弥补亏损方案；

......

第六十七条第二款 董事会行使下列职权：

......

（四）制订公司的利润分配方案和弥补亏损方案；

......

（十）公司章程规定或者股东会授予的其他职权。

第二百一十二条 股东会作出分配利润的决议的，董事会应当在股东会决议作出之日起六个月内进行分配。

延伸阅读

案例1：北京市第一中级人民法院审理的王某阳与中某公司公司决议效力确认纠纷案［（2016）京01民初149号］认为，《公司法》第二十二条第一款规定："公司股东会或者股东大会、董事会的决议内容违反法律、行政法规的无效。"第三十七条规定："股东会行使下列职权：……（六）审议批准公司的利润分配方案和弥补亏损方案；……"第四十六条规定："董事会对股东会负责，行使下列职权：……（五）制订公司的利润分配方案和弥补亏损方案；……"由以上规定可知，公司股东会有权审议批准公司的利润分配方案，董事会仅有权制定公司利润分配方案，但无权决定公司利润分配事宜。现中某公司章程中关于公司利润分配之规定与公司法规定一致，公司股东会未另行授权公司董事会决定公司利润分配，亦未事后对诉争董事会决议予以追认，故中某公司董事会无权决定中某公司分红事宜，2005年4月28日董事会关于分红的决议应属无效。

案例2：四川省成都市中级人民法院审理的聚某公司与有线电视公司盈余分配纠纷案［（2012）成民终649号］认为，《公司法》将制定公司的利润分配方案作为董事会的职权之一，将审议批准公司的利润分配方案作为股东会的职权之一，因此，决定公司是否实施利润分配的权力在于股东会。只有经公司董事会制定并经股东会审议批准之后，股东的抽象层面的利润分配请求权才转化为具体层面的利润分配请求权。而《有线电视网络发展公司章程》第十六条和第二十四条对公司股东会、董事会的职权也进行了规定，明确董事会可以制订利润分配方案，但分配方案是否实施需经公司股东会批准……

案例3：广东省高级人民法院审理的百某公司与马甲大桥公司公司盈余分配纠纷案［（2015）粤高法民四终177号］认为，《中外合作肇庆马甲北江公路大桥合同》及《中外合作马甲大桥章程》约定：公司利润分配方案须全体董事一致通过。经查，马甲大桥公司2001~2002年度利润分配方案并未获得公司全体董事一致通过。百某公司在此情形下主张分配利润，并不符合马甲大桥公司合同及章程的相关约定。依照《公司法》（1999年修正）第三十七条、第三十八条、第四十六条的规定，有限责任公司股东会由全体股东组成；审议批准公司的利润分配方案；董事会执行股东会的决议，制订公司的利润分配方案和弥补亏损方案。马甲大桥公司的三方股东明某公司、马乙公司和百某公司均在2001~2002年度的利润分配报告中盖章确认，应视为马甲大桥公司股东会已就利润分配事项作出决议。但上述利润分配报告中已明确百某公司2001年度应分配利润暂不分配、2002年度应分配利润暂缓分配。在马甲大桥公司股东会或董事会未能就向百某公司分配利润重新作出决议的情形下，百某公司主张马甲大桥公司向其分配利润的条件尚未成就，故不应支持百某公司关于分配利润的诉讼请求。

005 股东会的召集程序和内容在公司章程中应当如何设计

公司章程设计要点

临时股东会的召集事由属于公司章程自由规范的内容，公司可以按照公司特点和股东结构等具体情况和特点，进行针对性的规定。

阅读提示

股东会是公司最高权力机关，由全体股东组成。股东会决议是由全体股东作出意思表示而形成的公司决议。股东会的运行有赖于股东会的顺利召开，而股东会顺利召开的前提是股东会的召集程序合法、有效，未违背《公司法》以及公司章程中的有关规定。因此，股东会召集程序的合法性、有效性直接关系到股东会决议的有效性。

股东会的召集程序涉及多个方面的内容，包括召集事由、召集权人、召集时间以及召集通知等。笔者针对召集事由和召集权人的相关规定，以及司法实践中有关召集权人引起的股东会召集程序瑕疵纠纷等进行综合分析，对公司章程中有关股东会召集程序的规定提出建议。

章程范本

1.《青岛啤酒公司章程》（2024年1月版）

（1）股东大会的召集事由、召集权人：第五十六条　股东大会分为年度股东大会和临时股东大会。年度股东大会由董事会召集。年度股东大会每年召开一次，并应于上一会计年度完结之后的六个月之内举行。

有下列情形之一的，董事会应当在两个月内召开临时股东大会：

（一）董事人数不足《公司法》规定的人数或者少于公司章程要求的数额的三分之二时；

（二）公司未弥补亏损达股本总额的三分之一时；

（三）单独或者合计持有公司百分之十以上（含百分之十）股份的股东以书面形式要求召开临时股东大会时；

（四）董事会认为必要或者监事会提出召开时；

（五）法律、行政法规、部门规章、公司股票上市地证券监管规则或本章程规定的其他情形。

（2）股东大会的召集地点、召集方式：第五十七条　公司召开股东大会的地点为：公司住所地或股东大会会议通知中的其它具体地点。

股东大会将设置会场，以现场会议形式召开。公司在保证股东大会合法、有效的前提下，优先提供网络形式的投票平台等现代信息技术手段，为股东参加股东大会提供便利，扩大社会公众股股东参与股东大会的比例。股东通过上述方式参加股东大会的，视为出席。

（3）监事会、股东召集临时股东大会的程序要求：第七十四条　监事会有权向董事会提议召开临时股东大会，并应当以书面形式向董事会提出。董事会应当根据法律、法规和本章程的规定，在收到提案后十日内提出同意或不同意召开临时股东大会的书面反馈意见。

董事会同意召开临时股东大会的，将在作出董事会决议后的五日内发出召开股东大会的通知，通知中对原提案的变更，应征得监事会的同意。

董事会不同意召开临时股东大会，或者在收到提案后十日内未作出反馈的，视为董事会不能履行或者不履行召集股东大会会议职责，监事会可以自行召集和主持。

第七十五条　单独或者合计持有公司百分之十以上股份的股东有权向董事会

请求召开临时股东大会,并应当以书面形式向董事会提出。董事会应当根据法律、行政法规和本章程的规定,在收到请求后十日内提出同意或不同意召开临时股东大会的书面反馈意见。

董事会同意召开临时股东大会的,应当在作出董事会决议后的五日内发出召开股东大会的通知,通知中对原请求的变更,应当征得相关股东的同意。

董事会不同意召开临时股东大会,或者在收到请求后十日内未作出反馈的,单独或者合计持有公司百分之十以上股份的股东有权向监事会提议召开临时股东大会,并应当以书面形式向监事会提出请求。

监事会同意召开临时股东大会的,应在收到请求五日内发出召开股东大会的通知,通知中对原请求的变更,应当征得相关股东的同意。

监事会未在规定期限内发出股东大会通知的,视为监事会不召集和主持股东大会,连续九十日以上单独或者合计持有公司百分之十以上股份的股东可以自行召集和主持。

笔者查阅了多家上市公司的章程中对股东大会召集程序的规定。其中大部分上市公司章程中涉及股东大会召集事由、召集权人的规定都与上述青岛啤酒公司的章程条款相同。但是也有一些公司针对独立董事、监事、股东召集临时股东大会的程序作出更加细致的规定,如下所示:

2.《保利公司章程》(2017年3月版)第四十七条 独立董事有权向董事会提议召开临时股东大会。对独立董事要求召开临时股东大会的提议,董事会应当根据法律、行政法规和本章程的规定,在收到提议后10日内提出同意或不同意召开临时股东大会的书面反馈意见。董事会同意召开股东大会的,将在作出董事会决议后的5日内发出召开股东大会的通知;董事会不同意召开临时股东大会的,将说明理由并公告。

3.《万科公司章程》(2014年6月版)第六十七条 单独或者合计持有公司百分之十以上股份的股东有权向董事会请求召开临时股东大会,并应当以书面形式向董事会提出。董事会应当根据法律、行政法规和本章程的规定,在收到请求后十日内提出同意或不同意召开临时股东大会的书面反馈意见。董事会同意召开临时股东大会的,应当在作出董事会决议后的五日内发出召开股东大会的通知,通知中对原请求的变更,应当征得相关股东的同意。董事会不同意召开临时股东大会,或者在收到请求后五日内未作出反馈的,单独或者合计持有公司百分之十以上的股份的股东有权向监事会提议召开临时股东大会,并应当以书面形式向监事会提出请求。监事会同意召开临时股东大会的,应在收到请求五日内发出召开股东大会的通知,通知中对原提案的变更,应当征得相关股东的同意。监事会未在规定期限内发出股东大会通知的,视为监事会不召集和主持股东大会,连续九十日以上单独或者合计持有公司百分之十以上股份的股东可以自行召集和主持。

实务经验总结

公司章程对股东会召集事由、召集权人作出规定的意义在于:股东会的召集程序符合法律规定,是股东会决议有效的前提。其中,股东会的召集权人是否符合法律、公司章程的规定是判别股东会召集程序是否合法的一项重要内容。如果临时股东会是由无召集权人召集的,那么该次临时股东会所作出的决议属于可撤销的决议。

实践中因股东会的召集程序不合法引起的有关股东会决议的纠纷也不在少数,因此公司章程中有必要对这一问题进行详细的规定,以规范股东会会议的召集程序,维护股东的合法权益。

设计建议

1. 股东会的召集包括定期股东会与临时股东会。根据《公司法》的规定,股份有限公司应当每年召开一次定期股东会,而有限责任公司则可以根据本公司的实际情况作出规定。为保证公司正常的经营管理,建议有限责任公司在公司章程中规定每年召开一次定期股东会。

2. 股份有限公司临时股东会的召集事由:董事会人数不足、公司亏损、董事会提议、监事会提议、股东提议以及公司章程规定的其他情况。因此,股份有限公司可以对临时股东会的召集作出特殊规定,如规定独立董事提议召集、公司的创始人提议召集、公司面临恶意收购、重大经营风险等。

3. 有限责任公司临时股东会的召集事由:三分之一以上董事、监事会、代表十分之一以上股东提议召集临时股东会时。法律赋予了股份有限公司在章程中对召集临时股东会的事项作出自由规定,对于更具有人合性的有限责任公司,也应当有权在章程中对临时股东会的召集事由作出更加自由的规定。

4. 股东会的召集权人为董事会,当董事会不履行召集股东会的职权时,监事会、股东有权召集股东会。因此监事会、股东行使召集权的前提条件是董事会不履行职责,因此公司可在章程中规定监事、股东应当行使必要的催告程序,书面要求董事会召集临时股东会，当董事会拒绝召集，或在规定的时间内未予回复时得以自行召集，从而避免因是否系董事会不履行职责而引发纠纷。

5. 公司章程中应当注意股东会召集程序中的股东持股比例问题。临时股东会的召集事由中规定的有权提议召集股东会的股东的持股比例，属于公司章程可以自由规范的内容。但是对于董事会不能履行或者不履行召集股东会会议职责的，代表十分之一以上表决权的股东可以自行召集和主持时，这个享有召集权的股东的持股比例"十分之一"则属于法律的强制性规定，不能自由约定，未达到法定的持股比例十分之一而召集股东会将导致股东会程序瑕疵。

条款实例

1. 股东会会议分为定期会议和临时会议。

2. 定期会议应每年召开一次。代表十分之一以上表决权的股东（可结合公司情况调整比例），三分之一以上的董事，监事会或者不设监事会的公司的监事提议召开临时会议的，应当召开临时会议。

3. 有限责任公司设立董事会的，股东会会议由董事会召集，董事长主持；董事长不能履行职务或者不履行职务的，由副董事长主持；副董事长不能履行职务或者不履行职务的，由半数以上董事共同推举一名董事主持。有限责任公司不设董事会的，股东会会议由执行董事召集和主持。董事会或者执行董事不能履行或者不履行召集股东会会议职责的，由监事会或者不设监事会的公司的监事召集和主持；监事会或者监事不召集和主持的，代表十分之一以上表决权的股东可以自行召集和主持。

4. 三分之一以上的董事有权向董事会提议召开临时股东会。对董事要求召开临时股东会的提议，董事会应当在收到提议后十日内提出同意或不同意召开临时股东会的书面反馈意见。董事会同意召开临时股东会的，将在作出董事会决议后的五日内发出召开股东会的通知；董事会不同意召开临时股东会的，将说明理由并公告。

5. 监事会有权向董事会提议召开临时股东会，并应当以书面形式向董事会提出。董事会应当在收到提案后十日内提出同意或不同意召开临时股东会的书面反馈意见。董事会同意召开临时股东会的，将在作出董事会决议后的五日内发出召开股东会的通知，通知中对原提议的变更，应征得监事会的同意。董事会不同意召开临时股东会，或者在收到提案后十日内未作出反馈的，视为董事会不能履行或者不履行召集股东会会议职责，监事会可以自行召集和主持。

6. 代表十分之一以上表决权的股东有权向董事会请求召开临时股东会，并应当以书面形式向董事会提出。董事会应当在收到请求后十日内提出同意或不同意召开临时股东会的书面反馈意见。董事会同意召开临时股东会的，应当在作出董事会决议后的五日内发出召开股东会的通知，通知中对原请求的变更，应当征得相关股东的同意。董事会不同意召开临时股东会，或者在收到请求后五日内未作出反馈的，代表十分之一以上表决权的股东有权向监事会提议召开临时股东会，并应当以书面形式向监事会提出请求。监事会同意召开临时股东会的，应在收到请求五日内发出召开股东会的通知，通知中对原提案的变更，应当征得相关股东的同意。监事会未在规定期限内发出股东会通知的，视为监事会不召集和主持股东会，代表十分之一以上表决权的股东可以自行召集和主持。

法规链接

1. 关于有限责任公司股东会召集事由、召集权人的规定

《公司法》（2023年修订）

第六十一条　首次股东会会议由出资最多的股东召集和主持，依照本法规定行使职权。

第六十二条　股东会会议分为定期会议和临时会议。

定期会议应当按照公司章程的规定按时召开。代表十分之一以上表决权的股东、三分之一以上的董事或者监事会提议召开临时会议的，应当召开临时会议。

第六十三条　股东会会议由董事会召集，董事长主持；董事长不能履行职务或者不履行职务的，由副董事长主持；副董事长不能履行职务或者不履行职务的，由过半数的董事共同推举一名董事主持。

董事会不能履行或者不履行召集股东会会议职责的，由监事会召集和主持；监事会不召集和主持的，代表十分之一以上表决权的股东可以自行召集和主持。

2. 关于股份有限公司股东会召集事由、召集权人的规定

《公司法》（2023年修订）

第一百一十三条　股东会应当每年召开一次年会。有下列情形之一的，应当在两个月内召开临时股东会会议：

（一）董事人数不足本法规定人数或者公司章程所定人数的三分之二时；

（二）公司未弥补的亏损达股本总额三分之一时；

（三）单独或者合计持有公司百分之十以上股份的股东请求时；

（四）董事会认为必要时；

（五）监事会提议召开时；

（六）公司章程规定的其他情形。

第一百一十四条 股东会会议由董事会召集，董事长主持；董事长不能履行职务或者不履行职务的，由副董事长主持；副董事长不能履行职务或者不履行职务的，由过半数的董事共同推举一名董事主持。

董事会不能履行或者不履行召集股东会会议职责的，监事会应当及时召集和主持；监事会不召集和主持的，连续九十日以上单独或者合计持有公司百分之十以上股份的股东可以自行召集和主持。

单独或者合计持有公司百分之十以上股份的股东请求召开临时股东会会议的，董事会、监事会应当在收到请求之日起十日内作出是否召开临时股东会会议的决定，并书面答复股东。

延伸阅读

裁判规则一：董事会已不具备召集股东会的可行性，代表十分之一以上表决权股东召集的临时股东会有效。

案例1：北京市第一中级人民法院审理的魏某萍与京某公司等公司决议撤销纠纷案[（2014）一中民（商）终9092号]认为，关于召集程序问题。虽然京某公司章程第十六条规定，股东会会议由董事会召集，董事长主持，但京某公司董事会、董事任期于2007年届满后未重新选举董事会；京某公司董事长张某锐已经去世，亦无法履行职务；而魏某萍与李某升、贾某艺、刘某生、付某华同为原董事会成员却已经产生分歧并发生诉讼，以董事会名义召集股东会已不具备可行性。在京某公司章程本身未对董事会无法召集股东会的上述情况作出规定时，李某升、贾某艺、刘某生、付某华作为合计持有京某公司49%股权的股东提议并召集股东会解决公司经营状况及未来发展规划问题，是股东行使其经营决策和管理职权以维护公司正常经营的客观需要，亦符合《公司法》第三十九条关于"代表十分之一以上表决权的股东……提议召开临时会议的，应当召开临时会议"、第四十条关于"董事会或者执行董事不能履行或者不履行召集股东会会议职责的，由监事会或者不设监事会的公司的监事召集和主持；监事会或者监事不召集和主持的，代表十分之一以上表决权的股东可以自行召集和主持"的规定。

故本院对魏某萍关于临时股东会召集主体不合法，京某公司没有合法的召集主体的上诉意见，不予支持。

裁判规则二：董事长不能履行职务或者不履行职务召集董事会时，由副董事召集，符合法律及章程规定。

案例2：陕西省宝鸡市中级人民法院审理的明星公司与惠某公司、贾某公司、文某公司、中某公司公司决议撤销纠纷案［（2016）陕03民终347号］认为，被上诉人惠某公司章程规定"代表四分之一以上表决权的股东，三分之一以上董事或者监事，可以提议召开临时股东会会议"。第二十三条第一款规定"董事会至少每季召开一次，董事长提议或有三分之一以上董事提议时，可以召开临时董事会"。第二十条规定，董事长每届任期三年。《公司法》第四十一条规定"股东会会议由董事会召集，董事长主持；董事长不能履行职务或者不履行职务的，由副董事长主持"及第四十八条规定"董事会会议由董事长召集和主持；董事长不能履行职务或者不履行职务的，由副董事长召集和主持"。依照惠某公司2011年7月23日的章程，董事长每届任期三年。三年期届满后，原董事长即上诉人明星公司的法定代表人所提交的证据不足以证实召开董事会和股东大会。其副董事长召集和主持会议，符合上述法律规定。会议在召集程序、表决方式以及决议内容上均没有违反法律规定和公司章程。

裁判规则三：执行董事、监事不履行召集股东会职责，代表十分之一以上表决权股东有权召集临时股东会。

案例3：山东省临沂市中级人民法院审理的陈某权、李某与澳某公司公司决议撤销纠纷案［（2016）鲁13民终4196号］认为，在召集程序上，《公司法》第四十条第三款、第四十一条规定，董事会或者执行董事不能履行或者不履行召集股东会会议职责的，由监事会或者不设监事会的公司的监事召集和主持；监事会或者监事不召集和主持的，代表十分之一以上表决权的股东可以自行召集和主持。召开股东会会议，应当于会议召开十五日前通知全体股东；但是，公司章程另有规定或者全体股东另有约定的除外。澳某公司章程第十九条、第二十条规定："召开股东会会议，应当于会议召开十五日前通知全体股东。""股东会会议由执行董事召集和主持。执行董事不能履行或者不履行召集股东会会议职责的，由监事召集和主持；监事不召集和主持的，代表十分之一以上表决权的股东可以自行召集和主持。"被上诉人于某华在公司执行董事陈某权、公司监事李某不召集股东会的情况下，自行召集临时股东会并提前十五日进行了通知，符合上述公司法及公司章程规定。

裁判规则四：执行董事不能履行召集临时股东会职责，由监事召集。

案例4：河南省商丘市中级人民法院审理的李某政与福某置业公司公司决议撤销纠纷案［（2016）豫14民终1484号］认为，《公司法》第四十一条第三款，董事会或者执行董事不能履行或者不履行召集股东会会议职责的，由监事会或者不设监事会的公司监事召集和主持。福某置业公司《公司章程》第十六条规定，股东会会议由执行董事召集并主持。执行董事不能履行职务或者不履行召开股东会议职责的，由公司监事召集和主持。福某置业公司监事徐某2015年12月14日通过邮政快递，通知李某政参加股东会，李某政接收了该邮单，应当知道召开股东会情况。李某政因被立案侦查，且被公安机关上网追逃，其无法出席组织股东会，履行法人职责，为保持公司正常运转，公司监事徐某组织召开股东会，免去李某政的执行董事职务，解聘其公司经理职务，符合公司章程及法律规定。

006 股东会的通知程序和内容在公司章程中应当如何设计

公司章程设计要点

公司章程中可适当延长股东会通知的时间，但不得随意缩短；公司章程可结合本公司股东特征，灵活规定股东会的通知方式。

阅读提示

临时股东会的召集程序不仅包括召集事由、召集权人，还包括了更为重要也是在实践中更容易引起纠纷的召集临时股东会的通知方式、召集时间的规定。本书将针对股东会召集程序中的通知方式、召集时间的章程设计提出建议，同时也针对有关股东会召集程序诉讼中常见的问题进行分析。

章程范本

1.《万科公司章程》（2014年6月版）第七十三条　公司召开股东大会，召集人应当于会议召开四十五日前发出书面通知，将会议拟审议的事项以及开会的日期和地点告知所有在册股东，拟出席股东大会的股东，应当于会议召开二十日前，将出席会议的书面回复送达公司。股东大会通知应当向股东（不论在股东大会上是否有表决权）以专人送出或者以邮资已付的邮件送出，收件人地址以股东名册登记的地址为准。对内资股股东，股东大会通知也可以用公告方式进行。

前款所称公告，应当于会议召开前四十五日至五十日的期间内，在国务院证券主管机构指定的一家或者多家报刊上刊登，一经公告，视为所有内资股股东已收到有关股东会议的通知。

笔者查阅了多家上市公司的章程中关于股东会通知的规定，其中大多数公司与上述万某企业股份有限公司章程条款相同。也有部分上市公司章程对通知时间及通知方式的规定较为简单。具体情况如下：

2.《中国人寿公司章程》（2016年4月版）第六十六条、第七十一条的规定与上述《万科公司章程》第七十三条的规定相同。

3.《南方黑芝麻集团章程》（2024年3月版）第二十条　公司召开年度股东大会，董事会应当在会议召开二十日（不包括会议召开当天）以前在《公司章程》规定的报纸和网站上以公告方式通知各股东。召开临时股东大会的，召集人应当在会议召开十五日（不含会议召开当日）以前在《公司章程》规定的报纸和网站以公告方式通知各股东。

实务经验总结

公司章程中对股东会的通知时间以及通知方式进行规定的意义在于：参加股东会是股东参与公司经营决策的最基本也是最重要的一项权利。《公司法》以及公司章程中规范股东会召集程序的意义就在于确保股东能够提前得知何时何地召开股东会、股东会的议事事项，从而能够及时决定是否参加股东会，以及对股东会的议事事项提前做好准备。

实践中未及时通知股东参加股东会，因通知方式不符合法律、章程规定而引发的股东会决议效力瑕疵不在少数。因此，为了减少争议，公司章程中有必要对股东会通知的时间、方式进行详细的规定，规范股东会的召集程序，避免因股东会程序不符合法律、章程规定而引发纠纷。

设计建议

1. 根据《公司法》的规定，股份有限公司召开股东会应当提前20日、召开临时股东会的应当提前15日通知。

这一规定是法律对于召集股东会通知时间的最低要求。股份有限公司的股东可以在公司章程中将通知时间进行适当的延长。但是不得缩短通知时间，低于法律规定通知时间将导致股东会程序瑕疵。

2. 有限责任公司可在章程中自由规定股东会的召集时间，若章程中无特殊规定，应当遵守公司法规定的最短通知时间。因此，股东如有特殊要求，可在《公司法》规定的15日基础上适当延长，或者针对定期股东会、临时股东会作出不同的规定。但是不建议将通知时间规定得过短，否则不利于股东对其他股东的提案做出必要的准备。

3. 针对通知方式，《公司法》仅规定了发行无记名股票的股份有限公司，应当以公告的方式进行通知，因此公司有必要在章程中详细规定通知的方式，根据公司章程规定的方式进行通知，避免因方式不合理导致股东未收到通知。

4. 公司可根据股东的人数、构成等选择通知方式。对于中小股东较多的公司，可选择公告的方式进行通知，如在公司网站、当地具有影响力的报刊、媒体等进行公告。对于股东人数较少、非自然人股东为主的公司，可以选择邮寄、电子邮件方式进行公告，并对通知生效时间作出相关规定。虽然电子通信已经越来越普及，但是不建议公司采用电话、短信、微信等方式通知，此类通知方式的证据采信度较低、不易保存。当然，可以在采取法定通知方式的情况下，同时通过电话、短信、微信等方式通知，只是这类通知方式在发生争议时可能会成为待证事实。

条款实例

1. 公司召开股东会，召集人应当于会议召开前15日发出书面通知，将会议拟审议的事项以及开会的日期和地点告知所有在册股东。

2. 股东会通知可以向股东以快递形式送出，收件人地址以股东名册登记的地址为准。如股东方未签收或不予签收，可以电子邮件形式发送至本公司章程所载明的各方股东的电子邮箱，电子邮件发送后即视为送达。

若任何一方股东所提供的通信地址、电话号码以及邮箱地址发生变化（以下简称变动方），变动方应当在该变更发生后的7日内在公司备案。变动方未按约定及时通知的，应承担由此造成的后果及损失。

法规链接

《公司法》（2023 年修订）

第六十四条　召开股东会会议，应当于会议召开十五日前通知全体股东；但是，公司章程另有规定或者全体股东另有约定的除外。

股东会应当对所议事项的决定作成会议记录，出席会议的股东应当在会议记录上签名或者盖章。

第一百一十五条　召开股东会会议，应当将会议召开的时间、地点和审议的事项于会议召开二十日前通知各股东；临时股东会会议应当于会议召开十五日前通知各股东。

单独或者合计持有公司百分之一以上股份的股东，可以在股东会会议召开十日前提出临时提案并书面提交董事会。临时提案应当有明确议题和具体决议事项。董事会应当在收到提案后二日内通知其他股东，并将该临时提案提交股东会审议；但临时提案违反法律、行政法规或者公司章程的规定，或者不属于股东会职权范围的除外。公司不得提高提出临时提案股东的持股比例。

公开发行股份的公司，应当以公告方式作出前两款规定的通知。

股东会不得对通知中未列明的事项作出决议。

延伸阅读

笔者梳理了有关股东会召集程序的案例，其中涉及股东会通知时间的为案例 1~4。

案例 1：山东省青岛市中级人民法院审理的杨某与厚某公司公司决议撤销纠纷案［（2013）青民二商终957号］认为，厚某公司章程对于召开临时股东会议的通知方式没有作出约定，因此对于通知的方式应当理解为"以送达到为目的，且送达方式不违反法律"即可。本案中，被上诉人及第三人以书面通知、短信息、报纸公告方式就召开临时股东会一事告知上诉人，从其行为可以看出被上诉人及第三人并没有隐瞒召开会议及会议议事主题的意思表示，而是希望上诉人召集、参加股东会并积极采用多种方式履行通知义务。上诉人作为公司董事长未履行召集临时股东会职责的事实清楚，同时监事徐某也没有履行监事召集临时股东会的职责。在董事长及监事均不履行职责的情况下，陈某光及泰某公司自行召集主持临时股东会的行为符合公司法规定，其召集程序符合法律规定。

案例2：江苏省南通市中级人民法院审理的章某与新某中公司公司决议撤销纠纷案〔（2014）通中商终0462号〕认为，根据《公司法》第四十二条第一款的规定，"召开股东会会议，应当于会议召开十五日前通知全体股东；但是，公司章程另有规定或者全体股东另有约定的除外"。本案中被告公司章程第二十六条规定，公司召开股东会决议，于会议召开十五日前通知全体股东，通知以书面形式发送，并载明会议的时间、地点、内容及其他有关事项。本院认为，股东会会议通知是股东得以参加股东会并行使其干预权的前提，尤其是在经营者和控股股东合二为一的情况下，股东会已成为少数股东要求大股东解决其政策并提出反对意见的唯一场所。股东会会议通知制度的立法目的，在于成功地向股东通知开会事宜，保障公司股东为开会事宜做好充分准备并按时参加股东会正常行使股东权利，防止控股股东利用突袭手段控制股东会。案涉股东会开会之前，召集会议的公司执行董事傅某德仅提前一两天通知其他股东，且没有明确告知开会的主要事宜，显然违反了公司法及公司章程的规定。因此，本案股东会会议的召集程序显然违反了法律及公司章程的规定，而新某中公司违反程序召集股东会的行为影响了股东正常行使其股东权利，不符合法律规定股东会会议通知制度的立法目的。综上，根据《公司法》第二十二条第二款规定，"股东会或者股东大会、董事会的会议召集程序、表决方式违反法律、行政法规或者公司章程，或者决议内容违反公司章程的，股东可以自决议作出之日起六十日内，请求人民法院撤销"。本案股东会召集程序违反了公司章程的规定，应予撤销。

案例3：江苏省南京市中级人民法院审理的段某德与成某公司公司决议撤销纠纷案〔（2017）苏01民终888号〕认为，成某公司2016年8月15日召开股东会，应根据《公司法》及公司章程规定，提前十五日通知全体股东。虽然2016年7月7日股东会明确了"2016年8月10日开始进行转让工作，如到8月15日发生流标无人购买，由原成某公司法定代表人段某德购买"，但并未明确8月10日至15日期间有关召开股东会事宜，成某公司或三上诉人未于8月15日股东会召开前十五日通知股东段某德，违反了《公司法》及成某公司章程的规定，故段某德请求撤销2016年8月15日成某公司股东会会议纪要，有事实和法律依据，本院予以支持。

案例4：江苏省南通市中级人民法院审理的郁某才与启某医药公司公司决议纠纷案〔（2016）苏06民终549号〕认为，启某医药公司于2015年9月6日召开临时股东会，根据公司章程规定，其应于召开15日前通知全体股东参会。启某医药公司确认未通知郁某才参会，也未能提供证据证明其向七位未能通知到的股东尽到通知义务。根据《公司法》第二十二条第二款规定，股东会召集程序、表决方式违反法律、行政法规或者公司章程，股东可以自决议作出之日起六十日内，请求人民法院撤销，故郁某才请求撤销案涉瑕疵决议，于法有据。

有关股东会召集程序纠纷中，原告在行使诉权的过程中应当注意诉讼期限，《公司法》明确规定，原告提起撤销公司决议之诉，应当在决议形成之日起60日内提起诉讼，超过法定期限后再提起诉讼，法院将不予受理。相关案例为案例5~7。

案例5：河北省保定市中级人民法院审理的周某、脑血管病研究所等与安某集团、青某康源公司公司决议撤销纠纷案［（2016）冀06民终249号］认为，安某集团股东会会议于2015年1月8日9时在河北省保定市安某集团办公室召开，上诉人周某、脑血管病研究所作为安某集团的股东，于2015年5月12日一审法院开庭当日对安某集团股东会的会议召集程序提出异议，认为刘某生作为股东会会议召集人，其召集程序违反了《公司法》第四十一条的股东会召集程序，请求受诉人民法院依法撤销安某集团股东会会议决议，判令安某集团向公司登记机关申请撤销依据上述股东会会议决议作出的变更登记。上诉人周某、脑血管病研究所请求撤销股东会决议的时间已经超过了法定期限。

案例6：甘肃省天水市中级人民法院审理的姬某信与康某公司、郝某平、郝某、成某公司决议效力确认纠纷案［（2016）甘05民终594号］认为，关于股东会议召集程序违法，公司未进行清算问题，对于召集程序问题，公司法规定应在60日内提起撤销之诉，但上诉人在60日内没有行使撤销权，故上诉人的撤销权已丧失。

案例7：福建省漳州市中级人民法院周某某与悦某公司、林某军、万某公司与公司有关纠纷案［（2016）闽06民终2370号］认为，2015年2月16日悦某公司股东会的召开未经公司的执行董事、监事召集，该股东会召集程序违反法律规定，根据《公司法》第二十二条规定属于可撤销的情形。但原审第三人万某公司作为被上诉人悦某公司的另一股东在2016年4月12日知晓被上诉人悦某公司已由上诉人周某某召开股东会，并作出股东会会议记录、决议、任免文件、章程修正案等后，未在六十日内，请求人民法院撤销，视为原审第三人万某公司怠于行使撤销权，属于对自己民事权利的处分。根据《最高人民法院关于适用〈中华人民共和国公司法〉若干问题的规定（一）》第三条的规定，万某公司对决议撤销权之诉权利的行使已超过了公司法规定的期限，人民法院将不予受理。

除了上述提起诉讼的期限问题外，在股东会召集程序纠纷中，原告另一个常见的败诉原因为诉讼请求不当。因股东会召集程序存在瑕疵，当事人有权请求法院撤销股东会决议，而非确认股东会决议无效，笔者检索了两个与此相关的案例，见案例8~9。

案例8：青海省海西蒙古族藏族自治州中级人民法院审理的孙某鹏、习某亚、杨某国等公司决议纠纷案［（2014）西民二终9号］认为，本案中，即使如上诉人所说董事会召开及形成决议是存在的，但上诉人提起请求确认董事会决议无效之诉的理由是董事会召集程序违法。《公司法》第二十二条第二款规定："股东会或者股东大会、董事会的会议召集程序、表决方式违反法律、行政法规或者公司章程，或者决议内容违反公司章程的，股东可以自决议作出之日起六十日内，请求人民法院撤销。"故会议召集程序违法行使的应是撤销之诉，上诉人应在法定期限之内行使相应权利，但上诉人并未在法定期限之内提起撤销之诉；关于上诉人要求确认无效的两份董事会决议，经查该决议的内容并未违反法律、法规的强制性规定，故上诉人所述董事会决议无效的理由不能成立，本院不予采信。

案例9：新疆高级法院伊犁哈萨克自治州分院审理的欣某欣公司与中某金某公司、李某确认合同无效纠纷案［（2016）新40民终1286号］认为，凡是内容违反法律、行政法规的公司股东会或董事会决议均属无效；凡是程序上违反法律、行政法规和公司章程或内容上违反公司章程的股东会和董事决议，只能请求撤销决议。本案中，欣某欣公司主张确认2015年6月30日的股东会决议无效，其认为股东会没有提前召集通知、表决人员和公司印章与实际不相符、董事会对所议事项决定也没有会议记录，即认为股东会存在程序性瑕疵。根据上述规定，当事人应当请求决议撤销纠纷，经本院依法释明后欣某欣公司仍坚持其诉讼请求，故欣某欣公司主张2015年6月30日的股东会决议无效，于法相悖，本院不予支持。

007 应当如何在公司章程中设计股东会召集通知条款

公司章程设计要点

公司章程可以对股东会召集通知的具体内容作出详细规定，增强董秘的可操作性，避免股东会通知的内容过于简单、模糊，减少不必要的歧义和纷争乃至诉讼纠纷。

阅读提示

根据公司法的规定，无论是有限责任公司还是股份有限公司，股东会的召开必须履行通知程序，例如公司需至少提前15日通知股东召开股东会，并对股东会会议通知的送达承担证明责任；对于股东会会议通知的内容，公司法也作出了原则性的规定，即要求有明确的议题和决议事项，以保证股东能够在会前做好充分的准备。但是，股东会会议通知所要包含内容公司法未作明确规定，部分公司通知内容过于简单、模糊，致使股东在会上难以准确地表达自己的意愿。本书提供一些设计精妙的公司章程的通知条款，方便读者们准确把握会议通知的具体内容。

章程范本

1.《比亚迪公司章程》（2017年5月版）第六十九条　股东大会的会议的通知应当符合下列要求：（一）以书面形式作出；（二）指定会议的地点、日期和时间；（三）说明会议将讨论的事项和提案；（四）向股东提供根据公司股票上市的证券交易所的有关规定所要求的及为使股东对将讨论的事项作出明智决定所需要的资料及解释；此原则包括（但不限于）在公司提出合并、购回股份、股本重组或者其他改组时，应当提供拟议中的交易的具体条件和合同（如果有的话），并对其起因和后果作出认真的解释；（五）如任何董事、监事、总裁和其他高级管理人员与将讨论的事项有重要利害关系，应当披露其利害关系的性质和程度；如果将讨论的事项对该董事、监事、总裁和其他高级管理人员作为股东的影响有别于对其他同类别股东的影响，则应当说明其区别；（六）载有任何拟在会议上提议通过的特别决议的全文；（七）以明显的文字说明，全体股东均有权出席股东大会，有权出席和表决的股东有权委任一位或者一位以上的股东代理人代为出席和表决，而该股东代理人不必为股东；（八）载明会议投票代理委托书的送达时间和地点；（九）有权出席股东大会股东的股权登记日；（十）会务常设联系人姓名，电话号码。

笔者查阅了近百家上市公司的公司章程，其中存在少部分公司对股东会召集通知的内容提出了更加细致的规定，列举如下：

2.《仁和药业章程》（2023年5月版）第五十五条　股东大会的通知包括以下内容：（一）会议的时间、地点和会议期限。（二）提交会议审议的事项和提案。（三）以明显的文字说明：全体股东均有权出席股东大会，并可以书面委托代理人出席会议和参加表决，该股东代理人不必是公司的股东。（四）有权出席股东大会股东的股权登记日。（五）会务常设联系人姓名，电话号码。（六）大会通知和补充通知中应当充分、完整披露所有提案的全部具体内容。拟讨论的事项需要独立董事发表意见的，发布股东大会通知或补充通知时将同时披露独立董事的意见及理由。（七）股东大会采用网络或其他方式的，应当在股东大会通知中明确载明网络方式的表决时间及表决程序。股东大会网络方式投票的开始时间，不得早于现场股东大会召开前一日下午3：00，并不得迟于现场股东大会召开当日上午9：30，其结束时间不得早于现场股东大会结束当日下午3：00。（八）股权登记日与会议日期之间的间隔应当不多于7个工作日。股权登记日一旦确认，不得变更。

3.《东北证券章程》（2016年11月版）第六十二条　股东大会的通知包括以下内容：（一）会议的时间、地点和会议期限；（二）提交会议审议的事项和提案；（三）以明显的文字说明：全体股东均有权出席股东大会，并可以书面委托代理人出席会议和参加表决，该股东代理人不必是公司的股东；（四）有权出席股东大会股东的股权登记日；（五）会务常设联系人姓名，电话号码。

股东大会通知和补充通知中应当充分、完整披露所有提案的全部具体内容。拟讨论的事项需要独立董事发表意见的，发布股东大会通知或补充通知时将同时披露独立董事的意见及理由。

实务经验总结

《公司法》第六十四条规定："召开股东会会议，应当于会议召开十五日前通知全体股东……"第一百一十五条第一款规定："召开股东会会议，应当将会议召开的时间、地点和审议的事项于会议召开二十日前通知各股东；临时股东会会议应当于会议召开十五日前通知各股东。"

对比上述两个条文可知，有限责任公司与股份有限公司对于股东会会议通知的具体要求稍有差异；股份有限公司对股东会议通知的形式和记载的内容作出了强制性规定，而有限责任公司仅规定提前通知而未对通知的内容作出强制性规定。

由于股份有限公司的组织形式较为松散和开放，股东之间并无紧密联系，大部分股东并不实际参与公司经营，若不在会议通知中记载会议议题，难以确保全体股东平等地获取相关信息。而有限责任公司更注重内部的人合性，在公司治理和日常管理方面更为灵活，强调公司的意思和自治，并且股东之间、股东与公司高级管理人员之间的联系也更为紧密，对于会议讨论事项也更容易掌握，故《公司法》对于有限责任公司股东会会议通知的形式和记载内容并未作出明确规定。

由于《公司法》对有限责任公司股东会会议通知的形式和记载内容并未作出强制性规定，故股东会会议通知未记载股东会会议决议事项内容，或股东会决议内容超出股东会会议通知内容的，股东会所作出的决议不必然无效或可撤销；而股份有限公司股东会会议通知的记载内容不能满足公司法及公司章程的要求，则股东会决议有可能被撤销。

另外需要注意的是，会议通知中的会议拟表决议案内容应尽可能描述得明确、具体，最大限度尊重股东的表决权。表述过于简略，内容模糊，不利于各股东充分行使表决权，股东可以根据《公司法》第二十六条诉请撤销股东会决议。

设计建议

第一，就股东会会议通知的一般性内容而言，股东会会议通知需指定会议的具体地点、日期、时间、会务联系人及联系方式、会议将要讨论的议题和议案，股东委托代理人投票的注意事项，若采用网络投票，需载明网络投票的表决内容和表决方式。

第二，就股东会会议通知的内容深度而言，股东会会议通知应当将影响股东作出决策的资料和背景材料一并提供，涉及重大交易的，有必要将交易的必要条件和合同一同提供；涉及关联交易或与公司的董监高等内部人有利害关系的，通知内容需要披露利害关系的性质和程度；进一步讲，为使股东更加清晰地了解本次股东会的真实内容，有必要将本次股东会拟要通过的决议内容直接写在会议通知中。

> **条款实例**

股东会的会议通知应当符合下列要求：

（一）以书面形式作出。

（二）指定会议的地点、日期和时间。

（三）说明会议将讨论的事项和提案。

（四）向股东提供根据公司股票上市的证券交易所有关规定所要求的及为使股东对将讨论的事项作出明智决定所需要的资料及解释；此原则包括（但不限于）在公司提出合并、购回股份、股本重组或者其他改组时，应当提供拟议中的交易的具体条件和合同（如果有的话），并对其起因和后果作出认真的解释。

（五）如任何董事、监事、总裁和其他高级管理人员与将讨论的事项有重要利害关系，应当披露其利害关系的性质和程度；如果将讨论的事项对该董事、监事、总裁和其他高级管理人员作为股东的影响有别于对其他同类别股东的影响，则应当说明其区别。

（六）载有任何拟在会议上提议通过的特别决议的全文。

（七）大会通知和补充通知中应当充分、完整披露所有提案的全部具体内容。拟讨论的事项需要独立董事发表意见的，发布股东会通知或补充通知时将同时披露独立董事的意见及理由。

（八）股东会采用网络或其他方式的，应当在股东会通知中明确载明网络方式的表决时间及表决程序。

（九）以明显的文字说明，全体股东均有权出席股东会，有权出席和表决的股东有权委任一位或者一位以上的股东代理人代为出席和表决，而该股东代理人不必为股东。

（十）载明会议投票代理委托书的送达时间和地点。

（十一）有权出席股东会股东的股权登记日。

（十二）会务常设联系人姓名，电话号码。

> **法规链接**

《公司法》（2023年修订）

第二十五条 公司股东会、董事会的决议内容违反法律、行政法规的无效。

第二十六条 公司股东会、董事会的会议召集程序、表决方式违反法律、行政法规或者公司章程，或者决议内容违反公司章程的，股东自决议作出之日起六十日内，可以请求人民法院撤销。但是，股东会、董事会的会议召集程序或者表决方式仅有轻微瑕疵，对决议未产生实质影响的除外。

未被通知参加股东会会议的股东自知道或者应当知道股东会决议作出之日起六十日内，可以请求人民法院撤销；自决议作出之日起一年内没有行使撤销权的，撤销权消灭。

第六十四条 召开股东会会议，应当于会议召开十五日前通知全体股东；但是，公司章程另有规定或者全体股东另有约定的除外。

股东会应当对所议事项的决定作成会议记录，出席会议的股东应当在会议记录上签名或者盖章。

第一百一十五条 召开股东会会议，应当将会议召开的时间、地点和审议的事项于会议召开二十日前通知各股东；临时股东会会议应当于会议召开十五日前通知各股东。

单独或者合计持有公司百分之一以上股份的股东，可以在股东会会议召开十日前提出临时提案并书面提交董事会。临时提案应当有明确议题和具体决议事项。董事会应当在收到提案后二日内通知其他股东，并将该临时提案提交股东会审议；但临时提案违反法律、行政法规或者公司章程的规定，或者不属于股东会职权范围的除外。公司不得提高提出临时提案股东的持股比例。

公开发行股份的公司，应当以公告方式作出前两款规定的通知。

股东会不得对通知中未列明的事项作出决议。

延伸阅读

关于股东会会议通知内容的四条裁判规则：

裁判规则一：股份有限公司股东会决议内容超过会议通知议题范围所形成的股东会决议可撤销；有限责任公司股东会决议内容超过会议通知议题范围所形成的决议有效。

案例1：浙江省宁波市海曙区人民法院审理的联某建设开发公司与联某物业管理公司公司决议撤销纠纷案［（2014）甬海商初879号］认为，关于临时股东会决议内容超出会议通知议题范围是否有效的问题。原告主张根据《公司法》第一百零二条规定，股东会会议无权对会议通知中未列明的事项作出决议，而涉案临时股东会形成的七项决议，其中的六项未在《关于召开2014年临时股东会议的通知》中列明，表决内容存在明显瑕疵。本院认为，《公司法》第一百零二条是对股份有限公司股东会议通知的形式和记载的内容作出的强制性规定，该规定是基于股份有限公司的组织形式较为松散和开放，股东之间并无紧密联系，大部分股东并不实际参与公司经营，若不在会议通知中记载会议议题，难以确保全体股东平等地获取相关信息。而本案被告系有限责任公司，有限责任公司更注重内部的人合性，在公司治理和日常管理方面更为灵活，强调公司的意思和自治，并且股东之间、股东与公司高级管理人员之间的联系也更为紧密，对于会议讨论事项也更容易掌握，故《公司法》对于有限责任公司股东会会议通知的形式和记载内容并未作出明确规定。由于《公司法》对有限责任公司股东会会议通知的形式和记载内容并未作出强制性规定，所以涉案临时股东会决议内容虽超出会议通知议题范围但并不构成违法，故本院对于原告的主张不予支持。

裁判规则二：若股东会会议通知过于简单、内容模糊，股东会决议可被撤销。

案例2：湖北省武汉市中级人民法院审理的恒某达鑫公司与黄某公司决议撤销纠纷案［（2016）鄂01民终8335号］认为，关于是否应撤销免去黄某副董事长、董事的决议的问题。《公司法》第四十一条第一款规定，召开股东会会议，应当于会议召开十五日前通知全体股东，但公司章程另有规定或者全体股东另有约定的除外。恒某达鑫公司章程第十八条则明确规定，股东会会议通知应将会议时间、地点、内容通知全体股东。因此，会议通知中的会议拟表决议案内容应尽可能描述得明确、具体，最大限度尊重股东的表决权。因该项决议事关黄某的个人直接利益，且牵涉公司章程第十九条关于小股东对副董事长的提名权问题，但此次股东会会议通知中"公司董事人事任免"的表述过于简略，内容模糊，不利于各股东充分行使表决权，从表决结果上看，此项决议全体股东也仅是占有70%公司股权的股东恒某达鑫公司明确投票赞同该项决议，而占6%公司股权的股东闫某、8%公司股权的股东汤某国、4%公司股权的股东许某兵均投弃权票，故原审认定该项决议内容违反公司章程规定的召集程序，应予撤销，并无不当，本院依法予以维持。

裁判规则三：公司未提前15日通知股东召开股东会所形成的股东会决议可撤销。

案例3：安徽省淮南市中级人民法院审理的淮某集团与软某投资公司公司决

议撤销纠纷案［（2015）淮民二终00011号］认为，股东会或者股东大会、董事会的会议召集程序、表决方式违反法律、行政法规或者公司章程，或者决议内容违反公司章程的，股东可以自决议作出之日起60日内，请求人民法院撤销。本案淮某集团将软某投资公司于2012年10月16日召开的"2012年第一次临时股东会"改期至同年10月22日，虽原定会议召开时间、地点、议题等，已于2012年9月10日由其工作人员通过电子邮件向全体股东发出议案，并于2012年9月28日通知全体股东，软某投资公司知道该次股东会议议案，但因其对改期会议未在会议召开前15日通知股东软某投资公司，违反了《公司法》第四十一条第一款规定，"召开股东会会议，应当于会议召开十五日前通知全体股东；但是，公司章程另有规定或者全体股东另有约定的除外"。同时亦违反了《淮某集团章程》第二十五条规定，"召开股东会会议，应当于会议召开15日以前通知全体股东"。故该股东会会议在召集程序上违反法律规定和公司章程，软某投资公司自该决议作出之日起60日内，请求法院撤销该公司决议，有事实和法律依据，予以支持。

案例4：海南省高级人民法院审理的宝某公司与保某公司公司决议撤销纠纷案［（2015）琼民二终18号］认为，关于2014年1月17日股东会决议应否撤销的问题。保某公司于2014年1月4日向宝某公司公告送达2014年1月17日股东会议的召开通知，会议通知未提前15日，故违反了保某公司《有限公司章程》第八条关于召开股东会会议应于会议召开15日前通知全体股东的规定。同时，保某公司亦未实际召开该次股东会。故宝某公司有权依法请求撤销该份股东会决议。保某公司上诉主张宝某公司起诉撤销该次决议已超过《公司法》第二十二条规定的60日期限。如前文所述，保某公司未通知宝某公司参加该次会议，该次会议也未实际召开，且保某公司也从未将决议内容通知宝某公司，故宝某公司起诉请求撤销该次会议决议，应不受该条规定的60日的限制。故宝某公司请求撤销2014年1月17日股东会决议的诉讼请求，有事实和法律依据，应予支持。

裁判规则四：公司对其依据公司法和公司章程的规定向股东按时送达了股东会会议通知承担举证证明的责任。

案例5：新疆维吾尔自治区克拉玛依市中级人民法院审理的盛某电力公司与李某某公司决议撤销纠纷案［（2017）新02民终245号］认为，根据公司章程第二十五条第一款规定，"股东会会议应于召开前十五日通知全体股东"。盛某电力公司应对全体股东及出资人履行会议通知义务，故对是否已在会议召开前

15 日即 2016 年 8 月 16 日向全体股东及出资人送达会议通知，其应负举证证明责任，举证不能的，应当承担不利的法律后果。根据证人金某某的证言及出示的有彩信发送通知的手机表明，其负责向股东吴某某、出资人宋某某通知会议召开的时间及内容，但其并未证明已向该二人合法、有效地送达了会议通知，且结合股东会决议签署内容情况，股东吴某某明确注明"不同意此方案，程序违法"、宋某某缺席了股东会会议，故仅凭证人金某某证言及其发送的彩信，并不足以证实被送达人均已于 2016 年 8 月 16 日收到会议通知，其陈述对所有通知对象均系先打电话后发彩信，但并无相关证据予以佐证，故依法不予采信。且盛某电力公司提交的各部门负责人通知传达反馈书中没有安全生产办生产经营主任王某某的反馈结果，其亦未提供其他可以证实有效送达的证据，不足以证实盛某电力公司是否已于 2016 年 8 月 16 日及时、有效地向公司全体股东及出资人送达了会议通知内容。综上，盛某电力公司未能提供有效证据证明其已于股东会召开前 15 日即 2016 年 8 月 16 日前向全体股东及出资人送达会议通知，根据《公司法》第二十二条第二款规定："股东会或者股东大会、董事会的会议召集程序、表决方式违反法律、行政法规或者公司章程，或者决议内容违反公司章程的，股东可以自决议作出之日起六十日内，请求人民法院撤销。"盛某电力公司召开股东会程序违反《公司法》第四十一条第一款前段及公司章程第二十五条第一款之规定，故应当依法予以撤销。

案例 6：河南省南阳市中级人民法院审理的高某公路公司与通某公司公司决议纠纷案[（2015）南民三终 00996 号]认为，《公司法》第二十二条第二款规定："股东会或者股东大会、董事会的会议召集程序、表决方式违反法律、行政法规或者公司章程，或者决议内容违反公司章程的，股东可以自决议作出之日起六十日内，请求人民法院撤销。"股东（大）会决议和董事会决议，是公司的意思决定，但当公司决议存在瑕疵时，根据《公司法》第二十二条的规定，股东可以提起公司决议无效或撤销之诉。对撤销之诉，应审查股东会会议在会议召集程序和表决方式方面是否违反公司法及其他法律、行政法规，或者决议在内容或者程序上是否有违反公司章程的瑕疵。《公司法》第四十一条第一款规定："召开股东会会议，应当于会议召开十五日前通知全体股东；但是，公司章程另有规定或者全体股东另有约定的除外。"《高某公路公司章程》也规定公司召开股东会会议，应当于会议召开十五日前书面通知全体股东。而在本案中，高某公路公司以特快专递的形式向通盛公司的法定代表人王某教邮寄送达召开临时会议的书面通知，但邮寄地址为南阳市政府办公院内金融办，且该邮件并非王某教本人所签。高某公路公司称已将书面通知送达股东通盛公司缺乏扎实有效的证据支持，故原审判决无法认定高某公路公司已经依法向通盛公司送达了召开股东会议的书面通知并无不当。原审判决撤销高某公路公司于 2014 年 5 月 22 日召开股东会形成的 2014 年第一次（临时）股东会决议亦并无不当。

008 股东委托他人出席股东会应提交哪些手续

公司章程设计要点

为确保受托参加股东会的代理人具有合法有效的代理权，公司章程可规定股东委托他人出席股东会的，授权委托书必须经过公证。

阅读提示

《公司法》未对有限责任公司的股东委托代理人出席股东会会议作出规定，仅对股份有限公司的股东委托代理人出席股东会会议作出简要规定。实践中，经常出现因为授权手续是否合法，导致各股东对于公司决议的效力产生争议。那么，公司章程中应如何规定股东委托他人出席股东会会议时应提交的手续？下面笔者通过介绍民生控股股份有限公司章程的有关条款及三个司法案例，对这一问题进行深入的分析。

章程范本

1. 《民生公司章程》（2023 年 11 月版）第一百零一条　表决代理委托书至少应当在该委托书委托表决的有关会议召开前 24 小时，或者在指定表决时间前 24 小时，备置于本行住所或者召集会议的通知中指定的其他地方。委托书由委托人授权他人签署的，授权签署的授权书或者其他授权文件应当经过公证。经公证的授权书或者其他授权文件，应当和表决代理委托书同时备置于本行住所或者召集会议的通知中指定的其他地方。

委托人为法人的，其法定代表人或者董事会、其他决策机构决议授权的人作为代表出席本行的股东大会。

本行有权要求代表股东出席股东大会的代理人出示其身份证明。

法人股东如果委派其代表出席会议，本行有权要求该代表出示身份证明和该法人股东的董事会或者其他权力机构委派该代表的，经过公证证实的决议或授权书副本（认可结算所或其代理人除外）。

笔者查阅了多家上市公司章程中的同类条款，其中对于股东委托他人参加股东会应提交的授权文件作了不同规定：（1）除上述民生控股公司章程外，大部分公司章程未规定授权委托书需经公证；（2）方大集团公司章程还规定，个人股东委托他人出席股东会的，应当出示股东的有效身份证件；（3）法人股东委托代理人出席股东会的，民生控股公司章程规定"由其法定代表人或者董事会、其他决策机构决议授权"，其他多数公司章程仅规定由其法定代表人授权。具体如下：

2.《珠海港公司章程》（2023年12月版）第六十九条　个人股东亲自出席会议的，应出示本人身份证或其他能够表明其身份的有效证件或证明、股票帐户卡；委托代理他人出席会议的，应出示本人有效身份证件、股东授权委托书。

法人股东应由法定代表人或者法定代表人委托的代理人出席会议。法定代表人出席会议的，应出示本人身份证、能证明其具有法定代表人资格的有效证明；委托代理人出席会议的，代理人应出示本人身份证、法人股东单位的法定代表人依法出具的书面授权委托书。

3.《古井公司章程》（2022年4月版），该公司章程第六十一条与上述《珠海港公司章程》第六十九条的规定相同。

4.《方大集团章程》（2023年12月版）第六十三条　个人股东亲自出席会议的，应出示本人身份证或其他能够表明其身份的有效证件或证明、股票账户卡；受委托代理他人出席会议的，代理人应出示本人有效身份证件、股东授权委托书、股东有效身份证件、股东股票账户卡。

法人股东应由法定代表人或者法定代表人委托的代理人出席会议。法定代表人出席会议的，应出示股东有效身份证明文件、本人身份证、能证明其具有法定代表人资格的有效证明；委托代理人出席会议的，代理人应出示法人股东有效身份证明文件、法定代表人资格的有效证明文件、本人身份证、法人股东单位的法定代表人依法出具的书面授权委托书。

实务经验总结

公司章程规定此类条款的意义在于：在《公司法》未对有限责任公司的股

东委托代理人出席股东会会议作出规定，仅对股份有限公司的股东委托代理人出席股东会会议作出简要规定的情况下，有关事项的规范将完全取决于公司章程是否作出规定，以及所作出的规定是否完善、具有可操作性。

一方面，完善的委托制度可督促股东按照公司章程的规定履行委托程序，避免因委托瑕疵而导致最终的公司决议受到影响，股东间发生争议；另一方面，委托制度的设计也应当兼具可操作性，便于股东通过委托代理人的方式行使其参与股东会和公司决策的股东权利，不过分增加委托股东的成本，以保障公司股东会的正常、灵活运转。

设计建议

笔者认为，有限责任公司和股份有限公司可以对公司章程条款进行不同的设计。

1. 有限责任公司

为便于有限责任公司股东会高效决策，不建议有限责任公司的章程要求股东委托他人出席股东会会议的，应当对授权委托书进行公证。但是在实际操作中，公司仍应留存好授权委托书、代理人身份证明等文件，并可考虑要求被代理股东通过向公司发送邮件、短信等形式，对由他人出席股东会予以确认，以降低股东间最终因此发生争议、股东会决议被确认为无效或被撤销的风险。

2. 股份有限公司

（1）公司章程中可要求股东委托他人出席股东会会议的，应当对授权委托书进行公证。

（2）股东是法人的，公司章程可考虑授权委托书不一定要求该法人的法定代表人出具；如该法人的董事会、其他决策机构决议授权的人作为代表出席公司的股东会，公司章程亦可允许。

条款实例

1. 有限责任公司章程条款实例

股东可亲自出席股东会会议，也可委托其他个人股东或其他法人股东的法定代表人出席股东会会议。

个人股东亲自出席股东会会议的，应出示本人身份证或其他能够表明其身份的有效证件或证明；委托代理他人出席股东会会议的，应出示本人有效身份证件、股东授权委托书。

法人股东应由法定代表人或者法定代表人委托的代理人出席会议。法定代表人出席会议的，应出示本人身份证、能证明其具有法定代表人资格的有效证明；委托代理人出席会议的，代理人应出示本人身份证、法人股东单位的法定代表人出具的书面授权委托书。

2. 股份有限公司章程条款实例

股东可亲自出席股东会，也可委托其他人出席股东会。股东委托他人出席的，授权书或者其他授权文件应当经过公证。

个人股东亲自出席股东会会议的，应出示本人身份证或其他能够表明其身份的有效证件或证明；委托代理他人出席股东会会议的，应出示本人有效身份证件、股东授权委托书。

法人股东应由法定代表人或者法定代表人委托的代理人出席会议。法定代表人出席会议的，应出示本人身份证、能证明其具有法定代表人资格的有效证明；委托代理人出席会议的，代理人应出示本人身份证、法人股东单位的法定代表人依法出具的书面授权委托书。

法规链接

《公司法》（2023 年修订）

第一百一十八条 股东委托代理人出席股东会会议的，应当明确代理人代理的事项、权限和期限；代理人应当向公司提交股东授权委托书，并在授权范围内行使表决权。

延伸阅读

因授权行为有瑕疵影响公司决议效力的案件：

裁判规则一：出席股东会的股东代理人，应当出具载明授权出席股东会并对股东会相应议题进行表决的委托书，否则该无权代理人作出的侵害股东合法权益的股东会决议无效。

案例1：最高人民法院审理的夏某中与黔某交通公司、何某阳等公司决议效力确认纠纷案［（2016）最高法民申334号］认为，夏某中向代某贵出具的授权委托书并不包括代其参加股东会并对决议内容发表意见的内容，故2010年3月30日、6月20日、6月24日、6月29日黔某交通公司召开的股东会所作出的关于增加注册资本以及修改公司章程的股东会决议内容，没有经过当时仍持有公司93.33%股权的夏某中的同意，也没有证据证明夏某中就公司的该次增资已知悉并明确放弃了优先认缴权，故上述决议内容违反了《公司法》（2005年修订）第三十五条关于"股东有权优先按照实缴的出资比例认缴出资"的规定，侵犯了夏某中认缴增资的合法权益，依据《公司法》（2005年修订）第二十二条第一款规定，应认定无效。

裁判规则二：受托人参加股东会所持的委托书未载明委托股东知晓会议议题及对该议题的表决权的，受托人擅自作出的股东会决议可撤销。

案例2：上海市第二中级人民法院审理的力某公司、喻某等与东某冶金公司、苍某公司等公司决议撤销纠纷案［（2014）沪二中民四（商）终465号］认为，上述三方股东在委托代理人出席会议和表决程序上确实存在不同情形的瑕疵。股东姜某良虽在临时股东会会议召开后补签了委托书，但其中既未载明喻某是否具有代表姜某良表决的权利，并且在姜某良否认的情况下，也没有证据证明姜某良在补签委托书时明知临时股东会会议作出的决议内容。股东苍某公司虽在会议前出具了委托书，但同样未载明代为出席的孟某水是否具有表决权，且苍某公司事后对决议内容持否定意见。股东涟某公司虽在决议上加盖了公章，但孟某水持有涟某公司公章的事实并不必然表明其具有代为涟某公司进行表决的权利。以上分析表明，三方未出席临时股东会会议的股东行使表决权均缺乏程序的正当性，且三方股东均在诉讼中明确表示对系争决议二的内容持否定意见。因此，本院认为，该三方股东委托行为和表决程序不符合公司章程和议事规则，构成系争决议二可撤销的理由。

案例3：吉林省四平市中级人民法院审理的春某公司与白某新公司决议纠纷案［（2014）四民三终20号］认为，依据《公司法》第一百一十三条第一款"董事会会议，应由董事本人出席；董事因故不能出席，可以书面委托其他董事代为出席，委托书中应载明授权范围"以及第一百一十二条"董事会会议应有过半数的董事出席方可举行。董事会作出决议，必须经全体董事的过半数通过。董事会决议的表决，实行一人一票"的规定，春某公司实有董事9人，2013年8月24日出席临时董事会为董事本人的仅有4人，分别是董事长白某新及另外三名董事刘某光、曹某胜、韩某伟。在《董事会决议》上签名的董事除刘某光、曹某胜外，另有常某杰代签的王某某董事，李某琴代签的修某师、张某华董事，赵某勇代签的赵某董事。春某公司临时董事会未出席董事依公司法规定可以委托其他董事出席，但事实上委托的是常某杰、李某琴、赵某勇，三人均不是公司董事。春某公司认为，任何具有民事行为能力及权利能力的人都有委托他人或者接受他人委托从事民事行为的权利，一人是可以受多人的委托而行使代理权的。本案是公司决议纠纷，应适用公司法的相关规定，而非适用《民法通则》中关于委托代理制度的相关规定，其上诉理由是对法律理解有误。因此，该临时董事会在董事的出席人数和表决方式上，明显违反了公司法的规定……依据《公司法》第二十二条第二款"股东会或者股东大会、董事会的会议召集程序、表决方式违反法律、行政法规或者公司章程，或者决议内容违反公司章程的，股东可以自决议作出之日起六十日内，请求人民法院撤销"之规定，春某公司于2013年8月24日作出的《董事会决定》以及2013年8月26日作出的《股东会决议》在召集程序、表决方式上违反法律和公司章程，应予撤销。春某公司的上诉理由不能成立，本院不予支持。

009 公司章程可否提前设计股东会召开的最低出席人数

公司章程设计要点

有限责任公司章程有必要对股东会召开的最低出席人数作出规定。

阅读提示

我国《公司法》第六十六条和第一百一十六条分别规定了有限责任公司及股份有限公司股东会的出席和表决程序，均没有对股东会最低的出席人数作出规定；但是为保证股东会决议代表多数股东的利益，公司章程非常有必要对股东会最低的出席人数作出规定，以防止极少数甚至一名股东出席的情况下，所作出的股东会决议也会对所有的股东都有约束力，避免大股东侵害小股东利益的现象发生。

章程范本

《上市公司章程指引》（2023修正）第七十六条　股东大会决议分为普通决议和特别决议。股东大会作出普通决议，应当由出席股东大会的股东（包括股东代理人）所持表决权的过半数通过。股东大会作出特别决议，应当由出席股东大会的股东（包括股东代理人）所持表决权的三分之二以上通过。

笔者查阅了近百家上市公司的公司章程，其中存在少部分公司对股东会最低出席人数提出了更加细致的规定，列举如下：

1. 《平安银行章程》（2020年6月版）第五十条　股东大会决议分为普通决议和特别决议。股东大会作出普通决议，应当由出席股东大会的股东（包括股东代理人）所持表决权的二分之一以上通过。

股东大会作出特别决议，应当由出席股东大会的股东（包括股东代理人）所持表决权的三分之二以上通过。

2. 《方大集团章程》（2023年12月版）第七十八条　股东大会决议分为普通决议和特别决议。

股东大会作出普通决议，应当由出席股东大会的股东（包括股东代理人）所持表决权的1/2以上通过。

股东大会作出特别决议，应当由出席股东大会的股东（包括股东代理人）所持表决权的2/3以上通过。

3. 《中兴公司章程》（2023年4月版）第一百零五条　股东大会决议分为普通决议和特别决议。

在不违反本节有关规定的前提下：

（一）股东大会作出普通决议，应当由出席股东大会的股东（包括股东代理人）所持表决权的二分之一以上通过。

（二）股东大会作出特别决议，应当由出席股东大会的股东（包括股东代理人）所持表决权的三分之二以上通过。

实务经验总结

股东会决议的生效需要满足两个人数上的要求：一是合法的"出席数"，二是合法的"表决数"。股东会"出席数"决定股东会会议能否成立，满足了相应的出席数就意味着该会议体具有了公司意思决定的资格或能力，相当于满足了法律行为的主体要件；股东会"表决数"决定股东会决议是否有效，满足了相应的表决数就意味着该会议体满足了法律行为的意思表示要素。只要满足了"出席数"和"表决数"的要求，一经表决作出即可生效；而且股东会决议作为一种集体决议行为，其法律效力溯及所有股东，无论此决议是否经过其同意或者向其送达。对于"表决数"来讲，依据公司法的规定，有限责任公司特别决议应当经代表三分之二以上表决权的股东通过，一般决议的表决权通过比例则由公司章程自由约定；股份有限公司特别决议应当经出席股东所持表决权的三分之二以上通过，一般决议则需出席股东所持表决权的过半数通过。而对于"出席数"来讲，无论是有限责任公司还是股份有限公司，公司法均没有作出特别的约定。根据《最高人民法院关于适用〈中华人民共和国公司法〉若干问题的规定（四）》（以下简称《公司法司法解释（四）》）第五条第（三）项的规定，出席会议的人数或者股东所持表决权不符合公司法或公司章程规定的，股东会决议不成立。所以，公司章程有必要对股东会决议的最低出席人数作出规定，以便能够准确、清晰地判断股东会决议成立与否。

设计建议

1. 对于有限责任公司来讲，公司章程有必要规定，股东会必须有代表二分之一以上表决权的股东出席才能举行。因为根据《公司法》第六十六条的规定，特别决议需要代表三分之二以上表决权的股东同意才能通过，同时一般决议也需要代表过半数表决权的股东同意才能通过，若出席股东的表决权都达不到半数就形不成任何决议。另外，为防止大股东一股独大，侵害小股东的利益，还可以规定股东会需要半数以上的股东出席方可举行，以充分保护小股东的利益。

2. 对于未能达到最低出席人数的股东会，会议应当延期举行，延期的时间不宜过长，以不超过一个月为宜。

条款实例

股东会需有代表二分之一表决权且股东人数不低于股东总数一半以上的股东出席，方能举行。如果未达到最低出席人数，会议应当延期，延期的股东会应在一个月内召开。

法规链接

《公司法》（2023 年修订）

第二十七条 有下列情形之一的，公司股东会、董事会的决议不成立：
（一）未召开股东会、董事会会议作出决议；
（二）股东会、董事会会议未对决议事项进行表决；

（三）出席会议的人数或者所持表决权数未达到本法或者公司章程规定的人数或者所持表决权数；

（四）同意决议事项的人数或者所持表决权数未达到本法或者公司章程规定的人数或者所持表决权数。

第六十六条 股东会的议事方式和表决程序，除本法有规定的外，由公司章程规定。

股东会作出决议，应当经代表过半数表决权的股东通过。

股东会作出修改公司章程、增加或者减少注册资本的决议，以及公司合并、分立、解散或者变更公司形式的决议，应当经代表三分之二以上表决权的股东通过。

第一百一十六条 股东出席股东会会议，所持每一股份有一表决权，类别股股东除外。公司持有的本公司股份没有表决权。

股东会作出决议，应当经出席会议的股东所持表决权过半数通过。

股东会作出修改公司章程、增加或者减少注册资本的决议，以及公司合并、分立、解散或者变更公司形式的决议，应当经出席会议的股东所持表决权的三分之二以上通过。

010 公司章程可否设计累积投票制的实施细则

公司章程设计要点

股东会选举二名以上的董事或者监事时采取累积投票制度，并可制作实施细则。

阅读提示

累积投票制，是指公司股东会在涉及重大人事任命时，根据应选董事或监事的人数，赋予每一股份与该人数相同的投票权，亦即一股多投的表决制度。

与直接投票制每一股份仅享有一个投票权不同，在累积投票制中，股东既可以将所有投票权集中投给一人，也可以选择分散投给数人，最后应当根据得票总数的高低决定获选人选。

我国《公司法》第一百一十七条规定："股东会选举董事、监事，可以按照公司章程的规定或者股东会的决议，实行累积投票制。本法所称累积投票制，是指股东会选举董事或者监事时，每一股份拥有与应选董事或者监事人数相同的表决权，股东拥有的表决权可以集中使用。"

那么，什么样的公司适合采用累积投票制呢？公司在采用累积投票制时应该注意什么问题呢？本书结合《凯莱英集团章程》对此问题进行剖析。

章程范本

1. 《凯莱英集团章程》（2024年1月版）第一百一十条　董事、监事候选人名单以提案的方式提请股东大会表决。

股东大会审议选举董事、监事的提案，应当对每一个董事、监事候选人逐个进行表决。董事会应当向股东公告候选董事、监事的简历和基本情况。

股东大会就选举2名及以上的董事或由股东代表出的监事进行表决时，根据本章程的规定或者股东大会的决议，可以实行累积投票制。公司股东大会选举两名以上独立非执行董事的，应当实行累积投票制。

前款所称累积投票制是指股东大会选举董事或者监事时，每一股份拥有与应选董事或者监事人数相同的表决权，股东拥有的表决权可以集中使用。

选举董事并实行累积投票制时，独立非执行董事和其他董事应分别进行选举，以保证公司董事会中独立非执行董事的比例。

实践中，大部分上市公司都已经引入了累积投票制度，如上述《凯莱英集团章程》和下列《科林公司章程》《新开普公司章程》都规定了应该采用累积投票制的情形。

2. 《科林公司章程》（2023年12月版）第八十四条　董事、监事候选人名单以提案的方式提请股东大会表决。

股东大会就选举董事、监事进行表决时，根据本章程的规定或者股东大会的决议，可以实行累积投票制。

前款所称累积投票制是指股东大会选举董事或者监事时，每一股份拥有与应选董事或者监事人数相同的表决权，股东拥有的表决权可以集中使用。董事会应当向股东公告董事候选人、监事候选人的简历和基本情况。

公司制定《累积投票管理制度》，对公司实施累积投票制的相关事宜进行规范。

3. 部分上市公司在此基础上还对累积投票制的表决方式进行了规定，如《新开普公司章程》（2023年12月版）第八十二条第四款和第五款规定，股东大会在选举或者更换二名以上董事或监事时，应当实行累积投票制。前述累积投票制是指股东大会选举董事或者监事时，每一股份拥有与应选董事或者监事人数相同的表决权，股东拥有的表决权可以集中使用。

获选董事、监事分别按应选董事、监事人数依次以得票较高者确定，但当选的董事、监事所得票数均不得低于出席股东大会的股东（包括股东代理人）所持表决权的1/2。

实务经验总结

1. 累积投票制的理论价值和实践困难

从公司治理的角度出发，累积投票制最突出的作用是赋予中小股东间接参与公司重大决策的权利，作为资本民主或者股份平等原则的补偿，该制度保障了中小股东投票表决权的实际价值，后者可以通过选举董事继而实现更广泛的知情权、决策权和监督权。但是，在我国的当前立法背景下，累积投票制的适用效果会受到一定的减损。

我国《公司法》第一百一十六条第二款规定："股东会作出决议，应当经出席会议的股东所持表决权过半数通过。"因此，少数股东若想成功推选董事，既需要满足累积投票制规则，得票较多；也需要满足直线投票制下代表的表决权过半数。学术界普遍认为，该规则实际上对于少数股东的表决权数提出了更高的要求，会大大减损累积投票制的有效性。

2. 公司章程在累积投票制问题中的自治空间

《公司法》赋予我国公司在累积投票问题上极大的自治空间，除控股股东控股比例在30%以上的上市公司应当采用累积投票制外，其他公司的累积投票制完全遵循"选入式"，股东会拥有是否使用累积投票制以及何时采用累积投票制的决定权；对于控股股东比例在30%以上的上市公司，股东会仍然可以决定何时采用累积投票制。

理论界认为，当控股股东持股比例达到75%以上时，实施累积投票制将失去意义，因此，此类公司没有必要在公司章程中引入累积投票制。对于其他公司而言，累积投票制理论上都可以起到作用，但选举方式仍然可以极大地影响累积投票制的有效性。首先，累积投票制只对差额选举有效，等额选举下的累积投票制将流于形式。其次,股东会选举二名以上的董事或者监事时,采用累积投票制都将有效,但是在股东会选举董事人数为两名时,若将独立董事和非独立董事分开选举,则会严重降低累积投票制的时效或使其流于形式。

设计建议

1. 规定应当采用累积投票制的情形

为了更好地保证中小股东的利益,完善公司的治理结构,笔者建议公司在章程中规定"股东会在选举或者更换二名以上董事或监事时,应当实行累积投票制"。

上述新开普电子股份有限公司的原章程规定,股东会在选举或更换三名以上董事或监事时,采用累积投票制。与旧章程相比,新章程放宽了累积投票制的适用条件,虽然累积投票制在选举董事或监事人数较少时效用较低,但是公司不必将选举两名董事或者监事的情况排除在累积投票制适用范围之外。

2. 制定累积投票制配套实施细则

公司可以制定累积投票制的实施细则,保证制度的有效执行。首先,独立董事、非独立董事及监事的选举实行分开投票方式,并同时规定,公司股东会仅选举或更换一名独立董事、非独立董事或监事时,以及同时选举或更换一名非独立董事和一名独立董事时,不适用累积投票制。其次,细则中可以对累积投票的操作程序进行规定。(读者可参考延伸阅读中的《天地源公司累积投票制实施细则》)

条款实例

董事、监事候选人名单以提案的方式提请股东会表决。股东会就选举董事、监事进行表决时,根据本章程的规定或者股东会的决议,可以实行累积投票制。

前款所称累积投票制是指股东大会选举董事或者监事时,每一股份拥有与应选董事或者监事人数相同的表决权,股东拥有的表决权可以集中使用。董事会应当向股东公告候选董事、监事的简历和基本情况。

公司应在选举独立董事、两名及以上董事或监事时实行累积投票制。

选举董事并实行累积投票制时,独立董事和其他董事应分别进行选举,以保证公司董事会中独立董事的比例。

法规链接

《公司法》（2023年修订）

第一百一十七条　股东会选举董事、监事，可以按照公司章程的规定或者股东会的决议，实行累积投票制。

本法所称累积投票制，是指股东会选举董事或者监事时，每一股份拥有与应选董事或者监事人数相同的表决权，股东拥有的表决权可以集中使用。

《上市公司治理准则》（中国证券监督管理委员会公告〔2018〕29号）

第十七条　董事、监事的选举，应当充分反映中小股东意见。股东大会在董事、监事选举中应当积极推行累积投票制。单一股东及其一致行动人拥有权益的股份比例在30%及以上的上市公司，应当采用累积投票制。采用累积投票制的上市公司应当在公司章程中规定实施细则。

延伸阅读

《天地源公司累积投票制实施细则》

第一章　总　　则

第三条　本细则适用于选举或更换公司董事或监事的议案，其中董事包括独立董事和非独立董事，监事特指由股东大会选举产生的监事。职工民主选举的监事不适用于本细则的相关规定。

第四条　公司股东大会仅选举或更换一名独立董事、非独立董事或监事时，以及同时选举或更换一名非独立董事和一名独立董事时，不适用累积投票制。

……

第三章　累积投票制的投票原则

第十条　采用累积投票制时，股东大会对董事或监事候选人进行表决前，股东大会主持人应明确告知与会股东对候选董事或监事实行累积投票方式，股东大会召集人、监事会必须置备适合实行累积投票方式的选票。董事会秘书应对累积投票方式、选票填写方法作出说明和解释。

第十一条　公司股东大会对董事、监事候选人进行表决时，每位股东拥有的表决权等于其持有的公司股份数乘以应选举董事、监事名额的乘积。

第十二条　独立董事、非独立董事及监事的选举实行分开投票方式：

（一）选举独立董事时，出席会议股东所拥有的投票权数等于其所持有的股份总数乘以该次股东大会应选独立董事人数之积，该部分投票权只能投向该次股东大会的独立董事候选人。

（二）选举非独立董事时，出席会议股东所拥有的投票权数等于其所持有的股份总数乘以该次股东大会应选非独立董事人数之积，该部分投票权只能投向该次股东大会的非独立董事候选人。

（三）选举监事时，出席会议股东所拥有的投票权数等于其所持有的股份总数乘以该次股东大会应选监事人数之积，该部分投票权只能投向该次股东大会的监事候选人。

第十三条 股东大会对董事、监事候选人进行表决时，股东可以集中行使其表决权，将其拥有的全部表决权集中投向某一位或数位董事、监事候选人，也可将拥有的表决权分别投向全部董事、监事候选人。

第十四条 每位股东所投选的候选人数量不应超过本次应选董事、监事的名额，应当等于或少于应选名额。投选的候选人数量超过应选名额的，该股东选举董事或监事的投票视为全部无效。

第十五条 股东投给投选候选人的表决权总数多于其拥有的全部表决权时，该股东选举董事或监事的投票视为全部无效；股东投给投选候选人的表决权总数少于其拥有的全部表决权时，该股东投票有效，差额部分视为放弃表决权。

第十六条 表决完毕后，由股东大会监票人清点票数，并由董事会秘书公布每个董事或监事候选人的得票情况。

第四章 董事或监事的当选原则

第十七条 股东大会选举产生的董事或监事人数及结构应符合《公司章程》的规定。董事或监事候选人以其得票总数由高往低排列，位次在本次应选董事、监事人数之前（含本数）的董事、监事候选人当选，每位当选董事或监事的得票数必须超过出席股东大会股东所持有效表决权股份（以未累积的股份数为准）的二分之一。

011 公司章程可否将股东会特别决议事项设置为四分之三通过

公司章程设计要点

公司可以在公司章程中增设股东会特别决议事项，将个别事项规定为四分之三决议通过方为有效。

阅读提示

"宝万之争"虽已尘埃落定，但反并购的热度丝毫未减。据统计，"宝万之争"后14个月内，有694家上市公司修改了公司章程，71家直接涉及了反并购条款。其中，设定绝对多数条款被认为是防止恶意收购的有效措施之一，公司章程规定公司进行并购、重大资产转让或者经营管理权变更时，必须经过股东会所持表决权的四分之三以上同意。

我国《公司法》第一百一十六条规定了股东会特别决议，列举了应当经出席会议的股东所持表决权的三分之二以上通过的事项。那么，提高特别决议的通过比例是否违反《公司法》？在公司章程的设计中，应该如何适用绝对多数条款防止恶意并购？

本书将通过介绍《雅化集团章程》及类似章程和相关案例，对这一问题进行分析。

章程范本

1.《雅化集团章程》（2016年7月版）第九十四条 下列事项由股东大会以特别决议通过：（一）公司增加或者减少注册资本；（二）公司的分立、合并、解散和清算；（三）《公司章程》的修改；（四）公司在一年内购买、出售重大资产或者担保金额超过公司最近一期经审计总资产30%的；（五）股权激励计划；（六）法律、法规或本章程规定的以及股东大会以普通决议认定会对公司产生重大影响的、需要以特别决议通过的其他事项。

第九十五条 下列事项还需由股东大会股东所持表决权的四分之三以上表决通过：（一）除公司处于危急等特殊情况外，公司需与董事、总裁和其他高级管理人员以外的人订立将公司全部或者重要业务的管理交与该人负责的合同，应由股东大会以出席会议的股东所持表决权的四分之三以上决议通过。（二）股东大会审议收购方为实施恶意收购而提交的关于购买或出售资产、租入或租出资产、赠与资产、关联交易、对外投资（含委托理财等）、对外担保或抵押、提供财务资助、债权或债务重组、签订管理方面的合同（含委托经营、受托经营等）、研究与开发项目的转移、签订许可协议等议案时，应由股东大会以出席会议的股东所持表决权的四分之三以上决议通过。

笔者查阅了多家上市公司章程中的股东大会特别决议条款，其中大多数公司与《公司法》和《上市公司章程指引》的规定一致。

"宝万之争"后，部分上市公司增加了需要股东大会出席股东所持表决权四分之三以上通过的特别决议事项，旨在通过更严格的股东大会决议条件防止恶意收购，其内容与《雅化集团章程》类似，但是不完全相同，具体如下：

2.《金泰集团章程》（2016年8月版）第七十七条第一款关于特别决议事项的规定与上述《雅化集团章程》第九十四条相同，第二款关于股东会四分之三表决事项的规定如下：下述事项由股东大会以出席会议的股东所持表决权的四分之三以上决议通过：

（1）股东大会审议收购方为实施恶意收购而提交的关于购买或出售资产、租入或租出资产、赠与资产、关联交易、对外投资（含委托理财等）、对外担保或抵押、提供财务资助、债权或债务重组、签订管理方面的合同（含委托经营、受托经营等）、研究与开发项目的转移、签订许可协议；

（2）修改公司章程第四十八条（召开临时股东大会）、第五十二条、第五十三条（股东大会提案和通知）、第七十七条（股东大会特别决议）、第九十六条（董事的选举和更换）、第一百零七条（董事会职权）、第一百零八条事宜（董事会反收购措施）；

（3）除公司处于危急等特殊情况外，公司需与董事、总经理和其他高级管理人员以外的人订立将公司全部或者重要业务的管理交与该人负责的合同。

3.《多氟多公司章程》（2023年11月版）第八十二条 下列事项由股东大会以特别决议通过：（一）公司增加或者减少注册资本；（二）公司的分立、合并、解散和清算；（三）本章程的修改；（四）本章程第四十五条第（二）项所涉及的交易；（五）本章程第四十二条第（三）项所涉及的担保；（六）股权激励计划；（七）除公司处于危急等特殊情况外，公司需与董事、总经理和其他高级管理人员以外的人订立将公司全部或者重要业务的管理交与该人负责的合同；（八）法律、行政法规或本章程规定的，以及股东大会以普通决议认定会对公司产生重大影响的、需要以特别决议通过的其他事项。股东大会审议收购方为实施恶意收购而提交的关于收购资产/出售资产的议案时，应获得出席股东大会有表决权股东的四分之三以上通过。除上述事项以及适用累积投票制的情况以外，应由股东大会审议的其他事项均以普通决议通过。

实务经验总结

股东会决议分为普通决议和特别决议，按照公司法的规定，普通决议是指在股东会上以出席会议的股东所持表决权过半数通过的决议；特别决议是指在股东会上以出席会议的股东所持表决权三分之二以上通过的决议。

对于是否可以提高普通决议和特别决议的通过比例，学界有两种观点：第一种观点认为，普通决议和特别决议通过比例并无上限规定，提高通过比例有利于保护股东利益，是法律所允许的；第二种观点则认为，公司章程将普通决议和特别决议的通过比例提高，会赋予部分股东一票否决权，这不仅不利于保护小股东利益，也是对股权平等原则的背离。

司法实践中，法院认为提高某个特别决议事项的通过比例的章程条款仍然是有效的（详见延伸阅读）。实践中，除可以提高普通决议和特别决议的通过比例外，公司还可以选择增设特别决议事项，或者提高某个特定事项的决议通过比例，来达到预防恶意并购的目的。

设计建议

1. 在章程中增加反并购条款是有必要的，提高股东会决议通过比例也是有效避免恶意并购的方式之一。公司可以结合其自身特点，选择是否提高股东会决议通过比例，并确定通过比例。对于有限责任公司而言，在很多情况下提高股东会决议通过比例意味着赋予了大股东一票否决权，其他小股东对此应当引起足够的注意，小股东不可未经审查及未与大股东协商，即随意同意公司章程的修订。

2. 但同时作为大股东，也要慎重普遍提高股东会决议通过比例，要考虑到如公司引进其他投资者将导致大股东股权被稀释，而一旦被稀释至该比例以下，大股东也不能单独作出股东会决议，甚至可能会产生公司各方股东均不能作出有效决议、出现公司僵局的情况。

3. 相较于普遍提高股东会决议通过比例的方式，笔者更加建议公司根据自身的需要，增设特别决议事项，或者规定某些重大事项需要经出席会议的股东所持表决权的四分之三（或其他根据公司具体情况设定的比例）同意。具体而言，公司可以将以下事项规定为四分之三决议通过：

（1）股东会审议收购方为实施收购而提交的关于购买或出售资产、租入或租出资产、赠与资产、关联交易、对外投资（含委托理财等）、对外担保或抵押、提供财务资助、债权或债务重组、签订管理方面的合同（含委托经营、受托经营等）、研究与开发项目的转移、签订许可协议；

（2）除公司处于危急等特殊情况外，公司需与董事、总经理和其他高级管理人员以外的人订立将公司全部或者重要业务的管理交与该人负责的合同。

4. 公司可以自行选择上述重大事项的股东会决议通过比例，目前比较普遍的选择是四分之三。但是，这一比例并不当然适合所有公司。在实践中，公司要考虑自身的股权结构，对于股权较为集中的公司来说，还要着重考虑是否赋予了某些股东一票否决权。

条款实例

1. 下列事项由股东会以特别决议通过：

（一）公司增加或者减少注册资本；

（二）公司的分立、合并、解散和清算；

（三）本章程的修改；

（四）公司在一年内购买、出售重大资产或者担保金额超过公司最近一期经审计总资产30%的；

（五）股权激励计划；

（六）法律、行政法规或本章程规定的，以及股东会以普通决议认定会对公司产生重大影响的、需要以特别决议通过的其他事项。

2. 下述事项由股东会以出席会议的股东所持表决权的四分之三以上决议通过：

（一）股东会审议收购方为实施恶意收购而提交的关于购买或出售资产、租入或租出资产、赠与资产、关联交易、对外投资（含委托理财等）、对外担保或抵押、提供财务资助、债权或债务重组、签订管理方面的合同（含委托经营、受托经营等）、研究与开发项目的转移、签订许可协议；

（二）除公司处于危急等特殊情况外，公司需与董事、总经理和其他高级管理人员以外的人订立将公司全部或者重要业务的管理交与该人负责的合同。

3. 除上述事项（以及适用累积投票制的情况）以外，应由股东会审议的其他事项均以普通决议通过。

法规链接

《公司法》（2023 年修订）

第一百一十六条 股东出席股东会会议，所持每一股份有一表决权，类别股股东除外。公司持有的本公司股份没有表决权。

股东会作出决议，应当经出席会议的股东所持表决权过半数通过。

股东会作出修改公司章程、增加或者减少注册资本的决议，以及公司合并、分立、解散或者变更公司形式的决议，应当经出席会议的股东所持表决权的三分之二以上通过。

第一百三十五条 上市公司在一年内购买、出售重大资产或者向他人提供担保的金额超过公司资产总额百分之三十的，应当由股东会作出决议，并经出席会议的股东所持表决权的三分之二以上通过。

第二百二十九条 公司因下列原因解散：

（一）公司章程规定的营业期限届满或者公司章程规定的其他解散事由出现；

……

第二百三十条 公司有前条第一款第一项、第二项情形，且尚未向股东分配财产的，可以通过修改公司章程或者经股东会决议而存续。

依照前款规定修改公司章程或者经股东会决议，有限责任公司须经持有三分之二以上表决权的股东通过，股份有限公司须经出席股东会会议的股东所持表决权的三分之二以上通过。

《上市公司章程指引》（2023 年修正）

第七十八条 下列事项由股东大会以特别决议通过：

（一）公司增加或者减少注册资本；

（二）公司的分立、分拆、合并、解散和清算；

（三）本章程的修改；

（四）公司在一年内购买、出售重大资产或者担保金额超过公司最近一期经审计总资产百分之三十的；

（五）股权激励计划；

（六）法律、行政法规或本章程规定的，以及股东大会以普通决议认定会对公司产生重大影响的、需要以特别决议通过的其他事项。

延伸阅读

法院认定公司章程规定特别决议需要全体股东同意的条款有效的案例：

裁判规则：为公司重大事项，公司法规定应当经代表三分之二以上表决权的股东通过，系对该类事项赞成票的最低限制，公司章程规定高于这一规定的，属当事人意思自治的范畴，应当具有法律效力。

案例1：北京市海淀区人民法院审理的杨某生与中某公司股东会决议撤销纠纷案［（2008）海民初10313号］认为，股东会的召开、表决以及决议内容的作出，应遵照公司法的有关规定，公司章程中有特别约定的，应依章程的约定。此案中，中某公司章程第二十五条规定："对以下事项需经全体股东表决通过：（一）公司合并、分立、变更形式；（二）公司解散；（三）修改章程；（四）股东退出或加入；（五）应当由董事会提请股东大会作出决议的其他重要事项。"法院认为，"从公司法的角度看，章程第二十五条规定的事项均为公司重大事项，公司法规定必须经代表三分之二以上表决权的股东通过，系对该类事项赞成票的最低限制，公司章程规定高于这一规定的，属当事人意思自治的范畴，应当具有法律效力。因此，中某公司章程第二十五条的规定，表明了修改该章程应当由全体股东一致同意，否则表决不能通过。表决没有通过的事项，不是股东会会议的有效决议事项"。

案例2：上海市第二中级人民法院审理的孙某、张某与米某公司、段某立、陈某斌股东会决议效力纠纷案［（2015）沪二中民四（商）再终3号］认为，米某公司章程第七章第三十八条中有关"新章程须在股东会上经全体股东通过"的约定内容是有效的。但是，"在米某公司章程约定的十年经营期限届满后，公司的两名股东张某和孙某反对延长公司经营期限并坚决要求解散清算，为此，米某公司的四名自然人股东之间形成僵局。为解决股东间的僵局以及考虑到公司章程中就延长经营期限所涉的章程修改内容须经全体股东通过的规定内容，段某立和陈某斌提出按合理价格对张某和孙某持有的公司股权进行收购。通常情况下，股东制定的公司章程只要不违反社会公共利益和法律的强制性规定，就应当得到法律的认可和保护。米某公司的四名自然人股东在制定公司章程时，可能是基于充分保护小股东利益的考量，约定了修改公司章程不依'资本多数决'而是需经股东一致表决通过。但任何事情都不能一概而论，小股东在利用章程所赋予的权利对大股东进行限制时，亦应兼顾公司控股股东、债权人以及社会公众的利益。解散清算是股东以消灭公司人格的方式而退出对公司的经营，对于经营业绩良好的公司来说，绝非为股东间离散的最佳选择。而作为打破公司僵局的另一种救济措施的股权收购，则实际上是对公司进行重组的过程，即在按章程约定让异议一方股东在公司经营期满后以股权出让方式退出的同时，又实现了另一方股东存续公司经营避免公司解散清算的目的，促使公司破裂的人合性恢复到原来的完满状态，从而以较小的代价化解公司的僵局，进而保全公司的主体经营资格"。

012 公司章程可将重大交易和关联交易的审批权列为股东会的职权

公司章程设计要点

公司章程可以将重大交易和关联交易的审批权列为股东会的职权。

阅读提示

公司的大股东或高管在公司内部把公司当成自己的提款机，通过关联交易侵害公司利益的手段多种多样，其中通过与外部的供应商签订采购合同等关联交易的方式进行利益输送，是最常见的手段。为避免此种侵害公司利益的情况发生，公司章程可以对重大交易和关联交易进行特别约定。

章程范本

1. 《湖南中科电器公司章程》（2024年2月版）第四十条 股东大会是公司的权力机构，依法行使下列职权……（十七）公司发生的交易（公司受赠现金资产除外）达到下列标准之一的，应当提交股东大会审议：（1）交易涉及的资产总额占上市公司最近一期经审计总资产的50%以上，该交易涉及的资产总额同时存在账面值和评估值的，以较高者作为计算依据；（2）交易标的（如股权）在最近一个会计年度相关的营业收入占上市公司最近一个会计年度经审计营业收入的50%以上，且绝对金额超过3000万元；（3）交易标的（如股权）在最近一个会计年度相关的净利润占上市公司最近一个会计年度经审计净利润的50%以上，且绝对金额超过300万元；（4）交易的成交金额（含承担债务和费用）占上市公司最近一期经审计净资产的50%以上，且绝对金额超过3000万元；（5）交易产生的利润占上市公司最近一个会计年度经审计净利润的50%以上，且绝对金额超过300万元。上述指标计算中涉及的数据如为负值，取其绝对值计算。（十八）审议公司与关联人发生的交易（公司获赠现金资产和提供担保除外）金额在1000万元以上，且占公司最近一期经审计净资产绝对值5%以上的关联交易。

笔者查阅了近百家上市公司的公司章程，发现对股东会的职权进行扩张的条款主要集中在股东大会对重大交易及关联交易的审批事宜上。

2.《博士眼镜公司章程》（2023年12月版）第四十条　股东大会是公司的权力机构，依法行使下列职权：……（十六）公司发生的交易（公司受赠现金资产除外）达到下列标准之一的，应当提交股东大会审议：（一）交易涉及的资产总额占公司最近一期经审计总资产的50%以上，该交易涉及的资产总额同时存在账面值和评估值的，以较高者作为计算数据；（二）交易标的（如股权）在最近一个会计年度相关的营业收入占公司最近一个会计年度经审计营业收入的50%以上，且绝对金额超过3000万元人民币；（三）交易标的（如股权）在最近一个会计年度相关的净利润占公司最近一个会计年度经审计净利润的50%以上，且绝对金额超过300万元人民币；（四）交易的成交金额（含承担债务和费用）占公司最近一期经审计净资产的50%以上，且绝对金额超过3000万元人民币；（五）交易产生的利润占上市公司最近一个会计年度经审计净利润的50%以上，且绝对金额超过300万元人民币。上述指标计算中涉及的数据如为负值，取其绝对值计算。

3.《华仁药业章程》（2023年10月版）第四十条　股东大会是公司的权力机构，依法行使下列职权：……（十七）审议公司与关联人发生的交易（公司获赠现金资产或提供担保除外）金额在1000万元以上，且占公司最近一期经审计净资产绝对值5%以上的关联交易。

4.《东方财富公司章程》（2024年3月版）第四十条　（十四）审议公司除提供担保外，与关联人3000万元以上，且占公司最近一期经审计净资产绝对值5%以上的关联交易……

实务经验总结

根据《公司法》第五十九条第一款第（九）项的规定，公司章程可以规定股东会的其他职权。也即公司可以根据自己的实际需求，扩张股东会的职权，将部分经营管理的权力收归到股东会的手中，加强中央集权。

另外，由于公司对外交易大多是通过合同来最终确定归结的，股东会有必要将重大的交易事项通过股东会一般决议的方式予以审批，以防止公司的实际经营管理人员通过重大交易或关联交易侵害公司及股东的合法权益。

对于重大交易的判断标准，我们可以根据单笔交易标的的营业收入、利润等占总体交易的比例，来安排需要股东会进行决议的程序和比例。

设计建议

1. 站在直接负责经营管理公司的"企业家"的角度，笔者建议：当直接经营公司的企业家与控股股东（大于50%）为同一控制体时，该企业家完全没有必要将重大交易或关联交易的审批权交由股东会行使。但是，当直接经营公司的企业家并非控股股东时，控股股东为加强对实际经营者的管理，应当将重大交易的审批权交由股东会行使。

2. 站在不直接负责经营管理公司的"资本家"的角度，笔者建议：由于资本家不直接参与公司的经营，为保证自己投资的安全性，可以将重大交易及关联交易的审批权赋予股东会，并将交易标的的数额和比例尽量拉低，增强监控的频率与密度。对交易标的在数额和比例上进行双重限制，例如，交易标的在最近一个会计年度相关的营业收入占公司最近一个会计年度经审计营业收入的50%以上，且绝对金额超过3000万元。

条款实例

股东会是公司的权力机构，依法行使下列职权：

（一）公司发生的交易（公司受赠现金资产除外）达到下列标准之一的，应当提交股东会审议：1. 交易涉及的资产总额占上市公司最近一期经审计总资产的50%以上，该交易涉及的资产总额同时存在账面值和评估值的，以较高者作为计算依据；2. 交易标的（如股权）在最近一个会计年度相关的营业收入占上市公司最近一个会计年度经审计营业收入的50%以上，且绝对金额超过3000万元；

3. 交易标的（如股权）在最近一个会计年度相关的净利润占上市公司最近一个会计年度经审计净利润的 50% 以上，且绝对金额超过 300 万元；4. 交易的成交金额（含承担债务和费用）占上市公司最近一期经审计净资产的 50% 以上，且绝对金额超过 3000 万元；5. 交易产生的利润占上市公司最近一个会计年度经审计净利润的 50% 以上，且绝对金额超过 300 万元。上述指标计算中涉及的数据如为负值，取其绝对值计算。

（二）审议公司与关联人发生的交易（公司获赠现金资产和提供担保除外）金额在 1000 万元以上，且占公司最近一期经审计净资产绝对值 5% 以上的关联交易。

法规链接

《公司法》（2023 年修订）

第二十二条 公司的控股股东、实际控制人、董事、监事、高级管理人员不得利用关联关系损害公司利益。

违反前款规定，给公司造成损失的，应当承担赔偿责任。

第五十九条 股东会行使下列职权：

……

（九）公司章程规定的其他职权；

……

第一百八十一条 董事、监事、高级管理人员不得有下列行为：

（一）侵占公司财产、挪用公司资金；

（二）将公司资金以其个人名义或者以其他个人名义开立账户存储；

（三）利用职权贿赂或者收受其他非法收入；

（四）接受他人与公司交易的佣金归为己有；

（五）擅自披露公司秘密；

（六）违反对公司忠实义务的其他行为。

第一百八十二条 董事、监事、高级管理人员，直接或者间接与本公司订立合同或者进行交易，应当就与订立合同或者进行交易有关的事项向董事会或者股东会报告，并按照公司章程的规定经董事会或者股东会决议通过。

董事、监事、高级管理人员的近亲属，董事、监事、高级管理人员或者其近亲属直接或者间接控制的企业，以及与董事、监事、高级管理人员有其他关联关系的关联人，与公司订立合同或者进行交易，适用前款规定。

第一百八十三条 董事、监事、高级管理人员，不得利用职务便利为自己或者他人谋取属于公司的商业机会。但是，有下列情形之一的除外：

（一）向董事会或者股东会报告，并按照公司章程的规定经董事会或者股东会决议通过；

（二）根据法律、行政法规或者公司章程的规定，公司不能利用该商业机会。

第一百八十八条 董事、监事、高级管理人员执行职务违反法律、行政法规或者公司章程的规定，给公司造成损失的，应当承担赔偿责任。

延伸阅读

违反公司章程的规定或者未经股东会审批订立合同效力的裁判规则汇总：

案例1~7：在通常情况下，董事、高级管理人员违反公司章程的规定或者未经股东会同意，与本公司订立合同，合同无效。

案例1：江苏省高级人民法院审理的天某公司与范某国专利申请权权属纠纷案［（2016）苏民终1171号］认为，范某国取得涉案专利申请权的行为应属无效，其上诉理由不能成立。理由为……《公司法》第一百四十八条规定，董事、高级管理人员不得有下列行为：……（四）违反公司章程的规定或者未经股东会、股东大会同意，与本公司订立合同或者进行交易……范某国在2013年7月21日被免去公司总经理职务后，仍担任公司副董事长及总工程师。但是其提交的2013年7月25日天某公司同意将含涉案专利在内的5个专利归还给范某国的协议，并未经公司股东会、股东大会同意，违反了法律强制性规定。同时，范某国亦未提交充分证据证明，在上述归还协议及有关涉案专利的转让协议中，天某公司的印章系代表该公司的真实意思表示。

案例2：四川省高级人民法院审理的刘某某与丰某公司、刘某志、任某某专利申请权转让纠纷案［（2014）川知民终17号］认为，根据《公司法》第一百四十九条第（四）项的规定，董事、高级管理人员不得违反公司章程的规定或者未经股东会、股东大会同意，与本公司订立合同或者进行交易。本案中，刘某某于2012年4月16日与丰某公司签订《申请权转让协议》，约定丰某公司将其所有的"低温取向硅钢生产全工艺"专利申请权转让给刘某某。因该协议系刘某某担任丰某公司的法定代表人期间，未经本公司股东会、股东大会同意的情况下形成，违反了上述法律规定。《合同法》① 第五十二条第（五）项规定，违反法律、行政法规的强制性规定的合同无效。故原审判决认定"丰某公司于2012年4月16日与刘某某签订的《申请权转让协议》无效"正确，刘某某的上诉主张不能成立。

案例3：河南省高级人民法院审理的马某某与郑州怡某、郑州乐某置业有限公司合同纠纷案〔（2010）豫法民二终55号〕认为，马某某与郑州怡某签订的《协议书》是马某某任郑州怡某法定代表人期间与郑州怡某签订的，依照《公司法》第一百四十九条的规定，董事、高级管理人员不得违反公司章程的规定或者未经股东会、股东大会同意，与本公司订立合同或者进行交易，董事、高级管理人员违反规定所得的收入应当归公司所有，该《协议书》应认定无效。

案例4：上海市第二中级人民法院审理的恒某电讯公司与恒某智达公司与公司有关的纠纷案〔（2012）沪二中民四（商）终237号〕认为，我国《公司法》明确规定董事、高级管理人员不得违反公司章程的规定或者未经股东会、股东大会同意，与本公司订立合同或者进行交易。恒某智达公司的章程亦规定董事、总经理除章程规定的事宜或股东会同意外，不得同本公司订立合同或者进行交易。本案中，田某某在无证据证明已召开股东会并形成公司股东会决议同意的情况下，作为恒某智达公司的董事及总经理，与恒某智达公司签订借款合同，该行为违反了公司章程及公司法的强制性规定，故应认定无效，原审法院据此判令田某某返还因该合同取得的财产并无不当。

案例5：湖南省岳阳市中级人民法院审理的立某建公司与顾某某商标权转让合同纠纷案〔（2014）岳中民三初56号〕认为，顾某某受让前述商标时系立某建公司的法定代表人，即使其当时持有立某建公司大部分股份，但其将立某建公司的商标专用权转让给其本人，仍应当经过立某建公司股东会同意。顾某某提供的《商标转让声明》虽然经过了长沙市长沙公证处的公证，但公证文书只证明顾某某在《商标转让声明》上签名并加盖立某建公司印章的事实，不能说明涉案商标的转让经过了立某建公司股东会同意，也不能说明该声明是立某建公司的真实意思表示……顾某某在未经立某建公司股东同意的情形下，利用其担任立某建公司法定代表人的身份和掌握立某建公司印章的便利，通过私自制作《商标转让声明》的方式与公司订立合同，将公司所有的注册商标专用权无偿转让给其本人，违反了《公司法》的上述规定，损害了公司和其他股东利益。因此，顾某

---

① 已失效。

某将立某建公司所有的第110××077号、第111××592号、第111××643号注册商标专用权无偿转让给其本人的行为无效。

案例6：广东省深圳市中级人民法院审理的麦某利公司与孙某某申请撤销仲裁裁决案［（2015）深中法涉外仲149号］认为，公司法上述规定属于禁止性规定。作为麦某利公司的股东、执行董事、法定代表人，孙某某与麦某利公司签订《解除及返还股权协议》并进行股权交易未经股东会、股东大会或者董事会同意，违反了公司法上述规定，该协议（包括仲裁条款）不能视为麦某利公司的真实意思表示，对麦某利公司不具有法律效力，即孙某某与麦某利公司就涉案纠纷不存在合法有效的仲裁协议。

案例7：河南省郑州市中级人民法院审理的仝某某与三某公司专利实施许可合同纠纷案［（2013）郑知民初116号］认为，《公司法》第一百四十九条规定，董事、高级管理人员不得"违反公司章程的规定或者未经股东会、股东大会同意，与本公司订立合同或者进行交易"，董事、高级管理人员违反前款规定所得的收入应当归公司所有。本案中：第一，原告仝某某提交的2009年9月1日《技术转让（专利实施许可）合同》与三某公司2011年度科技型中小企业技术创新基金项目申报资料中所附的《技术转让（专利实施许可）合同》内容一致，在三某公司签章处仅有三某公司的印章，并无三某公司法定代表人或其他股东的签字；第二，三某公司陈述仝某某是三某公司2011年度科技型中小企业技术创新基金项目申报工作的企业联系人，在申报该项目期间持有三某公司的印章，对该合同的真实性不予认可；第三，2010年12月20日三某公司董事会决议显示原告仝某某系三某公司董事，原告仝某某并未提交证据证明其与三某公司签订《技术转让（专利实施许可）合同》已经股东会同意。综合考虑以上因素，本院认为，原告仝某某提供的证据不足以证明本案所涉及的《技术转让（专利实施许可）合同》是三某公司的真实意思表示，仝某某依据该合同要求三某公司支付其专利使用费100万元的诉讼请求证据不足，本院不予支持。

有效抗辩一：虽在公司任职，但不具有董事、高管身份，可以与公司订立合同；在公司任职不影响合同的效力。

案例8：陕西省铜川市中级人民法院审理的李某某与益某公司破产清算组、益某公司、第三人许某某、杜某某、程某收普通破产债权确认纠纷案［（2016）陕02民初56号］认为，被告诉讼代理人在补充代理意见中称，原告李某某系益某公司总经理助理，主管销售工作，属于公司高级管理人员。《公司法》第一百四十八条规定："董事、高级管理人员不得有下列行为……（四）违反公司章程的规定或者未经股东会、股东大会同意，与本公司订立合同或者进行交易……"原告李某某与益某公司签订的小吃城认购协议违反了公司法强制性规定，协议无效，应驳回原告的诉讼请求。本院认为，《公司法》第二百一十六条规定，本法下列用语的含义：（一）高级管理人员，是指公司的经理、副经理、财务负责人，上市公司董事会秘书和公司章程规定的其他人员……益某公司章程未对高级管理人员作出明确规定。原告李某某虽为益某公司总经理助理，负责益某公司铺位销售工作，但公司章程对其身份并未明确规定，故其不属于公司法规定的高级管理人员，不受《公司法》第一百四十八条第一款第（四）项规定的约束。李某某与益某公司签订的《道上太阳城小吃城认购协议》不违反上述法律规定，应当按照协议约定予以结算。

案例9：山东省枣庄市中级人民法院审理的物某公司、刘某敏与裕某公司、史某伟买卖合同纠纷案[（2014）枣民四商终1号]认为，被上诉人刘某敏在与伟某公司、史某伟签订买卖合同时，其为公司股东并担任监事职务，但股东、监事并不属于《公司法》第一百四十九条规定的董事和高级管理人员范畴，故本案不适用本规定。本院依法认定本案所涉买卖合同为有效合同，上诉人裕某公司的相关上诉主张于法无据，本院不予支持。

案例10：新疆维吾尔自治区乌鲁木齐市中级人民法院审理的兰某公司与吴某某车辆租赁合同纠纷案[（2014）乌中民二终9号]认为，《公司法》第一百四十九条对董事、高级管理人员等公司高级职员的禁止行为作出明确规定，其第一款第（四）项规定"违反公司章程的规定或者未经股东会、股东大会同意，与本公司订立合同或者进行交易"。本案中，吴某某于2011年1月被聘为兰某公司生产副总经理，而吴某某与兰某公司之间的车辆租赁合同关系成立于2010年12月6日，届时吴某某的身份为兰某公司的普通职员，不是受任于兰某公司的高级管理人员，其与兰某公司之间的该项交易并非利益冲突当事人之间的交易，涉案《车辆租赁合同》具体由兰某公司法定代表人李某某与吴某某签订，合同双方对租赁费及支付方式等主要条款的约定形成于吴某某担任兰某公司生产副总经理之前，并非吴某某代表兰某公司与自己发生交易，不构成民法上的"双方代理"，因此，兰某公司依据《公司法》第一百四十九条的规定对吴某某所主张车辆租赁费行使归入权的上诉请求不能成立，本院不予支持。

有效抗辩二：董事、高级管理人员与公司订立合同，虽未经"股东会、股东大会"决议，但有其他证据证明其他股东对此知情且同意的，不影响合同的效力。

案例 11：广西壮族自治区北海市中级人民法院审理的祥某公司与符某某、一审第三人李某某土地使用权转让合同纠纷案［（2011）北民一终 166 号］认为，未经股东会或股东大会同意，作为具有公司法定代表人身份的个人是不能与本公司订立合同进行交易的。本案中，上诉人祥某公司第一任股东是符某某（占公司 90% 股权）及李某某（占公司 10% 股权），符某某作为公司法定代表人于 2006 年 9 月 12 日与自己签订了一份《土地使用权转让合同》，虽然公司没有正式召开股东会或股东大会作出决议，但另一股东李某某已明确表示其与符某某当时就转让涉案七亩土地给符某某一事已达成口头协议，因此，双方于 2006 年 9 月 12 日签订的合同并没有损害公司及其他股东的利益，是双方当事人真实意思表示，也符合法律规定，应是合法有效之合同。

案例 12：山东省青岛市中级人民法院审理的张某某与昱某公司租赁合同纠纷案［（2014）青民二商终 157 号］认为，《公司法》如此规定的主旨是保护公司利益，因为董事、高级管理人员与本公司订立合同或者进行交易时，董事、高级管理人员个人在交易中处于与公司利益相冲突的地位。但本案中，被上诉人在与上诉人签订车辆租赁合同时，上诉人的控股股东杨某知晓并同意签订涉案合同，且进行该租赁交易不会损害上诉人及其他股东的利益，故该合同依法有效。

有效抗辩三：董事、高级管理人员与公司订立的合同，如属公司纯获利益的交易行为，不影响合同的效力。董事、高级管理人员向公司出借资金，并约定合理利息的，不影响合同的效力。

案例 13：湖北省宜昌市中级人民法院审理的恒某公司与吴某某损害公司利益责任纠纷案［（2015）鄂宜昌中民二初 00048 号］认为，该规定系为了防止公司的董事或高级管理人员利用职务形成的便利，通过与公司关联交易的方式，损害公司的利益。但公司纯获利益的交易行为，当不受此限。吴某某与九某担保公司签订的《债权转让协议》中并未约定九某担保公司因此需要支付对价，故九某担保公司为纯获利方。至于吴某某为什么将其享有的债权无偿转让给九某担保公司，不在本案审理的范围。恒某公司仅以吴某某系九某担保公司的股东为由，主张吴某某与九某担保公司签订的《债权转让协议》无效，无法律依据，本院不予支持。

案例 14：湖北省荆州市中级人民法院审理的刘某某与佳某公司借款合同纠

纷案［（2016）鄂10民终307号］认为，关于佳某公司称40万元系自我交易不应受法律保护的问题。《公司法》第一百四十九条规定，董事、高级管理人员不得违反公司章程的规定或者未经股东会、股东大会同意，与本公司订立合同或者进行交易，其所得的收入应当归公司所有。该条款的立法目的是防止董事、高级管理人员在经营、掌控公司期间，利用自身职务的便利与本公司进行经营交易，以谋取自身利益，而损害了公司利益、股东权益。结合本案来看，刘某某向佳某公司出借借款，并不涉及佳某公司的主营业务，不仅未与佳某公司的利益发生冲突，未损害该公司及股东的权益，反而为佳某公司的经营发展提供了资金上的支持，其约定的月利率1.5%亦在我国法律允许的限额内，而且该40万元借款已转入佳某公司账上，佳某公司对此出具了借据并在借款账目明细上盖章予以认可，故本院认为该借款不属于我国公司法禁止的自我交易行为，而是属于合法有效的借贷行为，应予保护。

案例15：安徽省高级人民法院审理的戴某与融某公司借款合同纠纷案［（2015）皖民二终00382号］认为，融某公司上诉认为案涉《借款协议》的签订未经融某公司股东会或董事会同意，违反了《公司法》第一百四十八条第一款第（四）项关于限制高管自我交易行为的效力性强制性规定，也违反了戴某与融某公司签订的《企业员工廉政及保密协议书》的约定，故协议无效。《公司法》前述条款是关于董事、高级管理人员忠实义务的规定，目的在于避免董事、高级管理人员在以合同相对人的地位与其任职公司订立合同或进行其他交易时，牺牲公司利益而使其个人获益。本案案涉《借款协议》没有损害融某公司的利益，反而使融某公司因获取经营发展资金而受益，周某个人也并未因此获得不当收益，故不属于该条款所规制的行为。而周某与融某公司签订的《企业员工廉政及保密协议书》属公司内部管理方面当事人之间的协议，不能作为认定案涉《借款协议》效力的依据。故融某公司此节上诉理由不能成立，本院不予采纳。

公司与其董事、高级管理人员的配偶订立合同，或与其董事、高级管理人员所任职的其他公司订立合同，应分别判断合同效力。

（1）公司与其董事、高级管理人员的配偶订立合同，未经股东会同意，合同无效。

案例16：上海市第二中级人民法院审理的黄某某与首某公司所有权纠纷案［（2015）沪二中民一（民）终2026号］认为，根据公司法的相关规定，公司的董事、监事、高级管理人员应当遵守法律、行政法规和公司章程，对公司负有忠实义务和勤勉义务。董事、高级管理人员不得违反公司章程的规定或者未经股东会、股东大会同意，与本公司订立合同或者进行交易。黄某某的配偶叶某某作为被上诉人的高级管理人员，保管被上诉人的公司印章，应当在管理公司期间，对公司尽到忠实义务和勤勉义务，叶某某未经同意，以被上诉人名义擅自与自己的配偶签订劳动合同，不仅非为被上诉人的真实意思表示，而且叶某某的行为违反了其对被上诉人所应负担的法定义务，上诉人作为叶某某的配偶，不属于善意第三人，上诉人所持有的劳动合同不应对被上诉人发生法律约束力。综上所述，原审法院判令上诉人向被上诉人返还其已领取的钱款并无不当，本院予以维持。

（2）公司与其董事、高级管理人员所实际控制的其他公司订立合同，未经股东会同意，合同无效。

案例17：上海市第一中级人民法院审理的维某拉公司与ANDREASALBER-TUHLEMAYR损害公司利益责任纠纷案［（2009）沪一中民五（商）初33号］认为，安某列斯作为原告公司的董事及董事长，应当遵守法律、行政法规和公司章程，对公司负有忠实义务和勤勉义务，维护公司的利益。根据《公司法》第一百四十九条第一款第（四）项规定：董事、高级管理人员不得违反公司章程的规定或者未经股东会、股东大会同意，与本公司订立合同或者进行交易。本案中，安某列斯既是原告的董事、董事长，也是钻某公司的大股东、法人代表及实际经营者，钻某公司通过与原告签订《服务协议》，提供有关咨询服务并获取报酬，安某列斯作为钻某公司的大股东及实际经营者则是该交易的主要获益人，其个人在该交易中处于与原告公司利益相冲突的地位，故该交易应该经原告公司股东会同意方可进行。但安某列斯未经上述程序直接代表原告与钻某公司签约，其行为违反了《公司法》第一百四十九条第一款第（四）项的规定，构成对原告公司利益的损害。

（3）同一人分别在两家公司担任董事、高级管理人员，但非公司实际控制人的，如两家公司未经股东会同意订立合同，合同有效。

案例18：天津市高级人民法院审理的卡某托尼公司、博某株式会社国际货物买卖合同纠纷案［（2012）津高民四终149号］认为，根据《公司法》第一百四十九条第一款第（四）项规定，董事、高级管理人员不得违反公司章程的规定或者未经股东会、股东大会同意，与本公司订立合同或者进行交易。该条款是指除公司章程规定允许的或股东会认可的情况外，禁止公司的董事、经理个人作为一方，同本公司订立合同或者进行交易，这是由于董事、高级管理人员负责公司的经营决策和业务执行工作，当其以合同相对人的地位与其任职公司订立合同或进行其他交易时，就难免牺牲公司利益而使其个人获益，因此，《公司法》对此作出了限制性规定。但本案中，尽管涉案《供货合同书》签订时，博某株式会社的法定代表人金某某同时担任了卡某托尼公司的副董事长，但该合同双方是博某株式会社与卡某托尼公司，而并非金某某个人与卡某托尼公司之间的交易，且收货人也是卡某托尼公司，故不属于《公司法》第一百四十九条第一款第（四）项规定的情形。卡某托尼公司的该项上诉理由不能成立，本院不予支持。

（二）公司控制权争夺之"董事会"

001 董事会有哪些法定职权

根据《公司法》第六十七条的规定，董事会的职权包括：

1. 负责召集股东会会议，并向股东会报告工作，执行股东会的决议。董事会的这些职权，体现了董事会与股东会的实质关系。董事会作为公司的经营决策机构，对公司的权力机构——股东会负责，有权召集股东会，并向股东会报告工作，执行股东会的决议。这既是董事会的职权，也是其法定职责。

2. 制订有关股东会决议的重大事项的方案，包括利润分配方案和弥补亏损方案，增加或者减少注册资本以及发行公司债券的方案，公司合并、分立、变更公司形式、解散的方案。对于这些事项股东会具有最终决定权，但公司董事会可以通过制订方案，并提交股东会审议、表决，来施加影响，参与公司重大事项的决策。

3. 决定公司内部管理机构、基本管理制度和重要管理人员，包括决定公司内部管理机构的设置，聘任或者解聘公司经理，根据经理的提名，聘任或者解聘公司副经理、财务负责人，决定其报酬事项，制定公司的基本管理制度。这些职权也是董事会经营决策权的重要体现，是董事会执行股东会决议、实施公司经营计划和投资方案，保障公司良好运行的基础。

4. 公司章程规定的其他职权。公司股东可以根据公司的具体情况，通过公司章程授权董事会其他职权，如规定由董事会决定承办公司审计业务的会计师事务所的聘任或者解聘等。

法规链接

《公司法》（2023年修订）

第六十七条 有限责任公司设董事会，本法第七十五条另有规定的除外。

董事会行使下列职权：

（一）召集股东会会议，并向股东会报告工作；

（二）执行股东会的决议；

（三）决定公司的经营计划和投资方案；

（四）制订公司的利润分配方案和弥补亏损方案；

（五）制订公司增加或者减少注册资本以及发行公司债券的方案；

（六）制订公司合并、分立、解散或者变更公司形式的方案；

（七）决定公司内部管理机构的设置；

（八）决定聘任或者解聘公司经理及其报酬事项，并根据经理的提名决定聘任或者解聘公司副经理、财务负责人及其报酬事项；

（九）制定公司的基本管理制度；

（十）公司章程规定或者股东会授予的其他职权。

公司章程对董事会职权的限制不得对抗善意相对人。

002 如何在公司章程中详细设计董事会审批权限

公司章程设计要点

董事会应当确定对外投资、收购出售资产、资产抵押、对外担保、委托理财、关联交易的权限，建立严格的审查和决策程序。

阅读提示

我国《公司法》规定，股东会同时拥有修改公司章程和按照公司章程行使职权的权利，董事会依照公司章程规定确定其职权。股东会可以在章程中对董事会进行授权和限制，细化董事会的职权。

目前，我国上市公司章程普遍赋予董事会一定的批准对外投资、收购出售资产、资产抵押、对外担保、委托理财、关联交易的权限，这有助于明确董事会职能，避免股东会与董事会的职能混淆甚至冲突。但是，这种授权是否符合法律的规定，是否有利于公司经营，以下将以《奥拓公司章程》为例进行分析。

章程范本

《奥拓公司章程》（2023年12月版）第一百零七条　董事会行使下列职权：……（九）在股东大会授权范围内，决定公司对外投资、收购出售资产、资产抵押、对外担保事项、委托理财、关联交易、对外捐赠等事项……

第一百一十条　董事会应当确定对外投资、收购出售资产、资产抵押、对外担保事项、委托理财、关联交易、对外捐赠等权限，建立严格的审查和决策程序；重大投资项目应当组织有关专家、专业人员进行评审，并报股东大会批准。

（一）公司对外投资、收购出售资产、资产抵押、委托理财等交易事项达到以下标准之一时，由董事会进行审议：

1. 交易涉及的资产总额占上市公司最近一期经审计总资产的30%以上，该交易涉及的资产总额同时存在账面值和评估值的，以较高者为准；

2. 交易标的（如股权）涉及的资产净额占上市公司最近一期经审计净资产的30%以上，且绝对金额超过3000万元，该交易涉及的资产净额同时存在账面值和评估值的，以较高者为准；

3. 交易标的（如股权）在最近一个会计年度相关的营业收入占上市公司最近一个会计年度经审计营业收入的30%以上，且绝对金额超过3000万元；

4. 交易标的（如股权）在最近一个会计年度相关的净利润占上市公司最近一个会计年度经审计净利润的30%以上，且绝对金额超过300万元；

5. 交易的成交金额（含承担债务和费用）占上市公司最近一期经审计净资产的30%以上，且绝对金额超过3000万元；

6. 交易产生的利润占上市公司最近一个会计年度经审计净利润的30%以上，且绝对金额超过300万元。

上述指标计算中涉及的数据如为负值，取其绝对值计算。

（二）公司对外投资、收购出售资产、资产抵押、委托理财等交易事项达到以下标准之一时，除董事会审议外，还应当提交股东大会审议：

1. 交易涉及的资产总额占公司最近一期经审计总资产的50%以上，该交易涉及的资产总额同时存在账面值和评估值的，以较高者作为计算依据；

2. 交易标的（如股权）涉及的资产净额占上市公司最近一期经审计净资产的 50% 以上，且绝对金额超过 5000 万元，该交易涉及的资产净额同时存在账面值和评估值的，以较高者为准；

3. 交易标的（如股权）在最近一个会计年度相关的营业收入占上市公司最近一个会计年度经审计营业收入的 50% 以上，且绝对金额超过 5000 万元；

4. 交易标的（如股权）在最近一个会计年度相关的净利润占上市公司最近一个会计年度经审计净利润的 50% 以上，且绝对金额超过 500 万元；

5. 交易的成交金额（含承担债务和费用）占上市公司最近一期经审计净资产的 50% 以上，且绝对金额超过 5000 万元；

6. 交易产生的利润占上市公司最近一个会计年度经审计净利润的 50% 以上，且绝对金额超过 500 万元上述指标计算中涉及的数据如为负值，取其绝对值计算。

（三）公司与关联人发生的交易（提供担保除外）金额超过 3000 万元，且占公司最近一期经审计净资产绝对值 5% 以上的交易经董事会审议通过后，应当提交股东大会审议。

公司在连续 12 个月内对同一关联交易分次进行的，以其在此期间交易的累计数量计算。

公司制定关联交易管理制度，针对关联交易的管理作出明确规定。

同类章程条款

我国上市公司章程通常规定董事会在股东会授权范围内，决定公司对外投资、收购出售资产、资产抵押、对外担保、委托理财、关联交易等事项，各公司章程在此基础上对授权范围进行了定义，一般而言，股东会会授权董事会对不超过一定数额的收购或交易事项进行审批，上述《奥拓公司章程》和下列《山西美锦公司章程》均在此列。

《山西美锦公司章程》（2017 年 10 月版）第一百零七条 董事会行使下列职权：……（八）在股东大会授权范围内，决定公司对外投资、收购出售资产、资产抵押、对外担保事项、委托理财、关联交易等事项……

第一百一十条 董事会应当确定对外投资、收购出售资产、资产抵押、对外担保、委托理财、关联交易的权限，建立严格的审查和决策程序；重大投资项目应当组织有关专家、专业人员进行评审，并报股东大会批准。

董事会具有审批下列重大事项的权限：

（1）投资在 2000 万元以上，且年度内累计投资不超过最近经审计的净资产总额的 20% 的投资项目由董事会决定。

（2）收购或者出售资产在 2000 万元以上，且年度内累计不超过最近经审计的净资产总额的 20% 的项目由董事会决定。

（3）关联交易总额在 300 万元至 3000 万元之间且占公司最近经审计净资产值的 0.5% 至 5% 之间的由董事会决定。

（4）公司资产抵押等单项合同数额不超过最近经审计的净资产总额的 30% 由董事会决定。

（5）交易涉及的资产总额占上市公司最近一期经审计总资产的 10% 以上，低于 50%；该交易涉及的资产总额同时存在账面值和评估值的，以较高者作为计算数据。

（6）交易标的（如股权）在最近一个会计年度相关的营业收入占上市公司最近一个会计年度经审计营业收入的 10% 以上，低于 50%；且绝对金额超过 1000 万元在 5000 万元以内。

（7）交易标的（如股权）在最近一个会计年度相关的净利润占上市公司最近一个会计年度经审计净利润的 10% 以上，低于 50%；且绝对金额超过 100 万元，在 500 万元以内。

（8）交易的成交金额（含承担债务和费用）占上市公司最近一期经审计净资产的 10% 以上，低于 50%；且绝对金额超过 1000 万元，在 5000 万元以内。

（9）交易产生的利润占上市公司最近一个会计年度审计净利润的 10% 以上，低于 50%；且绝对金额超过 100 万元，在 500 万元以内。

超过上述审批限额的重大项目由董事会研究后经股东大会批准。上述指标计算中涉及的数据如为负值，取其绝对值计算。

专业律师分析

1. 合法性分析

上述上市公司章程细化了董事会在对外投资、收购出售资产、资产抵押、对外担保、委托理财、关联交易等方面的决定权，这种规定并不违反现行《公司法》对于股东会和董事会职权的规定。

实际上，《公司法》第六十七条本就规定董事会应当执行章程规定的职权，允许股东会通过公司章程实现对董事会的授权。

不过，上述授权不应当违反《公司法》的强行性规范，例如，《公司法》第十五条第二款规定"公司为公司股东或者实际控制人提供担保的,应当经股东会决议",因此,若公司章程欲规定董事会可对一定金额以下的担保事项进行审批,则必须明确排除为公司股东或者实际控制人提供担保的情况。

2. **合理性分析**

若公司章程业已规定,董事会在股东会授权范围内,决定公司对外投资、收购出售资产、资产抵押、对外担保、委托理财、关联交易等事项,则细化何谓"授权范围"不仅值得提倡,更不可或缺;否则,股东会对于董事会的开放式授权往往会导致二者职权的模糊、重叠甚至冲突。

另外,董事会究竟应当在何种程度上授权董事会决定公司的收购、交易事项,取决于公司经营的实际需要,并没有标准答案,更没有所谓的"最优解"。股东会对于董事会的授权应该非常具体且明确,对后者行使决定权的交易类型和交易规模,都应当进行明确的规定。

设计建议

首先,公司章程可规定董事会在股东会授权范围内,决定公司对外投资、收购出售资产、资产抵押、对外担保、委托理财、关联交易等事项。这一条将赋予董事会在上述交易事项中的决定权,成为董事会依照章程行使职权的依据。

其次,在此基础上,上市公司应当进一步详细规定董事会可以在何种"授权范围"内决定上述交易事项。这两个条文具有相互依存的关系。没有上述授权,则无须明确授权范围;没有明确授权范围,则授权可能带来股东会和董事会职权的混乱。

条款实例

第一条 董事会行使下列职权:(一)召集股东会,并向股东会报告工作;(二)执行股东会的决议;(三)制订公司的年度财务预算方案、决算方案;(四)制订公司的利润分配方案和弥补亏损方案;(五)制订公司增加或者减少注册资本、发行债券或其他证券及上市方案;(六)拟订公司重大收购、收购本公司股票或者合并、分立、解散及变更公司形式的方案;(七)在股东会授权范围内,决定公司对外投资、收购出售资产、资产抵押、对外担保、委托理财、关联交易等事项;(八)决定公司内部管理机构的设置;(九)聘任或者解聘公司经理、董事会秘书;根据经理的提名,聘任或者解聘公司副经理、财务负责人等高级管理人员，并决定其报酬事项和奖惩事项；（十）制订公司的基本管理制度；（十一）制订本章程的修改方案；（十二）管理公司信息披露事项；（十三）向股东会提请聘请或更换为公司审计的会计师事务所；（十四）听取公司经理的工作汇报并检查经理的工作；（十五）法律、行政法规、部门规章或本章程授予的其他职权。

第二条 董事会应当确定对外投资、收购出售资产、资产抵押、对外担保、委托理财、关联交易的权限，建立严格的审查和决策程序；重大投资项目应当组织有关专家、专业人员进行评审，并报股东会批准。

董事会具有审批下列重大事项的权限（每个制定公司章程的股东，可以根据公司规模和股东会对董事会的信任和授权程度的具体情况确定下列各项金额的具体数额）：

（1）投资在2000万元以上，且年度内累计投资不超过最近经审计的净资产总额的20%的投资项目由董事会决定。

（2）收购或者出售资产在2000万元以上，且年度内累计不超过最近经审计的净资产总额的20%的项目由董事会决定。

（3）关联交易总额在300万元至3000万元之间且占公司最近经审计净资产值的0.5%至5%之间的由董事会决定。

（4）公司资产抵押等单项合同数额不超过最近经审计的净资产总额的30%由董事会决定。

（5）交易涉及的资产总额占上市公司最近一期经审计总资产的10%以上，低于50%；该交易涉及的资产总额同时存在账面值和评估值的，以较高者作为计算数据。

（6）交易标的（如股权）在最近一个会计年度相关的营业收入占上市公司最近一个会计年度经审计营业收入的10%以上，低于50%；且绝对金额超过1000万元，在5000万元以内。

（7）交易标的（如股权）在最近一个会计年度相关的净利润占上市公司最近一个会计年度经审计净利润的10%以上，低于50%；且绝对金额超过100万元，在500万元以内。

（8）交易的成交金额（含承担债务和费用）占上市公司最近一期经审计净资产的10%以上，低于50%；且绝对金额超过1000万元，在5000万元以内。

（9）交易产生的利润占上市公司最近一个会计年度审计净利润的10%以上，

低于 50%；且绝对金额超过 100 万元，在 500 万元以内。

超过上述审批限额的重大项目由董事会研究后经股东会批准。上述指标计算中涉及的数据如为负值，取其绝对值计算。

法规链接

《公司法》（2023 年修订）

第六十七条　有限责任公司设董事会，本法第七十五条另有规定的除外。

董事会行使下列职权：

……

（五）制订公司增加或者减少注册资本以及发行公司债券的方案；

（六）制订公司合并、分立、解散或者变更公司形式的方案；

……

（十）公司章程规定或者股东会授予的其他职权。

公司章程对董事会职权的限制不得对抗善意相对人。

《上市公司治理准则》（中国证券监督管理委员会公告〔2018〕29 号）

第十四条　上市公司应当在公司章程中规定股东大会对董事会的授权原则，授权内容应当明确具体。股东大会不得将法定由股东大会行使的职权授予董事会行使。

第二十六条　董事会对股东大会负责，执行股东大会的决议。

董事会应当依法履行职责，确保上市公司遵守法律法规和公司章程的规定，公平对待所有股东，并关注其他利益相关者的合法权益。

第六十五条　上市公司的重大决策应当由股东大会和董事会依法作出。控股股东、实际控制人及其关联方不得违反法律法规和公司章程干预上市公司的正常决策程序，损害上市公司及其他股东的合法权益。

延伸阅读

裁判规则：若董事会违反公司章程关于董事会职能规定，其作出的董事会决议应依法撤销。

案例：云南省昆明市中级人民法院审理的王某民与轩某某、王某某、许某某、张某某、李某某、陈某、航空公司决议撤销纠纷案〔（2015）昆民五终 80 号〕认为，《公司法》第二十二条第二款规定："股东会或者股东大会、董事会的会议召集程序、表决方式违反法律、行政法规或者公司章程，或者决议内容违反公司章程的，股东可以自决议作出之日起六十日内，请求人民法院撤销。"若董事会决议明显超越了章程规定的董事会职责范围，则应当予以撤销。但是，诉争董事会作出的三项决议并未违反公司章程的规定，也是本着维持公司经营运作的基本前提而作出的，故本院认为，航空公司2014年第二次临时董事会决议不具有应当予以撤销的情形，一审对此认定正确，本院依法予以维持。

003 公司章程可设计需经全体董事三分之二以上通过的董事会特别决议事项

公司章程设计要点

公司章程可以特别规定需要全体董事三分之二以上通过董事会决议的事项。

阅读提示

通过对比董事会与股东会的职权可以发现：董事会拥有"制订公司增加或者减少注册资本以及发行公司债券的方案及制订公司合并、分立、解散或者变更公司形式的方案"的职权，而股东会拥有"对发行公司债券作出决议及对公司合并、分立、解散、清算或者变更公司形式作出决议"的职权。

即由董事会制定上述事项的相关方案，然后再由股东会对该类方案作出决议。而根据公司法的规定，股东会对上述事项作出决议需要三分之二以上表决权的股东通过，而公司法却未明确规定董事会的特别决议事项，那么该类事项的方案是否也可规定需要三分之二以上的董事同意通过呢？

公司章程参考研究文本

《申万宏源集团章程》（2021年1月版）第一百零五条 董事会行使下列职权：……（六）制订公司的利润分配政策的调整方案……（十三）制订本章程的修改方案；（十四）制订股权激励计划……董事会作出决议，除本章程另有规定外，必须经全体董事的过半数通过，但董事会审议前款第（六）项、第（十三）项、第（十四）项以及重要事项（包括：公司增加或者减少注册资本；公司的分立、合并、解散、清算或变更公司形式；公司在一年内购买、出售重大资产或者担保金额超过公司最近一期经审计总资产的30%；回购公司股份；对外担保；法律、行政法规或者本章程规定以及董事会以普通决议认定会对公司产生重大影响的，需要以特别决议通过的其他事项），还须经全体董事的三分之二以上同意。

同类章程条款

笔者查阅了近百家上市公司的公司章程，其中存在少部分公司对董监高转让其所持有的本公司的股份作出了比公司法更加细致严苛的规定，列举如下：

1.《万科公司章程》（2014年6月版）第一百三十七条　董事会行使下列职权：……（六）制订公司增加或者减少注册资本、发行债券或其他证券及上市方案；（七）拟订公司重大收购、收购本公司股票或者合并、分立、解散和变更公司形式方案……（九）在本章程规定的范围内，决定公司对外担保事项；（十）决定公司内部管理机构的设置……（十三）制订公司章程的修改方案；（十四）管理公司信息披露事项……上述第（六）项、第（七）项、第（九）项、第（十三）项必须由董事会三分之二以上的董事表决同意。

2.《中国国际海运公司章程》（2016年5月版）第一百六十三条　董事会行使下列职权：……（六）制订公司增加或者减少注册资本、发行债券或其他证券及上市方案；（七）拟订公司重大收购、收购公司股票或者合并、分立、解散及变更公司形式的方案；（十二）制订本章程的修改方案……董事会作出前款决议事项，除第（六）项、第（七）项、第（十二）项及对外担保事项必须由三分之二以上的董事表决同意外，其余由全体董事的过半数表决同意。

专业律师分析

《公司法》第五十九条与第六十七条均以列举的形式规定了股东会或董事会九项法定职权，并以兜底条款的形式规定了股东会和董事会可以通过公司章程规定其他职权，如表1所示。

表1　股东会职权与董事会职权的对比

序号	股东会职权（第五十九条）	董事会职权（第六十七条）
1	审议批准公司的利润分配方案和弥补亏损方案	制订公司的利润分配方案和弥补亏损方案
2	对公司增加或者减少注册资本作出决议，对发行公司债券作出决议	制订公司增加或者减少注册资本以及发行公司债券的方案

续表

序号	股东会职权（第五十九条）	董事会职权（第六十七条）
3		决定公司内部管理机构的设置
4	对公司合并、分立、解散、清算或者变更公司形式作出决议	制订公司合并、分立、解散或者变更公司形式的方案
5	修改公司章程	制定公司的基本管理制度
6	选举和更换董事、监事，决定有关董事、监事的报酬事项	决定聘任或者解聘公司经理及其报酬事项，并根据经理的提名决定聘任或者解聘公司副经理、财务负责人及其报酬事项
7	审议批准董事会的报告	召集股东会会议，并向股东会报告工作
8	审议批准监事会的报告	执行股东会的决议
9	公司章程规定的其他职权	公司章程规定的其他职权
10	对外投资或者为他人提供担保（第十五条第一款）	聘用会计师（第二百一十五条），董事高管实行关联交易的批准权（第一百八十三条）
11	对实际控制人提供担保（第十五条第二款）	董事高管实行竞业禁止义务的批准权（第一百八十四条）

通过对比董事会与股东会的职权可以发现：董事会拥有"制订公司增加或者减少注册资本以及发行公司债券的方案及制订公司合并、分立、解散或者变更公司形式的方案"的职权，而股东会拥有"对发行公司债券作出决议及对公司合并、分立、解散、清算或者变更公司形式作出决议"的职权。即由董事会制定上述事项的相关方案，然后再由股东会对该类方案作出决议。

而根据公司法的规定，股东会对上述事项作出决议需要三分之二以上表决权的股东通过，公司法却未明确规定董事会的特别决议事项，公司章程完全可以将制定股东会特别决议事项方案的职权及其他的重大事项规定为特别决议事项，也即需要三分之二以上董事的通过。

设计建议

1. 站在直接经营管理公司的"企业家"的角度，笔者建议：对于有限公司的企业家来讲，董事会作为股东会的执行机构，掌握着公司经营管理的广泛权力。依据公司法的规定，董事会中每个董事一人一票，董事会决议需要过半数董事同意通过。由于董事会并没有对董事会的决议事项进行分级，造成所有的决议事项都需要进行分级，容易造成占有多数席位的大股东控制的董事会，专制独裁，不仅可能有损小股东的权益，还有可能造成决策失误，损害公司利益。所以，我们需要对决议事项进行分类，根据公司的实际情况，将公司的重大事项列为董事会绝对多数决议事项，以保证决策的民主性和科学性。

2. 站在不直接经营管理公司的"资本家"的角度，笔者建议：由于资本家一般并不能取得半数以上董事席位，不能取得董事会的控制权。但是其可以通过设计董事会绝对多数董事的决议事项，通过投反对票的方式，阻止一些决议的通过，进而保证投资的安全性。

条款实例

　　董事会行使下列职权：……（六）制订公司增加或者减少注册资本、发行债券或其他证券及上市方案；（七）拟订公司重大收购、收购本公司股票或者合并、分立、解散和变更公司形式方案……（九）在本章程规定的范围内，决定公司对外担保事项；（十三）制订公司章程的修改方案……上述第（六）项、第（七）项、第（九）项、第（十三）项必须由董事会三分之二以上的董事表决同意［除上述列举的几项内容外，公司可以另行规定重要事项包括但不限于"公司增加或者减少注册资本；公司的分立、合并、解散、清算或变更公司形式；公司在一年内购买、出售重大资产或者担保金额超过公司最近一期经审计总资产的30%；回购公司股份；对外担保；法律、行政法规或者本章程规定以及董事会以普通决议认定会对公司产生重大影响的，需要以特别决议（全体董事三分之二以上）通过的其他事项"］。

法规链接

《公司法》（2023 年修订）

第六十七条　有限责任公司设董事会，本法第七十五条另有规定的除外。

董事会行使下列职权：

（一）召集股东会会议，并向股东会报告工作；

（二）执行股东会的决议；

（三）决定公司的经营计划和投资方案；

（四）制订公司的利润分配方案和弥补亏损方案；

（五）制订公司增加或者减少注册资本以及发行公司债券的方案；

（六）制订公司合并、分立、解散或者变更公司形式的方案；

（七）决定公司内部管理机构的设置；

（八）决定聘任或者解聘公司经理及其报酬事项，并根据经理的提名决定聘任或者解聘公司副经理、财务负责人及其报酬事项；

（九）制定公司的基本管理制度；

（十）公司章程规定或者股东会授予的其他职权。

公司章程对董事会职权的限制不得对抗善意相对人。

第七十三条 董事会的议事方式和表决程序，除本法有规定的外，由公司章程规定。

董事会会议应当有过半数的董事出席方可举行。董事会作出决议，应当经全体董事的过半数通过。

董事会决议的表决，应当一人一票。

董事会应当对所议事项的决定作成会议记录，出席会议的董事应当在会议记录上签名。

第一百二十四条 董事会会议应当有过半数的董事出席方可举行。董事会作出决议，应当经全体董事的过半数通过。

董事会决议的表决，应当一人一票。

董事会应当对所议事项的决定作成会议记录，出席会议的董事应当在会议记录上签名。

第五十八条 有限责任公司股东会由全体股东组成。股东会是公司的权力机构，依照本法行使职权。

第五十九条 股东会行使下列职权：

（一）选举和更换董事、监事，决定有关董事、监事的报酬事项；

（二）审议批准董事会的报告；

（三）审议批准监事会的报告；

（四）审议批准公司的利润分配方案和弥补亏损方案；

（五）对公司增加或者减少注册资本作出决议；

（六）对发行公司债券作出决议；

（七）对公司合并、分立、解散、清算或者变更公司形式作出决议；

（八）修改公司章程；

（九）公司章程规定的其他职权。

股东会可以授权董事会对发行公司债券作出决议。

对本条第一款所列事项股东以书面形式一致表示同意的，可以不召开股东会会议，直接作出决定，并由全体股东在决定文件上签名或者盖章。

第六十六条 股东会的议事方式和表决程序，除本法有规定的外，由公司章程规定。

股东会作出决议，应当经代表过半数表决权的股东通过。

股东会作出修改公司章程、增加或者减少注册资本的决议，以及公司合并、分立、解散或者变更公司形式的决议，应当经代表三分之二以上表决权的股东通过。

延伸阅读

裁判规则：除公司法特别规定属于股东会的职权外，股东会可以将其他职权授予董事会行使。

案例：贵州省高级人民法院审理的徐某霞诉报业宾馆公司决议效力确认纠纷案［（2015）黔高民商终61号］认为，公司章程是由公司发起人或全体股东共同制定的公司基本书件，也是公司成立的必备性法律文件，主要体现股东意志。《公司法》第十一条规定："设立公司必须依法制定公司章程"，表明公司章程具有法定性，即它不仅是体现股东的自由意志，也必须遵守国家的法律规定。只要公司章程不违反国家强制性的、禁止性的法律规定，司法一般不应介入公司章程这种公司内部事务，即使司法要介入，也应保持适当的限度，即适度干预。本案所涉公司章程规定了包括股东在内相应人员的权利和义务，对相应人员具有约束力，从有权利即有救济的角度看，如果股东认为公司章程的内容有违法或侵犯股东权利的情形，股东应有权通过诉讼维护自己的合法权利。因此，徐某霞请求确认公司章程部分内容无效的权利是存在的，报业宾馆和报业公司认为"上诉人诉请确认公司章程部分无效没有法律依据"的理由不成立。在确认徐某霞享有相关诉权后，本案的争议焦点在于报业宾馆章程内容是否部分无效。《公司法》以列举的形式规定了股东会和董事会的职权，从两条法律规定来看，董事会、股东会均有法定职权和章程规定职权两类。无论是法定职权还是章程规定职权，强调的都是权利，在没有法律明确禁止的情况下，权利可以行使，可以放弃，也可以委托他人行使。

但《公司法》第四十三条第二款规定："股东会会议作出修改公司章程、增加或者减少注册资本的决议,以及公司合并、分立、解散或者变更公司形式的决议,必须经代表三分之二以上表决权的股东通过。"从此条规定中的法律表述用语"必须"可以看出,修改公司章程、增加或者减少注册资本的决议,以及公司合并、分立、解散的决议有且只有公司股东会才有决定权,这是股东会的法定权利。报业宾馆章程第七条第(八)项、第(十)项、第(十一)项、第三十二条第(二)项将股东会的法定权利规定由董事会行使,违反了上述强制性法律规定,应属无效。因此,报业宾馆和报业公司关于"该授权不违反《公司法》的强制性规范"的辩解理由不成立,徐某霞的上诉请求部分应予支持。故判决确认报业宾馆章程第七条第(八)项、第(十)项、第(十一)项,第三十二条第(二)项无效。

004 公司章程可设计董事提名权以防公司被恶意收购

公司章程设计要点

中小股东可利用董事提名权提名代表自身利益的董事,大股东可利用董事提名权,增加公司被收购的难度,降低被收购风险。

阅读提示

选举董事不仅是公司股东的一项重要权利,更是公司控制权争夺战中最为激烈、最为关键的一役。万某控制权之争使得众多公司纷纷修改公司章程,加入反收购条款,以抵御外来"野蛮人"的入侵。

然而选举董事的前提是提名董事,只有成为董事候选人,才有可能进入股东会表决环节。因此,如何设计董事提名权是公司内部各方关注的焦点。

广大中小股东如何通过应用董事提名权维护权益?大股东如何利用董事提名权捍卫控制权?本书通过分析万科公司章程,对公司章程如何设计董事提名权提出建议。

公司章程参考研究文本

《万科公司章程》(2014年6月版)第九十八条 董事、监事候选人名单以提案的方式提请股东大会决议。非独立董事候选人名单由上届董事会或连续一百八十个交易日单独或合计持有公司发行在外有表决权股份总数百分之三以上的股东提出。

同类章程条款

笔者查阅了多家上市公司章程中关于股东提名权的条款，各公司对董事提名权的规定不尽相同，主要包括以下几种类型：

1. 仅规定股东提案权，未对股东提名董事作出特殊规定。

《深圳机场章程》（2020年10月版）第八十三条　董事、监事候选人名单以提案的方式提请股东大会表决。

股东大会就选举董事、监事进行表决时，可以根据本章程的规定实行累积投票制。

董事会应当向股东公告候选董事、监事的简历和基本情况。

2. 《公司法》规定单独或合计持有公司股份百分之三以上的股东享有提案权。部分公司章程规定享有提名权的股东持股比例高于3%。

《东北制药章程》（2016年6月版）第八十二条　董事、监事候选人名单以提案的方式提请股东大会表决。董事、监事候选人分别由董事会、监事会提出，合并持有公司股份总额10%以上的股东可以书面方式向董事会提名董事、监事候选人，并附所提候选人简历等基本情况。

3. 规定享有提名权股东必须连续持有公司股份的时间。

《方大集团章程》（2016年9月版）第八十四条　除职工代表董事以外的非独立董事候选人由上届董事会、单独或合并连续365日以上持有公司发行在外有表决权股份总数5%或以上的股东提出。

4. 不同持股比例享有提名董事的人数不同。

《徐工集团章程》（2023年4月）第八十二条　董事、监事候选人名单以提案的方式提请股东大会表决。董事会应当向股东公告候选董事、监事的简历和基本情况。

董事、监事提名的方式和程序为：

（一）董事会、监事会或者单独或合并持有公司3%以上股份的股东可以提名董事，提交股东大会选举。

（二）监事会或者单独或合并持有公司3%以上股份的股东可以提名监事，

提交股东大会选举。职工代表担任的监事由公司工会在广泛征求职工意见的基础上提名，经公司职工代表大会、职工大会或其他形式民主选举产生。

股东大会选举两名以上（含两名）董事或监事时采用累积投票制。累积投票制是指股东大会选举董事或者监事时，每一股份拥有与应选董事或者监事人数相同的表决权，股东拥有的表决权可以集中使用……

专业律师分析

公司章程对股东提名权进行规定的意义在于：选举董事是股东的一项重要权利，也是获得公司控制权的关键所在。而选举出代表自己利益的董事的前提是提名董事。选举董事是说"Yes"或"No"的过程，而提名董事则是说"Who"的过程。

对于广大中小股东来说，借助董事提名权能够突破大股东控制的董事会，选举出代表自己利益的董事。对于控股股东来说，利用公司章程中的董事提名条款，能够有效提高收购方迅速进入董事会，取得公司控制权，防止公司被恶意收购。

设计建议

1. 由于中小股东和控股股东对公司经营所持有的目的不同，因而对董事提名权的要求也不尽相同。中小股东的目的是在大股东把持的董事会中突出重围，提名并选举能够代表中小股东利益的董事。对此，应当尽可能地降低中小股东提名董事的难度，包括直接在公司章程中规定中小股东可提名董事人数；限制大股东提名、更换董事人数；将提名董事作为股东提案权的一项内容，而不单独规定有权提名董事的股东的条件。如果必须规定董事提名权，则不应规定过高的持股比例以及持股时间。

2. 对于公司的控股股东而言，董事提名权是其掌握公司控制权的法宝，同时也是抵御外来"野蛮人"的利器。因此，可以适当增加股东提名董事难度，使得外来收购方即使拥有最多的股份，也难以迅速地在董事会获得控制权。

3. 限制董事提名权的主要方式包括将提名董事作为一项单独的权利，而与一般的股东提案权区别对待。股东的一般提案权是一项法定的权利，《公司法》严格规定了股东提案权的持股比例，如果公司章程对股东提出提案的持股比例、持股时间加以限制，则属于违反《公司法》规定的条款。但是可以把提名董事作为股东的一项单独权利。

4. 延长股东的持股时间。商场如战场，兵贵神速，反收购战亦是如此。收购方往往会在短时间内大量购进目标公司的股份，发起临时股东会，改选董事会，取得公司的控制权。考虑到资金成本，其持有目标公司股份的时间往往较短。因此在公司章程中规定，仅持股达章程规定时间的股东享有提名董事的权利，能够起到反收购的效果。

5. 提高持股比例的要求。根据《公司法》的规定，提案权股东的持股比例为百分之三。公司章程可在百分之三的基础上，适当提高提案权股东的持股比例，增加收购方的收购成本，减小公司被收购的可能。

6. 限制所持股份仅为表决权股份。《公司法》仅规定持有一定比例股份的股东享有提案权，但是对股份的性质并未加以规定。对于一些上市公司，流通在外的既有普通股，也有优先股，将所持股份的性质限定为具有表决权的股份，也是增加公司被收购难度的一种措施。

条款实例

如何避免"野蛮人"迅速实现董事会大换血、完全控制董事会？首先，可以直接在公司章程中对某一方股东可提名董事的人数作出规定；其次，可以对大股东提名、更换董事的人数作出限制，防止大股东对董事会进行大换血；最后，可将提名董事作为提案权的一项内容，其规则适用公司章程对股东提案权的规定。具体规定如下：

1. 某股东可以提名 N 名董事，提交股东会选举。
2. 单独或合并持有公司 10% 以上股份的股东提名董事的人数不得超过公司董事会人数的三分之一。
3. 董事、监事候选人名单以提案的方式提请股东会表决。

针对大股东，可对提名董事事项作出特殊规定，如延长持股时间、增加持股比例，对可提名董事人数进行限制。具体可设计如下：

非独立董事候选人名单由上届董事会或连续一百八十个交易日单独或合计持有公司发行在外有表决权股份总数 3% 以上的股东提出。单独或合并持有公司 3% 以下股份的股东最多可以提名一名董事，单独或合并持有公司 3% 以上股份的股东提名董事的人数不得超过公司董事会人数的三分之一。

法规链接

《公司法》（2023 年修订）

第五十九条　股东会行使下列职权：

（一）选举和更换董事、监事，决定有关董事、监事的报酬事项；

（二）审议批准董事会的报告；

（三）审议批准监事会的报告；

（四）审议批准公司的利润分配方案和弥补亏损方案；

（五）对公司增加或者减少注册资本作出决议；

（六）对发行公司债券作出决议；

（七）对公司合并、分立、解散、清算或者变更公司形式作出决议；

（八）修改公司章程；

（九）公司章程规定的其他职权。

股东会可以授权董事会对发行公司债券作出决议。

对本条第一款所列事项股东以书面形式一致表示同意的，可以不召开股东会会议，直接作出决定，并由全体股东在决定文件上签名或者盖章。

第一百一十五条　召开股东会会议，应当将会议召开的时间、地点和审议的事项于会议召开二十日前通知各股东；临时股东会会议应当于会议召开十五日前通知各股东。

单独或者合计持有公司百分之一以上股份的股东，可以在股东会会议召开十日前提出临时提案并书面提交董事会。临时提案应当有明确议题和具体决议事项。董事会应当在收到提案后二日内通知其他股东，并将该临时提案提交股东会审议；但临时提案违反法律、行政法规或者公司章程的规定，或者不属于股东会职权范围的除外。公司不得提高提出临时提案股东的持股比例。

公开发行股份的公司，应当以公告方式作出前两款规定的通知。

股东会不得对通知中未列明的事项作出决议。

延伸阅读

有关股东提名董事、高级管理人员等的案例：

裁判规则：股东协议或公司章程中约定小股东拥有提名或指派董事或高管的权利，大股东滥用表决权剥夺小股东提名权或指派权，作出的公司决议无效。

案例1：湖南省湘潭市中级人民法院审理的胜某湘钢公司与盛某公司公司决议纠纷案［（2015）潭中民三终475号］认为，本案中，对于被上诉人而言，其通过安排的副总经理和董事各一人，对公司的经营状况进行了解并参加公司经营管理，行使股东权利。上诉人的两名大股东通过公司决议的方式随意剥夺被上诉人提名副总经理和董事各一人的权利，是一种滥用股东权利损害其他股东利益的行为。涉案公司决议系滥用资本多数决作出，因此，该决议内容因违反法律、行政法规无效。原审法院并没有否认资本多数决原则，原审判决涉案公司决议无效正确。

案例2：江苏省盐城市中级人民法院审理的恒某公司与友某公司、响水恒某公司公司决议撤销纠纷案［（2015）盐商终00105号］认为，根据双方合作协议约定，恒某公司享有响水恒某公司总经理人选的提名权。现友某公司在未能提供证据证明南通恒某公司放弃总经理人选的提名权或南通恒某公司存在怠于提名等不利于公司发展行为的情况下，任命张某华担任响水恒某公司总经理明显违背了双方合作协议的约定，对此亦应予以撤销。

005 公司章程如何设计分期分级董事会制度

公司章程设计要点

董事会换届选举时，更换和改选的董事人数最多为董事会总人数的三分之一。我们关注到最厉害的可以设计为"公司每连续三十六个月内更换的董事不得超过全部董事人数的三分之一"。

阅读提示

分期分级董事会制度，也称交错选举董事条款，指将董事会分为若干组，规定每一组有不同的任期，以使每年都有一组董事任期届满，每年也只有任期届满的董事被改选。

"宝万之争"后，我国上市公司参考这一制度，在公司章程中规定了每年改选董事会成员的比例上限。这样，即使收购者控制了目标公司的多数股份，也只能逐渐取得董事会控制权。

那么，这一制度是否符合《公司法》的要求？其是否能够起到预期的作用？实践中，该制度又需要与哪些章程条款相配合呢？

公司章程参考研究文本

《雅化集团章程》（2023年11年版）第一百一十三条　第一百一十三条　董事由股东大会选举或更换，任期三年。董事任期届满，可连选连任。董事在任期届满以前，股东大会不能无故解除其职务。

董事任期从就任之日起计算，至本届董事会任期届满时为止。董事任期届满未及时改选，在改选出的董事就任前，原董事仍应当依照法律、法规和本章程的规定履行董事职务。

董事可以由总裁或者其他高级管理人员兼任，但兼任总裁或者其他高级管理人员职务的董事以及由职工代表担任的董事，原则上总计不得超过公司董事总数的二分之一。

同类章程条款

笔者查阅了数十家上市公司章程条款，仅有少数上市公司规定了董事更换的比例上限，这些章程条款与上述《雅化集团章程》大同小异，不过，它们并没有对恶意收购情况下的董事更换比例作出特别规定，具体如下：

1. 《商赢环球公司章程》（2017年6月版）第九十八条第一款　董事由股东大会选举或更换，任期三年。董事任期届满，可连选连任。董事在任期届满以前，股东大会不能无故解除其职务。董事任期届满需要换届时，新的董事人数不超过董事会组成人数的三分之一，但因增加董事人数产生的新任董事不受前述三分之一人数的限制。

2. 《伊利集团章程》（2017年5月版）第九十六条第二款　董事会换届选举时，更换董事不得超过全体董事的三分之一；每一提案所提候选人不得超过全体董事的三分之一。临时股东大会选举或更换（不包括确认董事辞职）董事人数不得超过现任董事的四分之一。

3. 《隆平公司章程》（2016年1月版）第九十六条第四款　公司每连续三十六个月内更换的董事不得超过全部董事人数的三分之一；如因董事辞职，或因董事违反法律、行政法规及本章程的规定被解除职务而导致董事人数不足本章程规定的人数的，公司可以增选董事，不受该三分之一的限制。

专业律师分析

1. 合法性分析

我国《公司法》规定董事任期由公司章程规定，但每届任期不可以超过 3 年；董事任期届满，连选可以连任。该规定表明董事任期在 3 年期限以内具体由公司章程规定，且不要求所有董事的任期相同。因此，分期分级董事会制度在我国并不违法，限制董事改选比例并不违反法律的强制性规定，当属有效。

不过，如果该条款阻止了正常的董事解雇或更换，则有可能不合理地维护现任董事及高管地位，进而损害股东利益。因此，该条款应该同时规定董事违反法律、行政法规及本章程的规定被解除职务的情况不受董事更换比例的限制，从而避免该条款可能伴随的法律风险。

2. 有效性分析

该条款的主要目的在于限制取得控股权的收购者径行取得董事会的控制权，其虽不能阻止收购者最终控制董事会，但是增加了收购者控制董事会的时间成本，在此期间，董事会可采取各种反并购措施，使收购者的初衷无法实现。但是，该条款仅仅在更换董事的比例和速度上作出限制，其若想真正发挥强有力的反并购作用还需要与以下措施相配合：

（1）除了规定更换董事的比例上限，公司还可以适当增加无故更换董事的阻力。因此在采用分期分级董事会条款的同时，公司章程可规定董事在任职期间内不得被无故解除职务，还可引入"金色降落伞"条款，增加收购者更换董事的成本。

（2）公司章程可以就董事解除职务事项设置绝对多数条款，并规定补选董事的任期与被解除职务的董事之剩余任期相同。这种做法增加了解除董事职务的难度，缩短了补选董事的任期，其与分期分级董事会条款配合，可以促使收购者重新考虑控制董事会的成本和难度。

3. 制度缺陷分析

规定董事更换的比例上限，最大的弊端在于无法满足董事会必要的流动性需求。正常情况下，董事会的流动比率并不能用一个数字进行笼统规定，比例上限的设置实际上只是防范恶意并购的无奈之举。

因此，公司章程应该规定，如因董事辞职或因董事违反法律、行政法规及本章程的规定被解除职务而导致董事人数不足本章程规定的人数时，公司增选董事不受该比例的限制。这一例外可以在保持该条款反并购属性的前提下，满足董事会的必要流动性需求。

设计建议

1. 设置配套措施

笔者建议，在公司章程中引入分期分级董事会条款的同时，设置配套条款以实现反并购的目的。第一，公司章程在规定更换董事的比例上限的同时，应规定不得无故解除董事的职务，必要时可以为董事配备"金色降落伞""银色降落伞"；第二，公司应根据公司的股份结构，考虑将解除董事职务设置为股东大会特别决议事项。

2. 合理规定更换董事的比例上限

更换董事的比例上限应该是三分之一还是四分之一？应该规定每年更换董事不得超过一定比例还是规定每次董事换届改选不得超过一定比例？这些设计都没有所谓的"标准答案"，公司应根据自身的情况合理确定。

分期分级董事会条款的目的不是阻止董事的更换，而是防止收购者短时间内实现董事会大换血、通过大幅更换董事快速掌握董事会控制权，因此，该条款应该尊重公司自身更换董事的正常节奏，预防董事会的异常变动。

另外，相较于限定每年的董事更换比例，规定董事任期届满时的更换比例更为恰当。考虑到实践中董事的任期多为三年，每年的董事更换比例并不一定持平，其可能表现出明显的周期性。在此情况下，规定每年的董事更换比例过于死板，难以满足上市公司的客观需要。

3. 充分列举例外情况

因董事辞职或因董事违反法律、行政法规及本章程的规定被解除职务而导致董事人数不足章程规定的人数时，增加新任董事若受到一定的比例限制，可能会导致公司董事人数长期低于章程规定人数，影响公司的正常运营和发展。因此，在设置分期分级董事会条款的同时，公司章程需要充分考虑并列举其例外情况。

条款实例

董事由股东会选举或更换，任期三年。董事任期届满，可连选连任。董事在任期届满以前，股东会不能无故解除其职务。

董事任期届满需要换届时，新的董事人数不超过董事会组成人数的三分之一；每 36 个月之内股东会选举或更换董事人数不得超过现任董事的四分之一。因董事辞职或因董事违反法律、行政法规及本章程的规定被解除职务而导致董事人数不足本章程规定的人数时，增加新任董事不受前述人数的限制。

董事任期从就任之日起计算，至本届董事会任期届满时为止。董事任期届满未及时改选，在改选出的董事就任前，原董事仍应当依照法律、行政法规、部门规章和本章程的规定，履行董事职务。

董事可以由总经理或者其他高级管理人员兼任，但兼任总经理或者其他高级管理人员职务的董事，总计不得超过公司董事总数的二分之一。

公司可以考虑在引入上述条款的同时，引入下列配套条款：

1. 当公司被并购接管时，任何董事、监事、总裁或其他高级管理人员在不存在违法犯罪行为、不存在不具备所任职务的资格及能力，或不存在违反公司章程规定等的情形下，在任期届满前被终止或解除职务的，公司应按该名董事、监事、总裁或其他高级管理人员在公司任职年限内税前薪酬总额的十倍（或五倍）给付一次性赔偿金。上述董事、监事、总裁或其他高级管理人员已与公司签订劳动合同的，在被解除劳动合同时，公司还应按照《劳动合同法》另外支付经济补偿金或赔偿金。

2. 下列事项由股东会以特别决议通过：

（1）公司增加或者减少注册资本；

（2）公司的分立、合并、解散和清算；

（3）本章程的修改；

（4）公司在一年内购买、出售重大资产或者担保金额超过公司最近一期经审计总资产 30% 的；

（5）股权激励计划；

（6）解除董事职务；

（7）法律、行政法规或本章程规定的，以及股东会以普通决议认定会对公司产生重大影响的、需要以特别决议通过的其他事项。

法规链接

《公司法》（2023 年修订）

第七十条第一款、第二款　董事任期由公司章程规定，但每届任期不得超过三年。董事任期届满，连选可以连任。

董事任期届满未及时改选，或者董事在任期内辞任导致董事会成员低于法定人数的，在改选出的董事就任前，原董事仍应当依照法律、行政法规和公司章程的规定，履行董事职务。

第一百二十条 股份有限公司设董事会，本法第一百二十八条另有规定的除外。

本法第六十七条、第六十八条第一款、第七十条、第七十一条的规定，适用于股份有限公司。

> **延伸阅读**

《深圳证券交易所针对分期分级董事会条款的问询及上市公司的回复》：深圳证券交易所中小板公司管理部发出的《关于对雅化集团的关注函》要求公司对第三届董事会第十五次会议审议通过的拟修订《雅化集团章程》第一百一十三条作出解释，详细说明上述条款是否符合《公司法》的规定、是否不合理地维护现任董事及高管地位、是否损害股东选举董事的权利，以及是否损害上市公司以及中小投资者利益。

雅化集团回复："该条款没有不合理地维护现任董监事或高管地位，而是充分利用公司章程自治来保障公司在面临恶意收购的特殊时期亦能有条不紊地正常经营发展，为公司面临恶意收购，甚至是控制权变更的特殊时期提供了一个良性的过渡机制，公司股东大会有权就此项事宜表决是否通过。公司在面临恶意收购中，如果没有事前设定管理层资历和保障管理层持续、稳定的相关合理条件，公司的发展目标和业绩将很可能被改变或打乱，这对上市公司的正常运营和上市公司股价的维稳，以及对上市公司广大中小股东及公司本身都可能有重大的不利影响。同时，上述条款的修订系属于公司章程自治范畴，符合《公司法》《上市公司章程指引》《深圳证券交易所证券投资基金上市规则》及《深圳证券交易所中小企业板上市公司规范运作指引》等法律、法规及规范性文件的立法本意，公司股东大会有权就此项事宜表决是否通过，能够更好地保护上市公司和中小投资者利益。"

（三）公司控制权争夺之"董事长"

001 董事长的选任程序可以由公司章程任意约定吗

公司章程设计要点

有限责任公司章程可自由规定董事长的选任程序；但股份有限公司章程仅可规定"董事长以全体董事过半数选举产生"。

阅读提示

董事长为公司最高长官，对外代表公司进行民事法律行为，对内全面管理公司，在公司中的地位举足轻重，具有公司内最大的权力。

董事长是如何产生的？在公司保卫战中如何才能夺取和保住这一重要的职位（堡垒）？公司章程对董事长的选举和罢免是否可以作出特殊的约定？董事长的姓名是否可以直接约定在公司章程中？股份有限公司是否可以自由约定董事长的选任程序？本书下面将对上述问题予以解答。

公司章程参考研究文本

《中兴公司章程》（2017年6月版）第二百一十五条　董事长、副董事长由全体董事的过半数选举和罢免，董事长必须从担任公司董事或高级管理人员三年以上的人士中产生。

同类章程条款

笔者查阅了近百家上市公司的公司章程，其中绝大部分章程对董事长选任程序均规定由董事会全体董事过半数选举产生，鲜有公司章程对董事长的选任资格作出特殊的、更高要求的规定（如必须在本公司全职担任董事或高级管理人员N年以上，持股比例必须占到N%以上且取得股东资格N年以上等限制性条件）。

1.《平安银行章程》（2020年6月版）第一百二十八条　董事会董事长和副

董事长（如设）由董事会以全体董事过半数选举产生。

2.《方大集团章程》（2023年12月版）第一百一十三条　董事会设董事长1人，可以设副董事长1人。董事长和副董事长由董事会以全体董事的过半数选举产生和罢免。

专业律师分析

在我国的公司治理实践中，董事长的职位可谓举足轻重，特别是在有限责任公司，董事长的权利往往远大于其他董事的权利，所以董事长的职位往往成为各方股东均想占据的重要阵地和堡垒。但是根据我国公司法的相关规定，董事长的法定权利并不比其他董事多（如果董事长不是法定代表人的话，董事长作为法定代表人拥有的对外代表公司进行民事行为的权利，那是作为公司的法定代表人的特殊的权利），只是具有股东会的主持权，董事会的召集和主持权，股份有限公司的董事长对董事会决议执行情况的检查权等有限的法定职权，也即董事长只是在股东会和董事会的主持上有特定的法定职权，其他的职权与普通董事一样。

那么董事长是如何产生的呢？根据公司法的规定，股份有限公司董事长的产生方式是法定的，即由全体董事过半数以上选举产生；而对于有限责任公司来讲，公司法将董事长的产生方式交由公司自治，由公司自行在公司章程中进行约定，通常公司会约定由大股东指派的董事担任董事长，或由全体董事过半数以上选举产生。

另外，对于国有独资公司来讲，董事长直接由国资委在董事会成员中指定。当然，成为董事长的前提必须是董事，股东会无权直接任命非董事的人士担任董事长。

设计建议

1. 站在直接经营公司的"企业家"的角度，笔者建议：（1）对于股份有限公司的企业家来讲，虽然公司法直接规定董事长由全体董事过半数以上同意选举产生，但是其完全可以效仿中兴通讯的章程，在不违反公司法的前提下，对担任董事长的董事的任职资格提出更高的要求，例如必须在本公司全职担任董事或高级管理人员N年以上，持股比例必须占到十分之一以上且取得股东资格N年以上等限制性条件，以保证董事长的职位不会旁落。（2）对于有限责任公司的企业家来讲，其可以直接在章程中规定，董事长由大股东委派的董事担任（曾经有人建议"直接将董事长的名字写入章程",他们认为只要将董事长名字写入公司章程,那么想改选董事长必须修改章程,所以就必须拥有三分之二表决权的股东同意才可以更换董事长。这种观点通过判例认为是不成立的。实际上就算董事长名字写入了公司章程,如果需要更换董事长,还是只需要董事会正常规则选举、由董事会依法通过之后即可据此更换董事长并写入章程,具体细节见本书其他章节)。

2. 站在不直接经营管理公司的"资本家"的角度,笔者建议:在不能取得董事长席位的前提下,应尽可能取得副董事长的席位,并尽可能多地安排己方的董事。另外建议对董事长的职权作出详细且可量化的规定,例如董事长仅有权批准100万元以下的款项,100万元以上的款项由董事会批准。

条款实例

1. 有限公司章程条款实例

实例条款(1):董事会设董事长一人,设副董事长N人(具体副董事长人数根据公司具体情况确定)。董事长和副董事长由董事会选举和罢免,由全体董事过半数以上通过。

实例条款(2):董事会设董事长一人,设副董事长N人。董事长由某某(股东)指派的董事担任,副董事长由某某(股东)指派的董事担任。

实例条款(3):董事会设董事长一人,设副董事长N人。董事长和副董事长由股东会直接选举确定和罢免。

2. 股份公司章程条款实例

董事长、副董事长由全体董事的过半数选举和罢免,董事长必须从担任公司董事或高级管理人员三年以上的人士中产生(股份有限公司也可以根据自身情况设置其他限定条件)。

法规链接

《公司法》(2023年修订)

第六十八条 有限责任公司董事会成员为三人以上,其成员中可以有公司职工代表。职工人数三百人以上的有限责任公司,除依法设监事会并有公司职工代表的外,其董事会成员中应当有公司职工代表。董事会中的职工代表由公司职工通过职工代表大会、职工大会或者其他形式民主选举产生。

董事会设董事长一人，可以设副董事长。董事长、副董事长的产生办法由公司章程规定。

第一百二十二条 董事会设董事长一人，可以设副董事长。董事长和副董事长由董事会以全体董事的过半数选举产生。

董事长召集和主持董事会会议，检查董事会决议的实施情况。副董事长协助董事长工作，董事长不能履行职务或者不履行职务的，由副董事长履行职务；副董事长不能履行职务或者不履行职务的，由过半数的董事共同推举一名董事履行职务。

第一百七十三条 国有独资公司的董事会依照本法规定行使职权。

国有独资公司的董事会成员中，应当过半数为外部董事，并应当有公司职工代表。

董事会成员由履行出资人职责的机构委派；但是，董事会成员中的职工代表由公司职工代表大会选举产生。

董事会设董事长一人，可以设副董事长。董事长、副董事长由履行出资人职责的机构从董事会成员中指定。

延伸阅读

违反公司法及公司章程的规定选举董事长涉嫌违法的案例。

案例1：湖北省来凤县人民法院审理的陈某、龚某等与林某生、凤某出租公司公司决议纠纷案〔（2015）鄂来凤民初01266号〕认为，董事会成员是由股东会选举产生，股东会是通过选举董事会成员间接达到控制董事会的目的，所以股东会只有权选举和更换非职工代表担任的董事。根据凤某出租公司《章程》第三十二条的规定，董事长由董事会选举产生即董事长的任免由董事会决定，股东会不能直接决定董事长的任免，董事会选举产生董事长所形成的董事会决议并非《公司法》第三十七条第一款第（三）项所指股东会"审议批准董事会的报告"的对象。股东会审议批准董事长的任免有越权之嫌，决议的内容违反了公司《章程》第三十二条规定，但决议的内容没有违反法律、行政法规的效力性强制性规定，不存在导致决议内容无效的情形。

案例2：北京市房山区人民法院审理的林某周与建某公司请求变更公司登记纠纷案〔（2015）房民（商）初16215号〕认为，《公司法》第十三条规定，公司法定代表人依照公司章程的规定，由董事长、执行董事或者经理担任，并依法登记。公司法定代表人变更,应当办理变更登记。《公司法》第四十四条第三款规定,董事会设董事长一人,可以设副董事长。董事长、副董事长的产生办法由公司章程规定。建某公司的章程对董事长的产生办法亦作了规定。公司法定代表人的变更应符合公司法及公司章程的规定。董事长系董事之一,与其他董事一起,共同组成公司的董事会。不言而喻,董事长在董事中经选举产生。林某周虽提交了建某公司免去其董事长的董事会决议及任命周某为董事长的董事会决议,但周某并非建某公司董事。选举和更换非由职工代表担任的董事,系公司法及公司章程赋予股东会的法定权利。在周某未经建某公司股东会选举为董事之前,建某公司董事会将其选举为董事长,不符合公司法及公司章程的规定。在此情形下,林某周请求建某公司办理公司法定代表人的变更登记手续,依据不足,本院不予支持。

案例3：北京市第三中级人民法院审理的中某公司与世某星源公司公司决议撤销纠纷案［（2014）三中民终11950号］认为,关于决议内容,董事会设董事长一人,可以设副董事长。董事长、副董事长的产生办法由公司章程规定。有限责任公司可以设经理,由董事会决议聘任或解聘。中某公司章程规定选举和更换董事是股东会的职权,董事会设董事长一人、常务副董事长一人、副董事长一人,由董事会选举后产生；公司设总经理一名,由董事会聘任或者解聘。双方均确认在2013年第一次临时股东会召开之前,曾某松为中某公司副董事长、董事和总经理。副董事长由董事会选举产生,总经理的聘任或解聘都为董事会的职权范围,故中某公司2013年第一次临时股东会决议中免去曾某松副董事长、董事、总经理的内容违反公司章程规定,应予撤销。

002 公司章程可设计董事长对总经理及董事会秘书的提名权

公司章程设计要点

公司章程可规定董事长有权提名或推荐总经理、董事会顾问及专业顾问、董事会秘书人选,供董事会会议讨论和表决。

阅读提示

总经理是公司运营管理中最重要的职位,依据《公司法》的规定,总经理在董事会决议执行、财务控制、制度建设、人事任命等方面拥有广泛的职权，可以说只要控制了总经理的职位，即可控制公司的运营管理。但是，依据《公司法》规定，总经理的任免均由董事会决定，董事长若想提前锁定总经理的任免权，有必要在公司章程中规定，董事长对总经理有提名权。

公司章程参考研究文本

《万科公司章程》（2014年6月版）第一百四十五条　董事会主席行使下列职权：……（七）提名或推荐总裁、董事会顾问及专业顾问、董事会秘书人选，供董事会会议讨论和表决。

同类章程条款

笔者查阅了近百家上市公司的公司章程，其中对董事长提名权作特殊规定的公司不超过十家，而且大部分公司章程规定的提名权的对象范围非常有限，仅包括总经理（总裁）和董事会秘书两类。

1.《美的集团章程》（2023年4月版）第一百一十四条　董事长行使下列职权：……（八）提名公司总裁及董事会秘书人选名单……

2.《方大集团章程》（2023年12月版）第一百一十四条　董事长行使下列职权：……（四）提名公司总裁、董事会秘书人选，供董事会讨论和表决……

3.《张裕公司章程》（2016年9月版）第一百一十三条　董事长行使下列职权：……（四）提名或推荐总经理人选，供董事会讨论和表决……

专业律师分析

根据《公司法》的规定，董事长的法定职权并不多，仅有股东会的主持权以及董事会的召集与主持权，股份有限公司董事长还有督促、检查董事会决议执行的职权，而是否有其他职权需要董事会在职权范围内以决议的方式授予。

根据《上市公司章程指引》的提示，董事会应谨慎授予董事长职权，例行或长期授权须在章程中明确规定。所以，董事长的职权并未超出普通董事多少，董事长行使职权务必符合公司法和公司章程的规定。

在实践中，控股股东通常占据董事长的席位，为加强对公司日常经营管理的控制权，董事长有必要对总经理的职位作出必要的控制，因为根据公司法赋予总经理多项直接经营管理的职权，几乎涉及公司日常管理的方方面面。但是，总经理的聘任与解聘属于董事会的法定职权，为使得总经理的席位有更大的可控性，可在公司章程中规定董事长对总经理的提名权。

董事长对总经理的提名权一般指在董事会选举公司总经理之前，董事长向董事会推荐拟被任命为总经理的名单，并提交董事会进行决议的权利。如此一来，董事会在选任总经理的过程中，只能在被提名的名单中选择，势必会大大增加董事长对总经理席位的控制，而总经理又有对副总经理、财务负责人的提名权，以及其他重要岗位和职位的决定权，这样董事长通过总经理的提名权，可以间接掌控公司的整个人事权。

另外，根据《公司法》第一百三十八条的规定，上市公司设董事会秘书，负责公司股东会和董事会会议的筹备、文件保管以及公司股东资料的管理，办理信息披露事务等事宜。上市公司的董事会秘书也被视为公司高级管理人员，负责在董事会闭会期间的多项重要工作，公司章程中若规定董事长对董事会秘书的提名权，必将有利于董事长对董事会的管理与控制。

但需要提醒的是，公司章程在赋予董事长职权的时候，切记不要与公司的其他权力机关的法定职权相冲突。

设计建议

1. 站在直接经营公司的"企业家"的角度，笔者建议：在公司章程中细化董事长的职权，务必加入董事长对总经理、董事会秘书的提名权。为加强对外来投资者的防御，也可以在章程中约定总经理的人员必须已在公司实际参与经营管理工作三年以上；另外，对于董事会顾问或其他专业顾问的人选，也可以学习万某公司的做法，直接将这些职位的人选赋予董事长提名权。

2. 站在不直接经营公司的"资本家"的角度，笔者建议：（1）在融资谈判开始时，建议对董事长的职权直接援引公司法的规定，而不要轻易答应企业原控制人对总经理提名权的要求。如有必要扩大董事长的职权，通过日后董事会决议的方式赋予，以免人事权的旁落，在公司的实际经营管理中出现障碍。（2）如果原公司的控制人坚持要赋予董事长以总经理提名权等法定职权以外的权力，资本家可以对这些权力的行使附加有利于己方的条件，例如总经理需具有其他同类行业5年以上管理经验等。

条款实例

公司董事长行使下列职权：……提名或推荐总经理、董事会顾问及专业顾问、董事会秘书人选，供董事会会议讨论和表决；其中，总经理需满足在本公司已从事经营管理工作3年以上。

法规链接

《公司法》（2023年修订）

第六十三条第一款 股东会会议由董事会召集，董事长主持；董事长不能履行职务或者不履行职务的，由副董事长主持；副董事长不能履行职务或者不履行职务的，由过半数的董事共同推举一名董事主持。

第六十七条第二款 董事会行使下列职权：

……

（八）决定聘任或者解聘公司经理及其报酬事项，并根据经理的提名决定聘任或者解聘公司副经理、财务负责人及其报酬事项；

……

第七十四条 有限责任公司可以设经理，由董事会决定聘任或者解聘。

经理对董事会负责，根据公司章程的规定或者董事会的授权行使职权。经理列席董事会会议。

第一百一十四条第一款 股东会会议由董事会召集，董事长主持；董事长不能履行职务或者不履行职务的，由副董事长主持；副董事长不能履行职务或者不履行职务的，由过半数的董事共同推举一名董事主持。

第一百二十二条第二款 董事长召集和主持董事会会议，检查董事会决议的实施情况。副董事长协助董事长工作，董事长不能履行职务或者不履行职务的，由副董事长履行职务；副董事长不能履行职务或者不履行职务的，由过半数的董事共同推举一名董事履行职务。

延伸阅读

关于董事长选任以及职权的相关案例：

裁判规则一：公司法未赋予董事长召集股东会的职权，股东会的召集权属于董事会，董事长无权擅自召集股东会或者在没有召开董事会进行讨论、决定的情况下直接拒绝召集股东会。

案例1：河南省许昌市中级人民法院审理的林某公司与花某公司、中某公司股东会决议纠纷案［（2015）许民终1029号］认为，董事会是有限责任公司的业务执行机构，享有业务执行权和日常经营决策权。《公司法》第四十六条规定了董事会的职权为召集股东会，并向股东会报告工作等。董事长的职权是主持股东会议，召集和主持董事会会议。公司法未赋予董事长召集股东会的职权，股东会的召集权属于董事会。董事长在没有经过董事会讨论并作出决定的情况下，无权擅自召集股东会。花某公司章程规定由董事长个人行使本应由董事会这个组织机构行使的职权，违反了公司法规定，可能损害公司、股东的权益或董事会及其他董事的权力行使，应为无效条款。原花某公司董事长姚某某在接到股东中某公司提议召开临时股东会议的提议后，未召集董事会讨论，也未答复。其发出的《关于召开2014年第一次临时股东会的通知》中的议案内容在没有召开董事会进行讨论、决定的情况下直接对中某公司议案内容进行否定，超越了董事长的职权范围。中某公司根据公司法规定，自行召集花某公司2014年第一次临时股东会于法有据。花某公司2014年第一次临时股东会决议召集程序、表决方式不违反法律、行政法规和公司章程有效条款相关规定，内容不违反公司章程有效条款规定，林某公司请求撤销的依据不足，本院不予支持。

裁判规则二：公司章程可规定总经理的提名权由特定的股东行使。

案例2：江苏省南京市中级人民法院审理的咨询中心与交某科技公司撤销公司决议纠纷案[（2015）宁商终482号]认为……交某科技公司章程第二十五条规定总经理由董事会聘任或解聘，交某科技公司董事会2014年6月4日决议解聘肖某总经理职务并未违反公司章程和相关法律的规定。现任总经理被解聘后，根据公司章程第二十一条规定，新的总经理人选仍应由苏某特公司以外的其他股东提名，董事会只能在其他股东提名的人选中选任新的总经理，因此由董事会直接解除总经理职务并不影响苏某特公司以外的其他股东对总经理人选的控制权。综上，咨询中心认为第二十一条同时规定董事会解聘总经理也要经苏某特公司以外的其他股东提议系其对公司章程该条规定的单方解读，无事实和法律依据，不能成立。

裁判规则三：有限责任公司董事长的选任和罢免，可由公司章程自由约定，未作约定时由董事会任免。

案例3：湖北省咸宁市中级人民法院审理的饮食旅游公司与高某公司决议纠纷案[（2016）鄂12民终1081号]认为，本案审理的焦点应为选举和更换饮食旅游公司董事长是否为公司董事会职权，该董事会决议程序、内容是否符合法律和公司章程的相关规定。根据《公司法》第四十四条第三款的规定："董事会设董事长一人，可以设副董事长。董事长、副董事长的产生办法由公司章程规定。"公司章程是公司成立的基础，也是公司赖以生存的灵魂，公司的组织和活动应按照公司章程的相关规定进行。结合到本案，咸宁市咸安区工商行政管理局备案的饮食旅游公司章程第二十条规定："董事会设董事长一名、董事二名。董事长是公司的法定代表人。"在第十四条的股东会职权范围和第二十一条的董事会职权范围中，均未明确规定公司董事长、副董事长的产生办法。而公司章程第四十一条第二款规定："本章程的未尽事宜由股东会决议解决，或依照《公司法》的有关规定执行。"则公司董事长、副董事长的产生办法应由公司股东会决议解决，公司董事会无权决定公司董事长的产生办法。因上诉人提供的证据不能证明该次董事会召集程序符合法律和公司章程的相关规定，且该董事会决议内容亦超越了董事会职权范围，违反了公司章程的相关规定，故该董事会决议程序、内容均存在瑕疵。作为公司股东的高某有权向法院申请撤销该董事会决议，并按照《公司法》第二十二条第四款"公司根据股东会或者股东大会、董事会决议已办理变更登记的，人民法院宣告该决议无效或者撤销该决议后，公司应当向公司登记机关申请撤销变更登记"的规定，请求法院判决饮食旅游公司向咸宁市咸安区工商行政管理局申请撤销变更登记。

　　案例4：上海市第一中级人民法院审理的沈某华诉唐某宏公司决议纠纷案[（2017）沪01民终3466号]认为，柯某拓公司章程第十条第一款虽然规定"股东会行使以下职权：……（二）选举和更换非由职工代表担任的董事、监事，决定有关董事、监事的报酬事项……"但此处仅规定了董事的选举和更换，与董事长无关，由该条规定推导不出董事长的任免是股东会的职权；柯某拓公司章程第二十一条规定："董事会由3名董事组成，由投资方委派。设董事长一名，董事长是公司的法定代表人。董事任期3年，可以连任。投资方在委派或更换董事人选时，应书面通知董事会"，该条也并未规定董事长的任免程序。柯某拓公司章程对董事长的产生办法并无明确规定，根据现行公司法规定和柯某拓公司章程，原审法院认定"董事会无权作出任免董事长的决议"这样的结论，依据不足。在公司治理中，除法律、行政法规、公司章程有明确规定的内容，应尊重当事人意思自治，法无禁止即可为，扩大解释公司章程会导致公司治理的僵局，不利于公司的存续发展，因此本院对原审法院关于"董事会无权作出任免董事长的决议"予以纠正。

003 公司章程可规定董事长在一定额度内对公司财务的审批权

公司章程设计要点

公司章程可规定董事长有权决定一定额度内的资金运用审批权。

阅读提示

《公司法》第一百三十五条规定，上市公司在一年内购买、出售重大资产或者向他人提供担保的金额超过公司资产总额30%的，应当由股东会作出决议，并经出席会议的股东所持表决权的三分之二以上通过。

那么对于上述资产处置的总额在30%以下的情况，公司章程可否将此类资产处置的权力交与董事会或董事长来行使呢？笔者认为依据私法自治的原则，公司章程可以通过资产处置金额的大小，将占总资产30%以下的资产处置权赋予董事会或董事长。

公司章程参考研究文本

《美的集团章程》（2023年4月版）第一百一十四条　董事长行使下列职权：……（九）决定金额在公司最近经审计净资产低于10%的对外投资（含委托理财、委托贷款、对子公司投资等）、租入或租出资产、签订管理方面合同（含委托经营、受托经营等）、债权或债务重组、研究与开发项目的转移、签订许可协议等事项；（十）决定金额在公司最近经审计净资产低于0.5%的关联交易事项。

同类章程条款

笔者查阅了近百家上市公司的公司章程，其中对董事长财务审批权作特殊规定的公司有十几家，精选下列几则供大家参考：

1.《南华公司》（2017年6月版）第一百一十三条　董事长行使下列职权：……（三）审议批准达到下列标准之一的交易事项：

（1）交易涉及的资产总额低于公司最近一期经审计总资产的10%，该交易涉及的资产总额同时存在账面值和评估值的，以较高者作为计算数据；

（2）交易标的（如股权）在最近一个会计年度相关的营业收入低于公司最近一个会计年度经审计营业收入的10%，或绝对金额低于1000万元人民币；

（3）交易标的（如股权）在最近一个会计年度相关的净利润低于公司最近一个会计年度经审计净利润的10%，或绝对金额低于100万元人民币；

（4）交易的成交金额（含承担债务和费用）低于公司最近一期经审计净资产的10%，或绝对金额低于1000万元人民币。

（四）审议决定以下关联交易事项：

（1）公司与关联自然人发生的交易金额在30万元以下的关联交易；

（2）公司与关联法人发生的交易金额低于300万元，或低于公司最近一期经审计净资产绝对值0.5%的关联交易。

2.《深圳市机场章程》（2016年10月版）第一百二十一条　董事长行使下列职权：……（十一）三千万元以下、五百万元以上的资金运用（不包括贷款）审批权；三千万元以上的资金运用（不包括贷款）由董事会决定。

3.《广州宝丽华公司章程》（2017年5月版）第一百一十三条　董事长行使下列职权：……（七）决定并签署单笔金额在公司最近一期经审计的净资产10%以内（包括10%）的项目投资、资产经营、风险投资、资产处置等事项。

4.《南方黑芝麻集团章程》（2024年3月版）第一百一十七条　董事长行使下列职权：……（六）在董事会授权范围内，决定公司的对外投资、收购出售资产、委托理财等事项：（1）交易涉及的资产总额占公司最近一期经审计总资产的10%以下的事项，该交易涉及的资产总额同时存在账面值和评估值的，以较高者作为计算数据；（2）交易的成交金额（含承担债务和费用）占公司最近一期经审计净资产的10%以下的事项；（3）公司在一年内购买、出售重大资产不超过公司最近一期经审计总资产10%的事项。上述指标计算中涉及的数据如为负值，取其绝对值计算。

专业律师分析

根据《公司法》的规定，董事长的法定职权并不多，仅有股东会的主持权以及董事会的召集与主持权，股份有限公司董事长还有督促、检查董事会决议执行的职权，而是否有其他职权需要董事会在职权范围内以决议的方式授予。

根据《上市公司章程指引》的提示，董事会应谨慎授予董事长职权，例行或长期授权须在章程中明确规定。所以，董事长的职权并未超出普通董事多少，董事长行使职权务必符合《公司法》和《公司章程》的规定。

那么《公司章程》中是否可以约定董事长的财务审批权呢？依据《公司法》第一百三十五条的规定，上市公司在一年内购买、出售重大资产或者向他人提供担保的金额超过公司资产总额30%的，应当由股东会作出决议，并经出席会议的股东所持表决权的三分之二以上通过。根据该条规定，购买、出售重大资产低于公司资产总额30%的部分，公司法并没有作出强制性的规定，依据法无禁止即可为的私法原则，公司章程可将购买、出售重大资产的权限授予其他公司机关，以提高经济决策的效率，但前提是其所运用的资金额度和资产价值不超过公司资产总额的30%。

无疑，公司财务的审批权是董事长控制管理公司的一把利器，包括对外投资、出售、购买资产、委托理财、重要经济合同的签订等。董事长掌握这些财务事项的审批权，不但免去了召开股东会或董事会的烦冗程序，提高了效率，而且有助于董事长了解公司资金运用的实际情况，进一步控制公司的财务权，在本质上强化对公司的控制权。

但需要提醒的是，笔者认为公司无权将公司担保的决定权交给董事长，因为根据《公司法》第十五条的规定，公司法将对外担保事宜赋予股东会或董事会决议决定。如果在公司章程中将该职权赋予董事长，将与公司法的强制性规范相抵触，效力上将存在瑕疵。

设计建议

1. 站在直接经营管理公司的"企业家"的角度，笔者建议：为强化董事长的财务审批权，有必要在公司章程中明确列举董事长财务审批权的事项与额度，审批事项可包括项目投资、股权投资、风险投资、出售或购买重大资产，签订重大经济合同等事项，财务审批权的额度一般不超公司净资产额的10%；另外，为了更加易于操作，也可简单规定董事长有权决定N万元以下的资金运用事项。

2. 站在不直接经营管理公司的"资本家"的角度，笔者建议：由于资本家一般并不能取得董事长的席位，所以我们并不建议在董事长的法定职权之外，另行赋予董事长公司章程规定的职权，尤其是财务审批权。如果企业原有股东坚持要赋予董事长以财务审批权，资本家则需要严格锁定其可以决定的事项范围，例如财务审批权仅限于日常的交易行为，仅限于对公司主营产品或服务的产品具有审批权，而不包括对外投资、购置或处置土地、房产、设备、知识产权等其他资产。另外，资本家也有必要对财务审批权的额度进行控制，在谈判过程中将财务审批权的额度控制在合理的范围之内，做到既有效率又安全可控的平衡。

条款实例

公司董事长行使下列职权：

（一）审议批准达到下列标准之一的交易事项：

（1）交易涉及的资产总额低于公司最近一期经审计总资产的10%，该交易涉及的资产总额同时存在账面值和评估值的，以较高者作为计算数据；

（2）交易标的（如股权）在最近一个会计年度相关的营业收入低于公司最近一个会计年度经审计营业收入的10%，或绝对金额低于1000万元人民币；

（3）交易标的（如股权）在最近一个会计年度相关的净利润低于公司最近一个会计年度经审计净利润的10%，或绝对金额低于10万元人民币；

（4）交易的成交金额（含承担债务和费用）低于公司最近一期经审计净资产的10%，或绝对金额低于1000万元人民币。

（二）审议决定以下关联交易事项：

（1）公司与关联自然人发生的交易金额在30万元以下的关联交易；

（2）公司与关联法人发生的交易金额低于300万元，或低于公司最近一期经审计净资产绝对值0.5%的关联交易。

法规链接

《公司法》（2023年修订）

第十五条第一款、第二款　公司向其他企业投资或者为他人提供担保，按照公司章程的规定，由董事会或者股东会决议；公司章程对投资或者担保的总额及单项投资或者担保的数额有限额规定的，不得超过规定的限额。

公司为公司股东或者实际控制人提供担保的，应当经股东会决议。

第六十三条第一款　股东会会议由董事会召集，董事长主持……

第一百一十四条第一款　股东会会议由董事会召集，董事长主持……

第一百二十二条第二款　董事长召集和主持董事会会议，检查董事会决议的实施情况……

第一百三十五条　上市公司在一年内购买、出售重大资产或者向他人提供担保的金额超过公司资产总额百分之三十的，应当由股东会作出决议，并经出席会议的股东所持表决权的三分之二以上通过。

《全国法院民商事审判工作会议纪要》（法〔2019〕254号）

17.【**违反《公司法》第16条构成越权代表**】为防止法定代表人随意代表公司为他人提供担保给公司造成损失，损害中小股东利益，《公司法》第16条对法定代表人的代表权进行了限制。根据该条规定，担保行为不是法定代表人所能单独决定的事项，而必须以公司股东（大）会、董事会等公司机关的决议作为授权的基础和来源。法定代表人未经授权擅自为他人提供担保的，构成越权代表，人民法院应当根据《合同法》第50条关于法定代表人越权代表的规定，区分订立合同时债权人是否善意分别认定合同效力：债权人善意的，合同有效；反之，合同无效。

18.【**善意的认定**】前条所称的善意，是指债权人不知道或者不应当知道法定代表人超越权限订立担保合同。《公司法》第16条对关联担保和非关联担保的决议机关作出了区别规定，相应地，在善意的判断标准上也应当有所区别。一种情形是，为公司股东或者实际控制人提供关联担保，《公司法》第16条明确规定必须由股东（大）会决议，未经股东（大）会决议，构成越权代表。在此情况下，债权人主张担保合同有效，应当提供证据证明其在订立合同时对股东（大）会决议进行了审查，决议的表决程序符合《公司法》第16条的规定，即在排除被担保股东表决权的情况下，该项表决由出席会议的其他股东所持表决权的过半数通过，签字人员也符合公司章程的规定。另一种情形是，公司为公司股东或者实际控制人以外的人提供非关联担保，根据《公司法》第16条的规定，此时由公司章程规定是由董事会决议还是股东（大）会决议。无论章程是否对决议机关作出规定，也无论章程规定决议机关为董事会还是股东（大）会，根据《民法总则》第61条第3款关于"法人章程或者法人权力机构对法定代表人代表权的限制，不得对抗善意相对人"的规定，只要债权人能够证明其在订立担保合同时对董事会决议或者股东（大）会决议进行了审查，同意决议的人数及签字人员符合公司章程的规定，就应当认定其构成善意，但公司能够证明债权人明知公司章程对决议机关有明确规定的除外。

债权人对公司机关决议内容的审查一般限于形式审查，只要求尽到必要的注意义务即可，标准不宜太过严苛。公司以机关决议系法定代表人伪造或者变造、决议程序违法、签章（名）不实、担保金额超过法定限额等事由抗辩债权人非善意的，人民法院一般不予支持。但是，公司有证据证明债权人明知决议系伪造或者变造的除外。

19.【无须机关决议的例外情况】存在下列情形的，即便债权人知道或者应当知道没有公司机关决议，也应当认定担保合同符合公司的真实意思表示，合同有效：

（1）公司是以为他人提供担保为主营业务的担保公司，或者是开展保函业务的银行或者非银行金融机构；

（2）公司为其直接或者间接控制的公司开展经营活动向债权人提供担保；

（3）公司与主债务人之间存在相互担保等商业合作关系；

（4）担保合同系由单独或者共同持有公司三分之二以上有表决权的股东签字同意。

20.【越权担保的民事责任】依据前述3条规定，担保合同有效，债权人请求公司承担担保责任的，人民法院依法予以支持；担保合同无效，债权人请求公司承担担保责任的，人民法院不予支持，但可以按照担保法及有关司法解释关于担保无效的规定处理。公司举证证明债权人明知法定代表人超越权限或者机关决议系伪造或者变造，债权人请求公司承担合同无效后的民事责任的，人民法院不予支持。

21.【权利救济】法定代表人的越权担保行为给公司造成损失，公司请求法定代表人承担赔偿责任的，人民法院依法予以支持。公司没有提起诉讼，股东依据《公司法》第151条的规定请求法定代表人承担赔偿责任的，人民法院依法予以支持。

22.【上市公司为他人提供担保】债权人根据上市公司公开披露的关于担保事项已经董事会或者股东大会决议通过的信息订立的担保合同，人民法院应当认定有效。

23.【债务加入准用担保规则】法定代表人以公司名义与债务人约定加入债务并通知债权人或者向债权人表示愿意加入债务，该约定的效力问题，参照本纪要关于公司为他人提供担保的有关规则处理。

延伸阅读

在未设定额度的情形下，将对外投资和担保的决定权赋予董事长被判无效的案例。

案例：上海市浦东新区人民法院审理的王某生与中某公司公司决议效力确认

纠纷案[（2014）浦民二（商）初2675号]认为，根据《公司法》第二十二条第一款的规定，公司股东会或者股东大会、董事会的决议内容违反法律、行政法规的无效。故涉案股东会决议内容是否无效，应审查其是否违反法律、行政法规。2013年6月2日《股东会决议》第一条规定通过《中某公司章程》，其中：二、关于被告章程第十一条的内容。《公司法》第四十条第一款规定："有限责任公司设立董事会的，股东会会议由董事会召集，董事长主持；董事长不能履行职务或者不履行职务的，由副董事长主持；副董事长不能履行职务或者不履行职务的，由半数以上董事共同推举一名董事主持。"本案中，被告设立董事会，故股东会会议应由董事会召集，而被告章程第十一条约定股东会会议由董事长召集，违反了上述法律的规定。三、关于被告章程第十四条的内容。《公司法》第十六条第一款规定："公司向其他企业投资或者为他人提供担保，依照公司章程的规定，由董事会或者股东会、股东大会决议；公司章程对投资或者担保的总额及单项投资或者担保的数额有限额规定的，不得超过规定的限额。"该条款明确规定公司向其他企业投资或者为他人提供担保，依照公司章程的规定，由董事会或者股东会、股东大会决议，而被告章程第十四条第一款约定公司向其他企业投资或者为他人提供担保，由董事长作出决定，违反了上述法律的规定。四、关于被告章程第十七条、第十八条的内容。《公司法》第四十六条规定："董事会对股东会负责，行使下列职权：（一）召集股东会会议，并向股东会报告工作；（二）执行股东会的决议；（三）决定公司的经营计划和投资方案；（四）制订公司的年度财务预算方案、决算方案；（五）制订公司的利润分配方案和弥补亏损方案；（六）制订公司增加或者减少注册资本以及发行公司债券的方案；（七）制订公司合并、分立、解散或者变更公司形式的方案；（八）决定公司内部管理机构的设置；（九）决定聘任或者解聘公司经理及其报酬事项，并根据经理的提名决定聘任或者解聘公司副经理、财务负责人及其报酬事项；（十）制定公司的基本管理制度；（十一）公司章程规定的其他职权。"本案中，被告章程第十七条、第十八条规定董事长对股东会负责，并将上述董事会的职权规定为董事长的职权，违反了上述法律的规定。五、关于被告章程第三十一条的内容。《公司法》第一百六十九条第一款规定："公司聘用、解聘承办公司审计业务的会计师事务所，依照公司章程的规定，由股东会、股东大会或者董事会决定。"本案中，被告章程第三十一条约定公司聘用、解聘承办公司审计业务的会计师事务所由董事长决定，违反了上述法律的规定。被告章程第十一条、第十四条第一款、第十七条、第十八条、第三十一条违反了《公司法》的相关规定，将应由董事会或股东会、股东大会行使的职权，交由董事长个人行使，《公司法》也没有规定公司章程可以对上述职权的行使作出另行约定，故法院判决被告章程第十一条、第十四条第一款、第十七条、第十八条、第三十一条的内容应确认为无效。

004 原董事长霸占法定代表人职务，挟持公司印章不配合办理变更法定代表人的工商登记怎么办

阅读提示

在公司控制权争夺战中，法定代表人是股东必争的智慧堡垒和阵地，是整个公司中最关键的职位，因为法定代表人一经选定，在职权范围内以公司名义所做的行为都将被直接视为公司的行为（就算没有盖章，法定代表人签字也发生法律效力）。

在交易文件中，只要有了法定代表人的个人签名，就算没有加盖公司公章，交易文件也发生法律效力，公司应当承担相应的法律后果。甚至公司外部的政府机关只认登记的法定代表人。

但在实务中，我们常遇到原法定代表人把持公章，拒不作法定代表人工商变更登记的情形，所以我们需要掌握这种特殊情况下变更法定代表人的法律规则和实务经验技巧。

裁判要旨

在股东意见相左、互不配合的特殊情况下，法定代表人、董事长和总经理变更登记的问题，实质上是股东之间控制权的争夺。股东之间对公司的控制权争夺，大多属于公司治理结构中股东自治的范畴，需依法依规和依章程进行。

法定代表人由董事长（执行董事）或经理担任，变更法定代表人应首先按照公司章程作出变更董事长或经理的董事会决议或股东会决议。

公司作为相应工商变更登记义务的承担主体，在公司股东会、董事会决议作出后，应当依法办理变更登记。

案情简介①

2011年12月2日,天某公司由俞某生、张某林、子某公司注册成立,分别持股20%、10%、70%。其中,俞某生为天某公司法定代表人,且为董事长和总经理;张某林和陈某光担任董事。

天某公司章程规定,公司设董事会,成员为3人,由股东会选举产生。董事会设董事长一人,由董事会选举产生。董事会决议的表决,实行一人一票。董事会对所议事项作出的决定应由二分之一以上的董事表决通过方为有效。公司设总经理,由董事会决定聘任或者解聘。董事长为公司的法定代表人,由董事会选举产生。

2014年7月2日,天某公司形成董事会决议,免去俞某生董事长和总经理职务;选举张某林为董事长,任法定代表人。该次董事会由张某林和陈某光参加,且签字同意,俞某生并未参加。

2014年9月3日,天某公司形成股东会决议,免去俞某生董事、总经理、法定代表人的职务;选举张某波为董事,聘任张某林为总经理。该次会议由股东张某林和子某公司召集并表决同意,俞某生并未参加。

同日,天某公司董事会决议,选举张某林为公司董事长兼法定代表人,同意解聘俞某生总经理职务,并聘任张某林为公司总经理。该次会议,张某波委托张某林参会,并由张某林和陈某光签字同意。

此后,俞某生凭借其掌握公司印章、证照的便利,不配合将公司法人变更为张某林。但其并没有对上述各董事会或股东会决议,提起决议撤销或无效之诉。张某林遂向天某公司提起请求变更法定代表人的诉讼。

本案经北京市海淀区人民法院一审,北京市第一中级人民法院二审,均判定,天某公司将法定代表人变更为张某林。

裁判要点精要

本案表面上是天某公司法定代表人、董事长和总经理变更登记的问题,实质上是天某公司股东之间控制权的争夺。

股东之间对公司的控制权争夺属于公司治理结构中股东自治的范畴,需依法

---

① 北京市第一中级人民法院审理的天某公司与张某林请求变更公司登记纠纷案 [(2015) 一中民(商) 终5696号]。

依规进行。《公司法》规定：设立公司应当依法制定公司章程。公司章程对公司、股东、董事、监事、高级管理人员具有约束力。有限公司董事会设董事长一人，董事长产生的办法由公司章程规定。有限公司可以设经理，由董事会决定聘任或者解聘。公司法定代表人依照公司章程的规定，由董事长、执行董事或者经理担任，并依法登记。公司法定代表人变更，应当办理变更登记。

本案中，在俞某生担任天某公司董事长、总经理任期已经届满的情况下，天某公司召开董事会重新选举张某林担任天某公司董事长，并聘任张某林为天某公司总经理，符合天某公司章程规定的会议召集程序。天某公司作为相应工商变更登记义务的承担主体，在公司股东会、董事会决议作出后，应当依法办理变更登记。

实务经验总结

第一，法定代表人对外具有代表公司的权利，是争夺公司控制权的关键性职位，是公司控制权战争中关键性阵地和必争之地。法定代表人以公司名义在合同上签字，即使公司未在合同上盖章，这份合同对公司而言也是有效的。因此，法定代表人对外的效力就相当于公章的效力，非常重要，大股东应委派己方人员担任法定代表人，不可轻易将该职位拱手送人。

第二，在公司的经营过程中，大股东往往需要融资，导致股权被稀释。为了防止日后法定代表人的职位落入他人之手，应提高更换法定代表人的表决权的比例。

第三，当大股东认为现有的法定代表人需要进行变更时，首先需要按照公司章程的规定变更担任董事长（执行董事）或总经理职务的人选，然后再进行工商变更登记。若原来的法定代表人拒不配合，可向法院诉请判令办理法定代表人变更登记。

法规链接

《公司法》（2023年修订）

第十条 公司的法定代表人按照公司章程的规定，由代表公司执行公司事务的董事或者经理担任。

担任法定代表人的董事或者经理辞任的，视为同时辞去法定代表人。

法定代表人辞任的，公司应当在法定代表人辞任之日起三十日内确定新的法定代表人。

第六十五条 股东会会议由股东按照出资比例行使表决权；但是，公司章程另有规定的除外。

本案链接

以下为该案在法庭审理阶段，判决书中"本院认为"就该问题的论述：

本案表面上是天某公司法定代表人、董事长和总经理变更登记的问题，实质上是天某公司股东之间控制权的争夺。股东之间对公司的控制权争夺属于公司治理结构中股东自治的范畴，需依法依规进行。我国《公司法》规定：设立公司必须依法制定公司章程。公司章程对公司、股东、董事、监事、高级管理人员具有约束力。有限公司董事会设董事长一人，董事长产生的办法由公司章程规定。有限公司可以设经理，由董事会决定聘任或者解聘。公司法定代表人依照公司章程的规定，由董事长、执行董事或者经理担任，并依法登记。公司法定代表人变更，应当办理变更登记。

本案中，根据天某公司章程的规定，该公司股东会选择和更换董事，董事会成员三人，由股东会选举产生。董事任期三年，任期届满，可连选连任。董事在任期届满前，股东会不得无故解除其职务。董事会设董事长一人，由董事会选举产生，董事长为公司的法定代表人。公司设置总经理一名，由董事会聘任或解聘。根据本案已经查明的事实，2011年6月13日董事会选举俞某生为董事长，并聘任俞某生为公司总经理，任期均是三年，至2014年6月13日任期届满。虽然张某林与俞某生就2014年7月2日召开董事会是否按照公司章程提前通知存在争议，但是对于2014年9月3日股东会、董事会召开已经按照公司章程提前通知则没有争议，俞某生以已经向一审法院提起天某公司解散之诉为由未予参加股东会、董事会，并非2014年9月3日股东会、董事会决议存在瑕疵或无效的法定事由，且俞某生亦未以此为由主张2014年9月3日股东会、董事会决议存在瑕疵申请撤销或申请确认无效。在俞某生担任天某公司董事长、总经理任期已经届满的情况下，天某公司召开董事会重新选举张某林担任天某公司董事长，并聘任张某林为天某公司总经理，符合天某公司章程规定的会议召集程序。天某公司作为相应工商变更登记义务的承担主体，在公司股东会、董事会决议作出后，应当依法办理变更登记。天某公司上诉理由并不能否定2014年9月3日股东会、董事会决议的效力，称小股东俞某生利益受损、俞某生已经诉请天某公司解散等事由，在股东会、董事会决议并未被撤销或认定无效的情况下，上述理由均非天某公司拒绝办理工商变更登记的法定事由。

延伸阅读

裁判规则：未经股东会或董事会决议，法院不会判决办理法定代表人变更登记。

案例1：新疆维吾尔自治区巴音郭楞蒙古自治州中级人民法院审理的王某廷与曹某刚请求变更公司登记纠纷案［(2016)新28民初84号］认为，《公司法》第十三条规定："公司法定代表人依照公司章程的规定，由董事长、执行董事或者经理担任，并依法登记。公司法定代表人变更，应当办理变更登记。"《国家工商行政管理局对变更公司法定代表人有关问题的答复》"二、不设董事会的有限责任公司更换法定代表人需要由股东会作出决议"。本案原告王某廷欲辞去法定代表人职务，根据以上相关规定，变更公司法定代表人应当先由公司股东会作出决议，后向工商部门办理变更登记，法院不能强制公司作出决议变更法人，故原告要求变更法人的诉讼请求本院难以支持。

案例2：广东省东莞市中级人民法院审理的吕某卫与红某公司请求变更公司登记纠纷案［(2016)粤19民终44号］认为，关于吕某卫向原审法院所提的第二项、第三项诉请，根据《公司法》第十一条规定："设立公司必须依法制定公司章程。公司章程对公司、股东、董事、监事、高级管理人员具有约束力。"再结合红某公司章程的相关记载：第九章第十五条，股东会行使下列职权……（二）选举和聘用更换执行董事、监事，决定有关执行董事、监事的报酬事项；第九章第十九条，公司不设董事会，设执行董事一人，由股东会选举产生；第九章第二十二条，公司设经理一人，由执行董事兼任，由股东会选举产生；第十章第二十五条，公司法定代表人由执行董事担任。可知红某公司的法定代表人应由执行董事担任，而执行董事的产生应通过股东会选举产生，而目前并未有证据显示红某公司的股东通过股东会决议变更了法定代表人、执行董事和经理，据此原审法院认为吕某卫直接要求红某公司免除其法定代表人、执行董事、经理职务并办理变更登记手续，没有事实和法律依据，故原审法院对吕某卫的第二项、第三项诉请不予支持正确。吕某卫自行辞去红某公司相关职务的行为不能当然发生法律效力。

（四）公司控制权争夺之"法定代表人"

001 公司法定代表人如何产生

法定代表人在职权范围内以公司名义所做的行为都将被直接视为公司的行为。在一份文件上，如果有了法定代表人的个人签名，就相当于加盖了公司公章，公司应当承担相应的法律后果。

因此，对于法定代表人的产生方式，所有公司的经营者都应当有所了解。法定代表人如何产生？这是事关公司控制权的大问题。

《公司法》第十条规定，公司法定代表人依照公司章程的规定，由代表公司执行公司事务的董事或经理担任。因此，公司的法定代表人只能在两个人中选定：其一是代表公司执行事务的董事；其二是公司的经理。

因此，公司法定代表人如何任免的问题，实质上就是董事长（执行董事）或者公司经理如何任免的问题。

1. 第一种常见情况——公司章程规定公司法定代表人由董事长担任

关于股份公司的董事会选举方式，《公司法》第一百二十二条第一款规定，"董事会设董事长一人，可以设副董事长。董事长和副董事长由董事会以全体董事的过半数选举产生"。因此，股份公司的董事长由董事会以全体董事的过半数选举产生。相应地，如果公司章程规定公司法定代表人由董事长担任，那么此时股份公司的法定代表人也由董事会选举产生。

相较而言，《公司法》对有限公司董事长的产生给出了一定的自由空间。《公司法》第六十八条第二款规定，"董事会设董事长一人，可以设副董事长。董事长、副董事长的产生办法由公司章程规定"。这就给了股东和公司章程设计者有了自由发挥的空间。

公司章程一般会规定：公司董事长由董事会以全体董事的过半数选举产生，这是比较常见的方式。但也有一些有个性化需求的公司的章程中可能会规定，公司董事长由股东会选举产生；也可能会规定，公司董事长由出资最多的股东指定；甚至可能规定，公司董事长在全体董事中以抽签方式决定，抽签程序由股东会主持……这些规定，我们认为都是有效的。因而此时，有限公司法定代表人的产生是很复杂的，五花八门，没有一个标准答案，要看公司章程的规定。

2. 第二种常见情况——公司章程规定公司法定代表人由执行董事担任

《公司法》第七十五条规定："规模较小或者股东人数较少的有限责任公司，可以不设董事会，设一名董事，行使本法规定的董事会的职权。该董事可以兼任公司经理。"

《公司法》第五十九条第一款第（一）项规定，股东会行使下列职权：（一）选举和更换董事、监事，决定有关董事、监事的报酬事项。根据这两条规定，有限公司的执行董事只能由股东会选举产生，此时公司的法定代表人自然也就是通过股东会选举的方式产生的。

3. 第三种常见情况——公司章程规定公司法定代表人由经理担任

《公司法》第七十四条第一款规定："有限责任公司可以设经理，由董事会决定聘任或者解聘。"第一百二十六条第一款规定："股份有限公司设经理，由董事会决定聘任或者解聘。"根据这两条规定，我们可以清晰地看到，有限公司及股份公司的经理原则上都是由董事会任免的。

但是，正如本书之前所提到的，有些有限公司是不设董事会的，只有一名执行董事。那么此时公司经理该如何产生呢？《公司法》第七十五条规定："规模较小或者股东人数较少的有限责任公司，可以不设董事会，设一名董事，行使本法规定的董事会的职权。该董事可以兼任公司经理。"

"董事可以兼任公司经理"，这又是一个充满玄机的规定。在董事就是经理的情况下，问题很简单，董事如何任免，经理就如何任免。而在董事未兼任经理的情况下经理如何产生，《公司法》并未明确规定，我们认为这同样给了股东和章程设计者一定的自由空间。公司章程既可以约定经理由股东会选举产生，也可以约定由出资最多的股东指定，还可以约定由执行公司事务的董事指定等。我们同样认为，这些个性化的章程约定都是可取的，公司应当结合实际情况制定章程相关条款。

4. 例外情形——法定代表人的姓名被明确写入章程

虽然根据《公司法》的规定，法定代表人由董事或者经理担任，但是有的公司直接写明"公司法定代表人由董事长（或董事或经理）某某某担任"。他们认为只要将董事长名字写入公司章程，那么想改选董事长必须修改章程，所以就必须拥有三分之二表决权的股东同意才可以更换董事长，这样就增加了股东们在公司争夺战中更换现有法定代表人的难度，现有管理团队的江山更加稳定。

实践中，对于公司章程约定了该等条款后，更换法定代表人是否经代表三分之二以上表决权的股东通过，是有一定争议的。

第一种观点认为，《公司法》第六十六条规定，"股东会的议事方式和表决程序，除本法有规定的外，由公司章程规定。股东会作出决议，应当经代表过半数表决权的股东通过。股东会作出修改公司章程、增加或者减少注册资本的决议，以及公司合并、分立、解散或者变更公司形式的决议，应当经代表三分之二以上表决权的股东通过"。因此，当某个人的名字被明确写入公司章程时，公司想要更换法定代表人必须修改章程。而修改章程，依据上述《公司法》第六十六条的规定，就必须在股东会经代表三分之二以上表决权的股东通过。此时，法定代表人的任免就需要经过两个程序。第一个程序是上文介绍的任免董事或经理的程序；第二个程序是修改公司章程的股东会程序，并且必须是三分之二表决权，而非一般情况下的二分之一表决权的通过。在大股东亲任法定代表人的情况下，将姓名写入公司章程，将导致法定代表人的任免程序更加烦琐，有助于公司控制权的保护。

第二种观点认为，公司法定代表人一项虽属公司章程中载明的事项，但对法定代表人名称的变更在章程中体现出的仅是一种记载方面的修改，形式多于实质，即使公司章程将某个人的名字明确列为法定代表人，如无特别约定，也仅需二分之一以上表决权的股东通过。只有在公司章程中明确规定"法定代表人的任免需经代表三分之二以上的股东的同意"的情况下，才需达到三分之二以上多数票任免法定代表人的效果。总之，如果不作出这种明确的规定而只是把法定代表人的名字写入章程，将起不到"必须拥有三分之二表决权的股东同意才可以更换董事长""必须拥有三分之二表决权的股东同意才可以修改公司章程"的法律效果。

对此问题，最高人民法院审理的豪某公司、张某升与实某公司、房地产公司公司决议撤销纠纷案〔（2014）新民再终1号〕也予以了回答。最高人民法院倾向于上述第二种观点，并认为，从立法本意来说，只有对公司经营造成特别重大影响的事项才需经代表三分之二以上表决权的股东通过。公司法定代表人一项虽属公司章程中载明的事项，但对法定代表人名称的变更在章程中体现出的仅是一种记载方面的修改，形式多于实质，且变更法定代表人时是否需修改章程是工商管理机关基于行政管理目的决定的，而公司内部治理中由谁担任法定代表人应由股东会决定，只要不违背法律法规的禁止性规定就应认定有效。此外，从公司治理的效率原则出发，倘若对于公司章程制订时记载的诸多事项的修改、变更均需代表三分之二以上表决权的股东通过，则反而是大股东权利被小股东限制，若无特别约定，是有悖确立的资本多数决原则的。若更换法定代表人必须经代表三分之二以上表决权的股东通过，那么张某升、豪某公司只要不同意就永远无法更换法定代表人，这既不公平合理，也容易造成公司僵局。因此，公司股东会按照股东出资比例行使表决权所形成的决议，理应得到尊重。公司更换法定代表人，只要股东会的召集程序、表决方式不违反公司法和公司章程的规定，即可多数决。张某升及豪某公司申请再审认为房地产公司法定代表人的变更须经代表三分之二以上表决权的股东签署通过的理由不能成立。

由此可见，即使公司章程将某个人的名字明确列为法定代表人，如无特别约定，也仅需二分之一以上表决权的股东通过。只有在公司章程中明确规定"法定代表人的任免需经代表三分之二以上的股东的同意"的情况下，才需达到三分之二以上多数票任免法定代表人的效果。更进一步来说，如果想要增加更换法定代表人的难度，霸道的大股东或者公司章程起草者甚至可以在公司章程中明确规定"法定代表人的任免需经代表四分之三以上的股东的同意"，当然这是另外一个话题：公司章程可否就特定事项提高股东表决权比例，具体可见本书其他章节关于该问题的探讨。

002 变更将姓名记载于章程的法定代表人必须要代表三分之二以上表决权股东同意吗

裁判要旨

法定代表人姓名记载于公司章程，变更法定代表人不必经代表三分之二以上表决权的股东通过。

案情简介①

祥某房地产公司的股权结构为：实某公司持股51%、张某升持股39%、豪某

---

① 最高人民法院审理的豪某公司、张某升与实某公司、祥某房地产公司公司决议撤销纠纷案[（2014）新民再终1号]。

公司持股 10%。张某升是豪某公司的法定代表人。

祥某公司的公司章程第十四条规定：股东会对修改公司章程，对公司增加或减少注册资本、分立、合并、解散或者变更公司形式须经代表三分之二以上表决权的股东通过。其他事项须经代表二分之一以上表决权的股东通过。章程第十八条规定，张某升担任执行董事、总经理，为公司法定代表人。

2010 年 3 月 25 日，祥某公司形成股东会决议：免去张某升祥某公司总经理、法定代表人职务；林某洲担任总经理、法定代表人。大股东实某公司同意该决议内容，豪某公司、张某升反对该决议，同意比例为 51%。

豪某公司、张某升向法院起诉称，张某升系公司章程记载的法定代表人，股东会决议解除其职务系修改章程，应经三分之二以上表决权同意方可通过；但实际赞成比例仅有 51%，因此请求撤销股东会决议。

本案一审乌鲁木齐市中级人民法院、二审新疆维吾尔自治区高级人民法院均认为：案涉股东会决议经代表二分之一以上表决权的股东通过即可生效，因此驳回了豪某公司、张某升的诉讼请求。豪某公司、张某升不服二审判决，向新疆维吾尔自治区高级人民法院申请再审。

再审期间，祥某公司邀请江某、赵某东、王某树、石某侠、史某春等公司法专家对本案进行研究。专家们认为：公司章程中记载的事项包括描述性事项和效力性事项；祥某公司作出免除张某升法定代表人职务的事项属于描述性事项，不属于《公司法》第四十四条"修改公司章程"，不需经代表三分之二以上表决权的股东通过。

新疆维吾尔自治区高级人民法院再审判决：维持该院的二审判决，驳回原告的诉讼请求。祥某公司法定代表人的变更须经代表三分之二以上表决权的股东签署通过的理由不能成立。

裁判要点精要

公司原法定代表人认为其名字已经写入公司章程，股东会决议解除其职务需要修改章程，因此需经三分之二以上表决权同意方可通过；但实际只有 51% 表决权通过，因此请求撤销股东会决议。最终因法院未采信该理由而败诉。

从立法本意来说，只有对公司经营造成特别重大影响的事项才需要经代表三分之二以上表决权的股东通过。公司法定代表人一项虽属公司章程中载明的事项，但对法定代表人名称的变更在章程中体现出的仅是一种记载方面的修改，形式多于实质。也就是上述判决书所阐述的"公司章程中记载的事项包括描述性事项和效力性事项；记载法定代表人职务的事项属于描述性事项，不属于《公司法》第四十四条规定的修改公司章程，不需经代表三分之二以上表决权的股东通过"。公司内部治理中由谁担任法定代表人应由股东会决定，只要不违背法律法规的禁止性规定就应认定有效。

从公司治理的效率原则出发，倘若对于公司章程制订时记载的诸多事项的修改、变更均需代表三分之二以上表决权的股东通过，则反而是大股东权利被小股东限制，若无特别约定，是有悖确立的资本多数决原则的。若更换法定代表人应当经代表三分之二以上表决权的股东通过，那么张某升、豪某公司只要不同意就永远无法更换法定代表人，这既不公平合理，也容易造成公司僵局。因此，张某升及豪某公司申请再审认为祥某公司法定代表人的变更须经代表三分之二以上表决权的股东签署通过的理由不能成立。

实务经验总结

为避免未来发生类似纷争，笔者提出如下建议：

第一，法定代表人对外具有代表公司的权利，是争夺公司控制权的关键性职位，是公司控制权战争中关键性阵地和必争之地。法定代表人以公司名义在合同上签字，即使公司未在合同上盖章，这份合同对公司而言也是有效的。但是单纯地把法定代表人的名字写入公司章程，无法达到更换法定代表人需经代表三分之二以上股东同意的法律效果。

第二，在公司的经营过程中，大股东往往需要融资，导致股权被稀释。为了防止日后法定代表人的职位落入他人之手，应提高更换法定代表人的表决权的比例。

第三，仅仅在公司章程中把法定代表人的姓名写进去是不够的。根据本案的判决，即使法定代表人的姓名白纸黑字地写在公司章程里，日后更换法定代表人也不构成对公司章程的修改，形成有效股东会决议、更换法定代表人的表决权无须经股东会代表三分之二以上表决权的股东通过。只有在公司章程中明确规定"法定代表人的任免需经代表三分之二以上的股东的同意"，更进一步来说，如果想要增加更换法定代表人的难度，霸道的大股东或者公司章程起草者甚至可以在公司章程中明确规定"法定代表人的任免需经代表四分之三以上的股东的同意"，这样才能达到增加更换法定代表人难度的法律效果。

法规链接

《公司法》（2023年修订）

第十条　公司的法定代表人按照公司章程的规定，由代表公司执行公司事务的董事或者经理担任。

担任法定代表人的董事或者经理辞任的，视为同时辞去法定代表人。

法定代表人辞任的，公司应当在法定代表人辞任之日起三十日内确定新的法定代表人。

第六十五条　股东会会议由股东按照出资比例行使表决权；但是，公司章程另有规定的除外。

第六十六条　股东会的议事方式和表决程序，除本法有规定的外，由公司章程规定。

股东会作出决议，应当经代表过半数表决权的股东通过。

股东会作出修改公司章程、增加或者减少注册资本的决议，以及公司合并、分立、解散或者变更公司形式的决议，应当经代表三分之二以上表决权的股东通过。

本案链接

以下为该案在法院审理阶段，判决书中"本院认为"就该问题的论述：

根据再审中诉辩双方意见，双方目前争议的主要是有限责任公司法定代表人变更是否须经代表三分之二以上表决权的股东通过的法律适用问题。祥某房地产公司2009年9月9日章程第十四条第一款规定，"股东会议由股东按照出资比例行使表决权。股东会对修改公司章程、对公司增加或减少注册资本、分立、合并、解散或者变更公司形式须经代表三分之二以上表决权的股东通过"。该内容与公司法规定一致。我国公司法虽然规定股东会作出修改公司章程、增加或者减少注册资本的决议，以及公司合并、分立、解散或者变更公司形式的决议，必须经代表三分之二以上表决权的股东通过，但对于法定代表人变更事项的决议，并无明确规定，而房地产公司的章程对此也未作出特别约定。

从立法本意来说，只有对公司经营造成特别重大影响的事项才需要经代表三分之二以上表决权的股东通过。公司法定代表人一项虽属公司章程中载明的事项，但对法定代表人名称的变更在章程中体现出的仅是一种记载方面的修改，形式多于实质,且变更法定代表人时是否需修改章程是工商管理机关基于行政管理目的决定的,而公司内部治理中由谁担任法定代表人应由股东会决定,只要不违背法律法规的禁止性规定就应认定有效。此外,从公司治理的效率原则出发,倘若对于公司章程制订时记载的诸多事项的修改、变更均需代表三分之二以上表决权的股东通过,则反而是大股东权利被小股东限制,若无特别约定,是有悖确立的资本多数决原则的。若更换法定代表人必须经代表三分之二以上表决权的股东通过,那么张某升、豪某公司只要不同意就永远无法更换法定代表人,这既不公平合理,也容易造成公司僵局。因此,公司股东会按照股东出资比例行使表决权所形成的决议,理应得到尊重。公司更换法定代表人,只要股东会的召集程序、表决方式不违反公司法和公司章程的规定,即可多数决。张某升及豪某公司申请再审认为,祥某房地产公司法定代表人的变更须经代表三分之二以上表决权的股东签署通过的理由不能成立。

003 "股东轮流担任法定代表人"的约定是否有效

裁判要旨

公司全体股东关于"股东轮流担任公司法定代表人"的约定,具有股东会决议性质,该约定不违反法律规定,应为有效。一方股东任期届满但不配合办理工商变更登记的,其他股东可以起诉要求公司办理法定代表人变更登记。

案情简介①

云某公司共有徐某旺、王某革两名股东,各占50%股权。公司原执行董事及法定代表人均为徐某旺。

2015年2月9日,徐某旺、王某革签署新的公司章程,载明:执行董事由股东会选举产生,任期三年,任期届满前股东会不得无故解除其职务;执行董事为公司法定代表人。

2015年5月8日,徐某旺、王某革签订合同,约定双方轮流担任公司法定代

---

① 上海市松江区人民法院审理的徐某旺与云某公司请求变更公司登记纠纷案[(2016)沪0117民初12253号]。

表人一年，王某革任法定代表人时间为 2015 年 5 月 8 日至 2016 年 5 月 7 日，徐某旺任法定代表人时间为 2016 年 5 月 8 日至 2017 年 5 月 7 日，以此类推，后续每人各担任法定代表人一年。

同日，徐某旺、王某革作出股东会决议：选举王某革担任公司执行董事、法定代表人，后云某公司办理了法定代表人变更登记。

在王某革担任法定代表人的期限届满后（按合同约定，至 2016 年 5 月 7 日届满），王某革拒绝将法定代表人变更为徐某旺。徐某旺遂以云某公司为被告、王某革为第三人提起诉讼，请求判令将法定代表人变更为徐某旺。

王某革抗辩称：按公司章程规定，公司法定代表人由执行董事担任，任期三年，任期届满前股东会不得无故解除其职务。王某革自 2015 年 5 月 8 日担任法定代表人任期不足 3 年，因此不应被解除执行董事、法定代表人职务。

上海市松江区人民法院判决：云某公司办理法定代表人变更登记，由王某革变更登记为徐某旺。

裁判要点精要

云某公司股东为徐某旺、王某革两人，分别享有公司 50% 股权，均不能单独控制云某公司，两人作出轮流担任法定代表人的约定符合常理。该约定具有股东会的决议性质，不违反法律规定，应为有效。且双方于 2015 年 5 月 8 日签订系争合同，又于同日作出股东会决议，将法定代表人变更为王某革，并办理了变更登记，也可说明王某革对该合同的效力是认可的。

尽管公司章程规定，法定代表人由执行董事担任，执行董事三年任期届满之前，股东会不得解除其职务，但系争合同形成于章程之后，因合同具有公司决议性质，且获得股东一致同意，可以变更章程规定事项。且在王某革担任法定代表人之前徐某旺担任法定代表人的任期亦未届满三年，可见在双方协商一致的情况下，可以变更公司执行董事暨法定代表人，而不受公司章程的约束。

实务经验总结

希望本案的发生，可以为非诉讼律师在未来工作中提供更多可供借鉴的经验和教训，在为公司准备相关法律文件时尽量避免未来发生类似纠纷，笔者提出如下建议：

第一，公司全体股东签订的合同等文件，虽在名义上不是股东会决议，但具有公司决议的性质，如没有无效、可撤销情形，该文件同样对于全体股东具有约束力。

第二，全体股东签订合同等文件时，应注意文件内容不要与公司章程的规定出现矛盾，如有矛盾之处，应同时修正公司章程，避免日后出现不必要的争议。如本案中，章程规定法定代表人的任期是三年，但股东签订的合同约定每年轮换一次法定代表人，致使合同签订后一方以合同约定违反公司章程为由拒绝履行。诉至法院，法院还要对合同与章程的关系问题加以解释，由此带来了不必要的争议和风险。

第三，公司创立之初，就不要设计 50∶50 的股权结构。双方各占 50% 是世界上最差的股权结构，不仅将出现如本案双方在执行董事、法定代表人等关键职位人选的扯皮，还将导致任何一方都无法单独作出有效的股东会决议，如果股东会机制长期失灵，最终的结果只能是司法解散。

法规链接

《民法典》

第一百一十九条 依法成立的合同，对当事人具有法律约束力。

《公司法》（2023 年修订）

第十条 公司的法定代表人按照公司章程的规定，由代表公司执行公司事务的董事或者经理担任。

担任法定代表人的董事或者经理辞任的，视为同时辞去法定代表人。

法定代表人辞任的，公司应当在法定代表人辞任之日起三十日内确定新的法定代表人。

第五十九条第三款 对本条第一款所列事项股东以书面形式一致表示同意的，可以不召开股东会会议，直接作出决定，并由全体股东在决定文件上签名或者盖章。

本案链接

以下为该案在法院审理阶段，判决书中"本院认为"就该问题的论述：

依据我国《公司法》第十三条规定："公司法定代表人依照公司章程的规定，由董事长、执行董事或者经理担任，并依法登记。公司法定代表人变更，应当办理变更登记。"被告公司章程规定，执行董事为公司法定代表人，执行董事由股东会选举产生，任期三年，任期届满前，股东会不得无故解除其职务。现原告依据双方所签《合同》的约定，主张被告变更登记法定代表人为原告。本案的争议焦点在于系争合同的性质，以及原告是否有权根据该合同约定变更公司章程的规定。本院分析如下：第一，被告股东为原告与第三人两人，两人就系争合同所约定内容是被告经营有关的公司法定代表人选任事项，两人所达成合意具有被告股东会决议性质。公司股东在决定文件上签章即可视为形成公司决议，并不必须要召开形式上的股东会。而且系争合同不存在违反法律法规禁止性规定或损坏社会公共利益等情形，该合同应为有效。再从被告股权结构来看，原告与第三人分别享有公司50%股权，均不能单独控制被告，两人作出轮流担任法定代表人的决定符合常理。第二，被告于2013年12月至2015年5月8日期间登记的法定代表人为原告，因双方于2015年5月8日签订系争合同，又于同日作出被告股东会决议，变更被告法定代表人为第三人，并办理了变更登记。说明第三人对该合同效力是认可并实际执行的。根据被告及第三人提供的《财务管理协议》记载，双方亦约定过轮流担任被告法定代表人，只是期限为两年。第三，系争合同形成于被告章程之后，因合同具有公司决议性质，且获得股东一致同意，可以变更章程规定事项。第三人辩称，按章程规定，公司执行董事三年任期届满之前，股东会不得解除其职务，但在第三人担任被告法定代表人之前原告为被告执行董事、法定代表人，原告三年任期亦未届满。可见作为被告股东的原告与第三人均同意在双方协商一致的情况下，可以变更公司执行董事暨法定代表人，而不受公司章程的约束。

由上分析，本院裁断，原告有权依据具有公司决议性质的系争合同主张被告变更登记法定代表人。原告的诉讼请求于法有据，本院予以支持。据此，依照《合同法》第八条，《公司法》第十三条、第三十七条的规定，判决如下：被告云某公司于本判决生效之日起十日内向公司登记机关办理公司变更登记，将公司法定代表人由第三人王某革变更登记为原告徐某旺。

004 新老法定代表人到底谁有权代表公司掌管公章证照并代表公司诉讼

阅读提示

"人人争夺"是公司控制权争夺战中的一种常见现象，通常是公司发生股权结构变化后，新入主公司的大股东需要改组董事会、争夺和控制董事长及法定代表人的职位，并要求掌控公章证照账簿等财产。但是此时公司原法定代表人仍不甘心交出职位和权利，以其仍被登记为法定代表人的优势，对抗新法定代表人，占有公司印章证照等财产的现象。

对于该种争议状况，到底是工商登记的法定代表人拥有公司代表权，还是公司决议产生的新法定代表人拥有公司代表权呢？本书将通过三则案例，厘清这一争议问题。

裁判要旨

公司决议最新产生的法定代表人优先于之前工商登记的法定代表人。工商登记的法定代表人对外具有公示效力，如果涉及公司以外的第三人因公司代表权产生争议，应以工商登记为准；而对于公司与股东之间因法定代表人任免发生的内部争议，应当以最新的有效的股东会决议、董事会任免决议为准，并在公司内部产生法定代表人变更的法律效果。

案情简介[①]

优某公司成立于2008年3月，原股东为袁某超、顾某、王某辉、开放公司，持股比例分别为28%、20%、30%、22%，公司执行董事为袁某超，并由其担任法定代表人。

2013年3月25日，优某公司股东会决议通过股权转让方式，增加张甲等四名新股东，增加后新股东为袁某超、顾某、王某辉、开放公司、张甲、姚某、张乙、陆某梅，持股比例分别为12.5%、19.1%、24.4%、21%、8%、3%、5%、6%。

---

① 北京市第一中级人民法院审理的袁某超与优某公司等公司证照返还纠纷案[（2014）一中民（商）终8896号]。

2013年3月25日，优某公司形成新的公司章程，约定：公司设董事会，董事会由五名董事组成。董事会设董事长一名。董事长由董事过半数选举产生和罢免。

2013年2月26日，优某公司形成临时股东会决议如下：1. 免去袁某超执行董事及法定代表人职务，公司成立董事会；2. 选举董事会成员为：王某辉、袁某超、蔡某龙、顾某、张乙。

同日，优某公司形成董事会决议：选举王某辉为董事长，并由其担任公司法定代表人。该决议经王某辉、蔡某龙、王某及张乙签名同意，袁某超签名处为空白。

2013年5月24日，优某公司形成临时股东会决议，内容为：授权先由王某辉董事长保管公司营业执照及公司公章。该决议经王某辉、顾某、姚某、陆某梅、王某、开放公司（合计占股74.5%）签章同意。张甲、张乙及袁某超签名处为空白（合计占股25.5%）。

此后，因袁某超拒不向王某辉交付公司印章证照，其以优某公司法定代表人的身份代表优某公司向北京市海淀区人民法院提起诉讼，请求袁某超返还印章证照等公司财产。袁某超辩称，由于工商登记没有变更，王某辉不能作为优某公司的法定代表人提起本案诉讼。

本案经北京市海淀区人民法院一审、北京市第一中级人民法院二审、北京市高级人民法院再审，均判定，王某辉有权代表优某公司要求袁某超返还印章证照等公司财产。

裁判要点精要

公司法定代表人变更属于公司内部人事关系的变化，应遵从公司内部自治原则，只要公司内部形成了有效的变更决议，就应在公司内部产生法律效力，新选任的法定代表人可以代表公司的意志。虽然公司作为商事主体，要受到商事登记制度的规范，但对法定代表人变更事项进行登记，目的是向社会公示公司代表权的基本状态，属于宣示性登记而非设权性登记，因此股东会决议变更法定代表人的，即使工商登记未变更，也不影响公司内部变更新法定代表人意志的确定。

本案中，袁某超与优某公司之间就法定代表人任免问题发生的内部争议，应当以优某公司有效的股东会决议、董事会决议为准。而优某公司决议罢免袁某超执行董事和法定代表人的股东会决议和选举王某辉为董事长和法定代表人的董事会决议合法有效。故王某辉有权以优某公司法定代表人的身份以优某公司的名义，提起本案诉讼。进而，王某辉有权代表优某公司要求袁某超返还印章证照等公司财产。

实务经验总结

希望本案的发生，可以为非诉讼律师在未来工作中提供更多可供借鉴的经验和教训，在为公司准备相关法律文件时尽量避免未来发生类似纷争，笔者提出如下建议：

1. 在新原法定代表人之争中，司法实践中人民法院采取"内外有别，区别对外"的判断标准。对于公司与股东之间因法定代表人任免发生的内部争议，应当以有效的股东会决议、董事会任免决议为准，公司有效决议产生的新法定代表人有权代表公司，原法定代表人再无代表权；对于公司以外的第三人因公司代表权产生争议，应以工商登记为准，原法定代表人仍具有代表权，公司不得以公司内部决议已变更法定代表人为由，对抗善意第三人。

2. 对新法定代表人来讲，若想坐稳法定代表人的位置，首先要控制公司的多数股权；其次要研究透彻公司章程中法定代表人是由董事长（执行董事）担任还是由经理担任；再次要研究董事长（执行董事）或经理是由股东会选举产生还是由董事会选举产生；最后需遵循"程序严谨，内容合法"的原则，严格按照《公司章程》中规定的程序和规则，召开股东会或董事会，以便作出合法有效的公司决议。

3. 对原法定代表人来讲，若想阻击新法定代表人夺权，首先要保持股权不被稀释到50%以下；若股权不可避免被稀释，要争取控制尽可能多的董事会席位；若股东会或董事会均保不住，可以设法主张新股东召开股东会的程序或股东会决议的内容无效或可撤销，在法定的期间内行使撤销权或主张无效；另外，原法定代表人要掌握好公章和证照，因为法定代表人的工商变更登记，一般需要公司提供营业执照正副本原件，否则不予受理。因此，原法定代表人掌握公章证照，可在一定程度上和一定期限内延迟新法定代表人的变更速度。

法规链接

《公司法》（2023年修订）

第十条 公司的法定代表人按照公司章程的规定，由代表公司执行公司事务的董事或者经理担任。

担任法定代表人的董事或者经理辞任的，视为同时辞去法定代表人。

法定代表人辞任的，公司应当在法定代表人辞任之日起三十日内确定新的法定代表人。

第六十五条 股东会会议由股东按照出资比例行使表决权；但是，公司章程另有规定的除外。

本案链接

以下为该案在法庭审理阶段，判决书中"本院认为"就该问题的论述：

第一，关于王某辉是否有权以优某公司法定代表人身份以优某公司的名义提起本案诉讼的问题。2013年2月26日，优某公司形成临时股东会决议，该决议第（一）项为："免去袁某超执行董事及法定代表人职务，公司成立董事会。"同日，优某公司形成临时董事会决议，该决议第（二）项为："根据公司《章程》，由王某辉担任公司法定代表人。"上述临时股东会决议、临时董事会决议，已由（2014）海民初8436号民事判决书确认为有效。故优某公司已经通过有效的临时股东会决议、临时董事会决议，免去了袁某超法定代表人职务，任命王某辉为优某公司新的法定代表人。袁某超上诉称，由于工商登记没有变更，因此王某辉不能作为优某公司的法定代表人提起本案诉讼。对此本院认为，工商登记的法定代表人对外具有公示效力，如果涉及公司以外的第三人因公司代表权产生争议，应以工商登记为准；而对于公司与股东之间因法定代表人任免发生的内部争议，应当以有效的股东会决议、董事会任免决议为准，并在公司内部产生法定代表人变更的法律效果。由此可以看出，本案涉及袁某超与优某公司之间就法定代表人任免问题发生的内部争议，应当以优某公司有效的股东会决议、董事会决议为准，故王某辉有权以优某公司法定代表人的身份以优某公司的名义，提起本案诉讼。袁某超此点上诉请求及事实理由，没有法律依据，本院不予支持。

第二，关于袁某超是否掌握公司会计账簿、原始凭证及相应合同文本的事实认定问题。对此，本院认为，袁某超担任优某公司法定代表人期间，应当按照法律、法规及公司章程的规定，在其职权范围内行使职权，应当代表公司保管有关证照、印鉴、账册。《最高人民法院关于民事诉讼证据的若干规定》第二条规定："当事人对自己提出的诉讼请求所依据的事实或者反驳对方诉讼请求所依据的事实有责任提供证据加以证明。没有证据或者证据不足以证明当事人的事实主张的，由负有举证责任的当事人承担不利后果。"袁某超在本院二审期间亦认可在与案外人姚某的民间借贷纠纷案件中，其提交了部分优某公司的财务凭证原件作为该案证据，现袁某超又主张公司的大部分财务账簿、原始凭证及相应合同文本都由公司原财务负责人蔡某龙掌握，却未向本院提交证据予以证明，应当对此承担举证不能的法律后果。故袁某超此点上诉理由没有事实及法律依据，本院亦不予支持。

延伸阅读

裁判规则：对于公司与股东之间因法定代表人任免产生的内部争议，应以有效的股东会任免决议为准，并在公司内部产生法定代表人变更的法律效果。

案例1：重庆市第五中级人民法院审理的雷某中国公司与王某雷公司证照返还纠纷案［(2015)渝五中法民终03216号］认为，公司登记的法定代表人对外具有公示效力，如果涉及公司以外的第三人因公司代表权而产生的外部争议，应以工商登记为准。而对于公司与股东之间因法定代表人任免产生的内部争议，则应以有效的股东会任免决议为准，并在公司内部产生法定代表人变更的法律效果。

本案即是公司内部因法定代表人变更产生的纠纷。根据查明的事实，吴某江于2014年8月7日被雷某中国公司的独资股东香港雷士公司作出决议，免去其雷某中国公司董事职务。之后，其不再担任董事长及法定代表人职务。2014年9月30日，雷某中国公司法定代表人变更为王某雷。虽然吴某江以雷某中国公司名义提起本案诉讼时雷某中国公司的工商登记中法定代表人尚未变更为王某雷，但此时雷某中国公司的股东已经作出决议免去吴某江的法定代表人职务。现该决议没有被生效法律文书确认为无效，因此，本案起诉状上仅有吴某江的个人签名未加盖雷某中国公司印章，吴某江不能代表雷某中国公司提起本案诉讼，其起诉应予驳回。

案例2：江苏省宿迁市中级人民法院审理的苏某苗猪公司与郑某华公司证照返还纠纷案［(2015)宿中商终00185号］认为，苏某苗猪公司监事顾某根提前十五日通知了全体股东召开股东会，以三分之二有表决权的多数表决通过本案股东会决议，并将股东会决议内容书面通知了全体股东，无论是程序还是决议内容，均符合公司章程规定，不违反法律、行政法规的规定，合法有效，股东会决议对公司全体股东具有法律约束力。

公司的诉讼代表权专属于公司法定代表人，在名义上的法定代表人与实质的法定代表人发生冲突时，应以实质的法定代表人作为公司的诉讼代表人。

本案中，苏某苗猪公司原法定代表人郑某华被罢免法定代表人职务后，无权占有公司公章，拒不配合办理公司变更登记，影响公司正常经营管理，顾某根作为股东会决议新选任的法定代表人，方是代表公司真实且最高意思表示的实质的法定代表人，其当然有权签字以公司的名义提起诉讼，即本案原告主体资格适格。

据此，本案中，郑某华在苏某苗猪公司2014年10月8日股东会决议并通知其后，已不再担任该公司的法定代表人，也不再有权持有公司的证照，其继续占有公司证照属于无权占有，公司作为证照的所有权人，有权要求其立即返还。郑某华应当根据股东会决议要求向公司移交营业执照原件、公章、财务章、合同专用章、税务登记证、组织机构代码证和财务资料等公司证照。

005 未掌管公章的法定代表人可否签字代表公司撤回起诉

> **阅读提示**

在最高人民法院作出的一份裁决书上，体现了一个在法学院学习中意想不到的非常有意思的场景：公司盖章向法院申请再审。在审查阶段，公司的法定代表人和大股东又分别向法院提交撤诉文件称：再审申请书上的公章是别人盖的，我们公司不想申请再审，我们要撤诉！

无独有偶，上市公司新某恒力公司也出现过类似的尴尬局面。2017年年底，上市公司新某恒力公司曾被其控股子公司博某干细胞公司提起仲裁申请，新某恒力公司发布《涉及重大仲裁公告》后引来上交所问询：为何子公司会对上市母公司申请仲裁？新某恒力公司是否对博某干细胞公司保持控制权？新某恒力公司尴尬回应称：《仲裁申请书》上的公章是博某干细胞公司的总经理安排工作人员加盖的（有关该事项的具体情况，详见本书延伸阅读部分）。

类似的场面，也曾出现在我们云亭律师事务所公司法律事务部亲自办理的一起案件中。在该案中某公司一审胜诉，但二审时法定代表人竟偷偷和对方签了一个和解协议，之后立即撤诉。该公司发现时木已成舟，只能忍气吞声、自认倒霉。

以上鲜活的案件，表面上是谁持有公司的公章、由谁担任法定代表人的问题，但也揭示了一个同样的问题：公司的不同股东之间，或者是公司的股东与法定代表人、总经理等高管之间，谁有权决定公司提起诉讼和撤诉？谁有权代表公司参与诉讼？

一个个这样的案例，实际上凸显了公司治理中不同利益方之间的公司控制权问题。而公司控制权争夺的胜负成败，可能关乎的是公司或股东数以亿计的财产权益，企业家的个人命运，企业的生死存亡。

因此，企业家必须对这一问题高度重视，既要提前做好制度设计和制度安排，也要管好公章、管好法定代表人，防止重大切身利益被其他股东或公司高管侵犯。

案情简介[①]

金某食府公司因与华某公司、金某食府公司股东资格确认纠纷案，不服辽宁省高级人民法院作出的生效判决，向最高人民法院申请再审。

最高人民法院审查过程中，金某食府公司法定代表人王某玲向法院提出撤回再审申请，称本案的再审申请书系金某食府公司股东王某擅自加盖公司印章所形成，金某食府公司并不同意就本案申请再审。

同日，持有金某食府公司55%股权的华某公司亦向法院提交说明，称华某公司作为金某食府公司的大股东，从未同意就本案申请再审，王某擅自加盖金某食府公司印章所形成的再审申请书等材料，未经华某公司同意。

最高人民法院裁定准许金某食府公司撤回再审申请。

裁判要点精要

根据民事诉讼法的相关规定，公司的法定代表人在诉讼活动中当然可以代表公司，因此金某食府公司的法定代表人撤回金某食府公司再审申请的请求，法院予以准许。

实务经验总结

1. 法定代表人当然有权利代表公司参与诉讼，也有权利代表公司在诉讼中

[①] 最高人民法院审理的金某食府公司、华某公司股东资格确认纠纷案[（2018）最高法民申51号]。

或诉讼外签署各种文件，因此公司法定代表人的人选确定必须慎重。

2. 公司章程或股东协议可以约定有权决策公司提起诉讼或仲裁的主体。尤其是对于业务类型较为简单、不易发生诉讼仲裁的公司，不妨通过公司章程直接规定公司提起的全部诉讼或仲裁均需经股东会（或董事会）的同意。对于易发生各类诉讼仲裁案件的大型公司，公司章程可规定如诉讼或仲裁的提起涉及公司的重大利益，或间接影响公司今后的运营和发展，或存在其他重要事由时，应由股东会或董事会决定提起诉讼或仲裁。

法规链接

《民事诉讼法》（2023年修正）

第五十一条 公民、法人和其他组织可以作为民事诉讼的当事人。

法人由其法定代表人进行诉讼。其他组织由其主要负责人进行诉讼。

本案链接

本院经审查认为，根据《民事诉讼法》第四十八条第二款关于"法人由其法定代表人进行诉讼……"的规定，王某玲作为金某食府公司的法定代表人，其撤回金某食府公司再审申请的请求，不违反法律规定，本院应予准许。

延伸阅读1

上市公司新某恒力被其子公司博某干细胞公司提起仲裁的详细经过。

2017年9月16日，新某恒力公司发布《涉及重大仲裁公告》，称博某干细胞公司因与其发生借款合同纠纷，已向上海仲裁委员会提起仲裁申请，要求新某恒力公司返还借款8000万元及利息。

事实上，新某恒力公司于2015年以现金方式收购博某干细胞公司80%的股权，博某干细胞公司成为新某恒力公司的控股子公司。因此，本案仲裁实际上是子公司诉上市母公司，这就有点尴尬了……

上海证券交易所也迅速对此事予以关注，并于2017年9月18日对新某恒力公司提起了问询。简而言之，上交所的问题是：谁决定了博某干细胞公司的申请仲裁？2015年收购持有80%股权后，新某恒力公司是否取得了博某干细胞公司的控制权？现在又是否失去了对博某干细胞公司的控制？

新某恒力公司于2017年9月30日进行了回复，回复的主要意思是：2015年收购后，新某恒力公司控制了博某干细胞公司的股东会、董事会，但由于收购时签订的协议条款，新某恒力公司未对博某干细胞公司的管理层人员进行调整，而博某干细胞公司的章程未特别规定提起诉讼仲裁属于股东会或董事会的职权，因此应属于管理层决策事项。公司总经理许某椿电话安排该工作人员在《仲裁申请书》上加盖公司公章，因此才有了子公司诉母公司的神奇一幕。

以下为新某恒力公司《关于对新某恒力有关子公司博某干细胞公司申请仲裁事项的问询函》的回复公告。

博某干细胞公司申请仲裁事项所履行的决策程序及决策主体。

回复：根据新某恒力公司收到的《仲裁申请书》，本次仲裁事项申请人为博某干细胞公司，并加盖了博某干细胞公司的公章。《博某干细胞公司章程》第八条规定，股东会由全体股东组成，是公司的权力机构，行使下列职权：……第三十三条规定，董事会行使下列职权：……根据上述规定，诉讼仲裁事项不属于必须经博某干细胞公司董事会、股东会审议通过才能实施的事项，应属于管理层决策事项。

新某恒力公司已于 2017 年 9 月 21 日致函博某干细胞公司及总经理许某椿，要求管理层说明"博某干细胞公司申请仲裁事项所履行的决策程序及决策主体"的相关情况。同时，公司总经理陈某及独立财务顾问相关人员于 2017 年 9 月 22 日到达博某干细胞公司现场，对博某干细胞公司申请仲裁事项约谈博某干细胞公司相关人员。经核查，博某干细胞公司公章由李某书和一名工作人员共同管理，许某椿电话安排该工作人员在《仲裁申请书》上加盖公司公章。

关于博某干细胞公司要求公司偿还借款纠纷一事，许某椿曾征求过博某干细胞公司所有董事的意见，所有董事均表示可以通过司法程序解决。但就本次博某干细胞公司要求提前归还公司借款申请仲裁一事未征求相关董事意见，也未提交董事会审议。

新某恒力公司于 2015 年以现金方式收购博某干细胞公司 80% 的股权，博某干细胞公司成为新某恒力公司的控股子公司。请新某恒力公司补充披露在收购完成后对博某干细胞公司实施了哪些整合措施，是否实现了对收购标的的控制，并核实目前是否已对博某干细胞公司失去了控制。

回复：收购完成后新某恒力公司对博某干细胞公司实施了以下整合措施：

1. 公司于 2015 年以现金方式收购博某干细胞公司 80% 的股权，2015 年 12 月 17 日完成了工商变更。

2. 修订博某干细胞公司章程。修改后的博某干细胞公司章程规定"公司董事会5人，新某恒力公司推荐3人，许某椿推荐1人，新融合公司（有限合伙）推荐1人，并经股东会选举产生""公司不设监事会，设监事1名，由新某恒力公司推荐并由股东会选取产生，监事对股东会负责""股东会作出普通决议须经代表全部表决权的二分之一以上股东同意通过；股东会会议作出特别决议须经代表全部表决权的三分之二以上股东同意通过""董事会有二分之一以上董事出席方为有效。董事会决议二分之一以上的董事同意方可通过，除非本章程另有规定"。

3. 2015年12月13日博某干细胞公司2015年临时股东会审议通过了《关于修改公司章程的议案》《关于公司董事会提前进行换届选举的议案》《关于选举公司监事的议案》，公司完成了对博某干细胞公司章程的修改及董事的选派。根据公司与许某椿签署的《业绩承诺及补偿协议》第七条规定，"承诺期内，双方应维持标的公司及其下属子公司的高级管理层、核心技术人员、主营业务及会计政策的稳定，不与现状发生重大变更"。鉴于上述，新某恒力公司未对博某干细胞公司管理层人员进行调整。

4. 公司根据内控基本规范等相关制度要求，各控股子公司根据《内控管理制度汇编》（上、下册）、《内部控制手册》及《内部控制评价管理制度》的要求完善部分内控制度并进行内部控制自我评价，博某干细胞公司2016年按照执行。

鉴于上述，新某恒力公司认为收购完成后公司通过上述措施实现了对博某干细胞公司的控制。

截至本回复日，新某恒力公司持有博某干细胞公司80%的股权，并向博某干细胞公司选派了3名董事。公司行使股东权利及通过选派的董事行使相关权利不存在法律障碍，公司未对博某干细胞公司失去控制。为进一步加强对博某干细胞公司的控制，2017年9月27日博某干细胞公司第三届董事会第十次会议，审议更换董事长、法定代表人的议案，该议案已经董事会审议通过，选举董事陈某为博某干细胞公司新任董事长、法定代表人。新某恒力公司依法行使股东及董事相关权利，履行股东及董事相关义务，继续加强对博某干细胞公司的控制，积极维护公司权益。

请公司重大资产重组财务顾问核实重组完成后，博某干细胞公司是否仍受其原大股东及实际控制人许某椿控制，公司对置入的资产是否真正完成了整合，并发表明确意见。

新某恒力公司重大资产重组财务顾问意见：经核查，重组完成后，新某恒力根据重组时的相关协议及实际需求对收购后的置入资产完成了必要的整合；新某恒力通过股东会、董事会及修改后的博某干细胞公司章程对博某干细胞公司实现了控制，博某干细胞公司未受其原大股东及实际控制人许某椿控制。本财务顾问已提请上市公司采取措施加强其对博某干细胞公司的控制。

延伸阅读 2

最高人民法院审理的多个有关法定代表人代表公司参与诉讼的案例均认为：法定代表人有权代表公司参与诉讼。法人的法定代表人以依法登记为准，但法律另有规定的除外；法定代表人已经变更，但未完成登记，变更后的法定代表人要求代表法人参加诉讼的，人民法院可以准许。

案例1：最高人民法院审理的新某煤业公司与金某泰公司出资转让纠纷案〔（2014）民申698号〕认为，新某煤业公司至今工商登记记载的法定代表人仍然是陈某干，陈某干代表新某煤业公司所为之诉讼行为，直接对新某煤业公司发生法律效力，无须公司另行授权。本案一审中，陈某干代表新某煤业公司参加诉讼，并未对其与金某泰公司签订《出资协议书》的事实提出异议，且经对账确认，截至2013年10月19日，新某煤业公司欠金某泰公司出资款及分红款共计人民币8075万元整。双方共同请求法院进行调解并最终达成调解协议。上述诉讼行为对新某煤业公司发生法律效力，并未违反自愿原则。

案例2：最高人民法院审理的物某工贸潮州公司与三某公司第三人撤销之诉案〔（2017）最高法民申3378号〕认为，根据原审法院查明的事实，物某工贸潮州公司目前工商登记载明的法定代表人为王某平，其提起本案诉讼依法应由法定代表人王某平进行。如王某平确因客观原因不能履行法定代表人职责，物某工贸潮州公司应当依照相关法律规定进行变更。物某工贸潮州公司仅以张某发为公司实际管理人员为由，主张其可代表公司提起诉讼，不符合法律规定。

案例3：最高人民法院审理的沈某云与崔某宏损害公司利益责任公司纠纷案〔（2015）民申1149号〕认为，本案中，诺某公司属于法人，其作为第三人参加本案诉讼。崔某宏是诺某公司的执行董事、法定代表人，一审法院将崔某宏列为诺某公司的法定代表人，由其代表诺某公司进行诉讼，未违反上述法律的规定，沈某云关于崔某宏代表诺某公司参与诉讼属于程序错误的主张缺乏法律依据，本院不予支持。

案例4：最高人民法院审理的新某公司与时某公司、兴某盟时某公司合同纠纷案［（2014）民二终261号］认为，本案诉讼发生时，尽管工商行政管理部门对该"变动事项"未办理登记，但这不影响对杨某飞作为该公司法定代表人身份的认定。《民事诉讼法》第四十八条第二款规定："法人由其法定代表人进行诉讼……"该条虽未对"未经登记的法定代表人能否代表公司进行诉讼"作出规定，但亦未明确禁止。且2015年2月4日起实施的《最高人民法院关于适用〈中华人民共和国民事诉讼法〉的解释》第五十条第二款规定："法定代表人已经变更，但未完成登记，变更后的法定代表人要求代表法人参加诉讼的，人民法院可以准许。"因此，本案中，原审法院准许杨某飞作为兴某盟时某公司的法定代表人参加诉讼，并不违反我国公司法及民事诉讼法的相关规定，不存在违反法定程序的情形。

案例5：最高人民法院审理的醴某分公司与文某、唐某驰擅自使用他人企业名称、姓名纠纷案［（2014）民申1313号］认为，醴某分公司在工商行政管理部门注册登记的负责人是刘某云，因此不论梅某德斯公司变更法定代表人的股东会决议以及刘某云依该股东会决议获得梅某德斯公司法定代表人的身份是否有效，亦不论刘某云代表梅某德斯公司申请变更醴某分公司负责人为其本人的行为是否有效，在醴某分公司的负责人没有依法作出变更登记前，刘某云能够代表醴某分公司进行诉讼。一审法院以刘某云不是醴某分公司适格的负责人为由裁定驳回醴某分公司的起诉，二审法院裁定予以维持，没有事实和法律依据。

案例6：最高人民法院审理的研某公司、大某公司委托代建合同纠纷案［（2017）最高法民申3977号］认为，2016年4月7日，大某公司对研某公司提起本案诉讼时，研某公司时任法定代表人陈某城代表研某公司委托律师应诉、答辩、参加庭审活动，属于职务行为，合法有效。陈某城在授权委托书上加盖的研某公司印章是否与备案的公章一致，并不影响本案对陈某城委托林某、焦某两位律师参加诉讼行为的认定。

案例7：最高人民法院审理的鑫某公司、刘某兰等与卢某生等民间借贷纠纷案［（2014）民申1130号］认为，郭某生作为鑫某公司的法定代表人，是代表公司对外意思表示的人，其在本案中以公司名义实施的诉讼行为是公司的行为，该行为的法律后果应当直接由公司承担，并无违反鑫某公司自愿原则的情形。

案例8：最高人民法院审理的仙某公司与中大某鑫公司、远某公司、中某投资集团股权转让纠纷案［（2009）民申1068号］认为，远某公司法定代表人林某签字委托的诉讼代理人有权代表远某公司进行诉讼，有关诉讼代理人在诉讼阶段作出的陈述对远某公司具有约束力。二审判决根据远某公司诉讼代理人的意见，认定远某公司表示《股权转让及项目合作合同》的审批手续可以办理、远某公司同意将土地使用权证交由远某公司法定代表人林某保管，是正确的。

006 股东会新选举的法定代表人与工商登记的原法定代表人，谁有权代表公司

裁判要旨

在工商登记的法定代表人与股东任命的法定代表人不一致时，根据对内、对外的不同，其效力不同。工商登记的法定代表人对外具有公示效力，如果涉及公司以外的第三人因公司代表权而产生的外部争议，应以工商登记为准。而对于公司与股东之间因法定代表人任免产生的内部争议，则应以有效的股东会任免决议为准，并在公司内部产生法定代表人变更的法律效果。

案情简介①

大某指公司是由环某科技公司设立的全资子公司，原法定代表人为田某。2008年大某指公司决定增资，环某科技公司仅履行了部分增资义务。

2012年3月，环某科技公司作出决定，将大某指公司的法定代表人变更为保某武，但未办理工商登记。

上述股东决议作出后，大某指公司的董事会未予执行，而是在2012年12月将大某指公司工商登记的法定代表人由田某变更为洪某。

大某指公司工商登记的法定代表人洪某以大某指公司名义提起诉讼，要求环某科技公司履行出资义务，缴纳增资款4500万元；环某科技公司任命的法定代表人保某武提交撤诉申请。

福建省高级人民法院一审支持了大某指公司的诉讼请求。环某科技公司不服，认为保某武作出的撤诉申请才是大某指公司的真实意思表示，向最高人民法

---

① 大某指环保科技集团（福建）有限公司与中某环保科技集团有限公司股东出资纠纷案［最高人民法院（2014）民四终字第20号］。

院上诉。最高人民法院改判：支持环某科技公司的上诉请求，撤销原审判决，驳回大某指公司的起诉。

裁判要点精要

本案系公司的董事会未执行股东决议及时进行法定代表人变更的工商变更登记，造成了工商登记的法定代表人与股东任命的法定代表人不一致的情形，进而引发的争议。

根据《公司法》的规定，公司董事会作为股东会的执行机关，有义务执行股东会或公司唯一股东的决议。大某指公司董事会应当根据其唯一股东环某科技公司的决议，办理董事及法定代表人的变更登记。由于大某指公司董事会未执行股东决议，及时进行法定代表人变更的工商变更登记，造成了工商登记的法定代表人与股东任命的法定代表人不一致。

在工商登记的法定代表人与股东任命的法定代表人不一致时，根据对内、对外的不同，其效力不同。工商登记的法定代表人对外具有公示效力，如果涉及公司以外的第三人因公司代表权而产生的外部争议，应以工商登记为准。而对于公司与股东之间因法定代表人任免产生的内部争议，则应以有效的股东会任免决议为准，并在公司内部产生法定代表人变更的法律效果。

本案董事会与股东的内部争议，不涉及公司以外第三人的利益，环某科技公司作为大某指公司的唯一股东，其作出的任命大某指公司法定代表人的决议对大某指公司具有约束力。环某科技公司任命的法定代表人的撤诉行为是大某指公司的真实意思表示。

实务经验总结

为避免未来发生类似纷争，笔者提出如下建议：

第一，及时登记，避免争议。根据《公司法》规定，公司变更法定代表人的应当及时办理变更登记。不及时办理变更登记，将会导致股东会任免的法定代表人与工商登记的法定代表人不一致，进而引发有关公司代理权、行为效力等的争议。而且不及时办理变更登记，原法定代表人以公司名义对外进行民事法律行为，就算不加盖公司印章也是合法有效的，这会给公司带来非常大的风险，因此建议一定要在作出变更法定代表人决议后，尽快到工商局办理变更登记。

第二，内外不同，效力有别。当股东会任免的法定代表人与工商登记的法定代表人不一致时，如果涉及公司以外的第三人因公司代表权而产生的外部争议，由于工商登记的法定代表人对外具有公示效力，应以工商登记为准。而对于公司与股东之间因法定代表人任免产生的内部争议，则应以有效的股东会任免决议为准，并在公司内部产生法定代表人变更的法律效果。

法规链接

《公司法》（2023年修订）

第十条 公司的法定代表人按照公司章程的规定，由代表公司执行公司事务的董事或者经理担任。

担任法定代表人的董事或者经理辞任的，视为同时辞去法定代表人。

法定代表人辞任的，公司应当在法定代表人辞任之日起三十日内确定新的法定代表人。

本案链接

以下为该案在法院审理阶段，判决书中"本院认为"就该问题的论述：

大某指公司是环某科技公司在中国境内设立的外商独资企业，按照2005年修订的《公司法》和《外资企业法》及其实施细则的有关规定，大某指公司属于一人公司，其内部组织机构包括董事和法定代表人的任免权均由其唯一股东环某科技公司享有。

根据《公司法》第四十七条第（二）项的规定，公司董事会作为股东会的执行机关，有义务执行股东会或公司唯一股东的决议。大某指公司董事会应当根据其唯一股东环某科技公司的决议，办理董事及法定代表人的变更登记。由于大某指公司董事会未执行股东决议，造成工商登记的法定代表人与股东任命的法定代表人不一致的情形，进而引发了争议。

《公司法》第十三条规定，……公司法定代表人变更，应当办理变更登记。本院认为，法律规定对法定代表人变更事项进行登记，其意义在于向社会公示公司意志代表权的基本状态。工商登记的法定代表人对外具有公示效力，如果涉及公司以外的第三人因公司代表权而产生的外部争议，应以工商登记为准。而对于公司与股东之间因法定代表人任免产生的内部争议，则应以有效的股东会任免决议为准，并在公司内部产生法定代表人变更的法律效果。因此，环某科技公司作为大某指公司的唯一股东，其作出的任命大某指公司法定代表人的决议对大某指公司具有约束力。

本案起诉时,环某科技公司已经对大某指公司的法定代表人进行了更换,其新任命的大某指公司法定代表人明确表示反对大某指公司提起本案诉讼。因此,本案起诉不能代表大某指公司的真实意思,应予驳回。环某科技公司关于本案诉讼的提起并非大某指公司真实意思的上诉理由成立。

007 合同上仅有法定代表人签字而无公司盖章,合同是否生效

裁判要旨

公司法定代表人在公司经营范围内和自身职权范围内,所签署的合同即使没有加盖公司公章,该合同也依然有效。

案情简介①

周某及东某公司于 2010 年 6 月 27 日签订《建设工程施工合同》一份,周某和东某公司的法定代表人均在合同上完成签字,但合同上未加盖东某公司公章。

后因承包事项发生纠纷,东某公司将周某诉至浙江省慈溪市人民法院,周某以东某公司未在合同上加盖公司公章,仅有法定代表人签名为由,主张该合同无效。一审法院对周某的主张不予支持,判决该合同成立、生效。

周某不服一审判决,上诉至浙江省宁波市中级人民法院,二审法院判决驳回上诉。

周某不服,向浙江省高级人民法院申请再审,再审法院驳回其再审申请。

裁判要点精要

根据《民法典》第四百九十条规定,当事人采用合同书形式订立合同的,自当事人均签名、盖章或者按指印时合同成立。可见,法定代表人代表公司与对方签订合同时,法定代表人的签名和公司盖章无须同时具备,有其一合同即成立。

---

① 周某诉浙江东某建设有限公司装饰装修合同纠纷案[浙江省高级人民法院(2017)浙民申 896 号]。

实务经验总结

为避免未来发生类似纷争，提出如下建议：

1. 公司应慎重选择法定代表人，法定代表人自身应认真谨慎对待自己的签名。法定代表人有权代表公司，其签名与公司公章具有相同的效力。

2. 在签订重大合同时，加盖公司公章和法定代表人签字应该双管齐下。尽管根据《合同法》第三十二条，公司公章和法定代表人签名，两者具备其一，即可代表公司对外签订合同。但是签订重大合同时，我们建议盖章与法定代表人签字应该双管齐下，在合同中约定"本合同自双方法定代表人或授权代表人签字，并加盖双方公司公章之日生效"，为合同安全保驾护航。

法规链接

《民法典》

第四百九十条 当事人采用合同书形式订立合同的，自当事人均签名、盖章或者按指印时合同成立。在签名、盖章或者按指印之前，当事人一方已经履行主要义务，对方接受时，该合同成立。

法律、行政法规规定或者当事人约定合同应当采用书面形式订立，当事人未采用书面形式但是一方已经履行主要义务，对方接受时，该合同成立。

本案链接

以下为该案在法院审理阶段，再审法院判决书中"本院认为"就该问题的论述：

本案中，双方当事人于2010年6月27日签订《建设工程施工合同》一份，约定涉案工程发包人为周某，承包人为东某公司，并约定了其他相关权利义务等。周某及东某公司的法定代表人在合同落款处签字。周某主张该合同因东某公司未盖章而无效，但东某公司对合同真实性予以认可，周某自认"周某"的签名确由其签署，亦没有提供其他有效证据证明涉案合同存在违反法律法规强制性规定的情形，故原判认定合同真实有效，并无不当。周某在签订合同时已明知仅有东某公司法定代表人签名，但对此并未提出异议，在本案中却以东某公司未盖章为由主张合同无效，缺乏依据，不能成立。

（五）公司控制权争夺之"总经理"

001 董事会可否任性地毫无理由地自由撤换总经理

裁判要旨

人民法院在审理公司决议撤销纠纷案件中应当审查：会议召集程序、表决方式是否违反法律、行政法规或者公司章程，以及决议内容是否违反公司章程。只要董事会没有违反上述规定，无论解聘总经理职务的决议所依据的事实是否属实，理由是否成立，均不属于司法审查范围。

案情简介①

佳某力公司股权结构为：葛某乐持股40%，李某军持股46%，王某胜持股14%。三位股东组成董事会，由葛某乐担任董事长，李某军、王某胜为董事，李某军担任总经理。

公司章程规定：董事会行使包括聘任或者解聘公司经理等职权；董事会须由三分之二以上的董事出席方才有效；董事会对所议事项作出的决定应由占全体股东三分之二以上的董事表决通过方才有效。

2009年7月18日，佳某力公司董事长葛某乐召集并主持董事会，三位董事均出席，会议形成了"鉴于总经理李某军不经董事会同意私自动用公司资金在二级市场炒股，造成巨大损失，现免去其总经理职务，即日生效"等内容的决议。该决议由葛某乐、王某胜同意且签名，李某军不同意且未签名。

李某军认为佳某力公司免除其总经理职务的决议所依据的事实和理由不成立，且董事会的召集程序、表决方式及决议内容均违反了公司法的规定，请求法院依法撤销该董事会决议，佳某力公司则认为董事会决议有效。

上海市黄浦区人民法院经审理，判决撤销董事会决议。宣判后，佳某力公司

---

① 最高人民法院指导案例10号；上海市第二中级人民法院审理的李某军与佳某力公司公司决议撤销纠纷案［（2010）沪二中民四（商）终436号］。

提出上诉。上海市第二中级人民法院经审理认为：董事会决议有效，撤销原判。

裁判要点精要

解聘总经理职务的决议所依据的事实是否属实，理由是否成立，不属于司法审查范围。

第一，本案董事会决议程序合法，内容不违反公司章程。根据《公司法》第二十六条的规定，董事会决议可撤销的事由包括：第一，召集程序违反法律、行政法规或公司章程；第二，表决方式违反法律、行政法规或公司章程；第三，决议内容违反公司章程。

本案从召集程序看，佳某力公司召开的董事会由董事长葛某乐召集，三位董事均出席董事会，该次董事会的召集程序未违反法律、行政法规和公司章程的规定。从表决方式看，根据佳某力公司章程规定，对所议事项作出的决定应由占全体股东三分之二以上的董事表决通过方才有效，上述董事会决议由三位股东（兼董事）中的两名表决通过，故在表决方式上未违反法律、行政法规和公司章程的规定。从决议内容看，佳某力公司章程规定董事会有权解聘公司经理，董事会决议内容中"总经理李某军不经董事会同意私自动用公司资金在二级市场炒股，造成巨大损失"的陈述，仅是董事会解聘李某军总经理职务的原因，而解聘李某军总经理职务的决议内容本身并不违反公司章程。

第二，董事会决议解聘李某军总经理职务的原因如果不存在，并不导致董事会决议被撤销。首先，公司法尊重公司自治，公司内部法律关系原则上由公司自治机制调整，司法机关原则上不介入公司内部事务；其次，佳某力公司章程中未对董事会解聘公司经理的职权作出限制，并未规定董事会解聘公司经理必须有一定原因，该章程内容未违反公司法的强制性规定，应认定有效，因此佳某力公司董事会可以行使公司章程赋予的权力作出解聘公司经理的决定。故法院应当尊重公司自治，无须审查佳某力公司董事会解聘公司经理的原因是否存在。

实务经验总结

公司股东如何撤换总经理才能既符合公司法的规定又符合劳动法的规定？公司控制权争夺战中如何避免突袭进来的新大股东迅速更换总经理？

第一，公司董事会有权"无理由"解聘总经理。《公司法》第六十七条第二款明确列举的有限公司董事会职权的第（八）项为：决定聘任或者解聘公司经理及其报酬事项，并根据经理的提名决定聘任或者解聘公司副经理、财务负责人及其报酬事项（一般情况下的公司章程亦会对该问题作出与公司法完全相同的规定）。公司法并没有规定只有在经理"犯错误"时董事会才能解聘（如违反了忠实义务、勤勉义务或者是经营不善）。相反，公司法规定聘任或者解聘经理是董事会理所应当的职权，纵使经理之前的表现足够好，董事会也有权予以撤换，此时无论董事会是否给出了充分的理由，或者这个理由是不是能够站得住脚，都不影响董事会决议的效力。公司董事会以一个"莫须有"的借口解聘经理并不是法定的造成公司决议无效或可撤销的情形（公司章程另有规定的除外），而是属于公司决议的合理性和公平性的范畴。可以理解为：公司法允许董事会对总经理实行"无理由退货"，当然至于解聘之后是否需要进行一定的补偿，需要根据双方的合同条款作出判断。

第二，"无理由"解聘总经理的前提是公司章程没有另行规定。例如，《章程》中可以规定"经理任期五年，任期届满前董事会不能随意更换，除非公司连续三年亏损或者经理丧失行为能力"，此时公司章程就赋予了经理很大的保护，董事会就难以"无理由"解聘总经理，强行解聘的董事会决议将因为违反公司章程而可撤销。如果公司的经理由实际控制人亲自或委派极其信任的人担任，公司章程中有类似条款，可以避免日后因公司股权被稀释或丧失董事会的多数席位时轻易丧失对公司的实际管理权。

第三，"无理由"解聘总经理，只是解除了总经理职务，但是总经理并不丧失公司员工身份，如公司欲与其解除劳动关系，必须按照劳动法的有关规定办理。若总经理主动辞职或在双方经协商一致的情况下，公司可不支付经济补偿金；若公司主动提出解除劳动关系且总经理同意的话，公司需要支付经济补偿金；若公司主动提出解除且在总经理不同意的情况下，公司只有在员工手册民主告知程序完备、总经理严重违纪的情形下，才能单方解除劳动合同，否则公司可能还需支付更高的赔偿金以解除与总经理的劳动合同。

第四，为了在公司控制权争夺战中避免突袭进来的新大股东迅速更换总经理，可在《章程》中作出防御性规定"经理任期五年，任期届满前董事会不能随意更换，除非公司连续三年亏损或者经理丧失行为能力"，此时公司章程就赋予了经理很大的保护，董事会就难以"无理由"解聘总经理，强行解聘的董事会决议将因为违反公司章程而可撤销。此外也可以给总经理"金色降落伞"，一旦因为公司被并购或收购而导致董事、总裁、总经理等高级管理人员被解雇，公司将提供丰厚的补偿费（如解职费、股票期权收入和额外津贴等）。

法规链接

《公司法》(2023 年修订)

第六十七条第二款 董事会行使下列职权：

……

（八）决定聘任或者解聘公司经理及其报酬事项，并根据经理的提名决定聘任或者解聘公司副经理、财务负责人及其报酬事项；

……

第七十一条 股东会可以决议解任董事，决议作出之日解任生效。

无正当理由，在任期届满前解任董事的，该董事可以要求公司予以赔偿。

第七十四条 有限责任公司可以设经理，由董事会决定聘任或者解聘。

经理对董事会负责，根据公司章程的规定或者董事会的授权行使职权。经理列席董事会会议。

本案链接

以下为该案在上海市第二中级人民法院审理阶段的"本院认为"关于此部分的论述：

根据《公司法》（2005 年修订）第二十二条第二款的规定，董事会决议可撤销的事由包括：(1) 召集程序违反法律、行政法规或公司章程；(2) 表决方式违反法律、行政法规或公司章程；(3) 决议内容违反公司章程。从召集程序看，佳某力公司于 2009 年 7 月 18 日召开的董事会由董事长葛某乐召集，三名董事均出席董事会，该次董事会的召集程序未违反法律、行政法规或公司章程的规定。从表决方式看，根据佳某力公司章程规定，对所议事项作出的决定应由占全体股东三分之二以上的董事表决通过方才有效，上述董事会决议由三名股东（兼董事）中的两名表决通过，故在表决方式上未违反法律、行政法规或公司章程的规定。从决议内容看，佳某力公司章程规定董事会有权解聘公司经理，董事会决议内容中"总经理李某军不经董事会同意私自动用公司资金在二级市场炒股，造成巨大损失"的陈述，仅是董事会解聘李某军总经理职务的原因，而解聘李某军总经理职务的决议内容本身并不违反公司章程。

董事会决议解聘李某军总经理职务的原因如果不存在，并不导致董事会决议被撤销。首先,公司法尊重公司自治,公司内部法律关系原则上由公司自治机制调整,司法机关原则上不介入公司内部事务;其次,佳某力公司的章程中未对董事会解聘公司经理的职权作出限制,并未规定董事会解聘公司经理必须有一定原因,该章程内容未违反公司法的强制性规定,应认定有效,因此佳某力公司董事会可以行使公司章程赋予的权力作出解聘公司经理的决定。故法院应当尊重公司自治,无须审查佳某力公司董事会解聘公司经理的原因是否存在,即无须审查决议所依据的事实是否属实,理由是否成立。综上,原告李某军请求撤销董事会决议的诉讼请求不成立,依法予以驳回。

(六) 公司控制权争夺之"监事"

001 公司章程是否需细化监事财务检查权的行使方式

公司章程设计要点

公司章程需要明确监事财务检查权的检查范围、检查方式以及是否可委托第三方机构辅助检查。

阅读提示

我国公司法对于监事会或监事检查公司财务权规定得非常笼统,如果不借助具体的公司章程根本无法操作,监事会或监事的财务监督权利也无法得到保障。

在公司的实际运营过程中,监事这一职务常常被人忽视,认为这一职务可有可无,其实对于小股东来讲,在股权份额和董事会席位均不占优势的情况下,能够控制监事会或者占据不设监事会的监事职位,无论是对监督董监高的经营行为还是检查财务状况,抑或是提起股东代表诉讼均具有重要意义。

公司章程参考研究文本

公司不设置监事会,股东×××有权指定一名监事,监事拥有检查公司财务的权利,监事有权随时调阅公司有关的财务报告、会计账簿(包括记账凭证和原始凭证)、会计报表、合同、收据、信函、借款凭证等其他显示公司财务状况变化的一切表册和资料,监事在行使这一权利时,有权委托法律、财务、审计等方面的专家进行辅助检查。公司、股东、董事、财务人员等相关主体均应当予以配合。

专业律师分析

由于监事会或监事并不参与公司的决策与管理,因此监事与其所监督的对象之间存在信息不对称的情形。为保证监事实施有效的监督,《公司法》第七十八条赋予监事会或监事财务检查权,以期监事能够通过财务检查打破信息壁垒,充分行使监督权。

实践中,对于监事会或者监事在财务检查权受阻的情况下,其是否可以自己的名义提起诉讼的问题,存在以下两种观点:

第一种观点认为,有限责任公司的监事,依法享有检查公司财务的权利,以监事的身份要求检查公司财务,在法律和公司章程对监事检查公司财务没有规定公司可以拒绝的情况下,公司无正当理由拒绝,当该权利的行使存在障碍时,监事应当享有以自己的名义提起诉讼的权利。

第二种观点认为,尽管公司监事可以行使公司法规定的财务检查权,但该法仅在第七十八条第(六)项规定了诉权,即针对公司董事、监事、高级管理人员执行公司职务时违反法律、行政法规或者公司章程的规定,给公司造成损失的情况。法律并未赋予监事以诉讼方式检查公司财务的权利。此外,作为公司监督机关的监事(会)与作为公司权力机关的股东(大)会,作为公司执行机关和代表机关的董事会(执行董事)共同构成公司治理的基本机构,监事(会)行使监督职权实际是维护公司利益的公司行为,即使赋予监事(会)相关诉权,也应由监事(会)以公司名义行使,而不应以监事(会)个体名义行使。

笔者赞同第一种观点,因为既然《公司法》第七十八条已经规定了监事会或监事的财务检查权,那么该权利就属于监事会或监事的一项法定权利。然而权利总是由"特定利益"和"法律上之力"两个要素构成,特定利益是指权利实现能够达到的某种目标或状态,而法律上之力则是指当特定利益不能实现时可以依据法律要求公权力机关强力实现。如果法律载明了监事的财务检查权而不赋予其基于此的诉权的话,该权利将是镜中花水中月,监事的职位将真的成为一个摆设,公司法中所有权、经营权、监督权三权分立的立法设计也将名存实亡。

设计建议

1. 公司章程中必须对监事的财务检查权作出细化的规定。例如规定监事应当检查的文件资料的具体范围，将该类文件资料的名称在章程中进行明确列举；明确监事检查过程中是否可以聘请财务、审计、法律等外部的第三方机构进行协查，是否有权将财务资料进行调取，是否可以委托第三方机构出具审计报告等专业意见；明确监事会或监事是否可以对于公司阻碍行使财务检查权的行为提起诉讼。

2. 对于小股东来讲，在股权份额和董事会席位均不占优势的情况下，争取拿到监事会的多数席位或在不设监事会的情况下获得监事职位，对于其间接行使股东知情权有很大的帮助，因为股东知情权的行使需要满足通知程序、正当目的等各种要件，而且行使的机会和频率有限，而如果取得监事职位便可直接对公司的财务状况进行监督检查，对公司的财务状况可以做到事中检查，过程监督，避免问题出现难以补救的风险。基于此，小股东务必在公司成立之初，获得监事职位或席位，保障自己的监督权。

法规链接

《公司法》（2023年修订）

第七十六条　有限责任公司设监事会，本法第六十九条、第八十三条另有规定的除外。

监事会成员为三人以上。监事会成员应当包括股东代表和适当比例的公司职工代表，其中职工代表的比例不得低于三分之一，具体比例由公司章程规定。监事会中的职工代表由公司职工通过职工代表大会、职工大会或者其他形式民主选举产生。

监事会设主席一人，由全体监事过半数选举产生。监事会主席召集和主持监事会会议；监事会主席不能履行职务或者不履行职务的，由过半数的监事共同推举一名监事召集和主持监事会会议。

董事、高级管理人员不得兼任监事。

第七十八条　监事会行使下列职权：

（一）检查公司财务；

（二）对董事、高级管理人员执行职务的行为进行监督，对违反法律、行政法规、公司章程或者股东会决议的董事、高级管理人员提出解任的建议；

（三）当董事、高级管理人员的行为损害公司的利益时，要求董事、高级管理人员予以纠正；

（四）提议召开临时股东会会议，在董事会不履行本法规定的召集和主持股东会会议职责时召集和主持股东会会议；

（五）向股东会会议提出提案；

（六）依照本法第一百八十九条的规定，对董事、高级管理人员提起诉讼；

（七）公司章程规定的其他职权。

第七十九条 监事可以列席董事会会议，并对董事会决议事项提出质询或者建议。

监事会发现公司经营情况异常，可以进行调查；必要时，可以聘请会计师事务所等协助其工作，费用由公司承担。

第八十二条 监事会行使职权所必需的费用，由公司承担。

延伸阅读

关于监事是否可以通过诉讼的方式行使财务检查权，审判实践中存在两种截然相反的裁判观点。

裁判规则一：监事有权以自己的名义以诉讼的方式行使财务检查权。

案例1：四川省成都市中级人民法院审理的半某公司与黄某某其他股东权纠纷案〔（2013）成民终3001号〕认为……根据《公司法》第五十四条第（一）项"监事会、不设监事会的公司的监事行使下列职权：（一）检查公司财务……"之规定，以及第五十五条第二款"监事会、不设监事会的公司的监事发现公司经营情况异常，可以进行调查；必要时，可以聘请会计师事务所等协助其工作，费用由公司承担"之规定，行使公司财务检查权和聘请会计师事务所等协助调查权的法定主体为监事会或不设监事会的公司的监事，而根据半某公司章程的规定，半某公司不设监事会，由监事行使公司财务检查权，故黄某有权以监事的身份要求行使上述权利，关于其以监事身份主张公司财务检查权的诉讼请求成立，本院予以支持。

裁判规则二：监事无权以自己的名义以诉讼的方式行使财务检查权。

案例2：湖北省高级人民法院审理的章某、全某福公司股东知情权纠纷案〔（2017）鄂民申1489号〕认为，关于章某能否以监事身份起诉要求检查公司财务的问题。章某以监事身份提起诉讼的法律依据为《公司法》第五十三条和第五十四条有关监事职权的规定。该法第五十三条规定："监事会、不设监事会的公司的监事行使下列职权：（一）检查公司财务；（二）对董事、高级管理人员执行公司职务的行为进行监督，对违反法律、行政法规、公司章程或者股东会决议的董事、高级管理人员提出罢免的建议；（三）当董事、高级管理人员的行为损害公司的利益时，要求董事、高级管理人员予以纠正；（四）提议召开临时股东会会议，在董事会不履行本法规定的召集和主持股东会会议职责时召集和主持股东会会议；（五）向股东会会议提出提案；（六）依照本法第一百五十一条的规定，对董事、高级管理人员提起诉讼；（七）公司章程规定的其他职权。"第五十四条规定："监事可以列席董事会会议，并对董事会决议事项提出质询或者建议。监事会、不设监事会的公司的监事发现公司经营情况异常，可以进行调查；必要时，可以聘请会计师事务所等协助其工作，费用由公司承担。"尽管公司监事可以行使公司法规定的上述职权，但该法仅在第五十三条第（六）项规定了诉权，即针对公司董事、监事、高级管理人员执行公司职务时违反法律、行政法规或者公司章程的规定，给公司造成损失的情况，法律并未赋予监事以诉讼方式检查公司财务的权利。此外，作为公司监督机关的监事（会）与作为公司权力机关的股东（大）会，作为公司执行机关和代表机关的董事会（执行董事）共同构成公司治理的基本机构，监事（会）行使监督职权实际是维护公司利益的公司行为，即使赋予监事（会）相关诉权，也应由监事（会）以公司名义行使，而不应以监事（会）个体名义行使。因此，章某在本案中以个人名义起诉全某福公司没有法律依据，其相关再审事由不成立。

案例3：江苏省盐城市中级人民法院审理的唐某民与中某公司公司监事监督权纠纷案〔（2017）苏09民终3041号〕认为，上诉人唐某民虽为中某公司的股东、监事，但其在一审中明确要求以监事身份检查公司财务。《公司法》第五十三条虽规定监事有检查公司财务的权利，但未赋予在公司拒绝监事检查公司财务时其可通过诉讼的方式获得检查的权利，监事对公司财务进行检查应属于公司内部管理范畴，不具有可诉性，一审裁定驳回其起诉并无不当。事实上，在一审法院驳回上诉人唐某民的起诉后，唐某民已经以公司股东身份向一审法院提起股东知情权诉讼。

裁判规则三：监事有权对公司的财务凭证委托第三方审计，监事为检查公司财务拿走公司财务凭证并向公司财务出具借条属于正常行使其监事权利，不违反法律规定。

案例4：浙江省舟山市中级人民法院审理的凯某公司、张某声损害公司利益责任纠纷案［（2017）浙09民终299号］认为，对于被上诉人是否应当返还上诉人公司2016年财务凭证一节。上诉人提供的收据能够证明张某声拿走了上诉人公司2016年1月至9月的费用凭证及2016年10月至12月的流水账及费用账单。根据《公司法》第五十三条规定，公司监事有权检查公司财务。被上诉人作为公司监事，因对公司财务情况产生怀疑，经与公司实际负责经营事项的法定代表人交涉未果后，以检查公司财务为由拿走上述公司财务凭证，并向公司财务出具借条，委托相关部门进行审计，属于正常行使其监事权利，并不违反法律、法规规定的情形，也不存在违反《会计档案管理办法》的情况。故上诉人要求被上诉人返还上述财务凭证并无法律依据，本院不予支持。

（七）公司控制权争夺之"经营管理权"

001 公司章程可将经营管理的权限分级授予股东会、董事会及总经理

公司章程设计要点

公司章程可将经营管理的权限分级授予股东会、董事会及总经理。

阅读提示

《公司法》并未对诸如公司收购、出售资产、对外投资、对外担保、关联交易、抵押借款、捐赠等经营管理事项的决定权专门划归给股东会或董事会。

为保证该类事项决策的科学性及效率性，清晰地划分各组织机构的权力界限，公司章程有必要按照重要程度、金额大小、所占比重等因素，将上述各类事项的决策权合理分配给股东会及董事会。

公司章程参考研究文本

《徐工集团章程》（2023年4月版）第一百一十条　董事会应当确定对外投

资、购买或出售资产、资产抵（质）押、对外担保、委托理财、关联交易等事项的权限，建立严格的审查和决策程序；重大投资项目应当组织有关专家、专业人员进行评审，并报股东大会批准。

（一）股权投资、股权出售、资产置换、债权或债务重组交易达到下列标准之一的，应提交股东大会审议批准：

1. 交易涉及的资产总额（同时存在账面值和评估值的，以较高者为准）占公司最近一期经审计的总资产30%以上；

2. 交易成交金额（含承担债务和费用）占公司最近一期经审计的净资产30%以上；

3. 交易产生的利润占公司最近一个会计年度经审计的净利润30%以上；

4. 交易标的在最近一个会计年度相关的营业收入占公司最近一个会计年度经审计的营业收入30%以上；

5. 交易标的在最近一个会计年度相关的净利润占公司最近一个会计年度经审计的净利润30%以上。

交易未达到上述标准的，由董事会审议批准。

（二）证券期货投资、私募股权投资、委托理财、委托贷款、信托产品投资额度占公司最近一期经审计的净资产20%以上的，由股东大会审议批准。交易未达到上述标准的，由董事会审议批准。

（三）固定资产、无形资产投资交易成交金额占公司最近一期经审计的净资产30%以上的，由股东大会审议批准。交易成交金额占公司最近一期经审计的净资产5%～30%的，由董事会审议批准。交易未达到上述标准的，由公司《总裁工作细则》具体规定审批权限。

（四）出售固定资产、无形资产交易达到下列标准之一的，应提交股东大会审议批准：1. 交易涉及的资产总额（同时存在账面值和评估值的，以较高者为准）占公司最近一期经审计的总资产30%以上；2. 交易成交金额（含承担债务和费用）占公司最近一期经审计的净资产30%以上；3. 交易产生的利润占公司最近一个会计年度经审计的净利润30%以上。交易未达到上述标准，但达到下列标准之一的，应提交董事会审议批准：

1. 交易涉及的资产总额（同时存在账面值和评估值的，以较高者为准）占公司最近一期经审计的总资产5%～30%；

2. 交易成交金额（含承担债务和费用）占公司最近一期经审计的净资产5%

~30%；

3. 交易产生的利润占公司最近一个会计年度经审计的净利润 5%~30%。

交易未达到上述标准的，由公司《总裁工作细则》具体规定审批权限。

（五）研究与开发项目的转移、签订许可协议交易达到下列标准之一的，应提交股东大会审议批准：1. 交易涉及的资产总额（同时存在账面值和评估值的，以较高者为准）占公司最近一期经审计的总资产 30% 以上；2. 交易成交金额（含承担债务和费用）占公司最近一期经审计的净资产 30% 以上；3. 交易产生的利润占公司最近一个会计年度经审计的净利润 30% 以上。交易未达到上述标准的，由董事会审议批准。

（六）租入（出）资产交易达到下列标准之一的，应提交股东大会审议批准：

1. 交易涉及的资产总额（同时存在账面值和评估值的，以较高者为准）占公司最近一期经审计的总资产 30% 以上。

2. 交易成交金额（含承担债务和费用）占公司最近一期经审计的净资产 30% 以上。交易未达到上述标准，但达到下列标准之一的，应提交董事会审议批准：（1）交易涉及的资产总额（同时存在账面值和评估值的，以较高者为准）占公司最近一期经审计的总资产 5%~30%；（2）交易成交金额（含承担债务和费用）占公司最近一期经审计的净资产 5%~30%。交易未达到上述标准的，由公司《总裁工作细则》具体规定审批权限。

（七）受（委）托经营交易达到下列标准之一的，应提交股东大会审议批准：1. 交易涉及的资产总额（同时存在账面值和评估值的，以较高者为准）占公司最近一期经审计的总资产 30% 以上；2. 交易成交金额（含承担债务和费用）占公司最近一期经审计的净资产 30% 以上；3. 交易产生的利润占公司最近一个会计年度经审计的净利润 30% 以上。交易未达到上述标准的，由董事会审议批准。

（八）资产抵（质）押金额占公司最近一期经审计净资产 30% 以上的，由股东大会审议批准。交易未达到上述标准的，由董事会审议批准。

（九）资产损失核销由董事会或股东大会审议批准。资产损失核销金额在 3000 万元以上的，由股东大会审议批准。交易未达到上述标准的，由董事会审议批准。

（十）对外担保由董事会或股东大会审议批准。公司董事会审议对外担保由出席董事会会议的三分之二以上董事审议通过。对外担保达到下列标准之一的，应提交股东大会审议批准：1. 为同一对象担保总额占最近一期经审计净资产的 10% 以上；2. 对外担保总额占最近一期经审计净资产的 50% 以上；3. 对外担保总额占最近一期经审计总资产的30%以上。交易未达到上述标准的，由董事会审议批准。公司对外担保还应遵守本章程第四十一条的有关规定。

（十一）对外捐赠、赞助金额在500万元以上的，由股东大会审议批准。对外捐赠、赞助金额在100万～500万元的，由董事会审议批准。交易未达到上述标准的，由公司《总裁工作细则》具体规定审批权限。

（十二）申请银行授信额度占公司最近一期经审计净资产30%以上的，由股东大会批准。交易未达到上述标准的，由董事会审议批准。

（十三）关联交易公司与关联人交易成交金额占公司最近一期经审计净资产5%以上的，由股东大会审议批准。公司与关联自然人发生交易金额在30万元以上，或公司与关联法人发生交易金额占公司最近一期经审计净资产0.5%～5%的，由董事会审议批准。交易未达到上述标准的，由公司《总裁工作细则》具体规定审批权限。上述交易审批权限既可单次使用，也可在连续12个月内累计使用。累计计算的标准按照《深圳证券交易所股票上市规则》的有关规定执行。涉及的数据如为负值，取其绝对值计算。

（十四）公司发生的交易仅达到本条第（一）款第3项、第5项、第（四）款第3项、第（五）款第3项、第（七）款第3项标准，且公司最近一个会计年度每股收益的绝对值低于0.05元的，经深圳证券交易所同意后，公司豁免适用相关条款提交股东大会审议。

（十五）公司与合并报表范围内的控股子公司发生的或者上述控股子公司之间发生的交易，除中国证监会或深圳证券交易所另有规定外，免予按照本条提交股东大会审议。

同类章程条款

笔者查阅了近百家上市公司的公司章程，其中有小部分公司对股东会、董事会对公司经营管理权的决策标准作了更加细致的规定，列举如下：

《融安地产公司章程》（2016年6月版）第一百一十条　董事会决定公司收购、出售资产、对外投资、购买经营性土地、对外担保、关联交易、抵押借款、捐赠的权限设定如下：

（一）关于收购、出售资产的权限设定，在满足以下1～5条的情况下，董事会有权决定：

1. 收购、出售涉及的资产总额（或成交金额）占公司最近一期经审计总资产的30%以下，并以资产总额和成交金额中的较高者作为计算标准；

2. 收购、出售标的（如股权）在最近一个会计年度相关的营业收入占公司最近一个会计年度经审计营业收入的50%以下，或绝对金额在5000万元以下；

3. 收购、出售标的（如股权）在最近一个会计年度相关的净利润占公司最近一个会计年度经审计净利润的50%以下，或绝对金额在500万元以下；

4. 收购、出售的成交金额（含承担债务和费用）占公司最近一期经审计净资产的50%以下，或绝对金额在5000万元以下；

5. 收购、出售产生的利润占公司最近一个会计年度经审计净利润的50%以下，或绝对金额在500万元以下。

上述购买、出售的资产不含购买原材料、燃料和动力以及出售产品、商品等与日常经营相关的资产，但资产置换中涉及购买、出售此类资产的，仍包含在内。交易金额按交易事项的类型在连续十二个月内累计计算。

（二）对外投资（含委托理财、委托贷款、对子公司投资等）金额占公司最近一期经审计净资产的50%以下，或5000万元以下；上述交易金额按交易事项的类型在连续十二个月内累计计算。

（三）购买经营性土地及公司控股子公司通过公开竞拍方式购买经营性土地（不含通过合作方式实质上取得土地经营权），涉及交易金额在公司最近一期经审计总资产的30%以下，由董事会审议决定。董事会授权经营层先行参加土地投标或竞买活动，待竞拍成功后报董事会审议批准。通过合作方式实质取得土地经营权的审批权限参照公司对外投资权限执行。上述交易金额按交易事项的类型在连续12个月内累计计算。

（四）对外担保公司所有对外担保须经董事会全体成员三分之二签署同意；对外担保行为符合本章程第四十一条规定的，还应当在董事会审议通过后提交公司股东大会审议通过。公司全体董事应当审慎对待和严格控制对外担保产生的债务风险，并对违规或失当的对外担保产生的损失依法承担连带责任。

（五）关联交易：1. 公司与关联法人达成的关联交易总额或就同一标的在12个月内达成的关联交易累计金额在300万元至3000万元之间且占公司最近一期经审计净资产值的0.5%至5%之间的，应由公司独立董事认可后，提交董事会审议批准。2. 公司与关联自然人发生的交易金额在30万元以上的关联交易，应由公司独立董事认可之后，提交董事会批准后实施。

（六）抵押借款：审批公司（包括所属全资子公司）因经营需要进行融资而

发生的占公司最近一期经审计总资产的10%以上的资产抵押借款事项。抵押金额以连续十二个月内累计抵押金额计算。

（七）捐赠：因公益事业需要，对外捐赠的资产数额（包括现金和实物）一年内累计不大于公司最近一期经审计的净资产的1%。

专业律师分析

《公司法》第五十九条与第六十七条均以列举的形式规定了股东会九项法定职权与董事会九项法定职权，并以兜底条款的形式规定了股东会和董事会可以通过公司章程规定其他职权。具体如表2所示：

表2　股东会职权与董事会职权的对比

序号	股东会职权（第五十九条）	董事会职权（第六十七条）
1	审议批准公司的利润分配方案和弥补亏损方案	制订公司的利润分配方案和弥补亏损方案
2	对公司增加或者减少注册资本作出决议	制订公司增加或者减少注册资本以及发行公司债券的方案
3	对发行公司债券作出决议	决定公司内部管理机构的设置
4	对公司合并、分立、解散、清算或者变更公司形式作出决议	制订公司合并、分立、解散或者变更公司形式的方案
5	修改公司章程	制定公司的基本管理制度
6	选举和更换董事、监事，决定有关董事、监事的报酬事项	决定聘任或者解聘公司经理及其报酬事项，并根据经理的提名决定聘任或者解聘公司副经理、财务负责人及其报酬事项
7	审议批准董事会的报告	召集股东会会议，并向股东会报告工作
8	审议批准监事会的报告	执行股东会的决议
9	公司章程规定的其他职权	公司章程规定或者股东会授予的其他职权
10	对外投资或为他人提供担保（第十五条第一款）、聘任会计师（第二百一十五条）、董事高管实行关联交易的批准权（第一百八十二条）	决定公司的经营计划和投资方案
11	为实际控制人提供担保（第十五条第二款），董事高管实行竞业禁止义务的批准权（第一百八十三条）	

通过表2可知，公司法并没有将部分经营管理的决策权明确授予股东会或董事会，而是将该类事项决策权的划归交由公司章程自由约定，在该种情形下，为保证决策的科学性及效率性，公司章程有必要依据该类事项的重要程度、金额大小、所占比重等因素，将上述经营管理权合理分配给股东会和董事会，以保证上述二机构职权范围的无缝对接。

设计建议

1. 公司章程对经营管理的决策事项进行细分，可以根据本案所研究章程的内容细分为：公司收购、出售资产、对外投资、购买资产、对外担保、关联交易、抵押借款、捐赠等事项。

2. 公司章程依据各决策事项的重要程度、金额大小、所占比重等因素，将各类事项按照轻重缓急进行量化区分，然后分配给股东会、董事会行使。

3. 将上述各类事项进行分权后，在股东会或董事会内部，也根据决策事项重要性的不同，细分为一般决策事项及绝对多数决策事项。

条款实例

董事会决定公司收购、出售资产、对外投资、购买经营性土地、对外担保、关联交易、抵押借款、捐赠的权限设定如下：

（一）关于收购、出售资产的权限设定，在满足以下1~5条的情况下，董事会有权决定：

1. 收购、出售涉及的资产总额（或成交金额）占公司最近一期经审计总资产的30%以下，并以资产总额和成交金额中的较高者作为计算标准；

2. 收购、出售标的（如股权）在最近一个会计年度相关的营业收入占公司最近一个会计年度经审计营业收入的50%以下，或绝对金额在5000万元以下；

3. 收购、出售标的（如股权）在最近一个会计年度相关的净利润占公司最近一个会计年度经审计净利润的50%以下，或绝对金额在500万元以下；

4. 收购、出售的成交金额（含承担债务和费用）占公司最近一期经审计净资产的50%以下，或绝对金额在5000万元以下；

5. 收购、出售产生的利润占公司最近一个会计年度经审计净利润的50%以下，或绝对金额在500万元以下。

上述购买、出售的资产不含购买原材料、燃料和动力以及出售产品、商品等与日常经营相关的资产,但资产置换中涉及购买、出售此类资产的,仍包含在内。交易金额按交易事项的类型在连续十二个月内累计计算。

(二)对外投资(含委托理财、委托贷款、对子公司投资等):对外投资金额占公司最近一期经审计净资产的50%以下,或5000万元以下;上述交易金额按交易事项的类型在连续十二个月内累计计算。

(三)购买经营性土地及公司控股子公司通过公开竞拍方式购买经营性土地(不含通过合作方式实质上取得土地经营权):涉及交易金额在公司最近一期经审计总资产的30%以下,由董事会审议决定。董事会授权经营层先行参加土地投标或竞买活动,待竞拍成功后报董事会审议批准。通过合作方式实质取得土地经营权的审批权限参照公司对外投资权限执行。上述交易金额按交易事项的类型在连续12个月内累计计算。

(四)对外担保:公司所有对外担保须经董事会全体成员三分之二签署同意;对外担保行为符合本章程第四十一条规定的,还应当在董事会审议通过后提交公司股东会审议通过。公司全体董事应当审慎对待和严格控制对外担保产生的债务风险,并对违规或失当的对外担保产生的损失依法承担连带责任。

(五)关联交易:1.公司与关联法人达成的关联交易总额或就同一标的在12个月内达成的关联交易累计金额在300万元至3000万元之间且占公司最近一期经审计净资产值的0.5%至5%之间的,应由公司独立董事认可后,提交董事会审议批准。2.公司与关联自然人发生的交易金额在30万元以上的关联交易,应由公司独立董事认可之后,提交董事会批准后实施。

(六)抵押借款:审批公司(包括所属全资子公司)因经营需要进行融资而发生的占公司最近一期经审计总资产的10%以上的资产抵押借款事项。抵押金额以连续十二个月内累计抵押金额计算。

(七)捐赠:因公益事业需要,对外捐赠的资产数额(包括现金和实物)一年内累计不大于公司最近一期经审计的净资产的1%。

注:该条款中的决策事项、决策事项的比重以及决策事项所要求的表决权要求,可以根据公司的实际情况进行调整。

法规链接

《公司法》(2023年修订)

第十五条第一款 公司向其他企业投资或者为他人提供担保,按照公司章程的规定，由董事会或者股东会决议；公司章程对投资或者担保的总额及单项投资或者担保的数额有限额规定的，不得超过规定的限额。

第五十九条 股东会行使下列职权：

（一）选举和更换董事、监事，决定有关董事、监事的报酬事项；

（二）审议批准董事会的报告；

（三）审议批准监事会的报告；

（四）审议批准公司的利润分配方案和弥补亏损方案；

（五）对公司增加或者减少注册资本作出决议；

（六）对发行公司债券作出决议；

（七）对公司合并、分立、解散、清算或者变更公司形式作出决议；

（八）修改公司章程；

（九）公司章程规定的其他职权。

股东会可以授权董事会对发行公司债券作出决议。

对本条第一款所列事项股东以书面形式一致表示同意的，可以不召开股东会会议，直接作出决定，并由全体股东在决定文件上签名或者盖章。

第六十六条第三款 股东会作出修改公司章程、增加或者减少注册资本的决议，以及公司合并、分立、解散或者变更公司形式的决议，应当经代表三分之二以上表决权的股东通过。

第六十七条 有限责任公司设董事会，本法第七十五条另有规定的除外。

董事会行使下列职权：

（一）召集股东会会议，并向股东会报告工作；

（二）执行股东会的决议；

（三）决定公司的经营计划和投资方案；

（四）制订公司的利润分配方案和弥补亏损方案；

（五）制订公司增加或者减少注册资本以及发行公司债券的方案；

（六）制订公司合并、分立、解散或者变更公司形式的方案；

（七）决定公司内部管理机构的设置；

（八）决定聘任或者解聘公司经理及其报酬事项，并根据经理的提名决定聘任或者解聘公司副经理、财务负责人及其报酬事项；

（九）制定公司的基本管理制度；

（十）公司章程规定或者股东会授予的其他职权。

公司章程对董事会职权的限制不得对抗善意相对人。

第一百八十一条　董事、监事、高级管理人员不得有下列行为：

（一）侵占公司财产、挪用公司资金；

（二）将公司资金以其个人名义或者以其他个人名义开立账户存储；

（三）利用职权贿赂或者收受其他非法收入；

（四）接受他人与公司交易的佣金归为己有；

（五）擅自披露公司秘密；

（六）违反对公司忠实义务的其他行为。

第一百八十二条　董事、监事、高级管理人员，直接或者间接与本公司订立合同或者进行交易，应当就与订立合同或者进行交易有关的事项向董事会或者股东会报告，并按照公司章程的规定经董事会或者股东会决议通过。

董事、监事、高级管理人员的近亲属，董事、监事、高级管理人员或者其近亲属直接或者间接控制的企业，以及与董事、监事、高级管理人员有其他关联关系的关联人，与公司订立合同或者进行交易，适用前款规定。

第一百八十三条　董事、监事、高级管理人员，不得利用职务便利为自己或者他人谋取属于公司的商业机会。但是，有下列情形之一的除外：

（一）向董事会或者股东会报告，并按照公司章程的规定经董事会或者股东会决议通过；

（二）根据法律、行政法规或者公司章程的规定，公司不能利用该商业机会。

第一百八十四条　董事、监事、高级管理人员未向董事会或者股东会报告，并按照公司章程的规定经董事会或者股东会决议通过，不得自营或者为他人经营与其任职公司同类的业务。

第一百八十六条　董事、监事、高级管理人员违反本法第一百八十一条至第一百八十四条规定所得的收入应当归公司所有。

延伸阅读

将经营管理决策权进行细分的章程内容参考：

1.《南华公司》（2017年6月版）第一百零八条　董事会应当确定对外投资、收购和出售资产、资产抵押、对外担保、委托理财、关联交易的权限，建立严格的审查和决策程序。重大投资项目应当组织有关专家、专业人员进行评审，并报股东大会批准。股东大会根据有关法律、行政法规及规范性文件的规定，按照谨慎授权原则，授予董事会的审批权限为：

（一）审议批准公司章程规定的应由股东大会审议批准以外的对外担保、向其他企业投资、证券投资、委托理财和衍生产品投资等事项。

（二）审议批准达到下列标准之一的交易（不包括公司购买原材料、燃料和动力，以及出售产品、商品等与日常经营相关的资产，但资产置换中涉及购买、出售此类资产的，仍包含在内）事项：

1. 交易涉及的资产总额占公司最近一期经审计总资产的 10%～50%之间，该交易涉及的资产总额同时存在账面值和评估值的，以较高者作为计算数据；

2. 交易标的（如股权）在最近一个会计年度相关的营业收入占公司最近一个会计年度经审计营业收入的 10%～50%之间，且绝对金额超过 1000 万元人民币；

3. 交易标的（如股权）在最近一个会计年度相关的净利润占公司最近一个会计年度经审计净利润的 10%～50%之间，且绝对金额超过 100 万元人民币；

4. 交易的成交金额（含承担债务和费用）占公司最近一期经审计净资产的 10%～50%之间，且绝对金额超过 1000 万元人民币；

5. 交易产生的利润占公司最近一个会计年度经审计净利润的 10%～50%之间，且绝对金额超过 100 万元人民币。

公司发生的交易涉及"提供财务资助""提供担保"和"委托理财"等事项时，应当以发生额作为计算标准。

本条所称"交易"包括（但不限于）：购买或出售资产（不含购买原材料、燃料和动力，以及出售产品、商品等与日常经营相关的资产，但资产置换中涉及购买、出售此类资产的，仍包含在内），对外投资（含委托理财、委托贷款等），提供财务资助，提供担保（反担保除外），租入或租出资产，签订管理方面的合同（含委托经营、受托经营等），赠与或受赠资产，债权或债务重组，研究与开发项目的转移，签订许可协议，以及证券监管部门或董事会认定的其他交易。

（三）审议决定以下关联交易事项：

1. 公司与关联自然人发生的交易金额在 30 万元以上的关联交易；

2. 公司与关联法人发生的交易金额在 300 万元以上，且占公司最近一期经审计净资产绝对值 0.5%以上的关联交易。

本条所称"关联交易"除了本条第（一）项所指的交易事项之外，还包括：购买原材料、燃料、动力，销售产品、商品，提供或接受劳务，委托或受托销售，与关联人共同投资，其他通过约定可能造成资源或义务转移的事项。本项所称关联人按《上市规则》的规定执行。

（四）审议决定信贷额度、投资额度占公司最近一期经审计净资产 10%~50% 之间的事项。

（五）审议决定公司在一年内购买、出售重大资产占公司最近一期经审计总资产 10%~30% 之间的交易事项。

（六）审议批准单项金额或在一个会计年度内累计金额 500 万元以上且不超过 1000 万元的对外捐赠事项。

（七）审议法律、行政法规、部门规章、《上市规则》或《公司章程》规定应当由董事会决定的其他事项。有关法律、行政法规、部门规章、其他规范性文件、公司章程对相关事项有特别规定的，按特别规定执行。

2.《珠海港公司章程》（2015 年 9 月版）第一百一十条　董事局应当确定对外投资、收购出售资产、资产抵押、对外担保、委托理财、关联交易的权限，建立严格的审查和决策程序；重大投资项目应当组织有关专家、专业人员进行评审，并报股东大会批准。

第一百一十一条　董事局的经营决策权限为：

（一）对外投资（含对子公司增加或减少注册资本）：单一项目出资总额不超过公司最近一期经审计总资产的 40% 的投资方案；

（二）租赁、承包、委托经营、受托经营、咨询服务类等合同的订立、变更、解除和终止，单笔合同金额不超过公司最近一期经审计净资产的 5%；或一个会计年度内累计发生金额不超过公司最近一期经审计净资产的 10%；

（三）委托理财在连续 12 个月内任一时点累计发生金额不超过公司最近一期经审计净资产的 50%；

（四）报废、毁损、盘亏、坏账的核销处理：单笔金额不超过公司最近一期经审计净资产的 5%，或一个会计年度同类事项累计发生金额不超过公司最近一期经审计净资产的 10%；

（五）收购、出售资产：一个会计年度内累计购买、出售重大资产不超过公司最近一期经审计总资产的 30%；

（六）融资：对外债务总额不超过公司最近一期经审计总资产的 70%；

（七）担保：未达到本章程第四十一条规定标准的所有担保事项；

（八）关联交易：与同一关联人进行的交易或与不同关联人进行的同一交易

标的相关的交易（获赠现金资产和提供担保除外），在连续 12 个月内累计计算金额在 3000 万元以下，且未超过最近一期经审计净资产绝对值的 5%；

（九）资产抵押、质押：一个会计年度用于抵押、质押的资产金额累计不超过公司最近一期经审计总资产的 50%；

（十）赠与或受赠资产：单一事项涉及金额不超过最近一期经审计净资产的 1%。以上行为经董事局审议通过，并由董事局主席或授权委托人正式签署有关文件后执行。

超过上述决策权限的重大事项应按照《上市规则》和《公司章程》的有关规定履行必要程序。

（八）公司控制权争夺之"重大事项决策权"

001 公司章程规定公司重大事项需经全体股东一致通过是否有效

裁判要旨

对于修改公司章程等公司重大事项，《公司法》第六十六条规定应当经代表三分之二以上表决权的股东通过，系对该类事项赞成票的最低限制。公司章程约定"修改公司章程等重大事项需经全体股东通过"，属当事人意思自治的范畴，具有法律效力。违反该章程规定、未经全体股东通过修改公司章程的决议并非有效。

案情简介[①]

中某公司共有杨某生、郑某、赵某中、雷某平、于某廷、阴某银、曾某焯、史某利 8 位股东。

中某公司章程第二十五条规定，"对以下事项需经全体股东表决通过：（一）公

---

① 北京市海淀区人民法院审理的杨某生与中某公司及赵某中、雷某平、于某廷、阴某银、曾某焯、史某利股东会决议撤销纠纷案［（2008）海民初 10313 号］。

司合并、分立、变更形式；（二）公司解散；（三）修改章程；（四）股东退出或加入；（五）应当由董事会提请股东大会作出决议的其他重要事项"。

2008年1月4日，中某公司召开股东会，形成修改公司章程的公司决议，将章程第二十五条"对以下事项需经全体股东表决通过"修改为"对以下事项需经代表三分之二以上表决权的股东通过"。对此项决议，杨某生投反对票、郑某未参会，其他股东以总计75%的表决权通过该决议。

杨某生向法院提起诉讼，以该修改章程的决议未经全体股东通过为由，请求确认决议无效。中某公司及其他股东则认为：章程规定的"全体股东表决通过"不能理解为股东一致同意通过，否则将可能导致因一人反对，股东会决议无法通过的情况，这不符合公司法立法的本意。

北京市海淀区人民法院认为：中某公司原章程第二十五条的规定具有法律效力，案涉股东会决议没有经全体股东表决通过，该决议无效。

裁判要点精要

中某公司章程第二十五条规定，修改公司章程等事项需经全体股东表决通过。对于该规定，北京市海淀区人民法院认为：对于修改公司章程等公司重大事项，《公司法》第六十六条规定应当经代表三分之二以上表决权的股东通过，系对该类事项赞成票的最低限制，公司章程规定高于这一规定的，属当事人意思自治的范畴，应当具有法律效力。因此，中某公司章程第二十五条的规定，表明了修改该章程应当由全体股东一致同意，否则表决不能通过。案涉股东会决议未经全体股东表决通过，该决议无效。

实务经验总结

为避免未来发生类似纷争，提出如下建议：

第一，公司股东有权自主在章程中适当提高公司重大事项的表决权通过比例。《公司法》虽规定修改公司章程、增加或者减少注册资本的决议，以及公司合并、分立、解散或者变更公司形式的决议，应当经代表三分之二以上表决权的股东通过，但《公司法》规定的"三分之二"仅是最低限制，原则上股东可以在三分之二以上提高表决权通过比例，如四分之三、五分之四甚至如本案直接约定需经全体股东一致同意才能表决通过。

第二，虽然有法院裁判观点认为公司章程可以约定"公司重大事项需经全体股东表决通过"，但笔者建议原则上不要如此约定。这相当于给了极小的股东一票否决权，哪怕是持股0.1%的股东不同意也无法通过一项对公司有利的合理的股东会决议，就很容易让公司陷入僵局。

一方面，部分司法案例认为该约定违反了资本多数决原则，属无效条款；另一方面，该约定很容易致使公司就重大事项无法作出股东会决议，导致股东会决策机制失灵，情况严重的还可能导致公司解散。

股东内部在一些问题上发生分歧是很正常的，资本多数决原则可以很好地管控分歧，帮助公司快速作出决策，但如果要求公司决议必须经全体股东通过，公司陷入僵局在所难免。这个本来试图保护小股东利益的规则，很可能成为小股东在特定场合下要挟大股东的重要筹码。

法规链接

《公司法》（2023年修订）

第六十六条 股东会的议事方式和表决程序，除本法有规定的外，由公司章程规定。

股东会作出决议，应当经代表过半数表决权的股东通过。

股东会作出修改公司章程、增加或者减少注册资本的决议，以及公司合并、分立、解散或者变更公司形式的决议，应当经代表三分之二以上表决权的股东通过。

本案链接

以下为该案在法院审理阶段，判决书中"本院认为"就该问题的论述：

关于修改公司章程的决议的效力。中某公司章程第二十五条规定："对以下事项需经全体股东表决通过：（一）公司合并、分立、变更形式；（二）公司解散；（三）修改章程；（四）股东退出或加入；（五）应当由董事会提请股东大会作出决议的其他重要事项。"原告杨某生认为，既然修改章程"需经全体股东表决通过"，那么在杨某生的代理人明确反对修改公司章程的情况下，章程不得修改。在法庭上，赵某中等第三人的意见是，"需经全体股东表决通过"不能理解为"需经全体股东表决一致同意"，而应按公司章程规定由董事会解释为"经代表三分之二以上表决权的股东通过"。本院认为，首先从文义上看，"需经全体股东表决通过"与"需经代表三分之二以上表决权的股东通过"的意思明显不一致，所以赵某中等股东才通过 2008 年 1 月 4 日股东会第五项决议对章程第二十五条进行修改；其次从逻辑结构上看，章程第二十四条明确股东大会作出决议必须经出席会议的股东所持出资额半数以上通过，其后第二十五条规定特殊情形下"需经全体股东表决通过"，上下文之间已经使"全体"之意十分明确；最后从公司法的角度上看，章程第二十五条规定事项均为公司重大事项，公司法规定必须经代表三分之二以上表决权的股东通过，系对该类事项赞成票的最低限制，公司章程规定高于这一规定的，属当事人意思自治的范畴，应当具有法律效力。因此，中某公司章程第二十五条的规定，表明了修改该章程应当由全体股东一致同意，否则表决不能通过。表决没有通过的事项，不是股东会会议的有效决议事项。

延伸阅读

除本案外，另有一些公司的章程中约定了"公司重大事项需经全体股东通过"的条款。笔者检索和梳理了以下四个判例，发现裁判观点有所不同。

一、多数裁判观点认为：公司章程规定"公司重大事项需经全体股东通过"，属当事人意思自治的范畴，应当具有法律效力，但是该约定极易导致公司决策机制出现僵局。

案例1：广东省东莞市中级人民法院审理的钟某祥、游某良、张某权与新某乐公司与公司有关的纠纷案［（2015）东中法民二终 1746 号］认为，《公司法》第四十三条规定，股东会的议事方式和表决程序，除本法有规定的外，由公司章程规定。股东会会议作出修改公司章程、增加或者减少注册资本的决议，以及公司合并、分立、解散或者变更公司形式的决议，必须经代表三分之二以上表决权的股东通过。此处的三分之二以上表决权，是《公司法》对于上述情况下最低份额表决权的限定，该条款并未否定公司章程为上述情况设定更高份额的表决权，原审法院依据该法第四十三条的规定，宣告案涉章程第十八条第二款无效不当，本院依法予以纠正。

案例2：北京市高级人民法院审理的金某公司与东某公司董事会决议撤销纠纷案［（2009）高民终 1147 号］认为，金某公司董事会决议的表决通过方式采用的并非通常意义上的资本多数决方式，而是董事人数的三分之二多数且应包含各方至少 1 名董事的方式。此举意味着对于金某公司重大事项的表决方式，金某公司的三方股东派驻的董事必须做到每方股东派驻的董事至少有 1 名董事参加并同意才具备通过的可能，此为金某公司的股东在金某公司设立时的自愿约定并已通过商务部的批准而生效。因此，此为衡量本案争议的董事会决议通过方式是否合法的唯一依据，上诉人关于决议事项的紧急性或决议结果合理性的上诉理由，均不能作为衡量董事会决议通过方式合法性的依据。由于本案争议的董事会决议缺乏股东一方东某公司董事的参与及事后同意，根据公司章程第二十五条的规定，该董事会决议在法律上属于可撤销的范畴。毋庸置疑，金某公司章程的此种规定，导致只要有一方股东不同意公司的经营决策，就会导致公司的决议决策机制陷入僵局，但是此为金某公司各方股东的自愿约定，本院无权干预。

特别注明：本案中金某公司系中外合资经营企业，依据《中外合资经营企业法》的规定，该公司的最高权力机构为董事会。

案例3：北京市第一中级人民法院审理的森某公园公司、新某实公司与西某林场解散纠纷案〔（2009）一中民终4745号〕认为，森某公园公司章程规定股东会对所议事项由代表五分之四以上表决权的股东表决通过，对公司解散等事项由全体股东一致表决通过，虽然该章程规定并不违反法律规定，但新某实公司、西某林场在森某公园公司的股权比例分别为70%和30%，该股权比例表明在股东产生矛盾无法达成一致意见的情况下，必然会因各持己见而无法产生有效的股东会决议，进而对公司经营产生阻碍。新某实公司关于森某公园公司章程对资本多数决及全体股东一致决的规定符合法律规定，并没有导致森某公园公司的经营管理出现严重困难的上诉理由，证据不足，本院不予支持。

二、也有裁判观点认为：公司章程规定"公司重大事项需经全体股东通过"，应理解为全体股东均有权参加股东会决议的表决，而不应理解为全体股东都同意该事项才能通过决议，否则违反了"少数服从多数"的基本原则。

案例4：安徽省滁州市中级人民法院审理的王某军与刘某栋、上海商某投资管理有限公司等董事会决议效力纠纷案〔（2013）滁民二再终00014号〕认为，有限责任公司不具有自然人的生命特征，不能独立作出意思表示，有限责任公司的意思形成应由其权力机关股东会作出。"少数服从多数"是保证股东会能够作出决议、形成公司意思的基本制度。因股东会系由公司全体股东组成，股东会表决时存在股东会成员多数和股东所代表的出资资本多数之分，即"成员多数"与"资本多数"之分。根据《公司法》第四十三条"股东会会议由股东按照出资比例行使表决权；但是，公司章程另有规定的除外"的规定，在确立"资本多数决"这一基本原则的同时，允许公司章程以"成员多数决"的方式作出另行规定。但公司章程所作的另行规定不应违反"少数服从多数"这一基本原则，否则，公司将无法形成决议，导致公司陷入僵局。全某商景公司设立时的公司章程第十四条"股东会会议由股东按照出资比例行使表决权"的规定，说明该公司的股东会实行"资本多数决"的决议通过方式。该公司章程第十七条、第二十九条所规定的"应由全体股东表决通过"，应当是指全体股东均有权参加股东会决议的表决，但决议是否通过仍应按照该公司章程第十四条规定的"资本多数决"的方式进行判定。全某商景公司2008年9月16日的临时股东会决议已经该公司代表91.44%表决权的股东表决通过，符合该公司章程规定的通过比例，为有效决议。王某军、全某商景公司认为，全某商景公司临时股东会决议未达到公司章程规定通过的比例、该决议无效的上诉理由不成立，不予支持。

（九）公司控制权争夺之"印章证照"

001 夺取公司印章证照需要走哪三步

裁判要旨

法定代表人作为公司法人的意思表示机关，对外有权以公司的名义从事法律行为，对内有权主持公司的经营管理工作。公司证照印章等作为公司财产和公司经营活动中进行意思表示的手段，在股东没有特别约定的情况下，公司法定代表人有权进行管理，并可代表公司要求他人返还证照印章。

案情简介①

滨州中某公司原股东为于某河、青岛中某公司。其中，于某河持股24%，青岛中某公司持股76%，司某彬任执行董事和法定代表人，于某河任监事。

滨州中某公司的公章、财务章、合同章等各类印章，营业执照、税务登记证、开户许可证、房产证、土地证、财务账簿等证照均由青岛中某公司掌控。

---

① 山东省高级人民法院审理的滨州中某公司、于某河与青岛中某公司、司某彬公司证照返还纠纷案[（2013）鲁商终145号]。

2012年，滨州中某公司股权结构变更为于某河持股75%，青岛中某公司持股25%。

于某河召集股东会，青岛中某公司派律师参会，但因无委托手续，未被允许进场。滨州中某公司作出股东会决议：免去司某彬执行董事及法定代表人职务；选举于某河为执行董事及法定代表人。

此后，于某河要求青岛中某公司移交各类印章、财务账簿、营业执照正副本等资料；青岛中某公司以股东会决议应撤销，司某彬仍为法定代表人为由，拒绝返还印章证照。

于某河代表滨州中某公司诉至山东省滨州市中级人民法院，山东省滨州市中级人民法院判决青岛中某公司将印章证照等资料返还给滨州中某公司；青岛中某公司不服，上诉至山东省高级人民法院，山东省高级人民法院判决：驳回上诉，维持原判。

裁判要点精要

公司法定代表人有权代表公司要求他人返还公司印章证照。本案中，股东会决议已产生了新的法定代表人，其作为公司法人的意思表示机关，对外有权以公司的名义从事法律行为，对内有权主持公司的经营管理工作。公司证照印章等作为公司财产和公司经营活动中进行意思表示的手段，应当由公司法定代表人进行管理。公司印章证照等物品属于公司财产，不能作为大股东、公司法定代表人、公司董事等的私人财产，任何人也不得侵占。公司法定代表人可以依据《民法典》和《公司法》的相关规定，以物权返还为由要求非法占有人返还。

实务经验总结

第一，变更法定代表人、争夺公司印章证照三步走：

第1步：根据公司章程规定的法定代表人任免程序，分别召集股东会或董事会，选举新的公司法定代表人。

根据《公司法》第十条的规定，法定代表人由公司在公司章程中自由约定，但限定在执行事务的董事或经理中选择；而此处的执行事务的董事当然也包括董事长。董事长或经理的选任需要董事会决定，而执行公司事务的董事选任需要股东会决定。所以，若原章程中规定由董事长或经理担任法定代表人，则需要召集董事会，选任新的董事长或经理；若原章程中规定由执行公司事务的董事担任法定代表人，则需要召集股东会，选任新的执行公司事务的董事。

另外，如果原董事会没有新控股股东的代表董事或代表董事的人数不足，新控股股东需要先召集股东会，选任己方多数董事，改组董事会；然后再召开新的董事会，选任新的董事长或经理。

值得注意的是，若原章程中规定"变更法定代表人需要代表三分之二以上表决权的股东同意"，则必须召开股东会，以绝对多数决的表决方式，变更新的法定代表人。

第2步：要求原法定代表人配合办理工商登记。

原法定代表人拒不配合的，新法定代表人以公司名义可根据第一步所形成的有效股东会或董事会决议，以拒不配合的股东（或拒不配合的原法定代表人）为被告，提起变更公司登记的诉讼，要求其协助办理法定代表人的变更登记手续。

第3步：要求返还公司证照印鉴。

以新法定代表人在诉状中签字的形式（之所以是签字的形式而不是盖章的形式，是因为公章在对方手上）代表公司作为原告，以原法定代表人为被告，提起证照返还诉讼，要求其返还公司的营业执照、公章。

第二，建议直接在公司章程中明确公司印章证照的掌管者。到底由谁掌管印章证照，大股东指派的人、法定代表人、董事、财务负责人？目前我国法律和司法解释对此并无明确规定。为了避免公司控制权争夺中出现"真空"，建议直接在章程中作出明确规定，例如规定由公司法定代表人（大股东）或其指定的人持有，避免产生分歧和诉讼。

第三，在公司控制权争夺战中，严格按照公司法规定的法定程序召开股东会，特别是在股东会的召集、通知、表决等各关键环节使用公证的手段。公证的方式可以使其股东会决议在程序上的瑕疵降到最低，保证股东会决议合法有效。

法规链接

《公司法》（2023年修订）

第十条 公司的法定代表人按照公司章程的规定，由代表公司执行公司事务的董事或者经理担任。

担任法定代表人的董事或者经理辞任的，视为同时辞去法定代表人。

法定代表人辞任的，公司应当在法定代表人辞任之日起三十日内确定新的法

第二十六条 公司股东会、董事会的会议召集程序、表决方式违反法律、行政法规或者公司章程，或者决议内容违反公司章程的，股东自决议作出之日起六十日内，可以请求人民法院撤销。但是，股东会、董事会的会议召集程序或者表决方式仅有轻微瑕疵，对决议未产生实质影响的除外。

未被通知参加股东会会议的股东自知道或者应当知道股东会决议作出之日起六十日内，可以请求人民法院撤销；自决议作出之日起一年内没有行使撤销权的，撤销权消灭。

第一百七十九条 董事、监事、高级管理人员应当遵守法律、行政法规和公司章程。

第一百八十条 董事、监事、高级管理人员对公司负有忠实义务，应当采取措施避免自身利益与公司利益冲突，不得利用职权牟取不正当利益。

董事、监事、高级管理人员对公司负有勤勉义务，执行职务应当为公司的最大利益尽到管理者通常应有的合理注意。

公司的控股股东、实际控制人不担任公司董事但实际执行公司事务的，适用前两款规定。

《民法典》

第六十一条第二款 法定代表人以法人名义从事的民事活动，其法律后果由法人承受。

第二百三十五条 无权占有不动产或者动产的，权利人可以请求返还原物。

《最高人民法院关于适用〈中华人民共和国民法典〉合同编通则若干问题的解释》（法释〔2023〕13号）

第二十二条 法定代表人、负责人或者工作人员以法人、非法人组织的名义订立合同且未超越权限，法人、非法人组织仅以合同加盖的印章不是备案印章或者系伪造的印章为由主张该合同对其不发生效力的，人民法院不予支持。

合同系以法人、非法人组织的名义订立，但是仅有法定代表人、负责人或者工作人员签名或者按指印而未加盖法人、非法人组织的印章，相对人能够证明法定代表人、负责人或者工作人员在订立合同时未超越权限的，人民法院应当认定合同对法人、非法人组织发生效力。但是，当事人约定以加盖印章作为合同成立条件的除外。

合同仅加盖法人、非法人组织的印章而无人员签名或者按指印，相对人能够证明合同系法定代表人、负责人或者工作人员在其权限范围内订立的，人民法院应当认定该合同对法人、非法人组织发生效力。

在前三款规定的情形下，法定代表人、负责人或者工作人员在订立合同时虽然超越代表或者代理权限，但是依据民法典第五百零四条的规定构成表见代表，或者依据民法典第一百七十二条的规定构成表见代理的，人民法院应当认定合同对法人、非法人组织发生效力。

本案链接

以下为该案在法院审理阶段，判决书中"本院认为"就该问题的论述：

本案滨州中某公司起诉主张青岛中某公司返还公司证照，而青岛中某公司二审中主张股东会决议应予撤销，根据《公司法》第二十二条第二款关于"股东会或者股东大会、董事会的会议召集程序、表决方式违反法律、行政法规或者公司章程，或者决议内容违反公司章程的，股东可以自决议作出之日起六十日内，请求人民法院撤销"之规定，青岛中某公司应在法律规定的期间内另行提起公司决议撤销之诉。至二审法庭辩论终结前，青岛中某公司并未提起公司决议撤销之诉。作为滨州中某公司的股东，青岛中某公司应受2012年8月29日股东会决议的约束。

本案股东会决议已产生了新的法定代表人田某国，其作为公司法人的意思表示机关，对外有权以公司的名义从事法律行为，对内有权主持公司的经营管理工作。公司证照印章等作为公司财产和公司经营活动中进行意思表示的手段，应当由公司法定代表人进行管理。

本案青岛中某公司持有滨州中某公司的证照印章等，并利用持有的印章对案外人的借款提供担保，导致滨州中某公司的工商变更登记无法进行，公司活动无法正常开展，损害了滨州中某公司的利益，青岛中某公司应当将上述证照印章等予以返还。一审判决认定事实清楚，适用法律正确，依法应予维持。

002 公司证照返还纠纷的八条裁判规则

1. 证照返还纠纷的诉讼主体是公司而不是个人

案例1：北京市高级人民法院审理的张某与盛某夏公司等公司证照返还纠纷

案〔（2015）高民（商）申168号〕认为，盛某夏公司依法对其印章、证照拥有所有权并可行使对其印章、证照的返还请求权，而本案申请人系以其个人名义提起诉讼，其无权要求被申请人向其个人返还盛某夏公司的印章、证照，故申请人张某不是本案适格的诉讼主体。

案例2：海南省新郑市人民法院审理的孔某智与梁某某、飞某公司、第三人新某致公司公司证照返还纠纷案〔（2013）新民初738号〕认为，《物权法》[①]第三十四条规定："无权占有不动产或者动产的，权利人可以请求返还原物。"本案中，陈某隆要求返还的公司全部证照、印章及其他资料，隶属于仁某青山公司，其作为本案的诉讼主体不适格。而陈某隆作为仁某青山公司的股东，为公司利益而进行股东代表诉讼，依据《公司法》的相关规定，股东代表诉讼需要具备一定的前置程序。在公司的董事、高级管理人员给公司造成损失，而公司又怠于行使诉讼权利的情况下，有限责任公司的股东可以书面请求公司监事会（或者不设监事会的公司监事）向人民法院提起诉讼。监事会（或监事）拒绝提起诉讼，或者自收到请求之日起30日内未提起诉讼，或者情况紧急、不立即提起诉讼将会使公司利益受到难以弥补的损害的，公司股东才可以以自己的名义提起股东代表诉讼。本案中，陈某隆不能提供其他证据证明其诉讼符合股东代表诉讼的相关要求。一审裁定认为陈某隆诉讼主体资格不适格，并无不当之处。另外，有限责任公司的法定代表人变更需符合公司章程及我国公司法的有关规定，陈某隆上诉主张其为仁某青山公司新任董事长、公司法定代表人缺乏事实依据。故陈某隆上诉请求李某英将公司全部证照、印章及其他资料等返还给自己，没有事实依据及法律依据，本院不予支持。

2. 公章证照属于公司财产

案例3：北京市第三中级人民法院审理的兴某顺达公司与唐某华公司证照返还纠纷案〔（2015）三中民（商）终08974号〕认为，公司是企业法人，有独立的法人财产，享有法人财产权。公司公章、证照是公司的合法财产，公司对其公章、证照的所有权受法律保护，任何单位和个人不得侵犯。当公司的公章、证照由他人无权控制、占有时，公司有权要求其返还……公司的相关公章、证照的所有权人为公司，其他人占有或控制公司的公章、证照应当有公司的授权。本案中，唐某华主张其持有公司公章、证照的依据为其是公司股东，办公室主任，但唐某华未能提交证据证明其对公章、证照的管理和控制由公司章程规定或公司决

---

① 已失效。

议等有效授权,且唐某华已于 2014 年 10 月 25 日离开兴某顺达公司,故唐某华无权继续持有相关公章和证照。兴某顺达公司作为上述公章、证照的所有权人主张唐某华予以返还,于法有据,应予支持。

案例 4:新疆维吾尔自治区昌吉回族自治州中级人民法院审理的金某公司与徐某风、方某、金某燕公司证照返还纠纷案[(2014)昌中民一终 367 号]认为,被上诉人金某公司是依法成立的企业法人。上诉人徐某风保管的被上诉人金某公司的行政公章、财务公章、法定代表人私章、企业法人营业执照原件以及《土地租赁开发合同》原件均属于被上诉人金某公司的财产。双方当事人在二审庭审中均认可被上诉人金某公司自成立至今并未就公司证照、印章、合同的保管事宜召开股东会,以及公司章程对于公司证照、印章、合同等保管事宜未作规定,且被上诉人金某公司对上诉人徐某风保管上述证照、印章、合同的行为未予授权,故上诉人徐某风持有上述证照、印章、合同属于无权占有。《物权法》第三十四条规定:"无权占有不动产或者动产的,权利人可以请求返还原物。"按照上述法律规定,被上诉人金某公司有权要求上诉人徐某风返还公司证照、印章及合同。

案例 5:福建省福州市中级人民法院审理的福某公司与黄某平公司证照返还纠纷案[(2015)榕民终 891 号]认为,诉争两枚印章属洪某公司的财产,因洪某公司更名为福某公司,根据《国务院关于国家行政机关和企业事业单位社会团体印章管理的规定》第二十四条关于"国家行政机关和企业事业单位、社会团体的印章,如因单位撤销、名称改变或换用新印章而停止使用时,应及时送交印章制发机关封存或销毁,或者按公安部会同有关部门另行制定的规定处理"的规定,福某公司作为诉争两枚印章的权利人,负有将该两枚印章送交制发机关封存或销毁的义务。上诉人黄某平无论是基于何人委托还是何种原因保管该两枚诉争印章,均不能改变福某公司系两枚诉争印章权利人的事实。根据《物权法》第三十四条关于"无权占有不动产或者动产的,权利人可以请求返还原物"的规定,福某公司有权直接要求上诉人黄某平返还其所保管的洪某公司的两枚印章。

案例 6:北京市朝阳区人民法院审理的日某公司与盛某公司证照返还纠纷案[(2014)朝民初 00920 号]认为……日某公司系依法设立的有限责任公司,具有独立的法人资格,享有法人财产权。本案诉争的日某公司公章、财务专用章、合同专用章,2001 年至今的全部财务报表、会计账簿,企业法人营业执照正副本、组织机构代码证正副本、税务登记证正副本、印刷许可证、土地使用证、房屋所有权证、银行开户许可证均系日某公司的财产，为法人履行职责、行使职权、维护公司正常运营所需，公司当然拥有上述证照等物品的所有权。对于无权占有不动产或者动产的，权利人可以请求返还原物。

案例7：四川省成都市中级人民法院审理的林某海与英某耐公司证照返还纠纷案［（2014）成民终1765号］认为，有限责任公司作为独立的法人，有独立的法人财产，享有法人财产权。法人财产不仅包括公司享有的货币、固定资产、债权、对外投资的股权、知识产权，还包括属于公司的各种证照、印章及依法建立的财务资料。如果公司上述经营资料遭非法占有，公司有权要求返还。林某海被解除总经理职务后，理应向公司返还其所占有的公司经营资料。

案例8：江苏省连云港市中级人民法院审理的万某公司与王某、王某丽等公司证照返还纠纷案［（2016）苏07民终1472号］认为，公司的印鉴，是企业法人经相关法定机关登记备案确认的宣示性法律凭证，有代表公司对外进行意思表示的功能，是公司进行对外经营、对内管理的专有物品。公司印鉴不仅以其本身的物品属性体现了其有形财产的特性，更具有公司民事权利能力与行为能力标志的无形财产价值，属于公司专有的重要财产，公司印鉴的运用只能依附于公司的法人行为，其由何人、采取何种方法保管、使用虽属公司内部意思表示范畴，不属于人民法院民事诉讼受案的范围，但有限责任公司作为独立的企业法人，享有独立的法人财产权，公司印鉴与固定资产、货币等同属公司财产。

3. 法定代表人有权代表公司向无权占有人要求返还印章证照

案例9：北京市高级人民法院审理的贝某德公司与吕某公司证照返还纠纷案［（2013）二中民终17025号］认为，公司证照及财务资料为公司经营所必需，对外代表着公司的意志。公司作为法人，尽管拥有证照及财务资料的所有权，但这些物品须由具体的自然人予以保管。在本案中，贝某德公司的章程并未规定公司证照及财务资料应由谁保管或控制。在王某博召开临时股东会并作出决议后，贝某德公司的法定代表人变更为王某博，而吕某在贝某德公司的职务被解除。此时，王某博作为贝某德公司的法定代表人及经理，其有权决定贝某德公司的证照和财务资料应由谁保管。贝某德公司有权要求吕某返还公司证照和财务资料，吕某也无权再占有贝某德公司的证照和财务资料。

案例10：北京市西城区人民法院审理的雷某投资公司与李某国公司证照返还纠纷案［（2015）西民（商）初1752号］认为，李某翰作为雷某投资公司的唯一股东，其以股东决议的形式将公司法定代表人由李某国变更为俞某梅，应为有效,故公司现任法定代表人应为俞某梅,其有权代表公司提起诉讼。根据《物权法》第三十四条规定,无权占有不动产或者动产的,权利人可以请求返还原物。本案所涉争议为公司证照返还纠纷,公司印章是为法人履行职责、行使职权、维护公司正常运营所必需,公司当然拥有上述公章的所有权。且雷某投资公司已作出决议,原法定代表人李某国应将公司的公章、财务章、合同章、发票章及财务账簿交由现任法定代表人俞某梅收执,故对原告起诉要求被告李某国将原告公司的公章、财务章、合同章归还原告,交由现任法定代表人俞某梅收执的诉讼请求,本院予以支持。

案例 11:北京市朝阳区人民法院审理的九某咨询公司与黄某公司证照返还纠纷案[(2013)朝民初 37819 号]认为,公司的法定代表人依法代表法人行使职权,宋某有权以九某咨询公司的名义提起诉讼。根据《物权法》第三十四条规定,无权占有不动产或者动产的,权利人可以请求返还原物。本案所涉争议为公司证照返还纠纷,公司营业执照、印章等证照为法人履行职责、行使职权、维护公司正常运营所需,公司当然拥有上述证照的所有权。九某咨询公司系依法设立的有限责任公司,其公司相关证照应当由公司持有,任何个人或单位均不得自行占有相关证照。黄某将持有的公司证照存放在保管公司并持有保险柜钥匙,但黄某不是公司的法定代表人,且股东之间亦未形成决议由黄某持有公司证照,故其应将持有的公司证照返还给九某咨询公司。宋某作为九某咨询公司的法定代表人依法代表公司行使职权,可以提起诉讼,代公司主张权利。九某咨询公司要求黄某返还公司公章、法定代表人印章、财务专用章、合同专用章、发票专用章、营业执照正副本、税务登记证正副本、组织机构代码证正副本、人力资源从业证正副本、开户许可证、人事相关资料(包括 6 名全职员工的劳动合同、年终评审报告)、支票(包括一本现金支票和两本转账支票、一本空白地税新版发票)的诉讼请求,于法有据,本院予以支持。

案例 12:北京市石景山区人民法院审理的新某公司与杜某霞公司证照返还纠纷案[(2014)石民(商)初 9464 号]认为,公司的法定代表人依法代表法人行使职权,徐某东有权以新某公司的名义提起诉讼。根据《物权法》第三十四条的规定,无权占有不动产或者动产的,权利人可以请求返还原物。公司营业执照、印章等证照为法人履行职责、行使职权、维护公司正常运营所需,公司当然拥有上述证照的所有权。徐某东系新某公司的法定代表人,有权掌握公司相关证照。杜某霞占有公司证照的行为侵犯了新某公司及其法定代表人徐某东的合法权益,故新某公司主张杜某霞返还公司营业执照、公司公章、财务公章、法人名章、组织机构代码证、税务登记证、公司章程原件的诉讼请求,本院予以支持。

4. 法定代表人签字可代表公司意志

案例13:北京市第二中级人民法院审理的于某新与有某公司公司证照返还纠纷案〔(2016)京02民终8037号〕认为,有某公司作为独立民事权利主体,对公司的公章、发票专用章、营业执照副本、税务登记证副本、社保登记证副本、财务账簿及财务原始凭证依法享有保管、使用的权利,并且在上述权利受到侵害时,有权请求返还相关证照。本案中,有某公司登记在案的法定代表人为冯某,故冯某代表公司提起本案诉讼不违反法律规定,并无不当,在公司公章缺位时,法定代表人的签字可以代表公司意志。根据已查明的事实,于某新认可其作为有某公司股东及监事,从2015年7月开始实际控制和使用有某公司公章、发票专用章、营业执照副本、税务登记证副本、社保登记证副本、2010年4月至2016年1月期间的财务账簿及财务凭证,现有某公司起诉要求于某新返还相关印章、证照及财务账簿、财务凭证的诉讼请求,于法有据,一审法院予以支持,处理并无不当。

案例14:济南市中级人民法院审理的军某公司与彭某胜、陈某公司证照返还纠纷案〔(2016)鲁01民终5005号〕认为,代表军某公司提起本案诉讼签署起诉状及授权委托书等相关诉讼材料的均系边某奎,但根据本案现有证据,边某奎不能证明其具有军某公司法定代表人的身份,且在陈某二审提交的其他诉讼执行文书中关于军某公司的法定代表人亦多次出现不同的记载,现对于边某奎是否具有军某公司合法的法定代表人的身份,本案双方当事人仍存有争议,故本院目前尚无法作出边某奎是军某公司合法的法定代表人的认定,因而也无法确认由边某奎签署起诉状、授权委托书等诉讼材料而提起的本案诉讼系军某公司的真实意思表示。根据《民事诉讼法》第四十八条第二款"法人由其法定代表人进行诉讼……"和《最高人民法院关于适用〈中华人民共和国民事诉讼法〉的解释》第五十条"法人的法定代表人以依法登记的为准,但法律另有规定的除外"的规定,目前边某奎签署起诉状代表军某公司提起本案诉讼不符合法定条件。

5. 在公章控制人与法定代表人不一致时,应当由法定代表人行使公司意志的代表权

案例15:北京市第三中级人民法院审理的盛某与日某公司公司证照返还纠纷案〔(2014)三中民终08670号〕认为,关于公司意志代表权的问题,公司法

定代表人有权代表公司提起诉讼。本案中，法定代表人与公司公章控制人并非同一人，根据《民事诉讼法》第四十八条第二款的规定："法人由其法定代表人进行诉讼……"法定代表人是公司意志的代表机关，在公章控制人与法定代表人不一致时，应当由法定代表人行使公司意志的代表权。在无相反证据证明下，法定代表人以公司名义作出的行为应当视为公司的行为，詹某晴作为日某公司法定代表人有权代表公司提起诉讼……詹某晴作为日某公司的法定代表人有权代表日某公司诉请公司证照返还。公司相关证照的所有权人为公司，其他人占有或控制公司的证照应当有公司的授权……盛某主张其系依据职权具有日某公司证照的管理权和控制权，但盛某未能提交充分证据证明其对证照的管理和控制有章程规定或董事会决议等公司的有效授权。盛某虽主张其作为日某公司副总经理代行总经理职权，且依据公司文件有权对证照进行控制或管理，但是日某公司现并不认可盛某所提交的相关内部文件的真实性，且该文件并未经过董事会决议。现日某公司与盛某就证照返还问题产生纠纷且公司已处于非正常经营状态，盛某在没有明确章程或有效公司内部决议授权的情况下，无权继续控制或管理相关证照。公司作为相关证照的所有权人主张返还，盛某作为相关证照的实际控制人具有相关证照的返还义务。

6. 在名义上法定代表人与实质法定代表人发生冲突时，应以实质的法定代表人作为公司的诉讼代表人，要求返还公司印章及证照

案例16：江苏省宿迁市中级人民法院审理的苏某苗猪公司与郑某华公司证照返还纠纷案［（2015）宿中商终00185号］认为，苏某苗猪公司监事顾某根提前十五日通知了全体股东召开股东会，以三分之二有表决权的多数表决通过本案股东会决议，并将股东会决议内容书面通知了全体股东，无论是程序还是决议内容，均符合公司章程规定，不违反法律、行政法规的规定，合法有效，股东会决议对公司全体股东具有法律约束力。公司的诉讼代表权专属于公司法定代表人，在名义上法定代表人与实质法定代表人发生冲突时，应以实质的法定代表人作为公司的诉讼代表人。本案中，苏某苗猪公司原法定代表人郑某华被罢免法定代表人职务后，无权占有公司公章，其拒不配合办理公司变更登记，影响公司正常经营管理，顾某根作为股东会决议新选任的法定代表人，是代表公司真实且最高意思表示的实质的法定代表人，其当然有权签字以公司的名义提起诉讼，即本案原告主体资格适格。据此，本案中，郑某华在苏某苗猪公司2014年10月8日股东会决议并通知其后，已不再担任该公司的法定代表人，也不再有权持有公司的证照，其继续占有公司证照属于无权占有。公司作为证照的所有权人，有权要求其立即返还。郑某华应当根据股东会决议要求向公司移交营业执照原件、公章、财务章、合同专用章、税务登记证、组织机构代码证和财务资料等公司证照。

案例17：江苏省苏州市姑苏区人民法院审理的旺某公司与张某公司证照返还纠纷案〔（2014）姑苏商初0583号〕认为，公司意志包括诉讼活动的形成，由公司机关进行决策。根据《公司法》第三十八条规定，股东会是公司决策的权力机构，有权行使公司章程规定的职权。公司证照返还纠纷作为公司内部纠纷，应尊重公司章程和股东会的有效决议。公司法定代表人变更属于公司意志的变更与公司内部人事关系的变化，应遵从公司内部自治原则，只要公司内部形成了有效的变更决议，就应在公司内部产生法律效力，新选任的法定代表人可以代表公司的意志。公司作为商事主体，应受到商事登记制度的规范，但对法定代表人变更事项进行登记，目的是向社会公示公司代表权的基本状态，属于宣示性登记而非设权性登记，因此股东会决议变更法定代表人的，即使工商登记未变更，也不影响公司内部变更新法定代表人意志的确定。综上，在谁有权代表公司进行诉讼的问题上，应以公司章程、股东会决议等内部有效决议文件来确定公司意志代表。在本案中，原告旺某公司的公司章程对公司执行董事、股东权利、股东会职权等事项进行了明确规定，2014年1月13日，旺某公司股东黄某成、黄某鋆召开的临时股东会符合法律规定与公司章程规定，全体股东形成的选举黄某鋆为公司法定代表人兼执行董事，张某不再担任公司法定代表人兼执行董事的决议合法有效。新产生的法定代表人黄某鋆是公司意志与公司诉讼意志代表人，虽然工商登记的法定代表人未变更，但并不影响公司新选任法定代表人的资格和职权。因此，股东会决议选任的法定代表人黄某鋆有权代表原告进行诉讼，被告张某认为黄某鋆无权代表原告旺某公司对外进行诉讼的主张，本院不予支持。《物权法》第三十四条规定："无权占有不动产或者动产的，权利人可以请求返还原物。"本案所涉争议为公司证照返还纠纷，而公司证照对外代表着公司的意志，是公司的表象，公司当然拥有上述证照的所有权。原告旺某公司作为依法设立的有限责任公司，其公司相关证照应当由公司持有，任何个人或单位均不得自行占有相关证照。股东会决议作出张某不再担任公司法定代表人兼执行董事的决议后，被告张某已无权保管公司公章和营业执照，其负有返还上述公司证照的义务，原告的相应诉讼请求，本院予以支持。

案例18：沈阳市铁西区人民法院审理的家某乐公司与被告施某儿公司证照

返还纠纷案［（2013）沈铁西民三初865号］认为……原告股东会决议变更执行董事、法定代表人为叶某，不违反法律、行政法规的规定，且该股东会决议未经依法撤销，应当认定有效。被告不再担任原告的法定代表人，由其控制的法人印鉴、营业执照、税务登记证、企业代码证、财务账簿等亦应交给原告保管，原告请求被告将公司证照返还的主张，理由正当，有法律依据，本院予以支持。

案例19：河北省张家口市中级人民法院审理的翟某国与祥某物流公司公司证照返还纠纷案［（2014）张民终464号］认为，被上诉人祥某物流公司通过《章程修正案》对该公司的股东、出资方式和出资额进行了重新确认，并通过新的股东会选举袁某兵为该公司的执行董事，同时在工商行政管理部门将该公司的法定代表人变更登记为袁某兵。鉴于翟某国不再担任该公司的执行董事职务，故其对公司营业执照正本、公司印章、财务专章及公司财务账册就没有合法管理的依据，其应将该公司的证章账册移交给公司，由公司经过合法程序作出合理安排。祥某物流公司要求翟某国返还该公司营业执照正本、公司印章、财务专章及公司财务账册应予支持。

7. 公司可以通过董事会制定印章证照的管理制度，其对公司、股东均具有约束力

案例20：北京市第三中级人民法院审理的郭某晓与兴某公司公司证照返还纠纷案［（2016）京03民终6878号］认为，物权是指权利人依法对特定的物享有直接支配和排他的权利，包括所有权、用益物权和担保物权；无权占有不动产或者动产的，权利人可以请求返还原物。公司是企业法人，有独立的法人财产，享有法人财产权。公司公章、证照等物是公司的合法财产，公司的公章、证照被他人无权占有和控制时，公司依法有权要求其返还……有限责任公司设董事会，董事会对股东会负责，行使下列职权：……（十）制定公司的基本管理制度……从以上述法律规定不难看出，对于有限责任公司的组织构成和管理职责，法律均有明确规定，兴某公司及其股东应当依法遵守……2015年7月22日，兴某公司董事会2015年第二次会议审议并通过了《兴旺投资有限公司印章管理办法》。郭某晓基于2012年5月29日的"股东协议"获得管理涉案的兴某公司公章、证照权，但是该约定的有限期限是公司成立早期，虽然对于早期双方存在争议，但是2014年至2015年期间，兴某公司制定了公司章程，并成立了董事会依法行使管理公司之责。而公司章程明确赋予了董事会"制定公司的基本管理制度"，该公司章程对全体股东、董事会均具有约束力，兴某公司董事会随后审议

并通过了《兴旺投资有限公司印章管理办法》，因此，在《兴旺投资有限公司印章管理办法》和公司成立前的"股东协议"内容相冲突的情形下，公司章程和《兴旺投资有限公司印章管理办法》的效力明显优于"股东协议"的授权，故郭某晓的该项抗辩意见，本院难以采纳。

8. 公司可以通过股东会决议的方式确定印章证照的掌管者

案例21：北京市海淀区人民法院审理的赛某无线公司与付某东公司证照返还纠纷案［（2015）海民（商）初05813号］认为，赛某无线公司在本案中提起证照返还的诉请，此种诉请能否得到支持，主要在于在公司内部组织框架下，证照持有人是否享有相应的授权。判断证照持有人是否有权持有证照，主要依据为公司章程及与此有关的法律规定。根据《物权法》第三十四条的规定，无权占有不动产或者动产的，权利人可以请求返还原物。根据赛某无线公司章程规定，公司股东会系公司权力机构，除重大事项需五分之四以上表决权的股东通过外，其余事项需二分之一以上表决权的股东通过。本案中，一方面，赛某无线公司已经召开了股东会，并就"同意公司营业执照、公章、合同章由公司法定代表人保管"进行了表决，持有75%股权的天某公司通过了上述提案，已达到公司章程约定的表决标准，此提案在公司层面已发生效力。另一方面，付某东作为公司总经理，具有掌握公司营业执照、公章、合同章的前提条件，在本案证据中亦能证明其实际持有上述公司物品。结合上述两方面，本院认为，赛某无线公司就付某东返还公司营业执照、公章、合同章的诉请，具有相应事实和法律上的依据，应当予以支持。

案例22：福建省福州市中级人民法院审理的江某公司与许某春、丁某公司证照返还纠纷案［（2016）闽01民终1669号］认为，上诉人许某春在担任江某公司经理期间，公司印章、证照等均系由其控制使用，至于印章、证照等由其指定的何人具体负责保管，并不改变上诉人许某春系返还印章、证照的义务主体。并且，《福建江源投资发展有限公司2014年度第一次临时股东会会议决议》明确要求许某春将公司印章印鉴、公司证照、资料等返还给公司，该决议亦经生效判决确认效力，对时任江某公司经理的许某春具有约束力，其应当依照决议履行返还义务。

案例23：江苏省连云港市中级人民法院审理的万某公司与王某、王某丽等公司证照返还纠纷案［（2016）苏07民终1472号］认为，公司的相关经营管理人员，在经过公司的授权以后，可以保管相关印鉴，但其仅仅是暂时持有人和保管者，并不取得该印鉴的财产所有权。基于公司财产的独立性，任何人不得侵占公司印鉴，不论是股东、董事、经理还是其他人员，在公司作出新的意思表示或法定代表人基于法定职权要求前期相关持有人返还印鉴后，相关人员应当立即返还，若持有人拒不返还，则构成民事侵权行为。本案中，万某公司已经通过股东会决议方式作出新的公司印鉴保管方案，王某在以该股东会决议无效为由而提起的诉讼被生效判决驳回后，即应当遵照公司决议向公司交还印鉴。万某公司虽在本案二审审理期间启用了公司新的印鉴，但不影响公司原有印鉴权属的财产属性，万某公司对公司财产的权利并不丧失，故王某仍对万某公司负返还责任。

（十）公司控制权争夺之"敌意收购"

001 反收购的"28张牌"，万某公司有哪些可打

作为律师，我们认为"万宝大战"不仅是资本的较量，也是规则的角力。在控制权市场成熟的国家，上市公司的收购与反收购之战经常上演，其中对垒双方的收购与反收购的手段各种各样。尤其是公司反收购的方式更是花样繁多，本书借万宝之争，向大家介绍常用的28种反收购措施，分析这28种反收购措施在中国法律环境下的适用状况和相关案例，并结合万某的公司章程分析，万某在此阶段应重点运用哪些措施，以及在尘埃落定之后应如何对敌意收购者做到事前防御（万宝之争后的短期内，中国近百家上市公司火速修改公司章程，就是为了设防"门口的野蛮人"）。

一、万某公司控制权现状

在看"万宝大战"之前，我们有必要对万某管理层、宝某系及其他相关各方所拥有的股权数量进行盘点，看看各方的"股权实力"。

1. 万某公司现在的股权结构

宝某作为敌意收购者在连续三次举牌后，其股权比例已达到23.52%，稳居第一大股东之位，其余的依次为华某15.29%，安某6.18%，万某管理层4.14%，刘某生1.21%，其他中小投资者总共为49.66%。[①] 其中，华某一向为万某管理

---

① 黎慧玲等：《万某险中求》，载《财新周刊》2015年12月28日。

层的支持者,安某在 12 月 23 日向万某管理层示好,刘某生更是王某的老战友。所以,除中小投资者外,万某管理层可控制的股权比例为 26.82%,略高于宝某可控制的股权比例 23.52%(安某在股东会投票时是否会与万某管理层保持一致存在变数)。股权比例见图 1:

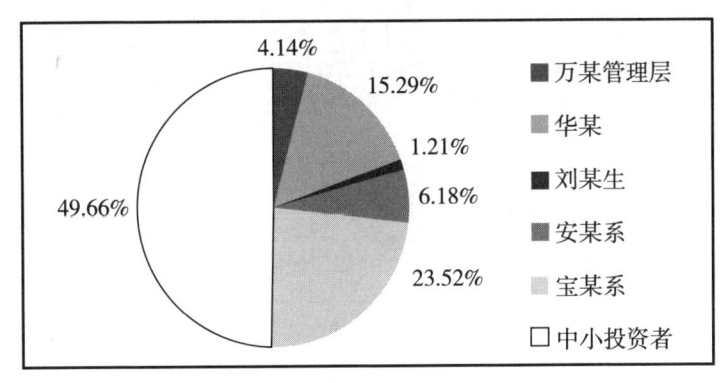

图 1 股权比例

另外,根据我国上市公司股东会中小投资者出席比例为 8.77%~10.79% 的统计数据①,我们假设万某股东会中小投资者的出席比例为 10%,则万某、宝某、中小投资者的出席率共为 60.34%,万某和宝某任何一方的投票权均不能达到出席股东的半数以上,所以现在中小投资者手中的股票决定着二者在万某中的控制权。图 2 为股比预测:

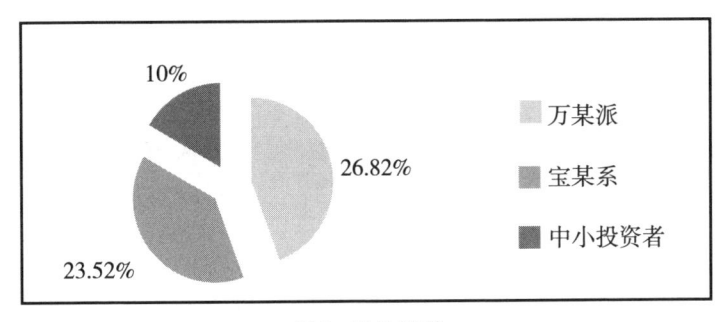

图 2 股比预测

2. 万某公司现在董事会席位的分布状况

董事会是公司对内掌管公司事务、对外代表公司的经营决策机构。股东若想

---

① 王广东:《类别股份制度研究》,法律出版社 2015 年版,第 49 页;姜小勇、汝婷婷:《以制度创新激活股东大会》,载《证券市场早报》2013 年第 11 期。

控制公司，必须控制董事会，若想控制董事会，必先取得多数的董事席位。图3为万某董事会席位的分布状况：

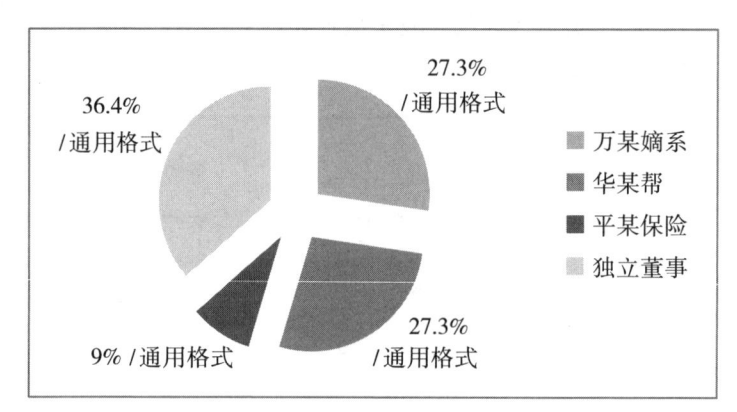

图3 董事会席位

表3 董事会列表（当时的董事会成员名单）

序号	姓名	职务	利益代表	备注
1	王某	董事会主席、法定代表人	万某管理层	万某创始人，领袖人物
2	郁某	总裁、董事	万某管理层	万某CEO，领军人物
3	王某金	董事、财务负责人	万某管理层	万某重臣
4	乔某波	董事、副主席	华某	华某总经理，支持原管理层
5	陈某	董事	华某	华某董事，支持原管理层
6	魏某	董事	华某	华某财务负责人，支持原管理层
7	孙某一	董事	平安保险	平安保险CEO
8	张某平	独立董事	中小股东	瑞某信贷大中华区CEO
9	华某	独立董事	中小股东	东某大学经管学院院长、教授
10	罗某君	独立董事	中小股东	知名会计师
11	海某	独立董事	中小股东	北某大学教授、汇某商学院院长（已于2015年12月22日正式提出辞职）

根据上述内容可知，万某和宝某在股权比例势均力敌的情况下，二者谁想获得万某最终的控制权，不仅需要在资本市场上发力，争取获得更多的股权，而且要善于合理利用现有的收购与反收购规则，尽可能多地争取董事会席位，以期最终取得万某的控制权。接下来，我们重点看一下，反收购的28张牌到底是什么？

二、28种反收购措施概览

根据国内外公司法的理论与实践，反收购措施是指目标公司管理层为了防止公司控制权转移而采取的旨在预防或挫败收购者收购本公司的行为。反收购措施的目的在于防止公司控制权的转移，核心思想在于增加收购者的收购成本，对敌意收购行为进行有效的防御与阻止。

目标公司反收购措施分为两大类：一类是预防收购者收购的事前措施，另一类是为阻止收购者收购成功的事后措施。

所谓事前防御措施，指的是为防止本公司成为他人的收购目标而未雨绸缪，采取各种措施、降低本公司对收购方的吸引力，或者强化公司管理层对抗收购方的能力。而所谓事后防御措施，指的是在收购方已经或者将要实施收购行为时，目标公司所采取的反收购措施。下面将对反收购过程中常用的28种反收购措施进行介绍。

第一大类：驱鲨剂条款（第1~11条）

1. 绝对多数条款

含义：是指在公司章程中规定，在公司进行并购、重大资产转让或者经营管理权变更时必须取得绝对多数股东同意才能进行，并且对该条款的修改也需要绝对多数的股东同意才能生效。

制度目的：为敌意收购者设计高于法定标准的表决权障碍。

适用举例：在公司进行并购、重大资产转让或者经营管理权变更时，必须经绝对多数（四分之三）股东出席股东会且取得出席会议的绝对多数（四分之三）股东同意才能进行，并且对该条款的修改也需要同样绝对多数的股东同意才能生效。

2. 分期、分级、董事会条款

含义：是指在公司章程中规定，每年只能改选三分之一甚至四分之一的董事，这样敌意收购方即使收购了足量的股权，也会由于公司章程对更换董事的数量限制而无法很快入主董事会，从而使得原董事会仍然可以牢牢掌握目标公司的控制权，并采取反收购措施抵制敌意收购方的进一步收购行动。

制度目的：为敌意收购者行使提名权和表决权在时间和人数上设置障碍。

适用举例：美的电器公司章程第九十六条规定："董事局每年更换和改选的董事人数最多为董事局总人数的三分之一。"

3. 提名董事的股东持股时间比例限制条款

含义：指在公司章程中规定只有满足一定持股比例和持股时间条件的股东才具有提名董事的权利，而董事候选人名单最终仍由现任董事会确定。

制度目的：为敌意收购者的"股东身份"设置时间和比例障碍、迟滞收购速度。

适用举例：美的电器公司章程第八十二条规定，连续 180 日以上单独或者合并持有公司有表决权股份总数的 5% 以上的股东可以提名董事、监事候选人，每一提案可提名不超过全体董事四分之一、全体监事三分之一的候选人名额，且不得多于拟选人数。

4. 股东提名人数限制条款

含义：指在公司章程中规定股东对股东提名董事的人数进行限制来达到反收购的目的。

制度目的：为敌意收购者的"股东身份"设置时间和比例障碍、迟滞收购速度。

适用举例：美的电器公司章程第八十二条规定，连续 180 日以上单独或者合并持有公司有表决权股份总数的 5% 以上的股东可以提名董事、监事候选人，每一提案可提名不超过全体董事四分之一、全体监事三分之一的候选人名额，且不得多于拟选人数。

5. 董事资格限制条款

含义：是指在公司章程中规定公司董事的任职条件，非具备某些特定条件以及具备某些特定情节者均不得担任公司董事。

制度目的："变相"限制敌意收购者委派董事的提名权。

适用举例：方正科技章程规定，董事会有权对董事的资格进行审查。收购方北京裕某公司及一致行动人在获得第一大股东地位后，要求召开临时股东会增补董事。但方正科技董事会依据章程规定，以北京裕某公司等推荐的董事资格不符为由，拒绝将裕某公司提出的增补董事的议案提交股东会讨论，使收购方无法入主方正科技，最终反收购成功。

6. 职工董事条款

含义：是指在公司章程中设置职工董事席位。因为职工董事由公司职工通过职工代表大会、职工大会或其他民主方式产生，敌意收购者无法直接进入公司拟选职工董事，增加控制难度。

制度目的：利用职工董事的选举程序迟滞收购速度。

适用举例：《公司法》第六十八条第一款规定："有限责任公司董事会成员为三人以上，其成员中可以有公司职工代表。职工人数三百人以上的有限责任公司，除依法设监事会并有公司职工代表的外，其董事会成员中应当有公司职工代表。董事会中的职工代表由公司职工通过职工代表大会、职工大会或者其他形式民主选举产生。"第一百二十条第二款规定："本法第六十七条、第六十八条第一款、第七十条、第七十一条的规定，适用于股份有限公司。"

7. 董事不得无故解除条款

含义：是指在公司章程中规定在董事任期届满前，除非董事发生违反法律法规及公司章程规定的情形，股东会不得无故解除其职务。

制度目的：保障原有董事的合法权益，迟滞收购。

适用举例：《上市公司章程指引》（2023修正）第九十六条第一款规定，董事由股东大会选举或者更换，并可在任期届满前由股东大会解除其职务。董事任期【年数】，任期届满可连选连任。

8. 举牌公告限制条款

含义：是指在公司的章程中降低收购人持股变动触发披露义务的法定最低比例（法定要求为5%，章程设定为3%）或增加相应的报告和披露义务。如果未履行该等程序的，就其增持而超出的部分股份，其投票权利受到限制，该股东及其在目标公司中的关联股东、一致行动人（如有）在股东会上不计入股东会的法定人数，亦不能行使投票权，也不得提名董事候选人。

制度目的：尽快明晰敌意收购者的收购意图，以求为反收购战术实施赢得时间。

适用举例：《证券法》第六十三条规定，通过证券交易所的证券交易，投资者持有或者通过协议、其他安排与他人共同持有一个上市公司已发行的有表决权股份达到5%时，应当在该事实发生之日起三日内，向国务院证券监督管理机构、证券交易所作出书面报告，通知该上市公司，并予公告，在上述期限内不得再行买卖该上市公司的股票，但国务院证券监督管理机构规定的情形除外。

投资者持有或者通过协议、其他安排与他人共同持有一个上市公司已发行的有表决权股份达到5%后，其所持该上市公司已发行的有表决权股份比例每增加或者减少5%，应当依照前款规定进行报告和公告，在该事实发生之日起至公告后三日内，不得再行买卖该上市公司的股票，但国务院证券监督管理机构规定的情形除外。

投资者持有或者通过协议、其他安排与他人共同持有一个上市公司已发行的有表决权股份达到5%后，其所持该上市公司已发行的有表决权股份比例每增加或者减少1%，应当在该事实发生的次日通知该上市公司，并予公告。

违反第一款、第二款规定买入上市公司有表决权的股份的，在买入后的三十六个月内，对该超过规定比例部分的股份不得行使表决权。

9. 公平价格条款

含义：是指在公司章程中要求收购人在同一次要约收购中应以相同条件对待所有持有同种股份的股东。

制度目的：保证收购过程的公平性。

适用举例：《证券法》第六十九条规定，收购要约提出的各项收购条件，适用于被收购公司的所有股东。

上市公司发行不同种类股份的，收购人可以针对不同种类股份提出不同的收购条件。

10. 双重股权结构（AB股）

含义：是指公司发行两种不同投票权的股份，通常命名为A股和B股，A股由普通投资者持有，一个A股具有一个投票权，而B股通常由公司创始人、高级管理人员及其他股东持有，一个B股拥有数倍于普通股的表决权，同时A、B股具有同样的盈余分配权和剩余财产分配权。A、B类股皆可转让，但转让后的B类股将丧失其原本附着的超级表决权，成为A类普通股。

制度目的：为敌意收购者设置根本性的表决权障碍，锁定公司控制权。

适用举例：京某创始人持有21%股权、83.7%投票权，每股投票权相当于20股普通股；某彩票网、某同城、途某旅游发行股票时创始人等获得了10倍于普通股的投票权；新某微博、兰某集势、去某儿B类股票的投票权为普通股的3倍。百某设置的两极股权结构，包括管理层、董事、员工及早期投资者在内的股东所持投票权相当于纳斯达克公开发售股票的10倍。

11. 累积投票制

含义：累积投票制指股东所持的每一股份都拥有与股东会拟选举的董事或者监事数量相等的投票权，股东既可以把全部投票权集中选举一人，亦可以分散选举数人，最后按得票多寡决定当选董事或者监事。累积投票制的本质是一股多票，而直接投票制的本质是一股一票。

制度目的：保证中小投资者的利益，提高收购者的收购成本及保障公平。

适用举例：某公司要选5名董事，公司股份共1000股，股东共10人，其中1名大股东持有510股，即拥有公司51%股份；其他9名股东共计持有490股，合计拥有公司49%的股份。若按直接投票制，每一股有一个表决权，则控股51%的大股东就能够使自己推选的5名董事全部当选，其他股东毫无话语权。但若采取累积投票制，表决权的总数就成为 $1000 \times 5 = 5000$ 票，控股股东总计拥有的票数为2550票，其他9名股东合计拥有2450票。根据累积投票制，股东可以集中投票给一个或几个董事候选人，并按所得同意票数多少的排序确定当选董事，因此从理论上来说，其他股东至少可以使自己推选的2名董事当选，而控股比例超过半数的股东最多只能选上3名自己推选的董事。

第二大类：内部发力条款的适用与建议

12. 定向增发

含义：是指上市公司向符合条件的少数特定投资者非公开发行股份的行为。

制度目的：与敌意收购者直接争夺在二级市场的股份。

适用举例：在面临敌意收购时，通过向原控股股东、白衣骑士或白衣护卫定向增发股份，可能成为上市公司反收购的有效措施。

13. 回购股份

含义：是指上市公司回购其本身发行在外的股份，以达到减资或调整股本结构等目的的一种行为。

制度目的：通过回购减少总股本或增加收购成本。

适用举例：中某石化以124亿元对"小额非流通股东"展开收购，计划将中国石化法人股全部收归中石化集团旗下，进而使中石化在二级市场的流通股减少。

14. 管理层收购

含义：指公司在章程中规定，一旦公司受到敌意收购者的并购威胁，即授权公司董事会立即启动公司管理层优先收购计划并给予收购支持。

制度目的：为敌意收购者制造巨大的收购成本，保证管理层的利益。

适用举例：万某A在其首份限制性股票激励计划（2006~2008）中规定："当公司控制权发生变更时，控制权变更前的半数以上法定高级管理人员在控制权变更之日起的三十日内有权书面要求信托机构将本计划项下信托财产立刻全部归还。"

第三大类：寻求外援

15. 白衣骑士

含义：是指当公司成为其他企业的并购目标后（一般为恶意收购），公司的管理层为阻碍恶意接管的发生，去寻找一家"友好"公司进行合并，而这家

"友好"公司被称为"白衣骑士"。一般来说,受到管理层支持的"白衣骑士"的收购行动成功可能性很大,并且公司的管理者在取得机构投资者的支持下,甚至可以自己成为"白衣骑士",实行管理层收购。

制度目的:给敌意收购者寻找竞争对手,增加其收购成本,维护原股东和管理层的利益。

适用举例:2004年5月1日,哈某(0249.HK)单方面终止与其第一大股东SAB的"独家策略投资者协议"。5月2日,SAB的全球竞争者AB宣布将以每股3.70港元的价格从哈某的第二大股东手中购入约29.07%的股权。SAB为巩固其在哈某中的第一大股东地位,于5月4日宣布将以每股4.30港元的价格全面要约收购哈某。在竞购战中,哈某管理层抵制SAB的收购,而支持AB作为"白衣骑士"对哈某进行收购。5月19日,AB正式成为哈某持股29.07%的第二大股东,而SAB则于5月24日正式公告了要约收购书。5月31日和6月1日是竞购战的转折点,在这两天里AB以5.58港元的高价增持哈某股份至36%,一跃成为第一大股东。6月3日AB以每股5.58港元的价格全面要约收购哈某,高出SAB的收购价30%。至此,哈某竞购战胜负已明,SAB宣布撤回敌意收购,并将其所有持股转让给AB。

16. 白衣护卫

含义:是一种与白衣骑士很类似的反收购措施。这里不是将公司的控股权出售给友好的公司,而是将公司很大比例的股票转让给友好公司。白衣护卫是白衣骑士的修正形式,区别在于不允许其掌握控股权。目标公司常采取向白衣护卫发行新股的方式,并使用优先股以限制其表决权,或限制其持股比例。在这种方式中,因我国没有优先股与普通股之区别,所以只能以其他方式限制其持股比例;并由于禁止目标公司在要约收购过程中发行新股,所以只可在其他敌意收购中使用发行新股的方式。

制度目的:与自己的关联公司联手,锁定或围抢公司股份,给敌意收购者设置障碍。

适用举例:胜某股份原第一大股东胜某集团因涉及经济纠纷,其对胜某股份的持股被依法冻结并分期拍卖。1999年12月10日,通某惠竞拍取得胜某股份13.77%的股票成为其第一大股东。面临被通某惠收购的危险,胜某股份的管理层利用关联企业山东胜某充当"白衣护卫",先后购得胜某股份的股票并使持股上升至15.34%,超过通某惠成为第一大股东。通某惠不甘落后,于2000年3月中旬再次以竞拍方式取得胜某股份的股票,使其持股跃升至16.67%,与此同时,山东胜某继续受让胜某股份,持股达到17.35%,仍然保持领先地位。在此后的委托书征集战中,通某惠最终落败,山东胜某作为"白衣护卫",成功地挫败了通某惠的收购,保住了胜某股份管理层对公司的控制权。

17. 交叉持股

含义:交叉持股是资本市场中较为常见的现象,是指公司之间相互持有对方一定比例的股份,继而相互成为对方股东的情形。交叉持股可以实现企业之间的战略协作、防御敌意收购等积极作用。主要特征是,甲持有乙的股权;乙持有丙的股权;丙又持有甲的股权……

制度目的:锁定目标公司股份,减少敌意收购者的"收购量"。

适用举例:2004年9月2日,广某证券面临中某证券的敌意收购。在收购战中,广某证券的交叉持股方深圳吉某创业投资股份有限公司、吉林敖某和辽宁成某三家公司迅速增持并控制了广某证券66.7%的股份,牢牢地占据着绝对控股的地位,成功地挫败了中某证券的敌意收购。

第四大类:降落伞计划

18. 金降落伞

含义:是指公司董事会通过决议,由公司董事及高层管理者与公司签订合同规定:当该公司被收购且其董事及高层管理者被解职时,可一次性领到巨额的退休金、行使股票期权或获得额外津贴。

制度目的:为敌意收购者设置极高的收购成本,保障目标公司管理层和员工的利益。

适用举例:1985年6月,瑞某龙公司在受潘帝布某德公司收购威胁时就为其管理人员提供了"金降落伞"。1985年A111edCo.(亚某德公司)与SignaICo.(西某纳耳公司)合并成亚某德·西某纳耳公司时,亚某德须向其126名高级干部支付慰劳金(金降落伞)计2280万美元,西某纳耳须向其25名高级干部支付慰劳金2800万~3000万美元。后因被诉而削减了一些数额。当年美国著名的克某·塞某巴克公司就通过了一项金降落伞计划:"16名高级负责人离开公司之际,有权领取三年工资和全部的退休保证金。"1986年戈某·史某斯收购了克某公司后不得不支付该等款项。该项金额合计9200万美元,其中董事长克某松一人就领取了2300万美元。

19. 银降落伞

含义：是指公司承诺，若该公司被收购，中级管理人员可以根据工龄长短领取数周至数月的工资作为补偿。

制度目的：为敌意收购者设置极高的收购成本，保障目标公司管理层和员工的利益。

适用举例：某公用公司章程第三十七条对有关驱散费的条款作出规定，当产生单独或者合并持有公司10%以上的股东继续收购公司股份并成为实际控制人情况时，"若因而致使公司中层以上管理人员（指公司部门经理助理及以上管理人员，包含在公司及控股子公司领取薪酬的本公司董事、监事）主动或者被动离任的，该股东应该向离任人员一次性支付额外驱散费用"。

20. 锡降落伞

含义：是指若公司普通员工在公司被收购后一段时间内被解雇，则可领取一定数额的员工遣散费。

制度目的：为敌意收购者设置极高的收购成本，保障目标公司管理层和员工的利益。

第五大类：毒丸计划

21. 内翻毒丸计划

含义：指目标公司在遇到敌意收购时增加现有股东所持股份的表决权（即所谓超级投票权）或赋予其特殊性质的表决权（如否决权）或按优惠条件将现有股东所持优先股转换为普通股以及向现有股东或现有股东以外的特定第三方（以优惠价格）配售或定向增发可转债、股份或认股权，从而大大稀释收购人相关持股表决权。

制度目的：通过启动毒丸计划，增加二级市场的新股，进而大大稀释敌意收购者的股权，加大收购成本。

适用举例：2004年11月，自某传媒集团与美某公司签订了一项股票收购协议。自某传媒集团有权在2005年4月从美某公司手中收购新某集团大约8%有投票权的股票，这一计划将使自某传媒集团所持有的新某集团具有投票权的股权比例增至17%，仅次于默某克的19.5%。传媒大亨默某克绝对不允许他计划传位给儿子的新某集团的控制权受到任何侵犯，随即发布一项反收购股东权益计划：当有人收购公司的股份超过15%，或者持股数已超过15%的股东增持1%的股份时，公司现有的每一位股东将有权以半价购买公司的股票，购买量是其已持有股份的一半。这一毒丸一旦被激活，自某传媒集团如果想收购新某集团更多的股份，将需额外付出数倍的代价。新某集团发布这一消息后，自某传媒集团表示不再继续增持新某集团的股份，维持第二大股东的地位。

22. 外翻毒丸计划

含义：通常指在敌意收购方持有上市公司股权达到一定比例时，上市公司方有权以一定优惠价格购买收购方自身的股份，从而影响乃至控制收购方。

制度目的：为敌意收购者设置极高的收购成本，保障目标公司管理层和员工的利益。

适用举例：2005年年初，在纳斯达克上市的中概股新某科技面临盛某网络突如其来的敌意收购。在后者大规模增持之后，新某科技采取了这样一个毒丸策略：在既定日期前登记在册的股东可以按其持股量按照同比例获得新股的认股权。毒丸的触发条件为任何股东持股达到10%或提出要约收购；而面对盛某网络的敌意收购，则安排如其增持至20%，则原股东可以以市价五折的价格增持公司股份至10%。该毒丸最终成功击退了敌意收购。

23. 兑换毒债

含义：指在公司遭到恶意收购时，相关债券的持有人有权要求提前清偿借贷或将债券转换成股票。

制度目的：为敌意收购者设置极高的收购成本，保障目标公司管理层和员工的利益。

适用举例：伊某集团在2006年5月的股票期权激励计划中授予总裁潘某等33人合计5000万份股票期权，在一般情况下，激励对象首次行权不得超过获授股票期权的25%，剩余获授股票期权可以在首次行权的1年以后，股票期权的有效期内选择分次或一次行权。但当市场中出现收购本公司的行动时，激励对象首次行权比例最高可达到获授期权总数的90%，且剩余期权可在首次行权后3日内行权。伊某集团的上述计划是管理层激励、类"毒丸"计划与"金色降落伞"的结合体。

第六大类：焦土政策

24. 皇冠之珠

含义：是指目标公司将其最有价值的冠珠出售或抵押，以消除敌意收购者的收购意图。冠珠是指公司某个子分公司或部门，也可能是某项资产或营业许可、技术秘密、知识产权等或其组合。

制度目的：目标公司通过自残的方式，使自己失去最有价值的部分或主动陷入困境，进而使敌意收购者丧失兴趣。

适用举例：1982 年 1 月，威某克公司提出收购波某斯威克公司 49% 的股份。面对收购威胁，波某斯威克公司将其主要盈利的子公司舍某德医药工业公司卖给美国家某用品公司，售价为 4.25 亿英镑，威某克公司遂于 1982 年 3 月打消了收购企图。

25. 虚胖战术

含义：是指目标公司通过大量举债、购置无用资产、恶意投资、放弃债权等方式使公司财务状况恶化、资产质量下降、盈利能力降低，进而消除敌意收购者的收购意图。

制度目的：目标公司通过自残的方式，使自己失去最有价值的部分或主动陷入困境，进而使敌意收购者丧失兴趣。

适用举例：1985 年 2 月，美某公司以拥有尤某卡公司 1700 万股的股票，占 9.8% 的优势成为第一大股东。美某决心对尤某卡进行全面收购。准备好收购金额后，美某公布：以每股 54 美元收购尤某卡 6400 万股票。这样美某就能取得过半数的股份，剩下的股票则以每股 54 美元的保证价格买进。尤某卡立即进行反击，提出每股 72 美元买回 5000 万股的"自我股权收购报价"，但是美某如果不先买尤某卡的股票，他们就不买回。此计妙在他们知道尤某卡的股票没有 72 美元的价值，提出这个报价，只是为了不让股东将股票卖给美某而已。如果美某先买，尤某卡就得以 72 美元的高价买回美某买剩的股票，这样一来，尤某卡公司就陷入濒临破产的状态。

第七大类：以守为攻、拖延战术

26. 帕克门

含义：是指目标公司以收购敌意收购者的方式来应对其对自己的收购意图。

制度目的：此方式是"以彼之道，还施彼身"。

适用举例：从 2005 年 10 月开始，保某捷一直增持大某的股份，2009 年 1 月保某捷突然公开宣布增持大某股份至 51%，并计划增加到 75%。为了筹措足够的资金保某捷四处举债，为收购大某 51% 的股份耗资 230 亿欧元。但无论如何，保某捷离成功仅仅一步之遥。因金融危机，保某捷公司主营业务大幅滑坡，银行开始收紧贷款。保某捷欠下债权银行近 100 亿欧元债务，如果没有补救，保某捷将破产，形势急转直下。2009 年 7 月，大某出资大约 112.8 亿美元约合 80 亿欧元收购保某捷旗下的跑车业务。保某捷成为大某旗下的第 10 个品牌。

27. 讹诈赎金

含义：是指在目标公司溢价回购敌意收购者所收购的本公司股票，从而达到反收购的目的。

制度目的：回购对象是敌意收购者，类似于贿赂恶意收购者。

适用举例：1979 年 6 月美国艾某因公司以每股 7.21 美元的价格收购了萨某松工业公司 9.9% 的股票，后者在 1980 年 2 月又以每股 10.50 美元的价格重新购回了艾某因公司持有的本公司股票。美国艾某因公司在 1979 年年底还以每股 25 美元的价格收购了翰某麦尔纸业公司 10% 的股份，此后，后者以每股 36 美元的价格买回艾某因公司持有的本公司股票，艾某因公司这一收购行为投资 2000 万美元，股票被购回后得到了 900 万美元的利润。但是，由于美国的税法规定绿票讹诈的所得要付 50% 的税，以及常引起纠纷导致的高额律师费用，因此极大地限制了这一方式的运用。

28. 行政、司法措施

含义：是指通过发现敌意收购人或收购过程中存在的法律瑕疵、漏洞或不符合法律的情形而向有关部门提起举报、控告、申诉甚至向法院提起诉讼的手段而阻碍收购。

制度目的：延迟收购，为其他措施的进行赢得时间，并保障公平。

适用举例：在万宝大战中，王某发表了宝某信用不足的言论，指责其利用高杠杆进行无意收购，引起了银监会、保监会、证监会的注意，各政府部门纷纷对宝某进行调查以阻碍其进行恶意收购。

三、万某公司这 28 张牌应该怎么打?!

我们认为需要从两个方面进行分析：第一，分析这 28 种反收购措施在中国大陆的法律环境下是否适用；第二，分析万某上述反收购措施可以在国内适用的情况下，是否适合万某当时的状况（在万宝之争时，万某的公司章程是否曾对部分反收购措施进行预设，以下分析均以在万宝之争时的公司章程为准）。首先，对我国上市公司的法规体系进行描述；其次，结合国内法规和万某的公司章程，对万某可操作性的反收购措施进行简析。

（一）驱鲨剂条款的适用与建议

1. 绝对多数条款

《公司法》第一百一十六条规定，公司作出合并、分立、增资、减资、修改章程等重大事项决议需要三分之二以上多数表决权。

现行法律框架内是否可以实行该反收购措施的分析和结论：根据公司自治的原则，公司章程规定某些决议事项需高于三分之二的绝对多数表决（如四分之三），更能体现多数股东的意志，且不违反法律法规强制性规定，是有效的。

是否适用万某的现实情况（基于公司章程的调查）：万某章程第九十二条规定股东会特别决议，由出席股东会股东所持表决权三分之二通过。据此可知万某章程的规定与公司法一致，并没有对重大事项设置高于三分之二的绝对多数条款。

2. 分期、分级、董事会条款

《公司法》第一百二十条规定了董事的人数、任期等条件。

现行法律框架内是否可以实行该反收购措施的分析和结论：法律并未规定每个董事的任期必须相同。在公司法上，法无禁止即可为，因此公司章程规定不同任期的董事，是有效的。

是否适用万某的现实情况（基于公司章程的调查）：万某章程没有关于分期、分级董事会条款的设置。

3. 提名董事的股东持股时间比例限制条款

（1）《公司法》第一百一十三条和第一百一十四条规定，仅有持股10%以上的股东才有权提议召开股东会和自行召集主持股东会。

（2）《公司法》未对有权提名董事的股东的持股时间和比例加以限制。

现行法律框架内是否可以实行该反收购措施的分析和结论：一是公司章程对有权提名董事的股东的持股时间（不长于1年）和比例加以一定限制有效；二是公司章程如约定董事只能由董事会提名，不能由股东提名，将会对股东选举董事的权利造成实质性障碍，是无效的。

是否适用万某的现实情况（基于公司章程的调查）：万某章程第九十七条规定董事候选人名单由上届董事会或连续180个交易日单独或合计持有公司发行在外表决权总数3%以上的股东提出。据此可知万某对股东提名董事候选人作出了持股时间和持股比例的限制。

4. 股东提名人数限制条款

现行法律框架内是否可以实行该反收购措施的分析和结论：对一方股东提名董事的人数进行合理的限制，有助于防止控股股东过度控制公司董事会和保护中小股东利益，是有效的。

是否适用万某的现实情况（基于公司章程的调查）：万某章程未针对股东提名人数限制条款进行专门规定。

5. 董事资格限制条款

《公司法》第一百七十八条只规定了不得担任董事的消极条件，但是对推荐董事的积极条件未予规定。

现行法律框架内是否可以实行该反收购措施的分析和结论：公司章程规定的董事任职资格条件在不违反法律法规和公序良俗的前提下，是有效的。

是否适用万某的现实情况（基于公司章程的调查）：在万宝之争时，万某章程未进行专门规定。

6. 职工董事条款

《公司法》规定，董事会成员中可以有公司职工代表。董事会中的职工代表由公司职工通过职工代表大会、职工大会或者其他形式民主选举产生。

现行法律框架内是否可以实行该反收购措施的分析和结论：依据《公司法》的规定，立法者欢迎和鼓励股份有限公司包括上市公司推行职工董事制度，从而实现劳资双赢的公司治理结构。当面临敌意收购者时，公司管理层可以利用职工董事的选举资格和程序，迟滞控制权转移的速度。

是否适用万某的现实情况（基于公司章程的调查）：万某章程第一百二十一条第二款规定董事可由总裁、高管和职工担任。但是万宝之争时的公司章程，并没有强制性设置职工董事的席位。

7. 董事不得无故解除条款

《公司法》第五十九条赋予了股东会选举更换董事的权利。《上市公司章程指引》第九十六条规定董事在任期届满前，股东会不得无故解除。

现行法律框架内是否可以实行该反收购措施的分析和结论：依据公司自治的原则，公司章程可以规定解除董事的情形，并且可以对解除董事资格设置绝对多数条款。也可规定在董事任期届满前，除董事发生违反法律法规规定及章程约定的情形外，股东会不得无故解除。无故解除的，股东会决议无效。

是否适用万某的现实情况（基于公司章程的调查）：在万宝之争时的公司章程第一百二十一条规定，董事在任期届满前，股东会不得无故解除其职务。但股东会在遵守有关法律、行政法规规定的前提下，可以以普通决议的方式将任何任期未满的董事罢免。

据此可知，万某章程没有规定罢免董事职务的特定情形，没有规定无故罢免董事的股东会决议是无效的。我们认为万某公司章程在这个反并购措施方面有待加强。

8. 举牌公告限制条款

《证券法》（2005 年修订）第八十六条规定，股东所持该上市公司已发行的股份比例每增加或者减少 5%，应当进行报告和公告。

现行法律框架内是否可以实行该反收购措施的分析和结论：《证券法》设定的变动 5% 的比例只是法定的最低要求，公司降低该比例实际上使信息披露更严格而非更放松，进而更有益于上市公司收购的公开和透明，并不会影响股东的实体权利，是有效的。

是否适用万某的现实情况（基于公司章程的调查）：在万宝之争时的公司章程，未针对举牌公告限制条款进行专门规定。

9. 公平价格条款

《证券法》（2005 年修订）第三条规定，证券的发行、交易活动，必须实行公开、公平、公正的原则。《上市公司收购管理办法》中对公平价格条款也有明确规定。

现行法律框架内是否可以实行该反收购措施的分析和结论：执行公平价格收购是我国证券法的强制性规定，公司章程无须另行规定。

是否适用万某的现实情况（基于公司章程的调查）：在万宝之争时的公司章程第二十七条规定了所有股东一视同仁。

10. 双重股权结构（AB 股）

《公司法》第一百四十四条规定："公司可以按照公司章程的规定发行下列与普通股权利不同的类别股：（一）优先或者劣后分配利润或者剩余财产的股份；（二）每一股的表决权数多于或者少于普通股的股份；（三）转让须经公司同意等转让受限的股份；（四）国务院规定的其他类别股。公开发行股份的公司不得发行前款第二项、第三项规定的类别股；公开发行前已发行的除外。公司发行本条第一款第二项规定的类别股的，对于监事或者审计委员会成员的选举和更换，类别股与普通股每一股的表决权数相同。"

类别股是否适用万某的现实情况（基于公司章程的调查）：万某章程第十四条、第十五条、第九十一条规定公司在任何时候均发行普通股，实行同股同权，在中国大陆及中国香港地区均无适用双重股权的法律环境。

在中国公司中，百某为保持管理层控制权，在海外设立采用双层股权结构的离岸公司，进而让离岸公司赴美国上市。2013 年 9 月，港交所否决了阿某巴巴的上市申请。理由是香港实行同股同权的制度以公平保护投资者，禁止使用双重股权。

11. 累积投票制

《公司法》第一百一十七条规定了累积投票制度。

现行法律框架内是否可以实行该反收购措施的分析和结论：公司章程当然可以规定累积投票制。

是否适用万某的现实情况（基于公司章程的调查）：万某章程第九十五条规定在选举董事时实行累积投票制。

针对本部分反收购措施的建议：

（1）绝对多数条款。建议上市公司的章程中可增加规定：

①特别事项须经出席股东会股东所持表决权四分之三通过。

②将公司董事资格的解除或罢免明确列为特别事项。

（2）分期、分级、董事会条款。建议上市公司的章程中可增加规定：董事会每年更换和改选的董事人数最多为董事会总人数的三分之一。

（3）提名董事的股东持股时间比例限制条款。万某章程已经对该条款进行了较为严密的规定，建议上市公司学习万某章程的规定。

（4）股东提名人数限制条款。建议上市公司的章程中可增加规定：任何股东及其一致行动人对于董事的提名不得超过全体董事三分之二候选人名额，且不得多于拟选人数。

（5）董事资格限制条款。我们对于上市公司章程中是否设置董事资格限制条款持谨慎态度。如有规定意愿，我们建议可以对董事的相关从业经验予以限制，如规定必须具备某个行业 N 年以上的从业经验；以法律背景担任公司独立董事的必须具备法律职业（法官、检察官、律师）20 年以上的从业经验；等等。除此之外，我们不建议上市公司在章程中对董事的任职要求进行过多规定，以保证董事人选安排的灵活性。

（6）职工董事条款。建议上市公司的章程中可增加规定：董事会成员中至少有一名职工董事，职工董事由职工代表大会选出。

（7）董事不得无故解除条款。建议上市公司的章程中规定董事不得无故解除，可在公司章程中增加规定：

①任何对于董事职务解除或罢免的提案，应当首先由董事会中的其他董事对被提议解除或罢免的董事是否有违反法律、行政法规或公司章程的行为进行审

查，并在股东会召开前形成审查结论。董事会认为确有上述行为的，对于该董事的解除或罢免提案由出席股东会二分之一以上表决权的股东表决通过。董事会认为不存在上述行为的，对于该董事的解除或罢免提案由出席股东会三分之二以上表决权的股东表决通过。

②对于董事职务解除或罢免的提议应当以每名董事为一个单项提案提出。

（8）举牌公告限制条款。上市公司章程可以根据自身实际情况，将举牌的比例变更为3%。对于违反举牌公告的股东所持有的股票的投票权，在一定期限内予以一定限制。

（9）累积投票制。累积投票制的根本目的是保护小股东利益，目前大多数的上市公司都规定了在董事选举时适用累积投票制。

（10）双重股权结构（AB股）。从限制部分股份表决权的角度看，我们认为优先股和普通股亦不失为我国上市公司应对反收购的一种可以考虑的措施。

（二）内部发力条款的适用与建议

12. 定向增发

《公司法》第六十六条第三款规定，股东会作出修改公司章程、增加或者减少注册资本的决议，以及公司合并、分立、解散或者变更公司形式的决议，应当经代表三分之二以上表决权的股东通过。

根据《证券法》和《上市公司证券发行管理办法》规定，公司向特定对象定向增发的行为由于构成《证券法》下的非公开发行，需要获得中国证监会的核准后才能进行。

现行法律框架内是否可以实行该反收购措施的分析和结论：法律允许定向增发，但其目的应是方便融资和降低发行成本，不鼓励以反收购为目的的定向增发。

是否适用万某的现实情况（基于公司章程的调查）：万某章程第二十三条规定非公开发行股份需经过股东会作出决议。

13. 回购股份

《公司法》第一百六十二条对公司回购的条件作出了严格限定。

《上市公司回购社会公众股份管理办法》规定上市公司回购需向证监会备案，证监会无异议的才可以实施。《上市公司章程指引》原则上禁止股份回购。

现行法律框架内是否可以实行该反收购措施的分析和结论：在国内，上市公司利用股份回购反收购，时效性差，且障碍重重（很难满足《公司法》第一百六十二条规定的法定情形）。

是否适用万某的现实情况（基于公司章程的调查）：万某章程第二十五条对公司回购设定了严格的条件限制。即使万某在股东会表决股权回购，也很可能因宝某的反对而无法通过。因此股份回购对于万某而言时效性极差，反击效果甚微。

14. 管理层收购

《公司法》未进行专门规定。

现行法律框架内是否可以实行该反收购措施的分析和结论：公司章程可以对管理层收购进行约定。

是否适用万某的现实情况（基于公司章程的调查）：万某章程未进行专门规定。

针对本部分反收购措施的建议：

（1）定向增发。公司法将增发权明确列为股东会的职权，且需经代表三分之二以上表决权的股东通过，因此上市公司章程中无权将定向增发的权力全部或部分授权公司董事会行使。当收购方已经取得了目标公司一定比例的股权时，目标公司难以通过股东会形成定向增发的公司决议。

（2）股份回购与管理层收购。尽管公司法原则上禁止公司回购自己的股份，但不禁止公司的创始人及管理层收购股份。事实上，我国很多上市公司的股价还是偏低的，不仅不能真实反映公司的实际资产状况，而且给了外来的收购者通过二级市场以较低价格获得上市公司控制权的机会，如果上市公司的股东能适时对股权进行收购，将有利于对公司的控制。

（三）寻求外援条款的适用与建议

15. 白衣骑士/16. 白衣护卫

根据中国的公司法和证券法法制环境情况：（1）在股市上任何公司都可以通过竞价收购目标公司的股权。（2）目标公司引进白衣骑士、白衣护卫进行竞价收购，需要平等地对待竞价收购各方。（3）各收购方应遵守《上市公司收购管理办法》第三十七条、第四十条和第四十二条等规定的披露、报告等程序性义务及时间限制。（4）应避免构成《证券法》（2005年修订）第七十七条规定的操纵证券市场行为。

现行法律框架内是否可以实行该反收购措施的分析和结论：法律允许公司在面临收购时寻求外援，以提高公司的控制权。

是否适用万某的现实情况（基于公司章程的调查）：据当时的媒体报道，王某马不停蹄地拜访各投资基金或大散户。万某与安某互相声援，也印证了积极寻找外援是反收购的重要法宝。

17. 交叉持股

我国公司法并未对交叉持股作出禁止性规定。

现行法律框架内是否可以实行该反收购措施的分析和结论：交叉持股作为一种集合力量、共御外敌的"合纵之计"，是反收购的预设措施。

是否适用万某的现实情况（基于公司章程和相关持股结构分析调查）：万某未安排类似反并购策略。

针对本部分反收购措施的建议：

（1）白衣骑士、白衣护卫。这是公司面临收购危机时最常使用的反收购措施，只要相关行为符合证券法等法律的强制性规定则均为可行。

（2）交叉持股。通过交叉持股，即关联公司或关联友好公司之间相互持有对方股权，在其中一方受到被并购的威胁时，另一方施以援手。《公司法》不禁止公司间的交叉持股。通过交叉持股可以实现反并购的效果，然而与中国历史典故三国中的"连环船"效果类似，即虽然可以起到相互照应的效果，但是也容易一荣俱荣、一损俱损，一旦公司被攻破，收购方很可能同时控制两个交叉持股的公司，达到一箭双雕的效果。

（四）降落伞计划的适用与建议

18. 金降落伞/19. 银降落伞/20. 锡降落伞

《公司法》未进行专门规定。

现行法律框架内是否可以实行该反收购措施的分析和结论：（1）我国公司法允许公司根据自己的实际情况实施股权激励。（2）降落伞计划的触发条件需由股东会决定。（3）对于国有上市公司来讲，执行降落伞计划一般会受国资部门的审查，对反收购的效果将大打折扣。

是否适用万某的现实情况（基于公司章程的调查）：万某章程第一百二十一条规定罢免董事不免除该董事依据任何合约提出索偿的要求。据此可猜想，万某有可能会与其现有董事签订降落伞计划的赔偿协议。补偿协议的签订将有利于万某阻击宝某。

针对本部分反收购措施的建议：

降落伞计划。对于任何上市公司而言，为不同层级的公司高管和中层职员实施降落伞计划都是可行的。公司可结合各方面因素综合确定适合本公司的降落伞计划，而不能仅仅站在反收购的立场上考虑。

（五）毒丸计划的适用与建议

21. 内翻毒丸计划/22. 外翻毒丸计划/23. 兑换毒债

根据《优先股试点管理办法》的相关规定，我国发行的类别股份仅为可转换债、优先股等，并且在实体上需满足募集资金的法定用途，在程序上需向中国证监会申报。其申请、审核、核准、发行等相关程序参照《上市公司证券发行管理办法》和《证券发行与承销管理办法》的规定。

现行法律框架内是否可以实行该反收购措施的分析和结论：毒丸计划实施的前提是目标公司可以发行类别股，不仅需要股东会的决议，而且需要监管部门的批准，故其作为反收购措施时效性差。

是否适用万某的现实情况（基于公司章程的调查）：（1）万某章程第七节规定了类别股东的特别程序。万某若实行毒丸计划，必须履行这个程序，但履行程序将拖延反收购的进程。（2）万某章程第一百二十三条、第一百二十四条规定了发行可转换债的程序与内容，也即万某发行可转换债需要股东会绝对多数通过。在现有的股权结构下，万某股东会通过此项决议的可能性不大。

（六）焦土政策的适用与建议

24. 皇冠之珠/25. 虚胖战术

根据《上市公司收购管理办法》第三十三条的规定，被收购公司董事会通过处置公司资产、对外投资、调整公司主要业务、担保、贷款等方式，对公司的资产、负债、权益或者经营成果造成重大影响需要经过股东会的批准。在某些情况下，有可能还需要证监会批准。

现行法律框架内是否可以实行该反收购措施的分析和结论：实施此种政策不但使目标公司在实质上受到损失，由于此种政策关系到广大中小股东的利益，在程序上也需股东会通过，甚至需要证监会批准，这将不利于抵御敌意收购者。

是否适用万某的现实情况（基于公司章程的调查）：万某章程第九十四条规定公司增资、减资、购买、出售或担保公司重大资产等事项需要经过股东会三分之二以上多数表决通过。假如万某实行"焦土政策"，在宝某反对的情形下，此政策很难通过。

针对本部分反收购措施的建议：

皇冠之珠、虚胖战术。实施该措施将对公司资产、信誉造成重大影响，侵犯中小股东利益。因此不建议面临收购的公司使用。

（七）以攻为守、拖延战术的适用与建议

26. 帕克门

《公司法》第十五条规定，公司向其他企业投资，依照公司章程的规定，由股东会或董事会决议；且公司章程可以对投资总额和单项投资额作出限定。

现行法律框架内是否可以实行该反收购措施的分析和结论：反向收购属于对外投资，也需要经过董事会或股东会通过，且这种方式对目标公司的资金要求很高。

是否适用万某的现实情况（基于公司章程的调查）：根据万某章程第五十八条规定，公司的投资计划需要公司股东会通过，因此万某如拟收购宝某需经股东会的通过。

27. 讹诈赎金

《上市公司收购管理办法》（2020修正）第八条规定公司并购不得损害公司及股东利益。

现行法律框架内是否可以实行该反收购措施的分析和结论："讹诈赎金"的实际上会损害广大股东利益。无论是国内还是国外，此类方式均为法律所禁止。实施此计划大多是私下进行的。

是否适用万某的现实情况（基于公司章程的调查）：此项措施涉嫌违法，不建议使用。

28. 停牌行政、诉讼措施

（1）停牌是《证券法》赋予上市公司的一种权利，在一定期间内能缓和敌意收购的强度。（2）《上市公司收购管理办法》（2020修正）对收购人的主体资格、信息披露义务以及收购本身的合法性（如反垄断和产业准入和经济安全问题）及收购的程序均有严格规定，而收购人一旦在此方面存在违反或不合规则，可能导致收购被有关监管部门暂停或停止的后果。

现行法律框架内是否可以实行该反收购措施的分析和结论：此措施合法且多次被我国上市公司使用，有很好的效果。

是否适用万某的现实情况（基于公司章程的调查）：万某目前已经实施了停牌计划，有效延缓了宝某系的收购节奏。万某管理层指出的宝某系资金来源等问题就是实施此措施的前奏，后续如何进展，万某是否会向监管部门举报，争取获得政府部门的帮助，值得我们高度关注。

针对本部分反收购措施的建议：

1. 帕克门。根据《公司法》第十五条的规定，公司对外投资事项的决议权可由公司章程自由分配给董事会或股东会，所以为加强公司原董事会的控制权及加快"反收购"的落实速度，上市公司章程可将对外投资的决议权赋予董事会。

2. 停牌措施。反收购并非上市公司停牌的法定事由，上市公司往往会以重大资产重组计划为由停牌。但是如果该计划完全是虚假的，仅仅为反收购而采取的应急之策，则涉嫌违反《上市公司收购管理办法》（2020 修正）的相关规定，有滥用股东权利侵犯其他股东合法权益之嫌疑。

四、深圳地铁参战万某，控制权争夺再起波澜

2016 年 3 月 13 日，万某公告宣布与深圳地铁合作，称其将购买深圳地铁集团持有的目标公司全部或部分股权，且主要以定向增发股份的方式支付对价。这意味着深圳地铁将参战万某控制权之争，那么宝某、华某、安某股份均可能被稀释，其中，宝某系股份被稀释至 20% 左右，华某被稀释至 12% 左右，安某被稀释至 5.5% 左右。2016 年 3 月 17 日万某召开临时股东会，"万某继续停牌"的议案获股东会高票通过。万某此次停牌获得高票通过，看似一片祥和，实则暗流涌动。

宝某系投下赞成票，是万某继续停牌的议案得以顺利通过的关键。其实，宝某这张赞成票看似来得突兀，却又理所当然。因为，匆忙复牌无疑会迎来股票大幅补跌，无论是强行补仓，还是任由万某继续重组，风险都是巨大的。作为目前的第一大股东，宝某顺势而为，等万某重组完成之后审时而退，保护自身利益，才是最稳妥的做法。华某虽然也投了赞成票，同意万某股票继续停牌，但是股东会后，华某却对万某联手深圳地铁一事表示不满，认为万某与深圳地铁的合作公告，没有经过董事会的讨论及决议通过，是万某管理层的擅自决定。华某派驻万某的董事向有关监管部门反映了相关意见，要求万某依法合规经营。一直态度坚定地站在万某背后的华某，突然掉转枪头，倒戈相向，其深层的原因恐怕是万某管理层的擅自行动，使华某股权被稀释，打乱了其全面整合万某的计划。

华某的参战，直接将局势拉入了更加复杂的三足鼎立局面：华某代表的央企势力，宝某代表的民营资本，以及深圳地铁代表的地方国资，三方都想控股，注定你死我活。

结语

在法律专业人士眼中，宝某与万某之争的核心在于上市公司控制权的争夺。

我们无意评判此次"万宝之争"双方的对错成败，也不对此事件中的任何一方持有倾向性立场，纯粹根据公开资料对公司反收购措施进行学术探讨。

由于材料不完整、信息不对称等原因，我们所持的观点可能会有所偏颇，但是希望借此给争夺的双方及其他面临着收购困境和风险的公司一些启发。每一种反并购措施都有利有弊，只有结合公司的实际情况所作的决策才是最合理的。

我们相信，中国的资本市场向来不乏高人，宝某与万某打出的每一张牌都将广泛地吸引人们的眼球，也可能将在未来一定期限内影响中国上市公司收购与反收购法律法规制度的反思和修订，更多的企业家则将更加审慎地重新审查自己的公司章程，看看自己的公司章程中给"野蛮人"隐含的"后门"在哪里……

二、大股东争夺小股东利益的十六个"套路"

（一）大股东争夺小股东利益之"恶意不分红"

001 股东会未作出分红决议，股东可否请求公司分红

1. 关于股东会未作出分红决议，股东可否请求分红的立法现状

对于在股东会未作出分红决议的情况下股东可否请求分红的问题，《公司法》并未作出明确规定。

但《公司法》规定，公司分配利润的，由董事会制订分配方案［《公司法》第六十七条第二款第（四）项］，由股东会负责审批［《公司法》第五十九条第一款第（四）项］。

从《公司法》的上述规定来看，公司利润分配应最终由股东会作出决定，并没有明确赋予股东、董监高等作为个人向法院起诉请求分配公司利润的权利。

《公司法司法解释（四）》第十三条至第十五条，对股东请求公司分配利润的诉讼主体及请求分配利润是否应当由股东会作出决议等问题进行了明确规定。第十四条规定，股东提交载明具体分配方案的股东会或者股东大会的有效决议，请求公司分配利润，公司拒绝分配利润且其关于无法执行决议的抗辩理由不成立的，人民法院应当判决公司按照决议载明的具体分配方案向股东分配利润。第十五条规定，股东未提交载明具体分配方案的股东会或者股东大会决议，请求公司分配利润的，人民法院应当驳回其诉讼请求，但违反法律规定滥用股东权利导致公司不分配利润，给其他股东造成损失的除外。

关于公司利润分配案件的诉讼主体问题，《公司法司法解释（四）》第十三条规定，股东请求公司分配利润案件，应当列公司为被告。一审法庭辩论终结前，其他股东基于同一分配方案请求分配利润并申请参加诉讼的，应当列为共同

原告。

2. 关于股东会未作出分红决议，股东可否请求分红的裁判观点综述

笔者检索和梳理了 10 个最高人民法院及各省高级人民法院的案例，均认为公司是否进行利润分配，属于公司自治事项。在股东会未作出分红决议的情况下，股东无权向法院起诉要求分配利润。

裁判规则一：公司虽有利润，但公司正常发展需要资金，公司可形成不分红决议。

案例 1：最高人民法院审理的陈某与轻某联社企业出资人权益确认纠纷案［（2014）民二终 157 号］认为，轻某联社是否应按相应比例向陈某支付投资收益。陈某主张轻某联社应向其支付其享有股权比例下的投资收益，证据为东某公司年检报告及会计师事务所审计报告等显示东某公司有可供分配的股利和利润，但其未能提供证据证明东某公司实际对股东进行了分红，且东某公司在 1999 年 11 月 4 日已经明确告知山东省某银行，因公司一直处于基建阶段，资金投入较大，未进行过利润分配，故陈某关于分配投资收益的主张证据不充分，本院不予支持。

裁判规则二：（1）在公司董事会、股东会未就公司利润分配方案进行决议之前，公司股东直接向人民法院起诉请求判令公司向股东分配利润缺乏法律依据。（2）股东虽基于投资关系取得利润分配的期待权，但能否转化为具体的利润分配请求权，取决于公司是否盈利以及股东会是否依法作出分配利润的决议等多项条件。（3）在股东会就利润分配的具体方案作出决议之前，股东并不享有利润分配请求权，继而不具有相应的诉权。

案例 2：最高人民法院审理的思某公司与胡某公司盈余分配纠纷案［（2006）民二终 110 号］认为，根据《公司法》第三十八条和第四十六条的规定，有限责任公司利润分配方案应由公司董事会制订并由公司股东会审议批准。2005 年 10 月 27 日修订后的公司法亦保留了上述内容。据此，在公司董事会、股东会未就公司利润分配方案进行决议之前，公司股东直接向人民法院起诉请求判令公司向股东分配利润缺乏法律依据。因此，本案中在思某公司董事会、股东会未就公司利润分配作出决议之前，胡某以股东身份直接向人民法院起诉请求分配公司利润，其诉讼请求本院不予支持。由于公司是否分配利润以及分配多少利润属公司董事会、股东会决策权范畴，原审判决认定思某公司有巨额利润而长期拒不向股东分配损害了占股比例较小的股东的利益，并据此迳行判决公司向股东分配利润，不符合公司利润分配的法律规定，应当予以纠正。

案例3：浙江省高级人民法院审理的凌某某与杭某湾公司公司盈余分配纠纷案［（2016）浙民申1952号］认为，有限责任公司是否分配利润以及分配多少利润属于公司股东会决策范畴。股东虽基于投资关系取得利润分配的期待权，但能否转化为具体的利润分配请求权，取决于公司是否盈利以及股东会是否依法作出分配利润的决议等多项条件。故在股东会作出决议之前，股东直接向人民法院起诉请求判令公司向股东分配利润缺乏法律依据。本案中，杭某湾公司虽未设立股东会，但公司章程明确规定董事会是公司的最高权力机构，有权对公司利润分配方案作出决定。凌某某在一、二审中均未能举证证明杭某湾公司已经就公司盈余分配形成利润分配方案，并经过公司董事会的批准，故其诉讼请求不能得到支持。

案例4：安徽省高级人民法院审理的黄某某与玄某公司公司盈余分配纠纷案［（2016）皖民终760号］认为，依据《公司法》第三十七条、第四十六条、第一百六十六条规定，有限责任公司是否分配利润以及分配多少利润属于公司股东会决议事项。股东基于投资关系取得公司利润分配的期待权，但能否转化为具体的利润分配请求权，取决于公司是否盈利以及股东会是否依法作出分配利润的决议等多项条件。在股东会就利润分配的具体方案作出决议之前，股东并不享有利润分配请求权，继而不具有相应的诉权。现黄某某主张其为玄某公司股东，但其并未举证证明玄某公司股东会已就公司利润分配方案形成决议或玄某公司章程包含利润分配具体方案，故其直接向人民法院起诉请求判令玄某公司分配利润缺乏事实和法律依据。

案例5：最高人民法院审理的刘某某、雷某某、刘某某与电力公司、一审被告矿业公司、一审第三人龙某宜电公司、一审第三人龙某山川公司合同、无因管理、不当得利纠纷案［（2014）民申1166号］认为，公司是否进行利润分配，属于公司自治事项。对于符合法律规定的分配利润条件但连续五年不向股东分配利润的情形，《公司法》仅赋予股东请求公司以合理的价格回购股份的救济权利。而本案中，龙某山川公司章程虽然约定股东会有审议批准公司利润分配方案的职权，但并未约定股东会在公司盈利时必须每年审议批准公司利润分配方案并分配利润，该公司股东之间亦无相应约定。该公司虽然连续四年盈利，但在第五年即2010年年底为亏损，在此情形下，龙某山川公司股东会作出以前年度的利润弥补亏损、不分配利润的决议并未违反《公司法》的规定及公司章程的规定，电力公司参加股东会并在表决时予以同意也未违反法律规定或者相关合同的约定。因此，二审判决认定东梁公司暂时不具备实现利润分配请求权的条件以及电力公司行使股东表决权未损害刘某某、雷某某的权利并无不当。

案例6：山东省高级人民法院审理的苑某某与张某某、治某公司及原审第三人孙某某、王某某侵害企业出资人权益纠纷案［（2011）鲁商终107号］认为，根据《公司法》第三十八条第一款第（六）项规定，股东会有权审议批准公司的利润分配方案和弥补亏损方案。公司是否分配红利，应由股东会决定，上诉人主张通过审计查明公司盈利，迳行判决公司分配红利，没有法律依据。

案例7：河南省高级人民法院审理的沁某公司与冶某兰澳公司、神某公司公司知情权纠纷案［（2011）豫法民一终26号］认为，沁某公司作为独立法人，具有企业经营自主权，公司运行执行的是股东会、董事会决议，公司股利分配属于公司股东大会的决议事项，公司的盈余分配虽然是股东的本质权利，但是公司应否分配利润是公司的商业行为，属于公司自治范围。对于公司长期有可支配利润而不分配，根据《公司法》第七十五条第一款第（一）项"公司连续五年不向股东分配利润，而公司该五年连续盈利，并且符合本法规定分配利润条件的，对股东会该项决议投反对票的股东可以请求公司按照合理的价格收购其股权"的规定，已经对小股东提供了救济途径。

案例8：甘肃省高级人民法院审理的厉某、余某某、马某某、余某、兰州义某公司、南某公司、首某公司、原审被告安某利公司、祁某某、原审第三人西宁义某公司股东资格确认纠纷案［（2013）甘民二终152号］认为，对于厉某应分配利润的主张，其未能提供证据证明西宁义某公司曾经向股东分配过利润，或西宁义某公司股东会形成过分配利润的决议，故对于该上诉请求本院不予支持。

案例9：江苏省高级人民法院审理的金某公司与百某公司股东大会决议效力确认纠纷案［（2010）苏商外终0015号］认为，《公司法》第一百六十七条第四款规定，除公司章程另有规定外，股份有限公司弥补亏损和提取公积金后所余税后利润，按照股东持有的股份比例分配。该款是对公司利润分配权的限制性规定，并非强制公司必须对弥补亏损和提取公积金后所余税后利润进行分配。即是否对弥补亏损和提取公积金后所余税后利润进行分配由公司根据其经营状况自行决定，法律一般并不进行强制干预。《公司法》只是在第七十五条中规定，公司连续五年不向股东分配利润，而公司该五年连续盈利，并且符合本法规定的分配利润条件的，对股东会该项决议投反对票的股东可以请求公司按照合理的价格收购其股权。百某公司《关于 2008 年利润分配的议案》的股东会决议决定，对于 2008 年的利润，不进行分配，也不转增股本。该行为是百某公司对其财产进行处分的行为，是其行使自主经营权的表现，并未违反任何法律规定。因此，金某公司请求确认《关于 2008 年利润分配的议案》的股东会决议无效，没有依据，本院不予支持。

案例 10：浙江省高级人民法院审理的刘某与银某公司公司盈余分配纠纷案[（2016）浙民申 1190 号]认为，根据《公司法》以及银某公司的章程规定，公司是否分配盈余，应当由股东会通过决议。本案刘某作为公司股东，并未提供相关股东会决议作为利润分配的依据，而是通过 2012 年度及之前分配利润以及银某公司提交了审计报告等行为，推断公司有分配利润的决定，缺乏法律和事实依据。

002 已通过的分红决议若做调整须经绝对多数股东同意

公司章程设计要点

为了避免大股东损害小股东利益，可以设计公司章程，规定：利润分配政策需进行调整或者变更的，须经出席股东会的股东所持表决权的三分之二以上通过。

阅读提示

在实践中，公司大股东违反同股同权原则和股东权利不得滥用原则，排挤、压榨小股东，导致公司不分配利润，损害小股东利润分配权的现象时有发生。

通过违规手段在公司中提款的方式更是多种多样，例如，公司不分配利润，但董事、高级管理人员领取过高薪酬；或者由控股股东操纵公司购买与经营无关的财物或者服务，用于其自身使用或者消费；或者隐瞒、转移利润；等等。更有甚者，在股东会对分红的具体方案作出决议后，大股东利用其占有多数表决权的优势，重新通过公司不分红的股东会决议，明目张胆地侵犯小股东的分红权。

小股东如何规避该种出尔反尔的情形呢？在公司设立之初，小股东可以在公司章程中将变更利润分配政策设定为需三分之二以上表决权通过的特别决议。

公司章程参考研究文本

《东北制药章程》（2021 年 7 月版）规定，分配政策的调整及变更：公司根据外部经营环境和自身经营状况可以对公司章程确定的利润分配政策进行调整，调整后的利润分配政策不得违反中国证监会和证券交易所的有关规定。对既定利润分配政策尤其是对现金分红政策作出调整的，需经公司董事会审议后，并经出席股东大会的股东所持表决权的三分之二以上通过，独立董事应对利润分配政策的调整发表独立意见。股东违规占用公司资金情况的，公司应当扣减该股东所分配的现金红利，以偿还其占用的资金。

同类章程条款

笔者查阅了近百家上市公司的公司章程，其中大多数公司章程都将利润分配政策变更为需通过股东会的特别决议，列举如下：

1. 《泸州老窖公司章程》（2022 年 8 月版）第一百七十八条　利润分配政策的调整：（1）如按照既定利润分配政策执行将导致公司重大投资项目、重大交易无法实施，或将对公司持续经营或保持盈利能力构成实质性不利影响的，公司应当调整利润分配政策，调整后的利润分配政策不得违反中国证监会和深圳证券交易所的有关规定。（2）利润分配政策需进行调整或者变更的，须经出席股东大会的股东所持表决权的三分之二以上通过后方可实施。股东大会会议应采取现场投票与网络投票相结合的方式，为公众投资者参与利润分配政策的制定或修改提供便利。公司应当在定期报告中对利润分配政策调整的原因、条件和程序进行详细说明。

2. 《长安汽车公司章程》（2023 年 7 月版）第一百五十八条　利润分配政策的调整：公司如因外部不可抗力或经营环境、自身经营状况发生重大变化确实需要调整或者变更利润分配政策的，经过详细论证后应由董事会作出决议，独立董事发表意见，提交股东大会批准，并经出席股东大会的股东所持表决权的三分之二以上通过。股东大会审议时除现场会议外，公司还应向股东提供网络形式的投票平台。调整后的利润分配政策应不得违反中国证监会以及深圳证券交易所的有关规定。

3. 《仁和药业章程》（2023 年 5 月版）第一百五十五条　公司利润分配方案的调整或变更：公司如遇到战争、自然灾害等不可抗力或者因公司自身生产经营情况发生重大变化、投资规划和长期发展的需要等原因需调整或变更利润分配政策的，应由公司董事会根据实际情况作出专题论证，详细论证调整或变更理由，形成书面论证报告并经独立董事审议后提交股东大会审议。其中，对现金分红政策进行调整或变更的，应在议案中详细论证和说明原因，并经出席股东大会的股东所持表决权的三分之二以上通过；调整后的利润分配政策应以股东权益保护为出发点，且不得违反中国证券监督管理委员会和证券交易所的有关规定。

专业律师分析

根据《公司法》第六十七条及第五十九条的规定，董事会负责制订公司的利润分配方案和弥补亏损方案；股东会负责审议批准公司的利润分配方案和弥补亏损方案。也即是否分配利润以及分配多少利润属于公司股东会决策范畴，属于商业判断和公司自治的范畴。

股东虽基于投资关系取得利润分配的期待权，但能否转化为具体的利润分配请求权，取决于公司是否盈利以及股东会是否依法作出分配利润的决议等多项条件。因此在股东会作出决议之前，股东无权直接要求公司进行分红，人民法院也无权强制公司进行分红。

同时，依据《公司法》第六十六条及第一百一十六条的规定，有限责任公司需要代表过半数表决权的股东通过；股份有限公司则需要经出席股东所持表决权的过半数通过。

当小股东持该决议要求分红时，大股东利用表决权的相对优势或者绝对优势有可能再次组织召开一次股东会，并通过停止或者减少分红的股东会决议。该类决议在召集、表决等程序方面可能属于合法合规，小股东很难通过申请上述决议撤销或者无效，进而要求分红。

所以，小股东有必要在章程设置之初，将调整分红政策的表决权比例提高，将该类决议上升为特别决议，需要经出席股东会的股东所持表决权的三分之二以上通过（有限责任公司为所有股东表决权三分之二以上通过），以防止大股东出尔反尔，任意变更分红决议。

设计建议

第一，从变更公司利润分配决议的前提条件上讲，可在公司章程中将调整的理由作类型化的闭环规定，超出明确列举的事由的，董事会一律不得提案，股东会一律不得批准。例如规定，公司除遇到战争、自然灾害等不可抗力或者因公司自身生产经营情况发生重大变化、投资规划和长期发展的需要等原因需调整或变更利润分配政策的情形外，一律不得对已作出的利润分配决议进行调整；若满足前述条件，由公司董事会根据实际情况作出专题论证，详细论证调整或变更理由，形成书面论证报告并经独立董事审议后提交股东会审议。

第二，从变更公司利润分配决议的程序限制上讲，可将其通过比例调整为需要经出席股东会的股东所持表决权的三分之二以上通过（有限责任公司为所有股东表决权三分之二以上通过）。

条款实例

公司利润分配方案的调整或变更：公司如遇到战争、自然灾害等不可抗力或者因公司自身生产经营情况发生重大变化、投资规划和长期发展的需要等原因需调整或变更利润分配政策的，应由公司董事会根据实际情况作出专题论证，详细论证调整或变更理由，形成书面论证报告并经独立董事审议后提交股东会审议。其中，对现金分红政策进行调整或变更的（亦可将现金分红政策变更为利润分配政策），应在议案中详细论证和说明原因，并经出席股东会的股东所持表决权的三分之二以上通过。

法规链接

《公司法》（2023年修订）

第五十九条　股东会行使下列职权：

……

（四）审议批准公司的利润分配方案和弥补亏损方案；

……

第六十七条　有限责任公司设董事会，本法第七十五条另有规定的除外。

董事会行使下列职权：

……

（四）制订公司的利润分配方案和弥补亏损方案；

……

第二百一十条　……公司弥补亏损和提取公积金后所余税后利润，有限责任公司按照股东实缴的出资比例分配利润，全体股东约定不按照出资比例分配利润的除外；股份有限公司按照股东所持有的股份比例分配利润，公司章程另有规定的除外。

公司持有的本公司股份不得分配利润。

第二百一十一条 公司违反本法规定向股东分配利润的，股东应当将违反规定分配的利润退还公司；给公司造成损失的，股东及负有责任的董事、监事、高级管理人员应当承担赔偿责任。

第二百二十七条 有限责任公司增加注册资本时，股东在同等条件下有权优先按照实缴的出资比例认缴出资。但是，全体股东约定不按照出资比例优先认缴出资的除外。

股份有限公司为增加注册资本发行新股时，股东不享有优先认购权，公司章程另有规定或者股东会决议决定股东享有优先认购权的除外。

《最高人民法院关于适用〈中华人民共和国公司法〉若干问题的规定（四）》（2020年修正）

第十四条 股东提交载明具体分配方案的股东会或者股东大会的有效决议，请求公司分配利润，公司拒绝分配利润且其关于无法执行决议的抗辩理由不成立的，人民法院应当判决公司按照决议载明的具体分配方案向股东分配利润。

第十五条 股东未提交载明具体分配方案的股东会或者股东大会决议，请求公司分配利润的，人民法院应当驳回其诉讼请求，但违反法律规定滥用股东权利导致公司不分配利润，给其他股东造成损失的除外。

延伸阅读

在公司董事会、股东会未就公司利润分配方案进行决议之前，公司股东无权直接向人民法院起诉请求判令公司向股东分配利润。

案例1：最高人民法院审理的思某公司与胡某公司盈余分配纠纷案〔（2006）民二终110号〕认为，根据《公司法》第三十八条和第四十六条的规定，有限责任公司利润分配方案应由公司董事会制订并由公司股东会审议批准。2005年10月27日修订后的公司法亦保留了上述内容。据此，在公司董事会、股东会未就公司利润分配方案进行决议之前，公司股东直接向人民法院起诉请求判令公司向股东分配利润缺乏法律依据。因此，本案中在思某公司董事会、股东会未就公司利润分配作出决议之前，胡某以股东身份直接向人民法院起诉请求分配公司利润，其诉讼请求本院不予支持。由于公司是否分配利润以及分配多少利润属公司董事会、股东会决策权范畴，原审判决认定思某公司有巨额利润而长期拒不向股东分配损害了占股比例较小的股东的利益，并据此迳行判决公司向股东分配利润，不符合公司利润分配的法律规定，应当予以纠正。

案例2：山东省高级人民法院审理的苑某某与张某某、冶某公司及原审第三人孙某某、王某某侵害企业出资人权益纠纷案〔（2011）鲁商终107号〕认为，根据《公司法》第三十八条第一款第（六）项规定，股东会有权审议批准公司的利润分配方案和弥补亏损方案。公司是否分配红利，应由股东会决定，上诉人主张通过审计查明公司盈利，迳行判决公司分配红利，没有法律依据。

案例3：浙江省高级人民法院审理的凌某某与杭某湾公司公司盈余分配纠纷案〔（2016）浙民申1952号〕认为，有限责任公司是否分配利润以及分配多少利润属于公司股东会决策范畴。股东虽基于投资关系取得利润分配的期待权，但能否转化为具体的利润分配请求权，取决于公司是否盈利以及股东会是否依法作出分配利润的决议等多项条件。故在股东会作出决议之前，股东直接向人民法院起诉请求判令公司向股东分配利润缺乏法律依据。本案中，杭某湾公司虽未设立股东会，但章程明确规定董事会是公司的最高权力机构，有权对公司利润分配方案作出决定。凌某某在一、二审中均未能举证证明杭某湾公司已经就公司盈余分配形成利润分配方案，并经过公司董事会的批准，故其诉讼请求不能得到支持。

（二）大股东争夺小股东利益之"滥用表决权决议不按出资比例分红"

001 多数股东决定不按出资比例分红的股东会决议是否有效

裁判要旨

除非全体股东另有约定，否则股东应按照实缴的出资比例分取红利。未经全体股东一致同意，股东会作出不按实缴的出资比例分红或变相分红的股东会决议，该股东会决议无效。

案情简介①

游某某系原开发总公司职工,后开发总公司国企改制,由原公司职工自愿出资组建了开发集团。在此过程中,游某某出资 146669 元,成为开发集团的隐名股东(开发集团工商备案的股东仅为公司工会及自然人邱某)。

2007 年 5 月 18 日,开发集团形成两份股东会决议,开发集团以出资额 10 倍的价格回购了 38 名股东持有的股份,并支付了 38491250 元的股权转让款。

2007 年 11 月 9 日,开发集团董事会形成了《关于认购部分股本的方案》,规定将回购股份以 3849125 元的金额(即回购价格的 10%)进行认购分配,其中 50% 分配给邱某及另外 54 名股东,另外 50% 分配给 3 个董事会成员、10 个公司中层干部以及其他在岗的 31 名股东,全部按一比一的价格进行购买。

2007 年 11 月 27 日,开发集团召开临时股东大会,全部 55 名股东中有 54 人参加,投票表决《关于认购部分股本的方案》,同意的有 47 人,不同意的有 7 人。当天,开发集团形成了《关于认购部分股本的方案》股东会决议。

后游某某诉至法院,主张开发集团不顾游某某等股东的强烈反对,强行通过了损害小股东利益的《关于认购部分股本的方案》股东会决议,请求判令该股东会决议无效。

云南省昆明市中级人民法院一审驳回了游某某的诉讼请求,游某某不服,向云南省高级人民法院提起上诉,云南省高级人民法院改判,支持了其诉讼请求。

裁判要点精要

开发集团为回购股份支出了公司的公积金 38491250 元,之后又以仅 10% 的价格将股份分配给股东,且分配比例并未按照股东的实际出资比例,有明显的倾斜。如此分配方案势必导致部分股东在公司全部出资中所占的比例降低,而由于回购股份使用的是公司的公积金,不仅违反了开发集团公司章程对公积金用途的规定,还直接触动了全体股东的财产积累,从而深刻影响到相关股东的经济利益和经营管理权利。由此可见,开发集团以低股价分配股份的行为,究其实质就是变相分红,但分红又不按实际出资比例,显然损害了部分中小股东的利益。

根据《公司法》第二百一十条第四款"公司弥补亏损和提取公积金后所余税后利润,有限责任公司按照股东实缴的出资比例分配利润,全体股东约定不按

---

① 云南省高级人民法院审理的游某某与开发集团股权确认纠纷案〔(2008)云高民二终 197 号〕。

照出资比例分配利润的除外；股份有限公司按照股东所持有的股份比例分配利润，公司章程另有规定的除外"之规定，该股份认购方案除非全体股东一致认可，否则应为无效。而前述事实表明，有7名股东已经当场表示不认可，故在此种情况下，开发集团强行通过《关于认购部分股本的方案》并形成股东会决议，该股东会决议应当确定为无效。虽然开发集团辩称是为了建立奖励机制，但既然奖励内容已经损害了其他股东的利益，就必须获得其许可，否则也应无效。

实务经验总结

为避免未来发生类似纷争，提出如下建议：

第一，除非全体股东一致同意，否则公司必须按照实缴的出资比例分红。未经全体股东一致同意，未按实缴的出资比例分红或变相分红，会导致有关分红的公司决议无效。

第二，并非只有工商登记的股东才能诉请公司决议无效，实际出资人（隐名股东）在公司内部可享有与正常股东相同的权利义务，其股东地位依法应予保护，可提起公司决议效力诉讼。因此，本案中游某某作为开发集团的隐名股东，可就开发集团内部与其相关的纠纷提起诉讼，依法具备本案的主体资格。

法规链接

《公司法》（2023年修订）

第二十五条 公司股东会、董事会的决议内容违反法律、行政法规的无效。

第二十六条 公司股东会、董事会的会议召集程序、表决方式违反法律、行政法规或者公司章程，或者决议内容违反公司章程的，股东自决议作出之日起六十日内，可以请求人民法院撤销。但是，股东会、董事会的会议召集程序或者表决方式仅有轻微瑕疵，对决议未产生实质影响的除外。

未被通知参加股东会会议的股东自知道或者应当知道股东会决议作出之日起六十日内，可以请求人民法院撤销；自决议作出之日起一年内没有行使撤销权的，撤销权消灭。

第二百二十七条 有限责任公司增加注册资本时，股东在同等条件下有权优先按照实缴的出资比例认缴出资。但是，全体股东约定不按照出资比例优先认缴出资的除外。

股份有限公司为增加注册资本发行新股时，股东不享有优先认购权，公司章程另有规定或者股东会决议决定股东享有优先认购权的除外。

本案链接

以下为该案在法院审理阶段,判决书中"本院认为"就该问题的论述:

2007年5月18日以及2007年11月27日,开发集团形成的两份股东会决议表明,开发集团以出资额10倍的价格回购了38名股东持有的股份,并支付了38491250元的股权转让款。2007年11月9日,开发集团董事会形成了《关于认购部分股本的方案》,规定将回购股份以3849125元的金额进行认购分配,其中50%分配给邱某及另外54名股东,另外50%分配给3个董事会成员、10个公司中层干部以及其他在岗的31名股东,全部按一比一的价格进行购买。2007年11月27日,开发集团召开临时股东大会,全部55名股东(包括邱某在内的全部职工)有54人参加,投票表决《关于认购部分股本的方案》。唱票记录表明,54名股东以记名方式同意的有47人,不同意的有7人。当天,开发集团形成了《关于认购部分股本的方案》股东会决议。

从以上事实可以看出,开发集团为回购股份支出了公司的公积金38491250元,之后又以仅10%的价格将股份分配给股东,且分配比例并未按照股东的实际出资比例,有明显的倾斜。如此分配方案势必导致部分股东在公司全部出资中所占的比例降低,而由于回购股份使用的是公司的公积金,不仅违反了开发集团公司章程对公积金用途的规定,还直接触动了全体股东的财产积累,从而深刻影响到相关股东的经济利益和经营管理权利。由此可见,开发集团以低股价分配股份的行为,究其实质就是变相分红,但分红又不按实际出资比例,显然损害了部分中小股东的利益。

根据《公司法》第三十五条"股东按照实缴的出资比例分取红利;公司新增资本时,股东有权优先按照实缴的出资比例认缴出资。但是,全体股东约定不按照出资比例分取红利或者不按照出资比例优先认缴出资的除外",以及第二十二条"公司股东会或者股东大会、董事会的决议内容违反法律、行政法规的无效……"之规定,该股份认购方案除非全体股东一致认可,否则应为无效。而前述事实表明,有7名股东已经当场表示不认可,故在此种情况下,开发集团强行通过《关于认购部分股本的方案》并形成股东会决议,该股东会决议应当确定为无效。虽然开发集团辩称是为了建立奖励机制,但既然奖励内容已经损害了其他股东的利益,就必须获得其许可,否则也应无效。

（三）大股东争夺小股东利益之"利用关联关系在分红前套取利润"

001 大股东滥用表决权，利用关联关系套取公司利润，作出的董事会决议无效

阅读提示

关联公司一般是指两个或两个以上公司主体形成的一种组织联盟，它们之间存在控制与被控制的关系，在经济活动中统一组织、协同共进以夺取最大的整体利益，甚至有时会舍卒保车，为了整体利益而牺牲个别公司的利益。

我国公司法并未禁止关联公司的存在，也就使得关联公司成为某些大股东为取得整体利益的最大化，而普遍采用的一种组织工具。

关联公司貌似有多个人格独立的法人主体，实则均在大股东或实际控制人的掌控之下。对其中的某个成员公司来讲，为服从关联公司整体利益，成员公司内设的董事、高管可能就不再站在成员公司的立场上考虑问题，而是唯大股东或实际控制人马首是瞻。

为其利益，其可能会滥用多数表决权，将大股东或实际控制人的个人意志，通过股东会或董事会的决议形式上升为公司意志；将"转移利润""贱卖资产""让渡机会""剥离业务"等各种类似"自伤"甚至"自杀"的手段漂白成为公司集体决议的结果。

而现实的情况是，公司股东的构成除了大股东外还有中小股东，公司利益受损大股东获益的同时，小股东只能受损。小股东如何反制呢？难道我国公司法允许关联公司存在的情形下，就放任滥用关联公司侵权的情形吗？下面我们通过一则河北省高级人民法院的案例简要介绍一种规制情形。

裁判要旨

控股股东滥用多数表决权，利用关联关系，通过程序合法的董事会，作出直

接损害公司利益，间接损害小股东利益的董事会决议无效。

案情简介①

石家庄泰某顿公司是太某机械公司和泰某顿香港公司合资成立的合资企业，太某机械公司持有30%股份，泰某顿香港公司持有70%股份。其中，泰某顿香港公司由泰某顿集团全资设立，另外泰某顿集团还全资设立了泰某顿中国技术中心。

石家庄泰某顿公司的董事会由6名董事组成，其中泰某顿香港公司指派4名，其中1名担任董事长；太某机械公司指派2名，其中1名担任副董事长。

2014年3月14日，石家庄泰某顿公司召开董事会会议，其中半数以上的董事通过了石家庄泰某顿公司自2014年起按照年销售额的6%向泰某顿中国技术中心交付技术使用费的决议，其中泰某顿香港公司指派的4名董事同意，太某机械公司指派的2名董事反对。

石家庄泰某顿公司2012年度、2013年度审计报告显示：2012年度公司总销售收入为24407万元，净利润为1311万元，利润率为5.37%；2013年度公司总销售收入为27699万元，净利润为1428万元，利润率为5.16%；参照该数据，缴纳6%技术使用费后，公司将无利润。

此后，太某机械公司以泰某顿香港公司利用其大股东优势地位和关联关系，向公司收取巨额技术服务费，损害公司利益为由，提起确认该决议无效之诉。

该案经石家庄市中级人民法院一审，河北省高级人民法院二审，均判定该董事会决议无效。

裁判要点精要

《公司法》第二十二条第一款规定，公司的控股股东、实际控制人、董事、监事、高级管理人员不得利用关联关系损害公司利益；第二十五条规定，公司股东会、董事会的决议内容违反法律、行政法规的无效。

本案中，如果公司按年度总销售额的6%收取费用，明显高于2012年度和2013年度合资公司的利润率，也未说明充分的理由；且收取费用的泰某顿中国技术中心与交付费用的石家庄泰某顿公司的控股股东泰某顿香港公司均为泰某顿

---

① 河北省高级人民法院审理的太某机械公司与石家庄泰某顿公司、EXPERTCOST公司决议纠纷案[（2015）冀民三终2号]。

集团的全资子公司，也即泰某顿香港公司与泰某顿中国技术中心为关联公司（亲兄弟公司）。如果按照上述比例收取费用，公司将直接无利可得，小股东也无利可得，违反了公司法的有关控股股东和董事等不得利用其关联关系损害公司利益的规定，故该董事会决议无效。

实务经验总结

为防止大股东滥用表决权利用关联关系侵害公司及小股东利益，小股东可以在事前和事后两个方向作出努力。

首先，小股东可以在公司章程中事先规定表决回避制度、一致意见表决制度及竞业禁止制度。我国《公司法》第一百三十九条规定，上市公司董事与董事会会议决议事项所涉及的企业或者个人有关联关系的，该董事应当及时向董事会书面报告。有关联关系的董事不得对该项决议行使表决权，也不得代理其他董事行使表决权。该董事会会议由过半数的无关联关系董事出席即可举行，董事会会议所作决议须经无关联关系董事过半数通过。出席董事会会议的无关联关系董事人数不足三人的，应当将该事项提交上市公司股东会审议。

对于非上市公司也很有必要参考上述规定，规定表决权回避制度：凡是涉及关联交易、关联关系的事项，与该事项有关联关系的股东或者董事不得参与表决。小股东也可以将涉及关联关系的表决事项，采取所有股东或董事一致通过的表决方式。公司章程中也可进一步规定股东的竞业禁止义务，要求公司股东不得再建立关联公司及发生关联交易。

其次，小股东可以在自己或公司权益受到侵害时，向法院直接提起诉讼或提起股东代表诉讼。例如，当大股东滥用表决权，利用关联关系，提前套取公司利润，侵占公司财产，夺取公司商业机会时，小股东可以向法院提起确认股东会决议无效之诉。大股东未经决议，即与关联公司发生关联交易，或直接向其他关联公司转移利润、资产的，小股东可以提起股东代表诉讼，主张撤销该关联交易，或返还公司利益。

法规链接

《公司法》（2023年修订）

第二十一条　公司股东应当遵守法律、行政法规和公司章程，依法行使股东权利，不得滥用股东权利损害公司或者其他股东的利益。

公司股东滥用股东权利给公司或者其他股东造成损失的，应当承担赔偿责任。

第二十二条 公司的控股股东、实际控制人、董事、监事、高级管理人员不得利用关联关系损害公司利益。

违反前款规定，给公司造成损失的，应当承担赔偿责任。

第二十三条 公司股东滥用公司法人独立地位和股东有限责任，逃避债务，严重损害公司债权人利益的，应当对公司债务承担连带责任。

股东利用其控制的两个以上公司实施前款规定行为的，各公司应当对任一公司的债务承担连带责任。

只有一个股东的公司，股东不能证明公司财产独立于股东自己的财产的，应当对公司债务承担连带责任。

第二十四条 公司股东会、董事会、监事会召开会议和表决可以采用电子通信方式，公司章程另有规定的除外。

第二十五条 公司股东会、董事会的决议内容违反法律、行政法规的无效。

第二十六条 公司股东会、董事会的会议召集程序、表决方式违反法律、行政法规或者公司章程，或者决议内容违反公司章程的，股东自决议作出之日起六十日内，可以请求人民法院撤销。但是，股东会、董事会的会议召集程序或者表决方式仅有轻微瑕疵，对决议未产生实质影响的除外。

未被通知参加股东会会议的股东自知道或者应当知道股东会决议作出之日起六十日内，可以请求人民法院撤销；自决议作出之日起一年内没有行使撤销权的，撤销权消灭。

第二十七条 有下列情形之一的，公司股东会、董事会的决议不成立：

（一）未召开股东会、董事会会议作出决议；

（二）股东会、董事会会议未对决议事项进行表决；

（三）出席会议的人数或者所持表决权数未达到本法或者公司章程规定的人数或者所持表决权数；

（四）同意决议事项的人数或者所持表决权数未达到本法或者公司章程规定的人数或者所持表决权数。

第二十八条 公司股东会、董事会决议被人民法院宣告无效、撤销或者确认不成立的，公司应当向公司登记机关申请撤销根据该决议已办理的登记。

股东会、董事会决议被人民法院宣告无效、撤销或者确认不成立的，公司根据该决议与善意相对人形成的民事法律关系不受影响。

第二百六十五条 本法下列用语的含义：

（一）高级管理人员，是指公司的经理、副经理、财务负责人，上市公司董事会秘书和公司章程规定的其他人员。

（二）控股股东，是指其出资额占有限责任公司资本总额超过百分之五十或者其持有的股份占股份有限公司股本总额超过百分之五十的股东；出资额或者持有股份的比例虽然低于百分之五十，但依其出资额或者持有的股份所享有的表决权已足以对股东会的决议产生重大影响的股东。

（三）实际控制人，是指通过投资关系、协议或者其他安排，能够实际支配公司行为的人。

（四）关联关系，是指公司控股股东、实际控制人、董事、监事、高级管理人员与其直接或者间接控制的企业之间的关系，以及可能导致公司利益转移的其他关系。但是，国家控股的企业之间不仅因为同受国家控股而具有关联关系。

《最高人民法院关于适用〈中华人民共和国公司法〉若干问题的规定（五）》（2020年修正）

第一条 关联交易损害公司利益，原告公司依据民法典第八十四条、公司法第二十一条规定请求控股股东、实际控制人、董事、监事、高级管理人员赔偿所造成的损失，被告仅以该交易已经履行了信息披露、经股东会或者股东大会同意等法律、行政法规或者公司章程规定的程序为由抗辩的，人民法院不予支持。

公司没有提起诉讼的，符合公司法第一百五十一条第一款规定条件的股东，可以依据公司法第一百五十一条第二款、第三款规定向人民法院提起诉讼。

第二条 关联交易合同存在无效、可撤销或者对公司不发生效力的情形，公司没有起诉合同相对方的，符合公司法第一百五十一条第一款规定条件的股东，可以依据公司法第一百五十一条第二款、第三款规定向人民法院提起诉讼。

本案链接

以下为该案在法庭审理阶段，判决书中"本院认为"就该问题的论述：

本院认为……关于《泰某顿中国技术中心自2014年其向合资公司收费决议》是否有效的问题。根据石家庄泰某顿公司2012年度、2013年度审计报告的内容，2012年总销售额24407万元，净利润1311万元，如果按照总销售额的6%收取研发费用为1464.42万元，高于当年度的净利润。2013年总销售额27699万元，净利润1428万元，如果按照总销售额的6%收取研发费用为1661.94万元，亦高于当年度的净利润。且收取费用的泰某顿中国技术中心与交付费用的石家庄泰某顿公司的控股股东泰某顿香港公司均为泰某顿集团的全资子公司。根据我国《公司法》第二十一条第一款："公司的控股股东、实际控制人、董事、监事、高级管理人员不得利用其关联关系损害公司利益"的规定，该决议所确定的向合资公司按年度总销售额的6%收取费用的内容损害了公司利益。因此，该决议无效。石家庄泰某顿公司关于"该决议并不违反法律行政法规的规定，原审判决该决议无效是错误的"的上诉理由不能成立。

延伸阅读

裁判规则：公司法并非完全禁止关联交易，只是禁止不公正的关联交易，有直接股权关系为自我交易，仅董事高管为同一人为关联交易。

案例：江苏省宿迁市中级人民法院审理的东某公司与立某公司技术转让合同纠纷案［（2013）宿中知民初0051号］认为，本案首先应依照法律和公司章程界定案涉技术转让协议的交易性质。《公司法》第二十一条第一款规定，"公司的控股股东、实际控制人、董事、监事、高级管理人员不得利用其关联关系损害公司利益"。第一百四十八条第一款第（四）项规定，"董事、高级管理人员不得有下列行为：……（四）违反公司章程的规定或者未经股东会、股东大会同意，与本公司订立合同或者进行交易……"从上述法律规定看，两个条文分别对关联交易和自我交易作出了规定。从原告东某公司的章程中关于公司董事的忠实义务的规定第（四）项"董事不能违反本章程的规定或未经股东大会同意，与本公司订立合同或者进行交易"以及第（九）项"董事不得利用其关联关系损害公司利益"的内容看，东某公司的章程同样将关联交易和自我交易作为不同的内容规定为董事及高级管理人员的忠实义务内容。本案中，张某仁作为东某公司的股东和总经理，同时也系立某公司的执行董事和法定代表人，东某公司与立某公司因张某仁在两公司的特殊身份具有关联关系，两公司之间签订案涉技术转让协议构成关联交易。但因张某仁并非立某公司股东，立某公司的利益与张某仁自身的利益存在不同，与东某公司进行交易的系立某公司，而非该公司董事及高级管理人员张某仁，因而，两公司之间签订案涉技术转让协议不构成张某仁与东某公司的自我交易。综上，案涉交易应受上述《公司法》第二十一条第一款的规定规制，而不适用第一百四十八条第一款第（四）项规定，也应受东某公司章程第九十八条第（九）项的规定规制，而不适用第九十八条第（四）项规定。从关联交易的法律规定看，该规定的立法目的在于防止公司高级管理人员利用关联交易损害公司利益，禁止不公正的关联交易，而并非禁止关联交易。依该规定，认定案涉技术转让协议是否无效的关键在于该交易是否损害东某公司利益，即张某仁是否违反法律和公司章程的规定，利用其作为东某公司高级管理人员的身份和便利，实施了为其作为法定代表人的立某公司谋取不正当利益、损害东某公司利益的行为。根据"谁主张，谁举证"的原则，应由原告东某公司对此承担相应的证明责任。本案中，东某公司仅举证案涉交易未经东某公司股东会或董事会表决这一程序性事实，并未提供证据证明案涉交易实质上损害了东某公司的相关经济利益并造成东某公司损失。另外，案涉技术转让协议由东某公司工作人员曾某山到省技术管理部门办理认定手续，东某公司也无证据证明东某公司公章由总经理张某仁控制并由其在技术转让协议上加盖，因而，东某公司主张"张某仁私自利用其掌握东某公司公章之便，与其实际控制并担任法定代表人的立某公司签订了《技术转让协议书》"的事实无证据证实，本院不予采信。且从东某公司在案涉技术转让协议签订之前召开的第三次临时股东大会决议内容看，东某公司在公司经营范围中增加了生产与销售尼龙油水箱，而案涉技术转让协议的交易标的主要为尼龙油水箱的技术，由此判断，东某公司股东知晓该公司与立某公司之间有关案涉技术转让的可能性较大。同时，从本案中被告立某公司所举的相关证据看，能够形成证据优势，证明东某公司已就案涉转让协议中涉及的一部分技术进行了实际掌握、控制和运用。综上，在东某公司不能举证证明案涉协议损害东某公司利益的情况下，不能认定涉案交易违反了法律或公司章程中关联交易的规定，涉案《技术转让协议书》不能认定为无效。

002 关联交易合法有效的三要素：信息披露、程序合法、对价公允

裁判要旨

公司法并未禁止关联交易，仅对"利用关联关系损害公司利益"的行为进行规范。合法有效的关联交易应当同时满足以下三个条件：交易信息披露充分、

交易程序合法、交易对价公允。

案情简介①

真某夫公司于2007年7月19日成立，主要股东为蔡某标、潘某海。蔡某标与蔡某红是兄妹关系，蔡某红与王某斌是夫妻关系。王某斌是个体工商户志某源经营部的经营者。

志某源经营部与真某夫公司签订《采购合同》，约定志某源经营部向真某夫公司供应厨具、禽类等产品。同时，真某夫公司设立了采购审批制度，由采购委员会决定供应商。

除志某源经营部之外，真某夫公司在类似产品上还存在数家供应商，志某源经营部的供货价格与其他供应商基本相当。

2008年，真某夫公司召开董事会，潘某海、蔡某标均出席，并作出停止关联交易的董事会决议。虽然真某夫公司作出决议，但是由蔡某标实际控制的志某源经营部并未停止与真某夫公司发生交易。

此后，潘某海与蔡某标矛盾激化，潘某海通过行使股东知情权，通过司法审计，发现蔡某标犯罪线索，最终蔡某标被判刑入狱。潘某海控制公司后，以蔡某标存在关联交易侵害公司权益为由，要求其返还关联交易所得。

本案经广东省东莞市第二人民法院一审、东莞市中级人民法院二审，判定关联交易合法，驳回真某夫公司的诉讼请求。

裁判要点精要

我国公司法并未禁止关联交易，仅对"利用关联关系损害公司利益"的行为进行规范。合法有效的关联交易应当同时满足以下三个条件：交易信息披露充分、交易程序合法、交易对价公允。

涉案交易是否属于合法有效的关联交易，主要从上述三个条件分析：

首先，从2008年4月19日真某夫公司的董事会决议及记录载明的参加会议人员以及议案情况来看，真某夫公司各股东对于蔡某标存在关联交易的行为是知晓的，没有证据显示蔡某标隐瞒或未充分披露涉案交易信息。

其次，真某夫公司采购货物由专门的采购委员会审核通过，无证据显示蔡某

---

① 广东省东莞市中级人民法院审理的真某夫公司与蔡某标、王某斌公司关联交易损害责任纠纷案[（2015）东中法民二终1913号]。

标影响采购委员会选定供应商或采购货物的价格。

最后，无证据显示案涉交易存在价格不公允的情况，且有证据显示志某源经营部最终供货价格比其他供应商还要便宜。

综上，该案关联交易合法有效。另外，真某夫公司并未提供证据证明涉案关联交易损害了其利益，故不能要求蔡某标承担赔偿责任。

实务经验总结

为避免未来发生类似纠纷，提出如下建议：

第一，在这类案件中如何有效抗辩才能胜诉免责？在一些案件中，因为关联交易损害公司利益，原告公司依据《公司法》第二十二条规定请求控股股东、实际控制人、董事、监事、高级管理人员赔偿所造成的损失，被告的抗辩理由往往是：（1）该交易已经股东会或者股东会同意；（2）该交易已经履行了信息披露等法律、行政法规或者公司章程规定的程序。这种抗辩人民法院不予支持。必须还要证明：关联交易没有损害公司利益，切记要组织证据证明"交易对价公允"。

第二，如何对待关联交易？我国公司法并非完全禁止关联交易，只是对于损害公司利益的关联交易予以禁止。从某种意义上讲，关联交易可以降低交易成本，提高资金的使用效率，加强企业间的合作，形成规模效应，也可通过某些价格安排，降低企业税负。

第三，发生关联交易时，如何起草关联交易的协议确保合法有效？公司控股股东、实际控制人、董监高等若要保证关联交易合法有效，需要满足"交易信息披露充分、交易程序合法、交易对价公允"三个条件。交易信息披露充分需要将交易主体、交易内容、交易条件等信息真实、准确、及时、完整地披露给公司、股东等利益相关者；交易程序合法是指交易需要符合公司股东会或董事会制定的采购制度与流程，而不应受公司内部关联方的影响；交易对价公允是指交易价格公平合理，同等条件下不高于其他供应商，不存在侵害公司利益的情形。

法规链接

《公司法》（2023 年修订）

第二十二条 公司的控股股东、实际控制人、董事、监事、高级管理人员不得利用关联关系损害公司利益。

违反前款规定，给公司造成损失的，应当承担赔偿责任。

第二百六十五条 本法下列用语的含义：

（一）高级管理人员，是指公司的经理、副经理、财务负责人，上市公司董事会秘书和公司章程规定的其他人员。

（二）控股股东，是指其出资额占有限责任公司资本总额超过百分之五十或者其持有的股份占股份有限公司股本总额超过百分之五十的股东；出资额或者持有股份的比例虽然低于百分之五十，但依其出资额或者持有的股份所享有的表决权已足以对股东会的决议产生重大影响的股东。

（三）实际控制人，是指通过投资关系、协议或者其他安排，能够实际支配公司行为的人。

（四）关联关系，是指公司控股股东、实际控制人、董事、监事、高级管理人员与其直接或者间接控制的企业之间的关系，以及可能导致公司利益转移的其他关系。但是，国家控股的企业之间不仅因为同受国家控股而具有关联关系。

《最高人民法院关于适用〈中华人民共和国公司法〉若干问题的规定（五）》（2020年修正）

第一条 关联交易损害公司利益，原告公司依据民法典第八十四条、公司法第二十一条规定请求控股股东、实际控制人、董事、监事、高级管理人员赔偿所造成的损失，被告仅以该交易已经履行了信息披露、经股东会或者股东大会同意等法律、行政法规或者公司章程规定的程序为由抗辩的，人民法院不予支持。

公司没有提起诉讼的，符合公司法第一百五十一条第一款规定条件的股东，可以依据公司法第一百五十一条第二款、第三款规定向人民法院提起诉讼。

本案链接

以下为该案在法院审理阶段，判决书中"本院认为"就该问题的论述：

本院认为：本案为公司关联交易损害责任纠纷。蔡某标为真某夫公司的股东，其与蔡某红是兄妹关系，王某斌和蔡某红为夫妻关系，本案所涉个体工商户志某源经营部的经营者为王某斌，基于蔡某标、蔡某红、王某斌之间的亲属关系发生的案涉交易可能导致公司利益转移，依据《公司法》第二百一十六条第（四）项之规定，原审法院认定蔡某标、蔡某红、王某斌之间的关系构成关联关系，东莞真某夫公司与志某源经营部之间的基于买卖合同存在的交易行为为关联交易正确。我国并未禁止关联交易，依据《公司法》第二十一条规定："公司的控股股东、实际控制人、董事、监事、高级管理人员不得利用其关联关系损害公司利益。违反前款规定，给公司造成损失的，应当承担赔偿责任。"公司法仅对"利用关联关系损害公司利益"的行为进行规范。原审法院对此认定正确。依照《民事诉讼法》第一百六十八条的规定，本院针对上诉人东莞真某夫公司上诉请求的有关事实和适用法律进行审查，结合双方的诉辩意见，归纳本案二审的争议焦点为：一、被上诉人有无利用关联关系损害上诉人的利益；二、上诉人的诉讼请求是否已经超过诉讼时效。

关于争议焦点一。如前所述，我国公司法并未禁止关联交易，仅对"利用关联关系损害公司利益"的行为进行规范。合法有效的关联交易应当同时满足以下三个条件：交易信息披露充分、交易程序合法、交易对价公允。案涉交易是否属于合法有效的关联交易，本院围绕上述三个条件审查分析如下：首先，从2008年4月19日真某夫公司《2008年第三次董事会记录》、2009年1月5日《临时董事会纪要》载明的参加会议人员以及议案情况来看，真某夫公司的各股东对于蔡某标存在关联交易的行为是知晓的，没有证据显示蔡某标隐瞒或未充分披露案涉交易信息。其次，从《异动提议审批表》记录情况以及冼某祥在《询问笔录》中的陈述可知，真某夫公司采购货物由专门的采购委员会审核通过，现无证据显示蔡某标影响采购委员会选定供应商或采购货物的价格。最后，现无证据显示案涉交易存在价格不公允的情况，且编号为PB0812012.采购委员会日期为2009年4月20日的《异动提议审批表》显示志某源经营部最终供货价格比其他供应商"温氏"还要便宜0.1元。综合以上三个交易条件分析，原审法院认定现有证据显示案涉交易均为合法有效的关联交易并无不当。真某夫公司主张案涉关联交易损害了其利益，依据《民事诉讼法》第六十四条第一款规定，真某夫公司应举证证明案涉关联交易损害了其利益，否则真某夫公司应自行承担举证不能的不利后果。

(四) 大股东争夺小股东利益之"恶意转移公司主营业务"

001 股东违反章程将主营业务交其他公司经营，应赔偿公司营业损失

裁判要旨

股东违反股东间约定将公司主营业务交由其他公司经营，致使公司经营基础丧失，有违正常的商业道德和商业伦理，侵害了公司的权利，应当赔偿公司因此遭受的营业损失。

案情简介[①]

根据税务总局相关文件，航某信息公司为防伪税控业务的特许方，有权授权其他公司防伪税控业务服务单位资格。

2003年，航某信息公司与青岛金某祺公司等共同设立青岛金某1公司。经股权转让，航某信息公司、青岛金某祺公司持股比例分别为51%、49%。青岛金某1公司的公司章程约定航某信息公司授权青岛金某1公司为防伪税控系统青岛市唯一的省级服务单位。

2005年11月28日，航某信息公司向青岛金某祺公司提出组建青岛航某信息公司，由航某信息公司、青岛金某祺公司、运某公司、金某2公司四方共同出资，持股比例分别为51%、19%、19%、11%。该公司设立后专门从事青岛市范围内防伪税控系统业务，其他方均不再从事相关业务。青岛金某祺公司对该提议予以拒绝。

2006年3月，航某信息公司与运某公司、金某2公司设立青岛航某信息公司，三方分别持股61%、25%、14%。

[①] 最高人民法院审理的金某祺公司与航某信息公司、青岛航某信息公司与公司有关的纠纷案[（2015）民提123号]。

2006年4月3日,航某信息公司向法院起诉,要求解散青岛金某1公司,后被法院驳回。

2006年4月25日,航某信息公司向青岛金某1公司发函,称其存在诸多严重违规行为,决定取缔其省级服务单位资格。当日,航某信息公司向青岛市国税局发函,称取缔青岛金某1公司省级服务单位资格,上述职能由青岛航某信息公司承担。后相关业务均由青岛航某信息公司经营,青岛金某1公司再没有产生营业收入。

后金某祺公司向青岛金某1公司董事会和监事发函,提出因航某信息公司将主营业务交给青岛航某信息公司,侵害了青岛金某1公司的权益,请求提起诉讼。在董事会和监事拒绝起诉的情况下,金某祺公司向法院起诉,请求判令航某信息公司及青岛航某信息公司赔偿青岛金某1公司1457.92万元。

本案历经北京市第一中级人民法院一审、北京市高级人民法院二审,均判决航某信息公司赔偿青岛金某1公司277.696万元,金某祺公司向最高人民法院申请再审,最高人民法院判决航某信息公司赔偿青岛金某1公司846.9728万元。

裁判要点精要

在航某信息公司与青岛金某祺公司等共同设立青岛金某1公司,且航某信息公司已授权青岛金某1公司为防伪税控系统青岛市唯一的省级服务单位的情况下,航某信息公司又撇开青岛金某祺公司,直接与运某公司、金某2公司合作设立了与青岛金某1公司经营相同业务的青岛航某信息公司,并实施了通过司法诉讼意图解散青岛金某1公司、取缔青岛金某1公司的防伪税控服务单位资格、将青岛金某1公司的员工推荐到青岛航某信息公司就业等一系列的行为,使得青岛金某1公司的经营基础丧失,其行为有违正常的商业道德和商业伦理,系故意实施侵权行为以侵害他人权利。青岛金某1公司因航某信息公司的上述侵权行为遭受了营业损失。

关于航某信息公司对青岛金某1公司承担的损失赔偿数额,最高人民法院认为:在青岛航某信息公司成立之前,青岛地区的防伪税控业务是由青岛金某1公司、运某公司、金某2公司共同经营。考虑到青岛金某1公司与航某信息公司所从事的业务均具有特许经营的同质性,可以将航某信息公司在青岛航某信息公司中所占的61%的股权比例作为确定青岛金某1公司、运某公司和金某2公司此前所占市场份额的参考依据,即在青岛航某信息公司所获得的经营利润中,有61%

的经营利润是原本应该由青岛金某1公司获得的。据此，最高人民法院判决航某信息公司赔偿青岛金某1公司846.9728万元。

实务经验总结

为避免未来发生类似纠纷，提出如下建议：

第一，希望自己的伙伴（股东）专一地和自己经营公司而不另行和其他股东设立经营同类业务的公司，需要通过股东协议、公司章程等合同方式约定，而不能寄希望于法律的规定，因为法律并无类似规定。《公司法》仅对公司董事、高级管理人员"自营或者为他人经营与其任职公司同类的业务"作出了限制性规定，即必须经过股东会或者股东会同意，否则所得的收入归公司所有。但《公司法》并未明确限制或禁止股东另行经营与公司同类的业务，因此当事人的约定尤为重要。

笔者建议，股东协议、公司章程应对限制或禁止股东经营（包括自营，以及与他人合作、另行设立公司等方式经营）与公司同类的业务作出规定，或明确写明公司是从事相关业务的唯一主体。

实践中很常见的现象是，在公司设立或股权转让时一方股东口头承诺有关业务都放在公司中经营，其他股东信以为真，却没有将该承诺落实到纸面上。当该股东进入公司后，又没有履行承诺，其他股东也无可奈何。

第二，商事主体进行商事活动、从事商业行为，应当遵守商业道德和伦理，信守诚实信用的基本原则。与商业合作伙伴发生分歧、争议时，应当通过商业谈判、诉讼仲裁等手段解决，不可实施故意的侵权行为，否则应当承担由此而产生的法律责任。

法规链接

《公司法》（2023年修订）

第一百八十九条 董事、高级管理人员有前条规定的情形的，有限责任公司的股东、股份有限公司连续一百八十日以上单独或者合计持有公司百分之一以上股份的股东，可以书面请求监事会向人民法院提起诉讼；监事有前条规定的情形的，前述股东可以书面请求董事会向人民法院提起诉讼。

监事会或者董事会收到前款规定的股东书面请求后拒绝提起诉讼，或者自收到请求之日起三十日内未提起诉讼，或者情况紧急、不立即提起诉讼将会使公司利益受到难以弥补的损害的，前款规定的股东有权为公司利益以自己的名义直接向人民法院提起诉讼。

他人侵犯公司合法权益，给公司造成损失的，本条第一款规定的股东可以依照前两款的规定向人民法院提起诉讼。

公司全资子公司的董事、监事、高级管理人员有前条规定情形，或者他人侵犯公司全资子公司合法权益造成损失的，有限责任公司的股东、股份有限公司连续一百八十日以上单独或者合计持有公司百分之一以上股份的股东，可以依照前三款规定书面请求全资子公司的监事会、董事会向人民法院提起诉讼或者以自己的名义直接向人民法院提起诉讼。

本案链接

以下为该案在法院审理阶段，判决书中"本院认为"就该问题的论述：

本院认为：本案中，航某信息公司为整合青岛市防伪税控服务体系，将青岛金某1公司、运某公司、金某2公司这三家业已存在的服务单位整合为一个服务平台，拟新设青岛航某信息公司统一运营青岛市的增值税防伪税控服务业务。其在2005年11月28日提出的《组建协议》和章程中所提出的方案是航某信息公司、青岛金某祺科技公司、运某公司、金某2公司在新设公司中各占股51%、19%、19%、11%。青岛金某祺科技公司认为该方案扩大了航某信息公司的权益，侵害了青岛金某祺科技公司的权益，主张按照之前青岛金某1公司和运某公司、金某2公司所占的市场份额，运某公司和金某2公司在新公司中占比30%，其余70%由航某信息公司和青岛金某祺科技公司按照双方在青岛金某1公司中51%和49%的持股比例相应划定。本院认为，根据本案的实际情况，青岛金某祺科技公司的这一利益诉求，有其相应的事实依据和正当理由。但面对这一分歧，航某信息公司没有选择通过商业谈判来加以解决，而是撇开青岛金某祺科技公司，直接与运某公司、金某2公司合作设立了与青岛金某1公司经营相同业务的青岛航某信息公司，并实施了通过司法诉讼意图解散青岛金某1公司、取缔青岛金某1公司的防伪税控服务单位资格、将青岛金某1公司的员工推荐到青岛航某信息公司就业等一系列的行为，使得青岛金某1公司的经营基础丧失。《公司法》第一百五十一条规定：有限责任公司公司合法权益受到他人侵犯，给公司造成损失的，股东在公司、董事会、监事会收到其提交的书面请求后拒绝提起诉讼的，有权为了公司的利益以自己的名义直接向人民法院提起诉讼。本案中，青岛金某祺科技公司于2008年2月14日分别向青岛金某1公司董事会和两名监事发出《关于依法维护公司权益的函》，提出因航某信息公司将公司主营业务交其控股公司青岛航某信息公司，致使青岛金某1公司无法按照公司章程正常经营，系航某信息公司利用关联公司侵害了青岛金某1公司的权益，请求依法提起诉讼。在公司董事会和监事拒绝提起诉讼的情况下，青岛金某祺公司向一审法院提起本案诉讼，符合法律规定。原审判决将本案案由认定为股东代表诉讼纠纷正确，本院予以确认。《合同法》第一百二十二条规定："因当事人一方的违约行为，侵害对方人身、财产权益的，受损害方有权选择依照本法要求其承担违约责任或者依照其他法律要求其承担侵权责任。"虽然航某信息公司与青岛金某1公司之间存在合同关系，但从青岛金某祺科技公司的一审诉讼请求及其理由来看，其核心诉求是主张航某信息公司实施的设立青岛航某信息公司经营同类业务、取缔青岛金某1公司的防伪税控服务单位资格系侵权行为并应承担相应的赔偿责任，故原审判决以当事人之间的合同关系为依据对本案进行审理，偏离了当事人的诉讼请求，本院予以纠正。

关于航某信息公司取缔青岛金某1公司的防伪税控服务单位资格是否构成侵权行为并应承担相应的赔偿责任的问题。航某信息公司与青岛金某1公司于2005年12月27日签订的《开票金税卡加密加载软件及设备安全保管与使用协议》约定：青岛金某1公司必须在加载工作完成后的10个工作日内将加密加载设备如数返还航某信息公司，自该协议签订之日起，青岛金某1公司负责区域内发生任何违反该协议规定的行为时，航某信息公司有权对青岛金某1公司采取相应的惩罚措施，包括取消服务单位资格等。在本案诉讼过程中，航某信息公司主张其系因青岛金某1公司没有返还加密加载设备这一违约行为而取消其服务资格。对此，本院认为，首先，根据相关规章的要求，撤销青岛金某1公司防伪税控服务单位资格必须符合一定的条件。《增值税防伪税控系统服务监督管理办法》第十六条规定了取消服务单位资格的条件，明确该资格的取消必须符合两个条件：在实体方面，必须有违反该办法规定的行为；在程序方面，必须由当地税务机关向上一级税务机关报告，由上一级税务机关会同授权单位进行联合调查，经调查属实的，才能由授权单位进行严肃处理，直至终止其服务资格。由此可见，航某信息公司并没有随意解除青岛金某1公司授权单位服务资格的权力。故原审判决关于国家税务总局赋予航某信息公司对防伪税控系统省级服务单位和省内服务网络负责建立和管理的权力后，没有对航某信息公司授权及取消服务单位资格的方式予以限制的认定不当，本院予以纠正。其次，航某信息公司于 2006 年 4 月 25 日作出的关于取缔青岛金某 1 公司的省级服务单位资格的通知中，只是笼统地指称青岛金某 1 公司存在"诸多严重违规行为"，并未具体指明青岛金某 1 公司系因没有依约返还加密加载设备而被取消服务单位资格，且本案中并无证据表明青岛金某 1 公司股东之间的内部分歧已直接影响到该公司对外业务的开展及服务的提供。本院注意到，自 2005 年 8 月 8 日开始，青岛金某 1 公司的董事长和总经理分别由航某信息公司委派的龚某国和王某猛出任，在这种管理和控制格局下，即便发生未按时返还加密加载设备的问题，正常情况下控股股东也不会对子公司采用取消服务单位资格这种使其无法正常经营和存续的极端措施。故航某信息公司在诉讼中提出的青岛金某 1 公司系因未依约返还加密加载设备而被取消服务资格的抗辩理由，难以令人信服，本院不予采信。最后，从航某信息公司实施系列行为的时间顺序来看，取缔青岛金某 1 公司的服务资格是其故意实施的侵权行为。本案中，航某信息公司在其 2005 年 11 月 28 日提出的《组建协议》和章程被青岛金某祺科技公司拒绝后，因 2006 年 2~3 月双方因为总经理王某猛的任职等事宜发生分歧及青岛金某祺科技公司不同意其关于设立新公司统一开展青岛地区的防伪税控业务的方案内容，航某信息公司于 2006 年 3 月 22 日与运某公司、金某 2 公司共同设立青岛航某信息公司，于同年 4 月 3 日即向法院提起诉讼要求解散青岛金某 1 公司，继而于 4 月 25 日发文取缔青岛金某 1 公司的服务资格，将其所有业务交由青岛航某信息公司承担。从航某信息公司实施的一系列行为来看，其之所以终止青岛金某 1 公司的服务单位资格，是在与青岛金某祺科技公司就新设公司中的股权比例划分不能达成一致意见的情况下，利用其垄断经营防伪税控系统企业专用设备的发售管理，负责管理和建立省级服务单位和相应服务网络的优势地位，单方、恣意配置其所掌控的垄断资源，无视青岛金某 1 公司及其另一股东青岛金某祺科技公司的正当利益诉求，另行设立青岛航某信息公司经营同类业务，并对青岛金某 1 公司的经营业务资格予以剥夺，其行为有违正常的商业道德和商业伦理，系故意实施侵权行为以侵害他人权利。《民法通则》第一百零六条第二款规定："公民、法人由于过错侵害国家的、集体的财产，侵害他人财产、人身的，应当承担民事责任。"根据青岛金某 1 公司章程的规定，该公司的唯一经营范围是防伪税控业务，且该业务具有专营的特殊性，在服务资格被终止后，青岛金某 1 公司的业务无法开展，公司难以为继，故应当认定航某信息公司的侵权行为给青岛金某 1 公司所造成的损失即为该公司因此所受的营业损失。

关于航某信息公司对青岛金某1公司承担的损失赔偿数额问题。本案的实际情况表明，在青岛航某信息公司成立之前，青岛地区的防伪税控业务是由青岛金某1公司、运某公司、金某2公司共同经营。对三方各自占有的市场份额，青岛金某祺科技公司虽然主张青岛金某1公司占有70%的市场份额，但未能提供相应的证据加以证明。考虑到青岛金某1公司与航某信息公司所从事的业务均具有特许经营的同质性，本院认为，可以将航某信息公司在青岛航某信息公司中所占的61%的股权比例作为确定青岛金某1公司、运某公司和金某2公司此前所占市场份额的参考依据。由此，本院认定，在青岛航某信息公司所获得的经营利润中，有61%的经营利润是原本应该由青岛金某1公司获得的。故对青岛金某祺科技公司所主张的青岛航某信息公司所取得的全部利润即为青岛金某1公司的损失这一诉讼理由，本院部分予以支持。根据本案查明的事实，青岛航某信息公司2006年度的经营利润为500.79万元，2007年度的经营利润为887.69万元，合计为1388.48万元，扣除运某公司和金某2公司按股权比例应得的39%的份额之后，航某信息公司的应得利润为846.9728万元，因本案纠纷系航某信息公司故意实施侵权行为所致，故本院认定该846.9728万元利润即为青岛金某1公司2006年和2007年度的经营利润损失，不再考虑是否实际参与经营管理等其他因素加以酌减。

（五）大股东争夺小股东利益之"擅自转移公司核心资产"

001 未经股东会同意，法定代表人将公司财产低价转让给关联公司，合同效力如何认定

裁判要旨

法定代表人以明显不合理的低价将公司所有的探矿权转让给其关联公司，属于"恶意串通，损害国家、集体或者第三人利益"的情形，故转让合同无效。

案情简介①

2004年，青海森某（外商独资公司，董事长、法定代表人为梁某某）取得内蒙古某探矿权。2007年1月，经政府批准，香港水某会将其持有的青海森某100%的股份转让给香港森某。

2009年7月，青海森某董事会作出决议，将涉案探矿权转让给即将成立的内蒙小红山源某。同年9月，香港森某作出董事会决议：罢免青海森某现时所有董事及法定代表人，但未办理工商登记。同年10月，源某矿业（梁某某于2008年在香港设立）在内蒙古设立内蒙小红山源某，法定代表人为梁某某。同年11月，青海森某和内蒙小红山源某签订了《探矿权变更协议》，约定青海森某将案涉探矿权人变更为内蒙小红山源某，转让价800万元（实际付款8790345元）。并办理了变更登记，登记书载明已完成的勘查投入为3200万元，勘查面积为15.47平方公里。2012年，内蒙小红山源某取得了0.888平方公里的采矿许可证。

香港森某向西宁市中级人民法院提起诉讼，请求确认《探矿权变更协议》无效。西宁市中级人民法院判决支持了香港森某的请求。

内蒙小红山源某、青海森某不服西宁市中级人民法院判决，上诉至青海省高级人民法院。青海省高级人民法院认为，香港森某作为独立的公司法人，违背合同相对性原则，主张内蒙小红山源某与青海森某签订的《探矿权转让协议》无效缺乏事实和法律依据，判决驳回香港森某确认《探矿权变更协议》无效的诉求。

香港森某不服青海省高级人民法院判决，向最高人民法院申请再审，最高人民法院裁定指令青海省高级人民法院再审本案。

青海省高级人民法院再审认为，梁某某利用其作为青海森某和内蒙小红山源某法定代表人的便利及关联关系，将青海森某所有的探矿权以明显低于涉案探矿权前期完成的勘查投入的价款转让给内蒙小红山源某，损害了青海森某唯一股东香港森某的利益，属于"恶意串通，损害国家、集体或者第三人利益"的情形，判决《探矿权变更协议》无效。

---

① 青海省高级人民法院审理的香港森某与青海森某、内蒙小红山源某、梁某某探矿权转让合同纠纷案〔（2014）青民再终5号〕。

裁判要点精要

法院认定本案《探矿权变更协议》无效的原因在于：

第一，根据《公司法》相关规定，"公司的控股股东、实际控制人、董事、监事、高级管理人员不得利用关联关系损害公司利益""董事、监事、高级管理人员对公司负有忠实义务，应当采取措施避免自身利益与公司利益冲突，不得利用职权牟取不正当利益。董事、监事、高级管理人员对公司负有勤勉义务，执行职务应当为公司的最大利益尽到管理者通常应有的合理注意"。梁某某违反对公司负有的忠实义务，利用作为青海森某和内蒙小红山源某法定代表人的便利及关联关系，将青海森某所有的探矿权以明显低于涉案探矿权前期完成的勘查投入的价款转让给内蒙小红山源某，损害了青海森某唯一股东香港森某的利益。

第二，根据《公司法》关于"董事、高级管理人员违反法律、行政法规或者公司章程的规定，损害股东利益的，股东可以向人民法院提起诉讼"的规定，青海森某股东香港森某对损害其利益的行为有权提起诉讼。

第三，青海森某和内蒙小红山源某签订的《探矿权变更协议》违反《民法典》关于"行为人与相对人恶意串通，损害他人合法权益的民事法律行为无效"的规定，应认定无效。

实务经验总结

为避免未来发生类似纷争，提出如下建议：

董事、高级管理人员在涉及关联交易、将本公司财产转让给其实际控制的公司时，一定要严格遵循公司章程的程序和公司法的规定，在公司章程明确允许的情况下或者经股东会同意后进行。而且最关键的是必须证明关联交易价格公允、没有损害公司利益，否则合同可能会被法院认定为无效。

法规链接

《公司法》（2023年修订）

第二十二条 公司的控股股东、实际控制人、董事、监事、高级管理人员不得利用关联关系损害公司利益。

违反前款规定，给公司造成损失的，应当承担赔偿责任。

第一百七十九条 董事、监事、高级管理人员应当遵守法律、行政法规和公司章程。

第一百八十条　董事、监事、高级管理人员对公司负有忠实义务，应当采取措施避免自身利益与公司利益冲突，不得利用职权牟取不正当利益。

董事、监事、高级管理人员对公司负有勤勉义务，执行职务应当为公司的最大利益尽到管理者通常应有的合理注意。

公司的控股股东、实际控制人不担任公司董事但实际执行公司事务的，适用前两款规定。

第一百八十二条　董事、监事、高级管理人员，直接或者间接与本公司订立合同或者进行交易，应当就与订立合同或者进行交易有关的事项向董事会或者股东会报告，并按照公司章程的规定经董事会或者股东会决议通过。

董事、监事、高级管理人员的近亲属，董事、监事、高级管理人员或者其近亲属直接或者间接控制的企业，以及与董事、监事、高级管理人员有其他关联关系的关联人，与公司订立合同或者进行交易，适用前款规定。

第一百九十条　董事、高级管理人员违反法律、行政法规或者公司章程的规定，损害股东利益的，股东可以向人民法院提起诉讼。

《民法典》

第一百五十三条　违反法律、行政法规的强制性规定的民事法律行为无效。但是，该强制性规定不导致该民事法律行为无效的除外。

违背公序良俗的民事法律行为无效。

第一百五十四条　行为人与相对人恶意串通，损害他人合法权益的民事法律行为无效。

第一百四十六条　行为人与相对人以虚假的意思表示实施的民事法律行为无效。

以虚假的意思表示隐藏的民事法律行为的效力，依照有关法律规定处理。

本案链接

以下为该案在法院审理阶段，判决书中"本院认为"就该问题的论述：

青海省高级人民法院审理的香港森某与青海森某、内蒙小红山源某、梁某某探矿权转让合同纠纷案〔（2014）青民再终5号〕认为，香港水某会、香港森某签订《股权转让协议》后，青海森某投资主体即由香港水某会变更为香港森某，香港森某成为青海森某的唯一股东和出资人。梁某某作为青海森某的实际控制人，与自己投资设立且经营范围基本一致的内蒙小红山源某签订《探矿权变更协议》，将青海森某已完成勘查投入3200万元的探矿权转让给内蒙小红山源某，青海森某、内蒙小红山源某未提供证据证实内蒙小红山源某已向青海森某支付了发生该项目相关勘查、实验、技术咨询费用及在此期间相应的公司运营费和项目管理费（即内蒙小红山源某将全额承担协议标的发生过程中4750多万元的费用，并另行支付现金800万元）的事实，内蒙小红山源某实际向青海森某支付涉案探矿权转让价款8790345元。根据《公司法》第二十一条、第一百四十七条"公司的控股股东、实际控制人、董事、监事、高级管理人员不得利用其关联关系损害公司利益""董事、监事、高级管理人员应当遵守法律、行政法规和公司章程，对公司负有忠实义务和勤勉义务"之规定，梁某某作为青海森某的实际控制人，违反对公司负有的忠实义务，利用其作为青海森某和内蒙小红山源某法定代表人的便利及关联关系，将青海森某所有的探矿权以实际支付8790345元的价款转让给内蒙小红山源某，转让价款明显低于涉案探矿权前期完成的勘查投入，损害了青海森某唯一股东香港森某的利益。《公司法》第一百五十三条规定："董事、高级管理人员违反法律、行政法规或者公司章程的规定，损害股东利益的，股东可以向人民法院提起诉讼。"香港森某对损害其利益的行为有权提起诉讼。青海森某和内蒙小红山源某签订的《探矿权变更协议》违反《合同法》第五十二条第（二）项关于"有下列情形之一的，合同无效：恶意串通，损害国家、集体或者第三人利益"的规定，应属无效。香港森某再审请求成立，应予支持。

延伸阅读

关于公司与其董事实际控制的其他公司订立合同，未经股东会同意，法院认定合同无效的案例：上海市第一中级人民法院审理的维某拉公司与ANDREASALBERTUHLEMAYR损害公司利益责任纠纷民事判决书［（2009）沪一中民五（商）初33号］认为，"安某列斯作为原告公司的董事及董事长，应当遵守法律、行政法规和公司章程，对公司负有忠实义务和勤勉义务，维护公司的利益。根据《公司法》第一百四十九条第一款第（四）项规定：董事、高级管理人员不得违反公司章程的规定或者未经股东会、股东大会同意，与本公司订立合同或者进行交易。本案中，安某列斯既是原告的董事、董事长，也是钻某公司的大股东、法人代表及实际经营者，钻某公司通过与原告签订《服务协议》，提供有关咨询服务并获取报酬，安某列斯作为钻某公司的大股东及实际经营者则是该交易的主要获益人,其在该交易中处于与原告公司利益相冲突的地位,故该交易应该经原告公司股东会同意方可进行。但安某列斯未经上述程序直接代表原告与钻某公司签约,其行为违反了《公司法》第一百四十九条第一款第(四)项的规定,构成对原告公司利益的损害"。

(六)大股东争夺小股东利益之"窃取公司商业机会"

001 股东谋取公司商业机会,其他股东应如何救济权利

阅读提示

根据我国《公司法》第一百八十九条规定,公司董事(会)、监事(会)怠于行使职责向侵害公司利益的行为提出诉讼或情况紧急的,符合一定条件的股东可以提起股东代表诉讼。那么,损害公司利益的行为该如何界定?股东伙同他人实施剥夺公司商业机会的行为是否属于损害公司利益的行为呢?最高人民法院审判中给出了答案。

裁判要旨

股东伙同他人采取非正当手段,剥夺专属于公司的商业机会,从而侵犯公司的利益,公司的其他股东可以在董事(会)、监事(会)怠于履行职责的情况下,提起损害公司利益之诉,但是正常的商业机会争夺并不属于侵犯公司利益。

案情简介[①]

2003年10月31日,香港新某公司在香港注册成立,李某山、林某恩在香港新某公司各占50%的股份。2004年5月9日,江西新某公司在南昌县成立,法定代表人李某山,香港新某公司为唯一股东。

2004年3月11日,香港新某公司(甲方)与江西省南昌县小某工业园管理委员会(乙方)签订《合同书》,南昌县人民政府作为见证单位盖章。该合同第

---

① 最高人民法院审理的林某恩与李某山、涂某雅等损害公司利益纠纷案[(2012)民四终15号]。

一条约定：由甲方在乙方的辖区内兴办"江西新某公司"投资项目，并在乙方县城投资"香港华通花园"房地产项目，乙方以挂牌方式依法出让700亩商住用地给甲方。

2004年5月12日，华某公司在香港注册成立，公司股东为李某山和涂某雅。后万某公司在南昌县成立，至2005年5月8日，公司股东为华某公司和力某公司。

2005年12月7日，甲方香港新某公司，乙方南昌县国土资源局，丙方万某公司签订《补充协议书》，规定甲方向乙方提供的700亩项目用地土地出让金预付款人民币6000万元整系丙方所有，其全部权益也归丙方。2006年4月7日，南昌县国土资源局与万某公司签订《南昌县挂牌出让国有土地使用权成交确认书》，确认万某公司竞得该国有土地使用权。

林某恩向江西省高级人民法院提起股东代表诉讼，要求李某山将因谋取公司商业机会的所得返还香港新某公司，华某公司和涂某雅对该还款承担连带责任，并要求李某山向香港新某公司赔偿损失。江西省高级人民法院一审判决部分支持了原告诉请，要求李某山将因谋取公司商业机会的所得返还香港新某公司，华某公司承担连带责任。林某恩向最高人民法院提起上诉。

最高人民法院认为一审认定李某山、华某公司侵权不当，适用法律错误，改判驳回林某恩的全部诉讼请求。

裁判要点精要

1. 关于李某山、涂某雅、华某公司的行为是否构成单独或者共同侵权，从而剥夺了香港新某公司的商业机会，进而损害了香港新某公司的合法权益，这一问题首先取决于案涉700亩土地使用权是否应当认定专属于香港新某公司的商业机会。无论是从香港新某公司与南昌县小某工业园管理委员会约定的合同条件看，还是从南昌县国土资源局作为国有土地管理部门确定的挂牌出让方式、资质及交易条件看，案涉700亩土地使用权并非当然地专属于香港新某公司的商业机会。

2. 本案中，要构成剥夺或者谋取香港新某公司的商业机会，李某山、涂某雅或者华某公司应当单独或者共同采取欺骗、隐瞒或者威胁等不正当手段，使林某恩或者香港新某公司在不知情的情况下放弃该商业机会，或者在知情的情况下不得不放弃该商业机会。但综观本案事实，林某恩对香港新某公司可能获得700亩土地使用权的商业机会是明知的，李某山、涂某雅、华某公司没有隐瞒这一商业机会，也没有采取欺骗手段骗取林某恩放弃该商业机会。

实务经验总结

为了防止未来发生类似纠纷，笔者提出以下建议：

1. 股东代表诉讼需要满足以下条件：（1）股东不能通过其他诉讼途径解决；（2）存在侵害公司利益的事实；（3）公司未提起诉讼。

2. 剥夺公司的商业机会是否属于侵害公司利益，应当从以下两方面进行分析。（1）该商业机会是否具有专属性，一般的商业机会向所有竞争者开放，不属于公司的期待利益，换言之，只有公司具有相当确定性取得的商业机会才能被纳入公司利益的考量范围。（2）被告是否采取了不当手段剥夺公司商业机会，正常的市场竞争不属于"剥夺"商业机会。我国《公司法》的立法目的为规范公司的组织和行为，保护公司、股东和债权人的合法权益，维护社会经济秩序，促进社会主义市场经济的发展，其对于正常的市场竞争行为不仅不会限制，还会采取鼓励的态度，因此，即便某商业机会已经具有相当的专属性，其他竞争者仍然可以通过正常的市场竞争取得该机会。

法规链接

《公司法》（2023年修订）

第一百八十九条 董事、高级管理人员有前条规定的情形的，有限责任公司的股东、股份有限公司连续一百八十日以上单独或者合计持有公司百分之一以上股份的股东，可以书面请求监事会向人民法院提起诉讼；监事有前条规定的情形的，前述股东可以书面请求董事会向人民法院提起诉讼。

监事会或者董事会收到前款规定的股东书面请求后拒绝提起诉讼，或者自收到请求之日起三十日内未提起诉讼，或者情况紧急、不立即提起诉讼将会使公司利益受到难以弥补的损害的，前款规定的股东有权为公司利益以自己的名义直接向人民法院提起诉讼。

他人侵犯公司合法权益，给公司造成损失的，本条第一款规定的股东可以依照前两款的规定向人民法院提起诉讼。

公司全资子公司的董事、监事、高级管理人员有前条规定情形，或者他人侵犯公司全资子公司合法权益造成损失的，有限责任公司的股东、股份有限公司连续一百八十日以上单独或者合计持有公司百分之一以上股份的股东，可以依照前三款规定书面请求全资子公司的监事会、董事会向人民法院提起诉讼或者以自己的名义直接向人民法院提起诉讼。

《全国法院民商事审判工作会议纪要》（法〔2019〕254号）

（七）关于股东代表诉讼

24.【何时成为股东不影响起诉】股东提起股东代表诉讼，被告以行为发生时原告尚未成为公司股东为由抗辩该股东不是适格原告的，人民法院不予支持。

25.【正确适用前置程序】根据《公司法》第151条的规定，股东提起代表诉讼的前置程序之一是，股东必须先书面请求公司有关机关向人民法院提起诉讼。一般情况下，股东没有履行该前置程序的，应当驳回起诉。但是，该项前置程序针对的是公司治理的一般情况，即在股东向公司有关机关提出书面申请之时，存在公司有关机关提起诉讼的可能性。如果查明的相关事实表明，根本不存在该种可能性的，人民法院不应当以原告未履行前置程序为由驳回起诉。

26.【股东代表诉讼的反诉】股东依据《公司法》第151条第3款的规定提起股东代表诉讼后，被告以原告股东恶意起诉侵犯其合法权益为由提起反诉的，人民法院应予受理。被告以公司在案涉纠纷中应当承担侵权或者违约等责任为由对公司提出的反诉，因不符合反诉的要件，人民法院应当裁定不予受理；已经受理的，裁定驳回起诉。

27.【股东代表诉讼的调解】公司是股东代表诉讼的最终受益人，为避免因原告股东与被告通过调解损害公司利益，人民法院应当审查调解协议是否为公司的意思。只有在调解协议经公司股东（大）会、董事会决议通过后，人民法院才能出具调解书予以确认。至于具体决议机关，取决于公司章程的规定。公司章程没有规定的，人民法院应当认定公司股东（大）会为决议机关。

本案链接

以下为该案在法庭审理阶段，判决书中"本院认为"就该问题的论述：

关于李某山、涂某雅、华某公司的行为是否构成单独或者共同侵权，从而剥夺了香港新某公司的商业机会，进而损害了香港新某公司的合法权益。这一问题，首先取决于案涉700亩土地使用权是否应当认定专属于香港新某公司的商业机会。根据香港新某公司与南昌县小某工业园管理委员会于2003年3月11日签订的合同书，该700亩土地使用权当初确实是要给予香港新某公司的。但是，香港新某公司要获得这一商业机会并不是无条件的。相反，上述合同书明确约定了香港新某公司必须满足的相关条件……因此，该700亩土地使用权并非当然属于香港新某公司的商业机会，香港新某公司要获得该商业机会必须满足其与南昌县小某工业园管理委员会所订合同中的相关条件。本案中，没有证据证明香港新某公司（或者通过林某恩的行为）满足了上述约定条件。此外……香港新某公司要获得该商业机会尚需要满足挂牌交易条件。但本案中，香港新某公司显然不具备在内地从事房地产开发的资质，其也没有按照约定在内地设立房地产开发企业并按公告要求缴纳人民币 6000 万元保证金。实际上，根据上述公告的要求，任何满足公告要求条件的房地产企业，均可作为竞买人购买该 700 亩土地使用权，故竞买人并非仅限于香港新某公司。综上，无论是从香港新某公司与南昌县小某工业园管理委员会约定的合同条件看，还是从南昌县国土资源局作为国有土地管理部门确定的挂牌出让方式、资质及交易条件看，案涉 700 亩土地使用权并非当然地专属于香港新某公司的商业机会。其次要审查香港新某公司或者林某恩为获取该商业机会是否做出了实质性的努力。……最后要审查李某山、涂某雅、华某公司在本案中是否实施了剥夺或者谋取行为。本案中，要构成剥夺或者谋取香港新某公司的商业机会，李某山、涂某雅或者华某公司应当单独或者共同采取欺骗、隐瞒或者威胁等不正当手段，使林某恩或者香港新某公司在不知情的情况下放弃该商业机会，或者在知情的情况下不得不放弃该商业机会。但综观本案事实，林某恩对香港新某公司可能获得 700 亩土地使用权的商业机会是明知的，李某山、涂某雅、华某公司没有隐瞒这一商业机会，也没有采取欺骗手段骗取林某恩放弃该商业机会。林某恩在获知该商业机会之后不仅没有采取积极行为为香港新某公司获取该商业机会创造条件，反而要求李某山退还其已投入香港新某公司并通过香港新某公司转投江西新某公司注册资金的投资款，林某恩的保本撤资行为必然使香港新某公司面临对中方违约的境地，李某山为避免违约并继续经营内地投资项目，必然要寻找其他投资者或者合作者。因此，李某山、涂某雅、华某公司在本案中的行为，不但不应被认定为侵权行为，反而应当定性为为避免香港新某公司违约而采取的合法补救行为，更是各方为维护其自身权益而采取的正当经营或者交易行为……林某恩没有提供充分证据证明李某山、涂某雅、华某公司单独或者共同采取了欺骗、隐瞒或者威胁等不正当手段剥夺或者谋取了本属于香港新某公司的商业机会，故其有关李某山、涂某雅、华某公司构成共同侵权、损害香港新某公司合法权益的诉讼请求依法不能成立，本院不予支持。

> **延伸阅读**

案例1：最高人民法院审理的林某忠与赛某商贸公司、赛某商业运管公司损害股东利益责任纠纷案［（2014）民二终116号］认为，本案属于股东代表诉讼……林某忠以浙某公司与赛某商业运管公司所签订的《委托经营协议书》严重损害了浙某公司和股东林某忠的合法利益为由提起撤销之诉，是浙某公司及股东林某忠维护自身利益的正当途径，也符合《公司法》对关联交易行为进行严格规制的目的，故林某忠有权对他人签订的委托经营合同提出撤销之诉。

案例2：最高人民法院审理的付某柽与业某公司损害公司利益责任纠纷案［（2015）民提85号］认为，《公司法》第二十条规定"公司股东应当遵守法律、行政法规和公司章程，依法行使股东权利，不得滥用股东权利损害公司或者其他股东的利益……公司股东滥用股东权利给公司或者其他股东造成损失的，应当依法承担赔偿责任"、第一百四十九条规定"董事、监事、高级管理人员执行公司职务时违反法律、行政法规或者公司章程的规定，给公司造成损失的，应当承担赔偿责任"，上述条款明确赋予了公司股东对股东或公司高管提起损害赔偿之诉的诉讼权利。现业某公司以付某柽在作为业某公司的股东及公司高管期间，私自通过借款、出差、公用（未向公司报账）等理由从公司共借支资金14190416.18元，既不归还，也不报账为由，请求付某柽归还上述款项，符合《民事诉讼法》第一百一十九条的规定，原审法院应当对业某公司的诉讼请求进行实体审理。

002 认定属于公司的商业机会需要考虑哪些因素

> **裁判要旨**

董事、高级管理人员不得"未经股东会同意，利用职务便利为自己或者他人谋取属于公司的商业机会，自营或者为他人经营与其任职公司同类的业务"，认定公司商业机会应当考虑以下几个方面的因素：一是商业机会与公司经营活动有关联；二是第三人有给予公司该商业机会的意愿；三是公司对该商业机会有期待利益，没有拒绝或放弃。

案情简介①

三某公司系一家环保设备工程公司,其经营范围为工程设备、机电设备的设计、开发、制造和技术咨询服务及工程设备、机电设备的安装施工,销售自产产品。

三某公司的股东之一为 TNJ 公司(日本企业),其主要义务是为三某公司开拓日本市场出口环保设备的相关业务,并成功介绍和引荐住友公司等其他日本企业向三某公司提供相关环保设备的委托设计、委托制造业务。

邹某为三某公司的董事,其职责是为三某公司开拓日本市场,上述业务的产品设计、设备制造的业务操作流程主要有承接订单、技术消化或设计、发外加工、出口交货等环节,均由其全面负责。

同时,邹某与其妻子戴某某通过其二人全资控制的士某公司与世某之窗公司经营 TNJ 公司介绍和推荐的日本业务,且并没有将涉案业务带来的收益交给三某公司。

其中,三某公司与士某公司及世某之窗公司均未建立过技术服务等合同关系,三某公司也未放弃过 TNJ 公司介绍和推荐的日本业务。

此后,三某公司以邹某、戴某某、士某公司及世某之窗公司侵占公司商业机会为由,要求四方共同承担侵权责任。本案经江苏省常州市中级人民法院一审、江苏省高级人民法院二审,最终判定邹某、士某公司及世某之窗公司共同侵权。

裁判要点精要

认定公司商业机会应当考虑以下几个方面的因素:一是商业机会与公司经营活动有关联;二是第三人有给予公司该商业机会的意愿;三是公司对该商业机会有期待利益,没有拒绝或放弃。

本案中,三某公司提供的证据足以证明涉案来自日本企业的业务是属于三某公司的商业机会。第一,涉案来自日本企业的业务与三某公司的经营活动存在关联。日本企业的业务主要是环保配套设备加工制造业务,属于三某公司的经营范围,且该业务由三某公司股东介绍。邹某作为三某公司的董事,其职责是为三某公司开拓日本市场,为三某公司承接涉案来自日本企业的业务是其履行职责的具

---

① 江苏省高级人民法院审理的三某公司与邹某、戴某某等损害公司利益责任纠纷案〔(2012)苏商外终 0050 号〕。

体体现。第二，日本企业有给予三某公司该商业机会的意愿，其中TNJ公司曾明确表示涉案的相关业务在中国仅给三某公司做。第三，三某公司从未放弃该商业机会，邹某不能提供证据证明三某公司将涉案的日本业务委托给邹某控制的公司去做。

根据《公司法》规定，董事、高级管理人员未经股东会同意，不得利用职务便利为自己或者他人谋取属于公司的商业机会，自营或者为他人经营与所任职公司同类的业务。

本案中，邹某作为三某公司的董事，违反忠实义务，明知涉案业务属于三某公司的商业机会，仍然将该业务交给其关联公司士某公司和世某之窗公司经营，拒不将涉案业务带来的收益交给三某公司，构成侵权，应当予以赔偿。

实务经验总结

为避免未来发生类似纠纷，提出如下建议：

1. 公司股东协议和公司章程可以结合公司的实际情况，专门定义商业机会的含义。明确规定董事、高级管理人员不得"未经股东会同意，利用职务便利为自己或者他人谋取属于公司的商业机会"。

2. 此外，可以将之列为公司的商业秘密，建立健全企业保护商业秘密的组织、制度以及措施。包括与涉密员工签订保密协议、竞业限制协议，约定不能利用公司的商业秘密成立自己的企业，不能利用商业秘密为竞争企业工作等，而且保密协议在员工离职后的一定期限内仍然有效。同时，还要健全员工人事档案资料，这对员工有很好的约束作用，一旦商业秘密被侵犯，追究其法律责任也有据可依。

法规链接

《公司法》（2023年修订）

第一百八十一条 董事、监事、高级管理人员不得有下列行为：

（一）侵占公司财产、挪用公司资金；

（二）将公司资金以其个人名义或者以其他个人名义开立账户存储；

（三）利用职权贿赂或者收受其他非法收入；

（四）接受他人与公司交易的佣金归为己有；

（五）擅自披露公司秘密；

（六）违反对公司忠实义务的其他行为。

第一百八十二条 董事、监事、高级管理人员，直接或者间接与本公司订立合同或者进行交易，应当就与订立合同或者进行交易有关的事项向董事会或者股东会报告，并按照公司章程的规定经董事会或者股东会决议通过。

董事、监事、高级管理人员的近亲属，董事、监事、高级管理人员或者其近亲属直接或者间接控制的企业，以及与董事、监事、高级管理人员有其他关联关系的关联人，与公司订立合同或者进行交易，适用前款规定。

第一百八十三条 董事、监事、高级管理人员，不得利用职务便利为自己或者他人谋取属于公司的商业机会。但是，有下列情形之一的除外：

（一）向董事会或者股东会报告，并按照公司章程的规定经董事会或者股东会决议通过；

（二）根据法律、行政法规或者公司章程的规定，公司不能利用该商业机会。

第一百八十四条 董事、监事、高级管理人员未向董事会或者股东会报告，并按照公司章程的规定经董事会或者股东会决议通过，不得自营或者为他人经营与其任职公司同类的业务。

第一百八十六条 董事、监事、高级管理人员违反本法第一百八十一条至第一百八十四条规定所得的收入应当归公司所有。

第一百八十八条 董事、监事、高级管理人员执行职务违反法律、行政法规或者公司章程的规定，给公司造成损失的，应当承担赔偿责任。

《民法典》

第一千一百六十八条 二人以上共同实施侵权行为，造成他人损害的，应当承担连带责任。

《全国法院民商事审判工作会议纪要》（法〔2019〕254号）

（七）关于股东代表诉讼

24.【何时成为股东不影响起诉】股东提起股东代表诉讼，被告以行为发生时原告尚未成为公司股东为由抗辩该股东不是适格原告的，人民法院不予支持。

25.【正确适用前置程序】根据《公司法》第151条①的规定，股东提起代表诉讼的前置程序之一是，股东必须先书面请求公司有关机关向人民法院提起诉讼。一般情况下，股东没有履行该前置程序的，应当驳回起诉。但是，该项前置程序针对的是公司治理的一般情况，即在股东向公司有关机关提出书面申请之

---

① 现行《公司法》第一百八十九条。

时，存在公司有关机关提起诉讼的可能性。如果查明的相关事实表明，根本不存在该种可能性的，人民法院不应当以原告未履行前置程序为由驳回起诉。

26.【股东代表诉讼的反诉】股东依据《公司法》第151条第3款的规定提起股东代表诉讼后，被告以原告股东恶意起诉侵犯其合法权益为由提起反诉的，人民法院应予受理。被告以公司在案涉纠纷中应当承担侵权或者违约等责任为由对公司提出的反诉，因不符合反诉的要件，人民法院应当裁定不予受理；已经受理的，裁定驳回起诉。

27.【股东代表诉讼的调解】公司是股东代表诉讼的最终受益人，为避免因原告股东与被告通过调解损害公司利益，人民法院应当审查调解协议是否为公司的意思。只有在调解协议经公司股东（大）会、董事会决议通过后，人民法院才能出具调解书予以确认。至于具体决议机关，取决于公司章程的规定。公司章程没有规定的，人民法院应当认定公司股东（大）会为决议机关。

本案链接

以下为该案在法院审理阶段，判决书中"本院认为"就该问题的论述：

一、涉案来自日本企业的业务系三某公司的商业机会

在本案中，各方当事人争议的核心问题是涉案来自日本企业的业务是否属于三某公司的商业机会。我国《公司法》仅规定未经公司股东会同意，公司高管人员不得谋取属于公司的商业机会，并未对认定公司商业机会的标准作出明确规定。本院认为，认定公司商业机会应当考虑以下几个方面的因素：一是商业机会与公司经营活动有关联；二是第三人有给予公司该商业机会的意愿；三是公司对该商业机会有期待利益，没有拒绝或放弃。三某公司提供的证据足以证明涉案来自日本企业的业务属于三某公司的商业机会。

1. **涉案来自日本企业的业务与三某公司的经营活动有关联**

第一，涉案来自日本企业的业务属于三某公司的经营范围。涉案来自日本企业的业务主要是环保配套设备加工制造业务。三某公司系环保设备工程公司，其经营范围为工程设备、机电设备的设计、开发、制造和技术咨询服务及工程设备、机电设备的安装施工，销售自产产品。因此，涉案来自日本企业的业务属于三某公司的经营范围。第二，为三某公司承接涉案来自日本企业的业务系三某公司董事邹某的职责。邹某作为三某公司的董事，其职责是为三某公司开拓日本市场，为三某公司承接涉案来自日本企业的业务是其履行职责的具体体现。第三，

提供涉案业务的日本企业系三某公司的股东和三某公司股东介绍给三某公司的客户。本院据此认定，涉案来自日本企业的业务与三某公司经营活动有关联。

2. 日本企业有给予三某公司该商业机会的意愿

涉案业务主要来自TNJ公司和住友公司，这两家日本企业均有将其业务给予三某公司的意愿。首先，TNJ公司是三某公司的股东，其在入股三某公司的出资经营合同中明确承诺，积极向三某公司提供委托设计、委托制造加工业务，对三某公司有能力做到的业务，杜绝出现中国其他公司与三某公司经营同类业务。其次，TNJ公司原委派到三某公司的董事高某寿光，在2009年4月15日就TNJ公司股权转让事宜与三某公司法定代表人陈某淮的谈话中确认，TNJ公司入股三某公司以来，一直按照出资经营合同上的义务条款在履行。最后，包括TNJ公司在内的三某公司的股东在2011年6月15日的三某公司股东会决议中一致确认，在开拓日本市场出口环保设备的项目上，TNJ公司向三某公司提供了大量的环保设备配套产品委托设计和委托制造业务，并介绍和引荐住友公司等其他日本企业向三某公司提供了相关环保设备的委托设计、委托制造业务。上述事实表明，日本企业有给予三某公司该商业机会的明确意愿。

虽然TNJ公司及高某寿光在本案一、二审中均称，TNJ公司的业务是提供给世某之窗公司的，但本院认为，TNJ公司及高某寿光的这一陈述系TNJ公司与三某公司发生矛盾即将退出三某公司之时以及退出三某公司之后所作，且与TNJ公司之前在涉案《出资经营合同》中的承诺、高某寿光关于TNJ公司一直按照《出资经营合同》约定履行的陈述，以及2011年6月15日三某公司股东会决议中关于TNJ公司向三某公司提供了大量委托制造业务的记载不符，不足采信。

3. 三某公司从未放弃该商业机会

如果邹某、戴某某、士某公司、世某之窗公司认为涉案业务不属于三某公司的商业机会，其应当提供证据证明三某公司放弃了该商业机会，但其并未提供证据予以证明。尽管邹某、戴某某、士某公司、世某之窗公司认为，三某公司与士某公司之间存在技术服务合同关系，并提供了部分技术服务费发票和技术服务合同为证，但本院认为，上述证据不足以证明三某公司与士某公司之间存在技术服务合同关系，也不足以证明三某公司放弃了该商业机会。首先，第一份技术服务合同只有简短的一句话，仅约定了士某公司向三某公司支付服务费的数额，并未约定具体的技术服务项目以及期限，且无签订时间。其次，其余五份技术服务合同签订时间是2006年8月至2007年2月，虽然内容较为完整，但有三份合同出现如下情况：首部的项目名称与其后出现的项目名称（均显示为 ONC 项目）不一致，付费义务主体系三某公司而不是士某公司。最后，三某公司对上述技术服务费发票和技术服务合同作出了合理解释。三某公司解释称，技术服务合同是根据发票制作的，当时由于日本客户的业务属于三某公司，但具体资金由士某公司掌握，所以相关款项支付给三某公司需要开具发票做账，之所以开具地税发票，是因为对士某公司来说，增值税发票已经由第三方直接向士某公司开具，不需要三某公司再开具，开具增值税发票的税率高于地税发票，但三某公司是外商投资企业，不具备开具地税发票的资格，所以到地税部门进行代开，上述协议系为代开发票制作。因此，上述证据不能证明三某公司与士某公司之间是技术服务合同关系。本院据此认定，三某公司从未放弃该商业机会。

本案是一起损害公司利益责任纠纷，而不是委托加工合同纠纷，因此，审理本案应适用我国《公司法》而不是《合同法》。一审法院未能准确把握认定公司商业机会的标准，综合分析认定三某公司提供的证据是否足以证明涉案来自日本企业的业务系三某公司的商业机会，而是从《合同法》的角度出发，孤立地对待三某公司的各类证据，以三某公司提供的每一类证据都不足以证明其与日本企业之间存在委托加工合同关系为由，认定涉案业务不属于三某公司的商业机会，有失妥当。本院对此予以纠正。

综上，本院认定，涉案来自日本企业的业务属于三某公司的商业机会。

二、邹某、士某公司、世某之窗公司的行为构成对三某公司合法利益的侵害

我国《公司法》第一百四十九条第一款第（五）项规定，董事、高级管理人员未经股东会或者股东大会同意，不得利用职务便利为自己或者他人谋取属于公司的商业机会，自营或者为他人经营与所任职公司同类的业务。在本案中，邹某作为三某公司的董事，对三某公司负有忠实义务，不得谋取属于三某公司的商业机会是其履行该义务的具体体现。涉案业务属于三某公司的商业机会，邹某是明知的。三某公司 2005 年 6 月 8 日、2006 年 7 月 26 日董事会通过的三某公司 2004 年度、2005 年度公司运营总结报告均对涉案业务的运营情况进行了总结，邹某对该总结报告予以签字确认。在此期间，邹某从未对涉案业务属于三某公司提出异议，且从未主张涉案业务属于士某公司和世某之窗公司。邹某在明知涉案业务属于三某公司商业机会的情况下，仍然将该业务交给其关联公司士某公司和世某之窗公司经营，拒不将涉案业务带来的收益交给三某公司。本院据此认定，邹某的行为构成侵权。

我国《公司法》第一百五十条规定，董事、监事、高级管理人员执行公司职务时违反法律、行政法规或者公司章程的规定，给公司造成损失的，应当承担赔偿责任。邹某利用其职务便利，未经三某公司股东会的同意，为士某公司和世某之窗公司谋取属于三某公司的商业机会，导致本应属于三某公司的业务收益被士某公司和世某之窗公司占有，给三某公司的利益造成损害，应当予以赔偿。

我国《侵权责任法》[①] 第八条规定，二人以上共同实施侵权行为，造成他人损害的，应当承担连带责任。士某公司、世某之窗公司是邹某与戴某某全资控股的公司，世某之窗公司的法定代表人是邹某，士某公司的法定代表人是戴某某，而戴某某与邹某系夫妻关系。本院据此认定，士某公司、世某之窗公司对涉案业务属于三某公司的商业机会应当是明知的。士某公司、世某之窗公司在此情况下，仍然将三某公司的商业机会据为己有，应认定其与邹某共同实施了涉案侵权行为。故邹某、士某公司、世某之窗公司应当对涉案侵权行为承担连带责任。戴某某是士某公司的法定代表人，其行为应当视为士某公司的行为，因此戴某某个人对三某公司不构成侵权。三某公司关于戴某某应当承担连带责任的主张缺乏法律依据，本院不予支持。

（七）大股东争夺小股东利益之"恶意规避股东优先购买权"

001 规避侵犯股东优先购买权招数之一：投石问路

裁判要旨

"股东先以高价转让少部分份额（如1%）的股权，排除其他股东同等条件下的优先购买权，受让人取得股东资格后，第二次再签订股权转让协议完成剩余股权转让"的操作方式剥夺了原股东在同等条件下的优先购买权，属恶意串通损害第三人利益的情形，合同当属无效。

---

① 已失效。

案情简介[①]

泰某公司于2003年设立，股东分别为吴某崎（占股35%）、吴某民（占股60%）、吴某媛（占股5%）。

2012年2月1日，吴某民向吴某崎发出《股权转让通知书》，载明：本人自愿以15万元价格转让1%股权，你是否同意购买或者同意向他人转让，请在接到本通知之日起30日内书面答复本人，商定转让事宜。逾期将视为同意向他人转让。

2012年2月27日，吴某崎表示愿意购买1%的股权，但认为1%股权作价15万元，价格太高。

2012年3月10日，吴某民与吴某磊签订《股权转让协议一》，以15万元价格出让1%的股权。2012年10月24日，股权变更工商登记完成。

2012年10月29日，吴某民与吴某磊签订《股权转让协议二》，以69.62万元出让给吴某磊59%的股权。2012年11月27日，第二次股权变更工商登记完成。第二次股权转让价格为1.18万元/1%，仅为第一次股权转让价格的1/14。

吴某崎以吴某民与吴某磊侵犯其股东优先购买权为由，请求法院确认吴某民与吴某磊签订的两份股权转让协议均无效。吴某民与吴某磊则辩称，吴某崎已放弃了优先购买权，两份协议有效。

该案经江苏省江阴市人民法院一审确认两份协议无效，江苏省无锡市中级人民法院二审确认两份协议有效，最终，江苏省高级人民法院再审确认两份协议无效。

裁判要点精要

两份股权转让协议存在恶意串通损害第三人利益的情形，属于无效协议。吴某民和吴某磊在7个月的时间内以悬殊的价格前后两次转让股权，严重损害吴某崎的利益。两人第一次转让1%的股权价格为15万元，第二次转让59%的股权实际价格为69.62万元，在公司资产没有发生显著变化的情形下，价格相差14倍以上，实际上是首次转让抬高价格，排除法律赋予其他股东同等条件下的优先购买权，受让人取得股东资格后，第二次完成剩余股权转让，其目的在于规避公司

[①] 江苏省高级人民法院审理的吴某崎与吴某民确认合同无效纠纷再审民事判决书〔（2015）苏商再提00068号〕。

法关于其他股东优先购买权的规定，从而导致吴某崎无法实际享有在同等条件下的优先购买权。如果认可上述行为的合法性，公司法关于股东优先购买权的立法目的将会落空，有限公司的人合性、封闭性也无法维系。

实务经验总结

为避免未来发生类似纷争，提出如下建议：

第一，不要被对方证明存在恶意串通。若出让方不想原股东取得股权，采用本案中分批出让股权的方式时，首期出让股权时不要像本案这样以极高的价格只出让1%的股权，可以以相对较高的价格先出让少部分股权，对于剩余股权签订完全独立的股权转让协议，转让价格与首次出让价格不要过于悬殊，剩余股权转让与首期股权转让设定一段相对较长的过渡期。

第二，对于出让方来讲，其在向外转让股权时务必尊重原股东的优先购买权。首先，转让通知在内容上需具体、明确、全面，应包含股权转让款的支付形式、支付期限、违约责任、税费承担等内容；其次，同等条件需已确定，应包括价款数额、付款时间、付款方式等在内的完整交易条件。

第三，对于原股东来讲，若发现出让方采取"投石问路"的方式侵害自己的优先购买权，可以向法院提起确认合同无效之诉，维护自己的合法权益。但是关键必须证明存在恶意串通，否则难以获得最终胜诉。

第四，对于公司的外部受让方来讲，其在购买有限责任公司股权之前，务必要审查目标公司其他股东是否已明确放弃优先购买权，并要求转让方出具其他股东已放弃优先购买权的承诺函，并在股权转让合同中明确约定如因其他股东行使优先购买权而不能取得股权的违约责任。

法规链接

《公司法》（2023年修订）

第八十四条 有限责任公司的股东之间可以相互转让其全部或者部分股权。

股东向股东以外的人转让股权的，应当将股权转让的数量、价格、支付方式和期限等事项书面通知其他股东，其他股东在同等条件下有优先购买权。股东自接到书面通知之日起三十日内未答复的，视为放弃优先购买权。两个以上股东行使优先购买权的，协商确定各自的购买比例；协商不成的，按照转让时各自的出资比例行使优先购买权。

公司章程对股权转让另有规定的，从其规定。

《最高人民法院关于适用〈中华人民共和国公司法〉若干问题的规定（四）》（2020年修正）

第十七条　有限责任公司的股东向股东以外的人转让股权，应就其股权转让事项以书面或者其他能够确认收悉的合理方式通知其他股东征求同意。其他股东半数以上不同意转让，不同意的股东不购买的，人民法院应当认定视为同意转让。

经股东同意转让的股权，其他股东主张转让股东应当向其以书面或者其他能够确认收悉的合理方式通知转让股权的同等条件的，人民法院应当予以支持。

经股东同意转让的股权，在同等条件下，转让股东以外的其他股东主张优先购买的，人民法院应当予以支持，但转让股东依据本规定第二十条放弃转让的除外。

第十八条　人民法院在判断是否符合公司法第七十一条第三款及本规定所称的"同等条件"时，应当考虑转让股权的数量、价格、支付方式及期限等因素。

第十九条　有限责任公司的股东主张优先购买转让股权的，应当在收到通知后，在公司章程规定的行使期间内提出购买请求。公司章程没有规定行使期间或者规定不明确的，以通知确定的期间为准，通知确定的期间短于三十日或者未明确行使期间的，行使期间为三十日。

第二十条　有限责任公司的转让股东，在其他股东主张优先购买后又不同意转让股权的，对其他股东优先购买的主张，人民法院不予支持，但公司章程另有规定或者全体股东另有约定的除外。其他股东主张转让股东赔偿其损失合理的，人民法院应当予以支持。

第二十一条　有限责任公司的股东向股东以外的人转让股权，未就其股权转让事项征求其他股东意见，或者以欺诈、恶意串通等手段，损害其他股东优先购买权，其他股东主张按照同等条件购买该转让股权的，人民法院应当予以支持，但其他股东自知道或者应当知道行使优先购买权的同等条件之日起三十日内没有主张，或者自股权变更登记之日起超过一年的除外。

前款规定的其他股东仅提出确认股权转让合同及股权变动效力等请求，未同时主张按照同等条件购买转让股权的，人民法院不予支持，但其他股东非因自身原因导致无法行使优先购买权，请求损害赔偿的除外。

股东以外的股权受让人，因股东行使优先购买权而不能实现合同目的的，可以依法请求转让股东承担相应民事责任。

《全国法院民商事审判工作会议纪要》（法〔2019〕254号）

9.【侵犯优先购买权的股权转让合同的效力】审判实践中，部分人民法院对公司法司法解释（四）第21条规定的理解存在偏差，往往以保护其他股东的优先购买权为由认定股权转让合同无效。准确理解该条规定，既要注意保护其他股东的优先购买权，也要注意保护股东以外的股权受让人的合法权益，正确认定有限责任公司的股东与股东以外的股权受让人订立的股权转让合同的效力。一方面，其他股东依法享有优先购买权，在其主张按照股权转让合同约定的同等条件购买股权的情况下，应当支持其诉讼请求，除非出现该条第1款规定的情形。另一方面，为保护股东以外的股权受让人的合法权益，股权转让合同如无其他影响合同效力的事由，应当认定有效。其他股东行使优先购买权的，虽然股东以外的股权受让人关于继续履行股权转让合同的请求不能得到支持，但不影响其依约请求转让股东承担相应的违约责任。

本案链接

以下为该案在法院审理阶段，判决书中"本院认为"就该问题的论述：

吴某民与吴某磊之间的两份股权转让协议，目的在于规避公司法关于股东优先购买权制度的规定，剥夺吴某崎在同等条件下的优先购买权，当属无效。

江苏省高级人民法院审理的吴某崎与吴某民确认合同无效纠纷案〔（2015）苏商再提00068号〕认为，吴某民与吴某磊之间的涉案两份股权转让协议存在《合同法》（1999年修正）第五十二条第（二）项规定的恶意串通损害第三人利益的情形，属于无效协议。吴某民和吴某磊在7个月的时间内以悬殊的价格前后两次转让股权，严重损害吴某崎的利益。吴某民和吴某磊第一次转让1%的股权价格为15万元，第二次转让59%的股权实际价格为69.22万元（以此测算第二次股权转让价格约为每1%1.18万元），在公司资产没有发生显著变化的情形下，价格相差达14倍以上，其目的在于规避公司法关于其他股东优先购买权的规定，从而导致吴某崎无法实际享有在同等条件下的优先购买权，即首次转让抬高价格，排除法律赋予其他股东同等条件下的优先购买权，受让人取得股东资格后，第二次完成剩余股权转让。吴某民在一审庭审中亦明确表示：第一次股权转让吴某磊不是公司股东，吴某民必须考虑同等条件的优先权；（第一次）比后面的要价要高，目的是取得股东身份。这表明吴某民对其与吴某磊串通损害吴某崎利益的意图是认可的。如果认可上述行为的合法性，公司法关于股东优先购买权的立法目的将会落空。

综上，民事活动应当遵循诚实信用的原则，民事主体依法行使权利，不得恶意规避法律，侵犯第三人利益。吴某民与吴某磊之间的两份股权转让协议，目的在于规避公司法关于股东优先购买权制度的规定，剥夺吴某崎在同等条件下的优先购买权，当属无效。吴某崎要求确认该两份股权转让协议无效，于法有据，应予支持。

延伸阅读

使用"投石问路"操作方式侵害股东优先购买权被认定为无效的判例。

案例：杭州市中级人民法院审理的康某公司与马某雄、万某公司等股权转让纠纷案〔（2015）浙杭商终1247号〕认为，经审查马某雄与万某公司前后两次转让股权的行为可以确认，马某雄先以畸高的价格转让了少量万国公司的股权给万某公司，在万某公司成为万国公司的股东之后，短期之内又以远远低于前次交易的价格转让了其余大量万国公司的股权给万某公司，前后两次股权转让价格、数量存在显著差异。综观本案事实，本院认为，本案前后两次股权转让存在密切关联，系一个完整的交易行为，不应因马某雄分割出售股权的方式而简单割裂。该两次交易均发生在相同主体之间，转让时间相近，且转让标的均系马某雄持有的万国公司的股权，股权转让人与受让人事先对于拟转让的股权总数量以及总价格应当知晓。马某雄在签订2013年4月26日第一次股权转让协议前，虽向康某公司告知了拟对外转让股权的事宜，但隐瞒了股权转让的真实数量及价格，存在不完全披露相关信息的情形，造成了以溢价30倍（与万国公司注册资本相比）的价格购买万国公司0.09%的股权，显然有违合理投资价值的表象。故本院认为，该股权转让人的行为实际是以阻碍其他股东行使优先购买权条件之"同等条件"的实现，来达到其排除其他股东行使优先购买权之目的，系恶意侵害其他股东优先购买权的行为。康某公司据此要求撤销马某雄与万某公司之间的股权转让协议，应予支持。

002 规避侵犯股东优先购买权招数之二：釜底抽薪

裁判要旨

股东优先购买权具有法定性、专属性，是一种附条件的形成权和期待权。公司外部第三人通过直接收购目标公司股东的母公司的 100% 股权的方式间接取得目标公司股权，完成间接入股目标公司的交易目的，明显规避了股东优先购买权的规定，当属无效。

案情简介①

海某门公司实际由复某公司、证某五道口公司、绿某公司控制持有，持股比例分别为 50%、40%、10%；海某门公司名下持有上海外滩 8-1 地块的所有权和开发经营权。

其中，证某置业公司持有证某五道口公司 100% 的股权，嘉某公司持有绿某公司 100% 的股权，也即证某置业公司与嘉某公司共间接持有海某门公司 50% 股权。

证某五道口公司与绿某公司因资金等问题欲出售其各自持有的海某门公司的全部股权，共计占比 50%，二者向复某公司发出转让通知后，因各种原因三者未能达成股权转让协议。

此后，证某置业公司和嘉某公司分别与长某公司签订股权转让协议，约定二者分别将其持有的证某五道口公司与绿某公司的 100% 股权出让给长某公司。至此，长某公司通过直接控股证某五道口公司与绿某公司间接取得海某门公司 50% 的股权。

复某公司认为长某公司分别与证某置业公司和嘉某公司签订股权转让协议间接取得海某门 50% 股权的行为，旨在规避《公司法》第七十二条关于股东优先购买权的规定，属于恶意串通，损害其合法权益的行为，应为无效，并将协议各方诉至上海市第一中级人民法院。

上海市第一中级人民法院经审理，支持了复某公司的诉讼请求，确认各被告

---

① 上海市第一中级人民法院审理的复某公司与长某2财产损害赔偿纠纷案〔（2012）沪一中民四（商）初23号〕。

之间签订的股权转让协议无效,并要求长某公司返还证某置业公司和嘉某公司原分别持有的证某五道口公司与绿某公司100%股权。交易图如图4所示:

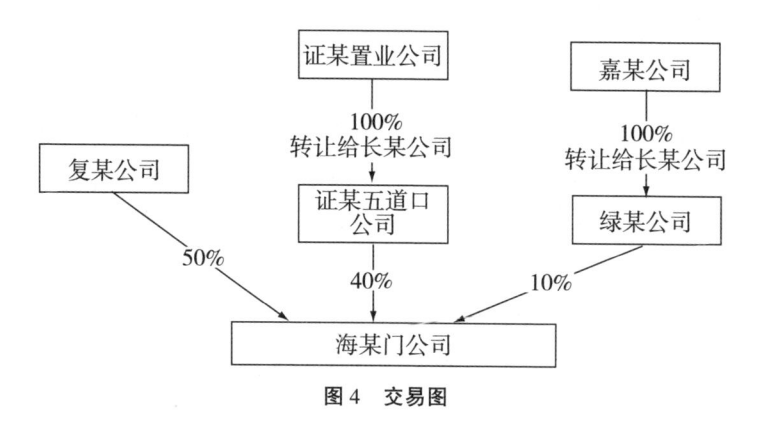

图4 交易图

(证某置业公司 100%转让给长某公司 → 证某五道口公司;嘉某公司 100%转让给长某公司 → 绿某公司;复某公司 50%、证某五道口公司 40%、绿某公司 10% → 海某门公司)

裁判要点精要

绿某公司、证某五道口公司系海某门公司的直接股东,嘉某公司、证某置业公司又系绿某公司、证某五道口公司的唯一出资人,嘉某公司、证某置业公司与长某公司之间实际实施的关于嘉某公司、证某置业公司持有的绿某公司、证某五道口公司股权的转让行为,旨在实现一个直接的、共同的商业目的,即由长某2公司、长某公司所归属的同一利益方,通过上述股权收购的模式,完成对绿某公司、证某五道口公司的间接控股,从而实现对海某门公司享有50%的权益,最终实现对项目公司享有50%的权益。该种股权交易的实质,属于明显规避了《公司法》有关有限公司股东的优先购买权之规定,符合《民法典》第一百四十六条规定的以合法形式掩盖非法目的的情形,应当依法确认为无效。

需要特别注意的是,本案揭示的法律问题是:有限责任公司的股权转让过程中,原股东除享有公司法所赋予的对标的公司股权的优先购买权外,在转让股东的实际控制人以间接方式转让标的公司股权的时候,原股东对这些拟转让的权益(或拟转让权益所对应的标的公司股权)是否享有优先购买权?

学术界有人提出了与上海市第一中级人民法院不同的观点:第一,公司法项下的股东优先购买权只是针对公司股东直接转让其所持有的标的公司股权的情形,而不包括公司直接股东的自身实际控制权的变更;第二,在直接股东的实际控制人就标的公司的股权进行间接转让的情形下,存续股东无权针对标的公司的股权行使优先购买权,也无权针对直接股东公司的股权行使优先购买权。主要理由如下:

第一，从权属性质上看，股东优先购买权并非如上海市第一中级人民法院所言是一种形成权，而是股东基于其作为公司成员而享有的社员权基础上的一种期待权。基于对股东作为公司成员的社员权的尊重和保护才是股东优先购买权之所以被法律创设并承认的本质所在，这同时也决定了股东优先购买权在本质上应该仅仅适用于作为公司成员的直接股东，而不包括并非公司成员的间接股东。

第二，基于有限责任公司"资合为主、人和为辅"之组织特征，有限责任公司的股东将财产投资于公司的目的并不是单纯地培养与其他股东之间的信赖和亲密关系，而是试图追逐其投资利益的最大化。因此在有限责任公司股权转让问题上，即便基于"人合性"的保护，公司法也不得不对股权转让在便于股东收回投资和保护股东相互之间的信任关系之间找到平衡点，即不能不合理地限制或者禁止股东对股份的自由转让权利。若任意扩大股东有限购买权的射程，赋予存续股东对实际控制人间接转让股权的情形，属于为保护存续股东的利益，而不合理地限制了实际控制人对股份的自由转让。

第三，股东优先购买权所保护的法益"有限公司的人合性"并非现行《公司法》突出的保护对象。一味突出保护股东优先购买权，会极大增加企业并购的交易成本，损害公司持股平台作为一种独立法人形态本身所具有的便利企业资产转让的特别价值。因此，在股东优先购买权和间接收购的利益衡量中，应当倾向于间接收购而非股东优先购买权。

第四，在法定优先购买权之外，股东可以通过特别约定的方式将股东优先购买权适用于股东实际控制人之变动，此种约定乃为"私法自治"与"意思表示"的反映，合法有效。但是，当股东之间在公司设立初始并未通过契约或公司章程对法定优先购买权以外的优先购买权进行特别约定或者限定时，司法机关不应简单地援引股东可享有的法定优先购买权，以"合法形式规避非法目的"的理由轻易否定当事人对于股权转让交易结构的安排与设计。

实务经验总结

第一，有限公司股东转让股权时应充分注意并尊重其他股东的优先购买权。根据《公司法》的规定，有限责任公司的股东之间可以相互转让其全部或者部分股权。股东向股东以外的人转让股权的，应当将股权转让的数量、价格、支付方式和期限等事项书面通知其他股东，其他股东在同等条件下有优先购买权。股东自接到书面通知之日起三十日内未答复的，视为放弃优先购买权。两个以上股东行使优先购买权的，协商确定各自的购买比例；协商不成的，按照转让时各自的出资比例行使优先购买权。公司章程对股权转让另有规定的，从其规定。

第二，对于转让股东而言，其向股东以外的人转让股权，应就其股权转让事项书面通知其他股东并征求同意，其他股东在同等条件下有优先购买权。更进一步，在持股主体的控制股东发生变更之时，也应善意地通知原股东，以防止其他股东以侵犯其优先购买权为由，提起确认合同无效之诉。

第三，从保持公司控制权的角度而言，公司股东应该在制定公司章程或签署股东协议时约定公司股东优先购买权是否穿透到上层股东层面。如果做出了类似约定，那么公司原股东不仅要在公司其他股东直接转让股权时及时做出响应，及时行使股东优先购买权；而且要密切关注公司其他股东的控股股东发生变更的情况。由于股东并不是公司其他股东的股东，其行使股东的母公司层面的股东优先权存在障碍，但是如果事前有章程或股东协议约定，那么在其他股东及其控股股东与外部第三人旨在通过本案的交易模式间接入股目标公司时，其可以以拥有优先购买权为由，请求法院制止该种规避股东优先购买权的行为。本案中，在长某公司间接控股海某门公司之后，其随即提出了改组董事会的要求，对原股东的控制权造成了威胁，也对公司治理以及外滩地块的项目开发提出了挑战。

第四，需要提醒的是，本案中涉及的交易模式被上海市第一中级人民法院所否定，笔者相信主审法官是在依据各方证据（包括各方之间的协议）、综合认定事实、分析各方过错的基础上进而适用法律的结果。但是不代表在其他案件中，该种交易模式也必然会被认定为无效，股东优先购买权是否拥有穿透的效力，范围及界限在哪里均需要学界和实务界共同来厘清，所以，若采取类似的交易模式，需请专业公司法律师把关。

如果其他股东或公司管理层希望确保股东优先购买权，需要对这类情况在股东协议或者章程中提前做出布局和约定，例如，"约定在直接股东的实际控制人发生变更时没有通知其他股东并取得其他股东的同意，则其他股东有权终止合资合同以解散公司或者行使优先购买权以购买该等股东所持的标的公司的股权"；否则可能这类直接收购母公司100%股权的操作方法，不一定会被认定为侵害股东优先购买权。

法规链接

《公司法》（2023 年修订）

第八十四条 有限责任公司的股东之间可以相互转让其全部或者部分股权。

股东向股东以外的人转让股权的，应当将股权转让的数量、价格、支付方式和期限等事项书面通知其他股东，其他股东在同等条件下有优先购买权。股东自接到书面通知之日起三十日内未答复的，视为放弃优先购买权。两个以上股东行使优先购买权的，协商确定各自的购买比例；协商不成的，按照转让时各自的出资比例行使优先购买权。

公司章程对股权转让另有规定的，从其规定。

《民法典》

第一百五十三条 违反法律、行政法规的强制性规定的民事法律行为无效。但是，该强制性规定不导致该民事法律行为无效的除外。

违背公序良俗的民事法律行为无效。

第一百五十四条 行为人与相对人恶意串通，损害他人合法权益的民事法律行为无效。

第一百四十六条 行为人与相对人以虚假的意思表示实施的民事法律行为无效。

以虚假的意思表示隐藏的民事法律行为的效力，依照有关法律规定处理。

《全国法院民商事审判工作会议纪要》（法〔2019〕254 号）

9.【侵犯优先购买权的股权转让合同的效力】审判实践中，部分人民法院对公司法司法解释（四）第 21 条规定的理解存在偏差，往往以保护其他股东的优先购买权为由认定股权转让合同无效。准确理解该条规定，既要注意保护其他股东的优先购买权，也要注意保护股东以外的股权受让人的合法权益，正确认定有限责任公司的股东与股东以外的股权受让人订立的股权转让合同的效力。一方面，其他股东依法享有优先购买权，在其主张按照股权转让合同约定的同等条件购买股权的情况下，应当支持其诉讼请求，除非出现该条第 1 款规定的情形。另一方面，为保护股东以外的股权受让人的合法权益，股权转让合同如无其他影响合同效力的事由，应当认定有效。其他股东行使优先购买权的，虽然股东以外的股权受让人关于继续履行股权转让合同的请求不能得到支持，但不影响其依约请求转让股东承担相应的违约责任。

本案链接

以下为该案在法院审理阶段，判决书中"本院认为"就该问题的论述：

本院认为：股东优先购买权具有法定性、专属性，是一种附条件的形成权和期待权。六被告对于上述法律规定应当是明知的，本案中，被告绿某公司、被告证某五道口公司共同出让其合计持有的海某门公司50%股权的意思表示是清晰完整的，并由被告证某置业公司代表被告绿某公司、被告证某五道口公司作为联合方发函询问原告是否决定购买之事实，亦充分证明了被告绿某公司、被告证某五道口公司明知法律赋予股东优先购买权的履行条件和法律地位。但嗣后，被告绿某公司和被告证某五道口公司并未据此继续执行相关股东优先购买的法定程序，而是有悖于海某门公司的章程、合作协议等有关股权转让和股东优先购买的特别约定，完全规避了法律赋予原告享有股东优先购买权的设定要件，通过实施间接出让的交易模式，达到了与直接出让相同的交易目的。据此，本院认为，被告绿某公司和被告证某五道口公司实施上述交易行为具有主观恶意，应当承担主要的过错责任。上述交易模式的最终结果，虽然形式上没有直接损害原告对于海某门公司目前维系的50%权益，但是经过交易后，海某门公司另外50%的权益已经归于被告长某2、被告长某公司所属的同一利益方，客观上确实剥夺了原告对于海某门公司另外50%股权的优先购买权。目前双方对于海某门公司的董事会成员改组事宜已经发生争议，各持50%的股权结构的不利因素已经初见端倪，海某门公司未来的经营管理和内部自治的僵局情形也在所难免。显然，上述交易后果的发生，不利于海某门公司以及项目公司的实际经营和运作，也难以保障外滩8-1地块项目的正常开发。《合同法》第五十二条规定："有下列情形之一的，合同无效：……（三）以合法形式掩盖非法目的……"依据上述法律规定并结合本案基本法律事实，本院认为，被告绿某公司、被告证某五道口公司系海某门公司的直接股东，被告嘉某公司、被告证某置业公司又系被告绿某公司、被告证某五道口公司的唯一出资人，被告嘉某公司、被告证某置业公司与被告长某公司之间实际实施的关于被告嘉某公司、被告证某置业公司持有的被告绿某公司、被告证某五道口公司股权的转让行为，旨在实现一个直接的、共同的商业目的，即由被告长某2、被告长某公司所归属的同一利益方，通过上述股权收购的模式，完成了对被告绿某公司、被告证某五道口公司的间接控股，从而实现对海某门公司享有50%的权益，最终实现对项目公司享有50%的权益。

综上所述，被告之间关于股权交易的实质，属于明显规避了《公司法》（2005年修订）第七十二条之规定，符合《合同法》第五十二条第（三）项规定之无效情形，应当依法确认为无效，相应的《框架协议》及《框架协议之补充协议》中关于被告嘉某公司、被告证某置业公司向被告长某2转让被告绿某公司、被告证某五道口公司100%股权的约定为无效，被告嘉某公司与被告长某公司、被告证某置业公司与被告长某公司签署的《股权转让协议》亦为无效。

003 规避侵犯股东优先购买权招数之三：瞒天过海

裁判要旨

公司内部股东代股东之外的第三人以股东名义收购其他内部股东股权的行为，形式上为股东内部股权转让，实际上是向股东外部转让股权，该行为规避了公司法关于股东优先购买权的规定，违反了法律的效力性、强制性规定，当属无效。

案情简介①

百某集团前身为某百货公司，原系国有企业，经过国企改制，变更为有限责任公司，陈某真、桂某金、陈某华等均为改制后百某集团的股东，均在《公司章程》上签名。

百某集团《公司章程》规定：股东之间可以相互转让其全部出资或者部分出资。未经股东会同意，不得向股东以外的其他人转让出资。经股东同意转让的出资，在同等条件下，其他股东对该出资有优先购买权。

桂某金与陈某华签订《股权转让协议》，约定陈某华将其38200元的股权以38200元的价格转让给桂某金。此后，桂某金又陆续购买17名股东股权，占股达1153200元。

事实上，桂某金是代公司外部人马某娣收购股权，股权转让款也由马某娣提供。

---

① 曲靖市中级人民法院审理的桂某金与陈某真、陈某华、第三人百某集团股权转让纠纷案［(2016)云03民终362号］。

股东陈某真以桂某金代股东之外的人以股东名义收购股权,侵害了股东优先购买权为由向法院起诉,要求确认桂某金与陈某华等签订的《股权转让协议》无效。

本案经曲靖市麒麟区人民法院一审,云南省曲靖市中级人民法院二审,最终认定《股权转让协议》无效。

裁判要点精要

桂某金与陈某华签订的《股权转让协议》,从形式上看系公司股东之间相互转让股份,但实质上桂某金是代股东之外的人以股东名义收购股权,该事实有百某集团、信访部门的证据证实;桂某金收购股权的资金亦来自委托其收购股权的不具有公司股东身份的案外人。

马某娣委托桂某金以其百某集团股东的身份收购该公司其他股东股权的行为,其用意为规避《公司法》(2018年修正)第七十一条第二款、第三款"股东向股东以外的人转让股权,应当经其他股东过半数同意。股东应就其股权转让事项书面通知其他股东征求同意,其他股东自接到书面通知之日起满三十日未答复的,视为同意转让。其他股东半数以上不同意转让的,不同意的股东应当购买该转让的股权;不购买的,视为同意转让。经股东同意转让的股权,在同等条件下,其他股东有优先购买权……"的规定,该种规避行为损害了百某集团其他股东的合法权益,为恶意规避。

故桂某金与陈某华签订的《股权转让协议》违反了法律的强制性规定及公司章程的相关规定,该《股权转让协议》无效。

实务经验总结

第一,收购方选择通过委托公司内部股东收购其他股东股权的方式要谨慎考虑法律后果。该种方式至少有两个风险点:(1)被委托股东签订的股权转让协议有可能因规避股东优先购买权被认定为无效,而不能取得股权;(2)收购方与被委托股东签订的委托协议并不保证其能够真正获得股权,因为收购方的姓名既不能登记在股东名册上,也不能登记在工商登记簿上,很难得到公司其他股东及公司的认可,即便不被其他股东提起确认合同无效之诉,也很难真正取得股东资格。

第二,对于公司内部股东来讲,当发现外部第三人有瞒天过海规避股东优先购买权的行为时，其有权提起确认合同无效之诉，但其需要提供充足的证据，证明外部第三人与受委托股东之间具有委托收购的事实。

法规链接

《公司法》（2023年修订）

第八十四条　有限责任公司的股东之间可以相互转让其全部或者部分股权。

股东向股东以外的人转让股权的，应当将股权转让的数量、价格、支付方式和期限等事项书面通知其他股东，其他股东在同等条件下有优先购买权。股东自接到书面通知之日起三十日内未答复的，视为放弃优先购买权。两个以上股东行使优先购买权的，协商确定各自的购买比例；协商不成的，按照转让时各自的出资比例行使优先购买权。

公司章程对股权转让另有规定的，从其规定。

《民法典》

第一百五十三条　违反法律、行政法规的强制性规定的民事法律行为无效。但是，该强制性规定不导致该民事法律行为无效的除外。

违背公序良俗的民事法律行为无效。

第一百五十四条　行为人与相对人恶意串通，损害他人合法权益的民事法律行为无效。

第一百四十六条　行为人与相对人以虚假的意思表示实施的民事法律行为无效。

以虚假的意思表示隐藏的民事法律行为的效力，依照有关法律规定处理。

《全国法院民商事审判工作会议纪要》（法〔2019〕254号）

9.【侵犯优先购买权的股权转让合同的效力】审判实践中，部分人民法院对公司法司法解释（四）第21条规定的理解存在偏差，往往以保护其他股东的优先购买权为由认定股权转让合同无效。准确理解该条规定，既要注意保护其他股东的优先购买权，也要注意保护股东以外的股权受让人的合法权益，正确认定有限责任公司的股东与股东以外的股权受让人订立的股权转让合同的效力。一方面，其他股东依法享有优先购买权，在其主张按照股权转让合同约定的同等条件购买股权的情况下，应当支持其诉讼请求，除非出现该条第1款规定的情形。另一方面，为保护股东以外的股权受让人的合法权益，股权转让合同如无其他影响合同效力的事由，应当认定有效。其他股东行使优先购买权的，虽然股东以外的股权受让人关于继续履行股权转让合同的请求不能得到支持，但不影响其依约请求转让股东承担相应的违约责任。

本案链接

以下为该案在法院审理阶段，判决书中"本院认为"就该问题的论述：

本院认为：《公司法》第七十一条规定："有限责任公司的股东之间可以相互转让其全部或者部分股权。股东向股东以外的人转让股权，应当经其他股东过半数同意。股东应就其股权转让事项书面通知其他股东征求同意，其他股东自接到书面通知之日起满三十日未答复的，视为同意转让。其他股东半数以上不同意转让的，不同意的股东应当购买该转让的股权；不购买的，视为同意转让。经股东同意转让的股权，在同等条件下，其他股东有优先购买权。两个以上股东主张行使优先购买权的，协商确定各自的购买比例；协商不成的，按照转让时各自的出资比例行使优先购买权。公司章程对股权转让另有规定的，从其规定。"本案中，上诉人桂某金、被上诉人陈某真、原审被告陈某华均为第三人百某集团的股东，《公司章程》第十八条规定："未经股东大会同意，不得向股东以外的其他人转让出资。经股东同意转让的出资，在同等条件下，其他股东对该出资有优先购买权。"上诉人桂某金与原审被告陈某华签订的《股权转让协议》，从形式上看系公司股东之间相互转让股份，但实质上上诉人桂某金是代股东之外的人以股东名义收购股权，对该事实有被上诉人陈某真在一审提交的录音资料、证人证言等证据予以证实；且百某集团也陈述公司上下均知道上诉人系代非股东收购股权，曲靖市麒麟区商务局在《信访告知书》中也对非股东委托上诉人收购股权的事实作出表述，告知被上诉人依法维权；上诉人桂某金收购股权的资金亦来自委托其收购股权的不具有公司股东身份的案外人。故上诉人桂某金与原审被告陈某华签订的《股权转让协议》违反了法律的强制性规定及公司章程的相关规定，该《股权转让协议》无效。

延伸阅读

以下讲述因有限责任公司的外部第三人委托公司内部股东收购其他股东股权，规避了股东优先购买权，因而购买股权行为被判无效的两则案例。

案例1：四川省高级人民法院审理的鑫某矿业公司与葛某文等股权转让纠纷案〔(2013)川民申1771号〕认为，关于刘某安代鑫某矿业公司收购股权行为的效力问题。综观全案，内江南某公司除工商登记的 8 名股东外的其他出资人具有股东资格，其持有的公司股份为其享有的股权。鑫某矿业公司认为刘某安为其收购的是内江南某公司的隐名出资份额，并非股权，不受公司法及公司章程的限制，该主张系对公司法的曲解，不予支持。鑫某矿业公司委托刘某安以其内江南某公司股东的身份收购该公司其他股东股权的行为，其用意为规避《公司法》第七十二条第二款、第三款规定："股东向股东以外的人转让股权，应当经其他股东过半数同意。股东应就其股权转让事项书面通知其他股东征求同意，其他股东自接到书面通知之日起满三十日未答复的，视为同意转让。其他股东半数以上不同意转让的，不同意的股东应当购买该转让的股权；不购买的，视为同意转让。经股东同意转让的股权，在同等条件下，其他股东有优先购买权……"鑫某矿业公司的规避行为属损害内江南某公司其他股东的合法权益，为恶意规避。刘某安受鑫某矿业公司委托收购股权的行为名为股东间股权转让，实为隐瞒王某玉等 62 人对外转让股权，刘某安与王某玉等 62 人间的股权转让行为违反了《公司法》第七十二条的强制性规定，应属无效。

案例 2：湖南省衡阳县人民法院审理的蒋某衡与山某公司、林某华、傅某威、黄某财股权转让纠纷案［(2015) 蒸民二初 225 号］认为，被告林某华在向股东以外的黄某财、傅某威转让股权时，既未按照《公司法》规定书面通知原告蒋某衡，亦违反公司章程，未召开股东会就股权转让事宜进行讨论，即与被告黄某财、傅某威签订《股份转让协议》，鉴于有限责任公司兼具人合性和资合性，被告违法转让股权时，必然改变公司股东的成分和公司的封闭性，动摇有限责任公司存在的基础，严重侵害了原告蒋某衡的同意权和优先购买权。被告林某华与黄某财、傅某威签订股权转让协议后，还委托傅某威全权管理公司，并签订授权委托书，以委托之名行转让之实，未将转让事宜告知原告，三被告的行为构成恶意串通。我国《合同法》第五十二条第（二）项规定，恶意串通，损害第三人利益的，合同无效。故原告蒋某衡请求法院确认三被告签订的股权转让协议无效，符合法律规定，本院予以支持。原告主张行使优先购买权，于法有据，本院亦予以支持。

004 规避侵犯股东优先购买权招数之四：虚张声势

裁判要旨

"同等条件"是行使优先购买权的实质性要求，是指转让方对其他股东和对第三人转让的条件相同，不区别对待。在条件相同的前提下，其他股东处于优先于股东之外的第三人购买的地位。若对外转让通知及股东会决议中载明的价格远高于股权实际转让的价格，实质上背离了同等条件，侵犯股东优先购买权，转让无效。

案情简介[①]

金某达公司于2002年5月23日成立，其中招某枝出资22.5万元，持股45%；招某泉出资27.5万元，持股55%，公司董事长招某枝负责公司具体运营。

2004年2月，招某泉认为招某枝经营、管理公司期间损害了其及公司利益，召开股东会决议：（1）免去招某枝董事长职务，移交管理权；（2）招某泉所持股份以1350万元转让给冯某妹。招某枝参加了会议，但未在决议上签字。此后，该决议被法院认定为有效，要求招某枝移交印章、证照、账簿等公司财产。

2004年9月15日，招某泉向金某达公司出具《对外转让出资通知书》，表示愿意将其55%的股权以1350万元的价格转让给冯某妹，并要求召开股东会决议。此后，招某泉以特快专递方式向招某枝送达股东会召开通知书，通知招某枝对招某泉以1350万元价格对外转让股权事宜作出决议。

2004年11月11日，金某达公司召开股东会同意招某泉以1350万元的价格将其股份转让给冯某妹、薛某。2004年12月15日，招某泉与冯某妹签订《股份转让合同》，约定招某泉以27.5万元的价格将55%的股份转让给冯某妹。合同签订后，冯某妹向招某泉支付了全部股权转让款27.5万元。

后因招某枝拒绝退出管理层，二者矛盾升级，招某枝以侵犯其股东优先购买权为由起诉确认招某泉转让股权无效，并要求解散公司。该案经广州市中级人民法院一审确认股权转让协议无效。

---

① 广州市中级人民法院审理的招某枝与招某泉解散及清算公司纠纷案〔（2004）穗中法民三初270号〕。

裁判要点精要

股东优先购买权是形成权，股东要求行使优先购买权时，无须转让股东再为承诺，即在享有优先购买权股东与转让股东间成立拟转化股权的股权转让合同，且该合同是以转让股东与第三人间约定的"同等条件"为内容。

本案中，招某泉在以特快专递方式向股东招某枝送达的股东会召开通知书中，载明招某泉是以 1350 万元的价格将其股份转让给冯某妹。之后金某达公司召开股东会作出的股东会决议中，亦是决定招某泉以 1350 万元的价格转让其股份。

但招某泉在上述股权转让合同中约定以 27.5 万元的价格转让其股份，冯某妹实际支付股权转让款 27.5 万元。由此可见，招某泉转让股权给冯某妹的价格远低于其告知招某枝的价格。该行为直接剥夺了招某枝在同等条件下的股东优先购买权，违反了公司法的上述强制性规定，故该股权转让合同应认定为无效，不发生股权转让的效力。

实务经验总结

为避免未来发生类似纠纷，提出如下建议：

第一，对于转让方来讲，不得使用这种虚张声势，明里一套，暗里一套的方式来恶意规避股东优先购买权。

第二，对于受让方来讲，当发现转让方通过虚张声势的方式来规避股东的优先购买权时，可以提起确认合同无效之诉，维护己方的合法权益。同时注意保留对外转让通知书、股东会决议等文件，收集转让方与第三人的股权转让协议、纳税凭证等证据。另外需要注意的是，"同等条件"应当综合股权的转让价格、付款方式及期限等因素确定，当转让价格相同，但付款方式、期限等因素不一致时，也可主张确认合同无效。

第三，股东可能在进行股权转让之际，如实告知各股东真实交易的股权交易对价，原股东均放弃购买股权。在股东与第三人达成股权转让协议后，在工商局和税务局办理股权转让手续时就股权转让事宜签署了阴阳合同：阳合同是一份低价交易价格股权转让合同，目的是少缴纳所得税；阴合同是一份真实交易价格的股权转让合同，是双方股东真实履行的合同。这种情况下，如果股东之间交恶，一旦股东揪住这个问题不放，非常有可能发生诉讼。一般而言，诉讼中法院会认可真实交易价格的合同（就是那份体现真实交易价格的合同）是双方交易履行的真实合同，那份阳合同的目的仅仅是偷逃税款，因此不会认定实质上规避了股东优先购买权。但是根据判决书查明这个事实，股权转让双方不可避免到税务局补交税款。因此，笔者提醒：如果在股权转让过程中转让方提出"合理避税"偷逃税款、做阴阳合同的，双方要就后续可能发生的补税事宜达成一致：一旦被查出来要补交税款，到底由何方去补交。

法规链接

《公司法》（2023年修订）

第八十四条　有限责任公司的股东之间可以相互转让其全部或者部分股权。

股东向股东以外的人转让股权的，应当将股权转让的数量、价格、支付方式和期限等事项书面通知其他股东，其他股东在同等条件下有优先购买权。股东自接到书面通知之日起三十日内未答复的，视为放弃优先购买权。两个以上股东行使优先购买权的，协商确定各自的购买比例；协商不成的，按照转让时各自的出资比例行使优先购买权。

公司章程对股权转让另有规定的，从其规定。

《最高人民法院关于适用〈中华人民共和国公司法〉若干问题的规定（四）》（2020年修正）

第十七条　有限责任公司的股东向股东以外的人转让股权，应就其股权转让事项以书面或者其他能够确认收悉的合理方式通知其他股东征求同意。其他股东半数以上不同意转让，不同意的股东不购买的，人民法院应当认定视为同意转让。

经股东同意转让的股权，其他股东主张转让股东应当向其以书面或者其他能够确认收悉的合理方式通知转让股权的同等条件的，人民法院应当予以支持。

经股东同意转让的股权，在同等条件下，转让股东以外的其他股东主张优先购买的，人民法院应当予以支持，但转让股东依据本规定第二十条放弃转让的除外。

第十八条　人民法院在判断是否符合公司法第七十一条第三款及本规定所称的"同等条件"时，应当考虑转让股权的数量、价格、支付方式及期限等因素。

第二十一条　有限责任公司的股东向股东以外的人转让股权，未就其股权转让事项征求其他股东意见，或者以欺诈、恶意串通等手段，损害其他股东优先购买权，其他股东主张按照同等条件购买该转让股权的，人民法院应当予以支持，但其他股东自知道或者应当知道行使优先购买权的同等条件之日起三十日内没有主张，或者自股权变更登记之日起超过一年的除外。

前款规定的其他股东仅提出确认股权转让合同及股权变动效力等请求，未同时主张按照同等条件购买转让股权的，人民法院不予支持，但其他股东非因自身原因导致无法行使优先购买权，请求损害赔偿的除外。

股东以外的股权受让人，因股东行使优先购买权而不能实现合同目的的，可以依法请求转让股东承担相应民事责任。

《全国法院民商事审判工作会议纪要》（法〔2019〕254号）

9.【侵犯优先购买权的股权转让合同的效力】审判实践中，部分人民法院对公司法司法解释（四）第21条规定的理解存在偏差，往往以保护其他股东的优先购买权为由认定股权转让合同无效。准确理解该条规定，既要注意保护其他股东的优先购买权，也要注意保护股东以外的股权受让人的合法权益，正确认定有限责任公司的股东与股东以外的股权受让人订立的股权转让合同的效力。一方面，其他股东依法享有优先购买权，在其主张按照股权转让合同约定的同等条件购买股权的情况下，应当支持其诉讼请求，除非出现该条第1款规定的情形。另一方面，为保护股东以外的股权受让人的合法权益，股权转让合同如无其他影响合同效力的事由，应当认定有效。其他股东行使优先购买权的，虽然股东以外的股权受让人关于继续履行股权转让合同的请求不能得到支持，但不影响其依约请求转让股东承担相应的违约责任。

本案链接

以下为该案在法院审理阶段，判决书中"本院认为"就该问题的论述：

依照《公司法》第七十二条第三款的规定，当股东转让股权时，在同等条件下，其他股东对该股权享有优先购买权。"同等条件"是行使优先购买权的实质性要求，是指转让方对其他股东和对第三人转让的条件相同，不区别对待。在条件相同的前提下，其他股东处于优先于股东之外的第三人购买的地位。本案中，被告招某泉在2004年11月以特快专递方式向股东招某枝送达的股东会召开通知书中，载明招某泉是以1350万元的价格将其股份转让给冯某妹。之后金某达公司于2004年11月11日召开股东会作出的股东会决议中，亦是决定招某泉以1350万元的价格转让其股份。但招某泉在上述股权转让合同中约定以27.5万元的价格转让其股份，冯某妹实际支付股权转让款27.5万元。由此可见，招某泉转让股权给冯某妹的价格远低于其告知招某枝的价格。该行为直接剥夺了招某枝在同等条件下的股东优先购买权，违反了公司法的上述强制性规定，故该股权转让合同应认定为无效，不发生股权转让的效力。

延伸阅读

上海市第一中级人民法院的一起案例，与本案案情相似，也是采用虚张声势的方式规避了股东的优先购买权，该案中法院也判决案涉股东会决议无效。

案例：上海市第一中级人民法院审理的周某某与姚某某股权转让纠纷案[（2011）沪一中民四（商）终883号]认为，股东优先购买权是形成权，股东要求行使优先购买权时，无须转让股东再做承诺，即在享有优先购买权股东与转让股东间成立拟转化股权的股权转让合同，且该合同是以转让股东与第三人间约定的"同等条件"为内容。因此，本案中，姚某向周某某发函及登报公告仅能起到通知周某某有关姚某欲行使股东优先购买权的法律后果，而不能要求周某某再进行受让股权的竞价，也就是说，姚某一旦行使优先购买权，其与姚某某间的股权转让合同，是以姚某某与周某某间约定的"同等条件"为内容。本院注意到，2006年协议书中周某某、周某受让甲公司全部股权的价格为1440万元，而2007年12月12日姚某某将其95%股权以95万元转让给姚某，很显然，姚某并不是以"同等条件"受让姚某某所持的股份。鉴于姚某某与姚某间的兄弟关系、姚某某的代签行为以及姚某受让股权的价格与2006年协议书所约定价格的悬殊程度等情况，本院认为，姚某某与姚某在签订2007年12月12日的股权转让协议书时有恶意串通损害周某某利益的行为，故2007年12月12日的股权转让协议书应认定为无效。

005 从27个判决看侵犯股东优先购买权的合同效力

1. 侵犯优先购买权合同有效（4个）

案例1：江苏省高级人民法院审理的刘某海与季某珊股权转让纠纷案[（2015）苏商再提00042号]认为，首先……该条规定赋予其他股东相关权利的目的是维系有限责任公司的人合性，以免未经其他股东同意的新股东加入后破坏股东之间的信任与合作。而要实现这一目的，只要阻止股东以外的股权受让人成为新股东即可，亦即只要股权权利不予变动，而无须否定股东与股东以外的人之间的股权转让合同的效力。其次，该条并未规定如转让股东违反上述规定则股权转让合同无效。最后，如果因转让股东违反上述规定即股权转让未经上述程序而认定股权转让合同无效，那么在其他股东放弃优先购买权后，转让股东需与受让人重新订立股权转让合同，否则任何一方均可不受已订立的股权转让合同的约束，显然不合理。

综上，股东未经上述程序向股东以外的人转让股权与股权转让协议的效力无涉。本案中，刘某海与季某珊签订的协议系双方的真实意思表示，不违反法律、行政法规的强制性规定，合法有效。

案例2：广东省高级人民法院审理的国某公司与黄某某、中某公司股权转让纠纷案［（2013）粤高法民二终34号］认为，黄某某、张某范均认可他们之间存在隐名出资关系，张某范名下的中某公司75%股权实际由黄某某出资并享有投资权益，因此，黄某某处分张某范名下的中某公司75%股权并不损害张某范的利益，黄某某有权转让其实际享有的股权。《公司法》第七十二条规定有限责任公司的股东向股东以外的人转让股权，应当经其他股东过半数同意及经股东同意转让的股权在同等条件下其他股东有优先购买权，属于法律的限制性规定，并不属于法律的强制性规定，故宝某公司以黄某某转让中某公司75%股权未经其同意为由主张《项目合作合同》为无效合同，理据不足，且该转让行为也不影响宝某公司行使优先购买权。

案例3：吉林省吉林市中级人民法院审理的段某强与段某刚、董某霞、董某莉及原审第三人邱某股权转让纠纷案［（2015）吉中民三终137号］认为，虽然段某刚向董某霞、董某莉转让股权时没有通知段某强，段某强亦没有书面同意，违反了《公司法》第七十一条的规定，但《公司法》第七十一条没有规定违反此条款的转让合同无效，而是规定"公司章程对股权转让另有规定的，从其规定"，由此可见该条款不属于效力性的强制性规定，不能就此认定股权转让合同无效。由于《公司法》对于侵犯股东优先购买权的股权转让合同效力没有明确规定，因此，探讨其效力应当从《合同法》关于合同效力的一般规定入手。《合同法》第五十二条规定了合同无效的法定事由，本案股权转让协议的订立和履行涉及的是个人之间的权利义务关系，不存在合同法关于合同无效的五种情形。即便段某强的股东权益受到侵犯，侵犯其权益的是转让人段某刚，其可依法向段某刚主张权利,段某强请求确认段某刚与董某霞、董某莉股权转让协议无效没有法律依据。

案例4：浙江省淳安县人民法院审理的翁某英与舒某股权转让纠纷案〔(2014)杭淳商初457号〕认为,法律规定股东向股东以外的人转让股权,转让股东应就其股权转让事项书面通知公司其他股东征求同意,在同等条件下,公司其他股东有优先购买权。其目的在于阻挡他人通过股权受让进入公司,维护有限责任公司的封闭性和人合性。而确认股权对外转让合同有效并不违反此目的。股权转让合同的效力与股权变动的效力并不相同,故即便股权对外转让合同有效,亦不能发生合法的股权变动的效力,股权对外转让合同的效力与其他股东基于优先购买权从转让股东处取得股权之间亦不存在排除关系。其他股东对于侵犯股东优先购买权的股权转让仍可主张行使优先购买权,也不会损害国家和社会公共利益。只要股权转让符合转让双方的真实意思表示,法律没有必要过多地干涉。股东未征得其他股东同意而转让股权,该股权存在瑕疵,但不影响股权转让合同的效力。

2. 侵犯股东优先购买权的合同不生效（7个）

案例5：湖南省长沙市天心区人民法院审理的恩某公司与送变电公司、李某岗、创某公司及第三人新某盛公司股权转让纠纷案〔(2015)天民初05077号〕认为,……侵害股东优先购买权的股权转让合同不发生效力。股东优先购买权是公司法赋予股东的法定权利。基于有限责任公司的人合性和封闭性,股东优先购买权制度在于通过保障其他股东优先获得拟转让股权而维护公司内部信赖关系,法律所否定的是非股东第三人优于公司其他股东取得公司股权的行为,而不是转让股东与非股东第三人之间的转让协议。同时,股权是股东基于股东资格而享有的,从公司获取经济利益并参与公司经营管理的权利。为保障股东优先购买权而直接否定转让股东与非股东第三人之间股权转让协议的效力,已超越了优先的界限,过度限制了股东转让股权的处分权。本案中,被告送变电公司向股东以外的人转让股权,其没有证据证明曾就转让事项履行了《公司法》第七十二条第二款规定的法定程序,书面征求原告恩某集团意见,侵害了原告恩某集团的优先购买权。在原告恩某集团未明确放弃优先购买权的情况下,被告送变电公司与被告创某公司签订的《股权转让合同》中关于股权转让的约定不发生效力。第三人新某盛公司股东名册、工商登记的股东仍为原告恩某集团和被告送变电公司,《股权转让合同》标的即被告送变电公司持有的第三人新某盛公司的股权尚未发生变动，原告恩某集团诉至本院主张优先购买权，直接产生阻断股权转让的效力。

案例6：湖南省常德市中级人民法院审理的大某集团与吕某智股权转让纠纷案［（2014）常民二终82号］认为，大某集团与吕某智约定的合同生效条件应包括经大某起重公司股东大会同意并由全体股东签字确认……大某集团（当时为汉某集团）是大某起重公司的股东但吕某智不是。因此，大某集团向吕某智转让大某起重公司的股份，系股东向股东以外的人转让股权，应按上述规定的程序办理，即应经其他股东过半数同意。这是强制性规定，不允许章程及合同放宽条件。由于合同中已约定"本股份转让合同经大某起重公司股东大会同意并由各方签字，报公司登记机关办理股东股份变更登记生效"，而且该约定严于公司法的规定，应认可其效力，所以在无大某起重公司股东大会同意并由各方签字的情况下，该合同不生效。

案例7：江西省吉安市中级人民法院审理的刘某芹与余某兰、欧阳某青等股权转让纠纷案［（2014）吉中民二初84号］认为，本案中刘某芹优先购买权的成立导致案涉10.5%的股权在欧阳某青、胡某文及余某兰之间无法流转，股权转让协议因此无法履行。但刘某芹优先购买权的行使并不影响股权转让协议的效力，其仅导致股权转让协议不能履行。因此，刘某芹关于请求判令欧阳某青、胡某文、余某兰于2012年4月25日签订的《股权转让协议》无效或予以撤销的诉请，缺乏事实及法律依据，本院不予支持。

案例8：上海市第一中级人民法院审理的周某某与姚某某股权转让纠纷案［（2011）沪一中民四（商）终883号］认为，……姚某某与周某某间的股权转让协议是双方当事人的真实意思表示，符合合同法有关合同效力的要件，应认定为有效，在合同相对方间产生法律约束力。但由于公司法的特殊规定，即其他股东姚某享有优先购买权，一旦姚某要求行使股东优先购买权，那么，姚某某与周某某间的股权转让协议将无法继续履行。因此，原审法院认定2006年协议书全部无效不当，本院在此予以纠正。

案例9：重庆市高级人民法院审理的上诉人张A与被上诉人狮某公司、王A、马某某、李某1、李某、成某、杨某某、赵某某、李某2、唐某某、张某、熊某某、李A、岳某某、李B、李C、李D、明某某、王某某股权转让纠纷案［（2011）渝高法民终266号］认为，关于狮某公司等19名股东与南川区方某公司签订的股权转让协议的效力问题。股东优先购买权的行使与否不影响其他股东与非股东第三人间股权转让协议的效力，只影响该协议能否实际履行。即股权转让协议是否有效应当按照该协议自身的内容根据合同法关于合同效力的规定加以认定，即便优先权股东行使了股东优先购买权，只要该协议本身符合合同法规定的合同有效要件，协议仍为有效。本案中，狮某公司等19名转让股东与南川区方某公司签订的股权转让协议并不违反法律法规的规定，是合法有效的。张A优先购买权的行使不影响该转让协议的效力，只影响该转让协议能否实际履行。

案例10：湖南省衡阳市中级人民法院审理的石某红与彭某股权转让合同纠纷案［（2010）衡中法民二终15号］认为，关于上诉人与被上诉人签订的《股权转让初步协议》是否有效、是否应解除的问题……《公司法》虽然规定股东向股东以外的第三人转让股权应当经其他股东过半数同意，但并未禁止向股东以外的第三人转让股权，可见该协议的内容未违反法律、行政法规的禁止性规定，该协议合法有效。《公司法》第七十二条中规定"股东向股东以外的人转让股权，应当经其他股东过半数同意"是股权转让合同履行的条件，不是合同生效的条件。上诉人石某红未得到锦某公司另外的股东胡某宣的同意，并不影响其与被上诉人彭某签订的《股权转让初步协议》的效力。

案例11：上海市第二中级人民法院审理的明某公司与怡某公司买卖合同纠纷案［（2010）沪二中民四（商）初126号］认为，本案中，《和解协议》的核心内容是以股权抵债，表面上为清偿债务行为，但实际上相当于股权的转让。在这种情况下，必须依据法律的规定保护股东的优先购买权。依据法律规定，其他股东有权行使或者放弃优先购买权。基于这种情况，本院认为《和解协议》的效力应区分对待。对于其他股东即本案中的静某置地公司而言，其知晓《和解协议》之后，有权主张行使优先购买权。如果法院支持其他股东行使优先购买权的请求，对于股权的出让方和受让方而言，则意味着股权转让协议（本案中即《和解协议》）有效但无法履行，涉及的是违约责任问题而不是合同效力问题。从这个角度来说，作为股权转让的出让方或者受让方，不能以签订股权转让协议侵害他人优先购买权而自行主张合同无效。

3. 侵犯优先购买权的合同可撤销（8个）

案例12：江苏省徐州市中级人民法院审理的赵某红与孙某亮、李某等股权转让纠纷案［（2014）徐商终0327号］认为，赵某红对李某25%的股权在对外转让时同等条件下享有优先购买权。《公司法》之所以规定有限责任公司股东享有优先购买权，其立法本意一方面在于保证有限责任公司原股东可以通过行使优先购买权增持股权份额，从而实现对公司的控制权；另一方面在于保障有限责任公司的人合性，以确保原股东有权根据自己的实际情况和需要决定是否接纳新股东加入公司或自行退出公司等。本案中，股东李某向股东以外的第三人孙某亮转让股权的行为，事实上侵犯了赵某红的股东优先购买权，故李某与孙某亮之间的股权转让协议依法不发生法律效力。根据《合同法》第五十八条的规定，合同依法无效或被撤销后，应当恢复至合同订立前的原状，因此，李某与孙某亮之间的股权转让协议依法应当恢复至股权转让合同缔约前的状态，且若此时李某将其持有的股权向公司以外的第三人转让……在同等条件下，赵某红依法当然享有优先购买权。

案例13：新疆维吾尔自治区高级人民法院审理的莫某与宏某润丰公司、宏某公司、蒋某民、红某塘公司股权确认纠纷案［（2013）新民二终32号］认为，《公司法》第七十二条第二款、第三款规定："股东向股东以外的人转让股权，应当经其他股东过半数同意。股东应就其股权转让事项书面通知其他股东征求同意，其他股东自接到书面通知之日起满三十日未答复的，视为同意转让……经股东同意转让的股权，在同等条件下，其他股东有优先购买权……"从内容看，该规定非强制性规定，而是任意性规定。股东不同意转让或行使优先购买权，是一种为保证有限责任公司人合性而赋予股东的权利，该权利并不是对拟转让股份的股东股权的限制，其与股东以外的受让人签订股权转让合同，只要该合同意思表示真实，不违反相关的法律、行政法规的禁止性规定就应认定为有效，侵犯股东优先购买权签订的股权转让合同的性质为可撤销合同。

案例14：芜湖市镜湖区人民法院审理的胡某国、黄某君与王某、吴某、第三人炳某公司股权转让纠纷案［（2011）镜民二初00286号］认为，被告吴某与原告胡某国、黄某君同为第三人炳某公司的股东，在未告知两原告且并未取得同意的情况下，将持有的在第三人处的股权转让给股东以外的第三人被告王某。该股权转让未经其他股东同意，因侵犯其同意权而效力待定，其他股东的同意或者推定同意是该协议的追认条件。而一旦股东同意或者推定同意股权对外转让，不管其是否侵犯其他股东的优先购买权，协议都成立并生效。所以，该合同是可撤销的合同，并非无效合同。

案例15：重庆市彭水苗族土家族自治县人民法院审理的李某贤、刘某安与王某华、大某煤炭公司等公司决议撤销纠纷案［（2014）彭法民初00897号］认为，本案中，被告大某煤炭公司、谢某胜、刘某军主张在《彭水县大某煤炭有限责任公司股权转让协议》签订前曾口头通知二原告询问其是否行使优先购买权，但未举示相应证据，二原告对此也予以否认，对三被告的该项主张不予采纳。被告谢某胜、刘某军签订该协议前没有履行相应的通知程序，侵犯了二原告作为该公司股东对股权的优先购买权。原告刘某安、李某贤的第三项诉讼请求表明二原告愿意行使优先购买权，但本案中所涉股权转让协议已经履行，被告大某煤炭公司的股东已经发生变更，二原告因其优先购买权受到侵害，对该股权转让协议享有撤销权，被告刘某军与被告谢某胜于2014年1月9日签订的《彭水县大某煤炭有限责任公司股权转让协议》应当予以撤销。

案例16：广西壮族自治区南宁市中级人民法院审理的秦某与陈某程、海某因、陈某、元某公司股权转让纠纷案[（2014）南市民二终379号]认为，元某公司的股东为陈某、陈甲、秦某，三人出资额分别为：2082.08万元，占注册资本比例26%；1761.76万元，占注册资本比例22%；4164.16万元，占注册资本比例52%。程某裕并非元某公司的股东，陈甲将持有元某公司的股权转让给程某裕没有通知秦某，其行为侵害了秦某的优先购买权，程某裕与陈甲订立的《股权转让协议书》违反了法律的规定，依法应予撤销。该《股权转让协议书》被依法撤销后，登记在元某公司程某裕名下的22%股权应返还陈甲。

案例17：贵州省高级人民法院审理的瓮某世强公司与夏某股东资格确认纠纷案[（2013）黔高民申540号]认为，《公司法》第七十二条规定，有限责任公司股东向股东以外的人转让股权，应当经其他股东过半数同意，且其他股东在同等条件下享有优先购买权。该条款只是程序上的限制，并非实体上的限制，不属于法律、行政法规的强制性规定，股东对自己的股权享有完全的处分权。如果转让人未履行上述程序，侵害的是其他内部股东的利益即优先购买权而非社会公共利益和国家利益，其他股东认为侵害其优先购买权可以行使撤销权。如果其他股东未在法定的期限内行使撤销权，既不反对股权转让，也不准备行使优先购买权，则股权转让程序的瑕疵并不影响其实体权利，不应否定转让合同的效力。

案例18：南宁市中级人民法院审理的秦某与陈某程、海某因、陈某、元某公司股权转让纠纷案[（2014）南市民二终379号]认为，股东优先购买权，是指当股东对外转让其股权时，其他股东享有的以同等条件优先于第三人购买该股权的权利。股东优先购买权又是附有条件的形成权，其行使并非随时可以进行，只有在股东向第三人转让股权时，方可行使，股东对外转让股权是其他股东优先购买权行使的前提。而股东对外转让其股权时，应当履行通知其他股东的义务，若未履行通知义务，即侵害了其他股东的优先购买权，其对外转让股权的行为就是可撤销的行为。

案例19：江苏省南京市中级人民法院审理的李某山与魏某平、徐某民、杨某兰、五某公司股权转让纠纷案［（2015）宁商终733号］认为，就有限公司股东向股东以外的人转让股权，《公司法》第七十一条第二款规定，股东向股东以外的人转让股权，应当经其他股东过半数同意；江苏省高级人民法院《关于审理适用公司法案件若干问题的意见（试行）》①第六十二条第四款规定，"其他股东未能行使优先购买权的，可以申请撤销合同。但其他股东追认转让合同，或者所转让的股权已经登记到受让人名下且受让人已实际行使股东权利的，股权转让合同有效"。本案中，徐某民向杨某兰转让股权时，虽没有按照公司法的规定履行通知及征求其他股东同意的义务，但杨某兰已于2012年10月30日登记为公司股东且参与公司经营管理两年有余，已实际行使股东权利，徐某民与杨某兰于2012年10月30日签订的股权转让协议应当认定为有效。

4. 侵犯股东优先购买权的合同效力待定（2个）

案例20：湖北省高级人民法院审理的桥某公司、陈某股权转让纠纷案［（2015）鄂民二终00042号］认为，……《公司法》第七十一条第二款、第三款规定："股东向股东以外的人转让股权，应当经其他股东过半数同意。股东应就其股权转让事项书面通知其他股东征求同意，其他股东自接到书面通知之日起满三十日未答复的，视为同意转让。其他股东半数以上不同意转让的，不同意的股东应当购买该转让的股权；不购买的，视为同意转让。经股东同意转让的股权，在同等条件下，其他股东有优先购买权……"《公司法》赋予了公司股东在同等条件下享有优先购买的权利。桥某公司原本非恒某盛公司的股东，陈某向其转让股份时，公司股东依法享有优先购买权，且对于违反《公司法》规定进行转让的合同有权提起诉讼，予以撤销。陈某与桥某公司之间签订的《股东股权转让协议书》的效力可能因此而待定。

案例21：山东省烟台市中级人民法院审理的解某势与泰某公司股东资格确认纠纷案［（2014）烟商二终294号］认为，本案系2004年4月27日被上诉人与第三人刘某签订的股权转让协议，经双方协商一致签字即告成立。但该合同并不随即发生法律上的效力而成为有效的合同。根据《公司法》第七十一条规定，为了保障有限公司的人合性，股东在对外转让股权时赋予了其他股东两项权利，

---

① 已失效。

及同意权和优先购买权。据此，有限公司股东向股东以外的人转让股权时要受到双重限制，既必须满足其他股东过半数同意的条件，又必须尊重其他股东的优先购买权。因此，对于股权转让合同，未经同意程序和优先购买权程序的股权转让合同不立即发生法律效力，未通知其他股东或者未征得同意侵犯股东同意权的股权转让合同应为效力待定合同。在没有其他股东同意或者能推定同意股权对外转让时，侵犯其他股东优先购买权的股权转让协议虽成立但不生效。本案的股权转让协议在签订时，未向原审第三人朱某美征求同意意见，在第三人朱某美得知此情况下，已提议召开股东会，并对刘某股权转让的行为提出反对意见，股东会决议也明确刘某不再对外转让股权。因此，被上诉人与原审第三人刘某股权转让协议不发生效力。

5. 侵犯股东优先购买权的合同无效（5个）

案例22：新疆维吾尔自治区石河子市人民法院审理的王某玲与魏某武、市某养护处股权转让纠纷案[（2013）石民初1231号]认为，……在有限责任公司内部，股东之间转让股权基本不受限制，但向股东之外第三方转让时，则需要经其他股东过半数同意，而且，其他股东在同等条件下有优先购买权……被告市某养护处书面告知原告王某玲后，王某玲明确在同等条件下，要行使优先购买权。优先权的行使首先应优先适用《公司法》的规则，其次才是《合同法》上的规则及民事法上的善意第三人制度。《公司法》第七十一条明确规定了股权转让时其他股东的同意权和优先购买权。擅自向股东以外的人转让股权的行为，按照《公司法》的规定，首先侵犯了股东的上述法定权利，不应予以保护。违反《公司法》关于股东优先购买权的股权转让行为，一是构成对其他股东的侵权，二是转让股权的行为本身不应当受到保护，故股东擅自向第三人转让股权的合同应该是无效的，对原告的诉请，本院予以支持。

案例23：河南省驻马店市中级人民法院审理的任某、岳某柱与杨某、张甲、刘某、张乙股权转让纠纷案[（2012）驻民三初007号]认为，鑫某公司的《公司章程》第十六条规定：股东向股东以外的人转让其出资时，必须经全体股东过半数同意。不同意转让的股东应当购买该转让的出资，如果不购买该转让的出资，视为同意转让；经股东同意转让的出资，在同等条件下，其他股东对该出资有优先购买权。2012年3月27日杨某与张乙签订的股权转让协议，以及同日张甲与刘某签订的股权转让协议，因杨某、张甲未就其股权转让事项书面通知任某、岳某柱，违反了上述法律规定及公司章程规定，应确认为无效。

案例 24：广西壮族自治区高级人民法院审理的威某冠公司与白某泥有限公司（CHINA WHITE CEMENT LIMIED）企业出售纠纷案［（2008）桂民终 27 号］认为，横县白某泥厂及被告威某冠公司未征得原告的同意，也没有将其与被告威某冠公司达成的受让条件告知原告，就擅自将其在云某公司的全部股权转让给被告威某冠公司，侵犯原告的同意权和优先购买权，依照《中外合资经营企业法》① 第四条第四款、《中外合资经营企业法实施条例》② 第二十条的规定，横县白某泥厂转让云燕公司股权的行为无效，合同双方均对该股权转让协议无效负有过错。

案例 25：九江市修水县人民法院审理的朱某景与新某公司股权转让纠纷案［（2014）修民二初 96 号］认为，原告朱某景与被告新某公司虽然签订了《关于江西修水龙某峡水电站股金转让的协议书》，原告按合同约定支付了 60000 元转让款，但新某公司系龙某峡公司的股东之一，其转让股权行为应受《公司法》的约束。《公司法》第七十一条对股东向股东以外的人转让股权的行为作出了强制性规定。本案被告新某公司在向原告朱某景转让股权前未经龙某峡公司其他股东过半数同意，也未书面通知其他股东征求他们的意见，其行为侵害了其他股东优先购买权。由此可见，被告新某公司股权转让的行为违反了《公司法》强制性规定，致使其与原告签订的《关于江西修水龙某峡水电站股金转让的协议书》无效。

案例 26：宁波市鄞州区人民法院审理的向某集团公司与毕某菊股权转让纠纷案［（2008）甬鄞民二初 2198 号］认为，有限责任公司具有人合性和封闭性的特征，根据《公司法》的规定，有限责任公司的股东向股东以外的人转让股权，应当经其他股东过半数同意，并应就其股权转让事项书面通知其他股东征求同意，其他股东自收到书面通知之日起满三十日未答复的，视为同意转让。经股东同意转让的股权，在同等条件下，其他股东有优先购买权。工商登记资料证明，原告毕某菊与被告毕某良均系向某公司股东，现被告毕某良事先未书面征求原告同意，事后又未征得原告追认，以代签原告姓名的方式制作股东会议记录，与被告向某集团签订股权转让协议，并办理了公司的股权变更登记，事后亦未告知原告上述事项，而原告对两被告股权转让的行为又不予追认，故股东会关于股权转让协议无效，两被告签订的股权转让协议违反了法律的规定，损害了原告毕某菊的股东知情权和优先购买权，该股权转让的民事行为应认定为无效。

---

① 已失效。
② 已失效。

6. 原股东未提异议的前提下，股权转让合同自签订之日起生效（1个）

案例27：湖北省高级人民法院审理的桥某公司、陈某股权转让纠纷案[（2015）鄂民二终00042号]认为，对于本案陈某与桥某公司签订的《股东股权转让协议书》何时生效的问题，原审法院认为，双方签订的协议书约定协议经双方签字盖章之日起生效。同时，陈某在转让股权前，将转让其股份的数量、价格等情况告知了恒某盛公司其他股东，恒某盛公司股东知晓陈某转让股权且未提出反对意见。此后，公司全部股东亦在《董事会决议》上签字，以书面形式对陈某转让其股权的行为予以确认。虽然《董事会决议》在2013年8月27日才由恒某盛公司全体股东签字同意，但此前恒某盛公司其他股东以其行为，作出了对于陈某与桥某公司之间签订的股权转让协议没有异议和不行使优先购买权的意思表示。由于优先购买权只由恒某盛公司的股东享有，与受让人桥某公司无关。因此，在没有权利人对《股东股权转让协议书》提出异议的情况下，陈某与桥某公司签订的《股东股权转让协议书》自合同签订即发生法律效力。协议书对于双方当事人均具有约束力，双方均应严格按约履行。

006 优先购买权受侵害不但要主张合同无效，还必须同时主张同等条件下购买

裁判要旨

有限责任公司的股东向股东以外的人转让股权，未就其股权转让事项征求其他股东意见，或者以欺诈、恶意串通等手段，损害其他股东优先购买权，其他股东主张按照同等条件购买该转让股权的，人民法院应当予以支持，但其他股东仅提出确认股权转让合同及股权变动效力等请求，未同时主张按照同等条件购买转让股权的，人民法院不予支持。

案情简介[①]

2004年12月20日，周某平、陈某菊夫妇设立了今某公司，周某平占股

[①] 岳阳市中级人民法院审理的周某平、陈某菊与欧阳某翔、阳某元等股权转让纠纷案[（2017）湘06民终1094号]。

51%，陈某菊占股49%。

2009年2月23日，周某平、陈某菊（转让方）和王某平、易某民（受让方）签订了《股权转让协议书一》，约定：受让方向转让方支付660万元受让转让方全部股权，但转让方在全部转让款到位前保留1%的名义股权，不享有实际股东权利。

此后，转让方如约将99%的股权过户给受让方，但受让方并未如约将全部股权转让款支付到位。后经诉讼执行，受让方支付了全部股权转让款，但未支付延期支付的利息，转让方亦没有将剩余1%股权过户。

2010年8月10日，王某平、易某民又与第三人签订《股权转让协议二》将公司99%的股权以990万元的价格转让给了第三人，但是并未通知周某平、陈某菊行使同意权及优先购买权。

此后，周某平、陈某菊以其股东优先购买权受到侵害为由请求法院确认《股权转让协议二》无效，但其并未提出在同等条件下购买的要求。

本案经岳阳市岳阳楼区人民法院一审，湖南省岳阳市中级人民法院二审，最终认定《股权转让协议二》有效，驳回周某平、陈某菊的诉讼请求。

裁判要点精要

股东优先购买权目的在于保证有限公司的原股东可以通过行使优先购买权，实现对公司的控制权，该规定体现了对有限责任公司"人合性"的维护和对原股东对公司贡献的承认，但在保护原股东公司控制权的同时，也平衡转让股东自由处分股权的权利，设定原股东同意权和优先购买权的前提是原股东在同等条件下优先购买。

《公司法司法解释（四）》规定，当有限责任公司的股东向股东以外的人转让股权，未就其股权转让事项征求其他股东意见，或者以欺诈、恶意串通等手段，损害其他股东优先购买权，其他股东主张按照同等条件购买该转让股权的，人民法院应当予以支持；前款规定的其他股东仅提出确认股权转让合同及股权变动效力等请求，未同时主张按照同等条件购买转让股权的，人民法院不予支持。

据此可知，受侵害股东在主张侵权的股权转让合同无效的同时，其需要主张在同等条件下购买，仅主张股权转让合同无效的，法院不予支持。

本案中，周某平、陈某菊仅提出确认双方签订的股权转让协议无效，但是没有主张自己按同等条件购买转让的股权，故其主张确认股权转让协议无效不予支持。

实务经验总结

第一，优先购买权受侵害股东须在主张侵权的股权转让协议无效的同时，主张按同等条件购买股权。前述两个条件缺一不可，原股东不能仅主张侵害优先购买权的合同无效，而不主张在同等条件下优先购买，否则这不仅使新缔结的合同效力处于不确定的状态之中，也使原股东处分股权的目的不能实现。

第二，原股东应当及时行使股东优先购买权，其应自知道或者应当知道行使优先购买权的同等条件之日起三十日内主张。需要注意的是，若基于侵害股东优先购买权合同股权变更登记之日起超过一年，原股东再主张的将不会得到支持。

法规链接

《公司法》（2023年修订）

第八十四条 有限责任公司的股东之间可以相互转让其全部或者部分股权。

股东向股东以外的人转让股权的，应当将股权转让的数量、价格、支付方式和期限等事项书面通知其他股东，其他股东在同等条件下有优先购买权。股东自接到书面通知之日起三十日内未答复的，视为放弃优先购买权。两个以上股东行使优先购买权的，协商确定各自的购买比例；协商不成的，按照转让时各自的出资比例行使优先购买权。

公司章程对股权转让另有规定的，从其规定。

《最高人民法院关于适用〈中华人民共和国公司法〉若干问题的规定（四）》（2020年修正）

第二十一条 有限责任公司的股东向股东以外的人转让股权，未就其股权转让事项征求其他股东意见，或者以欺诈、恶意串通等手段，损害其他股东优先购买权，其他股东主张按照同等条件购买该转让股权的，人民法院应当予以支持，但其他股东自知道或者应当知道行使优先购买权的同等条件之日起三十日内没有主张，或者自股权变更登记之日起超过一年的除外。

前款规定的其他股东仅提出确认股权转让合同及股权变动效力等请求，未同时主张按照同等条件购买转让股权的，人民法院不予支持，但其他股东非因自身原因导致无法行使优先购买权，请求损害赔偿的除外。

股东以外的股权受让人，因股东行使优先购买权而不能实现合同目的的，可以依法请求转让股东承担相应民事责任。

《全国法院民商事审判工作会议纪要》（法〔2019〕254号）

9.【侵犯优先购买权的股权转让合同的效力】审判实践中，部分人民法院对公司法司法解释（四）第21条规定的理解存在偏差，往往以保护其他股东的优先购买权为由认定股权转让合同无效。准确理解该条规定，既要注意保护其他股东的优先购买权，也要注意保护股东以外的股权受让人的合法权益，正确认定有限责任公司的股东与股东以外的股权受让人订立的股权转让合同的效力。一方面，其他股东依法享有优先购买权，在其主张按照股权转让合同约定的同等条件购买股权的情况下，应当支持其诉讼请求，除非出现该条第1款规定的情形。另一方面，为保护股东以外的股权受让人的合法权益，股权转让合同如无其他影响合同效力的事由，应当认定有效。其他股东行使优先购买权的，虽然股东以外的股权受让人关于继续履行股权转让合同的请求不能得到支持，但不影响其依约请求转让股东承担相应的违约责任。

本案链接

以下为该案在法庭审理阶段，判决书中"本院认为"就该问题的论述：

本院认为：……《公司法司法解释（四）》第二十一条规定："有限责任公司的股东向股东以外的人转让股权，未就其股权转让事项征求其他股东意见，或者以欺诈、恶意串通等手段，损害其他股东优先购买权，其他股东主张按照同等条件购买该转让股权的，人民法院应当予以支持，但其他股东自知道或者应当知道行使优先购买权的同等条件之日起三十日内没有主张，或者自股权变更登记之日起超过一年的除外。前款规定的其他股东仅提出确认股权转让合同及股权变动效力等请求，未同时主张按照同等条件购买转让股权的，人民法院不予支持……"周某平、陈某菊在得知王某平、易某民将股权转让给阳某元、欧阳某翔后仅提出确认双方签订的股权转让协议无效，至今都没有主张自己按同等条件购买转让的股权。《公司法》之所以规定股东享有优先购买权，主要目的是保证有限公司的原股东可以通过行使优先购买权实现对公司的控制权，该规定体现了对有限责任公司"人合性"的维护和对原股东对公司贡献的承认。本案中，王某平、易某民转让的股权本身就来自周某平、陈某菊出让的股权，周某平、陈某菊仅是今某公司1%的名义股东，周某平、陈某菊本来就不愿意再经营该公司而将公司100%的股权转让，如果此时，周某平、陈某菊在仅是公司1%名义股东的情况下，仍然行使股东的优先购买权，不符合《公司法》关于股东优先购买权的立法本意。故周某平、陈某菊以王某平、易某民转让股权时侵犯其优先受让权来主张王某平、易某民与欧阳某翔、阳某元签订的股权转让协议无效的上诉理由，于法无据，本院不予支持。

（八）大股东争夺小股东利益之"恶意增资"

001 对增资不知情的股东可要求确认其股权比例保持不变

裁判要旨

未经公司有效的股东会决议通过，他人虚假向公司增资以"稀释"公司原有股东的股权比例，该行为损害了原有股东的合法权益，即使该出资行为已被工商行政机关备案登记，仍应认定为无效，公司原有股东股权比例应保持不变。

案情简介①

2004年4月21日，黄某忠与陈某庆、陈某、张某、顾某平、王某英共同设立了宏某公司。宏某公司注册资本400万元，其中黄某忠出资80万元，持股20%。

2006年10月20日，苏州市太仓工商行政管理局根据宏某公司的申请，将其注册资本由400万元变更登记为1500万元，其中黄某忠出资80万元，持股5.33%，新某公司出资1100万元，持股73.33%。

宏某公司申请上述变更登记的主要依据为《公司章程》及《股东会决议》。其中《股东会决议》载明的主要内容为：增加公司注册资本，由原来的400万元增加到1500万元，新某公司增加投资1100万元。

事实上，新某公司所谓增资宏某公司的1100万元，于2006年10月18日完成验资后，就以"借款"的形式归还给了新某公司。

---

① 上海市第二中级人民法院审理的黄某忠与陈某庆等股东资格确认案，载《最高人民法院公报》2015年第5期（总第222期）。

后黄某忠起诉至法院，请求确认其持有宏某公司 20% 的股权。庭审中，由于黄某忠否认上述公司章程和股东会决议的真实性，新某公司提出申请，要求对《股东会决议》上"黄某忠"的签名进行鉴定。经鉴定，该签名非黄某忠本人所签。

本案经上海市虹口区法院一审、上海市第二中级人民法院二审，均支持了黄某忠的诉讼请求。

裁判要点精要

宏某公司设立时原告黄某忠依法持有宏某公司 20% 股权，在黄某忠没有对其股权作出处分的前提下，除非宏某公司进行了合法的增资，否则原告的持股比例不应当降低。经过笔迹鉴定，宏某公司《股东会决议》上非黄某忠本人签名，因此在没有证据证明黄某忠明知且在股东会决议上签名同意宏某公司增资至 1500 万元的情况下，对宏某公司设立时的股东内部而言，该增资行为无效，且对于黄某忠没有法律约束力，不应以工商变更登记后的 1500 万元注册资本金额来降低黄某忠在宏某公司的持股比例，而仍应当依照 20% 的股权比例在股东内部进行股权分配。

实务经验总结

为避免未来发生类似纷争，提出如下建议：

第一，未经小股东同意，大股东直接作出增加注册资本的股东会决议，致使小股东股权被稀释，小股东可以起诉要求确认股东会决议无效，也可以起诉要求确认其持股比例维持增资前的股权比例。

第二，公司增加注册资本应当经过股东会决议，且股东会决议应当经代表三分之二以上表决权的股东通过。

第三，公司新增资本时，股东有权优先按照实缴的出资比例认缴出资。因此，即使公司大股东作出增资的股东会决议，小股东也有权按照其实缴的出资比例认缴出资，保证股权比例不被稀释。

法规链接

《公司法》（2023 年修订）

第二百二十七条　有限责任公司增加注册资本时，股东在同等条件下有权优先按照实缴的出资比例认缴出资。但是，全体股东约定不按照出资比例优先认缴出资的除外。

股份有限公司为增加注册资本发行新股时，股东不享有优先认购权，公司章程另有规定或者股东会决议决定股东享有优先认购权的除外。

第六十六条 股东会的议事方式和表决程序，除本法有规定的外，由公司章程规定。

股东会作出决议，应当经代表过半数表决权的股东通过。

股东会作出修改公司章程、增加或者减少注册资本的决议，以及公司合并、分立、解散或者变更公司形式的决议，应当经代表三分之二以上表决权的股东通过。

本案链接

以下为该案在法院审理阶段，判决书中"本院认为"就该问题的论述：

宏某公司系被上诉人黄某忠与一审被告陈某庆、陈某、张某、顾某平、王某英共同出资设立，设立时原告依法持有宏某公司20%股权。在黄某忠没有对其股权作出处分的前提下，除非宏某公司进行了合法的增资，否则原告的持股比例不应当降低。宏某公司的章程明确约定公司增资应由股东会作出决议。现经过笔迹鉴定，宏某公司和新某公司的股东会决议上均非黄某忠本人签名，不能依据书面的股东会决议来认定黄某忠知道增资的情况。出资买地与公司增资之间不具有必然的关联性。因此，在没有证据证明黄某忠明知且在股东会决议上签名同意宏某公司增资至1500万元的情况下，对宏某公司设立时的股东内部而言，该增资行为无效，且对于黄某忠没有法律约束力，不应以工商变更登记后的1500万元注册资本金额来降低黄某忠在宏某公司的持股比例，而仍应当依照20%的股权比例在股东内部进行股权分配。原审适用法律正确，审判程序合法，判决黄某忠自设立后至股权转让前持有宏某公司20%的股权并无不当。

延伸阅读

在部分股东不知情的情况下，公司直接作出增加注册资本的股东会决议，对增资不知情的股东可以选择以下两种诉讼思路：

诉讼思路一：对增资不知情的股东可以起诉要求确认其持股比例维持增资前的股权比例。（案例1~案例2）

案例1：上海市第一中级人民法院审理的高某伟诉天某公司与公司有关的纠纷案［（2016）沪01民终7933号］认为，在高某伟不知情的情况下，天某公司增资到1.20亿元。对天某公司内部股东而言，该增资行为无效，不应以工商变更登记后的1.20亿元来降低高某伟在天某公司的持股比例，而仍旧应当依照1/17的股权比例在股东内部进行股权分配。

案例2：沈阳市沈河区人民法院审理的时某锋与紫某软件公司、葛某锋等股东出资纠纷案［（2015）沈河民三初1040号］认为，在原告没有对其股权作出处分的情况下，除非紫某软件公司进行了合法的增资，否则原告的持股比例不应当降低。依据被告紫某软件公司章程规定，公司增资应由股东会作出决议，被告紫某软件公司关于增资的股东会决议上时某锋签字非本人所签，原告对于增资事宜不知情，对于原告而言，该增资行为无效，对于原告没有法律约束力，且股东认缴增资部分至今未到位，不应以工商变更登记后的人民币2000万元注册资本金额来降低原告在被告紫某软件公司的持股比例，而仍旧应当依照5%的股权比例在股东内部进行股权分配。

诉讼思路二：对增资不知情的股东可以起诉要求确认有关增加注册资本的股东会决议无效。（案例3~案例6）

案例3：最高人民法院审理的夏某中与黔某交通运输公司、何某阳、潘某华公司决议效力确认纠纷案［（2016）最高法民申334号］认为，"夏某中向代某贵出具的授权委托书并不包括代其参加股东会并对决议内容发表意见的内容，故股东会作出的关于增加注册资本以及修改公司章程的股东会决议内容，没有经过当时仍持有公司93.33%股权的夏某中的同意，也没有证据证明夏某中就公司的该次增资已知悉并明确放弃了优先认缴权，故上述决议内容违反了《公司法》（2005年修订）第三十五条关于股东有权优先按照实缴的出资比例认缴出资的规定，侵犯了夏某中认缴增资的合法权益，应认定无效"。

案例4：河南省郑州市中级人民法院审理的朱某清与格某恩科技公司、纪某公司决议纠纷案［（2016）豫01民终9355号］认为，从股东会决议的内容来看，即便增资，朱某清、纪某、高某诚也应按三人的出资比例认缴出资，纪某私自增资901万元，侵犯了朱某清的增资权利，因此该决议内容违反了公司法的相关规定，一审法院确认格某恩科技公司2013年5月25日的股东会决议无效符合法律规定。

案例5：广东省深圳市中级人民法院审理的胡某梅与晨某公司公司决议效力

确认纠纷案〔（2015）深中法商终2714号〕认为，一方面晨某公司未提交证据证明全体股东存在关于不按照出资比例优先认缴出资的约定，另一方面胡某梅因晨某公司未通知其参加股东会进而无法行使优先认缴出资的权利的事实客观存在，胡某梅亦未表示过放弃该次增资的优先认缴权，直至本案二审期间胡某梅仍表示要求行使该次增资的优先认缴权。股东优先认缴公司新增资本的权利属于形成权，股东按其出资比例认缴增资是法定的、固有的权利，晨某公司2014年11月10日召开的股东会因未履行法定的通知程序致使胡某梅未能参加股东会而剥夺了其对新增资本的优先认缴权。综上，《2014年11月10日股东会决议》的内容因违反公司法的强制性规定应认定为无效。

案例6：山东省高级人民法院审理的周某生与裕某公司、吕某涛等公司决议效力确认纠纷案〔（2015）黔高民商终61号〕认为，公司大股东如果为了追求自己的利益，形成的股东会决议影响小股东的个人利益，为小股东增设义务或限制权利，应得到小股东的同意。因本案六次股东会决议是在股东周某生未参加会议，由他人伪造周某生签字做出的，事后周某生亦不予认可，故该六次决议并非周某生真实意思表示，侵犯了周某生的姓名权，干涉了周某生依照自己的真实意思对公司事项进行表决的权利，进而侵害了周某生的增资优先认缴权，属于违反法律规定的侵权行为，故本案六次股东会决议违反了法律强制性规定，应认定为无效。

002 虽与持股90%的大股东签订增资协议并实际投资，但未经股东会决议通过的，不能取得股东资格

裁判要旨

投资人拟通过增资扩股方式成为公司股东，虽与控股股东签订了增资扩股协议，但是该协议未召开股东会经代表三分之二以上表决权的股东表决通过，投资人并不能取得股东身份。

案情简介①

亚某公司由张某营、王某兵设立，注册资本为人民币100万元，其中，张某

---

① 上海市第一中级人民法院审理的原某臣与亚某公司股票权利确认纠纷案〔（2010）沪一中民四（商）终69号〕。

营出资90万元，持股90%；王某兵出资10万元，持股10%，法定代表人由张某营担任。

2006年5月9日，原某臣与张某营签订《入股合资经营协议》，约定亚某公司由原某臣出资入股进行合资经营；双方各自的出资总额以其最终累计的出资额为准，公司对双方已经到位的出资额应出具出资证明。但是，该次增资扩股事宜未经亚某公司股东会决议通过。

2006年9月26日，张某营向原某臣出具收条，注明收到原某臣股金25万元，该收条上加盖了亚某公司公章。

此后，经股权转让和增资，至2008年7月16日，亚某公司的注册资本增加至300万元，张某营不再是亚某公司股东。在亚某公司股权变更过程中未涉及原某臣，原某臣未记载于亚某公司的股东名册。

此后，原某臣向法院起诉要求确认股东资格。本案经上海浦东法院一审，上海市中级人民法院二审，最终未能认定原某臣的股东资格。

裁判要点精要

根据《公司法》的规定，公司增加注册资本应由股东会作出决议，且应当经代表三分之二以上表决权的股东表决通过。但是，亚某公司从未就原某臣增资入股事宜召开过股东会并形成决议。原某臣签订《入股合资经营协议》的目的系通过增资扩股方式取得股东资格，但是该协议未经股东会决议通过，也未确定原某臣投资数额及股权份额，且在签订协议之后亚某公司的多次变更过程中均未涉及原某臣，原某臣也从未履行过股东经营管理公司的义务、享有过公司股东的权利，故原某臣不能取得股东资格。

实务经验总结

为避免未来发生类似纷争，提出如下建议：

第一，投资者若想通过增资扩股的方式取得股东资格，务必要求大股东召集股东会，通过代表三分之二以上表决权股东的表决通过（若公司章程规定更高的表决权比例，则按照公司章程的规定处理），并在股东会决议中要求公司原股东对增资份额放弃优先购买权。切不可认为公司实际上由控股股东大老板一人实际控制，他就可以对公司的一切事宜做主，即便其股权占比在90%以上，诸如增资减资合并分立的事项，也不属于大股东个人的特权，其必须通过股东会决议的方式上升为公司意志，否则因程序违法，投资者并不能取得股东资格。

第二，对于公司的控股股东来讲，必须摆正自己的位置，认识到公司和自己是两个相互独立的主体，完善公司的法人治理结构，严格区分股东会、董事会、经理、法定代表人等公司机关的权力和责任，依照《公司法》及公司章程的内容和程序行使职权，否则可能因越权行为致使签订的协议或决议被认定为可撤销或无效。

法规链接

《公司法》（2023 年修订）

第五十九条 股东会行使下列职权：

（一）选举和更换董事、监事，决定有关董事、监事的报酬事项；

（二）审议批准董事会的报告；

（三）审议批准监事会的报告；

（四）审议批准公司的利润分配方案和弥补亏损方案；

（五）对公司增加或者减少注册资本作出决议；

（六）对发行公司债券作出决议；

（七）对公司合并、分立、解散、清算或者变更公司形式作出决议；

（八）修改公司章程；

（九）公司章程规定的其他职权。

股东会可以授权董事会对发行公司债券作出决议。

对本条第一款所列事项股东以书面形式一致表示同意的，可以不召开股东会会议，直接作出决定，并由全体股东在决定文件上签名或者盖章。

第六十六条 股东会的议事方式和表决程序，除本法有规定的外，由公司章程规定。

股东会作出决议，应当经代表过半数表决权的股东通过。

股东会作出修改公司章程、增加或者减少注册资本的决议，以及公司合并、分立、解散或者变更公司形式的决议，应当经代表三分之二以上表决权的股东通过。

本案链接

以下为该案在法院审理阶段，判决书中"本院认为"就该问题的论述：

原某臣与张某营签订《入股合资经营协议》的目的系通过增资扩股方式成为亚某公司股东，但是该协议未经亚某公司股东会决议通过，未确定原某臣投资数额及股权份额，且在签订协议之后亚某公司的多次变更过程中均未涉及原某臣，原某臣也从未履行过股东经营管理公司的义务、享有过公司股东的权利，现张某营已不是亚某公司股东，故原某臣再以其与张某营签订的协议为据主张亚某公司增资扩股吸收其为公司股东无事实依据和可能，故对原某臣的上诉请求本院难以支持。

（九）大股东争夺小股东利益之"设立全资子公司间接排除小股东权利"

001 母公司股东可否为子公司利益直接提起"股东代表诉讼"

阅读提示

在公司控制权的争夺过程中，大股东"黑"小股东的套路多种多样，如恶意增资稀释股权，关联交易套取利润，高额薪酬高消费，排除小股东进入管理层，妨害小股东行使知情权，违规担保或借款，等等，可以说公司俨然就是大股东的个人提款机。

但是，上述套路还不够深。更高级的"黑"是：大股东通过设立全资子公司，然后将业务或资产都转到子公司名下，间接排除小股东的股东权利。如此一来，公司法赋予股东的各种权利都将被"挂"起来，只能看，不能用，小股东只能眼睁睁地受压制，有苦说不出。

如何破解此种滥用股东控制权压制小股东的行为，本书介绍的"母公司股东以自己名义代表子公司提起股东代表诉讼"可能是反制大股东"黑"小股东的招数之一。

裁判要旨

在母公司对子公司形成绝对资本控制的情形下，母公司控股股东损害子公司合法权益，在子公司怠于向母公司控股股东主张权利时，母公司其他股东为了子公司的利益，在履行了相关前置程序后，有权为了子公司的利益以自己的名义直接向人民法院提起诉讼。

案情简介①

海某投资公司的股东为海某控股公司、赵某某，持股比例分别为60%、40%。皇某酒店公司系海某投资公司的全资子公司，主营业务为高端住宿、餐饮。

海某控股公司、赵某某均通过海某投资公司间接持股皇某酒店公司；海某投资公司的董事长及总经理均由海某控股公司委派的董事担任，皇某酒店公司由海某控股公司实际运营。

2009年至2013年间，赵某某多次致函海某控股公司，要求其结束皇某酒店公司9至11层76间客房的闲置状态，进行装修运营；但是海某控股公司委派的董事长没有将该项事宜提交董事会讨论决定，因此该批客房一直闲置。

2014年1月24日，赵某某致函海某投资公司监事会主席王某华，请求海某投资公司监事会通过诉讼方式向侵害公司利益的海某控股公司行使索赔权利，但海某投资公司监事会未予回复亦未提起诉讼。

据此，赵某某以自己的名义提起控股股东滥用股东权利损害皇某酒店公司利益的股东代表诉讼，要求赔偿4029余万元客房闲置损失；海某控股公司辩称赵某某非皇某酒店公司股东无原告资格，且酒店即使装修也不能盈利。

本案经西安市中级人民法院一审，陕西省高级人民法院二审，最终判令：海某控股公司向皇某酒店公司赔偿718.2万元损失。

裁判要点精要

第一，赵某某为皇某酒店公司母公司的股东，有权提起股东代表诉讼。依照《公司法》第一百八十九条规定，他人侵犯公司合法权益，给公司造成损失的，有限责任公司的股东，在履行了相关前置程序后，有权为了公司的利益以自己的名义直接向人民法院提起诉讼。在母公司对子公司形成绝对资本控制的情形下，母公司的股东为了子公司的利益以自己的名义直接向人民法院提起诉讼，亦不违

---

① 陕西省高级人民法院审理的海某控股公司与赵某某、海某投资公司、皇某酒店公司损害公司利益责任纠纷案〔（2016）陕民终228号〕。

反《公司法》规定。本案中，海某投资公司系皇某酒店公司的唯一股东，海某投资公司是母公司、皇某酒店公司是子公司，海某投资公司与皇某酒店公司之间形成了绝对的资本控制关系。在海某投资公司内部，海某控股公司为控股股东，赵某某系小股东。赵某某曾请求海某投资公司监事会诉请侵害公司利益的股东即海某控股公司承担损失赔偿责任，但海某投资公司监事会在收到该请求后三十日内并未作为皇某酒店公司股东向海某控股公司提起诉讼，此时若否定赵某某作为海某投资公司股东提起本案诉讼的原告主体资格，则无法保护皇某酒店公司的利益，进而导致海某投资公司利益受损，亦与《公司法》第一百八十九条的立法本意相悖。

第二，海某控股公司作为皇某酒店公司母公司海某投资公司的控股股东，其对海某投资公司的运营、管理及人事具有实质的支配和控制能力，继而对皇某酒店公司具有实际支配与控制权。作为对母、子公司经营活动均具有重要影响和控制能力的控股股东，海某控股公司应当忠实于公司并最大限度地以公司的利益为行使权利的标准，若怠于行使权利造成公司利益受损，其应承担相应的民事责任。在赵某某多次提出应将皇某酒店公司 9 至 11 层客房装修投入经营情况下，海某控股公司未作出有效回应，亦未采取有效措施防止损失产生，其应对皇某酒店公司因此造成的损失承担赔偿责任。

实务经验总结

对小股东来讲，为防止大股东通过设立全资子公司的方式"黑"自己，根据本案的成功经验需要做到以下几点：

第一，了解大股东通过设立全资子公司"黑"小股东的操作套路：该套路常常用于相对控股的大股东（51%~66%）与小股东（34%~49%）争夺控制权的情形。因为依据公司法规定，小股东对于增资减资等重大事项拥有一票否决权，当大股东企图侵夺小股东的权益时，其依据本公司的股东会或董事会常常无法形成合意的决议。但是，一旦母公司设立了子公司，尤其是全资子公司，那么该子公司的全部控制权就相当于全部控制在母公司大股东的手中。

子公司股东会决议的形成依赖于母公司股东权利的行使，而母公司的股东权利的行使不必经过母公司股东会决议的通过，当母公司的大股东控制法定代表人等公司机关时，其就可以控制子公司。

所以，大股东若图谋侵夺小股东的权益，其可以先设立公司的全资子公司，然后将公司的优良资产和业务均转移至这家子公司，然后再通过其他法律主体向子公司进行增资，或与其进行"关联交易"，就能达到"合法"侵夺小股东权益的目的。

第二，做好事前预防，将"对公司向其他企业投资（包括但不限于设立全资子公司、控股、参股其他公司）或者为他人担保作出决定"的决策事项在公司章程中设定为股东会的职权，并将该类决策的表决权数设定为需要全体股东一致同意或绝对多数股东同意（至少没有小股东的同意，该项决议不能通过）。

第三，若已经发生了被以设立子公司的方式损害利益的，要聘请专业律师进行事后有效的法律攻击。在控股股东滥用表决权侵害全资子公司利益，而子公司或公司均怠于行使诉权的情况下，小股东在履行了前置程序后，可以直接以自己的名义代表子公司提起股东代表诉讼，要求控股股东承担赔偿责任。

但需要注意的是，小股东需要证明子公司的权益受到了损害，该损害是由于公司大股东、实际控制人或董事、高级管理人员造成的，而公司又怠于行使诉权。

另外，该类"母公司股东代表子公司诉讼"的方式在法律上没有明确规定，需要小股东在诉讼前聘请专业律师团队进行研判，并做好可能败诉的心理准备（本书下述"延伸阅读"部分中，江苏省高级人民法院在一案中就不支持这种观点，原《公司法司法解释（四）》征求意见稿曾将该种方式明文规定，但后由于争议过大，在最后的正式版中未能保留，不无遗憾）。

法规链接

关于股东代表诉讼原告资格的立法现状。

《公司法》对于母子公司中股东代表诉讼的问题并未作出规定。

《公司法》（2023年修订）

第一百八十九条 董事、高级管理人员有前条规定的情形的，有限责任公司的股东、股份有限公司连续一百八十日以上单独或者合计持有公司百分之一以上股份的股东，可以书面请求监事会向人民法院提起诉讼；监事有前条规定的情形的，前述股东可以书面请求董事会向人民法院提起诉讼。

监事会或者董事会收到前款规定的股东书面请求后拒绝提起诉讼，或者自收到请求之日起三十日内未提起诉讼，或者情况紧急、不立即提起诉讼将会使公司利益受到难以弥补的损害的，前款规定的股东有权为公司利益以自己的名义直接向人民法院提起诉讼。

他人侵犯公司合法权益，给公司造成损失的，本条第一款规定的股东可以依照前两款的规定向人民法院提起诉讼。

公司全资子公司的董事、监事、高级管理人员有前条规定情形，或者他人侵犯公司全资子公司合法权益造成损失的，有限责任公司的股东、股份有限公司连续一百八十日以上单独或者合计持有公司百分之一以上股份的股东，可以依照前三款规定书面请求全资子公司的监事会、董事会向人民法院提起诉讼或者以自己的名义直接向人民法院提起诉讼。

《最高人民法院关于适用〈中华人民共和国公司法〉若干问题的规定（四）》（2020年修正）

第二十三条 监事会或者不设监事会的有限责任公司的监事依据公司法第一百五十一条第一款规定对董事、高级管理人员提起诉讼的，应当列公司为原告，依法由监事会主席或者不设监事会的有限责任公司的监事代表公司进行诉讼。

董事会或者不设董事会的有限责任公司的执行董事依据公司法第一百五十一条第一款规定对监事提起诉讼的，或者依据公司法第一百五十一条第三款规定对他人提起诉讼的，应当列公司为原告，依法由董事长或者执行董事代表公司进行诉讼。

第二十四条 符合公司法第一百五十一条第一款规定条件的股东，依据公司法第一百五十一条第二款、第三款规定，直接对董事、监事、高级管理人员或者他人提起诉讼的，应当列公司为第三人参加诉讼。

一审法庭辩论终结前，符合公司法第一百五十一条第一款规定条件的其他股东，以相同的诉讼请求申请参加诉讼的，应当列为共同原告。

第二十五条 股东依据公司法第一百五十一条第二款、第三款规定直接提起诉讼的案件，胜诉利益归属于公司。股东请求被告直接向其承担民事责任的，人民法院不予支持。

第二十六条 股东依据公司法第一百五十一条第二款、第三款规定直接提起诉讼的案件，其诉讼请求部分或者全部得到人民法院支持的，公司应当承担股东因参加诉讼支付的合理费用。

《全国法院民商事审判工作会议纪要》（法〔2019〕254号）

（七）关于股东代表诉讼

24.【何时成为股东不影响起诉】股东提起股东代表诉讼，被告以行为发生时原告尚未成为公司股东为由抗辩该股东不是适格原告的，人民法院不予支持。

25.【正确适用前置程序】根据《公司法》第151条①的规定，股东提起代表诉讼的前置程序之一是，股东必须先书面请求公司有关机关向人民法院提起诉讼。一般情况下，股东没有履行该前置程序的，应当驳回起诉。但是，该项前置程序针对的是公司治理的一般情况，即在股东向公司有关机关提出书面申请之时，存在公司有关机关提起诉讼的可能性。如果查明的相关事实表明，根本不存在该种可能性的，人民法院不应当以原告未履行前置程序为由驳回起诉。

26.【股东代表诉讼的反诉】股东依据《公司法》第151条第3款的规定提起股东代表诉讼后，被告以原告股东恶意起诉侵犯其合法权益为由提起反诉的，人民法院应予受理。被告以公司在案涉纠纷中应当承担侵权或者违约等责任为由对公司提出的反诉，因不符合反诉的要件，人民法院应当裁定不予受理；已经受理的，裁定驳回起诉。

27.【股东代表诉讼的调解】公司是股东代表诉讼的最终受益人，为避免因原告股东与被告通过调解损害公司利益，人民法院应当审查调解协议是否为公司的意思。只有在调解协议经公司股东（大）会、董事会决议通过后，人民法院才能出具调解书予以确认。至于具体决议机关，取决于公司章程的规定。公司章程没有规定的，人民法院应当认定公司股东（大）会为决议机关。

本案链接

以下为该案在法庭审理阶段，判决书中"本院认为"就该问题的论述：

（一）本案赵某某作为原告提起诉讼主体资格是否适格

依照《公司法》第一百五十一条规定，公司董事、高级管理人员执行公司职务时违反法律、行政法规或者公司章程的规定，给公司造成损失的，或者他人侵犯公司合法权益，给公司造成损失的，有限责任公司的股东，在履行了相关前置程序后，有权为了公司的利益以自己的名义直接向人民法院提起诉讼。在母公司对子公司形成绝对资本控制的情形下，母公司的股东为了子公司的利益以自己的名义直接向人民法院提起诉讼，亦不违反《公司法》规定。在本案中，海某投资公司系皇某酒店公司的唯一股东，海某投资公司是母公司、皇某酒店公司是子公司，海某投资公司与皇某酒店公司之间形成了绝对的资本控制关系。在海某投资公司内部，海某控股公司持有其60%股权，赵某某系持有其40%股权的股

---

① 现为《公司法》（2023年修订）第一百八十九条。

东。赵某某于 2014 年 1 月 24 日致函海某投资公司监事会主席（召集人）王某华，请求海某投资公司监事会诉请侵害公司利益的股东即海某控股公司承担损失赔偿责任，但海某投资公司监事会在收到该请求后三十日内并未作为皇某酒店公司股东向海某控股公司提起诉讼，此时否定赵某某作为海某投资公司股东提起本案诉讼的原告主体资格，则无法保护皇某酒店公司的利益，进而导致海某投资公司利益受损，亦与《公司法》第一百五十一条的立法本意相悖。故赵某某作为原告提起本案损害公司利益责任纠纷诉讼主体适格……

（二）原审判决关于皇某酒店公司的损失及损失计算方式是否正确

赵某某关于海某控股公司赔偿海某投资公司、皇某酒店公司损失的诉请，系针对皇某酒店公司 9 至 11 层客房闲置 5 年、其他楼层闲置多年而造成的损失 4029.613965 万元。赵某某主张其多次向海某控股公司致函提出应将皇某酒店公司 9 至 11 层客房装修投入经营，但海某控股公司均未予以回应，令该部分客房闲置多年。皇某酒店公司作为经营酒店的商事主体，其盈利系通过将名下的酒店客房及相应服务设施提供给客户来实现，其可向客户提供的客房数量系决定其盈利金额的重要因素。海某控股公司上诉称 2008 年"非典"等因素导致市场下行趋势，酒店既有客房入住率也不高，无投入资金进行装修的条件及必要，增加客房、扩大经营规模不一定会盈利。本院认为，皇某酒店公司将 9 至 11 层客房装修投入使用是否必要及投入使用后是否会令其盈利增长应结合其原有客房入住率综合判断。因海某控股公司系皇某酒店公司唯一股东即海某投资公司的控股股东，原审法院依赵某某所请，要求海某控股公司提交皇某酒店公司会计明细账簿、费用明细账簿、营业日报表，但其均未提交，根据《最高人民法院关于适用〈中华人民共和国民事诉讼法〉的解释》第九十条的规定，其应承担相应的不利后果。另通过海某控股公司董事长于 2012 年 10 月 9 日向赵某某回函称"由海某控股公司投资 600 余万元，对酒店 9 至 11 层闲置区域、五楼会议室、电梯进行了整体装修改造，新增客房 70 间已投入使用，改变了整体客房数量少、配套功能缺乏的情况，全面提升了酒店整体竞争力，酒店收益明显增加"亦可认定，将酒店 9 至 11 层客房及闲置区域装修投入使用使皇某酒店公司收益明显增加，将客房闲置造成了皇某酒店公司的实际损失，故海某控股公司该上诉理由本院不予采信。关于损失的数额，因海某控股公司未提交皇某酒店公司的相关报表，原审法院依据皇某酒店公司酒店地理位置、客房入住率、客房单价、客房闲置时间、酒店经营成本等因素酌情确定其因客房闲置造成损失 718.2 万元不违反法律规定，本院予以维持。

（三）原审判决认定海某控股公司向海某投资公司履行损失赔偿义务是否正确

前述718.2万元损失系皇某酒店公司9至11层客房闲置所致，该损失赔偿的利益应归属于皇某酒店公司，赵某某在本案二审中对本案的胜诉利益归属皇某酒店公司亦表示认可。原审法院判决海某控股公司赔偿海某投资公司客房闲置损失718.2万元于法无据，本院依法予以纠正。关于赔偿义务主体，根据本案一审、二审查明的事实，海某控股公司作为皇某酒店公司母公司海某投资公司的控股股东，其对海某投资公司的运营、管理及人事具有实质的支配和控制能力，继而对皇某酒店公司具有实际支配与控制权。作为对母、子公司经营活动均具有重要影响和控制能力的控股股东，海某控股公司应当忠实于公司并最大限度地以公司的利益为行使权利的标准，若其怠于行使权利造成公司利益受损，其应承担相应的民事责任。在赵某某多次提出应将皇某酒店公司9至11层客房装修投入经营情况下，海某控股公司未作出有效回应，亦未采取有效措施防止损失产生，其应对皇某酒店公司因此造成的损失承担赔偿责任。

延伸阅读

裁判规则：不支持母公司股东代表子公司提起代表诉讼的裁判意见。

案例：江苏省高级人民法院审理的乔某与王某斌、广某万杰公司损害公司利益责任纠纷案［（2016）苏民终568号］认为，《公司法》第一百五十一条仅规定股东可为维护自己直接出资的公司利益提起股东代表诉讼，而本案中，乔某仅系兆某公司的股东，并非广某万杰公司的股东。如兆某公司的合法权益可能受到他人侵害，在兆某公司拒绝提起诉讼的情况下，从维护兆某公司利益角度出发，乔某有权依法以兆某公司股东身份提起股东代表诉讼。但不能当然据此认定在广某万杰公司权益可能受损，而在其股东兆某公司拒绝行使诉讼权利的情形下，乔某亦有权以兆某公司股东身份，为维护广某万杰公司利益而提起股东代表诉讼。因乔某不具备广某万杰公司股东身份，其提起本案诉讼，应认定其诉讼主体不适格。如广某万杰公司的合法利益可能受到损害，应当由具备诉讼资格的合法权利人依照法律规定另行处理。

（十）大股东争夺小股东利益之"不开股东会，直接作决议"

001 未实际召开股东会，持股90%的大股东单方作出的股东会决议不成立

裁判要旨

未经依法召开股东会或董事会并作出会议决议，而是由实际控制公司的股东单方召开或虚构公司股东会、董事会及其会议决议的，即使该股东实际享有公司绝大多数的股份及相应的表决权，其单方形成的会议决议也不具有相应效力。

案情简介①

保某公司的股东天某公司和宝某公司，各自出资比例为90%和10%。

保某公司提交邮寄快递单，拟证明其已通知股东宝某公司参加股东会临时会。但该邮寄快递单显示无人签收。既无法显示该通知已有效送达至宝某公司，也无法显示邮寄的内容。

保某公司主张其已经以邮寄的方式通知董事参加董事会，但其提交的三份邮寄单上均注明为退回。既无法显示该通知已有效送达董事，也无法显示邮寄的内容。

保某公司在《西藏日报》以刊登通知的方式向股东、董事、监事发出董事会、监事会、股东会通知，落款时间为1月4日，会议时间定为1月17日（距会议召开日期不足法定的十五日）。

宝某公司向法院诉请撤销保某公司涉案的临时股东会决议、董事会决议、董事会临时会议决议、股东会临时会议决议。

海南省高级人民法院终审判决：撤销保某公司涉案的临时股东会决议、董事会决议、董事会临时会议决议、股东会临时会议决议。

---

① 最高人民法院审理的保某公司、宝某公司公司决议撤销纠纷案〔（2016）最高法民申300号〕。

保某公司不服海南省高级人民法院的终审判决，向最高人民法院提出再审申请。最高人民法院裁定再审理由不成立，驳回再审申请。

裁判要点精要

保某公司通过邮寄方式通知召开股东会和董事会、监事会，却未能有效送达至被通知对象。通过登报的方式通知召开会议，又不足法定的最低提前15日通知的期限，因此该公司会议召集程序违反法律规定。保某公司只有天某公司与宝某公司两个股东，且天某公司为持有90%股份的大股东，在宝某公司方面未参加临时股东会和董事会的情形下，临时股东会和董事会的召集程序和表决方式应认为存在重大瑕疵。

形式上虽有临时股东会决议和董事会决议存在，实质上的临时股东会决议和董事会决议应认为不存在。即未经依法召开股东会或董事会并作出会议决议，而是由实际控制公司的股东单方召开或虚构公司股东会、董事会及其会议决议的，即使该股东实际享有公司绝大多数的股份及相应的表决权，其单方形成的会议决议也不具有相应效力。

实务经验总结

为避免未来发生类似纷争，提出如下建议：

第一，公司召开股东会、董事会、监事会，应该严格按照公司法的规定和公司章程的约定办理。尤其当股东之间出现不友好合作的状态，公司召开股东会、董事会、监事会更加要"如临大敌"。本案中邮寄方式寄出的会议通知被退回，不能认为公司已经适当地履行了会议通知的义务。而且，即使邮寄的没有退回，如何证明邮寄的确实是会议通知而不是若干份《人民日报》？本案原告就主张"所举证寄件单记载既不能反映邮寄物品内容亦不能反映已投递妥当"。这个问题需要专业律师给董事会秘书支招。

第二，在无法邮寄送达的情况下，以登报的方式通知召开公司股东会、董事会、监事会。但是一定要注意按照公司法的规定和公司章程约定办理，尤其是注意登报时间距离通知开会时间的期限，超过公司法的规定和公司章程规定的会议需要提前通知的期限，会议通知中的拟决议事项也必须描述清晰。本案中登报通知的落款时间为1月4日，而会议时间定为1月17日，距会议召开日期不足法定的十五日，因此被认定会议召集程序不合法。

第三，大股东切记不可"任性"，股东会必须真实召开而不能"虚拟召开"。不真实召开股东会、假装开了股东会并据此形成股东会决议。股东会决议除符合《公司法》（2018年修正）第三十七条第二款规定的"对前款所列事项股东以书面形式一致表示同意的，可以不召开股东会会议，直接作出决定"外，其余情况均应通过股东会会议表决形成。本案宝某公司并未出席会议，保某公司仅有二个股东，在其中一股东未到的情况下，股东会会议不能召开。临时股东会实际上也并未召开。

第四，本来持股90%的大股东完全可以通过正常程序，支持目标公司召开股东会和董事会并作出合法有效的决议。可是本案中目标公司作出的一系列股东会决议和董事会决议均最终被撤销。大股东在这种股东控制权争夺战中本应稳操胜券，但是如果操作手法不当也可能失利。

需要注意的是，持股超过67%的股东，在公司控制权争夺过程中的正确做法应该是：学习伏尔泰的名言"我不同意你的观点，但是我誓死保护你说话的权利"，严格按照公司法和公司章程的规定召开股东会，让小股东充分表达，然后凭借手上的股东投票权，促使公司股东会作出符合大股东意志的股东会决议。

公司股东控制权争夺，要一步一步地"收网"，不能操之过急，犯下类似本案的低级错误：登报通知会议的落款时间为1月4日，而会议时间定为1月17日，距会议召开日期不足法定的十五日，因此被认定会议召集程序不合法。

这正如二审判决书所指出的"天某公司出资占保某公司出资总额的90%，具有股东会会议表决权的优势，但此种表决权优势基于股东会会议表决得以实现，在未召开股东会会议时并不存在，更不能因此而剥夺宝某公司行使表决权"。

第五，只会打官司、不会提前预防法律风险的律师不是好律师。本案的关键在于股东会和董事会的会议通知难。如何解决这个问题呢？难道就没有办法吗？需要注意的是，为了避免出现公司召开会议的"通知难"，可以在公司章程中约定会议通知的送达地址，将股东接收相关通知和法律文件的送达地址写入章程，并且约定"公司任何通知以邮寄方式寄送到上述地址即视为送达，寄出后×日视为送达。股东变更送达地址的，应及时以书面形式通知公司"。

第六，关于公司股东会和董事会会议提前通知期限的问题。考虑到现代社会的商业竞争日趋激烈，早已不是"快马加鞭"送鸡毛信的年代，我们强烈建议律师们在起草公司章程时，向公司股东提出依法缩短公司召开会议提前通知期限，确保公司在竞争日益激烈的情况下，能够根据市场竞争情况及时作出重大经营决策，立于不败之地。根据《公司法》的规定，有限公司《章程》可自由规定股东会、董事会的通知期限；股份公司《章程》可自由规定董事会临时会议的提前通知期限。

法规链接

《公司法》（2023 年修订）

第二十五条 公司股东会、董事会的决议内容违反法律、行政法规的无效。

第二十六条 公司股东会、董事会的会议召集程序、表决方式违反法律、行政法规或者公司章程，或者决议内容违反公司章程的，股东自决议作出之日起六十日内，可以请求人民法院撤销。但是，股东会、董事会的会议召集程序或者表决方式仅有轻微瑕疵，对决议未产生实质影响的除外。

未被通知参加股东会会议的股东自知道或者应当知道股东会决议作出之日起六十日内，可以请求人民法院撤销；自决议作出之日起一年内没有行使撤销权的，撤销权消灭。

第二十七条 有下列情形之一的，公司股东会、董事会的决议不成立：

（一）未召开股东会、董事会会议作出决议；

（二）股东会、董事会会议未对决议事项进行表决；

（三）出席会议的人数或者所持表决权数未达到本法或者公司章程规定的人数或者所持表决权数；

（四）同意决议事项的人数或者所持表决权数未达到本法或者公司章程规定的人数或者所持表决权数。

第二十八条 公司股东会、董事会决议被人民法院宣告无效、撤销或者确认不成立的，公司应当向公司登记机关申请撤销根据该决议已办理的登记。

股东会、董事会决议被人民法院宣告无效、撤销或者确认不成立的，公司根据该决议与善意相对人形成的民事法律关系不受影响。

《最高人民法院关于适用〈中华人民共和国公司法〉若干问题的规定（四）》（2020 年修正）

第一条 公司股东、董事、监事等请求确认股东会或者股东大会、董事会决议无效或者不成立的，人民法院应当依法予以受理。

第二条 依据民法典第八十五条、公司法第二十二条第二款请求撤销股东会或者股东大会、董事会决议的原告，应当在起诉时具有公司股东资格。

第三条 原告请求确认股东会或者股东大会、董事会决议不成立、无效或者撤销决议的案件，应当列公司为被告。对决议涉及的其他利害关系人，可以依法列为第三人。

一审法庭辩论终结前，其他有原告资格的人以相同的诉讼请求申请参加前款规定诉讼的，可以列为共同原告。

第五条 股东会或者股东大会、董事会决议存在下列情形之一，当事人主张决议不成立的，人民法院应当予以支持：

（一）公司未召开会议的，但依据公司法第三十七条第二款或者公司章程规定可以不召开股东会或者股东大会而直接作出决定，并由全体股东在决定文件上签名、盖章的除外；

（二）会议未对决议事项进行表决的；

（三）出席会议的人数或者股东所持表决权不符合公司法或者公司章程规定的；

（四）会议的表决结果未达到公司法或者公司章程规定的通过比例的；

（五）导致决议不成立的其他情形。

延伸阅读

《公司法司法解释（四）》关于公司决议撤销之诉和决议不存在之诉的规定。

本案海南省三亚市中级人民法院判决保某公司涉案的临时股东会决议、董事会决议、董事会临时会议决议、股东会临时会决议"不成立"，海南省高级人民法院则判决"撤销"保某公司涉案的临时股东会决议、董事会决议、董事会临时会议决议、股东会临时会决议。到底是"不成立"还是"撤销"？

本案原告诉讼请求是"撤销"相关公司决议，海南省三亚市中级人民法院判决涉案公司决议"不成立"，确实超越了原告的诉讼请求。对此，海南省高级人民法院的理由是"原审法院认定的基本事实清楚，但判决确认该六份决议不成立，判非所诉。而且，法律只赋予了股东请求确认股东会或董事会决议无效或请求撤销股东会或董事会决议的权利，原审法院判决该六份决议不成立，缺乏法律依据"。

依据《公司法司法解释（四）》第五条规定："股东会或者股东大会、董事会决议存在下列情形之一，当事人主张决议不成立的，人民法院应当予以支持：

（一）公司未召开会议的，但依据公司法第三十七条第二款或者公司章程规定可以不召开股东会或者股东大会而直接作出决定，并由全体股东在决定文件上签名、盖章的除外；（二）会议未对决议事项进行表决的；（三）出席会议的人数或者股东所持表决权不符合公司法或者公司章程规定的；（四）会议的表决结果未达到公司法或者公司章程规定的通过比例的；（五）导致决议不成立的其他情形。"

发生类似案件时，当事人可以依法诉讼请求涉案公司决议"不成立"。

002 未被通知参加股东会，没机会投反对票股东可否要求公司回购股份

裁判要旨

非因自身过错未能参加股东会的股东，虽未对股东会决议投反对票，但对公司转让主要财产明确提出反对意见的，其请求公司以公平价格收购其股权，法院应予支持。

案情简介①

长某置业公司共有沈某、钟某某、袁某某三位股东。

长某置业公司对主要资产进行了转让，该资产转让从定价到转让，均未取得袁某某的同意，沈某、钟某某也未通知其参加股东会。

袁某某申请召开临时股东会，明确表示反对公司主要资产转让。长某置业公司驳回了袁某某的申请，并继续对公司主要资产进行转让。

袁某某请求法院判令：长某置业公司回购其持有的20%股权，湖南省高级人民法院支持了袁某某的诉讼请求。

长某置业公司向最高人民法院申请再审，最高人民法院驳回其再审申请。

---

① 最高人民法院审理的袁某某与长某置业公司请求公司收购股份纠纷案〔（2014）民申2154号〕，载《最高人民法院公报》2016年第1期。

裁判要点精要

《公司法》第八十九条规定，对股东会转让公司主要资产的决议投反对票的股东可以请求公司按照合理的价格收购其股权。

尽管本案从形式上看，袁某某未参加股东会，未通过投反对票的方式表达对股东会决议的异议，但是《公司法》第八十九条的立法精神在于保护异议股东的合法权益，之所以对投反对票作出规定，意在要求异议股东将反对意见向其他股东明示。

本案中袁某某未被通知参加股东会，无从了解股东会决议并针对股东会决议投反对票，况且，袁某某在2010年8月19日申请召开临时股东会时，明确表示反对二期资产转让，要求立即停止转让上述资产，长江置业公司驳回了袁某某的申请，并继续对二期资产进行转让，已经侵犯了袁某某的股东权益。因此，法院依照《公司法》第八十九条之规定，认定袁某某有权请求长江置业公司以公平价格收购其股权。

实务经验总结

为避免未来发生类似纠纷，提出如下建议：

第一，公司回购请求权是《公司法》赋予小股东的一把利器。如公司决议事项属于《公司法》第八十九条规定的事项，且小股东持反对意见时，要敢于说不。只有投反对票的股东才可以请求公司回购股权，投弃权票和同意票的股东无权请求公司回购股权。

第二，非因自身过错致使未能参加股东会的股东，可在知晓公司决议事项后明确表达反对意见，反对意见应以书面形式表达。

笔者认为，非因自身过错的情况具体包括未召开股东会、未收到会议通知、提前发出会议通知的期限不符合《公司法》及公司章程的规定（如《公司法》规定提前15天发送通知，实际只提前1天，致使该股东无法协调时间参会）、会议通知的时间或地点与实际开会的时间或地点不符、公司决议的事项超出会议通知的事项等。

法规链接

《公司法》(2023 年修订)

第八十九条　有下列情形之一的，对股东会该项决议投反对票的股东可以请求公司按照合理的价格收购其股权：

（一）公司连续五年不向股东分配利润，而公司该五年连续盈利，并且符合本法规定的分配利润条件；

（二）公司合并、分立、转让主要财产；

（三）公司章程规定的营业期限届满或者章程规定的其他解散事由出现，股东会通过决议修改章程使公司存续。

自股东会决议作出之日起六十日内，股东与公司不能达成股权收购协议的，股东可以自股东会决议作出之日起九十日内向人民法院提起诉讼。

公司的控股股东滥用股东权利，严重损害公司或者其他股东利益的，其他股东有权请求公司按照合理的价格收购其股权。

公司因本条第一款、第三款规定的情形收购的本公司股权，应当在六个月内依法转让或者注销。

本案链接

以下为该案在法院审理阶段，判决书中"本院认为"就该问题的论述：

关于袁某某是否有权请求长某置业公司回购股权的问题。2010 年 3 月 5 日，长某置业公司形成股东会决议，明确由沈某、钟某某、袁某某三位股东共同主持工作，确认全部财务收支、经营活动和开支、对外经济行为必须通过申报并经全体股东共同联合批签才可执行，对重大资产转让要求以股东会决议批准方式执行。但是，根据长某置业公司与袁某某的往来函件，在实行联合审批办公制度之后，长某置业公司对案涉二期资产进行了销售，该资产从定价到转让，均未取得股东袁某某的同意，也未通知其参加股东会。根据《公司法》第七十四条之规定，对股东会决议转让公司主要财产投反对票的股东有权请求公司以合理价格回购其股权。本案从形式上看，袁某某未参加股东会，未通过投反对票的方式表达对股东会决议的异议。但是，《公司法》第七十四条的立法精神在于保护异议股东的合法权益，之所以对投反对票作出规定，意在要求异议股东将反对意见向其他股东明示。本案中袁某某未被通知参加股东会，无从了解股东会决议并针对股东会决议投反对票，况且，袁某某在 2010 年 8 月 19 日申请召开临时股东会时，明确表示反对二期资产转让，要求立即停止转让上述资产，长某置业公司驳回了袁某某的申请，并继续对二期资产进行转让，已经侵犯了袁某某的股东权益。因此，二审法院依照《公司法》第七十四条之规定，认定袁某某有权请求长某置业公司以公平价格收购其股权，并无不当。

同时，长某置业公司《公司章程》中规定，股东权利受到公司侵犯，股东可书面请求公司限期停止侵权活动，并补偿因被侵权导致的经济损失。如公司经法院或公司登记机关证实：公司未在所要求的期限内终止侵权活动，被侵权的股东可根据自己的意愿退股，其所拥有的股份由其他股东协议摊派或按持股比例由其他股东认购。本案中，长某置业公司在没有通知袁某某参与股东会的情况下，于 2010 年 5 月 31 日作出股东会决议，取消了袁某某的一切经费开支，长某置业公司和其股东没有保障袁某某作为股东应享有的决策权和知情权，侵犯了袁某某的股东权益，符合长某置业公司《公司章程》所约定的"股东权利受到公司侵犯"的情形。因此，袁某某有权根据《公司章程》的规定，请求公司以回购股权的方式让其退出公司。

从本案实际处理效果来看，长某置业公司股东之间因利益纠纷产生多次诉讼，有限公司人合性已不复存在，通过公司回购股权的方式让股东袁某某退出公司，有利于尽快解决公司股东之间的矛盾和冲突，从而保障公司利益和各股东利益。

（十一）大股东争夺小股东利益之"模糊表达会议议题，秘密侵夺股东权利"

001 如何利用公司章程"含蓄"表达董事会议题

裁判要旨

公司章程某条规定董事会有权任免法定代表人，董事会召集通知中未直接载明议题，但载明将对该事项作出决议的，视为议题明确。股东以会议通知不明确为由主张撤销决议的，法院不予支持。

案情简介①

2009年2月17日，兆某1公司成立，其股东分别为兆某2公司、范某进、姚某仙、闻某航、张某、邵某；其董事会成员为范某进、姚某仙、张某、邵某、孔某元、孙某六人，其中范某进担任公司总经理及法定代表人。

兆某1公司章程第十六条第（九）项规定："董事会的职权包括召集股东会会议、决定公司法定代表人。"第（十一）项规定："根据董事长的提名决定聘任或者解聘公司总经理和公司财务负责人。"

兆某1公司董事会议事规则规定：董事会会议须由过半数董事出席方可举行；董事如不能出席董事会会议的，可以书面委托其他董事代为出席，董事未出席董事会会议，亦未委托代表出席的，视为放弃在该次会议上的投票权；董事会决议的表决，实行一人一票，董事会对所议事项作出的决定由全体董事人数二分之一以上的董事表决通过方为有效；公司设总经理一名，由董事长提名，董事会决定聘任或者解聘；公司的法定代表人由总经理担任。

2013年7月31日，孔某元向全体董事发送董事会会议通知，该通知除时间地点外，其会议议题包括：对董事会行使章程第十六条第（九）项、第（十一）项职权作出决议；制定公司印章、证照、银行印鉴管理基本制度。其中，范某进签收了该通知，但因有急事未参加该董事会，亦未委托他人参会。

2013年8月4日，兆某1公司召开董事会会议并形成董事会决议一份，该决议记载的参会董事人员为：孔某元、姚某仙、朱某、孙某，未到会董事为范某进和张某。其中董事会决议：（1）免去范某进所担任的兆某1公司总经理及法定代表人职务；（2）聘任孔某元担任兆某1公司总经理及法定代表人；（3）责成范某进向孔某元移交兆某1公司印章、证照、财务账簿。到会四位董事均签字赞成该决议。

此后，范某进以董事会通知议题不明确为由要求撤销董事会决议，本案经上海市宝山区人民法院一审，上海市第二中级人民法院二审，最终驳回范某进的诉讼请求。

---

① 上海市第二中级人民法院审理的范某进与兆某公司公司决议撤销纠纷案[（2013）沪二中民四（商）终1498号]。

裁判要点精要

董事会的召集通知中应当载明召集的事由、议题和议案概要。

本案中，公司董事会召开之前，孔某元向全体董事发送董事会会议通知，通知记载会议议题包括：对董事会行使章程第十六条第（九）项、第（十一）项职权作出决议等内容，原告范某进也对会议通知予以签收。

根据公司章程的记载：第十六条第（九）项董事会的职权包括召集股东会会议、决定公司法定代表人，第（十一）项根据董事长的提名决定聘任或者解聘公司总经理和公司财务负责人。也即本次董事会决议将对公司的法定代表人、总经理任免相关事项作出决议。

原告范某进之所以主张通知不明确，是因为其没有将董事会决议通知与本公司的章程结合在一起看，在不了解公司章程具体内容的前提下，其不能够清晰地了解董事会决议的内容，所以才轻易地放弃参加董事会的机会。

对法官来讲，其一般将公司的董事视为了解公司章程内容的人，董事不得以自己未阅读公司章程为由主张董事会召集通知的内容不明确。所以，法院认定孔某元所发出的召集通知合法有效。

实务经验总结

为避免未来发生类似纠纷，提出如下建议：

第一，一般来讲，董事会的召集通知中应当载明召集的事由、议题和议案概要。公司在发出董事会会议通知时一定要明确记载上述通知的内容，否则董事会决议就可能被撤销。

第二，作为接收通知的董事一定要认真阅读董事会会议通知的内容，了解董事会的议题，如果通知中载明的相关内容与公司章程有关，一定要结合章程的规定，搞懂会议通知的真实含义，以免发生本案中"看似清楚明白，实则暗藏杀机"的会议通知，造成受害董事哑巴吃黄连有苦说不出的悲剧。

法规链接

《公司法》（2023 年修订）

第二十五条　公司股东会、董事会的决议内容违反法律、行政法规的无效。

第二十六条　公司股东会、董事会的会议召集程序、表决方式违反法律、行政法规或者公司章程，或者决议内容违反公司章程的，股东自决议作出之日起六十日内，可以请求人民法院撤销。但是，股东会、董事会的会议召集程序或者表决方式仅有轻微瑕疵，对决议未产生实质影响的除外。

未被通知参加股东会会议的股东自知道或者应当知道股东会决议作出之日起六十日内，可以请求人民法院撤销；自决议作出之日起一年内没有行使撤销权的，撤销权消灭。

第二十七条 有下列情形之一的，公司股东会、董事会的决议不成立：

（一）未召开股东会、董事会会议作出决议；

（二）股东会、董事会会议未对决议事项进行表决；

（三）出席会议的人数或者所持表决权数未达到本法或者公司章程规定的人数或者所持表决权数；

（四）同意决议事项的人数或者所持表决权数未达到本法或者公司章程规定的人数或者所持表决权数。

第二十八条 公司股东会、董事会决议被人民法院宣告无效、撤销或者确认不成立的，公司应当向公司登记机关申请撤销根据该决议已办理的登记。

股东会、董事会决议被人民法院宣告无效、撤销或者确认不成立的，公司根据该决议与善意相对人形成的民事法律关系不受影响。

第七十二条 董事会会议由董事长召集和主持；董事长不能履行职务或者不履行职务的，由副董事长召集和主持；副董事长不能履行职务或者不履行职务的，由过半数的董事共同推举一名董事召集和主持。

第七十三条 董事会的议事方式和表决程序，除本法有规定的外，由公司章程规定。

董事会会议应当有过半数的董事出席方可举行。董事会作出决议，应当经全体董事的过半数通过。

董事会决议的表决，应当一人一票。

董事会应当对所议事项的决定作成会议记录，出席会议的董事应当在会议记录上签名。

《最高人民法院关于适用〈中华人民共和国公司法〉若干问题的规定（四）》（2020年修正）

第一条 公司股东、董事、监事等请求确认股东会或者股东大会、董事会决议无效或者不成立的，人民法院应当依法予以受理。

第二条 依据民法典第八十五条、公司法第二十二条第二款请求撤销股东会或者股东大会、董事会决议的原告，应当在起诉时具有公司股东资格。

第三条 原告请求确认股东会或者股东大会、董事会决议不成立、无效或者撤销决议的案件，应当列公司为被告。对决议涉及的其他利害关系人，可以依法列为第三人。

一审法庭辩论终结前，其他有原告资格的人以相同的诉讼请求申请参加前款规定诉讼的，可以列为共同原告。

第四条 股东请求撤销股东会或者股东大会、董事会决议，符合民法典第八十五条、公司法第二十二条第二款规定的，人民法院应当予以支持，但会议召集程序或者表决方式仅有轻微瑕疵，且对决议未产生实质影响的，人民法院不予支持。

第五条 股东会或者股东大会、董事会决议存在下列情形之一，当事人主张决议不成立的，人民法院应当予以支持：

（一）公司未召开会议的，但依据公司法第三十七条第二款或者公司章程规定可以不召开股东会或者股东大会而直接作出决定，并由全体股东在决定文件上签名、盖章的除外；

（二）会议未对决议事项进行表决的；

（三）出席会议的人数或者股东所持表决权不符合公司法或者公司章程规定的；

（四）会议的表决结果未达到公司法或者公司章程规定的通过比例的；

（五）导致决议不成立的其他情形。

第六条 股东会或者股东大会、董事会决议被人民法院判决确认无效或者撤销的，公司依据该决议与善意相对人形成的民事法律关系不受影响。

本案链接

以下为该案在法院审理阶段，判决书中"本院认为"就该问题的论述：

本院认为：对于范某进主张的董事会会议通知未明确议题的撤销事由，法院认为：系争董事会会议为临时会议，姚某仙发给范某进的会议通知中明确载明会议议题包括：对董事会行使章程第十六条第（九）项、第（十一）项职权作出决议；制定公司印章、证照、银行印鉴管理基本制度；召集股东会临时会议事宜。兆某1公司章程第十六条第（九）项规定董事会的职权包括召集股东会会议、决定公司法定代表人，第（十一）项规定董事会有权根据董事长的提名决定聘任或者解聘公司总经理和公司财务负责人，再结合2013年8月4日董事会决议的实际内容，可以得出2013年8月4日董事会会议的召集者已就会议议题完整明确告知范某进的结论，范某进回复的电子邮件中提到的临时有急事参加不了会议以及公司公章暂由其保管的说法也能印证上述结论。

对于范某进主张的出席会议及行使表决权的董事人数违反董事会议事规则的撤销事由，法院认为：首先，董事会议事规则明确制定规则的目的是规范公司董事会的工作秩序和行为方式，保证公司董事依法行使权利，履行职责，承担义务，制定的依据是《公司法》和兆某1公司章程，所以董事会议事规则应属公司章程的一部分。其次，董事会议事规则规定法律专门列举规定的特别决议以外的普通决议要求出席会议的董事表决权超过全体董事人数的半数同意方为有效，特别决议必须由三分之二以上董事出席会议，而《公司法》未就董事会特别决议作出规定。即便如范某进所言，该处特别决议类比适用《公司法》关于必须经代表三分之二以上表决权的股东通过的诸如修改公司章程的股东会决议事项，但兆某1公司章程及董事会议事规则均明确任免法定代表人及总经理属董事会职权范围，而兆某1公司章程并未载明法定代表人或总经理具体人选，只规定公司法定代表人由总经理担任，因此涉案董事会决议未涉及对兆某1公司章程的变更，故2013年8月4日的兆某1公司董事会决议内容并未超出《公司法》、兆某1公司章程及董事会议事规则所规定的董事会职权范围，且不属于董事会议事规则规定的特别决议，由二分之一以上的董事出席并经全体董事人数的半数以上通过即为有效。再次，范某进提交落款日期为2013年8月3日的邵某委托书明确载明受托人为朱某及董事孙某，范某进所称该委托书为事后补充形成只是其合理怀疑，目前并无证据佐证，从邵某在本案审理中的表态来看，兆某1公司2013年8月4日董事会决议的内容符合邵某本人的真实意思表示，故对邵某关于委托朱某及孙某二人参加会议并表决的说法予以采信。最后，范某进目前并无确切证据证明姚某仙及孙某存在不适合出任公司董事的情形，而且即使姚某仙负债及孙某挪用公司资金情况属实，在未经过法定程序解除二人董事职务前，姚某仙与孙某仍系兆某1公司董事，有权出席兆某1公司2013年8月4日的董事会会议，鉴于二人的表决权未受到任何限制，故依法有权行使各自的董事表决权。由此，兆某1公司2013年8月4日的董事会会议应到董事六人，实到四人，而到会的四人均对决议事项投了赞成票，故出席兆某1公司2013年8月4日董事会会议及行使表决权的董事人数未违反兆某1公司章程及董事会议事规则的规定。

综上所述,原审法院认为范某进所主张的兆某1公司2013年8月4日董事会决议的撤销事由均不成立,故对于范某进要求撤销兆某1公司2013年8月4日董事会决议的诉请难予支持。

(十二)大股东争夺小股东利益之"伪造小股东签名"

001 伪造股东签名制定的股东会决议是否有效,小股东无计可施吗

裁判要旨

股东会决议法定无效的情形是指其内容的违法性,其形式上的瑕疵不具有对抗善意第三人绝对效力,在未被撤销的情形下依然有效;而股东会决议只是公司注销登记的法定程序性文件,工商机关对相关文件的审查仅限于形式上的审查,在没有证据证明工商机关的形式审查存在重大过错的情况下,股东以股东会决议签名系伪造为由,要求重新清算的请求法院将不予支持。

案情简介①

1999年7月1日,陈某萍与龚某义、陈某月、苏某强共同设立东莞美某奇公司,注册资本380万元,4个股东平均占有25%的股份,公司章程约定,股东会决议须经代表三分之二以上表决权股东通过方可作出。

2008年2月25日,东莞美某奇公司作出《关于同意注销公司的股东会决议》,该决议上有4个股东的签名,但是陈某萍的签名系伪造。

2008年2月27日,东莞美某奇公司在报刊上发布《清算公告》,公告公司决定解散、成立清算组事宜,通知债权人申报债权。同年5月15日东莞美某奇公司作出《清算报告》;6月16日,东莞美某奇公司注销。

---

① 广东省高级人民法院审理的陈某萍与龚某义等与公司有关的纠纷上诉案[(2009)粤高法民二终8号]。

此后，陈某萍以其对东莞美某奇公司被注销一事并不知情，《股东会决议》及《清算报告》上签名系伪造为由，要求确认股东会决议无效，并对公司进行重新清算。

本案经广东省东莞市中级人民法院一审、广东省高级人民法院二审，最终判定股东会决议存在程序瑕疵，未在法定期间内撤销，合法有效，驳回了陈某萍的诉讼请求。

裁判要点精要

公司股东会的决议只有在其内容违反法律、行政法规的情况下，才可认定为无效。而对于股东会的会议召集程序、表决方式违反法律、行政法规或公司章程的情形，公司法仅赋予股东可在法定期限内行使撤销权。

本案中，陈某萍主张股东会决议上签名系伪造，属于股东会的会议召集程序、表决方式上是否存在瑕疵的问题，陈某萍以此为由请求确认该股东会决议无效无法律依据，不予支持。

另外，从实质上讲，陈某萍的股权比例仅占25%，在其他三位股东均同意的情形下，股东会的表决比例（75%）业已超过三分之二，在此情形下，因程序瑕疵而确认股东会决议无效于法不符。

工商机关对公司注销登记的相关文件仅有形式上的审查义务，提交人应对文件的真实性负有保证义务，在没有证据证明工商行政机关在履行该义务存在重大过错的情况下，工商机关依照法定的要求对公司办理注销登记手续并无不当。

实务经验总结

为避免未来发生类似纷争，提出如下建议：

第一，对于股东会决议有异议的股东，务必要选择好诉讼请求，不要一拍脑袋就乱写诉讼请求，必须搞清楚什么时候请求无效什么时候请求撤销。(1) 公司股东会、董事会的决议内容违反法律、行政法规的，可以诉请无效。(2) 股东会、董事会的会议召集程序、表决方式违反法律、行政法规或者公司章程，或者决议内容违反公司章程的，可以诉请撤销，但是必须自决议作出之日起六十日内起诉。

第二，对于对公司决议的形成具有绝对控制力的股东来讲，其务必要按照公司法及公司章程规定的程序召开，严格履行"召集程序"和"表决方式"，包括股东会、董事会会议的通知、股权登记、提案和议程的确定、主持、投票、计票、表决结果的宣布、决议的形成、会议记录及签署等事项，以免在己方具有绝对表决权的情况下由于程序瑕疵而导致决议被撤销。

法规链接

《公司法》（2023年修订）

第二十五条　公司股东会、董事会的决议内容违反法律、行政法规的无效。

第二十六条　公司股东会、董事会的会议召集程序、表决方式违反法律、行政法规或者公司章程，或者决议内容违反公司章程的，股东自决议作出之日起六十日内，可以请求人民法院撤销。但是，股东会、董事会的会议召集程序或者表决方式仅有轻微瑕疵，对决议未产生实质影响的除外。

未被通知参加股东会会议的股东自知道或者应当知道股东会决议作出之日起六十日内，可以请求人民法院撤销；自决议作出之日起一年内没有行使撤销权的，撤销权消灭。

第二十七条　有下列情形之一的，公司股东会、董事会的决议不成立：

（一）未召开股东会、董事会会议作出决议；

（二）股东会、董事会会议未对决议事项进行表决；

（三）出席会议的人数或者所持表决权数未达到本法或者公司章程规定的人数或者所持表决权数；

（四）同意决议事项的人数或者所持表决权数未达到本法或者公司章程规定的人数或者所持表决权数。

第二十八条　公司股东会、董事会决议被人民法院宣告无效、撤销或者确认不成立的，公司应当向公司登记机关申请撤销根据该决议已办理的登记。

股东会、董事会决议被人民法院宣告无效、撤销或者确认不成立的，公司根据该决议与善意相对人形成的民事法律关系不受影响。

《最高人民法院关于适用〈中华人民共和国公司法〉若干问题的规定（四）》（2020年修正）

第一条　公司股东、董事、监事等请求确认股东会或者股东大会、董事会决议无效或者不成立的，人民法院应当依法予以受理。

第二条　依据民法典第八十五条、公司法第二十二条第二款请求撤销股东会或者股东大会、董事会决议的原告，应当在起诉时具有公司股东资格。

第三条　原告请求确认股东会或者股东大会、董事会决议不成立、无效或者撤销决议的案件，应当列公司为被告。对决议涉及的其他利害关系人，可以依法列为第三人。

一审法庭辩论终结前，其他有原告资格的人以相同的诉讼请求申请参加前款规定诉讼的，可以列为共同原告。

第四条 股东请求撤销股东会或者股东大会、董事会决议，符合民法典第八十五条、公司法第二十二条第二款规定的，人民法院应当予以支持，但会议召集程序或者表决方式仅有轻微瑕疵，且对决议未产生实质影响的，人民法院不予支持。

第五条 股东会或者股东大会、董事会决议存在下列情形之一，当事人主张决议不成立的，人民法院应当予以支持：

（一）公司未召开会议的，但依据公司法第三十七条第二款或者公司章程规定可以不召开股东会或者股东大会而直接作出决定，并由全体股东在决定文件上签名、盖章的除外；

（二）会议未对决议事项进行表决的；

（三）出席会议的人数或者股东所持表决权不符合公司法或者公司章程规定的；

（四）会议的表决结果未达到公司法或者公司章程规定的通过比例的；

（五）导致决议不成立的其他情形。

第六条 股东会或者股东大会、董事会决议被人民法院判决确认无效或者撤销的，公司依据该决议与善意相对人形成的民事法律关系不受影响。

本案链接

以下为该案在法院审理阶段，判决书中"本院认为"就该问题的论述：

本案是与公司有关的纠纷。根据《公司法》第二十二条的规定，公司股东会的决议只有在其内容违反法律、行政法规的情况下，才可认定为无效。而对于股东会的会议召集程序、表决方式违反法律、行政法规或公司章程的情形，公司法仅赋予股东可在法定期限内行使撤销权。本案中，陈某萍主张2008年2月25日召开的东莞美某奇公司股东会未通知其参加，其也未在该股东会决议上签名，属于股东会的会议召集程序、表决方式上是否存在瑕疵的问题，即使其主张属实，陈某萍以此为由请求确认该股东会决议无效也缺乏法律依据，本院不予支持。鉴于涉案股东会决议上陈某萍签名的真伪不影响本案的认定，本院对陈某萍有关对股东会决议上陈某萍的签名进行笔迹鉴定的申请不予准许。

在上述股东会决议的内容不违反法律和行政法规的规定，且未因程序瑕疵问题被依法撤销的情况下，东莞美某奇公司依据该决议于2008年2月27日在《东莞日报》上刊登《清算公告》，公告东莞美某奇公司决定解散、成立清算组事宜，通知债权人申报债权，并于2008年5月15日作出《清算报告》。在未有相反证据的情况下，应认定东莞美某奇公司已经依法进行了清算。而且，现行法律和行政法规并未规定公司清算报告必须经所有股东签字方才生效。因此，陈某萍以《清算报告》上其签名不真实为由主张确认2008年5月15日的清算报告无效并对东莞美某奇公司重新清算缺乏法律依据，本院不予支持。鉴于涉案清算报告上陈某萍签名的真伪不影响本案的认定，本院对陈某萍有关对清算报告上陈某萍的签名进行笔迹鉴定的申请不予准许。

002 伪造股东签名签订的《股权转让合同》是否有效

阅读提示

在公司控制权争夺战中，掌握公司公章证照，控制公司实际运营的大股东，常常会采取"先下手为强"的手段，明知不可能取得小股东的签字许可，硬是伪造小股东签名制作虚假的股东会决议和股权转让协议，将小股东的股权强行掠夺。那么此类伪造股东签名，恶意处分小股东股权的行为是否有效呢？而受侵害的股东又该如何维权呢？

裁判要旨

通过伪造股东签名，制作虚假的《股东会决议》和《股权转让协议》，转让股东股权的行为无效。即使已经办理了工商变更登记手续，股权被处置的股东仍可要求确认股东资格和股权比例。

案情简介①

2012年3月16日，越某公司注册成立，其股东张某奇认缴出资200万元，

---

① 陕西省西安市中级人民法院审理的张某奇与越某公司、关某等股东资格确认纠纷案［（2015）西中民四终00486号］。

占比40%，关某认缴出资300万元，占比60%。

越某公司成立过程中，张某奇和关某在设立申请书、公司章程等设立文件上的签名均是由工商代办机构代签的，二人未实际参与设立过程；另外，二人均未实缴出资，并由关某负责日常经营。

2012年8月16日，关某未经张某奇同意，伪造"张某奇"签名，制作虚假的《股东会决议》和《股权转让协议》，将张某奇持有的40%股权转让给了第三人关某旺，并于2012年8月30日办完了工商变更登记。

此后，张某奇发现其股权被人通过伪造签名的方式转走，其依法向西安市雁塔区人民法院提起诉讼，要求法院确认其在越某公司的股东资格，享有40%的股权。

越某公司、关某等辩称张某奇仅为挂名股东，其从未出资，也从未在公司章程、设立申请、股东会决议上签字，并不属于越某公司的真正股东。

本案经西安市雁塔区人民法院一审、陕西省西安市中级人民法院二审，最终判定：伪造签名转让股权的行为属于无权处分，《股权转让协议》无效；确认张某奇为越某公司的股东，并享有40%的股权。

裁判要点精要

1. 通过伪造股东签名制作的《股东会决议》《股权转让协议》，均应视为根本就没有合法存在过，其法律性质属于未成立的决议和合同。

依据未成立的决议和合同，转让股权的行为属于无权处分，受让方应当知道该类决议和合同上的签字是伪造的，不构成善意的第三人，因此该种股权转让行为无效。

2. 股东未实际出资并不必然导致股东资格的丧失。实际出资是取得股东资格的必要条件而非充分条件。

确认股东资格应当综合考虑多种因素，如实际出资数额、股权转让合同、公司章程、股东名册、出资证明书、工商登记。

在具体案件中对事实证据的审查认定，应当根据当事人具体实施民事行为的真实意思表示，选择确认股东资格的标准。

本案中，张某奇虽没有实际出资，但其参与成立越某公司设立的协商，并且其姓名被登记在公司章程和工商登记簿上，该类行为充分表明其成为股东的意思表示。

实务经验总结

股东签名被伪造，导致其股权被转让丧失股东资格的，股东可以依法提起确认股东资格之诉，并要求法院确认其股权比例。

但需要提醒大家的是，这种情况下可以有两种诉讼主张的路径，切记二者截然不同：（1）主张股权转让协议无效的，应当以股权转让协议中受让人为被告，确认股权转让协议的效力；（2）以股东会对其股权予以转让所作决议无效为由提起诉讼，应当以公司为被告，确认股东会决议的效力。

法规链接

《最高人民法院关于适用〈中华人民共和国公司法〉若干问题的规定（三）》（2020年修正）

第二十一条　当事人向人民法院起诉请求确认其股东资格的，应当以公司为被告，与案件争议股权有利害关系的人作为第三人参加诉讼。

第二十二条　当事人之间对股权归属发生争议，一方请求人民法院确认其享有股权的，应当证明以下事实之一：

（一）已经依法向公司出资或者认缴出资，且不违反法律法规强制性规定；

（二）已经受让或者以其他形式继受公司股权，且不违反法律法规强制性规定。

第二十三条　当事人依法履行出资义务或者依法继受取得股权后，公司未根据公司法第三十一条、第三十二条的规定签发出资证明书、记载于股东名册并办理公司登记机关登记，当事人请求公司履行上述义务的，人民法院应予支持。

《全国法院民商事审判工作会议纪要》（法〔2019〕254号）

8.【有限责任公司的股权变动】当事人之间转让有限责任公司股权，受让人以其姓名或者名称已记载于股东名册为由主张其已经取得股权的，人民法院依法予以支持，但法律、行政法规规定应当办理批准手续生效的股权转让除外。未向公司登记机关办理股权变更登记的，不得对抗善意相对人。

本案链接

以下为该案在法院审理阶段，判决书中"本院认为"就该问题的论述：

本院认为，确认股东资格应当综合考虑多种因素，如实际出资数额、股权转让合同、公司章程、股东名册、出资证明书、工商登记。在具体案件中对事实证据的审查认定，应当根据当事人具体实施民事行为的真实意思表示，选择确认股东资格的标准。

本案中已经查明，张某奇在越某公司成立时未按照公司章程约定足额缴纳出资，并且在公司成立后也没有补缴出资的意思表示。《公司法》第二十八条规定："股东应当按期足额缴纳公司章程中规定的各自所认缴的出资额。股东以货币出资的，应当将货币出资足额存入有限责任公司在银行开设的账户；以非货币财产出资的，应当依法办理其财产权的转移手续。股东不按照前款规定缴纳出资的，除应当向公司足额缴纳外，还应当向已按期足额缴纳出资的股东承担违约责任。"

张某奇未实际出资的行为已经构成违约，应当承担相应的违约责任。但是未实际出资并不必然导致股东资格的丧失，即实际出资是取得股东资格的必要条件而非充分条件。

本案中张某奇作为股东已经被记载于公司章程及工商备案登记之中，越某公司设立前张某奇与关某对公司设立有过协商，在设立过程中也曾经使用张某奇的身份证件办理公司注册手续，并且双方有争议的2012年8月16日作出的股东会决议中张某奇的身份也是越某公司的股东。

结合上述事实及法律规定，张某奇有成为股东的意思表示，虽然未实际出资但不影响确认张某奇作为越某公司股东的事实。

至于2012年8月16日作出的股东会决议，因张某奇的签名属于伪造且受让方关某旺主观上具有恶意，不属于法律保护的善意第三人，该股权转让行为无效。

综上，越某公司、关某、关某旺的上诉理由与本案查明事实不符也缺乏法律依据，依法不能成立，本院不予支持。

延伸阅读

与伪造股东签字转让股权协议不成立（有的法院判决不成立，有的法院判决无效），并确认股东资格的相似案例。

案例1：山东省临清市人民法院审理的许某江、张某林等与临清某建公司等公司决议效力确认纠纷案［（2017）鲁1581民初3912号］认为，被告提交的2008年4月7日形成的股东会决议，系未经法定程序召开股东大会所形成的决议，被告郭某宇无证据证实其在接受张某荣股权转让过程中按照公司章程和《公司法》的规定召开股东会或者向其他股东进行书面通知并取得同意，现张某荣否认召开过股东会及收到过转让款，要求保留其股东资格。故被告郭某宇受让公司股权过程中的程序不符合《公司法》及公司章程的规定，其依法不享有临清某建公司的股东资格。且临清市市场监督管理局于 2015 年 12 月 21 日作出的行政处理结果告知书中对 2015 年 7 月 11 日被告郭某芝在公司变更法定代表人及股东时提供的公司股东会决议、股权转让协议等材料均系伪造也作出了认定，故被告陶某霞、王某昌依法亦不具有临清某建公司的股东资格。

案例 2：湖南省长沙市中级人民法院审理的程某与众某公司、袁某股东资格确认纠纷案［（2017）湘 01 民终 2009 号］认为，本案所涉《股东会议纪要》及 2015 年 12 月 16 日形成的《股权转让协议》上两个"袁某"的签名均系伪造，《股东会议纪要》及《股权转让协议》所约定的民事法律行为不具备成立的要件，故该《股东会议纪要》及《股权转让协议》不成立，对袁某无法律约束力。判决：责令众某公司、程某于判决生效后立即到工商行政登记机关恢复袁某出资 20 万元人民币的投资人（股权）工商登记，并相应变更程某股权登记情况。

案例 3：牡丹江市东安区人民法院审理的白某政与李某元、张某、吴某娟、科某 1 公司、张某、孙某安、第三人科某 2 公司股权纠纷案［（2015）牡东商初 462 号］认为，关于原告要求确认其 2011 年 5 月 12 日至 2014 年 12 月 15 日期间工商登记中的股东资格的诉讼请求，本院认为，本案中，被告吴某娟将原告的合法股份以冒充签名的方式进行虚假转让，并骗取工商职能部门进行了相应的股东变更登记，原告诉求依法确认其 2011 年 5 月 12 日至 2014 年 12 月 15 日期间工商登记中的股东资格符合法律规定，本院对此予以支持。

案例 4：重庆市綦江区人民法院审理的肖某友与耀某公司、渝某公司股权转让纠纷案［（2015）綦法民初 07457 号］认为，股东权具有财产权与身份权的双重属性，非经权利人的意思表示或者法定的强制执行程序不能变动。被告渝某公司在原告肖某友没有作出意思表示的情况下召开股东代表大会并作出决议，在决议中伪造原告肖某友签名同意转让其股权，该决议对原告肖某友没有约束力。故在原告肖某友不同意转让其股权的情况下，股权不能发生变动。股权转让合同系双务履行合同，需转让方和受让方的履行才能完成转让行为。本案中，19 名股东同被告耀某公司签订的股权转让协议中原告肖某友的签名亦系伪造，且原告肖某友并未委托他人代签，故原告肖某友无股权转让的意思表示，未向被告耀某公司转让其股权之要约，股权转让合同并未成立。经本院释明，原告肖某友仍坚持确认转让合同无效，故对该项请求，本院不予支持。原告肖某友诉请的股权转让合同未成立，其股权并未发生转让之法律效果。被告渝某公司虽经登记机关变更为自然人独资的有限责任公司，但原告肖某友的股东资格并未消除，被告渝某公司亦认可原告肖某友股东身份，故原告肖某友要求确认其系被告渝某公司股东的诉求，本院予以支持。

（十三）大股东争夺小股东利益之"滥用表决权剥夺小股东提名权"

001 侵害小股东章程规定的提名权的股东会决议无效

裁判要旨

对公司董事、经理等重要职位，公司章程可赋予小股东人事提名权。大股东不可利用表决权的优势地位形成股东会决议剥夺该提名权，否则股东会决议无效。

案情简介①

湖南胜某公司共有山东胜某（持股51%）、钢某集团（持股40%）、盛某公司（持股9%）三方股东。

《公司章程》规定：（1）公司董事会由7名董事组成，董事候选人名额分配为，山东胜某4名，钢某集团2名，盛某公司1名。股东推选的董事候选人未获得股东会选举为公司董事时，该股东应另推举其他董事候选人，直至董事会7名董事全部当选为止。（2）公司设总经理1名，副总经理4名，总经理由山东胜某提名，副总经理由山东胜某提名2人，钢某集团及盛某公司各提名1人。

2012年9月17日，湖南胜某公司三方股东一致同意减资，出资比例调整为

---

① 湖南省湘潭市中级人民法院审理的湖南胜某公司与盛某公司公司决议纠纷案〔（2015）潭中民三终475号〕。

山东胜某 54.96%，钢某集团 43.10%，盛某公司 1.94%。

2013 年 6 月 25 日，湖南胜某公司再次召开股东会，三方股东均参加，股东会修改了《公司章程》：(1) 董事会由 5 名董事组成，董事候选人名额分配为：山东胜某 3 名，钢某集团 2 名。(2) 公司设总经理 1 人，副总经理若干人，总经理由山东胜某提名，董事会聘任或解聘。副总经理由总经理提名，董事会聘任或解聘。在表决时，山东胜某及钢某集团同意，同意比例 98.06%，盛某公司反对，反对比例 1.94%，该股东会以少数服从多数的理由通过了上述决议。

盛某公司认为上述股东会决议侵害了小股东的权利，请求法院判决无效。湘潭市岳塘区法院判决驳回盛某公司的诉讼请求。盛某公司不服，向湖南省湘潭市中级人民法院上诉，湖南省湘潭市中级人民法院裁定撤销原判，发回重审。

湘潭市岳塘区人民法院再次审理后判决案涉股东会决议无效。湖南胜某公司不服，向湖南省湘潭市中级人民法院上诉，湖南省湘潭市中级人民法院判决驳回上诉、维持原判。

裁判要点精要

资本多数决是公司运作的重要原则，但多数股东行使表决权时，不得违反禁止权利滥用和诚实信用原则，形成侵害小股东利益的决议。滥用资本多数决原则作出的决议无效。

本案中，原章程规定可由盛某公司安排的董事及副总经理各一人。通过这种方式，盛某公司可以对湖南胜某公司的经营状况进行了解并参与公司经营管理，行使股东权利。虽然湖南胜某公司曾经减少注册资本，盛某公司的出资比例由 9% 减至 1.94%，但持股比例的下降并不能导致提名权产生变化。

湖南胜某公司的两名大股东通过公司决议的方式随意剥夺盛某公司提名董事及副总经理各一人的权利，是一种滥用股东权利损害其他股东利益的行为，因此涉案股东会决议无效。

实务经验总结

为避免未来发生类似纠纷，提出如下建议：

第一，公司小股东可以借鉴本案中盛某公司的做法，在章程中"提前抢占"公司某些重要职位的名额。公司设立时，大股东和小股东往往"哥俩好"，小股东的相关权利能够得到保障；但公司经营中，局势难免会发生变化，为了避免大股东日益骄纵、为所欲为，小股东应提前在制度层面保障好自己的权利，掌控一些公司的重要职位。

第二，一旦公司章程中制定了相关条款，大股东就不可以肆意妄为，否则相关公司决议会被撤销。即使如本案中98%的大股东都要修改章程，但只要2%的小股东不同意，这个条款就改不掉。

特别需要注意的是，公司的决议内容侵犯小股东的提名权，不仅违反了公司章程，更因在实质上侵犯了小股东的经营管理权而违反了《公司法》的规定，因此股东会决议是无效而不是可撤销。

决议撤销与决议无效在诉讼程序上最大的区别在于：决议撤销必须在决议作出之日起60日内提起，否则撤销权消灭；而提起决议无效之诉不受时间限制，小股东随时都可以要求确认公司决议无效。

第三，笔者在写作本书时也为大股东感到委屈，明明小股东的持股比例从9%减至不到2%，但大股东还是不能按照自己的意愿调整事先在公司章程里设定好的人事任免权。从大股东的立场来看，这似乎有些不公平。为了避免这种情况发生，笔者建议在公司章程中加入相关的调整机制，如某股东出资比例维持在5%以上时，该股东可推举一名董事；再如某股东出资比例降至5%以下时，该股东无权推举董事。

第四，如各方股东希望保证在董事会席位分配问题上最大限度的公正（即董事会的席位按照股东的持股比例分配），笔者建议在公司章程中规定采用累积投票制选举董事。鉴于《公司法》未强制要求董事会选举适用累积投票制（只有上市公司有此强制要求），因此如果有限公司想采取累积投票制选举董事，就应将累积投票制写在章程中，具体条款为，"股东会选举董事时，每一股份拥有与应选董事或者监事人数相同的表决权，股东拥有的表决权可以集中使用"。

法规链接

《公司法》（2023年修订）

第二十一条　公司股东应当遵守法律、行政法规和公司章程，依法行使股东权利，不得滥用股东权利损害公司或者其他股东的利益。

公司股东滥用股东权利给公司或者其他股东造成损失的，应当承担赔偿责任。

第二十二条　公司的控股股东、实际控制人、董事、监事、高级管理人员不得利用关联关系损害公司利益。

违反前款规定，给公司造成损失的，应当承担赔偿责任。

第二十三条 公司股东滥用公司法人独立地位和股东有限责任，逃避债务，严重损害公司债权人利益的，应当对公司债务承担连带责任。

股东利用其控制的两个以上公司实施前款规定行为的，各公司应当对任一公司的债务承担连带责任。

只有一个股东的公司，股东不能证明公司财产独立于股东自己的财产的，应当对公司债务承担连带责任。

第二十五条 公司股东会、董事会的决议内容违反法律、行政法规的无效。

第二十六条 公司股东会、董事会的会议召集程序、表决方式违反法律、行政法规或者公司章程，或者决议内容违反公司章程的，股东自决议作出之日起六十日内，可以请求人民法院撤销。但是，股东会、董事会的会议召集程序或者表决方式仅有轻微瑕疵，对决议未产生实质影响的除外。

未被通知参加股东会会议的股东自知道或者应当知道股东会决议作出之日起六十日内，可以请求人民法院撤销；自决议作出之日起一年内没有行使撤销权的，撤销权消灭。

第二十七条 有下列情形之一的，公司股东会、董事会的决议不成立：

（一）未召开股东会、董事会会议作出决议；

（二）股东会、董事会会议未对决议事项进行表决；

（三）出席会议的人数或者所持表决权数未达到本法或者公司章程规定的人数或者所持表决权数；

（四）同意决议事项的人数或者所持表决权数未达到本法或者公司章程规定的人数或者所持表决权数。

第二十八条 公司股东会、董事会决议被人民法院宣告无效、撤销或者确认不成立的，公司应当向公司登记机关申请撤销根据该决议已办理的登记。

股东会、董事会决议被人民法院宣告无效、撤销或者确认不成立的，公司根据该决议与善意相对人形成的民事法律关系不受影响。

第一百一十七条 股东会选举董事、监事，可以按照公司章程的规定或者股东会的决议，实行累积投票制。

本法所称累积投票制，是指股东会选举董事或者监事时，每一股份拥有与应选董事或者监事人数相同的表决权，股东拥有的表决权可以集中使用。

本案链接

以下为该案在法院审理阶段，判决书中"本院认为"就该问题的论述：

上诉人主张原审判决否认了"资本多数决"原则，涉案决议合法有效。资本多数决是公司运作的重要原则，但多数股东行使表决权时，不得违反禁止权利滥用和诚实信用原则，形成侵害小股东利益的决议。滥用资本多数决原则作出的决议无效。《公司法》第二十二条第一款规定，公司股东会或者股东大会、董事会的决议内容违反法律、行政法规的无效。本案中，上诉人湖南胜某公司修改公司章程的决议，经出席会议的股东所持表决权的三分之二以上通过，程序上符合法律规定。但公司决议是否有效，不仅要求程序合法，还要求内容合法。

本案中，对于被上诉人而言，其通过安排的副总经理和董事各一人，对公司的经营状况进行了解并参加公司经营管理，行使股东权利。上诉人的两名大股东通过公司决议的方式随意剥夺被上诉人提名副总经理和董事各一人的权利，是一种滥用股东权利损害其他股东利益的行为。涉案公司决议系滥用资本多数决作出，因此，该决议内容因违反法律、行政法规而无效。原审法院并没有否认资本多数决原则，原审判决涉案公司决议无效正确。

上诉人还主张被上诉人持股比例下降导致其提名权基础发生变化。从三名股东的持股比例上看，被上诉人出资比例从9%减至1.94%，属于少数股东。另外两名股东山东胜某公司出资比例从51%增至54.96%，钢某集团出资比例从40%增至43.10%，属于多数股东。由于被上诉人无论出资比例是9%还是1.94%均属于少数股东。被上诉人持股比例下降并不能导致提名权发生变化。因此，上诉人的该上诉理由不成立，本院不予支持。

综上，原审判决认定事实清楚，适用法律正确，审判程序合法。依据《民事诉讼法》第一百七十条第一款第（一）项之规定，判决如下：驳回上诉，维持原判。

延伸阅读

我们写作过程中检索到相关小股东起诉大股东滥用股东权利给其造成损失、起诉要求确认股东会决议无效的两个案例，其中一个判决认定股东会决议无效，另一个未判决认定股东会决议无效。

1. 大股东形成的为小股东增设义务或限制权利的股东会决议被判无效

案例1：山东省高级人民法院审理的周某生与裕某公司、吕某涛等公司决议效力确认纠纷案［山东省高级人民法院（2014）鲁商初23号］认为，公司大股东如果为了追求自己的利益，形成的股东会决议影响小股东的个人利益，为小股东增设义务或限制权利，应得到小股东的同意……被告吕某涛及裕某公司其他被告股东在本案六次股东会决议分别召开时明知周某生未参加会议，不可能在股东会决议上签字，仍表决通过了相关股东会决议，应视为被告吕某涛及裕某公司其他被告股东构成恶意串通的行为。根据《公司法》第二十二条第一款之规定，"公司股东会或者股东大会、董事会的决议内容违反法律、行政法规的无效"，因本案六次股东会决议违反了法律强制性规定，故应认定为无效。

2. 即使大股东滥用股东权利给小股东造成损失，也只能提起损害赔偿之诉，不能诉请确认股东会决议内容无效

案例2：重庆市第一中级人民法院审理的国某公司与西某航空公司公司决议效力确认纠纷案［（2015）渝一中法民终00865号］认为，国某公司认为股东会决议存在大股东滥用股东权利，损害小股东利益的行为，对此，本院认为，首先，即使国某公司能够证明公司股东滥用股东权利给其造成损失，根据《公司法》第二十条第二款规定："公司股东滥用股东权利给公司或者其他股东造成损失的，应当依法承担赔偿责任。"国某公司也只能提起损害赔偿之诉，而不能依据该条规定确认股东会决议内容无效。其次，股东会决议实行多数决机制，即少数服从多数，此种机制是保证公司治理正常进行和保证公司利益最大化的前提，投反对票的少数股东必然认为决议不符合其利益需求，如果人民法院都将此种情形判定为决议无效，一是将导致公司无法正常经营，二是与公司多数决的治理机制不符，三是存在司法干预公司自主经营权的问题。因此，不能以损害小股东利益为由确认股东会决议无效。最后，股东会决议是否无效只涉及决议内容是否违法的问题，不涉及商业判断，人民法院应尊重股东作出的选择。因此，国某公司的该项上诉理由不成立。

（十四）大股东争夺小股东利益之"恶意对股东进行罚款"

001 股东会对股东进行罚款的决议是否有效

公司章程设计要点

公司章程可规定股东会有权对股东罚款，但应明确罚款的标准、幅度。鉴于一些案例中股东们在章程中写为"罚款"，且在后续诉讼中亦表述为"罚款"，实际上，笔者认为这里所谓的"罚款"理解为违约金更为妥当。

阅读提示

根据《行政处罚法》的规定，对违法行为给予行政处罚的规定必须公布；未经公布的，不得作为行政处罚的依据，否则该行政处罚无效。同理，公司章程若规定"罚款"，虽与行政法等公法意义上的罚款不能完全等同，但在罚款的预见性及防止权力滥用上仍具有可比性，因此，公司章程赋予股东会有权对股东进行罚款时，应将罚款的范围、标准、幅度均予以明确，否则，股东会所作出的罚款决定应认定为无效。

公司章程参考研究文本

股东会是公司的权力机构，依法行使下列职权……股东存在侵占公司财产、挪用公司资金、收受贿赂、侵占公司商业机会、泄露公司商业秘密、通过关联交易谋取私利情形的，股东会有权对违规股东进行罚款；罚款的标准为违规股东给公司造成经济损失的二倍，最低标准不低于20000元人民币；罚款直接归入公司财产，违规股东每迟延一天需缴纳所处罚款金额万分之一的违约金，拒不缴纳的，公司有权在股东应得利润分配中直接划扣。

专业律师分析

股东会作为权力机构，其依法对公司事项所作出的决议或决定是代表公司的行为，对公司具有法律约束力。股东履行出资义务后，其与公司之间是平等的民事主体，相互之间具有独立的人格，不存在管理与被管理的关系，公司的股东会原则上无权对股东施以任何处罚。

但是，公司章程是公司的发起人或全体股东根据我国公司法的相关规定约定公司的名称、宗旨、资本、组织机构及组织活动基本规则的法律文件。公司章程关于股东会对股东处以罚款的规定，系公司全体股东所预设的对违反公司章程股东的一种制裁措施，符合公司的整体利益，不违反公司法的禁止性规定，应合法有效。

公司章程虽可约定对股东进行罚款，但罚款带有惩罚性，对股东的财产权益有重要的影响，在公司章程中应当明确约定实施的条件和标准，以防止股东会随意滥用权力对股东进行处罚，侵害股东合法权益。

根据《行政处罚法》的规定，对违法行为给予行政处罚的规定必须公布；未经公布的，不得作为行政处罚的依据，否则该行政处罚无效。公司章程所规定的"罚款"，虽与行政法等公法意义上的罚款不能完全等同，但在罚款的预见性及防止权力滥用上仍具有可比性，因此，公司章程赋予股东会有权对股东进行罚款时，应将罚款的范围、标准、幅度均予以明确，否则，股东会所作出的罚款决定应认定为无效。

设计建议

第一，公司章程可以约定股东会有权决议对违反公司章程约定的股东进行罚款。公司章程不但是股东之间的一种协议，也是公司治理的一种规则，其中预设的罚款措施，应视为对违反公司章程股东的一种制裁措施，符合公司的整体利益，体现了有限公司的人合性特征，不违反公司法的禁止性规定，合法有效。

鉴于一些案例中股东们在章程中写为"罚款"，且在后续诉讼中亦表述为"罚款"，实际上，笔者认为这里所谓的"罚款"理解为违约金更为妥当，因此在措辞中可以将罚款表述为违约金。

第二，公司章程规定对股东进行罚款应遵循比例原则。在公司章程中明确规定罚款的标准和幅度，不仅需要对股东进行罚款的各种情形进行明确列举，而且需要根据股东的违约情形的轻重程度，对应不同类型的处罚标准，不可杀鸡用牛刀，明显地处罚过重；另外，罚款的标准和幅度需要明确透明，并且要告知股东，使罚款相关事项具有可预测性（示范条款见公司章程参考研究文本）。

法规链接

《公司法》（2023 年修订）

第五条 设立公司应当依法制定公司章程。公司章程对公司、股东、董事、监事、高级管理人员具有约束力。

第二十一条 公司股东应当遵守法律、行政法规和公司章程，依法行使股东权利，不得滥用股东权利损害公司或者其他股东的利益。

公司股东滥用股东权利给公司或者其他股东造成损失的，应当承担赔偿责任。

第二十二条 公司的控股股东、实际控制人、董事、监事、高级管理人员不得利用关联关系损害公司利益。

违反前款规定，给公司造成损失的，应当承担赔偿责任。

第二十三条 公司股东滥用公司法人独立地位和股东有限责任，逃避债务，严重损害公司债权人利益的，应当对公司债务承担连带责任。

股东利用其控制的两个以上公司实施前款规定行为的，各公司应当对任一公司的债务承担连带责任。

只有一个股东的公司，股东不能证明公司财产独立于股东自己的财产的，应当对公司债务承担连带责任。

第五十九条 股东会行使下列职权：

（一）选举和更换董事、监事，决定有关董事、监事的报酬事项；

（二）审议批准董事会的报告；

（三）审议批准监事会的报告；

（四）审议批准公司的利润分配方案和弥补亏损方案；

（五）对公司增加或者减少注册资本作出决议；

（六）对发行公司债券作出决议；

（七）对公司合并、分立、解散、清算或者变更公司形式作出决议；

（八）修改公司章程；

（九）公司章程规定的其他职权。

股东会可以授权董事会对发行公司债券作出决议。

对本条第一款所列事项股东以书面形式一致表示同意的，可以不召开股东会会议，直接作出决定，并由全体股东在决定文件上签名或者盖章。

延伸阅读

裁判规则：公司章程关于股东会对股东处以罚款的规定，系公司全体股东所预设的对违反公司章程股东的一种制裁措施，符合公司的整体利益，不违反公司法的禁止性规定，应合法有效。但公司章程在赋予股东会对股东处以罚款的职权时，应明确规定罚款的标准、幅度，股东会在没有明确标准、幅度的情况下处罚股东，属法定依据不足，相应决议无效。

案例：南京市鼓楼区人民法院审理的安某公司与祝某股东会决议罚款纠纷案（《最高人民法院公报》2012年第10期）认为，有限公司的股东会无权对股东处以罚款，除非公司章程另有约定。《公司法》第三十七条规定，有限责任公司股东会由全体股东组成，股东会是公司的权力机构，依照本法行使职权。有限公司的股东会作为权力机构，其依法对公司事项所作出决议或决定是代表公司的行为，对公司具有法律约束力。股东履行出资义务后，其与公司之间是平等的民事主体，相互之间具有独立的人格，不存在管理与被管理的关系，公司的股东会原则上无权对股东施以任何处罚。在公司章程未作另行约定的情况下，有限公司的股东会并无对股东处以罚款的法定职权，如股东会据此对股东作出处以罚款的决议，则属超越法定职权，决议无效。《公司法》第十一条规定，设立公司必须依法制定公司章程。公司章程对公司、股东、董事、监事、高级管理人员具有约束力。第二十条规定，公司股东应当遵守法律、行政法规和公司章程，依法行使股东权利。由此可见，公司章程是公司自治的载体，既赋予股东权利，亦使股东承担义务，是股东在公司的行为准则，股东必须遵守公司章程的规定。本案中，原告安某公司章程记载有"股东会决议罚款"，根据章程本身所使用的文义进行解释，能够得出在出现该条第一款所列八种情形下，安某公司的股东会可以对当事股东进行罚款。鉴于上述约定是安某公司的全体股东所预设的对违反公司章程股东的一种制裁措施，符合公司的整体利益，体现了有限公司的人合性特征，不违反公司法的禁止性规定，被告祝某亦在章程上签字予以认可，故包括祝某在内的所有股东都应当遵守。据此，安某公司的股东会依照《公司法》第三十八条第一款第（十一）项之规定，享有对违反公司章程的股东处以罚款的职权。被告祝某在原告安某公司和瑞某尔公司委托记账合同关系停止后，仍作为瑞某尔公司的经办人向税务部门申请取消一般纳税人资格业务，该行为属于《安某同业禁止规定》第一条及公司章程第三十六条第一款第（六）项的约定范畴，应认定祝某违反了公司章程，安某公司股东会可以对祝某处以罚款。安某公司章程第三十六条第二款所规定的"罚款"是一种纯惩罚性的制裁措施，虽与行政法等公法意义上的罚款不能完全等同，但在罚款的预见性及防止权力滥用上具有可比性。而根据我国《行政处罚法》的规定，对违法行为给予行政处罚的规定必须公布；未经公布的，不得作为行政处罚的依据，否则该行政处罚无效。本案中，安某公司在修订公司章程时，虽规定了股东在出现第三十六条第一款的八种情形时，股东会有权对股东处以罚款，但未在公司章程中明确记载罚款的标准及幅度，使得祝某对违反公司章程行为的后果无法作出事先预料，况且，安某公司实行"股东身份必须首先是员工身份"的原则，而《安某员工手册》的《奖惩条例》第七条所规定的五种处罚种类中，最高的罚款数额仅为2000元，而安某公司股东会对祝某处以5万元的罚款已明显超出了祝某的可预见范围。故安某公司临时股东会所作出对祝某罚款的决议明显属法定依据不足情形，应认定为无效。

（十五）大股东争夺小股东利益之"未经决议擅自为自己提供担保"

001 未经股东会决议或决议存在瑕疵，公司为大股东对外签订的担保合同是否有效

裁判要旨

《公司法》第十五条第一款规定："公司向其他企业投资或者为他人提供担保，按照公司章程的规定，由董事会或者股东会决议……"

司法实践中，对于本条规定存在两种裁判观点。第一种裁判观点认为，该条规定是公司内部管理性规范，是否违反不影响公司对外合同的效力。第二种裁判观点认为，该条规定具有相应的外部效力，根据该条规定，合同相对人负有对公司内部决议进行形式审查的义务，即合同相对方应当要求公司提供内部决议书。无论持以上哪种裁判观点，均认为：只要公司提供的内部决议书符合公司法与公司章程的形式要求，无论该决议真伪还是存在其他瑕疵，均不影响担保合同的效

力，担保人均应承担保证责任。

《全国法院民商事审判工作会议纪要》颁布后，对公司对外担保作出了相对详细的规定，相信对于统一裁判尺度将起到一定作用。

案情简介[①]

振某公司有振某集团、环某海公司、王某刚等8个股东，其中，振某集团占总股本的61.5%，振某集团系振某公司的控股股东。

招商银行股份有限公司大连东某支行（以下简称招行东某支行）与振某集团签订借款合同，约定：振某集团向招行东某支行借款1496.5万元人民币，子公司振某公司以房产和土地提供担保，并提供了《股东会担保决议》《担保合同》等担保材料。

《股东会担保决议》未经过公司股东会的同意，振某公司也未就此事召开过股东会。该担保决议虽有8个股东的签章，但经鉴定为假，实际上由振某公司单方制作。但是，振某公司提供给招行东某支行的股东会决议上的签字及印章与其提供给招行东某支行的签字及印章样本一致。

因振某集团未能正常还款，招行东某支行向法院起诉要求振某集团还款并承担担保责任。振某公司则以《股东会担保决议》无效为由，拒绝承担担保责任。

辽宁省高级人民法院终审判决认定，《股东会担保决议》事项并未经过股东会的同意，缺乏真实性，故担保合同无效，振某公司依法对不能清偿部分的债务承担二分之一的赔偿责任。

招行东某支行不服辽宁省高级人民法院的终审判决，向最高人民法院提起再审申请。最高人民法院判决认定，招行东某支行已尽善意审查义务，担保决议瑕疵并不导致担保合同无效，振某公司对全部债务承担担保责任。

裁判要点精要

关于公司为他人提供担保的合同效力问题，审判实践中裁判尺度不统一。为了统一尺度，《全国法院民商事审判工作会议纪要》规定如下：

（1）为防止法定代表人随意代表公司为他人提供担保给公司造成损失，损害中小股东利益，《公司法》第十五条对法定代表人的代表权进行了限制。根据

---

① 最高人民法院审理的招行东某支行与振某公司、振某集团借款合同纠纷案［（2012）民提156号］，载《最高人民法院公报》2015年第2期（总第219期）。

该条规定，担保行为不是法定代表人所能单独决定的事项，而必须以公司股东（大）会、董事会等公司机关的决议作为授权的基础和来源。法定代表人未经授权擅自为他人提供担保的，构成越权代表，人民法院应当根据《民法典》第五百零四条关于法定代表人越权代表的规定，区分订立合同时债权人是否善意分别认定合同效力：债权人善意的，合同有效；反之，合同无效。

（2）如何认定善意？所谓善意，是指债权人不知道或者不应当知道法定代表人超越权限订立担保合同。《公司法》第十五条对关联担保和非关联担保的决议机关作出了区别规定，相应地，在善意的判断标准上也应当有所区别。

一种情形是，为公司股东或者实际控制人提供关联担保，《公司法》第十五条明确规定必须由股东（大）会决议，未经股东（大）会决议，构成越权代表。在此情况下，债权人主张担保合同有效，应当提供证据证明其在订立合同时对股东（大）会决议进行了审查，决议的表决程序符合《公司法》第十五条的规定，即在排除被担保股东表决权的情况下，该项表决由出席会议的其他股东所持表决权的过半数通过，签字人员也符合公司章程的规定。

另一种情形是，公司为公司股东或者实际控制人以外的人提供非关联担保，根据《公司法》第十五条的规定，此时由公司章程规定是由董事会决议还是股东（大）会决议。无论章程是否对决议机关作出规定，也无论章程规定决议机关为董事会还是股东（大）会，根据《民法典》第六十一条第三款关于"法人章程或者法人权力机构对法定代表人代表权的限制，不得对抗善意相对人"的规定，只要债权人能够证明其在订立担保合同时对董事会决议或者股东（大）会决议进行了审查，同意决议的人数及签字人员符合公司章程的规定，就应当认定其构成善意，但公司能够证明债权人明知公司章程对决议机关有明确规定的除外。

债权人对公司机关决议内容的审查一般限于形式审查，只要求尽到必要的注意义务即可，标准不宜太过严苛。公司以机关决议系法定代表人伪造或者变造、决议程序违法、签章（名）不实、担保金额超过法定限额等事由抗辩债权人非善意的，人民法院一般不予支持。但是，公司有证据证明债权人明知决议系伪造或者变造的除外。

实务经验总结

为避免未来发生类似纷争，我们建议：

第一，作为接受担保的银行必须尽到审查义务，否则可能面临担保合同无效的情况。当然这种审查只是一种形式的审查。接受公司担保最好审阅并留存董事会决议或者股东（大）会决议。如果仅仅根据公司盖章就认定担保合法有效，可能存在一定误区。担保行为不是法定代表人所能单独决定的事项，而必须以公司股东（大）会、董事会等公司机关的决议作为授权的基础和来源。法定代表人未经授权擅自为他人提供担保的，构成越权代表，人民法院应当根据《民法典》第五百零四条关于法定代表人越权代表的规定，区分订立合同时债权人是否善意分别认定合同效力：债权人善意的，合同有效；反之，合同无效。

如何证明善意？此时就需要证明对股东（大）会决议进行了审查，决议的表决程序符合《公司法》第十五条的规定；订立担保合同时对董事会决议或者股东（大）会决议进行了审查，同意决议的人数及签字人员符合公司章程的规定。

第二，担保有风险，担保需谨慎，公司不要轻易在担保合同上面盖章。

法规链接

《公司法》（2023 年修订）

第十五条 公司向其他企业投资或者为他人提供担保，按照公司章程的规定，由董事会或者股东会决议；公司章程对投资或者担保的总额及单项投资或者担保的数额有限额规定的，不得超过规定的限额。

公司为公司股东或者实际控制人提供担保的，应当经股东会决议。

前款规定的股东或者受前款规定的实际控制人支配的股东，不得参加前款规定事项的表决。该项表决由出席会议的其他股东所持表决权的过半数通过。

《民法典》

第六十一条 依照法律或者法人章程的规定，代表法人从事民事活动的负责人，为法人的法定代表人。

法定代表人以法人名义从事的民事活动，其法律后果由法人承受。

法人章程或者法人权力机构对法定代表人代表权的限制，不得对抗善意相对人。

第五百零四条 法人的法定代表人或者非法人组织的负责人超越权限订立的合同，除相对人知道或者应当知道其超越权限外，该代表行为有效，订立的合同对法人或者非法人组织发生效力。

《最高人民法院关于适用〈中华人民共和国民法典〉有关担保制度的解释》（法释〔2020〕28号）

第十七条 主合同有效而第三人提供的担保合同无效，人民法院应当区分不同情形确定担保人的赔偿责任：

（一）债权人与担保人均有过错的，担保人承担的赔偿责任不应超过债务人不能清偿部分的二分之一；

（二）担保人有过错而债权人无过错的，担保人对债务人不能清偿的部分承担赔偿责任；

（三）债权人有过错而担保人无过错的，担保人不承担赔偿责任。

主合同无效导致第三人提供的担保合同无效，担保人无过错的，不承担赔偿责任；担保人有过错的，其承担的赔偿责任不应超过债务人不能清偿部分的三分之一。

第七条 公司的法定代表人违反公司法关于公司对外担保决议程序的规定，超越权限代表公司与相对人订立担保合同，人民法院应当依照民法典第六十一条和第五百零四条等规定处理：

（一）相对人善意的，担保合同对公司发生效力；相对人请求公司承担担保责任的，人民法院应予支持。

（二）相对人非善意的，担保合同对公司不发生效力；相对人请求公司承担赔偿责任的，参照适用本解释第十七条的有关规定。

法定代表人超越权限提供担保造成公司损失，公司请求法定代表人承担赔偿责任的，人民法院应予支持。

第一款所称善意，是指相对人在订立担保合同时不知道且不应当知道法定代表人超越权限。相对人有证据证明已对公司决议进行了合理审查，人民法院应当认定其构成善意，但是公司有证据证明相对人知道或者应当知道决议系伪造、变造的除外。

《全国法院民商事审判工作会议纪要》（法〔2019〕254号）

（六）关于公司为他人提供担保

关于公司为他人提供担保的合同效力问题，审判实践中裁判尺度不统一，严重影响了司法公信力，有必要予以规范。对此，应当把握以下几点：

17.【违反《公司法》第16条[①]构成越权代表】为防止法定代表人随意代表

[①] 参照《公司法》（2023年修订）第十五条。

公司为他人提供担保给公司造成损失，损害中小股东利益，《公司法》第16条对法定代表人的代表权进行了限制。根据该条规定，担保行为不是法定代表人所能单独决定的事项，而必须以公司股东（大）会、董事会等公司机关的决议作为授权的基础和来源。法定代表人未经授权擅自为他人提供担保的，构成越权代表，人民法院应当根据《合同法》第50条关于法定代表人越权代表的规定，区分订立合同时债权人是否善意分别认定合同效力：债权人善意的，合同有效；反之，合同无效。

18.【善意的认定】前条所称的善意，是指债权人不知道或者不应当知道法定代表人超越权限订立担保合同。《公司法》第16条对关联担保和非关联担保的决议机关作出了区别规定，相应地，在善意的判断标准上也应当有所区别。一种情形是，为公司股东或者实际控制人提供关联担保，《公司法》第16条明确规定必须由股东（大）会决议，未经股东（大）会决议，构成越权代表。在此情况下，债权人主张担保合同有效，应当提供证据证明其在订立合同时对股东（大）会决议进行了审查，决议的表决程序符合《公司法》第16条的规定，即在排除被担保股东表决权的情况下，该项表决由出席会议的其他股东所持表决权的过半数通过，签字人员也符合公司章程的规定。另一种情形是，公司为公司股东或者实际控制人以外的人提供非关联担保，根据《公司法》第16条的规定，此时由公司章程规定是由董事会决议还是股东（大）会决议。无论章程是否对决议机关作出规定，也无论章程规定决议机关为董事会还是股东（大）会，根据《民法总则》第61条①第3款关于"法人章程或者法人权力机构对法定代表人代表权的限制，不得对抗善意相对人"的规定，只要债权人能够证明其在订立担保合同时对董事会决议或者股东（大）会决议进行了审查，同意决议的人数及签字人员符合公司章程的规定，就应当认定其构成善意，但公司能够证明债权人明知公司章程对决议机关有明确规定的除外。

债权人对公司机关决议内容的审查一般限于形式审查，只要求尽到必要的注意义务即可，标准不宜太过严苛。公司以机关决议系法定代表人伪造或者变造、决议程序违法、签章（名）不实、担保金额超过法定限额等事由抗辩债权人非善意的，人民法院一般不予支持。但是，公司有证据证明债权人明知决议系伪造或者变造的除外。

19.【无须机关决议的例外情况】存在下列情形的，即便债权人知道或者应

---

① 现为《民法典》第六十一条。

当知道没有公司机关决议，也应当认定担保合同符合公司的真实意思表示，合同有效：

（1）公司是以为他人提供担保为主营业务的担保公司，或者是开展保函业务的银行或者非银行金融机构；

（2）公司为其直接或者间接控制的公司开展经营活动向债权人提供担保；

（3）公司与主债务人之间存在相互担保等商业合作关系；

（4）担保合同系由单独或者共同持有公司三分之二以上有表决权的股东签字同意。

20.【越权担保的民事责任】依据前述3条规定，担保合同有效，债权人请求公司承担担保责任的，人民法院依法予以支持；担保合同无效，债权人请求公司承担担保责任的，人民法院不予支持，但可以按照担保法及有关司法解释关于担保无效的规定处理。公司举证证明债权人明知法定代表人超越权限或者机关决议系伪造或者变造，债权人请求公司承担合同无效后的民事责任的，人民法院不予支持。

21.【权利救济】法定代表人的越权担保行为给公司造成损失，公司请求法定代表人承担赔偿责任的，人民法院依法予以支持。公司没有提起诉讼，股东依据《公司法》第151条[①]的规定请求法定代表人承担赔偿责任的，人民法院依法予以支持。

22.【上市公司为他人提供担保】债权人根据上市公司公开披露的关于担保事项已经董事会或者股东大会决议通过的信息订立的担保合同，人民法院应当认定有效。

23.【债务加入准用担保规则】法定代表人以公司名义与债务人约定加入债务并通知债权人或者向债权人表示愿意加入债务，该约定的效力问题，参照本纪要关于公司为他人提供担保的有关规则处理。

本案链接

以下为该案在法院审理阶段，判决书中"本院认为"就该问题的论述：

本院认为，本案各方争议的焦点是担保人振某公司承担责任的界定。鉴于案涉借款合同已为一、二审法院判定有效，申请再审人对此亦无异议，故本院对案涉借款合同的效力直接予以确认。案涉《抵押合同》及《不可撤销担保书》系

---

① 现为《公司法》（2023年修订）第一百八十九条。

担保人振某公司为其股东振某集团之负债向债权人招行东某支行作出的担保行为。作为公司组织及公司行为当受《公司法》调整，同时其以合同形式对外担保行为亦受合同法及担保法的制约。案涉公司担保合同效力的认定，因其并未超出平等商事主体之间的合同行为的范畴，故应首先从合同法相关规定出发展开评判。关于合同效力，《合同法》第五十二条规定，"有下列情形之一的，合同无效：……（五）违反法律、行政法规的强制性规定"。关于前述法律中的"强制性"，《最高人民法院关于适用〈中华人民共和国合同法〉若干问题的解释（二）》①（以下简称《合同法解释二》）第十四条则作出如下解释，"合同法第五十二条第（五）项规定的'强制性规定'，是指效力性强制性规定"。因此，法律及相关司法解释均已明确了将违反法律或行政法规中效力性强制性规范作为合同效力的认定标准之一。公司作为不同于自然人的法人主体，其合同行为在接受合同法规制的同时，当受作为公司特别规范的公司法的制约。《公司法》第一条开宗明义规定，"为了规范公司的组织和行为，保护公司、股东和债权人的合法权益，维护社会经济秩序，促进社会主义市场经济的发展，制定本法"。第十六条第二款规定，"公司为公司股东或者实际控制人提供担保的，必须经股东会或者股东大会决议"。上述《公司法》规定已然明确了其立法本意在于限制公司主体行为，防止公司的实际控制人或者高级管理人员损害公司、小股东或其他债权人的利益，故其实质是内部控制程序，不能以此约束交易相对人。故此上述规定宜理解为管理性强制性规范。对违反该规范的，原则上不宜认定合同无效。另外，如作为效力性规范认定将会降低交易效率和损害交易安全。譬如股东会何时召开，以什么样的形式召开，何人能够代表股东表达真实的意志，均超出交易相对人的判断和控制能力范围，如以违反股东决议程序而判令合同无效，必将降低交易效率，同时也给公司以违反股东决议主张合同无效的不诚信行为留下了制度缺口，最终危害交易安全，不仅有违商事行为的诚信规则，更有违公平正义。故本案一、二审法院以案涉《股东会担保决议》的决议事项并未经过振某公司股东会的同意，振某公司也未就此事召开过股东大会为由，根据《公司法》第十六条规定，作出案涉不可撤销担保书及抵押合同无效的认定，属于适用法律错误，本院予以纠正。

在案事实和证据表明，案涉《股东会担保决议》确实存在部分股东印章虚假、使用变更前的公司印章等瑕疵，以及被担保股东振某集团出现在《股东会担

---

① 已失效。

保决议》中等违背公司法规定的情形。振某公司法定代表人周某某超越权限订立抵押合同及不可撤销担保书，是否构成表见代表，招行东某支行是否善意，亦是本案担保主体责任认定的关键。《合同法》第五十条规定："法人或者其他组织的法定代表人、负责人超越权限订立的合同，除相对人知道或者应当知道其超越权限的以外，该代表行为有效。"本案再审期间，招行东某支行向本院提交的新证据表明，振某公司提供给招行东某支行的股东会决议上的签字及印章与其为担保行为当时提供给招行东某支行的签字及印章样本一致。而振某公司向招行东某支行提供担保时使用的公司印章真实，亦有其法人代表真实签名。且案涉抵押担保在经过行政机关审查后业已办理了登记。至此，招行东某支行在接受担保人担保行为过程中的审查义务已经完成，其有理由相信作为担保公司法定代表人的周某某本人代表行为的真实性。《股东会担保决议》中存在的相关瑕疵必须经过鉴定机关的鉴定方能识别，必须经过查询公司工商登记才能知晓，必须谙熟公司法相关规范才能避免因担保公司内部管理不善导致的风险，如若将此全部归属于担保债权人的审查义务范围，未免过于严苛，亦有违合同法、担保法等保护交易安全的立法初衷。担保债权人基于对担保人法定代表人身份、公司法人印章真实性的信赖，基于担保人提供的股东会担保决议盖有担保人公司真实印章的事实，完全有理由相信该《股东会担保决议》的真实性，无须也不可能进一步鉴别担保人提供的《股东会担保决议》的真伪。因此，招行东某支行在接受作为非上市公司的振某公司为其股东提供担保的过程中，已尽到合理的审查义务，主观上构成善意。本案周某某的行为构成表见代表，振某公司对案涉保证合同应承担担保责任。

（十六）大股东争夺小股东利益之"私设小金库"

001 "小金库"账目是否属于应当保存的会计资料，故意损毁是否构成犯罪

阅读提示

公司私设"小金库"偷逃税款的现象可能很多企业都会存在，但当"小金

库"被发现，面临税务机关处罚时，老板往往会命令会计人员把记录"小金库"的账目进行销毁。那么，"小金库"的会计账簿和凭证到底属不属于依法应当保存的会计资料，公司是否可以将其进行销毁呢？会计人员只是奉命行事销毁账簿就不构成犯罪了吗？本书将给出答案。

裁判要旨

"小金库"中涉及的会计资料也记载了单位特定时期的一部分经营活动和资金往来情况，这一违法账目与明账结合在一起，才构成该单位资金业务往来的全部记录。"小金库"的账目，也是业务的真实记录，反映了该单位的资金往来情况，应属于"依法应当保存"的会计资料。财务人员故意销毁"小金库"会计凭证、会计账簿，属于情节严重的行为，构成故意销毁会计凭证、会计账簿罪。

案情简介①

2013年至2014年，文某市供销社经班子成员决定，对单位"小金库"的财务资料进行销毁。

在文某市供销社主任罗某文的授意下，财务人员郝某某、沈某某、陆某将文某市供销合作社私设的两个分别由陆某、沈某某负责管理资金总额300余万元人民币"小金库"的会计凭证、会计账簿拉到文某市头塘坝旁的一条路边故意销毁，被告人沈某某与陆某将一部分未装订的会计凭证、会计账簿在文某市供销社办公室销毁。

2017年，文某市检察院以郝某某、沈某某犯故意销毁会计账簿、会计凭证罪向文某市法院提起公诉。文某市法院经审理，依法判决二人构成故意销毁会计凭证、会计账簿罪。

犯罪原因

私设"小金库"的行为虽然违反了我国《会计法》的相关规定，隐匿了本单位的部分经营项目与资金往来，规避了国家对其正常的审核与监督，行为不合法。但是，"小金库"中涉及的会计资料也记载了单位特定时期的一部分经营活动和资金往来情况，这一违法账目与明账结合在一起，才构成该单位资金业务往

---

① 文某州文某市人民法院审理的郝某某、沈某某隐匿、故意销毁会计凭证、会计账簿、财务会计报告罪案 [（2017）云2601刑初57号]。

来的全部记录。"小金库"的账目，也是业务的真实记录，反映了该单位的资金往来情况，应属于"依法应当保存"的会计资料。不能因为私设"小金库"的行为违法和"小金库"涉及的资金违法，就认为涉及该行为和资金的有关会计资料不应依法保存。

因此，"小金库"中的会计凭证和会计账簿应当属于"依法应当保存"的会计资料，故意销毁依法应当保存的会计凭证、会计账簿，属于情节严重的行为，构成故意销毁会计凭证、会计账簿罪。

实务经验总结

首先，对于公司老板来讲，我们强烈建议不要贪图一时之利，为达到逃避部分税款等目的，设置内外两套账，私设"小金库"。常言道"出来混迟早要还的"，"小金库"从设置之日起，违法逃税行为一旦开始，老板们的原罪也即开始积累。一旦被税务机关查处，之前丢入金库的钱，不但要全额上税，还会面临大把的滞纳金和罚款。情节严重的，甚至有可能构成犯罪，得不偿失。更为要命的是，一旦股东内部不团结，将会授人以柄，受制于人。

其次，对于财务人员来讲，不要违反会计法，设置两套账。重要的是要知道，"小金库"的账也是账，不可以说销毁就销毁，故意销毁会计资料是犯罪行为。不要对老板的任何要求都言听计从，不要认为受领导指示办事就不犯罪，听从指挥具体实施也构成犯罪。

法规链接

《刑法》（2023年修正）

第一百六十二条之一 隐匿或者故意销毁依法应当保存的会计凭证、会计帐簿、财务会计报告，情节严重的，处五年以下有期徒刑或者拘役，并处或者单处二万元以上二十万元以下罚金。

单位犯前款罪的，对单位判处罚金，并对其直接负责的主管人员和其他直接责任人员，依照前款的规定处罚。

《会计法》（2017年修正）

第四十四条 隐匿或者故意销毁依法应当保存的会计凭证、会计帐簿、财务会计报告，构成犯罪的，依法追究刑事责任。

有前款行为，尚不构成犯罪的，由县级以上人民政府财政部门予以通报，可以对单位并处五千元以上十万元以下的罚款；对其直接负责的主管人员和其他直接责任人员，可以处三千元以上五万元以下的罚款；属于国家工作人员的，还应当由其所在单位或者有关单位依法给予撤职直至开除的行政处分；其中的会计人员，五年内不得从事会计工作。

《全国法院审理金融犯罪案件工作座谈会纪要》（法释〔2001〕8号）

直接负责的主管人员，是在单位实施的犯罪中起决定、批准、授意、纵容、指挥等作用的人员，一般是单位的主管负责人，包括法定代表人。其他直接责任人员，是在单位犯罪中具体实施犯罪并起较大作用的人员，既可以是单位的经营管理人员，也可以是单位的职工，包括聘任、雇佣的人员。应当注意的是，在单位犯罪中，对于受单位领导指派或奉命而参与实施了一定犯罪行为的人员，一般不宜作为直接责任人员追究刑事责任。

本案链接

以下为该案在法庭审理阶段，判决书中"本院认为"就该问题的论述：

本院认为：私设"小金库"的行为虽然违反了我国《会计法》的相关规定，隐匿了本单位的部分经营项目与资金往来，规避了国家对其正常的审核与监督，因此行为不合法。但是，"小金库"中涉及的会计资料也记载了单位特定时期的一部分经营活动和资金往来情况，这一违法账目与明账结合在一起，才构成该单位资金业务往来的全部记录。"小金库"的账目，也是业务的真实记录，反映了该单位的资金往来情况，应属于"依法应当保存"的会计资料。不能因为私设"小金库"的行为违法和"小金库"涉及的资金违法，就认为涉及该行为和资金的有关会计资料不应依法保存。因此，本院认为，"小金库"中的会计凭证和会计账簿应当属于"依法应当保存"的会计资料。被告人郝某某、沈某某故意销毁依法应当保存的会计凭证、会计账簿，属于情节严重的行为，构成故意销毁会计凭证、会计账簿罪。犯罪事实清楚，证据确实充分，本院予以确认并追究二被告人的刑事责任。

延伸阅读

裁判规则一：故意销毁"小金库"会计账簿和会计凭证的构成犯罪。

案例1：阳泉市城区人民法院审理的商某富、侯某、康某隐匿会计凭证、会计账簿罪案〔（2017）晋0302刑初81号〕认为，被告人商某富、侯某、康某的供述及证人高某某、牛某某的证言相互印证证实被告人商某富因怕公司"小金库"账目在其退休后暴露，在单位财务科，指使被告人侯某、康某将公司"小金库"会计凭证、会计账簿予以销毁，被告人侯某、康某均表示同意，说明三被告人均有对会计凭证、会计账簿予以隐匿的主观故意，客观上在中共阳泉市纪律检查委员会进行调查时，三被告人拒不提供该会计凭证和会计账簿，三被告人之行为符合隐匿会计凭证、会计账簿罪之构成要件。

案例2：河南省濮阳县人民法院审理的马某敏故意销毁会计凭证、会计账簿罪案[（2010）濮刑初21号]认为，濮阳市某中学教辅书回扣款"小金库"账目的设立虽为法律所禁止，但是该校在对外业务过程中支配、使用该款项，即该账目的资金仍是公款，该账目仍是国家进行监管的依据，该款项的有关会计凭证应属于依法应当保存的会计凭证。被告人马某敏在临时保管本校账外资金账目时，为逃避纪律监察部门对该账目的依法查处，故意销毁依法应当保存的会计凭证、会计账簿，且销毁的会计资料涉及金额160余万元，属情节严重，其行为侵犯了会计档案管理制度，符合故意销毁会计凭证、会计账簿罪特征，濮阳县人民检察院指控被告人马某敏犯故意销毁会计凭证、会计账簿罪罪名成立。

案例3：浙江省杭州市中级人民法院审理的徐某隐匿、故意销毁会计凭证、会计账簿、财务会计报告罪案[（2015）浙杭刑终676号]认为，2008年以来，徐某在担任建德市三都镇三江口村党总支书记期间，违反财务管理制度私设"小金库"。徐某以没有保留必要为由，于2010年4月将"小金库"相关会计凭证予以销毁，涉及金额为人民币324288.7元，后又于2013年12月再次将"小金库"相关会计凭证予以销毁，涉及金额为人民币2589035.34元，两次涉及金额合计人民币2913324.04元。徐某故意销毁依法应当保存的会计凭证，情节严重，其行为已构成故意销毁会计凭证罪。

裁判规则二：私设"小金库"偷逃税款，经二次税务机关处罚，仍不缴税的构成逃税罪。

案例4：新疆维吾尔自治区喀什地区中级人民法院审理的何某元、何某逃税二审刑事裁定书[（2015）喀中刑终126号]认为，上诉人旅客运输公司成立之后，从2006年12月30日至2009年12月18日在上诉人何某甲、吴某某、何某分别担任公司董事长、财务部部长、会计等职务期间，旅客运输公司2007年1月1日至2009年12月31日期间存在两套账簿，一套账簿用于记录公司的实际收支情况，另一套账簿用于少列收入虚假纳税申报少缴纳税款，合计989164.83

元，并为单位所有，故上诉人旅客运输公司符合单位犯罪的客观要件。后因该公司存在偷逃税款的行为，先后二次接到税务机关下发的税务处罚决定书、税务处理决定书和税务事项通知书后，虽公司以书面形式递交了延期缴纳税款的申请，但其客观上仍采取消极不作为的方式拒不履行应缴税款，且延期缴纳税款的申请亦不符合税收法律的规定，故其拒不履行应缴税款的主观故意明显，上诉人旅客运输公司的行为已构成逃税罪。

三、小股东防守的十五个招数

（一）小股东防守之"股东知情权"

001 股东知情权行使的"6W"原则

公司章程设计要点

股东和参与公司章程设计的律师们，在设计公司章程关于股东知情权的时候，要注意股东知情权的行使需严格遵循"6W"原则，可以在章程中载明行使的内容、地点、时间、人物、原因、方式。

阅读提示

笔者所在的云亭律师事务所律师团队办理了一起股东知情权强制执行的案件，案情简要如下：云亭律师代表的客户系 A 公司，A 公司现被大股东 B 实际控制，小股东 C 因与大股东 B 有矛盾，长期被大股东 B 压制，以致数年无法参与公司管理，也不能取得分红。于是小股东 C 提起了股东知情权之诉，历时一年之久，经过一审二审，小股东 C 终于胜诉，案件进入执行阶段，法院判决 A 公司需制备会计账簿供小股东 C 查阅。

小股东原以为随着《公司法司法解释（四）》的出台，股东知情权的行使会更加容易简便，但事实上并非如此。

因该案执行法官明确表示不会亲自到场监督小股东知情权的行使，于是小股东只能自己带着一位律师和二位会计师到公司进行查阅。

自小股东进入公司的那一刻起，双方之间的对立情绪就急剧升级，一系列的问题也随之而来，主要有：第一，小股东自己未参加而是委托自己的父亲到场，此种情形是否属于股东亲自到场？第二，小股东同时委托律师及会计师一起，三个人辅助查阅，公司可否限制只允许一名专业辅助人在场？公司是否有权要求会计师和律师出具执业资格证明和委托材料？公司是否有权要求会计师和律师签署保密协议？第三，小股东在查阅公司会计账簿的过程中是否可以记录、摘抄或者拍照，公司是否可以对其拍照或记录行为进行制止，甚至中止查阅？第四，公司是否可以对小股东行使知情权的具体行使时间作出限制，还是任由小股东慢慢查阅（鉴于公司账册繁多，一本本慢慢翻阅，估计需要一个月时间，方可完成一遍查阅），另外已经查阅过的账簿，小股东是否可以提出再次查阅？

在没有执行法官在场的情形下，公司与小股东对上述几个问题产生了严重的分歧，致使短短一个上午的查阅过程，双方因意见分歧，导致该过程被迫中止十余次，最终由于"是否可以摘抄，摘抄的篇幅大小"问题理解偏差过大，险些造成肢体冲突，无奈之下，公司中止查阅过程，要求执行法官在场维持秩序的情形下再进行查阅。

由此可知，公司法中规定股东应当享有的权利，若在公司章程中未具体规定能够落地执行的措施，说得再好的应然权利也不能得到切实的履行。

诺贝尔文学奖获得者、英国作家吉卜林曾说："我有六个诚实的仆人，它们教给了我一切。"吉卜林所说的"六个仆人"，其实指的就是"6W"，即"What（什么事）、Where（什么地方）、When（什么时间）、Who（什么人）、Why（为什么）、How（怎么办）"。

任何一件事情、一个问题，都无法逃脱这六个"W"，只有弄通了这六个"W"，对于这件事情、这个问题，一个人才可以说彻底弄明白了。这就是思考问题、解决问题的"6W"原则。

同样，股东知情权的行使也必须遵循"6W"原则，在章程中载明行使的"What（内容）、Where（地点）、When（时间）、Who（人物）、Why（原因）、How（方式）"，否则该权利只能是镜中花、水中月。

公司章程参考研究文本

股东查阅权行使的内容（What）应当包括会计账簿（含总账、明细账、日记账和其他辅助性账簿）和会计凭证（含记账凭证、相关原始凭证及作为原始凭证附件入账备查的有关资料）；对于前述文件材料股东仅有权查阅，无权复制。

对于查阅的行使方式（How），股东查阅过程中禁止进行拍照、全文摘抄等实质上构成复制的方式，但股东有权对有问题和疑问的内容进行简要记录。

对于查阅的时间（When），股东每次要求查阅的账簿资料不得超过二个会计年度，股东每次进行查阅过程的起止时间不得超过二个工作日，股东查阅过程中对于每一份账簿材料，原则上只能查阅一次，提出再次查阅的须在第一次查阅后当天提出。

股东可以委托专业的律师或会计师协助查阅（Who）。自然人股东本人必须在场的情形下方可委托律师或会计师进行查阅。对于委托的律师或会计师，应当向公司出示身份证明及授权委托书手续，且不得有干扰公司正常经营、泄露公司商业秘密等有损公司合法权利的情形，辅助查阅的会计师或律师应与公司签订保密协议。会计师和律师的总人数不得超过三人。

股东查阅的地点（Where），统一规定为公司会议室。

专业律师分析

1. 股东查阅权行使的范围应当包括：（1）公司章程、股东会会议记录、董事会会议决议、监事会会议决议和财务会计报告；上述内容可以查阅，可以复制。（2）公司会计账簿（仅可以查阅、不可以复制，除非公司章程另有约定）。《公司法》仅笼统规定可以查阅公司会计账簿，具体包含什么内容并未明确。但是根据司法实践和判例，一般解释为应该包括会计账簿（含总账、明细账、日记账和其他辅助性账簿）和会计凭证（含记账凭证、相关原始凭证及作为原始凭证附件入账备查的有关资料）。根据《会计法》第九条第一款规定："各单位必须根据实际发生的经济业务事项进行会计核算，填制会计凭证，登记会计帐簿，编制财务会计报告。"第十四条规定："会计凭证包括原始凭证和记帐凭证。办理本法第十条所列的经济业务事项，必须填制或者取得原始凭证并及时送交会计机构……记帐凭证应当根据经过审核的原始凭证及有关资料编制。"第十五条第一款规定："会计帐簿登记，必须以经过审核的会计凭证为依据，并符合有关法律、行政法规和国家统一的会计制度的规定……"因此，根据会计准则，相关契约等有关资料也是编制记账凭证的依据，应当作为原始凭证的附件入账备查。公司的具体经营活动也只有通过查阅原始凭证才能知晓，不查阅原始凭证，中小股东可能无法准确了解公司真正的经营状况。但股东请求复制公司会计账簿及原始凭证的诉讼请求，因涉及公司商业机密和重要经营信息，法律规定明确限定查阅范围，在公司章程未规定可以复制的情形下，不予支持。

2. 股东有权委托注册会计师协助查阅会计账簿、会计凭证等财务资料。《公司法司法解释（四）》第十条第二款规定："股东依据人民法院生效判决查阅公司文件材料的，在该股东在场的情况下，可以由会计师、律师等依法或者依据执业行为规范负有保密义务的中介机构执业人员辅助进行。"

司法解释规定可以辅助进行的理由如下：股东知情权是一个权利体系，由财务会计报告查阅权、账簿查阅权和检查人选任请求权三项权利组成。首先，从日常生活经验分析，财务会计报告、会计账簿、会计凭证具有高度的专业性，不具有专业知识的股东查阅上述资料时难以看懂。其次，设立股东知情权的立法目的和价值取向是保护中小股东的实体性权利。该权利的行使是通过查阅会计账簿及相应的会计凭证了解公司真实的信息。从实质正义的角度分析，股东委托注册会计师帮助查阅财务会计报告、会计账簿、会计凭证，有助于股东知情权的充分行使。

设计建议

1. 股东行使知情权，查阅公司资料的内容（What）不但包括公司章程、股东会会议记录、董事会会议决议、监事会会议决议和财务会计报告，而且还包括会计账簿（含总账、明细账、日记账和其他辅助性账簿）和会计凭证（含记账凭证、相关原始凭证及作为原始凭证附件入账备查的有关资料），但需要注意的是对于会计账簿和原始凭证，在公司章程未作明确约定的情况下，股东仅有权查阅，无权复制。

除了上述资料，根据《公司法司法解释（四）》第七条第一款的规定，还可以查阅"特定文件材料"，具体规定为"股东依据公司法第三十三条、第九十七条或者公司章程的规定，起诉请求查阅或者复制公司特定文件材料的，人民法院应当依法予以受理"，至于股东可以查询哪些特定文件资料，就需要股东和公司章程设计者的经验和智慧了，其考验的是对人性底线的了解和对股东争议斗争的经验，这个需要聘请非常专业的律师，才能完成一份优秀的、既满足和气生财又满足监督需要的完美的公司章程。

对于查阅的行使方式（How），公司章程中应当明确规定对于法律不允许复制只允许查阅的资料，是否禁止股东进行拍照、全文摘抄等实质上构成复制的情形，以及规定股东是否有权对有问题和疑问的内容进行简要记录（一般应允许笔记记录）。对于查阅的时间（When），公司章程中可以规定，股东每次要求查阅的账簿资料不得超过二个会计年度，股东每次进行查阅过程的起止时间不得超过二个工作日，股东查阅过程中对每一份账簿材料原则上只能查阅一次，提出再次查阅的须在第一次查阅后当天提出。

2. 股东可以委托专业的会计人员协助查阅（Who）。公司章程应规定在行使股东知情权的过程中，谨慎行使权利。首先应该"在该股东在场的情况下"委托会计师、律师等依法或者依据执业行为规范负有保密义务的中介机构执业人员辅助进行。其次对于委托的会计师和律师等辅助人员，应当向公司出示身份证明及授权委托书手续，并不得有干扰公司正常经营、泄露公司商业秘密等有损公司合法权利的情形。可以在公司章程中规定辅助查阅的会计师和律师应与公司签订保密协议。还可以对辅助的会计师和律师的总人数进行一些合理的规定和限制。

法规链接

《公司法》（2023 年修订）

第五十七条 股东有权查阅、复制公司章程、股东名册、股东会会议记录、董事会会议决议、监事会会议决议和财务会计报告。

股东可以要求查阅公司会计账簿、会计凭证。股东要求查阅公司会计账簿、会计凭证的，应当向公司提出书面请求，说明目的。公司有合理根据认为股东查阅会计账簿、会计凭证有不正当目的，可能损害公司合法利益的，可以拒绝提供查阅，并应当自股东提出书面请求之日起十五日内书面答复股东并说明理由。公司拒绝提供查阅的，股东可以向人民法院提起诉讼。

股东查阅前款规定的材料，可以委托会计师事务所、律师事务所等中介机构进行。

股东及其委托的会计师事务所、律师事务所等中介机构查阅、复制有关材料，应当遵守有关保护国家秘密、商业秘密、个人隐私、个人信息等法律、行政法规的规定。

股东要求查阅、复制公司全资子公司相关材料的，适用前四款的规定。

第一百一十条 股东有权查阅、复制公司章程、股东名册、股东会会议记录、董事会会议决议、监事会会议决议、财务会计报告，对公司的经营提出建议或者质询。

连续一百八十日以上单独或者合计持有公司百分之三以上股份的股东要求查

阅公司的会计账簿、会计凭证的，适用本法第五十七条第二款、第三款、第四款的规定。公司章程对持股比例有较低规定的，从其规定。

股东要求查阅、复制公司全资子公司相关材料的，适用前两款的规定。

上市公司股东查阅、复制相关材料的，应当遵守《中华人民共和国证券法》等法律、行政法规的规定。

《最高人民法院关于适用〈中华人民共和国公司法〉若干问题的规定（四）》（2020年修正）

第九条 公司章程、股东之间的协议等实质性剥夺股东依据公司法第三十三条、第九十七条规定查阅或者复制公司文件材料的权利，公司以此为由拒绝股东查阅或者复制的，人民法院不予支持。

第十条 人民法院审理股东请求查阅或者复制公司特定文件材料的案件，对原告诉讼请求予以支持的，应当在判决中明确查阅或者复制公司特定文件材料的时间、地点和特定文件材料的名录。

股东依据人民法院生效判决查阅公司文件材料的，在该股东在场的情况下，可以由会计师、律师等依法或者依据执业行为规范负有保密义务的中介机构执业人员辅助进行。

第十一条 股东行使知情权后泄露公司商业秘密导致公司合法利益受到损害，公司请求该股东赔偿相关损失的，人民法院应当予以支持。

根据本规定第十条辅助股东查阅公司文件材料的会计师、律师等泄露公司商业秘密导致公司合法利益受到损害，公司请求其赔偿相关损失的，人民法院应当予以支持。

002 股东行使知情权可否查阅"会计凭证"

裁判要旨

不管股东是否向公司委派管理人员，股东均可依法主张知情权（公司认为法定代表人和董事均是股东委派的，据此股东应该完全知悉公司财务状况、股东不应再诉讼主张股东知情权的抗辩理由不成立）。公司主张股东行使知情权具有"不正当目的"的，应承担举证责任。

案情简介[①]

捷某公司作为北某食品公司的股东，诉讼要求查阅并复制北某食品公司的董事会会议决议、财务会计报告等资料；要求查阅会计账簿和会计凭证。

北某食品公司认为，公司法定代表人李某和另一名董事李某鸿均是捷某公司委派的，他们完全知悉北某食品公司财务状况，北某食品公司不存在剥夺股东知情权的情况。关于查阅会计账簿，北某食品公司认为，不仅影响公司的日常经营管理，还会导致公司商业秘密泄露。关于查阅会计凭证，北某食品公司认为，我国公司法没有规定公司股东可以查询公司的会计凭证。股东知情权需要保护，但公司的经营信息、商业秘密更需要保护。

最高人民法院判决支持捷某公司行使股东知情权：依法查阅并复制北某食品公司的董事会会议决议、财务会计报告等资料，并且有权查阅会计账簿和会计凭证。

裁判要点精要

第一，不管股东是否委派董事长或董事等公司管理人员，均可依法主张股东知情权。关于股东委派的董事长或董事能完全知悉公司财务状况，因此认为没有侵犯股东知情权的理由不能成立。

第二，对于查阅会计账簿，北某食品公司虽然主张股东捷某公司有"不正当目的"，但是并没有举出证据证明。

实务经验总结

为避免未来发生类似纷争，提出如下建议：

第一，最高人民法院认为股东委派人员担任目标公司的经营管理人员不影响股东依法行使股东知情权。公司以后不要再以"股东已经委派经营管理人员"作为对抗股东依法行使股东知情权的抗辩理由了，因为这样做必定徒劳无益。除非公司有故意拖延诉讼时间的特殊目的，或者有加剧公司和股东的敌意和对抗的故意。

第二，如果公司认为股东行使知情权有不正当目的，可能损害公司合法利益，公司可以拒绝提供查阅。但是要记住：此时的举证责任在公司，也就是公司

[①] 最高人民法院审理的北某食品公司、捷某公司股东知情权纠纷案［（2012）民申635号］。

必须拿出证据证明股东"查账"有不正当目的，可能损害公司利益。如果公司拿不出证据，只是在诉讼庭审中泛泛地主张股东行使知情权有不正当目的，法院不会采信和支持。

法规链接

《公司法》（2023年修订）

第五十七条　股东有权查阅、复制公司章程、股东名册、股东会会议记录、董事会会议决议、监事会会议决议和财务会计报告。

股东可以要求查阅公司会计账簿、会计凭证。股东要求查阅公司会计账簿、会计凭证的，应当向公司提出书面请求，说明目的。公司有合理根据认为股东查阅会计账簿、会计凭证有不正当目的，可能损害公司合法利益的，可以拒绝提供查阅，并应当自股东提出书面请求之日起十五日内书面答复股东并说明理由。公司拒绝提供查阅的，股东可以向人民法院提起诉讼。

股东查阅前款规定的材料，可以委托会计师事务所、律师事务所等中介机构进行。

股东及其委托的会计师事务所、律师事务所等中介机构查阅、复制有关材料，应当遵守有关保护国家秘密、商业秘密、个人隐私、个人信息等法律、行政法规的规定。

股东要求查阅、复制公司全资子公司相关材料的，适用前四款的规定。

《最高人民法院关于适用〈中华人民共和国公司法〉若干问题的规定（四）》（2020年修正）

第七条　股东依据公司法第三十三条、第九十七条或者公司章程的规定，起诉请求查阅或者复制公司特定文件材料的，人民法院应当依法予以受理。

公司有证据证明前款规定的原告在起诉时不具有公司股东资格的，人民法院应当驳回起诉，但原告有初步证据证明在持股期间其合法权益受到损害，请求依法查阅或者复制其持股期间的公司特定文件材料的除外。

第八条　有限责任公司有证据证明股东存在下列情形之一的，人民法院应当认定股东有公司法第三十三条第二款规定的"不正当目的"：

（一）股东自营或者为他人经营与公司主营业务有实质性竞争关系业务的，但公司章程另有规定或者全体股东另有约定的除外；

（二）股东为了向他人通报有关信息查阅公司会计账簿，可能损害公司合法利益的；

（三）股东在向公司提出查阅请求之日前的三年内，曾通过查阅公司会计账簿，向他人通报有关信息损害公司合法利益的；

（四）股东有不正当目的的其他情形。

第九条 公司章程、股东之间的协议等实质性剥夺股东依据公司法第三十三条、第九十七条规定查阅或者复制公司文件材料的权利，公司以此为由拒绝股东查阅或者复制的，人民法院不予支持。

第十条 人民法院审理股东请求查阅或者复制公司特定文件材料的案件，对原告诉讼请求予以支持的，应当在判决中明确查阅或者复制公司特定文件材料的时间、地点和特定文件材料的名录。

股东依据人民法院生效判决查阅公司文件材料的，在该股东在场的情况下，可以由会计师、律师等依法或者依据执业行为规范负有保密义务的中介机构执业人员辅助进行。

第十一条 股东行使知情权后泄露公司商业秘密导致公司合法利益受到损害，公司请求该股东赔偿相关损失的，人民法院应当予以支持。

根据本规定第十条辅助股东查阅公司文件材料的会计师、律师等泄露公司商业秘密导致公司合法利益受到损害，公司请求其赔偿相关损失的，人民法院应当予以支持。

延伸阅读

全国各地既往判决书在股东知情权案件中关于会计原始凭证是否可以查阅，各地判断标准不一。

1. 法院支持股东知情权可以查阅会计凭证的十个判例

案例1：江苏省高级人民法院审理的美某昌通宝公司与陈某清等股东知情权纠纷案［（2012）苏商外终0041号］认为，虽然未作规定，但鉴于会计凭证是制作会计账簿的依据，为了保证股东了解的公司财务情况是真实的，应该允许股东查阅相应的会计凭证。

案例2：浙江省高级人民法院审理的顶某公司与杨某康股东知情权纠纷案［（2012）浙商外终49号］认为，查阅原始会计凭证是股东行使知情权的主要途径，在符合我国《公司法》第三十四条规定的其他条件的情况下，应当允许股东在查阅会计账簿的同时查阅制作会计账簿所依据的记账凭证和原始凭证。

案例3：江苏省高级人民法院审理的吴江东某公司与蔡某郎股东知情权纠纷案［（2011）苏商外终0064号］认为，《公司法》并未禁止股东查阅会计账簿的依据即会计凭证。作为用来记录经济业务的发生和完成情况的最原始依据，会计凭证与会计账簿能够相互印证和制约，公司提供会计账簿与会计凭证供股东查阅，能够确保股东获取信息的真实性，因此一审法院判决吴江东某公司提供会计账簿与会计凭证供蔡某郎查阅并无不当。

案例4：河北省高级人民法院审理的泰某洁具公司与伊某乐公司股东知情权纠纷案［（2009）冀民三终87号］认为，请求查阅、复制泰某洁具公司2003年至今的董事会会议记录、会议决议和财务会计报告；查阅泰某洁具公司2003年度至今的会计账簿及原始凭证，应予准许。

案例5：北京市第一中级人民法院审理的王某与贵某和时公司股东知情权纠纷案［（2013）一中民终9866号］认为，会计凭证是会计账簿的基础和依据，从立法目的看，公司法保障股东知情权是为了保障股东对公司决策、分红等权利，如果不能查阅会计凭证则无法正确了解公司的财务状况，无法保障股东的经营决策、获得股息红利等权利，因此，不应当将会计凭证排除在股东可以查阅的范围之外。

案例6：江苏省南京市中级人民法院审理的美某诺公司与吴某秀股东知情权纠纷案［（2013）宁商终20号］认为，《公司法》第三十四条虽未明确规定股东可以查阅公司原始会计凭证的权利，但并不代表公司股东就不享有该项权利。首先，从规范性质看，《公司法》第三十四条是授权性规范，规定公司股东有查阅公司账簿的权利，但是并未否认公司股东查阅公司原始会计凭证。记载公司实际经营活动的原始凭证等最能够真实反映公司的财务状况，如果股东无法查阅会计账簿所附的原始凭证，股东查阅公司会计账簿将流于形式。从公司法规定股东知情权的立法本意看，查阅公司会计账簿应当包括查阅原始凭证。其次，调整公司和股东关系的主要规范是《公司法》和公司章程，《公司法》的规范不仅包括公司法规则，还包括公司法原则。《公司法》第五条规定公司从事经营活动必须遵守诚实信用原则，公司控制者应当如实向公司股东披露公司经营状况等信息。股东只有通过对原始凭证的查阅才能充分、真实、全面地知晓公司的具体经营状况，公司拒绝股东查阅原始凭证与公司法规定的诚实信用原则不符。

案例7：广东省江门市中级人民法院审理的某某国际公司与新会某某公司股东知情权纠纷案［（2011）江中法民四终9号］认为，公司的具体经营活动只有通过查阅原始凭证才能知晓，不查阅原始凭证，股东可能无法准确了解公司真正的经营状况。某某国际公司查阅权行使的范围应当包括会计账簿（含总账、明细账、日记账和其他辅助性账簿）和会计凭证。

案例8：上海市第二中级人民法院审理的良某公司与王甲等股东知情权纠纷案［(2013)沪二中民四（商）终751号］认为，原始记账凭证是会计账簿的记账依据，本案王甲等五名公司股东在对所查阅的公司会计账簿的真实性产生怀疑的情况下，要求进一步查阅账簿对应的原始记账凭证，并通过再次申请查阅会计账簿的方式，将两者加以比对和核查，应属股东正当行使对公司的知情权利。

案例9：江苏省南京市中级人民法院审理的华某昌公司与李某华股东知情权纠纷案［(2013)宁商终29号］认为，股东知情权最重要的部分就是查阅权，股东只有通过查阅才能知情。记载公司实际经营活动的原始凭证最能够真实反映公司的财务状况，如果股东无法查阅会计账簿所附的原始凭证，股东知情权将流于形式。并且，我国公司法未对股东查阅原始凭证加以限制，加之华某昌公司的章程亦明确规定股东有权监督公司的生产经营和财务管理，故华某昌公司应提供其会计账簿所附的原始凭证供李某华查阅，方便李某华了解公司真实的财务情况。

案例10：上海市高级人民法院审理的莱某特公司与澳某信公司股东知情权纠纷案［(2010)沪高民二（商）终86号］认为，财务上的原始凭证是记账依据，是财务账簿的重要组成部分，查阅财务账簿应当同时提供原始凭证，否则财务账簿的真实性就无法验证。

2. 法院不支持股东知情权查阅会计凭证的三个判例

案例11：北京市第一中级人民法院审理的鹿某公司与北京中美金某银港公司股东知情权纠纷案［(2008)一中民初6222号］认为，原始会计凭证原件的诉讼请求，缺乏法律依据，本院不予支持。

案例12：上海市第二中级人民法院审理的开某公司与胡某某股东知情权纠纷案［(2013)沪二中民四（商）终596号］认为，原始凭证与财务会计报告、会计账簿虽然关系密切，但三者并非包容关系，在会计法上具有相对的独立性，而我国也并未明确规定股东可以查阅原始会计凭证，且胡某某系因怀疑可能有原始会计凭证与会计账簿不一致而提出的查阅请求，该理由并非查阅原始凭证必需、合理的事由，故对于胡某某的该项请求不予支持。法院认为原始会计凭证不属于股东可以要求查阅的知情权内容。

案例 13：浙江省高级人民法院审理的顶某公司与杨某康股东知情权纠纷案[（2012）浙商外终 49 号]认为，二审中，双方当事人均确认原审判决主文中的"财务会计报告"一项，并不包括财务会计报告所依据的所有财务凭证。

003 股东行使知情权可否"复制"会计账簿

裁判要旨

股东查阅权行使的范围应当包括会计账簿（含总账、明细账、日记账和其他辅助性账簿）和会计凭证（含记账凭证、相关原始凭证及作为原始凭证附件入账备查的有关资料），但股东请求复制会计账簿及原始凭证的诉讼请求，因涉及公司商业机密和重要经营信息，如公司章程无特别规定，法院不予支持。

案情简介①

蓄某工贸公司系由原长沙蓄某池厂于 2003 年改制而来，注册资金 50 万元。原长沙蓄某池厂职工通过身份置换成为蓄某工贸公司股东，由于职工人数较多，原长沙蓄某池厂职工推举黄某等六人作为代表进行了股东登记，黄某出资 27865.85 元。

2006 年 3 月，蓄某工贸公司伪造黄某签名制作虚假股份转让协议、股东会纪要材料，进行公司股东变更登记，使黄某丧失了注册股东的身份。

2008 年 4 月 23 日，长沙市工商行政管理局对蓄某工贸公司提供虚假材料进行股东变更登记的违法行为作出处罚，责令蓄某工贸公司立即改正违法行为并罚款 5 万元。此后，蓄某工贸公司并未按照该处罚决定恢复黄某的注册股东身份。

2010 年 1 月 20 日，蓄某工贸公司出具承诺书一份，承诺同意将黄某变更为注册股东，但蓄某工贸公司一直未履行该承诺。

黄某于 2008 年 8 月 16 日向蓄某工贸公司发出《律师函》，要求行使股东知情权，但蓄某工贸公司未予正式答复。黄某遂提起诉讼请求判令：确认黄某系蓄某工贸公司的股东，并要求蓄某工贸公司提供自 2003 年以来的会计账簿、原始凭证等供黄某查阅、复制。

---

① 湖南省高级人民法院审理的蓄某工贸公司与黄某股东知情权纠纷案[（2016）湘民再 2 号]。

本案经长沙市雨花区法院一审、湖南省长沙市中级人民法院二审、湖南省高级人民法院再审，认定：会计账簿及原始凭证可以查阅，但不能复制。

裁判要点精要

《公司法》第五十七条第一款规定："股东有权查阅、复制公司章程、股东名册、股东会会议记录、董事会会议决议、监事会会议决议和财务会计报告。"第二款规定："股东可以要求查阅公司会计账簿……"

据此可知，股东查阅权行使的范围应当包括：（1）公司章程、股东会会议记录、董事会会议决议、监事会会议决议和财务会计报告；上述内容可以查阅、复制。（2）公司会计账簿（仅可以查阅，不可以复制，除非公司章程另有约定）。《公司法》仅笼统规定可以查阅公司会计账簿，具体包含什么内容并未明确。但是根据司法实践和判例，一般解释为应该包括会计账簿（含总账、明细账、日记账和其他辅助性账簿）和会计凭证（含记账凭证、相关原始凭证及作为原始凭证附件入账备查的有关资料）。

由于《公司法》第五十七条第二款明文规定股东只可以要求查阅公司财务会计账簿、会计凭证，并未规定复制权，故股东有权查阅会计账簿、会计凭证的诉讼请求符合相关法律规定。但股东请求复制会计账簿及原始凭证的诉讼请求，因涉及公司商业机密和重要经营信息，法律规定明确限定查阅范围，在公司章程未规定可以复制的情形下，不予支持。

实务经验总结

为避免未来发生类似纷争，提出如下建议：

第一，股东知情权的范围。股东行使知情权，查阅公司资料的范围不但包括公司章程、股东会会议记录、董事会会议决议、监事会会议决议和财务会计报告，而且还包括会计账簿（含总账、明细账、日记账和其他辅助性账簿）和会计凭证（含记账凭证、相关原始凭证及作为原始凭证附件入账备查的有关资料），但需要注意的是对于会计账簿和原始凭证，在公司章程未作明确约定的情况下，股东仅有权查阅，无权复制。

第二，合法拒绝股东知情权的理由。股东要求查阅公司会计账簿的，应当向公司提出书面请求，说明目的。公司有合理根据认为股东查阅会计账簿有不正当目的，可能损害公司合法利益的，可以拒绝提供查阅，并应当自股东提出书面请求之日起十五日内书面答复股东并说明理由。公司拒绝提供查阅的，股东可以请求人民法院要求公司提供查阅。因此，股东查阅会计账簿和原始凭证可以学习本案股东以律师函的形式说明目的，或者自行向公司发出书面通知提出查阅要求，当公司拒绝提供时再请求法院判决公司提供查阅。

第三，股东知情权属于自治事项，可以自由约定范围和方式。公司股东知情权的范围，属于公司自治领域范畴，公司股东和章程制定者可以自由约定知情权的范围。

第四，可否通过章程或股东协议排除股东知情权？有霸道的大股东可能认为既然公司股东知情权属于自治的范畴，那么可否直接通过股东协议或者章程实质性剥夺股东依据公司法的规定查阅或者复制公司文件材料的权利？对此问题，《公司法司法解释（四）》第九条明确予以禁止："公司章程、股东之间的协议等实质性剥夺股东依据公司法第三十三条、第九十七条规定查阅或者复制公司文件材料的权利，公司以此为由拒绝股东查阅或者复制的，人民法院不予支持。"

法规链接

《公司法》（2023年修订）

第五十七条 股东有权查阅、复制公司章程、股东名册、股东会会议记录、董事会会议决议、监事会会议决议和财务会计报告。

股东可以要求查阅公司会计账簿、会计凭证。股东要求查阅公司会计账簿、会计凭证的，应当向公司提出书面请求，说明目的。公司有合理根据认为股东查阅会计账簿、会计凭证有不正当目的，可能损害公司合法利益的，可以拒绝提供查阅，并应当自股东提出书面请求之日起十五日内书面答复股东并说明理由。公司拒绝提供查阅的，股东可以向人民法院提起诉讼。

股东查阅前款规定的材料，可以委托会计师事务所、律师事务所等中介机构进行。

股东及其委托的会计师事务所、律师事务所等中介机构查阅、复制有关材料，应当遵守有关保护国家秘密、商业秘密、个人隐私、个人信息等法律、行政法规的规定。

股东要求查阅、复制公司全资子公司相关材料的，适用前四款的规定。

第一百一十条 股东有权查阅、复制公司章程、股东名册、股东会会议记录、董事会会议决议、监事会会议决议、财务会计报告，对公司的经营提出建议或者质询。

连续一百八十日以上单独或者合计持有公司百分之三以上股份的股东要求查阅公司的会计账簿、会计凭证的，适用本法第五十七条第二款、第三款、第四款的规定。公司章程对持股比例有较低规定的，从其规定。

股东要求查阅、复制公司全资子公司相关材料的，适用前两款的规定。

上市公司股东查阅、复制相关材料的，应当遵守《中华人民共和国证券法》等法律、行政法规的规定。

《最高人民法院关于适用〈中华人民共和国公司法〉若干问题的规定（四）》（2020年修正）

第七条 股东依据公司法第三十三条、第九十七条或者公司章程的规定，起诉请求查阅或者复制公司特定文件材料的，人民法院应当依法予以受理。

公司有证据证明前款规定的原告在起诉时不具有公司股东资格的，人民法院应当驳回起诉，但原告有初步证据证明在持股期间其合法权益受到损害，请求依法查阅或者复制其持股期间的公司特定文件材料的除外。

第八条 有限责任公司有证据证明股东存在下列情形之一的，人民法院应当认定股东有公司法第三十三条第二款规定的"不正当目的"：

（一）股东自营或者为他人经营与公司主营业务有实质性竞争关系业务的，但公司章程另有规定或者全体股东另有约定的除外；

（二）股东为了向他人通报有关信息查阅公司会计账簿，可能损害公司合法利益的；

（三）股东在向公司提出查阅请求之日前的三年内，曾通过查阅公司会计账簿，向他人通报有关信息损害公司合法利益的；

（四）股东有不正当目的的其他情形。

第九条 公司章程、股东之间的协议等实质性剥夺股东依据公司法第三十三条、第九十七条规定查阅或者复制公司文件材料的权利，公司以此为由拒绝股东查阅或者复制的，人民法院不予支持。

第十条 人民法院审理股东请求查阅或者复制公司特定文件材料的案件，对原告诉讼请求予以支持的，应当在判决中明确查阅或者复制公司特定文件材料的时间、地点和特定文件材料的名录。

股东依据人民法院生效判决查阅公司文件材料的，在该股东在场的情况下，可以由会计师、律师等依法或者依据执业行为规范负有保密义务的中介机构执业人员辅助进行。

第十一条 股东行使知情权后泄露公司商业秘密导致公司合法利益受到损害，公司请求该股东赔偿相关损失的，人民法院应当予以支持。

根据本规定第十条辅助股东查阅公司文件材料的会计师、律师等泄露公司商业秘密导致公司合法利益受到损害，公司请求其赔偿相关损失的，人民法院应当予以支持。

《会计法》（2017年修正）

第九条第一款 各单位必须根据实际发生的经济业务事项进行会计核算，填制会计凭证，登记会计帐簿，编制财务会计报告。

第十四条 会计凭证包括原始凭证和记帐凭证。

办理本法第十条所列的经济业务事项，必须填制或者取得原始凭证并及时送交会计机构……

记帐凭证应当根据经过审核的原始凭证及有关资料编制。

第十五条第一款 会计帐簿登记，必须以经过审核的会计凭证为依据，并符合有关法律、行政法规和国家统一的会计制度的规定……

本案链接

以下为该案在法院审理阶段，判决书中"本院认为"就该问题的论述：

本院经审查认为，本案焦点主要是法律适用问题，也即黄某提出的复制会计账簿及原始凭证的诉讼请求是否符合法律规定。

首先，股东知情权是指法律赋予股东通过查阅公司的财务会计报告、会计账簿等有关公司经营、管理、决策的相关资料，实现了解公司的经营状况和监督公司高管人员活动的权利。《公司法》第三十四条规定："股东有权查阅、复制公司章程、股东会会议记录、董事会会议决议、监事会会议决议和财务会计报告。股东可以要求查阅公司会计账簿。股东要求查阅公司会计账簿的，应当向公司提出书面请求，说明目的。公司有合理根据认为股东查阅会计账簿有不正当目的，可能损害公司合法利益的，可以拒绝提供查阅，并应当自股东提出书面请求之日起十五日内书面答复股东并说明理由。公司拒绝提供查阅的，股东可以请求人民法院要求公司提供查阅。"据此，公司法对股东知情权的行使条件、程序、范围等作出了明确规定。本案中，作为蓄某工贸公司的合法股东的黄某多次向公司提出要求查阅或复制公司章程、股东会会议记录、董事会会议决议、监事会会议决议和财务会计报告、会计账簿及原始凭证以了解公司实际财务状况的请求,并于 2008 年 8 月 16 日向公司发出《律师函》要求行使股东知情权,但公司未予正式答复。因此,黄某起诉要求行使股东知情权符合公司法规定的行使条件和程序。

其次,公司法明文规定行使股东知情权的范围,黄某主张的查阅、复制公司章程、股东会会议记录、董事会会议决议、监事会会议决议和财务会计报告的诉讼请求,符合《公司法》第三十四条第一款规定的范围,其请求应予支持。但《公司法》第三十四条第二款明文规定股东只可以要求查阅公司财务会计账簿,并未规定复制权,鉴于公司法条款对公司会计账簿知情权的特殊规定,故黄某提出的要求查阅会计账簿的诉讼请求符合相关法律规定,但对于会计账簿及原始凭证,根据《会计法》第九条第一款规定:"各单位必须根据实际发生的经济业务事项进行会计核算,填制会计凭证,登记会计帐簿,编制财务会计报告。"第十四条规定:"会计凭证包括原始凭证和记帐凭证。办理本法第十条所列的经济业务事项,必须填制或者取得原始凭证并及时送交会计机构……记帐凭证应当根据经过审核的原始凭证及有关资料编制。"第十五条第一款规定:"会计帐簿登记,必须以经过审核的会计凭证为依据,并符合有关法律、行政法规和国家统一的会计制度的规定……"因此,根据会计准则,相关契约等有关资料也是编制记账凭证的依据,应当作为原始凭证的附件入账备查。公司的具体经营活动也只有通过查阅原始凭证才能知晓,不查阅原始凭证,中小股东可能无法准确了解公司真正的经营状况。据此,黄某查阅权行使的范围应当包括会计账簿(含总账、明细账、日记账和其他辅助性账簿)和会计凭证(含记账凭证、相关原始凭证及作为原始凭证附件入账备查的有关资料)。故黄某要求查阅公司会计账簿及原始凭证的诉讼请求符合法律规定,但黄某请求复制会计账簿及原始凭证的诉讼请求,因涉及公司商业机密和重要经营信息,法律规定明确限定查阅范围,因此黄某该诉请既无法律上的规定,又超出了公司章程的约定,故不予支持。

延伸阅读

裁判规则:"股东有权查阅会计账簿和原始凭证,但无权复制"的七个案例。

案例1:北京市高级人民法院审理的范某与一某阁公司股东知情权纠纷案〔(2015)高民(商)申03595号〕认为,根据《公司法》第三十三条关于"股东可以要求查阅公司会计账簿"的规定,范某作为一某阁公司的股东,可以要求查阅公司会计账簿,但其要求对公司会计账簿进行记录的请求,超出了法律的规定。股东可以要求查阅公司会计账簿，但不能对会计账簿进行记录。

案例2：贵州省高级人民法院审理的夏某与安顺今某公司（以下简称今某公司）股东知情权纠纷案[（2015）黔高民商终123号]认为，根据《公司法》第三十三条之规定，股东对于公司的财务会计报告可以查阅、复制，但对于公司的会计账簿仅限于查阅，故夏某请求复制公司会计账簿的诉讼请求没有法律依据，不予支持。

案例3：北京市第一中级人民法院审理的王某与贵某和时公司股东知情权纠纷案[（2013）一中民终9866号]认为，股东可以要求查阅公司会计账簿，王某认为其有权摘抄和复制公司会计账簿，无法律依据，本院不予支持。

案例4：山西省高级人民法院审理的明某公司与福某公司股东知情权纠纷案[（2011）晋民终197号]认为，原审法院依据《公司法》的规定，支持了明某公司查阅、复制、摘抄福某公司1992年至2008年的董事会会议决议、监事会会议决议、财务会计报告的请求；查阅福某公司1992年至2008年的会计账簿、原始会计凭证的请求；但明某公司要求摘抄、复制福某公司会计账簿、原始会计凭证的请求不符合法律规定，原审法院未支持并无不当。

案例5：广东省江门市中级人民法院审理的某某国际公司与新会某某公司股东知情权纠纷案[（2011）江中法民四终9号]认为，仅规定股东可以要求查阅公司财务会计账簿，但并未规定可以复制，因此某某国际公司要求复制新会某某公司会计账簿及其他公司资料的诉讼请求无法律上的规定，本院不予支持。

案例6：上海市第一中级人民法院审理的黄某与甲公司股东知情权纠纷案[（2013）沪一中民四（商）终1007号]认为，公司股东会决议以及董事会会议记录的查阅、复制，会计账簿的复制，原始会计凭证的查阅和复制并不属于股东知情权的范围。因此，严格依据《公司法》，可以进行查阅、复制的文件只限于公司章程、股东会会议记录、董事会会议决议、监事会会议决议和财务会计报告，而会计账簿只能查阅，不可复制。

案例7：福建省厦门市中级人民法院审理的穗某工贸公司与王某股东知情权纠纷案[（2011）厦民终2347号]认为，《公司法》第三十三条第二款并未规定股东可以复制公司会计账簿的权利。因此，穗某工贸公司认为王某不能复制公司会计账簿，符合法律规定，应予采信，其为此而提出上诉，应予支持。

004 公司可否拒绝股东查阅会计账簿

裁判要旨

股东在查阅公司会计账簿时，应当以正当目的为限制，亦应当遵循诚实信用原则，合理地行使查阅权。在公司有合理理由相信股东查阅公司会计账簿会对公司利益造成损害时，公司可以拒绝其进行查阅。拒绝查阅的前提并未要求公司证明股东的查阅已实际产生了损害的后果，公司只需证明股东一旦行使上述权利可能会产生损害公司利益的情形即可拒绝查阅。

案情简介①

电源公司成立于 2004 年 4 月 12 日，其经营项目为生产及销售电池材料及电池。其某为电源公司的股东，持股 3.95%，其在 2010 年 5 月前任电源公司副董事长及总经理，2010 年 5 月 5 日电源公司免去其某职务。

其某之妻晨某系昆某公司的股东，任该公司副董事长。昆某公司的经营范围为生产锂电池电解液，销售本公司自产产品。

其某之子漠某为盟某公司股东，盟某公司的经营范围为电池材料的研发、生产和销售。同时，其某之妻晨某、其某之子漠某拥有"一种锂离子电池正极材料及其制备方法"的专利权。

2013 年 1 月 21 日，其某致函电源公司要求查阅、复制财务会计报告、财务账册和会计账簿及相关凭证，查阅 2005 年到 2010 年公司全部合同、资金和财务往来的账册、凭证和文件。

电源公司以其某未说明查阅的目的，其与电源公司的同业竞争企业有关联关系，公司法中关于股东可以查阅的财务文件不包括相关合同等原因，不同意其某的查阅请求。

此后，其某诉至法院要求电源公司提供公司会计账簿（含总账、明细账、日记账、其他辅助性账簿）、会计凭证（含会计凭证、相关原始凭证及作为原始凭证入账备查的有关资料）、财务报告给其查阅、复制；并提供 2005 年至 2010 年

---

① 北京市第一中级人民法院审理的其某与电源公司股东知情权纠纷案〔（2014）一中民（商）终 7299 号〕。

公司全部合同、资金和账务往来账册、凭证和文件供其查阅、复制。

本案经北京市昌平区人民法院一审，北京市第一中级人民法院二审，最终判定电源公司置备财务会计报告供其某查阅，驳回其查阅会计账簿、会计凭证、合同的请求。

裁判要点精要

股东知情权是法律规定的股东享有的一项重要的、独立的权利。但是为了对公司商业秘密进行保护和避免恶意干扰公司经营的行为，对于公司知情权的行使同样应当给予适当的限制。

会计账簿记载公司经营管理活动，为了平衡股东与公司之间的利益，避免股东知情权的滥用，股东在查阅公司会计账簿时，应当以正当目的为限制，亦应当遵循诚实信用原则，合理地行使查阅权。在公司有合理理由相信股东查阅公司会计账簿会对公司利益造成损害时，可以拒绝其进行查阅。

另外，公司法并未要求公司证明股东的查阅已实际产生了损害的后果，公司只需证明股东一旦行使上述权利可能会产生损害公司利益的情形即可拒绝查阅。

本案中，电源公司举证证明其某的妻子、儿子等利害关系人参与经营的多家公司与电源公司之间存在竞争关系或者关联关系，电源公司的会计账簿及其合同账册等所记载的客户信息、技术信息、产品价格、成本、生产数量等如被竞争者或者关联者知悉，则可能损害电源公司的合法权益。因此，电源公司有合理理由认为股东其某行使知情权可能损害公司合法利益，拒绝其某查阅公司会计账簿等存在合理根据。

实务经验总结

为避免未来发生类似纠纷，提出如下建议：

公司拒绝股东行使知情权需要在两个方向作出努力：

第一，举证证明股东有不正当目的，该种情形包括：（1）股东自营或者为他人经营与公司主营业务有实质性竞争关系的业务；（2）股东为了向第三人通报得知的事实以获取利益；（3）在过去的两年内，股东曾通过查阅、复制公司文件材料，向第三人通报得知的事实以获取利益。

第二，举证证明股东一旦查阅了会计账簿等材料，可能会产生损害公司利益的可能或危险，此时可从公司与股东的经营范围、产品类型、销售渠道、价格体系、竞争关系、技术信息、市场区域等多个因素进行分析。

法规链接

《公司法》（2023 年修订）

第五十七条 股东有权查阅、复制公司章程、股东名册、股东会会议记录、董事会会议决议、监事会会议决议和财务会计报告。

股东可以要求查阅公司会计账簿、会计凭证。股东要求查阅公司会计账簿、会计凭证的，应当向公司提出书面请求，说明目的。公司有合理根据认为股东查阅会计账簿、会计凭证有不正当目的，可能损害公司合法利益的，可以拒绝提供查阅，并应当自股东提出书面请求之日起十五日内书面答复股东并说明理由。公司拒绝提供查阅的，股东可以向人民法院提起诉讼。

股东查阅前款规定的材料，可以委托会计师事务所、律师事务所等中介机构进行。

股东及其委托的会计师事务所、律师事务所等中介机构查阅、复制有关材料，应当遵守有关保护国家秘密、商业秘密、个人隐私、个人信息等法律、行政法规的规定。

股东要求查阅、复制公司全资子公司相关材料的，适用前四款的规定。

《最高人民法院关于适用〈中华人民共和国公司法〉若干问题的规定（四）》（2020 年修正）

第七条 股东依据公司法第三十三条、第九十七条或者公司章程的规定，起诉请求查阅或者复制公司特定文件材料的，人民法院应当依法予以受理。

公司有证据证明前款规定的原告在起诉时不具有公司股东资格的，人民法院应当驳回起诉，但原告有初步证据证明在持股期间其合法权益受到损害，请求依法查阅或者复制其持股期间的公司特定文件材料的除外。

第八条 有限责任公司有证据证明股东存在下列情形之一的，人民法院应当认定股东有公司法第三十三条第二款规定的"不正当目的"：

（一）股东自营或者为他人经营与公司主营业务有实质性竞争关系业务的，但公司章程另有规定或者全体股东另有约定的除外；

（二）股东为了向他人通报有关信息查阅公司会计账簿，可能损害公司合法利益的；

（三）股东在向公司提出查阅请求之日前的三年内，曾通过查阅公司会计账簿，向他人通报有关信息损害公司合法利益的；

（四）股东有不正当目的的其他情形。

第九条 公司章程、股东之间的协议等实质性剥夺股东依据公司法第三十三条、第九十七条规定查阅或者复制公司文件材料的权利，公司以此为由拒绝股东查阅或者复制的，人民法院不予支持。

第十条 人民法院审理股东请求查阅或者复制公司特定文件材料的案件，对原告诉讼请求予以支持的，应当在判决中明确查阅或者复制公司特定文件材料的时间、地点和特定文件材料的名录。

股东依据人民法院生效判决查阅公司文件材料的，在该股东在场的情况下，可以由会计师、律师等依法或者依据执业行为规范负有保密义务的中介机构执业人员辅助进行。

第十一条 股东行使知情权后泄露公司商业秘密导致公司合法利益受到损害，公司请求该股东赔偿相关损失的，人民法院应当予以支持。

根据本规定第十条辅助股东查阅公司文件材料的会计师、律师等泄露公司商业秘密导致公司合法利益受到损害，公司请求其赔偿相关损失的，人民法院应当予以支持。

本案链接

以下为该案在法院审理阶段，判决书中"本院认为"就该问题的论述：

本院认为：二审审理的焦点为其某是否有权查阅电源公司的会计账簿、会计凭证以及与盟某公司之间的合同、账务往来等凭证。对此，本院认为股东知情权是法律赋予股东通过查阅公司的财务会计报告、会计账簿等有关公司经营、管理、决策的相关资料，实现了解公司的经营状况和监督公司高管人员活动的权利。股东知情权是法律规定的股东享有的一项重要的、独立的权利。

但是为了对公司商业秘密进行保护和避免恶意干扰公司经营的行为，对于股东知情权的行使同样应当给予适当的限制。

会计账簿记载公司经营管理活动，为了平衡股东与公司之间的利益，避免股东知情权的滥用，股东在查阅公司会计账簿时，应当以正当目的为限制，亦应当遵循诚实信用原则，合理地行使查阅权。在公司有合理理由相信股东查阅公司会计账簿会对公司利益造成损害时，公司可以拒绝其进行查阅。

需要说明的是，在《公司法》第三十三条第二款中，并未要求公司证明股东的查阅已实际产生了损害的后果，公司只需证明股东一旦行使上述权利可能会产生损害公司利益的情形即可拒绝查阅。

本案中，电源公司举证证明其某的妻子、儿子等利害关系人参与经营的多家公司与电源公司之间存在竞争关系或者关联关系，电源公司的会计账簿及其与盟某公司的合同账册等所记载的客户信息、技术信息、产品价格、成本、生产数量等如被竞争者或者关联者知悉，则可能损害电源公司的合法权益。因此，电源公司在本案中确有合理理由认为股东其某行使知情权可能损害公司合法利益，电源公司拒绝其某查阅公司会计账簿等存在合理根据。综上，其某的上诉理由不能成立，本院不予支持。

005 股东行使知情权可否要求外部审计

裁判要旨

对公司的财务账簿进行司法审计并非股东知情权的法定范畴，在公司章程或出资协议未明确规定的前提下，股东无权要求对公司账目进行司法审计。股东可通过查阅、复制公司的会议资料、财务报告以及查阅公司的会计账簿，也可以对公司的财务状况进行了解和核实，保护自己的合法权益。

案情简介[①]

甲公司于1999年4月29日成立，注册资本100万元，黄某自公司成立时起即为甲公司的股东，持有20%的股份。

甲公司章程规定："股东有权查阅股东会会议记录，股东要求查阅公司会计账簿的，应当向公司提出书面申请，说明目的。公司有合理根据认为股东查阅会计账簿有不正当目的，可能损害公司合法利益的，可以拒绝提供查阅，并应当自股东提出书面请求之日起十五日内书面答复股东并说明理由。公司拒绝提供查阅的，股东可以请求人民法院要求公司提供查阅。"

2012年3月20日，黄某向甲公司提交《查阅公司财务账簿、会计凭证、财

[①] 上海市第一中级人民法院审理的黄某与甲公司股东知情权纠纷案［（2013）沪一中民四（商）终1007号］。

务会计报告及司法审计的申请》，要求查阅、复制公司自成立至查阅日的股东会会议记录和决议、董事会会议记录和决议、会计账簿（包括但不限于总账、明细账、日记账等）及相对应的会计凭证（包括但不限于原始凭证、记账凭证、银行对账单等）；2011年9月至查阅日的年度财务报表、月度财务报表，并要求对公司财务状况进行司法审计。

甲公司在收到书面申请后，未满足黄某的上述要求，黄某诉至法院。本案经上海市长宁区人民法院一审、上海市第一中级人民法院二审，最终判定黄某无权要求进行司法审计。

裁判要点精要

知情权是公司法赋予股东的一种基础性权利，应依法得到保护，但股东行使知情权应当受到一定的限制。

审计系指由接受委托的第三方机构对被审计单位的会计报表及其相关资料进行独立审查并发表审计意见。注册会计师审计工作的基础包括：接触与编制财务报表相关的所有信息以及审计所需的其他信息，注册会计师在获取审计证据时可以不受限制地接触其认为必要的内部人员和其他相关人员。

审计并不属于股东知情权的法定范围，是否对公司财务账簿进行审计，属于公司自治的内容，需要通过公司章程或股东会决议的方式作出决定，股东个人无权对公司进行审计。

但是，股东可通过行使知情权，查阅、复制公司的会议资料、财务报告以及查阅公司的会计账簿，也可以对公司的财务状况进行了解和核实，以保护自己的合法权益。

实务经验总结

为避免未来发生类似败诉，提出如下建议：

第一，在知情权诉讼过程中，股东无权要求对公司账目进行司法审计，但是在公司章程中对公司需进行年度审计的义务，或列明股东有权通过聘请第三方机构对公司进行审计的除外。因此，股东若想通过审计的方式行使股东知情权，需要在公司章程中明确约定。

第二，根据《会计法》的规定，会计账簿包括总账、明细账、日记账和其他辅助性账簿。该项规定应属于强制性规定，各个企业须恪守。《公司法》规定股东可以要求查阅公司会计账簿，包括总账、明细账、现金日记账、银行日记账及其他辅助性账簿在内的财务账簿。

公司作为依法设立的企业，应当严格依据《会计法》的规定设置公司的各类法定会计账簿，公司不可以未设置某种账簿为由拒绝股东行使知情权，否则股东有权要求董事或公司高管承担民事赔偿责任。《公司法司法解释（四）》第十二条规定："公司董事、高级管理人员等未依法履行职责，导致公司未依法制作或者保存公司法第三十三条[①]、第九十七条[②]规定的公司文件材料，给股东造成损失，股东依法请求负有相应责任的公司董事、高级管理人员承担民事赔偿责任的，人民法院应当予以支持。"

法规链接

《公司法》（2023年修订）

第五十七条 股东有权查阅、复制公司章程、股东名册、股东会会议记录、董事会会议决议、监事会会议决议和财务会计报告。

股东可以要求查阅公司会计账簿、会计凭证。股东要求查阅公司会计账簿、会计凭证的，应当向公司提出书面请求，说明目的。公司有合理根据认为股东查阅会计账簿、会计凭证有不正当目的，可能损害公司合法利益的，可以拒绝提供查阅，并应当自股东提出书面请求之日起十五日内书面答复股东并说明理由。公司拒绝提供查阅的，股东可以向人民法院提起诉讼。

股东查阅前款规定的材料，可以委托会计师事务所、律师事务所等中介机构进行。

股东及其委托的会计师事务所、律师事务所等中介机构查阅、复制有关材料，应当遵守有关保护国家秘密、商业秘密、个人隐私、个人信息等法律、行政法规的规定。

股东要求查阅、复制公司全资子公司相关材料的，适用前四款的规定。

第一百一十条 股东有权查阅、复制公司章程、股东名册、股东会会议记录、董事会会议决议、监事会会议决议、财务会计报告，对公司的经营提出建议或者质询。

连续一百八十日以上单独或者合计持有公司百分之三以上股份的股东要求查

[①] 参照《公司法》（2023年修订）第五十七条。
[②] 参照《公司法》（2023年修订）第一百一十条。

阅公司的会计账簿、会计凭证的，适用本法第五十七条第二款、第三款、第四款的规定。公司章程对持股比例有较低规定的，从其规定。

股东要求查阅、复制公司全资子公司相关材料的，适用前两款的规定。

上市公司股东查阅、复制相关材料的，应当遵守《中华人民共和国证券法》等法律、行政法规的规定。

《会计法》（2017 年修正）

第十五条第一款　……会计帐簿包括总帐、明细帐、日记帐和其他辅助性帐簿。

《最高人民法院关于适用〈中华人民共和国公司法〉若干问题的规定（四）》（2020 年修正）

第十条　人民法院审理股东请求查阅或者复制公司特定文件材料的案件，对原告诉讼请求予以支持的，应当在判决中明确查阅或者复制公司特定文件材料的时间、地点和特定文件材料的名录。

股东依据人民法院生效判决查阅公司文件材料的，在该股东在场的情况下，可以由会计师、律师等依法或者依据执业行为规范负有保密义务的中介机构执业人员辅助进行。

第十一条　股东行使知情权后泄露公司商业秘密导致公司合法利益受到损害，公司请求该股东赔偿相关损失的，人民法院应当予以支持。

根据本规定第十条辅助股东查阅公司文件材料的会计师、律师等泄露公司商业秘密导致公司合法利益受到损害，公司请求其赔偿相关损失的，人民法院应当予以支持。

本案链接

以下为该案在法院审理阶段，判决书中"本院认为"就该问题的论述：

本院认为：知情权是公司法赋予股东的一种基础性权利，应依法得到保护，但股东行使知情权应当受到一定的限制。根据《公司法》第三十四条之规定，公司股东会决议以及董事会会议记录的查阅、复制，会计账簿的复制、原始会计凭证的查阅和复制并不属于股东知情权的范围。黄某提出的对上述材料行使知情权的主张缺乏法律依据，本院不予支持。《会计法》第十五条规定，会计账簿包括总账、明细账、日记账和其他辅助性账簿。该项规定应属于强制性规定，各个企业须恪守。《公司法》第三十四条第二款规定，股东可以要求查阅公司会计账簿。上诉人黄某要求查阅甲公司包括总账、明细账、现金日记账、银行日记账及其他辅助性账簿在内的财务账簿，属于《会计法》规定的会计账簿的范畴，亦属于公司法规定的股东行使知情权的范围，应予准许。黄某作为公司的小股东，并不负责公司的财务管理，故在举证证明甲公司设立总账以及其他辅助性账簿上具有难度。但甲公司作为依法设立的企业，应当严格依据《会计法》的上述规定设置公司的会计账簿。原审法院仅以甲公司辩称不存在总账和其他辅助性账簿为由不支持黄某要求查阅甲公司的总账及其他辅助性账册的诉求有所不当，本院依法予以纠正。

对于黄某提出申请要求对甲公司的财务状况进行审计，本院认为，一方面司法审计并不属于股东知情权的范围，况且黄某通过行使知情权，查阅、复制甲公司的会议资料、财务报告以及查阅公司的会计账簿，也可以对公司的财务状况进行了解和核实，以保护自己的合法权益，故本院对其提出的要求对甲公司的财务状况进行司法审计的主张依法不予支持。

006 股东行使知情权是否可以委托外部会计师

裁判要旨

股东知情权是一个权利体系，由财务会计报告查阅权、账簿查阅权和检查人选任请求权三项权利组成。由于财务会计报告、会计账簿、会计凭证具有高度的专业性，为使股东了解公司真实的信息，充分地行使知情权，股东可委托注册会计师帮助查阅财务会计报告、会计账簿、会计凭证。

案情简介[①]

2006 年 8 月 1 日，凯某建筑公司成立，股东分别为徐某、邱某某、苏某、陈某虎、刘某某。

2014 年 6 月 22 日，邱某某邮寄一份《会计账簿查阅函》给凯某建筑公司，载明：为全面了解公司运营及财务状况，维护股东的知情权，要求查阅 2006~

---

① 安徽省滁州市中级人民法院审理的邱某某与凯某建筑公司股东知情权纠纷案[（2015）滁民二终 00042 号]。

2013年度的会计财务报告及会计账簿。

2014年7月4日，凯某建筑公司给邱某某发出《关于〈会计账簿查阅函〉的复函》，载明："本公司同意你查阅2006~2013年度的会计财务报表及会计账簿。请你于2014年8月16日至2014年8月31日期间的公司正常工作时间内，在本公司会议室查阅上述资料，本公司将指定工作人员予以配合。"

2014年8月18日，凯某建筑公司将2006~2013年度的会计财务报表及会计账簿置备于其公司会议室，供邱某某查阅。邱某某与其委托的会计一同前往查阅会计账簿。但凯某建筑公司拒绝邱某某委托的会计查阅其公司会计财务报表、会计账簿。

邱某某遂提起诉讼，要求凯某建筑公司提供财务报表、会计账簿、会计凭证供其查阅，并允许其委托的会计师查阅。

本案经安徽省来安县人民法院一审，滁州市中级人民法院二审，最终判定邱某某可委托注册会计师查阅会计凭证。

裁判要点精要

《公司法司法解释（四）》第十条第二款规定，股东依据人民法院生效判决查阅公司文件材料的，在该股东在场的情况下，可以由会计师、律师等依法或者依据执业行为规范负有保密义务的中介机构执业人员辅助进行。

股东有权委托会计师协助查阅会计账簿、会计凭证等财务资料的理由如下：股东知情权是一个权利体系，由财务会计报告查阅权、账簿查阅权和检查人选任请求权三项权利组成。首先，从日常生活经验分析，财务会计报告、会计账簿、会计凭证具有高度的专业性，不具有专业知识的股东查阅上述资料时难以看懂。其次，设立股东知情权的立法目的和价值取向是保护中小股东的实体性权利。该权利的行使是通过查阅会计账簿及相应的会计凭证了解公司真实的信息。从实质正义的角度分析，股东委托注册会计师帮助其查阅财务会计报告、会计账簿、会计凭证，有助于股东知情权的充分行使。

需要注意的是，股东行使知情权聘请会计师辅助的，必须确保辅助人员不泄露公司商业秘密。根据《公司法司法解释（四）》第十一条规定，辅助股东查阅公司文件材料的会计师、律师等泄露公司商业秘密导致公司合法利益受到损害的，公司可以请求其赔偿相关损失。

实务经验总结

为避免未来发生类似纷争，提出如下建议：

第一，股东可以委托专业的会计师辅助。需要注意的是，会计师和律师等辅助人员辅助查账必须是该股东在场的情况下，而且只能聘请会计师、律师等依法或者依据执业行为规范负有保密义务的中介机构执业人员辅助进行，不能是其他无关人员辅助。

第二，在行使股东知情权的过程中，不得有干扰公司正常经营、泄露公司商业秘密等有损公司合法权利的情形。

第三，对于公司和控股股东来讲，要防止部分股东滥用股东知情权、动辄聘请注册会计师对公司的财务资料进行查阅。这样不但有泄露商业秘密的风险，还会影响公司的正常经营。因此建议在公司章程中列明行使股东知情权的程序和步骤。

法规链接

《公司法》（2023年修订）

第五十七条 股东有权查阅、复制公司章程、股东名册、股东会会议记录、董事会会议决议、监事会会议决议和财务会计报告。

股东可以要求查阅公司会计账簿、会计凭证。股东要求查阅公司会计账簿、会计凭证的，应当向公司提出书面请求，说明目的。公司有合理根据认为股东查阅会计账簿、会计凭证有不正当目的，可能损害公司合法利益的，可以拒绝提供查阅，并应当自股东提出书面请求之日起十五日内书面答复股东并说明理由。公司拒绝提供查阅的，股东可以向人民法院提起诉讼。

股东查阅前款规定的材料，可以委托会计师事务所、律师事务所等中介机构进行。

股东及其委托的会计师事务所、律师事务所等中介机构查阅、复制有关材料，应当遵守有关保护国家秘密、商业秘密、个人隐私、个人信息等法律、行政法规的规定。

股东要求查阅、复制公司全资子公司相关材料的，适用前四款的规定。

《会计法》（2017年修正）

第十五条第一款 ……会计帐簿包括总帐、明细帐、日记帐和其他辅助性帐簿。

《最高人民法院关于适用〈中华人民共和国公司法〉若干问题的规定（四）》（2020年修正）

第十条 人民法院审理股东请求查阅或者复制公司特定文件材料的案件，对原告诉讼请求予以支持的，应当在判决中明确查阅或者复制公司特定文件材料的时间、地点和特定文件材料的名录。

股东依据人民法院生效判决查阅公司文件材料的，在该股东在场的情况下，可以由会计师、律师等依法或者依据执业行为规范负有保密义务的中介机构执业人员辅助进行。

第十一条 股东行使知情权后泄露公司商业秘密导致公司合法利益受到损害，公司请求该股东赔偿相关损失的，人民法院应当予以支持。

根据本规定第十条辅助股东查阅公司文件材料的会计师、律师等泄露公司商业秘密导致公司合法利益受到损害，公司请求其赔偿相关损失的，人民法院应当予以支持。

本案链接

以下为该案在法院审理阶段，判决书中"本院认为"就该问题的论述：

本院认为：根据《公司法》第四条规定，公司股东依法享有资产收益、参与重大决策和选择管理者等权利。第三十三条规定："股东有权查阅、复制公司章程、股东会会议记录、董事会会议决议、监事会会议决议和财务会计报告。股东可以要求查阅公司会计账簿……"

从上述规定看，股东知情权是股东享有对公司经营管理等重要情况或信息真实了解和掌握的权利，是股东依法行使资产收益、参与重大决策和选择管理者等权利的基础性权利。

账簿查阅权是股东知情权的重要内容。股东对公司经营状况、财产状况的知悉，首要前提是通过查阅公司真实、完整的财务资料了解公司财务状况。《会计法》第九条第一款规定："各单位必须根据实际发生的经济业务事项进行会计核算，填制会计凭证，登记会计帐簿，编制财务会计报告。"第十四条规定："会计凭证包括原始凭证和记帐凭证……记帐凭证应当根据经过审核的原始凭证及有关资料编制。"第十五条第一款规定："会计帐簿登记，必须以经过审核的会计凭证为依据，并符合有关法律、行政法规和国家统一的会计制度的规定……"因此，公司的具体经营活动只有通过查阅原始凭证才能知晓，不查阅原始凭证，股东可能无法准确了解公司真实的经营状况、财务状况。根据会计准则，会计凭证是编制会计账簿的依据，应当作为会计账簿的附件入账备查。

邱某某在起诉前，已依法向凯某建筑公司发出《会计账簿查阅函》，凯某建筑公司已作出回复，同意邱某某在指定期间到公司查阅。但凯某建筑公司仅提供了财务会计报表及会计账簿，未提供相应的会计凭证，在一定程度上限制了邱某某对公司会计凭证的查阅权，影响了邱某某知情权的行使。

根据《公司法》第三十三条第二款规定："……股东要求查阅公司会计账簿的，应当向公司提出书面请求，说明目的。公司有合理根据认为股东查阅会计账簿有不正当目的，可能损害公司合法利益的，可以拒绝提供查阅，并应当自股东提出书面请求之日起十五日内书面答复股东并说明理由。公司拒绝提供查阅的，股东可以请求人民法院要求公司提供查阅。"

凯某建筑公司上诉称邱某某将公司的大量业务转移到外面做了，但未提供有效的证据加以证明；其不能举证证明邱某某查阅会计账簿有不正当目的，可能损害公司合法利益，应当承担举证不能的法律后果，其应当向邱某某提供会计账簿及相应的会计凭证。凯某建筑公司关于此节的上诉理由缺乏事实和法律依据，本院不予支持。

关于邱某某是否有权委托注册会计师帮助查阅会计账簿及相应的会计凭证的问题。股东知情权是一个权利体系，由财务会计报告查阅权、账簿查阅权和检查人选任请求权三项权利组成。首先，从日常生活经验分析，财务会计报告、会计账簿、会计凭证具有高度的专业性，不具有专业知识的股东查阅上述资料时难以看懂。其次，设立股东知情权的立法目的和价值取向是保护中小股东的实体性权利。该权利的行使是通过查阅会计账簿及相应的会计凭证了解公司真实的信息。从实质正义的角度分析，股东委托注册会计师帮助查阅财务会计报告、会计账簿、会计凭证，有助于股东知情权的充分行使。最后，现有法律、法规及凯某建筑公司的章程并未对股东委托专业会计人员行使知情权明确禁止。故原审判决邱某某有权委托注册会计师协助其查阅凯某建筑公司会计财务报告、会计账簿、会计凭证（包括记账凭证和原始凭证），并无不当。

凯某建筑公司上诉称，邱某某委托他人代为行使查阅会计账簿的权利可能给公司正常经营带来损害；即使邱某某要委托他人查阅公司财务资料，也只能由人民法院指定专业人员查阅，查阅后向邱某某出具查阅报告。该上诉理由亦缺乏事实和法律依据，本院不予支持。

延伸阅读

裁判规则一：判决股东有权委托会计师协助行使知情权的三个案例。

案例1：江苏省高级人民法院审理的郁某兰与郁氏公司股东知情权纠纷案[（2016）苏民终620号]认为，《公司法》并未禁止股东委托他人代为行使知情权，郁某兰为了知悉郁氏公司的经营状况行使知情权，当然可以自行决定聘请注册会计师协助其进行查询，且其委托注册会计师协助查阅并未损害郁氏公司的利益。

案例2：广东省高级人民法院审理的某某高速与某某公司知情权纠纷案[（2010）粤高法执复97号]认为，某某公司有权自费聘请有审计资格的会计事务所在某某高速合作经营合同、章程和法律规定的范围内，对其作为合作经营企业的股东期间的账簿进行审计。

案例3：江苏省泰州市中级人民法院审理的饮某公司诉沈某明等股东知情权纠纷案[（2013）泰中商终0310号]认为，鉴于饮某公司成立多年，会计账簿又具有较强的专业性，被上诉人要求委托注册会计师协助其行使账簿的查阅权，不违反法律的规定，应予以支持。

裁判规则二：判决是否允许股东聘请会计师以公司是否同意为前提的两个案例。

案例4：广西壮族自治区高级人民法院审理的夏某峰与帝某公司股东知情权纠纷案[（2016）桂民申1516号]认为，知情权是公司法赋予股东的一种基础性权利，应依法得到保护，但股东行使知情权应当受到一定的限制，因为公司的商业秘密同样需要保护。《公司法》第三十三条规定"股东有权查阅、复制公司章程、股东会会议记录、董事会会议决议、监事会会议决议和财务会计报告。股东可以要求查阅公司会计账簿……"但并未规定股东可以委托他人进行查阅。在没有征得帝某公司同意的情况下，夏某峰要求委托具有专业资质的会计机构进行查阅公司账簿没有依据。夏某峰主张依据《民法通则》关于代理的规定，其可以委托他人查阅公司账簿，但是，根据《民法通则》第六十三条第三款"依照法律规定或者按照双方当事人约定，应当由本人实施的民事法律行为，不得代理"的规定，并非所有民事法律行为都允许代理。故夏某峰以此为由主张可以委托他人查阅公司账簿依据不足。

案例5：辽宁省沈阳市中级人民法院审理的孙某植与汉某城公司股东知情权

纠纷案[(2011)沈中民四终3号]认为,孙某植上诉称应允许其委托的律师和专业会计人员代其行使股东知情权的请求,因我国《公司法》并无相应规定,从保护公司商业秘密角度亦应由公司作出是否准许的决定,而不宜以司法强制力加以保护。

007 公司可否以股东在公司任职为由拒绝其行使知情权

裁判要旨

股东知情权是公司法规定的股东为获取公司经营、决策、管理的相关事项而享有的法定权利,股东委派的董事对公司财务状况是否知情并不妨碍公司股东行使知情权。公司以此为理由拒绝股东行使知情权,法院不予支持。

案情简介①

蓝某公司系中外合资经营企业,中方股东为地产总公司,外方股东为业某公司。蓝某公司董事会由五名董事组成,其中业某公司委派至蓝某公司的董事为高某明、滕某山。

后业某公司提起股东知情权诉讼,要求蓝某公司提供公司财务会计报告、会计账簿(包括会计凭证及原始财务凭证)等全部财务资料。

蓝某公司抗辩称:业某公司委派至蓝某公司的董事滕某山对蓝某公司的财务状况知情,业某公司不再享有查阅财务资料的权利。

本案经南京市中级人民法院一审、江苏省高级人民法院二审,均支持了业某公司的诉讼请求。

裁判要点精要

股东知情权是公司法规定的股东为获取公司经营、决策、管理的相关事项而享有的法定权利,包括对公司财务报告和公司账簿的查阅权。业某公司作为蓝某公司的股东,其应依法享有知情权,可查阅公司财务报告和会计账簿。

业某公司向蓝某公司委派董事的行为是其依据章程规定所享有的权利,滕某

---

① 江苏省高级人民法院审理的蓝某公司与业某公司股东知情权纠纷案[(2010)苏商外终0054号]。

山作为业某公司委派至蓝某公司的董事，其履行的是作为蓝某公司董事之义务，董事对公司财务状况是否知情并不妨碍公司股东行使查阅账目的权利，蓝某公司关于业某公司委派的董事滕某山在蓝某公司已履行了董事职责，应已知晓蓝某公司财务状况，业某公司不再享有查阅财务资料的权利的抗辩理由依法不能成立。

实务经验总结

为避免未来发生类似纷争，提出如下建议：

第一，公司及股东一定要重视股东知情权这把利器。笔者参与多起股东间纠纷的解决，通常情况下此类案件的常见招数是：未参与公司实际经营的股东先提起行使知情权之诉；查账后逼迫对方予以妥协，或者双方签署和解协议结束股东争夺战；如不能和平解决，行使知情权的股东可能会以职务侵占罪或类似罪名追究另一方股东的刑事责任。

第二，股东自己在公司任职或委派人员在公司任职，并不影响股东向公司主张行使股东知情权。公司仅以此为由抗辩股东行使知情权，难以得到法院支持。

第三，职业经理人不可认为股东知情权诉讼只是股东之间的游戏，与己无关，甚至帮助一方股东销毁公司文件材料。对此，《公司法司法解释（四）》第十二条规定：公司董事、高级管理人员等未依法履行职责，导致公司未依法制作或者保存《公司法》第三十三条、第九十七条规定的公司文件材料，给股东造成损失，股东依法请求负有相应责任的公司董事、高级管理人员承担民事赔偿责任的，人民法院应当予以支持。

法规链接

《公司法》（2023年修订）

第五十七条 股东有权查阅、复制公司章程、股东名册、股东会会议记录、董事会会议决议、监事会会议决议和财务会计报告。

股东可以要求查阅公司会计账簿、会计凭证。股东要求查阅公司会计账簿、会计凭证的，应当向公司提出书面请求，说明目的。公司有合理根据认为股东查阅会计账簿、会计凭证有不正当目的，可能损害公司合法利益的，可以拒绝提供查阅，并应当自股东提出书面请求之日起十五日内书面答复股东并说明理由。公司拒绝提供查阅的，股东可以向人民法院提起诉讼。

股东查阅前款规定的材料，可以委托会计师事务所、律师事务所等中介机构进行。

股东及其委托的会计师事务所、律师事务所等中介机构查阅、复制有关材料，应当遵守有关保护国家秘密、商业秘密、个人隐私、个人信息等法律、行政法规的规定。

股东要求查阅、复制公司全资子公司相关材料的，适用前四款的规定。

第一百一十条 股东有权查阅、复制公司章程、股东名册、股东会会议记录、董事会会议决议、监事会会议决议、财务会计报告，对公司的经营提出建议或者质询。

连续一百八十日以上单独或者合计持有公司百分之三以上股份的股东要求查阅公司的会计账簿、会计凭证的，适用本法第五十七条第二款、第三款、第四款的规定。公司章程对持股比例有较低规定的，从其规定。

股东要求查阅、复制公司全资子公司相关材料的，适用前两款的规定。

上市公司股东查阅、复制相关材料的，应当遵守《中华人民共和国证券法》等法律、行政法规的规定。

《最高人民法院关于适用〈中华人民共和国公司法〉若干问题的规定（四）》（2020年修正）

第七条 股东依据公司法第三十三条、第九十七条或者公司章程的规定，起诉请求查阅或者复制公司特定文件材料的，人民法院应当依法予以受理。

公司有证据证明前款规定的原告在起诉时不具有公司股东资格的，人民法院应当驳回起诉，但原告有初步证据证明在持股期间其合法权益受到损害，请求依法查阅或者复制其持股期间的公司特定文件材料的除外。

第八条 有限责任公司有证据证明股东存在下列情形之一的，人民法院应当认定股东有公司法第三十三条第二款规定的"不正当目的"：

（一）股东自营或者为他人经营与公司主营业务有实质性竞争关系业务的，但公司章程另有规定或者全体股东另有约定的除外；

（二）股东为了向他人通报有关信息查阅公司会计账簿，可能损害公司合法利益的；

（三）股东在向公司提出查阅请求之日前的三年内，曾通过查阅公司会计账簿，向他人通报有关信息损害公司合法利益的；

（四）股东有不正当目的的其他情形。

第九条 公司章程、股东之间的协议等实质性剥夺股东依据公司法第三十三条、第九十七条规定查阅或者复制公司文件材料的权利，公司以此为由拒绝股东查阅或者复制的，人民法院不予支持。

第十条 人民法院审理股东请求查阅或者复制公司特定文件材料的案件，对原告诉讼请求予以支持的，应当在判决中明确查阅或者复制公司特定文件材料的时间、地点和特定文件材料的名录。

股东依据人民法院生效判决查阅公司文件材料的，在该股东在场的情况下，可以由会计师、律师等依法或者依据执业行为规范负有保密义务的中介机构执业人员辅助进行。

第十一条 股东行使知情权后泄露公司商业秘密导致公司合法利益受到损害，公司请求该股东赔偿相关损失的，人民法院应当予以支持。

根据本规定第十条辅助股东查阅公司文件材料的会计师、律师等泄露公司商业秘密导致公司合法利益受到损害，公司请求其赔偿相关损失的，人民法院应予以支持。

第十二条 公司董事、高级管理人员等未依法履行职责，导致公司未依法制作或者保存公司法第三十三条、第九十七条规定的公司文件材料，给股东造成损失，股东依法请求负有相应责任的公司董事、高级管理人员承担民事赔偿责任的，人民法院应当予以支持。

本案链接

以下为该案在法院审理阶段，判决书中"本院认为"就该问题的论述：

首先，股东知情权是公司法规定的股东为获取公司经营、决策、管理的相关事项而享有的法定权利，包括对公司财务报告和公司账簿的查阅权。业某公司作为蓝某公司的股东，其应依法享有知情权，可查阅公司财务报告和会计账簿。其次，业某公司向蓝某公司委派董事的行为是其依据章程规定所享有的权利，滕某山作为业某公司委派至蓝某公司的董事，其履行的是作为蓝某公司董事之义务，董事对公司财务状况是否知情并不妨碍公司股东行使查阅账目的权利，蓝某公司关于业某公司委派的董事滕某山在蓝某公司已履行了董事职责，应已知晓蓝某公司财务状况，业某公司不再享有查阅财务资料的权利的抗辩理由依法不能成立。最后，根据法律规定，蓝某公司拒绝股东行使查阅权需有合理根据认为股东查阅会计账簿有不正当目的，可能损害公司合法利益，蓝某公司未能举证证明业某公司查阅会计账簿有不正当目的，业某公司要求查阅蓝某公司的财务报告和会计账簿等财务资料的诉讼请求符合法律规定，予以支持。

延伸阅读

知情权诉讼中，被告提出原告在公司任职或已掌握公司的有关材料，以此拒绝原告行使知情权，与此抗辩理由相关的两条裁判规则。

裁判规则一：股东自己在公司任职或委派人员在公司任职，并不影响股东向公司主张行使股东知情权。

案例1：广东省高级人民法院审理的金某蓝湾公司与姚某荣股东知情权纠纷案［（2013）粤高法民二申998号］认为，金某蓝湾公司以公司会计是姚某荣委派及公司营业地是租用姚某荣房产为由，主张股东会会议记录等资料已在姚某荣手中，其不必再提供给姚某荣查阅，缺乏事实依据，本院不予支持。

案例2：北京市第一中级人民法院审理的加某公司与刘某某股东知情权纠纷案［（2013）一中民终11553号］认为，本案系刘某某依据股东身份要求查阅加某公司相关财务资料，与刘某某所担任加某公司的职务以及杨某东是否为加某公司负责人无关。

案例3：北京市第一中级人民法院审理的睿某公司与郭某股东知情权纠纷案［（2013）一中民终9558号］认为，郭某是否为睿某公司的会计，并不影响其依据股东身份行使股东知情权查阅睿某公司的财务会计报告，故睿某公司该上诉主张本院不予支持。

案例4：上海市第一中级人民法院审理的甲公司与钱某某股东知情权纠纷案［（2013）沪一中民四（商）终1474号］认为，不能因股东参与了公司的经营管理可能知晓公司的经营和财务状况，而免除公司保障股东知情权行使的义务。

裁判规则二：股东若作为清算组成员已经参与了公司的审计工作，就已经了解了公司的经营状况，其再次请求行使在此期间的知情权法院不予支持。

案例5：辽宁省沈阳市中级人民法院审理的田某某与沈阳某某公司股东知情权纠纷案［（2011）沈中民三终736号］认为，作为清算小组成员上诉人完全有能力和责任参与清算过程中最为重要的公司审计过程，而审计过程中必然涉及提供和查阅所有的相关会计账目，因此上诉人已作为清算组成员参与了公司全部审计过程，在此期间其股东知情权已得到充分行使，才使得公司解散按程序进行至注销工商登记的办理，上诉人的诉请主张没有事实依据。

（二）小股东防守之"设置单方审计权"

001 保障股东知情权实现的"撒手锏"——单方审计权

公司章程设计要点

如果不特别约定，公司法并未规定股东有单方审计公司的权利。如果有限责任公司的股东希望未来拥有对公司单方启动审计的权利，可以在章程中约定股东对于公司财务状况有单方审计权。

阅读提示

股东可通过查阅、复制公司的会议资料、财务报告以及查阅公司的会计账簿，以及对公司的财务状况进行了解和核实，保护自己的合法权益。

但上述权利的实现仅靠小股东个人的力量是很难完成的，即使股东在行使知情权的过程中委派会计进行查阅也仅能起到隔靴搔痒的作用，况且公司中设置内外两本账，私设"小金库"的现象时有发生，小股东即使查阅了原始凭证，也可能只是看的"外账"，而对于"内账"却不得而知，因此小股东很难真正地了解公司的财务状况。

为防患未然，各股东可以在公司成立伊始，股东关系和谐融洽之时，即在公司章程中规定，任何一方股东均有权自费聘请第三方审计机构对公司财务状况进行审计，这必定有利于股东行使知情权，进而倒逼公司财务透明。

公司章程参考研究文本

公司任何一方股东均可以在任何时间雇用一名审计人员检查公司的财务记录和会计账簿；任何一方股东每一个会计年度或在公司出现异常情况时，有权自担费用委托第三方审计机构对公司财务进行审计并出具审计报告；公司和其他方必须尽最大努力配合协助审计人员，否则股东有权通过诉讼的方式实现该权利。

专业律师分析

知情权是公司法赋予股东的一种基础性权利，应依法得到保护，但股东行使知情权应当受到一定的限制。

审计系指由接受委托的第三方机构对被审计单位的会计报表及其相关资料进行独立审查并发表审计意见。注册会计师审计工作的基础包括：接触与编制财务报表相关的所有信息以及审计所需的其他信息，注册会计师在获取审计证据时可以不受限制地接触其认为必要的内部人员和其他相关人员。

审计并不属于股东知情权的法定范围，是否对公司财务账簿进行审计，属于公司自治的内容，股东个人是否有权对公司进行审计，需要通过公司章程或股东会决议的方式作出决定。

但是，股东可通过行使知情权，查阅、复制公司的会议资料、财务报告以及查阅公司的会计账簿，也可以对公司的财务状况进行了解和核实，以保护自己的合法权益。

设计建议

1. 在知情权诉讼过程中，股东无权要求对公司账目进行司法审计，但是在公司章程中列明公司需进行年度审计的义务，或列明股东有权通过聘请第三方机构对公司进行审计的除外。因此，股东若想通过审计的方式行使股东知情权，需要在公司章程中明确列明。

2. 需要提醒的是，小股东最好在公司成立之初，各股东之间的关系融洽，各股东彼此之间相互需要的情形下，提出在公司章程中赋予各股东单方自费审计的权利，此时各股东之间无利益冲突，加之迫于融资的需要，往往很容易载入该类条款。

3. 为防止股东权利的滥用，动辄对公司进行财务审计，公司章程也需对股东单方审计的启动条件或频率作出合理的限制，避免影响公司正常经营（因为配合审计实际上比较消耗财务部门的工作时间）。

法规链接

《公司法》（2023年修订）

第五十七条 股东有权查阅、复制公司章程、股东名册、股东会会议记录、董事会会议决议、监事会会议决议和财务会计报告。

股东可以要求查阅公司会计账簿、会计凭证。股东要求查阅公司会计账簿、会计凭证的，应当向公司提出书面请求，说明目的。公司有合理根据认为股东查阅会计账簿、会计凭证有不正当目的，可能损害公司合法利益的，可以拒绝提供查阅，并应当自股东提出书面请求之日起十五日内书面答复股东并说明理由。公司拒绝提供查阅的，股东可以向人民法院提起诉讼。

股东查阅前款规定的材料，可以委托会计师事务所、律师事务所等中介机构进行。

股东及其委托的会计师事务所、律师事务所等中介机构查阅、复制有关材料，应当遵守有关保护国家秘密、商业秘密、个人隐私、个人信息等法律、行政法规的规定。

股东要求查阅、复制公司全资子公司相关材料的，适用前四款的规定。

《最高人民法院关于适用〈中华人民共和国公司法〉若干问题的规定（四）》（2020年修正）

第十条　人民法院审理股东请求查阅或者复制公司特定文件材料的案件，对原告诉讼请求予以支持的，应当在判决中明确查阅或者复制公司特定文件材料的时间、地点和特定文件材料的名录。

股东依据人民法院生效判决查阅公司文件材料的，在该股东在场的情况下，可以由会计师、律师等依法或者依据执业行为规范负有保密义务的中介机构执业人员辅助进行。

延伸阅读

裁判规则：公司章程未赋予股东审计权的，股东个人无权要求审计。

案例1：江苏省高级人民法院审理的ROONEYLIMITED与雍某公司股东知情权纠纷案[（2015）苏商外终00035号]认为，ROONEYLIMITED主张，依据雍某公司章程第12.2条第（f）项的规定，其行使知情权包括自费聘请审计人员对合资公司进行审计。对此，雍某公司认为，审计不属于ROONEYLIMITED股东知情权的范畴。本院认为，审计系指由接受委托的第三方机构对被审计单位的会计报表及其相关资料进行独立审查并发表审计意见。注册会计师审计工作的基础包括：接触与编制财务报表相关的所有信息以及审计所需的其他信息，注册会计师在获取审计证据时可以不受限制地接触其认为必要的内部人员和其他相关人员。

但雍某公司章程第12.2条第（f）项仅载明："任何一方可以在任何时间，雇用一名审计人员或派其内部审计人员检查合资公司的财务记录和程序，并自行承担相关费用。合资公司和其他方必须尽最大努力予以配合协助审计人员。"因此，该条款并未赋予股东单方委托第三方机构进行审计的权利，而是约定了股东行使知情权的具体方式。且在一审判决中已经明确ROONEYLIMITED享有股东委派审计人员检查公司财务记录和程序的权利。而ROONEYLIMITED一审中明确其主张的是审计权，其主张没有事实和法律依据，一审法院不予支持并无不当。

案例2：上海市第一中级人民法院审理的黄某与甲公司股东知情权纠纷案[（2013）沪一中民四（商）终1007号]认为：知情权是公司法赋予股东的一种基础性权利，应依法得到保护，但股东行使知情权应当受到一定的限制。根据《公司法》第三十四条之规定，公司股东会决议以及董事会会议记录的查阅、复制、会计账簿的复制、原始会计凭证的查阅和复制并不属于股东知情权的范围。黄某提出的对上述材料行使知情权的主张缺乏法律依据，本院不予支持。《会计法》第十五条规定，会计账簿包括总账、明细账、日记账和其他辅助性账簿。该项规定应属于强制性规定，各个企业须恪守。《公司法》第三十四条第二款规定，股东可以要求查阅公司会计账簿。上诉人黄某要求查阅甲公司包括总账、明细账、现金日记账、银行日记账及其他辅助性账簿在内的财务账簿，属于《会计法》规定的会计账簿的范畴，亦属于公司法规定的股东行使知情权的范围，应予准许。黄某作为公司的小股东，并不负责公司的财务管理，故在举证证明甲公司设立总账以及其他辅助性账簿上具有难度。但甲公司作为依法设立的企业，应当严格依据《会计法》的上述规定设置公司的会计账簿。原审法院仅以甲公司辩称不存在总账和其他辅助性账簿为由不支持黄某要求查阅甲公司的总账及其他辅助性账册的诉求有所不当，本院依法予以纠正。对于黄某提出申请要求对甲公司的财务状况进行审计，本院认为，司法审计并不属于股东知情权的范围，况且黄某通过行使知情权、查阅、复制甲公司的会议资料、财务报告以及查阅公司的会计账簿，也可以对公司的财务状况进行了解和核实，以保护自己的合法权益，故本院对其提出的要求对甲公司的财务状况进行司法审计的主张依法不予支持。

（三）小股东防守之"约定重大事项经全体股东一致通过"

001 公司章程可以约定公司重大事项须经公司全体股东通过吗

公司章程设计要点

为了避免小股东利益受损害，有限责任公司股东在章程规定中修改公司章程、增资减资、合并分立等重大事项需经全体股东通过。

阅读提示

对于修改公司章程等公司重大事项，《公司法》规定应当经代表三分之二以上表决权的股东通过，系对该类事项赞成票的最低限制。公司章程约定"修改公司章程等重大事项需经全体股东通过"，属当事人意思自治的范畴，具有法律效力。违反该章程规定、未经全体股东通过的修改公司章程的决议并非有效。

公司章程参考研究文本

笔者查阅了近百家上市公司的公司章程，其中对特别决议表决权要求的比例大多数为三分之二，仅个别公司对特别决议中的个别事项的表决权比例作出提高。

《方大集团章程》（2023年12月版）第七十八条　股东大会决议分为普通决议和特别决议。

股东大会作出普通决议，应当由出席股东大会的股东（包括股东代理人）所持表决权的1/2以上通过。

股东大会作出特别决议，应当由出席股东大会的股东（包括股东代理人）所持表决权的2/3以上通过。

第八十条　下列事项由股东大会以特别决议通过：

（一）公司增加或者减少注册资本（本章程第二十四条第三款、第五款、第六款规定的内容除外）；

（二）公司的分立、分拆、合并、解散和清算；

（三）本章程的修改。

（四）公司在一年内购买、出售重大资产或者担保金额超过公司最近一期经审计总资产绝对值30%的；

（五）股权激励计划；

（六）法律、行政法规或本章程规定的，以及股东大会以普通决议认定会对公司产生重大影响的、需要以特别决议通过的其他事项。

同类章程条款

笔者通过网络公开渠道（如中国裁判文书网等），查询了部分对重大事项作出特别规定的有限责任公司的公司章程，具体如下：

1. 森某公园公司《公司章程》规定　股东会对所议事项由代表五分之四以上表决权的股东表决通过，对公司解散等事项由全体股东一致表决通过。

2. 中某公司《公司章程》第二十五条规定　对以下事项需经全体股东表决通过：（一）公司合并、分立、变更形式；（二）公司解散；（三）修改章程；（四）股东退出或加入；（五）应当由董事会提请股东大会作出决议的其他重要事项。

3. 《上市公司章程指引》（2023修正）第七十六条　股东大会决议分为普通决议和特别决议。股东大会作出普通决议，应当由出席股东大会的股东（包括股东代理人）所持表决权的过半数通过。股东大会作出特别决议，应当由出席股东大会的股东（包括股东代理人）所持表决权的三分之二以上通过。

第七十八条　下列事项由股东大会以特别决议通过：（一）公司增加或者减少注册资本；（二）公司的分立、分拆、合并、解散和清算；（三）本章程的修改；（四）公司在一年内购买、出售重大资产或者担保金额超过公司最近一期经审计总资产百分之三十的；（五）股权激励计划；（六）法律、行政法规或本章程规定的，以及股东大会以普通决议认定会对公司产生重大影响的、需要以特别决议通过的其他事项。

注：根据笔者检索，90%以上的上市公司均是直接引用上述《上市公司章程指引》的规定。

专业律师分析

《公司法》第六十六条第一款、第三款规定，股东会的议事方式和表决程序，除本法有规定的外，由公司章程规定。股东会作出修改公司章程、增加或者减少注册资本的决议，以及公司合并、分立、解散或者变更公司形式的决议，应当经代表三分之二以上表决权的股东通过。

据此，股东会决议根据决议事项以及通过比例的不同可以分为普通决议和特别决议，普通决议是指股东会在决议公司的普通事项时，获得简单多数即可通过的决议。对于有限责任公司来讲，简单多数是指代表半数以上表决权的股东数；对于股份有限公司来讲，简单多数是指代表出席会议股东持有半数以上表决权的股东。特别决议是指股东会决议公司特别事项时，获得绝对多数以上表决权才能通过的决议。

根据上述公司法的规定，特别决议的事项以及绝对多数的比例均可以由公司章程自由约定。上述公司法三分之二以上表决权，是《公司法》对于上述情况下最低份额表决权的限定，该条款并未否定公司章程为上述情况设定更高份额的表决权，公司可以根据自身的实际情况适当提高绝对多数的比例，只要不低于三分之二均应合法有效。

另外，对于特别决议事项也不仅限于法定的几种情况，公司可将其他需要绝对多数通过的事项，在公司章程中进行提前约定。

此外，依据《上市公司章程指引》的规定，在公司章程未将某类事项列为特别决议事项时，股东会可以通过普通决议的形式认定会对公司产生重大影响的、需要以特别决议通过的其他事项，这样方便股东会随时调整一般事项和重大事项的类型，为暂时预见不到的重大事项作出开放灵活的规定。

设计建议

1. 公司股东有权自主在章程中适当提高公司重大事项的表决权通过比例。《公司法》虽规定修改公司章程、增加或者减少注册资本的决议，以及公司合并、分立、解散或者变更公司形式的决议，应当经代表三分之二以上表决权的股东通过。但《公司法》规定的"三分之二"仅是最低限制，原则上股东可以在三分之二以上提高表决权通过比例，如四分之三、五分之四，有限责任公司甚至可以直接约定需经全体股东表决通过。

2. 虽然有法院裁判观点认为公司章程可以约定"公司重大事项需经全体股东表决通过",但笔者建议原则上不要如此约定。一方面,部分司法案例认为该约定违反了资本多数决原则,属无效条款;另一方面,该约定很容易致使公司就重大事项无法作出股东会决议,导致股东会决策机制失灵,情况严重的还可能会导致公司解散。

股东内部在一些问题上发生分歧是很正常的,"资本多数决"的原则可以很好地管控分歧,帮助公司快速作出决策,但如果要求公司决议必须经全体股东通过,公司僵局在所难免。这个本来试图保护小股东利益的规则,很可能成为小股东在特定场合下要挟大股东的重要砝码。

条款实例

1. 有限公司章程条款实例

实例条款:股东会决议分为普通决议和特别决议。股东会作出普通决议,应当经半数以上(不含本数)表决权的股东同意才能通过;股东会作出特别决议应当经三分之二/四分之三/五分之四/全部表决权(不含本数)的股东同意才能通过。

2. 股份公司章程条款实例

实例条款:股东会决议分为普通决议和特别决议。股东会作出普通决议,应当由出席股东会的股东(包括股东代理人)所持表决权的二分之一(不含本数)以上通过。股东会对涉及修改公司章程,公司新增发行股份(根据公司的具体需要,列举认为有必要提高表决权比例)作出的特别决议,应当由出席股东会的股东(包括股东代理人)所持表决权的四分之三/五分之四(不含本数)以上通过。股东会对涉及本章程其他款项作出的特别决议,应当由出席股东会的股东(包括股东代理人)所持表决权的三分之二(不含本数)以上通过。下列事项由股东会以特别决议通过……

法规链接

《公司法》(2023年修订)

第六十六条 股东会的议事方式和表决程序,除本法有规定的外,由公司章程规定。

股东会作出决议,应当经代表过半数表决权的股东通过。

股东会作出修改公司章程、增加或者减少注册资本的决议，以及公司合并、分立、解散或者变更公司形式的决议，应当经代表三分之二以上表决权的股东通过。

第一百一十六条　股东出席股东会会议，所持每一股份有一表决权，类别股股东除外。公司持有的本公司股份没有表决权。

股东会作出决议，应当经出席会议的股东所持表决权过半数通过。

股东会作出修改公司章程、增加或者减少注册资本的决议，以及公司合并、分立、解散或者变更公司形式的决议，应当经出席会议的股东所持表决权的三分之二以上通过。

延伸阅读

关于公司章程约定"公司重大事项需经全体股东通过"的效力。

1. 多数裁判观点认为：公司章程规定"公司重大事项需经全体股东通过"，属当事人意思自治的范畴，应当具有法律效力，但是该约定极易导致公司决策机制出现僵局。

案例1：广东省东莞市中级人民法院审理的钟某祥、游某良、张某权与新某乐公司与公司有关的纠纷案〔（2015）东中法民二终1746号〕认为，《公司法》第四十三条规定，股东会的议事方式和表决程序，除本法有规定的外，由公司章程规定。股东会会议作出修改公司章程、增加或者减少注册资本的决议，以及公司合并、分立、解散或者变更公司形式的决议，必须经代表二分之二以上表决权的股东通过。此处的三分之二以上表决权，是《公司法》对于上述情况下最低份额表决权的限定，该条款并未否定公司章程为上述情况设定更高份额的表决权，原审法院依据该法第四十三条的规定，宣告案涉章程第十八条第二款无效不当，本院依法予以纠正。

案例2：北京市高级人民法院审理的金某公司与东某公司董事会决议撤销纠纷案〔（2009）高民终1147号〕认为，金某公司董事会决议的表决通过方式采用的并非通常意义上的资本多数决，而是董事人数的三分之二多数且应包含各方至少1名董事的方式。此举意味着对于金某公司重大事项的表决方式，金某公司的三方股东派驻的董事必须做到每方股东派驻的董事至少有1名董事参加并同意才具备通过的可能，此为金某公司的股东在金某公司设立时的自愿约定并已通过商务部的批准而生效。因此，此为衡量本案争议的董事会决议通过方式是否合法的唯一依据，上诉人关于决议事项的紧急性或决议结果合理性的上诉理由，均不能作为衡量董事会决议通过方式合法性的依据。由于本案争议的董事会决议缺乏股东一方东某公司董事的参与及事后同意，根据公司章程第二十五条的规定，该董事会决议在法律上属于可撤销的范畴。毋庸置疑，金某公司章程的此种规定，导致只要有一方股东不同意公司的经营决策，就会导致公司的决议决策机制易陷入僵局，但是此为金某公司各方股东的自愿约定，本院无权干预。

特别注明：本案中金某公司系中外合资经营企业，依据《中外合资经营企业法》的规定，该公司的最高权力机构为董事会。

案例3：北京市第一中级人民法院审理的森某公园公司、新某实公司与西某林场公司解散纠纷案[（2009）一中民终4745号]认为，森某公园公司章程规定股东会对所改事项由代表五分之四以上表决权的股东通过，对公司解散等事项由全体股东一致表决通过，虽然该章程规定并不违反法律规定，但新某实公司、西某林场公司在森某公园公司的股权比例分别为70%和30%，该股权比例表明在股东产生矛盾无法达成一致意见的情况下，必然会因各执己见而无法产生有效的股东会决议，进而对公司经营产生阻碍。新某实公司关于森某公园公司章程对资本多数决及全体股东一致决的规定符合法律规定，并没有导致森某公园公司的经营管理出现严重困难的上诉理由，证据不足，本院不予支持。

2. 也有裁判观点认为：公司章程规定"公司重大事项需经全体股东通过"，应理解为全体股东均有权参加股东会决议的表决，而不应理解为全体股东都同意该事项才能通过决议，否则违反了"少数服从多数"的基本原则。

案例4：安徽省滁州市中级人民法院审理的王某军与刘某栋、上海商某公司等董事会决议效力纠纷案[（2013）滁民二再终00014号]认为，有限责任公司不具有自然人的生命特征，不能独立作出意思表示，有限责任公司的意思形成应由其权力机关股东会作出。"少数服从多数"是保证股东会能够作出决议、形成公司意思的基本制度。因股东会系由公司全体股东组成，股东会表决时存在股东会成员多数和股东所代表的出资资本多数之分，即"成员多数"与"资本多数"之分。根据《公司法》第四十三条"股东会会议由股东按照出资比例行使表决权；但是，公司章程另有规定的除外"的规定，在确立"资本多数决"这一基本原则的同时，允许公司章程以"成员多数决"的方式作出另行规定。但公司章程所作的另行规定不应违反"少数服从多数"这一基本原则，否则，公司将无法形成决议，导致公司陷入僵局。上海商某公司设立时的公司章程第十四条

"股东会会议由股东按照出资比例行使表决权"的规定,说明该公司的股东会实行"资本多数决"的决议通过方式。该公司章程第十七条、第二十九条所规定的"应由全体股东表决通过",应当是指全体股东均有权参加股东会决议的表决,但决议是否通过仍应按照该公司章程第十四条规定的"资本多数决"的方式进行判定。上海商某公司2008年9月16日的临时股东会决议已经该公司代表91.44%表决权的股东表决通过,符合该公司章程规定的通过比例,为有效决议。王某军、上海商某公司认为,上海商某公司临时股东会决议未达到公司章程规定通过的比例、该决议无效的上诉理由不成立,不予支持。

(四) 小股东防守之"约定股权比例高于出资比例"

001 公司章程可否规定出资比例与持股比例不一致

公司章程设计要点

一般情况下有限责任公司的股东出资比例和持股比例是一致的。特殊情况下,有限责任公司章程可规定出资比例与持股比例不一致,股东的表决权按照持股比例行使。

阅读提示

有限责任公司的股东出资比例和持股比例是否一致属于股东意思自治范畴,可自由约定。但为了防止大股东或多数股东欺压小股东或者少数股东,只有公司全体股东同意才可约定股东的持股比例和出资比例不一致。

公司章程参考研究文本

《万某企业股份有限公司公司章程》第十五条 公司股份的发行,实行公平、公正的原则,同种类的每一股份应当具有同等权利。同次发行的同种类股票,每股的发行条件和价格应当相同;任何单位或者个人所认购的股份,每股应当支付相同价额。(由此可知,股份有限公司中出资比例=持股比例)

同类章程条款

《上市公司章程指引》（2023年修正）第十六条　公司股份的发行，实行公开、公平、公正的原则，同种类的每一股份应当具有同等权利。存在特别表决权股份的公司，应当在公司章程中规定特别表决权股份的持有人资格、特别表决权股份拥有的表决权数量与普通股份拥有的表决权数量的比例安排、持有人所持特别表决权股份能够参与表决的股东大会事项范围、特别表决权股份锁定安排及转让限制、特别表决权股份与普通股份的转换情形等事项。公司章程有关上述事项的规定，应当符合交易所的有关规定。同次发行的同种类股票，每股的发行条件和价格应当相同；任何单位或者个人所认购的股份，每股应当支付相同价额。

注：笔者观察，所有上市公司关于每一股份的权利及取得条件均是直接引用《上市公司章程指引》的规定。

专业律师分析

公司章程可自由规定出资比例与股权比例不一致、出资比例与表决权比例不一致、出资比例与分红比例不一致等个性化的条款，该类条款在经全体股东一致同意的情况下，属于股东之间的合意，未违反法律法规的强制性规定，合法有效。

公司法授权有限责任公司股东在持股比例、表决权行使、分红权的行使等方面，作出与出资比例不一致的规定，有利于充分利用不同股东手中的资源，吸引不同类别的投资者，从而使各类资源要素充分组合，进而有利于公司的发展。

另外，需要提醒的是，作出此类与出资比例不一致的规定，因其涉及股权自益权的核心要素，与每一位股东的根本权益息息相关，为防止"资本多数决"制度中以大欺小的弊端，该类约定需要经过全体股东的一致同意。

设计建议

1. 一般情况下出资比例与持股比例是一致的，但是有限责任公司的股东之间，完全可以作出出资比例与持股比例不一致的约定，这种情况下必须经全体股东一致同意，否则可能发生以大欺小、恃强凌弱的情形，大股东凭借多数的投票权作出大股东多分利润而小股东少分利润的决议。

2. 出资比例与持股比例不一致的约定形式，应在公司设立的股东协议中进行明确约定，并写入公司章程。

3. 很多地方工商局要求使用统一的公司章程范本，不允许记载出资比例与持股比例不一致。因此，对于出资比例和持股比例约定不一致的公司章程要想得到工商局的登记，可能需要非同一般的说服能力。因此目前比较可行的办法是在股东协议中进行约定：各股东可以通过股东会对该分配方式进行决议，全体通过后，由各方股东各执一份股东会决议，该决议合法有效，对各股东均具有约束力。

条款实例

1. 有限责任公司章程条款实例

实例条款1：股东按照认缴的出资比例/实缴的出资比例/一人一票的方式行使表决权。

实例条款2：股东甲出资x，持股y%；股东乙出资y，持股x%；股东按照持股比例行使表决权。

2. 股份有限公司章程条款实例

实例条款：公司股份的发行，实行公平、公正的原则，同种类的每一股份应当具有同等权利。同次发行的同种类股票，每股的发行条件和价格应当相同；任何单位或者个人所认购的股份，每股应当支付相同价额。

法规链接

《公司法》（2023年修订）

第六十五条　股东会会议由股东按照出资比例行使表决权；但是，公司章程另有规定的除外。

第二百二十七条　有限责任公司增加注册资本时，股东在同等条件下有权优先按照实缴的出资比例认缴出资。但是，全体股东约定不按照出资比例优先认缴出资的除外。

股份有限公司为增加注册资本发行新股时，股东不享有优先认购权，公司章程另有规定或者股东会决议决定股东享有优先认购权的除外。

延伸阅读

裁判规则：全体股东一致同意出资比例与持股比例不相同的决议合法有效。

案例：最高人民法院审理的启某公司与国某公司、豫某公司、科某投资公司股权确认纠纷案〔（2011）民提6号〕认为，本案当事人争议的焦点是，以启某公司名义对科某投资公司500万元出资形成的股权应属于国某公司还是启某公司。股东认缴的注册资本是构成公司资本的基础，但公司的有效经营有时还需要其他条件或资源，因此，在注册资本符合法定要求的情况下，我国法律并未禁止股东内部对各自的实际出资数额和占有股权比例作出约定，这样的约定并不影响公司资本对公司债权担保等对外基本功能的实现，并非规避法律的行为，应属于公司股东意思自治的范畴。《10·26协议》约定科某投资公司1000万元的注册资本全部由国某公司负责投入，而该协议和科某投资公司的章程均约定股权按照启某公司55%、国某公司35%、豫某公司15%的比例持有。《10·26协议》第十四条约定，国某公司7000万元资金收回完毕之前，公司利润按照启某公司16%、国某公司80%、豫某公司4%分配，国某公司7000万元资金收回完毕之后，公司利润按照启某公司55%、国某公司30%、豫某公司15%分配。根据上述内容，启某公司、国某公司、豫某公司约定对科某投资公司的全部注册资本由国某公司投入，而各股东分别占有科某投资公司约定份额的股权，对公司盈利分配也作出特别约定。这是各方对各自掌握的经营资源、投入成本及预期收入进行综合判断的结果，是各方当事人的真实意思表示，并未损害他人的利益，不违反法律和行政法规的规定，属有效约定，当事人应按照约定履行。该1000万元已经根据《10·26协议》约定足额出资，依法进行了验资，且与其他变更事项一并经工商行政机关核准登记，故该1000万元系有效出资。以启某公司名义对科某投资公司的500万元出资最初是作为保证金打入科美咨询公司账户，并非注册资金，后转入启某公司账户，又作为投资进入科某投资公司账户完成增资，当时各股东均未提出任何异议，该500万元作为1000万元有效出资的组成部分，也属有效出资。按照《10·26协议》的约定，该500万元出资形成的股权应属于启某公司。启某公司作为科某投资公司的股东按照《10·26协议》和科某投资公司章程的约定持有的科某投资公司55%股权应当受到法律的保护。

（五）小股东防守之"按照实缴出资比例行使表决权"

001 未按期缴足出资的股东表决权是否可以打折行使

公司章程设计要点

有限责任公司章程可规定股东按照实际出资比例行使表决权。

阅读提示

在注册资本1亿元的公司中约定出资9900万元却实际出资后马上抽回出资，这种打肿脸充胖子的股东，应该给他公司99%的表决权吗？

在实践中，股东认缴出资而迟迟不足额缴纳出资的现象时有发生，如果这种情况发生在大股东身上，多数小股东更是无能为力，眼睁睁地看着不出资或者少出资的大股东大权在握，作威作福。

其实，公司可自主决定股东表决权的行使依据是实缴出资比例还是认缴出资比例。股东表决权实质上为一种控制权，兼有保障自益权行使和实现的功能，具有工具性质；公司可通过公司章程或股东会决议对瑕疵出资股东的表决权进行合理限制。

公司章程参考研究文本

股东履行出资义务以公司出具的出资证明书为标志。除非公司章程有特别规定，瑕疵出资、抽逃出资股东按照实际履行出资部分所代表的股权比例行使股权。

专业律师分析

《公司法》第六十五条规定："股东会会议由股东按照出资比例行使表决权；但是，公司章程另有规定的除外。"也即，是依据出资比例还是依据股权比例来确定股东表决权，属于公司自治权。股东表决权是股东通过股东会上的意思表示，可按所持股份参加股东共同的意思决定的权利。表决权应否因股东未履行或未全面履行出资义务而受到限制，公司法对此并未作出明确规定。

《最高人民法院关于适用〈中华人民共和国公司法〉若干问题的规定（三）》（以下简称《公司法司法解释（三）》）第十六条虽明确规定公司可对瑕疵出资股东的利润分配请求权、新股优先认购权、剩余财产分配请求权等股东权利进行限制，但限制的权利范围只明确为股东自益权，并未指向股东共益权。自益权是股东获取财产权益的权利，共益权是股东对公司重大事务参与管理的权利。

表决权作为股东参与公司管理的经济民主权利，原则上属于共益权，但又具有一定的特殊性，股东通过资本多数决的表决权机制选择或罢免董事、确立公司的运营方式、决策重大事项等，借以实现对公司的有效管理和控制，其中也包括控制公司财产权，故表决权实质上是一种控制权，同时亦兼有保障自益权行使和实现之功能，具有工具性质。

如果让未尽出资义务的股东通过行使表决权控制公司，不仅不符合权利与义务对等、利益与风险一致的原则，也不利于公司的长远发展。因此，公司应通过公司章程或股东会决议对瑕疵出资股东的表决权进行合理限制，例如，股东表决权按照已缴出资比例行使表决权。

设计建议

1. 公司可以自主决定股东表决权的依据是出资比例还是股权比例，公司章程可以规定"同钱不同股"，也即出资比例不一定等于股权比例。

2. 公司章程或股东会决议可以对未按期缴足出资的股东的表决权进行合理的限制，例如规定股东表决权按照实际出资部分所代表股权的比例行使表决权，该规定可以遏制某些股东通过认缴公司大部分出资霸占多数表决权却又不按期缴足出资的现象，倒逼股东按期足额缴纳出资。

3. 并不是所有的股东权利均可以通过股东公司章程进行限制，一般认为股东的固有权利是不可以进行限制的，例如股东知情权、账簿查阅权、质询权、股权回购权、股东代表诉讼权等；而对于分红权、剩余财产分配请求权、股权转让权、收益权等非固有的权利是可以进行限制的。

法规链接

《公司法》（2023 年修订）

第六十五条　股东会会议由股东按照出资比例行使表决权；但是，公司章程另有规定的除外。

《最高人民法院关于适用〈中华人民共和国公司法〉若干问题的规定（三）》（2020 年修正）

第十六条　股东未履行或者未全面履行出资义务或者抽逃出资，公司根据公司章程或者股东会决议对其利润分配请求权、新股优先认购权、剩余财产分配请求权等股东权利作出相应的合理限制，该股东请求认定该限制无效的，人民法院不予支持。

第十七条　有限责任公司的股东未履行出资义务或者抽逃全部出资，经公司催告缴纳或者返还，其在合理期间内仍未缴纳或者返还出资，公司以股东会决议解除该股东的股东资格，该股东请求确认该解除行为无效的，人民法院不予支持。

在前款规定的情形下，人民法院在判决时应当释明，公司应当及时办理法定减资程序或者由其他股东或者第三人缴纳相应的出资。在办理法定减资程序或者其他股东或者第三人缴纳相应的出资之前，公司债权人依照本规定第十三条或者第十四条请求相关当事人承担相应责任的，人民法院应予支持。

《全国法院民商事审判工作会议纪要》（法〔2019〕254 号）

7.【表决权能否受限】股东认缴的出资未届履行期限，对未缴纳部分的出资是否享有以及如何行使表决权等问题，应当根据公司章程来确定。公司章程没有规定的，应当按照认缴出资的比例确定。如果股东（大）会作出不按认缴出资比例而按实际出资比例或者其他标准确定表决权的决议，股东请求确认决议无效的，人民法院应当审查该决议是否符合修改公司章程所要求的表决程序，即必须经代表三分之二以上表决权的股东通过。符合的，人民法院不予支持；反之，则依法予以支持。

延伸阅读

法院支持未足额缴纳出资的股东表决权受到限制的案例。

案例：江苏省南京市中级人民法院审理的梁某某与云某公司、俞某根等股东会决议效力纠纷案〔（2012）宁商终991号〕认为，本案是一起股东会决议效力纠纷案件，双方争议的焦点问题是云某公司2011年1月26日的股东会决议是否经过了由三分之二以上表决权的股东表决通过。上诉人俞某根认为，梁某某认缴出资300万元，占总股权比例51%，实际出资130万元，故梁某某只能行使22.1%（130÷300×51%）的表决权，加上其他同意股东的股权比例，股东会决议未达到三分之二以上表决权，应当无效；被上诉人梁某某认为，无论按出资比例73.53%还是按股权比例51%计算，三名同意股东的表决权均已经超过了三分之二；即便按实际出资计算，其实际出资130万元，占公司实收资本238万元的54.62%，加上其他两位同意股东各占实际出资比例8.4%，股东会决议也超过了三分之二表决权，应当有效。对此，本院认为，本案双方争议的股东会决议效力问题主要围绕两个方面展开：一是如何确定梁某某享有的表决权数；二是梁某某在未足额出资前其表决权的行使应否受到限制。

关于如何确定梁某某享有的表决权数的问题。本院认为，《公司法》第四十三条规定："股东会会议由股东按照出资比例行使表决权；但是，公司章程另有规定的除外。"该规定在允许出资与表决权适度分离的同时赋予了公司更大的自治空间，换言之，是依据出资比例还是依据股权比例来确定股东表决权，可归于公司自治权。本案中，经工商备案的2010年4月25日公司章程载明"梁某某出资比例为73.53%""股东会会议按股东出资比例行使表决权"，而经各股东签名确认的2010年4月25日股东会决议和俞某根提供的2010年4月5日公司章程却载明"梁某某出资货币300万元，占公司股权51%"。虽然工商备案的公司章程与股东会决议之间以及两个版本的公司章程之间出现部分内容不一致，但结合俞某根、梁某某等股东于2010年5月20日签名确认的《股东会协议书》的有关内容，如"股东依据股权比例行使股东权利，而非依出资比例""工商备案的公司章程中部分内容（如股权比例）与我公司实际情况不同，于此共同声明公司章程以2010年4月5日股东签署的云某公司章程为准"等，可以确认，关于梁某某出资300万元、按股权比例51%行使股东权利的约定应是云某公司各股东的真实意思表示，符合《公司法》第四十三条规定，应当作为确定梁某某的股权比例及表决权的依据。依据《公司法》第一百零四条之规定："股东出席股东大会会议，所持每一股份有一表决权……"梁某某在云某公司享有的表决权数应为51%。

关于梁某某在未足额出资前其表决权的行使应否受到限制的问题。本院认为，股东表决权是股东通过股东大会的意思表示，可按所持股份参加股东共同的意思决定的权利。表决权是股东的一项法定权利，《公司法》第四条规定："公司股东依法享有资产收益、参与重大决策和选择管理者等权利。"但表决权应否因股东未履行或未全面履行出资义务而受到限制，公司法对此并未作出明确规定。《公司法司法解释三》第十七条规定："股东未履行或者未全面履行出资义务或者抽逃出资，公司根据公司章程或者股东会决议对其利润分配请求权、新股优先认购权、剩余财产分配请求权等股东权利作出相应的合理限制，该股东请求认定该限制无效的，人民法院不予支持。"该条司法解释虽然明确规定公司可对瑕疵出资股东的利润分配请求权、新股优先认购权、剩余财产分配请求权等股东权利进行限制，但限制的权利范围只明确为股东自益权，并未指向股东共益权。

自益权是股东获取财产权益的权利，共益权是股东对公司重大事务参与管理的权利。表决权作为股东参与公司管理的经济民主权利，原则上属于共益权，但又具有一定的特殊性，股东通过资本多数决的表决权机制选择或罢免董事、确立公司的运营方式、决策重大事项等，借以实现对公司的有效管理和控制，其中也包括控制公司财产权，故表决权实质上是一种控制权，同时亦兼有保障自益权行使和实现之功能，具有工具性质。如果让未尽出资义务的股东通过行使表决权控制公司，不仅不符合权利与义务对等、利益与风险一致的原则，也不利于公司的长远发展。因此，公司通过公司章程或股东会决议对瑕疵出资股东的表决权进行合理限制，更能体现法律的公平公正，亦符合公司法和司法解释有关规定之立法精神，可以得到支持。

就本案而言，上诉人俞某根主张被上诉人梁某某51%股权只能行使22.1%表决权，剩余28.9%因未实际出资而应受到限制，因缺乏限制的前提和依据，故本院难以支持。

首先，梁某某在行使表决权时尚不属于瑕疵出资股东，不具备限制其表决权的前提。梁某某认缴出资300万元，分两期缴纳，第一期130万元已实际出资，第二期170万元的缴纳期限是2011年5月9日，本案争议的股东会决议作出之日是2011年1月26日，即梁某某在行使其表决权时第二期出资期限尚未届满，其分期出资的行为具有合法性，亦不违反约定的出资义务。

其次，无论是工商备案的或者俞某根提供的云某公司章程，还是股东会决议或者股东会协议书，均未作出有关梁某某在第二期出资期限届满前应按其实际出资比折算股权比例来行使表决权等类似规定，不具有限制其表决权的依据。

最后，即便按俞某根主张依据实际出资计算，梁某某实缴出资130万元，占公司实收资本238万元的54.6%，加上李某某、郑某的实际出资比例各8.4%，同意股东的表决权也已超过三分之二。

据此，本院认为，云某公司2011年1月26日的股东会决议经过了梁某某51%、李某某10.9025%、郑某5.39%的表决通过，已超过了由三分之二以上表决权的股东同意，应当有效。至于诉讼中梁某某在第二期出资期限届满后仍未出资的问题，俞某根可另行主张权利。

（六）小股东防守之"启动公司决议撤销之诉"

001 公司决议撤销之诉的要点指南

裁判要旨

公司决议撤销之诉需要满足四个要件：（1）可以撤销的决议必须是股东会或者董事会的决议；（2）无论是针对股东会还是董事会决议，有权提起撤销决议诉讼的主体仅限于公司的股东；（3）公司决议存在撤销的法定事由，主要包括股东会、董事会的会议召集程序、表决方式违反法律、行政法规或者公司章程，或者决议内容违反公司章程；（4）应当自公司决议作出之日起60日内向法院提起。

案情简介①

保某公司于2007年5月10日成立，注册资本2000万元。2012年6月13日，天某公司与宝某公司共同制定保某公司章程，载明：公司注册资本为2000万元，其中天某公司出资1800万元，占股90%，宝某公司出资200万元，占股10%；保某公司的组织机构包括股东会、董事会、经理及监事会，股东会由全体股东组成，除首次会议外，股东会由董事长召集并主持，例会每半年召开一次，临时股东会由代表四分之一以上表决权的股东、董事长、董事或监事提议召开，

---

① 海南省高级人民法院审理的宝某公司与保某公司决议撤销纠纷案［（2015）琼民二终18号］。

股东可书面委托人员参加会议，股东会决议由股东按照出资比例行使表决权，涉及公司注册资本增减、公司分立、合并、解散或变更公司形式、修改公司章程的决议须由代表三分之二以上表决权的股东表决通过；董事会由股东会选举的三名董事组成，董事会选举董事长一名作为公司法定代表人，董事会由董事长召集并主持，三分之一以上董事可提议召开董事会，董事会须由三分之二董事出席，董事会决议须由三分之二董事表决通过；监事会由股东会选举的监事组成。

据工商信息记载，保某公司董事会成员为董事长朱某，董事马某、李某祥、李某根、赵某超，监事长王某权、监事朱某华。

2014年1月，保某公司以在《西藏日报》刊登通知的方式向宝某公司、马某及朱某华发出《关于召开保某公司董事会、监事会、2013年度股东会的通知》，通知宝某公司、董事马某、监事朱某华于2014年1月17日分别参加二届三次董事会、2013年度股东会及二届二次监事会，审议事项为2013年工作总结和2014年工作规划，该通知落款时间为2014年1月4日。

2014年3月，保某公司以邮寄函件及在《西藏日报》《北京青年报》刊登通知的方式向宝某公司发出《关于召开保某公司2014年临时股东会议通知》，通知审议事项包括《"俄罗斯旅游度假城"项目分割建设方案》、《增资方案》、《融资方案》及2014年全年工作计划和安排。宝某公司接到该通知后，向保某公司发出《关于要求取消召开保某公司2014年临时股东会议的函》，表示已对保某公司提起公司解散之诉，拒绝参会。

此后，保某公司向宝某公司发出《关于增加注册资本和产品分割原则方案的函》，告知其已于2014年3月28日召开了保某公司临时股东会，通过了增加注册资本方案和产品分割原则方案，要求宝某公司在2014年4月27日前缴纳增资款300万元。

其中，在宝某公司与保某公司、天某公司公司解散纠纷案中，保某公司提交的诉讼证据有：（1）保某公司2013年5月22日临时股东会参会人员签到簿及临时股东会决议、保某公司2013年5月22日第二届董事会第一次会议签到簿及第二届董事会第一次决议；（2）保某公司2013年8月17日《三亚一山湖项目内部认购方案》、保某公司2013年9月29日第二届董事会第二次临时会议签到簿及第二届董事会第二次临时会议决议；（3）保某公司2013年11月7日股东会临时会议签到簿及股东会临时会议决议；（4）保某公司2014年1月17日2013年度股东会议签到簿及2013年度股东会决议；（5）保某公司2014年3月23日《"俄罗斯旅游度假城"项目分割建设方案》部分文档、保某公司2014年3月26日《增资方案》、保某公司2014年3月28日2014年第一季度股东临时会议签到簿及2014年第一季度股东临时会议决议。

保某公司2013年5月22日临时股东会参会人员签到簿记载，该次临时股东会由双某川主持，天某公司委托朱某参会，宝某公司未参会；该次临时股东会决议记载，双某川等四人辞去董事职务，双某川辞去董事长职务，朱某、马某等五人组成第二届董事会，杨某强、朱某华等三人组成第二届监事会。

保某公司2013年5月22日第二届董事会第一次会议签到簿记载，该次董事会参会董事为朱某等四人，马某未参会；该次董事会决议记载，朱某任保某公司的董事长及总经理。

保某公司2013年9月29日第二届董事会第二次临时会议签到簿记载，该次董事会参会董事为朱某等四人，马某未参会；该次董事会决议记载，董事会批准了包括《三亚一山湖项目内部认购方案》对"一山湖"项目10#、11#楼进行"内部认购"销售等活动在内的八项经营管理事宜。

保某公司2013年11月7日股东会临时会议签到簿记载，该次临时股东会出席股东代表为天某公司法定代表人朱某，宝某公司未参会；该次临时股东会决议记载，同意《关于修改〈保某公司章程〉修正案》，批准2013年9月29日公司二届二次董事会决议。

保某公司2014年1月17日2013年度股东会会议签到簿记载，该次股东会出席股东代表为天某公司法定代表人朱某，宝某公司未参会；该次股东会决议记载，批准董事长兼总经理关于公司2013年工作总结和2014年工作规划的报告。

保某公司2014年3月28日2014年第一季度股东临时会议签到簿记载，该次"股东临时会议"出席股东代表为天某公司法定代表人朱某，宝某公司未参会；该次"股东临时会议"决议记载，批准公司进行增资的方案，同意《"俄罗斯旅游度假城"项目分割建设方案》，讨论研究公司融资方式及合作金融机构的方案，批准公司2014年全年工作计划和安排；保某公司2014年3月26日《增资方案》记载，注册资本增资额为3000万元，天某公司增资额为2700万元、宝某公司增资额为300万元。

宝某公司于2014年4月25日向海南省三亚市中级人民法院提起诉讼，请求撤销：(1) 2013年5月22日临时股东会决议及董事会决议；(2) 2013年9月29日董事会决议；(3) 2013年11月7日临时股东会决议；(4) 2014年1月17

日股东会决议；（5）2014年3月28日临时股东会决议；（6）《关于增加注册资本和产品分割原则方案的函》。

海南省三亚市中级人民法院经审理认为：本案争议的焦点为涉诉各次股东会决议及董事会决议的合法性。

一、关于股东会会议及其决议。保某公司股东为天某公司和宝某公司，公司召开股东会会议应符合法定的召集程序和会议形式。根据《公司法》第四十一条的规定，保某公司股东会会议的召集程序应满足在会议召开十五日前通知全体股东即天某公司和宝某公司参加的要件；在会议形式上，根据《公司法》第三十六条及第四十条的规定，应由全体股东出席并由符合法律规定的主持人主持会议。

（一）召集程序。对于召开2013年5月22日临时股东会会议，保某公司未举证证明已向宝某公司发出会议通知。保某公司主张以邮寄函件方式通知宝某公司召开2013年11月7日股东会临时会议及2014年1月17日股东会会议，所举证寄件单记载既不能反映邮寄物品内容亦不能反映已投递妥当，不能证明保某公司所主张的事实。《西藏日报》刊登保某公司2014年1月4日《关于召开保某公司董事会、监事会、2013年度股东会的通知》，会议通知落款日期2014年1月4日，距会议召开日期2014年1月17日已不足十五日。由此，保某公司2013年5月22日临时股东会会议、2013年11月7日股东会临时会议及2014年1月17日股东会会议的召集程序不合法。

（二）会议形式。保某公司2013年5月22日临时股东会参会人员签到簿及临时股东会决议记载及保某公司陈述一致证明宝某公司并未出席会议，保某公司仅有股东二人，在其中一人未到的情况下，股东会会议不能召开。由此，保某公司2013年5月22日临时股东会参会人员签到簿及临时股东会决议对"会议"内容以及"决议"形成的记载不真实，保某公司2013年5月22日临时股东会实际并未召开。保某公司主张的2013年11月7日股东会临时会议、2014年1月17日2013年度股东会会议及2014年3月28日2014年第一季度股东临时会议，宝某公司也均未参加，相应的会议签到簿及股东会决议对该三次股东会"会议"内容以及"决议"形成的记载不真实，上述股东会均未实际召开。

（三）股东会决议。天某公司出资占保某公司出资总额的90%，具有股东会会议表决权的优势，但此种表决权优势基于股东会会议表决得以实现，在未召开股东会会议时并不存在，更不能因此而剥夺宝某公司行使表决权。股东会决议除

《公司法》第三十七条第二款规定的情形外，均应通过股东会会议表决形成，而在本案中保某公司2013年5月22日临时股东会决议、保某公司2013年11月7日临时股东会决议、保某公司2014年1月17日股东会决议以及保某公司2014年3月28日临时股东会决议既未经股东以书面形式一致表示同意，亦未召开股东会会议表决形成，天某公司未就决议内容与宝某公司进行协商，宝某公司并未对上述四次股东会决议行使表决权，由此上述四次股东会决议系保某公司及天某公司所虚构，不能成立。

二、关于董事会及其决议。有限公司董事会由公司章程决定设立，对股东会负责，董事由股东会选举产生，董事会决议由董事会会议表决形成。保某公司2013年5月22日第二届董事会第一次会议签到簿及第二届董事会第一次决议记载，参会董事朱某、赵某超、李某根及李某祥由同日"召开"的临时股东会选举产生，由于保某公司2013年5月22日临时股东会并未实际召开，朱某、赵某超、李某根及李某祥四人的"董事身份"并非基于股东会选举授权取得，依法不能成为保某公司的董事。朱某、赵某超、李某根及李某祥所召开的会议并不具备保某公司董事会会议性质，其四人作出的决定也不具备董事会决议的效力，由此保某公司2013年5月22日第二届董事会第一次决议及2013年9月29日第二届董事会第二次临时会议决议均不成立。

综上，涉诉的保某公司各次股东会决议及董事会决议均未经法定程序表决作出，不存在各次决议"作出"的日期，保某公司及天某公司所抗辩超过《公司法》第二十二条规定的"自决议作出之日起六十日内"的情形不存在。宝某公司诉求撤销的各次股东会决议及董事会决议均非现实存在的公司决议，不具备法律效力，客观上无法撤销，但鉴于天某公司未依法行使公司股东权利，利用虚构的股东会决议和董事会决议变更保某公司的工商管理登记事项，任意决定增加股东投资金额，严重侵害了宝某公司的股东利益，应对保某公司及天某公司虚构的股东会决议及董事会决议作不成立宣告。一审法院判决："保某公司以下公司决议不成立：2013年5月22日临时股东会会议决议、2013年5月22日第二届董事会第一次决议、2013年9月29日第二届董事会第二次临时会议决议、2013年11月7日股东会临时会议决议、2014年1月17日2013年度股东会决议、2014年3月28日2014年第一季度股东临时会议决议。"

保某公司不服，向海南省高级人民法院上诉称：（1）原判决认定事实错误。宝某公司已收到2013年5月22日股东会议通知，但以时间紧为由要求推迟召开会议。原审判决认定宝某公司未收到该次临时股东会议以及董事会议通知，并由此认定保某公司 2013 年 5 月 22 日临时股东会实际并未召开，与事实不符。保某公司在 2013 年 9 月 29 日董事会会议召开前的 10 日通过邮寄快递向马某发出书面通知，通知地址是宝某公司注册地、马某北京办公地址、马某身份证住址，但该三份邮件均被拒收而退回。保某公司在 2013 年 11 月 7 日临时股东会会议召开前的 15 日以邮寄快递方式通知宝某公司，但邮件被拒收而退回。保某公司以邮寄快递书面通知宝某公司将于 2014 年 1 月 17 日召开股东年度会议，邮件被拒收而退回，保某公司便于 2014 年 1 月 4 日在《西藏日报》刊登通知，督促宝某公司如期参加股东年度会议，该公告特别注明"因快递被退回，特在此通知"。保某公司在 2014 年 3 月 28 日临时股东会会议召开前的 15 日书面通知宝某公司参加会议，除向宝某公司邮寄书面通知外，分别在《西藏日报》以及《北京青年报》刊登股东会会议通知，但宝某公司仍然未出席会议。原审判决认定保某公司的股东会及董事会均未实际召开，无事实依据。（2）原审判决适用法律不当。《公司法》第二十二条是解决公司股东会、董事会决议效力的唯一法律依据，宝某公司起诉请求撤销股东会决议的时间已经超过该条规定的"决议作出之日起六十日内"的期间，依法应当驳回宝某公司的起诉，原审判决却适用了与本案法律关系不相干的法律规定判令决议不成立。原审判决认定保某公司仅有股东二人，在其中一人未到的情况下，股东会会议不能召开，没有法律依据且违反常理。（3）原审法院判非所请。本案是撤销之诉，原审法院应就是否撤销决议作出判决，而原审法院却作出了决议不成立的判决。（4）宝某公司故意不出席股东会、董事会，其责任由其自己承担。客观上，保某公司无意侵害其权益，相反，宝某公司却一再伤害保某公司以及大股东的权益。

另外，二审法院查明：保某公司 2012 年 6 月 13 日《公司章程》第三条载明：保某公司的公司注册资本为 2000 万元。公司增加或减少注册资本，必须召开股东会并由全体股东通过并作出决议。2013 年 5 月 9 日，宝某公司向双某川董事长送达《关于延期召开董事会的意见》载明，宝某公司已收悉《关于召开保某公司董事会临时会议通知》，通知提出会议于 2013 年 5 月 22 日召开，由于宝某公司与北大荒农垦及黑龙江建设集团股权纠纷一事，需于 5 月 21 日在黑龙江省垦区工商行政管理局召开听证会，所以无法于 5 月 22 日赶到三亚，特提出更改召开临时董事会时间。

二审法院经审理认为，本案的争议焦点为：涉案的股东会决议及董事会决议应否撤销。

一、关于前四份股东会或董事会决议应否撤销的问题。宝某公司致函保某公司要求更改原定于2013年5月22日召开的董事会时间，保某公司未予复函是否同意更改会议时间，在未经进一步协商确定会议时间的情况下，保某公司所发出的2013年5月22日临时股东会和2013年5月22日第二届董事会第一次会议的通知并未生效。保某公司主张其已经以邮寄的方式通知马某参加2013年9月29日董事会，但其提交的三份邮寄单上均注明为退回，其亦未能提供其他证据证明其已将该次董事会的召开时间通知了董事马某，故不能认定有效通知马某参加该次董事会。保某公司提交邮寄快递单拟证明其已通知宝某公司参加2013年11月7日股东会临时会议，但该邮寄快递单显示无人签收，保某公司亦未提供其他证据证明其已将该次股东会临时会议的召开时间通知了宝某公司，故不能认定其有效通知宝某公司参加该次股东临时会议。综上，保某公司主张其已有效通知宝某公司、马某参加上述四次股东会、董事会，缺乏事实依据，本院不予采纳。

同时，除法律或公司章程规定的情形外，股东会或董事会应召开会议通过表决作出决议。保某公司并不能提交证据证明其已实际召开上述四次股东会或董事会，该四次股东会或董事会决议并不具有不召开会议即可直接作出决议的情形。故保某公司未经召开股东会、董事会即作出上述股东会或董事会决议，不符合法律或公司章程的规定。

综上所述，保某公司未通知宝某公司或马某参加该四次股东会或董事会，该四次会议也并未实际召开，故宝某公司有权依法请求撤销该四份股东会或董事会决议。

保某公司上诉主张宝某公司起诉撤销该四份决议已超过《公司法》第二十二条规定的60日期限。但是，《公司法》第二十二条针对的是实际召开股东会或董事会而作出的决议。如上所述，保某公司未通知宝某公司或马某参加该四次会议，该四次会议也未实际召开，且保某公司也从未将决议内容通知宝某公司或马某，故宝某公司起诉请求撤销该四次会议决议，应不受《公司法》第二十二条规定的60日的限制。综上，宝某公司请求撤销保某公司2013年5月22日临时股东会决议、2013年5月22日第二届董事会第一次决议、2013年9月29日第二届董事会第二次临时会议决议、2013年11月7日股东会临时会决议的诉讼请求，有事实和法律依据，应予支持。

二、关于2014年1月17日股东会决议应否撤销的问题。保某公司于2014

年1月4日向宝某公司公告送达2014年1月17日股东会会议的召开通知，会议通知未提前十五日，故违反了保某公司《公司章程》第八条关于召开股东会会议应于会议召开十五日前通知全体股东的规定。同时，保某公司亦未实际召开该次股东会。故宝某公司有权依法请求撤销该份股东会决议。保某公司上诉主张宝某公司起诉撤销该次决议已超过《公司法》第二十二条规定的60日期限。如前所述，保某公司未通知宝某公司参加该次会议，该次会议也未实际召开，且保某公司也从未将决议内容通知宝某公司，故宝某公司起诉请求撤销该次会议决议，应不受该条规定的60日的限制。故宝某公司请求撤销2014年1月17日股东会决议的诉讼请求，有事实和法律依据，应予支持。

三、关于2014年3月28日股东临时会议决议应否撤销的问题。保某公司《公司章程》第三条规定，增加或减少注册资本，须由全体股东表决通过。同时，该公司章程的第八条又规定，增加或减少注册资本，由代表三分之二以上表决权的股东表决通过。由此可见，该公司章程第三条与第八条的规定存在冲突。从内容来看，该公司章程的第三条为有关公司注册资本的特别约定，第八条为公司股东会议事规则的一般约定。在同一个公司章程中，特别约定应优先于一般约定，故保某公司股东会对增加或减少注册资本的决议，须由全体股东表决通过。宝某公司未出席2014年3月28日股东会亦未行使表决权，故仅由天某公司单方表决通过的批准公司进行增资方案的2014年3月28日2014年一季度股东临时会议决议，违反了保某公司《公司章程》的规定，宝某公司可依据《公司法》第二十二条规定，请求撤销。宝某公司于2014年4月25日起诉请求撤销，未超过该条规定六十日的期限。故宝某公司请求撤销保某公司2014年3月28日2014年一季度股东临时会议决议，有事实和法律依据，应予支持。

综上所述，宝某公司起诉请求撤销本案六份股东会或董事会决议具有事实和法律依据，应予支持。原审法院认定的基本事实清楚，但判决确认该六份决议不成立，判非所诉。而且，法律只赋予了股东请求确认股东会或董事会决议无效或请求撤销股东会或董事会决议的权利，原审法院判决该六份决议不成立，缺乏法律依据，应予以纠正。综上，二审法院判决撤销上述决议。

专家点评

《公司法》规定，提起公司决议撤销之诉条件如下：

一、拟撤销的决议必须是股东会或者董事会的决议。监事会决议被排除在外。

二、有权提起诉讼的主体仅限于公司的股东。公司中非股东的董事、监事、高级管理者等没有提起公司决议撤销之诉的资格。

三、拟撤销的公司决议存在撤销的法定事由：股东会、董事会的会议召集程序、表决方式违反法律、行政法规或者公司章程，或者决议内容违反公司章程的。

（一）召集程序是否违法，主要是指违反《公司法》第六十四条、第一百一十五条。在实务中一般表现形式：（1）公告或通知中对召集权人记载有瑕疵；（2）公司未进行召集股东会的通知或公告；（3）开会的通知或公告未遵守法定期间；（4）通知形式违法，对记名股东采取公告；（5）对部分股东遗漏通知；（6）召集通知或公告记载违法；（7）不适当的开会时间或开会地点；（8）无记名股票的股东未将股票交存公司即出席股东会；（9）没有出具委托书即由代理人出席股东会；（10）董事会未依法准备各项表册；（11）股东会或董事会召集通知中未载明召集事由、议题和议案概要；（12）决定召集股东会的董事会出席人数不足等。

（二）表决程序是否违法，主要是指违反《公司法》第六十四条、第一百一十五条。在实务中一般表现形式：（1）由于股东会或董事会现场对参会者或代理人身份检查不严，非股东或非董事参与了表决；（2）公司决议未达到法定或公司章程所规定的表决权比例；（3）主持人限制适格的代理人行使表决权；（4）董事或监事对股东的质询拒绝说明或说明不充分；（5）股东会或董事会主席无端限制股东的发言或表决；（6）违反法律或章程的人担任主持人；（7）会场大声喧哗、骚乱无序，在股东未充分讨论和协商的情况下强行作出决议；（8）根据公司法或公司章程的规定依法应当回避的股东或董事没有进行回避等。[①]

（三）公司决议内容违反章程，是指公司决议内容没有直接违反法律、行政法规，而是仅仅违反公司章程的情形。如果出现了决议内容违反章程与违反法律、行政法规相竞合的情况，则不能提起公司决议撤销之诉，而应提起公司决议无效确认之诉。这是因为公司决议内容违反法律、行政法规的，属于损害国家和社会公共利益的行为，应给予严厉的否定性评价，此时应无决议撤销之诉适用的余地。本案中，原告提起的六个股东会或董事会决议中有五个是因为召集程序上

[①] 刘俊海：《新公司法的制度创新：立法争点和解释难点》，法律出版社2006年版，第237页。

出了问题，其中四个没有满足通知的条件，一个没有满足提前告知的条件，另一个违反了公司章程内容的规定。

四、应符合法定的期限要求。根据新公司法的规定，公司决议撤销之诉应当自公司决议作出之日起 60 日内向人民法院提起，逾期则不再享有通过诉讼撤销公司决议的权利。这样能够有效地平衡股东与公司双方之间的利益关系：既防止公司的组织机构随意行使权力，以集体意志（决议）的名义侵害股东合法权益，又防止股东滥用撤销权而影响公司决策与经营的效率。① 本案中，因为原告提起的公司决议撤销之诉或因股东会、董事会未实际召开致使 60 日除斥期间的起点无从起算，所以原告满足公司决议撤销之诉的时间要件。

本案中另一个难点在于，保某公司是否依法向宝某公司作出了召开股东会或董事会的通知。保某公司主张其已经依法向宝某公司发出了通知，并作了公告，无论宝某公司是否收到，均视为依法发出了通知；宝某公司则认为其并没有收到所谓的会议通知，保某公司也不能证明宝某公司已收到了通知，所以公司决议有瑕疵。最终，海南省高级人民法院认可了宝某公司的主张，判定由于宝某公司未签收，因此保某公司并没有履行通知义务，公司决议可撤销。

专业律师分析

1. 引入专业律师参与、确保股东会和董事会在程序上和决策内容上无瑕疵、合法有效

本案六个股东会或董事会决议中，有五个是因为召集程序上出了问题（其中四个没有满足通知的条件，一个没有满足提前告知的条件），另外一个违反了公司章程内容的规定。

此案例提醒广大的企业家，尤其是在企业中占绝对控股地位的大股东，一定要注意股东会决议或董事会决议的程序问题，不要认为自己持有公司三分之二以上的股权就可以在公司中为所欲为。

2. 在公司章程中设置送达条款

投资者们还应从本案中吸取教训，注意在公司章程中设置送达条款，以保证在召开股东会或董事会时及时地将会议通知送达股东或董事手中，以免各股东出现矛盾时，因无法送达而使公司陷入僵局或股东会决议和董事会决议被认定为不成立。

---

① 宋晓明、刘俊海：《公司法指导案例裁判要旨通纂》，北京大学出版社 2014 年版，第 162 页。

法规链接

《公司法》（2023 年修订）

第二十五条 公司股东会、董事会的决议内容违反法律、行政法规的无效。

第二十六条 公司股东会、董事会的会议召集程序、表决方式违反法律、行政法规或者公司章程，或者决议内容违反公司章程的，股东自决议作出之日起六十日内，可以请求人民法院撤销。但是，股东会、董事会的会议召集程序或者表决方式仅有轻微瑕疵，对决议未产生实质影响的除外。

未被通知参加股东会会议的股东自知道或者应当知道股东会决议作出之日起六十日内，可以请求人民法院撤销；自决议作出之日起一年内没有行使撤销权的，撤销权消灭。

第二十七条 有下列情形之一的，公司股东会、董事会的决议不成立：

（一）未召开股东会、董事会会议作出决议；

（二）股东会、董事会会议未对决议事项进行表决；

（三）出席会议的人数或者所持表决权数未达到本法或者公司章程规定的人数或者所持表决权数；

（四）同意决议事项的人数或者所持表决权数未达到本法或者公司章程规定的人数或者所持表决权数。

第二十八条 公司股东会、董事会决议被人民法院宣告无效、撤销或者确认不成立的，公司应当向公司登记机关申请撤销根据该决议已办理的登记。

股东会、董事会决议被人民法院宣告无效、撤销或者确认不成立的，公司根据该决议与善意相对人形成的民事法律关系不受影响。

第六十二条 股东会会议分为定期会议和临时会议。

定期会议应当按照公司章程的规定按时召开。代表十分之一以上表决权的股东、三分之一以上的董事或者监事会提议召开临时会议的，应当召开临时会议。

第六十三条 股东会会议由董事会召集，董事长主持；董事长不能履行职务或者不履行职务的，由副董事长主持；副董事长不能履行职务或者不履行职务的，由过半数的董事共同推举一名董事主持。

董事会不能履行或者不履行召集股东会会议职责的，由监事会召集和主持；监事会不召集和主持的，代表十分之一以上表决权的股东可以自行召集和主持。

第六十四条 召开股东会会议，应当于会议召开十五日前通知全体股东；但是，公司章程另有规定或者全体股东另有约定的除外。

股东会应当对所议事项的决定作成会议记录，出席会议的股东应当在会议记录上签名或者盖章。

《最高人民法院关于适用〈中华人民共和国公司法〉若干问题的规定（四）》（2020年修正）

第四条　股东请求撤销股东会或者股东大会、董事会决议，符合民法典第八十五条、公司法第二十二条第二款规定的，人民法院应当予以支持，但会议召集程序或者表决方式仅有轻微瑕疵，且对决议未产生实质影响的，人民法院不予支持。

第五条　股东会或者股东大会、董事会决议存在下列情形之一，当事人主张决议不成立的，人民法院应当予以支持：

（一）公司未召开会议的，但依据公司法第三十七条第二款或者公司章程规定可以不召开股东会或者股东大会而直接作出决定，并由全体股东在决定文件上签名、盖章的除外；

（二）会议未对决议事项进行表决的；

（三）出席会议的人数或者股东所持表决权不符合公司法或者公司章程规定的；

（四）会议的表决结果未达到公司法或者公司章程规定的通过比例的；

（五）导致决议不成立的其他情形。

第六条　股东会或者股东大会、董事会决议被人民法院判决确认无效或者撤销的，公司依据该决议与善意相对人形成的民事法律关系不受影响。

002 公司决议内容违反股东间协议约定的，股东可以请求撤销该决议

裁判要旨

公司的全体股东在股东间协议中约定公司董事长由其中一方股东委派，公司另行作出的股东会决议违反该股东间协议约定的，股东可以请求人民法院撤销公司决议。

案情简介[①]

世某盛康公司原股东为杨某、舒某平。

2009年9月28日,杨某、舒某平作为甲方,中某万融公司作为乙方,世某盛康公司作为丙方,签订了《增资扩股协议书》,约定中某万融公司对世某盛康公司增资入股。增资完成后,世某盛康公司董事会由甲方委派2人,乙方委派3人。董事长在乙方委派的董事中产生,副董事长在甲方委派的董事中产生。

2009年9月29日,增资扩股后的世某盛康公司董事长变更为赵某贤(中某万融公司委派)、副董事长吴某(杨某、舒某平委派)。

2010年1月,世某盛康公司股东内部又进行了股权比例调整,并增选了公司董事。

2014年3月20日,在中某万融公司委派的董事未参会的情况下,新世某盛康公司董事会作出了董事会决议,决定免去赵某贤担任的董事长兼法定代表人职务,选举吴某为董事长兼法定代表人(3·20董事会决议)。

中某万融公司向法院提起诉讼,请求撤销3·20董事会决议。

本案陕西省西安市中级人民法院一审、陕西省高级人民法院二审均驳回了中某万融公司的诉讼请求。中某万融公司向最高人民法院申请再审,最高人民法院改判撤销3·20董事会决议。

裁判要点精要

本案中,最高人民法院最终判决撤销3·20董事会决议的一个重要原因,是该决议内容违反了股东间的协议,并且该股东间协议的法律性质应属世某盛康公司对公司章程相关内容的具体解释。违反该约定应为决议的可撤销事由。

具体而言,《增资扩股协议书》明确约定:"董事长在中某万融公司委派的董事中产生。"并约定:"本协议作为解释新世某盛康公司股东之间权利和义务的依据,长期有效,除非各方达成书面协议修改;本协议在不与新世某盛康公司章程明文冲突的情况下,视为对新世某盛康公司股东权利和义务的解释并具有最高法律效力。"该规定由全体股东一致同意,并经世某盛康公司签署。因此,该文件虽名为协议,但在主体上包括公司和全体股东、内容上属于公司章程的法定记载事项、效力上具有仅次于章程的最高效力,其法律性质应属世某盛康公司对

[①] 最高人民法院审理的中某万融公司、曹某君公司决议纠纷案[(2017)最高法民再172号]。

公司章程相关内容的具体解释。违反该约定应为决议的可撤销事由。3·20董事会决议选举吴某为世某盛康公司董事长，而吴某并非中某万融公司委派的董事，故该决议内容违反了全体股东及公司对公司章程的解释，应视为违反了公司章程的规定。

实务经验总结

第一，股东间出于对公司控制的考虑，可以在公司章程中或股东间协议中约定各方股东有权向公司委派的董事名额，或约定公司的董事长、副董事长由特定的股东方委派。

第二，为保证股东间协议与公司章程具有同等效力，签署主体上应由全体股东及公司共同签署，内容上可参考本案中协议的约定"本协议作为解释公司股东之间权利和义务的依据，长期有效，除非各方达成书面协议修改；本协议在不与公司章程明文冲突的情况下，视为对公司股东权利和义务的解释并具有最高法律效力"。或者还可约定"公司决议的内容违反本协议约定的，公司股东有权请求人民法院撤销"。

第三，为保证股东间协议的效力，避免产生争议，在公司的股权结构发生变化后，应当要求新股东及时签订补充协议认可股东协议的效力，或者由各方重新签署股东协议。

法规链接

《公司法》（2023年修订）

第二十五条　公司股东会、董事会的决议内容违反法律、行政法规的无效。

第二十六条　公司股东会、董事会的会议召集程序、表决方式违反法律、行政法规或者公司章程，或者决议内容违反公司章程的，股东自决议作出之日起六十日内，可以请求人民法院撤销。但是，股东会、董事会的会议召集程序或者表决方式仅有轻微瑕疵，对决议未产生实质影响的除外。

未被通知参加股东会会议的股东自知道或者应当知道股东会决议作出之日起六十日内，可以请求人民法院撤销；自决议作出之日起一年内没有行使撤销权的，撤销权消灭。

第二十七条　有下列情形之一的，公司股东会、董事会的决议不成立：

（一）未召开股东会、董事会会议作出决议；

（二）股东会、董事会会议未对决议事项进行表决；

（三）出席会议的人数或者所持表决权数未达到本法或者公司章程规定的人数或者所持表决权数；

（四）同意决议事项的人数或者所持表决权数未达到本法或者公司章程规定的人数或者所持表决权数。

第二十八条 公司股东会、董事会决议被人民法院宣告无效、撤销或者确认不成立的，公司应当向公司登记机关申请撤销根据该决议已办理的登记。

股东会、董事会决议被人民法院宣告无效、撤销或者确认不成立的，公司根据该决议与善意相对人形成的民事法律关系不受影响。

本案链接

以下为该案件判决书法院在"本院认为"部分的阐述：

关于3·20董事会决议内容是否违反公司章程规定的问题。2009年9月28日舒某平、杨某、中某万融公司与世某盛康公司共同签订的《增资扩股协议书》第四条第三款约定："董事长在中某万融公司委派的董事中产生。"第九条第二款约定："本协议作为解释新世某盛康公司股东之间权利和义务的依据，长期有效，除非各方达成书面协议修改；本协议在不与新世某盛康公司章程明文冲突的情况下，视为对新世某盛康公司股东权利和义务的解释并具有最高法律效力。"该规定由全体股东一致同意，并经世某盛康公司签署。因此，该文件虽名为协议，但在主体上包括公司和全体股东、内容上属于公司章程的法定记载事项、效力上具有仅次于章程的最高效力，其法律性质应属世某盛康公司对公司章程相关内容的具体解释。违反该约定应为决议的可撤销事由。由于该协议对董事长选任范围的限制，并不违反公司章程关于董事长经选举产生的规定，应为有效。在杨某和舒某平向中某万融公司转让股权后，虽然公司股权结构以及董事会组成人数和各方委派的董事人数均发生变化，但并未书面协议修改董事长选任范围的规定。3·20董事会决议选举吴某为世某盛康公司董事长，而吴某并非中某万融公司委派的董事，故该决议内容违反了全体股东及公司对公司章程的解释，应视为违反了公司章程的规定。

（七）小股东防守之"启动决议无效之诉"

001 代理人越权投票致使股东会决议侵害股东权利的，决议是否有效

裁判要旨

受托参加股东会，代理人超越权限投票，股东会决议侵犯股东法定权利的，决议无效。

案情简介①

黔某交通公司原注册资本6万元，股东为夏某中（持股比例93.33%）、潘某华（持股比例5%）、何某阳（持股比例1.67%）。

2010年3月起，大股东夏某中因涉嫌犯罪被羁押于黔西县看守所，人身自由受到限制。

6月14日，夏某中向代某贵出具授权委托书，委托代某贵"代表夏某中联系93.33%股权处理转让60%，并代表该项事务的民事行为"。

6月24日，黔某交通公司召开由何某阳主持，潘某华、代某贵等人参加的股东扩大会议，作出"公司注册资本6万元变更为76万元，三股东的出资比例为何某阳87.63%，夏某中7.37%，潘某华5%"的股东会决议，并制定公司章程修正案。代某贵在股东会决议上签字，但"因对股份比例计算有意见未在章程修正案上签字"。

夏某中认为上述股东会决议侵犯了其对新增注册资本的优先认缴权，向法院诉请确认涉案的股东会决议无效。

一审贵州省毕节市中级人民法院、二审贵州省高级人民法院判决：夏某中的

---

① 贵州省高级人民法院审理的夏某中与黔某交通公司、何某阳、潘某华公司决议效力确认纠纷案[（2015）黔高民商终10号]。最高人民法院审理的夏某中与黔某交通公司、何某阳等公司决议效力确认纠纷案[（2016）最高法民申334号]。

代理人代某贵在公司新增资本时未主张认缴出资，因此驳回了夏某中的诉讼请求。

夏某中不服贵州省高级人民法院的终审判决，向最高人民法院提出再审申请。最高人民法院裁定认为股东会决议侵犯了夏某中认缴增资的法定权利而无效。

裁判要点精要

夏某中向代某贵出具的授权委托书委托权限仅包括处理股权转让事宜，并不包括代其参加股东会并对决议内容发表意见的内容，故黔某交通公司召开的股东会所作出的关于增加注册资本以及修改公司章程的股东会决议内容，没有经过当时仍持有公司93.33%股权的夏某中的同意，也没有证据证明夏某中就公司的该次增资已知悉并明确放弃了优先认缴权，故上述决议内容违反了《公司法》（2005年修订）第三十五条关于"股东有权优先按照实缴的出资比例认缴出资"的规定，侵犯了夏某中认缴增资的合法权益，依据《公司法》（2005年修订）第二十二条第一款规定，应认定无效。

实务经验总结

为避免未来发生类似纷争，提出如下建议：

第一，召开股东会或董事会授权代表人参加会议的，董事会秘书应审查参会代表的授权权限（授权事项、授权期限、投票意愿），避免代理人无权参与公司会议，或超越其授权权限参与公司会议及对公司决议事项进行投票。

第二，股东（董事）委托他人参加会议，《授权委托书》应明确委托事项，避免授权不明造成代理人超越代理权限。如"授权事项：（1）代为选举公司董事。（2）代为选举公司监事；除上述授权事项外，被委托人无权代表委托人作出任何行为或决定"。切忌概括填写委托事项，如"被委托人代表委托人参加股东会决议，并代为投票""被委托人有权代表委托人就与公司有关的事项作出决定"等。

第三，授权委托还应明确载明授权期限，避免授权期限过长、授权期限无截止时间。如委托人因出国、被羁押等原因长期无法参加公司会议的，原则上还是建议每次股东会（董事会）召开前分别作出授权；客观条件确实无法允许每次单独出具授权委托书的，也应尽量缩短授权期限。

第四，为避免因代理人不忠实履行股东或董事本人的投票意愿，笔者强烈建议《授权委托书》应尽可能载明投票意愿。如"代为对本次股东会的《议案一》《议案×》投赞成票""代为对本次股东会的《议案×》投反对票"；再如"代为选举张三为公司董事长"等。避免因代理人不忠实履行其投票意愿而产生纠纷。

法规链接

《公司法》（2023年修订）

第二十五条 公司股东会、董事会的决议内容违反法律、行政法规的无效。

第二十六条 公司股东会、董事会的会议召集程序、表决方式违反法律、行政法规或者公司章程，或者决议内容违反公司章程的，股东自决议作出之日起六十日内，可以请求人民法院撤销。但是，股东会、董事会的会议召集程序或者表决方式仅有轻微瑕疵，对决议未产生实质影响的除外。

未被通知参加股东会会议的股东自知道或者应当知道股东会决议作出之日起六十日内，可以请求人民法院撤销；自决议作出之日起一年内没有行使撤销权的，撤销权消灭。

第二十七条 有下列情形之一的，公司股东会、董事会的决议不成立：

（一）未召开股东会、董事会会议作出决议；

（二）股东会、董事会会议未对决议事项进行表决；

（三）出席会议的人数或者所持表决权数未达到本法或者公司章程规定的人数或者所持表决权数；

（四）同意决议事项的人数或者所持表决权数未达到本法或者公司章程规定的人数或者所持表决权数。

第二十八条 公司股东会、董事会决议被人民法院宣告无效、撤销或者确认不成立的，公司应当向公司登记机关申请撤销根据该决议已办理的登记。

股东会、董事会决议被人民法院宣告无效、撤销或者确认不成立的，公司根据该决议与善意相对人形成的民事法律关系不受影响。

第二百二十七条 有限责任公司增加注册资本时，股东在同等条件下有权优先按照实缴的出资比例认缴出资。但是，全体股东约定不按照出资比例优先认缴出资的除外。

股份有限公司为增加注册资本发行新股时，股东不享有优先认购权，公司章程另有规定或者股东会决议决定股东享有优先认购权的除外。

本案链接

以下为该案在法院审理阶段,判决书中"本院认为"就该问题的论述:

本院认为,案涉股东会决议作出于2010年,本案应适用2005年修订版《公司法》。根据一审、二审查明的案件事实,夏某中向代某贵出具的授权委托书并不包括代其参加股东会并对决议内容发表意见的内容,故2010年3月30日、6月20日、6月24日、6月29日黔某交通公司召开的股东会所作出的关于增加注册资本以及修改公司章程的股东会决议内容,没有经过当时仍持有公司93.33%股权的夏某中的同意,也没有证据证明夏某中就公司的该次增资已知悉并明确放弃了优先认缴权,故上述决议内容违反了《公司法》第三十五条关于"股东有权优先按照实缴的出资比例认缴出资"的规定,侵犯了夏某中认缴增资的合法权益,依据《公司法》第二十二条第一款规定,应认定无效。二审判决关于是否侵害夏某中优先认购权的认定缺乏证据证明。同时,根据《公司法》第四十四条第二款规定,无论公司章程如何规定,股东会作出修改公司章程、增加或者减少注册资本的决议,以及公司合并、分立、解散或者变更公司形式的决议,必须经代表三分之二以上表决权的股东通过,故二审判决认定"上述股东会决议内容经潘某华、何某阳二位股东通过,符合《公司法》及黔某交通公司章程的相关规定"为适用法律错误。

综上,本院认为,夏某中的再审申请符合《民事诉讼法》第二百条第(二)项、第(六)项规定的情形。本院依照《民事诉讼法》第二百零四条、第二百零六条之规定,裁定如下:指令贵州省高级人民法院再审本案。

延伸阅读

裁判规则一:大股东形成的为小股东增设义务或限制权利的股东会决议被判无效。

案例1:山东省高级人民法院审理的周某生与裕某公司、吕某涛等公司决议效力确认纠纷案[(2014)鲁商初23号]认为,公司大股东如果为了追求自己的利益,形成的股东会决议影响小股东的个人利益,为小股东增设义务或限制权利,应得到小股东的同意……被告吕某涛及裕某公司其他被告股东在本案六次股东会议分别召开时明知周某生未参加会议,不可能在股东会决议上签字,仍表决通过了相关股东会决议,应视为被告吕某涛及裕某公司其他被告股东构成恶意串通行为。根据《公司法》第二十二条第一款之规定，"公司股东会或者股东大会、董事会的决议内容违反法律、行政法规的无效"，因本案六次股东会决议违反了法律强制性规定，故应认定为无效。

裁判规则二：即使大股东滥用股东权利给小股东造成损失，也只能提起损害赔偿之诉，不能诉请确认股东会决议内容无效。

案例2：重庆市第一中级人民法院审理的国某公司与西某航空公司决议效力确认纠纷案［（2015）渝一中法民终00865号］认为，国某公司认为股东会决议存在大股东滥用股东权利，损害小股东利益的行为，对此，本院认为，首先，即使国某公司能够证明公司股东滥用股东权利给其造成损失，根据《公司法》第二十条第二款的规定："公司股东滥用股东权利给公司或者其他股东造成损失的，应当依法承担赔偿责任。"国某公司也只能提起损害赔偿之诉，而不能依据该条规定确认股东会决议内容无效。其次，股东会决议施行多数决机制，即少数服从多数，此种机制是保证公司治理正常进行和保证公司利益最大化的前提，投反对票的少数股东必然认为决议不符合其利益需求，如果人民法院都将此种情形判定决议无效，一是将导致公司无法正常经营，二是与公司多数决的治理机制不符，三是存在司法干预公司自主经营权的问题，因此，不能以损害小股东利益为由确认股东会决议无效。最后，股东会决议是否无效只涉及决议内容是否违法的问题，不涉及商业判断，人民法院应尊重股东作出的选择。因此，国某公司的该项上诉理由不成立。

002 事前未在股东会决议上签字但事后实际履行该股东会决议的股东可以再次主张该决议无效吗

裁判要旨

虽然股东未在《股东会议决议》上签字，但从其行为看，其对该决议的内容是知晓且明确接受、同意的，事后股东再以该决议未经其签字确认为由主张决议无效的，有违诚实信用原则和禁反言原则，法院不予支持。

案情简介①

陈某海与天某通北京公司、林某某等人设立浙江天某通公司，其中陈某海占股10%，天某通北京公司、林某某等人占股90%。

2012年7月14日，陈某海向林某某、王某等其他股东发送邮件，通知各股东参加公司第一次股东会，其中决议的第七条议案为"讨论并通过向北京天电公司购买知识产权的议案"。

2012年7月28日，公司全体发起人召开股东会并形成《股东会议决议一》。《股东会议决议一》中未有向北京天电购买知识产权的内容，全体股东签字。

2012年7月29日公司补签了《股东会议决议二》内容为："同意公司用309万元人民币购买北京天电的知识产权。"天某通北京公司、林某某等股东在该《股东会议决议二》上签字或盖章确认，该些股东拥有公司股份总数的70%，陈某海却未在该决议上签字。

2012年8月16日，浙江天某通公司向北京天电公司汇付人民币309万元，用于购买北京天电的知识产权。北京天电公司与天某通北京公司为美国天电公司的关联公司。方某铮为美国天电公司总裁兼执行长和天某通北京公司的法定代表人。

2012年8月16日，陈某海向方某铮发送邮件称其已安排公司向北京天电公司付清全款；2012年8月22日，方某铮向陈某海发送邮件称已收到309万元款项，并支付给陈某海14.5万元佣金。

2013年，浙江天某通公司进入强制清算程序。陈某海于2014年以《股东会议决议二》未开会、未签字为由向法院提起诉讼，要求确认股东会决议无效。本案经浙江省湖州市中级人民法院一审、浙江省高级人民法院二审、最高人民法院再审，最终判定股东会决议有效。

裁判要点精要

虽然陈某海未在落款时间为2012年7月29日的《股东会议决议二》上签字，但从其行为看，其对该决议的内容是知晓且明确接受、同意的，现陈某海以该决议系天某通北京公司、林某某等股东联合编造为由要求确认无效，明显与事

---

① 最高人民法院审理的浙江天某通公司与陈某海、陈某彬等损害公司利益责任纠纷案〔（2015）民申2724号〕。

实不符，且有违诚实信用原则和禁反言原则。

《股东会议决议二》内容违反公司法及相关法律规定，但该决议的内容系向其他公司购买知识产权，本身并不违法，且签章确认的天某通北京公司、林某某等股东持有浙江天某通公司股份总数的 70%，故陈某海主张股东会决议无效的理由不能成立。

另外，依照《公司法》第二十六条之规定，股东会、董事会的会议召集程序、表决方式违反法律、行政法规或者公司章程，或者决议内容违反公司章程的，股东自决议作出之日起六十日内，可以请求人民法院撤销。案涉《股东会议决议二》系 2012 年作出，但陈某海于 2014 年 3 月 6 日向法院起诉，已超出法定期限。综上，《股东会议决议二》合法有效。

实务经验总结

为避免未来发生类似纷争，提出如下建议：

第一，小股东虽未在股东会决议上签字，但该股东会决议经公司多数股东签字确认的情况下，该小股东已知情且亲自实际履行该决议的，不得再主张该决议无效。所以，对小股东来讲，对于有异议的决议事项务必及时表达自己的反对意见，并且不能在自己明知该决议且实际履行该决议的情形下，再次主张决议无效。

第二，股东会的程序性事项（"召集程序"和"表决方式"）违法，包括股东会、董事会会议的通知、股权登记、提案和议程的确定、主持、投票、计票、表决结果的宣布、决议的形成、会议记录及签署等事项，股东需要在 60 日的除斥期间内向法院提起撤销之诉，否则该程序违法事项将在该期间过后得到补正（亦即不能再要求撤销）。

法规链接

《公司法》（2023 年修订）

第二十五款 公司股东会、董事会的决议内容违反法律、行政法规的无效。

第二十六条 公司股东会、董事会的会议召集程序、表决方式违反法律、行政法规或者公司章程，或者决议内容违反公司章程的，股东自决议作出之日起六十日内，可以请求人民法院撤销。但是，股东会、董事会的会议召集程序或者表决方式仅有轻微瑕疵，对决议未产生实质影响的除外。

未被通知参加股东会会议的股东自知道或者应当知道股东会决议作出之日起六十日内，可以请求人民法院撤销；自决议作出之日起一年内没有行使撤销权的，撤销权消灭。

《最高人民法院关于适用〈中华人民共和国公司法〉若干问题的规定（四）》（2020年修正）

第五条 股东会或者股东大会、董事会决议存在下列情形之一，当事人主张决议不成立的，人民法院应当予以支持：

（一）公司未召开会议的，但依据公司法第三十七条第二款或者公司章程规定可以不召开股东会或者股东大会而直接作出决定，并由全体股东在决定文件上签名、盖章的除外；

（二）会议未对决议事项进行表决的；

（三）出席会议的人数或者股东所持表决权不符合公司法或者公司章程规定的；

（四）会议的表决结果未达到公司法或者公司章程规定的通过比例的；

（五）导致决议不成立的其他情形。

本案链接

以下为该案在法院审理阶段，判决书中"本院认为"就该问题的论述：

本院经审查认为，陈某海再审申请主张2012年7月29日没有召开会议，其作为股东及公司董事长陈某均对开会事项不知情，公司没有股东会议记录，《股东会议决议》文件是虚假及伪造的等。因该会议涉及事项的相关情况已为生效的（2014）浙湖商初14号民事判决认定，且持该公司70%股权的股东均确认会议的真实性，在陈某海未能提交证据足以推翻上述证据真实性的情况下，二审法院未采信陈某海的观点并无不妥，其主张《股东会议决议》是伪造的观点不成立。

陈某海再审主张其对开会事项不知情，但其在此前向公司其他股东发送邮件时涉及了相关内容，其参与了涉及事项的往来汇款等，其陈述对会议涉及内容完全不知情的主张不合理。

其关于公司没有股东会议记录及董事长未主持参加会议等属于召集股东会的程序事项，其依法可以在决议作出之日起六十日内请求撤销决议。由于陈某海起诉时已经超过《公司法》规定的起诉期间，故二审法院以超过起诉期间为由未支持其关于撤销决议的主张，适用法律正确。

003 公司决议的内容部分有效，部分无效，当如何处理

裁判要旨

公司决议可部分有效、部分无效，如实质上可拆分，应分别判断效力。

案情简介①

蒋某、红某公司均为科某公司股东。其中蒋某出资67.6万元，出资比例14.22%；红某公司出资27.6万元，出资比例5.81%。

2003年12月16日，科某公司召开股东会，通过"关于吸纳陈某高为新股东"的决议（75.49%同意，20.03%反对，4.48%弃权）。蒋某及红某公司投反对票，并要求行使股东对新增注册资本的优先认缴权。

2003年12月18日，科某公司、陈某高签订《入股协议书》，约定由陈某高出资800万元，以每股1.3元认购科某公司新增的615.38万股股份。

2003年12月22日，红某公司向科某公司递交报告，主张蒋某和红某公司对新增资本享有优先认缴出资的权利。

2003年12月25日，科某公司完成注册资本及出资比例的工商变更，蒋某、红某公司的出资比例分别降至6.20%及2.53%。次日，红某公司向工商局递交了《请就新增资本、增加新股东作不予变更登记的报告》。

2005年12月，蒋某和红某公司向法院提起诉讼，请求确认科某公司2003年12月16日股东会通过的"吸纳陈某高为新股东"的决议无效。四川省绵阳市中级人民法院判决驳回其诉讼请求。红某公司、蒋某不服，提起上诉，四川省高级人民法院改判案涉股东会决议中"吸纳陈某高为新股东"的内容无效。

科某公司、陈某高等不服二审判决，向最高人民法院申请再审。最高人民法院判决：股东会决议中由陈某高出资800万元认购科某公司新增615.38万股股份的决议内容中，涉及新增股份20.03%（增资前蒋某及红某公司出资比例总计为20.03%）的部分无效，涉及新增股份79.97%的部分有效。

---

① 绵阳市红某实业有限公司、蒋某诉绵阳高新区科某实业有限公司（以下简称科某公司）股东会决议效力及公司增资纠纷，最高人民法院（2010）民提字第48号。

裁判要点精要

最高人民法院认为，2003年12月16日科某公司作出的"吸纳陈某高为新股东"的股东会决议，实际包含增资800万元和由陈某高认缴新增出资两方面的内容，由陈某高认缴新增出资的内容又可以进一步划分为涉及新增股份20.03%的部分（增资前蒋某及红某公司出资比例总计为20.03%）及涉及新增股份79.97%的部分。

对于涉及新增股份20.03%的部分，科某公司在其股东红某公司、蒋某明确表示反对的情况下，未给予红某公司和蒋某优先认缴出资的选择权，侵犯了其按照各自的出资比例优先认缴新增资本的权利，因此该决议内容中涉及新增股份20.03%的部分归于无效。对于涉及新增股份中79.97%的部分，因其他股东以同意或弃权的方式放弃行使优先认缴权而发生法律效力。

另外，由于该股东会决议中实际包含增资800万元和由陈某高认缴新增出资两方面的内容，由陈某高认缴新增出资的决议内容部分无效并不影响增资决议的效力。

实务经验总结

为避免未来发生类似纷争，提出如下建议：

第一，公司决议的表述应当明确、具体、严谨，一个决议事项说清一个事，不要把不同的决议内容放在一个决议事项中表述。

第二，如股东认为股东会决议事项侵犯了自己的法定权利，除应明确投反对票外，还可要求在会议记录中记载反对意见，或在会议后以书面形式表达反对意见，并提起公司决议无效之诉。

第三，股东提起公司决议无效之诉时，既可以要求确认整份股东会决议无效，也可确认股东会决议中的某个决议事项无效；公司作为被告，对于在实质上独立可分的决议内容，可以以"部分无效的决议内容不影响其他部分决议内容的效力"为由抗辩。

法规链接

《公司法》（2023年修订）

第二十五条 公司股东会、董事会的决议内容违反法律、行政法规的无效。

第二百二十七条 有限责任公司增加注册资本时，股东在同等条件下有权优先按照实缴的出资比例认缴出资。但是，全体股东约定不按照出资比例优先认缴出资的除外。

股份有限公司为增加注册资本发行新股时，股东不享有优先认购权，公司章程另有规定或者股东会决议决定股东享有优先认购权的除外。

本案链接

以下为该案在法院审理阶段，判决书中"本院认为"就该问题的论述：

2003年12月16日科某公司作出股东会决议时，现行公司法尚未实施，根据《最高人民法院关于适用〈中华人民共和国公司法〉若干问题的规定（一）》第二条的规定，当时的法律和司法解释没有明确规定的，可参照适用现行公司法的规定。1999年版《公司法》第三十三条规定："……公司新增资本时，股东可以优先认缴出资。"根据《公司法》第三十五条的规定，公司新增资本时，股东的优先认缴权应限于其实缴的出资比例。2003年12月16日科某公司作出的股东会决议，在其股东红某公司、蒋某明确表示反对的情况下，未给予红某公司和蒋某优先认缴出资的选择权，径行以股权多数决的方式通过了由股东以外的第三人陈某高出资800万元认购科某公司全部新增股份615.38万股的决议内容，侵犯了红某公司和蒋某按照各自的出资比例优先认缴新增资本的权利，违反了上述法律规定。《公司法》第二十二条第一款规定："公司股东会或者股东大会、董事会的决议内容违反法律、行政法规的无效。"根据上述规定，科某公司2003年12月16日股东会议通过的由陈某高出资800万元认购科某公司新增615.38万股股份的决议内容中，涉及新增股份中14.22%和5.81%的部分因分别侵犯了蒋某和红某公司的优先认缴权而归于无效，涉及新增股份中79.97%的部分因其他股东以同意或弃权的方式放弃行使优先认缴权而发生法律效力。四川省绵阳市中级人民法院（2006）绵民初2号民事判决认定决议全部有效不妥，应予纠正。该股东会将吸纳陈某高为新股东列为一项议题，但该议题中实际包含增资800万元和由陈某高认缴新增出资两方面的内容，其中认定由陈某高认缴新增出资的决议内容部分无效不影响增资决议的效力，科某公司认为上述两方面的内容不可分割缺乏依据，本院不予支持。

（八）小股东防守之"提前设定分红方案"

001 公司章程可规定利润分配基准和分红比例的衡量标准

公司章程设计要点

将上市公司利润分配的基准和具体分红比例载入公司章程条款，更有利于保障投资者权益。有限公司的小股东可以在投资时要求修改公司章程，将类似章程条款写入公司章程。

阅读提示

上市公司为投资者提供相对稳定、可预期的现金回报，这不仅是证券这一金融资产的基本属性，也是经典理论中股票合理定价与估值的关键因素。因此，上市公司现金分红可谓公司治理的内在要求。

为打击上市股份公司无故不分利润，或者大股东把现金分红当成套现工具的现象，2013年上海证券交易所发布《上海证券交易所上市公司现金分红指引》（以下简称《指引》），专门增加条款，对上市公司利润分配基准和分红比例的衡量标准作出了明确规定。该指引颁布后，多家上市公司立刻将《指引》的要求载入公司章程条款。

2017年以来，为应对资本市场投资不足，散户过多的情况，有些公司制定了彰显《指引》精神的《股东分红回报规划》，来吸引更多中小股东进行长期和理性的投资。本书通过《恒通公司股东分红回报规划》（2017~2019年）的有关条款以及司法案例，对此问题进行分析。

公司章程参考研究文本

《恒通公司股东分红回报规划》（2017~2019年）第一章第二条第二款　董事会应当综合考虑公司所处行业特点、发展阶段、自身经营模式、盈利水平以及是否有重大资金支出安排等因素，区分下列情形，并按照公司章程规定的程序，提出差异化的现金分红政策：

（1）公司发展阶段属成熟期且无重大资金支出安排的，进行利润分配时，现金分红在本次利润分配中所占比例最低应达到80%；

（2）公司发展阶段属成熟期且有重大资金支出安排的，进行利润分配时，现金分红在本次利润分配中所占比例最低应达到40%；

（3）公司发展阶段属成长期且有重大资金支出安排的，进行利润分配时，现金分红在本次利润分配中所占比例最低应达到20%。

同类章程条款

1.《白云公司股利分配政策和未来三年股东回报规划》（2017~2019）第一章第二条第二款、《西藏旅游公司未来三年（2017~2019年）股东分红回报规划》第三章第三条第二款、《葛洲坝集团关于修订〈公司章程〉相关条款的公告》（2014年4月版）第一百六十五条。

上述规定均与《恒通公司股东分红回报规划》（2017~2019年）第一章第二条第二款的规定相同。

2.《凯乐公司章程》第一百五十五条第四款规定与《恒通公司股东分红回报规划》（2017~2019年）第一章第二条第二款的规定相同。但多添加了兜底条款：公司在实际分红时具体所处发展阶段由公司董事会根据具体情况确定。

专业律师分析

上市公司现金分红是为投资者提供良好回报的基础，投资者提供资金给上市公司，上市公司通过扩大生产规模，创造市场价值，再给予投资者应得的现金回报。此外，公司的价值也随之提升，在证券市场上的直接反映就是股票价格的上涨，投资者借此也可以获得资本利得。国际成熟市场经验已经证明，只有建立了有效、稳定的上市公司分红机制，才能吸引以获取稳定分红收益加合理资本利得为目标的长期资金类机构投资者，市场估值才会相对合理、稳健。

因此，在章程中对上市公司利润分配基准和分红比例的衡量标准作出了明确规定，具有重大意义：不仅可以督促上市公司积极进行利润的分配，保证给投资者提供相对稳定、可预期的现金回报，还可以规范资本市场秩序，鼓励投资者尤其是中小投资者进行长期和理性的投资。

设计建议

因为《指引》已经对上市公司利润分配基准和分红比例的衡量标准作了明确规定，且该数字是根据沪市交易中现金分红的实际情况进行综合确认的结果。虽然《指引》不作强制性规定，上市公司可以自主选择在不修改公司章程的条件下执行《指引》的要求，但是将《指引》关于上市公司利润分配的基准和具体分红比例载入公司章程条款，更有利于引导长期投资，保障投资者利益，促进资本市场健康稳定发展。

条款实例

公司董事会应综合考虑所处行业的特点、发展阶段、自身经营模式、盈利水平以及是否有重大资金支出安排等因素，区分下列情形，提出具体的现金分红政策：

1. 公司发展阶段属成熟期且无重大资金支出安排的，进行利润分配时，现金分红在本次利润分配中所占比例最低应达到80%；

2. 公司发展阶段属成熟期且有重大资金支出安排的，进行利润分配时，现金分红在本次利润分配中所占比例最低应达到40%；

3. 公司发展阶段属成长期且有重大资金支出安排的，进行利润分配时，现金分红在本次利润分配中所占比例最低应达到20%；公司所处发展阶段由公司董事会根据具体情况确定。公司所处发展阶段不易区分但有重大资金支出安排的，可以按照本条规定处理。

法规链接

《公司法》（2023年修订）

第九十五条　股份有限公司章程应当载明下列事项：

……

（十）公司利润分配办法；

……

《上市公司监管指引第3号——上市公司现金分红》

第五条　上市公司董事会应当综合考虑所处行业特点、发展阶段、自身经营模式、盈利水平、债务偿还能力、是否有重大资金支出安排和投资者回报等因素，区分下列情形，并按照公司章程规定的程序，提出差异化的现金分红政策：

（一）公司发展阶段属成熟期且无重大资金支出安排的，进行利润分配时，现金分红在本次利润分配中所占比例最低应当达到百分之八十；

（二）公司发展阶段属成熟期且有重大资金支出安排的，进行利润分配时，现金分红在本次利润分配中所占比例最低应当达到百分之四十；

（三）公司发展阶段属成长期且有重大资金支出安排的，进行利润分配时，现金分红在本次利润分配中所占比例最低应当达到百分之二十；

公司发展阶段不易区分但有重大资金支出安排的，可以按照前款第三项规定处理。

现金分红在本次利润分配中所占比例为现金股利除以现金股利与股票股利之和。

002 股东会已通过的分红决议若做调整须经绝对多数股东同意

公司章程设计要点

为了保护中小股东的利益，股东和公司章程设计者可以考虑规定：利润分配政策需进行调整或者变更的，须经出席股东会的股东所持表决权的三分之二以上通过。

阅读提示

在实践中，公司大股东违反同股同权原则和股东权利不得滥用原则，排挤、压榨小股东，导致公司不分配利润，损害小股东利润分配权的现象时有发生，通过违规手段在公司中提款的方式更是多种多样。例如，公司不分配利润，但董事、高级管理人员领取过高薪酬；或者由控股股东操纵公司购买与经营无关的财物或者服务，用于其自身使用或者消费，或者隐瞒或者转移利润，等等。更有甚者，在股东会对分红的具体方案作出决议后，大股东利用其占有多数表决权的优势，重新通过公司不分红的股东会决议，明目张胆地侵犯小股东的分红权。

小股东如何规避该种出尔反尔的情形呢？在公司设立之初，小股东可以在公司章程中将变更利润分配政策设定为须三分之二以上表决权通过的特别决议。

公司章程参考研究文本

《东北制药章程》（2016年版）分配政策的调整及变更　公司根据外部经营环境和自身经营状况可以对公司章程确定的利润分配政策进行调整，调整后的利润分配政策不得违反中国证监会和证券交易所的有关规定。对既定利润分配政策尤其是对现金分红政策作出调整的，需经公司董事会审议后，并经出席股东大会的股东所持表决权的三分之二以上通过，独立董事应对利润分配政策的调整发表独立意见。股东违规占用公司资金情况的，公司应当扣减该股东所分配的现金红利，以偿还其占用的资金。

同类章程条款

笔者查阅了近百家上市公司的公司章程，其中大多数公司章程都将利润分配政策变更为均需通过股东会的特别决议的规定，列举如下：

1. 《泸州老窖公司章程》（2022年8月版）第一百七十八条　利润分配政策的调整：（1）如按照既定利润分配政策执行将导致公司重大投资项目、重大交易无法实施或将对公司持续经营或保持盈利能力构成实质性不利影响的，公司应当调整利润分配政策，调整后的利润分配政策不得违反中国证监会和深圳证券交易所的有关规定。（2）利润分配政策需进行调整或者变更的，须经出席股东大会的股东所持表决权的三分之二以上通过后方可实施。股东大会会议应采取现场投票与网络投票相结合的方式，为公众投资者参与利润分配政策的制定或修改提供便利。公司应当在定期报告中对利润分配政策调整的原因、条件和程序进行详细说明。

2. 《长安汽车公司章程》（2023年7月版）第一百五十八条　利润分配政策的调整：公司如因外部不可抗力或经营环境、自身经营状况发生重大变化确实需要调整或者变更利润分配政策的，经过详细论证后应由董事会作出决议，独立董事发表意见，提交股东大会批准，并经出席股东大会的股东所持表决权的三分之二以上通过。股东大会审议时除现场会议外，公司还应向股东提供网络形式的投票平台。调整后的利润分配政策应不得违反中国证监会以及深圳证券交易所的有关规定。

3. 《仁和药业章程》（2023年5月版）第一百五十五条　公司利润分配方案

的调整或变更；公司如遇到战争、自然灾害等不可抗力或者因公司自身生产经营情况发生重大变化、投资规划和长期发展的需要等原因需调整或变更利润分配政策的，应由公司董事会根据实际情况作出专题论证，详细论证调整或变更理由，形成书面论证报告并经独立董事审议后提交股东大会审议。其中，对现金分红政策进行调整或变更的，应在议案中详细论证和说明原因，并经出席股东大会的股东所持表决权的三分之二以上通过；调整后的利润分配政策应以股东权益保护为出发点，且不得违反中国证券监督管理委员会和证券交易所的有关规定。

专业律师分析

根据《公司法》第五十九条及第六十七条的规定，董事会负责制订公司的利润分配方案和弥补亏损方案；股东会负责审议批准公司的利润分配方案和弥补亏损方案。也即是否分配利润以及分配多少利润属于公司股东会决策范畴，属于商业判断和公司自治的范畴。

股东虽基于投资关系取得利润分配的期待权，但能否转化为具体的利润分配请求权，取决于公司是否盈利以及股东会是否依法作出分配利润的决议等多项条件。因此，在股东会作出决议之前，股东无权直接要求公司进行分红，人民法院也无权强制公司进行分红。

同时，依据《公司法》第六十六条及第一百一十六条的规定，有限责任公司需要代表过半数表决权的股东通过；股份有限公司则需要经出席股东所持表决权过半数通过。

一般来讲，小股东拿到股东会同意分红的决议实属不易，根据《公司法司法解释（四）》第十四条的规定，当公司拒不履行分红决议的具体内容时，小股东可以持该类载明具体分配方案的决议要求法院强制分红。但是，当小股东持该决议要求分红时，大股东有可能利用表决权的相对或者绝对优势再次组织召开一次股东会，并通过停止或者减少分红的股东会决议。该类决议在召集、表决等程序方面可能属于合法合规，小股东很难通过申请上述决议撤销或者无效，进而要求分红。

所以，小股东有必要在章程设置之初，将调整分红政策的表决权比例提高，将该类决议上升为特别决议，需要经出席股东会的股东所持表决权的三分之二以上通过（有限责任公司为所有股东表决权三分之二以上通过），以防止大股东出尔反尔、任意变更分红决议。

设计建议

1. 从变更公司利润分配决议的前提条件上，可在公司章程中将调整的理由作类型化的闭环规定，超出明确列举的事由的，董事会一律不得提案，股东会一律不得批准。例如，规定公司除遇到战争、自然灾害等不可抗力或者因公司自身生产经营情况发生重大变化、投资规划和长期发展的需要等需调整或变更利润分配政策的情形外，一律不得对已作出的利润分配决议进行调整；若满足前述条件，由公司董事会根据实际情况作出专题论证，详细论证调整或变更理由，形成书面论证报告并经独立董事审议后提交股东会审议。

2. 从变更公司利润分配决议的程序限制上，可将其通过比例调整为需要经出席股东会的股东所持表决权的三分之二以上通过（有限责任公司为所有股东表决权三分之二以上通过）。

条款实例

公司利润分配方案的调整或变更：公司如遇到战争、自然灾害等不可抗力或者因公司自身生产经营情况发生重大变化、投资规划和长期发展的需要等需调整或变更利润分配政策的，应由公司董事会根据实际情况作出专题论证，详细论证调整或变更理由，形成书面论证报告并经独立董事审议后提交股东会审议。其中，对现金分红政策进行调整或变更的（亦可将现金分红政策变更为利润分配政策），应在议案中详细论证和说明原因，并经出席股东会的股东所持表决权的三分之二以上通过。

法规链接

《公司法》（2023 年修订）

第五十九条　股东会行使下列职权：

……

（四）审议批准公司的利润分配方案和弥补亏损方案；

……

第六十六条　股东会的议事方式和表决程序，除本法有规定的外，由公司章程规定。

股东会作出决议，应当经代表过半数表决权的股东通过。

股东会作出修改公司章程、增加或者减少注册资本的决议，以及公司合并、分立、解散或者变更公司形式的决议，应当经代表三分之二以上表决权的股东通过。

第六十七条 有限责任公司设董事会，本法第七十五条另有规定的除外。

董事会行使下列职权：

……

（四）制订公司的利润分配方案和弥补亏损方案；

……

第二百一十条 ……公司弥补亏损和提取公积金后所余税后利润，有限责任公司按照股东实缴的出资比例分配利润，全体股东约定不按照出资比例分配利润的除外；股份有限公司按照股东所持有的股份比例分配利润，公司章程另有规定的除外。

公司持有的本公司股份不得分配利润。

第二百一十一条 公司违反本法规定向股东分配利润的，股东应当将违反规定分配的利润退还公司；给公司造成损失的，股东及负有责任的董事、监事、高级管理人员应当承担赔偿责任。

第二百二十七条 有限责任公司增加注册资本时，股东在同等条件下有权优先按照实缴的出资比例认缴出资。但是，全体股东约定不按照出资比例优先认缴出资的除外。

股份有限公司为增加注册资本发行新股时，股东不享有优先认购权，公司章程另有规定或者股东会决议决定股东享有优先认购权的除外。

《最高人民法院关于适用〈中华人民共和国公司法〉若干问题的规定（四）》（2020年修正）

第十四条 股东提交载明具体分配方案的股东会或者股东大会的有效决议，请求公司分配利润，公司拒绝分配利润且其关于无法执行决议的抗辩理由不成立的，人民法院应当判决公司按照决议载明的具体分配方案向股东分配利润。

第十五条 股东未提交载明具体分配方案的股东会或者股东大会决议，请求公司分配利润的，人民法院应当驳回其诉讼请求，但违反法律规定滥用股东权利导致公司不分配利润，给其他股东造成损失的除外。

延伸阅读

裁判规则：在公司董事会、股东会未就公司利润分配方案进行决议之前，公司股东无权直接向人民法院起诉请求判令公司向股东分配利润。

案例 1：最高人民法院审理的思某公司与胡某公司盈余分配纠纷上诉案[（2006）民二终 110 号] 认为，根据《公司法》第三十八条和第四十六条的规定，有限责任公司利润分配方案应由公司董事会制订并由公司股东会审议批准。2005 年 10 月 27 日修订后的《公司法》亦保留了上述内容。据此，在公司董事会、股东会未就公司利润分配方案进行决议之前，公司股东直接向人民法院起诉请求判令公司向股东分配利润缺乏法律依据。因此，本案中在思某公司董事会、股东会未就公司利润分配作出决议之前，胡某以股东身份直接向人民法院起诉请求分配公司利润，本院不予支持。由于公司是否分配利润以及分配多少利润属公司董事会、股东会决策权范畴，原审判决认定思某公司有巨额利润而长期拒不向股东分配损害了占股比例较小的股东的利益，并据此迳行判决公司向股东分配利润，不符合公司利润分配的法律规定，应当予以纠正。

案例 2：山东省高级人民法院审理的上诉人苑某某因与被上诉人张某某、秩某公司及原审第三人孙某某、王某某侵害企业出资人权益纠纷案［（2011）鲁商终 107 号］认为，根据《公司法》第三十八条第一款第（六）项规定，股东会有权审议批准公司的利润分配方案和弥补亏损方案。公司是否分配红利，应由股东会决定，上诉人主张通过审计查明公司盈利，迳行判决公司分配红利，没有法律依据。

案例 3：浙江省高级人民法院审理的凌某某与杭某湾公司公司盈余分配纠纷案［（2016）浙民申 1952 号］认为，有限责任公司是否分配利润以及分配多少利润属于公司股东会决策范畴。股东虽基于投资关系取得利润分配的期待权，但能否转化为具体的利润分配请求权，取决于公司是否盈利以及股东会是否依法作出分配利润的决议等多项条件。故在股东会作出决议之前，股东直接向人民法院起诉请求判令公司向股东分配利润缺乏法律依据。本案中，杭某湾公司虽未设立股东会，但章程明确规定董事会是公司的最高权力机构，有权对公司利润分配方案作出决定。凌某某在一、二审中均未能举证证明杭某湾公司已经就公司盈余分配形成利润分配方案，并经过公司董事会的批准，故其诉讼请求不能得到支持。

003 公司全体股东可以约定不按照出资比例分取红利

裁判要旨

股东按照实缴的出资比例分取红利，但是全体股东约定不按照出资比例分取红利的除外。因此，全体股东间关于公司单独向某一股东分红、其他股东分红的约定不违反法律规定，应属有效。

案情简介①

大某洋公司股东原为刘某群（51%）、刘某某（14%）、宋某某（18%）、肖某某（17%）。

2010年9月29日，甲方宋某某与乙方刘某群、刘某某、肖某某及丙方大某洋公司签订了《备忘录》。约定：甲方向乙方转让甲方所拥有的丙方18%的股权，各方明确标的股权的当前价值为69027300.00元，其中63627300.00元由丙方定向向甲方分红，另外的540万元系甲方的实收资本金数额作为股权转让款，由乙方成员按照约定的比例向甲方支付。《备忘录》中还约定了有关税费承担的问题。

同日，宋某某分别与刘某群、刘某某、肖某某签订了《股权转让合同》。

后大某洋公司全体股东作出的《股东会决定》，一致同意分配公司净利润人民币6362.73万元，宋某某获得利润6362.73万元，其他三股东刘某群、刘某某、肖某某获得利润0元。

因宋某某认为在股权转让过程中其多支付了本应由受让方支付的税款，因此向法院起诉要求受让方返还税款。

在该案件中，刘某群、刘某某、肖某某认为"《备忘录》违反公司法有关公司资产恒定的基本原则。该定向分红由宋某某提出，实质是以股权分红之名义行股权交易之实，大某洋公司支付了本应由三股东支付的股权转让款，造成了公司资产的实际减少，侵害了公司利益，降低了公司对外偿债能力，损害了外部债权人利益"，主张《备忘录》无效。

---

① 最高人民法院审理的刘某群、刘某某返还原物纠纷再审审查与审判监督民事裁定书［（2017）最高法民申2872号］。

本案一审武汉市中级人民法院、二审湖北省高级人民法院、再审最高人民法院均支持了宋某某的诉讼请求，未采纳刘某群、刘某某、肖某某提出的《备忘录》无效的抗辩理由。

裁判要点精要

本案中，最高法院未予支持《备忘录》无效的抗辩理由在于：《公司法》（2013年修正）第三十四条[1]规定："股东按照实缴的出资比例分取红利；公司新增资本时，股东有权优先按照实缴的出资比例认缴出资。但是，全体股东约定不按照出资比例分取红利或者不按照出资比例优先认缴出资的除外。"

大某洋公司全体股东作出的《股东会决定》一致同意分配公司净利润人民币6362.73万元，宋某某获得利润6362.73万元，其他三股东刘某群、刘某某、肖某某获得利润0元，符合前述公司法规定，刘某群、刘某某、肖某某认为《备忘录》违反了公司法规定的理由不成立。

实务经验总结

股东可以不按照出资比例分红，这是公司法的明文规定。因此，公司股东间可以充分利用该规则。例如，公司法原则上不允许以声誉、资源等进行出资，但在考虑股东对公司的贡献程度时，这些可能是很重要的因素，此时就可以充分利用该规则，对于有特殊贡献的股东，可以约定一个较少的股权比例和一个较高的分红比例。

值得注意的是，当分红比例与出资比例不一致时，必须由全体股东共同进行约定，而不适用一般公司决议中的二分之一以上表决权同意或特殊决议中的三分之二以上表决权同意。

股东关于不按照出资比例分红的约定，既可以是在作出分红决议时进行约定，也可以事先作出约定。事先进行约定的，还可以设置有条件的分红权或可调节的分红比例，这些约定都不违反《公司法》的规定，是有效的。

---

[1] 参照《公司法》（2023年修订）第二百一十条第四款规定："公司弥补亏损和提取公积金后所余税后利润，有限责任公司按照股东实缴的出资比例分配利润，全体股东约定不按照出资比例分配利润的除外；股份有限公司按照股东所持有的股份比例分配利润，公司章程另有规定的除外。"

法规链接

《公司法》（2023 年修订）

第四条第二款 公司股东对公司依法享有资产收益、参与重大决策和选择管理者等权利。

第二百二十七条 有限责任公司增加注册资本时，股东在同等条件下有权优先按照实缴的出资比例认缴出资。但是，全体股东约定不按照出资比例优先认缴出资的除外。

股份有限公司为增加注册资本发行新股时，股东不享有优先认购权，公司章程另有规定或者股东会决议决定股东享有优先认购权的除外。

本案链接

以下为该案在法院审理阶段，判决书中"本院认为"就该问题的论述：

本院认为：关于《备忘录》是否违反了公司法及税法的相关规定，是否以合法形式掩盖非法目的，是否系无效文件。《公司法》第四条规定："公司股东依法享有资产收益、参与重大决策和选择管理者等权利。"第三十四条规定："股东按照实缴的出资比例分取红利；公司新增资本时，股东有权优先按照实缴的出资比例认缴出资。但是，全体股东约定不按照出资比例分取红利或者不按照出资比例优先认缴出资的除外。"根据《公司法》第三十七条的规定，股东会的职权包括审议批准公司的利润分配方案和弥补亏损方案，对股东会职权内事项股东以书面形式一致表示同意的，可以不召开股东会会议，直接作出决定，并由全体股东在决定文件上签名、盖章。大某洋公司全体股东作出的《股东会决定》一致同意分配公司净利润人民币 6362.73 万元，宋某某获得利润 6362.73 万元，其他三股东刘某群、刘某某、肖某某获得利润 0 元，符合前述公司法的规定，刘某群、刘某某、肖某某认为《备忘录》违反了公司法规定的理由不成立。

延伸阅读

裁判规则： 如公司未经全体股东一致同意，即向个别股东单独分红，则侵犯了其他股东的合法利益，应认定为抽逃出资。

案例： 最高人民法院审理的再审申请人赵某某因与被申请人中某公司股权确认纠纷案 [（2013）最高法民申 286 号] 认为，股东分红依法应由股东会作出决议。本案中，中某公司未经法定程序，在其他股东未分红的情况下，单独给付赵某某预期分红，作为买断其股权的对价，存在损害其他股东和公司债权人合法利益的可能性。鉴于中某公司退还赵某某1500万元股权投资款和1000万元红利后，双方没有办理相应的减资或股权变更手续，赵某某亦否认上述行为为退股，从而导致赵某某在已没有实际出资的情况下仍具有股东身份并继续享有股东权利。根据《公司法司法解释（三）》第十二条之规定，赵某某的上述行为属于"其他未经法定程序将出资抽回的行为"，应认定为抽逃出资。

（九）小股东防守之"设置占用即冻结机制"

001 防止大股东侵占公司资产，公司章程可设置"占用即冻结"机制

公司章程设计要点

公司章程可设置"占用即冻结"机制，一旦发现股东侵占公司资产，对其及关联公司所持股份进行冻结。

阅读提示

公司治理中最难防范的往往不是外来侵略者，而是为追求个人利益最大化而枉顾公司生死的控股股东、实际控制人。因公司缺乏合理有效的监督机制，无法及时发现并制止控股股东掏空公司的案例并不少见，其中大股东随意占用公司资金的情况更是公司治理中的顽疾。

大股东占用公司资金的直接后果就是公司的经营受到严重影响，资金短缺，利润下降；更严重的情况是导致公司的资金链断裂，公司被迫走向破产清算。然而，尽管是顽疾，公司章程也并非无药可救。

笔者将结合部分上市公司章程，探讨如何在章程中规定"占有即冻结"制度，从而给"任性"的控股股东们戴上一个"金箍"。

公司章程参考研究文本

《中国国际海运集装箱（集团）股份有限公司章程》（2016年5月版）第六十条　公司董事会建立对控股股东所持公司股份"占用即冻结"机制，即发现控股股东侵占公司资产时，公司董事会应立即以公司的名义对其侵占的公司资产及其所持公司股份申请司法冻结，凡不能以现金清偿的，通过变现股权偿还侵占资产。

同类章程条款

笔者查阅了多家上市公司的章程中关于"占用即冻结"机制的规定，其中大多数公司与上述中国国际海运集装箱股份有限公司章程的规定相同，但是也有部分公司与上述章程存在差异，具体如下：

1. 将"占用即冻结"机制的适用范围扩大到全部股东及其关联方，并非仅限于控股股东。

《北京平安力合科技发展股份有限公司》（2017年版）第四十一条　公司董事会建立对股东所持股份"占用即冻结"的机制，即发现股东或其关联方占用或者转移公司资金、资产及其他资源，应立即申请司法冻结股东本人、股东的关联方所对应股东所持公司股份，凡不能以现金清偿的，应通过变现其股权偿还侵占资产。

2. 在公司章程中对"占用即冻结"机制作出详细规定，包括第一责任人、执行程序、发现报告审议机制、披露程序等。

《南京纺织品进出口股份有限公司章程》（2015年）第一百二十七条第三款　公司应建立对大股东所持股份"占用即冻结"机制，即发现控股股东侵占公司资产时应立即申请司法冻结，凡不能以现金清偿的，通过变现股权偿还侵占资产。公司董事、监事和高级管理人员负有维护公司资金安全的法定义务。公司董事长为"占用即冻结"机制的第一责任人，董事会秘书协助其做好"占用即冻结"工作。防止控股股东占用公司资产具体按照以下程序执行：

（一）财务负责人在发现控股股东及其附属企业侵占公司资产当天，应以书面形式报告董事长；若董事长为控股股东的，财务负责人应在发现控股股东及其附属企业侵占资产当天，以书面形式报告董事会秘书，同时抄送董事长；报告内容包括但不限于占用股东名称、占用资产名称、占用资产位置、占用时间、涉及金额、拟要求清偿期限等；若发现存在公司董事、高级管理人员协助、纵容控股股东及其附属企业侵占公司资产情况的，财务负责人在书面报告中还应当写明涉及董事或高级管理人员姓名、协助或纵容控股股东及其附属企业侵占公司资产的情节、涉及董事或高级管理人员拟处分决定等。

（二）董事长根据财务负责人书面报告，敦促董事会秘书以书面或电子邮件形式通知各位董事并召开紧急会议，审议要求控股股东及其附属企业清偿的期限、涉及董事或高级管理人员的处分决定、向相关司法部门申请办理控股股东股份冻结等相关事宜；若董事长为控股股东的，董事会秘书在收到财务负责人书面报告后应立即以书面或电子邮件形式通知各位董事并召开紧急会议，审议要求控股股东及其附属企业清偿的期限、涉案董事或高级管理人员的处分决定、向相关司法部门申请办理控股股东股份冻结等相关事宜。关联董事在审议时应予以回避。对于负有严重责任的董事，董事会在审议相关处分决定后应提交公司股东大会审议。

（三）董事会秘书根据董事会决议向控股股东及其附属企业发送限期清偿通知，向相关司法部门申请办理控股股东股份冻结等相关事宜，并做好相关信息披露工作；对于负有严重责任的董事，董事会秘书应在公司股东大会审议通过相关事项后及时告知当事董事，并起草相关处分文件、办理相应手续。

（四）若控股股东及其附属企业无法在规定期限内清偿，公司应在规定期限到期后30日内向相关司法部门申请将冻结股份变现以偿还侵占资产，董事会秘书做好相关信息披露工作。

3. 有些公司未在公司章程中规定"占用即冻结"机制，而是在《防止资金占用管理办法》等专门文件中规定"占用即冻结"机制。如沪市电子股份有限公司的《防止大股东占用上市公司资金管理办法》。

专业律师分析

公司章程规定"占用即冻结"机制的意义在于：在公司经营过程中，大股东为了追求个人利益的最大化，往往会牺牲中小股东、债权人的利益，侵害公司。

在内部监督不健全，财务制度不完善的公司中，大股东占用公司资金的情况时有发生。如何及时发现大股东占用资金的情况，并且在发现后及时采取止损措施是公司章程中应当考虑的内容。

"占用即冻结"机制的目的在于，一旦发现大股东占用资金即采取冻结股东股份的措施，从而迅速并且有效地减少中小股东以及公司的损失。

设计建议

1. 公司应当在公司章程中明确列入"占用即冻结"机制。笔者在查阅上市公司章程中发现，并不是所有的上市公司都在公司章程中规定"占用即冻结"机制，部分公司是通过设置专门的《防止股东占用资金管理办法》等实现内部监督。公司章程作为公司全体股东的意思表示，对公司、股东、高级管理人员等均具有约束力，是公司内部效力最高的文件。因此，公司可以在公司章程中对"占用即冻结"机制作出简要规定，并在管理办法等文件中对具体的程序性事项作出规定。

2. 公司应当在公司章程中规定"占用即冻结"的主要负责机构、责任人，保证该机制能够有效运行。一般来说，"占用即冻结"机制的负责机构为董事会，具体可规定董事长为"占用即冻结"机制的第一责任人，董事会秘书协助董事长做好相关工作。

3. 针对"占用即冻结"机制的具体执行程序，由于篇幅较长、规定较为细致，公司可以选择在章程中进行规定或者在专门的管理办法等文件中进行详细的规定。

4. "占用即冻结"机制的具体执行程序包括：发现报告程序、审议程序、关联股东回避、申请司法冻结、上市公司按照证监会要求进行信息披露。

5. 公司可以扩大"占用即冻结"机制的适用范围，将其适用主体由控股股东、实际控制人扩大到全体股东，从而最大限度地保护公司的利益不受股东侵害。

条款实例

针对有限责任公司，其股东人数较少，各个股东持股比例相差不大，都有侵占公司利益的可能性，因此可规定"占用即冻结"机制适用于所有股东。具体如下：

公司董事会应建立对股东所持股份"占用即冻结"机制，即发现股东侵占公司资产时应立即申请司法冻结，凡不能以现金清偿的，通过变现股权偿还侵占资产。公司董事、监事和高级管理人员负有维护公司资金安全的法定义务。

针对股份有限公司，特别是上市公司，应当建立较为完善的"占用即冻结"机制。具体如下：

公司应建立对大股东所持股份"占用即冻结"机制，即发现控股股东侵占公司资产时应立即申请司法冻结，凡不能以现金清偿的，通过变现股权偿还侵占资产。公司董事、监事和高级管理人员负有维护公司资金安全的法定义务。公司董事长为"占用即冻结"机制的第一责任人，董事会秘书协助其做好"占用即冻结"工作。

防止控股股东占用公司资产具体按照以下程序执行：

（一）财务负责人在发现控股股东及其附属企业侵占公司资产的当天，应以书面形式报告董事长；若董事长为控股股东的，财务负责人应在发现控股股东及其附属企业侵占资产的当天，以书面形式报告董事会秘书，同时抄送董事长；报告内容包括但不限于占用股东名称、占用资产名称、占用资产位置、占用时间、涉及金额、拟要求清偿期限等；若发现存在公司董事、高级管理人员协助、纵容控股股东及其附属企业侵占公司资产情况的，财务负责人在书面报告中还应当写明涉及董事或高级管理人员姓名、协助或纵容控股股东及其附属企业侵占公司资产的情节、涉及董事或高级管理人员拟处分决定等。

（二）董事长根据财务负责人书面报告，敦促董事会秘书以书面或电子邮件形式通知各位董事并召开紧急会议，审议要求控股股东及其附属企业清偿的期限、涉及董事或高级管理人员的处分决定、向相关司法部门申请办理控股股东股份冻结等相关事宜；若董事长为控股股东的，董事会秘书在收到财务负责人书面报告后应立即以书面或电子邮件形式通知各位董事并召开紧急会议，审议要求控股股东及其附属企业清偿的期限、涉案董事或高级管理人员的处分决定、向相关司法部门申请办理控股股东股份冻结等相关事宜。关联董事在审议时应予以回避。对于负有严重责任的董事，董事会在审议相关处分决定后应提交公司股东会审议。

（三）董事会秘书根据董事会决议向控股股东及其附属企业发送限期清偿通知，向相关司法部门申请办理控股股东股份冻结等相关事宜，并做好相关信息披露工作；对于负有严重责任的董事，董事会秘书应在公司股东会审议通过相关事项后及时告知当事董事，并起草相关处分文件、办理相应手续。

（四）若控股股东及其附属企业无法在规定期限内清偿，公司应在规定期限到期后30日内向相关司法部门申请将冻结股份变现以偿还侵占资产，董事会秘书做好相关信息披露工作。

法规链接

《公司法》(2023年修订)

第二十一条 公司股东应当遵守法律、行政法规和公司章程，依法行使股东权利，不得滥用股东权利损害公司或者其他股东的利益。

公司股东滥用股东权利给公司或者其他股东造成损失的，应当承担赔偿责任。

第二十二条 公司的控股股东、实际控制人、董事、监事、高级管理人员不得利用关联关系损害公司利益。

违反前款规定，给公司造成损失的，应当承担赔偿责任。

第二十三条 公司股东滥用公司法人独立地位和股东有限责任，逃避债务，严重损害公司债权人利益的，应当对公司债务承担连带责任。

股东利用其控制的两个以上公司实施前款规定行为的，各公司应当对任一公司的债务承担连带责任。

只有一个股东的公司，股东不能证明公司财产独立于股东自己的财产的，应当对公司债务承担连带责任。

延伸阅读

有关股东侵占公司资产被请求依法承担赔偿责任的司法案例：

案例1：呼和浩特市中级人民法院审理的吕某诉郑某损害股东利益责任纠纷案[(2016)内01民终1664号]认为，《公司法》第二十条第二款规定，公司股东滥用股东权利给公司或者其他股东造成损失的，应当依法承担赔偿责任。本案中，吕某作为海某公司占98.683%股份的股东，滥用股东权利，任意处分公司财产，用公司财产为自己借款提供了担保，侵害了公司另一位股东郑某的合法权益，给郑某造成了相应的损失，其损失一审法院认定的金额并无不妥，本院予以确认。

案例2：宝鸡市中级人民法院审理的九某公司与凯某公司建设工程施工合同纠纷案[(2017)陕03执异14号]认为，在本案中，被执行人凯某公司作为一人有限责任公司（自然人投资），其公司向法定代表人张志某转款500万元，第三人张志某作为凯某公司的唯一股东，未能向本院提供证据证明被执行人凯某公司的财产独立于其个人财产，属滥用公司法人独立地位和股东有限责任，逃避债务，是一种侵害公司财产权的行为，严重损害了异议人九某公司的合法权益，理应承担相应的法律责任。

案例3：莱芜市中级人民法院审理的钢某特公司与九某公司、赵甲等合同纠纷案［（2015）莱中商终2号］认为，《公司法》第二十条规定，公司股东应当遵守法律、行政法规和公司章程，依法行使股东权利，不得滥用股东权利损害公司或者其他股东的利益；不得滥用公司法人独立地位和股东有限责任损害公司债权人的利益。公司股东滥用股东权利给公司或者其他股东造成损失的，应当依法承担赔偿责任。公司股东滥用公司法人独立地位和股东有限责任，逃避债务，严重损害公司债权人利益的，应当对公司债务承担连带责任。钢某特公司依上述条款要求赵甲、赵乙和承担连带责任，主张赵甲、赵乙和将公司资产作为个人资产、公款私存，钢某特公司理应承担举证责任。在一审期间钢某特公司提供的其与赵甲、赵乙和的款项往来财务凭证，大多反映赵甲、赵乙和代九某公司向钢某特公司履行支付义务，但并不能必然推定赵甲、赵乙和存在"以公司资产作为个人资产、公款私存"的情形。且赵乙和非九某公司股东，并不符合上述规定所设置的前提条件。故钢某特公司关于赵甲、赵乙和应承担连带责任的主张无事实和法律依据，本院不予支持。

002 股东"侵占"自家公司的财产，是否构成职务侵占罪

阅读提示

侵占公司财产，是否一定构成职务侵占罪？在本书引用的案例中，被告人因为一笔34.7万元的公司货款未入账，前后历经了八年刑事诉讼进程，最终通过再审收获了一份无罪的判决。

迟来的正义是不是正义？也许本案会让我们深刻地反思这一问题，但在唏嘘之余，我们强烈建议各位企业家以此案为鉴。既要妥善处理公司的经营风险，也要尽可能地隔离投融资的法律风险，股权投融资过程中要及时形成保护己方的书面文件，避免曾经商场上的合作伙伴最终在刑事案件中"兵戎相见"。

裁判要旨

股东采取将公司收入不入账的手段支配公司货款，原则上构成职务侵占罪。但如果该股东实际持有公司100%的股权（或公司的其他全部股东均同意该等行为），且该笔款项最终用于公司经营，则该行为在本质上没有损害公司利益，不应当认定为犯罪行为。

案情简介①

2005年12月15日，张某与其妻苟某注册设立了鸿某公司，注册资本为100万元，其中，张某出资额为80万元，苟某出资额为20万元，张某为公司的法定代表人。

张某在鸿某公司的生产经营活动中，存在利用职务上的便利将公司的347000元货款收回后未入账而予以支配的行为，张某将该笔款项用于偿还筹建设立鸿某公司所欠的债务。

2007年4月5日，张某代表鸿某公司与关某1、永某公司签订了一份增资扩股股份合作协议书，约定增资扩股后的企业名称仍然为鸿某公司，增资扩股协议签订后，鸿某公司未在工商部门办理相关的变更登记。

2009年7月8日，仙桃法院一审民事判决确认了关某1和永某公司为鸿某公司的股东，但该判决于2010年2月3日被汉江市中级人民法院撤销并发回仙桃法院重审。2011年5月3日，仙桃法院作出民事裁定：准许关某1和永某公司就股权确认纠纷一案撤诉，即关某1、永某公司要求确认其为鸿某公司股东的事实未得到法律确认。

张某因涉嫌犯职务侵占罪于2008年12月17日被刑事拘留，同年12月31日被监视居住，2009年10月15日被逮捕。

仙桃法院2010年5月作出一审刑事判决：（一）被告人张某犯职务侵占罪，判处有期徒刑六年，并处没收财产50000元；（二）责令被告人张某退赔违法所得347000元。

二审中，在张某、湖北省人民检察院汉江分院均认为张某的行为不构成犯罪的情况下，湖北省汉江市中级人民法院仍认为张某构成职务侵占罪，但因为犯罪情节轻微，故对其免予刑事处罚。

---

① 湖北省高级人民法院审理的张某职务侵占再审刑事判决书［（2017）鄂刑再4号］。

张某申诉提出：本案从头到尾是一个人为制造的冤案。鸿某公司的股东只有其夫妻二人，鸿某公司的财产就是其夫妻二人的财产，其行为不构成职务侵占罪。最终，湖北省高级人民法院于 2017 年 12 月 5 日作出再审判决，改判张某无罪。

裁判要点精要

鸿某公司的股东只有张某和苟某夫妻二人。基于张某与苟某的特殊关系，张某在鸿某公司的生产经营活动中，利用职务上的便利将公司的货款收回后未入账而予以支配，从形式上看其行为侵占了鸿某公司的财产，但张某是公司的法定代表人，有权对鸿某公司的财产进行处置，且张某将该款用于偿还成立鸿某公司时所借的欠款，亦经苟某认可，故此行为本质上并没有损害鸿某公司的利益。因此，张某采取收入不入账的手段支配鸿某公司货款 347000 元的事实清楚，证据充分，张某的行为也没有损害鸿某公司的根本利益，亦未损害其他股东的利益，张某的行为不应认定为犯罪行为。

实务经验总结

本案中虽然张某最终收获了一份无罪判决，但其因为一笔 34 万余元的货款未入账，前后八年，诉讼历程十分坎坷，想必此案在其人生经历中将成为难以抹去的一段记忆。如果一切还可以重来，想必张某一定会告诫自己谨慎经营，公司的收入一定要入账，公司与个人的财产千万不能混同，不要给任何人留下把柄。

当然，我们也要看到，实践中如同张某一样存在重大风险隐患的企业经营者或许有很多，张某的不幸在于其存在刑事法律风险的时候卷入了一起股权争夺的民事案件中，此时经营中的法律风险就可能被无限扩大。或许正如他所说："本案从头到尾是一个人为制造的冤案"，我们可以体会到张某说这句话时的心情，也让我们想起曾经办理的不少为争夺公司股权，最终兄弟反目、夫妻反目的故事。唏嘘之余，只有建议各位企业家既要妥善处理公司的经营风险，也要尽可能地隔离投融资的法律风险，股权投融资过程中要及时形成保护己方的书面文件，避免曾经商场中的合作伙伴最终在刑事案件中"兵戎相见"。

本案股东侵占自己公司的财产（股东夫妻占股 100%），历经八年苦难之后，最后法院判决不构成职务侵占罪。但是，只要公司还有其他股东，哪怕其他股东的股权份额只有 1%，也有可能构成犯罪。所以，大股东千万不要认为掌握了公司控制权就可以为所欲为，要保证在法律框架内经营，并做到重大决策通过公司股东会或董事会决议，将个人的意志不断转化为公司的意志。

法规链接

《刑法》（2023年修正）

第二百七十一条　【职务侵占罪】公司、企业或者其他单位的工作人员，利用职务上的便利，将本单位财物非法占为己有，数额较大的，处三年以下有期徒刑或者拘役，并处罚金；数额巨大的，处三年以上十年以下有期徒刑，并处罚金；数额特别巨大的，处十年以上有期徒刑或者无期徒刑，并处罚金。

国有公司、企业或者其他国有单位中从事公务的人员和国有公司、企业或者其他国有单位委派到非国有公司、企业以及其他单位从事公务的人员有前款行为的，依照本法第三百八十二条、第三百八十三条的规定定罪处罚。

本案链接

以下为本案判决书中"本院认为"的部分阐述：

本院审查认为：《刑法》第二百七十一条第一款规定："公司、企业或者其他单位的人员，利用职务上的便利，将本单位财物非法占为己有，数额较大的，处五年以下有期徒刑或者拘役；数额巨大的，处五年以上有期徒刑，可以并处没收财产。"鸿某公司是由张某和其妻苟某以夫妻共同财产出资设立的，张某任公司法定代表人并由其实际经营和管理，股东只有张某和苟某夫妻二人，虽然关某1与永某公司曾与鸿某公司及张某之间有来往，但现有证据不能证实关某1和永某公司系鸿某公司股东。基于张某与苟某的特殊关系，张某在鸿某公司的生产经营活动中，利用职务上的便利将公司的货款收回后未入账而予以支配，从形式上看其行为侵占了鸿某公司的财产，但张某是公司的法定代表人，有权对鸿某公司的财产进行处置，且张某将该款用于偿还成立鸿某公司时所借的欠款，亦经苟某认可，故此行为本质上并没有损害鸿某公司的利益。

综上，本院再审认为，原判认定申诉人张某采取收入不入账的手段支配鸿某公司货款347000元的事实清楚，证据充分，张某的行为没有损害鸿某公司的根本利益，亦未损害其他股东的利益，张某的行为不应认定为犯罪行为。

（十）小股东防守之"设定大股东不得干预公司生产经营条款"

001 公司章程可规定大股东不得干预公司生产经营决策

公司章程设计要点

公司的重大决策应由股东会和董事会作出，控股股东不得直接或间接干预公司的决策及生产经营活动。

阅读提示

根据《公司法》的规定，公司经营决策应通过股东会、董事会的决策结构进行，但实践中不少公司的大股东一股独大，不经股东会、董事会的决议机制，径行向公司下达经营指令。大股东的此种做法会产生哪些风险？公司的其他股东在公司章程的设计过程中，应如何对大股东的该等行为作出有效规制呢？本书将通过介绍美的公司章程的有关条款，对这一问题进行分析。

公司章程参考研究文本

《美的集团章程》（2023年4月版）第三十九条第二款　公司控股股东及实际控制人对公司和公司社会公众股股东负有诚信义务。控股股东应严格依法行使出资人的权利，控股股东不得利用利润分配、资产重组、对外投资、资金占用、借款担保等方式损害公司和公司社会公众股股东的合法权益，不得利用其控制地位谋取额外利益，不得对股东大会人事选举决议和董事会人事聘任决议履行任何批准手续，不得超越股东大会和董事会任免公司高级管理人员，不得直接或间接干预公司生产经营决策，不得占用、支配公司资产或其他权益，不得干预公司的财务会计活动，不得向公司下达任何经营计划或指令，不得从事与公司相同或相近的业务，不得以其他任何形式影响公司经营管理的独立性或损害的合法权益。

同类章程条款

笔者查阅了多家上市公司的章程中的同类条款，其中大多数公司与上述美的集团的公司章程条款相同，仅有广州东华实业股份有限公司的章程与之略有差异，具体如下：

1. 《广东奥飞动漫文化股份有限公司章程》（2016年2月4日版）第三十九条第二款与上述《美的集团章程》第三十九条第二款的规定相同。

2. 《广东明珠集团股份有限公司章程》（2023年10月）第三十八条第二款与上述《美的集团章程》第三十九条第二款的规定相同。

3. 《广州东华实业股份有限公司章程》（2016年5月10日版）第三十九条第三款　公司的控股股东对公司负有如下义务，控股股东不得干预公司财务会计活动，不得向公司下达任何经营计划或指令。

专业律师分析

公司章程规定"公司股东不得直接或间接干预公司生产经营决策、不得向公司下达经营计划或指令"的意义在于：在公司法未对公司控股股东干预公司经营活动作出明确限制的前提下，公司章程可以对控股股东（也可以包括其他股东）的相关行为作出限制，核心在于督促公司股东尊重公司法、公司章程规定的公司治理结构。公司股东应按照公司法、公司章程的规定，通过股东会、董事会、经理等决策机制行使股东权利，而不应擅自以个人名义对公司的经营活动发号施令。

设计建议

笔者认为，"企业家"和"资本家"可以对该章程条款的设计进行博弈。

一、站在直接经营公司的"企业家"的角度，笔者建议：

1. 该条款在本质上是对公司股东，尤其是对实际掌控公司运营的股东的约束。因此，站在企业家的角度而言，在公司章程中可不规定该等条款。

2. 虽然公司章程中可不规定该等条款，但不意味着公司股东的类似行为不受约束。结合本书延伸阅读部分所引用的案例可知，如果公司股东未经股东会、董事会等决策机制，擅自作出公司经营决策，致使公司遭受损失的，则应向公司承担赔偿责任。

二、站在不直接经营公司的"资本家"的角度，笔者建议：

1. 可在公司章程中加入该条款，以实现对直接经营公司的"企业家"的有效约束。

2. 考虑到实践中实际经营公司的一方股东未必是控股股东，可将该条款的约束范围扩大至公司全体股东，而不仅仅局限于控股股东。

3. 增加"违约责任"条款，即明确股东出现干预公司生产经营决策等行为时，应当向公司承担赔偿损失的责任。

条款实例

站在不直接经营公司的"小股东"的角度，笔者建议本章程条款可以设计如下：

公司股东应当严格遵守公司法、公司章程规定的公司决策机制，不得干预公司生产经营决策，不得干预公司的财务会计活动，不得向公司下达经营计划或指令。

公司股东违反前款规定，给公司造成损失的，应当承担赔偿责任，赔偿损失的范围包括公司直接损失及公司可得利益损失。

法规链接

《公司法》(2023年修订)

第二十二条第一款 公司的控股股东、实际控制人、董事、监事、高级管理人员不得利用关联关系损害公司利益。

延伸阅读

因股东擅自作出公司经营决策，致使公司遭受损失，被判令向公司承担赔偿责任的案例：

案例1：杭州市中级人民法院审理的耀某公司与朱某良、汉某公司等损害公司利益责任纠纷案〔(2016)浙01民终3833号〕认为，耀某公司在2007年成立之初就与汉某公司签订了房屋租赁协议约定租赁厂房，租期10年，租金每年人民币10万元，双方均按约实际履行。然而2009年3月9日重新签订的租赁协议中不仅包括大幅提高租金数额至每年60万元而且还将之前已履行的租赁期间的租金也需按每年60万元标准补足差额，该协议内容显然对原协议进行了重大的实质性的变更，会对耀某公司产生重大的影响。而当时耀某公司已经因经营状况不佳濒临停产，朱某良作为负责公司日常经营的管理者，明知耀某公司当时的境况，在其无权对此影响耀某公司利益的重大事项决策的情况下，既未向公司董事会汇报告知，也未经公司法定代表人同意和授权，就擅自作出决定并代表耀某公司与汉某公司签订了该份有利于汉某公司的协议，无正当合理的理由……本案中朱某良违背作为公司股东和高级管理人员的法定义务，给耀某公司造成损失，应当承担赔偿责任。据此，法院判决朱某良向耀某公司赔偿损失。

案例2：嘉兴市中级人民法院审理的浙江嘉兴同某房地产开发股份有限公司诉民丰特种纸股份有限公司等公司的控股股东、实际控制人、董事损害公司利益赔偿纠纷案［（2008）嘉民二初67号］认为，三被告作为德某公司的控股股东、董事及高级管理人员，利用对公司的实际控制地位，在未召开股东会、董事会的情况下，擅自决定总投资达注册资本近十倍的热电及其配套项目、一号原料仓库及热敏纸项目，对由此造成的损失应当承担赔偿责任。德某公司章程第十七条第（一）项、第二十三条第（一）项、第（二）项规定，股东会决定公司的经营方针和投资计划，董事会执行股东会的决议，决定公司的经营计划和投资方案。公司法第三十八条第一款第（一）项、第四十七条第（二）项、第（三）项也有同样的规定。德某公司的投资决策虽报政府相关部门批准，但该投资决策本身应当按照公司法及公司章程的规定经股东会、董事会决议，投资项目合法性并不能免除决策者在公司内部应当承担的责任，至于其是否存在损害公司及其他股东利益的主观恶意，并不影响其滥用股东权利的认定。在经营过程中决策失误是在所难免的，根据风险和收益对等原则，其后果一般也应当由公司而不是由决策者承担，但前提是决策者在履行职责时未违反法律、行政法规和公司章程的规定。德某公司章程明确规定经营计划和投资方案由股东会、董事会决定和执行，总经理组织实施并负责拟订公司的基本管理制度，在公司未专门制定经营决策程序的情况下，三被告在具体操作时更应当尽到勤勉、谨慎的义务，对涉及如此重大的投资项目，应当严格按照公司法和公司章程的规定，交由股东会、董事会讨论决定。三被告认为其投资决策经过股东讨论，没有提供证据证实，在浙江嘉兴同某房地产开发股份有限公司提供的股东会、董事会决议中，均未提及上述投资项目。

案例3：上海市第二中级人民法院审理的蔡某、石某某与零某公司、第三人零某技术公司损害股东利益纠纷案［（2010）沪二中民四（商）终748号］认为，根据零某技术公司章程，对外投资需由股东会作出决议，注销解体协议中亦约定所有零某技术公司所出具的文件需两股东签字后方可盖章发出，而石某某利用其保管的零某技术公司公章，擅自以零某技术公司名义收购原上海庞某机电设备安装有限公司5%股权，同意原上海庞某机电设备安装有限公司使用"零某"字号，转让属于零某技术公司所有的商标，明显属于违约行为，应承担相应的违约责任。

（十一）小股东防守之"行使股权回购请求权"

001 股东协议可约定公司重大违约时股权回购条件

阅读提示

我国《公司法》第八十九条和第一百六十二条规定了股东要求公司进行股份回购的法定情形。除此之外，公司亦可在公司章程中规定股东要求公司进行股份回购的约定情形，如将公司侵犯股东权利或股东离职约定为回购条件。

那么，公司是否只能在章程中规定股份回购的约定情形呢？在常见的投融资中，投资者是否可以在投资协议或股东协议等其他法律文件中规定，公司或其实际控制人严重违反投资协议，其可以要求公司回购其股份？明确这两个问题的答案有利于投资者合理规避风险，促使公司约束实际控制人的管理行为。

对于投资方与目标公司的股东或者实际控制人订立的"对赌协议"，如无其他无效事由，认定有效并支持实际履行，实践中并无争议。但投资方与目标公司订立的"对赌协议"是否有效以及能否实际履行，存在争议。根据《全国法院民商事审判工作会议纪要》规定：

（1）投资方与目标公司订立的"对赌协议"在不存在法定无效事由的情况下，目标公司仅以存在股权回购或者金钱补偿约定为由，主张"对赌协议"无效的，人民法院不予支持，但投资方主张实际履行的，人民法院应当审查是否符合公司法关于"股东不得抽逃出资"及股份回购的强制性规定，判决是否支持其诉讼请求。

（2）投资方请求目标公司回购股权的，人民法院应当依据《公司法》第五十三条关于"股东不得抽逃出资"或者第一百六十二条关于股份回购的强制性规定进行审查。经审查，目标公司未完成减资程序的，人民法院应当驳回其诉讼请求。

（3）投资方请求目标公司承担金钱补偿义务的，人民法院应当依据《公司法》第五十三条关于"股东不得抽逃出资"和第二百一十条关于利润分配的强制性规定进行审查。经审查，目标公司没有利润或者虽有利润但不足以补偿投资方的，人民法院应当驳回或者部分支持其诉讼请求。今后目标公司有利润时，投资方还可以依据该事实另行提起诉讼。

裁判要旨

投资者与公司签订的《投资协议书》中的股份回购条款是有效的，该条款对于公司和投资人（股东）具有约束力，股东可依据其中的约定情形要求公司回购股份，《投资协议书》是法院判断股份回购请求是否成立的依据之一。

案情简介[①]

2015年8月24日，源某投资与视某公司全体股东及实际控制人王某某签订了《投资协议书》，约定源某投资向视某公司投资。

《投资协议书》第十九条规定，如遇有以下情形之一的，投资者在不违反中国法律法规的前提下，有权要求公司及丙方回购其持有公司的全部或部分股权。（1）丙方或实际控制人出现重大诚信问题，尤其是公司出现投资者不知情的重大账外现金销售收入时；（2）公司与其关联公司擅自进行对投资者产生重大不利影响的交易或担保行为；（3）因丙方或实际控制人在未获得董事会授权情况下的原因导致公司主营业务发生重大不利影响的变化；（4）由于丙方或实际控制人或公司管理层提供虚假信息或有意隐瞒信息而误导投资者的投资决策；（5）丙方或实际控制人或公司实质性地违反其于本协议中作出的陈述与保证，或违反其在本协议下的主要义务，或丙方、实际控制人、公司因违反法律法规而遭受重大行政处罚或刑罚。

2013年至2016年，视某公司多次涉诉，因侵害作品信息网络传播权、不正

[①] 上海市第一中级人民法院审理的南京源某投资中心（以下简称源某投资）（有限合伙）诉张某某请求公司收购股份纠纷案［（2017）沪01民终3042号］。

当竞争等纠纷成为被告，部分生效判决判令视某公司赔偿损失几万元至十几万元不等的金额。

2016年10月10日，源某投资向上海市松江区人民法院起诉，认为视某公司提供虚假信息并隐瞒重要信息从而误导源某投资的投资决策，其在披露重大不利事件、进行投资款分配及投资款使用、开展尽职调查、保障股东知情权和决策权等多方面实质性违反协议约定，损害源某投资的合法权益，请求视某公司股东王某某、张某某、视某公司共同收购源某投资享有的视某公司5.4%的股权。

一审法院认为，系争《投资协议书》合法有效，但并无证据表明视某公司、张某某、王某某存在违约情形足以触发协议中所约定的股权回购条款。驳回源某投资的诉讼请求。

源某投资上诉至上海市第一中级人民法院，二审法院驳回上诉，维持原判。

裁判要点精要

本案中，一审与二审法院均认定《投资协议书》合法有效，《投资协议书》第十九条规定了若干重大违约行为，作为股份回购请求成立的条件，上诉人败诉的原因在于其主张的被上诉人存在重大违约行为的理由均不成立。

法院在分析被上诉人的行为是否构成《投资协议书》第十九条所述之重大违约情形时，显然采用了较为严格的标准，以第五款为例，法院在判断被上诉人行为是否"实质性地违反其于本协议中作出的陈述与保证"，对"实质性"进行了严格解释。法院认为，被上诉人虽陈述与保证所使用之专利、商标、软件著作权、非专利技术等任何知识产权均不侵犯任何第三方权利，但是上诉人应当进行充分的尽职调查，对所投资公司的情况进行全面了解；另外，虽然视某公司因侵害作品信息网络传播权、不正当竞争等纠纷成为被告，部分生效判决判令视某公司赔偿损失几万元至十几万元不等的金额，但这并未达到影响视某公司合法存续或产生重大不利影响的程度，不构成"实质性"违反陈述与保证。

实务经验总结

1. 本案肯定了投资协议中的股份回购条款的效力，股东可以通过投资协议，与公司约定股份回购的情形，从而避免因公司或实际控制人的重大诚信问题及违约行为而遭受巨大的损失。

2. 投资人不可试图通过此条款免除自身责任或规避市场风险。股东的股份回购请求权的立法目的之一是保护股东合法权益，避免股东因为违背自身意愿的重大经营行为而蒙受损失，公司正常的经营行为和经营风险难以触发股东的股份回购请求权。本案中，虽然被上诉人保证其使用的知识产权不侵犯第三人权利，并且《投资协议书》中规定实质性违反该保证将触发股东的股份回购请求权，但法院认为上诉人应当具有一定的风险预测和承担能力，因此没有将正常的经营损失和法律风险认定为"实质性"违反陈述与保证，在此基础上，法院认为股份回购请求不成立。

3. 为了保障股东的合法权益，公司还可在章程中将侵犯股东权利作为约定退股事项，与本案类似的是，此语境下的股东权利通常指股东的基本权利，如知情权、决策权、收益权，公司在正常经营中承受市场风险，导致股东收益受损，难以被认定为侵犯股东权利的约定退股事项（详见本书延伸阅读部分）。

4. 从事公司并购非诉讼的律师应该从本案中吸取教训。律师界有少数专门从事非诉讼的律师，从不关注诉讼案件，他们往往非常缺少诉讼经验，也不屑于去了解和掌握诉讼案件，所以写出来的投融资协议或公司并购协议，在后续履行中产生纠纷，他们也不知道以后如何避免再次发生。聪明的非诉讼律师可以在诉讼案件中吸取教训，如本案可以帮助他们得到如下经验：以后写并购合同的时候，可能就会在起草类似"实质性地违反其于本协议中作出的陈述与保证"采用更加详细的描述或者辅之以一定结果的出现，作为启动股权回购的条件，这样就不至于在出现纠纷之后被法院解释为不构成"实质性"违反陈述与保证。

法规链接

《公司法》（2023 年修订）

第八十九条 有下列情形之一的，对股东会该项决议投反对票的股东可以请求公司按照合理的价格收购其股权：

（一）公司连续五年不向股东分配利润，而公司该五年连续盈利，并且符合本法规定的分配利润条件；

（二）公司合并、分立、转让主要财产；

（三）公司章程规定的营业期限届满或者章程规定的其他解散事由出现，股东会通过决议修改章程使公司存续。

自股东会决议作出之日起六十日内，股东与公司不能达成股权收购协议的，股东可以自股东会决议作出之日起九十日内向人民法院提起诉讼。

公司的控股股东滥用股东权利，严重损害公司或者其他股东利益的，其他股东有权请求公司按照合理的价格收购其股权。

公司因本条第一款、第三款规定的情形收购的本公司股权，应当在六个月内依法转让或者注销。

第一百六十二条 公司不得收购本公司股份。但是，有下列情形之一的除外：

（一）减少公司注册资本；

（二）与持有本公司股份的其他公司合并；

（三）将股份用于员工持股计划或者股权激励；

（四）股东因对股东会作出的公司合并、分立决议持异议，要求公司收购其股份；

（五）将股份用于转换公司发行的可转换为股票的公司债券；

（六）上市公司为维护公司价值及股东权益所必需。

……

《全国法院民商事审判工作会议纪要》（法〔2019〕254号）

（一）关于"对赌协议"的效力及履行

实践中俗称的"对赌协议"，又称估值调整协议，是指投资方与融资方在达成股权性融资协议时，为解决交易双方对目标公司未来发展的不确定性、信息不对称以及代理成本而设计的包含了股权回购、金钱补偿等对未来目标公司的估值进行调整的协议。从订立"对赌协议"的主体来看，有投资方与目标公司的股东或者实际控制人"对赌"、投资方与目标公司"对赌"、投资方与目标公司的股东、目标公司"对赌"等形式。人民法院在审理"对赌协议"纠纷案件时，不仅应当适用合同法的相关规定，还应当适用公司法的相关规定；既要坚持鼓励投资方对实体企业特别是科技创新企业投资原则，从而在一定程度上缓解企业融资难问题，又要贯彻资本维持原则和保护债权人合法权益原则，依法平衡投资方、公司债权人、公司之间的利益。对于投资方与目标公司的股东或者实际控制人订立的"对赌协议"，如无其他无效事由，认定有效并支持实际履行，实践中并无争议。但投资方与目标公司订立的"对赌协议"是否有效以及能否实际履行，存在争议。对此，应当把握如下处理规则：

5.【与目标公司"对赌"】投资方与目标公司订立的"对赌协议"在不存在法定无效事由的情况下，目标公司仅以存在股权回购或者金钱补偿约定为由，主张"对赌协议"无效的，人民法院不予支持，但投资方主张实际履行的，人民法院应当审查是否符合公司法关于"股东不得抽逃出资"及股份回购的强制性规定，判决是否支持其诉讼请求。

投资方请求目标公司回购股权的，人民法院应当依据《公司法》第 35 条关于"股东不得抽逃出资"或者第 142 条关于股份回购的强制性规定进行审查。经审查，目标公司未完成减资程序的，人民法院应当驳回其诉讼请求。

投资方请求目标公司承担金钱补偿义务的，人民法院应当依据《公司法》第 35 条关于"股东不得抽逃出资"和第 166 条关于利润分配的强制性规定进行审查。经审查，目标公司没有利润或者虽有利润但不足以补偿投资方的，人民法院应当驳回或者部分支持其诉讼请求。今后目标公司有利润时，投资方还可以依据该事实另行提起诉讼。

本案链接

以下为该案在法庭审理阶段，判决书中"本院认为"就该问题的论述：

关于尽职调查问题，本院认为，涉及本案投资的尽职调查的委托协议虽由视某公司与某所签订，但从协议履行情况及终止委托协议的备忘录内容来看，尽职调查费用由上诉人支付，目前并无有效证据显示被上诉人在尽职调查过程中有不配合或阻挠的行为而致使尽职调查没有结果。上诉人作为投资人，理应在投资前对投资项目进行调查，对投资风险进行评估，委托专业律所进行尽职调查是上诉人投资前应做的准备工作，但上诉人称其是投资在前，尽职调查在后，上诉人对其中的潜在风险应有合理的预估，在无证据证明被上诉人有故意阻挠尽职调查，误导上诉人投资决策的情况下，上诉人主张被上诉人存在违约行为不能成立。至于上诉人称视某公司涉及多起诉讼，本院认为，这些诉讼虽然存在，但并未达到影响视某公司合法存续或产生重大不利影响的程度，故上诉人主张被上诉人违反实质性保证和陈述的理由不成立，本院不予支持。

延伸阅读

请求公司收购股权的法定及约定条件
1. 请求公司收购股权的三种法定条件
（1）连续五年盈利但未分配利润的，可以请求公司回购股份
案例 1：山东省高级人民法院审理的周某某、辛某某等与鸿某公司请求公司

收购股份纠纷案［(2016)鲁民终791号］认为，当事人在本案中争议的焦点问题是：周某某等十一人是否有权请求鸿某公司收购其股权。依照《公司法》第七十四条的规定："有下列情形之一的，对股东会该项决议投反对票的股东可以请求公司按照合理的价格收购其股权：(一)公司连续五年不向股东分配利润，而公司该五年连续盈利，并且符合本法规定的分配利润条件的……"该法第一百六十六条第四款规定："公司弥补亏损和提取公积金后所余税后利润，有限责任公司依照本法第三十五条的规定分配……"上述规定表明，公司股东请求公司收购股权必须符合下列条件：(1)公司连续五年不向股东分配利润；(2)公司连续五年盈利；(3)符合《公司法》规定的分配利润条件：公司盈利扣除企业所得税，之后仍有盈余的弥补公司亏损和提取公积金，尚有盈余的才能向股东分配。本案中，根据税务机关出具的纳税证明、完税证明和纳税申报材料可以证明鸿某公司在2012年、2013年没有产生企业所得税，鸿某公司不可能产生税后利润。因此，虽然鸿某公司在2009年至2013年连续五年没有向股东分配利润，但鸿某公司在该五年内并没有连续盈利。故周某某等十一人请求鸿某公司收购其股权不符合法律规定，本院不予支持，原审法院判决驳回其诉讼请求并无不当。

(2)公司合并、分立、转让主要财产，投反对票的股东可以请求公司回购股份

案例2：内蒙古自治区赤峰市中级人民法院审理的彭某某与四某矿业公司请求公司收购股份纠纷案［(2013)赤商终62号］认为，《公司法》第七十五条规定，公司股东会决议公司合并的，对该项决议投反对票的股东可以在决议通过之日起60日内请求公司按照合理价格收购其股权，与公司不能达成股权收购协议的，可以在决议通过之日起90日内向人民法院提起诉讼。本案中，四某矿业公司与其他三家煤矿企业签订兼并重组协议，约定兼并重组后保留四某矿业公司，三家煤矿其中一家具备法人资格，其余两家不具备法人资格，被并入的三家煤矿均予以注销，分别成立四某矿业公司的分公司。虽然各方在协议中约定四某矿业公司不负担其他三家煤矿的债权债务，分公司独立核算、自负盈亏，但依照法律规定分公司不具有企业法人资格，不具有独立的法律地位，并不独立承担民事责任。四某矿业公司股东会在彭某某投反对票的情况下依然作出了有效的决议，彭某某请求四某矿业公司按照合理的价格收购其股权符合《公司法》第七十五条的规定，应允许其退出公司。

案例3：湖北省高级人民法院审理的宜昌三某矿业公司与徐某某公司收购股

份纠纷案〔（2014）鄂民二终00037号〕认为，《公司法》第七十四条规定，公司转让主要资产，对股东会该项决议投反对票的股东可以请求公司按照合理的价格收购其股权。本案中，徐某某投反对票的决议为宜昌三某矿业公司作出的"石某集团有关资产处置方案""石某集团慈溪分公司整体转让方案""金某石墨矿（系三某矿业公司子公司）50%股权转让方案"。上述决议涉及多处石墨矿及子公司的资产转让，从宜昌三某矿业公司的经营范围包含石墨矿销售的内容看，该部分资产转让应涉及宜昌三某矿业公司的重要资产。徐某某投反对票后，向宜昌三某矿业公司提出公司收购其股权的请求。

案例4：江苏省常州市中级人民法院审理的仇某某、许某某与危某陌开发公司请求公司收购股份纠纷案〔（2011）常商初59号〕认为，原告仇某某、许某某是否享有股份回购请求权？原告仇某某、许某某目前尚不具备行使股份回购请求权的条件。理由如下：原告主张的公司分立或转让主要财产的情形并未出现且实际不可能发生。虽然2011年6月30日股东会决议存在转让公司主要财产安阳里项目的意向，但实际上无法从危某陌开发公司处转走该财产……根据常州市国土资源局的要求，成立的项目公司必须为危某陌开发公司的全资子公司，同时安阳里二期项目的土地使用权必须以转让方式转入新的项目公司，由于该转让行为发生在母公司与全资子公司之间，故不应属于对外转让公司主要财产。

案例5：北京市第二中级人民法院审理的薛某与京某公司请求公司收购股份纠纷案〔（2012）二中民终02333号〕认为，关于京某公司转让其持有的国康公司51%的股权是否为京某公司的主要财产的问题。公司转让的财产是否为主要财产，取决于公司转让该财产是否影响了公司的正常经营和盈利，导致公司发生了根本性变化。京某公司的经营范围为销售医用高分子材料及制品、卫生材料及敷料、医用电子仪器设备、包装食品，自营和代理各类商品及技术的进出口业务等，现有证据表明，京某公司转让其持有的国某公司51%的股权的行为并未影响公司的正常经营和盈利，亦没有证据表明公司发生了根本性变化，故法院认为京某公司转让其持有的国某公司51%的股权不能视为京某公司的主要财产……薛某有权依据《公司法》第七十五条的规定提起诉讼，但由于京某公司转让的财产并非京某公司的主要财产，故对于其要求京某公司以人民币23158287.72元的价格收购其持有的京某公司9%的股权的诉讼请求，缺乏依据，法院不予支持。

案例6：山西省运城市中级人民法院审理的刘某某与八某公司请求收购股份纠纷案〔（2014）运中民终312号〕认为，公司股东要求公司收购的条件，在

《公司法》第七十五条规定得非常具体明确，上诉人认为其请求符合该条规定第一款第（二）项的情形，即"公司合并、分立、转让主要财产的"。经本院审理查明，上诉人主张的八某公司转让主要财产的事实并无相关证据证实，其提出的八某公司土地使用权，经本院核实仍然登记在该公司名下，并未发生变更，而土地使用权的权属证明在我国法律上均是以国土资源部门的登记和权利证书来确定的，上诉人认为八某公司持有土地证不能说明土地使用权权属没有发生变更的理由依据不足。

（3）公司决议延长经营期限，投反对票的股东可以请求公司回购股份

案例7：最高人民法院审理的信某公司与太某集团请求公司收购股份纠纷案[（2016）最高法民终34号]认为，信某公司在太某集团三个股东中有两个股东于2011年8月28日形成了《关于太某集团公司延长经营期限股东会决议》的情况下，于2011年9月13日向太某集团发出《关于对太某集团公司临时股东会议题表决的函》，表示不同意延长太某集团经营期限，并在法定期限内向原审法院提起诉讼，请求太某集团以合理的价格收购其在太某集团的股份，符合《公司法》第七十四条第一款第（三）项规定的"公司章程规定的营业期限届满或者章程规定的其他解散事由出现，股东会会议通过决议修改章程使公司存续的"法定收购股权条件，信某公司对太某集团关于延长经营期限的股东会决议书面提出反对意见，当然有权依法请求太某集团按照合理的价格收购其股权，且符合相应程序规定。

案例8：江苏省常州市中级人民法院审理的李某某与常州市创某公司（以下简称创某公司）请求公司收购股份纠纷案[（2014）常商终133号]认为，公司章程规定的营业期限届满或者章程规定的其他解散事由出现，股东会会议通过决议修改章程使公司存续的，对股东会该项决议投反对票的股东可以请求公司按照合理的价格收购其股权。自股东会会议决议通过之日起60日内，股东与公司不能达成股权收购协议的，股东可以自股东会会议决议通过之日起90日内向人民法院提起诉讼。虽然李某某提供的落款时间是2011年4月28日的股东会决议复印件，客观上不持有公司股东会决议原件，但是创某公司的三位股东对公司召开第十三次股东会并通过延长公司经营期限的股东会决议是明知的。李某某于2011年7月25日向法院递交诉状，要求创某公司回购股权时，创某公司关于公司经营期限延长的第十三次股东会决议已形成并通过，李某某对决议投反对票。李某某提起创某公司回购股权之诉，符合法律规定的条件，即股东投反对票且在90

日内起诉。

案例9：浙江省舟山市定海区人民法院审理的海某公司与孙某民事纠纷案［（2015）舟定商初525号］认为，原告的回购请求是否符合法律规定。根据《公司法》第七十四条的规定，公司章程规定的营业期限届满，股东会会议通过决议修改章程使公司存续的，对股东会该项决议投反对票的股东可以请求公司按照合理的价格收购其股权。自股东会会议决议通过之日起60日内，股东与公司不能达成股权收购协议的，股东可以自股东会会议决议通过之日起90日内向人民法院提起诉讼。本案中，原告在2015年1月9日就公司是否持续经营的股东会投票表决中投反对票，而股东会会议通过决议继续经营20年，现公司的工商登记也作了相应变更，故原告要求公司回购股权的请求符合相应法律规定的情形。且原告书面要求被告回购其股份，在未能接受2.5倍收购价的情况下，于4月3日向本院提起诉讼，亦符合程序性规定。综上，原告要求被告收购其股份的请求于法有据，本院予以支持。

案例10：福建省福州市仓山区人民法院审理的林某某与福州安某公司请求公司收购股份纠纷案［（2011）仓民初2410号］认为，被告福州安某公司于2011年6月14日召开临时股东会并决议通过延长营业期限5年，使公司存续经营，因原告林某某投反对票，其于2011年7月10日委托律师向被告福州安某公司致函，要求被告福州安某公司以合理价格收购其股权，但原、被告无法就收购价格达成协议，原告林某某于2011年9月8日向本院起诉。根据《公司法》第七十五条的规定："有下列情形之一的，对股东会该项决议投反对票的股东可以请求公司按照合理的价格收购其股权：（一）公司连续五年不向股东分配利润，而公司该五年连续盈利，并且符合本法规定的分配利润条件的；（二）公司合并、分立、转让主要财产的；（三）公司章程规定的营业期限届满或者章程规定的其他解散事由出现，股东会会议通过决议修改章程使公司存续的。自股东会会议决议通过之日起六十日内，股东与公司不能达成股权收购协议的，股东可以自股东会会议决议通过之日起九十日内向人民法院提起诉讼。"原告的起诉符合法律规定的要件。

案例11：上海市青浦区人民法院审理的唐某某与叠某公司请求公司收购股份纠纷案［（2015）青民二（商）初1873号］认为，根据《公司法》第七十四条的规定，公司章程规定的营业期限届满或者章程规定的其他解散事由出现，股东会会议通过决议修改公司章程使公司存续的，对股东会该项决议投反对票的股东可以请求公司按照合理的价格收购其股权。股东如未能在决议通过之日起60日内与公司就股权收购达成协议的，可以自决议通过之日起90日内向人民法院提起诉讼。被告于2015年6月14日通过股东会决议，决定延长公司营业期限，原告对此予以反对，并在90日内提起本案诉讼，故原告要求被告收购其持有的被告股份的主张符合法律规定。

案例12：江苏省常州市中级人民法院审理的李某与天宁城某公司请求公司收购股份纠纷案〔（2014）常商终129号〕认为，根据《公司法》第七十四条的规定，公司章程规定的营业期限届满或者章程规定的其他解散事由出现，股东会会议通过决议修改章程使公司存续的，对股东会该项决议投反对票的股东有权行使股份回购请求权……李某要行使异议股份回购请求权，应当在章程规定的2024年3月30日经营期限届满前，在天宁城某公司通过股东会决议修改章程使公司存续从而影响其利益的情况下，并且对该决定存续的股东会决议投反对票的情况下，才享有异议股份回购请求权。

2. 公司章程可另行规定公司回购股权的情形

（1）公司章程可将公司侵犯股东权利作为回购股东股权的约定条件

案例13：最高人民法院审理的袁某某与长某置业公司请求公司收购股份纠纷案〔（2014）民申2154号〕认为，长某置业公司《公司章程》中规定，股东权利受到公司侵犯，股东可书面请求公司限期停止侵权活动，并补偿因被侵权导致的经济损失。如公司经法院或公司登记机关证实，公司未在所要求的期限内终止侵权活动，被侵权的股东可根据自己的意愿退股，其所拥有的股份由其他股东协议摊派或按持股比例由其他股东认购。本案中，长某置业公司在没有通知袁某某参与股东会的情况下，于2010年5月31日作出股东会决议，取消了袁某某的一切经费开支，长某置业公司和其股东会没有保障袁某某作为股东应享有的决策权和知情权，侵犯了袁某某的股东权益，符合长某置业公司《公司章程》所约定的"股东权利受到公司侵犯"的情形。因此，袁某某有权根据《公司章程》的规定，请求公司以回购股权的方式让其退出公司。

（2）公司章程可将股东离职（辞职、被辞退、除名、退休、死亡或公司与其解除劳动关系）作为约定股权回购的条件，这类约定在不违背《公司法》及相关法律的强制性规范的情形下，应属合法有效

案例14：最高人民法院审理的杨某某、鸿某公司请求公司收购股份纠纷案〔（2015）民申2819号〕认为，关于鸿某公司对再审申请人的股权进行回购是否

合法的问题。申请人于 2004 年 1 月成为鸿某公司股东时签署了"公司改制征求意见书",该"公司改制征求意见书"约定"入股职工因调离本公司,被辞退、除名、自由离职、退休、死亡或公司与其解除劳动关系的,其股份通过计算价格后由公司回购"。有限责任公司可以与股东约定《公司法》第七十四条规定之外的其他回购情形。《公司法》第七十四条并未禁止有限责任公司与股东达成股权回购的约定。本案的"公司改制征求意见书"由申请人签字,属于真实的意思表示,内容上未违背公司法及相关法律的强制性规范,应属有效。故鸿某公司依据公司与申请人约定的"公司改制征求意见书"进行回购,并无不当。

案例 15:北京市高级人民法院审理的刘某某请求公司收购股份纠纷申诉、申请案〔(2014)高民申 02728 号〕认为,新某公司章程第六章第九条约定:"股东之间可以相互转让其部分或全部出资。凡因退休、调出、辞职、死亡或被公司辞退、除名、开除而离开本企业的职工,其所持股份应在本企业内部进行转让。当出现职工都要或都不要的情况时,由董事会决定解决办法,可用任意盈余公积金或未分配利润回购,并按股东比例分配给其他股东",该条款表明,在出现职工都不要的情况时,由董事会决定,未规定新某公司必须收购的义务。刘某某单方要求新某公司以截止到 2010 年 12 月 31 日的公司净资产的 3%收购其所持股份,而新某公司不同意收购刘某某所持股份,一、二审法院判决驳回刘某某的诉讼请求并无不当,本院予以支持。

案例 16:宁夏回族自治区吴忠市利通区人民法院审理的原告刘某某诉被告盛某公司请求公司收购股份纠纷案〔(2014)吴利民商初 185 号〕认为,被告盛某公司是经过改制的股份制合作企业,原告既是被告公司的职工也是被告公司的股东。根据被告公司的章程第十条规定,一般职工入股后,如遇退休、调离、辞职、被告解除劳动合同、死亡等情况,其股份由公司一次性收购。原告在被告公司成立时既是公司职工也是公司股东,2013 年 10 月原告已经办理退休手续,不再是被告公司职工。原告的股份按照公司章程的规定应当由公司一次性收购,被告也同意收购原告的股份,原告主张由被告收购其股份的诉讼请求,符合被告公司章程的规定,其诉讼请求本院予以支持。

002 公司章程可设置《公司法》第八十九条之外的回购情形

阅读提示

我国《公司法》第八十九条规定了异议股东要求股权回购的法定情形,包括公司连续五年盈利但未分配利润,合并、分立和转让主要财产以及延长经营期限。值得注意的是,《公司法》并未禁止有限责任公司和股东在法定情形之外,规定异议股东要求股权回购的约定情形。

那么,哪些约定情形在实践中得到了人民法院的承认呢?又有哪些约定情形因为侵犯股东权益、损害公司利益被人民法院认定为无效呢?

裁判要旨

有限责任公司可在章程中规定,股东权利受到公司侵犯,股东可书面请求公司限期停止侵权活动,否则被侵权股东可依照自己的意愿要求公司回购股权。

案情简介[①]

再审被申请人袁某为再审申请人长某置业的股东。长某置业公司《公司章程》中规定,股东权利受到公司侵犯,股东可书面请求公司限期停止侵权活动,并补偿因被侵权导致的经济损失。如公司经法院或公司登记机关证实,公司未在所要求的期限内终止侵权活动,被侵权的股东可根据自己的意愿退股。

2010年3月5日,长某置业公司形成股东会决议,明确由沈某、钟某、袁某三位股东共同主持工作,确认全部财务收支、经营活动和开支、对外经济行为必须通过申报并经全体股东共同联合批签才可执行,对重大资产转让要求以股东决议批准方式执行。但是,在实行联合审批办公制度之后,长某置业公司对案涉二期资产进行了销售,该资产转让从定价到转让,均未取得股东袁某的同意,也未通知其参加股东会。

2010年8月19日,袁某申请召开临时股东会,明确表示反对二期资产转让,

---

① 最高人民法院审理的袁某与长某置业(湖南)发展有限公司(以下简称长某置业公司)请求公司收购股份纠纷案[(2014)民申2154号]。

要求立即停止转让上述资产，长某置业公司驳回了袁某的申请，并继续对二期资产进行转让。袁某向法院起诉，请求长某置业公司回购其股权。湖南省高级人民法院支持了其诉讼请求。

最高人民法院再审认为，袁某有权根据《公司章程》的规定，请求公司以回购股权的方式允许其退出公司。

裁判要点精要

长某置业公司《公司章程》中规定，股东权利受到公司侵犯，股东可书面请求公司限期停止侵权活动，并补偿因被侵权导致的经济损失。如公司经法院或公司登记机关证实，公司未在所要求的期限内终止侵权活动，被侵权的股东可根据自己的意愿退股。

本案中，长某置业公司在没有通知袁某参与股东会的情况下，于2010年5月31日作出股东会决议，取消了袁某的一切经费开支，长某置业公司和其股东会没有保障袁某作为股东应享有的决策权和知情权，侵犯了袁某的股东权益，符合长某置业公司《公司章程》中所约定的"股东权利受到公司侵犯"的情形。因此，袁某有权根据《公司章程》的规定，请求公司以回购股权的方式让其退出公司。

实务经验总结

前事不忘，后事之师，为了防止未来发生类似败诉，笔者提出以下建议：

1. 有限责任公司可以与股东约定《公司法》第八十九条规定之外的其他回购情形，《公司法》第八十九条并未禁止有限责任公司与股东达成股权回购的约定。目前，已经得到最高人民法院肯定的约定条件有两种：一是将损害股东权利作为股权回购的约定条件；二是将股东与公司解除劳动关系作为股权回购的约定条件。当然，有限责任公司可与股东约定的条件不限于以上两种，实践中有公司在股东协议中约定，公司或实际控制人严重违约时，股东可要求公司回购股权，这一约定的效力得到了法院的肯定。

2. 有限责任公司与股东约定的股权回购条件不得违反《公司法》，不得侵犯公司其他股东及债权人的合法权益。实践中，有股东与公司签订对赌条款约定，若后者达不到一定的净利润目标，则该股东有权利要求股权回购，回购价格为投资本金加固定高额的年回报率。

在《全国法院民商事审判工作会议纪要》颁布实施之前，对于投资方与目标公司的股东或者实际控制人订立的"对赌协议"，如无其他无效事由，认定有效并支持实际履行，实践中并无争议。但投资方与目标公司订立的"对赌协议"是否有效以及能否实际履行，存在争议。

在《全国法院民商事审判工作会议纪要》颁布实施之后，按照下述三个规则办理：

（1）投资方与目标公司订立的"对赌协议"在不存在法定无效事由的情况下，目标公司仅以存在股权回购或者金钱补偿约定为由，主张"对赌协议"无效的，人民法院不予支持，但投资方主张实际履行的，人民法院应当审查是否符合公司法关于"股东不得抽逃出资"及股份回购的强制性规定，判决是否支持其诉讼请求。

（2）投资方请求目标公司回购股权的，人民法院应当依据《公司法》第五十三条关于"股东不得抽逃出资"或者第一百四十二条关于股份回购的强制性规定进行审查。经审查，目标公司未完成减资程序的，人民法院应当驳回其诉讼请求。

（3）投资方请求目标公司承担金钱补偿义务的，人民法院应当依据《公司法》第五十三条关于"股东不得抽逃出资"和第一百六十六条关于利润分配的强制性规定进行审查。经审查，目标公司没有利润或者虽有利润但不足以补偿投资方的，人民法院应当驳回或者部分支持其诉讼请求。今后目标公司有利润时，投资方还可以依据该事实另行提起诉讼。

法规链接

《公司法》（2023年修订）

第八十九条 有下列情形之一的，对股东会该项决议投反对票的股东可以请求公司按照合理的价格收购其股权：

（一）公司连续五年不向股东分配利润，而公司该五年连续盈利，并且符合本法规定的分配利润条件；

（二）公司合并、分立、转让主要财产；

（三）公司章程规定的营业期限届满或者章程规定的其他解散事由出现，股东会通过决议修改章程使公司存续。

自股东会决议作出之日起六十日内，股东与公司不能达成股权收购协议的，股东可以自股东会决议作出之日起九十日内向人民法院提起诉讼。

公司的控股股东滥用股东权利，严重损害公司或者其他股东利益的，其他股东有权请求公司按照合理的价格收购其股权。

公司因本条第一款、第三款规定的情形收购的本公司股权，应当在六个月内依法转让或者注销。

《全国法院民商事审判工作会议纪要》（法〔2019〕254号）

（一）关于"对赌协议"的效力及履行

实践中俗称的"对赌协议"，又称估值调整协议，是指投资方与融资方在达成股权性融资协议时，为解决交易双方对目标公司未来发展的不确定性、信息不对称以及代理成本而设计的包含了股权回购、金钱补偿等对未来目标公司的估值进行调整的协议。从订立"对赌协议"的主体来看，有投资方与目标公司的股东或者实际控制人"对赌"、投资方与目标公司"对赌"、投资方与目标公司的股东、目标公司"对赌"等形式。人民法院在审理"对赌协议"纠纷案件时，不仅应当适用合同法的相关规定，还应当适用公司法的相关规定；既要坚持鼓励投资方对实体企业特别是科技创新企业投资原则，从而在一定程度上缓解企业融资难问题，又要贯彻资本维持原则和保护债权人合法权益原则，依法平衡投资方、公司债权人、公司之间的利益。对于投资方与目标公司的股东或者实际控制人订立的"对赌协议"，如无其他无效事由，认定有效并支持实际履行，实践中并无争议。但投资方与目标公司订立的"对赌协议"是否有效以及能否实际履行，存在争议。对此，应当把握如下处理规则：

5.【与目标公司"对赌"】投资方与目标公司订立的"对赌协议"在不存在法定无效事由的情况下，目标公司仅以存在股权回购或者金钱补偿约定为由，主张"对赌协议"无效的，人民法院不予支持，但投资方主张实际履行的，人民法院应当审查是否符合公司法关于"股东不得抽逃出资"及股份回购的强制性规定，判决是否支持其诉讼请求。

投资方请求目标公司回购股权的，人民法院应当依据《公司法》第35条关于"股东不得抽逃出资"或者第142条关于股份回购的强制性规定进行审查。经审查，目标公司未完成减资程序的，人民法院应当驳回其诉讼请求。

投资方请求目标公司承担金钱补偿义务的，人民法院应当依据《公司法》第35条关于"股东不得抽逃出资"和第166条关于利润分配的强制性规定进行审查。经审查，目标公司没有利润或者虽有利润但不足以补偿投资方的，人民法院应当驳回或者部分支持其诉讼请求。今后目标公司有利润时，投资方还可以依据该事实另行提起诉讼。

本案链接

以下为该案在法庭审理阶段，判决书中"本院认为"就该问题的论述：

关于袁某是否有权请求长某置业公司回购股权的问题。2010年3月5日，长某置业公司形成股东会决议，明确由沈某、钟某、袁某三位股东共同主持工作，确认全部财务收支、经营活动和开支、对外经济行为必须通过申报并经全体股东共同联合批签才可执行，对重大资产转让要求以股东决议批准方式执行。但是，根据长某置业公司与袁某的往来函件，在实行联合审批办公制度之后，长某置业公司对案涉二期资产进行了销售，该资产从定价到转让，均未取得股东袁某的同意，也未通知其参加股东会。根据《公司法》第七十四条之规定，对股东会决议转让公司主要财产投反对票的股东有权请求公司以合理价格回购其股权。从形式上看，袁某未参加股东会，未通过投反对票的方式表达对股东会决议的异议。但是，《公司法》第七十四条的立法精神在于保护异议股东的合法权益，之所以对投反对票作出规定，意在要求异议股东将反对意见向其他股东明示。本案中袁某未被通知参加股东会，无从了解股东会决议并针对股东会决议投反对票，况且，袁某在2010年8月19日申请召开临时股东会，明确表示反对二期资产转让，要求立即停止转让上述资产，长某置业公司驳回了袁某的申请，并继续对二期资产进行转让，已经侵犯了袁某的股东权益。因此，二审法院依照《公司法》第七十四条之规定，认定袁某有权请求长某置业公司以公平价格收购其股权，并无不当。

同时，长某置业公司《公司章程》中规定，股东权利受到公司侵犯，股东可书面请求公司限期停止侵权活动，并补偿因被侵权导致的经济损失。如公司经法院或公司登记机关证实，公司未在所要求的期限内终止侵权活动，被侵权的股东可根据自己的意愿退股，其所拥有的股份由其他股东协议摊派或按持股比例由其他股东认购。本案中，长某置业公司在没有通知袁某参与股东会的情况下，于2010年5月31日作出股东会决议，取消了袁某的一切经费开支，长某置业公司和其股东会没有保障袁某作为股东应享有的决策权和知情权，侵犯了袁某的股东权益，符合长某置业公司《公司章程》中所约定的"股东权利受到公司侵犯"的情形。因此，袁某有权根据《公司章程》的规定，请求公司以回购股权的方式让其退出公司。

延伸阅读

除将侵害股东权利约定为股权回购的条件外，有限责任公司还可以与股东约定解除劳动关系时，其股份通过计算价格后由公司回购。

案例1：最高人民法院审理的杨某、鸿某公司请求公司收购股份纠纷申诉、申请案［(2015)民申2819号］认为，关于鸿某公司对再审申请人的股权进行回购是否合法的问题。申请人于2004年1月成为鸿某公司股东时签署了"公司改制征求意见书"，该"公司改制征求意见书"约定"入股职工因调离本公司，被辞退、除名、自由离职、退休、死亡或公司与其解除劳动关系的，其股份通过计算价格后由公司回购"。有限责任公司可以与股东约定《公司法》第七十四条规定之外的其他回购情形。《公司法》第七十四条并未禁止有限责任公司与股东达成股权回购的约定。本案的"公司改制征求意见书"由申请人签字，属于真实的意思表示，内容上未违背公司法及相关法律的强制性规范，应属有效。故鸿某公司依据公司与申请人约定的"公司改制征求意见书"进行回购，并无不当。

除此之外，公司在股东协议中约定，公司或实际控制人严重违约时，股东可要求公司回购股权。

案例2：上海市第一中级人民法院审理的源某投资诉张某请求公司收购股份纠纷案［(2017)沪01民终3042号］，该案的基本案情是：2015年8月24日，源某投资（甲方）与视某公司（乙方）及视某公司全体原股东，包括张某（丙方、实际控制人王某）签订《投资协议书》一份，载明：鉴于甲方有意投资乙方，乙方拟进行本轮融资。《投资协议书》第十九条规定："如遇有以下情形之一的，投资者在不违反中国法律法规的前提下，有权要求公司及丙方回购其持有公司的全部或部分股权。1. 丙方或实际控制人出现重大诚信问题，尤其是公司出现投资者不知情的重大账外现金销售收入时；2. 公司与其关联公司擅自进行对投资者产生重大不利影响的交易或担保行为；3. 丙方或实际控制人在未获得董事会授权情况下的原因导致公司主营业务发生重大不利影响的变化；4. 由于丙方或实际控制人或公司管理层提供虚假信息或有意隐瞒信息而误导投资者的投资决策；5. 丙方或实际控制人或公司实质性地违反其于本协议中作出的陈述与保证，或违反其在本协议下的主要义务，或丙方、实际控制人、公司因违反法律法规而遭受重大行政处罚或刑罚。"上诉人认为，王某、张某、视某公司在披露重大不利事件、进行投资款分配及投资款使用、开展尽职调查、保障股东知情权和决策权等多方面实质性违反协议约定，损害源某投资的合法权益，依据协议书第十九条的约定，王某、张某、视某公司应履行回购义务。法院认为，系争《投资协议书》合法有效，但上诉人主张的被上诉人存在重大违约行为的理由均不成立，其诉请不符合投资协议书约定的股权回购的情形，理应不予支持。

约定的回购条件不能侵犯公司其他股东和公司债权人的利益。

案例3：江苏省泰州市中级人民法院审理的博某公司与阳某公司请求公司收购股份纠纷案［（2014）泰中商初00209号］认为，《投资协议书》约定阳某公司必须达到净利润目标或者必须在2014年12月31日前完成首次上市，否则，侵犯了公司其他股东和公司债权人的利益，不符合公司法规定的股东以其投入的股份对公司债务承担责任的公司法基本原则，依照《公司法》第三十五条，《合同法》第五十二条第（三）项、第（四）项的规定，博某公司与阳某公司所签订《投资协议书》中的赎回条款以及《股权回购协议》应当认定为无效。博某公司依据该协议请求阳某公司依据《股权回购协议》支付回购金额本息的诉讼请求，没有法律依据，其请求本院不予支持。

003 被剥夺参与重大资产处置的股东会决议的，亦有权要求回购股权

裁判要旨

未被通知参加股东会、无机会对处置重大资产的股东会决议投反对票，可否要求公司回购股份。

案情简介

长江置业公司共有沈某、钟某某、袁某某三位股东。

长江置业公司对二期资产进行了转让，该资产从定价到转让，均未取得袁某某的同意，沈某、钟某某也未通知其参加股东会。

袁某某申请召开临时股东会，明确表示反对公司主要资产转让。长江置业公司驳回了袁某某的申请，并继续对公司二期资产进行转让。

袁某某请求法院判令：长江置业公司回购其持有的20%股权，湖南省高级人

民法院支持了袁某某的诉讼请求。

长江置业公司向最高人民法院申请再审，最高人民法院驳回其再审申请。

裁判要点精要

《公司法》第八十九条规定，对股东会转让公司主要资产的决议投反对票的股东可以请求公司按照合理的价格收购其股权。

尽管本案从形式上看，袁某某未参加股东会，未通过投反对票的方式表达对股东会决议的异议，但是《公司法》第八十九条的立法精神在于保护异议股东的合法权益，之所以对投反对票作出规定，意在要求异议股东将反对意见向其他股东明示。

本案中袁某某未被通知参加股东会，无从了解股东会决议并针对股东会决议投反对票，况且，袁某某在2010年8月19日申请召开临时股东会时，明确表示反对二期资产转让，要求立即停止转让上述资产，长江置业公司驳回了袁某某的申请，并继续对二期资产进行转让，已经侵犯了袁某某的股东权益。因此，法院依照《公司法》第八十九条之规定，认定袁某某有权请求长江置业公司以公平价格收购其股权。

实务经验总结

为避免未来发生类似纷争，笔者提出如下建议：

第一，公司回购请求权是《公司法》赋予小股东的一把利器。如公司决议事项属于《公司法》第八十九条规定的事项，小股东持反对意见时，要敢于说不。只有投反对票的股东才可以请求公司回购股权，投弃权票甚至是同意票的股东无权请求公司回购股权。

第二，非因自身过错致使未能参加股东会的股东，可在知晓公司决议事项后明确表达反对意见，反对意见应以书面形式表达。笔者认为，非因自身过错包括未召开股东会、未收到会议通知、提前发出会议通知的期限不符合《公司法》及公司章程的规定（如《公司法》规定提前十五天发送通知，实际只提前一天，致使该股东无法协调时间参会）、会议通知的时间或地点与实际开会的时间或地点不符、公司决议的事项超出会议通知的事项等。

法规链接

《公司法》（2023年修订）

第八十九条 有下列情形之一的，对股东会该项决议投反对票的股东可以请求公司按照合理的价格收购其股权：

（一）公司连续五年不向股东分配利润，而公司该五年连续盈利，并且符合本法规定的分配利润条件；

（二）公司合并、分立、转让主要财产；

（三）公司章程规定的营业期限届满或者章程规定的其他解散事由出现，股东会通过决议修改章程使公司存续。

自股东会决议作出之日起六十日内，股东与公司不能达成股权收购协议的，股东可以自股东会决议作出之日起九十日内向人民法院提起诉讼。

公司的控股股东滥用股东权利，严重损害公司或者其他股东利益的，其他股东有权请求公司按照合理的价格收购其股权。

公司因本条第一款、第三款规定的情形收购的本公司股权，应当在六个月内依法转让或者注销。

本案链接

以下为该案在法院审理阶段，判决书中"本院认为"就该问题的论述：

关于袁某某是否有权请求长江置业公司回购股权的问题。2010年3月5日，长江置业公司形成股东会决议，明确由沈某、钟某某、袁某某三位股东共同主持工作，确认全部财务收支、经营活动和开支、对外经济行为必须通过申报并经全体股东共同联合批签才可执行，对重大资产转让要求以股东决议批准方式执行。但是，根据长江置业公司与袁某某的往来函件，在实行联合审批办公制度之后，长江置业公司对案涉二期资产进行了销售，该资产从定价到转让，均未取得股东袁某某的同意，也未通知其参加股东会。根据《公司法》第七十四条之规定，对股东会决议转让公司主要财产投反对票的股东有权请求公司以合理价格回购其股权。本案从形式上看，袁某某未参加股东会，未通过投反对票的方式表达对股东会决议的异议。但是，《公司法》第七十四条的立法精神在于保护异议股东的合法权益，之所以对投反对票作出规定，意在要求异议股东将反对意见向其他股东明示。本案中袁某某未被通知参加股东会，无从了解股东会决议并针对股东会决议投反对票，况且，袁某某在 2010 年 8 月 19 日申请召开临时股东会时，明确表示反对二期资产转让，要求立即停止转让上述资产，长江置业公司驳回了袁某某的申请，并继续对二期资产进行转让，已经侵犯了袁某某的股东权益。因此，二审法院依照《公司法》第七十四条之规定，认定袁某某有权请求长江置业公司以公平价格收购其股权，并无不当。

同时，长江置业公司《公司章程》中规定，股东权利受到公司侵犯，股东可书面请求公司限期停止侵权活动，并补偿因被侵权导致的经济损失。如公司经法院或公司登记机关证实，公司未在所要求的期限内终止侵权活动，被侵权的股东可根据自己的意愿退股，其所拥有的股份由其他股东协议摊派或按持股比例由其他股东认购。本案中，长江置业公司在没有通知袁某某参与股东会的情况下，于 2010 年 5 月 31 日作出股东会决议，取消了袁某某的一切经费开支，长江置业公司和其股东会没有保障袁某某作为股东应享有的决策权和知情权，侵犯了袁某某的股东权益，符合长江置业公司《公司章程》所约定的"股东权利受到公司侵犯"的情形。因此，袁某某有权根据《公司章程》的规定，请求公司以回购股权的方式让其退出公司。

从本案实际处理效果上看，长江置业公司股东之间因利益纠纷产生多次诉讼，有限公司人合性已不复存在，通过让股东袁某某退出公司的方式，有利于尽快解决公司股东之间的矛盾和冲突，从而保障公司利益和各股东利益。

004 公司转让主要财产时股东可请求回购股权，法院如何认定"主要"财产

阅读提示

《公司法》第八十九条第一款第（二）项规定，公司合并、分立、转让主要财产的，可以请求公司按照合理的价格收购其股权。法律并没有对"主要财产"进行进一步定义，有待法院在审判实践中进行解释和认定。北京市第二中级人民法院对此给出了答案，认为主要财产是影响公司正常盈利，转让后导致公司发生根本性变化的财产。本书将围绕这一典型案例，分析何谓"转让主要财产"，帮助股东、经营者进一步明细异议股东股份回购请求权的法定条件。

裁判要旨

公司股东会决议转让公司主要财产，异议股东可行使股份回购请求权。公司转让的财产是否为主要财产，取决于公司转让该财产是否影响了公司的正常经营和盈利，是否导致公司发生了根本性变化。

案情简介[①]

京卫公司由薛某等11人共同出资设立，公司经营范围为销售医用高分子材料及制品、卫生材料及敷料、医用电子仪器设备、包装食品；自营和代理各类商品及技术的进出口业务等。2009年10月12日，京某公司等出资设立国某公司。

2010年12月13日，京某公司召开股东会会议，决议转让京某公司持有国某公司51%的股权。薛某代理人齐某在股东会决议上签字表示不同意该项决议，其余股东均表示同意该项决议。

薛某向北京市丰台区人民法院提起诉讼，请求依法判令被告京某公司收购其持有的9%的股权。薛某主张，京某公司持有国某公司51%的股份相对应的资产总额、营业收入、归属于母公司所有者权益、归属于母公司所有者的净利润分别占京某公司资产总额、营业收入、归属于母公司所有者权益、归属于母公司所有者的净利润的51%、75%、27%和127%。但一审法院认为原告不能证明转让的该部分财产系京某公司的主要财产，因此不予支持其主张。

薛某不服一审判决结果，向北京市第二中级人民法院提起上诉，北京市第二中级人民法院驳回上诉，维持原判。

裁判要点精要

上诉人在公司转移非主要财产时行使异议股东股份回购请求权，没有得到法院的支持，其败诉的原因无疑是误判了公司主要财产。

一审中，薛某主张，京某公司持有的国某公司51%的股份相对应的资产总额、营业收入、归属于母公司所有者权益、归属于母公司所有者的净利润分别占京某公司资产总额、营业收入、归属于母公司所有者权益、归属于母公司所有者的净利润的51%、75%、27%和127%。因此，京某公司转让其持有的国某公司

---

① 北京市第二中级人民法院审理的薛某与京某公司请求公司收购股份纠纷案〔（2012）二中民终02333号〕。

51%的股权系京某公司的主要财产。可见，上诉人根据所转让财产在公司资产总额、营业收入、所有者权益和净利润的占比来判断何谓主要财产，这一标准没有得到法院的支持。

法院认为，主要资产是对公司造成根本性影响的财产，其转移将对公司的存续基础造成影响，仅仅对公司的收入和利润带来超过50%的影响显然不足以论证某财产为主要财产。

实务经验总结

异议股东股份回购请求权是企业家们耳熟能详的概念，但仅熟悉概念是远远不够的，股东需要对该请求权的构成要件进行充分、透彻的理解，就公司合并、分立、转让主要财产这一要件而言，转让主要财产相较于公司合并、分离，具有一定的模糊性，法院对何谓转让主要财产具有相当的裁量权。笔者查阅了500余起股份回购纠纷的案例，发现实践中对于转让主要财产的争议点如下：

1. 何谓"主要"财产

前文多次提到，公司转让的财产是否为主要财产，取决于公司转让该财产是否影响了公司的正常经营和盈利，是否导致公司发生了根本性变化。判断某财产的转让是否对公司造成根本性影响。首先，需要结合公司的经营范围，公司转让的财产与公司主要经营范围越相符，被认定为主要财产的可能性越大，关于这一点，读者可以参见延伸阅读中的案例，三某矿业公司与徐某某公司收购股份纠纷案［（2014）鄂民二终00037号］；其次，虽然财产对于公司营业收入和利润的影响比例不足以独立支持主要财产的认定，但是这一比例仍然具有重要的参考价值。

2. 何谓"转让"主要财产

仅从文本出发，转让一词似乎不可能引起任何争议，不过这里的转让一般不包括母公司向全资子公司的转让，这一点读者可以详见延伸阅读中的案例，仇某某、许某某与危某陋开发公司请求公司收购股份纠纷案［（2011）常商初59号］；另外，转让须为现实的、既成的转让，法院在认定转让是否发生时会查明财产权属，如不动产的登记。

股东在明确何谓转让主要财产的基础上，对股东会转移主要财产的决议投反对票的，可以在决议通过之日起60日内请求公司按照合理价格收购其股权，与公司不能达成收购协议的，可以自决议通过之日起90日内向法院提起诉讼。

法规链接

《公司法》（2023 年修订）

第八十九条 有下列情形之一的，对股东会该项决议投反对票的股东可以请求公司按照合理的价格收购其股权：

……

（二）公司合并、分立、转让主要财产；

……

自股东会决议作出之日起六十日内，股东与公司不能达成股权收购协议的，股东可以自股东会决议作出之日起九十日内向人民法院提起诉讼。

……

第一百六十二条 公司不得收购本公司股份。但是，有下列情形之一的除外：

……

（四）股东因对股东会作出的公司合并、分立决议持异议，要求公司收购其股份；

……

本案链接

以下为该案在法庭审理阶段，判决书中"本院认为"就该问题的论述：

公司转让的财产是否为主要财产，取决于公司转让该财产是否影响了公司的正常经营和盈利，是否导致公司发生了根本性变化。京某公司的经营范围为销售医用高分子材料及制品、卫生材料及敷料、医用电子仪器设备、包装食品，自营和代理各类商品及技术的进出口业务等，现有证据表明，京某公司转让其持有的国某公司51%的股权的行为并未影响公司的正常经营和盈利，亦没有证据表明公司发生了根本性变化，故法院认为京某公司转让其持有的国某公司51%的股权不能视为京某公司的主要财产……薛某有权依据《公司法》第七十五条的规定提起诉讼，但由于京某公司转让的财产并非京某公司的主要财产，故对于其要求京某公司以人民币23158287.72元的价格收购其持有的京某公司9%的股权的诉讼请求，缺乏依据，法院不予支持。

延伸阅读

裁判规则一：判断公司的主要财产需要考虑到公司的经营范围，进而衡量某财产是否会影响公司正常经营，转让是否会导致公司发生根本性变化。

案例1：湖北省高级人民法院审理的三某矿业公司与徐某某公司收购股份纠纷案［（2014）鄂民二终00037号］认为，《公司法》第七十四条规定，公司转让主要资产，对股东会该项决议投反对票的股东可以请求公司按照合理的价格收购其股权。本案中，徐某某投反对票的决议为宜昌三某矿业公司作出的"石某集团有关资产处置方案""石某集团慈溪分公司整体转让方案""金某石墨矿（系三某矿业公司子公司）50%股权转让方案"。上述决议涉及多处石墨矿及子公司的资产转让，从三某矿业公司的经营范围包含石墨矿销售的内容看，该部分资产转让应涉及三某矿业公司的重要资产。

裁判规则二：转让行为发生在母公司与全资子公司之间，不认定为对外转让公司主要资产，异议股东不得请求公司回购股份。

案例2：常州市中级人民法院审理的仇某某、许某某与危某陋开发公司请求公司收购股份纠纷案［（2011）常商初59号］认为，原告仇某某、许某某是否享有股份回购请求权？原告仇某某、许某某目前尚不具备行使股份回购请求权的条件。理由如下：原告主张的公司分立或转让主要财产的情形并未出现且实际不可能发生。虽然2011年6月30日股东会决议存在转让公司主要财产安阳里项目的意向，但实际上无法从危某陋开发公司转走该财产……根据常州市国土资源局的要求，成立的项目公司必须为危某陋开发公司的全资子公司，同时安阳里二期项目的土地使用权必须以转让方式转入新的项目公司，由于该转让行为发生在母公司与全资子公司之间，故不应属于对外转让公司主要财产。

裁判规则三：主要财产必须已经现实转让，不动产的转让需要完成登记。

案例3：山西省运城市中级人民法院审理的刘某某与八某公司请求收购股份纠纷案［（2014）运中民终312号］认为，公司股东要求公司收购股份的条件，在《公司法》第七十五条规定得非常具体明确，上诉人认为其请求符合该条规定第一款第（二）项的情形，即"公司合并、分立、转让主要财产的"。经本院审理查明，上诉人主张的八某公司转让主要财产的事实并无相关证据证实，其提出的八某公司土地使用权，经本院核实仍然登记在该公司名下，并未发生变更，而土地使用权的权属证明在我国法律上均是以国土资源部门的登记和权利证书来确定的，上诉人认为八某公司持有土地证不能说明土地使用权权属没有发生变更的理由依据不足。

005 公司章程约定"人走股留"与"公司回购自身股权"条款是否有效

阅读提示

在人才竞争日益激烈的今天，仅靠"死工资"是难以留住人才的，越来越多的企业，特别是高科技企业普遍实施股权激励计划。但这些股权激励计划或公司章程、股东间协议往往规定，在员工离职时，其股权应由公司回购或转让给公司指定的人。

那么，前述关于"人走股留"的规定，是否因侵害了股东对股权的自主处分权而无效呢？本书将通过最高人民法院第96号指导案例来说明这一问题。

裁判要旨

国有企业改制为有限责任公司，其初始章程对股权转让进行限制，明确约定公司回购条款，只要不违反公司法等法律强制性规定，可以认定为有效。有限责任公司按照初始章程约定，支付合理对价回购股东股权，且通过转让给其他股东等方式进行合理处置的，人民法院应予支持。

案情简介①

大某公司原为国有企业，其于2004年5月改制为有限责任公司。宋某某系大某公司员工，出资2万元成为大某公司的自然人股东。

大某公司全体股东签字同意的章程规定"公司股权不向公司以外的任何团体和个人出售、转让。公司改制一年后，经董事会批准后可在公司内部赠与、转让和继承。持股人死亡或退休经董事会批准后方可继承、转让或由企业收购，持股人若辞职、调离或被辞退、解除劳动合同的，人走股留，所持股份由企业收购"。

---

① 最高人民法院指导案例96号，宋某某诉西安市大某餐饮有限公司股东资格确认纠纷案（最高人民法院审判委员会讨论通过，2018年6月20日发布）。

2006年6月3日，宋某某提出辞职，并申请退出其所持有的公司的2万元股份。2006年8月28日，宋某某经公司法定代表人同意领到退出股金2万元。

2007年1月8日，大某公司召开股东会，代表93%表决权的股东通过了宋某某退股的申请，并决议"其股份暂由公司收购保管，不得参与红利分配"。

后宋某某以大某公司的回购行为违反法律规定，未履行法定程序且公司法规定股东不得抽逃出资等，请求依法确认其具有大某公司的股东资格。

本案经西安市碑林区人民法院一审、西安市中级人民法院二审、陕西省高级人民法院再审，均判决驳回宋某某要求确认大某公司股东资格的诉讼请求。

裁判要点精要

首先，有限责任公司初始章程系公司设立时全体股东一致同意并对公司及全体股东产生约束力的规则性文件，股东在公司章程上签名的行为，应视为其对章程各条款的认可和同意，该章程对公司和各股东均产生约束力。

其次，基于有限责任公司封闭性和人合性的特点，由公司章程对公司股东转让股权作出某些限制性规定，系公司自治的体现。公司章程将是否与公司具有劳动合同关系作为取得股东身份的依据继而作出"人走股留"的规定，符合有限责任公司封闭性和人合性的特点，亦系公司自治原则的体现，不违反公司法的禁止性规定。

最后，公司章程仅仅对股东转让股权限制性规定而非禁止性规定，该类公司章程不违反《公司法》的禁止性规定，合法有效。

有限责任公司初始章程中关于"公司可支付合理对价回购股东股权，且通过转让给其他股东等方式进行合理处置"的约定合法有效。另外，《公司法》所规定的抽逃出资专指公司股东抽逃其对于公司出资的行为，公司在回购股权时并不能构成抽逃出资的主体。

实务经验总结

我们需要区分初始章程和章程修正案的效力，由于初始章程由全体股东或发起人制定，并采取全体一致同意的原则，初始章程在全体股东之间达成的合意，本质上属于一种合同行为，也就是说公司章程的其他规定无论是涉及公司的自治性规范还是股东个人的股权，均经过了所有股权的同意，具有合同上的约束力。但是，章程修正案是通过股东会决议的方式作出的，采取资本多数决原则，并非一定要经过全体股东的一致同意。所以，以股东会决议方式作出的章程修正案对包括反对决议或不参与决议的股东不一定具有约束力（当仅涉及公司的自治性规范时具有约束力，而涉及股东个人股权的核心要素时则没有约束力）。

公司章程设置"人走股留"的条款应在初始章程中规定或由全体股东一致签字同意的章程修正案。虽然公司章程中约定"人走股留"的条款有效，但是股东对其所有的股权仍享有议价权和股权转让方式的决定权。股东会决议中强制股权转让的价格仅对投赞成票的股东有约束力。对于投反对票、弃权票的股东，股东会决议中的股权转让价格条款和股权转让的方式对其不产生法律效力。

股权回购价格、股权转让方式的规定应当公平、合理，若股权转让价格、方式不合理，该条款将被视为对股东财产权的恶意侵犯，进而被认定为无效。因此，双方可约定按照上一年财务报告的股权净额回购或者转让给公司指定的受让人。

法规链接

《公司法》（2023年修订）

第五条 设立公司应当依法制定公司章程。公司章程对公司、股东、董事、监事、高级管理人员具有约束力。

第四十六条第二款 股东应当在公司章程上签名或者盖章。

第五十三条第一款 公司成立后，股东不得抽逃出资。

第八十九条 有下列情形之一的，对股东会该项决议投反对票的股东可以请求公司按照合理的价格收购其股权：

（一）公司连续五年不向股东分配利润，而公司该五年连续盈利，并且符合本法规定的分配利润条件；

（二）公司合并、分立、转让主要财产；

（三）公司章程规定的营业期限届满或者章程规定的其他解散事由出现，股东会通过决议修改章程使公司存续。

自股东会决议作出之日起六十日内，股东与公司不能达成股权收购协议的，股东可以自股东会决议作出之日起九十日内向人民法院提起诉讼。

公司的控股股东滥用股东权利，严重损害公司或者其他股东利益的，其他股东有权请求公司按照合理的价格收购其股权。

公司因本条第一款、第三款规定的情形收购的本公司股权，应当在六个月内依法转让或者注销。

本案链接

以下为该案在法庭审理阶段，判决书中"本院认为"就该问题的论述：

本院认为，本案的焦点问题如下：（1）大某公司的公司章程中关于"人走股留"的规定，是否违反了《公司法》的禁止性规定，该章程是否有效；（2）大某公司回购宋某某股权是否违反《公司法》的相关规定，大某公司是否构成抽逃出资。

针对第一个焦点问题，首先，大某公司章程第十四条规定："公司股权不向公司以外的任何团体和个人出售、转让。公司改制一年后，经董事会批准后可在公司内部赠与、转让和继承。持股人死亡或退休经董事会批准后方可继承、转让或由企业收购，持股人若辞职、调离或被辞退、解除劳动合同的，人走股留，所持股份由企业收购。"依照《公司法》第二十五条第二款"股东应当在公司章程上签名、盖章"的规定，有限责任公司章程系公司设立时全体股东一致同意并对公司及全体股东产生约束力的规则性文件，宋某某在公司章程上签名的行为，应视为其对前述规定的认可和同意，该章程对大某公司及宋某某均产生约束力。其次，基于有限责任公司封闭性和人合性的特点，由公司章程对公司股东转让股权作出某些限制性规定，系公司自治原则的体现。在本案中，大某公司进行企业改制时，宋某某之所以成为大某公司的股东，是因为宋某某与大某公司具有劳动合同关系，如果宋某某与大某公司没有建立劳动关系，宋某某则没有成为大某公司股东的可能性。同理，大某公司章程将是否与公司具有劳动合同关系作为取得股东身份的依据继而作出"人走股留"的规定，符合有限责任公司封闭性和人合性的特点，亦系公司自治原则的体现，不违反公司法的禁止性规定。最后，大某公司章程第十四条关于股权转让的规定，属于对股东转让股权的限制性规定而非禁止性规定，宋某某依法转让股权的权利没有被公司章程所禁止，大某公司章程不存在侵害宋某某股权转让权利的情形。综上，本案一、二审法院均认定大某公司章程不违反《公司法》的禁止性规定，应为有效的结论正确，宋某某的这一再审申请理由不能成立。

针对第二个焦点问题，《公司法》第七十四条所规定的异议股东回购请求权具有法定的行使条件，即只有在"公司连续五年不向股东分配利润，而公司该五年连续盈利，并且符合本法规定的分配利润条件的；公司合并、分立、转让主要财产的；公司章程规定的营业期限届满或者章程规定的其他解散事由出现，股东会会议通过决议修改章程使公司存续的"三种情形下，异议股东有权要求公司回购其股权，对应的是公司是否应当履行回购异议股东股权的法定义务。而本案属于大某公司是否有权基于公司章程的约定及与宋某某的合意而回购宋某某股权，对应的是大某公司是否具有回购宋某某股权的权利，二者性质不同，《公司法》第七十四条不能适用于本案。在本案中，宋某某于2006年6月3日向大某公司提出解除劳动合同申请并于同日手书《退股申请》，提出"本人要求全额退股，年终盈利与亏损与我无关"，《退股申请》应视为其真实意思表示。大某公司于2006年8月28日退还其全额股金2万元，并于2007年1月8日召开股东大会审议通过了宋某某等三位股东的退股申请，大某公司基于宋某某的退股申请，依照公司章程的规定回购宋某某的股权，程序并无不当。另外，《公司法》所规定的抽逃出资专指公司股东抽逃其对于公司出资的行为，公司不能构成抽逃出资的主体，宋某某的这一再审申请理由不能成立。综上，裁定驳回宋某某的再审申请。

延伸阅读

裁判规则：人民法院认定"人走股留"和"公司回购股东股权"有效的四个案例。

案例1：最高人民法院审理的杨某某、鸿某公司请求公司收购股份纠纷案[（2015）民申2819号]认为，关于鸿某公司对再审申请人的股权进行回购是否合法的问题。申请人于2004年1月成为鸿某公司股东时签署了"公司改制征求意见书"，该"公司改制征求意见书"约定"入股职工因调离本公司，被辞退、除名、自由离职、退休、死亡或公司与其解除劳动关系的，其股份通过计算价格后由公司回购"。有限责任公司可以与股东约定《公司法》第七十四条规定之外的其他回购情形。《公司法》第七十四条并未禁止有限责任公司与股东达成股权回购的约定。本案的"公司改制征求意见书"由申请人签字，属于真实的意思表示，内容上未违背公司法及相关法律的强制性规范，应属有效。故鸿某公司依据公司与申请人约定的"公司改制征求意见书"进行回购，并无不当。

案例2：江苏省南京市中级人民法院审理的上诉人戴某某与被上诉人扬某信息公司与公司有关的纠纷案[（2016）苏01民终1070号]认为，根据扬某信息公司股东会决议通过的《扬某信息公司章程》第二十六条的规定，公司股东因故（含辞职、辞退、退休、死亡等）离开公司，其全部出资必须转让。此后，该公司股东会决议通过的《股权管理办法》也规定，公司股东因故（含辞职、辞退、退休、死亡等）离开公司，亦应转让其全部出资。虽然戴某某主张第一次股东会决议中的签名并非其所签，但章程系经过股东会决议通过，其不仅约束对该章程投赞成票的股东，亦同时约束对该章程投弃权票或反对票的股东。反之，如公司依照法定程序通过的章程条款只约束投赞成票的股东而不能约束投反对票的股东，既违背了股东平等原则，也动摇了资本多数决的公司法基本原则。且本案中，第二次股东会决议中所通过的《股权管理办法》，戴某某亦签字确认。故上述《扬某信息公司章程》及《股权管理办法》中的规定，体现了全体股东的共同意志，是公司、股东的行为准则，对全体股东有普遍约束力。本案中，戴某某于 2013 年 11 月 30 日退休，故从该日起，戴某某不再具有扬某信息公司出资人身份，也不应再行使股东权利。

案例 3：山东省威海市中级人民法院审理的新某方公司与郭某某股东资格确认纠纷案［（2015）威商终 358 号］认为，根据公司章程的规定，人事关系或劳资关系已经脱离公司的，股东资格自然灭失，并按章程规定办理股权转让手续。因各种原因离开公司的股东，须在一个月内将全部出资经公司转让给其他股东或符合条件的本企业在职职工。未能及时转让的，将不再参加公司红利的分配，由公司财务部门转为个人备用金。上诉人郭某某自 2011 年 3 月调离被上诉人，且收取了被上诉人退股款 35000 元。根据上述章程的规定，上诉人的股东资格自然灭失，上诉人应按照公司章程的规定将其股权转让。被上诉人通过董事会决议将郭某某持有的股份转让给刘某，上诉人理应协助被上诉人和原审第三人刘某办理股权变更登记手续。

案例 4：广西壮族自治区桂林市中级人民法院审理的何某某与力某工会、力某公司盈余分配纠纷案［（2016）桂 03 民终 608 号］认为，2004 年 2 月 5 日，被上诉人力某公司召开股东大会，并作出修改公司章程条款决议，将力某公司章程第二章第三条修改为"本公司股本，全部由内部职工认购，但改制后因调离、辞职、除名及职工本人不愿意与企业续签劳动合同离开本企业的职工，已不具备本企业改制后企业内部职工身份的，应转让原本人所持有的股份给企业。如当事人不按规定要求转让原股份给企业的，企业每年按银行同期壹年存款利率付给其原股本额利息，不再享受企业股利分红后待遇"和被上诉人力源工会职工持股会章程第二十八条亦规定"会员因调离、辞职、判刑、被企业辞退、除名、开除及本人不愿意与企业续签劳动合同离开公司，已不具备本企业改制后企业内部职工身份的，其所持出资（股份）应该转让给公司持股会，由公司持股会同意收购"。2014年3月29日至今，上诉人何某某不再到被上诉人力某公司下属的临某公司上班，双方已不存在劳动合同关系，上诉人何某某理应依据力某公司章程和力源工会职工持股会章程的规定，将其持有股份内部转让或转让给公司持股会。

（十二）小股东防守之"股东代表诉讼"

001 公司章程可细化股东代表诉讼制度，明确股东代表诉讼利益的归属及分配

公司章程设计要点

公司章程可细化股东代表诉讼制度，明确股东代表诉讼利益的归属及分配。

阅读提示

在实践中，股东代表诉讼主要针对的是公司管理者对注意义务和忠实义务的违反，常见的类型有：公司的控股股东或实际控制人、董监高、发起人、清算组成员、雇员等违反公司的诚信义务而对公司承担的责任；瑕疵出资或抽逃出资的股东对公司承担的民事责任；公司外部第三人因债务不履行而对公司承担的责任；行政机关对公司应承担的行政侵权和行政违约责任等。对于上述情形，当公司因某些原因怠于起诉时，股东可以提起股东代表诉讼。公司章程也有必要对股东代表诉讼的条件或程序作出规定。

公司章程参考研究文本

《中国长城科技集团股份有限公司章程》（2022年5月版）第三十四条 董事、高级管理人员执行公司职务时违反法律、行政法规或者本章程的规定，给公司造成损失的，连续180日以上单独或合并持有公司1%以上股份的股东有权书面请求监事会向人民法院提起诉讼；监事会执行公司职务时违反法律、行政法规

或者本章程的规定，给公司造成损失的，股东可以书面请求董事会向人民法院提起诉讼。

监事会、董事会收到前款规定的股东书面请求后拒绝提起诉讼，或者自收到请求之日起 30 日内未提起诉讼，或者情况紧急、不立即提起诉讼将会使公司利益受到难以弥补的损害的，前款规定的股东有权为了公司的利益以自己的名义直接向人民法院提起诉讼。

他人侵犯公司合法权益，给公司造成损失的，本条第一款规定的股东可以依前两款的规定向人民法院提起诉讼。

同类章程条款

笔者查阅了近百家上市公司的公司章程，其中大多数公司章程对股东代表诉讼作出了规定，列举如下：

1.《深圳机场章程》（2016 年 10 月版）第三十六条　董事、高级管理人员执行公司职务时违反法律、行政法规或者本章程的规定，给公司造成损失的，连续 180 日以上单独或合并持有公司 1% 以上股份的股东有权书面请求监事会向人民法院提起诉讼；监事会执行公司职务时违反法律、行政法规或者本章程的规定，给公司造成损失的，股东可以书面请求董事会向人民法院提起诉讼。

监事会、董事会收到前款规定的股东书面请求后拒绝提起诉讼，或者自收到请求之日起 30 日内未提起诉讼，或者情况紧急、不立即提起诉讼将会使公司利益受到难以弥补的损害的，前款规定的股东有权为了公司的利益以自己的名义直接向人民法院提起诉讼。

他人侵犯公司合法权益，给公司造成损失的，本条第一款规定的股东可以依照前两款的规定向人民法院提起诉讼。

2.《华数传媒控股股份有限公司章程》（2024 年 1 月版）第三十五条　董事、高级管理人员执行公司职务时违反法律、行政法规或者本章程的规定，给公司造成损失的，连续 180 日以上单独或合并持有公司 1% 以上股份的股东有权书面请求监事会向人民法院提起诉讼；监事会执行公司职务时违反法律、行政法规或者本章程的规定，给公司造成损失的，股东可以书面请求董事会向人民法院提起诉讼。

监事会、董事会收到前款规定的股东书面请求后拒绝提起诉讼，或者自收到请求之日起 30 日内未提起诉讼，或者情况紧急、不立即提起诉讼将会使公司利益受到难以弥补的损害的，前款规定的股东有权为了公司的利益以自己的名义直接向人民法院提起诉讼。

他人侵犯公司合法权益，给公司造成损失的，本条第一款规定的股东可以依照前两款的规定向人民法院提起诉讼。

专业律师分析

股东代表诉讼是指公司监事会、监事或者董事会、董事怠于履行职责向侵害公司利益的行为提起诉讼或情况紧急的，符合一定条件的股东可直接以股东的名义向侵害公司利益的主体提起诉讼以维护公司利益。

股东代表诉讼，相对于以股东自益权为目的的股东直接诉讼而言，是基于股东共益权而产生的间接诉讼。其最终目的是公司或全体股东的利益，但也间接维护了该股东或该公司其他股东的自身权益，具有代位诉讼和代表诉讼的两面性特征。

《公司法》第一百八十九条第二款、第三款对此作出了规定："监事会或者董事会收到前款规定的股东书面请求后拒绝提起诉讼，或者自收到请求之日起三十日内未提起诉讼，或者情况紧急、不立即提起诉讼将会使公司利益受到难以弥补的损害的，前款规定的股东有权为公司利益以自己的名义直接向人民法院提起诉讼。他人侵犯公司合法权益，给公司造成损失的，本条第一款规定的股东可以依照前两款的规定向人民法院提起诉讼。"

我们从以上规定可以得出，股东代表诉讼需满足以下条件：（1）必须存在侵害公司利益的事实；（2）必须存在监事会、监事或者董事会、董事怠于履行职责维护公司利益的情况，但情况紧急的除外；（3）必须以股东自己的名义提出；（4）必须为公司利益进行诉讼，且诉讼利益归公司。

另外，《公司法司法解释（四）》第二十四条至第二十六条对股东代表诉讼中各当事人的法律地位、诉讼利益的归属、提起诉讼代表股东权益的保护作出了规定，其中第二十四条规定，在股东代表诉讼中应当列公司为第三人参加诉讼；一审法庭辩论终结前，符合《公司法》第一百八十九条第一款规定条件的其他股东，以相同的诉讼请求申请参加诉讼的，应当列为共同原告。第二十五条规定，股东代表诉讼的诉讼利益归公司。为鼓励股东维护股东权利，积极提起股东代表诉讼，第二十六条规定，提起股东代表诉讼的股东"其诉讼请求部分或者全部得到人民法院支持的，公司应当承担股东因参加诉讼支付的合理费用"。

关于前置程序，根据《全国法院民商事审判工作会议纪要》规定："根据《公司法》第 151 条的规定，股东提起代表诉讼的前置程序之一是，股东必须先书面请求公司有关机关向人民法院提起诉讼。一般情况下，股东没有履行该前置程序的，应当驳回起诉。但是，该项前置程序针对的是公司治理的一般情况，即在股东向公司有关机关提出书面申请之时，存在公司有关机关提起诉讼的可能性。如果查明的相关事实表明，根本不存在该种可能性的，人民法院不应当以原告未履行前置程序为由驳回起诉。"

设计建议

根据《公司法司法解释（四）》第二十五条的规定，股东代表诉讼的诉讼利益归属公司。为激励股东在公司利益受到损害时积极维权，可在公司章程中列明"股东代表诉讼利益的'百分之十'归提起诉讼的股东所有，股东代表诉讼的诉讼请求部分或者全部得到人民法院支持的，公司应当承担股东因参加诉讼支付的合理费用"。

为明确股东代表诉讼的适用情形，可在公司章程中列明：当出现下列情形时，股东有权行使股东代表诉讼，包括但不限于：（1）公司的控股股东或实际控制人、董监高、发起人、清算组成员、雇员等违反公司的诚信义务而对公司承担的责任；（2）瑕疵出资或抽逃出资的股东对公司承担的民事责任；（3）公司外部第三人因债务不履行而对公司承担的责任；（4）公司依据《公司法》《证券法》等民商法律和行政法律享有的其他法律上的权利和利益。

条款实例

董事、高级管理人员执行公司职务时违反法律、行政法规或者本章程的规定，给公司造成损失的，连续 180 日以上单独或合并持有公司 1% 以上股份的股东有权书面请求监事会向人民法院提起诉讼；监事会执行公司职务时违反法律、行政法规或者本章程的规定，给公司造成损失的，股东可以书面请求董事会向人民法院提起诉讼。

监事会、董事会收到前款规定的股东书面请求后拒绝提起诉讼，或者自收到请求之日起 30 日内未提起诉讼，或者情况紧急、不立即提起诉讼将会使公司利益受到难以弥补的损害的，前款规定的股东有权为了公司的利益以自己的名义直接向人民法院提起诉讼。股东代表诉讼的诉讼利益归公司所有，代表股东有权获得诉讼利益的 10% 作为奖励，并由公司承担律师费等合理费用。

他人侵犯公司合法权益，给公司造成损失的，本条第一款规定的股东可以依前两款的规定向人民法院提起诉讼。

法规链接

《公司法》（2023 年修订）

第一百八十九条 董事、高级管理人员有前条规定的情形的，有限责任公司的股东、股份有限公司连续一百八十日以上单独或者合计持有公司百分之一以上股份的股东，可以书面请求监事会向人民法院提起诉讼；监事有前条规定的情形的，前述股东可以书面请求董事会向人民法院提起诉讼。

监事会或者董事会收到前款规定的股东书面请求后拒绝提起诉讼，或者自收到请求之日起三十日内未提起诉讼，或者情况紧急、不立即提起诉讼将会使公司利益受到难以弥补的损害的，前款规定的股东有权为公司利益以自己的名义直接向人民法院提起诉讼。

他人侵犯公司合法权益，给公司造成损失的，本条第一款规定的股东可以依照前两款的规定向人民法院提起诉讼。

公司全资子公司的董事、监事、高级管理人员有前条规定情形，或者他人侵犯公司全资子公司合法权益造成损失的，有限责任公司的股东、股份有限公司连续一百八十日以上单独或者合计持有公司百分之一以上股份的股东，可以依照前三款规定书面请求全资子公司的监事会、董事会向人民法院提起诉讼或者以自己的名义直接向人民法院提起诉讼。

《最高人民法院关于适用〈中华人民共和国公司法〉若干问题的规定（四）》（2020 年修正）

第二十三条 监事会或者不设监事会的有限责任公司的监事依据公司法第一百五十一条第一款规定对董事、高级管理人员提起诉讼的，应当列公司为原告，依法由监事会主席或者不设监事会的有限责任公司的监事代表公司进行诉讼。

董事会或者不设董事会的有限责任公司的执行董事依据公司法第一百五十一条第一款规定对监事提起诉讼的，或者依据公司法第一百五十一条第三款规定对他人提起诉讼的，应当列公司为原告，依法由董事长或者执行董事代表公司进行诉讼。

第二十四条 符合公司法第一百五十一条第一款规定条件的股东，依据公司法第一百五十一条第二款、第三款规定，直接对董事、监事、高级管理人员或者他人提起诉讼的，应当列公司为第三人参加诉讼。

一审法庭辩论终结前，符合公司法第一百五十一条第一款规定条件的其他股东，以相同的诉讼请求申请参加诉讼的，应当列为共同原告。

第二十五条 股东依据公司法第一百五十一条第二款、第三款规定直接提起诉讼的案件，胜诉利益归属于公司。股东请求被告直接向其承担民事责任的，人民法院不予支持。

第二十六条 股东依据公司法第一百五十一条第二款、第三款规定直接提起诉讼的案件，其诉讼请求部分或者全部得到人民法院支持的，公司应当承担股东因参加诉讼支付的合理费用。

《全国法院民商事审判工作会议纪要》（法〔2019〕254号）

（七）关于股东代表诉讼

24.【何时成为股东不影响起诉】股东提起股东代表诉讼，被告以行为发生时原告尚未成为公司股东为由抗辩该股东不是适格原告的，人民法院不予支持。

25.【正确适用前置程序】根据《公司法》第151条的规定，股东提起代表诉讼的前置程序之一是，股东必须先书面请求公司有关机关向人民法院提起诉讼。一般情况下，股东没有履行该前置程序的，应当驳回起诉。但是，该项前置程序针对的是公司治理的一般情况，即在股东向公司有关机关提出书面申请之时，存在公司有关机关提起诉讼的可能性。如果查明的相关事实表明，根本不存在该种可能性的，人民法院不应当以原告未履行前置程序为由驳回起诉。

26.【股东代表诉讼的反诉】股东依据《公司法》第151条第3款的规定提起股东代表诉讼后，被告以原告股东恶意起诉侵犯其合法权益为由提起反诉的，人民法院应予受理。被告以公司在案涉纠纷中应当承担侵权或者违约等责任为由对公司提出的反诉，因不符合反诉的要件，人民法院应当裁定不予受理；已经受理的，裁定驳回起诉。

27.【股东代表诉讼的调解】公司是股东代表诉讼的最终受益人，为避免因原告股东与被告通过调解损害公司利益，人民法院应当审查调解协议是否为公司的意思。只有在调解协议经公司股东（大）会、董事会决议通过后，人民法院才能出具调解书予以确认。至于具体决议机关，取决于公司章程的规定。公司章程没有规定的，人民法院应当认定公司股东（大）会为决议机关。

延伸阅读

裁判规则：在公司董事与监事为同一人的特定情形下，股东提起股东代表诉讼没有必要履行告知程序。

案例：最高人民法院审理的李某与周某某、刘某某损害公司利益责任纠纷案［（2015）民四终54号］认为，首先，《公司法》第一百五十一条设定了股东代位诉讼的前置程序。其目的在于，尽可能地尊重公司内部治理，通过前置程序使公司能够了解股东诉求并自行与有关主体解决相关纠纷，避免对公司治理产生不当影响。通常情况下，只有经过了前置程序，公司有关机关决定不起诉或者怠于提起诉讼，股东才有权提起代位诉讼。但中某公司的三名董事，分别是原审原告李某与原审两被告周某某、刘某某，周某某还兼任中某公司监事，客观上，中某公司监事以及除李某外的其他董事会成员皆为被告，与案涉纠纷皆有利害关系。从《公司法》第一百五十一条之规定来看，起诉董事需向监事会或监事而非董事会提出书面请求，起诉监事则需向董事会或执行董事而非监事会或监事本人提出书面请求，此规定意在通过公司内部机关的相互制衡，实现利害关系人的回避，避免利益冲突。在本案的特殊情况下，已无途径达成该目的。中某公司被告董事会成员和监事在同一案件中，无法既代表公司又代表被告。为及时维护公司利益，在本案的特殊情况下，应予免除李某履行前置程序的义务。其次，一般而言，如果股东本身是公司的法定代表人，不应舍近求远提起股东代位诉讼，但本案中李某并不掌握公司公章，难以证明自身的法定代表人身份，故其以公司名义提起诉讼在实践中确有困难。且其提供了初步证据证明，其曾以中某公司名义起诉而未能为法院受理。如不允许其选择股东代位诉讼，其将丧失救济自身权利的合理途径。综合以上情况，原审已经就本案进行了长达两年半的审理，再要求李某履行前置程序后另行起诉，显然不利于及时维护公司权利，也给当事人造成不必要的讼累，故李某关于其有权提起股东代位诉讼的上诉主张，本院予以支持。

002 股东可否以合同之诉向公司外部人提起股东代表诉讼

阅读提示

股东代表诉讼制度，是指当公司的合法权益遭受侵害，而公司怠于诉讼时，符合法定要件的股东为公司的利益以自己的名义对侵害人提起诉讼，追究其法律责任的诉讼制度。

该制度兼具"派生性"和"代表性"。一方面起诉股东是代位公司行使诉权，以避免因公司消极不行使诉权而遭受损失；另一方面起诉股东是代表全体股东行使诉权，以维护全体股东所应享有的"间接利益"。其立法目的在于为股东特别是中小股东提供维护公司和自身合法权益的手段，以制止董事、监事、高管、大股东、第三人等人员对公司的侵害行为。

我国《公司法》第一百八十九条也规定了股东代表诉讼制度。其中，《公司法》第一百八十九条第三款规定，他人侵犯公司合法权益，给公司造成损失的，股东可以提起股东代表诉讼。但是对该款中"他人"的范围，以及"侵犯公司合法权益"的类型是否仅限于侵权行为，《公司法》以及《公司法司法解释（四）》均未明文界定。故而，无论是学术界还是实务界均存在两种不同的观点。

一种观点认为，"他人"的范围应限于公司的控股股东等内部人，而不包括外部的债务人。该观点主张他人虽不能局限于董事、监事、高级管理人员，但也只应扩展至有类似的公司控制权的公司发起人、清算人、控制股东和实际控制人以及与公司经营层利益一致的担任公司审计人的会计师事务所。但公司是否对公司债务人、侵犯公司利益的行政机关等外部人采取诉讼行动，原则上应委诸内部人的商业判断。必须强调的是，不能赋予股东任意干涉公司经营的特权，不能将股东乃至法院的判断凌驾于公司经营层的决策之上。① 因为从公司外部看，公司对债务人、侵犯公司利益的行政机关等外部人采取诉讼行动可能符合公司当前的最大利益，但立足于公司内部，未必如此。公司经营层能动性的发挥是公司利益最大化的制度保障，在追求公司利益最大化的过程中，公司决策是经营层考虑公司面对复杂多变的商业因素而作出的综合判断。股东派生诉讼无疑构成了对公司经营层自由裁量权的掣肘，为避免其成为妨碍公司经营层发挥能动性的破坏性机制，股东派生诉讼仍应以尊重公司经营层的独立行使职权为宗旨，只有公司内部治理机制的运作偏离公司利益最大化目标时，才有适用之必要。

另一种观点认为，"他人"的范围不仅包含控股股东等公司内部人，还包括公司的外部债务人，侵害公司权益的类型，不但包括侵权之诉，还包括合同之诉。因为股东派生诉讼是基于公司诉权而派生出的由公司股东代为提起的诉讼，

---

① 蔡立东：《论股东派生诉讼中被告的范围》，载《当代法学》2007 年第 1 期。

实际上是股东代行公司之权以维护公司之利益，其取代的是公司的法律地位，代行的是公司权利，因而凡是公司可以行使的权利，除非法律明文规定由公司自己行使的，一般均应允许股东代位行使，包括程序上的权利和实体上的权利，唯有如此才可充分发挥股东派生诉讼制度为受控制股东提供司法救济的目的。

正是因为对于该问题的理解分歧较大，《公司法司法解释（四）》在起草的过程中也对这一问题采取了回避的态度。

笔者赞同后一种观点，即"他人"的范围不仅包含控股股东等公司内部人，还包括公司的外部债务人，侵害公司权益的类型，不但包括侵权之诉，还包括合同之诉。

根据笔者办案经验来看，多数法院均赞同"他人"包括公司外部人，侵犯公司合法权益的诉由也包括合同违约之诉。笔者将通过最高人民法院的一则判例，展示最高人民法院在司法审判中对这一问题的解释。

裁判要旨

对股东代表诉讼"他人侵犯公司合法权益"的解释应作宽泛的理解，"他人"的范围包含公司的控股股东、其他股东、实际控制人、发起人、清算人及其成员和公司的债务人等；侵犯公司权益的种类，既应包含侵权之诉，也应包含合同之诉。

案情简介[①]

1992年，四某广播电视厅为发展四某有线电视台，成立了全民所有制企业实某公司，并由四某有线电视台主管。实某公司负责与外商合作，发展四某有线电视台。

1993年，艺某公司与实某公司签署《合资经营四某有线电视台合同书》约定，双方成立全某公司，注册资本3000万元，各持股50%，各委派3名董事，全某公司由实某公司经营。全某公司成立后与四某有线电视台签订合作协议，全某公司为四某有线电视台提供设备、节目制作等服务。

1994年，四某有线电视台与全某公司签订《协议书》约定，四某有线电视台的频道收视费收入、广告收入等，扣除四某有线电视台支出后，全部属全某公

[①] 最高人民法院审理的香港艺某国际有限公司（以下简称艺某公司）、四某广播电视台、全某公司合作合同纠纷民事判决书［(2011)民四终15号］。

司拥有。

1994~2001年间，艺某公司从全某公司获取分红。但自2001年后，艺某公司未再获得分红。四某有线电视台也未再按照《协议书》约定向全某公司支付费用。

2006年，艺某公司向实某公司和全某公司发出《提请对四某有线电视台依法起诉、追究其侵权和违约责任的函》，内容为：因四某有线电视台从5年前就停止交纳广告等收入，致使全某公司遭受损失，四某有线电视台已构成违约和侵权，故要求董事会依法向四某有线电视台主张违约及侵权责任。

此后，艺某公司以实某公司和四某有线电视台共同侵犯了全某公司的合法权益为由，依法代表全某公司提起股东代表诉讼。四某有线电视台及全某公司则辩称：艺某公司的起诉不符合股东代表诉讼的法律规定，艺某公司无权代替全某公司起诉。

本案经四川省高级人民法院一审、最高人民法院二审，最终判定：艺某公司有权代表全某公司提起股东代表诉讼。

裁判要点精要

本案中，艺某公司有权代表全某公司起诉。原因如下：

第一，对股东代表诉讼的原告而言，有限责任公司的股东并无特殊条件限制。艺某公司作为有限责任公司全某公司股东，其有资格提起股东代表诉讼。

第二，涉及艺某公司提起本案股东代表诉讼的对象范围是否适当。《公司法》第一百五十二条①第三款规定，他人侵犯公司合法权益，给公司造成损失的，本条第一款规定的股东可以依照前两款的规定向人民法院提起诉讼。该规定对"他人"以及可以提起代表诉讼的类型范围等并未限制和明确。

实务中，公司在一方股东控制下，不但可能姑息该股东侵害公司利益的行为，还可能放纵侵害公司利益的第三人的行为，尤其是在该第三人与控制公司的一方股东存在关联关系的情形下。基于股东代表诉讼制度更好地保护股东权益的宗旨，理当允许此种情形下的其他股东采取救济措施，包括依法提起代表诉讼，以维护公司及自身的合法权益。

为此，对规定中"他人"的范围、可以提起代表诉讼的对象应作宽泛的理解和适用。在对象上，应当包含公司的控股股东、其他股东、实际控制人、发起

---

① 参照《公司法》（2023年修订）第一百八十九条第三款。

人、清算人及其成员和公司的债务人等；在种类上，既应包含侵权之诉，也应包含合同之诉。

因此，本案中，艺某公司认为四某有线电视台没有全面履行与全某公司所签订的协议，侵犯了全某公司的利益，作为全某公司的股东，其有权根据《公司法》的相关规定提起股东代表诉讼。

实务经验总结

对于中小股东来讲，当控股股东滥用公司控制权，对于外部第三人（通常与控股股东具有关联关系）侵害公司合法权益的违约行为和侵权行为视而不见时，股东可以依法提起股东代表诉讼，进而维护公司利益，从而间接维护自己的合法权益。

当然，为防止股东滥诉，股东在行使股东代表诉讼之时，需要履行前置程序，现要求公司董事或高管代表公司提起诉讼。

法规链接

《公司法》（2023年修订）

第一百八十九条 董事、高级管理人员有前条规定的情形的，有限责任公司的股东、股份有限公司连续一百八十日以上单独或者合计持有公司百分之一以上股份的股东，可以书面请求监事会向人民法院提起诉讼；监事有前条规定的情形的，前述股东可以书面请求董事会向人民法院提起诉讼。

监事会或者董事会收到前款规定的股东书面请求后拒绝提起诉讼，或者自收到请求之日起三十日内未提起诉讼，或者情况紧急、不立即提起诉讼将会使公司利益受到难以弥补的损害的，前款规定的股东有权为公司利益以自己的名义直接向人民法院提起诉讼。

他人侵犯公司合法权益，给公司造成损失的，本条第一款规定的股东可以依照前两款的规定向人民法院提起诉讼。

公司全资子公司的董事、监事、高级管理人员有前条规定情形，或者他人侵犯公司全资子公司合法权益造成损失的，有限责任公司的股东、股份有限公司连续一百八十日以上单独或者合计持有公司百分之一以上股份的股东，可以依照前三款规定书面请求全资子公司的监事会、董事会向人民法院提起诉讼或者以自己的名义直接向人民法院提起诉讼。

本案链接

以下为该案在法庭审理阶段,判决书中"本院认为"就该问题的论述:

本院认为,本案中,艺某公司是否有权代表全某公司起诉。首先,涉及其是否符合股东代表诉讼原告的条件。根据上述规定,对股东代表诉讼的原告而言,有限责任公司的股东并无特殊条件限制。而全某公司为有限责任公司,艺某公司作为全某公司股东,其有资格提起股东代表诉讼。其次,涉及艺某公司提起本案股东代表诉讼的对象范围是否适当。《公司法》第一百五十二条第三款规定"他人侵犯公司合法权益,给公司造成损失的,本条第一款规定的股东可以依照前两款的规定向人民法院提起诉讼"。该规定对"他人"以及可以提起代表诉讼的类型范围等并未限制和明确。实务中,公司在一方股东控制下,不仅可能姑息该股东侵害公司利益的行为,还可能放纵侵害公司利益的第三人的行为,尤其是在该第三人与控制公司的一方股东存在关联关系的情形下。基于《公司法》更好地保护股东权益的宗旨,理当允许此种情形下的其他股东采取救济措施,包括依法提起代表诉讼,以维护公司及自身的合法权益。为此,对规定中"他人"的范围、可以提起代表诉讼的对象应作宽泛的理解和适用。在对象上,应当包含公司的控股股东、其他股东、实际控制人、发起人、清算人及其成员和公司的债务人等;在种类上,既应包含侵权之诉,也应包含合同之诉。据此,本案中,艺某公司认为广播电视台没有全面履行与全某公司所签订的协议,侵犯了全某公司的利益,作为全某公司的股东,其有权根据《公司法》的相关规定提起股东代表诉讼。

延伸阅读

裁判规则:股东无权对合同之诉提起股东代表诉讼(与上述判决书持相反观点)。

案例:上海市高级人民法院审理的韩某与航某公司计算机软件开发合同纠纷案〔(2017)沪民终112号〕(该案最后交由最高人民法院再审,最高人民法院采纳上海市高级人民法院的观点,裁定驳回再审)认为,本案二审争议焦点为:韩某能否依据《公司法》第一百五十一条之规定以自己的名义提起涉案合同之诉。对此,本院认为,首先,《公司法》第一百五十一条规定的股东代表诉讼,是指在董事、监事、高级管理人员违反忠实、勤勉义务,给公司利益造成损害,而公司又不追究其责任时,为维护公司合法权益,股东可以代表公司以自己的名义提起诉讼。然韩某于一审诉状中明确提出仅要求法院解决航某公司与苏某公司之间许可费及相应利息纠纷，故本案系合同之诉，与前述股东以自己的名义代表公司向董事、监事、高级管理人员或他人追究其侵害公司利益之股东代表诉讼相较，两者在诉讼性质上存在本质区别。其次，苏某公司作为有民事行为能力的独立法人，与其他经济实体发生权利义务关系，并以其法人财产对外独立承担民事责任，均属于其独立从事生产等经营活动的民事权利范围。故苏某公司与该合同相对方协商终止涉案《开发合同》中双方权利义务关系并达成和解之行为系其行使民事权利义务的合法自治经营行为。对于此类公司正常自治经营行为，韩某作为苏某公司的股东可以依据法律及公司章程的规定参与公司治理、监管公司运营，而不是通过股东代表诉讼的方式加以介入。最后，涉案《开发合同》系由航某公司与苏某公司双方自愿签订，根据合同相对性原则，对于涉案《开发合同》项下权利义务的变更或终止也应基于设立该合同相对方的合意，作为股东的韩某并非该合同的签订主体，其现依据股东代表诉讼突破合同相对性原则直接要求航某公司向苏某公司偿还债务并无相应法律依据。综上所述，本案中，韩某不能依据《公司法》第一百五十一条股东代表诉讼之规定以自己的名义提起涉案合同之诉，即使自2016年6月24日起韩某在程序上已具有股东代表诉讼之诉权、航某公司与苏某公司和解协议系无效之相应主张成立，韩某也因其提起本案合同之诉的请求权基础不存在而并非与本案有利害关系的原告，故一审法院关于韩某作为本案原告的主体身份并不适格之认定，与法不悖，本院予以支持。

003 母公司股东能否代表子公司提起股东代表诉讼

裁判要旨

在母公司对子公司形成绝对资本控制的情形下，母公司控股股东损害子公司合法权益，在子公司怠于向母公司控股股东主张权利时，母公司其他股东为了子公司的利益，在履行了相关前置程序后，有权为了子公司的利益以自己的名义直接向人民法院提起诉讼。

案情简介①

海某投资公司的股东为海某控股公司、赵某某,持股比例分别为60%、40%。皇某酒店公司系海某投资公司的全资子公司,主营业务为高端住宿、餐饮。

海某控股公司、赵某某均通过海某投资公司间接持股皇某酒店公司;海某投资公司的董事长及总经理均由海某控股公司委派的董事担任,皇某酒店公司由海某控股公司实际运营。

2009~2013年,赵某某多次致函海某控股公司,要求其结束皇某酒店公司9~11层共76间客房的闲置状态,进行装修运营;但是海某控股公司委派的董事长没有将该项事宜提交董事会讨论决定,因此该批客房一直闲置。

2014年1月24日,赵某某致函海某投资公司监事会及主席,请求海某投资公司监事会通过诉讼方式向侵害公司利益的海某控股公司行使索赔权利,但海某投资公司监事会未予回复亦未提起诉讼。

据此,赵某某以自己的名义提起控股股东滥用股东权利损害皇某酒店公司利益的股东代表诉讼,要求赔偿4029余万元客房闲置损失;海某控股公司辩称赵某某非皇某酒店公司股东无原告资格,且酒店即使装修也不能盈利。

本案经西安市中级人民法院一审,陕西省高级人民法院二审,最终判令:海某控股公司向皇某酒店公司赔偿718.2万元损失。

裁判要点精要

一、赵某某为皇某酒店公司母公司的股东,有权提起股东代表诉讼。依照《公司法》规定,股东有权书面请求全资子公司的监事会、董事会向人民法院提起诉讼或者以自己的名义直接向人民法院提起诉讼。本案中,海某投资公司系皇某酒店公司的唯一股东,海某投资公司是母公司,皇某酒店公司是子公司,海某投资公司与皇某酒店公司之间形成了绝对的资本控制关系。在海某投资公司内部,海某控股公司为控股股东,赵某某为小股东。赵某某曾请求海某投资公司监事会诉请侵害公司利益的股东即海某控股公司承担损失赔偿责任,但海某投资公司监事会在收到该请求后30日内并未作为皇某酒店公司股东向海某控股公司提

---

① 陕西省高级人民法院审理的海某控股公司与赵某某、海某投资公司、皇某酒店公司损害公司利益责任纠纷二审民事判决书[(2016)陕民终228号]。

起该诉讼，此时若否定赵某某作为海某投资公司股东提起本案诉讼的原告主体资格，则无法保护皇某酒店公司的利益，进而导致海某投资公司利益受损，亦与《公司法》的立法本意相悖。

二、海某控股公司作为皇某酒店公司母公司海某投资公司的控股股东，其对海某投资公司的运营、管理及人事具有实质的支配和控制能力，继而对于皇某酒店公司具有实际支配与控制权。作为对母、子公司经营活动均具有重要影响和控制能力的控股股东，海某控股公司应当忠实于公司并最大限度地以公司的利益作为行使权利的标准，若其怠于行使权利造成公司利益受损，其应承担相应的民事责任。在赵某某多次提出应将皇某酒店 9~11 层客房装修投入经营的情况下，海某控股公司未作出有效回应，亦未采取有效措施防止损失产生，其应对皇某酒店公司因此造成的损失承担赔偿责任。

实务经验总结

为防止大股东通过设立全资子公司的方式"黑"小股东，根据本案的成功经验需要做到以下几点：

一、了解大股东通过设立全资子公司"黑"小股东的操作套路：该套路常常用于相对控股的大股东（51%~66%）与小股东（34%~49%）争夺控制权的情形，因为依据《公司法》的规定，小股东对于增资减资等重大事项拥有一票否决权，当大股东企图侵夺小股东的权益时，其依据本公司的股东会或董事会常常无法形成合心意的决议。

一旦母公司设立了子公司，尤其是全资子公司，那么该子公司的全部控制权就相当于全部控制在母公司大股东的手中。因为，子公司股东会决议的形成依赖于母公司股东权利的行使，而母公司股东权利的行使不必经过母公司股东会决议通过，当母公司的大股东控制法定代表人等公司机关时，其就可以控制子公司。

所以，大股东若图谋侵夺小股东的权益，其可以先设立公司的全资子公司，将公司的优良资产和业务均转移至这家子公司，然后再通过其他法律主体向子公司进行增资，或与其进行"关联交易"，就能达到"合法"侵夺小股东权益的目的。

二、做好事前预防，将"对公司向其他企业投资（包括但不限于设立全资子公司、控股、参股其他公司）或者为他人担保作出决定"的决策事项在公司章程中设定为股东会的职权，并将该类决策的表决权数设定为需要全体股东一致同意或绝大多数股东同意（至少没有小股东的同意该项决议不能通过）。

三、做好事后攻击，在控股股东滥用表决权侵害全资子公司利益，而子公司或公司均怠于行使诉权的情况下，小股东在履行了前置程序后，可以直接以自己的名义代表子公司提起股东代表诉讼，要求控股股东承担赔偿责任；但需要注意的是，小股东需要证明子公司的权益受到了损害，该损害是由公司大股东、实际控制人或董事、高级管理人员造成的，而公司又怠于行使诉权。

法规链接

《公司法》（2023年修订）

第一百八十九条 董事、高级管理人员有前条规定的情形的，有限责任公司的股东、股份有限公司连续一百八十日以上单独或者合计持有公司百分之一以上股份的股东，可以书面请求监事会向人民法院提起诉讼；监事有前条规定的情形的，前述股东可以书面请求董事会向人民法院提起诉讼。

监事会或者董事会收到前款规定的股东书面请求后拒绝提起诉讼，或者自收到请求之日起三十日内未提起诉讼，或者情况紧急、不立即提起诉讼将会使公司利益受到难以弥补的损害的，前款规定的股东有权为公司利益以自己的名义直接向人民法院提起诉讼。

他人侵犯公司合法权益，给公司造成损失的，本条第一款规定的股东可以依照前两款的规定向人民法院提起诉讼。

公司全资子公司的董事、监事、高级管理人员有前条规定情形，或者他人侵犯公司全资子公司合法权益造成损失的，有限责任公司的股东、股份有限公司连续一百八十日以上单独或者合计持有公司百分之一以上股份的股东，可以依照前三款规定书面请求全资子公司的监事会、董事会向人民法院提起诉讼或者以自己的名义直接向人民法院提起诉讼。

《最高人民法院关于适用〈中华人民共和国公司法〉若干问题的规定（四）》（2020年修正）

第二十三条 监事会或者不设监事会的有限责任公司的监事依据公司法第一百五十一条第一款规定对董事、高级管理人员提起诉讼的，应当列公司为原告，依法由监事会主席或者不设监事会的有限责任公司的监事代表公司进行诉讼。

董事会或者不设董事会的有限责任公司的执行董事依据公司法第一百五十一条第一款规定对监事提起诉讼的，或者依据公司法第一百五十一条第三款规定对他人提起诉讼的，应当列公司为原告，依法由董事长或者执行董事代表公司进行诉讼。

第二十四条 符合公司法第一百五十一条第一款规定条件的股东，依据公司法第一百五十一条第二款、第三款规定，直接对董事、监事、高级管理人员或者他人提起诉讼的，应当列公司为第三人参加诉讼。

一审法庭辩论终结前，符合公司法第一百五十一条第一款规定条件的其他股东，以相同的诉讼请求申请参加诉讼的，应当列为共同原告。

第二十五条 股东依据公司法第一百五十一条第二款、第三款规定直接提起诉讼的案件，胜诉利益归属于公司。股东请求被告直接向其承担民事责任的，人民法院不予支持。

第二十六条 股东依据公司法第一百五十一条第二款、第三款规定直接提起诉讼的案件，其诉讼请求部分或者全部得到人民法院支持的，公司应当承担股东因参加诉讼支付的合理费用。

《全国法院民商事审判工作会议纪要》（法〔2019〕254号）

（七）关于股东代表诉讼

24.【何时成为股东不影响起诉】股东提起股东代表诉讼，被告以行为发生时原告尚未成为公司股东为由抗辩该股东不是适格原告的，人民法院不予支持。

25.【正确适用前置程序】根据《公司法》第151条的规定，股东提起代表诉讼的前置程序之一是，股东必须先书面请求公司有关机关向人民法院提起诉讼。一般情况下，股东没有履行该前置程序的，应当驳回起诉。但是，该项前置程序针对的是公司治理的一般情况，即在股东向公司有关机关提出书面申请之时，存在公司有关机关提起诉讼的可能性。如果查明的相关事实表明，根本不存在该种可能性的，人民法院不应当以原告未履行前置程序为由驳回起诉。

26.【股东代表诉讼的反诉】股东依据《公司法》第151条第3款的规定提起股东代表诉讼后，被告以原告股东恶意起诉侵犯其合法权益为由提起反诉的，人民法院应予受理。被告以公司在案涉纠纷中应当承担侵权或者违约等责任为由对公司提出的反诉，因不符合反诉的要件，人民法院应当裁定不予受理；已经受理的，裁定驳回起诉。

27.【股东代表诉讼的调解】公司是股东代表诉讼的最终受益人，为避免因原告股东与被告通过调解损害公司利益，人民法院应当审查调解协议是否为公司的意思。只有在调解协议经公司股东（大）会、董事会决议通过后，人民法院才能出具调解书予以确认。至于具体决议机关，取决于公司章程的规定。公司章程没有规定的，人民法院应当认定公司股东（大）会为决议机关。

本案链接

以下为该案在法庭审理阶段，判决书中"本院认为"就该问题的论述：

本院认为：

（一）本案赵某某作为原告提起诉讼主体资格是否适格

依照《公司法》第一百五十一条的规定，公司董事、高级管理人员执行公司职务时违反法律、行政法规或者公司章程的规定，给公司造成损失的，或者他人侵犯公司合法权益，给公司造成损失的，有限责任公司的股东，在履行了相关前置程序后，有权为了公司的利益以自己的名义直接向人民法院提起诉讼。在母公司对子公司形成绝对资本控制的情形下，母公司的股东为了子公司的利益以自己的名义直接向人民法院提起诉讼，亦不违反《公司法》的规定。在本案中，海某投资公司系皇某酒店公司的唯一股东，海某投资公司是母公司、皇某酒店公司是子公司，海某投资公司与皇某酒店公司之间形成了绝对的资本控制关系。在海某投资公司内部，海某控股公司持有其60%股权，赵某某系持有其40%股权的股东。赵某某于2014年1月24日致函海某投资公司监事会及主席（召集人）王某华，请求海某投资公司监事会诉请侵害公司利益的股东即海某控股公司承担损失赔偿责任，但海某投资公司监事会在收到该请求后30日内并未作为皇某酒店公司股东向海某控股公司提起该诉讼，此时否定赵某某作为海某投资公司股东提起本案诉讼的原告主体资格，则无法保护皇某酒店公司的利益，进而导致海某投资公司利益受损，亦与《公司法》第一百五十一条的立法本意相悖。故赵某某作为原告提起本案损害公司利益责任纠纷诉讼主体适格。

（二）原审判决关于皇某酒店公司的损失及损失计算方式是否正确

赵某某关于海某控股公司赔偿海某投资公司、皇某酒店公司损失的诉请，系针对皇某酒店公司9~11层客房闲置5年、其他楼层闲置多年而造成的损失4029.613965万元。赵某某主张其多次向海某控股公司致函提出应将皇某酒店9~11层客房装修并投入经营，但海某控股公司均未予以回应，令该部分客房闲置多年。皇某酒店公司作为经营酒店的商事主体，其盈利系通过将名下的酒店客房及相应服务设施提供给客户来实现，其可向客户提供的客房数量系决定其盈利金额的重要因素。海某控股公司上诉称2003年受客观因素导致市场下行，酒店既有客房入住率也不高，无投入资金进行装修的条件及必要，增加客房、扩大经营规模不一定会带来盈利。本院认为，皇某酒店公司将9~11层客房装修投入使用是否必要及投入使用后是否会令其盈利增长应结合其原有客房入住率综合判断。因海某控股公司系皇某酒店公司唯一股东即海某投资公司的控股股东，原审法院依赵某某所请，要求海某控股公司提交皇某酒店公司会计明细账簿、费用明细账簿、营业日报表其均未提交，根据《最高人民法院关于适用〈中华人民共和国民事诉讼法〉的解释》（2008）第九十条的规定，其应承担相应的不利后果。另外，通过海某控股公司董事长于2012年10月9日向赵某某回函称"由海某控股公司投资600余万元，对酒店9~11层闲置区域、五楼会议室、电梯进行了整体装修改造，新增客房70间已投入使用，改变了整体客房数量少、配套功能缺乏的情况，全面提升了酒店整体竞争力，酒店收益明显增加"亦可认定，酒店9~11层客房及闲置区域装修投入使用使皇某酒店公司收益明显增加，将客房闲置造成了皇某酒店公司的实际损失，故海某控股公司该上诉理由本院不予采信。关于损失的数额，因海某控股公司未提交皇某酒店公司的相关报表，原审法院依据皇某酒店公司酒店地理位置、客房入住率、客房单价、客房闲置时间、酒店经营成本等因素酌情确定其因客房闲置造成损失718.2万元不违反法律规定，本院予以维持。

（三）原审判决认定海某控股公司向海某投资公司履行损失赔偿义务是否正确

前述718.2万元损失系皇某酒店公司9~11层客房闲置所致，该损失赔偿的利益应归属于皇某酒店公司，赵某某在本案二审中对本案的胜诉利益归属皇某酒店公司亦表示认可。原审法院判决海某控股公司赔偿海某投资公司客房闲置损失718.2万元于法无据，本院依法予以纠正。关于赔偿义务主体，根据本案一、二审查明的事实，海某控股公司作为皇某酒店公司母公司海某投资公司的控股股东，其对海某投资公司的运营、管理及人事具有实质的支配和控制能力，继而对于皇某酒店公司具有实际支配与控制权。作为对母、子公司经营活动均具有重要影响和控制能力的控股股东，海某控股公司应当忠实于公司并最大限度地以公司的利益作为行使权利的标准，若其怠于行使权利造成公司利益受损，其应承担相应的民事责任。在赵某某多次提出应将皇某酒店9~11层客房装修投入经营的情况下，海某控股公司未作出有效回应，亦未采取有效措施防止损失产生，其应对皇某酒店公司因此造成的损失承担赔偿责任。

(十三) 小股东防守之 "巧用股东除名权"

001 1%小股东如何成功把99%的大股东除名

裁判要旨

有限责任公司的股东未履行出资义务或者抽逃全部出资，经公司催告缴纳或者返还，其在合理期间内仍未缴纳或者返还出资，公司可以以股东会决议解除该股东的股东资格。股东会就解除股东资格事项进行表决时，该股东不得就其持有的股权行使表决权，经其他股东二分之一以上表决权同意即可通过该股东会决议。

案情简介①

万某公司成立于2009年，股东为宋某某、高某。

2012年8月，万某公司召开股东会会议作出决议：增加公司注册资本、吸收新股东豪某公司。增资后股东的出资及股权比例为：宋某某60万元（0.6%）、高某40万元（0.4%）、豪某公司9900万元（99%）。

2012年9月，豪某公司向万某公司缴纳注册资本9900万元。但验资后第二日即抽逃了全部出资。

2013年12月27日，万某公司向豪某公司邮寄"催告返还抽逃出资函"，称豪某公司已抽逃其全部出资9900万元，望其返还全部抽逃出资。

2014年3月25日，万某公司召开股东会，全体股东均出席。股东会会议记录载明……（5）到会股东就解除豪某公司作为万某公司股东资格事项进行表决。（6）表决情况：同意2票，占总股数1%，占出席会议有效表决权的100%；反对1票，占总股数99%，占出席会议有效表决权的0%。表决结果：提案通过。各股东在会议记录尾部签字，其中，豪某公司代理人注明，豪某公司不认可第

---

① 上海市第二中级人民法院审理的万某公司、宋某某与豪某公司决议效力确认纠纷二审民事判决书[（2014）沪二中民四（商）终1261号]。

(六)项中"占出席会议有效表决权的100%"及"占出席会议有效表决权的0%"的表述。

同日,万某公司出具股东会决议,载明:因豪某公司抽逃全部出资,且经合理催告后仍未及时归还,故经其他股东协商一致,决议解除其作为万某公司股东的资格。以上事项表决结果:同意的,占总股数1%;不同意的,占总股数99%。宋某某、高某在该股东会决议记录尾部签字。豪某公司代理人拒绝签字。

由于豪某公司对上述股东会决议不认可,故宋某某作为万某公司股东,诉至法院,请求确认股东会决议有效。上海市黄浦区法院认为,即便豪某公司作为股东违反出资义务,抽逃出资,其表决权并不因此受到限制,因此案涉股东会决议未如实反映资本多数决原则,故驳回了宋某某的诉讼请求。

宋某某不服,上诉至上海市第二中级人民法院。上海市第二中级人民法院判决案涉股东会决议有效。

裁判要点精要

豪某公司虽系持有万某公司99%股权的大股东,但对解除其股东资格的公司决议不得行使表决权。

股东除名权是公司为消除不履行义务的股东对公司和其他股东所产生不利影响而享有的一种法定权能,是不以征求被除名股东的意思为前提和基础的。

在特定情形下,股东除名决议作出时,会涉及被除名股东可能操纵表决权的情形。故当某一股东与股东会讨论的决议事项有特别利害关系时,该股东不得就其持有的股权行使表决权。

本案中,豪某公司是持有万某公司99%股权的大股东,万某公司召开系争股东会会议前通知了豪某公司参加会议,并由其委托的代理人在会议上进行了申辩和提出反对意见,已尽到了对拟被除名股东权利的保护,故万某公司2014年3月25日作出的股东会决议应属有效。

实务经验总结

为避免未来发生类似纷争,笔者提出如下建议:

第一,公司股东可以借鉴本案的裁判要旨,将"公司就解除股东资格进行表决时,拟被解除股东资格的股东不得行使表决权"明确写入公司章程,避免股东间就股东会的决议效力产生争议。

第二，公司股东可在公司章程中规定严于公司法司法解释的解除股东资格的条件。例如，规定股东未按时缴纳50%以上认缴资本时，董事会可解除该股东的股东资格。尽管这一问题在学术上有所争议（部分学者从立法本意的角度考虑，认为公司章程在未履行出资和抽逃全部出资之外另行规定股东除名事由的效力有待商榷），司法实践中尚无针对该种规定是否有效的相关判决，但我们认为只要公司章程另行规定的除名事由没有违反法律强制性规定和基本原则，未侵害股东的固有权利，则公司以此类事由为依据作出除名决定应属合法有效行为。

第三，全体股东应在出资协议中对股东及时实缴出资设置违约条款，通过由违约股东向守约股东支付违约金的方式督促全体履行出资义务、增强对信守出资义务股东利益的保护。

法规链接

《公司法》（2023年修订）

第五十二条 股东未按照公司章程规定的出资日期缴纳出资，公司依照前条第一款规定发出书面催缴书催缴出资的，可以载明缴纳出资的宽限期；宽限期自公司发出催缴书之日起，不得少于六十日。宽限期届满，股东仍未履行出资义务的，公司经董事会决议可以向该股东发出失权通知，通知应当以书面形式发出。自通知发出之日起，该股东丧失其未缴纳出资的股权。

依照前款规定丧失的股权应当依法转让，或者相应减少注册资本并注销该股权；六个月内未转让或者注销的，由公司其他股东按照其出资比例足额缴纳相应出资。

股东对失权有异议的，应当自接到失权通知之日起三十日内，向人民法院提起诉讼。

《最高人民法院关于适用〈中华人民共和国公司法〉若干问题的规定（三）》（2020年修正）

第十七条 有限责任公司的股东未履行出资义务或者抽逃全部出资，经公司催告缴纳或者返还，其在合理期间内仍未缴纳或者返还出资，公司以股东会决议解除该股东的股东资格，该股东请求确认该解除行为无效的，人民法院不予支持。

在前款规定的情形下，人民法院在判决时应当释明，公司应当及时办理法定减资程序或者由其他股东或者第三人缴纳相应的出资。在办理法定减资程序或者其他股东或者第三人缴纳相应的出资之前，公司债权人依照本规定第十三条或者第十四条请求相关当事人承担相应责任的，人民法院应予支持。

本案链接

以下为该案在法院审理阶段，判决书中"本院认为"就该问题的论述：

《公司法司法解释（三）》第十七条第一款规定："有限责任公司的股东未履行出资义务或者抽逃全部出资，经公司催告缴纳或者返还，其在合理期间内仍未缴纳或者返还出资，公司以股东会决议解除该股东的股东资格，该股东请求确认该解除行为无效的，人民法院不予支持。"

根据本院审理查明的事实和对前述第一个争议焦点的认定，万某公司以股东会决议形式解除豪某公司股东资格的核心要件均已具备，但在股东会决议就股东除名问题进行讨论和决议时，拟被除名股东是否应当回避，即是否应将豪某公司排除在外，各方对此意见不一。《公司法司法解释（三）》对此未作规定。

本院认为，《公司法司法解释（三）》第十七条中规定的股东除名权是公司为消除不履行义务的股东对公司和其他股东所产生不利影响而享有的一种法定权能，是不以征求被除名股东的意思为前提和基础的。在特定情形下，股东除名决议作出时，会涉及被除名股东可能操纵表决权的情形。故当某一股东与股东会讨论的决议事项有特别利害关系时，该股东不得就其持有的股权行使表决权。

本案中，豪某公司是持有万某公司99%股权的大股东，万某公司召开系争股东会会议前通知了豪某公司参加会议，并由其委托的代理人在会议上进行了申辩和提出反对意见，已尽到了对拟被除名股东权利的保护。但如前所述，豪某公司在系争决议表决时，其所持股权对应的表决权应被排除在外。

本院认为，本案系争除名决议已获除豪某公司以外的其他股东一致表决同意系争决议内容，即以100%表决权同意并通过，故万某公司2014年3月25日作出的股东会决议应属有效。本院对原审判决予以改判。此外需要说明的是，豪某公司股东资格被解除后，万某公司应当及时办理法定减资程序或者由其他股东或者第三人缴纳相应的出资。

延伸阅读

1. 解除股东资格的事由：股东未履行出资义务或者抽逃全部出资

案例1：新疆生产建设兵团第六师中级人民法院审理的刘某某与孙某公司决

议效力确认纠纷案〔（2016）兵06民终406号〕认为，本案中，华某公司因孙某未履行出资义务而召开股东会，决议解除对孙某的股东资格，是公司为消除不履行义务的股东对公司和其他股东产生不利影响而享有的一种法定权能。被解除股东资格的股东请求人民法院确认该解除行为无效的，人民法院不予支持。

案例2：广西壮族自治区高级人民法院审理的徐某某与米某公司、刘某某公司决议效力确认纠纷案〔（2015）桂民四终36号〕认为，股东在公司中的合法权益受法律保护。解除股东资格只应用于严重违反出资义务的情形，即未出资和抽逃全部出资，未完全履行出资义务和抽逃部分出资的情形不应包括在内……徐某某成为米某公司的股东，并非原始取得，而是通过受让曾某某持有的米某公司股权的形式取得股权及股东资格的。据此，米某公司主张徐某某存在未履行出资义务的情形，与事实不符。广西壮族自治区高级人民法院据此认定案涉股东会决议无效。

案例3：贵州省高级人民法院审理的利某责任公司与杨某公司决议效力确认纠纷案〔（2015）黔高民商终18号〕认为，解除股东资格，剥夺股东权利这种严厉的措施只应用于严重违法出资义务的情形。因此，利某责任公司在杨某足额缴纳出资、履行了法定程序的情况下，通过董事会决议剥夺杨某的股东权利，在程序和实体上均违反了《公司法》的规定，该决议应为无效。

案例4：广东省高级人民法院审理的倪某与国某公司案〔（2013）粤高法民二申662号〕认为，股东除名作为对股东最严厉的一种处罚，是对失信股东的放弃……因倪某没有足额缴纳首期出资款，且经国某公司催缴仍未履行其出资义务。二审法院据此认定国某公司通过公司股东会决议的形式，对倪某进行除名，该决议程序合法，内容未违反法律、法规的强制性规定，亦符合上述规定。

案例5：四川省成都市中级人民法院审理的安某公司与何某某股东知情权纠纷案〔（2013）成民终5185号〕认为，《公司法司法解释（三）》第十八条系对股东除名的规定，对股东除名行为这种严厉的措施旨在督促股东尽快出资，保证公司资本的确定和充实。鉴于股东除名行为的后果是使股东丧失股东资格，这种严厉的措施只应用于严重违反出资义务的情形，即"未出资"和"抽逃全部出资"，未完全履行出资义务和抽逃部分出资的情形不应包括在内。而该条适用条件显然与本案情况不符。

案例6：江苏省南京市中级人民法院审理的上诉人悦某公司与被上诉人赵某某股东资格确认纠纷案〔（2016）苏01民终302号〕认为，《公司法司法解释

(三)》第十七条第一款对解除股东资格作出了严格的规定，即股东除名仅限于未履行出资和抽逃全部出资两种情形。本案中，赵某某系从悦某公司原股东吴某处受让了股权，验资报告证明吴某已于公司成立时及2009年3月3日分别履行了15万元出资、85万元增资义务，悦某公司提供的证据仅能证明2009年3月3日的425万元增资款次日被转出，但不能证明上述转款系由吴某所为或指示，而悦某公司在此后长达六年的时间内对此从未提出过异议，故原股东吴某并不存在未履行出资义务和抽逃全部出资的情形。据此，悦某公司以受让股东赵某某未补缴增资款为由要求解除其股东资格，缺乏事实根据及法律依据，本院不予支持。

案例7：陕西省咸阳市中级人民法院审理的德某公司与信某公司公司决议撤销纠纷案［(2015)咸中民终00430号］认为，股东的出资义务是指股东按期足额缴纳其所认缴的出资额的义务，包括公司设立时股东的出资义务和公司增资时股东的出资义务。本案中被上诉人德某公司并非信某公司设立之时的股东，故德某公司并不承担公司设立之时的股东出资义务；德某公司成为信某公司股东后，信某公司并未进行过增资，因此德某公司亦不承担公司增资的出资义务……本案中上诉人信某公司未经裁判即自行认定被上诉人德某公司应履行出资义务与法相悖。综上，被上诉人德某公司作为上诉人信某公司的受让股东，并不具有法律规定的出资义务，亦不存在人民法院裁决的出资义务，故上诉人信某公司的股东会以德某公司拒绝出资为由解除德某公司股东资格的行为应属无效。

2. 股东会就解除股东资格事项进行表决时，该股东不得就其持有的股权行使表决权

案例8：甘肃省武威市中级人民法院审理的赵某某与孙某、蔡某、郑某、刘某、西凉肥某公司公司决议效力确认纠纷案［(2016)甘06民终451号］认为，为了防止控股股东或多数股东损害公司利益和少数股东利益，股东会能有效作出对拒不出资的股东除名的决议，被除名的股东对该表决事项不应具有表决权。本案中，由于孙某、蔡某、郑某、刘某四人未按公司通知的期限参加股东会，且四人对解除自己股东身份的表决事项不具有表决权，作为已实际出资的另一股东赵某某以100%的表决权同意并通过解除孙某、蔡某、郑某、刘某四人西凉肥某公司股东资格的决议，该决议符合法律规定和公司章程，应认定有效。

案例9：福建省厦门市中级人民法院审理的陈某某、华某兴业公司与叶某某案［(2015)厦民终3441号］认为，因股东未履行出资义务而被公司股东会除名的决议，可以适用表决权排除，被除名股东对该股东会决议没有表决权。股东表决权例外规则最主要的功能是防止大股东滥用资本多数决损害公司和小股东利益。按法律规定和章程约定履行出资义务是股东最基本的义务，只有在出资的基础上才有股东权。根据公司契约理论，有限公司是股东之间达成契约的成果。如果股东长时间未履行出资义务，构成对其他股东的根本违约，违约方对是否解除其股东资格无选择权。基于公司契约和根本违约的理论，在因股东未出资而形成的股东除名决议中，只有守约股东有表决权，违约股东没有表决权。华某兴业公司2014年5月26日股东会议内容是对是否解除叶某某股东资格作出决议，故应排除叶某某表决权的行使。

案例10：湖北省武汉市中级人民法院审理的国某酒店与严某某、严某建与公司有关的纠纷案［（2015）鄂武汉中民商初00342号］认为，鉴于严某某、严某建、刘某某、唯某公司虚假出资的行为，虽然公司章程、行政管理登记部门记载严某某、严某建、刘某某、唯某公司为国某酒店的股东，但其对国某酒店的资产并不实际享有股权。对此，国某酒店召开股东大会形成了《股东大会决议》，该决议的内容未违反法律、行政法规的禁止性规定，为有效决议。本案中，除严某某、严某建、刘某某、唯某公司外，仅有武汉军供站一个股东，在严某某、严某建、刘某某、唯某公司未出资且不同意退出公司的情况下，通过召开股东会决定将严某某、严某建、刘某某、唯某公司除名，确认公司注册资金为2000万元，依法修改公司章程的决议，并无不当，亦符合权利义务一致原则和公平原则。

3. 公司解除股东资格，应催告股东缴纳或者返还出资，并作出股东会决议

案例11：重庆市第四中级人民法院审理的雷某某、钟某某等与农业特色产业中心、石某县财政局股东出资纠纷案［（2016）渝04民终393号］认为，公司在对未履行出资义务或者抽逃全部出资的股东除名前，应当催告该股东在合理期间内缴纳或者返还出资，公司解除该股东资格，应当依法召开股东会，作出股东会决议。未有证据证明富某公司催告石某县辣椒办在合理期间内缴纳出资以及召开股东会决议解除石某县辣椒办的股东资格。因此，石某县辣椒办股东资格并未丧失。

案例12：北京市第三中级人民法院审理的辜某与宜某公司公司决议效力确认纠纷案［（2015）三中民（商）终10163号］认为，首先，解除股东资格这种严厉的措施只应用于严重违反出资义务的情形，即未出资和抽逃全部出资，未完全履行出资义务和抽逃部分出资不应包括在内。其次，公司对未履行出资义务或者抽逃全部出资的股东除名前，应给该股东补正的机会，即应当催告该股东在合

理期间内缴纳或者返还出资。最后，解除未履行出资义务或者抽逃全部出资股东的股东资格，应当依法召开股东会，作出股东会决议，如果章程没有特别规定，经代表二分之一以上表决权的股东通过即可。

4. 公司不可以直接提起诉讼，请求法院解除某股东的股东资格；也不可以在被解除股东资格的股东不存在异议的情况下，请求确认股东会决议有效

案例13：内蒙古自治区高级人民法院审理的陆某某、阿玛某素矿业公司案［（2013）内商终14号］，该案系阿玛某素矿业公司请求人民法院依法判令陆某某不具备阿玛某素矿业公司股东（发起人）资格。内蒙古自治区高级人民法院认为，当事人提起民事诉讼，应当符合人民法院受理民事诉讼的条件和范围。本案是阿玛某素矿业公司以陆某某构成虚假出资，并已召开股东会解除陆某某股东资格等为由，请求人民法院确认陆某某不具备阿玛某素矿业公司的股东资格。对于出资瑕疵的股东，公司有权向该股东提出全面履行出资义务的主张，或可提起诉讼，但是如果公司以此为由解除其股东资格，根据《公司法司法解释（三）》第十八条的规定，应属公司自治权范围，人民法院无权以此为由解除股东的股东资格。同理，对于公司已形成的相关股东会决议，人民法院亦无权根据公司的主张以民事诉讼方式做公司法确认。综上，阿玛某素矿业公司提起的陆某某不具备公司股东资格的确认之诉，不属人民法院受理的民事诉讼的范围。

案例14：广东省惠州市中级人民法院审理的麦某特集团精密有限公司与麦某特集团有限公司股东出资纠纷案［（2014）惠中法民二终364号］认为，股东除名权是形成权和固有权（除其内容违反法律、行政法规强制性规定自始至终无效外），其一经作出决定即生效力，不需要征求被除名股东的意见。同时，《公司法》第二十二条规定，公司股东会或者股东大会、董事会的决议内容违反法律、行政法规的无效。股东会或者股东大会、董事会的会议召集程序、表决方式违反法律、行政法规或者公司章程，或者决议内容违反公司章程的，股东可以自决议作出之日起60日内，请求人民法院撤销。该法条是关于股东大会、董事会决议无效和撤销的规定。根据该条第一款规定，股东（大）会、董事会决议内容违反法律、行政法规强制性规定的无效，且自始至终无效；根据该条第二款规定，股东（大）会、董事会决议在程序上存在瑕疵或者决议内容违反公司章程的，股东可以提起撤销之诉。根据该条规定，股东对公司决议提起确认效力之诉，应由不服公司决议的股东以公司为被告提起无效或者撤销之诉。公司股东或公司以公司其他股东为被告，请求确认公司决议有效，不符合上述公司法的规定,亦无诉的利益。本案中,麦某特精密集团有限公司于2013年10月17日形成股东会决议,除去麦某特集团有限公司股东资格,麦某特集团有限公司对此明确表示没有异议,并未作为被除名股东提出确认股东会决议无效之诉,双方之间不存在诉的争议,根据上述法律和司法解释的规定,麦某特集团精密有限公司的诉讼请求不属于人民法院民事诉讼审理范围,对其起诉应当予以驳回。

5. 未履行出资义务的股东解除其他未出资股东的股东资格,法院可能不会支持

案例15:上海市第一中级人民法院审理的凯某公司诉赵某某公司决议效力确认纠纷案[(2016)沪01民终10409号]认为,凯某公司称其对赵某某除名的理由是赵某某抽逃全部出资,但现有证据并不足以证明其主张,更不能证明另一股东王某已履行出资义务。鉴此,一审基于查明事实,并结合凯某公司股东情况及实际经营状况等各种因素,在未有法院生效判决确认赵某某存在未履行出资义务或者抽逃全部出资的情况下,认定凯某公司作出的股东会决议中"对股东赵某某除名"及修改相关公司章程的决议内容无效,于法有据。

6. 解除股东资格的其他裁判要旨

(1)被解除股东资格的股东是否不可再要求行使股东权利

案例16:重庆市高级人民法院审理的敬某某与顺某公司、张某某公司决议效力确认纠纷案[(2013)渝高法民申00738号]认为,尽管敬某某未实际出资,但顺某公司在合法解除敬某某股东资格之前,敬某某的确有权依据《公司法》第三十三条第二款"记载于股东名册的股东,可以依股东名册主张行使股东权利"的规定行使股东权利,但由于敬某某股东资格被股东会决议解除,且该股东会决议合法有效,此后敬某某已经无权再行主张行使股东权利。

(2)未出资的股东可否主动要求公司解除其股东资格,进而拒绝承担继续出资的法律责任

案例17:湖南省株洲市中级人民法院审理的过某奇与和某公司、曾某某股权纠纷案[(2014)株中法民二终47号]认为,公司可以对未履行出资义务或者抽逃全部出资的股东以股东会决议的形式解除其股东资格。但这是公司拥有的一项自主权利,公司对是否行使该项权利具有选择权,解除股东资格并不是公司对抽逃出资行为的唯一救济途径。在本案中,被上诉人和某公司要求上诉人过某奇返还出资本息于法有据,应得到支持。

002 解除股东资格需要满足哪些实体条件和程序条件

裁判要旨

股东会决议解除股东资格,应当符合三个要件:第一,股东具有未出资或抽逃全部出资的情形,未完全履行出资义务和抽逃部分出资不应包括在内;第二,公司给予该股东补正机会,即应当催告该股东在合理期间内缴纳或者返还出资;第三,公司应当依法召开股东会,作出股东会决议,如果章程没有特别规定,经代表过半数以上表决权的股东通过。

案情简介[①]

宜某英泰公司成立于 2010 年 6 月 23 日,注册资本为 20 万元。股东辜某认缴出资 12 万元,占股 60%,设立时实缴出资 2.4 万元;赵某某认缴出资 8 万元,占股 40%,设立时实缴出资 1.6 万元。公司章程规定二者应在 2012 年 6 月 3 日前缴足剩余出资。

2010 年 11 月 18 日,宜某英泰公司向莱某创科公司转账 4 万元,转账凭证记载为"其他借款"。2011 年 4 月 2 日,宜某英泰公司收到莱某创科公司支付的款项 2 万元。其中,莱某创科公司由赵某某实际控制。辜某认为赵某某抽逃出资,赵某某则认为系企业正常拆借。

宜某英泰公司于 2014 年 3 月 21 日和 2014 年 4 月 10 日通过 EMS 书面要求赵某某返还抽逃的出资并履行第二期出资义务。2014 年 4 月 22 日和 2014 年 4 月 29 日,宜某英泰公司又向赵某某发送了召开股东会的通知函。上述通知赵某某均未签收。

宜某英泰公司于 2014 年 5 月 8 日形成股东会决议,决议以赵某某经催缴未按期缴纳第二期出资 6.4 万元为由解除其股东资格。该决议经过合法程序,但仅有辜某的签字,而没有赵某某的签字。

此后,辜某向法院提起确认股东会决议有效之诉,本案经北京朝阳区人民法

---

① 北京市第三中级人民法院审理的辜某与宜某英泰公司公司决议效力确认纠纷案[(2015)三中民(商)终 10163 号]。该案曾由二审法官巴晶焱、张瀛元在《人民司法》上发文《股东除名决议的效力》进行详细解读。

院一审，北京市第三中级人民法院二审，最终判定决议无效。

裁判要点精要

公司以股东会决议解除未履行出资义务或者抽逃出资股东的股东资格，应当符合三个要件：第一，解除股东资格这种严厉的措施只应用于严重违反出资义务的情形，即未出资和抽逃全部出资，未完全履行出资义务和抽逃部分出资不应包括在内。第二，公司对未履行出资义务或者抽逃全部出资的股东除名前，应给该股东补正的机会，即应当催告该股东在合理期间内缴纳或者返还出资。第三，解除未履行出资义务或者抽逃全部出资股东的股东资格，应当依法召开股东会，作出股东会决议，如果章程没有特别规定，经代表过半数以上表决权的股东通过即可。本案中，赵某某在公司设立时实际出资1.6万元，其已经履行了部分出资，属于未完全出资，另外，也无充足证据证明赵某某抽逃全部出资，故不满足上述第一个要件，股东会决议无效。

实务经验总结

为避免未来发生类似纠纷，提出如下建议：

第一，对于严重违反出资义务的股东，公司可以通过股东会决议的形式解除股东资格。需要注意的是，解除股东资格需要满足三个要件：首先，股东未出资或抽逃全部出资；其次，公司给予该股东补正机会，进行了合理催告；最后，按照法定程序召开股东会，过半数表决权股东通过，且根据相关司法实践裁判观点，拟被除名股东就其除名事项不具有表决权。

第二，对于认缴出资的股东来讲，务必按照章程规定的期间足额缴纳出资，尤其是首期出资一定要实缴，以免日后公司以其未缴纳出资为由解除其股东资格。对于已实缴出资的股东来讲，禁止抽逃全部出资，对于企业间的拆借行为一定要有合同依据，并在转账记录上注明用途且按照合同依据及时归还，以免被认定为抽逃出资。

法规链接

《最高人民法院关于适用〈中华人民共和国公司法〉若干问题的规定（三）》（2020年修正）

第十二条 公司成立后，公司、股东或者公司债权人以相关股东的行为符合下列情形之一且损害公司权益为由，请求认定该股东抽逃出资的，人民法院应予支持：

（一）制作虚假财务会计报表虚增利润进行分配；

（二）通过虚构债权债务关系将其出资转出；

（三）利用关联交易将出资转出；

（四）其他未经法定程序将出资抽回的行为。

第十七条 有限责任公司的股东未履行出资义务或者抽逃全部出资，经公司催告缴纳或者返还，其在合理期间内仍未缴纳或者返还出资，公司以股东会决议解除该股东的股东资格，该股东请求确认该解除行为无效的，人民法院不予支持。

在前款规定的情形下，人民法院在判决时应当释明，公司应当及时办理法定减资程序或者由其他股东或者第三人缴纳相应的出资。在办理法定减资程序或者其他股东或者第三人缴纳相应的出资之前，公司债权人依照本规定第十三条或者第十四条请求相关当事人承担相应责任的，人民法院应予支持。

本案链接

以下为该案在法院审理阶段，判决书中"本院认为"就该问题的论述：

……

股东抽逃出资是指在公司成立后，股东非经法定程序从公司抽回相当于已缴纳出资数额的财产，同时继续持有公司股份。对此，《公司法司法解释（三）》第十二条规定："公司成立后，公司、股东或者公司债权人以相关股东的行为符合下列情形之一且损害公司权益为由，请求认定该股东抽逃出资的，人民法院应予支持：（一）制作虚假财务会计报表虚增利润进行分配；（二）通过虚构债权债务关系将其出资转出；（三）利用关联交易将出资转出；（四）其他未经法定程序将出资抽回的行为。"本案中，辜某主张赵某某于2010年11月18日将宜某英泰公司账户中的4万元转入莱某创科公司构成抽逃出资，并为此提交了转账凭证。对此，本院认为，上述4万元转账凭证记载的摘要明确写明为"其他借款"，且莱某创科公司于2011年4月2日向宜某英泰公司支付2万元，可以证明宜某英泰公司与莱某创科公司之间存在资金往来，故辜某提供的证据不足以证明赵某某抽逃出资4万元。涉案股东会决议的效力认定。《公司法司法解释（三）》第十七条第一款规定："有限责任公司的股东未履行出资义务或者抽逃全部出资，经公司催告缴纳或者返还，其在合理期间内仍未缴纳或者返还出资，公司以股东会决议解除该股东的股东资格，该股东请求确认该解除行为无效的，人民法院不予支持。"根据上述条款，公司以股东会决议解除未履行出资义务或者抽逃出资股东的股东资格，应当符合下列条件和程序：首先，解除股东资格这种严厉的措施只应用于严重违反出资义务的情形，即未出资和抽逃全部出资，未完全履行出资义务和抽逃部分出资不应包括在内。其次，公司对未履行出资义务或者抽逃全部出资的股东除名前，应给该股东补正的机会，即应当催告该股东在合理期间内缴纳或者返还出资。最后，解除未履行出资义务或者抽逃全部出资股东的股东资格，应当依法召开股东会，作出股东会决议，如果章程没有特别规定，经代表二分之一以上表决权的股东通过即可。具体到本案而言：第一，根据宜某英泰公司的验资报告及各方当事人陈述，赵某某在公司设立时实际出资1.6万元，其已经履行了部分出资义务，故不应当认定赵某某完全未履行出资义务；第二，如前所述，现有证据不足以证明赵某某抽逃全部出资。因此，宜某英泰公司于2014年5月8日作出股东会决议并未满足公司可以解除赵某某股东资格的前提条件，辜某主张涉案股东会决议有效，于法无据，本院不予支持。

003 股东抽逃部分出资，股东会可决议解除其相应部分的股权吗

阅读提示

《公司法司法解释（三）》第十七条第一款规定，有限责任公司的股东未履行出资义务或者抽逃全部出资，经公司催告缴纳或者返还，其在合理期间内仍未缴纳或者返还出资，公司以股东会决议解除该股东的股东资格。

实践中常见的情况是，在股东仅仅未履行部分出资义务或者仅抽逃部分出资，经催告不能补足或返还，依据上述规定，公司股东会决议并不能够解除股东资格。股东会是否可以在保留股东资格的前提下，作出解除与未返还或未补足出资额相对应的股权呢？最高人民法院通过上述案例对上述问题给出肯定性的答案。

裁判要旨

有限责任公司股东抽逃增资款事实存在，在公司催讨后并未补足，即使该股东未抽逃全部出资，公司股东会可在保留其股东资格的前提下，解除与其抽逃出资额相应股权。

案情简介[①]

君某公司原注册资本为1000万元，王某某出资729.65万元、占72.965%，徐某某出资119.65万元、占11.965%，尹某某出资150.7万元、占15.07%。

2004年5月，君某公司股东会决议增资2190万元，其中尹某某增资1300万元，徐某某增资760万元，王某出资130万元成为新股东，王某某出资额不变。其中，尹某某增资的1300万元，验资后即从公司账户上转出。

其中，徐某某和王某某、王某系母女关系。尹某某和王某某系夫妻关系。自2010年起，尹某某与王某某发生夫妻矛盾，尹某某起诉离婚，但法院判决不离。

2010年10月13日，君某公司召开股东会，王某、王某某、徐某某出席，尹某某未参加。经公证处公证的股东会决议为：要求尹某某在2010年10月18日前补足欠缴的增资款1300万元，并当场向尹某某送达了股东会决议。

2011年11月29日，君某公司召开股东会，王某、王某某、徐某某出席，尹某某未参加。股东会决议：确认尹某某无权享有和行使与1300万元出资额对应股权相关的股东权利，包括利润分配权、剩余财产分配权、对应表决权等与该股权相关的一切股东权利。欠缴1300万元由王某和徐某某分别履行该650万元欠缴出资的认缴义务，并享有相应权利。

2013年5月，徐某某、王某各向君某公司转入650万元，共计1300万元。此后，徐某某、王某向法院起诉要求确认各增资650万元的股权，要求公司变更工商登记。尹某某抗辩称股东会决议无效，其仍享有1300万元出资份额的股权。

该案经日照市中级人民法院一审，山东省高级人民法院二审，最高人民法院再审，最终认定：股东会决议有效，徐某某、王某各自享有650万元出资的股权，君某公司应协助办理股东名册及工商变更登记。

[①] 最高人民法院审理的尹某某诉王某等股东资格确认纠纷再审案［（2016）最高法民申237号］。

裁判要点精要

在股东抽回出资，经催交拒不补足的情况下，股东会有权通过公司自治取消其相应股权。

《公司法司法解释（三）》第十七条第一款规定，有限责任公司的股东未履行出资义务或者抽逃全部出资，经公司催告缴纳或者返还，其在合理期间内仍未缴纳或者返还出资，公司以股东会决议解除该股东的股东资格，该股东请求确认该解除行为无效的，人民法院不予支持。

本案中，尹某某抽逃增资款事实存在，在公司催讨后并未补足，公司股东会可以解除其相应股权，而且尹某某也没有证据证明股东会程序以及决议内容存在法律法规禁止性规定的情形，故股东会决议的效力应予认可。

实务经验总结

为避免未来发生类似纷争，提出如下建议：

1. 虽然《公司法司法解释（三）》规定，只有未履行出资义务或者抽逃全部出资才构成法定的解除股东资格的事由。但是，根据本案可知，只要股东抽逃增资款事实存在，在公司催讨后并未补足，即使该股东未抽逃全部出资，公司股东会可在保留其股东资格的前提下，解除与其抽逃出资额相应的股权。

2. 为避免股东对"在股东抽逃部分出资经催缴而未补缴解除其相应部分股权"的决议效力产生争议，同时督促股东及时足额出资，公司股东可在公司章程中进行特殊的约定"在股东抽逃部分出资或未全面出资，经公司催缴在合理期限内（60日内）未补缴的，公司股东会可以决议将该股东欠缴出资对应的股权解除，由公司办理法定减资程序或者由其他股东或者第三人缴纳相应的出资"。该条款没有违反法律强制性规定和基本原则，未侵害股东的固有权利，且该解除相应股权的条款是经全体股东同意的，则公司以此类事由为依据作出解除股东相应股权的决议应属合法有效行为。

3. 全体股东应在出资协议中对股东及时实缴出资设置违约条款，通过由违约股东向守约股东支付违约金的方式督促全体股东履行出资义务、增强对信守出资义务股东利益的保护。

法规链接

《最高人民法院关于适用〈中华人民共和国公司法〉若干问题的规定（三）》（2020年修正）

第十六条 股东未履行或者未全面履行出资义务或者抽逃出资，公司根据公司章程或者股东会决议对其利润分配请求权、新股优先认购权、剩余财产分配请求权等股东权利作出相应的合理限制，该股东请求认定该限制无效的，人民法院不予支持。

第十七条 有限责任公司的股东未履行出资义务或者抽逃全部出资，经公司催告缴纳或者返还，其在合理期间内仍未缴纳或者返还出资，公司以股东会决议解除该股东的股东资格，该股东请求确认该解除行为无效的，人民法院不予支持。

在前款规定的情形下，人民法院在判决时应当释明，公司应当及时办理法定减资程序或者由其他股东或者第三人缴纳相应的出资。在办理法定减资程序或者其他股东或者第三人缴纳相应的出资之前，公司债权人依照本规定第十三条或者第十四条请求相关当事人承担相应责任的，人民法院应予支持。

本案链接

以下为该案在最高人民法院审理阶段，判决书中"本院认为"关于此部分的论述：

本院认为：本案是股东资格确认纠纷，围绕当事人申请再审的事由分析如下：

一、关于尹某某抽逃1300万元增资款认定的问题。根据原审查明的事实，2004年5月28日君某公司出具的00339252号转账支票可以证明1300万元增资款在验资后即被转出，该转账支票出具期间尹某某为君某公司的法定代表人、执行董事和经理，当事人对该款项转出无合理解释，尹某某抽逃出资的事实是存在的，原审法院认定增资款被抽逃并无不当。尹某某并没有足够证据推翻原审认定，其关于未抽逃出资的主张缺乏事实依据，本院不予支持。

二、关于原判决认定涉案股东会决议有效是否缺乏证据证明和法律依据的问题。《公司法司法解释（三）》第十七条第一款规定，有限责任公司的股东未履行出资义务或者抽逃全部出资，经公司催告缴纳或者返还，其在合理期间内仍未缴纳或者返还出资，公司以股东会决议解除该股东的股东资格，该股东请求确认该解除行为无效的，人民法院不予支持。本案中，尹某某抽逃增资款事实存在，在公司催讨后并未补足，公司股东会可以解除其相应股权。公司股东会决议的效力应予认可。现尹某某没有证据证明涉案股东会程序以及决议内容存在违反法律法规禁止性规定的情形，故其相应主张本院亦不予支持。本院认为，原审认定在股东抽回出资，经催交拒不补足的情况下有权通过公司自治取消其出资，并无不当。

（十四）小股东防守之"将股东压制行为列为公司解散的事由"

001 隐蔽性、长期性股东压制行为可在章程中列为公司解散的理由

公司章程设计要点

公司章程可将具有隐蔽性、长期性股东压制行为列为公司解散的理由。

阅读提示

在实践中，公司治理的困境除因股权势均力敌而造成的公司僵局外，还存在实力悬殊的情形下造成的股东压制。

例如，大股东利用其控制地位，违反公司章程规定，使小股东始终不能行使决策经营权、不能享有知情权，且小股东在股东会决议上对大股东作出的相关报告始终表示反对，大股东通过转嫁投资、交易及利用公司资产为自己贷款作抵押等行为直接或间接侵害股东利益，该类压制行为在外观上具有相当的隐蔽性，呈现出一系列链条环环相扣的连贯性与持续不断的过程性。

常见的股东压制行为有：排斥少数股东参与公司管理；剥夺少数股东的知情权；长期不向少数股东分配股利；稀释少数股东的股权比例等。

对于该类具有隐蔽性、持续性、综合性的股东压制情形，在公司章程没有作出特别约定的情形下，法院一般不予支持。

为使公司治理机制更加和谐，赋予被压制股东合理的退出通道，我们有必要

防患未然，提前在公司章程中约定一些公司解散的事由。

公司章程参考研究文本

《泸州老窖公司章程》（2022年8月版）第二百零一条　公司因下列原因解散：（一）本章程规定的营业期限届满或者本章程规定的其他解散事由出现；（二）股东大会决议解散；（三）因公司合并或者分立需要解散；（四）依法被吊销营业执照、责令关闭或者被撤销；（五）公司经营管理发生严重困难，继续存续会使股东利益受到重大损失，通过其他途径不能解决的，持有公司全部股东表决权10%以上的股东，可以请求人民法院解散公司。

同类章程条款

笔者查阅了近百家上市公司的公司章程，其中大多数公司章程对公司解散的事由作出了规定，但未发现对股东压制行为作出规定的章程。列举上市公司对公司解散事由的规定如下：

1.《东北制药章程》（2021年7月版）第一百八十三条　公司因下列原因解散：（一）本章程规定的营业期限届满或者本章程规定的其他解散事由出现；（二）股东大会决议解散；（三）因公司合并或者分立需要解散；（四）依法被吊销营业执照、责令关闭或者被撤销；（五）公司经营管理发生严重困难，继续存续会使股东利益受到重大损失，通过其他途径不能解决的，持有公司全部股东表决权10%以上的股东，可以请求人民法院解散公司。

2.《仁和药业股份有限公司章程》（2023年5月版）第一百七十九条　公司因下列原因解散：（一）本章程规定的营业期限届满或者本章程规定的其他解散事由出现；（二）股东大会决议解散；（三）因公司合并或者分立需要解散；（四）依法被吊销营业执照、责令关闭或者被撤销；（五）公司经营管理发生严重困难，继续存续会使股东利益受到重大损失，通过其他途径不能解决的，持有公司全部股东表决权10%以上的股东，可以请求人民法院解散公司。

专业律师分析

根据《公司法》第二百三十一条的规定，解散事由的适用存在层级递进的三步走[①]：

---

① 李建伟：《司法解散公司事由的实证研究》，载《法学研究》2017年第4期。

第一步：经营管理发生严重困难。"公司经营管理发生严重困难"的侧重点在于公司管理方面存在严重内部障碍，实质上是指公司（尤其封闭型公司）发生了严重的人合性治理障碍（失灵），如股东会机制失灵、无法就公司的经营管理进行决策等，不应片面理解为公司资金缺乏、严重亏损等经营性困难。

"经营管理困难"其实质指向公司治理的严重障碍。主要有两种情形：一是"势均力敌的对峙"形成"股东僵局"，二是"实力悬殊的暴政"形成"股东压制"。公司僵局的形成以相对立的两方（多方）股东在表决权（控制权）上的大致平衡为前提，《最高人民法院关于适用〈中华人民共和国公司法〉若干问题的规定（二）》（以下简称《公司法司法解释（二）》）第一条第一款列举的如"公司持续两年以上无法召开股东会或者股东大会""股东表决时无法达到法定或者公司章程规定的比例，持续两年以上不能做出有效的股东会或者股东大会决议""公司董事长期冲突，且无法通过股东会或者股东大会解决"。股东压制则是对于股权集中度较高的公司中多数股东与少数股东之间关系的一种描述。前者利用股东会上的表决权优势或者董事会的多数席位而实质性剥夺后者参与公司经营管理权，压制由此而生。

常见的股东压制行为主要表现为：排斥少数股东参与公司管理；剥夺少数股东的知情权；长期不向少数股东分配股利；稀释少数股东的股权比例等。公司僵局属于公司解散的法定事由，而股东压制在公司章程没有特别约定的情形下，不能够导致公司解散。

需要注意的是，被诉公司陷入经营亏损，是解散之诉的整体性特征，但公司仍在营业甚至盈利的也可被解散，但是公司盈亏经营状况是法院进行解散公司裁判时着重考量的因素之一，它既可以作为判定"公司经营管理发生严重困难"与否的依据，也可以作为判定"继续存续会使股东利益受到重大损失"与否的证据。

第二步：继续存续会使股东利益受到重大损失。"股东利益受到重大损失"是指公司的人合基础已完全丧失，且法人财产已处于不断消耗和流失状态。首先，此处股东"利益受损"，包括权利和利益。其次，股东利益可以分为公司管理控制权益与财产收益权益。公司发生经营困难，将导致股东财产收益权益受损；公司发生管理困难，将相应地导致股东管理控制权益受损。最后，"股东利益受到重大损失"通常不是股东利益的具体、个别、直接、有形的损害，而是股东利益将来、可能、间接、整体、全面遭受的损害，某项具体股东权利，如知情权、利润分配请求权受损害的，可以通过单项诉讼求得救济，不必诉诸解散之诉。

第三步：通过其他途径不能解决。"通过其他途径不能解决"通常视为一种诉前前置程序。《公司法司法解释（二）》第五条第一款列举了法院调解下的股权转让、公司回购与减资等替代性救济措施，也即"其他途径"。

实践中，原告几乎都会向立案庭提供被告公司不同意回购、收购股权或者其他对立的股东不肯受让股权的证据；除此之外，原告也通常会在前述基础上举证用尽更多的"其他途径"，如第三人居中调停、双方和解等仍不能解决与对立股东的矛盾。鉴于解散公司在结果上的终局性、不可逆转性以及谦抑性适用司法解释的理念要求，法院希望各方通过自行协商等方式解决争议，而不是轻易解散了之。

法院在审理过程中自然将"通过其他途径不能解决"当作裁判解散公司的实质要件，原告通过前述方式高度盖然性地证明"通过其他途径不能解决"，又在法院多次调解不能够解决的情况下，法院通常予以认可。

设计建议

一、在章程中将股东压制行为设定为公司解散的事由。例如，公司连续三年盈利，符合法定的分红条件，多数股东利用表决权多数的优势，对于小股东要求分红的提案连续三次不予通过时，股东有权提起司法解散之诉。多数表决权股东利用表决权优势长期将小股东排挤在公司经营管理层之外，在股东提出行使知情权 30 日内，公司拒不满足股东知情权要求的，股东有权提起司法解散之诉。

二、在章程中预先设定公司僵局的处理办法。例如，赋予董事长在出现表决僵局时以最终的决定权；规定董事会成员与股东会成员不得完全重合，在董事会出现表决僵局时将该事项提交股东会表决；规定大股东应履行诚信义务，不得不正当侵害公司和其他少数股东利益，不得在合法形式的外表下进行实质违法行为，保障少数股东知情权和会议召集权。在章程中设置出现公司僵局时，股东的退出条款。当公司股东或董事之间发生分歧或纠纷时，由控制一方股东以合理的价格收买相对方股东股权或股份，从而让弱势一方股东退出公司，以此达到预防僵局的目的，可以预先设定股权价格的计算及评估方式。

条款实例

公司各股东同意，公司因下列原因解散：

（一）本章程规定的营业期限届满或者本章程规定的其他解散事由出现；

（二）股东会决议解散；

（三）因公司合并或者分立需要解散；

（四）依法被吊销营业执照、责令关闭或者被撤销；

（五）公司经营管理发生严重困难，继续存续会使股东利益受到重大损失，通过其他途径不能解决的，持有公司全部股东表决权10%以上的股东，可以请求人民法院解散公司；

（六）公司出现严重的股东压制行为，致使公司设立目的不能实现的。股东压制行为包括：公司连续三年盈利，符合法定的分红条件，多数股东利用表决权多数的优势，对于小股东要求分红的提案连续三次不予通过时；多数表决权股东利用表决权优势连续三年以上将小股东排挤在公司经营管理层之外的；在股东连续三次向公司提出行使知情权，公司无正当理由拒不满足股东知情权要求的。

股东会决议解散公司时，任一股东有以净资产价格购买其他股东股权继续经营公司的权利，多名股东购买实行竞价。

002 股东会长期失灵无法决策，即使公司盈利亦可解散公司

裁判要旨

公司经营管理发生严重困难时，持有公司全部股东表决权百分之十以上的股东可以请求人民法院解散公司。

判断"公司经营管理是否发生严重困难"，应从公司组织机构的运行状态进行综合分析。公司虽处于盈利状态，但其股东会机制长期失灵，内部管理有严重障碍，已陷入僵局状态，可以认定为公司经营管理发生严重困难，股东可以请求解散公司。

案情简介[①]

林某某与戴某某系凯某公司股东，各占50%的股份，戴某某任公司法定代表

[①] 江苏省高级人民法院审理的林某某诉凯某公司、戴某某公司解散纠纷案［（2010）苏商终0043号］。

人及执行董事，林某某任公司总经理兼公司监事。

公司章程规定：股东会决议须经代表二分之一以上表决权的股东通过，但对公司增资减资、合并分立、修改公司章程作出决议时，须经三分之二以上表决权的股东通过。股东按照出资比例行使表决权。

自2006年起，林某某与戴某某两人矛盾升级。从2006年至2009年四年间，凯某公司从未成功召开过股东会。其间，行业协会曾两次组织双方进行调解，但均未成功。

林某某诉至苏州市中级人民法院，称公司经营管理发生严重困难，陷入僵局且无法通过其他方法解决，其权益遭受重大损害，请求解散公司。戴某某则认为公司运营状态良好，不符合公司解散的条件，二者的矛盾有其他解决途径，不必通过司法程序强制解散公司。

苏州市中级人民法院驳回了林某某的诉讼请求。宣判后，林某某上诉至江苏省高级人民法院，江苏省高级人民法院经审理改判解散凯某公司。最高人民法院将该案选为指导案例。

裁判要点精要

法院认为"凯某公司的经营管理已发生严重困难"，主要理由是：

（1）判断公司的经营管理是否出现严重困难，应当从公司的股东会、董事会或执行董事及监事会或监事的运行现状进行综合分析。"公司经营管理发生严重困难"的侧重点在于公司管理方面存在严重内部障碍，如股东会机制失灵、无法就公司的经营管理进行决策等，不应片面理解为公司资金缺乏、严重亏损等经营性困难。

（2）由于凯某公司的内部机制已无法正常运行、无法对公司的经营作出决策，即使尚未处于亏损状况，也不能改变该公司的经营管理已发生严重困难的事实。

（3）由于凯某公司的内部运营机制早已失灵，林某某的股东权、监事权长期处于无法行使的状态，其投资凯某公司的目的无法实现，利益受到重大损失，且凯某公司的僵局通过其他途径长期无法解决。

实务经验总结

为避免公司陷入僵局、造成股东经济损失，笔者建议：

第一，本案探讨的主要问题是法院判断公司陷入僵局的标准、处于盈利状况的公司可否被认定陷入僵局而解散。借鉴本案的教训，笔者建议尽量不要设计50∶50的股权结构。双方各占50%是世界上最差的股权结构。至于为什么，笔者将另外专门撰写文章进行深入讨论，涉及公司控制权的安排。国内第一家中式快餐连锁上市企业"真某夫"，就是这种两个创始人各一半股权的公司结构。后来股东产生矛盾、创始人被抓判刑。

第二，在公司章程中对股东会及董事会议事规则等进行巧妙设计和合理安排。应该在公司注册之初就聘请专业律师团队，根据公司股东结构、股东各自掌握的资源等具体情况，进行量体裁衣，精准设计，而不是派秘书直接在百度文库里面随便下载一个公司章程范本。

第三，在章程中预先设定公司僵局的处理办法。例如，赋予董事长在出现表决僵局时以最终的决定权；规定董事会成员与股东会成员不得完全重合，在董事会出现表决僵局时将该事项提交股东会表决；规定大股东应履行诚信义务，不得不正当地侵害公司和其他少数股东利益，不得在合法形式的外表下进行实质违法行为，保障少数股东知情权和会议召集权。

第四，在章程中设置出现公司僵局时，股东的退出条款。当公司股东或董事之间发生分歧或纠纷时，由控制一方股东以合理的价格收买相对方股东股权或股份，从而让弱势一方股东退出公司，以此达到预防僵局的目的，可以预先设定股权价格的计算及评估方式。

法规链接

《公司法》（2023年修订）

第二百三十一条 公司经营管理发生严重困难，继续存续会使股东利益受到重大损失，通过其他途径不能解决的，持有公司百分之十以上表决权的股东，可以请求人民法院解散公司。

《最高人民法院关于适用〈中华人民共和国公司法〉若干问题的规定（二）》（2020年修正）

第一条 单独或者合计持有公司全部股东表决权百分之十以上的股东，以下列事由之一提起解散公司诉讼，并符合公司法第一百八十二条[1]规定的，人民法院应予受理：

---

[1] 参照《公司法》第一百八十一条。

（一）公司持续两年以上无法召开股东会或者股东大会，公司经营管理发生严重困难的；

（二）股东表决时无法达到法定或者公司章程规定的比例，持续两年以上不能做出有效的股东会或者股东大会决议，公司经营管理发生严重困难的；

（三）公司董事长期冲突，且无法通过股东会或者股东大会解决，公司经营管理发生严重困难的；

（四）经营管理发生其他严重困难，公司继续存续会使股东利益受到重大损失的情形。

股东以知情权、利润分配请求权等权益受到损害，或者公司亏损、财产不足以偿还全部债务，以及公司被吊销企业法人营业执照未进行清算等为由，提起解散公司诉讼的，人民法院不予受理。

本案链接

以下为该案在法院审理阶段，判决书中"本院认为"就该问题的论述：

法院生效裁判认为：首先，凯某公司的经营管理已发生严重困难。根据《公司法》第一百八十三条和《公司法司法解释（二）》第一条的规定，判断公司的经营管理是否出现严重困难，应当从公司的股东会、董事会或执行董事及监事会或监事的运行现状进行综合分析。"公司经营管理发生严重困难"的侧重点在于公司管理方面存有严重内部障碍，如股东会机制失灵、无法就公司的经营管理进行决策等，不应片面理解为公司资金缺乏、严重亏损等经营性困难。

本案中，凯某公司仅有戴某某与林某某两名股东，两人各占50%的股份，凯某公司章程规定"股东会的决议须经代表二分之一以上表决权的股东通过"，且各方当事人一致认可该"二分之一以上"不包括本数。因此，只要两名股东的意见存有分歧、互不配合，就无法形成有效表决，显然影响公司的运营。凯某公司已持续4年未召开股东会，无法形成有效的股东会决议，也就无法通过股东会决议的方式管理公司，股东会机制已经失灵。执行董事戴某某作为互有矛盾的两名股东之一，其管理公司的行为，已无法贯彻股东会的决议。林某某作为公司监事不能正常行使监事职权，无法发挥监督作用。由于凯某公司的内部机制已无法正常运行、无法对公司的经营作出决策，即使尚未处于亏损状况，也不能改变该公司的经营管理已发生严重困难的事实。

其次，由于凯某公司的内部运营机制早已失灵，林某某的股东权、监事权长期处于无法行使的状态，其投资凯某公司的目的无法实现，利益受到重大损失，且凯某公司的僵局通过其他途径长期无法解决。《公司法司法解释（二）》第五条明确规定了"当事人不能协商一致使公司存续的，人民法院应当及时判决"。

本案中，林某某在提起公司解散诉讼之前，已通过其他途径试图化解与戴某某之间的矛盾，服装城管委会也曾组织双方当事人调解，但双方仍不能达成一致意见。两审法院也基于慎用司法手段强制解散公司的考虑，积极进行调解，但均未成功。

此外，林某某持有凯某公司50%的股份，也符合公司法关于提起公司解散诉讼的股东须持有公司10%以上股份的条件。

综上所述，凯某公司已符合《公司法》及《公司法司法解释（二）》所规定的股东提起解散公司之诉的条件。二审法院从充分保护股东合法权益，合理规范公司治理结构，促进市场经济健康有序发展的角度出发，依法作出了上述判决。

003 即使股东对公司陷入僵局有过错，仍有权诉请解散公司

裁判要旨

公司能否解散取决于公司是否存在僵局以及是否符合《公司法》第一百八十二条规定的实质条件，而不取决于公司僵局产生的原因和责任。即使一方股东对公司僵局的产生具有过错，其仍然有权请求解散公司。

案情简介①

富某公司系在中国境内设立的外资企业，股东为仕某公司及永某公司。仕某公司出资600万美元，持股60%。永某公司出资400万美元，持股40%。

富某公司章程规定董事会是公司的最高权力机构。董事会由三名董事组成，仕某公司委派两名，永某公司委派一名，董事长由永某公司委派。

富某公司的工商登记显示，黄某某（永某公司委派）担任董事长，郑某某、

---

① 最高人民法院审理的仕某公司与富某公司、第三人永某公司解散纠纷案［(2011) 民四终29号］，载《最高人民法院公报》2014年第2期（总第208期）。

张某某（仕某公司委派）担任董事，张某某担任经理。

2005年4月7日，双方股东因对富某公司治理结构、专利技术归属、关联交易等方面发生争议，张某某离开富某公司，此后富某公司由董事长黄某某进行经营管理至今。

张某某离职后，双方股东通过各自律师进行大量函件往来，虽于2006年3月31日召开了临时董事会，但未形成决议。此后董事会再未召开，富某公司运行陷于僵局，经营管理发生严重困难。

仕某公司起诉请求判令解散富某公司。富某公司答辩称：2005年4月7日，张某某擅离职守，黄某某接手经营管理到现在。黄某某一直要求仕某公司委派董事张某某回来履职，召开董事会，但其从来没有回富某公司履行义务，且离职后违反了竞业禁止义务，因此不能召开董事会是由仕某公司引起的。

本案历经江苏省高级人民法院一审、最高人民法院二审，均判决解散富某公司。

裁判要点精要

本案的一个争议焦点在于，股东诉请公司解散，是否应当考虑公司僵局产生的原因以及各股东的过错。

富某公司认为，仕某公司委派的董事张某某擅自离职，不参加董事会会议，且离职后违反了竞业禁止义务，因此公司僵局是由仕某公司造成的。

对此，最高人民法院认为，公司能否解散取决于公司是否存在僵局以及是否符合《公司法》（2005年修订）第一百八十三条[1]规定的实质条件，而不取决于公司僵局产生的原因和责任。《公司法》（2005年修订）第一百八十三条没有限制过错方股东解散公司，因此即使一方股东对公司僵局的产生具有过错，其仍然有权依据该条规定，请求解散公司。

至于仕某公司委派的董事张某某，是否存在违反董事竞业禁止义务的过错行为，应否承担赔偿富某公司损失的民事责任，富某公司可通过另案解决，与本案无涉。

实务经验总结

为避免未来发生类似纷争或败诉，提出如下建议：

第一，股东对公司僵局具有过错，仍可请求解散公司。因此，无过错方股东

---

[1] 参照《公司法》（2023年修订）第二百三十一条。

不要再以对方有过错作为不同意解散公司的抗辩理由，法院在审理公司解散案件时不会对股东是否有过错进行审查。但无过错股东可对有过错股东另行提起诉讼，要求其承担因过错行为而给无过错方造成的损失。

第二，公司创立之初，就应在公司章程中对股东会及董事会议事规则进行巧妙设计和合理安排，预先设定公司僵局的处理办法。例如，公司章程可以规定董事长在出现表决僵局时享有最终的决定权。

第三，在章程中还应设置出现公司僵局时股东的退出条款。例如，出现公司僵局时，由控股一方股东以合理的价格收购其他方股东股权，从而让弱势一方股东退出公司，以达到预防僵局的目的，章程中还可以预先设定股权价格的计算及评估方式。

法规链接

《公司法》（2023 年修订）

第二百三十一条　公司经营管理发生严重困难，继续存续会使股东利益受到重大损失，通过其他途径不能解决的，持有公司百分之十以上表决权的股东，可以请求人民法院解散公司。

《最高人民法院关于适用〈中华人民共和国公司法〉若干问题的规定（二）》（2020 年修正）

第一条　单独或者合计持有公司全部股东表决权百分之十以上的股东，以下列事由之一提起解散公司诉讼，并符合公司法第一百八十二条[①]规定的，人民法院应予受理：

（一）公司持续两年以上无法召开股东会或者股东大会，公司经营管理发生严重困难的；

（二）股东表决时无法达到法定或者公司章程规定的比例，持续两年以上不能做出有效的股东会或者股东大会决议，公司经营管理发生严重困难的；

（三）公司董事长期冲突，且无法通过股东会或者股东大会解决，公司经营管理发生严重困难的；

（四）经营管理发生其他严重困难，公司继续存续会使股东利益受到重大损失的情形。

股东以知情权、利润分配请求权等权益受到损害，或者公司亏损、财产不足

---

① 参照《公司法》（2023 年修订）第一百八十一条。

以偿还全部债务，以及公司被吊销企业法人营业执照未进行清算等为由，提起解散公司诉讼的，人民法院不予受理。

本案链接

以下为该案在法院审理阶段，判决书中"本院认为"就该问题的论述：

关于公司解散是否应当考虑公司僵局产生的原因以及过错。富某公司上诉认为，仕某公司委派的董事张某某擅自离职，不参加董事会会议，人为制造公司僵局，损害富某公司利益，法院不应支持仕某公司具有恶意目的的诉讼；仕某公司则抗辩认为永某公司以欺诈方式取得董事长职位从而导致公司僵局。本院认为，公司能否解散取决于公司是否存在僵局以及是否符合《公司法》第一百八十三条规定的实质条件，而不取决于公司僵局产生的原因和责任。《公司法》第一百八十三条没有限制过错方股东解散公司，因此即使一方股东对公司僵局的产生具有过错，其仍然有权依据该条规定，请求解散公司。本案中，仕某公司提出解散富某公司的背景情况为，富某公司已陷入僵局并由永某公司单方经营管理长达七年，仕某公司持有60%的股份，其行使请求司法解散公司的诉权，符合《公司法》第一百八十三条的规定，不属于滥用权利、恶意诉讼的情形。至于仕某公司委派的董事张某某，是否存在违反董事竞业禁止义务的过错行为、应否承担赔偿富某公司损失的民事责任，由富某公司通过另案解决，与本案无涉。

延伸阅读

公司解散纠纷案件中，被告以原告对公司僵局具有过错为由抗辩，法院对该抗辩理由不予支持的六个案例：

案例1：四川省高级人民法院审理的奶某乐公司与罗某特、皮某特、菊某公司公司解散纠纷案［(2016)川民终318号］认为，公司能否解散取决于公司是否存在僵局以及是否符合《公司法》第一百八十二条规定的实质条件，而不取决于公司僵局产生的原因和责任。公司法没有限制过错方股东解散公司，因此即使一方股东对公司僵局的产生具有过错，其仍然有权依据该条规定，请求解散公司。至于奶某乐公司的僵局是何方过错造成的，法院不予审查。

案例2：四川省高级人民法院审理的全某公司与艺某公司、有线电视公司公司解散纠纷案［(2015)川民终1141号］认为，一审法院对全某公司的僵局是何方过错所造成，不予审查。全某公司已陷入僵局达14年，艺某公司持有全某公司50%的股份，其行使请求司法解散公司的诉权，符合《公司法》第一百八十二条的规定。

案例3：江苏省南京市中级人民法院审理的江某医疗公司、华某公司与博某维欣公司公司解散纠纷案〔（2015）宁商终1015号〕认为，华某公司上诉认为，博某维欣公司委派的监事付某建因侵占公司财产被网上追逃，故其不能发挥监督作用的责任在于博某维欣公司。本院认为，公司能否解散取决于公司是否存在僵局以及是否符合《公司法》第一百八十三条及《公司法司法解释（二）》第一条第一款规定的实质条件，而不取决于公司僵局产生的原因和责任。《公司法》第一百八十三条并未限制过错方股东解散公司，故即使一方股东对公司僵局的产生具有过错，其仍然有权依据该条规定请求解散公司。本案中，博某维欣公司提出本案解散之诉系因其认为江某医疗公司已陷入僵局，其行使请求司法解散公司的诉权，符合《公司法》第一百八十三条的规定，不属于滥用权利、恶意诉讼的情形。至于博某维欣公司委派的监事、经理是否存在侵害公司利益的过错行为，应另案解决，本案不予理涉。

案例4：河南省新乡市中级人民法院审理的冯某某与封丘县恒某公司公司解散纠纷案〔（2016）豫07民终733号〕认为，封丘县恒某公司称冯某某损害公司利益系导致股东之间冲突的主要原因，但公司是否能够解散取决于公司是否存在僵局，而不取决于僵局产生的原因和责任。《公司法》第一百八十二条的规定没有限制过错方股东解散公司，因此即使一方股东对公司僵局的产生具有过错，其仍然有权依据该条规定，请求解散公司。

案例5：江苏省苏州市中级人民法院审理的王某某、陈某某等与富某姆公司公司解散纠纷案〔（2015）苏中商终02025号〕认为，关于富某姆公司上诉主张经营困难是由于王某某、陈某某、李某某侵占公司资产导致，即涉及公司解散是否应当考虑公司僵局产生的原因以及过错，本院认为，依据法律的规定，公司能否解散取决于公司是否存在僵局以及是否符合《公司法》第一百八十二条规定的条件，而不取决于公司僵局产生的原因和责任。《公司法》第一百八十二条没有限制过错方股东解散公司，因此即使一方股东对公司僵局的产生具有过错，其仍然有权依据该条规定，请求解散公司。

案例6：北京市第一中级人民法院审理的全某公司、郭某某与刘某某公司解散纠纷案〔（2009）一中民终2831号〕认为，对于全某公司、郭某某的上诉理由，即全某公司股权尚未确定且过错在刘某某一方，本院认为：首先，（2005）

一中民终 4604 号民事判决书对全某公司股权进行了处分，结合全某公司股权登记文件，现股东刘某某及股东郭某某分别持有确定比例的公司股权，故全某公司及郭某某的该项上诉理由缺乏事实依据，本院不予采信；其次，公司解散纠纷是对公司主体是否能够依法存续作法律判断，即对法律规定的公司解散事由是否成就进行认定，而非对股东僵局或董事僵局中何人具有过错进行评价，故全某公司及郭某某的该项上诉理由不能支持其上诉请求，本院对其上诉请求不予支持。

004 公司连续多年不开会，未必符合公司解散条件

裁判要旨

只有公司经营管理出现严重困难，严重损害股东利益，且穷尽其他途径不能解决的，才能判决解散公司。未召开股东会并不等于无法召开股东会，更不等于股东会议机制失灵。如果持有公司多数股份的股东可以召开股东会并形成有效决议，即使公司常年未召开股东会也不应当认定公司经营管理出现严重困难，不宜判决解散公司。

案情简介[①]

华某公司股东为：温某某出资 517.64 万元，占 17.97%；韦某某出资 639.41 万元，占 22.2%；黄某某出资 611.06 万元，占 21.21%；刘某出资 537.48 万元，占 18.67%；李某某出资 574.41 万元，占 19.95%。

刘某起诉请求解散华某公司，并称：华某公司自 2009 年起已持续 7 年多未召开股东会，亦未形成有效的股东会决议。刘某多次书面请求召开股东会议，华某公司均未予回复，公司股东会机制已经失灵。董事长韦某某长期不召开董事会，刘某身为董事的权利无法有效行使。

诉讼中，华某公司合计持股 60.12% 的股东（温某某 17.97%、韦某某 22.2%、李某某 19.95%）明确表示不同意解散公司。

一审南宁市中级人民法院、二审广西壮族自治区高级人民法院均支持了原告

[①] 最高人民法院审理的华某公司、刘某公司解散纠纷再审民事判决书 [（2017）最高法民再 373 号]。

刘某的诉讼请求。

华某公司向最高人民法院申请再审，最高人民法院查明华某公司于2017年3月23日召开临时股东会并制定了有效的公司章程，改判驳回刘某的全部诉讼请求。

裁判要点精要

最高人民法院未予支持刘某关于解散公司的诉讼请求，主要原因是认定公司经营管理并未发生严重困难。未召开股东会并不等于无法召开股东会，更不等于股东会议机制失灵。持股比例较低的股东，在会议机制仍能运转的前提下，若认为其意见不被采纳进而损害自己的利益，可采取退出公司等方式维护自己的权益，据此主张公司应当解散的理由不成立。

实务经验总结

1. 小股东与大股东存在矛盾，应首先考虑通过行使股东知情权、利润分配请求权、异议股东回购请求权等争取维护合法权益，不要轻易选择请求公司解散。因为公司解散属于公司的生死存亡问题，其条件十分苛刻，对于不符合条件的公司，法院不会轻易判决解散公司。

2. 大股东也不能认为自己持股比例高就可以高枕无忧，该开会时也要及时开会，通过股东会决议、董事会决议的方式，不断将个人意志转化为公司意志，可以化解多种经营风险和法律风险。

法规链接

《公司法》（2023年修订）

第二百三十一条 公司经营管理发生严重困难，继续存续会使股东利益受到重大损失，通过其他途径不能解决，持有公司百分之十以上表决权的股东，可以请求人民法院解散公司。

《最高人民法院关于适用〈中华人民共和国公司法〉若干问题的规定（二）》（2020年修正）

第一条 单独或者合计持有公司全部股东表决权百分之十以上的股东，以下列事由之一提起解散公司诉讼，并符合公司法第一百八十二条规定的，人民法院应予受理：

（一）公司持续两年以上无法召开股东会或者股东大会，公司经营管理发生

（二）股东表决时无法达到法定或者公司章程规定的比例，持续两年以上不能做出有效的股东会或者股东大会决议，公司经营管理发生严重困难的；

（三）公司董事长期冲突，且无法通过股东会或者股东大会解决，公司经营管理发生严重困难的；

（四）经营管理发生其他严重困难，公司继续存续会使股东利益受到重大损失的情形。

股东以知情权、利润分配请求权等权益受到损害，或者公司亏损、财产不足以偿还全部债务，以及公司被吊销企业法人营业执照未进行清算等为由，提起解散公司诉讼的，人民法院不予受理。

本案链接

以下为该案在法庭审理阶段，判决书中"本院认为"就该问题的论述：

本院认为，公司解散属于公司的生死存亡问题，关涉公司股东、债权人及员工等多方利益主体，关涉市场经济秩序的稳定和安宁。因此，人民法院对公司解散应慎重处理，应综合考虑公司的设立目的能否实现、公司运行障碍能否消除等因素。只有公司经营管理出现严重困难，严重损害股东利益，且穷尽其他途径不能解决的，才能判决解散公司。

就本案而言，首先，华某公司尚不存在公司经营管理发生严重困难的情形。判断"公司经营管理是否发生严重困难"，应从公司组织机构的运行状态进行综合分析，如股东会、董事会以及监事会等公司权力机构和管理机构是否无法正常运行，是否对公司事项无法作出有效决议，公司的一切事务是否处于瘫痪状态等。

本案中，虽然华某公司自2009年召开股东会后未再召开股东会，也未召开董事会，但是根据合计持股60.12%的股东（温某某17.97%、韦某某22.2%、李某某19.95%）明确表示不同意解散公司的事实可知，即便持股18.67%的股东刘某不参加股东会，华某公司仍可以召开股东会并形成有效决议。这一推断也被华某公司2017年3月23日召开临时股东会并制定有效公司章程的事实所印证。

刘某称其与黄某某的股权合计已经超过华某公司股份总额的三分之一，但刘某并无证据证明黄某某同意解散公司。至诉讼时，黄某某虽未出庭并陈述意见，但其已经签收本案相关法律文书，无法认定其是否反对股东会作出的决议。

未召开股东会并不等于无法召开股东会，更不等于股东会议机制失灵，刘某提出公司机制失灵的理由不成立。刘某主张其股东权利无法行使，投资设立公司的目的无法实现。

本院认为，公司的法人性质及多数决的权力行使模式决定公司经营管理和发展方向必然不能遵循所有投资人的意志，会议制度的存在为所有参与者提供表达意见的机会，但是最终的结果仍应由多数决作出，除非有例外约定。

刘某作为持股比例较低的股东，在会议机制仍能运转的前提下，若认为其意见不被采纳进而损害自己的利益，可采取退出公司等方式维护自己的权益，据此主张公司应当解散的理由不成立。

刘某主张华某公司目前处于歇业状态，但其提交的证据不能予以证明。《企业信用信息公示报告》中显示华某公司的登记状态是存续，《开发资质查询结果》《建设工程规划许可查询结果》《预售许可情况查询结果》也不能证明华某公司处于歇业状态。

刘某还主张华某公司是房地产开发公司，仅开发大地华某公司一个项目，该项目已经建设销售完毕，无存续必要。但在再审庭审中对于法院"公司现在经营情况怎样"的询问，华某公司回应称"部分公司车位未销售完毕，现在正常经营。原来的主要项目未销售完毕，现在无新的项目开发"，对此刘某并未提出充分的证据予以反驳。

因此，华某公司并未陷入公司经营管理失灵无法正常运转的局面，公司经营管理并未发生严重困难。

延伸阅读

在公司多年连续不召开股东会的情况下，法院可能会认定公司经营管理发生严重困难，据此判决支持股东要求解散公司的诉讼请求。以下为笔者梳理的与之有关的八个案例。

案例1：最高人民法院审理的凯某公司、戴某某与林某某公司解散纠纷案[（2012）民申336号]认为，本案中，凯某公司仅有戴某某与林某某两名股东，两人各占50%的股份。凯某公司章程规定"股东会的决议须经代表二分之一以上表决权的股东通过"，且各方当事人一致认可该"二分之一以上"不包括本数。因此，只要两名股东的意见存有分歧、互不配合，就无法形成有效表决，显然影响公司的运营。凯某公司已持续4年未召开股东会，无法形成有效股东会决议，也就无法通过股东会决议的方式管理公司，股东会机制已经失灵。执行董事戴某某作为互有矛盾的两名股东之一，其管理公司的行为，已无法贯彻股东会的决议。林某某作为公司监事不能正常行使监事职权，无法发挥监督作用。由于凯某公司的内部机制已无法正常运行、无法对公司的经营作出决策，即使尚未处于亏损状况，也不能改变该公司的经营管理已发生严重困难的事实。

案例2：最高人民法院审理的正某实业与正某机电股东知情权及公司解散纠纷案［（2007）民二终31号］认为，正某机电成立五年之内仅召开两次股东会，且股东会、董事会长期不能形成决议，导致公司经营管理困难并陷入僵局，继续经营将损害公司和股东利益，通过其他途径也无法解决。本案经原审法院和二审法院多次努力，国某公司与正某实业之间至今仍不能达成调解，因此，根据《公司法》第一百八十三条之规定，正某机电符合公司解散的条件。一审法院认定正某机电符合公司解散条件并判决公司解散，事实清楚，证据充分，适用法律正确。

案例3：最高人民法院审理的中某公司、永某公司等与李某某公司解散纠纷案［（2015）民申2530号］认为，关于中某公司是否符合公司解散的法定条件。根据一、二审判决认定的事实，首先，永某公司承接中某公司80%股权后，中某公司仅有李某某和永某公司两个股东，由于股东之间长期存在矛盾，争议无法调和，甚至发生暴力冲突，导致公司持续三年无法召开股东会，也无法形成股东会决议，虽经双方多次协商亦无法达成一致。中某公司监事设置缺失，诉讼中未能提交近年来的财务报表，公司盈利、亏损状况难以判断，内部管理混乱，经营活动已陷入困境。

案例4：山东省高级人民法院审理的东某开发中心与惠某农业公司公司解散纠纷案［（2016）鲁民终821号］认为，惠某农业公司的董事会已持续4年没有召开，董事长钟某某亦长期不在公司工作，该公司的董事会已形同虚设，无法通过董事会形成有效的决议。作为惠某农业公司股东的环某动力公司与东某开发中心，已无意继续经营管理惠某农业公司，双方近年来沟通的内容主要是股权转让事宜，因此，惠某农业公司的经营管理已发生严重困难。

案例5：四川省高级人民法院审理的全某公司与艺某公司、有线电视公司公司解散纠纷案［（2015）川民终1141号］认为，关于全某公司的经营管理是否发生严重困难的问题。根据全某公司章程的规定，全某公司董事会是公司的最高权力机构，艺某公司和实某公司均以委派董事的形式对全某公司进行经营管理，即由董事会直接行使董事会和股东会的双重职能。2000年以后，因艺某公司的股东发生变动，艺某公司原派驻全某公司的董事全部退出了全某公司董事会。之后，尽管艺某公司通知了全某公司新董事的人员名单并要求召开董事会，但全某公司的董事会未能再召开。可见，全某公司已经在长达十余年的时间里未能召开董事会，亦无法通过董事会决议的方式经营和管理公司，该公司的权力决策机制早已失灵，属于《公司法司法解释（二）》第一条第一款第（一）项、第（二）项规定的公司经营管理发生严重困难的公司僵局情形。

案例6：广东省高级人民法院审理的宝某公司、周某某与马某某公司解散纠纷案［（2014）粤高法民二终73号］认为，宝某公司章程约定，股东会会议分为定期会议和临时会议，定期会议每半年召开一次。2013年7月以后，宝某公司从未按照公司章程召开定期会议，亦未召开临时会议，表明宝某公司的股东会机制运行失灵。宝某公司三位股东马某某、于某某、李某某要求免去另一股东周某某的总经理职务，而周某某本人不同意免职，也表明公司股东之间在经营管理上发生严重分歧。

案例7：安徽省高级人民法院审理的刘某、安某与锦某公司公司解散纠纷案［（2014）皖民二终00200号］认为，虽然刘某、安某持有公司50%的股份，但只要两方股东意见发生分歧，又不能妥协的，锦某公司必然无法形成有效的股东会决议。相互合作的基础完全破裂，有限责任公司应有的人合性基础已丧失。自股权结构变更后，股东未按照公司章程规定的程序就公司经营过程中出现的问题召开过股东会。自2013年2月起，锦某公司一直无法正常经营，公司的决策机构已经失灵。

案例8：辽宁省高级人民法院审理的信某公司与侯某某、叶某公司解散纠纷案［（2014）辽审一民申1084号］认为，我国《公司法》第一百八十二条和《公司法司法解释（二）》第一款第（一）项规定"公司经营管理发生严重困难"的情况，不应简单理解为公司出现经营性困难，更应当主要考虑公司管理方面是否存在严重障碍。本案中的两名股东，一方主张解散公司，清算财产；另一方主张对方并未实际投资，要求其归还公司货款等，双方矛盾十分激烈，经多方调和无法解决。现信某公司已另案起诉侯某某履行股东出资义务。该公司如继续存续，持股各50%的二位股东根本无法形成有效表决，会严重影响公司运营，损害各方利益，因此，原审根据公司的实际情况判决解散，并无不当。

（十五）小股东防守之"行使强制分红权"

001 大股东滥用股权不分红，小股东可请求法院强制分红

阅读提示

大股东"黑"小股东最常见的手段，就是即使公司赚了钱也不开股东会作出分红决议，但是大股东利用自己在公司控制权的优势地位，通过关联交易，高额薪酬等手段变相使用、提取公司利润；而小股东对公司赚的钱，由于股权比例太低不能通过分红决议，只能眼睁睁地看着大股东用钱。即使诉至法院，法官也常常以"司法不干预公司自治"的理由驳回小股东的起诉。那么，小股东就不能在没有股东会决议的情形下，请求法院强制分红吗？本书将对该问题进行简要分析。

裁判要旨

在公司存在可分配利润，满足进行盈余分配的条件下，在大股东滥用多数表决权不通过股东会分红决议，并存在变相分配利润、隐瞒或转移公司利润，损害其他股东实体利益的情形下，法院可以在没有股东会决议的情形下，强制公司分红。

案情简介①

2006年3月，太某热力公司成立，股东为太某工贸公司和居某门业公司，分别持股60%与40%，法定代表人李某某，其同时也为太某工贸公司的控股股东和法定代表人，经营范围为热能供给、管道安装维修。

2009年10月，庆阳市西峰区人民政府与太某热力公司签订《整体资产收购合同》约定，甲方支付乙方7000万元收购乙方全部资产。甲方于2010年10月前向乙方支付了全部资产转让款。太某热力公司转让全部资产后，停止了业务经营。

此后，李某某未经居某门业公司同意，没有合理事由将5600万元款项转入

---

① 最高人民法院审理的太某热力公司、李某某公司盈余分配纠纷案［（2016）最高法民终528号］。

兴某建安公司（兴某建安公司的控股股东也为李某某）账户，转移公司利润。

居立门业公司提议召开股东会进行分红，但李某某控制的太某工贸公司不同意，未能通过进行分红的股东会决议。

此后，居立门业公司向甘肃省高级人民法院提起诉讼，要求法院判决公司进行分红。一审中，经司法审计，太某热力公司扣除争议款项后的可分配利润为40783591.8元。

甘肃省高级人民法院一审判决，太某热力公司需进行分红。太某热力公司以未经股东会决议不能分红为由，向最高人民法院提起上诉。最高人民法院二审判定，太某热力公司按股权比例40%向居立门业公司分红16313436.72元。

裁判要点精要

大股东滥用股权导致公司不分配利润，给小股东造成损失的，小股东可要求法院强制分红。一般而言，即使股东会未形成盈余分配的决议，对希望分配利润股东的利益不会发生根本损害，因此，原则上这种冲突的解决属于公司自治的范畴，是否进行公司盈余分配及分配多少，应当由股东会作出公司盈余分配的具体方案。

但是，当部分股东变相分配利润、隐瞒或转移公司利润时，则会损害其他股东的实体利益，已非公司自治所能解决，此时若司法不加以适度干预则不能制止权利滥用，亦有违司法正义。虽目前有股权回购、公司解散、代位诉讼等法定救济路径，但不同的救济路径对股东的权利保护有实质区别，故需司法解释对股东的盈余分配请求权进一步予以明确。

为此，《公司法司法解释（四）》第十五条规定："股东未提交载明具体分配方案的股东会或者股东大会决议，请求公司分配利润的，人民法院应当驳回其诉讼请求，但违反法律规定滥用股东权利导致公司不分配利润，给其他股东造成损失的除外。"

本案中，第一，太某热力公司的全部资产被整体收购后没有其他经营活动，且太某热力公司有巨额的可分配利润，具备公司进行盈余分配的前提条件。第二，李某某作为实际大股东，未经公司小股东居立门业公司同意，无合理事由将5600万元公司资产转让款转入兴盛建安公司账户，转移公司利润，给居立门业公司造成损失，属于太某工贸公司滥用股东权利，符合《公司法司法解释（四）》第十五条但书条款规定应进行强制盈余分配的实质要件。第三，前述司法解释规定的股东盈余分配的救济权利，并未规定需以采取股权回购、公司解散、代位诉讼等其他救济措施为前置程序，居立门业公司对不同的救济路径有自由选择的权利。

实务经验总结

第一，小股东可以请求法院强制分红，但需要证明以下两点：（1）证明公司存在盈利，满足分配利润的前提条件；（2）证明大股东存在滥用表决权恶意不分红，同时自己却存在变相分配利润、隐瞒或转移公司利润的情形，致使小股东的权益受到实质损害。

第二，小股东可在诉讼中申请法院对公司存在的可分配利润进行审计，以确定自己可以取得的具体分红数额。

第三，如果由于大股东滥用股权的行为致使公司不能向小股东分配利润，小股东可以要求大股东在公司不能支付的利润范围内承担赔偿责任。

第四，大股东如果作出不分红的股东会决议，需要充分说明公司不分红的目的和意义，且自身在经营中不存在变相分红侵害小股东利益的行为。

法规链接

《最高人民法院关于适用〈中华人民共和国公司法〉若干问题的规定（四）》（2020年修正）

第十四条 股东提交载明具体分配方案的股东会或者股东大会的有效决议，请求公司分配利润，公司拒绝分配利润且其关于无法执行决议的抗辩理由不成立的，人民法院应当判决公司按照决议载明的具体分配方案向股东分配利润。

第十五条 股东未提交载明具体分配方案的股东会或者股东大会决议，请求公司分配利润的，人民法院应当驳回其诉讼请求，但违反法律规定滥用股东权利导致公司不分配利润，给其他股东造成损失的除外。

本案链接

以下为该案在法庭审理阶段，判决书中"本院认为"就该问题的论述：

本院认为：根据本案审理查明的事实和相关法律规定，分析评判如下：一、关于太某热力公司是否应向居立门业公司进行盈余分配的问题。太某热力公司、李某某上诉主张，因没有股东会决议故不应进行公司盈余分配。居立门业公司答辩认为，太某热力公司有巨额盈余，法定代表人恶意不召开股东会、转移公司资产，严重损害居立门业公司的股东利益，法院应强制判令进行盈余分配。本院认为，公司在经营中存在可分配的税后利润时，有的股东希望将盈余留作公司经营以期待获取更多收益，有的股东则希望及时分配利润实现投资利益，一般而言，即使股东会或股东大会未形成盈余分配的决议，对希望分配利润股东的利益不会发生根本损害，因此，原则上这种冲突的解决属于公司自治范畴，是否进行公司盈余分配及分配多少，应当由股东会作出公司盈余分配的具体方案。但是，当部分股东变相分配利润、隐瞒或转移公司利润时，则会损害其他股东的实体利益，已非公司自治所能解决，此时若司法不加以适度干预则不能制止权利滥用，亦有违司法正义。虽目前有股权回购、公司解散、代位诉讼等法定救济路径，但不同的救济路径对股东的权利保护有实质区别，故需司法解释对股东的盈余分配请求权进一步予以明确。为此，《公司法司法解释（四）》第十五条规定："股东未提交载明具体分配方案的股东会或者股东大会决议，请求公司分配利润的，人民法院应当驳回其诉讼请求，但违反法律规定滥用股东权利导致公司不分配利润，给其他股东造成损失的除外。"

在本案中，首先，太某热力公司的全部资产被整体收购后没有其他经营活动，一审法院委托司法审计的结论显示，太某热力公司清算净收益为75973413.08元，即使扣除双方有争议的款项，太某热力公司也有巨额的可分配利润，具备公司进行盈余分配的前提条件。其次，李某某同为太某热力公司及其控股股东太某工贸公司的法定代表人，未经公司另一股东居立门业公司同意，没有合理事由将5600万元公司资产转让款转入兴盛建安公司账户，转移公司利润，给居立门业公司造成损失，属于太某工贸公司滥用股东权利，符合《公司法司法解释（四）》第十五条但书条款规定应进行强制盈余分配的实质要件。最后，前述司法解释规定的股东盈余分配的救济权利，并未规定需以采取股权回购、公司解散、代位诉讼等其他救济措施为前置程序，居立门业公司对不同的救济路径有自由选择的权利。

因此，一审判决关于太某热力公司应当进行盈余分配的认定有事实和法律依据，太某热力公司、李某某关于没有股东会决议不应进行公司盈余分配的上诉主张不能成立。

四、董事、高管争夺公司利益的六种方式

（一）董事、高管争夺公司利益之"怠政懒政不尽勤勉义务"

001 高级管理人员的勤勉义务在章程中如何规定

公司章程设计要点

公司章程中应对高级管理人员的勤勉义务进行详细规定，督促其勤勉、尽责履行职务。

阅读提示

根据《公司法》的规定，公司高级管理人员对公司负有忠实义务和勤勉义务。对于忠实义务，《公司法》第一百八十条进行了详尽的列举式规定。

对于勤勉义务，《公司法》未对勤勉义务的情形进行列举式规定，而只是在《公司法》第一百八十条第二款规定："董事、监事、高级管理人员对公司负有勤勉义务，执行职务应当为公司的最大利益尽到管理者通常应有的合理注意。"

那么，高级管理人员应遵守哪些勤勉义务？违反公司勤勉义务的情形包括哪些？在公司章程的设计过程中，应如何对高级管理人员未尽勤勉义务的行为作出有效规制呢？本书将通过介绍民生控股的公司章程的有关条款及三个司法案例，对这一问题进行分析。

公司章程参考研究文本

《民生控股股份有限公司章程》（2014年12月版）第九十九条　董事应当遵

守法律、行政法规和本章程，对公司负有下列勤勉义务……（四）应当对公司定期报告签署书面确认意见，保证公司所披露的信息真实、准确、完整；（五）应当如实向监事会提供有关情况和资料，不得妨碍监事会或者监事行使职权；（六）法律、行政法规、部门规章及本章程规定的其他勤勉义务。第一百二十六条第二款规定，本章程第九十八条关于董事的忠实义务和第九十九条（四）~（六）关于勤勉义务的规定，同时适用于高级管理人员。

同类章程条款

笔者查阅了多家上市公司的章程中关于公司高级管理人员勤勉责任的条款，其中大多数公司与上述民生控股的公司章程条款相同，仅有徐工集团工程机械股份有限公司的章程与之略有差异，具体如下：

1. 《天津渤商大百商贸股份有限公司》（2017年2月版）第一百四十五条第二款与上述《民生控股股份有限公司章程》（2014年7月版）第一百二十六条第二款的规定相同。

2. 《乐视网信息技术（北京）股份有限公司章程》（2017年6月版）第一百二十七条第三款与上述《民生控股股份有限公司章程》（2014年7月版）第一百二十六条第二款的规定相同。

3. 《徐工集团章程》（2023年4月版）第九十八条第二款、第一百二十五条高级管理人员应尽的勤勉义务包括：（一）应谨慎、认真、勤勉地行使公司赋予的权利，以保证公司的商业行为符合国家法律、行政法规以及国家各项经济政策的要求，商业活动不超过营业执照规定的业务范围；（二）应公平对待所有股东；（三）及时了解公司业务经营管理状况；（四）应当对公司定期报告签署书面确认意见，保证公司所披露的信息真实、准确、完整；（五）应当如实向监事会提供有关情况和资料，不得妨碍监事会或者监事行使职权；（六）应维护公司资金安全；（七）法律、行政法规、部门规章及本章程规定的其他勤勉义务。

专业律师分析

公司章程对公司高级管理人员未尽勤勉义务的情形进行规定的意义在于：在《公司法》仅规定"董事、监事、高级管理人员对公司负有忠实义务，应当采取措施避免自身利益与公司利益冲突，不得利用职权牟取不正当利益。董事、监事、高级管理人员对公司负有勤勉义务，执行职务应当为公司的最大利益尽到管理者通常应有的合理注意"的情况下，有必要在公司章程中详细规定高级管理人员应如何尽到勤勉义务，以督促高级管理人员谨慎、尽责履行公司职务；在其违反公司章程规定的勤勉义务的情形下，公司有权对其进行追责。

设计建议

1. 股东作为公司的拥有者，有必要在公司章程中对高级管理人员违反勤勉义务的情形作出规定。结合笔者办理有关公司法律顾问业务、公司诉讼业务的经验，除上述公司章程中规定的情形外，笔者建议在公司章程中列出如下高级管理人员违反勤勉义务的情形：

（1）高级管理人员拒绝执行公司股东会、董事会所作决议。

（2）股东会要求高级管理人员列席股东会并接受质询的，高级管理人员拒绝列席股东会或接受质询。

（3）违反岗位职责，致使公司错失重大商业机会。

（4）违反岗位职责，致使泄露公司商业秘密。

（5）其他违反本岗位职责，致使公司利益受到损失的情形。

2. 公司章程中可根据本公司的实际特点，对高级管理人员违反勤勉义务的情形进行更加详尽的规定。

3. 除公司章程外，建议公司股东另行制定公司高级管理人员工作规则，并根据不同岗位进行有针对性的制度安排。

4. 除公司章程外，建议公司在与高级管理人员签订合同及制定公司员工手册时，将违反忠实义务和勤勉义务作为解除与公司高级管理人员劳动关系的约定情形。

条款实例

高级管理人员应当遵守法律、行政法规和本章程，对公司负有下列勤勉义务：

（一）应谨慎、认真、勤勉地行使公司赋予的权利，以保证公司的商业行为符合国家法律、行政法规以及国家各项经济政策的要求，商业活动不超过营业执照规定的业务范围；

（二）应公平对待所有股东，公司股东或实际控制人以个人名义下达的指令属于应由股东会或董事会行使的职权的，高级管理人员不得执行；

（三）应及时了解公司有关业务经营管理状况；

（四）股东会要求高级管理人员列席股东会并接受质询的，不得拒绝列席股东会或接受质询；

（五）不得拒绝执行或擅自变更执行公司股东会、董事会所作决议；

（六）应遵守岗位职责，及时报告公司可能获取的重大商业机会，不得泄露公司秘密或致使公司利益受到损失；

（七）应如实向监事会提供有关情况和资料，不得妨碍监事会或者监事行使职权；

（八）应维护公司资金安全；

（九）法律、行政法规、部门规章及本章程、公司各项管理制度规定的其他勤勉义务。

法规链接

《公司法》（2023 年修订）

第一百七十九条　董事、监事、高级管理人员应当遵守法律、行政法规和公司章程。

第一百八十条　董事、监事、高级管理人员对公司负有忠实义务，应当采取措施避免自身利益与公司利益冲突，不得利用职权牟取不正当利益。

董事、监事、高级管理人员对公司负有勤勉义务，执行职务应当为公司的最大利益尽到管理者通常应有的合理注意。

公司的控股股东、实际控制人不担任公司董事但实际执行公司事务的，适用前两款规定。

第一百八十七条　股东会要求董事、监事、高级管理人员列席会议的，董事、监事、高级管理人员应当列席并接受股东的质询。

第一百八十八条　董事、监事、高级管理人员执行职务违反法律、行政法规或者公司章程的规定，给公司造成损失的，应当承担赔偿责任。

第一百九十条　董事、高级管理人员违反法律、行政法规或者公司章程的规定，损害股东利益的，股东可以向人民法院提起诉讼。

延伸阅读

被认定为公司高级管理人员未尽勤勉义务的案例

裁判规则一：判断董事等高级管理人员是否履行了勤勉义务，应该从三个方面加以辨别：(1) 须以善意为之；(2) 在处理公司事务时负有在类似的情形、处于类似地位的具有一般性谨慎的人在处理自己事务时的注意；(3) 有理由相信是以为了公司最大利益的方式履行其职责。

案例1：上海市第一中级人民法院审理的李某某与甲公司财产损害赔偿纠纷案［(2009) 沪一中民三（商）终969号］认为，董事、监事、高级管理人员的勤勉义务，是指董事、监事和高级管理人员行使职权、作出决策时，必须以公司利益为标准，不得有疏忽大意或者重大过失，以适当的方式并尽合理的谨慎和注意，履行自己的职责。判断董事等高级管理人员是否履行了勤勉义务，应该从三个方面加以辨别：(1) 须以善意为之；(2) 在处理公司事务时负有在类似的情形、处于类似地位的具有一般性谨慎的人在处理自己事务时的注意；(3) 有理由相信是以为了公司最大利益的方式履行其职责。李某某在全面负责甲公司经营期间，作为UV手机外壳涂装线项目的具体经办人，仅以口头协议的方式与相对方日华公司发生交易行为，在其离职时亦无法向甲公司提供经交易对象确认的文件资料。按照经营的一般常识，采用口头协议交易的方式，一旦与交易对象产生纷争，无法明确各自的权利义务关系。故对于不能即时完成交易的民事行为，交易双方一般均采取签订书面协议或由交易相对方对相关内容作出确认。因而李某某应有理由相信采用口头协议方式的经营判断是与公司的最佳利益不相符合，然而其无视该经营风险的存在，没有以善意（诚实）的方式，按照其合理地相信是符合公司最佳利益的方式履行职务；并且，以一种可以合理地期待一个普通谨慎的人，在同样的地位上，类似的状况下能够尽到的注意，履行一个高级职员的职责。因此，李某某明显违反了勤勉义务。

裁判规则二：未尽注意义务泄露公司产品底价，视为违反了勤勉审慎义务。

案例2：上海市第一中级人民法院审理的方某诉多某工具（上海）有限公司劳动合同纠纷案［(2016) 沪01民终11770号］认为，二审审理中，方某对于将包含商品底价的电子邮件发送给客户一节，予以认可。方某作为多某公司的技术总监，在日常工作中对用人单位负有严格意义上的勤勉义务和审慎义务。虽然对外报价非其分内职责，但其参与了案涉项目从国外报价起的商业谈判过程，其在与客户沟通时，自当审慎行事，对于发送的电子邮件主动予以审查，然而，方某将包含商品底价的邮件发送给客户，导致秘密外泄。方某的行为违反了勤勉义务和审慎义务，亦违反了双方签订的保密协议，多某公司据此作出解除合同并无不当。

裁判规则三：无理由拒绝合理的工作安排，拒绝进行正常工作，属于违反勤勉义务。

案例3：上海市第二中级人民法院审理的陈某与美国国际商标协会公司上海代表处、中国人才上海分部等劳动合同纠纷案［(2016) 沪02民终10616号］认为，陈某作为美国商标协会上海代表处的高级管理人员，在与上级产生意见分歧后，理应在确保工作正常开展的情况下通过正常途径和程序与总部进行沟通反映，然而根据美国商标协会上海代表处提供的邮件可知，陈某在上级多次作出工作指示和安排，提出具体工作要求后，陈某以被停止一切职务行为为由拒绝接受合理的工作安排，拒绝进行正常工作显然有违劳动者之前述义务，导致用人单位无法实现其工作目的。美国商标协会上海办事处为维护企业的正常经营管理秩序，解除与陈某的用工关系并退回中国人才上海分部于法不悖。

（二）董事、高管争夺公司利益之"自我交易"

001 公司董监高违规与公司签订的合同无效

裁判要旨

董事、监事、高级管理人员违反公司章程的规定或者未经股东会同意，与本公司订立合同，合同无效。董事、监事、高级管理人员因该合同取得的财产，应向公司返还。

案情简介[①]

鸿某公司由麻园村委会（后改为麻园社区居委会）出资80%、封某某出资20%，封某某于1998年至2006年担任公司董事长兼经理。鸿某公司章程中没有关于"允许董事同本公司订立合同或者进行交易"的规定。

1998年起，鸿某公司与鑫盛公司共同开发麻园商场。1998年8月，鸿某公

---

① 最高人民法院，封某某、罗某等与鸿某公司损害公司利益责任纠纷案［(2014) 民提59号］。

司作出《集资决议》，决定属于公司的营业用房、住房由公司内部职工集资，并规定了集资价。但该决议上仅载有鸿某公司的公章，并无公司股东麻园村委会或封某某的签章。

在集资过程中，鸿某公司共出具88.8万元集资收条给封某某。

商场修建完毕后，鸿某公司与鑫盛公司明确了各自的财产范围。2004年5月18日，封某某与鸿某公司签订《分割协议》，明确：根据《集资决议》，该商场一楼652.68平方米属封某某集资，分割给封某某。同日，封某某办理了房产登记手续，将652.68平方米房屋分别登记在封某某及其妻罗某名下。

后麻园社区居委会、鸿某公司提起诉讼，请求确认关于鸿某公司麻园商场一楼营业用房产权属封某某所有的内容无效，封某某退回该营业用房。毕节市中级人民法院、贵州省高级人民法院均支持了原告的诉讼请求。

封某某、罗某不服，向最高人民法院申请再审，最高人民法院维持原判。

裁判要点精要

封某某作为鸿某公司的董事、董事长、经理，是公司的高管人员，在与鸿某公司进行集资交易时，理应受到公司法的约束。《公司法》明确规定，董事、经理除公司章程规定或者股东会同意外，不得同本公司订立合同或者进行交易，该规定是为了保障董事、经理对公司忠实义务的有效履行，属于法律的效力性强制性规定，必须严格遵守，违反该规定的合同无效。

由于鸿某公司章程中没有允许董事、经理同本公司订立合同或者进行交易的明确规定，且封某某与鸿某公司进行集资交易、签订《分割协议》时均未得到股东会的同意。同时，尽管《集资决议》允许公司内部职工集资，但《集资决议》上仅载有鸿某公司的公章，并无公司股东麻园社区居委会或封某某的签章，即不能就此推断封某某与鸿某公司进行集资交易、签订《分割协议》的交易行为得到了股东会成员的同意。因此，法院判决封某某与鸿某公司签订《分割协议》中有关"一楼营业用房属封某某所有"的内容无效，封某某、罗某应将该房屋返还给鸿某公司。

实务经验总结

为避免未来发生类似纠纷，提出如下建议：

第一，董事、高级管理人员如与本公司订立合同，一定要在公司章程明确允许或者股东会同意的情况下进行，否则合同无效，董事、监事、高级管理人员因该合同取得的财产，应向公司返还，最终的结果就是竹篮打水一场空，白忙活一场，本案的教训非常惨重。

第二，结合相关司法案例，未经章程明确允许或未经股东会同意时，不仅董事、监事、高级管理人员不得以自己名义与公司订立合同，其配偶或者其实际控制的其他公司也不能与公司订立合同。

第三，被指控与公司订立合同、合同无效的董事、监事、高级管理人员如何应诉才能取得胜诉呢？笔者建议从以下三个方面提出抗辩理由，可以得到法院支持：

（一）名为高管，实际并非公司法意义上的高管。现实中很多公司为吸引劳动者，设定了种类繁多的公司职务，诸如"总监、部门负责人、大区经理、总设计师、厂长"等。但实际上《公司法》规定的"高级管理人员"是一个专业术语，与实际中的"公司高层领导"绝非同一概念，根据《公司法》第二百六十五条第（一）项的规定，高级管理人员，是指公司的经理、副经理、财务负责人，上市公司董事会秘书和公司章程规定的其他人员。因此，如公司章程无明确规定，以上种类繁多的职称，均非《公司法》意义上的高级管理人员，这些人员可以与公司订立合同。

（二）虽然章程未明确允许董事、监事、高级管理人员与公司订立合同，股东会也未就相关事宜作出股东会决议，但如有其他证据（电子邮件等类似证据均可）证明其他股东对此知情且同意的，则不影响订立的合同的效力。

（三）董事、监事、高级管理人员与公司订立的合同，如属公司纯获利益的交易行为，则不影响合同的效力。尤其需要注意的是，董事、高级管理人员向公司出借资金，并约定合理利息的，不影响合同的效力。

第四，针对以上董事、监事、高级管理人员的三个有效抗辩理由，公司可事先在章程中就以下三个方面进行规定，完善董事、高级管理人员与公司订立合同的机制，避免公司和公司股东吃亏。

（一）章程中应根据本公司的实际特点，明确本公司的"高级管理人员"。如公司是生产制造型企业，其厂长往往具有很大的权力。为了防止厂长与公司进行自我交易，有必要将该岗位列为本公司的"高级管理人员"，具体列示哪些岗位，可以根据公司具体情况进行列举。

（二）章程可以规定：董事、高级管理人员与公司订立合同，必须经过股东会讨论，并形成书面的股东会决议。

（三）章程可以规定：董事、高级管理人员向公司出借资金，如年利率在10%以下的，不必经过股东会的同意；但年利率在10%以上的，应经过股东会决议。

法规链接

《公司法》（2023年修订）

第一百八十一条　董事、监事、高级管理人员不得有下列行为：

（一）侵占公司财产、挪用公司资金；

（二）将公司资金以其个人名义或者以其他个人名义开立账户存储；

（三）利用职权贿赂或者收受其他非法收入；

（四）接受他人与公司交易的佣金归为己有；

（五）擅自披露公司秘密；

（六）违反对公司忠实义务的其他行为。

第一百八十二条　董事、监事、高级管理人员，直接或者间接与本公司订立合同或者进行交易，应当就与订立合同或者进行交易有关的事项向董事会或者股东会报告，并按照公司章程的规定经董事会或者股东会决议通过。

董事、监事、高级管理人员的近亲属，董事、监事、高级管理人员或者其近亲属直接或者间接控制的企业，以及与董事、监事、高级管理人员有其他关联关系的关联人，与公司订立合同或者进行交易，适用前款规定。

第一百八十三条　董事、监事、高级管理人员，不得利用职务便利为自己或者他人谋取属于公司的商业机会。但是，有下列情形之一的除外：

（一）向董事会或者股东会报告，并按照公司章程的规定经董事会或者股东会决议通过；

（二）根据法律、行政法规或者公司章程的规定，公司不能利用该商业机会。

第二百六十五条　本法下列用语的含义：

（一）高级管理人员，是指公司的经理、副经理、财务负责人，上市公司董事会秘书和公司章程规定的其他人员。

……

《民法典》

第一百四十六条　行为人与相对人以虚假的意思表示实施的民事法律行为

无效。

以虚假的意思表示隐藏的民事法律行为的效力，依照有关法律规定处理。

第一百五十三条 违反法律、行政法规的强制性规定的民事法律行为无效。但是，该强制性规定不导致该民事法律行为无效的除外。

违背公序良俗的民事法律行为无效。

第一百五十四条 行为人与相对人恶意串通，损害他人合法权益的民事法律行为无效。

本案链接

以下为该案在法院审理阶段，判决书中"本院认为"就该问题的论述：

……

（二）《分割协议》中关于一层商场产权属于封某某所有的内容是否无效

1998年8月，鸿某公司作出《集资决议》，决定麻园商场中属于鸿某公司的营业用房、住房由公司内部职工集资，如有剩余，外部的单位或个人也可集资，并对各层营业用房、住房的集资价格、办证税费的承担进行了约定。2004年5月18日，封某某与鸿某公司签订《分割协议》，载明"根据甲方（鸿某公司）1998年8月6日（关于麻园商场营业用房及住房集资的决议）该商场一楼建筑面积652.68平方米（使用面积592平方米）属乙方（封某某）集资……需把该一楼、二楼的产权分割清楚"。据此，应将《集资决议》《分割协议》作为整体来梳理本案法律关系。

案涉集资行为实质上是集资人同鸿某公司之间的交易。封某某作为鸿某公司的董事、董事长、经理，是公司的高管人员，在与鸿某公司进行集资交易时，理应受到公司法的约束。

封某某、罗某关于一审、二审法院在本案中适用公司法属于适用法律错误的主张不能成立。在鸿某公司作出《集资决议》时，应适用1993年12月29日第八届全国人民代表大会常务委员会第五次会议通过的《公司法》；在封某某与鸿某公司签订《分割协议》时，应适用1993年12月29日第八届全国人民代表大会常务委员会第五次会议通过、根据1999年12月25日第九届全国人民代表大会常务委员会第十三次会议《关于修改〈中华人民共和国公司法〉的决定》修正的《公司法》。该两部《公司法》第六十一条第二款均明确规定："董事、经理除公司章程规定或者股东会同意外，不得同本公司订立合同或者进行交易。"

即董事、经理必须有公司章程规定或者股东会同意作为依据，方能与公司进行交易。该规定是为了保障董事、经理对公司忠实义务的有效履行，属于法律的强制性规定，必须严格遵守。

由于鸿某公司章程中没有允许董事、经理同本公司订立合同或者进行交易的明确规定，且封某某与鸿某公司进行集资交易、签订《分割协议》时均未得到股东会这一公司权力机构以股东会名义作出的同意，同时，尽管《集资决议》允许公司内部职工集资，但《集资决议》上仅载有鸿某公司的公章，并无公司股东麻园社区居委会或封某某的签章，即不能就此推断封某某与鸿某公司进行集资交易、签订《分割协议》的交易行为得到了股东会成员的同意。

本院之所以在本案中对"公司章程规定或者股东会同意"进行强调，一是因为当时的公司法对此有明确强制性规定，二是因为封某某与鸿某公司进行交易时，既是公司的董事、法定代表人，又是公司仅有的两个股东中的一个股东本人和另一个股东的主要负责人，且另一个股东作为群众性自治组织，对涉及全体居/村民重大利益的问题作出表意行为时，还须提请居/村民会议讨论决定。因此，封某某、罗某关于麻园社区居委会自始至终均主导并知悉封某某集资行为的主张，不能补正封某某作为公司董事、经理，又兼具上述特殊身份而必须有公司章程规定或者股东会同意作为依据，方能与鸿某公司进行集资交易、签订《分割协议》缺乏公司章程规定或者股东会同意作为依据的重大瑕疵。

二审法院依据《合同法》第五十二条第（五）项之规定，支持鸿某公司请求，判决《分割协议》中关于一楼营业用房（建筑面积652.68平方米，使用面积592平方米）产权属封某某所有的内容无效，并无不当。

（三）封某某、罗某获得的案涉一层商场产权应否返还鸿某公司

封某某主张其获得案涉一层商场产权是基于其就案涉房产向鸿某公司集资88.8万元。基于封某某的诉讼请求，一、二审法院未对封某某是否向鸿某公司集资88.8万元进行审理。即便经过审理，认定封某某向鸿某公司实际集资88.8万元，也如前所述，由于封某某作为董事、经理，与鸿某公司进行的集资交易和签订的《分割协议》缺乏公司章程规定或者股东会同意作为依据，违反了法律的强制性规定，交易行为归于无效，基于交易行为取得的财产，应当予以返还。故鸿某公司主张封某某返还案涉一层商场产权，本院予以支持。

封某某、罗某主张罗某作为第三人，根据物权法的规定，合法取得已登记于其名下的案涉房产。在封某某缺乏合法依据而与鸿某公司签订《分割协议》，约

定案涉一层商场652.68平方米属封某某集资，分割给封某某的情况下，封某某到毕节市房产局申办房产登记手续，将326.34平方米房产登记在罗某名下，构成无权处分，封某某、罗某未提供证据证明，罗某为从封某某这一无处分权人处获得案涉房产支付了合理的对价。更何况封某某与罗某系夫妻关系，罗某对于房产权属变更亦难言善意。故在本案中，罗某取得案涉房产没有法律依据。

延伸阅读

1. 在通常情况下，董事、高级管理人员违反公司章程的规定或者未经股东会同意，与本公司订立合同，合同无效。

案例1：江苏省高级人民法院审理的天某公司与范某国专利申请权权属纠纷案〔（2016）苏民终1171号〕认为，范某国取得涉案专利申请权的行为应属无效，其上诉理由不能成立。理由为：……《公司法》第一百四十八条规定，董事、高级管理人员不得有下列行为：……（四）违反公司章程的规定或者未经股东会、股东大会同意，与本公司订立合同或者进行交易。范某国在2013年7月21日被免去公司总经理职务后，仍担任公司副董事长及总工程师。但是其提交的2013年7月25日天某公司同意将含涉案专利在内的5个专利归还给范某国的协议，并未经公司股东会、股东大会同意，违反了法律强制性规定。同时，范某国亦未提交充分证据证明，在上述归还协议及有关涉案专利的转让协议中，天某公司的印章系代表该公司的真实意思表示。

案例2：四川省高级人民法院审理的刘某某与丰某公司、刘某志、任某某专利申请权转让纠纷案〔（2014）川知民终17号〕认为，根据《公司法》第一百四十九条第一款第（四）项的规定，董事、高级管理人员不得违反公司章程的规定或者未经股东会、股东大会同意，与本公司订立合同或者进行交易。本案中，刘某某于2012年4月16日与丰某公司签订《申请权转让协议》，约定丰某公司将其所有的"低温取向硅钢生产全工艺"专利申请权转让给刘某某。因该协议系刘某某担任丰某公司的法定代表人期间，未经本公司股东会、股东大会同意的情况下形成，违反了上述法律规定。《合同法》（1999年修正）第五十二条第五项规定，违反法律、行政法规的强制性规定的合同无效。故原审判决认定"丰某公司于2012年4月16日与刘某某签订的《申请权转让协议》无效"正确，刘某某的上诉主张不能成立。

案例3：河南省高级人民法院审理的马某某与郑州怡某、郑州乐某合同纠纷案［（2010）豫法民二终55号］认为，马某某与郑州怡某签订的《协议书》是马某某任郑州怡某法定代表人期间与郑州怡某签订的，依照《公司法》第一百四十九条的规定，董事、高级管理人员不得违反公司章程的规定或者未经股东会、股东大会同意，与本公司订立合同或者进行交易，董事、高级管理人员违反规定所得的收入应当归公司所有，该协议书应认定无效。

案例4：上海市第二中级人民法院审理的恒某电讯公司与恒某智达公司与公司有关的纠纷案［（2012）沪二中民四（商）终237号］认为，我国《公司法》明确规定，董事、高级管理人员不得违反公司章程的规定或者未经股东会、股东大会同意，与本公司订立合同或者进行交易。恒某智达公司的章程亦规定董事、总经理除章程规定的事宜或股东会同意外，不得同本公司订立合同或者进行交易。本案中，田某某在无证据证明已召开股东会并形成公司股东会决议同意的情况下，作为恒某智达公司的董事及总经理，与恒某智达公司签订借款合同，该行为违反了公司章程及公司法的强制性规定，故应认定无效，原审法院据此判令田某某返还因该合同取得的财产并无不当。

案例5：湖南省岳阳市中级人民法院审理的立某建公司与顾某某商标权转让合同纠纷案［（2014）岳中民三初56号］认为，顾某某受让前述商标时系立某建公司的法定代表人，即使其当时持有立某建公司大部分股份，但其将立某建公司的商标专用权转让给其本人，仍应当经过立某建公司股东会同意。顾某某提供的《商标转让声明》虽然经过了长沙市长沙公证处的公证，但公证文书只证明顾某某在《商标转让声明》上签名并加盖立某建公司印章的事实，不能说明涉案商标的转让经过了立某建公司股东会同意，也不能说明该声明是立某建公司的真实意思表示……顾某某在未经立某建公司股东会同意的情形下，利用其担任立某建公司法定代表人的身份和掌握立某建公司印章的便利，通过私自制作《商标转让声明》的方式与公司订立合同，将公司所有的注册商标专用权无偿转让给其本人，违反了《公司法》的上述规定，损害了公司和其他股东利益。因此，顾某某将立某建公司所有的第110××077号、第111××592号、第111××643号注册商标专用权无偿转让给其本人的行为无效。

案例6：深圳市中级人民法院审理的麦某利公司与孙某某申请撤销仲裁裁决案［（2015）深中法涉外仲149号］认为，公司法上述规定属于禁止性规定。作为麦某利公司的股东、执行董事、法定代表人，孙某某与麦某利公司签订《解除及返还股权协议》并进行股权交易未经股东会、股东大会或者董事会同意，违反了公司法上述规定，该协议（包括仲裁条款）不能视为麦某利公司的真实意思表示，对麦某利公司不具有法律效力，即孙某某与麦某利公司就涉案纠纷不存在合法有效的仲裁协议。

案例7：郑州市中级人民法院审理的仝某某诉被告三某公司专利实施许可合同纠纷案［(2013) 郑知民初116号］认为，《公司法》第一百四十九条规定，董事、高级管理人员不得"违反公司章程的规定或者未经股东会、股东大会同意，与本公司订立合同或者进行交易"，董事、高级管理人员违反前款规定所得的收入应当归公司所有。本案中：第一，原告仝某某提交的2009年9月1日《技术转让（专利实施许可）合同》与三某公司2011年度科技型中小企业技术创新基金项目申报资料中所附《技术转让（专利实施许可）合同》内容一致，在三某公司签章处仅有三某公司的印章，并无三某公司法定代表人或其他股东的签字；第二，三某公司陈述仝某某是三某公司2011年度科技型中小企业技术创新基金项目申报工作的企业联系人，在申报该项目期间持有三某公司的印章，对该合同的真实性不予认可；第三，2010年12月20日三某公司董事会决议显示原告仝某某系三某公司董事，原告仝某某并未提交证据证明其与三某公司签订的《技术转让（专利实施许可）合同》已经股东会同意。综合考虑以上因素，本院认为，原告仝某某提供的证据不足以证明本案所涉及的《技术转让（专利实施许可）合同》是三某公司的真实意思表示，仝某某依据该合同要求三某公司支付其专利使用费100万元的诉讼请求证据不足，本院不予支持。

2. 有效抗辩一：在公司任职不影响合同的效力。虽在公司任职，但不具有董事、高管身份，与公司订立合同合法有效。

案例8：陕西省铜川市中级人民法院审理的原告李某某与被告益某公司破产清算组、陕西铜川益某置业有限公司、第三人许某某、杜某某、程某收普通破产债权确认纠纷案［(2016) 陕02民初56号］认为，被告诉讼代理人在补充代理意见中称，原告李某某系益某公司总经理助理，主管销售工作，属于公司高级管理人员。《公司法》第一百四十八条第一款规定，董事、高级管理人员不得有下列行为：……（四）违反公司章程的规定或者未经股东会、股东大会同意，与本公司订立合同或者进行交易。原告李某某与益某公司签订的小吃城认购协议违反了公司法强制性规定，协议无效。应驳回原告的诉讼请求。本院认为，《公司法》第二百一十六条规定，本法下列用语的含义：（一）高级管理人员，是指公司的经理、副经理、财务负责人，上市公司董事会秘书和公司章程规定的其他人员。益某公司章程未对高级管理人员作出明确规定。原告李某某虽为益某公司总经理助理，负责益某公司铺位销售工作，但公司章程对其身份并未明确规定，故其不属公司法规定的高级管理人员，不受《公司法》第一百四十八条第一款第（四）项规定的约束。李某某与益某公司签订的《道上太阳城小吃城认购协议》不违反上述法律规定，应当按照协议约定予以结算。

案例9：山东省枣庄市中级人民法院审理的源某贸公司、刘某某与裕某公司、史某某买卖合同纠纷案［（2014）枣民四商终1号］认为，被上诉人刘某某在与滕州市伟某化工有限公司、史某某签订买卖合同时，其为公司股东并担任监事职务，但股东、监事并不属于《公司法》第一百四十八条规定的董事和高级管理人员范畴，故本案不适用本规定。本院依法认定本案所涉买卖合同为有效合同，上诉人裕某公司的相关上诉主张于法无据，本院不予支持。

案例10：新疆乌鲁木齐市中级人民法院审理的兰某公司与吴某某车辆租赁合同纠纷案［（2014）乌中民二终第9号］认为，《公司法》第一百四十九条对董事、高级管理人员等公司高级职员的禁止行为作出明确规定，其第一款第（四）项规定"违反公司章程的规定或者未经股东会、股东大会同意，与本公司订立合同或者进行交易"。本案中，吴某某于2011年1月被聘为兰某公司生产副总经理，而吴某某与兰某公司之间的车辆租赁合同关系成立于2010年12月6日，届时吴某某的身份为兰某公司的普通职员，不是受任于兰某公司的高级管理人员，其与兰某公司之间的该项交易并非利益冲突当事人之间的交易，涉案《车辆租赁合同》具体由兰某公司法定代表人李某某与吴某某签订，合同双方对租赁费及支付方式等主要条款的约定形成于吴某某担任兰某公司生产副总经理之前，并非吴某某代表兰某公司与自己发生交易，不构成民法上的"双方代理"。因此，兰某公司依据《公司法》第一百四十九条的规定对吴某某所主张车辆租赁费行使归入权的上诉请求不能成立，本院不予支持。

3. 有效抗辩二：董事、高级管理人员与公司订立合同，虽未经股东会决议，但有其他证据证明其他股东对此知情且同意的，不影响合同的效力。

案例11：北海市中级人民法院审理的上诉人祥某公司与被上诉人符某某、一审第三人李某某土地使用权转让合同纠纷案［（2011）北民一终166号］认为，未经股东会或股东大会同意，作为具有公司法定代表人身份的个人是不能与本公司订立合同进行交易的。本案中，上诉人祥某公司第一任股东是符某某（占公司90%股权）及李某某（占公司10%股权），符某某作为公司法定代表人于

2006年9月12日与自己签订了一份《土地使用权转让合同》，虽然公司没有正式召开股东会或股东大会作出决议，但另一股东李某某明确表示其与符某某当时就转让涉案七亩土地给符某某一事已达成口头协议。因此，双方于2006年9月12日签订的合同并没有损害公司及其他股东的利益，是双方当事人真实意思表示，也符合法律规定，应是合法有效之合同。

案例12：青岛市中级人民法院审理的张某某与昱某公司租赁合同纠纷案［（2014）青民二商终157号］认为，本院认为《公司法》如此规定的主旨是保护公司利益，因为董事、高级管理人员与本公司订立合同或者进行交易时，董事、高级管理人员个人在交易中处于与公司利益相冲突的地位。但本案中，被上诉人在与上诉人签订车辆租赁合同时，上诉人的控股股东杨某知晓并同意签订涉案合同，且进行该租赁交易不会损害上诉人及其股东的利益，故该合同依法有效。

4. 有效抗辩三：董事、高级管理人员与公司订立的合同，如属公司纯获利益的交易行为，不影响合同的效力。董事、高级管理人员向公司出借资金，并约定合理利息的，不影响合同的效力。

案例13：宜昌市中级人民法院审理的恒某公司与吴某某损害公司利益责任纠纷案［（2015）鄂宜昌中民二初00048号］认为，该规定系为了防止公司的董事或高级管理人员利用职务形成的便利，通过与公司关联交易的方式，损害公司的利益。但公司纯获利益的交易行为，当不受此限。吴某某与九某担保公司签订的《债权转让协议》中并未约定九某担保公司因此需要支付对价，故九某担保公司为纯获利方。至于吴某某为什么将其享有的债权无偿转让给九某担保公司，不在本案审理的范围。恒某公司仅以吴某某系九某担保公司的股东为由，主张吴某某与九某担保公司签订的《债权转让协议》无效，无法律依据，本院不予支持。

案例14：荆州市中级人民法院审理的刘某某与佳某公司借款合同纠纷案［(2016) 鄂10民终307号］认为，关于佳某公司称40万元系自我交易不应受法律保护的问题。《公司法》第一百四十九条第一款第（四）项规定，董事、高级管理人员不得违反公司章程的规定或者未经股东会、股东大会同意，与本公司订立合同或者进行交易，其所得的收入应当归公司所有。该条款的立法目的是防止董事、高级管理人员在经营、掌控公司期间，利用自身职务的便利与本公司进行经营交易，以谋取自身利益，而损害了公司利益、股东权益。结合本案来看，刘某某向佳某公司出借借款，并不涉及佳某公司主营业务，不仅未与佳某公司的利益发生冲突，未损害该公司及股东的权益，反而为佳某公司的经营发展提供了资金上的支持，其约定的月利率1.5%亦在我国法律允许的限额内，而且该40万元借款已转入佳某公司账上，佳某公司对此出具了借据并在借款账目明细上盖章予以认可，故本院认为该借款不属于我国公司法禁止的自我交易行为，而属于合法有效的借贷行为，应予保护。①

案例15：安徽省高级人民法院审理的戴某与芜湖融某公司借款合同纠纷案[（2015）皖民二终00382号]认为，芜湖融某公司上诉认为案涉《借款协议》的签订未经芜湖融某公司股东会或董事会同意，违反了《公司法》第一百四十八条第一款第（四）项关于限制高管自我交易行为的效力性强制性规定，也违反了周某与芜湖融某公司签订的《企业员工廉政及保密协议书》的约定，故协议无效……《公司法》前述条款是关于董事、高级管理人员忠实义务的规定，目的在于避免董事、高级管理人员在以合同相对人的地位与其任职公司订立合同或进行其他交易时，牺牲公司利益而使其个人获益。本案案涉《借款协议》没有损害芜湖融某公司的利益，反而使芜湖融某公司因获取经营发展资金而受益，周某个人也并未因此获得不当收益，故不属于该条款所规制的行为。而周某与芜湖融某公司签订的《企业员工廉政及保密协议书》属公司内部管理方面当事人之间的协议，不能作为认定案涉《借款协议》效力的依据。故芜湖融某公司此节上诉理由不能成立，本院不予采纳。②

5. 公司与其董事、高级管理人员的配偶订立合同或与其董事、高级管理人员所任职的其他公司订立合同，应分别判断合同效力。

（1）公司与其董事、高级管理人员的配偶订立合同，未经股东会同意，合同无效。

案例16：上海市第二中级人民法院审理的黄某某与首某公司所有权纠纷案[（2015）沪二中民一（民）终2026号]认为，根据《公司法》的相关规定，公

---

① 笔者认为本案的观点值得商榷。法律明确规定不得"违反公司章程的规定或者未经股东会、股东大会同意，与本公司订立合同或者进行交易"，因此只要未经同意就应该是违反规定的，除非是纯粹公司受益的行为可以认定合法有效。笔者认为除非免息借款给公司，否则公司高管以任何利率借款给公司均应通过股东会决议。

② 笔者认为本案的观点值得商榷。法律明确规定不得"违反公司章程的规定或者未经股东会、股东大会同意，与本公司订立合同或者进行交易"，因此只要未经同意就应该是违反规定的，除非是纯粹公司受益的行为可以认定合法有效。笔者认为除非免息借款给公司，否则公司高管以任何利率借款给公司均应通过股东会决议。

司的董事、监事、高级管理人员应当遵守法律、行政法规和公司章程，对公司负有忠实义务和勤勉义务。董事、高级管理人员不得违反公司章程的规定或者未经股东会、股东大会同意，与本公司订立合同或者进行交易。黄某某的配偶叶某某作为被上诉人的高级管理人员，保管被上诉人的公司印章，应当在管理公司的期间，对公司尽到忠实义务和勤勉义务，叶某某未经同意，以被上诉人名义擅自与自己的配偶签订劳动合同，不仅非被上诉人的真实意思表示，而且叶某某的行为违反了其对被上诉人所应负担的法定义务，上诉人作为叶某某的配偶，不属于善意第三人，上诉人所持有的劳动合同不应对被上诉人发生法律约束力。综上所述，原审法院判令上诉人向被上诉人返还其已领取的钱款并无不当，本院予以维持。

（2）公司与其董事、高级管理人员所实际控制的其他公司订立合同，未经股东会同意，合同无效。

案例17：上海市第一中级人民法院审理的维某拉公司与安某列斯损害公司利益责任纠纷案［（2009）沪一中民五（商）初33号］认为，安某列斯作为原告公司的董事及董事长，应当遵守法律、行政法规和公司章程，对公司负有忠实义务和勤勉义务，维护公司的利益。根据《公司法》第一百四十九条第一款第（四）项的规定，董事、高级管理人员不得违反公司章程的规定或者未经股东会、股东大会同意，与本公司订立合同或者进行交易。本案中，安某列斯既是原告的董事、董事长，也是钻某公司的大股东、法人代表及实际经营者，钻某公司通过与原告签订《服务协议》，提供有关咨询服务并获取报酬，安某列斯作为钻某公司的大股东及实际经营者则是该交易的主要获益人，其个人在该交易中处于与原告公司利益相冲突的地位，故该交易应该经原告公司股东会同意方可进行。但安某列斯未经上述程序直接代表原告与钻某公司签约，其行为违反了《公司法》第一百四十九条第一款第（四）项的规定，构成对原告公司利益的损害。

（3）同一人分别在两家公司担任董事、高级管理人员，但非公司实际控制人的，如两家公司未经股东会同意订立合同，合同有效。

案例18：天津市高级人民法院审理的卡某托尼公司、博某株式会社国际货物买卖合同纠纷案［（2012）津高民四终149号］认为，根据《公司法》第一百四十九条第一款第（四）项的规定，董事、高级管理人员不得违反公司章程的规定或者未经股东会、股东大会同意，与本公司订立合同或者进行交易。该条款是指除公司章程规定允许的或股东会认可的情况外，禁止公司的董事、经理个人作为一方,同本公司订立合同或者进行交易,这是由于董事、高级管理人员负责公司的经营决策和业务执行工作,当其以合同相对人的地位与其任职公司订立合同或进行其他交易时,就难免牺牲公司利益而使其个人获益,因此,《公司法》对此作出了限制性规定。但在本案中,尽管涉案《供货合同书》签订时,博某株式会社的法定代表人金某某同时担任了卡某托尼公司的副董事长,但该合同双方是博某株式会社与卡某托尼公司,而并非金某某个人与卡某托尼公司之间的交易,且收货人也是卡某托尼公司,故不属于《公司法》第一百四十九条第一款第(四)项规定的情形。卡某托尼公司的该项上诉理由不能成立,本院不予支持。

(三) 董事、高管争夺公司利益之"劫取公司商业机会"

001 禁止董事、高管劫取公司商业机会,什么情况构成劫取商业机会

裁判要旨

根据《公司法》的规定,董事、监事、高级管理人员不得利用职务便利为自己或者他人谋取属于公司的商业机会,自营或者为他人经营与所任职公司同类的业务。董事、高级管理人员违反这些规定,违法所得收入一律归公司所有。

认定公司商业机会应当考虑以下几个方面的因素:一是商业机会与公司经营活动有关联;二是第三人有给予公司该商业机会的意愿;三是公司对该商业机会有期待利益,没有拒绝或放弃。

案情简介[①]

三某公司系一家环保设备工程公司,其经营范围为工程设备、机电设备的设计、开发、制造和技术咨询服务及工程设备、机电设备的安装施工,销售自产

---

① 江苏省高级人民法院,三某公司与邹某、戴某某等损害公司利益责任纠纷二审民事判决书[(2012)苏商外终 0050 号]。

产品。

三某公司的股东之一为TNJ公司（日本企业），其主要义务是为三某公司开拓日本市场出口环保设备的相关业务，并成功介绍和引荐其他日本企业向三某公司提供相关环保设备的委托设计、委托制造业务。

邹某为三某公司的董事，其职责是为三某公司开拓日本市场，上述业务的产品设计、设备制造的业务操作流程主要有承接订单、技术消化或设计、发外加工、出口交货等环节，均由其全面负责。

同时，邹某与其妻子戴某某通过其二人全资控制的士某公司与世某之窗公司经营TNJ公司介绍和推荐的日本业务，且并没有将涉案业务带来的收益交给三某公司。

其中，三某公司与士某公司及世某之窗公司均未建立过技术服务等合同关系，三某公司也未放弃过TNJ公司介绍和推荐的日本业务。

此后，三某公司以邹某、戴某某、士某公司及世某之窗公司侵占公司商业机会为由，要求四方共同承担侵权责任。本案经常州市中级人民法院一审、江苏省高级人民法院二审，最终判定邹某、士某公司及世某之窗公司共同侵权。

裁判要点精要

根据《公司法》的规定，董事、高级管理人员不得利用职务便利为自己或者他人谋取属于公司的商业机会，自营或者为他人经营与所任职公司同类的业务。

认定公司商业机会应当考虑以下几个方面的因素：一是商业机会与公司经营活动有关联；二是第三人有给予公司该商业机会的意愿；三是公司对该商业机会有期待利益，没有拒绝或放弃。

本案中，三某公司提供的证据足以证明涉案来自日本企业的业务属于三某公司的商业机会。第一，涉案来自日本企业的业务与三某公司的经营活动存在关联。日本企业的业务主要是环保配套设备加工制造业务，属于三某公司的经营范围，且该业务由三某公司股东介绍。邹某作为三某公司的董事，其职责是为三某公司开拓日本市场，为三某公司承接涉案来自日本企业的业务是其履行职责的具体体现。第二，日本企业有给予三某公司该商业机会的意愿，其中TNJ公司曾明确表示将涉案的相关业务在中国仅给三某公司做。第三，三某公司从未放弃该商业机会，邹某不能提供证据证明三某公司将涉案的日本业务委托给邹某控制的公司去做。

根据《公司法》的规定，董事、监事、高级管理人员不得利用职务便利为自己或者他人谋取属于公司的商业机会，自营或者为他人经营与所任职公司同类的业务。

但是，邹某作为三某公司的董事，违反忠实义务，明知涉案业务属于三某公司的商业机会，仍然将该业务交给其关联公司士某公司和世某之窗公司经营，拒不将涉案业务带来的收益交给三某公司，构成侵权，应当予以赔偿。

实务经验总结

为避免未来发生类似纷争，提出如下建议：

现实生活中有些公司的高管一边在公司工作领取一份稳定的薪酬收入，一边悄悄经营自己的买卖。有些甚至变本加厉、更进一步，他们利用担任公司董事、高级管理人员的职务便利，截取本属于公司的商业机会，交给自己实际控制的公司（自己的公司或者自己家人设立的公司）。股东们、老板们知道自己的职业经理人有类似行为后，来咨询我们：他们这种行为仅仅违反道德还是违反了法律？有什么法律后果？我能以什么方法来防范？

根据《公司法》的规定，董事、监事、高级管理人员不得利用职务便利为自己或者他人谋取属于公司的商业机会，自营或者为他人经营与所任职公司同类的业务。董事、高级管理人员违反这些规定，违法所得收入一律归公司所有。

笔者亲自办理过很多起类似案件，总结起来这类案件的后果和步骤一般是：（1）涉事高管颗粒无收、白白为公司打工几年。法院判决违法所得归公司所有，意味着涉事公司董事和高管与他自己的亲友一起为公司白白打工好几年、最后颗粒无收。（2）涉事高管在公司内部丢光面子。公司开展类似诉讼，一般都是深思熟虑的结果。目的不仅在于得到几百万元、几千万元经济赔偿，更在于进行职场教育，起到杀一儆百的作用。所以公司拿到赔偿款后，一定会召开内部警示会议、内部广发丧失诚信，最后辞职。（3）涉事高管在行业内丧失诚信再没其他企业敢聘用。中国法院系统会把所有的判决书上网，所有人都可以免费下载查阅；公司也一般会把判决书全文公开在自己的网站上，警示相关人员。判决书公开后，所有同行都知道涉事董事、高级管理人员丧失诚信的行为。于是，涉事董事、高管不仅偷鸡不成蚀把米，反而玷污了自己的职场名声。

在此，笔者给出如下建议：

第一，公司一旦发生类似案件，要毫不犹豫地拿起法律武器，追究违法董事和高管的法律责任。按照上述的步骤，胜诉不仅可以取得几百万元、几千万元的赔偿，还可以起到职场教育、杀一儆百的作用。

第二，结合公司的实际情况定义商业机会，并将其列为公司的商业秘密，通过建立健全企业保护商业秘密的组织、制度以及措施，如将商业秘密分成几个部分，由不同的人员分别掌握，这样被泄露或者窃取的概率就会低很多。

第三，与涉密员工签订保密协议、竞业限制协议，约定不能利用公司的商业秘密成立自己的企业，不能利用商业秘密为竞争企业工作等，而且保密协议在员工离职后的一定期限内仍然有效。同时，还要健全员工人事档案资料，这对员工有很好的约束作用，万一商业秘密被侵犯，追究其法律责任也有据可依。

法规链接

《公司法》（2023 年修订）

第一百八十一条 董事、监事、高级管理人员不得有下列行为：

（一）侵占公司财产、挪用公司资金；

（二）将公司资金以其个人名义或者以其他个人名义开立账户存储；

（三）利用职权贿赂或者收受其他非法收入；

（四）接受他人与公司交易的佣金归为己有；

（五）擅自披露公司秘密；

（六）违反对公司忠实义务的其他行为。

第一百八十二条 董事、监事、高级管理人员，直接或者间接与本公司订立合同或者进行交易，应当就与订立合同或者进行交易有关的事项向董事会或者股东会报告，并按照公司章程的规定经董事会或者股东会决议通过。

董事、监事、高级管理人员的近亲属，董事、监事、高级管理人员或者其近亲属直接或者间接控制的企业，以及与董事、监事、高级管理人员有其他关联关系的关联人，与公司订立合同或者进行交易，适用前款规定。

第一百八十三条 董事、监事、高级管理人员，不得利用职务便利为自己或者他人谋取属于公司的商业机会。但是，有下列情形之一的除外：

（一）向董事会或者股东会报告，并按照公司章程的规定经董事会或者股东会决议通过；

（二）根据法律、行政法规或者公司章程的规定，公司不能利用该商业机会。

第一百八十四条 董事、监事、高级管理人员未向董事会或者股东会报告，并按照公司章程的规定经董事会或者股东会决议通过，不得自营或者为他人经营与其任职公司同类的业务。

第一百八十六条 董事、监事、高级管理人员违反本法第一百八十一条至第一百八十四条规定所得的收入应当归公司所有。

第一百八十七条 股东会要求董事、监事、高级管理人员列席会议的，董事、监事、高级管理人员应当列席并接受股东的质询。

《民法典》

第一千一百六十八条 二人以上共同实施侵权行为，造成他人损害的，应当承担连带责任。

本案链接

以下为该案在法院审理阶段，判决书中"本院认为"就该问题的论述：

一、涉案来自日本企业的业务系三某公司的商业机会

在本案中，各方当事人争议的核心问题是涉案来自日本企业的业务是否属于三某公司的商业机会。我国《公司法》仅规定未经公司股东会同意，公司高管人员不得谋取属于公司的商业机会，并未对认定公司商业机会的标准作出明确规定。本院认为，认定公司商业机会应当考虑以下几个方面的因素：一是商业机会与公司经营活动有关联；二是第三人有给予公司该商业机会的意愿；三是公司对该商业机会有期待利益，没有拒绝或放弃。三某公司提供的证据足以证明涉案来自日本企业的业务属于三某公司的商业机会。

（一）涉案来自日本企业的业务与三某公司的经营活动存在关联

第一，涉案来自日本企业的业务属于三某公司的经营范围。涉案来自日本企业的业务主要是环保配套设备加工制造业务。三某公司系环保设备工程公司，其经营范围为工程设备、机电设备的设计、开发、制造和技术咨询服务及工程设备、机电设备的安装施工，销售自产产品。因此，涉案来自日本企业的业务属于三某公司的经营范围。第二，为三某公司承接涉案来自日本企业的业务系三某公司董事邹某的职责。邹某作为三某公司的董事，其职责是为三某公司开拓日本市场，为三某公司承接涉案来自日本企业的业务是其履行职责的具体体现。第三，提供涉案业务的日本企业系三某公司的股东和三某公司股东介绍给三某公司的客户。本院据此认定，涉案来自日本企业的业务与三某公司经营活动存在关联。

（二）日本企业有给予三某公司该商业机会的意愿

涉案业务主要来自TNJ公司和住友公司，这两家日本企业均有将其业务给予三某公司的意愿。首先，TNJ公司是三某公司的股东，其在入股三某公司的出资经营合同中明确承诺，积极向三某公司提供委托设计、委托制造加工业务，对三某公司有能力做到的业务，杜绝出现中国其他公司与三某公司经营同类业务。其次，TNJ公司原委派到三某公司的董事高某寿光，在2009年4月15日就TNJ公司股权转让事宜与三某公司法定代表人陈某某的谈话中确认，TNJ公司入股三某公司以来，一直按照出资经营合同上的义务条款在履行。最后，包括TNJ公司在内的三某公司的股东在2011年6月15日的三某公司股东会决议中一致确认，在开拓日本市场出口环保设备的项目上，TNJ公司向三某公司提供了大量的环保设备配套产品委托设计和委托制造业务，并介绍和引荐住友公司等其他日本企业向三某公司提供了相关环保设备的委托设计、委托制造业务。上述事实表明，日本企业有给予三某公司该商业机会的明确意愿。

虽然TNJ公司及高某寿光在本案一、二审中均称，TNJ公司的业务是提供给世某之窗公司的，但本院认为，TNJ公司及高某寿光的这一陈述系TNJ公司与三某公司发生矛盾即将退出三某公司之时以及退出三某公司之后所作，且与TNJ公司之前在涉案《出资经营合同》中的承诺、高某寿光关于TNJ公司一直按照《出资经营合同》约定履行的陈述以及2011年6月15日三某公司股东会决议中关于TNJ公司向三某公司提供了大量委托制造业务的记载不符，不足采信。

（三）三某公司从未放弃该商业机会

如果邹某、戴某某、士某公司、世某之窗公司认为涉案业务不属于三某公司的商业机会，其应当提供证据证明三某公司放弃了该商业机会，但其并未提供证据予以证明。尽管邹某、戴某某、士某公司、世某之窗公司认为，三某公司与士某公司之间存在技术服务合同关系，并提供了部分技术服务费发票和技术服务合同为证，但本院认为，上述证据不足以证明三某公司与士某公司之间存在技术服务合同关系，也不足以证明三某公司放弃了该商业机会。首先，第一份技术服务合同只有简短的一句话，仅约定了士某公司向三某公司支付服务费的数额，并未约定具体的技术服务项目以及期限，且无签订时间。其次，其余五份技术服务合同的签订时间是2006年8月至2007年2月，虽然内容较为完整，但有三份合同出现如下情况：首部的项目名称与其后出现的项目名称（均显示为ONC项目）不一致、付费义务主体系三某公司而不是士某公司。最后，三某公司对上述技术服务费发票和技术服务合同作出了合理解释。三某公司解释称，技术服务合同是根据发票制作的，当时由于日本客户的业务属于三某公司，但具体资金由士某公司掌握，所以相关款项支付给三某公司需要开具发票做账，之所以开具地税发票，对士某公司来说，增值税发票已经由第三方直接向士某公司开具，不需要三某公司再开具，开具增值税发票的税率高于地税发票，但三某公司是外商投资企业，不具备开具地税发票的资格，所以到地税部门进行代开，上述协议系为代开发票制作。因此，上述证据不能证明三某公司与士某公司之间是技术服务合同关系。本院据此认定，三某公司从未放弃该商业机会。

本案是一起损害公司利益责任纠纷，而不是委托加工合同纠纷，因此，审理本案应适用我国《公司法》而不是《合同法》。一审法院未能准确把握认定公司商业机会的标准，综合分析认定三某公司提供的证据是否足以证明涉案来自日本企业的业务系三某公司的商业机会，而是从《合同法》的角度出发，孤立地对待三某公司的各类证据，以三某公司提供的每一类证据都不足以证明其与日本企业之间存在委托加工合同关系为由，认定涉案业务不属于三某公司的商业机会，有失妥当。本院对此予以纠正。

综上，本院认定，涉案来自日本企业的业务属于三某公司的商业机会。

二、邹某、士某公司、世某之窗公司的行为构成对三某公司合法利益的侵害

我国《公司法》第一百四十九条第一款第（五）项规定，董事、高级管理人员未经股东会或者股东大会同意，不得利用职务便利为自己或者他人谋取属于公司的商业机会，自营或者为他人经营与所任职公司同类的业务。在本案中，邹某作为三某公司的董事，对三某公司负有忠实义务，不得谋取属于三某公司的商业机会是其履行该义务的具体体现。涉案业务属于三某公司的商业机会，邹某是明知的。三某公司2005年6月8日、2006年7月26日董事会通过的三某公司2004年、2005年度公司运营总结报告均对涉案业务的运营情况进行了总结，邹某对该总结报告予以签字确认。在此期间，邹某从未对涉案业务属于三某公司提出异议，且从未主张涉案业务属于士某公司和世某之窗公司。邹某在明知涉案业务属于三某公司商业机会的情况下，仍然将该业务交给其关联公司士某公司和世某之窗公司经营，拒不将涉案业务带来的收益交给三某公司。本院据此认定，邹某的行为构成侵权。

我国《公司法》第一百五十条规定，董事、监事、高级管理人员执行公司职务时违反法律、行政法规或者公司章程的规定，给公司造成损失的，应当承担赔偿责任。邹某利用其职务便利，未经三某公司股东会的同意，为士某公司和世某之窗公司谋取属于三某公司的商业机会，导致本应属于三某公司的业务收益被士某公司和世某之窗公司占有，给三某公司的利益造成损害，应当予以赔偿。

我国《侵权责任法》第八条规定，二人以上共同实施侵权行为，造成他人损害的，应当承担连带责任。士某公司、世某之窗公司是邹某与戴某某全资控股的公司，世某之窗公司的法定代表人是邹某，士某公司的法定代表人是戴某某，而戴某某与邹某系夫妻关系。本院据此认定，士某公司、世某之窗公司对涉案业务属于三某公司的商业机会应当是明知的。士某公司、世某之窗公司在此情况下，仍然将三某公司的商业机会据为己有，应认定其与邹某共同实施了涉案侵权行为。故邹某、士某公司、世某之窗公司应当对涉案侵权行为承担连带责任。戴某某是士某公司的法定代表人，其行为应当视为士某公司的行为，因此戴某某个人对三某公司不构成侵权。三某公司关于戴某某应当承担连带责任的主张缺乏法律依据，本院不予支持。

（四）董事、高管争夺公司利益之"擅自转移公司核心资产"

001 未经股东会同意，法定代表人将公司财产低价转让给关联公司的合同是否有效

裁判要旨

法定代表人以明显不合理的低价将公司所有的探矿权转让给其关联公司，属于"恶意串通，损害国家、集体或者第三人利益"的情形，故转让合同无效。

案情简介①

2004年，青海森某（外商独资公司，董事长、法定代表人为梁某某）取得内蒙古某探矿权。2007年1月，经政府批准，香港水某会将其持有的青海森某100%的股份转让给香港森某。

---

① 青海省高级人民法院，香港森某与青海森某、内蒙小红山源某、梁某某探矿权转让合同纠纷案[（2014）青民再终5号]。

2009年7月，青海森某董事会作出决议，将涉案探矿权转让给即将成立的内蒙小红山源某。同年9月，香港森某作出董事会决议：罢免青海森某现时所有董事及法定代表人，但未办理工商登记。同年10月，源某矿业（梁某某于2008年在香港设立）在内蒙古设立内蒙小红山源某，法定代表人为梁某某。同年11月，青海森某和内蒙小红山源某签订了《探矿权变更协议》，约定青海森某将案涉探矿权人变更为内蒙小红山源某，转让价800万元（实际付款8790345元）。并办理了变更登记，登记书载明已完成的勘查投入为3200万元，勘查面积为15.47平方公里。2012年，内蒙小红山源某取得了0.888平方公里的采矿许可证。

香港森某向西宁市中级人民法院提起诉讼，请求确认《探矿权变更协议》无效。西宁市中级人民法院判决支持了香港森某的请求。

内蒙小红山源某、青海森某不服西宁市中级人民法院判决，上诉至青海省高级人民法院。青海省高级人民法院认为，香港森某作为独立的公司法人，违背合同相对性原则，主张内蒙小红山源某与青海森某签订的《探矿权转让协议》无效缺乏事实和法律依据，判决驳回香港森某确认《探矿权变更协议》无效的诉求。

香港森某不服青海省高级人民法院判决，向最高人民法院申请再审，最高人民法院裁定指令青海省高级人民法院再审本案。

青海省高级人民法院再审认为，梁某某利用其作为青海森某和内蒙小红山源某法定代表人的便利及关联关系，将青海森某所有的探矿权以明显低于涉案探矿权前期完成的勘查投入的价款转让给内蒙小红山源某，损害了青海森某唯一股东香港森某的利益，属于"恶意串通，损害国家、集体或者第三人利益"的情形，判决《探矿权变更协议》无效。案情示意如图5所示：

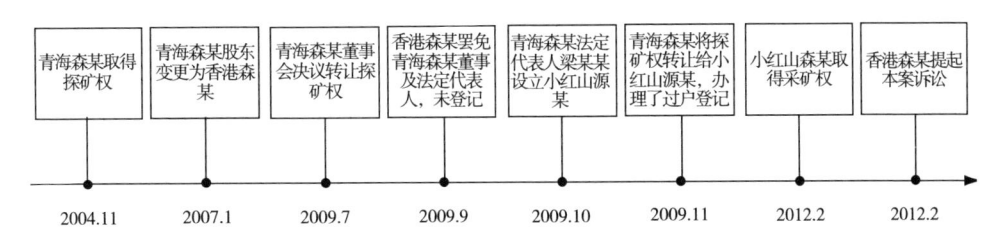

青海森某取得探矿权	青海森某股东变更为香港森某	青海森某董事会决议转让探矿权	香港森某罢免青海森某董事及法定代表人，未登记	青海森某法定代表人梁某某设立小红山源某	青海森某将探矿权转让给小红山源某，办理了过户登记	小红山源某取得采矿权	香港森某提起本案诉讼
2004.11	2007.1	2009.7	2009.9	2009.10	2009.11	2012.2	2012.2

图5　香港森某与青海森某、内蒙小红山源某、梁某某探矿权转让合同纠纷案时间线梳理

裁判要点精要

法院认定本案《探矿权变更协议》无效的原因在于：

第一，根据《公司法》的相关规定，"公司的控股股东、实际控制人、董事、监事、高级管理人员不得利用其关联关系损害公司利益""董事、监事、高级管理人员应当遵守法律、行政法规和公司章程，对公司负有忠实义务和勤勉义务"。梁某某违反对公司负有的忠实义务，利用其作为青海森某和内蒙小红山源某法定代表人的便利及关联关系，将青海森某所有的探矿权以明显低于涉案探矿权前期完成的勘查投入的价款转让给内蒙小红山源某，损害了青海森某唯一股东香港森某的利益。

第二，根据《公司法》关于"董事、高级管理人员违反法律、行政法规或者公司章程的规定，损害股东利益的，股东可以向人民法院提起诉讼"的规定，青海森某股东香港森某对损害其利益的行为有权提起诉讼。

第三，青海森某和内蒙小红山源某签订的《探矿权变更协议》违反《民法典》第一百五十四条关于"行为人与相对人恶意串通，损害他人合法权益的民事法律行为无效"的规定，应认定无效。

实务经验总结

为避免未来发生类似纷争，提出如下建议：

董事、高级管理人员如欲与本公司订立合同，将本公司财产转让给其实际控制的公司，一定要在公司章程明确允许的情况下或者经股东会同意后进行。否则法院可能会认定合同无效。

法规链接

《公司法》（2023年修订）

第二十二条　公司的控股股东、实际控制人、董事、监事、高级管理人员不得利用关联关系损害公司利益。

违反前款规定，给公司造成损失的，应当承担赔偿责任。

第一百七十九条　董事、监事、高级管理人员应当遵守法律、行政法规和公司章程。

第一百八十条　董事、监事、高级管理人员对公司负有忠实义务，应当采取措施避免自身利益与公司利益冲突，不得利用职权牟取不正当利益。

董事、监事、高级管理人员对公司负有勤勉义务，执行职务应当为公司的最大利益尽到管理者通常应有的合理注意。

公司的控股股东、实际控制人不担任公司董事但实际执行公司事务的，适用前两款规定。

第一百九十条　董事、高级管理人员违反法律、行政法规或者公司章程的规定，损害股东利益的，股东可以向人民法院提起诉讼。

《民法典》

第一百四十六条　行为人与相对人以虚假的意思表示实施的民事法律行为无效。

以虚假的意思表示隐藏的民事法律行为的效力，依照有关法律规定处理。

第一百五十三条　违反法律、行政法规的强制性规定的民事法律行为无效。但是，该强制性规定不导致该民事法律行为无效的除外。

违背公序良俗的民事法律行为无效。

第一百五十四条　行为人与相对人恶意串通，损害他人合法权益的民事法律行为无效。

本案链接

以下为该案在法院审理阶段，判决书中"本院认为"就该问题的论述：

香港水某会、香港森某签订《股权转让协议》后，青海森某投资主体即由香港水某会变更为香港森某，香港森某成为青海森某的唯一股东和出资人。梁某某作为青海森某的实际控制人，与自己投资设立且经营范围基本一致的内蒙小红山源某签订《探矿权变更协议》，将青海森某已完成勘查投入3200万元的探矿权转让给内蒙小红山源某，青海森某、内蒙小红山源某未提供证据证实内蒙小红山源某已向青海森某支付了与该项目相关勘查、实验、技术咨询费用及在此期间相应的公司运营费和项目管理费（即内蒙小红山源某将全额承担协议标的发生过程中4750多万元的全部费用，并另行支付现金800万元）的事实，内蒙小红山源某实际向青海森某支付涉案探矿权转让价款8790345元。

根据《公司法》第二十一条、第一百四十八条"公司的控股股东、实际控制人、董事、监事、高级管理人员不得利用其关联关系损害公司利益""董事、监事、高级管理人员应当遵守法律、行政法规和公司章程，对公司负有忠实义务和勤勉义务"之规定，梁某某作为青海森某的实际控制人，违反对公司负有的忠实义务，利用其作为青海森某和内蒙小红山源某法定代表人的便利及关联关系，将青海森某所有的探矿权以实际支付8790345元的价款转让给内蒙小红山源某，转让价款明显低于涉案探矿权前期完成的勘查投入，损害了青海森某唯一股东香港森某的利益。

《公司法》第一百五十三条规定："董事、高级管理人员违反法律、行政法规或者公司章程的规定，损害股东利益的，股东可以向人民法院提起诉讼。"香港森某对损害其利益的行为有权提起诉讼。

青海森某和内蒙小红山源某签订的《探矿权变更协议》违反《合同法》第五十二条第二项关于"恶意串通，损害国家、集体或者第三人利益"的合同无效的规定，应属无效。香港森某再审请求成立，应予支持。青海森某、内蒙小红山源某、梁某某抗辩理由无法律根据，不予支持。原二审判决适用法律错误，应予撤销。原一审判决法律适用虽有瑕疵，但处理结果正确，应予维持。

延伸阅读

关于未经股东会同意，公司与其董事实际控制的其他公司订立合同，法院认定合同无效的案例：

案例：上海市第一中级人民法院审理的维某拉公司与安某列斯损害公司利益责任纠纷案〔（2009）沪一中民五（商）初33号〕认为，安某列斯作为原告公司的董事及董事长，应当遵守法律、行政法规和公司章程，对公司负有忠实义务和勤勉义务，维护公司的利益。根据《公司法》（2005年修订）第一百四十九条第一款第（四）项的规定，董事、高级管理人员不得违反公司章程的规定或者未经股东会、股东大会同意，与本公司订立合同或者进行交易。本案中，安某列斯既是原告的董事、董事长，也是钻某公司的大股东、法人代表及实际经营者，钻某公司通过与原告签订《服务协议》，提供有关咨询服务并获取报酬，安某列斯作为钻某公司的大股东及实际经营者则是该交易的主要获益人，其个人在该交易中处于与原告公司利益相冲突的地位，故该交易应该经原告公司股东会同意方可进行。但安某列斯未经上述程序直接代表原告与钻某公司签约，其行为违反了《公司法》第一百四十九条第一款第（四）项的规定，构成对原告公司利益的损害。

（五）董事、高管争夺公司利益之"协助股东侵占公司财产"

001 协助股东侵占公司财产的董事高管将被股东会罢免

公司章程设计要点

董事有义务维护公司资金安全，不得协助股东侵占公司财产，否则股东会有权罢免董事。

阅读提示

实践中，股东占用资金的情况屡有发生，且一些公司董事、高级管理人员助纣为虐、唯股东命令是从，协助己方股东占用公司资金，该等行为严重侵犯了其他方股东及公司的合法权益。

那么，对于协助股东侵占公司资金的董事、高级管理人员，其他方股东可否提出罢免？在公司章程未作明确规定的情况下，股东会罢免董事是否符合法律规定？本书将通过介绍美的集团公司章程的有关条款及三个司法案例，对这一问题进行分析。

公司章程参考研究文本

《美的集团章程》（2023年4月版）第四十条第一款 公司董事、监事、高级管理人员有义务维护公司资金不被控股股东占用。公司董事、高级管理人员协助、纵容控股股东及其附属企业侵占公司资产时，公司董事会应视情节轻重对直接责任人给予处分和对负有严重责任的董事启动罢免程序。

同类章程条款

笔者查阅了多家上市公司的章程中的同类条款，其中该条款对于有权处罚的机构作了不同规定。除美的集团规定董事会有权对董事启动罢免程序外，多家上市公司的章程规定由董事会提交股东会罢免董事；宜宾五粮液股份有限公司的章程还规定监事的该等行为应由监事会给予处分，具体如下：

1.《绿景控股股份有限公司章程》（2017 年 6 月版）第三十九条第二款　公司董事、监事和高级管理人员具有维护公司资金安全的法定义务。公司董事、监事和高级管理人员违反本章程的规定，协助、纵容控股股东及其他关联方侵占公司财产，损害公司利益的，公司董事会将视情节轻重对直接责任人给予处分，对负有严重责任的董事提交股东大会罢免直至追究刑事责任。

2.《广东电力发展股份有限公司章程》（2023 年 6 月）第一百一十三条　董事会行使下列职权……（十九）考核公司董事及公司总经理、副总经理、财务负责人、董事会秘书等高级管理人员维护公司资金安全义务的履行情况，并对有关责任人视情节轻重给予不同处分和对负有严重责任董事向股东大会提出予以罢免的方案。

3.《宜宾五粮液股份有限公司章程》（2023 年 12 月版）第四十二条第二款　公司董事、监事和高级管理人员有维护公司资金安全的法定义务。公司董事、高级管理人员协助、纵容股东及其附属企业侵占公司资产时，董事会视情节轻重对董事和高级管理人员给予处分；监事有上述行为由监事会给予处分；对负有严重责任的董事、监事提请股东大会予以罢免。

专业律师分析

公司章程规定此类条款的意义在于：实践中董事、高级管理人员协助股东侵占公司资产的情况屡见不鲜，其他股东的合法权益遭受侵犯，但除最终使用司法手段外往往又无可奈何。

通过将该等行为明确写入章程，并规定明确的法律后果，将对相关人员起到震慑作用；也可提示其他股东对此类董事、高级管理人员采取处分、罢免等非司法手段，丰富其权利救济途径，保护公司及其他股东的合法利益。

设计建议

笔者认为，"企业家"和"资本家"可以对该章程条款的设计进行合理的安排。这实际上是一个双方的博弈，双方的立场不完全一样。

（一）站在直接经营公司的"企业家"的角度，笔者建议：

1. 该条款在本质上是股东对公司经营者的约束。企业家一般不希望在公司章程中规定该等条款。

2. 即便公司章程中不规定该条款，也不意味着公司股东及其委派的董事、高管的类似行为不受约束，其他方股东发现公司股东占用公司资金等行为时，有权依法直接要求该股东对给公司造成的损失承担相应的赔偿责任。

（二）站在不直接经营公司的"资本家"的角度，笔者建议：

1. 可在公司章程中加入该条款，以实现对直接经营公司的"企业家"的有效约束。

2. 对于董事、高管违规行为的罢免，并不以公司章程规定了罢免事由为前提。解聘董事系公司股东会的法定职权，且属于公司自治范畴，只要公司未对股东会解除董事资格作出限制性规定，罢免董事所依据的事实是否属实、依据是否成立等，不属于司法审查的范畴，不影响公司决议的效力。

3. 鉴于罢免董事的决定最终应由股东会作出，且股东会能否顺利通过该决议取决于各股东在股东会的表决权比例。因此，建议公司章程规定此等情形下"公司应当解除其职务"，而非"股东会有权罢免董事"。

4. 如果公司章程规定此种情况下公司有权对董事予以处分，建议规定处分的种类、幅度，以免相关决议最终被认定为无效。

相关解除董事职务的法律规定有《公司法司法解释（五）》第三条，董事任期届满前被股东会或者股东大会有效决议解除职务，其主张解除不发生法律效力的，人民法院不予支持。董事职务被解除后，因补偿与公司发生纠纷提起诉讼的，人民法院应当依据法律、行政法规、公司章程的规定或者合同的约定，综合考虑解除的原因、剩余任期、董事薪酬等因素，确定是否补偿以及补偿的合理数额。

条款实例

公司董事、高级管理人员有维护公司资金安全的法定义务。公司董事、高级管理人员协助、纵容股东及其附属企业侵占公司资产时，应当与股东共同赔偿公司因此而遭受的损失。董事会有权视情节轻重对董事和高级管理人员给予罚款处分，罚款数额不超出因此而给公司造成的损失。董事会未对董事、高级管理人员给予处分的，由股东会给予处分。

董事、高级管理人员在任职期间出现本条第一款所列情形的，公司应当解除其职务；且五年内不得再担任公司董事、监事、高级管理人员。

延伸阅读

司法实践中认为，公司内部法律关系原则上由公司自治机制调整，只要公司章程中未对股东会罢免董事作出限制，罢免董事所依据的事实是否属实、依据是否成立等，不属于司法审查的范畴，不影响公司决议的效力。以下为笔者检索到的三个关于罢免董事的案例：

案例1：浙江省宁波市象山县人民法院审理的陈某某、储某某与陈某花、玖某公司公司决议纠纷案〔（2014）甬象商初843号〕认为，司法尊重公司自治，公司内部法律关系原则上由公司自治机制调整，司法机关原则上不介入公司内部事务，被告玖某公司的章程中未对股东会罢免执行董事兼法定代表人的情形作出限制，并未规定股东会罢免执行董事兼法定代表人要有一定的原因，该章程内容未违反公司法的强制性规定，应认定有效。因此，被告玖某公司的股东会可以行使公司章程赋予的权力作出罢免公司执行董事兼法定代表人的决定，故法院应当尊重公司自治，罢免执行董事兼法定代表人职务的决议所依据的事实是否属实、理由是否成立，不属于司法审查的范围。

案例2：浙江省杭州市滨江区人民法院审理的陈某与君某公司公司决议效力确认纠纷案〔（2016）浙0108民初3590号〕认为，选举和更换非由职工代表担任的董事、监事是公司股东会的职权，且属于公司自治的范畴，只要股东会决议内容上不违反法律和行政法规的规定，本院对解聘事由不予审查和认定，其对股东会决议的效力不构成影响。本案适用《公司法》第二十二条予以审查，认定系争股东会决议内容不违反法律和行政法规的规定，不符合无效的要件，故对陈某的诉讼请求不予支持。

案例3：山东省烟台市福山区人民法院审理的尹某某与恒某公司公司决议撤销纠纷案〔（2014）福商初108号〕认为，从决议内容上，原告主张公司章程并没有规定对执行董事的罢免程序，更没有规定临时股东会可以罢免执行董事，认为依照章程第七条，只有在执行董事任期届满后方可进行选举、更换。对此本院认为，公司章程第七条明确规定，股东会有权利选举、更换执行董事，该股东会不仅包括定期会议，亦应包括临时会议。根据公司法及公司章程的规定，公司执行董事为公司的法定代表人，原告作为公司的执行董事兼法定代表人在被司法机关刑事拘留后，已经无法履行公司法定代表人的职责，依照《企业法人法定代表人登记管理规定》第八条的规定，法定代表人任职期间出现正在被执行刑罚或者正在被执行刑事强制措施情形的,该企业法人应当申请办理法定代表人变更登记,故被告公司通过本次股东会会议更换法定代表人兼执行董事符合法律规定。

(六) 董事、高管争夺公司利益之"恶意设置'金降落伞'"

001 董监高的"金降落伞"是否合法

公司章程设计要点

董监高于任期未届满前被终止或解除职务的,公司应按其税前薪酬总额的十倍给付一次性赔偿金。

阅读提示

"金色降落伞"最早产生在美国,是指公司控制权变动时对高层管理人员进行高额补偿的约定。在公司被并购时,其通过显著增加收购成本起到反收购的作用,成为一种常用的反并购措施。

"宝万之争"后,多家上市公司在公司章程中增设了"金色降落伞"条款,意图抵御恶意收购,稳定公司控制权。

那么,"金色降落伞"条款是否符合我国《公司法》的规定?"金色降落伞"条款的设计需要注意哪些问题?本书将通过介绍《中国宝安集团股份有限公司章程》及类似章程条款、相关司法案例,对这一问题进行剖析。

公司章程参考研究文本

《中国宝安集团股份有限公司章程》(2016年6月版)第十条第二款 当公司被并购接管,在公司董事、监事、总裁和其他高级管理人员任期未届满前如确需终止或解除职务,必须得到本人的认可,且公司须一次性支付其相当于其年薪及福利待遇总和十倍以上的经济补偿,上述董事、监事、总裁和其他高级管理人员已与公司签订劳动合同的,在被解除劳动合同时,公司还应按照《劳动合同法》另外支付经济补偿金或赔偿金。

同类章程条款

除宝安集团外，雅化集团、海印集团、多氟多等多家上市公司在"宝万之争"后修改了公司章程，嵌入了"金色降落伞"条款。这些条款的基本内容类似，但是在补偿数额和条件的设计上存在差异，具体如下：

1.《雅化集团章程》（2016年7月版）第十三条第二款　在发生公司被恶意收购的情况下，任何董事、监事、总裁或其他高级管理人员在不存在违法犯罪行为或不存在不具备所任职务的资格及能力或不存在违反公司章程规定等情形下于任期未届满前被终止或解除职务的，公司应按该名董事、监事、总裁或其他高级管理人员在公司任职年限内税前薪酬总额的十倍给付一次性赔偿金，上述董事、监事、总裁或其他高级管理人员已与公司签订劳动合同的，在被解除劳动合同时，公司还应按照《劳动合同法》另外支付经济补偿金或赔偿金。

2.《广东海印集团股份有限公司章程》（2024年1月版）第十条　本公司章程自生效之日起，即成为规范公司的组织与行为、公司与股东、股东与股东之间权利义务关系的具有法律约束力的文件，对公司、股东、董事、监事、高级管理人员具有法律约束力的文件。依据本章程，股东可以起诉股东，股东可以起诉公司董事、监事、总裁和其他高级管理人员，股东可以起诉公司，公司可以起诉股东、董事、监事、总裁和其他高级管理人员。当发生公司被并购接管的情形时，在公司董事、监事、总裁和其他高级管理人员任期未届满前如确需终止或解除职务的，必须得到本人的认可，且公司须一次性支付其相当于前一年年薪及福利待遇总和十倍以上的经济补偿（正常的工作变动或解聘情况除外）。

3.《多氟多化工股份有限公司章程》（2023年11月版）第一百零一条第一款　董事由股东大会选举或更换，任期三年。董事任期届满，可连选连任。董事在任期届满以前，股东大会不能无故解除其职务。在发生公司恶意收购的情况下，非经原提名股东提议，任何董事在不存在违法犯罪行为或不存在不具备担任公司董事的资格及能力或不存在违反公司章程规定等情形下于任期内被解除董事职务的，公司应按该名董事在公司任职董事年限内税前薪酬总额的5倍向该名董事支付赔偿金。

专业律师分析

1. "金色降落伞"的合法性

《公司法》并未对董事、监事、高级管理人员的报酬进行具体的规定或限制，仅规定董事、监事的报酬由股东会决定，经理的报酬由董事会确定，因此，"金色降落伞"本身并不违反《公司法》。不过，公司在将其引入章程时需要符合《公司法》第五十九条和第六十七条对于董事、监事、高级管理人员报酬决定程序的规定以及《公司法》第一百一十六条第二款对于修改章程之特别决议程序的规定。

但是，"金色降落伞"条款仍然伴随着一定的法律风险。参考深交所在《关于对四川雅化实业集团股份有限公司的关注函》中针对这一条款的问询，我们可以将其法律风险总结为以下三个方面：第一，公司在收购后向董监高支付高额补偿金可能涉及利益输送；第二，若董监高本身存在履职过错，公司仍在解除其职务时向其支付高额赔偿金，可能会构成对董监高忠实义务的豁免；第三，公司支付高额赔偿金可能会对其经营业绩造成影响，损害股东利益。下面，本书将逐条分析"金色降落伞"的法律风险。

2. "金色降落伞"的法律风险

（1）利益输送：实质与形式合法性

《公司法》第二十二条第一款规定，公司的控股股东、实际控制人、董事、监事、高级管理人员不得利用其关联关系损害公司利益。公司与作为关联方的董监事及管理层之间的离职补偿事项，有可能构成关联交易，进而涉及非法利益输送，损害中小股东的利益。以上述四个公司章程为例，"金色降落伞"启动条件之一往往是公司被并购接管，这一时期无疑更加敏感，公司章程应该严格限制"金色降落伞"的启动条件，避免公司控股股东或者大股东借"金色降落伞"之名，行利益输送之实，确保该措施的实质合法性。

此外，我国《上市公司收购管理办法》第三十三条规定，收购人作出提示性公告后至要约收购完成前，被收购公司除继续从事正常的经营活动或者执行股东大会已经作出的决议外，未经股东大会批准，被收购公司董事会不得通过处置公司资产、对外投资、调整公司主要业务、担保、贷款等方式，对公司的资产、负债、权益或者经营成果造成重大影响。在收购过程中，公司按照章程启动"金色降落伞"若对公司资产、负债、权益或者经营成果造成重大影响，其执行还应该经过股东大会的批准，确保该措施的程序合法性。

（2）董事忠实义务的豁免

对比《中国宝安集团股份有限公司章程》和《雅化集团章程》，后者强调了"金色降落伞"仅在董监高不存在违法犯罪行为、不存在不具备所任职务的资格及能力、不存在违反公司章程规定等情形下于任期届满前被终止或解除职务时才可以启动。

严格"金色降落伞"的启动条件可以避免其构成对董事忠实义务的豁免。若董监高在违法犯罪、丧失资格能力、违反公司章程被解除职务的情况下，仍然可以得到高额补偿，就显然违背了董事忠实义务，也会导致"金色降落伞"条款的合法性受到挑战。

（3）影响公司经济业绩及其他风险

"金色降落伞"之"金"，在于其补偿之丰厚，根据《四川雅化实业集团股份有限公司关于对深圳交易所关注函回复的公告》，公司章程设计的针对董监高的合计赔偿金额约占公司 2015 年归母净利润的 8.1%，其风险提示中也说明了赔偿金额将会对公司的净利润造成一定的影响。

由此可见，上市公司应评估"金色降落伞"的金额，明确其对公司经济业绩造成的影响，在设置该条款时，无疑应该充分进行公告及风险提示，保障股东的合法权利。

设计建议

1. 严格补偿实施条件

首先，为了避免"金色降落伞"条款构成对董监高忠实义务的豁免或沦为利益输送的工具，上市公司应该严格限制高额补偿条件，在章程中强调董监高因为违法犯罪、丧失资格能力、违反公司章程及违反忠实义务等情况下被解除职务均不能获得赔偿。

其次，为了达到反恶意并购的目的，公司可以将并购或接管设定为"金色降落伞"的启动条件。不过，笔者并不建议公司将"恶意并购"设置为其条件，因为何谓"恶意"本就是模糊的，发生案件之后难以具体判断其究竟是否属于恶意、赔偿条款难以落实，除非公司章程同时定义何谓"恶意并购"。

最后，若公司仍然希望进一步限制"金色降落伞"的启动，还可以将决定权交给股东会，要求高额赔偿的每次实施均需股东会的决议通过。但是，此设计无疑具有两面性，其在保持补偿审慎性的同时，也会极大地削弱"金色降落伞"的反并购功能，因为在收购者成为控股股东之后，这种增加并购成本的措施显然难以获得股东会同意，因此笔者并不推荐公司采用这种过于审慎的设置。

2. 设置合理补偿数额

上述上市公司章程规定公司应按该名董事、监事、总裁或其他高级管理人员在公司任职年限内税前薪酬总额的五倍或十倍给付一次性赔偿金，该数额的合理性显然无法武断评价。

首先，公司应该核算所有符合条件人员的总赔偿额占公司上一年度归母净利润的比例，并根据公司的财务状况评估该数额对于公司经济能力的影响。

其次，上市公司应将该比例及相关的风险进行公开说明，保证股东及监管部门的知情权。

最后，该赔偿不应该影响公司按照《劳动合同法》支付经济补偿金或赔偿金。

条款实例

当公司被并购接管时，任何董事、监事、总裁或其他高级管理人员在不存在违法犯罪行为、不存在不具备所任职务的资格及能力或不存在违反公司章程规定等情形下于任期届满前被终止或解除职务的，公司应按该董事、监事、总裁或其他高级管理人员在公司任职年限内税前薪酬总额的十倍（或五倍）给付一次性赔偿金。上述董事、监事、总裁或其他高级管理人员已与公司签订劳动合同的，在被解除劳动合同时，公司还应按照《劳动合同法》另外支付其经济补偿金或赔偿金。

法规链接

《公司法》（2023 年修订）

第五十九条　股东会行使下列职权：

（一）选举和更换董事、监事，决定有关董事、监事的报酬事项；

……

第六十七条　有限责任公司设董事会，本法第七十五条另有规定的除外。

董事会行使下列职权：

……

（八）决定聘任或者解聘公司经理及其报酬事项，并根据经理的提名决定聘任或者解聘公司副经理、财务负责人及其报酬事项；

……

第一百一十六条第二款、第三款 股东会作出决议，应当经出席会议的股东所持表决权过半数通过。

股东会作出修改公司章程、增加或者减少注册资本的决议，以及公司合并、分立、解散或者变更公司形式的决议，应当经出席会议的股东所持表决权的三分之二以上通过。

《上市公司收购管理办法》（2020修正）

第三十三条 收购人作出提示性公告后至要约收购完成前，被收购公司除继续从事正常的经营活动或者执行股东大会已经作出的决议外，未经股东大会批准，被收购公司董事会不得通过处置公司资产、对外投资、调整公司主要业务、担保、贷款等方式，对公司的资产、负债、权益或者经营成果造成重大影响。

延伸阅读

深圳证券交易所针对"金色降落伞"条款的问询及上市公司的回复如下：

深圳证券交易所中小板公司管理部发出的《关于对四川雅化实业集团股份有限公司的关注函》要求公司对第三届董事会第十五次会议审议通过的拟修订《雅化集团章程》第十三条作出解释，详细说明"一次性赔偿金支付标准的合理性""其他高级管理人员"的具体范围和人数、该条款是否涉嫌利益输送、是否违反董事忠实义务，测算支付赔偿金对公司经营业绩的影响并充分提示相关风险。

四川雅化实业集团股份有限公司回复："解聘一位董事、监事或高管时如支付任职年限内（即三年）年薪总额的10倍赔偿，加上《劳动合同法》第四十七条和第八十七条规定应支付的解除合同补偿金（按2015年四川省全部城镇单位就业人员平均工资的3倍，以最高补偿年限12年支付12个月工资标准的2倍计算），合计赔偿金额约占2015年公司归母净利润的8.1%。经上述测算，公司认为所增设的经济补偿条款虽然对公司财务有一定的影响，但在发生恶意收购的情形下，公司管理层的稳定对公司正常经营决策和对广大中小股东利益的保护更关键，本条款的修订可以在一定程度上避免收购方成为大股东后滥用控制权，随意罢免公司董事、监事和管理层人员，导致公司经营不稳定，进而损害公司及中小股东的合法权益。设置本条款的目的是防止收购方滥用权利，确保公司平稳过渡，避免经营管理工作出现混乱，从而损害公司和全体股东的利益。条文中规定支付赔偿金附有若干严格的限制，因此对公司影响较小，公司认为并不存在利益输送的情形。而且，此条款并不构成对《公司法》和《公司章程》规定的董事、高级管理人员忠实义务的豁免，仍受制于《公司法》和《公司章程》规定的董事、高级管理人员忠实义务。"

四川雅化实业集团股份有限公司针对该条款进行了如下风险提示："修订后的《公司章程》第十三条一方面增加了恶意收购者收购公司的成本，对恶意收购者短期内大范围更换公司管理层起到了威慑作用，使得公司在面临恶意收购时有一个缓冲期，有利于保障公司经营决策在控制权变更的过渡期内不至于陷入混乱；另一方面如恶意收购者短期内大范围更换公司管理层，相关管理层薪酬赔偿机制将被触发，根据公司目前测算，虽然赔偿金额对公司当期净利润有一定程度影响，但并不会影响公司的上市地位。"

五、公司内部人争夺外部债权人利益的八种手段

(一) 公司内部人争夺外部债权人利益之"以发起人名义为公司签合同"后抵赖履行

001 发起人以个人名义为设立中公司签订合同，相对人应以发起人还是以公司为被告

裁判要旨

发起人是设立中公司的代表机关和执行机关，对外代表设立中公司进行民事活动；在发起人为设立公司以自己名义对外签订合同时，合同相对人有权请求发起人承担合同责任；如成立后的公司以明示方式确认前述合同，或者通过已经实际享有合同权利或履行合同义务的方式默认其愿意接受公司成为合同主体时，则合同相对人亦有权请求公司承担合同责任。

案情简介[①]

十某城公司于2014年10月20日成立，主营业务为餐饮，戴某某系十某城公司的法定代表人。

2014年9月26日，戴某某与毛某恒源公司签订《厨房设备工程购销合同》，约定：毛某恒源公司向戴某某提供4台厨房设备，总价252402元，并送至指定的四个门店。

---

① 北京市第三中级人民法院，毛某恒源公司与戴某某加工合同纠纷案〔(2015)三中民(商)终14436号〕。

合同签订后，毛某恒源公司实际向戴某某指示的十某城公司的四个门店交付了设备，2015年4月16日，毛某恒源公司与十某城公司职员王某某签订对账清单，确认十某城公司收到价值252402元的设备。但是，戴某某仅给付毛某恒源公司15万元，剩余款项未付。

此后，毛某恒源公司将戴某某诉至北京市通州区人民法院要求支付剩余款项。但是，戴某某认为合同所涉设备均用于十某城公司门店，其仅为十某城公司的法定代表人，毛某恒源公司的起诉主体错误，应该由十某城公司来承担责任。

通州区人民法院一审认定毛某恒源公司起诉主体错误，驳回起诉。毛某恒源公司不服上诉至北京市第三中级人民法院，最终判定毛某恒源公司有权要求戴某某承担合同责任，起诉主体适格。

裁判要点精要

《公司法司法解释（三）》（2014年修正）第二条规定："发起人为设立公司以自己名义对外签订合同，合同相对人请求该发起人承担合同责任的，人民法院应予支持；公司成立后合同相对人请求公司承担合同责任的，人民法院应予支持。"

由此可知，发起人是设立中公司的代表机关和执行机关，对外代表设立中公司进行民事活动。本案中，戴某某作为十某城公司的发起人，为设立十某城公司以自己名义与毛某恒源公司签订合同，毛某恒源公司系合同相对人。在发起人为设立公司以自己名义对外签订合同时，合同相对人有权请求发起人承担合同责任；如成立后的公司以明示方式确认前述合同，或者通过已经实际享有合同权利或履行合同义务的方式默认其愿意接受公司成为合同主体时，则合同相对人亦有权请求公司承担合同责任。

虽然十某城公司确认戴某某系代表该公司与毛某恒源公司签订合同，但是毛某恒源公司作为合同相对人，在签订合同时，其并不知悉戴某某系代表设立中的十某城公司的利益，毛某恒源公司有权要求戴某某承担合同责任。

实务经验总结

为避免未来发生类似纠纷，提出如下建议：

第一，对于与发起人签订合同的相对人来讲，其有权要求该发起人承担合同责任；当成立后的公司以明示方式确认前述合同，或者通过已经实际享有合同权利或履行合同义务的方式默认其愿意接受公司成为合同主体时,则合同相对人亦有权选择请求公司承担合同责任;合同相对人应当注意保留公司收到货物的相应凭证、支付款项的记录、发票等证据,以证明公司已实际享有合同权利或履行合同义务。

第二,对于发起人来讲,其在签订合同时需首先明确公司成立后合同责任是由自己承担还是由公司承担,若由自己承担则以自己的名义签订合同,若由公司承担则以公司的名义签订合同。

法规链接

《最高人民法院关于适用〈中华人民共和国公司法〉若干问题的规定(三)》(2020年修正)

第二条 发起人为设立公司以自己名义对外签订合同,合同相对人请求该发起人承担合同责任的,人民法院应予支持;公司成立后合同相对人请求公司承担合同责任的,人民法院应予支持。

第三条 发起人以设立中公司名义对外签订合同,公司成立后合同相对人请求公司承担合同责任的,人民法院应予支持。

公司成立后有证据证明发起人利用设立中公司的名义为自己的利益与相对人签订合同,公司以此为由主张不承担合同责任的,人民法院应予支持,但相对人为善意的除外。

《公司法》(2023年修订)

第四十四条 有限责任公司设立时的股东为设立公司从事的民事活动,其法律后果由公司承受。

公司未成立的,其法律后果由公司设立时的股东承受;设立时的股东为二人以上的,享有连带债权,承担连带债务。

设立时的股东为设立公司以自己的名义从事民事活动产生的民事责任,第三人有权选择请求公司或者公司设立时的股东承担。

设立时的股东因履行公司设立职责造成他人损害的,公司或者无过错的股东承担赔偿责任后,可以向有过错的股东追偿。

本案链接

以下为该案在法院审理阶段,判决书中"本院认为"就该问题的论述:

本院认为：本案的争议焦点为毛某恒源公司是否有权要求戴某某承担合同责任。本案中，在签订《厨房设备工程购销合同》时，戴某某任法定代表人的十某城公司尚未成立，毛某恒源公司并不知晓戴某某系为设立中的十某城公司利益而与毛某恒源公司签约。

本案中，《公司法司法解释（三）》（2014年修正）第二条①规定："发起人为设立公司以自己名义对外签订合同，合同相对人请求该发起人承担合同责任的，人民法院应予支持。公司成立后对前款规定的合同予以确认，或者已经实际享有合同权利或者履行合同义务，合同相对人请求公司承担合同责任的，人民法院应予支持。"

本院认为，发起人是设立中公司的代表机关和执行机关，对外代表设立中公司进行民事活动。在本案中，戴某某作为十某城公司的发起人，为设立十某城公司以自己名义与毛某恒源公司签订合同，毛某恒源公司系合同相对人。在发起人为设立公司以自己名义对外签订合同时，合同相对人有权请求发起人承担合同责任；如成立后的公司以明示方式确认前述合同，或者通过已经实际享有合同权利或履行合同义务的方式默认其愿意接受公司成为合同主体时，则合同相对人亦有权请求公司承担合同责任。

在本案中，虽然十某城公司确认戴某某系代表该公司与毛某恒源公司签订合同，但是毛某恒源公司作为合同相对人，在签订合同时，其并不知悉戴某某系代表设立中的十某城公司的利益。本院认为，毛某恒源公司有权要求戴某某承担合同责任。一审法院认定戴某某并非本案适格被告，系适用法律错误，依法予以纠正。

002 发起人在公司成立前以自己名义对外签订的合同由谁承担责任

> **裁判要旨**

发起人为设立公司以自己名义对外签订合同，如公司成立后公司未对该合同予以确认，亦未实际享有合同权利或者履行合同义务，则公司不承担合同责任，

---

① 现为《公司法司法解释（三）》（2020年修正）第二条。

公司的其他发起人亦不承担合同责任。

案情简介①

2007年10月至2008年1月，路某公司与香港恒某公司先后签订三份协议，约定共同成立恒某酒店公司，并共同开发海某大厦（资金主要由香港恒某公司提供，土地由路某公司提供）。海某大厦的设计由香港恒某公司完成，双方的前期费用各自承担，在香港恒某公司资金到账后按实际费用待双方认可后报销。

2007年11月3日，瀚某公司向维某山东分公司出具《委托设计书》，内容为：应瀚某公司委托，维某山东分公司承担海某大厦的设计工作。在该份《委托设计书》上，香港恒某公司也予以盖章。

2007年12月25日，香港恒某公司向维某山东分公司出具收条，载明收到海某大厦的设计效果图及设计方案施工图。

2008年2月28日，泰安市工商局向恒某酒店公司颁发了营业执照。营业执照颁发后，路某公司与香港恒某公司均未按认缴出资额实际出资，恒某酒店公司无实收资本，也没有进行实际经营。

2008年9月26日，香港恒某公司向维某山东分公司出具对账单，确认应付设计费600万元。

维某公司、维某山东分公司向法院起诉，请求判令瀚某公司、恒某酒店公司、路某公司、香港恒某公司共同支付600万元设计费。

济南市中级人民法院判决香港恒某公司支付600万元设计费，驳回对恒某酒店公司、路某公司的诉讼请求。维某公司、维某山东分公司不服，向山东省高级人民法院上诉，山东省高级人民法院改判香港恒某公司支付600万元设计费，路某公司承担连带赔偿责任，驳回对恒某酒店公司的诉讼请求。

路某公司不服，向最高人民法院申请再审。最高人民法院撤销山东省高级人民法院判决，维持济南市中级人民法院判决。

裁判要点精要

本案的争议焦点为恒某酒店公司、路某公司是否承担支付设计费的责任。

首先，香港恒某公司不应承担责任。根据《公司法司法解释（三）》第二

---

① 最高人民法院，维某山东分公司、维某公司与路某公司、恒某酒店公司等建设工程设计合同纠纷案［（2013）民提212号］。

条的规定，发起人为设立公司以自己名义对外签订合同的，只有在设立后的公司通过明示方式或以实际享有合同权利或承担合同义务的默示方式同意成为合同当事人时，才会产生设立后的公司代替发起人成为合同当事人的法律后果。本案中，恒某酒店公司成立后没有开展经营活动，其既未明示确认由其支付设计费，也未实际使用设计成果或履行合同义务。因此，香港恒某公司的行为后果不能归于恒某酒店公司承担。

其次，在恒某酒店公司无须承担合同责任的前提下，亦不存在路某公司出资不到位的赔偿责任问题。并且，《公司法司法解释（三）》第四条第一款规定："公司因故未成立，债权人请求全体或者部分发起人对设立公司行为所产生的费用和债务承担连带清偿责任的，人民法院应予支持。"该款仅调整公司因故未成立的情形，并不调整公司已经成立但注册资本未到位的情形。本案中恒某酒店公司已经成立，且其不需承担支付设计费的责任。因此，作为恒某酒店公司发起人的路某公司亦不需要承担责任。

实务经验总结

为避免未来发生类似纠纷，提出如下建议：

第一，发起人为设立公司以自己名义对外签订合同，即使公司成立后明确表示愿意承担合同责任，但选择权仍在合同的相对人，其可选择由发起人承担合同责任，而非公司承担合同责任。

第二，发起人为设立公司对外签订合同时，应首先明确在公司成立后，合同责任由发起人自己承担，还是由公司承担。如合同责任由其自己承担，应以其自己名义对外签订合同；如合同责任由公司承担，应以公司名义对外签订合同。

第三，发起人为设立公司以自己名义对外签订合同，如公司成立后合同相对人希望由公司承担合同责任，则应要求公司对该合同予以确认，最好是由合同相对人、发起人、公司三方签署补充协议，明确由公司代理发起人享有合同权利、履行合同义务。此外，合同相对人如能提供证明公司已经实际享有合同权利或者履行合同义务的证据，如公司交付合同款项、出具发票等，即使未签订补充协议，合同相对人也可要求公司承担责任。

法规链接

《最高人民法院关于适用〈中华人民共和国公司法〉若干问题的规定（三）》（2020年修正）

第二条 发起人为设立公司以自己名义对外签订合同，合同相对人请求该发起人承担合同责任的，人民法院应予支持；公司成立后合同相对人请求公司承担合同责任的，人民法院应予支持。

《公司法》（2023年修订）

第四十四条 有限责任公司设立时的股东为设立公司从事的民事活动，其法律后果由公司承受。

公司未成立的，其法律后果由公司设立时的股东承受；设立时的股东为二人以上的，享有连带债权，承担连带债务。

设立时的股东为设立公司以自己的名义从事民事活动产生的民事责任，第三人有权选择请求公司或者公司设立时的股东承担。

设立时的股东因履行公司设立职责造成他人损害的，公司或者无过错的股东承担赔偿责任后，可以向有过错的股东追偿。

本案链接

以下为该案在法院审理阶段，判决书中"本院认为"就该问题的论述：

尽管香港恒某公司委托设计时并未表明合同债务将由成立后的恒某酒店公司承担责任，但对于发起人以自己名义为设立公司对外签订合同的行为，《公司法司法解释（三）》有相应的规定。

《公司法司法解释（三）》第二条规定："发起人为设立公司以自己名义对外签订合同，合同相对人请求该发起人承担合同责任的，人民法院应予支持。公司成立后对前款规定的合同予以确认，或者已经实际享有合同权利或者履行合同义务，合同相对人请求公司承担合同责任的，人民法院应予支持。"

恒某酒店公司于2008年2月28日取得企业法人营业执照，已合法成立，故本案应当适用该规定确定香港恒某公司行为的法律后果。

根据上述规定，发起人为设立公司以自己名义对外签订合同的，只有在设立后的公司通过明示方式或以实际享有合同权利或承担合同义务的默示方式同意成为合同当事人时，才会产生设立后的公司代替发起人成为合同当事人的法律后果。此时，合同相对人享有选择以订约的发起人或设立后的公司作为合同当事人的请求权。

上述规定体现了严格的合同相对性原则，合同必须经设立后的公司同意方可约束该公司，其目的在于防止发起人在公司设立过程中滥用权利损害公司和其他发起人的利益。

同理，如果发起人以自己名义为设立公司对外签订合同，公司因故未成立的，只有全体发起人共同明示或默示认可合同，才由全体发起人承担连带责任。

因此，本案的核心问题是恒某酒店公司是否明示或默示同意受案涉建设工程设计合同的约束。仅在确定恒某酒店公司同意受合同约束的前提下，才需要分析路某公司作为恒某酒店公司的股东因出资不足对债权人的赔偿责任问题。

本案中，恒某酒店公司成立后没有开展经营活动，其既未明示确认由其支付设计费，也未实际使用设计成果或履行合同义务，香港恒某公司委派至恒某酒店公司的董事收取设计成果不足以构成恒某酒店公司对建设工程设计合同的默示同意。从路某公司和香港恒某公司签订的一系列协议看，尽管协议约定由香港恒某公司完成海某大厦的设计，但其同时约定前期费用各自承担，在香港恒某公司资金到账后由香港恒某公司选定落实施工单位报董事会审核，按实际费用待双方认可后报销。换言之，建设工程设计合同只有在香港恒某公司注册资金到位后才会履行双方发起人的认可审核合同手续，从而决定是否由恒某酒店公司承担合同债务，在合同经审核前，则应由香港恒某公司承担合同责任。由于香港恒某公司未向恒某酒店公司出资，其对外签署的建设工程设计合同始终未得到双方发起人的共同认可。香港恒某公司履行合同的行为也印证了这一点，其在对账单上确认由其支付设计费，后又以设计费债务已转让给路某公司为由主张由路某公司承担付款责任，其未曾主张由恒某酒店公司承担合同责任。

综上，本案无充分证据证明恒某酒店公司同意受合同约束，香港恒某公司的行为后果不能归于恒某酒店公司承担，依据《公司法司法解释（三）》第二条的规定，应当由香港恒某公司承担合同责任，维某山东分公司和维某公司无权请求合同以外的当事人恒某酒店公司和路某公司承担合同责任。

在恒某酒店公司无须承担合同责任的前提下，亦不存在路某公司出资不到位的赔偿责任问题。

此外，《公司法司法解释（三）》第四条第一款的规定仅调整公司因故未成立，且费用和债务系以设立中公司名义产生并且数额合理的情形，该款并不调整公司已经成立但注册资本未到位的情形。

二审判决驳回维某公司、维某山东分公司对恒某酒店公司的诉请是正确的，但二审判决认定路某公司应对恒某酒店公司债务承担出资不足的赔偿责任，适用法律错误，本院予以纠正。

延伸阅读

关于发起人为设立公司以自己名义对外签订合同，由发起人承担合同责任还是由公司承担合同责任的裁判规则。

1. 发起人为设立公司以自己名义对外签订合同，只有在公司作出愿意承继合同权利义务的意思表示后，相对人方可请求公司承担合同责任。

案例1：江苏省高级人民法院审理的李某与吴某、徐某某民间借贷纠纷案［（2015）苏审三民申00089号］认为，《公司法司法解释（三）》第二条规定："发起人为设立公司以自己名义对外签订合同，合同相对人请求该发起人承担合同责任的，人民法院应予支持。公司成立后对前款规定的合同予以确认，或者已经实际享有合同权利或者履行合同义务，合同相对人请求公司承担合同责任的，人民法院应予支持。"该条赋予合同相对人有权选择主张权利的对象，即合同相对人享有请求发起人或者公司承担合同责任的选择权。与此同时，该条还就合同相对人选择向公司主张权利设置了一定的条件，即只有在公司作出愿意承继合同权利义务的意思表示后，相对人方可请求公司承担合同责任。上述司法解释不仅贯彻了合同相对性原则，而且通过对相对人选择请求公司承担责任设置条件的方式，为防止发起人以及发起人的债权人滥用权利损害公司利益，维护公司合法财产权益不受侵害作出了规制。本案中，在借款合意和款项支付的事实均已确认的情况下，债权人李某有权直接起诉花某山公司的发起人吴某、徐某某。在花某山公司设立后，一方面，由于李某已经选择吴某、徐某某作为主张权利的对象；另一方面，吴某也未举证证明花某山公司对案涉借款作出了确认的意思表示，故李某也不能向花某山公司主张权利。因此，一、二审判决认定案涉款项的借款主体为吴某、徐某某并无不当。

案例2：广东省佛山市中级人民法院审理的南某建筑公司与邓某某、翊某公司建设工程施工合同纠纷案［（2013）佛中法民一终2971号］认为，根据南某建筑公司的陈述，案涉合同于2008年6月6日签订时即盖有"翊某公司"公章字样，但当时翊某公司尚未成立，现翊某公司亦不确认其为案涉合同当事人，而且邓某某是涉讼土地使用权权属人,涉讼工程报建、竣工验收备案建设单位亦为邓某某,除南某建筑公司持有的《建设工程施工合同》外,双方围绕涉讼工程签订的合同、补充协议发包方均为邓某某个人。因此,原审法院确认邓某某为合同当事人及应由邓某某承担合同责任,认定正确,本院予以维持。

2. 发起人为设立公司以自己名义对外签订合同,公司成立后作出愿意承继合同权利义务的意思表示后,相对人可选择请求公司承担合同责任,也可选择发起人承担合同责任。

案例3:浙江省舟山市中级人民法院审理的六横焱某装饰公司与陈某装饰装修合同纠纷案[(2014)浙舟民终119号]认为,即使成立后的六横焱某装饰公司认可张某某订立的合同,并实际享有合同权利义务,但选择承担合同权利义务主体的权利属于合同相对方,故陈某提出合同相对方为张某某个人的抗辩成立,六横焱某装饰公司不是本案适格的原告。

案例4:广东省江门市中级人民法院审理的肖某某与联某总公司租赁合同纠纷案[(2015)江中法民一终710号]认为,《租赁协议书》记载的合同当事人为联某总公司和肖某某,并约定租期起始时间为2011年8月1日,而某乙公司成立于2011年8月30日,某乙公司的住所地为涉案厂房,由肖某某担任法定代表人。由此可见,肖某某订立租赁协议书后将该厂房用于成立、经营某乙公司。肖某某主张其承租涉案厂房用于设立某乙公司,某乙公司成立后相应的合同责任应转由某乙公司承担。但租赁协议书中对此无相应的约定,而依据最高人民法院《公司法司法解释(三)》第二条关于"发起人为设立公司以自己名义对外签订合同,合同相对人请求该发起人承担合同责任的,人民法院应予支持。公司成立后对前款规定的合同予以确认,或者已经实际享有合同权利或者履行合同义务,合同相对人请求公司承担合同责任的,人民法院应予支持"的规定,发起人为设立公司以自己的名义对外签订合同,且公司在成立后实际享有合同权利或者履行合同义务的情况下,合同相对人有权选择合同责任的承担主体。因此,肖某某该项主张无约定或法定依据,相应的合同责任应由其自行承担。

案例5:江苏省无锡市中级人民法院审理的阳某公司与蔡某某买卖合同纠纷案[(2016)苏02民终3040号]认为,即使行为人是为设立中的公司签订合同,且公司也予以认可,但对于由行为人还是由公司承担合同责任,相对方具有选择权。本案中,阳某公司显然选择由签订合同的行为人蔡某某承担买方责任,符合法律规定,本院予以支持。

案例6：福建省漳州市中级人民法院审理的兰某某与陈某某、众某公司合同纠纷案［（2016）闽06民终1600号］认为，即使兰某某承认该8万元是第三人公司债务，仍有权选择发起人或者设立后的公司为合同责任的承担主体。在签订合同时，相对人知道发起人是为设立公司而订立合同并不影响其权利的行使。因此，本案中即便兰某某知道陈某某代表设立中的公司而签订合同，仍有权选择陈某某承担合同责任。

案例7：湖北省鄂州市中级人民法院审理的蔡某某、裕某祥服饰公司与刘某某房屋租赁合同纠纷案［（2014）鄂鄂州中民二终00047号］认为，根据《公司法司法解释（三）》第二条的规定："发起人为设立公司以自己名义对外签订合同，合同相对人请求该发起人承担合同责任的，人民法院应予支持。公司成立后对前款规定的合同予以确认，或者已经实际享有合同权利或者履行合同义务，合同相对人请求公司承担合同责任的，人民法院应予支持。"即在符合上述法律规定的情况下，合同相对人享有选择权，既可以选择发起人也可以选择公司承担合同责任。本案中，上诉人蔡某某与被上诉人刘某某签订的两份房屋租赁合同中列明的承租人均为蔡某某个人，合同内容系蔡某某与刘某某之间的意思表示，对合同的签订双方具有约束力。被上诉人刘某某起诉时，已明确选择蔡某某作为本案的被告，要求其承担合同责任，人民法院应予支持。在诉讼过程中，刘某某后又申请追加裕某祥服饰公司作为本案共同被告参加诉讼，不符合法律规定。裕某祥服饰公司并非本案所涉租赁合同的一方当事人，与本案租赁合同纠纷没有直接的利害关系。

案例8：重庆市第三中级人民法院审理的王某某与豪某公司，周某某等建设工程施工合同纠纷案［（2016）渝03民终2625号］认为，《公司法司法解释（三）》第二条规定："发起人为设立公司以自己名义对外签订合同，合同相对人请求该发起人承担合同责任的，人民法院应予支持。公司成立后对前款规定的合同予以确认，或者已经实际享有合同权利或者履行合同义务，合同相对人请求公司承担合同责任的，人民法院应予支持。"虽然王某某、豪某公司认可本案承揽合同给付报酬的民事责任由豪某公司承担，但王某明与周某某在二审诉讼中明确表示，只要求王某某承担本案承揽合同的给付报酬的民事责任。故一审判决王某某向王某明、周某某给付报酬，而豪某公司不承担民事责任，并无不当。

（二）公司内部人争夺外部债权人利益之"滥用公司法人人格"

001 公司人格否认制度之"正向刺破公司面纱"

阅读提示

为防止公司股东滥用公司法人人格，《公司法》第二十一条及《全国法院民商事审判工作会议纪要》详细规定了公司人格否认制度，针对实践中常见的滥用行为情形（主要有人格混同、过度支配与控制、资本显著不足等），否认公司独立人格，由滥用公司法人独立地位和股东有限责任的股东对公司债务承担连带责任。需要注意的是，股东有限责任的例外情形旨在矫正有限责任制度在特定法律事实发生时对债权人保护的失衡现象。

裁判要旨

否认公司独立人格，由滥用公司法人独立地位和股东有限责任的股东对公司债务承担连带责任，要注意以下四个因素：

一是只有在股东实施了滥用公司法人独立地位及股东有限责任的行为，且该行为严重损害了公司债权人利益的情况下，才能适用。损害债权人利益，主要是指股东滥用权利使公司财产不足以清偿公司债权人的债权。

二是只有实施了滥用法人独立地位和股东有限责任行为的股东才对公司债务承担连带清偿责任，而其他股东不应承担此责任。

三是公司人格否认不是全面、彻底、永久地否定公司的法人资格，而只是在具体案件中依据特定的法律事实、法律关系，突破股东对公司债务不承担责任的一般规则，例外地判令其承担连带责任。人民法院在个案中否认公司人格的判决的既判力仅仅约束该诉讼的各方当事人，不当然适用于涉及该公司的其他诉讼，不影响公司独立法人资格的存续。如果其他债权人提起公司人格否认诉讼，已生效判决认定的事实可以作为证据使用。

四是《公司法》第二十一条规定的滥用行为，实践中常见的情形有人格混同、过度支配与控制、资本显著不足等。

在审理案件时，需要根据查明的案件事实进行综合判断，既审慎适用，又当用则用。实践中存在标准把握不严而滥用这一例外制度的现象，同时也存在因法律规定较为原则、抽象，适用难度大，而不善于适用、不敢于适用的现象，均应当引起高度重视。

案情简介①

金某公司由廖某某、洪某某夫妻二人设立，注册资本1088万元，廖某某担任法定代表人，公司的日常管理和经营决策主要由二人负责，公司的经营场所也为廖某某名下的个人房产。

2012年11月27日，桂某公司与金某公司签署委托贷款协议，金某公司委托桂某公司贷款1800万元；桂某公司在银行贷出该笔款项后即汇入金某公司账户。

2013年3月15日，金某公司向廖某某账户转款450万元，廖某某将该笔款项用于增资扩股；2013年4月7日，金某公司又向廖某某账户转款435万元；金某公司合计向廖某某账户转款885万元，占公司注册资本的80%以上。

因金某公司未按时还款，桂某公司代为向银行偿还借款本息8638888.85元。后因金某公司未能向桂某公司还款，桂某公司要求金某公司还款，并要求廖某某、洪某某承担连带清偿责任。

本案经昆明市中级人民法院一审、云南省高级人民法院二审，均认定廖某某、洪某某滥用公司人格，需和金某公司承担连带清偿责任。

裁判要点精要

《公司法》第二十三条规定："公司股东滥用公司法人独立地位和股东有限责任，逃避债务，严重损害公司债权人利益的，应当对公司债务承担连带责任。"

根据《公司法》第二十三条以及《全国法院民商事审判工作会议纪要》"关于公司人格否认"的规定，我们认为根据人格混同、过度支配与控制、资本显著不足等不同情况，适用不同的构成要件。

首先，《全国法院民商事审判工作会议纪要》确认，公司人格独立和股东有

---

① 云南省高级人民法院，廖某某、洪某某与被上诉人桂某公司合同纠纷案［（2015）云高民二终84号］。

限责任是公司法的基本原则。否认公司独立人格，由滥用公司法人独立地位和股东有限责任的股东对公司债务承担连带责任，是股东有限责任的例外情形，旨在矫正有限责任制度在特定法律事实发生时对债权人保护的失衡现象。

其次，在审判实践中，要准确把握《公司法》第二十三条规定的精神。一是只有在股东实施了滥用公司法人独立地位及股东有限责任的行为，且该行为严重损害了公司债权人利益的情况下，才能适用。损害债权人利益，主要是指股东滥用权利使公司财产不足以清偿公司债权人的债权。二是只有实施了滥用法人独立地位和股东有限责任行为的股东才对公司债务承担连带清偿责任，而其他股东不应承担此责任。三是公司人格否认不是全面、彻底、永久地否定公司的法人资格，而只是在具体案件中依据特定的法律事实、法律关系，突破股东对公司债务不承担责任的一般规则，例外地判令其承担连带责任。人民法院在个案中否认公司人格的判决的既判力仅仅约束该诉讼的各方当事人，不当然适用于涉及该公司的其他诉讼，不影响公司独立法人资格的存续。如果其他债权人提起公司人格否认诉讼，已生效判决认定的事实可以作为证据使用。四是《公司法》第二十三条规定的滥用行为，实践中常见的情形有人格混同、过度支配与控制、资本显著不足等。

在审理案件时，需要根据查明的案件事实进行综合判断，既审慎适用，又当用则用。实践中存在标准把握不严而滥用这一例外制度的现象，同时也存在因法律规定较为原则、抽象，适用难度大，而不善于适用、不敢于适用的现象，均应当引起高度重视。

一、人格混同

认定公司人格与股东人格是否存在混同，最根本的判断标准是公司是否具有独立意思和独立财产，最主要的表现是公司的财产与股东的财产是否混同且无法区分。在认定是否构成人格混同时，应当综合考虑以下因素：

（1）股东无偿使用公司资金或者财产，不作财务记载的；

（2）股东用公司的资金偿还股东的债务，或者将公司的资金供关联公司无偿使用，不作财务记载的；

（3）公司账簿与股东账簿不分，致使公司财产与股东财产无法区分的；

（4）股东自身收益与公司盈利不加区分，致使双方利益不清的；

（5）公司的财产记载于股东名下，由股东占有、使用的；

（6）人格混同的其他情形。

在出现人格混同的情况下，往往同时出现以下混同：公司业务和股东业务混同；公司员工与股东员工混同，特别是财务人员混同；公司住所与股东住所混同。人民法院在审理案件时，关键要审查是否构成人格混同，而不要求同时具备其他方面的混同，其他方面的混同往往只是人格混同的补强。

二、过度支配与控制

公司控制股东对公司过度支配与控制，操纵公司的决策过程，使公司完全丧失独立性，沦为控制股东的工具或躯壳，严重损害公司债权人利益，应当否认公司人格，由滥用控制权的股东对公司债务承担连带责任。实践中常见的情形包括：

（1）母子公司之间或者子公司之间进行利益输送的；

（2）母子公司或者子公司之间进行交易，收益归一方，损失却由另一方承担的；

（3）先从原公司抽走资金，然后再成立经营目的相同或者类似的公司，逃避原公司债务的；

（4）先解散公司，再以原公司场所、设备、人员及相同或者相似的经营目的另设公司，逃避原公司债务的；

（5）过度支配与控制的其他情形。

控制股东或实际控制人控制多个子公司或者关联公司，滥用控制权使多个子公司或者关联公司财产边界不清、财务混同，利益相互输送，丧失人格独立性，沦为控制股东逃避债务、非法经营，甚至违法犯罪工具的，可以综合案件事实，否认子公司或者关联公司法人人格，判令其承担连带责任。

三、资本显著不足

资本显著不足指的是，公司设立后在经营过程中，股东实际投入公司的资本数额与公司经营所隐含的风险相比明显不匹配。股东利用较少资本从事力所不及的经营，表明其没有从事公司经营的诚意，实质是恶意利用公司独立人格和股东有限责任把投资风险转嫁给债权人。

由于资本显著不足的判断标准有很大的模糊性，特别是要与公司采取"以小博大"的正常经营方式相区分，因此在适用时要十分谨慎，应当与其他因素结合起来综合判断。

实务经验总结

根据香港中文大学黄辉教授对我国 100 个刺破公司面纱民事判决的实证研

究，刺破公司面纱制度已在我国落地生根，遍地开花，其中刺破率总体高达66%，一人公司的刺破率更是高达100%，这些案例的刺破理由中"人格混同"的刺破率高达60%，位居榜首。公司面纱一旦被刺破，有限责任的隔离墙将轰然倒塌，股东将与公司共存亡。

公司管理的关键在于细节管理，细节管理其实就是法律管理，而法律管理的本质在于风险管理，风险管理的核心在于风险预防、风险化解与风险识别机制。

所以，笔者建议广大企业家一定要注意识别具有法律意义的经营行为与事实，排查公司在经营过程中是否存在资产、财务、机构、人员、业务、场所等各方面存在混同的情况，有则改之无则加勉，将公司面纱被刺破的风险降到最低，砌筑有效的股东有限责任的风险隔离墙。

法规链接

《公司法》（2023年修订）

第二十一条　公司股东应当遵守法律、行政法规和公司章程，依法行使股东权利，不得滥用股东权利损害公司或者其他股东的利益。

公司股东滥用股东权利给公司或者其他股东造成损失的，应当承担赔偿责任。

第二十三条　公司股东滥用公司法人独立地位和股东有限责任，逃避债务，严重损害公司债权人利益的，应当对公司债务承担连带责任。

股东利用其控制的两个以上公司实施前款规定行为的，各公司应当对任一公司的债务承担连带责任。

只有一个股东的公司，股东不能证明公司财产独立于股东自己的财产的，应当对公司债务承担连带责任。

《全国法院民商事审判工作会议纪要》（法〔2019〕254号）

（四）关于公司人格否认

公司人格独立和股东有限责任是公司法的基本原则。否认公司独立人格，由滥用公司法人独立地位和股东有限责任的股东对公司债务承担连带责任，是股东有限责任的例外情形，旨在矫正有限责任制度在特定法律事实发生时对债权人保护的失衡现象。在审判实践中，要准确把握《公司法》第20条第3款规定的精神。一是只有在股东实施了滥用公司法人独立地位及股东有限责任的行为，且该行为严重损害了公司债权人利益的情况下，才能适用。损害债权人利益，主要是指股东滥用权利使公司财产不足以清偿公司债权人的债权。二是只有实施了滥用法人独立地位和股东有限责任行为的股东才对公司债务承担连带清偿责任，而其他股东不应承担此责任。三是公司人格否认不是全面、彻底、永久地否定公司的法人资格，而只是在具体案件中依据特定的法律事实、法律关系，突破股东对公司债务不承担责任的一般规则，例外地判令其承担连带责任。人民法院在个案中否认公司人格的判决的既判力仅仅约束该诉讼的各方当事人，不当然适用于涉及该公司的其他诉讼，不影响公司独立法人资格的存续。如果其他债权人提起公司人格否认诉讼，已生效判决认定的事实可以作为证据使用。四是《公司法》第20条第3款规定的滥用行为，实践中常见的情形有人格混同、过度支配与控制、资本显著不足等。在审理案件时，需要根据查明的案件事实进行综合判断，既审慎适用，又当用则用。实践中存在标准把握不严而滥用这一例外制度的现象，同时也存在因法律规定较为原则、抽象，适用难度大，而不善于适用、不敢于适用的现象，均应当引起高度重视。

10.【人格混同】认定公司人格与股东人格是否存在混同，最根本的判断标准是公司是否具有独立意思和独立财产，最主要的表现是公司的财产与股东的财产是否混同且无法区分。在认定是否构成人格混同时，应当综合考虑以下因素：

（1）股东无偿使用公司资金或者财产，不作财务记载的；

（2）股东用公司的资金偿还股东的债务，或者将公司的资金供关联公司无偿使用，不作财务记载的；

（3）公司账簿与股东账簿不分，致使公司财产与股东财产无法区分的；

（4）股东自身收益与公司盈利不加区分，致使双方利益不清的；

（5）公司的财产记载于股东名下，由股东占有、使用的；

（6）人格混同的其他情形。

在出现人格混同的情况下，往往同时出现以下混同：公司业务和股东业务混同；公司员工与股东员工混同，特别是财务人员混同；公司住所与股东住所混同。人民法院在审理案件时，关键要审查是否构成人格混同，而不要求同时具备其他方面的混同，其他方面的混同往往只是人格混同的补强。

11.【过度支配与控制】公司控制股东对公司过度支配与控制，操纵公司的决策过程，使公司完全丧失独立性，沦为控制股东的工具或躯壳，严重损害公司债权人利益，应当否认公司人格，由滥用控制权的股东对公司债务承担连带责任。实践中常见的情形包括：

（1）母子公司之间或者子公司之间进行利益输送的；

（2）母子公司或者子公司之间进行交易，收益归一方，损失却由另一方承担的；

（3）先从原公司抽走资金，然后再成立经营目的相同或者类似的公司，逃避原公司债务的；

（4）先解散公司，再以原公司场所、设备、人员及相同或者相似的经营目的另设公司，逃避原公司债务的；

（5）过度支配与控制的其他情形。

控制股东或实际控制人控制多个子公司或者关联公司，滥用控制权使多个子公司或者关联公司财产边界不清、财务混同、利益相互输送，丧失人格独立性，沦为控制股东逃避债务、非法经营，甚至违法犯罪工具的，可以综合案件事实，否认子公司或者关联公司法人人格，判令承担连带责任。

12.【资本显著不足】资本显著不足指的是，公司设立后在经营过程中，股东实际投入公司的资本数额与公司经营所隐含的风险相比明显不匹配。股东利用较少资本从事力所不及的经营，表明其没有从事公司经营的诚意，实质是恶意利用公司独立人格和股东有限责任把投资风险转嫁给债权人。由于资本显著不足的判断标准有很大的模糊性，特别是要与公司采取"以小博大"的正常经营方式相区分，因此在适用时要十分谨慎，应当与其他因素结合起来综合判断。

13.【诉讼地位】人民法院在审理公司人格否认纠纷案件时，应当根据不同情形确定当事人的诉讼地位：

（1）债权人对债务人公司享有的债权已经由生效裁判确认，其另行提起公司人格否认诉讼，请求股东对公司债务承担连带责任的，列股东为被告，公司为第三人；

（2）债权人对债务人公司享有的债权提起诉讼的同时，一并提起公司人格否认诉讼，请求股东对公司债务承担连带责任的，列公司和股东为共同被告；

（3）债权人对债务人公司享有的债权尚未经生效裁判确认，直接提起公司人格否认诉讼，请求公司股东对公司债务承担连带责任的，人民法院应当向债权人释明，告知其追加公司为共同被告。债权人拒绝追加的，人民法院应当裁定驳回起诉。

本案链接

以下为该案在法庭审理阶段，判决书中"本院认为"就该问题的论述：

本院认为，本案争议焦点是：廖某某、洪某某是否应对金某公司的债务承担连带清偿责任？根据一、二审查明的事实，围绕各方当事人的诉辩主张，二审法院对当事人的争议焦点综合评述如下：

根据《公司法》第二十条的规定："公司股东应当遵守法律、行政法规和公司章程，依法行使股东权利，不得滥用股东权利损害公司或者其他股东的利益；不得滥用公司法人独立地位和股东有限责任损害公司债权人的利益。公司股东滥用股东权利给公司或者其他股东造成损失的，应当依法承担赔偿责任。公司股东滥用公司法人独立地位和股东有限责任，逃避债务，严重损害公司债权人利益的，应当对公司债务承担连带责任。"本案中，廖某某、洪某某作为金某公司的股东，是否存在滥用公司法人独立地位和股东有限责任损害债权人桂某公司利益的情形，能否适用公司人格否认法理要求其二人对金某公司的债务承担连带清偿责任，应从以下几方面予以考察：

其一，主体要件，公司人格否认法理适用的主体是实施了滥用公司人格和股东有限责任行为的控制股东，即实际参与公司经营管理，并能对公司的主要决策活动施加影响的股东。本案中，廖某某、洪某某作为金某公司唯一的两名股东，实际参与了金某公司的日常管理和经营决策，是金某公司的实际控制股东，故廖某某、洪某某具备作为适用公司人格否认法理的责任主体。

其二，行为要件，是指控制股东实施了滥用公司法人人格的行为，主要表现为公司的人格混同，即公司与股东不分或者合一，指股东与公司之间资产不分、人事交叉、业务相同，与其交易的第三人无法分清是与股东还是公司进行交易。本案中，廖某某、洪某某作为金某公司各持股50%的自然人股东，其股东财产与公司财产是否存在混同，致使金某公司缺乏独立的财产和作为独立人格存在的基础，是认定廖某某、洪某某是否实施滥用公司法人人格行为的重要判断标准。从本案查明的事实来看：首先，金某公司的经营场所是股东廖某某名下的个人房产；其次，2013年3月18日，廖某某将涉案800万元贷款，即2013年3月13日桂某公司从工行贷出后转汇金某公司的800万元款项，从金某公司账户转出其中的450万元用于其股东个人增资扩股；再次，2013年4月，廖某某又从金某公司账户多次转款共计435万元；最后，从金某公司、廖某某、洪某某一审提交的《金某公司支付桂某公司款项明细表》中可以看出，从2012年12月17日至2013年11月13日期间，金某公司与廖某某分别多次从公司账户和个人账户转款至桂某公司账户用于偿还涉案贷款。综上，从本案贷款行为发生起，金某公司账户与股东廖某某的账户之间出现多次转款，金某公司和股东廖某某亦均向出借人桂某公司多次还款，由此可见，金某公司违反公司财产与股东财产分离原则，故可以证实金某公司的财产与股东廖某某的个人财产存在混同。

其三，结果要件，是指滥用公司人格的行为对债权人利益或者社会公共利益造成了严重损害。本案中，从 2013 年 3 月 18 日起，在无合法依据的情形下，廖某某从金某公司账户转出款项至其个人账户共计 885 万元，占金某公司 1088 万元注册资本金的 80% 以上，其挪用公司财产的行为已构成对债权人桂某公司利益的严重损害。

综上，结合公司人格否认的具体适用条件，金某公司的实际控制股东廖某某，其个人财产与公司财产混同，并最终严重损害了本案债权人桂某公司的利益，应对金某公司尚欠桂某公司的债务承担连带清偿责任。洪某某作为金某公司的另一名股东，与廖某某各持金某公司 50% 的股权，二者又为夫妻关系，原审在认定廖某某应对金某公司的债务承担连带责任的情况下，判决洪某某对此亦承担连带责任并无不妥。所以，原审判决认定事实清楚，适用法律正确，实体处理得当，应予维持。

延伸阅读

裁判规则：在债权人提供公司人格混同的证据后，采用举证责任倒置的方式，由公司及股东证明不存在人格混同的情形。

案例：上海市第一中级人民法院审理的嘉某公司诉某银行上海分行储蓄存款合同纠纷案 [（2016）沪 01 民终 11043 号] 认为，《公司法》第二十条第三款规定："公司股东滥用公司法人独立地位和股东有限责任，逃避债务，严重损害公司债权人利益的，应当对公司债务承担连带责任。"关于上诉人是否具有独立人格，根据在案证据，本院作出如下评判：(1) 人员方面，上诉人嘉某公司与 B 公司、C 公司、政珂公司的高管、财务负责人、出纳会计、工商手续经办人、对外联系代表交叉任职，其实际控制人均为郑某某、汤某某夫妇；(2) 经营业务方面，嘉某公司、B 公司、C 公司、政珂公司、昆宁公司均经营钢材、金属材料等业务，对外宣传时信息混同；(3) 办公地点方面，嘉某公司、B 公司、C 公司、政珂公司的实际办公地址均在杨浦区××路××号××楼；(4) 财务方面，上述各公司的资金支配无法区分，资金往来无须债务抵销，均受郑某某、汤某某夫妇控制。上述公司人员混同、业务混同、财产混同，办公地点相同，对外代表均为郑某某或汤某某，实属公司人格混同，不具有独立人格。就公司人格否认的主张，因公司内部账目、财务、业务流程私密性较强，外人难窥其明细，若固守举证责任分配的一般规则，会导致当事人之间举证责任负担的不均衡，此时应根据当事人对证据的接近程度和取得证据的难易等因素确定举证责任的承担方，采用举证责任倒置的方式。本案中，被上诉人在原审中已提交了证明上诉人人格不独立的初步证据，此时举证责任转移到上诉人一方，上诉人在原审中和二审中都未能提供任何证据证明自己人格独立，上诉人未能举证证明自己具有独立人格，公司财产独立于股东财产或其他关联公司财产，则本院根据上述评判认定上诉人不具有独立人格。故嘉某公司、B公司、C公司、政珂公司虽在工商登记部门登记为彼此独立的企业法人，但实际上互相之间界限模糊，人格混同，财务不独立，其公司财产均受郑某某、汤某某夫妇控制，公司财产亦无法独立于郑某某、汤某某夫妇的个人财产。本案中郑某某、汤某某夫妇是昆宁公司向被上诉人借款的连带保证人，现涉案贷款到期，根据《最高额保证协议》的约定，郑某某、汤某某夫妇有义务归还贷款，而上诉人的财产无法独立于其实际控制人汤某某的财产。郑某某、汤某某利用实际控制的公司，逃避银行债务，严重损害债权人利益，其行为背离了法人制度设立的初衷，违反了诚实信用原则，公司实际上沦为股东违法逃债、牟取私利的工具，应当参照《公司法》第二十条第三款的规定，刺破公司面纱，保护债权人的合法权益。故被上诉人自上诉人账户内将资金划转至昆宁公司的账户用于偿还到期贷款是维护自身债权的合法行为，有据可循，本院予以支持；上诉人认为被上诉人未履行保障储户存款安全义务的上诉理由，本院不予支持。

002 公司人格否认制度之"横向刺破公司面纱"

阅读提示

一个公司欠债，其关联公司是否要承担责任？很多人认为不可能，但本案判决结果可能会颠覆你的认识：公司股东滥用公司法人独立地位和股东有限责任，逃避债务，严重损害公司债权人利益的，应当对公司债务承担连带责任。

公司人格独立和股东有限责任是公司法的基本原则。否认公司独立人格，由滥用公司法人独立地位和股东有限责任的股东对公司债务承担连带责任，是股东有限责任的例外情形，旨在矫正有限责任制度在特定法律事实发生时对债权人保护的失衡现象。实践中常见的情形有人格混同、过度支配与控制、资本显著不足等。一旦被认定公司人格与股东人格存在混同，就会被刺破公司面纱。

本书选取的案例系最高人民法院发布的指导案例，各级人民法院在审理类似案件时应当适用。在本案基础上，笔者又总结了七个关于关联公司是否要承担责任的典型案例，其中最终判决要互相承担责任的案例有三个（案例1至案例3），不需互相承担责任的有四个（案例4至案例7）。

通过对以上典型案例的总结，笔者希望公司的所有者以此为鉴，避免控制股东或实际控制人控制多个子公司或者关联公司，滥用控制权使多个子公司或者关联公司财产边界不清、财务混同，利益相互输送，丧失人格独立性，沦为控制股东逃避债务、非法经营，甚至违法犯罪的工具。

裁判要旨

关联公司的人员、业务、财务等方面交叉或混同，导致各自财产无法区分，丧失独立人格的，构成人格混同；关联公司人格混同，严重损害债权人利益的，关联公司对外部债务承担连带责任。

案情简介[①]

川某机械公司及瑞某公司股东均为王某某、倪某。川某工贸公司股东为张某某（王某某之妻，占90%股份）、吴某。在公司人员方面，三个公司经理均为王某某，财务负责人均为凌某，出纳会计均为卢某，工商手续经办人均为张某；三个公司的其他管理人员也交叉任职。

在公司业务方面，三个公司经营范围重合，均从事相关业务，相互之间共用统一格式的《业务手册》《经销协议》，并在对外宣传中区分不明。

在公司财务方面，三个公司共用结算账户，对外支付均为王某某的签字；开具收据时，三者的财务专用章混合使用；三个公司所有债权债务、销售量、业绩、账务均计算在一个公司名下进行业务往来。

后因川某工贸公司拖欠徐某机械公司货款未付，徐某机械公司以川某机械公

[①] 徐某工程机械科技公司（以下简称徐某机械公司）诉成都川某工贸公司等因财产、经营混同承担买卖合同违约连带责任纠纷案，江苏省高级人民法院，(2011) 苏商终字第0107号。

司、瑞某公司与川某工贸公司人格混同，三个公司实际控制人王某某以及其他股东的个人资产与公司资产混同，请求三个公司及王某某等个人对欠款承担连带清偿责任。

该案经徐州市中级人民法院、江苏省高级人民法院一审、二审，均判定三个公司对欠款承担连带清偿责任，但王某某等个人不承担责任。后该案被最高人民法院选入指导性案例。

裁判要点精要

第一，三个公司人格混同。首先，三公司人员混同。三公司的经理、财务负责人、出纳会计、工商手续经办人均相同，其他管理人员亦存在交叉任职的情形。其次，三公司业务混同。三公司实际经营中均涉及工程机械相关业务，经销过程中存在共用销售手册、经销协议的情形；对外进行宣传时信息混同。最后，三公司财务混同。三公司使用共同账户，以王某某的签字作为具体用款依据，对其中的资金及支配无法证明已作区分；三公司与徐某机械公司之间的债权债务、业绩、账务及返利均计算在川某工贸公司名下。因此，三公司之间表征人格的因素（人员、业务、财务等）高度混同，导致各自财产无法区分，已丧失独立人格，构成人格混同。

第二，三个公司应承担连带清偿责任。公司人格独立是其作为法人独立承担责任的前提。公司的独立财产是公司独立承担责任的物质保证，公司的独立人格也突出地表现在财产的独立上。当关联公司的财产无法区分，丧失独立人格时，就丧失了独立承担责任的基础。《公司法》（2005年修订）第二十三条第一款规定："公司股东滥用公司法人独立地位和股东有限责任，逃避债务，严重损害公司债权人利益的，应当对公司债务承担连带责任。"本案中，三个公司虽在工商登记部门登记为彼此独立的企业法人，但实际上相互之间界限模糊、人格混同，其中川某工贸公司承担所有关联公司的债务却无力清偿，又使其他关联公司逃避巨额债务，严重损害了债权人的利益。上述行为违背了法人制度设立的宗旨，违背了诚实信用原则，其行为本质和危害结果与《公司法》第二十三条第一款规定的情形相当，故参照该规定，三个公司应当承担连带清偿责任。

实务经验总结

为避免未来发生类似纷争，提出如下建议：

一、对于关联公司来讲，务必从细节着手，切忌出现人格混同、过度支配与控制、资本显著不足等情况，造成股东滥用权利使公司财产不足以清偿公司债权人的债权。股东和公司及关联公司，务必在人员、业务、财务、机构、对外宣传等多个方面做到相互独立，避免被认定为人格混同。例如，在人员方面，对于法定代表人、总经理、财务负责人、会计、出纳、项目负责人等各关联公司自行聘任，在股东方面也不要完全重合；在业务方面，各关联公司需要相互配合，特别是工商营业执照上的经营范围不要重合，经营的业务领域、目标客户等也要互相独立，对外做到独立宣传，特色明显；在财务方面，各公司建立独立的账户与账簿，资金来往需有合同依据，资金审批避免同一人经手，财务印章不可混合使用，各类债权债务、营业收入、业绩、账务均独立核算。

二、对债权人来讲，若请求关联公司承担连带责任，不能仅仅从关联公司的股东及法定代表人为同一人、办公地点相同这些方面努力，重要的是要证明各关联公司财务混同，包括是否使用同一账户、使用同一账簿，是否为同一审批人，是否混用财务章等。另外，债权人还需对滥用公司法人人格、转移债务、严重损害其利益的情形进行举证。

法规链接

《公司法》（2023年修订）

第三条第一款　公司是企业法人，有独立的法人财产，享有法人财产权。公司以其全部财产对公司的债务承担责任。

第二十一条　公司股东应当遵守法律、行政法规和公司章程，依法行使股东权利，不得滥用股东权利损害公司或者其他股东的利益。

公司股东滥用股东权利给公司或者其他股东造成损失的，应当承担赔偿责任。

第二十三条第一款、第二款　公司股东滥用公司法人独立地位和股东有限责任，逃避债务，严重损害公司债权人利益的，应当对公司债务承担连带责任。

股东利用其控制的两个以上公司实施前款规定行为的，各公司应当对任一公司的债务承担连带责任。

《全国法院民商事审判工作会议纪要》（法〔2019〕254号）

（四）关于公司人格否认

公司人格独立和股东有限责任是公司法的基本原则。否认公司独立人格，由滥用公司法人独立地位和股东有限责任的股东对公司债务承担连带责任，是股东有限责任的例外情形，旨在矫正有限责任制度在特定法律事实发生时对债权人保护的失衡现象。在审判实践中，要准确把握《公司法》第20条第3款规定的精神。一是只有在股东实施了滥用公司法人独立地位及股东有限责任的行为，且该行为严重损害了公司债权人利益的情况下，才能适用。损害债权人利益，主要是指股东滥用权利使公司财产不足以清偿公司债权人的债权。二是只有实施了滥用法人独立地位和股东有限责任行为的股东才对公司债务承担连带清偿责任，而其他股东不应承担此责任。三是公司人格否认不是全面、彻底、永久地否定公司的法人资格，而只是在具体案件中依据特定的法律事实、法律关系，突破股东对公司债务不承担责任的一般规则，例外地判令其承担连带责任。人民法院在个案中否认公司人格的判决的既判力仅仅约束该诉讼的各方当事人，不当然适用于涉及该公司的其他诉讼，不影响公司独立法人资格的存续。如果其他债权人提起公司人格否认诉讼，已生效判决认定的事实可以作为证据使用。四是《公司法》第20条第3款规定的滥用行为，实践中常见的情形有人格混同、过度支配与控制、资本显著不足等。在审理案件时，需要根据查明的案件事实进行综合判断，既审慎适用，又当用则用。实践中存在标准把握不严而滥用这一例外制度的现象，同时也存在因法律规定较为原则、抽象，适用难度大，而不善于适用、不敢于适用的现象，均应当引起高度重视。

10.【人格混同】认定公司人格与股东人格是否存在混同，最根本的判断标准是公司是否具有独立意思和独立财产，最主要的表现是公司的财产与股东的财产是否混同且无法区分。在认定是否构成人格混同时，应当综合考虑以下因素：

（1）股东无偿使用公司资金或者财产，不作财务记载的；

（2）股东用公司的资金偿还股东的债务，或者将公司的资金供关联公司无偿使用，不作财务记载的；

（3）公司账簿与股东账簿不分，致使公司财产与股东财产无法区分的；

（4）股东自身收益与公司盈利不加区分，致使双方利益不清的；

（5）公司的财产记载于股东名下，由股东占有、使用的；

（6）人格混同的其他情形。

在出现人格混同的情况下，往往同时出现以下混同：公司业务和股东业务混同；公司员工与股东员工混同，特别是财务人员混同；公司住所与股东住所混同。人民法院在审理案件时，关键要审查是否构成人格混同，而不要求同时具备其他方面的混同，其他方面的混同往往只是人格混同的补强。

11.【过度支配与控制】公司控制股东对公司过度支配与控制，操纵公司的决策过程，使公司完全丧失独立性，沦为控制股东的工具或躯壳，严重损害公司债权人利益，应当否认公司人格，由滥用控制权的股东对公司债务承担连带责任。实践中常见的情形包括：

（1）母子公司之间或者子公司之间进行利益输送的；

（2）母子公司或者子公司之间进行交易，收益归一方，损失却由另一方承担的；

（3）先从原公司抽走资金，然后再成立经营目的相同或者类似的公司，逃避原公司债务的；

（4）先解散公司，再以原公司场所、设备、人员及相同或者相似的经营目的另设公司，逃避原公司债务的；

（5）过度支配与控制的其他情形。

控制股东或实际控制人控制多个子公司或者关联公司，滥用控制权使多个子公司或者关联公司财产边界不清、财务混同、利益相互输送，丧失人格独立性，沦为控制股东逃避债务、非法经营，甚至违法犯罪工具的，可以综合案件事实，否认子公司或者关联公司法人人格，判令承担连带责任。

12.【资本显著不足】资本显著不足指的是，公司设立后在经营过程中，股东实际投入公司的资本数额与公司经营所隐含的风险相比明显不匹配。股东利用较少资本从事力所不及的经营，表明其没有从事公司经营的诚意，实质是恶意利用公司独立人格和股东有限责任把投资风险转嫁给债权人。由于资本显著不足的判断标准有很大的模糊性，特别是要与公司采取"以小博大"的正常经营方式相区分，因此在适用时要十分谨慎，应当与其他因素结合起来综合判断。

13.【诉讼地位】人民法院在审理公司人格否认纠纷案件时，应当根据不同情形确定当事人的诉讼地位：

（1）债权人对债务人公司享有的债权已经由生效裁判确认，其另行提起公司人格否认诉讼，请求股东对公司债务承担连带责任的，列股东为被告，公司为第三人；

（2）债权人对债务人公司享有的债权提起诉讼的同时，一并提起公司人格否认诉讼，请求股东对公司债务承担连带责任的，列公司和股东为共同被告；

（3）债权人对债务人公司享有的债权尚未经生效裁判确认，直接提起公司人格否认诉讼，请求公司股东对公司债务承担连带责任的，人民法院应当向债权人释明，告知其追加公司为共同被告。债权人拒绝追加的，人民法院应当裁定驳回起诉。

本案链接

以下为最高人民法院选登的"裁判理由"部分的论述：

本法院生效裁判认为：针对上诉范围，二审争议焦点为川某机械公司、瑞某公司与川某工贸公司是否人格混同，应否对川某工贸公司的债务承担连带清偿责任。

川某工贸公司与川某机械公司、瑞某公司人格混同。一是三个公司人员混同。三个公司的经理、财务负责人、出纳会计、工商手续经办人均相同，其他管理人员亦存在交叉任职的情形，川某工贸公司的人事任免存在由川某机械公司决定的情形。二是三个公司业务混同。三个公司实际经营中均涉及工程机械相关业务，经销过程中存在共用销售手册、经销协议的情形；对外进行宣传时信息混同。三是三个公司财务混同。三个公司使用共同账户，以王某某的签字作为具体用款依据，对其中的资金及支配无法证明已作区分；三个公司与徐某机械公司之间的债权债务、业绩、账务及返利均计算在川某工贸公司名下。因此，三个公司之间表征人格的因素（人员、业务、财务等）高度混同，导致各自财产无法区分，已丧失独立人格，构成人格混同。

川某机械公司、瑞某公司应当对川某工贸公司的债务承担连带清偿责任。公司人格独立是其作为法人独立承担责任的前提。《公司法》第三条第一款规定："公司是企业法人，有独立的法人财产，享有法人财产权。公司以其全部财产对公司的债务承担责任。"公司的独立财产是公司独立承担责任的物质保证，公司的独立人格也突出地表现在财产的独立上。当关联公司的财产无法区分，丧失独立人格时，就丧失了独立承担责任的基础。《公司法》第二十条第三款规定："公司股东滥用公司法人独立地位和股东有限责任，逃避债务，严重损害公司债权人利益的，应当对公司债务承担连带责任。"本案中，三个公司虽在工商登记部门登记为彼此独立的企业法人，但实际上相互之间界限模糊、人格混同，其中川某工贸公司承担所有关联公司的债务却无力清偿，又使其他关联公司逃避巨额债务，严重损害了债权人的利益。上述行为违背了法人制度设立的宗旨，违背了诚实信用原则，其行为本质和危害结果与《公司法》第二十条第三款规定的情形相当，故参照《公司法》第二十条第三款的规定，川某机械公司、瑞某公司对川某工贸公司的债务应当承担连带清偿责任。

延伸阅读

关于要求关联公司承担责任，成功胜诉的三个案例及失败的四个案例如下：

裁判规则一：关联公司的人员、业务、财务等方面交叉或混同，导致各自财产无法区分，丧失独立人格的，构成人格混同，严重损害债权人利益的，关联公司相互之间对外部债务应承担连带责任（因为构成公司人格否认、要求关联公司承担责任成功胜诉的案例）。

案例1：河北省高级人民法院审理的二某二局四公司与凤某公司、奎某公司建设工程施工合同纠纷案［（2014）冀民一终208号］认为，公司作为法人，其运行基础是人的组合，不同公司间一旦组织机构混同，极易导致公司财务、利益整体性混同，公司的独立性将不复存在。本案凤某公司与奎某公司在履行施工合同期间，法定代表人同为郑某某，郑某某同时在两公司各拥有90%股份，且两公司同时任用黄某某为该工程财务人员，两公司的工作人员存在重叠，因此可以认定两公司间组织机构混同。另，奎某公司以自己的名义对外发包凤某公司承包的本案工程，其行为业已表明两公司的实际经营内容一致，实际业务混同。奎某公司以自己的名义在二某二局四公司支取工程款，凤某公司对其支取款项予以确认，且两公司在该工程中均由财务人员黄某某对外办理业务，两公司亦存在财务混同的情形。总之，两公司在组织机构、财务及业务方面均存在混同现象，人格特征高度一致，两公司存在法人人格混同。对于吴某某诉凤某公司柴油买卖纠纷一案，揭东县人民法院认定了该柴油用于此工程施工。该判决生效后，揭东县人民法院在给二某二局四公司下发的执行通知书中载明，未发现凤某公司有可供执行的财产。故在关联公司利用人格混同逃避债务时，为维护债权人的正当利益，应参照《公司法》第二十条第三款的规定，由关联公司对债务承担连带清偿责任。原审以在该工程中凤某公司与奎某公司存在组织机构、财务及业务混同的情况下，判决两公司对二某二局四公司承担连带清偿责任并无不当。

案例2：广东省深圳市中级人民法院审理的柯某亚公司与深圳桑某公司、重庆桑某公司买卖合同纠纷案［（2014）深中法商终1696号］认为，深圳桑某公司和重庆桑某公司在与柯某亚公司进行涉案交易期间，已构成公司人格混同，理由如下：

一、两家公司业务混同。深圳桑某公司和重庆桑某公司的经营范围均为生产经营汽车音响、影音显示系统、电子产品的贴片、插件、GPS 导航系统、便携式多功能掌上电脑、车身总线控制模块及车载雷达。在实际经营中，深圳桑某公司和重庆桑某公司向柯某亚公司采购同类货品，并使用格式、内容相同的采购订单，电话、传真号码一致。送货地点均为深圳桑某公司的住所地。上诉事实足以认定深圳桑某公司和重庆桑某公司存在业务混同的情形。

二、两家公司人员混同。在重庆桑某公司 2009 年 7 月成为持有深圳桑某公司 100%股权的股东之前，深圳桑某公司和重庆桑某公司的股东均为桑德（香港）科技有限公司，且均持有 100%股权。高级管理人员在两公司交叉任职，其中宋某某在担任重庆桑某公司的总经理期间，同时担任深圳桑某公司的执行董事。在与柯某亚公司进行交易时，深圳桑某公司和重庆桑某公司的采购人员均为严某某、批准人均为贾某某。上诉事实足以认定深圳桑某公司和重庆桑某公司存在人员混同的情形。

三、两家公司财务混同。重庆桑某公司成立后不久即成为深圳桑某公司持股 100%的股东，即深圳桑某公司为一人有限责任公司，根据《公司法》第六十四条的规定，重庆桑某公司作为深圳桑某公司的股东，应当证明深圳桑某公司的财产独立于重庆桑某公司的财产，否则应当对深圳桑某公司的债务承担连带责任。本案中，重庆桑某公司虽然提交了其 2010 年至 2012 年的年度财务报表及审计报告，并据此主张两公司财务独立，但从一审法院查明的事实分析，重庆桑某公司的监事李某某，代表深圳桑某公司与柯某亚公司签订《货款支付协议》，确认深圳桑某公司未支付柯某亚公司货款 1255983.71 元；重庆桑某公司原法定代表人李某某发出《致各位供应商朋友的一封信》，认可深圳桑某公司拖欠供应商货款的事实，上述事实足以认定深圳桑某公司和重庆桑某公司存在财务混同的情形，重庆桑某公司提交的年度财务报表及审计报告不足以推翻该认定。

综合上述分析，本院认为在涉案的交易期间，深圳桑某公司和重庆桑某公司存在公司人格混同的情形，参照《公司法》第二十条第三款的规定，重庆桑某公司应就深圳桑某公司对柯某亚公司的涉案货款债务承担连带清偿责任。

案例3：广东省四会市人民法院审理的肇某公司与东莞宝某公司、方某某承揽合同纠纷案〔（2015）肇四法大民初103号〕认为，针对被告深圳宝某股份公司、湖北宝某公司、什邡宝某公司、宝某（天津）公司、宝某（吉林）公司、宝某（南通）公司与被告东莞宝某公司之间是否人格混同，应否对被告东莞宝某公司的债务承担连带清偿责任的问题。

首先,上述七被告之间确实存在公司人员混同,七被告的法定代表人均相同,被告方某某作为管理人员及法定代表人在上述七被告内存在交叉任职的情形。

其次,上述七被告的公司业务存在混同,经营范围均涉及:塑钢门窗、铝门窗、幕墙、钢结构的生产、销售;建设工程设计、施工;公路交通工程、隧道工程的设计与施工等内容,其中被告东莞宝某公司、湖北宝某公司、什邡宝某公司、宝某(天津)公司、宝某(吉林)公司、宝某(南通)公司的经营范围被被告深圳宝某股份公司的经营范围完全覆盖。

最后,从被告深圳宝某股份公司向原告回函的内容也可以看出,被告深圳宝某公司主动承诺将全资子公司即被告东莞宝某公司的债务作为其债务一并处理,被告深圳宝某公司与被告东莞宝某公司之间并没有明确的财务区分,而2014年期间,七被告之间也存在大量资金往来,七被告在收到原告的起诉状及证据材料后均未到庭提出抗辩及举证证明上述资金往来的原因及用途,无法证明财务之间存在明确的区分,故本院采纳原告关于上述七被告的财务存在混同的观点。

综上,上述七被告之间表征人格的因素(人员、业务、财务等)高度混同,导致各自的财产无法区分,已丧失独立人格,构成人格混同。

《公司法》第二十条第三款规定:"公司股东滥用公司法人独立地位和股东有限责任,逃避债务,严重损害公司债权人利益的,应当对公司债务承担连带责任。"被告深圳宝某股份公司及其法定代表人方某某利用被告深圳宝某股份公司对被告东莞宝某公司、湖北宝某公司、什邡宝某公司、宝某(天津)公司、宝某(吉林)公司、宝某(南通)公司的控制权,无视各公司的独立人格,随意处置、混淆各个公司的财产及债权债务关系,造成各个公司的人员、财产等无法区分的情形,有可能损害原告作为债权人的合法权益,故被告深圳宝某股份公司、湖北宝某公司、什邡宝某公司、宝某(天津)公司、宝某(吉林)公司、宝某(南通)公司应对被告东莞宝某公司的债务承担连带清偿责任。

裁判规则二:人格否认制度须审慎使用,债权人需对人员、业务、财务等混同事实承担举证责任(要求确认公司人格否认、未能成功要求关联公司承担责任的案例)。

案例4:四川省成都市中级人民法院审理的爱某公司与利某行公司、海某公司加工合同纠纷案〔(2015)成民终7951号〕认为,公司法人人格否认制度作为民法的原则，应当审慎适用。上诉人称利某行公司与海某公司对货物不加区分，任意调取不加计算运费和利润、人员调配且不计算人力资金占用利息，且以上情况一直持续，并不加以清算、难以清算或者互不认可清算结果，使得其资产难以区分、构成混同。在企业财产混同的情况下，公司的营业场所、机器设备以及办公用品难分彼此，企业名下的财产可以被其他企业法人随意处分，公司的财会账簿不明晰，资金流向不知所终的情形下才构成财产混同。上诉人向法庭出示的证据只能证明双方有资金往来，并不能证明双方资金难以区分、两公司的账簿不明晰等问题。在本案中，虽然有人员交叉任职的情形，但并不是统一调配，无区分任用的，未达到一方对另一方控制导致损害债权人利益的程度，故对其该上诉理由不予支持。

案例5：宁波海事法院审理的鸿某公司与海某公司、都某公司船舶物料和备品供应合同纠纷案[（2016）浙72民初772号]认为，关联公司的人员、业务、财务等方面交叉或混同，导致各自财产无法区分，丧失独立人格的，构成人格混同；关联公司人格混同，严重损害债权人利益的，关联公司相互之间对外部债务承担连带责任。尽管海某公司与都某公司在2014年10月17日之前的法定代表人都是郭某某，且部分股东重合，经营范围也相同，但两家公司住所地不一，股东组成存在差异，账户各自独立。鸿某公司在本案中未能举证证明两家公司之间因人员、业务、财务等方面交叉或混同，导致各自财产无法区分，丧失独立人格，从而构成人格混同。因此，鸿某公司以海某公司与都某公司存在人格混同为由，认为涉案三艘船舶加油款由海某公司结算的主张，证据不足，理由不成立，不予采纳。

案例6：广东省深圳市中级人民法院审理的十某研究所与艾某尔公司买卖合同纠纷案[（2016）粤03民终6701号]认为，按照最高人民法院指导案例15号"徐某集团工程机械股份有限公司诉成都川某工贸有限责任公司等买卖合同纠纷案"所确定的裁判要旨，关联公司的人员、业务、财务等方面交叉或混同，导致各自财产无法区分，丧失独立人格的，构成人格混同；关联公司人格混同，严重损害债权人利益的，关联公司相互之间对外部债务承担连带责任。本案中，虽然张家港国某公司或靖江国某公司的共同法定代表人是十某研究所的员工，十某研究所也是张家港国某公司发起股东，具有关联关系，但是十某研究所是国有事业法人企业，其注册地及经营地在南京市，张家港国某公司和靖江国某公司实际经营地点都在江苏靖江市，无证据证明十某研究所与张家港国某公司、靖江国某公司在人员、业务和财务等方面交叉或混同，导致各自财产无法区分。因此，本案不应参照适用该指导性案例。

案例7：广东省深圳市南山区人民法院审理的偶某公司与迪某恒兴公司、迪某视讯公司建设工程设计合同纠纷案[（2016）粤0305民初8706号]认为，关于被告迪某视讯公司应否对被告迪某恒兴公司的涉案债务承担连带责任。从两公司的工商注册信息来看，原告提交的被告迪某恒兴公司的股东信息、被告迪某视讯公司关于控股股东质押公告、北京安某恒兴投资有限公司的工商登记和股东信息打印件显示北京安某恒兴投资有限公司系被告迪某恒兴公司出资比例93.2%的股东，系被告迪某视讯公司第一大股东；安某恒兴公司注册资本2300万元，季某出资额为2040万元；北京安某恒兴投资有限公司、两被告的法定代表人均为季某；两被告的住所地均在某集成电路设计应用产业园，仅能证明两被告存在关联关系，并不能由此推断两被告法人人格存在混同。

003 公司人格否认制度之"反向刺破公司面纱"

裁判规则一：反向刺破公司面纱——在股东滥用法人人格，导致股东与公司人格混同，损害债权人利益的，在特定个案中，法院可能会刺破公司面纱，否定公司独立人格的存在，使股东对公司的债务承担责任。

案例：辽宁省沈阳市中级人民法院审理的惠某公司与市某建公司、新某方公司债务纠纷案[（2010）沈民二终264号]①认为，惠某公司持有新某方公司51%的股份，在本案纠纷中，二者在人员、业务管理、资金方面存在人格混同情形，具体表现在：新某方公司董事长杨某生同时又是惠某公司的董事，就涉诉工程对外发包时无论是在新某方公司成立之前或成立之后，惠某公司代理人文某均在合同发包方处署名，表明在人员、业务管理方面，惠某公司与新某方公司已无法区分；在合同履行方面，无论新某方公司成立前或成立后，惠某公司均存在支付工程款的事实（自惠某公司与市某建公司订立合同最初时间2003年7月至惠某公司最后一笔付款时间2008年1月，前后长达4年之久），而且对于市某建公司以惠某公司为付款人所开具的发票及收据，惠某公司照收不误，未提出任何异

---

① 上述案例参阅该案主审法官撰写的文章。陈林、贾宏斌：《反向刺破公司面纱——公司法人格否认规则的扩张适用》，载《人民司法》2010年第14期。

议。上述事实表明惠某公司与新某方公司较长时间内在经营与资金方面难分彼此。公司法人独立地位和有限责任是现代公司两大基石，若存在股东滥用法人人格和股东有限责任，导致股东与公司人格混同的，则令滥用独立人格的股东对公司债务承担民事责任，此为《公司法》第二十条所明确规定。由于存在股东与公司人格混同，股东须对公司债务承担责任，自不待言，而公司须为股东债务承担责任，也应是《公司法》第二十条有关法人人格否认规定的题中应有之义。另外，新某方公司通过询证函形式业已确认上述所欠债务。结合本案事实，新某方公司应对其股东惠某公司的债务承担连带责任。

004 公司人格否认制度之"刺破一人有限责任公司面纱"

阅读提示

笔者在北京某法院办理一起股权纠纷案件，被告为一人有限责任公司，因该公司拖欠客户数百万元款项未还，但其注册资本只有十万元，且存在与唯一股东混用账户的情况，故我方要求该一人公司与股东承担连带清偿责任，但主办法官当庭表示不允许追加股东为被告，只有在执行清算之时才能要求股东承担连带责任。

由此看来，在案件的实体审判阶段，是否可以直接要求一人公司的股东承担连带责任以及要求股东承担带责任的诉讼请求如何表述，一人公司与股东财务混同的举证责任分配，以及判断是否构成财务混同需要考量的因素主要有哪些，这些问题困扰的不仅是办案的律师，还有审案的法官。下文笔者将通过最高人民法院的一则公报案例阐述上面几个问题，以期对大家有所帮助。

裁判要旨

一、在一人公司法人人格否认之诉中，应区分作为原告的债权人起诉所基于的事由。若债权人以一人公司的股东与公司存在财产混同为由起诉要求股东对公司债务承担连带清偿责任，应实行举证责任倒置，由被告股东对其个人财产与公司财产之间不存在混同承担举证责任。而其他情形下需遵循关于有限责任公司法人人格否认举证责任分配的一般原则，即折中的举证责任分配原则。

二、对于一人公司的财产与股东个人财产是否混同，应当对审查公司是否建立了独立规范的财务制度、财务支付是否明晰、是否具有独立的经营场所等进行综合考量。

案情简介[①]

嘉某德公司为一人有限责任公司，其唯一股东为陈某某。

2012年8月2日，应某某与嘉某德公司签订《投资合同》，约定：应某某对嘉某德公司进行投资1000万元，首期投资200万元；签约后三个月内，应某某有权单方撤销此投资合约，合约撤销后，公司同意无条件退还投资款；并将关联方均某公司的业务转移至嘉某德公司运营。

2012年8月6日，应某某向嘉某德公司支付投资款2081633元。2012年9月29日，应某某以公司财务混乱为由提出撤销合约，并要求退还汇款2081633元。

陈某某仅同意退还40万元及50万元商品，剩余款项因已用于公司经营不同意退还。随后，实际退还40万元。

此后，应某某经多次催要，嘉某德公司及陈某某均拒绝退还余款，遂提起诉讼，要求判令：嘉某德公司返还投资款1681633元，陈某某对付款义务承担连带清偿责任。

本案经上海市长宁区人民法院一审，判定嘉某德公司与陈某某连带赔偿1681633元；嘉某德公司与陈某某不服上诉至上海市第一中级人民法院，经审理改判陈某某不承担连带责任。该案后被最高人民法院选登为公报案例。

裁判要点精要

本案中，根据《公司法》（2013年修正）第六十三条[②]之规定，一人有限责任公司的股东不能证明公司财产独立于股东自己的财产的，应当对公司债务承担连带责任。该规定要求一人有限责任公司的股东将公司财产与个人财务严格分离，且股东应就其个人财产是否与公司财产相分离负举证责任。

陈某某提供了嘉某德公司的相关审计报告，可以反映嘉某德公司有独立完整

[①] 最高人民法院公报案例（2016年第10期）——应某某诉嘉某德（上海）商贸有限公司、陈某某其他合同纠纷案，一审案号：上海市长宁区人民法院（2013）长民二（商）初S829号；二审案号：上海市第一中级人民法院（2014）沪一中民四（商）终S1267号。

[②] 参照《公司法》（2023年修订）第二十三条第三款，只有一个股东的公司，股东不能证明公司财产独立于股东自己的财产的，应当对公司债务承担连带责任。

的财务制度，相关财务报表亦符合会计准则及国家外汇管理的规定，且未见有公司财产与股东个人财产混同的迹象，可以基本反映嘉某德公司财产与陈某某个人财产相分离的事实。

另外，我国《公司法》（2013年修正）第六十三条的规定，旨在限制一人有限责任公司股东采用将公司财产与个人财产混同等手段，逃避债务，损害公司债权人的利益。因此，股东对公司债务承担连带清偿责任的前提是该股东的个人财产与公司财产出现了混同。

虽然应某某提出部分投资未用于嘉某德公司自身的经营而是用于均某公司，然而根据合同约定，均某公司的业务需转移至嘉某德公司经营，将投资款用于均某公司业务支出亦无不可，且无款项转入陈某某个人账户的记录。因此，应某某提出的异议并不能反映嘉某德公司财产与陈某某个人财产有混同的迹象，不足以否定上诉人的举证。陈某某不应对嘉某德公司的债务承担连带清偿责任。

实务经验总结

为避免未来发生类似纷争或败诉，提出如下建议：

第一，对于一人公司的股东来讲，务必要做到自己的财产与公司的财产完全独立，切记不要和公司混用账户，建立独立规范的财务制度、划清公司支付与股东支付的界限，除法定分红和减资外，不要在公司支取费用，设立独立的经营场所，必要时聘请会计师事务所出具审计报告，严格划清个人财产和公司财产的界限。

第二，对于"夫妻店""父子兵"类型的有限责任公司来讲，虽然表面上看其并不是一人公司，但如果在公司注册时未提供家庭财产的分割证明，部分法院直接将夫妻股东或父子股东的出资视为家庭单一体出资，进而将公司实质上认定为一人公司，当股东不能证明家庭财产独立于公司财产时需要承担连带责任，如此一来，设立公司承担有限责任的目的就落空了。所以，"夫妻店""父子兵"的公司股东务必要向工商部门提供财产分割证明，并严格做好财务分割，避免家庭财产与公司财产混同（具体裁判案例见延伸阅读后三个判例）。

第三，在案件的实体审理阶段，债权人可以直接将一人公司的股东列为被告，要求其与公司承担连带清偿责任，否则人格否认之诉就没有存在的必要了。但是，债权人及其代理律师在阐述该项诉讼请求时，其诉讼理由需明确载明"因一人公司的股东与公司存在财产混同，故请求二者承担连带责任"。

第四，对于一人公司人格否认制度的举证责任需要视情况而定。当债权人以一人公司的股东与公司存在财产混同为由起诉要求股东对公司债务承担连带责任，应实行举证责任倒置，由股东对其个人财产与公司财产之间不存在混同承担举证责任。

但是对于财产混同外的其他情形下（人员混同、业务混同、机构混同等），需遵循关于有限责任公司法人人格否认举证责任分配的一般原则，由债权人自己进行举证。

所以，债权人请求股东承担连带责任时提起的事实主张一定是股东与一人公司构成财务混同，要求股东自己提供证据证明其未构成财产混同。

法规链接

《公司法》（2023年修订）

第二十一条 公司股东应当遵守法律、行政法规和公司章程，依法行使股东权利，不得滥用股东权利损害公司或者其他股东的利益。

公司股东滥用股东权利给公司或者其他股东造成损失的，应当承担赔偿责任。

第二十三条 公司股东滥用公司法人独立地位和股东有限责任，逃避债务，严重损害公司债权人利益的，应当对公司债务承担连带责任。

股东利用其控制的两个以上公司实施前款规定行为的，各公司应当对任一公司的债务承担连带责任。

只有一个股东的公司，股东不能证明公司财产独立于股东自己的财产的，应当对公司债务承担连带责任。

《全国法院民商事审判工作会议纪要》（法〔2019〕254号）

（四）关于公司人格否认

公司人格独立和股东有限责任是公司法的基本原则。否认公司独立人格，由滥用公司法人独立地位和股东有限责任的股东对公司债务承担连带责任，是股东有限责任的例外情形，旨在矫正有限责任制度在特定法律事实发生时对债权人保护的失衡现象。在审判实践中，要准确把握《公司法》第20条第3款规定的精神。一是只有在股东实施了滥用公司法人独立地位及股东有限责任的行为，且该行为严重损害了公司债权人利益的情况下，才能适用。损害债权人利益，主要是指股东滥用权利使公司财产不足以清偿公司债权人的债权。二是只有实施了滥用法人独立地位和股东有限责任行为的股东才对公司债务承担连带清偿责任，而其他股东不应承担此责任。三是公司人格否认不是全面、彻底、永久地否定公司的法人资格，而只是在具体案件中依据特定的法律事实、法律关系，突破股东对公司债务不承担责任的一般规则，例外地判令其承担连带责任。人民法院在个案中否认公司人格的判决的既判力仅仅约束该诉讼的各方当事人，不当然适用于涉及该公司的其他诉讼，不影响公司独立法人资格的存续。如果其他债权人提起公司人格否认诉讼，已生效判决认定的事实可以作为证据使用。四是《公司法》第20条第3款规定的滥用行为，实践中常见的情形有人格混同、过度支配与控制、资本显著不足等。在审理案件时，需要根据查明的案件事实进行综合判断，既审慎适用，又当用则用。实践中存在标准把握不严而滥用这一例外制度的现象，同时也存在因法律规定较为原则、抽象，适用难度大，而不善于适用、不敢于适用的现象，均应当引起高度重视。

10.【人格混同】认定公司人格与股东人格是否存在混同，最根本的判断标准是公司是否具有独立意思和独立财产，最主要的表现是公司的财产与股东的财产是否混同且无法区分。在认定是否构成人格混同时，应当综合考虑以下因素：

（1）股东无偿使用公司资金或者财产，不作财务记载的；

（2）股东用公司的资金偿还股东的债务，或者将公司的资金供关联公司无偿使用，不作财务记载的；

（3）公司账簿与股东账簿不分，致使公司财产与股东财产无法区分的；

（4）股东自身收益与公司盈利不加区分，致使双方利益不清的；

（5）公司的财产记载于股东名下，由股东占有、使用的；

（6）人格混同的其他情形。

在出现人格混同的情况下，往往同时出现以下混同：公司业务和股东业务混同；公司员工与股东员工混同，特别是财务人员混同；公司住所与股东住所混同。人民法院在审理案件时，关键要审查是否构成人格混同，而不要求同时具备其他方面的混同，其他方面的混同往往只是人格混同的补强。

11.【过度支配与控制】公司控制股东对公司过度支配与控制，操纵公司的决策过程，使公司完全丧失独立性，沦为控制股东的工具或躯壳，严重损害公司债权人利益，应当否认公司人格，由滥用控制权的股东对公司债务承担连带责任。实践中常见的情形包括：

（1）母子公司之间或者子公司之间进行利益输送的；

（2）母子公司或者子公司之间进行交易，收益归一方，损失却由另一方承担的；

（3）先从原公司抽走资金，然后再成立经营目的相同或者类似的公司，逃避原公司债务的；

（4）先解散公司，再以原公司场所、设备、人员及相同或者相似的经营目的另设公司，逃避原公司债务的；

（5）过度支配与控制的其他情形。

控制股东或实际控制人控制多个子公司或者关联公司，滥用控制权使多个子公司或者关联公司财产边界不清、财务混同、利益相互输送，丧失人格独立性，沦为控制股东逃避债务、非法经营，甚至违法犯罪工具的，可以综合案件事实，否认子公司或者关联公司法人人格，判令承担连带责任。

12.【资本显著不足】资本显著不足指的是，公司设立后在经营过程中，股东实际投入公司的资本数额与公司经营所隐含的风险相比明显不匹配。股东利用较少资本从事力所不及的经营，表明其没有从事公司经营的诚意，实质是恶意利用公司独立人格和股东有限责任把投资风险转嫁给债权人。由于资本显著不足的判断标准有很大的模糊性，特别是要与公司采取"以小博大"的正常经营方式相区分，因此在适用时要十分谨慎，应当与其他因素结合起来综合判断。

13.【诉讼地位】人民法院在审理公司人格否认纠纷案件时，应当根据不同情形确定当事人的诉讼地位：

（1）债权人对债务人公司享有的债权已经由生效裁判确认，其另行提起公司人格否认诉讼，请求股东对公司债务承担连带责任的，列股东为被告，公司为第三人；

（2）债权人对债务人公司享有的债权提起诉讼的同时，一并提起公司人格否认诉讼，请求股东对公司债务承担连带责任的，列公司和股东为共同被告；

（3）债权人对债务人公司享有的债权尚未经生效裁判确认，直接提起公司人格否认诉讼，请求公司股东对公司债务承担连带责任的，人民法院应当向债权人释明，告知其追加公司为共同被告。债权人拒绝追加的，人民法院应当裁定驳回起诉。

本案链接

以下为该案在法院审理阶段，判决书中"本院认为"就该问题的论述：

本院认为：关于上诉人陈某某个人是否应承担连带还款责任的问题。根据《公司法》第六十三条之规定，一人有限责任公司的股东不能证明公司财产独立于股东自己的财产的，应当对公司债务承担连带责任。上述法律规定要求一人有限责任公司的股东将公司财产与个人财产严格分离，且股东应就其个人财产是否与公司财产相分离负举证责任。

本案中，陈某某提供了上诉人嘉某德公司的相关审计报告，可以反映嘉某德公司有独立完整的财务制度，相关财务报表亦符合会计准则及国家外汇管理的规定，且未见有公司财产与股东个人财产混同的迹象，可以基本反映嘉某德公司财产与陈某某个人财产相分离的事实。

应某某认为上述证据不足以证明嘉某德公司财产与陈某某个人财产没有混同，并提出如下异议：审计报告未反映本案诉讼情况；嘉某德公司一审中提供的银行收支报告反映，应某某投资后仅一周，嘉某德公司就向均某公司转移了96万余元，包括发放均某公司员工工资等。

法院认为，我国《公司法》第六十三条的规定，旨在限制一人有限责任公司股东采用将公司财产与个人财产混同等手段，逃避债务，损害公司债权人的利益。因此，股东对公司债务承担连带清偿责任的前提是该股东的个人财产与公司财产出现了混同。然而从本案目前的证据材料可以看出，嘉某德公司收到应某某的投资款后，虽有部分用于支付均某公司的员工工资及货款等费用，但是，根据双方投资合同的约定，应某某投资后，均某公司的业务将全部转入嘉某德公司，因此均某公司的业务支出与应某某的投资项目直接有关；这些费用的支出均用于均某公司的业务支出，并无款项转入陈某某个人账户的记录，而审计报告中是否记载本案诉讼的情况也与财产混同问题无涉。

因此，应某某提出的异议并不能反映嘉某德公司财产与陈某某个人财产有混同的迹象，不足以否定上诉人的举证。陈某某的上诉理由成立，一审判令陈某某对嘉某德公司的债务承担连带清偿责任不当，应依法予以纠正。

延伸阅读

一人公司股东承担连带责任的二则裁判规则。

裁判规则一：一人公司股东不能证明个人财产独立于公司财产，需承担连带责任。

案例1：山东省高级人民法院审理的封某某、姚某某等与澜某湾公司、澜某湾体育公司等服务合同纠纷案［（2016）鲁民终1857号］认为，《公司法》第六十三条规定："一人有限责任公司的股东不能证明公司财产独立于股东自己的财产的，应当对公司债务承担连带责任。"针对一人有限责任公司在股东设置、章程制定、公司决策以及财会制度方面的特殊性，我国公司法在一人有限责任公司的法人人格否认方面采取了举证责任倒置的举证原则。

结合本案来看，澜某湾体育公司为澜某湾公司独资的有限责任公司，符合一人有限责任公司的特征，当封某某等29人主张临沂澜某湾体育休闲俱乐部有限公司与临沂澜某湾实业有限公司之间存在人格混同的事实时，应由临沂澜某湾实业有限公司举证证明其法人财产独立于临沂澜某湾体育休闲俱乐部有限公司法人财产，但临沂澜某湾实业有限公司并未向法庭提供证据证明其法人财产独立于临沂澜某湾体育休闲俱乐部有限公司财产的事实，应承担举证不能的法律后果。因此，一审认定临沂澜某湾实业有限公司对临沂澜某湾体育休闲俱乐部有限公司的债务承担连带责任，是正确的。

案例2：浙江省高级人民法院审理的尤某隆公司与丽某公司、黄某某等财产损害赔偿纠纷案［（2016）浙民申2050号］认为，关于黄某某的责任承担问题，丽某公司系一人有限责任公司，根据《公司法》第六十三条之规定，一人有限责任公司的股东不能证明公司财产独立于股东自己的财产的，应当对公司债务承担连带责任。本案中，尤某隆公司与丽某公司签订的租赁合同中注明的收款账户系黄某某个人账户，相应租金由黄某某个人收取，可以表明，丽某公司与黄某某的财产在一定程度上相互混同，原审判令黄某某对丽某公司的债务承担连带责任，亦无不当。

案例3：江苏省淮安市淮安区人民法院审理的上海岱某公司与中某建公司、于某某建设工程合同纠纷案［（2016）苏0803民初6111号］认为，对于原告上海岱某公司要求被告于某某对被告中汇公司所欠涉案工程款项承担连带责任的诉讼请求，依据《公司法》第六十三条的规定："一人有限责任公司的股东不能证明公司财产独立于股东自己的财产的，应当对公司债务承担连带责任。"被告于某某作为被告中某公司的股东应当承担自己的财产与被告中某公司资产独立的举证责任，而被告于某某没有到庭应诉，其放弃了享有的举证权利，故对原告上海岱某公司的该项请求，本院予以支持。

案例4：河南省高级人民法院审理的京某公司与张某某、金某公司承揽合同纠纷案［（2016）豫民再411号］认为，《公司法》第六十三条规定，一人有限责任公司的股东不能证明公司财产独立于股东自己的财产的，应当对公司债务承担连带责任。依照上述规定，一人有限责任公司的股东对公司财产独立于股东自己的财产，应承担举证责任。如果其举证不能，则应对公司债务承担连带责任。在本案中，金某公司系张某某独自投资开办的一人有限责任公司。张某某在一、二审所提证据并不能证明金某公司财产独立于张某某个人财产，本院再审中张某某亦未提供充分有效证据达到上述证明要求。张某某举证不能，应承担相应的法律后果，对金某公司所欠京某公司债务承担连带责任。

案例5：广州市中级人民法院审理的刘某某与詹某某、华某公司承揽合同纠纷案［（2016）粤01民终14153号］认为，关于詹某某是否应对华某公司债务承担连带责任，根据《公司法》第六十三条的规定，一人有限责任公司的股东不能证明公司财产独立于股东自己的财产的，应当对公司债务承担连带责任。在本案中，詹某某未提供证据证明公司财产独立于自己的财产，应承担举证不能的法律后果。对刘某某要求詹某某对华某公司债务承担连带清偿责任的请求，本院予以支持。

案例6：江西省宁都县人民法院审理的饶某某与被告劼某公司、廖某某承揽合同纠纷案［（2016）赣0730民初169号］认为，关于原告要求被告廖某某对该债务承担连带清偿责任的问题。《公司法》第六十三条规定："一人有限责任公司的股东不能证明公司财产独立于股东自己的财产的，应当对公司债务承担连带责任。"本案中，由于被告劼某公司系由被告廖某某一人设立的独资公司，被告廖某某未能举证证明自己的财产独立于该公司，且公司应付原告的报酬被告廖某某曾从自己个人的账户中支付过部分，也可视为其个人与公司财务混同。故原告请求判决被告廖某某对该债务承担连带责任合法正当，亦应予支持。

裁判规则二："夫妻店""父子兵"类型有限责任公司，未提供财产分割证明，实质为一人公司，股东不能证明财产独立的，应当承担连带责任。

案例7：陕西省略某县人民法院审理的略某县农村信用合作联社与汉中李某公司、李某某、李某柏、李某、略某县睿某农业发展有限公司、略某县浩某农业发展有限公司、谭某、陈某借款合同纠纷案［（2016）陕0727民初684号］认为，根据《公司登记管理若干问题的规定》①第二十三条："家庭成员共同出资设立有限责任公司，必须以各自拥有的财产作为注册资本，并各自承担相应的责

---

① 笔者注：《公司登记管理若干问题的规定》已被《国家工商行政管理总局关于废止有关工商行政管理规章、规范性文件的决定》（发布日期：2006年6月23日；实施日期：2006年6月23日）废止。

任，登记时需提交财产分割的书面证明或者协议。"被告李某柏与李某某系父子关系，在设立李某公司时，未向工商部门提交分割财产的证明。该公司出资人的财产为家庭成员共同财产，其出资体是单一的，实质为一人公司。《公司法》第六十三条规定，一人有限责任公司的股东不能证明公司财产独立于股东自己的财产的，应当对公司债务承担连带责任。因此，原告略某县农村信用合作联社要求被告李某某、李某柏承担连带还款责任的诉讼请求，符合法律规定，本院予以支持。

案例8：陕西省略某县人民法院审理的略某县农村信用合作联社与聚某公司、王某、宋某某、诚某公司、高某某、宋某借款合同纠纷案［（2016）陕0727民初414号］认为，《公司登记管理若干问题的规定》第二十三条规定："家庭成员共同出资设立有限责任公司，必须以各自拥有的财产作为注册资本，并各自承担相应的责任，登记时需提交财产分割的书面证明或者协议。"被告王某、宋某某在设立略某县聚某公司时，以夫妻共同财产出资，未向公司登记管理部门提交分割财产的证明。该公司出资人的财产为夫妻共同财产，其出资体是单一的，实质上为一人公司。按照《公司法》第六十三条的规定，一人有限责任公司的股东不能证明公司财产独立于股东自己的财产的，应当对公司债务承担连带责任。

案例9：湖北省十堰市郧阳区人民法院审理的王某某与大某公司、肖某某承揽合同纠纷案［（2015）鄂郧阳民再初00005号］认为，第一，虽然大某公司登记股东为肖某某和肖某发二人，但庭审中肖某某自认肖某发是其侄儿，肖某发既没有投资也没有参与经营，大某公司实际由其一人经营。故大某公司实为一人有限责任公司。第二，从本案承揽合同实际履行过程中，既有大某公司给王某某出具的债权凭证，也从肖某某个人给王某某出具的债权凭证的事实可以看出，大某公司和肖某某个人在履行合同过程中相互混同。第三，肖某某亦未提供证据证明大某公司的财产独立于其个人财产。综上所述，根据《公司法》第六十三条"一人有限责任公司的股东不能证明公司财产独立于股东自己的财产的，应当对公司债务承担连带责任"之规定，大某公司和肖某某对本案债务依法应当承担连带责任。

（三）公司内部人争夺外部债权人利益之"未经决议越权担保"

001 未经股东会内部决议，公司对外签订的担保合同是否有效

裁判要旨

《公司法》第十五条规定："公司向其他企业投资或者为他人提供担保，按照公司章程的规定，由董事会或者股东会决议……"

司法实践中，对于本条规定存在两种裁判观点。第一种裁判观点认为，该条规定是公司内部管理性规范，是否违反不影响公司对外合同的效力。第二种裁判观点认为，该条规定具有相应的外部效力，根据该条规定合同相对人负有对公司内部决议进行形式审查的义务，即合同相对方应当要求公司提供内部决议书。

《全国法院民商事审判工作会议纪要》颁布后，统一了审判规则，为防止法定代表人随意代表公司为他人提供担保给公司造成损失，损害中小股东利益，《公司法》第十五条对法定代表人的代表权进行了限制。根据该条规定，担保行为不是法定代表人所能单独决定的事项，而必须以公司股东（大）会、董事会等公司机关的决议作为授权的基础和来源。法定代表人未经授权擅自为他人提供担保的，构成越权代表，人民法院应当根据《合同法》第五十条关于法定代表人越权代表的规定，区分订立合同时债权人是否善意分别认定合同效力：债权人善意的，合同有效；反之，合同无效。

法院在判案中如何认定善意呢？所谓的善意，是指债权人不知道或者不应当知道法定代表人超越权限订立担保合同。《公司法》第十五条对关联担保和非关联担保的决议机关作出了区别规定，相应地，在善意的判断标准上也应当有所区别。一种情形是，公司为公司股东或者实际控制人提供关联担保，《公司法》第十五条明确规定必须由股东（大）会决议，未经股东（大）会决议，构成越权代表。在此情况下，债权人主张担保合同有效，应当提供证据证明其在订立合同

时对股东（大）会决议进行了审查，决议的表决程序符合《公司法》第十五条的规定，即在排除被担保股东表决权的情况下，该项表决由出席会议的其他股东所持表决权的过半数通过，签字人员也符合公司章程的规定。另一种情形是，公司为公司股东或者实际控制人以外的人提供非关联担保，根据《公司法》第十五条的规定，此时由公司章程规定是由董事会决议还是股东（大）会决议。无论章程是否对决议机关作出规定，也无论章程规定决议机关为董事会还是股东（大）会，根据《民法典》第六十一条第三款关于"法人章程或者法人权力机构对法定代表人代表权的限制，不得对抗善意相对人"的规定，只要债权人能够证明其在订立担保合同时对董事会决议或者股东（大）会决议进行了审查，同意决议的人数及签字人员符合公司章程的规定，就应当认定其构成善意，但公司能够证明债权人明知公司章程对决议机关有明确规定的除外。

债权人对公司机关决议内容的审查一般限于形式审查，只要求尽到必要的注意义务即可，标准不宜太过严苛。公司以机关决议系法定代表人伪造或者变造、决议程序违法、签章（名）不实、担保金额超过法定限额等事由抗辩债权人非善意的，人民法院一般不予支持。但是，公司有证据证明债权人明知决议系伪造或者变造的除外。

案情简介①

振某公司股东有振某集团、环某海公司、王某刚等8个股东，其中，振某集团占总股本的61.5%，振某集团系振某公司的控股股东。

招行东某支行与振某集团签订借款合同约定：振某集团向招行东某支行借款1496.5万元人民币、子公司振某公司以房产和土地提供担保，并提供了《股东会担保决议》《担保合同》等担保材料。

《股东会担保决议》未经过公司股东会的同意，振某公司也未就此事召开过股东会。该担保决议虽有8个股东的签章，但经鉴定为假，实际上由振某公司单方制作。但是，振某公司提供给招行东某支行的股东会决议上的签字及印章与其为担保行为当时提供给招行东某支行的签字及印章样本一致。

因振某集团未能正常还款，招行东某支行向法院起诉要求振某集团还款、要

---

① 最高人民法院，招商银行股份有限公司大远东某支行与大连振某氟涂料股份有限公司、大连振某集团有限公司借款合同纠纷案［(2012)民提156号］，载《最高人民法院公报》2015年第2期（总第219期）。

求振某公司承担担保责任。振某公司则以《股东会担保决议》无效为由，拒绝承担担保责任。

辽宁省高级人民法院终审判决认定，《股东会担保决议》事项并未经过股东会的同意，缺乏真实性，担保合同无效，振某公司依法对不能清偿部分的债务承担二分之一的赔偿责任。

招行东某支行不服辽宁省高级人民法院的终审判决，向最高人民法院提起再审申请。最高人民法院判决认定，招行东某支行已尽善意审查义务，担保决议瑕疵并不导致担保合同无效，振某公司对全部债务承担担保责任。

裁判要点精要

为防止法定代表人随意代表公司为他人提供担保给公司造成损失，损害中小股东利益，《公司法》对法定代表人的代表权进行了限制。担保行为不是法定代表人所能单独决定的事项，而必须以公司股东（大）会、董事会等公司机关的决议作为授权的基础和来源。法定代表人未经授权擅自为他人提供担保的，构成越权代表，人民法院应当根据《民法典》关于法定代表人越权代表的规定，区分订立合同时债权人是否善意分别认定合同效力：债权人善意的，合同有效；反之，合同无效。

如何认定善意？所谓的善意，是指债权人不知道或者不应当知道法定代表人超越权限订立担保合同。具体解析如下：

1. 公司为公司股东或者实际控制人以外的人提供非关联担保。根据《公司法》的规定，此时由公司章程规定是由董事会决议还是股东（大）会决议。无论章程是否对决议机关作出规定，也无论章程规定决议机关为董事会还是股东（大）会，根据《民法典》第六十一条第三款关于"法人章程或者法人权力机构对法定代表人代表权的限制，不得对抗善意相对人"的规定，只要债权人能够证明其在订立担保合同时对董事会决议或者股东（大）会决议进行了审查，同意决议的人数及签字人员符合公司章程的规定，就应当认定其构成善意，但公司能够证明债权人明知公司章程对决议机关有明确规定的除外。

2. 公司为公司股东或者实际控制人提供关联担保。《公司法》明确规定必须由股东（大）会决议，未经股东（大）会决议，构成越权代表。在此情况下，债权人主张担保合同有效，应当提供证据证明其在订立合同时对股东（大）会决议进行了审查，决议的表决程序符合《公司法》的规定，即在排除被担保股东表决权的情况下，该项表决由出席会议的其他股东所持表决权的过半数通过，签字人员也符合公司章程的规定。

债权人对公司机关决议内容的审查一般限于形式审查，只要求尽到必要的注意义务即可，标准不宜太过严苛。公司以机关决议系法定代表人伪造或者变造、决议程序违法、签章（名）不实、担保金额超过法定限额等事由抗辩债权人非善意的，人民法院一般不予支持。但是，公司有证据证明债权人明知决议系伪造或者变造的除外。

3. 需要注意的是，即使合同相对人未能证明其尽到了形式审查义务，担保合同被认定为无效，也不意味着担保人（公司）无须承担任何责任。有学者统计①，在公司担保案件的责任承担中，只有3.1%的案件中公司不承担清偿责任，判处承担连带赔偿责任或承担二分之一清偿责任的案件所占比例高达93.8%。为什么一方面认定担保无效，另一方面却又要求担保方承担清偿责任？因为，法院在作出此类裁决时，都会援引《最高人民法院关于适用〈中华人民共和国担保法〉若干问题的解释》②第七条的规定："主合同有效而担保合同无效，债权人无过错的，担保人与债务人对主合同债权人的经济损失，承担连带赔偿责任；债权人、担保人有过错的，担保人承担民事责任的部分，不应超过债务人不能清偿部分的二分之一。"

实务经验总结

为避免未来发生类似纷争，我们建议：

对于担保权人来讲，为保证担保合同的有效性，需要尽到形式审查义务，接受担保的时候一定要对董事会决议或者股东（大）会决议进行审查，注意同意决议的人数及签字人员是否符合公司章程的规定。为此，要特别对以下材料进行形式审查：（1）获取并查阅公司章程，从而确定公司担保需要获得董事会同意还是股东会同意。（2）根据公司章程的规定，获取公司董事会或者股东会同意担保的决议。也就是说，如果公司章程规定，公司担保需要经股东会决议的，则需要获得股东会同意；如果公司章程规定，公司担保只需要获得董事会同意的，则需要审查董事会决议。（3）要注意同意决议的人数及签字人员是否符合公司章程的规定。

---

① 罗培新：《公司担保法律规则的价值冲突与司法考量》，载《中外法学》2012年第6期。
② 已失效。

需要注意的是，《公司法》第十五条第二款规定，公司为公司股东或者实际控制人提供担保的，应当经股东会决议，未经股东会决议，构成越权代表。在此情况下，债权人在签署担保合同之前，必须对股东（大）会决议进行审查，查明决议的表决程序符合《公司法》第十五条的规定，即在排除被担保股东表决权的情况下，该项表决由出席会议的其他股东所持表决权的过半数通过，签字人员也符合公司章程的规定。

根据《全国法院民商事审判工作会议纪要》的规定，债权人对公司机关决议内容的审查一般限于形式审查，只要求尽到必要的注意义务即可。

至于公司以机关决议系法定代表人伪造或者变造、决议程序违法、签章（名）不实、担保金额超过法定限额等事由抗辩债权人非善意的，人民法院一般不予支持。但是，公司有证据证明债权人明知决议系伪造或者变造的除外。

笔者建议，公司股东根据实际需要，在公司章程中明确规定对外担保的决定权和担保限额，例如，（1）公司向其他企业投资或者为他人提供担保，由董事会（或股东会）作出决议。其中，对外单项投资在×万元以下，年度对外投资总额在×万元以下；对外单项担保金额在×万元以下，年度对外担保总额在×万元以下的，须经董事会三分之二人数同意；对外投资或者担保超过前款金额的，由股东会三分之二表决权以上同意。（2）公司为公司股东或者实际控制人提供担保的，必须经股东会作出决议。前款规定的股东或者受前款规定的实际控制人支配的股东，不得参加前款规定事项的表决。该表决由出席会议的其他股东所持表决权的过半数通过。

法规链接

《公司法》（2023年修订）

第十五条 公司向其他企业投资或者为他人提供担保，按照公司章程的规定，由董事会或者股东会决议；公司章程对投资或者担保的总额及单项投资或者担保的数额有限额规定的，不得超过规定的限额。

公司为公司股东或者实际控制人提供担保的，应当经股东会决议。

前款规定的股东或者受前款规定的实际控制人支配的股东，不得参加前款规定事项的表决。该项表决由出席会议的其他股东所持表决权的过半数通过。

第七十五条 规模较小或者股东人数较少的有限责任公司，可以不设董事会，设一名董事，行使本法规定的董事会的职权。该董事可以兼任公司经理。

《民法典》

第一百四十六条 行为人与相对人以虚假的意思表示实施的民事法律行为无效。

以虚假的意思表示隐藏的民事法律行为的效力，依照有关法律规定处理。

第一百五十三条 违反法律、行政法规的强制性规定的民事法律行为无效。但是，该强制性规定不导致该民事法律行为无效的除外。

违背公序良俗的民事法律行为无效。

第一百五十四条 行为人与相对人恶意串通，损害他人合法权益的民事法律行为无效。

《全国法院民商事审判工作会议纪要》（法〔2019〕254号）

（六）关于公司为他人提供担保

关于公司为他人提供担保的合同效力问题，审判实践中裁判尺度不统一，严重影响了司法公信力，有必要予以规范。对此，应当把握以下几点：

17.【违反《公司法》第16条构成越权代表】为防止法定代表人随意代表公司为他人提供担保给公司造成损失，损害中小股东利益，《公司法》第16条对法定代表人的代表权进行了限制。根据该条规定，担保行为不是法定代表人所能单独决定的事项，而必须以公司股东（大）会、董事会等公司机关的决议作为授权的基础和来源。法定代表人未经授权擅自为他人提供担保的，构成越权代表，人民法院应当根据《合同法》第50条关于法定代表人越权代表的规定，区分订立合同时债权人是否善意分别认定合同效力：债权人善意的，合同有效；反之，合同无效。

18.【善意的认定】前条所称的善意，是指债权人不知道或者不应当知道法定代表人超越权限订立担保合同。《公司法》第16条对关联担保和非关联担保的决议机关作出了区别规定，相应地，在善意的判断标准上也应当有所区别。一种情形是，为公司股东或者实际控制人提供关联担保，《公司法》第16条明确规定必须由股东（大）会决议，未经股东（大）会决议，构成越权代表。在此情况下，债权人主张担保合同有效，应当提供证据证明其在订立合同时对股东（大）会决议进行了审查，决议的表决程序符合《公司法》第16条的规定，即在排除被担保股东表决权的情况下，该项表决由出席会议的其他股东所持表决权的过半数通过，签字人员也符合公司章程的规定。另一种情形是，公司为公司股东或者实际控制人以外的人提供非关联担保，根据《公司法》第16条的规定，此时由公司章程规定是由董事会决议还是股东（大）会决议。无论章程是否对决议机关作出规定，也无论章程规定决议机关为董事会还是股东（大）会，根据《民法总则》第61条第3款关于"法人章程或者法人权力机构对法定代表人代表权的限制，不得对抗善意相对人"的规定，只要债权人能够证明其在订立担保合同时对董事会决议或者股东（大）会决议进行了审查，同意决议的人数及签字人员符合公司章程的规定，就应当认定其构成善意，但公司能够证明债权人明知公司章程对决议机关有明确规定的除外。

债权人对公司机关决议内容的审查一般限于形式审查，只要求尽到必要的注意义务即可，标准不宜太过严苛。公司以机关决议系法定代表人伪造或者变造、决议程序违法、签章（名）不实、担保金额超过法定限额等事由抗辩债权人非善意的，人民法院一般不予支持。但是，公司有证据证明债权人明知决议系伪造或者变造的除外。

19.【无须机关决议的例外情况】存在下列情形的，即便债权人知道或者应当知道没有公司机关决议，也应当认定担保合同符合公司的真实意思表示，合同有效：

（1）公司是以为他人提供担保为主营业务的担保公司，或者是开展保函业务的银行或者非银行金融机构；

（2）公司为其直接或者间接控制的公司开展经营活动向债权人提供担保；

（3）公司与主债务人之间存在相互担保等商业合作关系；

（4）担保合同系由单独或者共同持有公司三分之二以上有表决权的股东签字同意。

20.【越权担保的民事责任】依据前述3条规定，担保合同有效，债权人请求公司承担担保责任的，人民法院依法予以支持；担保合同无效，债权人请求公司承担担保责任的，人民法院不予支持，但可以按照担保法及有关司法解释关于担保无效的规定处理。公司举证证明债权人明知法定代表人超越权限或者机关决议系伪造或者变造，债权人请求公司承担合同无效后的民事责任的，人民法院不予支持。

21.【权利救济】法定代表人的越权担保行为给公司造成损失，公司请求法定代表人承担赔偿责任的，人民法院依法予以支持。公司没有提起诉讼，股东依据《公司法》第151条的规定请求法定代表人承担赔偿责任的，人民法院依法予以支持。

22.【上市公司为他人提供担保】债权人根据上市公司公开披露的关于担保事项已经董事会或者股东大会决议通过的信息订立的担保合同，人民法院应当认定有效。

23.【债务加入准用担保规则】法定代表人以公司名义与债务人约定加入债务并通知债权人或者向债权人表示愿意加入债务，该约定的效力问题，参照本纪要关于公司为他人提供担保的有关规则处理。

本案链接

以下为该案在法院审理阶段，判决书中"本院认为"就该问题的论述：

本院认为，本案各方争议的焦点是担保人振邦股份公司承担责任的界定。鉴于案涉借款合同已为一、二审法院判定有效，申请再审人对此亦无异议，故本院对案涉借款合同的效力直接予以确认。案涉《抵押合同》及《不可撤销担保书》系担保人振邦股份公司为其股东振某集团公司之负债向债权人招行东某支行作出的担保行为。作为公司组织及公司行为当受《公司法》调整，同时其以合同形式对外担保行为亦受合同法及担保法的制约。案涉公司担保合同效力的认定，因其并未超出平等商事主体之间的合同行为的范畴，故应首先从合同法相关规定出发展开评判。关于合同效力，《合同法》第五十二条规定"有下列情形之一的，合同无效：……（五）违反法律、行政法规的强制性规定"。关于前述法律中的"强制性"《最高人民法院关于适用〈中华人民共和国合同法〉若干问题的解释（二）》（以下简称《合同法司法解释（二）》）第十四条则作出如下解释，"合同法第五十二条第（五）项规定的'强制性规定'是指效力性强制性规定"。因此，法律及相关司法解释均已明确将违反法律或行政法规中效力性强制性规范作为合同效力的认定标准之一。公司作为不同于自然人的法人主体，其合同行为在接受合同法规制的同时，当受作为公司特别规范的公司法的制约。《公司法》第一条开宗明义规定"为了规范公司的组织和行为，保护公司、股东和债权人的合法权益，维护社会经济秩序，促进社会主义市场经济的发展，制定本法"。《公司法》第十六条第二款规定："公司为公司股东或者实际控制人提供担保的，必须经股东会或者股东大会决议。"上述公司法规定已然明确了其立法本意在于限制公司主体行为，防止公司的实际控制人或者高级管理人员损害公司、小股东或其他债权人的利益，故其实质是内部控制程序，不能以此约束交易相对人。故此上述规定宜理解为管理性强制性规范。对违反该规范的，原则上不宜认定合同无效。另外，如作为效力性规范认定将会降低交易效率和损害交易安全。譬如股东会何时召开，以什么样的形式召开，何人能够代表股东表达真实的意志，均超出交易相对人的判断和控制能力范围，如以违反股东决议程序而判令合同无效，必将降低交易效率，同时也给公司以违反股东决议主张合同无效的不诚信行为留下了制度缺口，最终危害交易安全，不仅有违商事行为的诚信规则，更有违公平正义。故本案一、二审法院以案涉《股东会担保决议》的决议事项并未经过振邦股份公司股东会的同意，振邦股份公司也未就此事召开过股东大会为由，根据《公司法》第十六条规定，作出案涉不可撤销担保书及抵押合同无效的认定，属于适用法律错误，本院予以纠正。

在案事实和证据表明，案涉《股东会担保决议》确实存在部分股东印章虚假、使用变更前的公司印章等瑕疵以及被担保股东振某集团公司出现在《股东会担保决议》中等违背公司法规定的情形。振邦股份公司法定代表人周某某超越权限订立抵押合同及不可撤销担保书，是否构成表见代表，招行东某支行是否善意，亦是本案担保主体责任认定的关键。《合同法》第五十条规定："法人或者其他组织的法定代表人、负责人超越权限订立的合同，除相对人知道或者应当知道其超越权限的以外，该代表行为有效。"本案再审期间，招行东某支行向本院提交的新证据表明，振邦股份公司提供给招行东某支行的股东会决议上的签字及印章与其为担保行为当时提供给招行东某支行的签字及印章样本一致。而振邦股份公司向招行东某支行提供担保时使用的公司印章真实，亦有其法人代表真实签名。且案涉抵押担保在经过行政机关审查后也已办理了登记。至此，招行东某支行在接受担保人担保行为过程中的审查义务已经完成，其有理由相信作为担保公司法定代表人的周某某本人代表行为的真实性。《股东会担保决议》中存在的相关瑕疵必须经过鉴定机关的鉴定方能识别、必须经过查询公司工商登记才能知晓、必须谙熟公司法相关规范才能避免因担保公司内部管理不善导致的风险，如若将此全部归属于担保债权人的审查义务范围，未免过于严苛，亦有违合同法、担保法等保护交易安全的立法初衷。担保债权人基于对担保人法定代表人身份、公司法人印章真实性的信赖，基于担保人提供的股东会担保决议盖有担保人公司真实印章的事实，完全有理由相信该《股东会担保决议》的真实性，无须也不可能进一步鉴别担保人提供的《股东会担保决议》的真伪。因此，招行东某支行在接受作为非上市公司的振邦股份公司为其股东提供担保过程中，已尽到合理的审查义务，主观上构成善意。本案周某某的行为构成表见代表，振邦股份公司对案涉保证合同应承担担保责任。

延伸阅读

司法审判实践中基于对《公司法》第十五条不同的理解，产生了不同的裁判规则，如本案最高人民法院判决所指出的，对于《公司法》第十五条的规定存在两种理解，笔者分别查询了支持该两种理解的案例。

在《全国法院民商事审判工作会议纪要》颁布之前，关于公司为他人提供担保的合同效力问题，审判实践中裁判尺度不统一。该纪要明确规定：法定代表人未经授权擅自为他人提供担保的，构成越权代表，人民法院应当根据《合同法》第五十条关于法定代表人越权代表的规定，区分订立合同时债权人是否善意分别认定合同效力：债权人善意的，合同有效；反之，合同无效。而要构成善意，则债权人必须能够证明其在订立担保合同时对董事会决议或者股东（大）会决议进行了审查，同意决议的人数及签字人员符合公司章程的规定，否则无法认定其构成善意。

裁判规则一：认为《公司法》第十五条是公司内部管理性规范，是否违反不影响公司对外担保合同的效力。即使担保人未向债权人出具股东会或董事会决议，担保合同也有效。这种观点认为：该条规定是公司内部管理性规范，是否违反不影响公司对外合同的效力。根据该种理解，债权人不具有要求担保人出具股东会或董事会决议的义务，法院不需要对债权人是否要求担保人提供公司决议进行审查。换言之，即使担保人未向债权人出具股东会或董事会决议，担保合同也为有效。

案例1：广东省广州市中级人民法院审理的银某公司与钜某公司、锦某公司等追偿权纠纷案［（2016）粤01民终5091号］认为，根据公司管理的经验法则，公司何时何地以何种形式召开股东会是公司内部管理事务，其已超出了交易相对人的判断和控制范围，如以未召开股东会作为合同无效的依据，会给公司动辄以未召开股东会等理由主张合同无效的不诚信行为提供机会，不利于市场秩序的维护和完善。

案例2：甘肃省高级人民法院审理的上诉人马某某、上诉人宏某公司与被上诉人安某某民间借贷纠纷案［（2016）甘民终212号］认为，上诉人马某某、宏某公司认为担保合同没有经过股东会议的同意应属无效。《公司法》第十六条规定："公司向其他企业投资或者为他人提供担保，依照公司章程的规定，由董事会或者股东会、股东大会决议……"该条规定公司为他人提供担保时应遵循的程序，并未规定未经股东会、股东大会决议的担保合同的效力为无效，宏某公司在《保证合同》《企业法人及董事（股东）担保承诺书》中盖章，马某某认可公司印章的真实性，二审中也认可盖章是经过其同意的，出借人有权相信宏某公司承担无限连带保证责任是该公司的真实意思表示，至于公司或股东认为法定代表人违反《公司法》规定未经股东会、股东大会同意为他人或法定代表人自己提供担保给公司造成损失可依相关法律规定向法定代表人主张权利。

案例3：重庆市第五中级人民法院审理的殷某与李某某、永某公司等民间借贷纠纷案［（2014）渝五中法民终04024号］认为，至于永某公司称依照《公司法》的规定，公司对外担保需要股东会决议或董事会决议，而本案中殷某并未出示以上决议的问题。本院认为，债权人殷某并非永某公司股东，其对永某公司的担保只应尽形式审查义务，不应要求其进行实质审查。现永某公司在担保人处盖章，殷某即有理由相信永某公司的担保是其真实意思表示。且永某公司系封闭性公司，股东并非不特定的多数人，如果其法定代表人持公章对外担保而其他股东不知晓，说明其公司内部的管理不规范，但不能以此对抗无过错的债权人。因此，公司对外担保即使未经股东会决议，其担保也不当然无效。

案例4：山东省泰安市中级人民法院审理的毕某某与阳某盛华公司、大某玻纤公司保证合同纠纷案［（2015）泰商初23号］认为，债权人在接受担保时，应审查担保方公司章程及有关决议，但仅限于形式审查。庭审中，原告陈述在阳某盛华公司加盖公章时已经询问了其股东是否同意的情况，原告已经尽到了审查义务，被告阳某盛华公司的担保行为应属有效，其以未经股东会决议的抗辩不能成立，本院不予采纳。

案例5：辽宁省高级人民法院审理的中某公司、军某公司与华某公司、李某某、二某公司买卖合同纠纷案［（2014）辽审一民抗62号］认为，虽然2005年修订的《公司法》第一百四十九条规定，公司董事、高级管理人员不得违反公司章程的规定，未经股东会、股东大会或者董事会同意，将公司资金借贷给他人或者以公司财产为他人提供担保，但该条款并未明确规定公司违反上述规定对外提供担保导致担保合同无效。《合同法司法解释（二）》第十四条关于"合同法第五十二条第（五）项规定的'强制性规定'，是指效力性强制性规定"的规定，在合同法的基础上进一步明确缩小了合同因违反法律、行政法规的强制性规定而无效的情形。因此，《公司法》第一百四十九条的规定并非效力性强制性的规定。在没有明确规定公司违反《公司法》第一百四十九条对外提供担保无效的情形下，对公司对外担保的效力应予确认。

案例6：四川省内江市中级人民法院审理的荣某公司与董某某等民间借贷纠纷案［（2014）内民初87号］认为，虽然《公司法》第一百四十九条第三项规定"董事、高级管理人员不得有下列行为：……违反公司章程的规定，未经股东会、股东大会或者董事会同意，将公司资金借贷给他人或者以公司财产为他人提供担保"，但该规定是从内部管理角度规范公司董事、高级管理人员的行为，禁止有损于公司利益的行为发生，并且该条隶属于《公司法》第六章公司董事、监事、高级管理人员的资格和义务，该章是对违反禁止性规定的董事、高管对公司责任承担的规定，属管理性规定，效力不及于对外的交易行为。故对于被告依据此条规定主张合同无效，本院不予支持。

案例7：浙江省瑞安市人民法院审理的夏某某与银某公司保证合同纠纷案［（2016）浙0381民初8200号］认为，《公司法》第十六条第二款规定："公司为公司股东或者实际控制人提供担保的，必须经股东会或者股东大会决议。"第一百四十九条第一款第三项规定，董事、高级管理人员不得违反公司章程的规定，未经股东会、股东大会或者董事会同意，将公司资金借贷给他人或者以公司财产为他人提供担保，这些规定均系公司内部管理性的规范，不是效力强制性规范，违反这些法律规定，并不会影响公司对外担保的效力，而利益受损的公司、股东可依照《公司法》第一百五十条、第一百五十三条进行救济，故原告夏某某与被告银某公司之间的保证合同关系合法有效，应受法律保护，被告认为担保无效的理由不能成立，不予支持。

案例8：浙江省高级人民法院审理的东某公司与郑某某、余某某民间借贷纠纷案［（2013）浙商外终131号］认为，东某公司认为本案担保违反我国《公司法》第十六条、第一百四十九条的规定，担保无效。《公司法》第十六条第一款规定，公司向其他企业投资或者为他人提供担保，依照公司章程的规定，由董事会或者股东会、股东大会决议……第二款规定，公司为公司股东或者实际控制人提供担保的，必须经股东会或者股东大会决议。第一百四十九条规定了公司董事、高级管理人员的禁止行为，其中第一款第三项规定，违反公司章程的规定，未经股东会、股东大会或者董事会同意，将公司资金借贷给他人或者以公司财产为他人提供担保。本院认为，首先，前述已经阐明东某公司章程中未作出对外担保必须经股东会决议的规定，本案担保未违反东某公司的章程规定。其次，即使东某公司章程中有类似规定，我国《公司法》第十六条规定对非上市的东某公司而言，亦不属效力性强制性规定，并不导致本案担保无效的法律后果。

裁判规则二：认为《公司法》第十五条具有相应的外部效力，根据该条规定合同相对人负有对公司内部决议的形式审查义务，即合同相对方应当要求公司提供内部决议书。这种观点认为：担保人未向债权人提供公司决议的，担保合同无效或担保人不承担保证责任。

案例9：山东省高级人民法院审理的吴某某与鑫某公司、枫某博凌公司等民间借贷纠纷案［（2013）鲁民一终414号］认为，吴某某的代理人作为专业的法律工作者，对公司担保的有关法律规定应当熟悉，在未见到鑫某公司董事会或者股东会准许赵某某实施担保的决议，并且在亲身经历了鑫某公司拒绝担保的情况下，对赵某某不能代表鑫某公司签订"五方协议"，至少应当知道。在此情形下，其仍然接受赵某某以鑫某公司的资产提供担保的行为，对赵某某损害鑫某公司利益采取了放任的态度，因而具有共同的故意。根据《合同法》第五十二条第二款之规定，应认定"五方协议"中有关鑫某公司担保的条款无效。

案例10：浙江省高级人民法院审理的赵某与新某公司、张某某民间借贷纠纷案［（2015）浙民申2988号］认为，新某公司未在对账单中加盖公章，赵某亦未要求其加盖公章，也未要求其出示授权或董事会、股东会决定，故赵某未尽审慎的注意义务，涉案担保行为应认定无效。

案例11：江西省高级人民法院审理的汇某公司与九江周某生公司、东某公司小额借款合同纠纷案［（2016）赣民申436号］认为，根据保证合同第5.1条的约定，甲方（九江周某生公司）保证签订本合同是经过甲方（九江周某生公司）董事会、股东会等有权机构的批准，并取得所有必要授权。上述约定是九江周某生公司应当履行的义务，同时该义务也是公司法规定的公司法人对外签订保证合同的必经程序。汇某公司作为经过政府金融主管部门批准设立并持有金融贷款业务经营牌照、专门从事贷款发放的非金融机构法人，应当对保证合同约定条款的履行和法律规定的程序尽到基本的审查义务，但本案中汇某公司并未审查九江周某生公司是否经过董事会或者股东会决议批准担保，也未审查刘某是否取得公司授权订立合同。因此，汇某公司对于九江周某生公司法定代表人刘某超越权限订立保证合同的无效代表行为未尽到基本审查义务，存在合同履行不当，不构成善意第三人。二审判决九江周某生公司对本案借款不承担保证责任，认定事实和适用法律均无不当。

案例12：广东省高级人民法院审理的百某公司与亚某化学公司、亚某集团借款合同纠纷案［（2013）粤高法民二终35号］认为，本案中，亚某化学公司系上市公司，亚某集团公司系亚某化学公司的股东为公开信息，百某公司应当知晓，尽管亚某化学公司承诺"经过了其适当的法定程序，经授权提供本保证"，根据《公司法》第十六条第二款的规定，公司为股东或者实际控制人提供担保的，必须经股东会或者股东大会决议，亚某化学公司并未向百某公司出具其股东大会同意提供担保的证明文件，百某公司亦未要求亚某化学公司提供股东大会决议，《保证合同》应当无效，故百某公司关于《保证合同》有效的上诉主张依据不足，本院不予支持。

裁判规则三：若担保人已向债权人提供公司决议，即使公司决议不真实或者存在瑕疵，也不影响担保合同的效力。

案例13：最高人民法院审理的金某阳公司与金某公司等追偿权纠纷案［（2015）民申2785号］认为，根据一审、二审庭审查明的事实以及司某某、肖某某等人的陈述，本院有理由相信金某阳公司知晓其公司存在192章，并放任该印章使用的情形。虽然《反担保函》上仅加盖有金某阳公司的192章，无法定代表人开某敏的签字，且该担保函系肖某某交付金某公司，但金某公司作为债权人，其审查义务仅在于形式审查，无须核实公章的真伪。《反担保函》内容系金某阳公司为安某公司向江苏盱某农村合作银行（后变更为江苏盱某农村商业银行）借款300万元提供反担保，金某阳公司作为安某公司股东为该借款提供反担保也在情理之中。且肖某某向金某公司出示了加盖192章，且有金某阳公司法定代表人开某敏、其他两位股东肖某某和李某某签字的《盱某安某工贸有限公司股东会（董事会）决议》，上述证据足以使金某公司相信金某阳公司同意为安某公司的借款提供反担保。在金某公司善意且无过错的情况下，金某阳公司主张不承担反担保责任，没有事实及法律依据，本院不予支持。

案例14：浙江省高级人民法院审理的爱某宏达公司、某银行台州支行、中某公司、经某矿业公司、陈某某金融借款合同纠纷案［（2010）浙商终73号］认为，商业银行接受担保时对股东会或董事会的决议仅负形式审查的义务，不应要求其进行实质审查。原审法院对当事人申请的对《董事会同意担保决议书》上"川某武司"等人的签名真实性进行司法鉴定不予准许，有其合理性。

案例15：广西壮族自治区高级人民法院审理的鑫某公司诉桂某农合行、伟某公司、福某公司、潘某某、彭某抵押借款合同纠纷案［（2011）桂民一终57

号］认为，桂某农合行对鑫某公司提交的《桂林鑫伟锡业有限公司股东会决议》只负有形式审查义务，在鑫某公司对外加盖公章真实的情形下，本案讼争合同的效力不受鑫某公司内部的法律关系影响，应当认定鑫某公司与桂某农合行签订的抵押担保合同及为抵押物办理了抵押登记手续的行为均合法有效。鑫某公司应当承担抵押担保责任。

案例16：山东省高级人民法院审理的某银行青岛分行与迪某公司、义某利公司等金融借款合同纠纷案［（2016）鲁民终2156号］认为，上诉人迪某公司称，因其董事会决议缺少董事顾某某签字，董事李某某签字非其本人所签，认为该决议并非上诉人迪某公司的真实意思表示，因此其作出的对外担保事项无效。本院认为，首先，根据《公司法》第十六条第一款的规定，公司为他人提供担保，依照公司章程的规定，由董事会或者股东会、股东大会决议。但该项规定的内容主要指的是对公司在提供担保前进行内部决策时的权力配置和审议程序，只是属于对担保人单方的公司内部关系的管理性规定。即使上诉人迪某公司的董事会决议存在瑕疵，也并不违反法律、行政法规的效力性强制性规定，并不因此导致抵押担保合同无效。

案例17：陕西省高级人民法院审理的瀚某公司陕西分公司与豪某公司、豪某国际公司、明某公司、郭某某、陈某某、陈甲、陈乙担保追偿权纠纷案［（2015）陕民一终00267号］认为，明某公司在与上诉人签订《最高额保证反担保合同》时向上诉人提交了公司的股东会决议，上诉人对明某公司提交的股东会决议只负有形式审查义务。

案例18：天津市第二中级人民法院审理的某银行天津分行与兆某源公司、立某公司等金融借款合同纠纷案［（2015）二中民二初448号］认为，关于保证责任的承担问题，被告立某公司抗辩称，其与原告之间的保证合同系无效合同，因为没有经过立某公司董事会的有效决议并提供了相应的证据，对此原告亦提供了《关于王某华等同志任免职的通知》、《关于李某某等同志任免职的通知》、立某公司《董事会签字样本》、立某集团董事会决议等证据予以佐证其已经尽到了形式审查义务。本院认为，因被告立某公司的董事成员情况不断发生变化，被告立某公司未能举出充分证据证明涉案保证合同签订时该公司确切的董事会成员情况，且在2014年7月7日召开的立某集团董事会决议中，明确写明"本次应参加会议的董事（股东）为3人，实际参加会议董事（股东）3人，符合《公司法》及本公司章程中有关董事会（股东会）有效召开的规定，其决议内容也符合法律及本公司章程中规定的权利范围"，以上内容对外产生公示效力，故原告已经尽到了形式审查义务。被告立某公司、殷某、张某某应按照保证合同的约定，对兆某源公司拖欠的垫款本金、利息等承担连带保证责任。

案例19：嘉兴市中级人民法院审理的某银行与福某特公司、旺某公司等金融借款合同纠纷案 [（2011）浙嘉商终158号] 认为，福某特公司为旺某公司提供担保时，嘉兴银行要求保证人福某特公司提供股东会决议，该股东会决议记载的担保金额为1500000元，该公司股东在上面签字确认，并加盖了公司印章，因此，嘉兴银行对股东会决议已尽了形式审查义务。

案例20：上海市第二中级人民法院审理的创某公司与某银行吴淞支行借款合同纠纷案 [（2008）沪二中民三（商）终182号] 认为，现从某银行吴淞支行提供的上诉人股东会决议内容看，决议中不仅记载了上诉人股东会明确同意为宝某公司借款提供担保的意思表示，而且公司股东也在决议上盖章和签字。虽然，上诉人对某银行吴淞支行提交的上诉人股东会决议上的股东签字或者盖章的真实性还有异议，但是基于某银行吴淞支行不可能参与上诉人的整个内部决策过程，也不具备审查决议实质真伪的能力，因此，应当认定某银行吴淞支行对决议真实性已作形式审查。在某银行吴淞支行既对保证合同中上诉人的公章及法定代表人签字真实性进行了实质审查，又对上诉人股东会决议进行了形式审查的情况下，股东签字或盖章实质上是否真实已不具有对抗某银行吴淞支行作为担保债权人的效力，据此，本院认定某银行吴淞支行与上诉人签订的保证合同有效，上诉人应当对宝某公司的借款承担连带保证责任。

案例21：广东省广州市中级人民法院审理的某银行丰某支行与锦某公司与黎某某、杨某某金融借款合同纠纷案 [（2014）穗中法金民终257号] 认为，某银行丰某支行只需要对上述合同和股东会决议进行形式审查，无须实质审查上述合同及股东会决议中的签名是否真实，锦某公司在上述合同及股东会决议上盖章确认，其应对合同上其法定代表人的签名及股东会决议上的签名负责。据此，上述合同合法有效，对锦某公司有约束力，锦某公司应对骏达公司的涉案债务承担连带清偿责任。

案例22：浙江省衢州市中级人民法院审理的永某海投资公司与郑甲案 [（2011）浙外初1号] 认为，被告侨海公某在《担保借款协议》上盖章，确认公某为被告陈某某向原告郑甲借款提供担保的事实；被告陈某某向原告郑甲提供的《股东会决议》上除盖有被告侨海公某的印章外，还载有股东陈某某、孙某某及詹某某的签名。在此情况下，原告郑甲仅应对《股东会决议》承担形式审查的义务，不能苛责其对《股东会决议》进行实质性审查，讼争担保合同成立。被告陈某某及侨海公某认为讼争担保无效的抗辩主张不能成立，本院不予采信，被告侨海公某应按照《担保借款协议》的约定承担相应的保证责任。

案例23：广州市中级人民法院审理的陆某公司与某银行广州经济技术开发区支行、黄某某、何某某保证合同纠纷案[（2016）粤01民终2335号]认为，《股东会决议》中的相关瑕疵必须经过查询公司工商登记才能知晓，必须谙熟公司法相关规范才能避免因担保公司内部管理不善导致的风险，如若将此全部归属于担保债权人的审查义务范围，未免过于苛刻，亦有违合同法、担保法等保护交易安全的立法初衷。工行开发区支行基于对何某某的陆某公司法定代表人身份和公司法人印章真实性的信赖，基于陆某公司提供的《股东会决议》盖有其公司真实印章的事实，完全有理由相信该《股东会决议》的真实性，无须也不可能进一步对《股东会决议》做更为详尽的实质性审查。

案例24：绍兴市中级人民法院审理的新昌兴利某某制造有限公司与县财投资公司案[（2009）浙绍商终172号]认为，上诉人系为其股东以外的第三人提供担保，作为相对方仅是对股东会意见书进行形式审查，而对实质真伪不负审查义务，虽然上诉人提出出具股东（董事）会意见书时王乙尚不是股东，另一股东应为王某，但王甲、王某也出具了同意反担保的股东（董事）会意见书，故可以认定上诉人为新昌兴利某某制造有限公司向被上诉人提供反担保属合法有效，上诉人应按反担保书的约定承担连带保证责任，现被上诉人单独起诉上诉人要求承担连带保证责任符合法律规定。

002 公司对外担保虽被判无效，但公司未必不承担责任，可能承担部分清偿责任

根据《公司法》第十五条及《全国法院民商事审判工作会议纪要》，担保行为不是法定代表人所能单独决定的事项，而必须以公司股东（大）会、董事会等公司机关的决议作为授权的基础和来源。法定代表人未经授权擅自为他人提供担保的，构成越权代表，人民法院应当区分订立合同时债权人是否善意分别认定合同效力：债权人善意的，合同有效；反之，合同无效。

所谓善意，是指债权人不知道或者不应当知道法定代表人超越权限订立担保合同。(1) 为公司股东或者实际控制人提供关联担保，《公司法》第十五条明确规定必须由股东（大）会决议，未经股东（大）会决议，构成越权代表。在此情况下，债权人主张担保合同有效，应当提供证据证明其在订立合同时对股东（大）会决议进行了审查，决议的表决程序符合《公司法》第十五条的规定，即在排除被担保股东表决权的情况下，该项表决由出席会议的其他股东所持表决权的过半数通过，签字人员也符合公司章程的规定。(2) 公司为公司股东或者实际控制人以外的人提供非关联担保，根据《公司法》第十五条的规定，此时由公司章程规定是由董事会决议还是股东（大）会决议。无论章程是否对决议机关作出规定，也无论章程规定决议机关为董事会还是股东（大）会，根据《民法典》第六十一条第三款关于"法人章程或者法人权力机构对法定代表人代表权的限制，不得对抗善意相对人"的规定，只要债权人能够证明其在订立担保合同时对董事会决议或者股东（大）会决议进行了审查，同意决议的人数及签字人员符合公司章程的规定，就应当认定其构成善意，但公司能够证明债权人明知公司章程对决议机关有明确规定的除外。

债权人对公司机关决议内容的审查一般限于形式审查，只要求尽到必要的注意义务即可。公司以机关决议系法定代表人伪造或者变造、决议程序违法、签章（名）不实、担保金额超过法定限额等事由抗辩债权人非善意的，人民法院一般不予支持。但是，公司有证据证明债权人明知决议系伪造或者变造的除外。

那么，合同被判决无效，公司是否完全不承担责任？下面区分情况进行阐述：

1. 担保合同被判无效，公司是否应当承担责任的法律依据

根据《最高人民法院关于适用〈中华人民共和国担保法〉若干问题的解释》第七条的规定，"主合同有效而担保合同无效，债权人无过错的，担保人与债务人对主合同债权人的经济损失，承担连带赔偿责任；债权人、担保人有过错的，担保人承担民事责任的部分，不应超过债务人不能清偿部分的二分之一"。因此，担保人是否承担责任，可以划分为以下三种情况：

(1) 债权人有过错、担保人无过错，担保人不承担责任（0%责任）；

(2) 债权人有过错、担保人有过错，担保人承担不超过债务人不能清偿部分的二分之一（≤50%责任）；

(3) 债权人无过错，无论担保人是否有过错，担保人承担连带赔偿责任

（100%责任）。

认为担保无效的理由是：《公司法》第十五条具有相应的外部效力，债权人负有对公司内部决议进行形式审查的义务。即债权人未审查股东会或董事会决议，担保合同无效。在法定代表人以公司名义对外提供担保时，法定代表人构成越权代表，债权人应当知道其越权代表，不属于受法律保护的善意相对人，担保合同无效。因此，在认定担保无效的同时实质上已经认定了债权人未尽形式审查义务、非善意，亦即"债权人有过错"。由此可得出以下结论：作为担保人的公司不承担责任（0%责任）或者是承担不超过债务人不能清偿部分的二分之一（≤50%责任），不可能是承担连带赔偿责任（100%责任）。而究竟公司会承担0%责任还是≤50%责任，尚取决于法院是否认定公司具有过错。

2. 认为公司不承担责任的案例及评析

案例1：最高人民法院审理的绣某公司、机电公司、逍某公司、逍某汽配公司、一某工贸公司以及孙某某合同纠纷案〔（2012）民提208号〕认为，担保合同无效原因：在孙某某不能提供股东会同意证明的情形下，绣某公司根据协议内容理应知道孙某某的行为不是为机电公司经营活动所从事的职务行为，而是违反公司法强制性规定的侵占公司财产行为。绣某公司以协议和委托书加盖了机电公司公章为由主张善意信赖孙某某代表权的理由不能成立。综合考虑本案的交易过程和事实，绣某公司应当知道孙某某的签约超越代表权限，绣某公司不属于《合同法》第五十条保护的善意相对人，浙江省高级人民法院认定孙某某代表行为无效、房地产转让协议不能约束机电公司并无不当。公司是否承担保证责任：机电公司对本案协议的签订并不知情，对孙某某私刻公章的行为也不具有管理上的失职，绣某公司要求机电公司依据房地产转让协议承担责任的诉请于法无据，本院不予支持。

案例2：江苏省高级人民法院审理的蒋某与钢材公司、王某等民间借贷纠纷案〔（2015）苏民终00606号〕认为，担保合同无效原因：蒋某仅以王某系钢材公司法定代表人及加盖钢材公司单位印章即信赖钢材公司的担保行为，未尽审慎注意义务，不构成对王某越权代表行为的善意，不属于受法律所保护的善意相对人。公司是否承担保证责任：钢材公司对王某代表公司为其本人向蒋某的借款提供担保的行为并不知情，王某加盖的钢材公司印章也非备案印章而是王某私刻印章，钢材公司对王某私刻钢材公司单位印章的行为亦不具有管理上的失职，故蒋某关于钢材公司应按照借条中有关钢材公司担保的约定承担连带责任的诉讼请求……钢材公司关于其不是涉案借款的担保人，在本案中亦并无过错，故不应承担责任的上诉请求及理由成立，本院予以支持。

案例3：山东省高级人民法院审理的王某某与海某公司、刘某某等民间借贷纠纷案［（2015）鲁民一终399号］认为，担保合同无效原因：王某某在借款担保合同的签订与履行中存有明显疏忽、过失，其对刘某某签订担保合同的行为是否有代理权没有尽到审慎注意义务，刘某某签订担保合同的行为不能对怡某公司构成表见代理。公司是否承担保证责任：王某某上诉称应适用《最高人民法院关于适用〈中华人民共和国担保法〉若干问题的解释》第七条"主合同有效而担保合同无效，债权人无过错的，担保人与债务人对主合同债权人的经济损失，承担连带赔偿责任；债权人、担保人有过错的，担保人承担民事责任的部分，不应超过债务人不能清偿部分的二分之一"的规定，由海某公司承担担保人赔偿责任。但该条规定的担保人责任是在担保合同成立且无效的情况下担保人应承担的赔偿责任。本案中，刘某某签订担保合同的行为不构成表见代理，对怡某公司不产生有权代理的法律效果，怡某公司不是该借款合同的担保人，不应适用该条承担赔偿责任。刘某某未经怡某公司同意，擅自在担保合同上加盖怡某公司的印章，事后也未得到怡某公司追认，属无权代理。本案应适用《合同法》第四十八条的规定"行为人没有代理权、超越代理权或者代理权终止后以被代理人名义订立的合同，未经被代理人追认，对被代理人不发生效力，由行为人承担责任"。原审依照该条及《合同法》第四十八条之规定驳回王某某要求怡某公司（企业名称变更后为海某公司）就案涉借款承担连带赔偿责任诉讼请求并无不当。

律师简评

以上三个案件都认定担保合同无效。三个案件均认定作为担保人的公司不承担责任，但论述理由有所差异。案例1和案例2认为公司无过错，根据本书前述"债权人有过错、担保人无过错，担保人不承担责任"的法律规则，判令公司不承担责任。案例3则直接认为，公司不是借款合同的担保人，因此不承担责任。

3. 认为公司承担不超过二分之一的补充赔偿责任的案例及评析

案例4：广东省高级人民法院审理的国某公司与黄某某、中某公司股权转让纠纷案［（2013）粤高法民二终34号］认为，担保合同无效原因：国某公司明知黄某某是中某公司的实际控制人，应依法要求中某公司就该担保事项征求中某公司另一股东宝某公司的同意。中某公司未经股东宝某公司同意，为黄某某提供担保，系中某公司相关负责人员超越权限订立的合同，国某公司对此是明知的，故在该保证合同关系中，国某公司不是善意相对人，该担保应认定为无效。公司是否承担保证责任：中某公司未经股东宝某公司同意为黄某某提供担保，系中某公司相关负责人员超越权限订立的合同，中某公司具有过错，根据《担保法》第五条及《最高人民法院关于适用〈中华人民共和国担保法〉若干问题的解释》第七条规定，在本案主合同有效而担保合同无效且债权人、保证人均有过错的情形下，中某公司承担的赔偿责任，不应超过黄某某不能清偿部分的二分之一。故宝某公司提出的中某公司没有过错及不应对黄某某所负债务不能清偿部分承担二分之一的赔偿责任，缺乏事实和法律依据，本院不予支持。

案例5：上海市第一中级人民法院审理的甲公司与许某某民间借贷纠纷案[（2012）沪一中民一（民）终410号]认为，担保合同无效原因：甲公司曾提交了刘某任公司股东和法定代表人时的章程，该章程第二十二条亦明确规定董事、经理不得以公司资产为公司的股东或者其他个人债务提供担保。由于没有证据能够证明甲公司的对外担保曾经得到股东会或董事会的同意，故担保无效。公司是否承担保证责任：担保合同被确认无效后，债务人、担保人、债权人有过错的，应当根据其过错各自承担相应的民事责任。《最高人民法院关于适用〈中华人民共和国担保法〉若干问题的解释》第七条规定："主合同有效而担保合同无效，债权人无过错的，担保人与债务人对主合同债权人的经济损失，承担连带赔偿责任；债权人、担保人有过错的，担保人承担民事责任的部分，不应超过债务人不能清偿部分的二分之一。"根据上述规定，本院酌定甲公司承担10%的补充赔偿责任，甲公司承担赔偿责任后可以向刘某追偿。

案例6：浙江省湖州市中级人民法院审理的张某某与新某公司案[（2015）浙湖商终283号]认为，担保合同无效原因为《对账单》中无新某公司盖章，赵某又无法举证证明新某公司董事会或股东会决议同意担保。在张某某超越权限代表新某公司订立担保合同，且新某公司未同意为张某某的债务提供担保的意思表示下，新某公司无须承担担保责任，本案担保应当认定为无效。公司是否承担保证责任：就本案而言，赵某及新某公司对担保的无效均存在过错。具体评判如下：赵某的过错在于《对账单》中对担保关系的形式仅有张某某签字，未有新某公司盖章，对于担保金额有57万余元之多，且该担保系张某某个人的借款担保，赵某仅以张某某签字即可代表新某公司认可担保未免过于草率。《公司法》明确规定，公司为他人提供担保，依照公司章程规定，应当由董事会或者股东会、股东大会决议。对数额如此之大的借款，赵某至今未向新某公司索要董事会或者股东会决议，甚至连新某公司的公章都未盖具。况且在《对账单》中约定纠纷的管辖法院及出现"本案"等法律用语，可以看出赵某也具备一定的法律常识。赵某一方面认为张某某有权代表新某公司为其提供担保，另一方面又未要求新某公司在对账单上盖章及索要公司董事会或股东会决议，该操作不符合思维逻辑。对张某某代表新某公司为其向赵某的借款提供担保，赵某自己存在疏忽大意的过错。因此，对赵某诉请新某公司对张某某的借款本息承担连带清偿责任之主张，不予支持。新某公司的过错在于：《公司法》明确规定，法定代表人应当由公司的董事长、执行董事或经理担任，虽然新某公司章程中规定执行董事为法定代表人，但新某公司在庭审中明确表示张某某在公司没有任何职务，只是挂名而已。新某公司设立张某某为法定代表人，但又不赋予其任何职务及职责，显然违反公司法的规定，也极易给相对人造成张某某可以对外代表新某公司的假象，甚至有以不承认张某某法定代表人的地位逃避法律义务之嫌。综上，根据《最高人民法院关于适用〈中华人民共和国担保法〉若干问题的解释》第七条"主合同有效而担保合同无效……债权人、担保人有过错的，担保人承担民事责任的部分，不应超过债务人不能清偿部分的二分之一"之规定，对赵某在本案借款中的损失，新某公司应当承担一定的赔偿责任。根据公平原则，结合赵某和新某公司的过错大小，新某公司应当承担张某某不能清偿部分的二分之一为宜。

案例7：湖北省宜昌市中级人民法院审理的谭某与鑫某大市场、兴某公司等借款合同纠纷案〔（2014）鄂宜昌中民二初00033号〕认为，担保合同无效原因为王某某作为鑫某大市场的法定代表人，其以鑫某大市场的名义为其个人债务提供担保必须经过股东会决议，谭某在与王某某签订由鑫某大市场为王某某个人的借款提供担保之时，有义务审查鑫某大市场的担保行为是否经过了公司股东会决议，但谭某忽略了该审查义务，存在过错。另依据《最高人民法院关于适用〈中华人民共和国担保法〉若干问题的解释》第十一条"法人或者其他组织的法定代表人、负责人超越权限订立的担保合同，除相对人知道或者应当知道其超越权限的以外，该代表行为有效"之规定，谭某应当知道王某某超越权限以鑫某大市场为王某某个人债务提供担保，王某某的代表行为应为无效，故应认定鑫某大市场的担保行为无效。公司是否承担保证责任：依据《最高人民法院关于适用〈中华人民共和国担保法〉若干问题的解释》第七条"主合同有效而担保合同无效，债权人无过错的，担保人与债务人对主合同债权人的经济损失，承担连带赔偿责任；债权人、担保人有过错的，担保人承担民事责任的部分，不应超过债务人不能清偿部分的二分之一"的规定，谭某与鑫某大市场对担保合同无效均存在过错，鑫某大市场应当对王某某不能清偿部分的债务承担二分之一的赔偿责任。

律师简评

（1）以上四个案件都是认为担保权人未审查股东会决议或者董事会决议，不能认定善意、应认定担保合同无效的案件。

（2）四个案件均认定作为担保人的公司承担不超过二分之一的补充赔偿责任。除案例5判决公司承担10%的补充赔偿责任外，其余案例均判决公司承担二分之一的补充赔偿责任。

（3）如前所述，担保权人未审查股东会决议或者董事会决议，不能认定善意判令担保合同无效，并判决公司承担不超过二分之一的补充赔偿责任的前提是：债权人有过错，作为担保人的公司亦有过错。但除案例6对为什么认定公司存在过错进行了论述外，其他案例均未对此问题加以论述。

4. 认为公司承担连带赔偿责任的案例及评析

案例8：贵州省毕节市七星关区人民法院审理的林某某与朱某、心某公司民间借贷纠纷案［（2016）黔0502民初2321号］认为，担保合同无效原因：本案借款主体朱某是心某公司的实际控制人，且没有证据体现心某公司的担保行为经公司股东决议，故《借款合同》中关于被告心某公司担保的内容因违反前述法律强制性规定而无效。

公司是否承担保证责任：对被告心某公司为本案借款提供担保未经股东大会决议这一事实，原告并无过错。因此，原告要求被告心某公司承担本案借款的连带返还责任的诉讼请求符合法律规定，本院予以支持。

律师简评

本案虽也认定担保合同无效，但并非按照裁判观点一的思路认定担保合同无效，而是认为公司未经股东会决议对外提供担保，违反了《公司法》第十五条的强制性规定。在此基础上，法院认定债权人无过错，因此担保人需承担连带赔偿责任。鉴于目前占绝对主流地位的裁判观点均认为：《公司法》第十五条为管理性强制性规定，而非效力性强制性规定，违反该规定并不直接导致合同无效。因此，本案的裁判观点与绝大多数案例体现的主流裁判观点相异，不具有参考价值。

特别值得注意的是，本案的裁判观点虽认为未经公司决议的公司对外担保无效，但原因有所差异：依本案裁判观点，担保无效的依据是《民法典》第一百四十三条规定的"违反法律、行政法规的强制性规定"，而不是依据"因无权代理或越权担保，且相对人（即债权人）对此应当知道，因此担保行为对公司无效"。因此，本案的裁判观点与裁判观点一并不相同。

根据以上案例的经验总结：

（1）根据目前司法实践中的裁判观点，未经公司股东会决议的对外担保合同无效，法院可能会判决公司承担不超过二分之一的补充赔偿责任，也可能判决公司不承担责任。

（2）法院究竟会判决公司承担不超过二分之一的补充赔偿责任，还是会判决公司不承担责任，取决于法院是否认定作为担保人的公司有过错。

（3）目前大部分判决公司承担不超过二分之一的补充赔偿责任的案例，均没有对公司为何具有过错进行论述。但笔者认为，如公司存在以下情形，可能被法院认定为有过错：第一，公司公章管理不善，致使公章被"偷盖"；第二，公司内部管理混乱，存在承包、挂靠等情况；第三，公司的法定代表人、董事长、总经理等实际上不在公司任职，只是"挂名"而已。公司应当避免上述情况的发生，否则就有可能出现担保合同无效但公司还要承担一定责任的尴尬情形。

（四）公司内部人争夺外部债权人利益之"约定100年后缴足出资"

001 股东约定100年后认缴出资，债权人可否要求加速到期

裁判要旨

在注册资本认缴制下，股东依法享有期限利益。债权人以公司不能清偿到期债务为由，请求未届出资期限的股东在未出资范围内对公司不能清偿的债务承担补充赔偿责任的，人民法院不予支持。

但是，下列情形除外：（1）公司作为被执行人的案件，人民法院穷尽执行措施无财产可供执行，已具备破产原因，但不申请破产的；（2）在公司债务产生后，公司股东（大）会决议或以其他方式延长股东出资期限的。

案情简介①

邦某公司与永某重工公司签订多份合同。截至2016年2月29日，永某重工公司欠款713429.3元。

文某系永某重工公司的股东，其认缴出资额为6850万元，认缴出资时间为2065年6月20日。

后邦某公司提起诉讼，要求永某重工公司偿还合同款项，文某在未出资本息范围内对上述债务承担补充赔偿责任。济南市历下区法院支持了邦某公司的诉讼请求。

文某不服一审判决，上诉至济南市中级人民法院，济南市中级人民法院改判文某不承担补充赔偿责任。

裁判要点精要

《公司法司法解释（三）》第十三条第二款规定，公司债权人请求未履行或者未全面履行出资义务的股东在未出资本息范围内对公司债务不能清偿的部分承担补充赔偿责任的，人民法院应予支持。本案中，文某作为永某重工公司的股东，认缴出资额为6850万元，认缴出资时间为2065年6月20日，现该期限尚未到期，邦某公司要求文某对永某重工公司债务承担补充赔偿责任，实际系要求文某提前履行其未到期出资义务。债权人要求股东提前履行其出资义务，应具备相应法定条件，现永某重工公司未进入破产或解散程序，亦未资不抵债，故邦某公司现要求永某重工公司股东文某提前履行其出资义务尚未具备相应条件。

此外，股东对公司的出资义务源于股东间出资协议或章程约定，并通过在工商行政管理部门备案登记向社会公示，已向包括债权人在内的不特定第三人宣告了出资期限，债权人也是在此预期下与公司进行交易，债权人仅以自己对公司债权尚未获得清偿为由，要求股东提前履行出资义务，并不具备相应正当性和合理性。邦某公司因此败诉。

---

① 济南市中级人民法院，文某与济南邦容经贸有限公司等买卖合同纠纷二审民事判决书［（2016）鲁01民终5731号］。

实务经验总结

为避免未来发生类似纷争，提出如下建议：

第一，对于公司股东而言，不要误以为可以随意认缴天价注册资本，约定几十年甚至100年后再实缴出资。但是如下情况出现后，将会要求未届出资期限的股东在未出资范围内对公司不能清偿的债务承担补充赔偿责任：（1）公司作为被执行人的案件，人民法院穷尽执行措施无财产可供执行，已具备破产原因，但不申请破产的；（2）在公司债务产生后，公司股东（大）会决议或以其他方式延长股东出资期限的。

第二，公司解散时，股东尚未缴纳的出资均应作为清算财产；公司破产时，管理人应当要求出资人缴纳所认缴的出资，而不受出资期限的限制。

第三，股东认缴的注册资本越高，股东对公司及其债权人承担的义务越重，股东的投资风险越高；认缴期限过长，不能免除股东应当承担的资本充实义务。建议广大投资者在认缴注册资本时量力而行，适度承诺，理性认缴注册资本，及时足额实缴注册资本，千万不要"打肿脸充胖子"。

第四，对于公司债权人而言，应当注意以下几点：

1. 签订合同时，不要被公司过高的注册资本所忽悠。注册资本认缴制，意味着写在纸面上的注册资本不能真实地反映公司的资本状况，不要误以为公司注册资本高公司资金实力就强。

2. 对于未到认缴期限的股东，公司债权人也并非无计可施。公司作为被执行人的案件，人民法院穷尽执行措施无财产可供执行，已具备破产原因，但不申请破产的；或者在公司债务产生后，公司股东（大）会决议或以其他方式延长股东出资期限的，可以请求未届出资期限的股东在未出资范围内对公司不能清偿的债务承担补充赔偿责任。

法规链接

《公司法》（2023年修订）

第三条 公司是企业法人，有独立的法人财产，享有法人财产权。公司以其全部财产对公司的债务承担责任。

公司的合法权益受法律保护，不受侵犯。

《最高人民法院关于适用〈中华人民共和国公司法〉若干问题的规定（二）》（2020年修正）

第二十二条　公司解散时，股东尚未缴纳的出资均应作为清算财产。股东尚未缴纳的出资，包括到期应缴未缴的出资，以及依照公司法第二十六条和第八十条的规定分期缴纳尚未届满缴纳期限的出资。

公司财产不足以清偿债务时，债权人主张未缴出资股东，以及公司设立时的其他股东或者发起人在未缴出资范围内对公司债务承担连带清偿责任的，人民法院应依法予以支持。

《最高人民法院关于适用〈中华人民共和国公司法〉若干问题的规定（三）》（2020年修正）

第十三条第二款　公司债权人请求未履行或者未全面履行出资义务的股东在未出资本息范围内对公司债务不能清偿的部分承担补充赔偿责任的，人民法院应予支持；未履行或者未全面履行出资义务的股东已经承担上述责任，其他债权人提出相同请求的，人民法院不予支持。

《全国法院民商事审判工作会议纪要》（法〔2019〕254号）

6.【股东出资应否加速到期】在注册资本认缴制下，股东依法享有期限利益。债权人以公司不能清偿到期债务为由，请求未届出资期限的股东在未出资范围内对公司不能清偿的债务承担补充赔偿责任的，人民法院不予支持。但是，下列情形除外：

（1）公司作为被执行人的案件，人民法院穷尽执行措施无财产可供执行，已具备破产原因，但不申请破产的；

（2）在公司债务产生后，公司股东（大）会决议或以其他方式延长股东出资期限的。

《企业破产法》

第三十五条　人民法院受理破产申请后，债务人的出资人尚未完全履行出资义务的，管理人应当要求该出资人缴纳所认缴的出资，而不受出资期限的限制。

本案链接

以下为该案在法院审理阶段，判决书中"本院认为"就该问题的论述：

本院认为，《公司法司法解释（三）》第十三条第二款规定，公司债权人请求未履行或者未全面履行出资义务的股东在未出资本息范围内对公司债务不能清偿的部分承担补充赔偿责任的，人民法院应予支持。依照上述规定，未完全履行出资义务的股东应对公司债务承担补充清偿责任，但根据永某重工公司在工商登记系统公示的年度报告，文某作为永某重工公司的股东，认缴出资额为6850万元，认缴出资时间为2065年6月20日，现该期限尚未到期，故文某的出资义务尚在履行期内，其亦实际履行了部分出资义务，故不能认定文某存在未完全履行出资义务的过错。邦某公司要求文某对永某重工公司债务承担补充赔偿责任，实际系要求文某作为公司股东提前履行其未到期出资义务。

对此本院认为，《公司法》第三条固然规定公司以其全部财产对公司债务承担责任，股东以其认缴出资额为限对公司承担责任，但该法第二十八条亦规定了股东应按期缴纳其出资。同时，《企业破产法》第三十五条对出资人认缴出资加速到期的规定，系以法院受理破产申请为前提的；《公司法司法解释（二）》第二十二条明确规定股东未缴出资作为清算财产的条件是公司进入解散阶段。

依照上述法律规定，本院认为，债权人要求股东提前履行其出资义务，应具备相应法定条件，现永某重工公司未进入破产或解散程序，亦未资不抵债，故邦某公司现要求永某重工公司股东文某提前履行其出资义务尚未具备相应条件。

此外，公司经设立取得法律上的主体资格后，作为法人的公司其对外行为、债权债务、法律上的权利义务承担均以自己名义进行，并单独对外承担责任，公司的社团行为与股东的个人行为彼此完全独立。也就是说，通常情况下公司股东并不对公司的行为和债务承担个人责任。且股东对公司的出资义务源于股东间出资协议或章程约定，并通过在工商行政管理部门备案登记向社会公示，已向包括债权人在内的不特定第三人宣告了出资期限，债权人也是在此预期下与公司进行交易，债权人仅以自己对公司债权尚未获得清偿为由，要求股东提前履行出资义务，并不具备相应正当性和合理性。

故邦某公司要求股东文某在未出资范围内对永某重工公司的债务承担补充清偿责任的诉讼请求，缺乏法律依据，本院不予支持。

延伸阅读

在通常情况下（本书所指通常情况，是指没有出现股东恶意减资、恶意延长出资期限、公司停止实际经营等情况），对于认缴期限尚未届满的股东，公司债权人可否要求股东对公司债务承担补充赔偿责任？对这一问题，笔者另检索和梳理了10个案例，其中8个案例与本书引用的案例观点相同，认为此种情况下公司债权人无权要求股东承担补充赔偿责任，但也有2个案例持相反观点。

裁判规则一：与本书引用案例的裁判观点相同，认为公司债权人无权要求认缴期限尚未届满的股东对公司债务承担补充赔偿责任的案例（案例1~8）。

案例1：四川省内江市中级人民法院审理的杰某公司、黎某某、王某某、刘某某与多某公司服务合同纠纷案［（2016）川10民终402号］认为，关于上诉人刘某某、黎某某、王某某在本案中责任如何认定，本院认为，三上诉人作为认缴出资期限未到的未出资股东，不应对本案公司债务承担责任，理由是：一、认缴出资的期限提前到期仅限于公司破产的场合，除此以外不应提前，债务人应当尊重股东关于出资期限的约定；二、根据《公司法司法解释（三）》第十三条规定，股东承担补充赔偿责任的前提是未履行和未全面履行出资义务，而判断标准是依据其认缴承诺而言，其没有违背章程中的认缴承诺，则不应承担责任；三、债权人应当风险自担，且有救济途径。股东出资属于公示信息，债权人明知股东出资期限未到而与公司交易，即应当尊重股东期限利益。债权人权利亦可以行使撤销权或适用公司法人人格否认等其他途径予以救济。

案例2：湖北省宜昌市中级人民法院审理的马某蔬菜经营部与胡某、李某等买卖合同纠纷案［（2016）鄂05民终1467号］认为，马某蔬菜经营部要求胡某、何某某、李某在未认缴出资的范围内对涉案债务承担连带清偿责任的理由不能成立。其理由为：首先，根据悦某餐饮公司的章程约定，胡某、何某某应于2020年5月20日前认缴全部出资（990000元），悦某餐饮公司的工商登记资料证实其目前仍处于正常经营的情况下，其股东认缴出资的期限尚未届满。因此，马某蔬菜经营部以胡某、何某某未足额认缴出资为由，要求其对涉案债务承担连带清偿责任的诉讼请求无事实及法律依据。

案例3：浙江省杭州市西湖区人民法院审理的贝某兹公司与致某股权公司、致某资产公司等股东出资纠纷案［（2016）浙0106民初3679号］认为，由于案涉《投资协议》签订之前，被告致某股权公司已成立，且该公司原股东优某公司、致某资产公司在章程中已约定了出资认缴期限，也即原告在签订案涉《投资协议》时即应当知道被告致某股权公司股东的出资认缴期限最迟为2035年5月31日，而被告致某股权公司通过受让股权成为被告致某股权公司新股东时认缴出资的期限最迟亦为2035年5月31日，被告致某股权公司在前述股权转让前后的注册资本均为10000万元，也即被告致某股权公司新股东并未通过恶意延长认缴期限或恶意减资行为来规避债务，认缴期限也未超出经营期限，现该认缴期限尚未到期，原告要求被告致某股权公司的新、原股东对被告致某股权公司的案涉出资义务承担连带补充支付责任的诉讼请求，缺乏事实与法律依据，本院不予支持。

案例4：上海市浦东新区人民法院审理的志某文化公司与翰某公司、陈某某等承揽合同纠纷案[（2013）浦民二（商）初3187号]认为，被告陈某某、被告赖某某和被告林某某虽未缴足出资，但按照章程约定其未到认缴出资的期限，本院不能认定三个被告股东未履行或者未全面履行出资义务，也就不能认定其损害公司债权人的利益。因此，原告要求三个被告股东承担补充赔偿责任，本院不予支持。

案例5：上海市奉贤区人民法院审理的雅某公司、剑某公司与江某某、朱某某等股东损害公司债权人利益责任纠纷案[（2016）沪0120民初8315号]认为，本案的争议焦点是：五被告在出资期限尚未届至的情况下，应否向二原告承担补充赔偿责任？对此，本院认为，五被告出资期限尚未届至，其无须向二原告承担补充赔偿责任。理由是：第一，从现行法律及司法解释的规定来看，根据《公司法》第二十八条的规定，股东应当按期足额缴纳公司章程中规定的各自所认缴的出资额。该规定明确股东应"按期"缴纳而非"随时"缴纳，体现了公司法对章程所规定出资期限的尊重。根据《公司法司法解释（二）》第二十二条的规定，股东未缴出资作为清算财产的前提是公司处于解散状态。结合上述公司法关于按期缴纳出资的规定可知，股东"按期"出资是原则，"提前"出资是在特定条件下的例外。第二，从公司人格独立理论来看，公司一经成立即具有独立的法律人格，系属独立的民事法律主体，公司的社团行为与股东的个人行为彼此完全独立。这也决定了通常情况下公司股东并不对公司的行为和债务承担个人责任，这也正是股东设立公司意义之所在。若只要公司债权不能获得清偿，即直接认定股东出资义务"加速到期"，则实质上是否定了公司独立人格，有违法律创设公司制度的初衷。第三，从商事外观主义的基本原则来看，股东对公司的出资义务源于股东间出资协议或章程约定，并通过章程备案登记的方式向社会公示，是向包括债权人在内的不特定第三人宣告了自己的出资期限，债权人也是在此预期下与公司进行交易，债权人仅以自己对公司债权没有获得清偿为由，要求股东提前履行出资义务，也有违诚信，也是对股东期限利益的剥夺，不具正当性。第四，二原告认为，股东出资系属义务，并非权利，二原告有权要求五被告提前补足出资。对此，本院认为，在五被告出资义务尚未到期前，五被告享有"期限利益",二原告不得要求五被告的出资义务"加速到期",故本院对二原告的观点不予采纳。综上分析,股东应当按期足额向公司履行交付出资的义务,在股东出资期限尚未到期的情况下,公司不得要求股东交付出资,公司债权人亦无权要求股东承担补充赔偿责任,除非存在法律及司法解释规定的特定情形。本案中,五被告对柒某公司的出资期限尚未到期,且不存在法律及司法解释规定的特定情形,现二原告要求五被告对柒某公司的债务承担补充赔偿责任,缺乏事实及法律依据,本院不予支持。二原告可依据其他法律规定,另行主张权利。

案例6:天津市宝坻区人民法院审理的张某某与博某公司、任某某租赁合同纠纷案[(2015)宝民初4935号]认为,本案被告任某某系被告博某公司的股东之一,其认缴的资本总额为900万元,出资期限为2029年11月1日,现实际出资为27万元,故剩余认缴额尚未到出资期限。在这种情况下,被告任某某是否属于上述法律规定的未履行或者未全面履行出资义务的股东现尚无法律明确界定。退一步说,即使出资期限尚未届满的被告任某某属于我国《公司法司法解释(三)》第十三条第二款规定的未履行或者未全面履行出资义务的股东,被告任某某应当承担的责任也仅对被告博某公司不能清偿部分的损失承担补充赔偿责任,即只有被告博某公司不能清偿原告时,就不能清偿的部分,原告才能请求被告任某某承担清偿责任。现被告博某公司是否能够赔偿原告损失及不能赔偿的部分均无法确定,原告要求被告任某某对被告博某公司应向其赔偿的损失承担补充赔偿责任,依据不足,本院不予支持。

案例7:上海市第二中级人民法院审理的江某商邦公司与沈某某、王某某债权人代位权纠纷案[(2017)沪02民终608号]认为,《公司法司法解释(三)》第十三条是关于股东未履行或者未全面履行出资义务的责任的规定,该规定的适用要件应指向股东出资义务期限届满时的情形。本案中,壹某公司章程约定股东增资出资缴款期限为2030年7月30日,沈某某、王某某作为壹某公司认缴增资的股东至本案诉讼时并不存在未履行或者未全面履行出资义务的情形。壹某公司虽不能清偿到期债务,但江某商邦公司据此主张股东未届履行期限的出资义务加速到期,将未到期出资等同视为股东未履行或未全面履行出资义务,本院认为尚不能对司法解释相关规定作出如此延伸和扩张解释。故江某商邦公司主张沈某某、王某某二人对壹某公司不能清偿的债务承担补充赔偿责任缺乏法律依据。

案例8:广西壮族自治区玉林市玉州区人民法院审理的罗某某与浙某公司、樊某某装饰装修合同纠纷案[(2015)玉区法民初534号]认为,浙某公司变更公司注册资本，由原来的150万元变更为500万元，被告樊某某、陈某某作为浙某公司的股东，增加出资金额部分认缴的时间为2050年6月30日，出资认缴的期限尚未到期；原告罗某某亦没有证据证明樊某某之前的出资不实，其要求被告樊某某、陈某某在未出资本息范围内对被告浙某公司的债务承担补充赔偿责任本院不予支持。

裁判规则二：与本书引用案例的裁判观点不同，认为公司债权人有权要求认缴期限尚未届满的股东对公司债务承担补充赔偿责任的案例（案例9~10）。

案例9：四川省泸州市龙马潭区人民法院审理的张某与康某某、徐某、胡某、强某胜公司民间借贷纠纷案[（2015）龙马民初757号]认为，被告胡某、徐某作为强某胜公司的股东，按公司章程规定，应分别出资1960万元和40万元，由于其没有证据表明全面履行了出资义务，虽然其认缴期限未到，但根据《公司法司法解释（三）》第十三条第二款"公司债权人请求未履行或者未全面履行出资义务的股东在未出资本息范围内对公司债务不能清偿的部分承担补充赔偿责任的，人民法院应予支持；未履行或者未全面履行出资义务的股东已经承担上述责任，其他债权人提出相同请求的，人民法院不予支持"的规定，其在被告四川强某胜投资管理有限公司不能清偿本案150万元债务时，应在各自出资范围内承担补充赔偿责任。

案例10：浙江省杭州市上城区人民法院审理的鼎某公司与超级马某公司、徐某某等装饰装修合同纠纷案[（2016）浙0102民初1545号]认为，公司债权人请求未履行或者未全面履行出资义务的股东在未出资本息范围内对公司债务不能清偿的部分承担补充赔偿责任的，人民法院应予支持。本案中，被告杭州超级马某公司的公司章程中载明缴纳注册资本的时间为2034年11月4日之前和2034年12月22日之前，首先，公司章程中载明缴纳注册资本的时间系公司及股东之间内部约定，公司的债权人对此并不知晓，该约定不对债权人发生约束力，不能对抗债权人的主张；其次，2034年11月4日之前和2034年12月22日之前系期间的概念，在该期间范围内股东应视经营的必要性缴纳相应的注册资本，在公司无任何资产，且已经发生经营并产生债务的情形下，被告徐某某、上海祺某信息科技有限公司、杭州琪某汇达科技有限公司应负有缴纳相应注册资本的义务。被告徐某某、上海祺某信息科技有限公司、杭州琪某汇达科技有限公司作为被告杭州超级马某公司的股东均未履行出资义务，应对被告杭州超级马某公司所负的债务在未出资范围内承担补充赔偿责任。

（五）公司内部人争夺外部债权人利益之"恶意延长出资期限"

001 如何利用加速到期制度直接将赔偿责任追究到股东身上

阅读提示

根据《全国法院民商事审判工作会议纪要》规定，在注册资本认缴制下，股东依法享有期限利益。债权人以公司不能清偿到期债务为由，请求未届出资期限的股东在未出资范围内对公司不能清偿的债务承担补充赔偿责任的，人民法院不予支持。但是，下列情形除外：（1）公司作为被执行人的案件，人民法院穷尽执行措施无财产可供执行，已具备破产原因，但不申请破产的；（2）在公司债务产生后，公司股东（大）会决议或以其他方式延长股东出资期限的。

在公司无财产可供执行的情形下，公司债权人有权要求股东的认缴期限加速到期，对公司债务承担补充赔偿责任。

加速到期股东认缴期限并要求股东承担补充赔偿责任，债权人至少需要走三步：第一，诉讼阶段取得对公司的胜诉判决；第二，执行阶段经强制执行公司财产不足以清偿全部债务并取得相应的裁定书；第三，向执行法院提起追加出资不实股东为被执行人的书面申请，若被驳回需要向执行法院提起执行异议之诉。

裁判要旨

股东为逃避承担责任，通过修订章程延迟缴纳出资时间，违反了诚实信用原则，损害了债权人利益，在公司无财产可供执行的情形下，公司债权人有权要求股东的认缴期限加速到期，对公司债务承担补充赔偿责任。

案情简介①

浙江优某公司 2012 年 10 月 16 日成立，注册资本为 5000 万元，其中许某某认缴 500 万元，持股比例为 10%，实缴出资额 200 万元于 2012 年 10 月 15 日到位，余额交付期限为 2014 年 10 月 15 日。

2014 年 6 月 15 日，浙江优某公司各股东作出延迟缴纳注册资金的股东会决议，并通过了公司章程修正案，约定除首期出资外，其余资金于 2032 年 10 月 15 日前缴纳。

2013 年 12 月，金某信托公司与浙江优某公司发生营业信托纠纷，后经北京市第二中级人民法院生效判决：浙江优某公司向金某信托公司支付 5033 万元款项。

此后，金某信托公司向北京市第二中级人民法院申请强制执行，但经执行浙江优某公司并无财产可供执行。执行过程中，金某信托公司申请追加许某某为被执行人，在未出资的 300 万元范围内承担补充赔偿责任，但法院以许某某出资期限未到期为由，裁定驳回。

此后，金某信托公司向北京市高级人民法院申请执行复议，经审查裁定：追加许某某为被执行人，在出资不实的 300 万元范围内承担赔偿责任。

裁判要点精要

根据《全国法院民商事审判工作会议纪要》规定，在注册资本认缴制下，股东依法享有期限利益。债权人以公司不能清偿到期债务为由，请求未届出资期限的股东在未出资范围内对公司不能清偿的债务承担补充赔偿责任的，人民法院不予支持。但是，在公司债务产生后，公司股东（大）会决议或以其他方式延长股东出资期限的，未届出资期限的股东应在未出资范围内对公司不能清偿的债务承担补充赔偿责任。

在金某信托公司与浙江优某公司发生营业信托纠纷后，浙江优某公司股东作出关于申请延迟缴纳注册资金的股东会决议，并通过了公司章程修正案，将剩余 3000 万元的出资期限从 2014 年 10 月 15 日延迟至 2032 年 10 月 15 日，其中包括

---

① 北京市高级人民法院，金某信托公司与浙江优某公司执行裁定书［(2016) 京执复 106 号］。需要提醒的是，本案发生在《最高人民法院关于民事执行中变更、追加当事人若干问题的规定》正式实行 (2016 年 12 月 1 日) 之前，此后类似案件，按照前述规定，债权人不服执行法院的裁定，提起的是执行异议之诉，而不再是执行复议。

许某某未实缴的 300 万元出资。这在客观上对浙江优某公司资本充实造成了妨害，并损害了金某信托公司基于许某某公示的承诺和浙江优某公司的注册资金数额而产生的信赖利益，有违诚实信用原则，构成出资不实。在浙江优某公司已经法院生效裁定认定无财产可供执行的情况下，金某信托公司以许某某出资不实，应在设立公司时的未实缴出资额范围内承担责任的主张，符合相关司法解释的规定，法院予以支持。

实务经验总结

第一，在诉讼阶段取得对公司的胜诉判决。在此阶段，债权人需要注意区分公司股东的认缴期限是否已经到期，若股东的认缴期限已到期但股东未足额缴纳出资的，债权人可以在诉讼阶段直接将股东列为被告，要求其在未出资的额度内承担补充赔偿责任；若股东的认缴期限未到期但股东未足额缴纳出资的，债权人若直接在此阶段要求股东承担补充赔偿责任的，往往很难得到支持，但是当股东利用认缴期限恶意规避债务的意图明显或在产生债务后通过股东会决议恶意延长认缴期限的，也有可能得到法院的支持。

第二，在取得生效的胜诉判决书后，申请人需立即向执行法院申请强制执行，在执行法院法定的执行期间，申请人可以向执行法官提出调查被执行公司股东的出资情况，调取公司设立及增资时注册资金是否已经全部到位，当发现股东拥有出资不实，抽逃出资等情形时，向法院提起追加股东为被执行人的书面申请。当法院在法定的期间内并不能执行完毕公司财产的情形时，债权人需要及时要求执行法官出具公司暂无财产可供执行的裁定书，以便能够证明"（企业法人）财产不足以清偿生效法律文书确定的债务"的条件。

第三，当执行法院以认缴期限未到为由，驳回债权人申请追加出资不实股东为被执行人的请求时，债权人可以向执行法院提起执行异议之诉，要求股东在未出资范围内承担补充赔偿责任。需要提醒的是，公司债权人需将股东身份材料、公司工商档案、前述证明公司财产暂不能清偿的《执行裁定书》、股东财产线索等作为证据提交。

法规链接

《公司法》（2023 年修订）

第三条 公司是企业法人，有独立的法人财产，享有法人财产权。公司以其全部财产对公司的债务承担责任。

公司的合法权益受法律保护，不受侵犯。

《最高人民法院关于适用〈中华人民共和国公司法〉若干问题的规定（三）》（2020年修正）

第十三条　股东未履行或者未全面履行出资义务，公司或者其他股东请求其向公司依法全面履行出资义务的，人民法院应予支持。

公司债权人请求未履行或者未全面履行出资义务的股东在未出资本息范围内对公司债务不能清偿的部分承担补充赔偿责任的，人民法院应予支持；未履行或者未全面履行出资义务的股东已经承担上述责任，其他债权人提出相同请求的，人民法院不予支持。

股东在公司设立时未履行或者未全面履行出资义务，依照本条第一款或者第二款提起诉讼的原告，请求公司的发起人与被告股东承担连带责任的，人民法院应予支持；公司的发起人承担责任后，可以向被告股东追偿。

……

《全国法院民商事审判工作会议纪要》（法〔2019〕254号）

6.【股东出资应否加速到期】在注册资本认缴制下，股东依法享有期限利益。债权人以公司不能清偿到期债务为由，请求未届出资期限的股东在未出资范围内对公司不能清偿的债务承担补充赔偿责任的，人民法院不予支持。但是，下列情形除外：

（1）公司作为被执行人的案件，人民法院穷尽执行措施无财产可供执行，已具备破产原因，但不申请破产的；

（2）在公司债务产生后，公司股东（大）会决议或以其他方式延长股东出资期限的。

《最高人民法院关于民事执行中变更、追加当事人若干问题的规定》（法释〔2020〕21号）

第十七条　作为被执行人的营利法人，财产不足以清偿生效法律文书确定的债务，申请执行人申请变更、追加未缴纳或未足额缴纳出资的股东、出资人或依公司法规定对该出资承担连带责任的发起人为被执行人，在尚未缴纳出资的范围内依法承担责任的，人民法院应予支持。

第三十二条　被申请人或申请人对执行法院依据本规定第十四条第二款、第十七条至第二十一条规定作出的变更、追加裁定或驳回申请裁定不服的，可以自裁定书送达之日起十五日内，向执行法院提起执行异议之诉。

被申请人提起执行异议之诉的，以申请人为被告。申请人提起执行异议之诉的，以被申请人为被告。

本案链接

以下为该案在法庭审理阶段，判决书中"本院认为"就该问题的论述：

本院认为……被执行人无财产清偿债务，如果其开办单位对其开办时投入的注册资金不实，可以裁定变更或追加其开办单位为被执行人，在注册资金不实的范围内，对申请执行人承担责任。公司股东按照其公示的承诺履行出资的义务，是相对于社会的一种资本充实义务，其应正当行使变更出资金额、期限以及转让股权的权利，不能对公司资本充实造成妨害，从而损害公司债权人基于其公示的承诺和公司注册资金数额而产生的信赖利益，否则即构成出资不实。本案中，许某某在浙江优某公司设立时，承诺在2014年10月15日前履行剩余300万元出资义务。在浙江优某公司与金某信托公司签订《信托计划合作框架协议》《资金信托合同》后，南某某将4500万元股权中的4000万元转让给与浙江优某公司共同签订《信托计划合作框架协议》的担保机构台州首信担保公司、浙江众志担保公司，继续约定并承诺未到位的出资由各股东在2014年10月15日前出资到位。2013年12月，出现了作为担保机构的台州首信担保公司、浙江众志担保公司"无力先行偿付贷款本息"、浙江优某公司"无力履行《资金信托合同》约定的差额补足义务"的情况，浙江优某公司与金某信托公司签订了《资金信托合同补充协议》，顺延该期信托计划。但半年后，南某某、许某某、台州首信担保公司、浙江众志担保公司等浙江优某公司的股东作出关于申请延迟缴纳注册资金的股东会决议，并通过了公司章程修正案，将除首期出资2000万元外的3000万元的出资期限从2014年10月15日延迟至2032年10月15日。这在客观上对浙江优某公司资本充实造成了妨害，并损害了金某信托公司基于许某某公示的承诺和浙江优某公司的注册资金数额而产生的信赖利益，有违诚实信用原则，构成出资不实。在浙江优某公司已经法院生效裁定认定无财产可供执行的情况下，金某信托公司以许某某出资不实，应在设立公司时的未实缴出资额范围内承担责任的主张，符合相关司法解释的规定，本院予以支持。但金某信托公司提出的许某某亦应在未出资额的利息范围内承担责任并在本案中一并处理的主张，没有法律依据，本院不予支持。综上，第二中级人民法院异议裁定适用法律错误，应予纠正。

延伸阅读

在诉讼及执行阶段主张加速到期不同的司法现状

裁判规则一：在诉讼阶段，公司债权人直接要求加速到期、股东承担补充赔偿责任的败诉概率较大（案例1~8）。

案例1：四川省内江市中级人民法院审理的杰某公司、黎某某、王某某、刘某某与多某公司服务合同纠纷案〔（2016）川10民终402号〕认为，关于上诉人刘某某、黎某某、王某某在本案中责任如何认定，本院认为，三上诉人作为认缴出资期限未到的未出资股东，不应对本案公司债务承担责任，理由是：一、认缴出资的期限提前到期仅限于公司破产的场合，除此以外不应提前，债务人应当尊重股东关于出资期限的约定；二、《公司法司法解释（三）》第十三条规定，股东承担补充赔偿责任的前提是未履行或未全面履行出资义务，而判断标准是依据其认缴承诺而言，其没有违背章程中的认缴承诺，则不应承担责任；三、债权人应当风险自担，且有救济途径。股东出资属于公示信息，债权人明知股东出资期限未到而与公司交易，即应当尊重股东期限利益。债权人权利亦可以行使撤销权或适用公司法人人格否认等其他途径予以救济。

案例2：湖北省宜昌市中级人民法院审理的马某蔬菜经营部与胡某、李某等买卖合同纠纷案〔（2016）鄂05民终1467号〕认为，马某蔬菜经营部要求胡某、何某某、李某在未认缴出资的范围内对涉案债务承担连带清偿责任的理由不能成立。其理由为：首先，根据悦某餐饮公司的章程约定，胡某、何某某应于2020年5月20日前认缴全部出资（990000元），悦某餐饮公司的工商登记资料证实其目前仍处于正常经营的情况下，其股东认缴出资的期限尚未届满。因此，马某蔬菜经营部以胡某、何某某未足额认缴出资为由，要求其对涉案债务承担连带清偿责任的诉讼请求无事实及法律依据。

案例3：浙江省杭州市西湖区人民法院审理的贝某兹公司与致某股权公司、致某资产公司等股东出资纠纷案〔（2016）浙0106民初3679号〕认为，由于案涉《投资协议》签订之前，被告致某股权公司即已成立，且该公司原股东优某公司、致某资产公司在章程中已约定了出资认缴期限，也即原告在签订案涉《投资协议》时即应当知道签约对方被告致某股权公司股东的出资认缴期限最迟为2035年5月31日，而被告致某股权公司通过受让股权成为被告致某股权公司新股东时认缴出资的期限最迟亦为2035年5月31日，被告致某股权公司在前述股权转让前后的注册资本均为10000万元，也即被告致某股权公司新股东并未通过恶意延长认缴期限或恶意减资行为来规避债务，认缴期限也未超出经营期限，现该认缴期限尚未到期，原告要求被告致某股权公司的新、原股东对被告致某股权公司的案涉出资义务承担连带补充支付责任的诉讼请求，缺乏事实与法律依据，本院不予支持。

案例4：上海市浦东新区人民法院审理的志某文化公司与翰某公司、陈某某等承揽合同纠纷案〔（2013）浦民二（商）初3187号〕认为，被告陈某某、被告赖某某和被告林某某虽未缴足出资，但按照章程约定其未到认缴出资的期限，本院不能认定三个被告股东未履行或者未全面履行出资义务，也就不能认定其损害公司债权人的利益。因此，原告要求三个被告股东承担补充赔偿责任，本院不予支持。

案例5：上海市奉贤区人民法院审理的雅某公司、剑某公司与江某某、朱某某等股东损害公司债权人利益责任纠纷案〔（2016）沪0120民初8315号〕认为，本案的争议焦点是：五被告在出资期限尚未届至的情况下，应否向二原告承担补充赔偿责任？对此，本院认为，五被告出资期限尚未届至，其无须向二原告承担补充赔偿责任。理由是：第一，从现行法律及司法解释的规定来看，根据《公司法》第二十八条的规定，股东应当按期足额缴纳公司章程中规定的各自所认缴的出资额。该规定明确股东应"按期"缴纳而非"随时"缴纳，体现了公司法对章程所规定出资期限的尊重。根据《公司法司法解释（二）》第二十二条的规定，股东未缴出资作为清算财产的前提是公司处于解散状态。结合上述公司法关于按期缴纳出资的规定可知，股东"按期"出资是原则，"提前"出资是在特定条件下的例外。第二，从公司人格独立理论来看，公司一经成立即具有独立的法律人格，系属独立的民事法律主体，公司的社团行为与股东的个人行为彼此完全独立。这也决定了通常情况下公司股东并不对公司的行为和债务承担个人责任，这也正是股东设立公司的意义之所在。若只要公司债权不能获得清偿，即直接认定股东出资义务"加速到期"，则实质上是否定了公司独立人格，有违法律创设公司制度的初衷。第三，从商事外观主义的基本原则来看，股东对公司的出资义务源于股东间出资协议或章程约定，并通过章程备案登记的方式向社会公示，是向包括债权人在内的不特定第三人宣告了自己的出资期限，债权人也是在此预期下与公司进行交易，债权人仅以自己对公司债权没有获得清偿为由，要求股东提前履行出资义务，也有违诚信，也是对股东期限利益的剥夺，不具正当性。第四，二原告认为，股东出资系属义务，并非权利，二原告有权要求五被告提前补足出资。对此，本院认为，在五被告出资义务尚未到期前，五被告享有"期限利益"，二原告不得要求五被告的出资义务"加速到期"，故本院对二原告的观点不予采纳。综上分析，股东应当按期足额向公司履行交付出资的义务，在股东出资期限尚未到期的情况下，公司不得要求股东交付出资，公司债权人亦无权要求股东承担补充赔偿责任，除非存在法律及司法解释规定的特定情形。本案中，五被告对柒某公司的出资期限尚未到期，且不存在法律及司法解释规定的特定情形，现二原告要求五被告对柒某公司的债务承担补充赔偿责任，缺乏事实及法律依据，本院不予支持。二原告可依据其他法律规定，另行主张权利。

案例 6：天津市宝坻区人民法院审理的张某某与博某公司、任某某租赁合同纠纷案〔（2015）宝民初 4935 号〕认为，本案被告任某某系被告博某公司的股东之一，其认缴的资本总额为 900 万元，出资期限为 2029 年 11 月 1 日，现实际出资为 27 万元，故剩余认缴额尚未到出资期限。在这种情况下，被告任某某是否属于上述法律规定的未履行或者未全面履行出资义务的股东现尚无法律明确界定。退一步说，即使出资期限尚未届满的被告任某某属于我国《公司法司法解释（三）》第十三条第二款规定的未履行或者未全面履行出资义务的股东，被告任某某应当承担的责任也仅对被告博某公司不能清偿部分的损失承担补充赔偿责任，即只有被告博某公司不能清偿原告时，就不能清偿的部分，原告才能请求被告任某某承担清偿责任。现被告博某公司是否能够赔偿原告损失及不能赔偿的部分均无法确定，原告要求被告任某某对被告博某公司应向其赔偿的损失承担补充赔偿责任，依据不足，本院不予支持。

案例 7：上海市第二中级人民法院审理的江某商邦公司与沈某某、王某某债权人代位权纠纷案〔（2017）沪 02 民终 608 号〕认为，《公司法司法解释（三）》第十三条是关于股东未履行或者未全面履行出资义务的责任的规定，该规定的适用要件应指向股东出资义务期限届满时的情形。本案中，壹某公司章程约定股东增资出资缴款期限为 2030 年 7 月 30 日，沈某某、王某某作为壹某公司认缴增资的股东至本案诉讼时并不存在未履行或者未全面履行出资义务的情形。壹某公司虽不能清偿到期债务，但江某商邦公司据此主张股东未届履行期限的出资义务加速到期，将未到期出资等同视为股东未履行或未全面履行出资义务，本院认为尚不能对司法解释相关规定作出如此延伸和扩张解释。故江某商邦公司主张沈某某、王某某二人对壹某公司不能清偿的债务承担补充赔偿责任缺乏法律依据。

案例8：广西壮族自治区玉林市玉州区人民法院审理的罗某某与浙某公司、樊某某装饰装修合同纠纷案［（2015）玉区法民初534号］认为，玉林市浙某公司变更公司注册资本，由原来的150万元变更为500万元，被告樊某某、陈某某作为玉林市浙某公司的股东，增加出资金额部分认缴的时间为2050年6月30日，出资认缴的期限尚未到期；原告罗某某亦没有证据证明樊某某之前的出资不实，其要求被告樊某某、陈某某在未出资本息范围内对被告浙某公司的债务承担补充赔偿责任本院不予支持。

裁判规则二：在执行阶段，公司财产不足以清偿的情况下，债权人主张追加未到期股东为被执行人承担补充赔偿责任胜诉概率较大（案例9~10）。

案例9：浙江省杭州市上城区人民法院审理的股东与赵某某执行异议之诉案［（2017）浙0102民初175号］认为，本院（2015）杭上民初949号民事判决书及（2015）杭上民初2345号民事判决书已确定浙江浙某实业有限公司应对赵某某履行600余万元租金及相应滞纳金、律师费的支付义务。在该两案件执行过程中，浙江浙某实业有限公司的资产不足以清偿（2015）杭上民初949号民事判决书及（2015）杭上民初2345号民事判决书确定的债务，导致债权人赵某某至今未获得清偿。而吴某某、方某某作为浙江浙某实业有限公司股东，在公司设立时即2013年12月3日已确认将在2015年12月2日前分别认缴剩余2400万元及1600万元注册资金。该公司从2015年6月5日本院审理（2015）杭上民初949号租赁合同纠纷案后，应知晓公司资产情况及偿债能力。但吴某某、方某某作为公司股东，未在应认缴的注册资本即将到期时补足资金，充盈公司资产，履行对公司债权人偿付债务的义务，反而在2015年10月28日，通过修改公司章程，将认缴注册资金期限延后至2031年。吴某某、方某某实质是通过延长认缴期限的行为以实现规避债务的目的，违反了《公司法》第五条规定的"诚实守信原则"，损害了债权人的利益。故其延长认缴期限的行为应视为无效。本院根据申请执行人赵某某申请，出具（2016）浙0102执异26号执行裁定书，追加吴某某为被执行人，裁定其在未缴纳的注册资金2400万元范围内履行判决书确定之义务，具有事实及法律依据。

案例10：新疆乌鲁木齐市新市区人民法院审理的蒲某、张某某、张某与张甲案外人执行异议纠纷案［（2017）新0104民初5566号］认为，首先，《最高人民法院关于民事执行中变更、追加当事人若干问题的规定》第十七条规定"作为被执行人的企业法人，财产不足以清偿生效法律文书确定的债务，申请执行人申请变更、追加未缴纳或未足额缴纳出资的股东、出资人或依公司法规定对该出资承担连带责任的发起人为被执行人，在尚未缴纳出资的范围内依法承担责任的，人民法院应予支持"。根据该规定，本院认为该条款中虽然没有对"未缴纳或未足额缴纳出资"是否包含认缴出资尚未届满认缴期限的出资进行明确，但在《公司法司法解释（二）》第二十二条中已明确"未缴纳的出资"包括分期缴纳尚未届满缴纳期限的出资。据此《最高人民法院关于民事执行中变更、追加当事人若干问题的规定》第十七条规定应理解为适用于认缴出资尚未届满认缴期限的情形，即本案原告所涉情形，原告蒲某、张某某、张某的诉讼请求不能成立。其次，根据《公司法》的规定，出资时间由公司章程规定，股东拥有修改公司章程的权利。因此出资期限实际为公司股东意思自治的范畴，股东可以对出资期限进行任意修改，故如果股东为规避债务而将出资期限规定得过长或者对实际缴纳时间不作规定，将造成公司债权人债权无法实现的情况。因此，本院认为，在执行阶段如查实被执行公司"无可供执行的财产"，则法院有权对认缴出资尚未届满认缴期限的股东进行追加，而本案中（2016）新0104执316号之三及（2017）新0104执异6号已经查实被执行人新疆大某智能门业有限公司"无财产可供执行"，故原告蒲某、张某某、张某的诉讼请求不能成立。

裁判规则三：在实现程序上，当执行法院不予追加时，债权人的救济途径为执行异议之诉（案例11~12）。

案例11：山西省高级人民法院审理的晋某公司与四某公司、鹏某公司买卖合同纠纷案[（2016）晋执复80号]认为，2016年12月1日起施行的《最高人民法院关于民事执行中变更、追加当事人若干问题的规定》第十七条规定："作为被执行人的企业法人，财产不足以清偿生效法律文书确定的债务，申请执行人申请变更、追加未缴纳或未足额缴纳出资的股东、出资人或依公司法规定对该出资承担连带责任的发起人为被执行人，在尚未缴纳出资的范围内依法承担责任的，人民法院应予支持。"第三十二条第一款规定："被申请人或申请人对执行法院依据本规定第十四条第二款、第十七条至第二十一条规定作出的变更、追加裁定或驳回申请裁定不服的，可以自裁定书送达之日起十五日内，向执行法院提起执行异议之诉。"以上规定，针对基于出资不足、抽逃出资、清算责任等实体责任需要追加第三人为被执行人的复杂情形，明确赋予各方当事人不服裁定可以提起诉讼的权利。执行复议程序已不是该情形追加被执行人的法定救济程序，本案中复议申请人的申请已不符合执行复议案件的受理条件，其请求亦不属执行复议程序审查范围。故本院对复议申请人的复议请求不予审查。

案例12：山西省高级人民法院审理的韩某某、王某某、左某某、赵某某与红某公司、魏某某、陈某买卖合同纠纷案［（2016）晋执复87号］认为，2016年12月1日施行的《最高人民法院关于民事执行中变更、追加当事人若干问题的规定》第十七条规定："作为被执行人的企业法人，财产不足以清偿生效法律文书确定的债务，申请执行人申请变更、追加未缴纳或未足额缴纳出资的股东、出资人或依公司法规定对该出资承担连带责任的发起人为被执行人，在尚未缴纳出资的范围内依法承担责任的，人民法院应予支持。"第三十二条规定："被申请人或申请人对执行法院依据本规定第十四条第二款、第十七条至第二十一条规定作出的变更、追加裁定或驳回申请裁定不服的，可以自裁定书送达之日起十五日内，向执行法院提起执行异议之诉。"即2016年12月1日《最高人民法院关于民事执行中变更、追加当事人若干问题的规定》施行后，对由于出资不实而追加出资不实的股东在出资不实的范围内承担责任的，其权利救济的途径只能是提起执行异议之诉，不能通过执行复议进行权利救济。本案在本院复议审查时，《最高人民法院关于民事执行中变更、追加当事人若干问题的规定》已经实施，当事人不服以出资不实为由追加为被执行人提出异议的裁定已经不能再通过复议程序予以权利救济，只能通过执行异议之诉予以权利救济。执行复议程序已不是出资不实追加为被执行人的救济程序，本案中申请复议人的复议申请已不属于执行复议的受理条件和审查范围。故本院对申请复议人的复议申请不予审查，应驳回申请复议人的复议申请。申请复议人如不服忻州市中级人民法院的异议裁定，可以向忻州市中级人民法院提起执行异议之诉。

（六）公司内部人争夺外部债权人利益之"抽逃出资"

001 股东抽逃出资后，将股权转让，把公司注销，就不必再对公司债务承担责任了吗

阅读提示

在现实生活中，某些公司股东为躲债可谓无所不用其极，当公司面临巨额债

务之际，悄悄将公司资本抽空，然后把"名存实亡"的股权转让，甚至直接将公司注销，给债权人来一个"要钱没有，要命一条"或直接将"命"也消灭掉。但如此这般，抽逃资本，转让股权，注销公司后，股东就不必承担责任了吗？答案是否定的，根据《公司法》《民法典》的相关规定，该种抽逃资本侵害债权人债权的行为，不但原股东要承担责任，新股东也要承担责任，公司"活"着要承担责任，公司"死"了也要承担责任。

裁判要旨

股东抽逃出资侵害了公司的财产权，损害了债权人的债权；即使公司注销，抽逃出资股东也应对债权人在应缴的注册资本的本息范围内补充承担连带赔偿责任；受让抽逃出资股东股权的受让人知道或应当知道该股权存在出资瑕疵的，与原股东承担连带责任。

案情简介[①]

2005 年，徐某、徐某某、应某设立盈某公司，注册资本 50 万元，其中徐某出资 20 万元、徐某某出资 15 万元、应某出资 15 万元。2005 年 7 月 7 日，会计师事务所出具验资报告：盈某公司已收到全体股东货币出资 50 万元。

2005 年 7 月 29 日，盈某公司将验资账户中的 500230 元款项以本票的形式向强某公司支付 50 万元。

2008 年 12 月 29 日，邹某分别与徐某某、应某签订《股权转让协议》，受让了徐某某、应某所持有的盈某公司全部股权。事实上，邹某为盈某公司的实际控制人，一直负责盈某公司的实际经营。

2015 年 3 月 10 日，盈某公司注销，但其在注销之前对盛某公司未清偿债务仍有 17830.65 元，该笔债务经法院强制执行后仍未得到清偿，但执行法院调取了盈某公司各股东抽逃资本的银行转账记录。

此后，盛某公司向上海市黄浦区人民法院起诉要求徐某、徐某某、应某在抽逃出资本息范围内（50 万元）对 17830.65 元债务连带承担补充赔偿责任，并要求邹某对三人的责任承担连带责任。

本案经上海市黄浦区人民法院一审、上海市第二中级人民法院二审，均判

[①] 上海市第二中级人民法院，强某公司、徐某等与盛某公司股东损害公司债权人利益责任纠纷案[（2017）沪 02 民终 3764 号]。

定：徐某、徐某某、应某对盈某公司对盛某公司未清偿债务17830.65元连带承担赔偿责任，邹某应对三人承担的责任承担连带责任。

裁判要点精要

资本是公司维持经营抵御风险的基本条件，在债权人与目标公司进行交易时，多以公司资本作为评价对方经营实力的标准；虽然公司资本不一定能完全真实地反映一个公司的实际经济实力，却是一个债权人对市场形势进行判断以及发生意外时能否得到救济的保证。股东抽逃出资侵害了公司的财产权，损害了债权人的债权。因此，从侵权责任角度，抽逃出资股东也应对债权人承担相应赔偿责任。

实务经验总结

1. 对公司创始股东来讲，其务必要按期足额履行出资义务，且出资之后不能抽逃出资，否则其需在应缴纳出资的本息范围内对公司及债权人承担赔偿责任。若未出资、未足额出资、虚假出资、抽逃出资等瑕疵出资的事实被证实，即使该股东将该股权转让，或直接将公司注销，其仍然对债权人承担赔偿责任。

2. 对受让股权的股东来讲，其务必要在受让股权前做好尽职调查，核实清楚公司所负担的债务，以及转让股东是否已经足额缴纳出资，是否存在抽逃出资的状况，必要时可聘请财务机构审计公司自成立以来的所有往来账目，核查是否有抽逃出资的情形。因为，根据《公司法司法解释（三）》第十八条的规定，需要根据受让人的主观状态来确定其责任的承担，如果受让人是善意的，即对瑕疵出资事宜不知道或不应当知道，则对转让人的补足出资的义务不承担连带责任；如果受让人是恶意的，则承担责任。但是，受让人很难能够自证清白，说自己在受让股权时不知道该股权存在出资瑕疵。所以，对于存在出资瑕疵即转让股权时，转让股东和受让股东应当提前做出安排，决定由谁对公司及债权人承担补足出资的责任。

3. 对于债权人来讲，当公司的债务不能得到清偿时，其可以书面申请执行法院调查该公司的工商档案和财务记录，当发现公司股东存在出资不实或抽逃出资的情形时，债权人可起诉公司股东，要求其在未出资份额内承担赔偿责任，即使该股东已经将股权转让，该股东也不能免责，债权人还可以要求受让人来承担责任，即使公司已注销也不例外。

法规链接

《公司法》（2023年修订）

第三条第一款 公司是企业法人，有独立的法人财产，享有法人财产权。公司以其全部财产对公司的债务承担责任。

第四条第一款 有限责任公司的股东以其认缴的出资额为限对公司承担责任；股份有限公司的股东以其认购的股份为限对公司承担责任。

《最高人民法院关于适用〈中华人民共和国公司法〉若干问题的规定（三）》（2020年修正）

第十三条 股东未履行或者未全面履行出资义务，公司或者其他股东请求其向公司依法全面履行出资义务的，人民法院应予支持。

公司债权人请求未履行或者未全面履行出资义务的股东在未出资本息范围内对公司债务不能清偿的部分承担补充赔偿责任的，人民法院应予支持；未履行或者未全面履行出资义务的股东已经承担上述责任，其他债权人提出相同请求的，人民法院不予支持。

股东在公司设立时未履行或者未全面履行出资义务，依照本条第一款或者第二款提起诉讼的原告，请求公司的发起人与被告股东承担连带责任的，人民法院应予支持；公司的发起人承担责任后，可以向被告股东追偿。

股东在公司增资时未履行或者未全面履行出资义务，依照本条第一款或者第二款提起诉讼的原告，请求未尽公司法第一百四十七条第一款规定的义务而使出资未缴足的董事、高级管理人员承担相应责任的，人民法院应予支持；董事、高级管理人员承担责任后，可以向被告股东追偿。

第十四条 股东抽逃出资，公司或者其他股东请求其向公司返还出资本息、协助抽逃出资的其他股东、董事、高级管理人员或者实际控制人对此承担连带责任的，人民法院应予支持。

公司债权人请求抽逃出资的股东在抽逃出资本息范围内对公司债务不能清偿的部分承担补充赔偿责任、协助抽逃出资的其他股东、董事、高级管理人员或者实际控制人对此承担连带责任的，人民法院应予支持；抽逃出资的股东已经承担上述责任，其他债权人提出相同请求的，人民法院不予支持。

第十八条 有限责任公司的股东未履行或者未全面履行出资义务即转让股权，受让人对此知道或者应当知道，公司请求该股东履行出资义务、受让人对此承担连带责任的，人民法院应予支持；公司债权人依照本规定第十三条第二款向该股东提起诉讼，同时请求前述受让人对此承担连带责任的，人民法院应予支持。

受让人根据前款规定承担责任后，向该未履行或者未全面履行出资义务的股东追偿的，人民法院应予支持。但是，当事人另有约定的除外。

本案链接

以下为该案在法庭审理阶段，判决书中"本院认为"就该问题的论述：

本院认为，徐某、徐某某、应某作为盈某公司的发起人股东，应对公司负有资本充实和维持义务，其抽逃出资，损害了公司的偿债能力，即损害了公司债权人的利益，故徐某、徐某某、应某需在应缴注册资本金本息范围内对公司不能清偿之债向公司债权人承担补充赔偿责任，各发起人股东之间互负连带责任。邹某是在事后受让徐某某、应某持有的盈某公司股权，但在一审中其自认系盈某公司的实际投资人及实际控制人，且自始经营盈某公司，故其对盈某公司的账目及股东抽逃注册资本金的情形应当知晓。因此，邹某应对徐某某、应某、徐某的股东责任承担连带责任。

对于徐某在二审中提出的其已经代盈某公司偿还对外债务845944.29元已超过其应缴注册资本金，故而主张其不应承担本案责任的问题。一则，其提供的证据中只有部分能够认定是付款给盈某公司债权人；二则，即便存在其为公司代偿债务的情形，但根据已经查明的事实，徐某从盈某公司账户取出的钱款金额仍大于其汇入盈某公司的款项加上代偿金额的总和，仍不足以证明其弥补了所抽逃的注册资本金。故本院对徐某的该项主张不予采纳。

关于法律适用问题，一、资本是公司维持经营抵御风险的基本条件，在债权人与目标公司进行交易时，多以公司资本作为评价对方经营实力的标准。因此，虽然公司资本不一定能完全真实地反映一个公司的实际经济实力，却是一个债权人对市场形势进行判断以及发生意外时能否得到救济的保证。股东抽逃出资侵害了公司的财产权，损害了债权人的债权。因此，从侵权责任角度，亦可以判令由抽逃出资的债权人承担相应赔偿责任。一审法院在本案中适用《侵权责任法》并无不当。二、《最高人民法院关于适用〈中华人民共和国公司法〉若干问题的规定（一）》（以下简称《公司法司法解释（一）》）第二条规定，因公司法实施前有关民事行为或者事件发生纠纷起诉到人民法院的，如当时的法律法规和司法解释没有明确规定时，可参照适用公司法的有关规定。现行公司法禁止股东滥用公司法人独立地位和股东有限责任损害公司债权人的利益，如因此而严重损害公司债权人利益的，应当对公司债务承担连带责任，而《公司法司法解释（三）》是对公司法的理解适用，并未超越公司法的规定，一审法院参照适用该司法解释的相关规定并无不当。

延伸阅读

裁判规则：受让瑕疵出资股权的新股东，需与转让股权的原股东，在应补缴出资的本息范围内，对债权人补充赔偿责任部分承担连带责任。

案例：江西省新余市中级人民法院审理的章某某、韩某某租赁合同纠纷案［（2017）赣05民终97号］认为，本案争议的焦点是：章某某受让景某公司持有的盛某公司10%的股权后，应否对盛某公司的债务承担责任？若应承担责任，章某某应以何种方式承担责任？股东抽逃出资，其实质是股东并未履行或未完全履行出资义务，却仍享有投资收益权、公司管理权等股东权利，且仍受到公司股东有限责任制度的保护，是一种滥用法人独立人格和股东有限责任的行为，损害了公司作为独立主体的财产权益，也损害了其他股东、债权人、投资人等相关利益主体的权益，股东应当对其抽逃出资的行为承担相应的责任。

本案中，景某公司作为盛某公司设立时的股东，其在缴纳出资后将资金转走或者验资后将资金转走，景某公司的行为直接造成了盛某公司法人资产的减少，构成对盛某公司合法权益的损害，属于抽逃出资行为。景某公司依法应在其抽逃出资的范围内对公司债务承担补充赔偿责任。章某某作为受让人所受让的并不是股东的出资，而是股东的资格权利，其因此成为盛某公司的股东。由于其受让的股权是瑕疵出资的股权，所以当其知道该股权是瑕疵股权时，就理应知道受让该股权的法律后果，即应当承担该瑕疵股权项下的股东抽逃出资的民事责任。

本案中，章某某在受让景某公司的股权时，约定的股权转让款为500万元，且在签订股权转让协议后，盛某公司办理了股东变更登记。本院认为，章某某受让股权后，负有向景某公司支付股权转让款的义务，其对盛某公司不负有履行出资的义务，一审判决认定章某某向盛某公司履行出资义务错误，依法应予纠正。

根据股权交易惯例，章某某在受让盛某公司的股权之前，会对盛某公司的资产情况进行相应的调查，盛某公司账户的交易明细能够明确反映出作为股东的景某公司在缴纳出资后将资金转走或者验资后将资金转走的情形，加之股权转让协议签订后,章某某未依约支付相应股权转让款,由此可认定章某某在受让股权时应当知晓景某公司抽逃出资的情况。

依据《公司法司法解释(三)》第十八条第一款"有限责任公司的股东未履行或者未全面履行出资义务即转让股权,受让人对此知道或者应当知道,公司请求该股东履行出资义务、受让人对此承担连带责任的,人民法院应予支持;公司债权人依照本规定第十三条第二款向该股东提起诉讼,同时请求前述受让人对此承担连带责任的,人民法院应予支持"的规定,章某某依法应承担该瑕疵股权项下的股东抽逃出资的民事责任,即应对景某公司向章某某承担的补充赔偿责任部分承担连带责任。章某某承担相关责任后,可以根据《公司法司法解释(三)》第十八条第二款的规定依法向抽逃出资的股东景某公司进行追偿。

002 认定为抽逃出资的实质判断标准是什么

裁判要旨

无论采取何种高明的手段和形式,抽逃出资大多表现为股东之间通谋或者股东与公司之间通谋的行为,其他股东或者公司同意转出出资并安排了所谓的合法程序或交易,均是表象,实质是相关当事人虚构了有关事实将股东的出资非法转出。

案情简介[①]

1999年7月,仲某控股与鲁某房地产共同投资成立鲁能仲某;后签订《合作协议书》,约定双方合作开发填海造地项目;仲某控股为获取该项目而发生的前期工作费用3500万元,经鲁某房地产认可,由鲁能仲某支付。

2000年2月,仲某控股向鲁能仲某出资的2450万元全额到位。

2000年7月14日,仲某控股向鲁能仲某发出收账通知书一份,应付内容为:填海造地项目境外销售费用,金额为2500万元人民币。鲁能仲某汇付了上述款项,支票开具的项目为:前期费用。

---

① 最高人民法院,仲某控股与鲁能仲某公司、慧某公司与公司有关的纠纷案[(2016)最高法民终324号]。

鲁能仲某后调查发现填海造地项目从未在境外销售，故请求法院判令：仲某控股补缴出资，并确定在其补缴出资前不享有相应股东权利。本案历经山东省高级人民法院一审、最高人民法院二审最终认定：仲某控股构成抽逃出资，其应补足2450万元人民币出资并赔偿抽逃出资期间的利息损失。

裁判要点精要

《公司法》第五十三条第一款规定："公司成立后，股东不得抽逃出资。"《公司法司法解释（三）》第十二条详细界定了抽逃出资的行为。无论何种形式，抽逃出资大多表现为股东之间通谋或者股东与公司之间通谋的行为，其他股东或者公司同意转出出资并安排了所谓的合法程序或交易，均是表象，实质是相关当事人虚构了有关事实将股东的出资非法转出。

就本案而言，股东虽然在签订《合作协议书》中确认仲某控股"前期工作费用"真实发生并确定由鲁能仲某支付，但是该约定并不能直接证明仲某控股的"前期工作费用"确实发生了，从而也不能证明2500万元人民币的转出未构成抽逃出资。

为证明争议事项确实发生，仲某控股提交了六份《声明书》和所附六份月结账单，以及填海造地报告、快递凭证等。法院认为，无论是《声明书》还是月结账单均无法直接证明前期费用的真实发生，快递凭证更是存在诸多疑点，仲某控股无法证明则应当承担举证不能的后果。

实务经验总结

为避免未来发生类似纷争，提出如下建议：

第一，火眼金睛、识破骗局。《公司法司法解释（三）》第十二条仅列举了典型的抽逃出资行为。实践中抽逃出资的行为花样百出、形态各异，绝不仅限于此。因此，不应拘泥于法条的规定，而应拨开迷雾、识破真相，以实质重于形式的标准，判断公司与股东之间的资产往来是否构成抽逃出资。

第二，审慎交易、避免纠纷。由于股东通常会利用虚假交易、关联交易等抽逃出资，此类行为具有极高的隐蔽性，在实践中很难被公司和债权人所察觉。因此，公司在与股东进行资金往来的过程中，应当审慎进行，审查交易的真实性、合理性，避免股东抽逃出资，从而造成公司资本不足，损害公司及债权人的合法权益。

法规链接

《公司法》（2023 年修订）

第五十三条 公司成立后，股东不得抽逃出资。

违反前款规定的，股东应当返还抽逃的出资；给公司造成损失的，负有责任的董事、监事、高级管理人员应当与该股东承担连带赔偿责任。

《最高人民法院关于适用〈中华人民共和国公司法〉若干问题的规定（三）》（2020 年修正）

第十二条 公司成立后，公司、股东或者公司债权人以相关股东的行为符合下列情形之一且损害公司权益为由，请求认定该股东抽逃出资的，人民法院应予支持：

（一）制作虚假财务会计报表虚增利润进行分配；

（二）通过虚构债权债务关系将其出资转出；

（三）利用关联交易将出资转出；

（四）其他未经法定程序将出资抽回的行为。

本案链接

以下为该案在法院审理阶段，判决书中"本院认为"就该问题的论述：

根据仲某控股的上诉请求和鲁能仲某的答辩理由以及各方当事人确认，本案的争议焦点是仲某控股从鲁能仲某处收取 2500 万元人民币是否构成抽逃出资，以及如构成是否应予补足。《公司法司法解释（三）》第十二条第（二）项规定，公司股东"通过虚构债权债务关系将其出资转出"的，应认定该股东抽逃出资，损害公司利益。根据本案查明的事实，鲁能仲某以"前期工作费用"的名义向仲某控股支付了 2500 万元人民币。仲某控股承认，其至今仍无法提供"前期工作费用"的支付凭证，但其仍认为合资中方已在《合作协议书》以及《情况说明》中确认了该费用，故应认定"前期工作费用"真实发生。仲某控股该上诉理由不能成立。

第一，上述司法解释将抽逃出资的表现形式界定为"制作虚假财务会计报表虚增利润进行分配""通过虚构债权债务关系将其出资转出""利用关联交易将出资转出"和"其他未经法定程序将出资抽回的行为"等情形。无论何种形式，大多表现为股东之间通谋或者股东与公司之间通谋的行为，其他股东或者公司同意转出出资并安排了所谓的合法程序或交易，均是表象，实质是相关当事人虚构了有关事实将股东的出资非法转出。因此，就本案而言，股东之间通过签订《合作协议书》确认仲某控股"前期工作费用"真实发生并确定由鲁能仲某支付，并不能直接证明仲某控股的"前期工作费用"真实发生了，从而也不能证明2500万元人民币的转出未构成抽逃出资。

第二，本案一审时，仲某控股提交六份《声明书》和所附六份月结账单，以及"填海造地报告×6"的特快专递凭证（即邮寄袋），以证明"前期工作费用"已实际发生了3500万元人民币，而仲某控股已将相应的调研报告邮寄给了鲁能仲某。各方当事人对此进行了质证，原审法院进行了认证，原审认为无论是《声明书》还是月结账单均无法直接证明"前期工作费用"的真实发生。而邮寄袋更是存在许多疑点，普通的邮寄袋不太可能装下六份研究报告，仲某控股亦无法合理解释寄件人为何能够保存收件人签收的邮寄装。二审时，仲某控股仍未能举证反驳原审作出的上述认定。因此，仲某控股有义务举证证明其收取2500万元人民币确系因为其真实地支付了"前期工作费用"，其无法证明则应承担举证不能的法律后果。

第三，《公司法司法解释（三）》第十四条第一款规定，股东抽逃出资，公司或者其他股东请求其向公司返还出资本息的，人民法院应予支持，原审判决认定仲某控股构成抽逃出资，其应补足2450万元人民币出资并赔偿抽逃出资期间的利息损失，有事实和法律依据。仲某控股的上诉理由不能成立，本院不予支持。

003 以股东注册资金偿还公司所欠股东债务，是否构成抽逃出资

裁判要旨

《公司法司法解释（三）》第十二条具体规定了抽逃出资的构成要件，可以作为执行程序中认定是否构成抽逃注册资金的参照。该条文规定的要件有两个，一个是形式要件，具体表现为该条罗列的"将出资款转入公司账户验资后又转出""通过虚构债权债务关系将其出资转出"等各种具体情形。另一个是实质要

件,即"损害公司权益"。

案情简介①

2004年,昌某公司通过债权受让的方式,取得对于弘某公司的2545万元债权。

2006年3月,弘某公司与昌某公司签订《增资扩股协议书》,约定弘某公司向昌某公司定向增发股本2545万元,在增资扩股的同时,偿付昌某公司债务2545万元。

2006年6月9日,昌某公司向验资账户注入资金2545万元后,又于6月12日将上述2545万元资金转到昌某公司账户。

因弘某公司到期未清偿三某公司货款及利息,三某公司请求昌某公司在抽逃出资(2545万元)范围内承担清偿责任。昌某公司上诉称已对弘某公司合法出资,弘某公司偿还债务的行为不构成抽逃出资。本案历经潍坊市中级人民法院、山东省高级人民法院、最高人民法院判决:昌某公司的行为不构成抽逃出资。

裁判要点精要

本案争议的焦点在于昌某公司的行为是否构成抽逃出资。

本案中,在昌某公司成为弘某公司股东之前,昌某公司已通过债权受让的方式,取得对于弘某公司的2545万元债权,后昌某公司通过增资扩股的方式成为弘某公司的股东。昌某公司将2545万元注册资本汇至验资账户后,在完成工商变更登记前,又作为债权人,接受弘某公司以该注册资金偿还在先债务。弘某公司的债务人以该行为系抽逃出资为由,要求昌某公司在抽逃出资的范围内承担清偿责任。

最高人民法院判决认定,昌某公司的行为虽然符合抽逃出资的形式要件,但是不符合实质要件,即该债务已经预先存在,以注册资本偿还债务的行为并未损害公司权益,不构成抽逃出资。

实务经验总结

为避免未来发生类似纷争,提出如下建议:

---

① 最高人民法院,昌某公司等与弘某公司买卖合同纠纷执行裁定书付某某、沙某某等与周某某、恒某公司等股权转让纠纷案 [(2014)执申9号]。

第一，股东与公司在进行资金往来的过程中，应当规范地使用交易账户，保存好相关交易记录、有关债权债务证明等，避免因交易外观类似于法律所列举的抽逃出资的行为，而被误认为抽逃出资，从而承担相应的法律责任。

第二，股东与公司之间存在债务，若公司以股东注入的注册资本、增资扩股款项等偿还该在先债务，哪怕是在验资之后就立即转出的，也不认定其构成抽逃出资。因为该行为并未损害公司的实际利益，股东不承担抽逃出资的责任。

法规链接

《最高人民法院关于适用〈中华人民共和国公司法〉若干问题的规定（三）》（2020年修正）

第十二条 公司成立后，公司、股东或者公司债权人以相关股东的行为符合下列情形之一且损害公司权益为由，请求认定该股东抽逃出资的，人民法院应予支持：

（一）制作虚假财务会计报表虚增利润进行分配；

（二）通过虚构债权债务关系将其出资转出；

（三）利用关联交易将出资转出；

（四）其他未经法定程序将出资抽回的行为。

本案链接

以下为该案在法院审理阶段，判决书中"本院认为"就该问题的论述：

本院认为，昌某公司不构成抽逃出资。主要理由如下：

第一，昌某公司对弘某公司存在合法的在先债权。抽逃出资一般是指不存在合法真实的债权债务关系，而将出资转出的行为。而本案中，对于昌某公司在2004年即通过债权受让的方式取得对于弘某公司债权的事实，山东两级法院与各方当事人并无分歧。

第二，未损害弘某公司及相关权利人的合法权益。法律之所以禁止抽逃出资行为，是因为该行为非法减少了公司的责任财产，降低了公司的偿债能力，不仅损害了公司与其他股东的权益，更损害了公司债权人等相关权利人的权益。而本案并不存在这种情况，昌某公司对于弘某公司享有债权在先，投入注册资金在后。在整个增资扩股并偿还债务过程中，昌某公司除把自己的债权变成了投资权益外，没有从弘某公司拿走任何财产，也未变更弘某公司的责任财产与偿债能力。

第三，不违反相关司法解释的规定。本案中，山东两级法院认定昌某公司构成抽逃出资适用的司法解释有两个，一是《最高人民法院关于民事执行中变更、追加当事人若干问题的规定》第八十条，二是《公司法司法解释（三）》第十二条。《执行规定》第八十条只是规定在执行程序中可以追加抽逃注册资金的股东为被执行人，但是并未规定抽逃注册资金的构成要件。《公司法司法解释（三）》第十二条具体规定了抽逃出资的构成要件，可以作为执行程序中认定是否构成抽逃注册资金的参照。该条文规定的要件有两个，一个是形式要件，具体表现为该条罗列的"将出资款转入公司账户验资后又转出""通过虚构债权债务关系将其出资转出"等各种具体情形。另一个是实质要件，即"损害公司权益"。本案虽然符合了该法条规定的形式要件，但是如上所述，实质要件难以认定。所以无法按照上述两个条文的规定认定昌某公司构成抽逃注册资金，在执行程序中追加昌某公司为被执行人证据不足。

004 股东利用过桥贷款出资可否被认定为抽逃出资

裁判要旨

股东利用过桥贷款出资被认定抽逃出资，股东各自承担补充赔偿责任。

案情简介①

新某地公司于2006年12月4日成立，股东为张某某（持股比例为47%，出资额47万元）、周某（持股比例为53%，出资额53万元）。

2011年5月6日，新某地公司注册资本由100万元增加为6100万元，验资报告证明张某某、周某增资的事实，变更后股东为张某某（持股比例为47%，出资额2867万元）、周某（持股比例为53%，出资额3233万元）。

该笔6000万元的增资，在验资完成后当日即被转出，且一直未再回到公司账户。

后因新某地公司欠付美某多公司货款1427000美元，美某多公司诉至法院，

---

① 最高人民法院，美某多公司与新某地公司、周某等借款合同纠纷申诉、申请案 [（2016）最高法民再2号]。

要求新某地公司偿还欠款，张某某、周某承担连带责任。美某多公司申请法院调出了 6000 万元增资转出的银行转账记录；张某某、周某主张该款项用于购买设备，但未提供证据。

本案经深圳中级人民法院一审，广东省高级人民法院二审，最高人民法院再审，最终判定：张某某、周某在各自抽逃出资的范围内承担补充责任。

裁判要点精要

债权人在对抽逃资金的事实和流向提供线索时，股东应对反驳未抽逃出资的事实承担举证责任。该案中，美某多公司虽然未提供直接证据证明股东周某、张某某存在该规定所列举的抽逃出资行为，但其就 6000 万元增资款到账当天就被转走的事实及资金流向提供了线索，指出该笔增资款转出公司账户而未转回。在美某多公司提供了对周某、张某某抽逃出资合理怀疑的证明后，只能通过法院调查或者由新某地公司及周某、张某某提供反驳证据，才能查清事实，因此，此时应将举证责任转移至周某、张某某，由其提供相应的证据反驳美某多公司关于周某、张某某抽逃出资的主张。然而，周某、张某某未予举证。在这种情况下，应当作出对周某、张某某不利的判断，即支持美某多公司的主张，认定周某、张某某构成抽逃出资。抽逃出资的股东在抽逃出资本息范围内对公司债务不能清偿的部分承担补充赔偿责任，而不是连带赔偿责任。

实务经验总结

为避免未来发生类似纷争，提出如下建议：

第一，对于公司股东来讲，不要采取利用过桥贷款注资且在注资后立即将出资款转出的方式进行出资，因为该种行为实质上是抽逃出资的一种表现形式。若公司股东确属经济困难，迫于无奈需要通过该种方式注资，在将出资转出时也需要"师出有名"，如让公司与相关人签订《借款协议》等合同，并在资金抽出后的一定时间内将资金归还公司，再如向公司提供与该资金等值的用于生产经营的产品或服务，并保留好还款或交付产品服务的凭证。即使股东没有抽逃出资的故意，股东也不应随意在公司提钱，若转出款项必须有交易协议及交付凭证，以免被认定为抽逃出资。

第二，对于公司债权人来讲，当其债权通过公司不能得到清偿，而公司股东又存在抽逃出资的重大嫌疑时，其可以要求股东对公司债务承担补充赔偿责任。

根据本案可知，当债权人不能提供抽逃出资的直接证据时，可以申请法院调取公司和股东之间的转账记录，进而对抽逃出资的事实及资金流向提供线索。

第三，债权人的律师在起诉时要注意，应该请求抽逃出资的股东在抽逃出资本息范围内对公司债务不能清偿的部分承担补充赔偿责任，而不是连带赔偿责任。

法规链接

《公司法》（2023 年修订）

第五十三条 公司成立后，股东不得抽逃出资。

违反前款规定的，股东应当返还抽逃的出资；给公司造成损失的，负有责任的董事、监事、高级管理人员应当与该股东承担连带赔偿责任。

《最高人民法院关于适用〈中华人民共和国公司法〉若干问题的规定（三）》（2020 年修正）

第十二条 公司成立后，公司、股东或者公司债权人以相关股东的行为符合下列情形之一且损害公司权益为由，请求认定该股东抽逃出资的，人民法院应予支持：

（一）制作虚假财务会计报表虚增利润进行分配；

（二）通过虚构债权债务关系将其出资转出；

（三）利用关联交易将出资转出；

（四）其他未经法定程序将出资抽回的行为。

第十四条 股东抽逃出资，公司或者其他股东请求其向公司返还出资本息、协助抽逃出资的其他股东、董事、高级管理人员或者实际控制人对此承担连带责任的，人民法院应予支持。

公司债权人请求抽逃出资的股东在抽逃出资本息范围内对公司债务不能清偿的部分承担补充赔偿责任、协助抽逃出资的其他股东、董事、高级管理人员或者实际控制人对此承担连带责任的，人民法院应予支持；抽逃出资的股东已经承担上述责任，其他债权人提出相同请求的，人民法院不予支持。

第二十条 当事人之间对是否已履行出资义务发生争议，原告提供对股东履行出资义务产生合理怀疑证据的，被告股东应当就其已履行出资义务承担举证责任。

本案链接

以下为该案在法院审理阶段，判决书中"本院认为"就该问题的论述：

本案再审争议焦点为：周某、张某某是否存在抽逃出资行为，是否应就新某地公司对美某多公司负有的债务承担相应法律责任。

（一）关于周某、张某某是否存在抽逃出资行为的问题。《公司法司法解释（三）》第十二条规定，公司成立后，公司、股东或者公司债权人以相关股东的行为符合下列情形之一且损害公司权益为由，请求认定该股东抽逃出资的，人民法院应予支持：（一）制作虚假财务会计报表虚增利润进行分配；（二）通过虚构债权债务关系将其出资转出；（三）利用关联交易将出资转出；（四）其他未经法定程序将出资抽回的行为。

本案中，美某多公司虽然未提供直接证据证明新某地公司股东周某、张某某存在该规定所列举的抽逃出资行为，但二审期间美某多公司就新某地公司于2011年5月6日将注册资本从100万元增加至6100万元的当天即从公司账户转走6000万元的事实及资金流向提供了线索，指出张某某、周某的增资款6000万元于2011年5月6日当日又分成了两笔汇出，其中一笔3200万元汇入南昌市东湖区细妹贸易商行农行账户，另一笔2800万元汇入南昌市东湖区百昌建材销售部农行账户，该两笔资金汇出后又转汇至其他账户，至今没有回到新某地公司的银行账户。对此，新某地公司、张某某、周某并未否认6000万元于2011年5月6日增资当日即被转出的事实，张某某仅辩称：增资后的款项用于购买设备了，但如何购买，去哪里买，是否有合同、发票等应在新某地公司的账目中有显示，但并未提供相应的证据予以证明。

《公司法司法解释（三）》第二十条规定，当事人之间对是否已履行出资义务发生争议，原告提供对股东履行出资义务产生合理怀疑证据的，被告股东应当就其已履行出资义务承担举证责任。根据该司法解释规定的精神，就股东是否抽逃出资的举证责任分配，由于美某多公司无法查询新某地公司及其股东周某、张某某的银行账户或财务账簿，在美某多公司提供了对周某、张某某抽逃出资合理怀疑的证明后，只能通过法院调查或者由新某地公司及周某、张某某提供反驳证据，才能查清事实。因此，此时应将举证责任转移至周某、张某某，由其提供相应的证据反驳美某多公司关于周某、张某某抽逃出资的主张。然而，周某、张某某未予举证。在这种情况下，应当作出对周某、张某某不利的判断，即支持美某多公司的主张，认定周某、张某某构成抽逃出资。一审、二审判决没有支持美某多公司关于周某、张某某构成抽逃出资的主张错误，应予纠正。

（二）关于周某、张某某是否应就新某地公司对美某多公司负有的债务承担相应法律责任的问题。《公司法》第三十六条规定，公司成立后，股东不得抽逃出资。《公司法司法解释（三）》第十四条第二款规定，公司债权人请求抽逃出资的股东在抽逃出资本息范围内对公司债务不能清偿的部分承担补充赔偿责任、协助抽逃出资的其他股东、董事、高级管理人员或者实际控制人对此承担连带责任的，人民法院应予支持；抽逃出资的股东已经承担上述责任，其他债权人提出相同请求的，人民法院不予支持。

如上所述，周某、张某某构成抽逃出资，具体而言，周某抽逃出资3233万元，张某某抽逃出资2867万元。根据上述规定，周某、张某某作为新某地公司当时的股东，应当在其各自抽逃出资本息范围内对新某地公司的债务不能清偿的部分向美某多公司承担补充赔偿责任。美某多公司主张周某、张某某承担连带清偿责任，缺乏法律依据，不应予以支持。

005 股东抽逃出资，公司高管要承担责任吗

裁判要旨

公司股东、董事、高级管理人员，只要实施了协助股东抽逃出资的行为，即应向公司承担返还出资本息的连带责任，而与协助行为对抽逃出资所起作用的大小、是否为抽逃出资的必要条件等因素无关。

案情简介[①]

2007年9月20日，龙某港公司和宝某资源公司共同成立光某宝龙公司。其中，龙某港公司应出资2719.2万元。

疏某公司系龙某港公司的子公司。袁某某同时担任光某宝龙公司、龙某港公司、疏某公司法定代表人。

9月29日，龙某港公司向瑞某星公司借款1439万元。同日，龙某港公司向光某宝龙公司交纳1439万元和1280.2万元两笔出资，其2719.2万元出资到位。

12月4日，光某宝龙公司以支付工程款名义向疏某公司汇款1439万元，后

---

① 袁某某与光某宝龙公司、宝某资源公司与龙某港的一般股东权纠纷案［最高人民法院（2014）民二终00092号］。

袁某某在光某宝龙公司该笔款项的资金使用申请单上签字。事实上，光某宝龙公司与疏某公司没有工程合同关系。

12月15日，疏某公司将该笔1439万元款项又以工程款名义转付给瑞某星公司。

光某宝龙公司、宝某资源公司向法院起诉，请求判令：龙某港公司向光某宝龙公司返还抽逃的出资，袁某某承担连带责任。一审法院支持了其诉讼请求。

袁某某不服一审判决，上诉至最高人民法院。最高人民法院维持了一审法院判决，判决袁某某对抽逃注册资金的返还承担连带责任。

裁判要点精要

龙某港公司抽逃出资的方式，是通过虚构光某宝龙公司与疏某公司之间的工程款债务，将款项从光某宝龙公司转入疏某公司，再从疏某公司转入瑞某星公司，用以偿还龙某港公司欠瑞某星公司的借款。

袁某某作为龙某港公司、光某宝龙公司、疏某公司的时任法定代表人，对其控制的三个关联公司之间故意实施的抽逃出资行为应是明知或应知的，其在虚构工程款以抽逃出资的资金使用申请单上签字同意亦可证明此点，虽然该行为发生在款项已经转出之后，但仍代表袁某某对龙某港公司抽逃出资行为的认可。

根据《公司法司法解释（三）》第十四条第一款的规定，公司的其他股东、董事、高管人员等，只要实施了协助股东抽逃出资的行为，即应承担连带责任，而与协助行为对抽逃出资所起作用的大小、是否为抽逃出资的必要条件等无关。

实务经验总结

为避免未来发生类似纠纷，提出如下建议：

1. 公司股东不得抽逃出资，公司股东、董事、高级管理人员不得协助股东抽逃出资，否则其个人也应向公司承担返还出资本息的连带责任。

2. 公司应建立完善的财务制度、印鉴管理制度，尤其是公司法定代表人更应保管好自己的法人名章，不要轻易交由公司财务人员保管。根据相关的司法案例，在出资款转出的转账支票上加盖法人名章，可以认定法定代表人实施了协助抽逃出资的行为，法定代表人以其实际未控制法人名章、对抽逃出资事宜不知情的抗辩理由将不会得到法院支持。到时候法院会判决法定代表人个人承担返还出资本息的连带责任。具体分析，请见"延伸阅读"部分案例2：最高人民法院审理的李某某与某银行股份有限公司深圳坪山新区支行金融借款合同纠纷案〔（2015）民申996号〕判决主文部分。

3. 司法实践中，最容易被认定为协助抽逃出资的主体是公司的法定代表人，但公司其他高管（尤其是财务总监）也不可掉以轻心，只要是了解并全程参与了抽逃出资行为，就会被判令承担相应法律责任。

法规链接

《最高人民法院关于适用〈中华人民共和国公司法〉若干问题的规定（三）》（2020年修正）

第十二条 公司成立后，公司、股东或者公司债权人以相关股东的行为符合下列情形之一且损害公司权益为由，请求认定该股东抽逃出资的，人民法院应予支持：

（一）制作虚假财务会计报表虚增利润进行分配；

（二）通过虚构债权债务关系将其出资转出；

（三）利用关联交易将出资转出；

（四）其他未经法定程序将出资抽回的行为。

第十四条 股东抽逃出资，公司或者其他股东请求其向公司返还出资本息、协助抽逃出资的其他股东、董事、高级管理人员或者实际控制人对此承担连带责任的，人民法院应予支持。

公司债权人请求抽逃出资的股东在抽逃出资本息范围内对公司债务不能清偿的部分承担补充赔偿责任、协助抽逃出资的其他股东、董事、高级管理人员或者实际控制人对此承担连带责任的，人民法院应予支持；抽逃出资的股东已经承担上述责任，其他债权人提出相同请求的，人民法院不予支持。

本案链接

以下为该案在最高人民法院审理阶段的"本院认为"关于此部分的论述：

本院认为，本案二审争议的焦点问题是袁某某是否协助龙某港公司抽逃了出资，应否承担连带返还责任。

原审判决认定龙某港公司抽逃了对光某宝龙公司的1439万元出资，龙某港公司和袁某某对此均未提出上诉，故本院予以确认。龙某港公司抽逃出资的方式，是通过虚构光某宝龙公司与疏某公司之间的工程款债务，将款项从光某宝龙公司转入疏某公司，再从疏某公司转入瑞某星公司，用以偿还龙某港公司欠瑞某星公司的借款。在光某宝龙公司为龙某港公司抽逃出资而出具的资金使用申请单上，袁某某签字同意。虽然该行为发生在款项已经转出之后，但仍代表袁某某对龙某港公司抽逃出资行为的认可。根据《公司法司法解释（三）》（2014年修正）第十四条第一款规定，公司的其他股东、董事、高管人员等，只要实施了协助股东抽逃出资的行为，即应承担连带责任，而与协助行为对抽逃出资所起作用的大小、是否为抽逃出资的必要条件等无关。故原审法院认定袁某某实施了协助抽逃出资的行为，应当承担连带责任并无不妥。

从主观上看，龙某港公司、光某宝龙公司、疏某公司之间通过虚构债务、间接转款用以抽逃出资、偿还债务的行为，显然系精心设计、相互配合、故意而为之，采用间接转款的隐蔽方式是为了规避公司法关于禁止股东抽逃出资的规定，袁某某一方在庭审中对此也是认可的。龙某港公司、光某宝龙公司、疏某公司的时任法定代表人均为袁某某，从常理上判断，袁某某对其控制的三个关联公司之间故意实施的抽逃出资行为应是明知或应知的，袁某某在虚构工程款以抽逃出资的资金使用申请单上签字同意亦可证明此点。

袁某某主张抽逃出资行为系宝某公司的法定代表人贾某某授意其委派到光某宝龙公司担任财务经理的刘某所实施，目的是将1439万元尽快转至瑞某星公司，而其本人对此主观上并不知情，客观上也未实施协助行为，本院认为不足采信。首先，刘某虽然是宝某公司委派的人员，但光某宝龙公司的另一财务人员李某却不是，根据光某宝龙公司的财务制度，1万元以上的对外付款必须经袁某某批准，且由刘某和李某分别签章才能完成。故没有光某宝龙公司人员的配合，即便贾某某授意刘某帮助龙某港公司抽逃出资，刘某也无法完成。在刘某明知付款行为无法掩饰，而擅自付款又将承担巨大法律责任的情况下，其未经袁某某的同意而擅自对外付款，也与常理不符。其次，如果系贾某某授意刘某不经袁某某的同意而擅自转款，以便尽快偿还龙某港公司欠瑞某星公司的借款，那么刘某为何会舍近求远，避简就繁，不将款项直接转入贾某某控制的瑞某星公司，而是先转入刘某和贾某某均不掌控，但是袁某某担任法定代表人的疏某公司？最后，从疏某公司向外转款的过程看，款项是由时任龙某港公司人事部经理、疏某公司人事部总经理的梁某某指示疏某公司出纳王某某，于1439万元到账后的第二天即转出并支付给了瑞某星公司。而梁某某恰是当初龙某港公司向瑞某星公司借款时，受袁某某委托，在借款协议上签字的经办人员。梁某某是疏某公司的人事部总经理，财务事宜并不在其工作职责范围之内，如果不是法定代表人袁某某的授权指使，其何以能够得知1439万元款项到账的事实，又何来权力指令财务人员将款项转给瑞某星公司？综上，本院认为，从本案的一系列事实分析判断，有充足的理由使人相信，袁某某对通过其担任法定代表人的三个关联公司之间故意虚构债务以抽逃出资的行为主观上存在过错，客观上也实施了协助的行为，应当承担连带返还责任。

综上，本院认为，原审判决认定事实清楚，适用法律正确，上诉人关于其不应承担连带责任的上诉请求不予支持。本院根据《民事诉讼法》第一百七十条第一款第（一）项的规定，判决如下：驳回上诉，维持原判。

延伸阅读

协助股东抽逃出资应承担的连带赔偿责任，还有哪些裁判规则？

《公司法司法解释（三）》规定了协助股东抽逃出资的股东、董事、高管，应对向公司返还出资本息承担连带责任。司法实践中，近几年该类诉讼案件数量增长明显，且诉讼结果将会对公司股东、董事、高管的个人产生极为重要的影响。避免被认定为协助出资，从而承担个人责任，是相关人员必须注意和防范的重大法律风险。鉴于此，笔者总结了各级人民法院审理此类诉讼的裁判要点。

裁判规则一：协助抽逃出资本质上属于侵权行为，因此认定协助抽逃出资的前提是存在共同故意或者有帮助、教唆等行为。

案例1：安徽省合肥市中级人民法院审理的李某与中某公司、黄某买卖合同纠纷案［（2015）合民二终00073号］认为，关于被上诉人李某是否应当就黄某的抽逃出资行为承担连带责任的问题。公司法相关司法解释规定，其他股东等协助股东抽逃出资，应对此承担连带责任。抽逃出资本质上是一种侵害公司财产权的行为，属于侵权行为，其他股东如果存在帮助行为，则应和抽逃出资的行为人承担连带责任。但本案中，李某虽然是中某公司的设立股东之一，但上诉人并未举证证明李某在黄某抽逃出资的过程中存在共同故意或者有帮助、教唆等行为，故上诉人主张李某承担连带责任证据不足，依法不应予以支持。

裁判规则二：在出资款转出的转账支票上加盖法人名章，可以认定法定代表人实施了协助抽逃出资的行为。

案例2：最高人民法院审理的李某某与某银行股份有限公司深圳坪山新区支行金融借款合同纠纷案［（2015）民申996号］认为，本案中，抽逃出资行为是以中某海外公司对外开具转账支票的形式进行的，出资款转入中某海外公司账户的当日，中某海外公司出具转账支票，加盖了李某某的名章将出资款转出，李某某不能提供证据证明其名章的使用系他人盗盖，即李某某作为中某海外公司的董事长，在中某海外公司出具的转账支票上加盖其法人印章将出资款转出，其行为符合《公司法司法解释（三）》第十二条第一款第（一）项将出资款项转入公司账户验资后又转出的情形，应认定李某某实施了协助抽逃出资行为，故一审、二审法院判决李某某承担法律责任并无不当。

裁判规则三：被认定为协助抽逃出资的主体最常见的为公司法定代表人，但公司其他高管也不可认为高枕无忧，只要是了解并全程参与了抽逃出资行为，就会被判令承担相应法律责任。

案例3：四川省高级人民法院审理的濮某某、濮某与奶某乐公司、菊某公司、罗某特·K.皮某特股东出资纠纷案［（2015）川民终417号］认为，濮某某、濮某分别作为奶某乐公司的副董事长、总经理，其中濮某某还是罗某特的特别授权代表，实际经营管理公司全部事务，清楚地了解并全程参与了罗某特借款出资、以物抵债变相抽逃出资的全过程，其行为后果不仅应由罗某特承担，其自身作为公司高级管理人员，亦应承担相应法律责任。

（七）公司内部人争夺外部债权人利益之"只公告不通知，悄悄办减资"

001 "只公告不通知，悄悄办减资"相当于抽逃出资，股东需担责

> **阅读提示**

《公司法》第二百二十四条规定，公司作出减资决议后，对债权人不仅要"广而告之"，而且要"直接通知"，以防止公司利用有限责任逃废债务。

实践中，部分公司为防止债权人要求清偿债务或提供担保，"巧"用有限责任，在明知债权人及其联系方式的情况下，悄悄地在债权人不可能关注到的报纸

上发个公告，却不直接通知债权人，偷偷地办理减资程序；待到减资完毕，木已成舟之际，债权人才猛然发现公司注册资本已少了一大半，股东出资也大大缩水。

那么，在公司"悄无声息"办减资时，股东是否就溜之大吉了呢？若不是，其应当如何承担责任呢？

裁判要旨

公司未对已知债权人进行减资通知，致使减资前形成的公司债权在减资之后清偿不能的，可比照《公司法》相关股东违法抽逃出资原则和规定，判决股东在公司减资数额范围内承担补充赔偿责任。

案情简介[①]

2011年3月，德某西公司与博某公司签订《买卖合同》约定，博某公司向德某西公司购买111万元的设备。合同生效后，德某西公司如约交付全部设备，但是博某公司仅支付货款333000元，尚欠777000元未付。

2012年8月，博某公司召开股东会，通过减资决议，决定减资19000万元，注册资本由2亿元减为1000万元。

随后，博某公司在未直接通知德某西公司的情形下，在《江苏经济报》上发布了减资公告，并办理了工商变更登记，但其在减资前未通知债权人，没有清偿前述债务。

2016年，德某西公司向法院诉请博某公司偿付货款，并要求公司各股东承担补充赔偿责任。

本案经上海市青浦区人民法院一审、上海市第一中级人民法院二审，最终判定公司各股东在减资范围内承担补充赔偿责任。

裁判要点精要

第一，只公告不通知的减资程序瑕疵，侵犯了债权人公司在减资前要求清偿债务或提供担保的权利。公司减资本质上属于公司内部行为，理应由公司股东根据公司的经营状况通过内部决议自主决定，以促进资本的有效利用，但应根据公

[①] 上海市第二中级人民法院，德某西公司诉博某公司、冯某等买卖合同纠纷案〔(2016) 沪02民终10330号〕，载《最高人民法院公报》2017年第11期。

司法第二百二十四条第二款的规定，直接通知和公告通知债权人，以避免因公司减资产生损及债权人债权的结果。直接通知的方式必然使债权人知晓减资信息，而公告只能使债权人在偶然的情况下知晓减资信息，公司在明知债权人的联系地址及电话信息的情况下，公司故意不通知，却只在报纸上公告，明显存在恶意，该种"舍近求远"的通知方式不符合减资的法定程序，也使得债权人丧失了减资前要求公司清偿债务或提供担保的权利。

第二，股东对公司减资通知义务的履行应尽合理注意义务，公司未经通知即进行减资的行为相当于抽逃出资，股东应在减资范围内承担补充赔偿责任。根据现行公司法之规定，股东负有按照公司章程切实履行全面出资的义务，同时负有维持公司注册资本充实的责任。

尽管公司法规定公司减资时的通知义务人是公司，但公司是否减资系股东会决议的结果，是否减资以及如何进行减资完全取决于股东的意志，股东对公司减资的法定程序及后果亦属明知。同时，公司办理减资手续需股东配合，对于公司通知义务的履行，股东亦应当尽到合理注意义务。

在股东通过股东会决议公司减资，但未直接通知债权人的情形下，既损害了公司的清偿能力，又侵害了债权人的债权，股东应当对公司的债务承担相应的法律责任。公司未对已知债权人进行减资通知时，该情形与股东违法抽逃出资的实质以及对债权人利益受损的影响，在本质上并无不同。

因此，尽管我国法律未具体规定公司不履行减资法定程序导致债权人利益受损时股东的责任，但可比照《公司法司法解释（三）》，股东抽逃出资对债权人承担补充赔偿责任的原则，在公司减资行为上存在瑕疵，致使减资前形成的公司债权在减资之后清偿不能的，由公司股东在公司减资数额范围内对公司债务不能清偿的部分承担补充赔偿责任。

实务经验总结

第一，公司减资时，公司务必严格履行减资告知程序，即在股东会减资决议作出之日起十日内通知债权人，并于三十日内在报纸上或者国家企业信用信息公示系统公告。公示通知债权人需保留好证明履行通知义务的相关证据（快递单、电子邮件、公证书等），并根据公司规模和营业地域范围在全国或者公司注册登记地省级有影响的报纸上进行公告。

第二，对于公司债权人来讲，其应当自接到通知书之日起三十日内（未接到通知书的自公告之日起四十五日内）向公司提出要求清偿债务或提供相应的担保。

第三，当债权人发现公司未履行通知或公告义务即进行减资的，其可以依据《公司法司法解释（三）》第十四条第二款的规定，参照股东抽逃出资的规定，要求股东在减资范围内承担补充赔偿责任。

法规链接

《公司法》（2023年修订）

第二百二十四条 公司减少注册资本，应当编制资产负债表及财产清单。

公司应当自股东会作出减少注册资本决议之日起十日内通知债权人，并于三十日内在报纸上或者国家企业信用信息公示系统公告。债权人自接到通知之日起三十日内，未接到通知的自公告之日起四十五日内，有权要求公司清偿债务或者提供相应的担保。

公司减少注册资本，应当按照股东出资或者持有股份的比例相应减少出资额或者股份，法律另有规定、有限责任公司全体股东另有约定或者股份有限公司章程另有规定的除外。

《最高人民法院关于适用〈中华人民共和国公司法〉若干问题的规定（三）》（2020年修正）

第十四条 股东抽逃出资，公司或者其他股东请求其向公司返还出资本息、协助抽逃出资的其他股东、董事、高级管理人员或者实际控制人对此承担连带责任的，人民法院应予支持。

公司债权人请求抽逃出资的股东在抽逃出资本息范围内对公司债务不能清偿的部分承担补充赔偿责任、协助抽逃出资的其他股东、董事、高级管理人员或者实际控制人对此承担连带责任的，人民法院应予支持；抽逃出资的股东已经承担上述责任，其他债权人提出相同请求的，人民法院不予支持。

本案链接

以下为该案在法庭审理阶段，判决书中"本院认为"就该问题的论述：

本院认为：对于德某西公司要求冯某、上海博某公司对江苏博某公司的上述债务在19000万元的范围内承担补充赔偿责任的请求，本院认为亦应予以支持。理由如下：公司减资本质上属于公司内部行为，理应由公司股东根据公司的经营状况通过内部决议自主决定，以促进资本的有效利用，但应根据《公司法》第一百七十七条第二款的规定，直接通知和公告通知债权人，以避免因公司减资产生损及债权人债权的结果。根据德某西公司与江苏博某公司在合同中约定的交货、验收、付款条款以及实际履行情况看，江苏博某公司与德某西公司的债权债务在江苏博某公司减资之前已经形成。德某西公司在订立的合同中已经留下联系地址及电话信息，且就现有证据不存在江苏博某公司无法联系德某西公司的情形，故应推定德某西公司系江苏博某公司能够有效联系的已知债权人。虽然江苏博某公司在《江苏经济报》上发布了减资公告，但并未就减资事项直接通知德某西公司，故该通知方式不符合减资的法定程序，也使得德某西公司丧失了在博某公司减资前要求其清偿债务或提供担保的权利。

根据现行公司法之规定，股东负有按照公司章程切实履行全面出资的义务，同时负有维持公司注册资本充实的责任。尽管公司法规定公司减资时的通知义务人是公司，但公司是否减资系股东会决议的结果，是否减资以及如何进行减资完全取决于股东的意志，股东对公司减资的法定程序及后果亦属明知。同时，公司办理减资手续需股东配合，对于公司通知义务的履行，股东亦应当尽到合理注意义务。江苏博某公司的股东就公司减资事项先后在2012年8月10日和9月27日形成股东会决议，此时德某西公司的债权早已形成，作为江苏博某公司的股东，上海博某公司和冯某应当明知。但是在此情况下，上海博某公司和冯某仍然通过股东会决议同意冯某的减资请求，并且未直接通知德某西公司，既损害江苏博某公司的清偿能力，又侵害了德某西公司的债权，应当对江苏博某公司的债务承担相应的法律责任。公司未对已知债权人进行减资通知时，该情形与股东违法抽逃出资的实质以及对债权人利益受损的影响，在本质上并无不同。因此，尽管我国法律未具体规定公司不履行减资法定程序导致债权人利益受损时股东的责任，但可比照公司法相关原则和规定来加以认定。由于江苏博某公司在减资行为上存在瑕疵，致使减资前形成的公司债权在减资之后清偿不能的，上海博某公司和冯某作为江苏博某公司股东应在公司减资数额范围内对江苏博某公司的债务不能清偿的部分承担补充赔偿责任。

延伸阅读

裁判规则：程序瑕疵的减资，对已知债权人不发生法律效力，股东应当在减资范围内承担补充赔偿责任。

案例1：最高人民法院审理的远某公司与DAC中国特某机遇（巴巴莱斯）有限公司、腾某公司、蛟某公司债权纠纷案［（2012）民提25号］认为，对已知的债权人，应采用通知这种合理、有效的方式告知，公告不能免除直接通知的义务。本案减资既未通知原债权人宁某建行，也未通知转让后的任何债权人，违反了公司法的上述规定，使本案的债权人失去了依照上述法律规定要求蛟某公司清偿债务或提供担保的权利……可见本案减资既不符合公司法的规定，也不符合外商投资企业减资的特别规定。蛟某公司经过减资后，不仅使腾某公司未到位的出资不需补足，而且公司的注册资本在出资未到位的基础上进一步减少，极可能损害债权人利益。二审判决认定减资程序对中国东某资产管理公司福州办事处（减资公告刊登时的债权人）而言不符合法律规定，蛟某公司的减资决议对于中国东某资产管理公司福州办事处而言并不能产生注册资本发生变更的法律后果并无不当。故腾某公司和远某公司仍应承担未全额出资的责任。

案例2：上海市第一中级人民法院审理的船舶总公司等诉宝某鑫公司等其他与公司有关的纠纷案［（2013）沪一中民四（商）终1817号］认为，关于减资股东和其他未减资股东是否应当承担责任的问题。本院认为，尽管公司法规定公司减资时的通知义务人是公司，但公司减资系股东会决议的结果，是否减资以及如何进行减资完全取决于股东的意志。本案中，东某物产公司的减资股东在明知公司对外所负巨额债务而未清偿的情形下仍旧通过股东会决议减少公司的注册资本并向工商登记部门出具虚假的情况说明，主观上存在过错，客观上损害了东某物产公司的偿债能力，故减资股东的行为构成第三人侵害债权。程序瑕疵的减资，对已知债权人不发生法律效力，则本质上造成同抽逃出资一样的后果，故在立法未明确规定的情形下原审法院比照抽逃出资的责任认定五名减资股东在各自减资范围内对东某物产公司的债务承担补充赔偿责任并无不当。

案例3：上海市第一中级人民法院审理的蔡某某等诉永某公司股东出资纠纷案［（2014）沪一中民四（商）终462号］认为，尽管公司法规定公司减资时的通知义务人是公司，但公司减资系股东会决议的结果，是否减资以及如何进行减资完全取决于股东的意志。本案中，七名上诉人在明知锦某公司对外所负债务未清偿的情形下，仍旧通过股东会决议减少公司的注册资本并向工商登记部门出具虚假的情况说明，主观上存在过错，客观上损害了锦某公司的偿债能力，故减资股东的行为构成第三人侵害债权。程序瑕疵的减资，对已知债权人不发生法律效力，则本质上造成同股东抽逃出资一样的后果，故原审法院参照适用《公司法司法解释（三）》关于抽逃出资的相关规定认定七名上诉人在各自减资范围内对锦某公司所负永某公司的债务承担补充赔偿责任并无不当。

（八）公司内部人争夺外部债权人利益之"不通知不公告，悄悄办注销"

001 不通知不公告悄悄注销公司不能逃废债务，清算组成员担责

裁判要旨

公司清算时，清算组应当将公司解散清算事宜书面通知全体已知债权人，并根据公司规模和营业地域范围在全国或者公司注册登记地省级有影响的报纸上进行公告。清算组未履行通知和公告义务，导致债权人未及时申报债权而未获清偿，债权人有权要求清算组成员对因此造成的损失承担赔偿责任。

案情简介[①]

华某公司的股东为李某某、李某芬，各占50%的股份。

2007年7月13日，轧某公司与华某公司签署了加工合同，总价款为14018576元。合同签订后，轧某公司按约交付了货物，但华某公司未及时付款。经轧某公司多次催要，截至2010年9月，华某公司拖欠1530735.3元。

李某某与李某芬于2009年12月5日签订了股权转让协议，约定李某芬将在华某公司的股权转让给李某某，公司经营期间的债权债务由李某某个人享有和承担。李某某向李某芬支付了股权转让款，但未办理股权转让登记。

华某公司在李某芬未参加的情况下，作出了注销公司、成立清算组的股东会决议，但未在法定期限内通知轧某公司。李某某独自在清算报告上的清算组成员、股东签字处签上李某某和李某芬的名字后，向工商局出具了清算报告，将华某公司注销。

---

① 最高人民法院，轧某公司与李某芬、李某某清算责任纠纷案［(2015)民申1416号］。

轧某公司将华某公司及其股东李某某、李某芬诉至法院，要求三者承担连带清偿责任。

本案经唐山市中级人民法院一审、河北省高级人民法院二审、最高人民法院再审，最终判定华某公司及其股东李某某、李某芬三者承担连带清偿责任。

裁判要点精要

一、股权虽转让（签署股权转让协议）但未经工商变更登记的股东，不得对抗第三人。《公司法》第三十四条规定："公司登记事项发生变更的，应当依法办理变更登记。公司登记事项未经登记或者未经变更登记，不得对抗善意相对人。"本案中，李某某与李某芬是华某公司股东，虽然两人签订股权转让协议，李某芬将所持有的华某公司50%股权转让给李某某，但并未在工商登记机关办理股权转让和股东变更登记，因此华某公司的股权变更不能对抗债权人轧某公司。

二、公司清算，股东未履行通知和公告义务，给债权人造成损失的需承担赔偿责任。李某芬作为华某公司股东之一，承担组成清算组、依法清算的义务。《公司法司法解释（二）》第十一条规定，公司清算时，清算组应将公司解散清算事宜书面通知全体已知债权人，并根据公司规模和营业地域范围在全国或者公司注册登记地省级有影响的报纸上进行公告。清算组未按照前款规定履行通知和公告义务，导致债权人未及时申报债权而未获清偿，债权人主张清算组成员对因此造成的损失承担赔偿责任的，人民法院应依法予以支持。本案中华某公司清算组疏于履行公司清算时的通知和公告义务，导致债权人轧某公司未及时申报债权，现华某公司已注销，轧某公司向清算组成员要求损害赔偿于法有据。

实务经验总结

为避免未来发生类似纷争，提出如下建议：

第一，公司原股东转让股权后，务必及时办理股东工商变更登记。根据公司法的相关规定，股东发生变更的，应当办理变更登记。未经登记或者变更登记的，不得对抗第三人。工商登记虽不是设权性登记，但其是宣示性登记，维护交易安全，保障善意第三人的利益，公司法贯彻公示公信原则，对于公司外部的债权人来讲，其基于工商登记簿的记载，有理由相信工商登记簿上登记的股东即为公司真正的股东。股权已经转让，但未办理工商变更登记的原股东，不得以其已丧失股东资格为由，对抗债权人，拒绝承担责任。

第二，公司清算时，清算组成员务必严格履行清算程序，即清算组应当自成立之日起十日内通知债权人，并于六十日内在报纸上或者国家企业信用信息公示系统进行公告。清算组通知债权人需保留好证明履行通知义务的相关证据（快递单、电子邮件、公证书等），并根据公司规模和营业地域范围在全国或者公司注册登记地省级有影响的报纸上进行公告。

第三，对于公司债权人来讲，其应当自接到通知书之日起三十日内（未接到通知书的自公告之日起四十五日内）向清算组申报其债权，当清算组在清理公司财产、编制资产负债表及财产清单后，发现公司财产不足清偿债务，也可以依照《公司法》的规定，向法院申请宣告破产。当债权人发现清算组未履行通知及公告义务即注销公司的，其可以依据《公司法司法解释（二）》第十一条第二款的规定，向法院提起诉讼要求公司及股东承担连带清偿责任。

法规链接

《公司法》（2023 年修订）

第二百三十二条 公司因本法第二百二十九条第一款第一项、第二项、第四项、第五项规定而解散的，应当清算。董事为公司清算义务人，应当在解散事由出现之日起十五日内组成清算组进行清算。

清算组由董事组成，但是公司章程另有规定或者股东会决议另选他人的除外。

清算义务人未及时履行清算义务，给公司或者债权人造成损失的，应当承担赔偿责任。

第二百三十三条 公司依照前条第一款的规定应当清算，逾期不成立清算组进行清算或者成立清算组后不清算的，利害关系人可以申请人民法院指定有关人员组成清算组进行清算。人民法院应当受理该申请，并及时组织清算组进行清算。

公司因本法第二百二十九条第一款第四项的规定而解散的，作出吊销营业执照、责令关闭或者撤销决定的部门或者公司登记机关，可以申请人民法院指定有关人员组成清算组进行清算。

第二百三十四条 清算组在清算期间行使下列职权：

（一）清理公司财产，分别编制资产负债表和财产清单；

（二）通知、公告债权人；

（三）处理与清算有关的公司未了结的业务；

（四）清缴所欠税款以及清算过程中产生的税款；

（五）清理债权、债务；

（六）分配公司清偿债务后的剩余财产；

（七）代表公司参与民事诉讼活动。

第二百三十五条　清算组应当自成立之日起十日内通知债权人，并于六十日内在报纸上或者国家企业信用信息公示系统公告。债权人应当自接到通知之日起三十日内，未接到通知的自公告之日起四十五日内，向清算组申报其债权。

债权人申报债权，应当说明债权的有关事项，并提供证明材料。清算组应当对债权进行登记。

在申报债权期间，清算组不得对债权人进行清偿。

《最高人民法院关于适用〈中华人民共和国公司法〉若干问题的规定（二）》（2020年修正）

第十一条　公司清算时，清算组应当按照公司法第一百八十五条的规定，将公司解散清算事宜书面通知全体已知债权人，并根据公司规模和营业地域范围在全国或者公司注册登记地省级有影响的报纸上进行公告。

清算组未按照前款规定履行通知和公告义务，导致债权人未及时申报债权而未获清偿，债权人主张清算组成员对因此造成的损失承担赔偿责任的，人民法院应依法予以支持。

本案链接

以下为该案在法院审理阶段，判决书中"本院认为"就该问题的论述：

本院认为：本案再审中争议焦点为李某芬是否应当承担清算赔偿责任。《公司法》第三十二条第三款规定："公司应当将股东的姓名或者名称向公司登记机关登记；登记事项发生变更的，应当办理变更登记。未经登记或者变更登记的，不得对抗第三人。"本案中李某某与李某芬是华某公司股东，虽然两人签订股权转让协议，李某芬将所持有的华某公司50%股权转让给李某某，但并未在工商登记机关办理股权转让和股东变更登记，因此华某公司的股权变更不能对抗债权人轧某公司。对于轧某公司而言，李某芬仍然具有华某公司股东的身份，承担华某公司股东的责任。《公司法》第一百八十三条规定："有限责任公司的清算组由股东组成"，李某芬作为华某公司股东之一，承担组成清算组，依法清算的义务。

《公司法司法解释（二）》第十一条规定："公司清算时，清算组应当按照公司法第一百八十五条的规定，将公司解散清算事宜书面通知全体已知债权人，并根据公司规模和营业地域范围在全国或者公司注册登记地省级有影响的报纸上进行公告。清算组未按照前款规定履行通知和公告义务，导致债权人未及时申报债权而未获清偿，债权人主张清算组成员对因此造成的损失承担赔偿责任的，人民法院应依法予以支持。"本案中华某公司清算组疏于履行公司清算时的通知和公告义务，导致债权人轧某公司未及时申报债权，现华某公司已注销，轧某公司向清算组成员要求损害赔偿，原审法院支持轧某公司的诉讼请求并无不当。

延伸阅读

裁判规则：清算组因未履行通知公告义务致使债权人损失，清算组成员需对债权人的损失承担连带清偿责任的五则案例。

案例1：福建省厦门市中级人民法院审理的黄某某与卢某某、王某某民事纠纷案[（2015）厦民终4421号]认为，卢某某、王某某作为轶某公司清算组成员，应当按照《公司法》第一百八十五条的规定将轶某公司解散清算的事由书面通知黄某某，但卢某某、王某某在清算过程中，在明知轶某公司尚欠黄某某债务的情况下，未通知黄某某申报债权，亦未将该债权列入清算报告进行清算，反而向工商登记机关提供不实的清算报告，明显存在故意或重大过失。现轶某公司已经注销，黄某某的债权629295.55元已无法获得清偿，故黄某某无法获得清偿的债权损失与卢某某、王某某未履行通知义务之间存在因果关系。根据《公司法》第一百八十九条第三款"清算组成员因故意或者重大过失给公司或者债权人造成损失的，应当承担赔偿责任"及《公司法司法解释（二）》第十一条第二款"清算组未按照前款规定履行通知和公告义务，导致债权人未及时申报债权而未获清偿，债权人主张清算组成员对因此造成的损失承担赔偿责任的，人民法院应依法予以支持"的规定，卢某某、王某某应对黄某某的债权629295.55元及利息损失承担连带赔偿责任。一审法院以工商局备案的清算报告所载明的剩余财产总额47966.21元，作为认定黄某某可获清偿的范围及卢某某、王某某承担赔偿责任的限额，与前述法律及司法解释的规定不符。

案例2：安徽省宿州市中级人民法院审理的苏某甲、苏某乙等与裴某某、张某买卖合同纠纷案[（2016）皖13民终370号]认为，《公司法》第一百八十六条第一款规定，"清算组应当自成立之日起十日内通知债权人，并于六十日内在报纸上公告。债权人应当自接到通知书之日起三十日内,未接到通知书的自公告之日起四十五日内,向清算组申报其债权"。庭审中,裴某某、张某认可仅在报纸上进行公告,并未通知苏某甲、苏某乙。因此,根据《公司法司法解释(二)》第十一条第二款"清算组未按照前款规定履行通知和公告义务,导致债权人未及时申报债权而未获清偿,债权人主张清算组成员对因此造成的损失承担赔偿责任的,人民法院应依法予以支持"的规定,裴某某、张某应对苏某甲、苏某乙的损失承担赔偿责任。

案例3:湖北省武汉市中级人民法院审理的威某力公司与孙某、赵某某民事纠纷案〔(2015)鄂武汉中民商终01774号〕认为,作为沃某克公司清算组成员的孙某、赵某某在对该公司进行清算时,应当知道沃某克公司对威某力公司负有债务,但未依法向威某力公司履行书面通知义务,且沃某克公司向工商部门提交备案的日期为2011年12月31日的《资产负债表》中并未体现已经形成的沃某克公司对威某力公司的债务。因此,原审法院以孙某、赵某某未依照法律规定书面通知威某力公司向清算组申报债权,并以虚假的清算报告骗取工商部门注销登记为由,认定威某力公司无法实现债权的损失与孙某、赵某某未依法履行通知威某力公司申报债权具有因果关系并无不当。故根据《公司法司法解释(二)》第十一条第二款"清算组未按照前款规定履行通知和公告义务,导致债权人未及时申报债权而未获清偿,债权人主张清算组成员对因此造成的损失承担赔偿责任的,人民法院应依法予以支持"的规定,孙某、赵某某应对威某力公司的债权464830元及利息损失承担连带赔偿责任。

案例4:贵州省贵阳市中级人民法院审理的朱某某与康某某、陈某某劳动争议纠纷案〔(2015)筑民四终207号〕认为,康某贸易公司2014年7月28日股东会决议解散公司之前,朱某某已于2014年7月8日以康某贸易公司为被申请人申请劳动仲裁,故康某贸易公司股东会决议解散公司时,应当明知朱某某与康某贸易公司之间劳动争议可能在双方之间产生债权债务关系,而康某贸易公司清算报告称其债权债务已经清算完毕,导致康某贸易公司经注销而主体消亡,朱某某对康某贸易公司的债权无法得到清偿,由此可见清算组在清算康某贸易公司债权债务过程中并未履行《公司法司法解释(二)》第十一条第一款"公司清算时,清算组应当按照公司法第一百八十五条的规定,将公司解散清算事宜书面通知全体已知债权人,并根据公司规模和营业地域范围在全国或者公司注册登记地省级有影响的报纸上进行公告"规定的义务,清算组成员存在过错。故依据

《公司法》第一百八十九条第三款"清算组成员因故意或者重大过失给公司或者债权人造成损失的,应当承担赔偿责任",《公司法司法解释(二)》第十一条第二款"清算组未按照前款规定履行通知和公告义务,导致债权人未及时申报债权而未获清偿,债权人主张清算组成员对因此造成的损失承担赔偿责任的,人民法院应依法予以支持"之规定,清算组成员应当对朱某某享有的对原康某贸易公司之债权承担赔偿责任。康某贸易公司清算组成员为公司股东康某某、陈某某二人,故应当由康某某、陈某某二人向朱某某支付经济补偿金。

案例5:山东省潍坊市寒亭区人民法院,圆某公司与雅某公司、光某公司等企业借贷纠纷案〔(2013)寒商初279号〕认为,本案原告曾于2011年11月就本案所涉欠款向本院起诉,于2012年5月3日以双方自行处理为由向本院申请撤诉,圣某力公司于2012年5月8日领取了撤诉的民事裁定书。因此,圣某力公司完全知晓本案所涉的欠款,其于2012年6月7日组成清算组,清算组完全有能力也有条件通知本案原告申报债权,但清算组仅于同年6月13日在山东商报上发出公告,并未通知已知的债权人原告公司,致使原告未及时申报债权而未获清偿。清算组在明知原告债权的情况下却未对该债务进行清算并申请注销圣某力公司,清算组成员未依法履行清算义务,给原告债权人造成损失,被告陈某甲、陈某乙作为清算组成员,应当对原告承担赔偿责任。

002 有限责任公司清算组成员是否必须包括全体股东

裁判要旨

公司清算组成员并不一定由全体股东组成,股东会有权决议由部分股东参加清算组。有限责任公司自行组织清算的,可以通过股东会决议选择清算组成员。

案情简介[①]

新某公司于2004年9月30日成立,股东为周某某(持股比例为6%)、文某

[①] 上海市第二中级人民法院,周某某与新某公司公司决议效力确认纠纷案〔(2015)沪二中民四(商)终569号〕,该案曾由二审法官徐某良、杨某鸣、沈某茹在《人民司法》上发文《有限责任公司清算组成员不必是全体股东》进行详细解读。

公司（持股比例为90%）及王某某（持股比例为4%）。经营期限自2004年9月30日至2014年9月29日。

2014年9月29日，新某公司召开股东会，周某某、王某某、文某公司到会，形成如下决议：（1）新某公司自章程规定的营业期限届满之日（2014年9月29日）解散，进入清算阶段，该议案同意股东占总股数100%；（2）成立清算组，清算组成员为程某、李某某（程某和李某某为文某公司指派）和王某某，王某某担任清算组负责人，该决议同意股东占总股数94%，不同意股东占总股数6%；（3）清算组在成立之日起10日内应当将清算组成员、清算组负责人名单向公司登记机关办理备案；（4）清算组成立之日起10日内通知债权人，并于60日内在报纸上公告，在清理公司财产、编制资产负债表和财产清单后，及时制定清算方案，报股东会确认；（5）清算结束后，清算小组应制作清算报告，报股东会确认。（3）（4）（5）项表决结果为同意股东占总股数100%。周某某在该决议中表明该决议剥夺其参加清算组权利，违反《公司法》，坚决反对。

此后，周某某以侵犯其股东权利为由，诉至法院，要求确认股东会决议无效。本案经上海市虹口区人民法院一审、上海市第二中级人民法院二审，最终确认股东会决议有效。

裁判要点精要

《公司法》第二百三十二条规定："公司因本法第二百二十九条第一款第一项、第二项、第四项、第五项规定而解散的，应当清算。董事为公司清算义务人，应当在解散事由出现之日起十五日内组成清算组进行清算……"据此，公司法对清算组的组成人员的身份作出了规定，即公司股东有进行清算的义务，而并非对于股东参加清算组的权利作出规定，且该条文并未规定全体股东均应当作为清算组成员。

公司股东会作为公司的最高权力机构，以作出股东会决议的方式确定清算组成员并无不当。该条规定并不属于效力性的强制性规定，故涉案决议并不违法，即不能以此否定涉案股东会决议相关内容的效力。

此外，《公司法》规定了股东知情权、对违法清算申请启动强制清算程序，以及追究清算组成员清算赔偿责任等多项救济途径，未参加清算组的股东可通过前述机制保障其合法权利不受侵害。

实务经验总结

为避免未来发生类似纷争，提出如下建议：

第一，公司清算组成员并不一定由全体股东组成，股东会有权决议由部分股东参加清算组。有限责任公司自行组织清算的，可以通过股东会决议选择清算组成员，特别是对于股东众多的有限责任公司来讲，不必每个股东都参加。

第二，对于没有参加清算组的股东来讲，其可以通过审议和表决清算报告及财产分配方案、对清算过程行使知情权等方式维护自身权益。

法规链接

《公司法》（2023年修订）

第二十五条　公司股东会、董事会的决议内容违反法律、行政法规的无效。

第二十六条　公司股东会、董事会的会议召集程序、表决方式违反法律、行政法规或者公司章程，或者决议内容违反公司章程的，股东自决议作出之日起六十日内，可以请求人民法院撤销。但是，股东会、董事会的会议召集程序或者表决方式仅有轻微瑕疵，对决议未产生实质影响的除外。

未被通知参加股东会会议的股东自知道或者应当知道股东会决议作出之日起六十日内，可以请求人民法院撤销；自决议作出之日起一年内没有行使撤销权的，撤销权消灭。

第二十七条　有下列情形之一的，公司股东会、董事会的决议不成立：

（一）未召开股东会、董事会会议作出决议；

（二）股东会、董事会会议未对决议事项进行表决；

（三）出席会议的人数或者所持表决权数未达到本法或者公司章程规定的人数或者所持表决权数；

（四）同意决议事项的人数或者所持表决权数未达到本法或者公司章程规定的人数或者所持表决权数。

第二十八条　公司股东会、董事会决议被人民法院宣告无效、撤销或者确认不成立的，公司应当向公司登记机关申请撤销根据该决议已办理的登记。

股东会、董事会决议被人民法院宣告无效、撤销或者确认不成立的，公司根据该决议与善意相对人形成的民事法律关系不受影响。

第二百三十二条　公司因本法第二百二十九条第一款第一项、第二项、第四项、第五项规定而解散的，应当清算。董事为公司清算义务人，应当在解散事由出现之日起十五日内组成清算组进行清算。

清算组由董事组成，但是公司章程另有规定或者股东会决议另选他人的除外。

清算义务人未及时履行清算义务，给公司或者债权人造成损失的，应当承担赔偿责任。

第二百三十三条 公司依照前条第一款的规定应当清算，逾期不成立清算组进行清算或者成立清算组后不清算的，利害关系人可以申请人民法院指定有关人员组成清算组进行清算。人民法院应当受理该申请，并及时组织清算组进行清算。

公司因本法第二百二十九条第一款第四项的规定而解散的，作出吊销营业执照、责令关闭或者撤销决定的部门或者公司登记机关，可以申请人民法院指定有关人员组成清算组进行清算。

本案链接

以下为该案在法院审理阶段，判决书中"本院认为"就该问题的论述：

本院认为：我国《公司法》第一百八十三条规定，公司依照相关规定决定解散的，"应当在解散事由出现之日起十五日内成立清算组，开始清算。有限责任公司的清算组由股东组成……"依据该条文的规定，法律对清算组的组成人员的身份作出了规定，即公司股东有进行清算的义务，而并非对于股东参加清算组的权利作出规定，且该条文并未规定全体股东均应当作为清算组成员。基于此，新某公司股东会作为公司的最高权力机构，以作出股东会决议的方式确定清算组成员并无不当。《公司法》第一百八十三条的规定并不属于效力性的强制性规定，故涉案决议并不违法，即不能以此否定涉案股东会决议相关内容的效力。

此外，关于周某某提出的如若不能参与清算组，将不利于其及时了解和掌握公司的资产负债状况，从而可能对其造成不利等意见，本院认为，我国《公司法》规定了股东知情权、对违法清算申请启动强制清算程序以及追究清算组成员清算赔偿责任等多项救济途径，前述机制可以保障小股东的合法权利不受侵害。故本院对于周某某的上诉理由不予采信。原审作出的不予支持周某某要求确认涉案股东会决议相关内容无效的判决并无不当，本院予以支持。

六、外部投资者在公司并购中的十大误区

（一）股权投资误区之"意向书"

001 《意向书》为意向性文件，不具有法律约束力

裁判要旨

明确约定在一定期限内签订本约的意向书，即使载明内容以本约为准，也应当定性为预约合同；预约合同具有一定法律约束力，但是一旦签订本约，预约合同效力即因签订本约义务已履行完毕而终止。

案情简介[①]

2012年10月30日，载某公司与蓝某公司签订《意向书》，约定：载某公司向蓝某公司转让其所持载某矿业公司51%股权，总价8.466亿元。付款方式：2012年11月30日，蓝某公司支付3亿元预付款；在意向书签署之日起45日内完成股权转让正式协议的签署，并于签署当日支付1.233亿元；工商注册变更后支付余款4.233亿元，意向书未尽事宜经双方协商，在股权转让协议中约定。

同日，蓝某公司与载某公司签订《谅解备忘录一》，约定：《意向书》仅作为双方合作意向，其最终的履行，双方将另行签订正式股权转让协议作为依据，意向书与正式股权转让协议书有悖之处，以正式股权转让协议书为准。

2013年4月13日，蓝某公司与载某公司签订《股权转让协议》，约定：载

---

① 最高人民法院，蓝某公司与载某公司股权转让纠纷案[（2015）民二终143号]。

某公司转让载某矿业公司 51% 股权，转让价款为 8.466 亿元等内容，并确认蓝某公司已于 2012 年 10 月底前向载某公司支付了 1 亿元。

2013 年 4 月 15 日，蓝某公司与载某公司签订《谅解备忘录二》，内容为：2013 年 4 月 13 日版《股权转让协议》对双方不具有法律效力，不构成对对方的制约，均承诺不依据《股权转让协议》内容要求对方承担任何法律责任。

此后，双方未再另行签订正式股权转让协议，蓝某公司要求返还 1 亿元预付款及利息；载某公司则称双方仍存在股权转让合同关系，要求继续履行付款义务，不同意返还并支付利息。而后，蓝某公司诉至法院。

安徽省高级人民法院认为：《意向书》为意向性文件，不具有法律约束力，判决载某公司返还 1 亿元预付款及利息。载某公司不服，上诉至最高人民法院。

最高人民法院二审认为：《意向书》为预约合同，但随着 2013 年 4 月 13 日版《股权转让协议》的签订而效力终止，维持原判。

裁判要点精要

本案的《意向书》是预约合同。《意向书》约定在签署之日起 45 日内，双方完成股权转让正式协议的签署。且双方同日签订的《谅解备忘录一》中约定，该意向书仅作为合作意向，其最终的履行，双方将另行签订正式股权转让协议作为依据，故该意向书为预约合同。

《意向书》作为预约，其法律约束力主要体现在双方当事人应当基于诚实信用的原则，协商订立本约。《意向书》签订后，双方签订了《股权转让协议》，应当认定双方已经履行了《意向书》约定的签订本约的义务。依据《民法典》第五百五十七条的规定，债务已经按照约定履行的，合同的权利义务终止。据此，应当认定本案中《意向书》的效力已经终止。

之后双方依据意向书签订的《股权转让协议》又因《谅解备忘录二》而解除。此后双方不存在任何法律关系，因此载某公司收取的 1 亿元预付款不再有合同依据，故而应当返还。

实务经验总结

为避免未来发生类似纠纷，提出如下建议：

意向书的法律含义并不明确，法律性质也呈多样化，可能是磋商性文件、预约合同或者本约合同。

如果只是磋商性文件，则一般无法律约束力；如果构成预约合同，若违反则应承担预约合同违约责任或者损害赔偿责任；如果构成本约合同，则应按合同法等有关规定承担违约责任。

对其性质和效力，应从约定形式是否典型、内容是否确定以及是否有受约束的意思表示等方面出发，根据有关法律和司法解释的规定具体审查认定。如标的、数量不确定，缺少当事人受其约束的意思表示，一般应认定为磋商性文件。所以签订该类文件务必谨慎，根据自己的交易目的，合理设置合同条款，选择不同法律效力的法律文件。

第一，只想表达交易意愿，促进下一步协商，可以明确载明该意向书对双方没有法律约束力，并且不要在文件中明确在某一确定日期签订正式协议，进而将法律性质锁定为磋商性的、没有法律约束力的意向文件。

第二，拟确定已谈妥的交易条件，但又对某些合同条款不能确定，建议在意向书中明确在某一具体日期签订正式合同，并约定在已确定的交易条件的基础上签订正式协议。为能够依据新情况制定新条款，双方可约定以正式签订的本约合同为准，进而将法律性质锁定为预约合同。

第三，合同条款都已谈妥，没有必要再以意向书作为合同名称，可直接命名为某某合同，以免发生歧义。对合同标的、对价、支付方式等主要内容在合同中明确约定，进而将法律性质锁定为本约合同。

第四，意向书中约定的保密条款及争议解决等程序性条款，无论法律性质被定为磋商性文件还是预约合同，对于各方均具有约束力。所以，重大交易事项的意向性文书也需谨慎，必要时聘请专业律师把关。

第五，关于意向书、预约合同与本约合同的区分标准可参见表4：

表4 意向书、预约、本约对比表①

类型 特征	意向书	预约合同	本约合同
阶段	要约承诺过程之前的磋商阶段	要约承诺过程之中，本约未成立，但确定要在某一时刻订立本约	要约承诺阶段完毕，本约合同已成立

---

① 由于关于意向书的法律性质及效力并无法律明文规定，笔者依据学界的观点予以汇总，以供读者参考；如需了解详细内容可参见：王利明：《合同法研究（第一卷）》，中国人民大学出版社2015年版，第39页；王利明：《预约合同若干问题研究——我国司法解释相关规定述评》，载《法商研究》2014年第1期；陈进：《意向书的法律效力探析》，载《法学论坛》2013年第1期；许德风：《意向书的法律效力问题》，载《法学》2007年第10期；郭魏：《意向书的法律性质和效力》，载《人民司法》2015年第22期。

续表

类型\特征	意向书	预约合同	本约合同
性质	表达交易意愿的磋商性、过程性文件	合同	合同
目的	表达交易意愿，诚意磋商	在确定的时间订立本约	建立具体的法律关系，履行完所有合同内容
确定性	交易内容不确定	对于交易对象、何时订立本约已确定，对其他内容尚有不确定之处	各类合同内容均已确定
约束力	无约束力	有约束力，但终于本约成立	有约束力
义务	诚信磋商的义务	在确定时间订立本约的义务	履行完毕所有合同内容的义务
责任承担	缔约过失责任	违约责任，但一般不能强制缔约	违约责任
关键区分点	1. 看是否明确约定了订立本约的时间点 2. 看是否明确表达或排除具有约束力的意思表示 3. 看记载内容是否具体明确，包括价金、支付方式、数量、标的、违约责任等		

法规链接

《民法典》

第四百九十五条 当事人约定在将来一定期限内订立合同的认购书、订购书、预订书等，构成预约合同。

当事人一方不履行预约合同约定的订立合同义务的，对方可以请求其承担预约合同的违约责任。

第五百五十七条 有下列情形之一的，债权债务终止：

（一）债务已经履行；

（二）债务相互抵销；

（三）债务人依法将标的物提存；

（四）债权人免除债务；

（五）债权债务同归于一人；

（六）法律规定或者当事人约定终止的其他情形。

合同解除的，该合同的权利义务关系终止。

第五百六十六条 合同解除后，尚未履行的，终止履行；已经履行的，根据履行情况和合同性质，当事人可以请求恢复原状或者采取其他补救措施，并有权请求赔偿损失。

合同因违约解除的，解除权人可以请求违约方承担违约责任，但是当事人另有约定的除外。

主合同解除后，担保人对债务人应当承担的民事责任仍应当承担担保责任，但是担保合同另有约定的除外。

《最高人民法院关于适用〈中华人民共和国民法典〉合同编通则若干问题的解释》（法释〔2023〕13号）

第六条 当事人以认购书、订购书、预订书等形式约定在将来一定期限内订立合同，或者为担保在将来一定期限内订立合同交付了定金，能够确定将来所要订立合同的主体、标的等内容的，人民法院应当认定预约合同成立。

当事人通过签订意向书或者备忘录等方式，仅表达交易的意向，未约定在将来一定期限内订立合同，或者虽然有约定但是难以确定将来所要订立合同的主体、标的等内容，一方主张预约合同成立的，人民法院不予支持。

当事人订立的认购书、订购书、预订书等已就合同标的、数量、价款或者报酬等主要内容达成合意，符合本解释第三条第一款规定的合同成立条件，未明确约定在将来一定期限内另行订立合同，或者虽然有约定但是当事人一方已实施履行行为且对方接受的，人民法院应当认定本约合同成立。

第七条 预约合同生效后，当事人一方拒绝订立本约合同或者在磋商订立本约合同时违背诚信原则导致未能订立本约合同的，人民法院应当认定该当事人不履行预约合同约定的义务。

人民法院认定当事人一方在磋商订立本约合同时是否违背诚信原则，应当综合考虑该当事人在磋商时提出的条件是否明显背离预约合同约定的内容以及是否已尽合理努力进行协商等因素。

第八条 预约合同生效后，当事人一方不履行订立本约合同的义务，对方请求其赔偿因此造成的损失的，人民法院依法予以支持。

前款规定的损失赔偿，当事人有约定的，按照约定；没有约定的，人民法院应当综合考虑预约合同在内容上的完备程度以及订立本约合同的条件的成就程度等因素酌定。

本案链接

以下为该案在法院审理阶段，判决书中"本院认为"就该问题的论述：

本院认为：一、关于《意向书》的效力问题。就安徽蓝某公司受让怀宁矿业公司的股权一事，2012年10月30日双方签订的《意向书》约定在意向书签署之日起45日内，双方按照意向书约定条款完成股权转让正式协议的签署，意向书未尽事宜经双方协商，在股权转让协议中约定。且双方于同日签订的《谅解备忘录一》中约定，该意向书仅作为合作意向，其最终的履行，双方将另行签订正式的股权转让协议作为依据。因此，《意向书》的法律性质依法应当认定为预约合同。一审判决未能正确界定该《股权转让意向书》的法律性质并在此基础上认定其与本案其他协议之间的关系，系适用法律错误，本院予以纠正。上诉人上海载某公司关于《意向书》和《谅解备忘录一》中的相关约定是对本约和预约适用先后顺序的约定的上诉理由，并无相应的法律依据，本院不予采信。《意向书》作为预约，是当事人之间约定将来订立本约的合同，其法律约束力主要体现在双方当事人应当基于诚实信用的原则，协商订立本约。对预约的效力评价，应当适用《合同法》总则的相关规定。本案中，《意向书》签订后，双方当事人于2013年4月13日正式签订了《股权转让协议》，应当认定双方已经履行了2013年10月30日签订的《意向书》及《谅解备忘录一》中约定的签订本约的义务。《合同法》第九十一条第（一）项规定，债务已经按照约定履行的，合同的权利义务终止。据此，应当认定本案中《意向书》的效力已经终止。一审判决关于该《意向书》亦仅是双方签约的意向性文件，对双方当事人不具有正式合同的法律约束力的认定不当，本院予以纠正。上诉人上海载某公司关于《意向书》应当作为双方股权转让权利义务关系的依据，双方之间的股权转让合同关系仍然存续且具有法律效力的上诉理由，无事实和法律依据，本院不予采信。本案中，安徽蓝某公司根据双方于2012年10月30日签订的《谅解备忘录一》的约定，在2012年10月底之前已经向上海载某公司预支付股权转让价款1亿元。虽然双方嗣后在《意向书》中约定安徽蓝某公司应当于2012年11月30日之前向上海载某公司支付3亿元股权预付款，但在2013年4月13日双方签订的《股权转让协议》中，上海载某公司并未就安徽蓝某公司的付款金额问题提出异议，而是在确认已付款1亿元的基础上，就剩余价款分期付款的金额和期限作出了重新约定。根据双方当事人于2012年10月30日签订的《意向书》及《谅解备忘录一》的约定，应当认定双方当事人在意向书中关于价款支付的约定已经被《股权转让协议》所更新。上诉人上海载某公司关于根据《意向书》的约定，安徽蓝某公司负有于2012年11月30日前向其支付3亿元合同义务的上诉理由，无事实和法律依据，本院不予支持。

二、关于安徽蓝某公司是否有权要求赔偿利息损失的问题。本案中，双方在2013年4月13日签订《股权转让协议》后，又于同年4月15日签订《谅解备忘录二》，约定《股权转让协议》对合作各方不具有法律效力。一审判决据此认定双方之间的股权转让关系解除，符合法律规定，本院予以确认。上诉人上海载某公司关于《股权转让协议》的签订并不影响双方此前签订的《意向书》的效力的上诉理由，系对预约与本约之间关系的错误理解，在本约签订后，预约合同即因约定义务已经履行而终止，故本院对其此点上诉理由不予采信。《合同法》第九十七条规定："合同解除后，尚未履行的，终止履行；已经履行的，根据履行情况和合同性质，当事人可以要求恢复原状、采取其他补救措施，并有权要求赔偿损失。"本案中，因双方已经协商解除《股权转让协议》，故上海载某公司依法应当承担返还已经收取的价款的责任。关于利息损失的赔偿问题，安徽蓝某公司在2012年10月底前向上海载某公司支付了1亿元股权转让预付款之后，双方之间就股权转让事宜签订过多项协议和备忘录，且在本案中，上海载某公司并未举证证明双方之间的股权转让未能完成系安徽蓝某公司违反诚信原则所导致，故安徽蓝某公司主张上海载某公司应当自2014年9月17日起按同期银行贷款利率支付利息的诉讼请求，符合法律规定，依法应当予以支持。故一审判决关于上海载某公司应当向安徽蓝某公司赔偿利息损失的认定正确，本院予以维持。上诉人上海载某公司关于安徽蓝某公司违约在先、其不应承担利息损失的主张，无事实及法律依据，本院不予支持。

延伸阅读

为了探索各级法院对"意向书"法律效力的裁判规则，笔者在写作过程中检索了9个涉及"意向书"法律效力认定的判例。其中三个判例认为意向书被认定为磋商性文件，无法律约束力；三个判例认为意向书合法有效、具有法律约束力；两个判例认为意向书为预约合同，应据此签署本约合同；一个判例认定意向书为"对双方当事人有一定约束力，但并不等同于正式合同"。

一、意向书被认定为磋商性文件，无法律约束力

案例1：最高人民法院审理的洋某经济开发区管理委员会与澳某公司建设用地使用权纠纷案［（2013）民一终107号］认为，实践中，意向书的形式具有多样性，其性质及效力不能一概而论，而是应当结合具体交易情形判断意向书内容是否具体确定、当事人是否有受约束的意思，进而认定其效力。《最高人民法院关于适用〈中华人民共和国合同法〉若干问题的解释（二）》第一条第一款规定："……人民法院能够确定当事人名称或者姓名、标的和数量的，一般应当认定合同成立……"本案中，从《投资意向书》的内容看，首先，《投资意向书》的当事人虽然是确定和明确的，但对于合同的标的和数量，《投资意向书》则只是在描述了澳某公司所称的从光大公司处受让土地的情况的基础上，对澳某公司拟置换土地的意向及洋某开发区管理局表示同意协调置换进行了约定，而对于是否必须置换成功以及置换土地的具体位置和面积均未作出明确约定。因此，《投资意向书》不具备合同的主要条款，不构成正式的土地置换合同。其次，双方在《投资意向书》中虽然对签订《投资意向书》的背景进行了描述，但并未明确约定洋某管委会在置换土地过程中的权利和义务，当事人也未表明受其约束的意思，故《投资意向书》并非相关土地使用权人就在将来进行土地置换或者在将来签订土地置换合同达成的合意。因此，案涉《投资意向书》的性质为磋商性、谈判性文件，不具备合同的基本要素，没有为双方设定民事权利义务，双方当事人之间并未形成民事法律关系，一审判决对《投资意向书》的性质认定错误，本院予以纠正。

案例2：最高人民法院审理的洋某经济开发区管理委员会与澳某公司的其他房地产开发经营合同纠纷案［（2014）民申263号］认为，本案关键在于对《投资意向书》的法律定性。一般而言，从一方发出愿意签订合同的意思表示（要约或要约邀请）到合同的正式成立，其间会经历一个协商过程，并对合同的主要内容达成初步合意，最终以口头或书面方式成立合同。《最高人民法院关于适用〈中华人民共和国合同法〉若干问题的解释（二）》第一条第一款规定："……人民法院能够确定当事人名称或者姓名、标的和数量的，一般应当认定合同成立……"本案《投资意向书》并不具备合同的基本要素。从标题看，该文件明确为"意向书"，并非常用的"合同""协议"等名称；从内容看，该文件对于

双方的权利义务以及法律责任约定并不明确，只是表明为了澳某公司能够在相应的地块进行商业投资开发，洋某管委会有为其协调置换土地的意愿，但并未约定置换土地的具体位置和面积及履行期限等；从具体措辞看，双方明确约定洋某管委会"协调置换土地"，表明从"协调"到真正"置换"还是需要经过再协商、再约定。因此，本院生效判决认定《投资意向书》的性质为磋商性、谈判性文件，符合法律规定和当事人真实意思表示。

案例3：浙江省高级人民法院审理的大某公司与鹿某区广化街道双桥村村民委员会国有土地使用权转让合同纠纷上诉案［（2009）浙民终94号］认为，关于本案《联合开发意向书》是否属于依法成立的合同及其效力问题。一般地，意向书是指合同双方在缔结正式协议之前就协商程序本身或就未来合同的内容所达成的各种约定。根据《合同法》关于合同订立的规定，意向书可以认定为依法成立的合同，必须具备两个基本要件：一是内容具体确定；二是当事人必须有受约束的意思表示。关于内容确定问题，根据《最高人民法院关于适用〈中华人民共和国合同法〉若干问题的解释（二）》第一条第一款规定，合同成立必须至少具备当事人名称或者姓名、标的和数量三个条款。就本案而言，虽然《联合开发意向书》第四条规定"过境公路拓宽拆迁安置房和联合开发项目征用土地劳力安置房、村自用建设项目征地的劳力安置房，根据政策规定的面积，按照建设成本价供应有关村民"，但《联合开发意向书》对劳力安置房的数量（包括户数、面积）未作出明确约定。上诉人大某公司在上诉状中也自认"双方尚未开展商议确定劳力安置房户数、总面积的工作"，且二审中双方也未能就安置房的套数、面积、价格协商一致。故本案《联合开发意向书》约定的内容和双方当事人的权利义务均不具体明确。因此，本案《联合开发意向书》不属于依法成立的合同，只是双方当事人就合作开发房地产项目所达成的意向性文件，不具有合同的法律约束力。

二、意向书合法有效、具有法律约束力

案例4：最高人民法院审理的锦某市住房和城乡建设局与辽宁茂某置业有限公司合同纠纷申请再审案［（2015）民申2556号］认为，关于《意向书》的效力以及双方是否约定了定金的问题。双方当事人于2008年7月21日签订的《意向书》是锦某住建局与茂某公司就锦某市万年里棚户区改造项目今后摘牌或订立有关协议而达成的协议，双方约定了茂某公司在缴付280万元后，锦某住建局可通过协调的方式给予其"优先摘牌"。据此，《意向书》是双方真实意思表示，不存在《合同法》第五十二条规定的合同无效的情形，应当有效。

案例5：北京市高级人民法院审理的南某星公司等与惠某公司等股权转让纠纷案〔（2013）丰民初04147号〕认为，南某星公司与益某利公司之间签订的合作意向书，虽然名义上为意向书，但该意向书中明确约定了双方的权利义务以及合同履行的先后顺序、时间、金额，合同条款明确具体，该意向书已经符合合同成立的要件，可以认定为双方当事人之间签订了合作合同。该合作合同未违反有关法律法规的强制性规定，且系双方当事人真实意思表示，各方均应按约履行……按照意向书的约定，在郑某公司接手惠某公司后，应与南某星公司签订承包经营合同，但其至今未依约履行，始终未签订承包经营合同，造成意向书的合同目的无法实现，其行为已构成违约，应承担相应的违约责任。因此，南某星公司要求与益某利公司解除意向书，南某星公司、绿某缘公司要求与郑某公司解除股权转让协议，返还股权的诉讼请求，理由正当，本院予以支持。南某星公司、绿某缘公司应将股权转让款返还给益某利公司、郑某公司，惠某公司股东相应变更为南某星公司、绿某缘公司。郑某公司接手惠某园后，进行了经营，但未依约向南某星公司支付任何费用，故南某星公司要求其归还财产、给付房屋使用费的请求，理由正当，本院亦予以支持。房屋使用费计算标准本院参考合作意向书的约定，酌定为每年250万元。南某星公司、绿某缘公司要求惠某公司、益某利公司对返还股权、财产承担连带责任的请求，于法无据，本院不予支持。

案例6：广东省高级人民法院审理的德某公司、李某某等与司徒某某股东资格确认纠纷再审复查与审判监督案〔（2013）粤高法民二申411号〕认为，关于涉案《合作意向书》的效力问题。经查，涉案《合作意向书》是各方当事人的真实意思表示，其内容没有违反法律、行政法规的强制性规定，故一、二审法院认定涉案《合作意向书》是合法有效的协议，对当事人具有约束力正确。

三、意向书为预约合同，应据此签署本约合同

案例7：广西壮族自治区高级人民法院审理的宾某某因与华某物业公司建设用地使用权纠纷案〔（2013）桂民申1号〕认为，关于《转让土地意向书》的性质与效力问题。宾某某申请再审认为，双方签订的土地转让意向书是独立的预约合同，具有法律约束力，二审不认定预约合同的法律效力显系错误。根据最高人民法院《关于审理买卖合同纠纷案件适用法律问题的解释》（法释〔2012〕8号）第二条"当事人签订认购书、订购书、预订书、意向书、备忘录等预约合同，约定在将来一定期限内订立买卖合同，一方不履行订立买卖合同的义务，对

方请求其承担预约合同违约责任或者要求解除预约合同并主张损害赔偿的，人民法院应予支持"的规定，《转让土地意向书》是独立的预约合同，具有法律约束力。预约合同，一般指当事人双方为将来订立确定性本合同而达成的合意。根据本案查明的事实，宾某某与华某公司签订《转让土地意向书》是双方当事人的真实意思表示，不违背法律、法规的强制性规定，其效力应予认定。在双方签订意向书之前，二审已查明，华某公司已取得所转让土地的土地使用权权属证，意向书也明确了双方当事人的基本情况及所转让土地的地址、四至及面积、价格等，这表明双方当事人经过磋商，就条件成就时实际进行土地转让的主要内容达成了合意，对将来正式签订土地转让合同进行了预先的安排，并以书面形式确定，因此，《转让土地意向书》是具有法律效力的预约合同。二审判决认定《转让土地意向书》对双方无法律约束力是不当的。

案例8：海南省高级人民法院审理的中某公司与王某某商品房预约合同纠纷再审复查与审判监督案[（2016）琼民申437号]认为，关于《认购意向书》的法律性质和效力问题。判断双方当事人之间签订的《认购意向书》为预约合同还是商品房买卖合同，应当审查协议的内容并探究当事人的真实意思表示，即当事人是否有意在将来重新订立一个新的合同，以确定双方之间最终形成的法律关系。本案中，双方当事人虽然在《认购意向书》中就王某某认购房屋的房号、面积、总价款、付款时间、交付房屋时间、逾期付款、逾期交房等内容进行了约定，但依照《商品房销售管理办法》第十六条规定的商品房买卖合同应当明确的内容来看，仍然欠缺了供水、供电、供热燃气、通讯、道路、绿化等配套基础设施和公共设施的交付承诺和有关权益、责任，公共配套建筑的产权归属，面积差异的处理方式，办理产权登记有关事宜等内容。更为重要的是，《认购意向书》第三条约定：甲方必须保证该商品房在2014年12月31日前签订正规的商品房买卖合同，为国家正规、合法、达到可出售状态的商品房，负责办理国家普通商品房产权证书及土地使用证书。第八条约定：乙方逾期不签订认购书及《商品房买卖合同》的，本意向书自动解除，甲方将乙方缴纳的意向金及房款无息退还。可见，双方在2014年12月31日前须正式签订一份商品房买卖合同，这一意思表示非常明确。因此，二审判决关于《认购意向书》仅是双方对签订正式商品房买卖合同的预约合同的认定是正确的。中某公司申请再审称《认购意向书》名为预约合同实为商品房买卖合同的依据不足，本院不予支持。

四、意向书被认定为"对双方当事人有一定约束力，但并不等同于正式合同"

案例9：最高人民法院审理的达某公司与公某桥梁公司劳务合同纠纷申请再审案[（2015）民申164号]认为，关于《意向书》的性质问题。根据原审中及审查期间查明的事实，达某公司主张《意向书》即为双方当事人订立的正式工程施工合同，事实和法律依据不足。第一，从合同目的看，《意向书》本为双方当事人在签订正式施工合同前，为明确双方的责任和义务，根据招标邀请书内容订立，虽有一定约束性，但不能等同于正式的施工合同。第二，从《意向书》的内容看，《意向书》虽约定了甲乙双方的工作内容、工程量清单等，但缺乏正式施工合同的必要条款，没有约定具体的施工路段、质量标准、履行期限，也未对双方的权利、义务及有关违约责任等作出明确约定；达某公司在向本院反映本案情况中也自认该意向书约定的工程量及合计价款与投标及自行计算的不符。第三，根据路桥公司向达某公司发出的补交履约保证金并签订正式合同的通知，双方尚未按照招标、投标文件签订正式的施工合同。据此，案涉《意向书》虽对双方当事人有一定约束力，但并不等同于正式的工程施工合同。

002 转让方签订股权转让意向书后反悔，受让方怎么办

裁判要旨

股权转让双方签署《股权转让意向书》（为订立股权转让协议而签订预约合同）后，如转让方放弃签署正式的股权转让协议，受让方只能根据预约合同《股权转让意向书》的约定主张转让方的违约责任。在预约合同没有明确规定的情况下，受让方不得要求转让方继续与之签订股权转让协议或要求转让方向其转让股权。

案情简介①

南甲公司的股东为张某某持股69.6%，南乙公司持股30.4%（以下简称两股东）。

---

① 最高人民法院，嘉某公司与张某某、南乙公司、南甲公司股权转让合同纠纷案[（2011）民二终10号]。

2010年1月6日，嘉某公司与两股东签订《股权转让意向书》，约定两股东拟将南甲公司的全部股权转让给嘉某公司。意向书签订后，嘉某公司开展尽职调查，两股东予以配合。嘉某公司向两股东各支付500万元定金，若因嘉某公司的原因导致不能签订《股权转让协议》，两股东有权没收定金。若两股东在尽职调查结束后不愿意签订《股权转让协议》，应双倍返还定金。

2010年1月12日，嘉某公司向两股东开立的账户各汇入500万元。2010年1月18日，两股东又分别将500万元退回嘉某公司。

嘉某公司向两股东送达催告函，催告两股东协助嘉某公司开展尽职调查工作并继续履行意向书。

2010年2月3日，两股东致函嘉某公司，以嘉某公司迟延支付定金，不按时开展尽职调查为由通知嘉某公司解除意向书。

嘉某公司遂诉至法院，请求：(1) 判令张某某、南乙公司继续履行《股权转让意向书》并将其持有的南甲公司的股权转让给嘉某公司。(2) 判令南甲公司继续履行尽职调查，提供尽职调查所需的全部资料、文件。

一审海南省高级人民法院向嘉某公司释明，根据《股权转让意向书》的约定，双方不履行该意向书的违约责任仅为双倍返还定金或定金被没收，嘉某公司请求继续履行该意向书以签订正式的《股权转让协议》没有合同依据，并征询嘉某公司是否变更诉讼请求，嘉某公司表示不予变更。

海南省高级人民法院驳回嘉某公司的诉讼请求，嘉某公司向最高人民法院上诉。最高人民法院判决驳回上诉，维持原判。

裁判要点精要

《股权转让意向书》就订立《股权转让协议》的时间、步骤及违反意向书的违约责任等均作出了明确约定，应当认定为三方当事人为订立《股权转让协议》而签订的预约合同。该意向书亦就股权转让标的、价款及价款支付方式等股权转让协议的条款作了约定，但由于该意向书明确约定若张某某与南乙公司在嘉某公司尽职调查结束后不愿意签订《股权转让协议》，张某某与南乙公司将双倍返还定金，亦即赋予了张某某与南乙公司以双倍返还定金为代价不签订《股权转让协议》的合同权利。因此，应当认定该意向书关于股权转让协议条款的约定仅为意向性安排，在未签订正式《股权转让协议》的情况下，三方当事人均可以放弃股权转让交易，不能据此认定该意向书性质为股权转让协议。因此，最高人民法院未予支持嘉某公司的上诉请求。

法规链接

《民法典》

第四百九十五条 当事人约定在将来一定期限内订立合同的认购书、订购书、预订书等，构成预约合同。

当事人一方不履行预约合同约定的订立合同义务的，对方可以请求其承担预约合同的违约责任。

实务经验总结

1. 《意向书》采用不同的措辞，最后被法院认定的性质和约束程度是不一样的。对于股权转让协议双方，应当在签署合同前思考清楚，希望签署的是一份怎样的《意向书》（包括原则上不具有约束力的磋商性文件、具有部分效力的股权转让预约合同、具有完全法律效力的股权转让协议），并且根据相应的真实意愿签署适当的协议。适当的协议不仅取决于合同名称是否贴切，更重要的是合同中的每一项约定是否准确和符合双方的预期。

2. 对于股权转让预约合同，建议在意向书中明确在某一具体日期签订正式合同，并约定在已确定的交易条件的基础上签订正式协议。同时，双方还应在意向书中明确约定未签订正式合同时的违约责任，在对方存在违约行为时，方可依据合同中约定要求对方承担违约责任。就本案而言，虽然嘉某公司在本案中败诉，但其依旧可以另行提起诉讼，要求对方承担返还双倍定金的责任，这在一定程度上可以弥补嘉某公司的损失。

3. 对于名为意向书实为预约合同的协议，其中的违约责任条款、保密条款、争议解决条款等对于各方均具有约束力。所以，重大交易事项的意向性文书也需谨慎，必要时可聘请专业律师把关。

本案链接

以下为该案在法院审理阶段，判决书中"本院认为"就该问题的论述：

本院认为，嘉某公司与张某某、南乙公司签订的《股权转让意向书》是双方当事人的真实意思表示，内容不违反法律、法规的强制性规定，为有效合同。《股权转让意向书》就订立《股权转让协议》的时间、步骤及违反意向书的违约责任等均作出了明确约定，应当认定为三方当事人为订立《股权转让协议》而签订的预约合同。该意向书亦就股权转让标的、价款及价款支付方式等股权转让协议的条款作了约定，但由于该意向书第三条第四款明确约定若张某某与南乙公司在嘉某公司尽职调查结束后不愿意签订《股权转让协议》，张某某与南乙公司将双倍返还定金，亦即赋予了张某某与南乙公司以双倍返还定金为代价不签订《股权转让协议》的合同权利，且第四条还就三方当事人不能签订正式《股权转让协议》情况下公证提存款的处理作出了约定，因此应当认定该意向书关于股权转让协议条款的约定仅为意向性安排，在未签订正式《股权转让协议》的情况下，三方当事人均可以放弃股权转让交易，不能据此认定该意向书性质为股权转让协议。对嘉某公司关于该意向书已经完全具备了股权转让协议的要素，应为具有合法效力的股权转让协议本约的主张，本院不予支持。由于张某某、南乙公司拒绝订立《股权转让协议》具有充分的合同依据，因此对嘉某公司关于张某某、南乙公司违反诚信原则的主张，本院不予支持。嘉某公司虽主张张某某与南乙公司拒绝订立《股权转让协议》的行为给其造成了巨大损失，但并未提供证据予以证明，也未提出赔偿损失的诉讼请求，且经原审法院释明后仍表示不变更诉讼请求。根据《民事诉讼法》第一百七十九条第一款第（十二）项的规定，人民法院只能在当事人诉讼请求范围内作出裁判，对是否应当返还定金及双方是否存在违约的问题本案不予审理，对原审法院的相关决定本院予以维持。

（二）股权投资误区之"尽职调查"

001 公司并购中股权转让方应充分披露以免责、受让方应审慎尽职调查以免踩坑

裁判要旨

转让方应如实披露资产及审计评估基准日之前目标公司完整的财务状况，包括完整版资产评估、审计报告及相关附件。在资产评估、审计基准日之后至公开挂牌交易之前，目标公司资产的重大变化情况也应及时进行补充披露。

受让方作为案涉股权的竞买者和独立商事主体，在作出交易标的高额的商业决定前，理应认真研读公告和公告中列明的资产评估报告、审计报告及其附件，以便在对交易标的有了充分了解后作出理性的商业判断。

案情简介[①]

2010年11月15日，鑫某公司委托产权交易所公开挂牌转让其持有的城某公司70%国有股权，并由产权交易所发布股权转让公告。

该公告除披露转让标的基本情况外，还公布了以2010年4月30日为基准日的资产评估报告及审计报告；并特别注明：（1）评估基准日至《产权转让合同》签订之日止期间，转让标的企业产生的经营损益由转让方按其对转让标的企业的持股比例承担或者享有。（2）不在审计报告、资产评估报告内容范围以及报告中未披露的转让标的企业资产、负债由转让方按其对转让标的企业的持股比例享有或者承担。（3）意向受让方应充分关注、调查、研究与本次产权转让标的相关的所有事宜、信息或有风险、不确定因素及可能对转让标的企业资产和企业经营管理造成的影响，转让方不对转让标的企业是否存在或有风险提供保证。

实某公司参与竞买并出具《履行合同义务的承诺函》，承诺"已仔细阅读并研究了贵方的城某公司股权转让文件及其附件""完全熟悉其中的要求、条款和条件，并充分了解标的情况"，且最终以33827.56万元竞价获得70%国有股权。股权转让协议约定，付款50%后办理股权变更登记，剩余款项在首笔款支付后12个月内支付完毕，如有逾期按贷款利率的两倍支付利息。

签约后，实某公司支付了首笔50%股权转让款16913.78万元，鑫某公司协助其办理股权变更登记。后实某公司提出"鑫某公司向意向受让人交付的产权转让文件不包括《审计报告》及《资产评估报告》，其也从未告知产权转让文件附件的名称、内容、份数、页数等信息，资产披露文件不完整"，以评估、审计不实及信息披露不完整的问题为由，要求扣除11519.06万元股权转让款。

后鑫某公司诉至安徽省高级人民法院，要求支付股权转让款及利息，安徽省高级人民法院经审理判决实某公司支付剩余50%价款即16913.78万元，并按一倍贷款利率支付利息。

实某公司不服诉至最高人民法院，最高人民法院经审理判决：维持原判，驳回上诉。

[①] 最高人民法院，鑫某公司与实某公司、蓝某公司股权转让纠纷案[（2013）民二终67号]。

裁判要点精要

公告在描述"转让标的的基本情况"和"转让标的企业资产评估或备案情况"时，明确表述了资产评估报告和审计报告的作出机构，并直接引述了资产评估报告和审计报告的文号……同时，在竞买过程中，实某公司向合肥市产权交易中心出具了《履行合同义务的承诺函》，承诺"已仔细阅读并研究了贵方的城某公司股权转让文件及其附件""完全熟悉其中的要求、条款和条件，并充分了解标的情况……"因此，实某公司上诉提出的有关"鑫某公司向意向受让人交付的产权转让文件不包括《审计报告》及《资产评估报告》，其也从未告知产权转让文件附件的名称、内容、份数、页数等信息，资产披露文件不完整"等主张，法院未予采纳。

同时，鑫某公司对城某公司资产的重大变化情况没有及时进行补充披露，存在的上述瑕疵，在一定程度上增加了竞买者产生模糊认识的可能性。据此，原审法院根据公平原则，对实某公司向鑫某公司支付利息损失作出了本案判决。

实务经验总结

为避免未来发生类似纷争，提出如下建议：

第一，转让方务必对目标公司的情况进行完整的信息披露，否则可能承担违约责任。

一般公司并购的《股权转让协议》中都会有"陈述与保证"条款、作为交易附件的对公司现状进行如实描述的《资产负债表》《公司重大合同清单》等。如果最终股权受让人发现股权转让方未能全面披露（如隐瞒了一个给企业造成不利影响的某份合同），可以根据《股权转让协议》追究转让方的违约责任。

第二，受让方应进行尽职调查及完备的《股权转让协议》条款设置：

1. 受让前务必委托专业的律师事务所、会计师事务所等中介机构做尽职调查，将信息不对称的问题降低到最低限度。

2. 对相关公司文件进行认真研究，发现交易风险并提前做出预防。例如，本案中，应研读公告和公告中列明的资产评估报告、审计报告及其附件，以便在对交易标的有了充分了解后作出理性的商业判断，若发现转让方未完整提交并公开相应文号的资产评估报告、审计报告及其附件，务必要求其在参与竞拍之前完整公开，并索要完整版的资产评估报告、审计报告及其附件。

3. 在股权转让协议中设置完备的陈述与保证条款、违约责任条款、协议附件等。

法规链接

《企业国有产权交易操作规则》（国资发产权〔2009〕120号）

第九条 转让方应当在产权转让公告中披露转让标的基本情况、交易条件、受让方资格条件、对产权交易有重大影响的相关信息、竞价方式的选择、交易保证金的设置等内容。

第十条 产权转让公告应当对转让方和转让标的企业基本情况进行披露，包括但不限于：

（一）转让方、转让标的及受托会员的名称；

（二）转让标的企业性质、成立时间、注册地、所属行业、主营业务、注册资本、职工人数；

（三）转让方的企业性质及其在转让标的企业的出资比例；

（四）转让标的企业前十名出资人的名称、出资比例；

（五）转让标的企业最近一个年度审计报告和最近一期财务报表中的主要财务指标数据，包括所有者权益、负债、营业收入、净利润等；

（六）转让标的（或者转让标的企业）资产评估的备案或者核准情况，资产评估报告中总资产、总负债、净资产的评估值和相对应的审计后账面值；

（七）产权转让行为的相关内部决策及批准情况。

第十一条 转让方在产权转让公告中应当明确为达成交易需要受让方接受的主要交易条件，包括但不限于：

（一）转让标的挂牌价格、价款支付方式和期限要求；

（二）对转让标的企业职工有无继续聘用要求；

（三）产权转让涉及的债权债务处置要求；

（四）对转让标的企业存续发展方面的要求。

第十二条 转让方可以根据标的企业实际情况，合理设置受让方资格条件。受让方资格条件可以包括主体资格、管理能力、资产规模等，但不得出现具有明确指向性或者违反公平竞争的内容。产权交易机构认为必要时，可以要求转让方对受让方资格条件的判断标准提供书面解释或者具体说明，并在产权转让公告中一同公布。

第十三条 转让方应当在产权转让公告中充分披露对产权交易有重大影响的相关信息，包括但不限于：

（一）审计报告、评估报告有无保留意见或者重要提示；

（二）管理层及其关联方拟参与受让的，应当披露其目前持有转让标的企业的股权比例、拟参与受让国有产权的人员或者公司名单、拟受让比例等；

（三）有限责任公司的其他股东或者中外合资企业的合营他方是否放弃优先购买权。

本案链接

以下为该案在法院审理阶段，判决书中"本院认为"就该问题的论述：

本院认为：鑫某公司委托合肥市产权交易中心通过公开挂牌方式转让其持有的城某公司70%国有股权，并由合肥市产权交易中心发布《城某公司70%国有股权转让公告》，对转让标的、转让标的企业的基本情况、转让底价及转让价款支付方式等内容进行了说明，初步履行了披露转让标的基本情况的义务。该公告在描述"转让标的的基本情况"和"转让标的企业资产评估或备案情况"时，明确表述了资产评估报告和审计报告的作出机构，并直接引述了资产评估报告和审计报告的文号。该公告同时载明了资产评估、审计的基准日是2010年4月30日，并在"特别事项说明"部分指出：评估基准日至《产权转让合同》签订之日止期间的城某公司产生的经营损益，由鑫某公司按其持股比例承担或享有，具体数额由鑫某公司与案涉股权受让方在《产权转让合同》签订之日起10日内，共同委托会计师事务所进行审计确认。一审中，鑫某公司提交的证据十一中包括资产评估报告、审计报告和合肥市产权交易中心出具的函等证据，用以证明其信息披露材料包含了审计报告、资产评估报告及所附内容。对此，实某公司在原审质证过程中表示，对该组证据的真实性、关联性并无异议，只是不认可其合法性和证明目的，但并未提交否定其合法性的相关证据。因此，实某公司上诉提出的有关"鑫某公司向意向受让人交付的产权转让文件不包括《审计报告》及《资产评估报告》，其也从未告知产权转让文件附件的名称、内容、份数、页数等信息，资产披露文件不完整"等主张，因证据不足，本院不予采纳。

案涉公告"特别事项说明"部分第（八）项指出，"资产评估报告书载明"紫蓬山、康城商业中心、皖江厂等项目在评估基准日前的相关情况和项目进一步发展可能对城某公司资产产生的影响。案涉审计报告"其他事项说明部分"分别对紫蓬山、康城商业中心、康城水云间、皖江厂等项目进行了特别说明，相关内容与案涉公告相同。该审计报告正文末尾载明，报告附件包括资产负债表、会计事项调整表及各项资产负债明细审定表。其中，各项资产负债明细审定表预收款项目栏对康城水云间项目预收房款的情况进行了记载。同时，根据原审法院查明事实，在资产评估、审计基准日之后，城某公司已将此前预售的康城水云间项目住宅、门面房交付业主；已按照与合肥恒一投资有限公司的约定，向城某公司为康城商业中心项目设立的账户汇款；合肥新站综合开发试验区管委会通过该区财政局退还了3000万元保证金。鑫某公司对上述相关交易事项在资产评估、审计基准日之前的情况均进行了如实披露；在基准日之后，相关交易活动如约进行，目前也并无证据证明相关交易活动存在违法之处。由此可见，鑫某公司虽未将资产评估、审计基准日之后至公开挂牌交易之前城某公司的上述相关资产的变化进行披露，但其已明确所披露的内容均为"基准日之前目标公司的情况"，并在公告中提示意向受让方充分关注、调查与本次产权转让标的相关的所有事宜、信息或有风险、不确定因素及可能对转让标的企业资产及企业经营管理造成的影响。故实某公司关于鑫某公司披露转让标的信息不真实、不准确的主张不能成立。

另外，作为案涉股权的竞买者和独立商事主体，实某公司在作出交易标的额高达数亿元的商业决定前，理应认真研读公告和公告中列明的资产评估报告、审计报告及其附件，以便在对交易标的有了充分了解后作出理性的商业判断。公告中已列明资产评估报告、审计报告的作出机构和具体文号，审计报告正文末尾也注明了报告所包含的附件名称。若鑫某公司如实某公司所称未完整提交并公开相应文号的资产评估报告、审计报告及其附件，实某公司亦有权在参与竞拍之前，要求其予以完整公开。同时，在竞买过程中，实某公司向合肥市产权交易中心出具了《履行合同义务的承诺函》，承诺"已仔细阅读并研究了贵方的城某公司股权转让文件及其附件""完全熟悉其中的要求、条款和条件，并充分了解标的情况"。因此，原审判决关于"实某公司作为房地产开发企业，在竞买过程中负有审慎审查义务，且其未能全面履行竞买者的审慎审查义务"的认定得当，实某公司应对其所作的商业决定自行承担相应的市场风险及法律后果。

实某公司与鑫某公司签订《产权转让合同》，系双方当事人的真实意思表示，不违反法律、行政法规的强制性规定，合法有效，当事人均应依约履行各自义务。签订合同后，城某公司完成股东工商登记变更手续，实某公司成为该公司股东，持股比例为70%，鑫某公司已履行了合同约定义务，结合前述关于披露转让标的相关情况的分析，本院对实某公司主张由鑫某公司承担违约责任的请求不予支持。

按照案涉《产权转让合同》的约定，实某公司需向鑫某公司支付33827.56万元对价。现实某公司支付了50%的价款，鑫某公司主张其依约支付剩余16913.78万元价款，该请求具有事实和法律依据，本院予以支持。

关于原审判定"实某公司自2011年1月1日起，以16913.78万元为基数，按照中国人民银行公布的同期同类贷款基准利率为标准向鑫某公司支付利息损失"是否恰当的问题。

鑫某公司在公开挂牌出让案涉股权时，基本完成了披露转让标的基本情况的义务。但在资产评估、审计基准日之后至公开挂牌交易之前，鑫某公司对城某公司资产的重大变化情况没有及时进行补充披露。另外，从本案现有证据看，信息披露材料没有直接明确康城水云间项目的存量房产总面积与处于预售状态的存量房面积之间的关系。鑫某公司信息披露过程中存在的上述瑕疵，在一定程度上增加了竞买者产生模糊认识的可能性。原审法院依据鑫某公司信息披露瑕疵可能对竞买者认识造成的客观影响，以及对实某公司未支付案涉股权剩余转让款给鑫某公司造成的损失仅为资金占用损失的认定，判决由实某公司自2011年1月1日起，以16913.78万元为基数，按照中国人民银行公布的同期同类贷款基准利率向鑫某公司支付利息损失，符合公平原则的适用情形；同时判定实某公司已支付的1000万元保证金可以冲抵上述利息，亦无不妥。

> **延伸阅读**

一、安徽省高级人民法院判例中关于转让方满足信息披露要求更全面的论述

案涉城某公司70%国有股权系通过公开挂牌方式出让，为让参与竞买者全面、客观、真实地了解转让标的，鑫某公司作为股权转让方负有全面、完整、如实披露转让标的全部情况的义务，即其既负有在《城某公司70%国有股权转让公告》及相关文件中如实披露审计、评估基准日转让标的全部情况的义务，还应负有在公开挂牌出让时对审计、评估基准日后发生的重大资产变化情况进行如实披露的义务。同时，实某公司作为参与案涉股权竞买方，亦负有认真阅读并研究《城某公司70%国有股权转让公告》及相关附件，充分了解转让标的的义务。该案中，鑫某公司在《城某公司70%国有股权转让公告》中披露了转让标的2010

年 4 月 30 日审计、评估基准日之前的情况，但没有披露审计、评估基准日后至 2010 年 11 月 15 日公开拍卖日期间转让标的相关情况，如城某公司康城水云间项目 16136.50 平方米存量房已经实际交付业主；城某公司已于 2010 年 10 月 14 日与合肥恒一投资有限公司就康城商业中心项目设立专门账户，并注入 100 万元开办费用等相关事实。客观上对转让标的信息披露存在瑕疵，一定程度上增加了包括实某公司在内竞买者产生模糊认识的可能性。对于实某公司一方，其作为房地产开发企业，在参与竞买案涉股权时，对于案涉转让标的情况的审查核实，负有高于普通竞买者的一般注意义务，理应在更加全面、缜密和谨慎地审查案涉股权转让所有材料后，作出商业判断，但其未能全面履行竞买者的审慎审查义务，具体如下：（1）关于康城水云间项目的存量房。《审计报告》《资产评估报告》在披露康城水云间项目存量房产总面积为 34100.97 平方米的同时，也披露了该项目有 16136.50 平方米存量房处于预售状态，尽管没有明确两者之间是否存在包含或递减关系，但实某公司在参与竞买前应仔细核实了解相关情况，确定存量房具体面积，并在没有疑义的情况下参与竞买。（2）关于康城商业中心项目权益问题。《城某公司 70%国有股权转让公告》对于康城商业中心项目的相关情况进行特别说明，详细披露了城某公司与合肥恒一投资有限公司签订《项目合作开发协议书》共同开发该项目以及各方权利义务的约定，《资产评估说明》第 17 页亦对于该部分项目涉及土地使用权价值的评估方法进行了举例说明，不论合作项目是否实际实施，实某公司应对该部分土地使用权的价值及相关收益有较为正确的权益预期。且其计入资产亦为该部分土地使用权的价值，并非整个项目的全部收益。（3）关于皖江厂项目保证金问题。《城某公司 70%国有股权转让公告》第十六条特别事项说明部分，《审计报告》第三条其他事项说明部分，《资产评估报告》第十一条特别事项部分，对此款项的形成、处置方案以及期后影响等均作了详细说明，但没有鑫某公司承诺该 3000 万元保证金由其联系收回的内容。故鑫某公司《关于城某公司股权转让相关问题的回复》的内容符合法律规定，且不损害实某公司利益，不属于单方变更转让条件。况且，在该案诉讼期间，合肥新站综合开发试验区管委会已经退还了该项目保证金 3000 万元。（4）关于紫蓬山风景园项目问题。《城某公司 70%国有股权转让公告》《审计报告》及《资产评估报告》均对此作了特别说明，明确了此部分应收款的组成，并明确提示"由于该事项可能产生的法律诉讼尚未得到最终处理，对上述事项处理结果可能对本次评估的净资产有影响"。另外，案涉股权通过公开竞买的方式出让，《产权转让合同》虽约定"该股权对应的资产、负债及相关情况详见《资产评估报告》",但并非表示案涉股权转让款完全依据上述财务报表的数字确定,而是将其作为确定股权转让款的参考依据。实某公司此项异议仅涉及价款177.26万元,与案涉股权转让价款33827.56万元相比,尚不足以成为影响实某公司参与竞买的关键因素,亦不会对通过竞价形成的股权转让款构成实质性影响。

综合以上分析,《审计报告》《资产评估报告》对于转让标的情况的披露并无明显不实之处,虽然鑫某公司在《城某公司70%国有股权转让公告》中披露的信息存在一定瑕疵,但该瑕疵并不足以影响通过公开竞价机制形成的股权转让价款。实某公司在未全面履行竞买者审慎审查义务的情况下,却承诺其已经仔细阅读并研究《城某公司70%国有股权转让公告》及相关附件,充分了解标的情况,并参与竞买,在经过多轮竞价后最终中标,亦应当承担相应责任。因此,实某公司关于减少或不支付股权转让价款的抗辩不能成立;其主张以案涉1000万元保证金直接抵扣股权转让款的抗辩,因《产权转让合同》约定该款项不能直接抵扣股权转让款,该院亦不予采信。鑫某公司在《城某公司70%国有股权转让公告》中披露的信息存在一定瑕疵,虽未对通过公开竞价机制形成的股权转让价款产生实质性影响,但对该案纠纷的发生存在一定过错,同时鉴于实某公司未支付案涉股权转让款给鑫某公司造成的损失仅为资金占用损失,故该院根据公平原则和诚实信用原则,酌定实某公司自2011年1月1日起,以16913.78万元为基数,按照中国人民银行公布的同期同类贷款基准利率为标准向鑫某公司支付利息损失,实某公司已支付的1000万元保证金可以冲抵上述利息。

二、出让方未如实披露及信息披露不实需要承担违约责任(因披露不实而承担违约责任的最高人民法院判例)

最高人民法院,海某地产控股集团有限公司与中某房地产开发合肥有限公司(以下简称中某合肥公司)股权转让纠纷案[(2015)民一终82号]认为,由于中某合肥公司存在未披露及披露不实行为,导致海某地产公司损失,因此中某合肥公司需承担相应的赔偿责任:(1)关于清某路修建费用的承担责任问题。根据中某置业公司与政府相关部门的约定,清某路建设费用由中某置业公司全额承担,但《评估报告》对此未予披露;虽然期间审计报告提及了此事,但该事项发生在评估基准日之前,故期间审计报告仅是对该事项的事后说明,不发生信息披露的作用,故一审判令中某合肥公司承担清某路修建费用13909835元并无不当。(2)关于广德"水某阳光城"所补缴的2400万元土地出让金的承担责任问题。广德"水某阳光城"容积率调整时间系在评估基准日之前,《评估报告》对此未予披露;虽然期间审计报告提及了此事,但该事项发生在评估基准日之前,故期间审计报告仅是对该事项的事后说明,不发生信息披露的作用,故一审法院判令中某合肥公司承担该项费用并无不当。(3)关于合肥"颐某花园"所欠3849204元工程款的承担责任问题。海某地产公司受让股权后向他人支付了3849204元工程款,经查上述工程款发生在评估基准日之前,《评估报告》对此未予披露;虽然期间审计报告提及了此事,但期间审计报告仅是对该事项的事后说明,不发生信息披露的作用。因此,上述工程款应由中某合肥公司承担。(4)关于广德"水某阳光城"项目所补缴的税款、滞纳金及支付的逾期交房违约金等费用承担责任问题。欠缴税款行为及逾期交房行为均发生在评估基准日之前,《评估报告》对此未予披露,而期间审计报告又不发生信息披露的作用,故一审法院判令中某合肥公司承担上述费用符合双方的约定。

002 未作尽职调查,买到被冻结股权,亿元股权转让款打水漂

阅读提示

在公司并购过程中,进行尽职调查以期及时发现投资标的的法律瑕疵,是一个理性投资者在决策之前必须完成的工作。一般来说,受让方会自行安排工作人员或者聘请专业律师查询拟受让股权公司的工商档案,调查拟受让的股权是否已经缴足出资,是否存在被查封、冻结的情形,避免掉入法律陷阱造成投资失败。

但是在实践中总有一些轻率而为的投资者,亿元级的股权交易竟然连工商档案都不看,以至于买到早已被冻结的股权,最终导致股权被强制执行,已支付的上亿元股权转让款也打了水漂。

裁判要旨

一旦法院对股权作出的查封、冻结的裁定及协助执行通知书被工商局接收,即具有了对外公示效力,股东就无权处分该股权;任何拟受让股权的受让方均有义务对拟受让的股权是否存在权利负担进行审查,否则一旦购买到有权利瑕疵的

股权并不适用善意取得。

案情简介①

明某公司持有抚某银行15000万股股份。2012年，李某因1.05亿元的借贷纠纷向大连市中级人民法院申请对明某公司实行财产保全措施，2012年1月13日，法院依法冻结了明某公司持有抚某银行的全部股权，并向股权登记的工商局下达了民事裁定书和协助执行通知书，这两份文书留存在抚某银行的工商档案中。

2012年5月，明某公司与亿某公司签订《股权转让协议》，约定明某公司将其持有抚某银行股份中的7000万股股份，以每股1.5元的价格，转让给亿某公司。此后，亿某公司依约支付了1.05亿元的股权转让款。但是，亿某公司并未查阅抚某银行的工商档案，对涉案股权已被冻结的事实并不知情。而且，截至2015年，该部分股权在工商部门仍登记在明某公司名下。

此后，李某胜诉，依法向法院申请强制执行明某公司名下的股权。亿某公司以其为真正的股权所有人为由，向法院提起执行异议，反对法院执行相关股权。

本案历经大连市中级人民法院一审、辽宁省高级人民法院二审、最高人民法院再审，最终以亿某公司未尽到最基本的审慎注意义务即受让已冻结的股权不适用善意取得为由，驳回了亿某公司的异议请求。

裁判要点精要

明某公司转让被冻结的股权属于无权处分。在民事诉讼中，法院保全查封是一种临时性的强制措施，具有法律的权威性和排他性，未经人民法院许可或未经解除查封，任何人不得处置。涉案股权已于2012年1月13日被本院依法查封，2012年5月明某公司明知股权被查封，未经法院允许处分其股权，属于无权处分。

本案中，亿某公司受让股权时未尽到最基本的审慎注意义务（审查目标公司工商档案中股权是否存在查封、冻结、质押等权利负担）不适用善意取得。根据《民事诉讼法》（2012年修正）第二百四十三条第二款②规定："人民法院决定扣押、冻结、划拨、变价财产，应当作出裁定，并发出协助执行通知书，有关单位

---

① 最高人民法院，亿某公司、李某再审审查与审判监督民事裁定书［（2017）最高法民申3150号］。
② 参照《民事诉讼法》（2023年修正）第二百五十三条第二款。

必须办理。"法院对涉案股权作出的查封、冻结裁定及协助执行通知并经工商局接收后，即具有了对外公示效力。抚某银行工商企业档案中具有法院送达的民事裁定书及协助执行通知书，亿某公司完全有能力去查询。但亿某公司作为商事主体，在受让案涉股权时却未履行对受让股权是否存在权利负担尽审慎注意义务，未向明某公司或工商局了解案涉股权情况。所以，亿某公司在股权交易中并没有尽到最基本的审慎注意义务，不适用善意取得制度，不能取得涉案股权。

实务经验总结

为避免未来发生类似纷争，提出如下建议：

第一，作为股权收购方，务必要在签约前对欲购买的公司股权进行尽职调查。而尽职调查最基本工作则是调取标的公司的全套工商档案，查询该股权是否曾被法院采取查封、冻结等强制措施，是否已经为他人提供了质押担保。如果收购方未尽该审查义务，将不会被法院认定为善意的收购人，也就不能取得涉案股权。必要时可委托专业的律师事务所、会计师事务所等中介机构做尽职调查，将信息不对称的问题降低到最低限度。

第二，受让方还应对标的公司的文件进行认真研究，发现交易风险并提前做出预防。例如，涉及公开出让的，还应研读公告和公告中列明的资产评估报告、审计报告及其附件，以便在对交易标的有了充分了解后作出理性的商业判断，若发现转让方未完整提交并公开相应文号的资产评估报告、审计报告及其附件，务必要求其在参与竞拍之前完整公开，并索要完整版的资产评估报告、审计报告及其附件。在股权转让协议中也需要设置完备的陈述与保证条款、违约责任条款、协议附件等。

法规链接

《民法典》

第三百一十一条　无处分权人将不动产或者动产转让给受让人的，所有权人有权追回；除法律另有规定外，符合下列情形的，受让人取得该不动产或者动产的所有权：

（一）受让人受让该不动产或者动产时是善意；

（二）以合理的价格转让；

（三）转让的不动产或者动产依照法律规定应当登记的已经登记，不需要登记的已经交付给受让人。

受让人依据前款规定取得不动产或者动产的所有权的，原所有权人有权向无处分权人请求损害赔偿。

当事人善意取得其他物权的，参照适用前两款规定。

《民事诉讼法》

第二百五十三条第二款　人民法院决定扣押、冻结、划拨、变价财产，应当作出裁定，并发出协助执行通知书，有关单位必须办理。

《最高人民法院关于人民法院民事执行中查封、扣押、冻结财产的规定》（法释〔2020〕21号）

第二十四条第一款　被执行人就已经查封、扣押、冻结的财产所作的移转、设定权利负担或者其他有碍执行的行为，不得对抗申请执行人。

本案链接

以下为该案在法庭审理阶段，判决书中"本院认为"就该问题的论述：

本院认为：根据《民事诉讼法》第二百四十二条第二款规定："人民法院决定扣押、冻结、划拨、变价财产，应当作出裁定，并发出协助执行通知书，有关单位必须办理。"一审法院对案涉股权作出的查封、冻结裁定及协助执行通知书经抚顺市工商局接收后，即具有了对外公示效力。亿某公司主张案涉股权查封没有进行公示，与事实不符。至于抚顺市工商局采取什么方式履行司法协助义务，则属于另一法律关系，并不影响人民法院对案涉股权查封已经依法公示的事实。亿某公司系在案涉股权依法被查封期间受让股权，作为商事主体，亿某公司在受让案涉股权时应明知需对受让的股权是否存在权利负担尽审慎注意义务，但在原审及申请再审期间，亿某公司均未能举证证明其在受让股权时曾向明某公司或抚顺市工商局了解案涉股权情况。原审判决认定亿某公司在案涉股权交易中并没有尽到最基本的审慎注意义务，本案不适用善意取得制度，并无不当。《最高人民法院关于人民法院民事执行中查封、扣押、冻结财产的规定》第二十六条第一款规定："被执行人就已经查封、扣押、冻结的财产所作的移转、设定权利负担或者其他有碍执行的行为，不得对抗申请执行人。"明某公司转让的是已经人民法院依法查封、冻结的财产，且亿某公司并非善意第三人。因此，亿某公司主张其依据善意取得制度已经取得案涉股权，能够阻却人民法院执行的再审申请理由不能成立。

003 房地产项目并购尽职调查的重点：国有土地使用权信息

裁判要旨

作为从事房地产开发的商事主体，理应在受让房地产项目前对项目地块的基本情况进行充分调查并知悉。在签署合同前未进行充分调查，事后又以实际地块情况与合同约定的情况不一致为由，主张转让方违约的，人民法院不予支持。

案情简介①

贵州财某公司的股东为贵州万某公司持有60%股权，赵某某持有40%股权。2013年12月30日，贵州万某公司、赵某某与牟某某签订《转让合同》，约定：贵州万某公司、赵某某将其持有的贵州财某公司的全部股权和公司所属的房地产开发项目转让给牟某某。并约定开发项目的土地总面积为"规划红线范围内约46000平方米土地"。股权转让款1.2亿元，分期支付。

后因牟某某逾期支付第二期、第三期股权转让款，贵州万某公司、赵某某提起诉讼，要求牟某某继续支付股权转让款，并承担违约金。

在诉讼中，被告牟某某抗辩称贵州万某公司、赵某某存在违约行为，其中一项违约行为是：在签署股权转让合同时，贵州万某公司故意隐瞒了该项目地块中规划有一座轻轨变电站，并且含有一片近10亩的林地，导致实际地块面积未达到贵州万某公司承诺的46000平方米。

一审贵州省高级人民法院未采纳牟某某的抗辩意见，判决支持贵州万某公司、赵某某的诉讼请求。牟某某提起上诉，二审最高人民法院驳回上诉，维持原判。

裁判要点精要

最高人民法院认为，基础设施和公共服务设施用地以及绿化用地属于城市总体规划的强制性内容，在签订股权转让合同时，牟某某完全有渠道获得上述信息。而对于房地产开发来讲，项目所在地的总体规划情况对项目开发的收益影响甚巨，作为从事房地产开发的商事主体，理应充分调查并知悉，因此牟某某关于

---

① 最高人民法院，牟某某、赵某某股权转让纠纷案〔（2017）最高法民终840号〕。

签订合同时不知情的抗辩主张依据不足。

实务经验总结

1. 本案中主张签订合同时转让方故意隐瞒了有关地块信息。但实际上，该等信息很容易通过到规划部门进行核实等方式了解，因此最高人民法院未支持该理由。这也提醒广大企业家，在进行重大投资前，一定要聘请专业律师对拟投资的公司和项目进行尽职调查，经过全面、客观、审慎地调查后再去签订交易合同，可以提前化解很多法律风险。实践中一些企业家认为，聘请律师、会计师做尽职调查花费高，并且耽误了交易时间。但实际上，不经过尽职调查就贸然进行投资，一旦交易失败，企业家将成倍地损失金钱，也会成倍地消耗精力来解决争议。因此，通过尽职调查进行事先体检，了解投资项目风险，是非常有必要的。

2. 对于转让方而言，不论受让方是否进行尽职调查，都应当如实披露项目信息，毕竟转让方是对转让的公司情况或项目情况最为了解的人，有些信息是受让方无论如何调查都无法掌握的。因此，如果转让方不如实向受让方披露有关信息，可能会被认定为重大的违约行为，甚至受让方可以以转让方欺诈为由解除或撤销已签订的合同。

3. 对于交易双方，都要明白进行尽职调查的目的是保证交易安全，有益于促进交易，而不是阻碍交易。通过尽职调查和在此基础上对交易文件进行有针对性的设计，既保护了受让方的安全（可以解决部分信息不对称问题，提前了解项目风险），实质上也保护了转让方的安全（只要转让方如实披露有关信息，并且受让方在此基础上还同意签署合同的，转让方就尽到了信息披露义务，即使将来发生风险也由受让方承担）。

4. 投资方进行尽职调查，可以表明投资方尽到了审慎的注意义务，即使未来出现相关争议，投资方也可据此证明系善意方（见以下延伸阅读部分案例1）。同时，受让方进行尽职调查后，转让方的披露真实信息的合同义务并不因此免除，转让方未如实披露有关重要信息的，受让方可主张转让方构成违约或据此撤销合同（见延伸阅读部分案例2）。

法规链接

《城乡规划法》（2019年修正）

第十七条 城市总体规划、镇总体规划的内容应当包括：城市、镇的发展布局、功能分区、用地布局、综合交通体系、禁止、限制和适宜建设的地域范围、各类专项规划等。

规划区范围、规划区内建设用地规模、基础设施和公共服务设施用地、水源地和水系、基本农田和绿化用地、环境保护、自然与历史文化遗产保护以及防灾减灾等内容，应当作为城市总体规划、镇总体规划的强制性内容。

城市总体规划、镇总体规划的规划期限一般为二十年。城市总体规划还应当对城市更长远的发展作出预测性安排。

本案链接

以下为该案在法庭审理阶段，判决书中"本院认为"就该问题的论述：

关于项目总面积，《转让合同》约定，土地总面积为规划红线范围内约46000平方米土地。根据本院二审查明的事实，案涉项目地块规划总用地面积合计已达54828平方米。《转让合同》约定的为土地总面积，并未明确是其中的建设用地面积，牟某某以实际建设用地面积小于46000平方米为由，主张贵州万某公司未履行合同约定义务，依据不足。牟某某主张，因项目地块中规划有一座轻轨变电站，并且含有一片近10亩的林地，导致用地面积减少。对此，其在二审庭审中称，签订《转让合同》时，上述规划即已存在，贵州万某公司故意隐瞒了该事实。

本院认为，根据《城乡规划法》（2015年修正）第十七条的规定，基础设施和公共服务设施用地以及绿化用地属于城市总体规划的强制性内容，牟某某完全有渠道获得上述信息。而对于房地产开发来讲，项目所在地的总体规划情况对项目开发的收益影响甚巨，作为从事房地产开发的商事主体，理应充分调查并知悉，其关于签订合同时不知情的抗辩主张，依据不足。

延伸阅读

在进行重大投资前，应对拟投资的公司和项目进行尽职调查。投资方进行尽职调查，可以表明投资方尽到了审慎的注意义务，即使未来出现相关争议，投资方也可据此证明系善意方（案例1）。同时，受让方进行尽职调查后，转让方的披露真实信息的合同义务并不因此免除，转让方未如实披露有关重要信息的，受让方可主张转让方构成违约或据此撤销合同（案例2）。

案例1：最高人民法院审理的京某公司与三某湖公司及合某公司等股权确认

纠纷案〔（2013）民二终29号〕认为，因华某公司与合某公司进行股权交易时，锦某公司、思某公司均登记在合某公司名下，且华某公司已委托会计师事务所、律师事务所对锦某公司、思某公司的财务状况、资产状况、负债情况、所有者权益情况、银行查询情况等事项进行尽职调查并提供尽职调查报告，京某公司亦无证据证明华某公司在交易时明知其与三某湖公司、刘某某之间的股权交易关系的存在，故可以认定华某公司在受让锦某公司、思某公司股权时系善意。

案例2：最高人民法院审理的周某某、火某公司等股权转让纠纷案〔（2014）民申1184号〕认为，《股权投资协议书》第五条"乙方和丙、丁、戊方的声明和保证"中载明，"公司、公司原股东及实际控制人确认，未有任何未披露的可能形成在任何重大方面进行误导的信息或合理地影响甲方按照本协议提供投资款和本次投资意愿的事项"，但周某某、奥某公司等存在未披露奥某公司虚假出资及未将火某公司投入资金全部用于购买设备和公司生产经营等事实。尽管火某公司作为专业投资公司，亦应对奥某公司的资产状况进行尽职调查、尽到合理审慎的注意义务，但并不能因此而免除周某某、奥某公司等签约主体披露真实信息的合同义务，由此可认为周某某、奥某公司等隐瞒了签订股权投资协议的重要事实前提，火某公司基于错误认识签订协议进行投资。依据《最高人民法院印发关于贯彻执行〈中华人民共和国民法通则〉若干问题的意见（试行）》第六十八条"一方当事人故意告知对方虚假情况，或者故意隐瞒真实情况，诱使对方当事人作出错误意思表示的，可以认定为欺诈行为"之规定，认定周某某构成欺诈，于法有据，火某公司得以依法行使撤销权。

004 IPO 项目的尽调重点——以"欣某电气 IPO 财务造假律师被罚案"为例

阅读提示

欣某电气 IPO 财务造假律师被罚案，在律师圈被广为关注。证监会和北京市第一中级人民法院均认为律师在法律尽调过程中，应当对会计师出具的审计报告中财务造假情形负有审慎审查的义务和责任。

笔者在办理一个非 IPO 的法律尽调项目的过程中，当我们进场调查所涉资产的采购合同、发票、财务凭证等资料时，客户甩给我们一本审计报告说"你们律师看这个就够了，里面把资产都写得清清楚楚了，何必去看合同发票呢，这不是给自己找麻烦吗？"实际上，我们不能对客户给我们的任何其他资料持无保留的信任态度，我们必须获取第一手信息以尽到自己的职责。在目标公司我们只能回答说：审计的角度和我们不一样，且我们律师事务所需要对尽职调查工作完整订卷，必须核查合同和发票原件。经过如此解释，目标公司才勉强同意调出合同、发票原件等资料。

那么，问题来了，在法律尽调过程中律师可否仅凭审计报告等材料即可对审计报告记载的内容发表法律意见呢？我们借欣某电气 IPO 财务造假律师被罚案，谈一些自己的想法。

案情简介[①]

2017 年 6 月 27 日，证监会对为欣某电气 IPO 出具法律意见的东某律所作出行政处罚，没收 90 万元业务收入，罚律所 180 万元，罚两名律师各 10 万元。证监会的处罚理由是东某律所未能勤勉尽责，对法律意见书中的相关表述存在虚假记载负有责任。此后，东某律所与会计师事务所等 26 名被告，被作为保荐人的兴业证券起诉，并要求赔偿高达 2.27 亿元的损失。

各方观点

对于律师在法律尽调过程中是否应当对会计师出具的审计报告中的虚假情况负责一事，东某律所、证监会、法院各自观点。具体如下：

东某律所认为，律所没有义务也没有能力审查审计报告，对审计报告中记载虚假的情况不负有责任。原因如下：

出具的法律意见书是依据欣某电气提供的相关文件及审计报告而作出的，欣某电气相关申请文件中含有虚假记载的原因是审计报告、保荐机构报告等材料中含有虚假记载，而非律所行为。律所没有对审计报告进行查验的义务，也不具备查验的能力。律所出具法律意见书没有过错，被诉处罚决定对原告施加了超越法律的义务和责任。

证监会认为，律所对审计报告负有审核义务和责任，对其记载虚假的情况负有责任。原因如下：

---

① 中国证券监督管理委员会〔2017〕70 号行政处罚决定书。

1. 中介机构应当在各自职责范围内发表独立的专业意见并承担相应法律责任。律师在为企业 IPO 过程中出具的《法律意见书》是广大投资者获取发行人真实信息的重要渠道，是投资决策的重要参考，更是监管部门发行核准的重要基础，律师应当保持足够的执业谨慎，勤勉尽责地开展工作，保证所出具的文件不存在虚假记载、误导性陈述和重大遗漏。

《公开发行证券公司信息披露的编报规则（第 12 号）——公开发行证券的法律意见书和律师工作报告》（以下简称《编报规则》第 12 号）第二十四条规定："律师应在进行充分核查验证的基础上，对本次股票发行上市的下列（包括但不限于）事项明确发表结论性意见……（三）本次发行上市的实质条件……（十一）发行人的重大债权债务……"第三十二条明确规定，律师应"逐条核查发行人是否符合发行上市条件"，对"本次发行上市的实质条件"发表明确结论性意见。欣某电气虚构应收账款的收回，律师应对该债权事项进行充分核查验证，并发表结论性意见。

《律师事务所从事证券法律业务管理办法》第十五条规定："律师在出具法律意见时，对与法律相关的业务事项应当履行法律专业人士特别的注意义务，对其他业务事项履行普通人一般的注意义务，其制作、出具的文件不得有虚假记载、误导性陈述或者重大遗漏。"

东某律所在 2014 年 1 月 23 日出具的《法律意见书》中明确表述："根据上市申请人提供的相关文件、北京兴某会计师事务所出具的《审计报告》及本所律师核查，上市申请人在最近三年内无重大违法行为，上市申请人在最近三年财务会计报告无虚假记载……"《法律意见书》中的承诺表述具有公示效力，除非当事人能够提出证据证明其已经勤勉尽责，否则应对其法律意见承担责任。经查阅东某律所工作底稿，未发现证明其对"本所律师核查"的所述事项开展了相关核查工作的记录或说明。

2. 判断律师在 IPO 项目中是否勤勉尽责，可以从两方面考虑：一是是否严格按照《管理办法》《律师事务所证券法律业务执业规则（试行）》及《编报规则》第 12 号进行执业；二是在发表法律意见时是否履行了必要的核查验证程序，获取足以支持发表意见的证据材料。东某律所在欣某电气 IPO 项目执业过程中，存在违反《管理办法》、《执业规则》及《编报规则》第 12 号的情形；同时对于从其他中介机构取得的工作底稿资料未履行必要的核查验证程序，未尽到一般注意义务。因此，东某律所未能勤勉尽责，对其出具的《法律意见书》中的相关表述存在虚假记载负有责任。

一审法院认为，律师尽调包括对财务状况开展全面调查。应收账款属于律师事务所在进行法律尽调过程中应当予以充分关注和专门查验的事项。

欣某电气欺诈发行的主要手段是通过外部借款等方式虚构收回应收账款，因此相关虚假记载涉及的是公司的财务问题。在IPO过程中，律师事务所承担的工作是进行法律尽调。所谓法律尽调，是指律师事务所通过对公司进行全面调查，充分了解公司的整体情况及其面临的法律风险，并在此基础上从法律角度确认公司的申请文件和公开发行募集文件真实、准确、完整，以及公司是否符合证券法等法律法规及中国证监会规定的发行条件的过程。

由于法律尽调是从法律风险的角度对公司整体情况进行评估，因此对于与公司经营相关的重要事项，律师事务所均应当予以充分关注并进行审慎查验。公司的财务状况无疑是律师事务所在进行尽调过程中必须包含的内容，而且应当作为查验的重点事项。在法律尽调的过程中，律师事务所应当在合法的范围内，充分利用各种方法对包括公司财务状况在内的公司整体情况展开全面调查，并在综合分析所有材料的基础上，从法律风险评估的角度出具意见。

应收账款属于律所在进行法律尽调过程中应当予以充分关注和专门查验的事项。应收账款是影响公司财务情况的重要因素之一，而虚构收回应收账款又是公司进行财务造假的常用手段。

因此，律师事务所在对公司的财务情况进行法律尽调时，不仅应当关注应收账款事项，而且应当将应收账款的收回是否存在法律风险，包括应收账款余额的真实性、到期收回的法律风险等问题，作为专项问题予以审慎查验。原告认为应收账款的收回是财务会计问题，因此律师事务所没有义务也没有能力进行查验的主张，不符合法律尽调的基本要求。

案例简评

对上述各方的观点，从不同的角度出发都有一定的道理。但我们认为回答这一问题还应分析一下，要求律师对会计师出具的审计报告中虚假数据具有审查义务和责任的法律依据《律师事务所从事证券法律业务管理办法》第十五条规定，律师在出具法律意见时，对与法律相关的业务事项应当履行法律专业人士特别的注意义务，对其他业务事项履行普通人一般的注意义务，其制作、出具的文件不得有虚假记载、误导性陈述或者重大遗漏。第十六条规定，律师从国家机关、具有管理公共事务职能的组织、会计师事务所、资产评估机构、资信评级机构、公证机构（以下统称公共机构）直接取得的文书，可以作为出具法律意见的依据，但律师应当履行本办法第十五条规定的注意义务并加以说明；对于不是从公共机构直接取得的文书，经核查和验证后方可作为出具法律意见的依据。

根据上述规定，律师对会计师出具的审计报告的内容可以是否与法律相关为界限，采取法律专业人士的特别注意义务和普通人的一般注意义务。可用表5说明：

表5 律师与会计师的注意义务对比

	律师	会计师
与法律相关的业务事项	专业人士的特别注意义务	普通人的一般注意义务
其他业务事项	普通人一般注意义务	专业人士特别注意义务

倘若如此，问题可能进一步细分为，会计师出具的审计报告，到底哪一些内容是与法律相关的？哪一些又是与法律不相关的？专业人士的特别注意义务和普通人的一般注意义务到底有哪些区别？

从法官思维进路来看，律师在审查审计报告的时候，怎么可以审计报告说什么就是什么呢？律师就应当像法官一样，审查审计报告中所列科目或者数据的真实性、合法性和关联性，并且只有拿到支持审计报告所反映数据的证据材料，并听取当事人陈述（函证相关方）后，根据高度盖然性的证明标准，才能对审计报告中的财务数据发表法律意见。否则，律师就没有尽到审慎勤勉的义务。并且，法官直接将应收账款这一会计科目认定为"与法律相关的业务事项"，进而要求其尽到专业人士的特别注意义务。但其并没有充分说明，为什么应收账款科目就属于与法律相关的业务事项了。

在我们看来，上述关于律师应当对何种事项尽到何种审查义务的区分标准可以说是没有标准。我们认为，律师对于会计师等其他机构所提交的审计报告或资产评估报告等材料均应抱有一种谨慎怀疑的态度，分析这些材料、数据、科目等背后所反映的法律关系，然后分析这些法律关系所应依据的事实，再次去核查这些事实所依据的证据材料，之后借鉴证据法中关于证据真实性、合法性和关联性的审查标准和高度盖然性的证明标准去认定法律意见书中的事实，最后再根据证券法等法律的规定，发表法律意见。而不仅仅是根据会计科目这种僵化的会计术语或者专业和一般这种笼而统之的区分标准。否则，你说应收账款是重要事项应当核查，那么应付账款是不是重要事项也应当核查呢？资产负债表里面哪个科目不是重要事项呢？哪个科目我们应当尽到专业人士的审查标准？哪个科目只需要尽到普通人的注意义务就可以了呢？这怎么说得清呢？作为律师，只能怀疑一切，运用法律知识和思维，将其他专业的术语，翻译成法律关系，然后调查法律事实，并依据自己的调查结果出具法律意见。

（三）股权投资误区之"黑白合同"

001 为规避行政审批签署两份内容不同的股权转让合同（黑白合同）被法院判决无效

裁判要旨

在公司并购过程中，当事人为了规避行政审批，签订两份内容不同的股权转让合同（黑白合同），在签署真实的《股权转让协议》同时，恶意串通签订虚假内容的《股权转让协议》，目的是规避行政审批，破坏了国家对外商投资、对外投资的监管秩序和外汇管理秩序，属于双方恶意串通，损害国家利益；也属于以合法形式掩盖规避更严格审批要求的非法目的，应认定该协议无效。

案情简介[①]

农产品公司与白某洲公司原股东王某某签订了一份《关于武汉白某洲农副产品大市场有限公司70%股权之股权买卖协议》；天某公司签订了一份《关于武汉白某洲农副产品大市场有限公司30%股权之股权买卖协议》。两份协议所涉股权转让价款为港币11.56亿元。

为规避商务部较为严格的专项审查和避税，在农产品公司的认可和默许下，白某洲公司相关人员通过套印印鉴、模仿签字等方式，炮制出一份虚假的《关于武汉白某洲农副产品大市场有限公司的股权转让协议》（以下简称《0.89亿股权转让协议》）。

股权交易款项支付情况：（1）农产品公司已将价值港币3.6亿元的可换股票据

[①] 最高人民法院，王某某、天某公司与农产品公司股权转让纠纷案〔（2014）民四终33号〕。

支付给王某某；(2) 诉讼中王某某承认收到了现金港币 335579575 元。(3)《70% 股权买卖协议》中应付给王某某的港币 1.2 亿元和《30% 股权买卖协议》中应付给天某公司的港币 2.56 亿元，因发生本案诉讼，港币 3.76 亿元的承付票据款项尚未支付。

商务部在不知情的情况下，收到《0.89 亿股权转让协议》等申报文件后批复同意该项并购，并颁发了《外商投资企业批准证书》。

农产品公司在白某洲公司的配合下又以同样方式，变换文件制作方法，依据《0.89 亿股权转让协议》在湖北省工商行政管理局办理了白某洲公司的股权、公司性质等事项的变更登记。

原股东王某某、天某公司诉称：《0.89 亿股权转让协议》是一份以规避法律、损害国家利益、骗取审批机关审批为目的的虚假协议，请求法院宣告无效。

农产品公司和白某洲公司则辩称：《0.89 亿股权转让协议》是三方真实意思表示，不具有法定无效情形。(1) 签订该协议是为了便于审批，并非偷梁换柱。(2) 不存在恶意串通，损害国家利益和他人利益的情形。农产品公司并非纳税义务人，不存在恶意串通的利益动机。王某某、天某公司是否依法纳税，也不影响协议的效力。(3) 不存在以合法形式掩盖非法目的的情形。(4) 两份协议均已履行，不属于"黑白合同"。如果"白合同"仅违反了部门规章《关于外国投资者并购境内企业的规定》，也不应被认定为无效。

最高人民法院判决讼争《0.89 亿股权转让协议》无效。

裁判要点精要

最高人民法院认为，本案股权转让系外国投资者并购境内企业，农产品公司以发行可换股票据方式支付部分转让价款，实质上是外国投资者以股权作为支付手段并购境内公司，即"股权并购"。商务部等部门联合发布的《关于外国投资者并购境内企业的规定》(2006 年) 对"股权并购"的文件申报与程序有更严格的要求。当事人串通签订《0.89 亿股权转让协议》，目的是规避必要的较为严格的行政审批要求，破坏了国家对外商投资、对外投资的监管秩序和外汇管理秩序，属于双方恶意串通，损害国家利益；也属于以合法形式掩盖规避更严格审批要求的非法目的，应依照《民法典》第一百四十六条、第一百五十四条的规定，认定该协议无效。

实务经验总结

为避免未来发生类似纷争，提出如下建议：

在公司并购过程中千万不要为了规避审批、"避税"，而自作聪明地签署"黑白合同"，使重大交易游走在合法与非法、有效和无效之间，使重要的股权并购交易存在重大不确定性，影响公司发展战略的实施。

律师作为股权并购交易的重要智囊团成员，建议切忌出此交易方案设计，避免不必要的执业风险。如果该交易方案是律师设计的，最终被法院认定无效，律师将面临非常难堪的局面。

第一，在建设工程施工合同纠纷领域存在大量的黑白合同。

《最高人民法院关于审理建设工程施工合同纠纷案件适用法律问题的解释（一）》第二条规定，当事人就建设工程签订两份不同的黑白合同的，在结算时应以中标合同为依据，即"招标人和中标人另行签订的建设工程施工合同约定的工程范围、建设工期、工程质量、工程价款等实质性内容，与中标合同不一致，一方当事人请求按照中标合同确定权利义务的，人民法院应予支持。招标人和中标人在中标合同之外就明显高于市场价格购买承建房产、无偿建设住房配套设施、让利、向建设单位捐赠财物等另行签订合同，变相降低工程价款，一方当事人以该合同背离中标合同实质性内容为由请求确认无效的，人民法院应予支持。"

第二，在二手房买卖领域也存在更加大量的"黑白合同"。

买卖二手房的交易过程中，当事人为了"避税"，往往在签订一份真实价格的《存量房买卖合同》同时，另行签署一份比真实合同成交价格更低的《存量房买卖合同》，用于向税务局交税和向房管局办理房屋权属变更登记。当房屋价格上涨迅速时，往往发生大量卖家以此要求确认合同无效的诉讼案件。基于诚实信用的原则，《北京市高级人民法院关于审理房屋买卖合同纠纷案件若干疑难问题的会议纪要》对该类问题作出"房屋买卖合同原则上有效、该规避税收的价格条款无效"的裁判规则，"当事人在房屋买卖合同中为规避国家税收监管故意隐瞒真实的交易价格，该价格条款无效，但该条款无效不影响合同其他部分的效力。当事人以逃避国家税收为由，要求确认买卖合同全部无效的，不予支持"。

虽然北京作出了这个规定，在北京签署避税的"黑白合同"最终在如实纳税后能够如愿买到心仪的房子，但是北京之外的其他省市法院对此问题的判决规则可能不同，签署避税的"黑白合同"最终能否如愿买到心仪的房子，就要看当地法院对此问题是如何判定的。

总之，如果不希望自己的重要交易事项处于不确定的状态、出现纷争甚至被法院认定合同无效，建议在签署"黑白合同"时一定要三思。

（四）股权投资误区之"股权转让还是资产转让"

001 转让持有国有土地的公司 100% 股权的《股权转让合同》是否倒卖土地而无效

裁判要旨

转让持有土地使用权的公司的 100% 股权，该股权转让行为未变动土地使用权之主体，不应纳入土地管理法律法规的审查范畴。由于现行法律并无效力性强制性规定禁止以转让房地产项目公司股权形式实现土地使用权转让的目的，因此股权转让协议应认定有效。

案情简介[①]

恒某公司为自然人独资的有限责任公司，公司股东为周某某一人。恒某公司预计将取得一宗位于营口市鲅鱼圈区的商业用地使用权。

2010 年 4 月 7 日，恒某公司（甲方）与沙某某（乙方）签订《公司股权转让合同》，约定将恒某公司 100% 股权转让给沙某某，价款 18738.832 万元。其中，乙方支付 5000 万元时，甲方将该宗土地的所有相关资料（政府会议纪要、发改委批示、环保局批示、规划局文件、建设用地规划许可证、建设用地规划条件通知书、土地交易中心的招拍挂所有文件等）交由乙方保管。乙方付第二笔款 3000 万元时，甲方应办好所有土地的使用证书。

自 2010 年 4 月 8 日起至 2011 年 5 月 15 日止，周某某共收到沙某某转让款人民币 7815 万元和美元 10 万元。在沙某某支付 5000 万元后，周某某并未将该宗

[①] 最高人民法院，付某某、沙某某等与周某某、恒某公司等股权转让纠纷二审民事判决书 [（2016）最高法民终 222 号]。

土地所有相关资料交给沙某某。

2010年7月6日，鲅鱼圈区政府批复将上述土地出让给恒某公司。2010年7月8日，恒某公司办理了该宗土地的土地使用权证书。2010年7月26日，周某某交纳土地出让金人民币74955328元。周某某取得该宗土地的使用证书后，未将该证书交给沙某某。

2011年10月6日，沙某某因病去世，付某某、沙某、王某某系沙某某的法定第一顺序继承人。

2011年11月30日，周某某因涉嫌非法倒卖土地使用权犯罪被刑事拘留。鲅鱼圈区法院认定周某某犯合同诈骗罪、非法倒卖土地使用权罪、抽逃出资罪。后营口市中级人民法院撤销原判，发回重审。2015年3月30日，鲅鱼圈区法院判决周某某犯非法倒卖土地使用权罪，判处有期徒刑3年。2015年6月23日，营口市中级人民法院维持鲅鱼圈区法院刑事判决。

付某某、沙某、王某某等起诉至法院，要求解除《公司股权转让合同》，周某某及恒某公司返还其股权转让款，并支付利息及违约金。

周某某及恒某公司答辩称：依据上述生效的刑事裁定书，周某某以股权转让形式与沙某某签订股权转让合同，属于非法倒卖土地的行为，应当属于无效，对该无效合同，双方均有责任，沙某某应承担相应的法律责任。

本案一审辽宁省高级人民法院、二审最高人民法院均认为《公司股权转让合同》有效，并据此支持了原告的诉讼请求。

裁判要点精要

本案的争议焦点在于《公司股权转让合同》的效力问题。

对此，最高人民法院认为，《公司股权转让合同》存在以股权转让为名收购公司土地的性质，且周某某因此合同的签订及履行而被另案刑事裁定〔（2015）营刑二终00219号〕认定构成非法倒卖土地使用权罪，但无论是否构成刑事犯罪，该合同效力亦不必然归于无效。本案中业已查明，沙某某欲通过控制恒某公司的方式开发使用涉案土地，此行为属于商事交易中投资者对目标公司的投资行为，是基于股权转让而就相应的权利义务以及履行的方法进行的约定，既不改变目标公司本身亦未变动涉案土地使用权之主体，故不应纳入土地管理法律法规的审查范畴，而应依据《公司法》中有关股权转让的规定对该协议进行审查。

最高人民法院据此认为，在无效力性强制性规范对上述条款中的合同义务予以禁止的前提下，上述有关条款合法有效。

实务经验总结

为避免未来发生类似纷争，提出如下建议：

第一，转让房地产公司 100% 股权的转让合同，本质上是一种股权转让行为，而非土地使用权转让行为，根据《公司法》的规定，该行为合法有效。

但考虑到实践中，一些法院错误地认为该行为构成非法转让、倒卖土地使用权罪，企业家也应预防相应的刑事法律风险，在实施相关行为前应当尽量避免刑事责任。如何规避刑事责任呢？笔者多次为众多房地产公司设计这类交易模式，并认为：（1）最有效的方式是，保证涉及的土地开发程度已经符合相关法律法规关于土地使用权转让的条件；（2）其次是设计巧妙的交易模式，如增资扩股的方式、多次分批次转让股权的方式或者转让多个公司股权的交易标的物、故意复杂化交易标的物，避免被认为转让股权的实质性目的是转让国有土地使用权；（3）取得当地政府的同意或默许，至少不要在当地政府的明确反对下进行。

第二，部分法院认定转让房地产公司 100% 股权的转让合同的股权出让方的行为构成非法转让、倒卖土地使用权罪。笔者认为这类判决缺乏相应的法律依据，值得商榷。

法规链接

《民法典》

第一百四十六条　行为人与相对人以虚假的意思表示实施的民事法律行为无效。

以虚假的意思表示隐藏的民事法律行为的效力，依照有关法律规定处理。

第一百五十三条　违反法律、行政法规的强制性规定的民事法律行为无效。但是，该强制性规定不导致该民事法律行为无效的除外。

违背公序良俗的民事法律行为无效。

第一百五十四条　行为人与相对人恶意串通，损害他人合法权益的民事法律行为无效。

《城市房地产管理法》（2019 年修正）

第三十九条　以出让方式取得土地使用权的，转让房地产时，应当符合下列条件：

（一）按照出让合同约定已经支付全部土地使用权出让金，并取得土地使用权证书；

（二）按照出让合同约定进行投资开发，属于房屋建设工程的，完成开发投资总额的百分之二十五以上，属于成片开发土地的，形成工业用地或者其他建设用地条件。

转让房地产时房屋已经建成的，还应当持有房屋所有权证书。

《城镇国有土地使用权出让和转让暂行条例》（2020年修订）

第十九条 土地使用权转让是指土地使用者将土地使用权再转移的行为，包括出售、交换和赠与。

未按土地使用权出让合同规定的期限和条件投资开发、利用土地的，土地使用权不得转让。

《公司法》（2023年修订）

第八十四条 有限责任公司的股东之间可以相互转让其全部或者部分股权。

股东向股东以外的人转让股权的，应当将股权转让的数量、价格、支付方式和期限等事项书面通知其他股东，其他股东在同等条件下有优先购买权。股东自接到书面通知之日起三十日内未答复的，视为放弃优先购买权。两个以上股东行使优先购买权的，协商确定各自的购买比例；协商不成的，按照转让时各自的出资比例行使优先购买权。

公司章程对股权转让另有规定的，从其规定。

本案链接

以下为该案在法院审理阶段，判决书中"本院认为"就该问题的论述：

关于《公司股权转让合同》的效力问题。本院认为，合同效力应当依据《合同法》第五十二条之规定予以判定。在上诉中，周某某、恒某公司主张《公司股权转让合同书》第六条第一款、第二款、第四款第（一）项及第（二）项因违反法律法规的强制性规定而无效，其无须履行，否则会给社会造成危害。但经审查上述条款，第六条第一款约定了合同生效后，恒某公司所有董事及法定代表人即失去法律赋予的所有权利，意在表明沙某某受让全部股权后即实际控制恒某公司；第二款约定了合同生效后，涉案土地交由沙某某开发使用；第四款第（一）项约定沙某某支付第一笔5000万元转让款后，恒某公司应将涉案土地的所有资料原件交由沙某某保管，沙某某可开发使用，勘探、设计、施工、销售等相关人员可进入；第四款第（二）项进一步约定恒某公司应当将工商、税务有关证件交给沙某某，印章由恒某公司派人持有并配合使用。可见，上述条款约定的内容属股权转让中的具体措施及方法，并未违反法律法规所规定的效力性强制性规定，亦未损害国家、集体或其他第三人利益。此外，本院已经注意到，《公司股权转让合同书》存在以股权转让为名收购公司土地的性质，且周某某因此合同的签订及履行而被另案刑事裁定［（2015）营刑二终00219号］认定构成非法倒卖土地使用权罪，但对此本院认为，无论是否构成刑事犯罪，该合同效力亦不必然归于无效。本案中业已查明，沙某某欲通过控制恒某公司的方式开发使用涉案土地，此行为属于商事交易中投资者对目标公司的投资行为，是基于股权转让而就相应的权利义务以及履行的方法进行的约定，既不改变目标公司本身亦未变动涉案土地使用权之主体，故不应纳入土地管理法律法规的审查范畴，而应依据《公司法》中有关股权转让的规定对该协议进行审查。本院认为，在无效力性强制性规范对上述条款中的合同义务予以禁止的前提下，上述有关条款合法有效。另外，在周某某签署的《公司股权转让合同书》中约定将周某某所持100%的股权予以转让，虽然该合同主体为恒某公司与沙某某，但鉴于周某某在其一人持股的恒某公司中担任法定代表人且股东个人财产与公司法人财产陷入混同的特殊情形，即便合同签订之主体存在法人与股东混用的问题，亦不影响该合同在周某某与沙某某之间依法产生效力。因此，周某某、恒某公司提出部分条款无效的主张缺乏法律依据，本院不予支持。

延伸阅读

在公司的主要资产为土地使用权的情况下，转让100%股权是否会被认定为实质是规避了土地管理法等关于国有土地使用权转让的相关规定，进而股权转让协议被认定为无效？对此问题，笔者检索和梳理了十个案例，其中八个案例认定公司股权转让与作为公司资产的土地使用权转让为两个独立的法律关系，股权转让行为应受《公司法》调整，现行法律并无效力性强制性规定禁止以转让房地产项目公司股权形式实现土地使用权或房地产项目转让的目的，因此股权转让协议应为有效。也有两个案例持相反裁判观点，认为如以股权转让协议为外表，实质为国有土地使用权的买卖，违反了土地管理法等相关规定或被认定为以合法形式掩盖非法目的，因而认定股权转让协议无效。

认定以转让土地使用权为目的的股权转让协议有效的案例（案例1~8）：

案例1：最高人民法院审理的薛某某与陆某某、边某公司、明某公司委托代理合同纠纷案［（2013）民一终138号］认为，薛某某主张，案涉《股权转让协议》实质是以股权转让形式转移土地使用权的行为，系以合法形式掩盖非法目的，应认定为无效。本院认为，公司股权转让与作为公司资产的土地使用权转让为两个独立的法律关系，现行法律并无效力性强制性规定禁止以转让房地产项目公司股权形式实现土地使用权或房地产项目转让的目的。薛某某的该项主张无法律依据，本院不予支持。

案例2：最高人民法院审理的马某某、马某甲与瑞某公司股权转让纠纷案［（2014）民二终264号］认为，瑞某公司主张本案所涉合同系名为股权转让实为土地使用权转让，规避法律关于土地使用权转让的禁止性规定而无效。股权转让与土地使用权转让是完全不同的法律制度。股权是股东享有的，并由公司法或公司章程所确定的多项具体权利的综合体。股权转让后，股东对公司的权利义务全部同时移转于受让人，受让人因此成为公司股东，取得股权。依据《物权法》第一百三十五条之规定，建设土地使用权，是权利人依法对国家所有的土地享有占有、使用和收益的权利，以及利用该土地建造建筑物、构筑物及其附属设施的权利。股权与建设用地使用权是完全不同的权利，股权转让与建设用地使用权转让的法律依据不同，两者不可混淆。当公司股权发生转让时，该公司的资产收益、参与重大决策和选择管理者等权利由转让方转移到受让方，而作为公司资产的建设用地使用权仍登记在该公司名下，土地使用权的公司法人财产性质未发生改变。乘某公司所拥有资产包括建设用地使用权（工业用途）、房屋所有权（厂房）、机械设备以及绿化林木等，股权转让后，乘某公司的资产收益、参与重大决策和选择管理者等权利或者说公司的控制权已由马某某、马某甲变为瑞某公司，但乘某公司包括建设用地使用权在内的各项有形或无形、动产或不动产等资产，并未发生权属改变。当然，公司在转让股权时，该公司的资产状况，包括建设用地使用权的价值，是决定股权转让价格的重要因素。但不等于说，公司在股权转让时只要有土地使用权，该公司股权转让的性质就变成了土地使用权转让，进而认为其行为是名为股权转让实为土地使用权转让而无效。股权转让的目标公司乘某公司为有限责任公司，依据《公司法》的规定，依法独立享有民事权利及承担民事责任，公司股东的变更不对公司的权利能力和行为能力构成影响，不论瑞某公司购买乘某公司全部股权是为了将乘某公司名下的工业用地土地使用权性质变性后进行房地产开发还是其他经营目的，均不影响股权转让合同的效力。

案例3：江苏省高级人民法院审理的高某公司与福某公司股权转让纠纷案[（2014）苏商再终0006号]认为，《公司法》允许股权自由转让，而土地使用权的转让则须经过政府主管部门的批准。政府批准证书上的土地使用权人是公司，而股权转让并不引起公司名下土地使用权的转让，土地使用权人仍然是公司。因此，股权的任何转让都不会导致批准证书上的土地使用权人的变更，因而不涉及非法转让、倒卖土地使用权问题。高某公司主张涉案股权转让触犯《刑法》的申诉理由无事实依据，不能成立。

案例4：江苏省常州市中级人民法院审理的青岛恒某源公司诉杨某某、邹某某、枣庄恒某源公司股权转让合同纠纷案[（2010）常商初18号]认为，认定该股权转让协议是否有效，一要考察该协议约定的内容是否违反法律、行政法规强制性规定或存在损害国家利益、损害社会公共利益的情形；二要考察股权转让涉及土地使用权的，是否能够认定为以合法形式掩盖非法目的；三要考察该协议约定的内容是不是当事人的真实意思表示，是否存在欺诈、重大误解等情形。本院认为，本案所涉股权转让合同并不能认定为无效合同。第一，虽然本案转让的股权表现的资产主要是土地使用权和房地产开发项目，但法律、行政法规并未明确禁止此种股权转让。第二，本案股权转让的后果并未导致土地使用权主体的变更，并未直接违反国家有关土地管理法律。本案中，吴某某代表青岛恒某源公司持有枣庄恒某源公司的20%股权，并未完全转让其股权。本案所涉土地使用权的主体仍然是枣庄恒某源公司。目前枣庄恒某源公司也履行了支付土地补偿款的义务，并进行了房地产开发，客观上并不存在侵害国家土地管理秩序的行为。第三，以股权转让形式转移开发房地产项目的权利是原告吴某某与被告杨某某、邹某某之间的真实意思表示，杨某某、邹某某对此是知情的，并未反对。

案例5：辽宁省沈阳市中级人民法院审理的娄某某与秦某某、李某某、孙某某、孙某甲股权转让合同纠纷案[（2016）辽01民终3666号]认为，双方当事人在《股权转让协议》中，不但约定了圣某木业的原来两位股东，即二被上诉人所持股份分别转让给二上诉人，还约定了圣某木业的全部财产和经营所需要的相关证照的交付，即企业的经营权利一并转让给了二上诉人。同时，双方还到工商管理机关办理了股权变更登记和圣某木业的法定代表人变更登记手续，二上诉人对圣某木业的财产和经营权取得了控制权，这一系列事实说明双方签订的《股权转让协议》的性质就是股权转让。尽管该协议中约定由二被上诉人负责办理公司名下的固定资产，即土地的《国有土地使用证》，但不能仅以此认定双方签订的《股权转让协议》就是买卖国有土地。现上诉人以该合同是以合法形式掩盖非法目的的合同为由，要求确认该合同无效的理由不成立，本院不予支持。

案例6：辽宁省沈阳市沈河区人民法院审理的娄某某、秦某某与李某某、孙某某股权转让纠纷案［（2015）沈河民三初01646号］认为，原告与被告之间签订的《股权转让协议》系双方真实意思表示，内容虽涉及沈阳圣某木业有限公司受让的土地，但原、被告之间的股权转让并不导致土地使用权权属的转移，土地仍是沈阳圣某木业有限公司的资产，协议的性质仍为股权转让，而非土地使用权转让，而且协议书所涉及的内容并未违反法律、行政法规的强制性规定，应为合法有效，双方均应受其约束。关于原告主张，原告与被告之间的《土地转让协议》违反《土地管理法》《城市房地产管理法》《刑法》等法律法规的强制性规定，被告和第三人以牟利为目的，名为股权转让、实为土地转让的行为严重违法，属于以合法形式掩盖非法目的，原、被告之间的《股权转让协议》意思表示不真实，构成虚伪意思表示，违背《民法通则》第五十五条的规定，土地转让依法无效的问题。因公司法规定股东持有的股份可以依法转让，并没有针对特定标的的股权转让进行限制，股权的变更属于公司内部的权利变更，公司作为有独立法人人格权的主体不因股权变更而改变。本案股权转让合同的内容和形式并不违反公司法关于股权转让的程序和规定，从协议的内容看，协议除涉及公司受让的土地，还约定了公司经营一切必要的许可，公司的债权债务承担、公章、营业执照、财务账目交接等事宜，表明了股权转让后原告获得公司股权，成为股东从而经营该公司的意思表示。从协议的履行看，股权转让协议已经实际履行，被告交付了公司的资产和营业手续，原告交付了股权转让款，办理了公司股东变更登记手续，原告在成为股东和法定代表人后两年的时间里实际控制经营公司，说明双方对股权转让协议已履行完毕，因此原告认为原告与被告之间是土地转让合同关系没有依据。《土地管理法》《城市房地产管理法》等法律法规的强制性规定是土地使用权转让的程序和规定，不适用于股权交易。对于原告认为被告触犯《刑法》第二百二十八条的问题，原告并未向公安机关报案，而是起诉被告要求确认合同无效，表明原告认为双方系民事关系选择民事诉讼，应按民事诉讼程序处理。

案例7：浙江省杭州市萧山区人民法院审理的恒某公司与富某投资合伙企业股权转让纠纷案［（2015）杭萧商初1103号］认为，涉案股权转让协议系当事人的真实意思表示，且股权转让并没有导致公司财产转让的法律后果，亚某公司拥有的开发经营权或土地使用权并未发生转移，亦无须土地管理部门办理土地使用权变更手续，故该条件下的股权转让协议不存在违反法律、行政法规的强制性规定及损害社会公共利益，故应认定为有效。

案例8：上海市金山区人民法院审理的宋某甲、俞某甲诉张某甲、朱某甲股权转让纠纷案［（2013）金民二（商）初463号］认为，原告宋某甲、俞某甲与被告张某甲、朱某甲签订的补充协议，约定两名原告将其所持有的在上海高某公司的股权转让给两被告，两被告向两原告支付相应的对价。之后双方也按此办理了相关的股权变更手续。补充协议符合股权转让合同的特性，应定性为股权转让合同，难以认定双方这一转让行为实为土地倒卖行为。合同内容也未违反法律或行政法规的强制性规定，合同有效。

认定以转让土地使用权为目的的股权转让协议无效的案例（案例9~10）：

案例9：浙江省富阳市人民法院审理的方某某与美某新公司、盛某某合同纠纷案［（2015）杭富商初3183号］认为，案涉借款合同虽名义上系股权转让合同，但是根据该合同的内容，其实质上系对目标公司所受让的土地进行买卖。具体理由如下：首先，股权转让协议中，第三期的股权转让款系由原告向国土资源局支付土地出让金用以冲抵本支付的股权转让款。因此两被告作为目标公司的代表在与国土资源局签订国有土地出让合同时，实际并不需要支付土地出让金。其次，两被告将该土地出让金的给付义务通过签订股权转让协议的形式，实质转移至股权受让方处，由原告作为股权受让方向国土资源局支付目标公司所需支付的土地出让金。双方在该股权转让协议中的约定，实质上具有名为股权转让实为土地买卖的意思表示。再次，股权转让协议中的补充条款明确约定，若目标公司无法取得项目用地，则两被告应当无条件回购目标公司的全部股权。若因被告的原因造成目标公司无法取得国有土地使用权，两被告除回购目标公司股权外，还应当承担相应的费用。因此，原、被告实质上对于未来不确定的情况进行了约定，而该未来不确定的情况即目标公司是否能获得案涉土地使用权。若目标公司获得案涉宗地的国有土地使用权，则原告应当按照合同约定，将土地出让金缴纳至相关部门，同时该土地出让金折抵原告应当支付给两被告的股权转让款；若目标公司无法获得案涉宗地国有土地使用权时，则合同已无履行的必要，两被告应当回购相应的股权。从上述股权是否回购等一系列较为复杂的约定应当判定，该内容系围绕土地使用权所形成。且本院注意到，该内容系双方协议第（十五）项的补充条款，该补充条款与其余条款在字体的粗细上并不一致，该补充条款的内容更加显著和明确。但是该内容中，在涉及股权回购的条件时，却并不包含公司的分红目标、公司的营收、公司的盈亏等涉及公司日常经营目标等条件，反而针对且仅仅针对目标公司是否获得土地使用权这一问题，进行详细的约定。故从该合同内容、条款的制作方面，应当认为该协议实质上为原、被告关于土地使用权的买卖，并不属于商业经营中正常的股权转让活动。最后，根据庭审调查可知，本案目标公司在注册登记后，并未实际展开经营，且目标公司受让了案涉土地后，并未实际使用。从股权转让协议签订的时间、国有土地出让的时间、目标公司组成的时间等一系列时间链上，均无法看出，目标公司曾经存在经营的情况。综上，原、被告在2014年9月22日签订股权转让协议之行为，并不符合商业经营活动中对于股权转让的通常理解。双方之行为从根本上应当判定，系以股权转让协议为外表，实质为国有土地使用权的买卖。该行为并非合法之行为，系以合法形式掩盖非法目的。故从现有证据应当认定，原、被告于2014年9月22日签订股权转让协议，属以合法形式掩盖非法目的，应当被认定为无效。

案例10：浙江省杭州市萧山区人民法院审理的陈某某等与韩某建设用地使用权转让合同纠纷案［（2015）杭萧民初4087号］认为，沈某某和韩某之间签订的《协议》的实质内容是韩某借嘉兴汉某金属构件有限公司竞得桐乡市经济开发区相关国有土地使用权后，通过公司股权转让方式将国有土地使用权转让给沈某某，韩某非涉案国有土地使用权人，双方之间的《协议》因违反了物权法、土地管理法等关于国有土地使用权出让、转让等相关法律法规的规定而无效。

002 转让矿业权的《股权转让合同》是否有效

裁判要旨

合同性质应认定为矿业权转让还是股权转让，主要取决于矿业权人更名与否的事实以及合同约定的内容是否涉及探矿权转让等因素；非矿业权转让的股权转让合同，并不属于法律、行政法规规定应当办理批准、登记等手续生效的情形，合同成立时即生效。

案情简介[①]

龙某公司股东为薛某甲，薛某乙，分别持股60%与40%。龙某公司名下有多处探矿权。

2013年7月12日，国某公司与薛某甲、薛某乙签订合作协议，约定：国某公司以4583万元收购薛某甲与薛某乙合计持有的100%股权，其中，签约后7日内首笔付1500万元，工商登记变更后7日付1000万元，余款于2012年12月31日付。双方还约定，本协议经各方签署后成立，并经各方有权机构批准后生效。

《西藏自治区人民政府关于进一步规范矿产资源勘查开发管理的意见》规定，即便是纯粹转让涉矿公司的股权，未获得西藏国土厅的批准，转让合同亦不能生效。

协议履行过程中，国某公司首笔款中的450万元迟延交付了一个月，完成了印章证照的交接，但未完成股权变更登记。

此后，薛某甲、薛某乙要求终止合同，主张合作协议实质上属探矿权转让合同，因未经国土资源管理部门批准而未生效，应不再履行；国某公司主张合作协议为股权转让协议，无须审批，合法有效，应继续履行。

本案经西藏自治区高级人民法院一审，最高人民法院二审，均判定：合作协议为股权转让协议，无须审批，自合同成立时生效，应继续履行。

裁判要点精要

1. 合作协议的性质应认定为探矿权转让还是股权转让，主要取决于探矿权人更名与否的事实以及合作协议约定的内容是否涉及探矿权转让等因素。探矿权系登记在龙某公司名下，协议中，双方仅约定将股份转让给国某公司以及与该股权转让相关的事宜，并未涉及探矿权人更名的内容；另外，作为协议转让方的薛某甲、薛某乙，该二人并非案涉探矿权持有人，其无权在协议中处置龙某公司所持有的探矿权；而作为探矿权人龙某公司，其并非案涉合作协议的当事人，亦不可能在该协议中进行探矿权转让。协议中虽包括矿产合作的相关内容，但均属基于股权转让所产生的附随权利义务，探矿权人仍系龙某公司，该协议的实质仍然属于股权转让。因此，本案国某公司与薛某甲、薛某乙所签订的合作协议应认定为股权转让协议，而非探矿权转让协议。

[①] 最高人民法院，国某公司与薛某甲、薛某乙等股权转让纠纷案[（2014）民二终205号]。

2.《民法典》第五百零二条规定:"依法成立的合同,自成立时生效,但是法律另有规定或者当事人另有约定的除外。依照法律、行政法规的规定,合同应当办理批准等手续的,依照其规定……"由于本案合作协议属股权转让性质,并不属于法律、行政法规规定应当办理批准、登记等手续生效的情形,协议成立时即生效。《西藏自治区人民政府关于进一步规范矿产资源勘查开发管理的意见》不属法律法规范畴,不是认定合同效力的依据,案涉合作协议的效力认定不受其约束。

实务经验总结

为避免未来发生类似纷争,提出如下建议:

第一,并购双方需厘清矿业权转让与股权转让的区分标准。主要考虑矿业权人更名与否的事实以及合同约定的内容是否涉及探矿权转让等因素,也即矿业权转让相当于公司转让自己的一项资产,一旦转让完毕,矿业权证上的所有权人就会发生变更;而股权转让是公司股东在转让股权,股权转让完毕后,矿业权证上的所有权人并没有发生变更。

第二,受让方可以通过受让股权的方式间接取得矿业权。《探矿权采矿权转让管理办法》规定,矿业权转让须经管理机关审批后生效,该办法对出让方的出让条件及受让方的受让条件都作了限制,但是现行法律法规并没有规定,矿业权公司的股东转让股权也需要审批后才生效,所以受让方可直接收购股权,省去烦琐的审批手续。

第三,在收购拥有矿业权的企业时,受让方务必要做好法律尽职调查、设计科学的公司收购合同。不但需要在国家层面的法律、行政法规方面调查对收购矿业权公司股权或资产的规定,还需调查在地方层面的规范性文件上对前述事项是否作出了更细化更严格的规定。例如,本案中,西藏政府作出即使转让矿业权公司股权,也需审批的约定。该规定虽不必然导致合同无效,但地方政府可能会因未经审批而不能办理股权变更登记。

法规链接

《民法典》

第五百零二条 依法成立的合同,自成立时生效,但是法律另有规定或当事人另有约定的除外。

依照法律、行政法规的规定，合同应当办理批准等手续的，依照其规定。未办理批准等手续影响合同生效的，不影响合同中履行报批等义务条款以及相关条款的效力。应当办理申请批准等手续的当事人未履行义务的，对方可以请求其承担违反该义务的责任。

依照法律、行政法规的规定，合同的变更、转让、解除等情形应当办理批准等手续的，适用前款规定。

《矿产资源法》（2009年修正）

第六条 除按下列规定可以转让外，探矿权、采矿权不得转让：

（一）探矿权人有权在划定的勘查作业区内进行规定的勘查作业，有权优先取得勘查作业区内矿产资源的采矿权。探矿权人在完成规定的最低勘查投入后，经依法批准，可以将探矿权转让他人。

（二）已取得采矿权的矿山企业，因企业合并、分立，与他人合资、合作经营，或者因企业资产出售以及有其他变更企业资产产权的情形而需要变更采矿权主体的，经依法批准可以将采矿权转让他人采矿。

前款规定的具体办法和实施步骤由国务院规定。

禁止将探矿权、采矿权倒卖牟利。

《探矿权采矿权转让管理办法》（2014年修订）

第十条 申请转让探矿权、采矿权的，审批管理机关应当自收到转让申请之日起40日内，作出准予转让或者不准转让的决定，并通知转让人和受让人。

准予转让的，转让人和受让人应当自收到批准转让通知之日起60日内，到原发证机关办理变更登记手续；受让人按照国家规定缴纳有关费用后，领取勘查许可证或者采矿许可证，成为探矿权人或者采矿权人。

批准转让的，转让合同自批准之日起生效。

不准转让的，审批管理机关应当说明理由。

本案链接

以下为该案在法院审理阶段，判决书中"本院认为"就该问题的论述：

本院认为：关于案涉合作协议及转让合同的性质和效力问题。案涉合作协议的性质应认定为探矿权转让还是股权转让，主要取决于探矿权人更名与否的事实以及合作协议约定的内容是否涉及探矿权转让等因素。根据本案查明事实，案涉探矿权系登记在一审被告龙某公司名下，协议内容中，双方当事人仅约定由薛某甲、薛某乙将其持有龙某公司的股份转让给国某公司以及与该股权转让相关的事宜，并未涉及探矿权人更名的内容；另外，作为协议转让方的薛某甲、薛某乙，该二人并非案涉探矿权持有人，其无权在协议中处置龙某公司所持有的探矿权；而作为探矿权人龙某公司，其并非案涉合作协议的当事人，亦不可能在该协议中进行探矿权转让。协议中虽包括矿产合作的相关内容，但均属基于股权转让所产生的附随权利义务，探矿权人仍系龙某公司，该协议的实质仍然属于股权转让。因此，本案国某公司与薛某甲、薛某乙所签订的合作协议应认定为股权转让协议，而非探矿权转让协议。关于协议效力，《合同法》第四十四条规定："依法成立的合同，自成立时生效。法律、行政法规规定应当办理批准、登记等手续生效的，依照其规定。"由于本案合作协议属股权转让性质，并不属于法律、行政法规规定应当办理批准、登记等手续生效的情形，协议成立时即生效。协议中双方当事人在第十四条第14.1款约定："本协议经各方签署后成立，并经各方有权机构批准后生效。"由于协议各方当事人并不存在其他有权机构，当事人自身对协议成立均无异议，即视为批准。因此，根据上述法律规定及当事人约定，本案合作协议依法成立并生效。当事人虽在协议第一条"定义"部分载明："除本协议另有解释外，本协议中出现的下列术语含义如下……股权转让生效日指经龙辉矿业向工商行政管理局办理完股权转让变更登记之日"，但该约定系当事人对协议术语"股权转让生效日"作相应的解释和备注，约定的内容仅针对协议中出现该术语的相应条款所特指的情形，而并非对合作协议生效条件的约定。一审判决将该约定内容认定为协议生效条件，并认为与当事人约定的其他协议生效条款相矛盾不当，但该认定不影响最终协议效力的认定结果。此外，"西藏政府矿产管理意见"不属法律法规范畴，不是认定合同效力的依据，案涉合作协议的效力认定不受其约束。

综上，上诉人关于案涉合作协议及转让合同系探矿权转让合同，合作协议未生效，而转让合同为有效合同的上诉理由不能成立，本院不予支持。

延伸阅读

区分矿业权转让与股权转让的三条裁判规则

1. 矿业权证上的权利主体没有发生变更，转让合同被认定为股权转让。

案例1：最高人民法院审理的大某公司、宗某某与圣某矿业公司、圣某房地产公司、圣某房地产开发公司股权转让纠纷案〔（2015）民二终236号〕认为，双方在协议中约定，大某公司、宗某某将合法持有宿州宗某公司和淮北宗某公司各44%的股权全部转让给圣某矿业公司，圣某矿业公司支付转让款项。三处煤炭资源的探矿权许可证和采矿权许可证始终在两个目标公司名下，不存在变更、审批的问题。《股权转让协议》签订后，圣某矿业公司也实际控制了两个目标公司，实现了合同目的。因此，双方系股权转让的法律关系，圣某矿业公司主张本案系转让探矿权，因未经审批合同未生效，对该主张，本院不予支持。

案例2：新疆维吾尔自治区高级人民法院审理的大某资公司、恰某公司股权转让纠纷案[（2011）新民二终00028号]认为，从《矿产资源法》第六条、《探矿权采矿权转让管理办法》第三条所规定的内容看，对探矿权、采矿权除特殊规定外是不得转让的，转让也需要经过审批管理机关批准。但该法律、法规所禁止的是将探矿权、采矿权倒卖牟利行为。本案中，采矿权系登记在恰某公司名下，属于恰某公司的财产权利。黄某、葛某某所转让的是其在恰某公司所享有的股权，采矿权人仍为恰某公司，不涉及通过股权转让的行为变相转让采矿权及需履行审批手续的问题。

案例3：最高人民法院审理的永某公司与华某公司股权转让纠纷案[（2015）民二终352号]认为，华某公司在与永某公司等签订的《合作协议书》第三条中约定，永某公司将所持的金某公司70%股权转让给华某公司后，华某公司向永某公司支付首付款，首付款用于永某公司收购七某七队持有的金某公司30%股权，并且将金某公司所用矿区的采矿权人办理至金某公司名下。该约定可以表明，华某公司与永某公司就金某公司形成的买卖法律关系中，买卖标的物是金某公司的股权。在将金某公司相应股权转让给华某公司且华某公司支付款项后，永某公司负有将七某七队享有的涉诉采矿权变更至金某公司名下的义务。那么，在永某公司将股权转让给华某公司而华某公司未支付首付款的情况下，永某公司起诉要求华某公司支付款项，应属于股权转让纠纷……华某公司与永某公司等签订的《合作协议书》《补充协议》中虽约定永某公司负有将涉诉七某七队享有的采矿权变更至金某公司名下，但因该约定仅系上述协议当事人之间的意思表示，而并未实际发生采矿权的转让和权利主体变更。所以，华某公司以法律法规规定采矿权、探矿权转让需经政府有关部门批准为据来主张涉诉采矿权转让因未经批准进而上述二协议应无效，以及华某公司主张永某公司对涉诉采矿权无权处分进而上述二协议应无效，均不能成立，对其主张本院不予支持。

案例4：最高人民法院审理的李某某与黄某某、杨某某等股权转让纠纷申诉、申请案〔（2015）民申 2672 号〕认为，对于李某某与杨某某、黄某某于 2011 年 11 月 19 日签订的《股权转让协议》的性质，黄某某认为三方签订股权转让协议的目的是进行采矿权交易买卖，故本案纠纷应认定为股权及采矿权转让合同纠纷，由于协议三方均不具备转让受让采矿权的民事主体资格，且未经行政机关审批，故涉案转让协议应认定无效。根据本案股权转让协议的约定内容，当事人之间表面上似乎转让了两项内容，一是李某某在目标公司即寻某金林钛矿有限公司的100%股权，二是目标公司所属的钛矿采矿权。然而，采矿权主体在目标公司股份转让前后并没有发生任何变更，始终属于目标公司。我国矿产资源法确实规定了采矿权转让需经依法批准，但本案并不存在寻某金林钛矿有限公司转让其依法取得的采矿权的事实，杨某某、黄某某并没有通过《股权转让协议》从寻某金林钛矿有限公司处受让采矿权，杨某某、黄某某作为股权受让方是通过股东身份而参与目标公司的经营管理，并通过目标公司享有的采矿权而获得其相应的投资利益。因此，虽然转让协议中约定了转让采矿权的内容，但事实上采矿权并未在当事人之间进行转让，涉案转让协议的实质仍为股权转让而非采矿权转让，故原审判决认定转让协议合法有效并无不当，黄某某关于本案转让协议应认定无效的主张缺乏事实和法律依据，本院不予支持。

案例5：最高人民法院审理的王某某与徐某某、青海南某矿业有限公司与西北有某地质勘查局物化探总队、中国冶金地质总局西北地质勘查院的股权转让纠纷申请再审案〔（2014）民申 1421 号〕认为，由于法人的财产独立于股东，股东不能直接支配矿业权，仅股权的变化不能认定为矿业权人的变化，一审、二审判决查明的事实以及王某某提交的证据均能证明在本案股权转让前后，矿业权人没有发生变化，故涉案合同属于股权转让合同而非矿业权转让合同。法律并未禁止民事主体通过转让股权的形式，成为享有矿业权的法人股东。当事人通过股权转让间接变更对矿业权的实际经营，在股权转让不影响矿业权归属的情况下，一方当事人以合同双方真实意思是变更矿业权人，进而主张合同无效，不能予以支持。

2. 矿业权主体发生变更、转让合同被认定为矿业权转让，未经审批，不产生效力。

案例6：最高人民法院审理的井某某与景某公司、卓某某买卖合同纠纷案〔（2013）民一终 156 号〕认为，案涉《经营权合同》明确约定讼争煤田股权转让总价格为 88502.36 万元，当井某某支付转让费达到 50% 时，井某某派两人到煤矿协助财务经营管理；当井某某支付转让费达到80%时，景某公司需将其公司煤田股权、经营权等，经全体股东签字同意，将公司合法有效证件（采矿许可证、组织机构代码证、安全生产许可证、煤炭生产许可证、法人资格证、公司营业证、税务证）转办在井某某名下；剩余款项在办理完上述证件后，三个月内付清全部煤田股权转让费；《中华人民共和国矿产资源法》第六条规定，采矿权的转让必须经过审批；《探矿权采矿权转让管理办法》第十条规定，采矿权经批准转让的，转让合同自批准之日起生效。因案涉《经营权合同》未依法经过审批，故一审判决认定案涉合同未生效并无不当。上述合同约定的内容表明，双方的真实意思并不是约定转让景某公司的股权，而是约定转让景某公司所有的下属煤矿采矿权和经营权。当井某某付清全部转让款后，双方并未约定办理景某公司的股权变更登记手续，而是约定景某公司将相关采矿许可证、组织机构代码证、安全生产许可证、煤炭生产许可证、法人资格证、公司营业证、税务证转办在井某某名下并将案涉煤矿整体移交给井某某，由井某某直接控制煤矿。因此，案涉《经营权合同》应为采矿权转让合同。

3. 矿业权主体为合伙企业，合伙份额整体转让导致矿业权权利证书发生变更的，转让合同需要进行审批，未经审批不生效。

案例7：最高人民法院审理的肥某光大公司与柳某某、马某某采矿权纠纷案[（2015）民一终159号]认为，关于一审判决认定案涉《协议》性质及效力是否有误的问题。关于合同性质的认定，原则上应根据合同的名称予以判断，但如果合同名称与该合同约定的权利义务内容不一致的，则应以该合同约定的权利义务内容确定。除此之外，尚需考察签约双方的真实意思表示。本案中，2011年1月10日，柳某某、马某某作为转让方与肥某光大公司作为受让方签订的《协议》，名称规范、明确，如该协议约定的权利义务内容与名称一致，则该协议即应定性为股权转让协议。经审查，尽管该协议约定转让的是股权，但由于大某山煤矿属于合伙企业，并没有改制为有限责任公司，作为投资人的柳某某、马某某转让的只能是大某山煤矿的合伙财产份额，且属于全部转让。根据《合伙企业法》的规定，合伙人有权向合伙人以外的人转让其在合伙企业中的财产份额。一般合伙企业财产份额转让并没有行政审批的要求，但案涉合伙企业属于矿山企业，而矿山合伙企业全部财产份额的转让将导致原投资合伙人全部退出该企业，原登记在"咸宁县大某山煤矿（柳某某）"名下的采矿许可证亦需要进行相应变更，而采矿权的变更必须经由地质矿产主管部门的行政审批。因此，在矿山合伙企业投资人转让其全部财产份额、采矿权主体发生变更的情况下，应按照采矿权转让的规定对案涉《协议》的效力进行审查。就此而言，一审判决将本案双方的交易定性为采矿权转让、双方之间的协议定性为采矿权转让合同并无不当。柳某某、马某某主张本案属于企业并购协议纠纷，采矿权变更只是企业并购协议履行项下的一个组成部分即附随义务的主张与上述事实和法律规定不符，本院不予支持。关于案涉《协议》的效力问题。根据《矿产资源法》第六条第一款第（二）项关于"已取得采矿权的矿山企业，因企业合并、分立，与他人合资、合作经营，或者因企业资产出售以及有其他变更企业资产产权的情形而需要变更采矿权主体的，经依法批准可以将采矿权转让他人采矿"的规定，案涉采矿权的转让应报请地质矿产主管部门批准，未经批准不发生法律效力。鉴于本案一审法庭辩论终结前，采矿权转让并未办理审批手续，一审判决根据《探矿权采矿权转让管理办法》第十条第三款、《最高人民法院关于适用〈中华人民共和国合同法〉若干问题的解释（一）》第九条之规定，将案涉协议认定为未生效并无不当。

（五）股权投资误区之"股权变动与股权变更登记"

001 未完成工商登记的股权转让无效

裁判要旨

股权转让实质上是在公司内部产生的一种民事法律关系，股权转让合同签订后，是否办理工商变更登记，属于合同履行问题。就股权转让行为的外部效果而言，股权的工商变更登记仅为行政管理行为，该变更登记并非设权性登记，而是宣示性登记，旨在使公司有关登记事项具有公示效力。因此，是否进行工商变更登记既不应对股权转让合同的效力问题产生影响，也不应导致股权转让行为是否生效或有效问题。

案情简介[①]

南某投资公司是由南山区政府出资设立的全资国有公司,经营范围是企业区属国有资产的产权管理。科某通公司为南山区政府成立的第二家区级资产经营公司,经营范围是受南山区政府委托行使区属国有资产产权所有者权利等。

2000年1月30日,南山区政府决定将南某投资公司参股的深某石油35.88%股权转让给科某通公司。

2001年2月27日,南某投资公司与科某通公司签订《转让协议书》;2001年3月19日,南山区国资委批准股权转让;2001年4月6日,工商行政管理部门办理股权变更登记。

后因南某投资公司的债权人蒲某堂公司以南某投资公司无偿转让深某石油股权逃避债权为由行使撤销权,双方对南某投资公司转让深某石油35.88%股权行为生效时间产生争议。南某投资公司认为股权转让行为生效时间为2001年3月19日,而蒲某堂公司则认为生效时间为2001年4月6日。

广东高级人民法院及最高人民法院经审理,均认为股权转让行为生效的日期为2001年3月19日。

裁判要点精要

1. 工商变更登记并非股权转让合同的生效要件。本案中,南某投资公司系国有企业,该国有资产的转让应经国有资产管理部门批准。根据《民法典》第五百零二条关于"依照法律、行政法规的规定,合同应当办理批准等手续的,依照其规定"的规定,本案所涉股权转让行为应自办理批准、登记手续时生效。我国《公司法》并未明确规定股权转让合同是否以工商变更登记为生效条件。尽管《公司法》第三十四条规定登记事项发生变更的,应当办理变更登记,但并不能从上述规定中得出工商登记是股权转让合同的效力要件。所以,本案股权转让合同的生效时间应当是南山区国资委批准转让之日,即2001年3月19日。

2. 工商变更登记并非股权变动的生效要件。就股权转让行为的性质而言,股权转让实质上是在公司内部产生的一种民事法律关系,股权转让合同签订后,是否办理工商变更登记,属于合同履行问题。就股权转让行为的外部效果而言,股权的工商变更登记仅为行政管理行为,该变更登记并非设权性登记,而是宣示

[①] 最高人民法院,蒲某堂公司与南某投资公司、科某通公司撤销权纠纷案[(2007)民二终32号]。

性登记，旨在使公司有关登记事项具有公示效力。换言之，股权转让合同签订后，是否办理工商变更登记，不应导致股权转让行为是否生效或有效问题，仅应产生当事人是否违约以及是否具备对抗第三人效力的问题。

实务经验总结

为避免未来发生类似纷争，提出如下建议：

第一，未进行工商变更登记并不导致股权转让合同无效。转受让双方务必要改变只有工商变更登记才能使股权转让合同生效的观念，认识到在双方没有约定附条件附期限时，一般情况下合同在双方签章合同成立时生效，但对于像国有股权等则需要经主管部门批准后生效。

第二，工商变更登记也并非股权变动的生效要件。转受让双方应当认识到工商变更登记仅是一种宣示性登记，并不产生设权登记效果。受让方在股权转让合同生效后且被公司登记到股东名册时即取得股权，如果未能进行工商变更登记，股东有权请求公司办理工商变更登记，并有权要求转让方提供协助义务。

第三，未进行工商变更登记不得对抗善意第三人。虽然工商变更登记仅是一种宣示性登记，但其也是一种对抗性登记，对于未办理股权变更登记的，第三人有权信赖登记事项的真实性，善意第三人可以基于工商登记对原股东的记载要求其承担责任。

法规链接

《公司法》（2023 年修订）

第三十四条 公司登记事项发生变更的，应当依法办理变更登记。

公司登记事项未经登记或者未经变更登记，不得对抗善意相对人。

《民法典》

第五百零二条 依法成立的合同，自成立时生效，但是法律另有规定或者当事人另有约定的除外。

依照法律、行政法规的规定，合同应当办理批准等手续的，依照其规定。未办理批准等手续影响合同生效的，不影响合同中履行报批等义务条款以及相关条款的效力。应当办理申请批准等手续的当事人未履行义务的，对方可以请求其承担违反该义务的责任。

依照法律、行政法规的规定，合同的变更、转让、解除等情形应当办理批准等手续的，适用前款规定。

本案链接

以下为该案在法院审理阶段，判决书中"本院认为"就该问题的论述：

本院认为：关于被撤销的债务人行为即南某投资公司向科某通公司转让深某石油35.88%股权行为生效时间问题。本案中，南某投资公司转让深某石油35.88%股权给科某通公司之行为涉及三个日期：一是2001年2月27日即该股权《转让协议书》签订日期；二是2001年3月19日即深圳市南山区国资委批准股权转让的日期；三是2001年4月6日即工商行政管理部门办理该股权变更登记的日期。尽管依据《合同法》第四十四条第一款关于"依法成立的合同，自成立时生效"的规定，本案所涉南某投资公司转让深某石油35.88%股权于科某通公司之行为应自2001年2月27日生效；但由于南某投资公司系国有企业，该国有资产的转让应经国有资产管理部门批准。根据《合同法》第四十四条第二款关于"法律、行政法规规定应当办理批准、登记等手续生效的，依照其规定"的规定，本案所涉股权转让行为应自办理批准、登记手续时生效。那么，本案所涉深某石油35.88%股权转让行为生效时间应当是深圳市南山区国资委批准转让之日即2001年3月19日，还是工商行政管理部门办理该股权变更登记的日期即2001年4月6日呢？本院认为，《公司法》并未明确规定股权转让合同是否以工商变更登记为生效条件。尽管《公司法》第三十三条规定"登记事项发生变更的，应当办理变更登记"，《公司登记管理条例》第三十五条规定"有限责任公司股东转让股权的，应当自转让股权之日起30日内申请变更登记"，但并不能从上述规定中得出工商登记是股权转让的效力要件。就股权转让行为的性质而言，股权转让实质上是在公司内部产生的一种民事法律关系，股权转让合同签订后，是否办理工商变更登记，属于合同履行问题。就股权转让行为的外部效果而言，股权的工商变更登记仅为行政管理行为，该变更登记并非设权性登记，而是宣示性登记，旨在使公司有关登记事项具有公示效力。因此，是否进行工商变更登记对股权转让合同的效力问题不应产生影响，工商登记并非股权转让合同效力的评价标准。质言之，股权转让合同签订后，是否办理工商变更登记，不应导致股权转让行为是否生效或有效问题，仅应产生当事人是否违约以及是否具备对抗第三人效力的问题。因此，本院认为，本案所涉深某石油35.88%股权转让行为生效时间应当是2001年3月19日即深圳市南山区国资委批准转让之日。蒲某堂公司关于"债务人行为发生之日"应当是工商变更股权登记之日，即 2001 年 4 月 6 日，于法无据，本院不予支持。

延伸阅读

股权变更与股权变更登记的区别

案例1：北京市高级人民法院审理的宝某达公司与浦某威公司、东某汽配城公司股权转让纠纷案［（2009）高民终1824号］认为，股权变更不同于股权变更登记。首先，股权变更与股权变更登记是两个不同的概念。根据《公司法》及《公司登记管理条例》的有关规定，受让人通过有效的股权转让合同取得股权后，有权要求公司进行股东变更登记，公司须根据《公司法》及公司章程的规定进行审查，经审查股权的转让符合《公司法》及公司章程的规定，同意将受让人登记于股东名册后，受让人才取得公司股权，成为公司认可的股东，这就是股权变更。但股东名册是公司的内部资料，不具有对世性，不能产生对抗第三人的法律效果，只有在公司将其确认的股东依照《公司登记管理条例》的规定到工商管理部门办理完成股东变更登记后，才取得对抗第三人的法律效果，这就是股权变更登记。比如，股权变更与股权变更登记是两个不同的法定程序。其次，公司股东的工商登记属于宣示性登记，而不是设权性登记。因为公司将其确认的股东向工商管理部门办理登记，公司的确认已经实现，股东的身份已经确定，股东的权利也已经产生，股东的工商登记仅仅是一种宣示而已。因此，股东权利的获得与行使并不以工商登记程序的完成为条件。股东的工商登记来源于公司的登记或者说股东的工商登记以公司股东名册为基础和根据。这不仅表现为程序上的时间顺序，更是由两种登记的不同性质决定的。公司股东名册的登记确定股权的归属，工商管理部门将其进行工商登记。公司股东名册的登记发生变动，工商登记的内容亦作相应的更改。两者之间的关系决定了在发生差异的时候，即工商登记的内容与公司股东名册登记内容不一致的时候，作为一般原则，公司股东名册的登记内容应作为确认股权归属的根据；在股权转让合同的当事人之间、股东之间、股东与公司之间因为股权归属问题发生纠纷时，当事人不得以工商登记的内容对抗公司股东名册的记录，除非有直接、明确的相反证明。

案例2：最高人民法院审理的黄某公司与仓某金矿、金某公司偿还黄金基金纠纷案［（2006）民二终78号］认为，关于基本建设经营性基金"债转股"未办理工商登记的法律效力问题，本院认为，基建基金实施"债转股"行为已完成了要约与承诺过程，虽未办理工商登记，但只是不对第三人产生法律效力，"债转股"协议在当事人之间仍具有约束力。工商登记只是股权变更的公示方式，只影响股权变更的外部效力，对双方的内部关系来说则不产生影响。上诉人主张因未完成工商登记变更手续，非法律上的出资人而应为债权人的理由不能成立，应予以驳回。

002 未经工商注册登记并非不能取得股东资格和股权份额

阅读提示

公司法并未明确规定只有进行工商注册登记才能取得股东身份及股权份额，在实践中存在大量工商注册登记的股东与公司实际的股东不一致的情形，经过工商登记的股东当然可以取得股东资格，而未经工商登记的股东如何才能取得股东资格，确认股权份额？本书通过最高人民法院一则确认隐名股东资格和份额的案例，提示隐名投资者在签订相关协议时都应约定哪些内容。

裁判要旨

对公司外部而言，公司的股权应当以对外公示的工商登记为准；而在公司内部，有关隐名股东身份及持股份额之约定等属于公司与实际出资人或名义股东与实际出资人之间形成的债权债务的合意，除隐名股东要求变更为显名股东外，该约定不会引起外界其他法律关系的变化，亦不会破坏有限责任公司的人合性，故一般应当认可其有效性；另外，法律也并未明确规定未经登记的股东不具备股东资格。

案情简介[①]

2003年3月19日，石某图煤炭公司成立，工商登记股东为焦某一和恒某煤炭公司，持股比例为48%与52%。焦某二为焦某一的同胞兄弟，其为恒某煤炭公司的法定代表人。

2008年2月26日，毛某与石某图煤炭公司签订承包协议，承包部分工段的生产经营，并分别向该公司、焦某一、焦某二支付3000万元、500万元、400万

---

① 最高人民法院，毛某与焦某一、焦某二等股权转让纠纷案[（2016）最高法民终18号]。

元，总计 3900 万元。

2009 年 1 月 12 日，毛某与石某图煤炭公司签订《股权认购协议书》约定：毛某占该公司总股份 35200 万元 12% 的股权，由焦某二、毛某及原其他股东享受该公司股东的权利与义务，公司股权以本协议为准，与工商注册无关，此协议是确认股东身份的唯一依据，协议签订后凡涉及毛某与石某图煤炭公司原来的协议全部终止作废。此后，各方未作工商变更登记。

2013 年 12 月 28 日，毛某与焦某一签订《股权转让合同》，约定将毛某拥有的 12% 的股权作价 1 亿元人民币转让给焦某一，焦某二对焦某一的全部债务承担担保责任，毛某、焦某一、焦某二、石某图煤炭公司均签章确认。合同签订后，焦某一未能按约定时间付款。

此后，毛某向辽宁省高级人民法院提起诉讼，要求焦某一支付 1 亿元股权转让款，焦某二承担连带保证责任。焦某一及焦某二以毛某没有股东资格，股权转让合同无效为由拒绝支付股权转让款。

本案经辽宁省高级人民法院一审、最高人民法院二审，最终判定毛某具有隐名股东身份，股权转让协议有效，焦某一及焦某二应当承担连带还款责任。

裁判要点精要

公司内部涉及股东之间的纠纷中，法律并未明确规定未经登记的股东不具备股东资格，而是应当结合其他证据综合认定。石某图煤炭公司以签订《股权认购协议书》的形式，确认了焦某二及毛某股东之身份，并认可二人享有公司股东的权利及义务，据此，可以确认毛某系石某图煤炭公司隐名股东这一身份，其股东资格不因未工商登记而被否定。

对公司外部而言，公司的股权应当以对外公示的工商登记为准；而在公司内部，有关隐名股东身份及持股份额之约定等属于公司与实际出资人或名义股东与实际出资人之间形成的债权债务的合意，除隐名股东要求变更为显名股东外，该约定不会引起外界其他法律关系的变化，亦不会破坏有限责任公司的人合性，故一般应当认可其有效性。

在案涉的《股权认购协议书》中，石某图煤炭公司确认了毛某享有 12% 的股权，明确了其投资份额，无论此协议的签订是基于其他实际出资人股权之转让抑或其他原因，该协议所确定之内容均不违反法律法规的效力性强制性规定，应当依法确认其合法性。因此，就本案纠纷而言，毛某依据《股权认购协议书》

享有以隐名股东身份持有 12% 的股权。

实务经验总结

第一，对隐名出资人股东资格的取得采取了"内外有别，双重标准"的做法，在公司内部，处理隐名出资人与其他股东及公司的关系时，偏重于实质要件，显名出资人与隐名出资人之间对隐名出资的股东地位有明确约定并实际出资，且为公司半数以上其他股东知晓；隐名出资人已经实际行使股东权利；在公司及显名股东已经协议确认，且无违反法律法规强制性规定的情形下，可以认定隐名出资人的股东资格；但在公司外部，在处理隐名出资人与善意第三人的关系时，偏重于形式要件，以工商登记注册的股东为准，以保护善意第三人的利益和交易安全。

第二，隐名股东可以通过与公司及各显名股东签订股权认购协议的方式确认股东资格和股权份额，要求公司及各显名股东书面签字确认，该协议为确认股东资格和股权份额的唯一标准，各股东依据该协议行使股东权利履行股东义务，与工商注册登记无关。

法规链接

《公司法》（2023 年修订）

第五十六条　有限责任公司应当置备股东名册，记载下列事项：

（一）股东的姓名或者名称及住所；

（二）股东认缴和实缴的出资额、出资方式和出资日期；

（三）出资证明书编号；

（四）取得和丧失股东资格的日期。

记载于股东名册的股东，可以依股东名册主张行使股东权利。

《最高人民法院关于适用〈中华人民共和国公司法〉若干问题的规定（三）》（2020 年修正）

第二十三条　当事人依法履行出资义务或者依法继受取得股权后，公司未根据公司法第三十一条、第三十二条的规定签发出资证明书、记载于股东名册并办理公司登记机关登记，当事人请求公司履行上述义务的，人民法院应予支持。

第二十四条　有限责任公司的实际出资人与名义出资人订立合同，约定由实际出资人出资并享有投资权益，以名义出资人为名义股东，实际出资人与名义股东对该合同效力发生争议的，如无法律规定的无效情形，人民法院应当认定该合同有效。

前款规定的实际出资人与名义股东因投资权益的归属发生争议，实际出资人以其实际履行了出资义务为由向名义股东主张权利的，人民法院应予支持。名义股东以公司股东名册记载、公司登记机关登记为由否认实际出资人权利的，人民法院不予支持。

实际出资人未经公司其他股东半数以上同意，请求公司变更股东、签发出资证明书、记载于股东名册、记载于公司章程并办理公司登记机关登记的，人民法院不予支持。

《全国法院民商事审判工作会议纪要》（法〔2019〕254号）

8.【有限责任公司的股权变动】当事人之间转让有限责任公司股权，受让人以其姓名或者名称已记载于股东名册为由主张其已经取得股权的，人民法院依法予以支持，但法律、行政法规规定应当办理批准手续生效的股权转让除外。未向公司登记机关办理股权变更登记的，不得对抗善意相对人。

本案链接

以下为该案在法庭审理阶段，判决书中"本院认为"就该问题的论述：

本院认为：根据本案已经查明的事实，毛某与石某图煤炭公司于2009年1月12日签订了《股权认购协议书》，并盖有石某图煤炭公司印章，焦某二及毛某亦均签字捺印。第一，根据该协议书中首部的内容可以认定，石某图煤炭公司已经确认焦某二与毛某享有石某图煤炭公司股东的权利及义务。在该认购协议书的具体条款中，石某图煤炭公司进一步确认毛某的股份占该公司总股份的12%，还明确了"现公司股权以本协议为准，与工商注册无关"以及"此协议是确认股东身份的唯一依据"等内容……第二，对于毛某是否具备股东资格的问题，从《股权认购协议书》首部内容看，焦某二于2008年3月19日与石某图煤炭公司全体股东签订了《准格尔旗川掌镇石某图煤炭有限责任公司股权转让协议书》，但依据石某图煤炭公司的工商登记材料，焦某二始终未出现在石某图煤炭公司工商登记的股东名册中。据此，可以认定石某图煤炭公司存在登记股东与实际股东不一致的情形，因此，不能仅依据工商登记之有无而断定毛某是否为石某图煤炭公司的股东。本院认为，在公司内部涉及股东之间的纠纷中，法律并未明确规定未经登记的股东不具备股东资格，而是应当结合其他证据综合认定。石某图煤炭公司以签订《股权认购协议书》的形式,确认了焦某二及毛某股东之身份,并认可该二人享有公司股东的权利及义务,据此,可以确认毛某系石某图煤炭公司隐名股东这一身份,其股东资格不因未工商登记而被否定。第三,对于《股权认购协议书》中确定毛某持有12%的股权是否有效的问题,本院认为,对公司外部而言,公司的股权应当以对外公示的工商登记为准;而在公司内部,有关隐名股东身份及持股份额之约定等属于公司与实际出资人或名义股东与实际出资人之间形成的债权债务的合意,除隐名股东要求变更为显名股东外,该约定不会引起外界其他法律关系的变化,亦不会破坏有限责任公司的人合性,故一般应当认可其有效性。在案涉的《股权认购协议书》中,石某图煤炭公司确认了毛某享有12%的股权,明确了其投资份额,无论此协议的签订是基于其他实际出资人股权之转让抑或其他原因,该协议所确定之内容均不违反法律法规的效力性强制性规定,应当依法确认其合法性。因此,就本案纠纷而言,毛某依据《股权认购协议书》享有以隐名股东身份持有12%的股权……综合上述分析,一审法院作出的《股权认购协议书》合法有效的认定正确,毛某享有石某图煤炭公司12%的股权合法有效,其有权转让该股权。

(六)股权投资误区之"瑕疵出资股权转让"

001 未足额出资的股东即使已转让股权仍应承担出资责任

裁判要旨

股东应当按期足额缴纳公司章程中规定的各自所认缴的出资额,即使股东已对外转让了其全部股权,但其出资不实的责任不应随着股权的转让而免除,该股东仍应当依法向公司补足出资。

案情简介[①]

甲公司系有限责任公司,原注册资本为人民币2500万元,金某集团认缴出

---

① 上海市第一中级人民法院,陈某某与甲公司股东出资纠纷案〔(2010)沪一中民四(商)终2036号〕。

资 125 万元，持股 5%；马某某认缴出资 2250 万元，持股 90%；陈某某认缴出资 125 万元，持股 5%。

2005 年 6 月 25 日，甲公司股东会决议公司增资 3750 万元，其中马某某追加出资 3375 万元，陈某某追加出资 375 万元。其中，马某某以票据号码为"092××329"、金额为 3375 万元的本票出资，陈某某以票据号码为"092××330"、金额为 375 万元的本票出资。

此后，甲公司的注册资本变更为 6250 万元，其中，陈某某出资 500 万元，持股 8%。但是，甲公司农行账户显示：2005 年 8 月 10 日，虹某公司分两次向甲公司的验资账户转账划款 3375 万元、375 万元。当日，该笔划入的 3750 万元又由甲公司账户划入虹某公司账户。

本案审理期间，上述银行向法院出具书面证明称，编号为 092××329、092××330 的两张本票未解入甲公司验资账户。诉讼前，陈某某已将其所持甲公司股权转让给案外人。

此后，甲公司向法院提起诉讼要求陈某某支付未缴纳的出资款 375 万元。本案经浦东法院一审、上海市第一中级人民法院二审，最终判定陈某某需要补缴出资款 375 万元。

裁判要点精要

《公司法》第四十九条明确规定，股东应当按期足额缴纳公司章程规定的各自所认缴的出资额。股东以货币出资的，应当将货币出资足额存入有限责任公司在银行开设的账户；股东未按期足额缴纳出资的，除应当向公司足额缴纳外，还应当对给公司造成的损失承担赔偿责任。

股东的出资义务系法律所规定的股东基本义务，即使其已对外转让了其全部股权，但其出资不实的责任不应随着股权的转让而免除。陈某某仍应当依法向甲公司补足出资。

实务经验总结

为避免未来发生类似纷争，笔者提出如下建议：

第一，没有完成出资的股东，别指望通过转让股权一走了之。股权转让并不能免除原股东的出资义务，即使其已经转让了全部股权，仍应当对未出资或出资不实的部分承担责任。原股东切不可以为对外转让了股权，就摆脱了出资义务。

第二，股东应当按照公司章程或股东会决议的规定及时足额缴纳出资。出资义务是股东的基本义务，公司以及债权人均有权向法院起诉要求股东履行出资义务。另外，股东出资务必要从自己的账户向公司指定账户注资，避免通过他人账户间接注资，以免混淆出资主体和出资用途。

第三，对于股权的受让方来讲，其在受让股权之前务必要做尽职调查，核查转让方是否已经足额缴纳了出资，以房产、土地、设备、知识产权等出资的是否已经履行了评估、交付、登记等手续，否则受让人极有可能与转让人承担连带责任。

法规链接

《公司法》（2023年修订）

第四十九条 股东应当按期足额缴纳公司章程规定的各自所认缴的出资额。

股东以货币出资的，应当将货币出资足额存入有限责任公司在银行开设的账户；以非货币财产出资的，应当依法办理其财产权的转移手续。

股东未按期足额缴纳出资的，除应当向公司足额缴纳外，还应当对给公司造成的损失承担赔偿责任。

《最高人民法院关于适用〈中华人民共和国公司法〉若干问题的规定（三）》（2020年修正）

第十八条 有限责任公司的股东未履行或者未全面履行出资义务即转让股权，受让人对此知道或者应当知道，公司请求该股东履行出资义务、受让人对此承担连带责任的，人民法院应予支持；公司债权人依照本规定第十三条第二款向该股东提起诉讼，同时请求前述受让人对此承担连带责任的，人民法院应予支持。

受让人根据前款规定承担责任后，向该未履行或者未全面履行出资义务的股东追偿的，人民法院应予支持。但是，当事人另有约定的除外。

本案链接

以下为该案在法院审理阶段，判决书中"本院认为"就该问题的论述：

本院认为，我国《公司法》第二十八条明确规定，股东应当按期足额缴纳公司章程中规定的各自所认缴的出资额；股东以货币出资的，应当将货币出资足额存入有限责任公司在银行开设的账户；股东不按照前款规定缴纳出资的，除应当向公司足额缴纳外，还应当向已按期足额缴纳出资的股东承担违约责任。上诉人陈某某作为被上诉人甲公司的股东之一，在公司增资3750万元的过程中，理应依法履行其缴纳增资款375万元的出资义务。原审审理过程中，上诉人陈某某以票据号码为"092××330"、金额为375万元的银行本票进账单证明其已履行了相应的增资出资义务，但甲公司验资账户的开户银行已向原审法院证实，上述本票并未解入甲公司验资账户，3750万元增资验资款实际来源于案外人虹某公司的划款，而上述验资款又已于划款当日及次日由甲公司返还给虹某公司，该款项中包含了陈某某应当认缴出资的375万元。上诉人陈某某又于二审审理过程中称，其系于增资当时已将系争款项交给原公司法定代表人马某某，但未能提供相应的付款凭据，由于马某某已经去世，陈某某称其已付款的事实缺乏证据证明，本院难以认定。同样没有证据证明陈某某于此后向甲公司补足出资375万元，原审法院据此认定，在甲公司增资过程中，上诉人陈某某未实际出资，并无不当。鉴于股东的出资义务系法律所规定的股东基本义务，陈某某的行为违反了公司章程的约定和公司法的规定，故其应向甲公司履行相关的出资义务，该项义务不适用诉讼时效的规定。上诉人陈某某虽已对外转让了其全部股权，但其出资不实的责任不应随着股权的转让而免除。上诉人陈某某应当依法向被上诉人甲公司补足出资。原审法院查明事实清楚，适用法律正确，依法应予维持。

002 股东未全面出资，公司有权限制其股东权利

裁判要旨

股东未全面履行出资义务，公司可以限制利润分配请求权、新股优先认购权、剩余财产分配请求权等股东权利，但应当同时具备两个条件：一是股东未履行或者未全面履行出资义务或者有抽逃出资的行为；二是应当根据公司章程或者股东会决议作出限制。

案情简介[①]

亿甲公司是中外合资公司，股东为亿乙公司、乐某南澳公司、澄某二建公

[①] 最高人民法院，亿乙公司与乐某南澳公司股东出资纠纷申诉、申请案 [（2016）最高法民再357号]。

司，其中乐某南澳公司应以9.3亩土地使用权出资。亿甲公司董事会是公司最高权力机构，其公司章程规定，出席董事会会议的法定人数不得少于全体董事的三分之二，不够三分之二时，其通过的决议无效。

乐某南澳公司未完全履行提供9.3亩土地使用权的出资义务，而仅提供了5.65亩土地使用权。

2012年3月30日，亿甲公司召开董事会会议，五名董事中的三人参加，形成以下决议：因乐某南澳公司未履行出资义务，乐某南澳公司对亿甲公司不享有利润分配请求权、新股优先认购权、剩余财产分配请求权等股东权利。

亿乙公司诉请确认乐某南澳公司未履行出资义务，乐某南澳公司对亿甲公司不享有利润分配请求权、新股优先认购权、剩余财产分配请求权等股东权利。汕头市中级人民法院一审、广东省高级人民法院二审均支持了亿乙公司的诉讼请求，乐某南澳公司不服，向最高人民法院申请再审，最高人民法院改判驳回了亿乙公司的诉讼请求。

裁判要点精要

本案系限制瑕疵出资股东的利润分配请求权、新股优先认购权、剩余财产分配请求权等股东权利引发的纠纷。本案争议的焦点在于乐某南澳公司是否应被限制相应的股东权利。

对此，最高人民法院再审认为，限制股东权利，应当同时具备两个条件：一是股东未履行或者未全面履行出资义务或者有抽逃出资的行为；二是应当根据公司章程或者股东会决议作出限制。乐某南澳公司并非未履行出资义务，而是未全面履行出资义务。并且，亿甲公司董事会决议因未达到亿甲公司章程规定的通过比例而无效。因此，亿乙公司、亿甲公司根据亿甲公司董事会决议，请求限制乐某南澳公司相应的股东权利，不能得到支持。

实务经验总结

为避免未来发生类似纷争，提出如下建议：

第一，公司章程可以对瑕疵出资股东的股东权利作出限制，具体包括利润分配请求权、新股优先认购权、剩余财产分配请求权等。除此之外，公司章程或股东会决议如对瑕疵出资股东的股东知情权等权利作出限制，法院可能不会支持。

第二，公司在对瑕疵出资股东的股东权利进行限制时，应当以章程或股东会决议为依据，不能在公司章程没有规定的情况下或者未经股东会决议，直接向法院起诉，要求限制某股东权利。公司提起的此类诉讼，不会得到法院支持。

第三，股东认缴的出资未届履行期限，对未缴纳部分的出资是否享有以及如何行使表决权等问题，应当根据公司章程来确定。所以公司股东可以根据实际情况，具体约定股东认缴的出资未届履行期限，对未缴纳部分的出资是否享有以及如何行使表决权等问题，避免后续产生争议。

法规链接

《最高人民法院关于适用〈中华人民共和国公司法〉若干问题的规定（三）》（2020年修正）

第十六条　股东未履行或者未全面履行出资义务或者抽逃出资，公司根据公司章程或者股东会决议对其利润分配请求权、新股优先认购权、剩余财产分配请求权等股东权利作出相应的合理限制，该股东请求认定该限制无效的，人民法院不予支持。

《全国法院民商事审判工作会议纪要》（法〔2019〕254号）

7.【表决权能否受限】股东认缴的出资未届履行期限，对未缴纳部分的出资是否享有以及如何行使表决权等问题，应当根据公司章程来确定。公司章程没有规定的，应当按照认缴出资的比例确定。如果股东（大）会作出不按认缴出资比例而按实际出资比例或者其他标准确定表决权的决议，股东请求确认决议无效的，人民法院应当审查该决议是否符合修改公司章程所要求的表决程序，即必须经代表三分之二以上表决权的股东通过。符合的，人民法院不予支持；反之，则依法予以支持。

本案链接

以下为该案在法院审理阶段，判决书中"本院认为"就该问题的论述：

《公司法司法解释（三）》第十六条规定："股东未履行或者未全面履行出资义务或者抽逃出资，公司根据公司章程或者股东会决议对其利润分配请求权、新股优先认购权、剩余财产分配请求权等股东权利作出相应的合理限制，该股东请求认定该限制无效的，人民法院不予支持。"根据该规定，限制股东利润分配请求权、新股优先认购权、剩余财产分配请求权等股东权利，应当同时具备以下条件：一是股东未履行或者未全面履行出资义务或者有抽逃出资的行为；二是应当根据公司章程或者股东会决议作出限制。

首先，如前所述，乐某南澳公司并非未履行出资义务，而是未全面履行出资义务。

其次，亿甲公司的章程中并未明确规定未全面履行出资义务的股东将被限制股东权利。

最后，由于我国外商投资企业法的立法早于公司法立法，《中外合资经营企业法》及其实施条例关于合资企业的治理结构中没有股东会的规定，股东会的相应职责实际是由董事会行使。根据亿甲公司章程第二十五条的规定，出席董事会会议的法定人数不得少于全体董事的三分之二，不够三分之二人数时，其通过的决议无效。亿甲公司共有5名董事，而亿甲公司于2012年3月30日召开的关于限制乐某南澳公司股东权利的董事会仅有3名董事参加，显然不满足合资企业章程规定的条件，故当次董事会决议无效。已经生效的广东省高级人民法院（2013）粤高法民四终49号民事判决亦认为，2012年3月30日亿甲公司董事会决议因未达到亿甲公司章程规定的通过比例而无效。

因此，亿乙公司、亿甲公司根据亿甲公司董事会决议，请求限制乐某南澳公司相应的股东权利，不能得到支持。一审、二审判决认定乐某南澳公司不享有亿甲公司的利润分配请求权、新股优先认购权、剩余财产分配请求权等股东权利，缺乏事实和法律依据，应予纠正。

（七）股权投资误区之"隐名出资"

001 隐名出资重大法律风险及代持股协议应包含的六个重要条款

阅读提示

隐名出资牵涉三种法律关系：（1）隐名股东与名义股东间的法律关系；（2）隐名股东与公司（以及其他股东）间的法律关系；（3）隐名股东与公司外第三人（包括公司债权人与股权受让人）间的法律关系。

本书通过十个案例介绍了与隐名股东有关的若干裁判规则，以此提醒拟作为隐名股东的投资者：其与名义股东间签订的股权代持协议的法律关系为委托投资合同关系，隐名股东并不当然地获得股东的资格。对采取隐名持股的方式要慎之又慎。

笔者作为长期在公司法最前沿提供法律服务的实务工作者，强烈建议投资者尽量不要使用隐名持股的方式。如果一定要采取股权代持的方式，隐名股东一定要保证《股权代持协议》包含六个必备条款，并在实际运营中做到本书列举的五条建议，以确保自身合法权益。

一、隐名出资所涉及的法律关系

（一）隐名出资人与名义出资人之间存在委托投资法律关系

隐名股东与显名股东签订的股权代持协议属委托投资合同关系，股权归属关系与委托投资合同关系是两个层面的法律关系，前者因合法的投资行为而形成，后者则因当事人之间的合同行为而形成。即享有股东资格的仅是记载于股东名册中的名义股东，而实际投资人并非公司的股东，只能依据合同来处理其与名义股东间的关系。

案例1：博某公司与鸿某公司其他合同纠纷案［最高人民法院（2013）民四终20号］认为，股权归属关系与委托投资关系是两个层面的法律关系，前者因合法的投资行为而形成，后者则因当事人之间的合同行为而形成，保监会的上述规章仅仅是对出资股东持股比例所作的限制，而非对当事人之间的委托合同关系进行规制。因此，实际出资人不能以存在合法的委托投资关系为由主张股东地位，受托人也不能以存在持股比例限制为由否定委托投资协议的效力。

（二）隐名出资人与其他股东及公司之间的法律关系

当隐名出资人欲将其身份显露于外，要求公司承认其股东身份，直接向公司主张股东权利，并要求对相关的公司文件进行变更的时候，则会在隐名出资人与其他股东及公司之间发生法律关系。

这种关系通常以隐名股东资格确认或者股权归属纠纷的形式表现出来，此时不仅需要考察隐名出资人的实际出资行为，还要考察其他股东对此的立场和态度。

（三）隐名出资人与第三人之间的法律关系

在公司相关文件中显示于外的股东为名义出资人，当名义出资人以股东名义处分股权的时候，会涉及该处分行为的效力问题；当出资存在瑕疵的时候，会涉及债权人能否要求名义股东承担补偿出资的问题。

总之，由于隐名出资行为的存在，会出现工商登记记载与实际情况不符的情形，而以何者为依据认定股权的归属，进而认定行为的效力或追偿的对象，则关乎公司外第三人的利益保护问题。

二、隐名出资与股东资格确认

（一）隐名股东（实际出资人）主张股权必须证明其已经真正出资

隐名出资人向公司主张股权的，必须首先证明其有出资行为，出资行为是其取得股东资格并享有股权的内心真意的外在表示。

首先，出资、股东资格和股东权益三者之间是具有前后因果关系的，即先有出资行为，然后取得股东资格和享有股东权益，出资行为是原因和基础，取得股东资格和享有股东权益是结果和目的。

其次，实际投资人向公司投资的行为也是一种个体的民事法律行为，应适用法律行为的基本规则。按照民法理论，法律行为的进行是行为人将其内心的效力意思表示于外的过程"意思表示是法律行为的核心要素"，它由"作为心理事实的法律后果意思和此种意思的宣示（表达、表白）组成"，虽然隐名出资人是借用他人名义向公司出资，其出资行为仍然能够表明其向公司投资并享有股东权益的内心真意。

《公司法司法解释（三）》第二十二条规定："当事人之间对股权归属发生争议，一方请求人民法院确认其享有股权的，应当证明以下事实之一：（一）已经依法向公司出资或者认缴出资，且不违反法律法规强制性规定；（二）已经受让或者以其他形式继受公司股权，且不违反法律法规强制性规定。"虽然该条并没有直接针对隐名股东资格确认的实质要件作出规定，但是其对股权归属发生争议时主张权利一方当事人的证明责任的规定，可以适用于隐名股东资格认定的判定，即主张隐名股东资格或者股权的人应该提出证据证明其已经依法向公司出资或者认缴出资，且不违反法律法规强制性规定。据此，隐名出资人可以依据其与名义出资人之间的隐名投资合同或者其他出资事实证明其为真正的出资人。

另外，《北京市高级人民法院关于审理公司纠纷案件若干问题的指导意见（试行）》规定："依据《公司法》的相关规定，有限责任公司股东资格的确认，涉及实际出资额、股权转让合同、公司章程、股东名册、出资证明书、工商登记等。确认股东资格应当综合考虑多种因素，在具体案件中对事实证据的审查认定，应当根据当事人具体实施民事行为的真实意思表示，选择确认股东资格的标准。"

案例2：河南省洛阳市中级人民法院审理的董某某与科某公司、陈某某、张某、华某某、河南志某建设有限公司股权确认纠纷案［（2010）洛民终82号］认为，根据民法通则和公司法的有关规定，出资人的姓名和名称并不是公司取得法人资格必需的明示条件，故记载于公司登记机关的股东姓名或名称并无创设股东资格的效果；公司设立登记具有创设公司法人资格的功能，但就股东资格而言，工商登记并非设权程序，只具有对善意第三人的证权功能，因而是宣示性登记。对股东资格的认定应采用形式性和实质性相结合的办法审查。从志某公司的组建、成立、实际出资、流动资金的投入、经营管理和实际控制情况分析，被告陈某某、华某某、董某某、张某是志某公司的名义股东，科某公司系志某公司的隐名股东。应依据"出资取得股东资格"原则，确认原告为志某公司的股东。志某公司成立后，其半数以上名义股东明知原告作为实际出资人，参与了公司事务的管理，以股东的身份行使了权利，且得到了志某公司及被告陈某某、华某某、张某的认可，没有违反相关法律、法规的强制性规定，应认定原告科某公司对志某公司享有股权。

案例3：最高人民法院审理的湖北省利某世界银行贷款项目办公室与东某农化中心、襄阳区农业开发公司公司股权纠纷案［（2010）民二终113号］认为，是否具有成为股东的意思是判断当事人是不是公司股东的重要标准。公司设立时，当事人受他人委托向公司支付出资款，因当事人自己并没有成为股东的意思，故其不是公司股东，其仅与他人之间构成一般的债务关系，该他人才是公司股东。其他当事人虽对出资本身主张权利，但只要不能证明其在公司设立时具有成为股东的意思且该款项作为出资款，也不能认定其为公司股东。

（二）实际出资人变更工商登记成为股东需要经公司其他股东半数以上同意

《公司法司法解释（三）》第二十四条第三款规定："实际出资人未经公司其他股东半数以上同意，请求公司变更股东、签发出资证明书、记载于股东名册、记载于公司章程并办理公司登记机关登记的，人民法院不予支持。"据此，实际出资人变更工商登记成为股东，需要经公司其他股东半数以上同意。如何判断其他股东对于隐名出资人股东身份的承认或者同意？

第一，半数以上股东明确作出承认或者同意隐名出资人股东身份的意思表示。为此，其他股东可以作出书面声明或者在隐名出资人的请求书上签字，也可以与隐名出资人及名义出资人共同签订合同或者是通过股东会决议确认隐名出资人的股东身份。值得注意的是，此处的半数以上是否包含本数，法院的裁判观点并不统一。

案例4：辽宁省高级人民法院审理的李某某与刘某某及东某鸿丰房地产综合开发有限公司等股东资格确认纠纷案[（2015）辽审一民申983号]认为，李某某主张刘某某变更工商登记成为股东，需经其他股东过半数同意。但依据上述法律规定，实际出资人变更工商登记成为股东，需要经公司其他股东半数以上同意即可。而"半数以上"是否包括本数，《公司法》无明文规定。依照《民法通则》第一百五十五条的规定："民法所称的'以上'、'以下'、'以内'、'届满'，包括本数；所称的'不满'、'以外'，不包括本数。"因此，该"半数以上"的法律规定，应包括本数。

案例5：浙江省湖州市中级人民法院审理的丁某某与疏某公司股东资格确认纠纷案[（2016）浙05民终468号]认为，关于"半数以上"是否包含本数的问题，因实际出资人要求显名确认股东资格时，实际出资人将从公司的外部进入公司内部成为公司一员，类似于股东向公司股东以外的人转让股权，依据有限责任公司"人合性"的特征，应当准用《公司法》第七十一条关于股份对外转让时的限制条件，即应当经过其他股东过半数同意。

案例6：湖北省荆州市中级人民法院陈某某与通某公司股东资格确认纠纷案[（2015）鄂荆州中民四初00016号]认为，实际出资人未经公司其他股东半数以上同意，请求公司变更股东、签发出资证明书、记载于股东名册、记载于公司章程并办理公司登记机关登记的，人民法院不予支持。本案中，原告陈某某履行了出资义务，一直对通某公司进行经营管理，实际行使股东权利，履行股东义务，占公司80%股权的股东方某某明知陈某某实际出资于公司、与周某某之间存在代持股协议的事实，且认可并同意陈某某以股东身份行使权利，承认其享有公司股权，陈某某要求确认其通某公司股东资格的诉讼请求符合前述规定，应得到人民法院的支持。

案例7：北京市第一中级人民法院审理的王某等股东资格确认纠纷案[（2016）京01民终6084号]认为，根据上述股权代持协议书约定，汪某某作为中某公司目前工商登记的股东，其名下登记之部分股权实际是代王某持有，现王某起诉要求确认股东资格及部分股权，中某公司半数以上的工商登记股东已明确表示同意，其诉讼请求符合上述司法解释的规定，一审法院据此判决确认汪某某所持中某公司2.439%股权归王某所有，并判决中某公司将汪某某所持该公司

2.439%股权变更登记至王某名下，有事实及法律依据。

第二，从行为上推定其他股东是否有承认或者同意隐名出资人股东身份的意思表示。即使其他股东并没有明确作出承认或者同意隐名出资人股东身份的意思表示或者没有相关的书面文件作为其他股东承认或者同意隐名出资人股东身份的依据，也可以通过其他股东的行为进行推断。此处的"行为"主要是指其他股东对于隐名出资人实际享有股东权利的知情和认可行为，即其他股东明知隐名出资人行使或者享有了股东权利，但是并未表示反对，可视为一种默许。法院在司法裁判中一般也不会机械简单地理解为必须限定在诉讼过程中的其他股东同意，而是应以公司经营期间其他股东是否一直认可作为审查基础，来把握实际出资人要求显明的法律要件。

案例8：上海市静某区人民法院审理的张某某诉杨某某股权确认纠纷案（上海市静某区人民法院，2011年第5期最高法公报案例）认为，争议股权虽应为原告张某某所有，但原告并不当然成为绿某公司的股东，被告杨某某在代为持股期限届满后，为原告办理相应的股权变更登记手续，形同股东向股东以外的人转让股权。按照《公司法》第七十二条第二款的规定，股东向股东以外的人转让股权，应当经其他股东过半数同意。股东应就其股权转让事项书面通知其他股东征求同意，其他股东自接到书面通知之日起满三十日未答复的，视为同意转让。其他股东半数以上不同意转让的，不同意的股东应当购买该转让的股权；不购买的，视为同意转让。因此，被告为原告办理相应的股权变更登记手续，应当由绿某公司其他股东过半数表示同意。审理中，法院在绿某公司张贴通知，并向绿某公司部分股东发出通知，说明根据公司法有关规定，如绿某公司股东对原告张某某、被告杨某某之间的股权变更登记有异议，应按规定收购争议的股权，并于2009年12月31日前回复。嗣后，马某忠等八位股东（过半数）同意股权变更登记。因此，张某某、杨某某之间股权变更登记的条件已经成就，原告要求被告履行相应股权变更登记手续的诉讼请求，符合事实与法律依据，应予支持。

案例9：浙江省湖州市中级人民法院审理的金某某与金某公司股东资格确认纠纷案［（2016）浙05民终443号］认为，《公司法司法解释（三）》规定"实际出资人成为股东需经其他股东半数以上同意"，体现了有限责任公司的人合性，但认定其他股东是否同意不仅限定在诉讼中征得其他股东同意，还包括在公司成立时或经营期间其他股东是否认可，该事实可由当事人举证证明。本案中，长某公司在金某公司成立时即认可金某某享有金某公司40%股权，且金某某自金某公司成立时至2015年1月一直担任金某公司法定代表人,参与公司经营管理,长某公司在诉讼中表示不同意不足以磨灭其曾经同意金某某入股的事实,故金某某成为金某公司股东的条件已经满足。

三、隐名出资所涉股权的善意取得

如果股权被显名股东卖出并且符合善意取得要件,实际出资人丧失股权,只能向显名股东请求赔偿损失。显名股东"无权处分"其所持有的股权,可类比适用善意取得。

根据《公司法司法解释(三)》第二十五条第一款规定:"名义股东将登记于其名下的股权转让、质押或者以其他方式处分,实际出资人以其对于股权享有实际权利为由,请求认定处分股权行为无效的,人民法院可以参照民法典第三百一十一条的规定处理。"《民法典》第三百一十一条规定:"无处分权人将不动产或者动产转让给受让人的,所有权人有权追回;除法律另有规定外,符合下列情形的,受让人取得该不动产或者动产的所有权:(一)受让人受让该不动产或者动产时是善意;(二)以合理的价格转让;(三)转让的不动产或者动产依照法律规定应当登记的已经登记,不需要登记的已经交付给受让人。受让人依据前款规定取得不动产或者动产的所有权的,原所有权人有权向无处分权人请求损害赔偿。当事人善意取得其他物权的,参照适用前两款规定。"因此,显名股东处分股权可类比适用善意取得制度。

案例10:吉林省吉林市中级人民法院审理的上诉人贾某某因与被上诉人张某某、谢某确认合同无效纠纷案[(2013)吉中民三终158号]认为,张某某受让谢某转让的股权行为是否构成善意取得为确认本案合同效力的焦点问题。对此,本院认为,第一,贾某某提供的证据不能证明张某某受让谢某股权行为非善意。第二,谢某陈述交易价格为7万元,等于入股时原价,明显不合理,应由张某某举证证明其系以合理价格受让股权,现张某某提举了谢某收取股金款37万元的收据,证明双方的交易真实价格为37万元,此价格与入股时原价溢价比为500%,张某某已尽举证责任。现贾某某仍认为价格不合理,按谁主张谁举证的原则,应由贾某某举证证明,贾某某提请对光某公司资产进行评估,以此确认股权的实际价值。本院认为,公司资产是影响股权价值的因素,但不是唯一因素,公司股权价值还受公司的经营状况、获利能力、发展前景、品牌效应、市场环境等诸多因素的影响,贾某某的要求没有事实和法律依据,应认定张某某系以合理价格受让股权。第三,张某某受让股权后,依照法律规定,办理了工商登记手续。综上，依照《物权法》第一百零六条的规定，张某某受让谢某股权行为属于法律上的善意取得。

四、《股权代持协议》必备的七个条款

笔者提醒拟作为隐名股东的投资者，其与名义出资者所签订的"股权代持协议"的法律关系为委托投资合同关系（某些情况下也可能为借贷关系），其并不当然地获得股东的资格。根据笔者近 20 年一线工作的经验，笔者建议应该慎用隐名股东的方式持股。如果非要采取股权代持的方式，《股权代持协议》一定要包含如下前七个条款并在实际运营中做到后五条建议，以确保自身合法权益。

1. 写明已出资。隐名股东已将代持股份出资款足额交付显名股东，专用于隐名股东对目标公司的出资，显名股东予以确认。最好从隐名股东的账户直接支付到公司出资账户，避免出资被显名股东侵占或挪用。

2. 写明隐名股东成为股东的真实意思表示。隐名股东作为实际出资者，对公司享有实际的股东权利并有权获得相应的投资收益；显名股东仅以自身名义，将隐名股东的出资向公司出资，并代隐名股东持有该等投资所形成的股东权益，而对该等出资所形成的股东权益不享有任何最终的、实际的收益权或处置权（包括但不限于股东权益的转让、担保）。

3. 提前要求名义持股人签署《股权转让协议》。约定在委托持股期限内，隐名股东有权在条件具备时，将相关股东权益转移到自己或自己指定的任何第三人名下，届时涉及的相关法律文件，显名股东须无条件同意。

4. 显名股东与隐名股东签署行使表决权的《授权委托书》，约定显名股东在以股东身份参与公司经营管理过程中需要行使表决权时，至少应提前 3 日取得隐名股东书面授权，未经授权不得行使表决权，并且必须按照《授权委托书》写明的事项行使表决权（同意或不同意相关股东会决议的事项）。

5. 显名股东承诺将其未来所收到的因代持股份所产生的全部投资收益（包括现金股息、红利或任何其他收益分配）都转交给隐名股东。

6. 约定隐名股东有权随时解除代持股协议，显名股东应当按隐名股东指示向其移转"代持股份"或股权收入；在隐名股东拟向公司股东或股东以外的人转让、质押"代持股份"时，显名股东应对此提供必要的协助及便利。

7. 可以对代持股权的报酬等进行约定。除非代持股权金额不大，否则不建议无偿代持。

五、公司日常运营中隐名股东应做到以下五点，以确保自身合法权益

1. 代持股协议签订后，隐名股东要保留其向显名股东支付出资的记录，以及显名股东向公司注资的记录，尽量保证专卡专用，并在同一时间段内支付；最好从隐名股东的账户直接支付到公司出资账户，避免出资被显名股东侵占或挪用。

2. 隐名股东需要取得公司其他股东认可其为真正股东的证明以及目标公司予以确认的证明。例如，通过股东会决议、公司章程修正案等方式确认或公司向隐名股东签发加盖公章的出资证明书、股东名册等。

3. 隐名股东可以在签订代持协议的同时，要求显名股东签署隐名股东出席股东会的授权书，以保障行使表决权；并且留存签署的指派显名股东出席股东会、董事会的《授权委托书》，指示其代表隐名股东同意或不同意相关股东会决议的事项等，作为隐名股东积极参与公司管理的证据。

4. 公司的运营中，隐名股东还应设法参与董事会席位、公司高管职位及对公司财务人员作出安排，防止显名股东滥用股东权利，协助其他股东通过作出当年度不分红和少分红，高额提取资本公积金、关联交易、自我交易等方式将隐名股东的利润"黑"掉。

5. 最好的方式是隐名股东直接参与股东会并留下相应的影像资料，证明隐名股东参与公司管理、其他股东知悉的证据。这个证据对于后续显名具有非常积极的意义。

六、相关的司法解释

《公司法司法解释（三）》第二十四条规定，有限责任公司的实际出资人与名义出资人订立合同，约定由实际出资人出资并享有投资权益，以名义出资人为名义股东，实际出资人与名义股东对该合同效力发生争议的，如无法律规定的无效情形，人民法院应当认定该合同有效。

前款规定的实际出资人与名义股东因投资权益的归属发生争议，实际出资人以其实际履行了出资义务为由向名义股东主张权利的，人民法院应予支持。名义股东以公司股东名册记载、公司登记机关登记为由否认实际出资人权利的，人民法院不予支持。

实际出资人未经公司其他股东半数以上同意，请求公司变更股东、签发出资证明书、记载于股东名册、记载于公司章程并办理公司登记机关登记的，人民法院不予支持。

第二十五条规定，名义股东将登记于其名下的股权转让、质押或者以其他方式处分，实际出资人以其对于股权享有实际权利为由，请求认定处分股权行为无效的，人民法院可以参照民法典第三百一十一条的规定处理。

名义股东处分股权造成实际出资人损失，实际出资人请求名义股东承担赔偿责任的，人民法院应予支持。

第二十六条规定，公司债权人以登记于公司登记机关的股东未履行出资义务为由，请求其对公司债务不能清偿的部分在未出资本息范围内承担补充赔偿责任，股东以其仅为名义股东而非实际出资人为由进行抗辩的，人民法院不予支持。

名义股东根据前款规定承担赔偿责任后，向实际出资人追偿的，人民法院应予支持。

002 哪几种情况下股权代持合同无效

阅读提示

在通常情况下，隐名出资人与名义股东之间签订的代持股协议有效。但是，笔者发现最高人民法院连续做出两个代持股协议无效裁判文书。笔者就以这两个案子为例，向读者展示最高人民法院关于代持股协议效力的识别标准和方法。

裁判要旨

代持股协议虽然仅违反部门规章，未违反法律、法规的强制性规定，但该协议损害社会公共利益的，该代持股协议无效。隐名出资人无权依据无效的代持股协议，请求名义股东返还股权，也无权要求公司确认股东资格，办理工商过户手续。

案情简介①

君某人寿公司是一家经保监会批准成立的保险公司。天某公司与伟某公司分别持有君某人寿公司 2 亿股股份，持股比例均为 20%。

君某人寿公司 2011 年进行增资扩股。天某公司欲进行增资，但其选择采用隐名持股的方式进行增资。

天某公司与伟某公司签订《信托持股协议》约定，天某公司持有君某人寿

---

① 最高人民法院，伟某公司、天某公司营业信托纠纷案 [（2017）最高法民终 529 号]。

公司2亿股的股份（占20%）的实益权利，现通过信托的方式委托伟某公司持股。伟某公司同意接受天某公司的委托。随后，天某公司通过伟某公司向君某人寿公司增资2亿元。

《保险公司股权管理办法》第八条规定，任何单位或者个人不得委托他人或者接受他人委托持有保险公司的股权。《保险公司股权管理办法》是由保监会制定的部门规章。

此后天某公司向伟某公司主张解除《信托持股协议》，并要求伟某公司将2亿股股份过户给天某公司，因伟某公司不肯，遂诉至法院。

本案福建省高级人民法院一审时认为《信托持股协议》合法有效，天某公司为实际持股人，伟某公司将所代持股份过户给天某公司，君某人寿公司将天某公司记载于股东名册，并办理工商过户登记。

伟某公司不服，上诉至最高人民法院。最高人民法院经审理认为，《信托持股协议》损害了社会公共利益属无效合同，撤销原判，发回重审。

裁判要点精要

本案中，《信托持股协议》的内容违反保监会制定的《保险公司股权管理办法》禁止代持保险公司股权规定，虽然该管理规定属于部门规章，但对规范目的、内容实质以及实践中允许代持保险公司股权可能出现的危害后果进行综合分析，违反该管理办法的协议，有损社会公共利益，当属无效。具体分析如下：

第一，《保险公司股权管理办法》在法律规范的效力位阶上虽属于部门规章，并非法律、行政法规，但保监会是依据《保险法》授权，为保持保险公司经营稳定，保护投资人和被保险人的合法权益，加强保险公司股权监管而制定。因此，该管理办法禁止代持保险公司股权的规定与《保险法》的立法目的一致，都是加强对保险业的监督管理，维护社会经济秩序和社会公共利益，促进保险事业的健康发展。

第二，《保险公司股权管理办法》系保监会在本部门的职责权限范围内，根据加强保险业监督管理的实际需要具体制定，该内容不与更高层级的相关法律、行政法规的规定相抵触，也未与具有同层级效力的其他规范相冲突，同时其制定和发布亦未违反法定程序。因此，管理办法关于禁止代持保险公司股权的规定具有实质上的正当性与合法性。

第三，从代持保险公司股权的危害后果来看，允许隐名持有保险公司股权，将使得真正的保险公司投资人游离于国家有关职能部门的监管之外，如此势必加大保险公司的经营风险，妨害保险行业的健康有序发展。加之由于保险行业涉及众多不特定被保险人的切身利益，保险公司这种潜在的经营风险在一定情况下还将危及金融秩序和社会稳定，进而直接损害社会公共利益。

综上，违反《保险公司股权管理办法》有关禁止代持保险公司股权规定的行为，在一定程度上具有与直接违反《保险法》等法律、行政法规一样的法律后果，同时还将出现破坏国家金融管理秩序、损害包括众多保险法律关系主体在内的社会公共利益的危害后果。依据《合同法》第五十二条的规定，损害社会公共利益的合同无效。因此，本案中天某公司、伟某公司之间签订的《信托持股协议》应认定为无效。进而，天某公司将股份过户至其名下的诉讼请求依法不能得到支持。

实务经验总结

对于隐名出资人来讲，隐名出资人签订的代持股协议，即使没有违反法律法规的效力性规定，但是损害社会公共利益的，同样无效。所以，隐名出资人在与名义股东签订代持股协议，不但要避免违反法律、行政法规的效力性强制性规定，而且要避免损害社会公共利益。特别是，对于违反证监会、银保监会等金融监管机构的部门规章的，虽然在效力位阶上不属于法律、行政法规，但是有可能损害该部门规章所保护的社会公共利益。

另外，根据《民法典》的相关规定，合同只有在违反效力性的强制性规定时，才可能无效，而违反管理性的强制性规定，合同并非无效，而仅对合同双方处以公法上的行政责任。但是，如何区分效力性的强制性规定和管理性的强制性规定，却是司法实务中的一大难题。笔者根据相关司法解释和相对成熟的学界通说，提出如下区分方法：

首先是形式的识别方法，即看该规范是否直接明文规定了违反该规定的合同即为无效的。例如，房地产领域关于未办理房屋预售许可证签订的合同无效，建工领域关于无资质或超越资质签订的建设工程合同无效。

其次是实质的识别方法，也即需要看合同违反的规范，是在本质上要禁止该类行为，还是仅仅限制特定主体市场准入资格、禁止某种特定的履行方式、特定的履行时间和履行地点等。换言之，任何人在任何时候任何地点任何情况下均不可以做的，一般即为效力性的强制性规定，例如，禁止买卖枪支毒品、禁止拐卖妇女儿童等规定。仅仅是限制某类人，在特定条件下，才可以进行的规定，即为管理性的强制性规定。例如，禁止未办理餐饮许可证就开饭馆。但是我们与该无证经营的饭馆所成立的餐饮服务合同，也是有效的。另外，要结合该规范所规制的利益类型和立法目的，来适用前述两种方法，通常来讲如果该规范的目的在于保护社会公共利益，而不仅仅是协调当事人双方之间的利益，该规范即为效力性的强制性规定，反之则为管理性的强制性规定。

需要提醒的是，使用前述两种方法时，我们首先要在效力位阶上看一下，该规范是否属于法律或者行政法规。若仅仅是部门规章或地方性法规或其他规范性文件，我们则不必再以《民法典》第一编第六章第三节"民事法律行为的效力"来判断合同效力。而是需要看该规范性文件是否违反了《民法典》第一百三十二条的规定，也即是否损害社会公共利益，就像本案中的代持股协议，虽然违反的是部门规章，但其损害社会公共利益，也当属无效。

法规链接

《最高人民法院关于适用〈中华人民共和国公司法〉若干问题的规定（三）》（2020年修正）

第二十四条 有限责任公司的实际出资人与名义出资人订立合同，约定由实际出资人出资并享有投资权益，以名义出资人为名义股东，实际出资人与名义股东对该合同效力发生争议的，如无法律规定的无效情形，人民法院应当认定该合同有效。

前款规定的实际出资人与名义股东因投资权益的归属发生争议，实际出资人以其实际履行了出资义务为由向名义股东主张权利的，人民法院应予支持。名义股东以公司股东名册记载、公司登记机关登记为由否认实际出资人权利的，人民法院不予支持。

实际出资人未经公司其他股东半数以上同意，请求公司变更股东、签发出资证明书、记载于股东名册、记载于公司章程并办理公司登记机关登记的，人民法院不予支持。

《民法典》

第一百三十二条 民事主体不得滥用民事权利损害国家利益、社会公共利益或者他人合法权益。

第一百四十六条 行为人与相对人以虚假的意思表示实施的民事法律行为

无效。

以虚假的意思表示隐藏的民事法律行为的效力，依照有关法律规定处理。

第一百五十三条 违反法律、行政法规的强制性规定的民事法律行为无效。但是，该强制性规定不导致该民事法律行为无效的除外。

违背公序良俗的民事法律行为无效。

第一百五十四条 行为人与相对人恶意串通，损害他人合法权益的民事法律行为无效。

《最高人民法院关于适用〈中华人民共和国民法典〉合同编通则若干问题的解释》（法释〔2023〕13号）

第十六条 合同违反法律、行政法规的强制性规定，有下列情形之一，由行为人承担行政责任或者刑事责任能够实现强制性规定的立法目的的，人民法院可以依据民法典第一百五十三条第一款关于"该强制性规定不导致该民事法律行为无效的除外"的规定认定该合同不因违反强制性规定无效：

（一）强制性规定虽然旨在维护社会公共秩序，但是合同的实际履行对社会公共秩序造成的影响显著轻微，认定合同无效将导致案件处理结果有失公平公正；

（二）强制性规定旨在维护政府的税收、土地出让金等国家利益或者其他民事主体的合法利益而非合同当事人的民事权益，认定合同有效不会影响该规范目的的实现；

（三）强制性规定旨在要求当事人一方加强风险控制、内部管理等，对方无能力或者无义务审查合同是否违反强制性规定，认定合同无效将使其承担不利后果；

（四）当事人一方虽然在订立合同时违反强制性规定，但是在合同订立后其已经具备补正违反强制性规定的条件却违背诚信原则不予补正；

（五）法律、司法解释规定的其他情形。

法律、行政法规的强制性规定旨在规制合同订立后的履行行为，当事人以合同违反强制性规定为由请求认定合同无效的，人民法院不予支持。但是，合同履行必然导致违反强制性规定或者法律、司法解释另有规定的除外。

依据前两款认定合同有效，但是当事人的违法行为未经处理的，人民法院应当向有关行政管理部门提出司法建议。当事人的行为涉嫌犯罪的，应当将案件线索移送刑事侦查机关；属于刑事自诉案件的，应当告知当事人可以向有管辖权的人民法院另行提起诉讼。

第十七条 合同虽然不违反法律、行政法规的强制性规定，但是有下列情形之一，人民法院应当依据民法典第一百五十三条第二款的规定认定合同无效：

（一）合同影响政治安全、经济安全、军事安全等国家安全的；

（二）合同影响社会稳定、公平竞争秩序或者损害社会公共利益等违背社会公共秩序的；

（三）合同背离社会公德、家庭伦理或者有损人格尊严等违背善良风俗的。

人民法院在认定合同是否违背公序良俗时，应当以社会主义核心价值观为导向，综合考虑当事人的主观动机和交易目的、政府部门的监管强度、一定期限内当事人从事类似交易的频次、行为的社会后果等因素，并在裁判文书中充分说理。当事人确因生活需要进行交易，未给社会公共秩序造成重大影响，且不影响国家安全，也不违背善良风俗的，人民法院不应当认定合同无效。

《保险公司股权管理办法》(2018)

第三十一条 投资人不得委托他人或者接受他人委托持有保险公司股权。

本案链接

以下为该案在法庭审理阶段，判决书中"本院认为"就该问题的论述：

本院认为：天某公司、伟某公司签订的《信托持股协议》内容，明显违反中国保险监督管理委员会制定的《保险公司股权管理办法》第八条关于"任何单位或者个人不得委托他人或者接受他人委托持有保险公司的股权"的规定，对该《信托持股协议》的效力审查，应从《保险公司股权管理办法》禁止代持保险公司股权规定的规范目的、内容实质以及实践中允许代持保险公司股权可能出现的危害后果进行综合分析认定。首先，从《保险公司股权管理办法》禁止代持保险公司股权的制定依据和目的来看，尽管《保险公司股权管理办法》在法律规范的效力位阶上属于部门规章，并非法律、行政法规，但中国保险监督管理委员会是依据《保险法》第一百三十四条关于"国务院保险监督管理机构依照法律、行政法规制定并发布有关保险业监督管理的规章"的明确授权，为保持保险公司经营稳定，保护投资人和被保险人的合法权益，加强保险公司股权监管而制定。据此可以看出，该管理办法关于禁止代持保险公司股权的规定与《保险法》的立法目的一致，都是加强对保险业的监督管理，维护社会经济秩序和社会公共利益，促进保险事业的健康发展。其次，从《保险公司股权管理办法》禁止代持保险公司股权规定的内容来看，该规定系中国保险监督管理委员会在本部门的职责权限范围内，根据加强保险业监督管理的实际需要具体制定，该内容不与更高层级的相关法律、行政法规的规定相抵触，也未与具有同层级效力的其他规范相冲突，同时其制定和发布亦未违反法定程序，因此《保险公司股权管理办法》关于禁止代持保险公司股权的规定具有实质上的正当性与合法性。最后，从代持保险公司股权的危害后果来看，允许隐名持有保险公司股权，将使得真正的保险公司投资人游离于国家有关职能部门的监管之外，如此势必加大保险公司的经营风险，妨害保险行业的健康有序发展。加之由于保险行业涉及众多不特定被保险人的切身利益，保险公司这种潜在的经营风险在一定情况下还将危及金融秩序和社会稳定，进而直接损害社会公共利益。综上可见，违反中国保险监督管理委员会《保险公司股权管理办法》有关禁止代持保险公司股权规定的行为，在一定程度上具有与直接违反《保险法》等法律、行政法规一样的法律后果，同时还将出现破坏国家金融管理秩序、损害包括众多保险法律关系主体在内的社会公共利益的危害后果。《合同法》第五十二条规定："有下列情形之一的，合同无效：（一）一方以欺诈、胁迫的手段订立合同，损害国家利益；（二）恶意串通，损害国家、集体或者第三人利益；（三）以合法形式掩盖非法目的；（四）损害社会公共利益；（五）违反法律、行政法规的强制性规定。"故依照《合同法》第五十二条第（四）项的规定，本案天某公司、伟某公司之间签订的《信托持股协议》应认定为无效。天某公司依据该《信托持股协议》要求将讼争4亿股股份过户至其名下的诉讼请求依法不能得到支持。

综上，本院认为，天某公司、伟某公司之间虽签订有《信托持股协议》，但双方是否存在讼争4亿股君某人寿公司股份的委托持有关系，需依法追加泰某公司等第三人参加诉讼，进一步查明相关事实后方可作出判定。但无论天某公司、伟某公司之间是否存在讼争保险公司股份的委托持有关系，由于双方签订的《信托持股协议》违反了中国保险监督管理委员会《保险公司股权管理办法》的禁止性规定，损害了社会公共利益，依法应认定为无效。天某公司可以在举证证明其与伟某公司存在讼争股份委托持有关系的基础上，按照合同无效的法律后果依法主张相关权利。为进一步查明相关案件事实，充分保障各方当事人和有关利害关系人行使诉讼权利，本案应发回原审法院重新审理。

延伸阅读

裁判规则：代持股协议虽未违反法律法规的效力性强制性规定，但损害社会公共利益的，协议无效。

案例：最高人民法院审理的杨某某、林某某股权转让纠纷再审审查与审判监督案[（2017）最高法民申2454号]认为，上市公司股权代持股协议，对于其效力的认定应当根据上市公司监管相关法律法规以及《合同法》等规定综合予以判定。首先，中国证券监督管理委员会于2006年5月17日颁布的《首次公开发行股票并上市管理办法》①第十三条规定："发行人的股权清晰，控股股东和受控股股东、实际控制人支配的股东持有的发行人股份不存在重大权属纠纷。"《证券法》（2014年修正）第十二条规定："设立股份有限公司公开发行股票，应当符合《中华人民共和国公司法》规定的条件和经国务院批准的国务院证券监督管理机构规定的其他条件……"第六十三条规定："发行人、上市公司依法披露的信息，必须真实、准确、完整，不得有虚假记载、误导性陈述或者重大遗漏。"中国证券监督管理委员会于2007年1月30日颁布的《上市公司信息披露管理办法》第三条规定："发行人、上市公司的董事、监事、高级管理人员应当忠实、勤勉地履行职责，保证披露信息的真实、准确、完整、及时、公平。"根据上述规定可以看出，公司上市发行人必须股权清晰，且股份不存在重大权属纠纷，并且公司上市需遵守如实披露的义务，披露的信息必须真实、准确、完整，这是证券行业监管的基本要求，也是证券行业的基本共识。由此可见，上市公司发行人必须真实，不允许发行过程中隐匿真实股东，否则公司股票不得上市发行，通俗而言，即上市公司股权不得隐名代持。本案中，在亚某顿公司上市前，林某某代杨某某持有股份，以林某某名义参与公司上市发行，实际隐瞒了真实股东或投资人身份，违反了发行人如实披露义务，为上述规定明令禁止。其次，中国证券监督管理委员会根据《证券法》授权对证券行业进行监督管理，是为保护广大非特定投资者的合法权益。要求拟上市公司股权必须清晰，约束上市公司不得隐名代持股权，系对上市公司监管的基本要求，否则如果上市公司真实股东都不清晰的话，其他对于上市公司系列信息披露要求、关联交易审查、高管人员任职回避等监管举措必然落空，必然损害到广大非特定投资者的合法权益，从而损害到资本市场基本交易秩序与基本交易安全，损害到金融安全与社会稳定，从而损害到社会公共利益。据此，根据《合同法》第五十二条的规定："有下列情形之一的，合同无效：（一）一方以欺诈、胁迫的手段订立合同，损害国家利益；（二）恶意串通，损害国家、集体或者第三人利益；（三）以合法形式掩盖

---

① 已失效。

非法目的；（四）损害社会公共利益；（五）违反法律、行政法规的强制性规定。"本案杨某某与林某某签订的《委托投资协议书》与《协议书》，违反公司上市系列监管规定，而这些规定有些属于法律明确应予遵循之规定，有些虽属于部门规章性质，但因经法律授权且与法律并不冲突，并属于证券行业监管基本要求与业内共识，并对广大非特定投资人利益构成重要保障，对社会公共利益亦为必要保障之所在，故依据《合同法》第五十二条第（四）项规定，本案上述诉争协议应认定为无效。

003 无书面无代持股协议即使近亲属关系也无法确认代持关系

裁判要旨

如果无证据证明隐名股东与显名股东之间达成了合法有效的代持股合意，投资款转款用途亦不明确，即便增资资金来源于"隐名股东"，亦不能就此认定其享有股东权益。

案情简介①

原告主张其之所以当时选择隐名，是因为其面临离婚资产重大争议，资金流向上尽量不留自己的字样，用途上也回避投资款的标志，而且也考虑到珠某公司将来要上市，为了避免以前经营存在的纠纷对珠某公司产生不利影响。

原告主张以不同方式实际出资达 11194.55 万元。

双方没有签订书面代持股协议，但是王某、王甲兄弟的父母和姐姐均出庭证明以及沈某某也证明王某的实际出资人身份。

诉讼请求：确认珠某公司 99.7%的股权属于王某所有；依法判令珠某公司为王某签发出资证明书、将王某记载于股东名册并办理股东工商登记。

法院认为并无证据证明达成了合法有效的代持股合意，依法驳回诉讼请求。

基于投入珠某公司相关款项产生的合法财产权益，法院指出可依其他法律关系另行主张。

---

① 最高人民法院，王某与珠某公司股东资格确认纠纷案 [（2014）民二终21号]。

裁判要点精要

1. 王某并未提供其与王甲及海某公司之间存在书面代持股合意的证据，王甲与海某公司亦否认存在代持股合意。

2. 虽然王某与王甲的父母、姐姐均出庭证明珠某公司是由王某起意筹资建立，并在珠某公司成立初期经家庭会议就王某出资、王甲代王某持股45%的事宜进行了商定，其后至2008年王某将自己持有的珠某公司股份全部转让给王甲，实际是由王甲代持股的意思，也经家庭会议商定，但家庭会议未就有关王某与王甲之间存在代持股合意的问题达成任何书面记载，且上述家庭成员证人证言并未明确对于珠某公司2012年4月增资至5000万元过程中，由王某实际出资王甲代其持有相应股份的行为经过了家庭会议讨论决定，另外，家庭成员对于海某公司成为珠某公司股东并持有股份的事宜均不知情。

3. 王甲增资4250万元中的2500万元并未直接用于王甲对公司增资，而是辗转数个账户后才被王甲用于增资。增资过程中代持股事宜缺乏明确合意。

4. 王某起诉状及二审答辩状中的陈述，其选择隐名的原因在于规避《专利权转让合同》为沈某某垫资的义务，以及避免离婚有关财产分割争议、避免以前经营存在的纠纷对珠某公司产生不利影响等事由。因此，即便认为通过家庭会议形式对有关代持股事宜达成口头约定，但该代持股合意目的在于逃避相关债务、损害第三人利益，根据《合同法》第五十二条第（三）项的规定，应属无效。

综上，法院认为，并无证据证明达成了合法有效的代持股合意，依法驳回了王某要求确认王甲及海某公司在珠某公司的相应股权由其享有的诉讼请求，王某基于投入珠某公司相关款项产生的合法财产权益可依其他法律关系另行主张。

实务经验总结

为避免未来发生类似纷争，提出如下建议：

第一，古话说"亲兄弟明算账"，即便是亲兄弟之间的股权代持关系，也应该签署书面形式的、明确的股权代持协议。否则，不仅可能失去股权，在一场激烈而旷日持久的诉讼之后，手足亲情也早已丧失殆尽。

第二，因为家庭会议未就有关代持股合意的问题达成任何书面记载，因此即便父母和兄弟姐妹出庭作证，法院也未认定股权代持事实。因此笔者建议：任何重大事项的会议和决议均应以文字形式记录，不管是公司会议还是家庭会议，这是一个良好的习惯。重要决议事项不作书面决议的后果，不仅可能失去财产，还可能有牢狱之灾。例如，笔者的一个客户持有公司50%股权，与另外一个有50%股权的股东议定其作为董事长工资每月2万元，但是未作出书面形式的决议。然后一直领取每月2万元的工资。公司财务为了"避税"竟然用董事长夫人和儿子的身份证做账各领取工资5000元、董事长的身份证做账领取工资1万元。数年后，股东之间矛盾爆发后，由于其未作书面决议而最后被认定其利用职务便利，妻子与儿子不在公司工作的情况下领取工资高达76万元构成职务侵占罪，被判刑10年。

第三，由于资金往来性质存在多种可能性，委托投资、共同投资、赠与、借款、还款等，他人很难仅仅根据汇款凭据判断当时双方当事人之间实际发生的事实及其真实意思表示。用于公司出资或公司增资的款项，汇款时必须写清楚用途，避免后续出现争议时，产生该资金性质的争议。

本案链接

以下为该案在法院审理阶段，判决书中"本院认为"就该问题的论述：

本院认为：珠某公司在成立之初，王某作为原始股东之一享有珠某公司40%的股权，其后经历2005年增资和2008年股权转让，王某所持珠某公司股份全部转让给了王甲，截至本案一审诉讼前，王某在珠某公司不持有任何股份，其已不是珠某公司股东名册上记载的股东。根据《公司法》第三十二条第二款的规定，王某无权直接向珠某公司主张股东权利。按照《公司法司法解释（三）》第二十四条的规定，王某如要取得珠某公司股东身份，应建立在其与王甲及海某公司之间存在合法有效的代持股协议，且王某向珠某公司实际出资，并经公司其他股东过半数同意其显名为公司股东的基础上。

本案中，王某以珠某公司注册资本均由其提供，并实际参与了珠某公司经营管理拥有重大事项决策权，王甲只是代为持有股份为由，主张登记在王甲和海某公司名下的珠某公司相应股权应由其享有，但王某并未提供其与王甲及海某公司之间存在书面代持股合意的证据，王甲与海某公司亦否认存在代持股合意。虽然，原审中王某与王甲的父母、姐姐均出庭证明珠某公司是由王某起意筹资建立，并在珠某公司成立初期经家庭会议就王某出资、王甲代王某持股45%的事宜进行了商定，其后至2008年王某将自己持有的珠某公司股份全部转让给王甲，实际是由王甲代持股的意思，也经家庭会议商定，但家庭会议未就有关王某与王甲之间存在代持股合意的问题达成任何书面记载，且上述家庭成员证人证言并未明确对于珠某公司2012年4月增资至5000万元过程中，由王某实际出资王甲代其持有相应股份的行为经过了家庭会议讨论决定。另外，家庭成员对于海某公司成为珠某公司股东并持有股份的事宜均不知情。此外，原审认定王甲增资4250万元中的2500万元系王某通过王乙和美某公司的出资，但该两笔资金转入时间均为2011年年底，且并未直接用于王甲对珠某公司增资，而是历经数个账户流转后于2012年4月才被王甲用于增资。对此，本院认为，在王某与王甲及海某公司之间就2012年4月增资过程中代持股事宜缺乏明确合意的情况下，结合上述资金的转入及流转过程，王某对于此次增资具有出资的意思表示并协商由王甲及海某公司代为持股的证据不足。

另外，根据王某起诉状及二审答辩状中的陈述，其选择隐名的原因在于规避《专利权转让合同》为沈某某垫资的义务，以及避免离婚有关财产分割争议、避免以前经营存在的纠纷对珠某公司产生不利影响等事由。因此，即便认为通过家庭会议形式对有关代持股事宜达成口头约定，但该代持股合意目的在于逃避相关债务、损害第三人利益，根据《合同法》第五十二条第（三）项的规定，应属无效。

综上，本院认为，由于在珠某公司2012年4月增资至5000万元过程中，并无证据证明王某与王甲及海某公司之间达成了合法有效的代持股合意，王某委托王乙和美某公司转款系用于此次增资的意图亦不明确，因此即便增资资金来源于王某，亦不能就此认定王某对记载于王甲及海某公司名下珠某公司股权享有股东权益，故王某要求确认王甲及海某公司在珠某公司的相应股权由其享有的诉讼请求，因证据不足，本院不予支持。在此基础上，王某要求珠某公司为其签发出资证明书、将其记载于股东名册并办理工商登记，缺乏事实和法律依据，本院亦不予支持。股权具有财产权和人身权的双重法律属性，根据公司法的规定，股东应当在公司章程上签名、盖章，公司应当置备股东名册记载股东姓名及出资额，记载于股东名册的股东有权向公司主张行使股东权利。选择隐名出资方式而由他人代持股权的出资人，无权向公司主张行使股东权利。王某基于投入珠某公司相关款项产生的合法财产权益可依其他法律关系另行主张。

004 对内对外均隐名的隐名出资人如何成为公司显名股东

阅读提示

隐名股东总有难言之隐或不便之处,而且也不是长久之计。加上代持股中各种潜在的法律风险,于是大量实际出资人(隐名出资人)要求显名,如果遇到显名股东或其他股东不配合的,就会发生大量隐名股东要求显名的诉讼。

其实,隐名持股可分为两种类型:(1)对内不隐名,对外隐名,也即公司和公司内部的股东,均知晓或认可隐名出资人和名义股东的代持股关系,但公司外部人不知晓存在代持股关系;(2)对内隐名,对外也隐名,也即公司和其他股东均不知道隐名出资人和名义股东的代持股关系,公司外部人也不知道代持股关系。本节通过一则最高人民法院的判例,介绍"对外隐名,对内也隐名"的隐名出资人的显名方法和程序。

裁判要旨

隐名出资人向公司主张股权的,必须首先证明其有出资行为,其次须经公司其他股东半数以上同意,否则不能实现显名。其中,其他股东半数以上同意的表现形式通常是其他股东通过书面说明、合同或股东会决议等方式,明确作出承认或者同意隐名出资人股东身份的意思表示。

案情简介[①]

2003年7月2日,中某腾龙公司成立,注册资本为5000万元,其中中某网络公司出资3000万元,占股60%,吴乙出资2000万元,占股40%。

2003年7月6日,吴甲与中某网络公司、吴乙签订协议确定,中某网络公司在中某腾龙公司的出资为500万元,占股10%;吴乙在中某腾龙公司的出资为2250万元,占股45%;吴甲在中某腾龙公司的出资为2250万元,占股45%。

2003年8月,吴甲向中某网络公司共汇款2250万元,中某网络公司出具证明,收到吴甲注册资金2250万元。

之后,中某腾龙公司进行了增资扩股,吸收投资公司和祥某公司加入。最终

---

① 最高人民法院,吴甲与中某腾龙公司、中某网络公司一般股东权纠纷案〔(2013)民申2450号〕。

的股权结构变更为中某网络公司出资3000万元，占股13.3333%、投资公司出资3750万元，占股16.6667%，祥某公司出资3750万元，占股16.6667%，吴乙出资12000万元，占股53.3333%。

吴甲以股东资格确认纠纷为由起诉，请求人民法院判决确认以中某网络公司名义持有的中某腾龙公司股权中75%股权属其所有。但是，除中某网络公司外的中某腾龙公司其他股东均明确表示不同意吴甲成为中某腾龙公司的股东。

本案经杭州市中级人民法院一审、浙江省高级人民法院二审、最高人民法院再审，最终判定吴甲不具有股东资格，驳回其诉讼请求。

裁判要点精要

第一，隐名出资人向公司主张股权的，必须首先证明其有出资行为，出资行为是其取得股东资格并享有股权的内心真意的外在表示。虽然隐名出资人是借用他人名义向公司出资，其出资行为仍然能够表明其向公司投资并享有股东权益的内心真意。出资、股东资格和股东权益三者之间是具有前后因果关系的，即先有出资行为，然后取得股东资格和享有股东权益，出资行为是原因和基础，取得股东资格和享有股东权益是结果和目的。因此，对于隐名出资人确认股东资格系公司内部的股权确认争议，需要考虑当事人的真实意思表示。

第二，实际出资人若要实现隐名股东显名化，须经公司其他股东半数以上同意。有限责任公司具有团体性，该团体性不仅是指公司重大事项需要由股东共同决定，也是指股东的变化需要征求其他股东的意见。另外，有限责任公司具有较强的人合性特点。隐名出资人可以依其个人意志决定是否向公司出资，但是股东资格的取得则不再是以个人意志为基础的个人行为，而是以股东成员合意为基础的股东团体成员身份认同行为，是公司的团体性行为。是否承认隐名出资人的股东身份，意味着其他股东是否接受公司既有成员格局的变化，因此仅仅考察隐名出资人是否有真正的出资是不够的，还要考虑公司其他股东的意见。因此，《公司法司法解释（三）》第二十四条第三款规定，实际出资人若要实现隐名股东显名化，须经公司其他股东半数以上同意。

第三，公司其他股东半数以上同意存在两种形式。一是，其他股东明确作出承认或者同意隐名出资人股东身份的意思表示。明确的意思表示可以表现为，其他股东可以作出书面声明，或者在隐名出资人的请求书上签字，或者与隐名出资人及名义出资人共同签订合同，或者是通过股东会决议确认隐名出资人的股东身份。二是，从行为上推定其他股东是否有承认或者同意隐名出资人股东身份的意思表示。例如，其他股东对于隐名出资人实际享有股东权利的知情和认可行为，即其他股东明知隐名出资人行使或者享有了股东权利，但是并未表示反对，可视为一种默许。

本案中，吴甲虽然能够证明其为实际出资人，但在公司其他股东祥某公司、投资公司和吴乙均不同意其成为显名股东的情形下，吴甲提出确认以中某网络公司名义持有的中某腾某公司股权并将隐名出资显名化的诉请，不符合法律规定。

实务经验总结

隐名出资人若要成功显名，需要证明三个要件事实：

1. 隐名出资人与名义股东之间存在委托持股的法律关系，即隐名出资人具有成为公司股东的真实意思表示；

2. 隐名出资人能够证明实际出资；

3. 隐名出资人取得公司其他股东过半数以上同意的证据，或是单方的书面声明，或是各方的股东协议，或是公司股东的股东会决议。

另外，隐名出资人平时就要注意多收集和保留能够证明其以股东身份行使过股东权利的证据，比如，参加股东会、指派董事、获取分红等事实。

法规链接

《最高人民法院关于适用〈中华人民共和国公司法〉若干问题的规定（三）》（2020年修正）

第二十二条 当事人之间对股权归属发生争议，一方请求人民法院确认其享有股权的，应当证明以下事实之一：

（一）已经依法向公司出资或者认缴出资，且不违反法律法规强制性规定；

（二）已经受让或者以其他形式继受公司股权，且不违反法律法规强制性规定。

第二十三条 当事人依法履行出资义务或者依法继受取得股权后，公司未根据公司法第三十一条、第三十二条的规定签发出资证明书、记载于股东名册并办理公司登记机关登记，当事人请求公司履行上述义务的，人民法院应予支持。

第二十四条 有限责任公司的实际出资人与名义出资人订立合同，约定由实际出资人出资并享有投资权益，以名义出资人为名义股东，实际出资人与名义股东对该合同效力发生争议的，如无法律规定的无效情形，人民法院应当认定该合同有效。

前款规定的实际出资人与名义股东因投资权益的归属发生争议，实际出资人以其实际履行了出资义务为由向名义股东主张权利的，人民法院应予支持。名义股东以公司股东名册记载、公司登记机关登记为由否认实际出资人权利的，人民法院不予支持。

实际出资人未经公司其他股东半数以上同意，请求公司变更股东、签发出资证明书、记载于股东名册、记载于公司章程并办理公司登记机关登记的，人民法院不予支持。

本案链接

以下为该案在法庭审理阶段，判决书中"本院认为"就该问题的论述：

本院认为：《公司法司法解释（三）》第二十五条第三款规定，实际出资人未经公司其他股东半数以上同意，请求公司变更股东、签发出资证明书、记载于股东名册、记载于公司章程并办理公司登记机关登记的，人民法院不予支持。即实际出资人若要实现隐名股东显名化，须经公司其他股东半数以上同意。即使吴甲系实际出资人，但在独立法人祥某公司、投资公司和吴乙一审、二审中均不同意吴甲成为中某腾龙公司显名股东，中某网络公司二审亦答辩要求驳回上诉的情形下，吴甲提出确认以中某网络公司名义持有的中某腾龙公司股权中75%股权属其所有、将隐名出资实名化的上诉请求和理由不符合法律规定，本院不予支持。

延伸阅读

裁判规则：隐名出资人未能证明公司其他股东过半数以上同意，股东资格不予确认。

案例1：最高人民法院审理的甘肃三某公司、朱某某、兰州市三某公司、融丰公司股东资格确认纠纷案〔（2016）最高法民申2998号〕认为，本案中，实际出资人兰州市三某公司请求甘肃三某公司变更股东已经公司其他股东过半数同意。据此，原判决根据兰州市三某公司实际出资的事实，认定兰州市三某公司系甘肃三某公司股东并持有85%股权有事实与法律依据。甘肃三某公司、朱某某以原判决在未经甘肃三某公司股东过半数同意的情况下，即认定兰州市三某公司是甘肃三某公司股东违反法律规定的再审申请理由不能成立。

案例2：最高人民法院审理的吴某某与邵某某、法某娜公司股东资格确认纠纷案[（2015）民申2709号]认为，2007年6月1日吴某某等五人订立的《合作协议书》系五人就法某娜欧洲城项目A区北段的项目开发合作协议，该协议并未载明此五人同意或确认将吴某某登记为显名股东。二审判决以《公司法司法解释（三）》第二十四条第三款有关"实际出资人未经公司其他股东半数以上同意，请求公司变更股东、签发出资证明书、记载于股东名册、记载于公司章程并办理公司登记机关登记的，人民法院不予支持"的规定为据，对吴某某要求显名登记的诉请不予支持，并无不当。

案例3：最高人民法院审理的王某与和甲公司股东资格确认纠纷案[（2014）民二终185号]认为，据法律规定，实际出资人请求登记为股东的，应获得公司其他股东半数以上同意。王某以和甲公司为被告提起诉讼，请求确认其为和甲公司股东及其持股比例。其诉讼请求能否获得支持，取决于王某与和甲公司的出资关系及和甲公司股东是否同意。王某、张某、倪某某三人签订的《合伙协议》及《股东合作协议书》系三人真实意思的表示……王某、张某、倪某某三人《合伙协议》及《股东合作协议书》不违反法律和行政法规的规定，合法有效。王某、张某、倪某某依据三人之间的《合伙协议》及《股东合作协议书》，通过源远公司向和甲公司投资，其形成的财产属于合伙财产，其归属应按《合伙协议》及《股东合作协议书》约定确认。王某与和甲公司之间并不存在直接的出资关系，但一审中，华某公司、和乙公司、和甲公司表示，只要张某、王某等实际投资人达成一致意见，其可以按源远公司的要求将剩余43%股权变更至源远公司指定的人员名下；利某达公司对此亦不持异议。一审判决确认王某为和甲公司股东，确认王某享有和甲公司14.33%的股权，不违反《公司法司法解释（三）》第二十四条第三款的规定，和甲公司全体股东及和甲公司均认可该判决，说明和甲公司全体股东均同意王某持有和甲公司相应的股权。一审判决应予维持。

案例4：江苏省高级人民法院审理的穆某某与赛某公司、谭某等股东资格确认纠纷案[（2016）苏民申2618号]认为，实际出资人要求确认自己的股东身份，必须具备法律规定的前提条件。《公司法司法解释（三）》第二十四条第三款规定，实际出资人未经公司其他股东半数以上同意，请求公司变更股东、签发出资证明书、记载于股东名册、记载于公司章程并办理公司登记机关登记的，人民法院不予支持。依照前述规定，实际出资人如欲取得公司股东的身份，需经过股东会决议程序，征求其他股东的意见。依据在案证据，仅可确认穆某某系股权出让前赛某公司的实际出资人。虽陈某某确认其出资中包含穆某某的实际出资，但从赛某公司历次工商变更登记的情况来看，穆某某自始至终并未取得赛某公司股东的身份，并非赛某公司原股东。穆某某只有具备前述司法解释规定的前提要件，才能被确认为公司股东。2009年9月20日的赛某公司股东会决议仅载明"穆某某依法行使股东权益，参加公司股东会议"，未达到前述确认股权身份的法定要件。因此，穆某某要求确认股东身份的再审理由欠缺事实及法律依据。

案例5：江苏省高级人民法院审理的王某某与海某安装公司股东资格确认纠纷案〔（2015）苏审二商申00337号〕认为，王某某为海某安装公司的实际出资人，但海某安装公司的章程和工商登记均没有王某某持股情况的记载。王某某要成为公司法意义上的股东，必须符合《公司法司法解释（三）》第二十四条第三款的规定，即必须经海某安装公司其他股东半数以上同意。王某某现无证据证明海某安装公司的其他股东半数以上已同意将其载于公司章程，故其不能成为海某安装公司公司法意义上的股东。原判决未支持王某某要求法院判决确认其为海某安装公司股东的诉求，并无不当。

005 对外隐名、对内不隐名的隐名出资人如何显名

阅读提示

隐名股东总有不得已的难言之隐或不便之处，而且也不是长久之计。加上代持股中各种潜在的法律风险，于是大量实际出资人（隐名出资人）要求显名，如果遇到显名股东或其他股东不配合的，就会发生大量隐名股东要求显名的诉讼。

其实，隐名持股可分为两种类型：（1）对内不隐名，对外隐名，也即公司和公司内部的股东，均知晓或认可隐名出资人和名义股东的代持股关系，但公司外部人不知晓存在代持股关系；（2）对内隐名，对外也隐名，也即公司和其他股东不知道隐名出资人和名义股东的代持股关系，公司外部人也不知道代持股关系。本节通过一则最高人民法院的判例，介绍"对外隐名，对内不隐名"的隐名出资人的显名方法和程序。

裁判要旨

公司及其股东均认可隐名出资人股东身份，且隐名出资人确属实际出资，且以股东身份行使股东权利的，隐名出资人可直接要求公司确认其股东资格，并办理股权变更登记。

案情简介①

1997年2月4日，淮某公司成立，其股东分别为信托公司与淮阴市建设局，注册资本为300万元，该公司系国有企业。

1997年6月，淮某公司与张某某签订协议书一份，约定张某某投入资金400万元人民币，以增资方式获得股权，并就受益方式等作出约定，张某某及淮某公司原法定代表人成某某在该协议书上签字。

1998年，淮阴市建设局将全部股权转让给金某公司，殷某也作为"股东"加入淮某公司。淮某公司增资至1000万元，其中，信托公司出资580万元，金某公司出资20万元，殷某出资400万元（占公司注册资本的40%）。其中，殷某400万元的出资实际由张某某缴付。

1998年3月25日，淮某公司股东信托公司、金某公司与张某某签订补充合同书，约定：乙方（张某某）以殷某的名义进行的投资，殷某不仅享有管理权、监督权，而且享有最终支配投资权及受益分配权。

张某某在殷某成为淮某公司股东后，其参与股东会增资及资本确认会议并在会议纪要上签字；同时，其还参与公司就股东及资本额相关章程的修改会议并在公司章程修正案上签字，以及参加公司董事会及股东会，通过决议成为淮某公司股东会成员、公司董事及公司清算组成员并在相关会议纪要上签名。

此后，张某某以未能正常行使股东权利为由，以淮某公司和殷某为被告，依法向法院提起诉讼，要求确认其为淮某公司股东并占股40%。

本案经淮安市中级人民法院一审、江苏省高级人民法院二审、最高人民法院再审，最终判定，张某某为淮某公司持股40%的股东。

裁判要点精要

名义股东与隐名出资人之间对隐名出资人的股东地位有明确规定，公司及公

---

① 最高人民法院，殷某、张某某股东资格确认纠纷案 [（2017）最高法民申37号]。

司的其他多数股东对于名义出资人与隐名出资人的关系知情，且隐名出资人已经实际行使股东权利的，隐名出资人的股东资格应当认定。

本案中，第一，张某某与淮某公司及其他股东签订的《协议书》《补充合同书》均能够证明，张某某和淮某公司及其他股东形成了张某某成为淮某公司股东的真实意思表示。第二，张某某向淮某公司缴纳400万元，为实际出资人，殷某仅为名义股东。第三，《协议书》和《补充合同书》均可证明，淮某公司及其股东均同意张某某向淮某公司缴纳出资成为股东且淮某公司的其他股东对张某某以殷某的名义进行投资均是明知的。第四，张某某多次以淮某公司股东的身份参加股东会议，实际行使了股东权利。

实务经验总结

1. 从隐名出资人显名诉讼的角度上看，若想确认股东资格并要求法院办理股权过户手续，其需要证明如下要件事实：第一，隐名出资人确实已向公司实际出资。第二，隐名出资人与公司及其他股东已对其成为公司股东的意思表示达成一致。第三，隐名出资人能够证明其以股东身份行使过股东权利，如参加股东会、指派董事、获取分红等事实。

2. 对欲以隐名出资人的身份参与股权的投资者来说，其不仅需要与名义股东签订代持股协议，最好还要求目标公司和其他股东均确认其股东身份，并留存其实际行使股东权利的各种证据，以及其实际向公司缴纳投资款的证据。当然，这些主要的内容均需要以协议的方式落实到条款当中去，只有如此，方能切实确保股东资格和股权收益，建议聘请专业律师出具整套的代持股文件。

法规链接

《最高人民法院关于适用〈中华人民共和国公司法〉若干问题的规定（三）》（2020年修正）

第二十二条 当事人之间对股权归属发生争议，一方请求人民法院确认其享有股权的，应当证明以下事实之一：

（一）已经依法向公司出资或者认缴出资，且不违反法律法规强制性规定；

（二）已经受让或者以其他形式继受公司股权，且不违反法律法规强制性规定。

第二十三条 当事人依法履行出资义务或者依法继受取得股权后，公司未根据公司法第三十一条、第三十二条的规定签发出资证明书、记载于股东名册并办理公司登记机关登记,当事人请求公司履行上述义务的,人民法院应予支持。

第二十四条 有限责任公司的实际出资人与名义出资人订立合同,约定由实际出资人出资并享有投资权益,以名义出资人为名义股东,实际出资人与名义股东对该合同效力发生争议的,如无法律规定的无效情形,人民法院应当认定该合同有效。

前款规定的实际出资人与名义股东因投资权益的归属发生争议,实际出资人以其实际履行了出资义务为由向名义股东主张权利的,人民法院应予支持。名义股东以公司股东名册记载、公司登记机关登记为由否认实际出资人权利的,人民法院不予支持。

实际出资人未经公司其他股东半数以上同意,请求公司变更股东、签发出资证明书、记载于股东名册、记载于公司章程并办理公司登记机关登记的,人民法院不予支持。

本案链接

以下为该案在法庭审理阶段,判决书中"本院认为"就该问题的论述:

本院认为,关于张某某是否具有淮某公司股东资格问题。《协议书》和《补充合同书》均可证明,淮某公司及其他股东均同意张某某向淮某公司缴纳出资成为股东且淮某公司的其他股东对张某某以殷某的名义进行投资均是明知的。张某某多次以淮某公司股东的身份参加股东会议,实际行使股东权利。根据《外商投资产业指导目录》(2015年修订)内容,房地产开发并未被列入上述目录限制类或禁止类产业,故不涉及国家规定实施准入特别管理(负面清单)的外商投资企业的设立和变更,不再需要审批。因此,原审判决依据当事人之间的约定以及出资事实确认张某某为淮某公司的股东,适用法律并无不当。

延伸阅读

裁判规则:隐名股东在其他股东均认可实际出资人的股东身份时可请求办理变更登记。

案例1:最高人民法院审理的林某某与林某、张某股东资格确认纠纷案[(2014)民申1053号]认为,本案中,双方当事人争议的标的是中某联公司的股权及股东资格,案涉法律关系的主体包括隐名股东(实际出资人)、显名股东和目标公司（中某联公司），中某联公司不是本案的适格主体……依据各股东在《流转协议》中的约定，林某某"代持"是"为了简化注册手续"。中某联公司成立后，林某、张某作为该公司的工作人员参与了公司经营，其作为代持协议中约定的实际出资人，请求结束其股权被代持的状况，并不违反当事人之间的约定。现中某联公司登记的股东是林某某、吴某朝，二人均是《流转协议》的缔约人，吴某朝对林某、张某作为实际出资人、隐名股东的身份是清楚并认可的。曾是中某联公司原始股东的汪某某的证言亦证明了设立公司时与林某、张某等四人协商等事实。因此，依据本案的事实及相关法律规定，原审判令中某联公司为林某、张某办理股东工商登记变更手续，林某某应履行必要的协助义务，适用法律正确。

案例2：江苏省高级人民法院审理的施某某与国某公司、王某某等股东资格确认纠纷案［（2015）苏商终00419号］认为，施某某与王某某之间存在股权代持法律关系。根据国某公司盖章，王某某、汤某某、周某签字的《出资证明》所载明内容，"应施某某本人要求，在本公司注册时其全部35%股份一并计入王某某名下"，因此，施某某与王某某之间基于国某公司股权的代持法律关系合法有据，应予认定……从在案的《出资证明》及双方往来函件的内容来看，由于国某公司其他股东均认可施某某的股东身份，故无须再履行公司法司法解释所规定的需其他股东决议同意的显名程序，原审法院径行判决国某公司为施某某办理股东变更登记手续符合法律规定。

006 隐名股东可否拥有知情权

案情简介

根据权威媒体的新闻报道，在王某某与马某离婚案宣判之后，马某以自己是王某某持股公司隐名股东为由，起诉要求查阅公司相关账目以及财务报告。目前北京市怀柔法院受理了该案。

马某起诉称，2016年4月，被告宝某嵘公司出于融资的需要，由公司股东王某某与原告马某签订一份《股权代持协议》，确定由公司股东王某某代马某持有公司31%的股权，马某为被告公司的隐名股东。2016年8月，被告公司在未经马某同意的情况下，私自办理了公司法定代表人、执行董事的工商变更登记，导致马某无法知晓该公司的实际经营情况及真实财务状况等，该公司的行为已经严重侵犯了马某的合法权益，马某已于2018年向被告公司发出书面申请书，要求该公司提供相关财务报告及会计账簿供原告查阅、复制，但被告公司一直拒绝提供。

为此，马某依据《公司法》及相关司法解释的规定，请求法院判决被告公司向马某提供自2016年1月1日至2018年1月20日期间的财务会计报告；请求法院判决被告提供北京宝某嵘公司自2016年1月1日至2018年1月20日期间的会计账簿以供马某查阅。

马某的起诉状写得很明白，自己是王某某公司的隐名股东，要求查账。

问题是：隐名股东是否真的是股东？隐名股东又能否行使股东知情权呢？为了解决这个问题，笔者专门梳理了有关法律规定，并梳理了十五个关于隐名股东要求行使股东知情权的案件。

首先，"隐名股东"只是一个通俗的叫法，其学名叫作"实际出资人"，指实际向公司出资但未登记于工商登记或股东名册的主体；与之相对的"显名股东"，学名是"名义出资人"，指未向公司出资，但登记于工商登记或股东名册的主体。通常，实际出资人与名义出资人会订立合同，约定由实际出资人出资并享有投资权益，以名义出资人在工商登记或股东名册上具名。根据《公司法司法解释（三）》第二十四条的规定，实际出资人与名义出资人系委托持股的合同关系，实际出资人可基于代持合同向名义出资人主张权利。但是，未经公司其他股东半数以上同意，实际出资人不得主张将自己变成在工商登记或股东名册上具名的股东。换言之，"隐名股东"并非公司法意义上的股东。

其次，司法实践中法院对于此类案件的裁判观点基本上非常统一。在十五个关于隐名股东要求行使股东知情权的案件中，有十三个案件都认为隐名股东并非公司法意义上的股东，隐名股东不能直接行使股东知情权。另两个相反案例，实际上是由于通过其他证据可以证明公司或公司其他股东认可了隐名股东的股东身份，所以法院才支持了其行使股东知情权的诉讼请求。

作为专注于处理公司业务的律师团队，笔者在工作中会遇到各种关于隐名持股的问题，由此引发的法律争议非常之多。在此，我们真挚地建议各位隐名股东：

1. 如非确有必要，轻易不要选择股权代持，哪怕代持的这个人现在你觉得很熟悉、很好。未来的客观风险很多是不可预测和不可控制的，代持有风险，选择需谨慎。

2. 如确需代持，一定要请律师起草一个好的股权代持合同，并尽可能根据公司及股东的实际特点"量体裁衣"，而不是从百度上随便下载一个代持合同模板填空。因为，在多数情况下，能保护隐名股东利益的，只有这个股权代持合同。

3. 如有可能，最好在代持时征得公司其他股东过半数的书面同意，请他们认可你作为隐名股东才是公司的实际出资人和实际股东，并留存好参与公司经营的有关证据。因为，万一名义股东不听话，隐名股东据此还可以争取亲自上阵，从隐名股东变为真正在工商登记、股东名册显名的股东。

延伸阅读

十五个隐名股东起诉行使股东知情权的案例：

1. 隐名股东起诉行使知情权，法院原则上不会支持（十三个案例）。

案例1：最高人民法院审理的吴某某与邵某某、法某娜公司股东资格确认纠纷申诉案〔（2015）民申2709号〕认为，因吴某某系法某娜公司的隐名股东，其对法某娜公司所享有的股东权利应通过显名股东主张，吴某某本人向法某娜公司主张行使股东知情权，要求法某娜公司向其提供相关会计资料无法律依据。

案例2：山东省高级人民法院审理的王某某与荣某建筑公司股东知情权纠纷案〔（2016）鲁民申1135号〕认为，对于有限责任公司股东资格的确认，应当根据出资情况及公司章程、股东名册及工商登记等情况，并结合当事人在公司实际运行过程中是否实际行使股东权等情况综合审查认定。王某某虽向荣某建筑公司实际出资，但荣某建筑公司章程及工商登记中均未确定王某某的股东身份，王某某的出资由荣某建筑公司工会代持，自1999年公司改制以来，王某某等由工会代持股份的职工相应的股东权利均通过荣某建筑公司工会行使。故二审法院裁定撤销荣成市人民法院〔（2014）荣商初678号〕民事判决，驳回王某某的起诉，认定事实清楚，适用法律并无不当。对于王某某的股东知情权其应通过荣某建筑公司工会行使。因此，隐名股东不能直接提起股东知情权诉讼，其股东知情权应通过名义股东行使。

案例3：江苏省高级人民法院审理的窦某某、谢某某与盘某公司股东资格确认纠纷、股东知情权纠纷案〔（2016）苏民申4471号〕认为，本案中，窦某某于 1986 年到常州市第某水泥厂工作，谢某某于 1988 年到常州市第某水泥厂工作，1999 年企业改制时，窦某某、谢某某虽实际参与出资，但其出资均归属于 29 名自然人股东中部分人的名下，未将其记载于公司股东名册，公司登记机关也一直未进行过登记。窦某某、谢某某提起本案诉讼，要求公司签发出资证明书，但该主张并未获得公司其他股东半数以上同意，不能成立。鉴于股东知情权诉讼权利行使的主体必须是公司股东，但窦某某、谢某某股东资格尚未确认，故一审、二审法院判决驳回窦某某、谢某某要求盘某公司向其签发出资证明书或股权证，向其出示并复制公司章程、股东会议记录、董事会会议决议、监事会会议决议和财务会计报告的诉讼请求，并无不当。

案例 4：广东省东莞市中级人民法院审理的陈某某、东某制漆公司股东知情权纠纷案 [（2016）粤 19 民终 7824 号] 认为，《公司法》第三十三条规定的股东知情权行使主体为股东，隐名股东对公司的所有权利应当通过显名股东来主张，隐名股东向公司主张行使股东知情权缺乏法律依据。

案例 5：广东省东莞市第三人民法院审理的陈某某与东某制漆公司股东知情权纠纷案 [（2016）粤 1973 民初 6215 号] 认为，股东知情权是一种与股东资格、身份相联系的基础性权利，享有股东资格就享有知情权，股东行使知情权的前提是具有股东身份。本案原告提交的收据不足以证明其具有被告的股东身份，故原告主张行使股东知情权缺乏事实和法律依据。原告庭审时主张其系被告的隐名股东，我国现行的公司法对隐名股东的身份及权益未作明确规定，原告的主张于法无据。

案例 6：江苏省泰州市中级人民法院审理的王某与张某、叶某等股东知情权纠纷案 [（2014）泰中商终 0270 号] 认为，被上诉人股东为蔡某某和公司工会，上诉人叶某、王某某、蒋某某、梅某某、王某、张某、周某、奚某某等八人的股东身份并没有在工商机关登记备案，也没有记载于公司内部的名册中，其权利和义务由公司工会具体体现出来，考虑到八上诉人多次列席参加股东会会议，应认定其为隐名股东身份。但主张知情权的股东只能由记载于公司股东名册并经工商登记的股东行使，该股东须为显名股东。故上诉人要求行使股东知情权的请求没有法律依据，本院不予支持。

案例 7：广东省东莞市第三人民法院审理的熊某某与奥某公司股东知情权纠纷案 [（2015）东三法民二初 1182 号] 认为，本案中，原告持有的股权现登记在曾某某名下，未记载于股东名册、公司章程等，亦未在工商部门进行登记备案。故原告仅为被告公司的实际出资人，不符合股东资格的外观条件，亦不能直接享有股权的知情权利。原告以其具备股东身份要求享有股东知情权，本院依法不予支持。

案例8：江苏省苏州市中级人民法院审理的许某某与苏州炭某厂股东知情权纠纷案［（2016）苏05民终7097号］认为，许某某提起本案复制苏州炭某厂的公司资料诉讼请求系基于股东知情权，但苏州炭某厂工商登记的全部股东中并不包含许某某，故本案中许某某以公司隐名股东身份要求对公司行使股东知情权，缺乏依据，一审法院裁定驳回其起诉，处理并无不当。

案例9：浙江省乐清市人民法院审理的黄某某与金某公司股东知情权纠纷案［（2013）温乐柳商初724号］认为，即使原告当时系隐名股东的身份得以确认，也因隐名股东有违公司登记的公信力与公示力，不应当享有知情权。

案例10：江苏省苏州市姑苏区人民法院审理的庄某某与衣某坊公司股东知情权纠纷案［（2015）姑苏商初00698号］认为，有限责任公司股东身份的认定应以股东名册记载以及登记机关的登记为准。衣某坊公司经工商登记记载的股东为袁某某和徐某某。根据庄某某、罗某某、郭某某与袁某某和徐某某签订的投资协议书，庄某某等三人为实际出资人。庄某某等人作为实际出资人、隐名股东，应通过与公司股东之间签订的相关协议来主张权利，不能直接向公司主张行使股东知情权。故对于原告庄某某要求查阅被告衣某坊公司财务会计账簿及原始凭证的诉讼请求，本院不予支持。

案例11：江苏省无锡市南长区人民法院审理的王某某与朝某公司股东知情权纠纷案［（2015）南商初0581号］认为，王某某系朝某公司的实际出资人，但在本案诉讼中未能提供证据证明其系朝某公司的股东，而王某某不能以实际出资人的身份享有股东的权利，故本院对王某某要求享有股东知情权的主张，不予支持。

案例12：江西省景德镇市中级人民法院审理的姜某、中某公司股东知情权纠纷案［（2017）赣02民终735号］认为，姜某作为隐名股东或者实际出资人，不属记载于股东名册的股东，其享有的知情权应通过股东代表来实现。

案例13：安徽省蚌埠市中级人民法院审理的蚌埠市禹会区涂山风景区陈郢村村民委员会、怀远县涂山园林公墓股东知情权纠纷案［（2017）皖03民终917号］认为，从本案的工商登记看，涂山园林公墓股东系涂山管委会，并非陈郢村村民委员会，其并不具有股东身份。即便如原告所述石某某代替村委会出资，也仅涉及隐名股东的问题。而隐名股东并不是法律意义上的股东，不能行使股东知情权等各种权利，因此隐名股东不能成为股东知情权案件的原告。

2. 特殊情况下，如公司其他股东认可隐名股东的股东身份，法院可以支持隐名股东行使知情权的诉讼请求（两个案例）。

案例14：重庆市第一中级人民法院审理的汪某某与奥某泰公司股东知情权纠纷案［（2016）渝01民终6272号］认为，汪某某已经向奥某泰公司出资并取得了出资证明书，而且不违反法律法规强制性规定，其股东身份应当得到确认。虽然未经工商登记，但是工商登记并无创设股东资格的效力，其仅仅具有对善意第三人宣示股东资格的证权功能，未经登记并不能排除汪某某的股东身份。《公司法》第三十三条第二款、第三款的规定，也只是强调登记于股东名册的股东可以依据股东名册行使股东权利，但并未排除未登记于股东名册的股东行使其相应的股东权利。《公司法司法解释（三）》第二十四条第三款规定的相关事项，也是实际出资人要求变更工商登记事项的程序要求，不涉及股东资格确认的问题。显名股东和隐名股东是通过协议约定的形式约束其权利义务，一般情况下隐名股东只能通过显名股东行使其权利，而本案中工商登记的五名股东只是股东代表，对于其他未登记的股东，其股东身份奥某泰公司是明知的。因此，汪某某等未登记的股东与五名登记股东之间的关系不符合显名股东和隐名股东的法律特征。综上，汪某某的股东身份可以确认，根据《公司法》第三十三条的规定，汪某某具有股东知情权。

案例15：江苏省南京市中级人民法院审理的冯某某诉被告顶某大酒店股东知情权纠纷案［（2008）宁民五初70号］认为，冯某某作为顶某大酒店的隐名股东，虽未登记在册，但公司及其他股东均对其股东身份予以认可。依照相关法律规定，其应享有股东知情权。

007 隐名股东如何实现直接从公司参加利润分配

裁判要旨

名义股东、实际出资人与公司共同约定"实际出资人在成为正式股东之前按照其出资比例分得股息、红利"系各方真实意思表示的，合法有效。

案情简介[①]

1995年，华某银行股份公司成立，其注册资金25亿元。其中联某集团持股3亿元，占比12%。

1997年，汽车销售公司与华某银行、联某集团签订《协议书》约定：联某集团为华某银行在册股东，持有3亿元股份，其中2亿元股份实由汽车销售公司出资。汽车销售公司在成为正式股东之前按照其出资比例分得股息、红利，华某银行直接将股息红利划入汽车销售公司账户，并提供完税手续；待"条件允许"，联某集团和华某银行将共同完成使汽车销售公司成为正式股东的工作。

协议签署后当年，汽车销售公司2亿元出资到位，并更名为润某集团。

1998年、1999年和2000年，华某银行依约将润某集团按出资比例享有的分红，直接划入润某集团的账户。此后，华某银行股份公司未再按约向润某集团支付2003~2004年的红利。

2003年，华某银行按照每10股转增2股的比例，将资本公积金转增股本，股东按比例增持股份。至此，联某集团所持股数量为3.6亿股。

2005年，润某集团向山东省高级人民法院起诉联某集团、华某银行，请求确认联某集团所持有股权中有2.4亿股属于润某集团所有，华某银行向润某集团支付尚未派发的红利2600万元。

本案经山东省高级人民法院一审、最高人民法院二审，最终判定：将联某集团持有的2.4亿股股份变更到润某集团的名下，华某银行支付红利25178203.83元。

裁判要点精要

工商登记并非设权程序，工商登记材料并没有创设股东资格的效果，而是一个证权程序，工商登记材料是证明股东资格的表面证据。故在公司内部出现出资纠纷时，股东资格的确定不能仅以工商登记为准。名义股东与实际出资人之间发生股权确认纠纷，应当根据当事人之间的约定探究其真实意思表示。

润某集团获得分红有合同依据，润某集团获取分红的依据是其真实的出资行为及三方当事人的协议约定，而不是以其是否为华某银行的在册股东为条件。华某银行未经润某集团同意，应支付红利而不支付的行为属违约行为。

[①] 最高人民法院，某银行与联某集团股权确权纠纷上诉案 [（2006）民二终6号]。

实务经验总结

为避免未来发生类似纠纷，提出如下建议：

第一，对于隐名股东来讲，为保障自己的合法权益，应努力争取做到以下两点：

1. 隐名股东争取与显名股东及公司签订三方协议。三方协议约定内容可以参考本案的约定："名义股东为公司的在册股东；实际出资人在成为正式股东之前按照其出资比例分得股息、红利；待实际出资人作为正式股东的条件成就时，名义股东和公司共同完成使实际出资人成为正式股东的工作。"

2. 若隐名股东投资的是有限责任公司，应尽可能要求其他过半数股东也在股权代持协议上签字确认。避免其他股东以行使优先购买权为由，阻碍隐名股东变更为显名股东。

第二，公司和显名股东应知悉这个规则：当各方已签署在隐名股东成为正式股东前由公司直接向隐名股东支付红利的条款时，公司无权以隐名股东无股东资格为由，擅自将红利支付给显名股东。

法规链接

《公司法》（2023 年修订）

第五十六条　有限责任公司应当置备股东名册，记载下列事项：

（一）股东的姓名或者名称及住所；

（二）股东认缴和实缴的出资额、出资方式和出资日期；

（三）出资证明书编号；

（四）取得和丧失股东资格的日期。

记载于股东名册的股东，可以依股东名册主张行使股东权利。

第一百六十条　公司公开发行股份前已发行的股份，自公司股票在证券交易所上市交易之日起一年内不得转让。法律、行政法规或者国务院证券监督管理机构对上市公司的股东、实际控制人转让其所持有的本公司股份另有规定的，从其规定。

公司董事、监事、高级管理人员应当向公司申报所持有的本公司的股份及其变动情况，在就任时确定的任职期间每年转让的股份不得超过其所持有本公司股份总数的百分之二十五；所持本公司股份自公司股票上市交易之日起一年内不得转让。上述人员离职后半年内，不得转让其所持有的本公司股份。公司章程可以对公司董事、监事、高级管理人员转让其所持有的本公司股份作出其他限制性规定。

股份在法律、行政法规规定的限制转让期限内出质的，质权人不得在限制转让期限内行使质权。

《最高人民法院关于适用〈中华人民共和国公司法〉若干问题的规定（三）》（2020年修正）

第二十四条 有限责任公司的实际出资人与名义出资人订立合同，约定由实际出资人出资并享有投资权益，以名义出资人为名义股东，实际出资人与名义股东对该合同效力发生争议的，如无法律规定的无效情形，人民法院应当认定该合同有效。

前款规定的实际出资人与名义股东因投资权益的归属发生争议，实际出资人以其实际履行了出资义务为由向名义股东主张权利的，人民法院应予支持。名义股东以公司股东名册记载、公司登记机关登记为由否认实际出资人权利的，人民法院不予支持。

实际出资人未经公司其他股东半数以上同意，请求公司变更股东、签发出资证明书、记载于股东名册、记载于公司章程并办理公司登记机关登记的，人民法院不予支持。

本案链接

以下为该案在法院审理阶段，判决书中"本院认为"就该问题的论述：

本院认为：本案华某银行股份公司、联某集团、汽车销售公司三方于1997年8月15日签订的《协议书》《补充协议》《协议》，以及汽车销售公司与华某银行就出售汽贸大厦而签订的房屋转让合同，反映了在华某银行股份公司成立时，联某集团、汽车销售公司共同出资3亿元，其中汽车销售公司出资2亿元的基本事实。三方在协议中关于"分派股息、红利"以及待"条件允许""汽车销售公司正式成为华某银行股份公司股东"的约定，系当事人真实的意思表示，且不违反当时相关的法律、行政法规的禁止性规定，应认定有效。

在三方签订的《协议》中，华某银行股份公司承诺在历次分红派息时直接向联某集团、汽车销售公司支付股息、红利。联某集团、汽车销售公司同意并确认。汽车销售公司变更为润某集团后，华某银行股份公司依约向润某集团支付了

1998年、1999年和2000年的红利。但在分派2003年下半年和2004年红利时，华某银行股份公司将全部股息支付给了联某集团，并用于扣收联某集团在该行的贷款，而未向润某集团支付。

本院认为，华某银行股份公司的上述行为违反了其在三方《协议》中的承诺，未经润某集团同意而擅自变更《协议》约定其应承担的义务，属于违约行为。华某银行股份公司关于其"根据联某集团的指示将其2003年、2004年的红利直接向联某集团支付或清偿债务，应视为其对三方协议中相关约定的变更，该变更无须征得润某集团的同意"的上诉理由，没有法律根据，本院不予采纳。

润某集团获取该部分红利的依据是其真实的出资行为及三方当事人的协议约定，而不是以其是否为华某银行股份公司的在册股东为条件。华某银行股份公司关于"润某集团与华某银行股份公司之间未形成股权投资关系，无权从华某银行股份公司获得投资收益"的上诉理由与本案的基本事实不符。原审判决按照润某集团的实际出资比例计算并认定2003年下半年和2004年全年的红利为25178203.83元，并判决其直接给付润某集团正确，应予以维持。

关于联某集团与润某集团之间转让股权的问题。基于联某集团和润某集团各自出资的实际情况，本案三方当事人在《协议》中已事先作出明确约定：联某集团为华某银行股份公司的在册股东；润某集团在成为正式股东之前按照其出资比例分得股息、红利；待"条件允许"，联某集团和华某银行股份公司将共同完成使润某集团成为正式股东的工作。本院认为，本案联某集团作为华某银行股份公司的股东，其转让股权行为不违反公司法对发起人转让股权的限制规定，亦不侵害华某银行股份公司的利益。本案一审时，联某集团表示对润某集团诉称的事实及请求没有异议；二审期间，其再次确认对原审判决其向润某集团转让股权亦不持异议。该项股权转让系转让方联某集团和受让方润某集团的真实意思表示，应予以确认。同时，根据三方《协议》以及有关部门的监管规定，对办理该股权转让手续等相关事宜，华某银行股份公司应履行必要的协助义务。

综上，原审判决认定本案事实清楚，证据充分，联某集团与润某集团之间转让股权的意思表示真实、明确，原审判决结果并无不当。华某银行股份公司的上诉理由不能成立。

延伸阅读

实际出资并不等于取得股东资格的三点理由：

第一，从学理上看，股东资格的认定需满足实质和形式两个要件。实质要件是指股东实际出资，形式要件是指股东须经工商登记并记载于公司章程、股东名册等文件，公示于众。实际出资人仅满足实质要件，而不满足形式要件，而根据商事外观主义的理论，为维护交易安全和不特定第三人的利益必须将股东信息进行公示，未经公示不能取得股东身份。但现在，通说对实际出资人股东资格的取得采取了"内外有别，双重标准"的做法，在公司内部，处理实际出资人与其他股东及公司的关系时，偏重于实质要件，显名股东与实际出资人之间对实际出资人的股东地位有明确约定并实际出资，且为公司其他股东半数以上知晓；实际出资人已经实际行使股东权利，且无违反法律法规强制性规定的情形，可以认定实际出资人的股东资格；但在公司外部，在处理实际出资人与善意第三人的关系时，偏重于形式要件，以保护善意第三人的利益和交易安全。综上，实际出资并不是获得股东资格的充分必要条件。

第二，从证据规则上看，认定股东资格的证据大致有八种：公司章程、工商注册登记、股东名册、出资证明书、实际出资证据、股权转让、继承、赠与等文件，参与经营管理的股东会决议等资料，获得利润分红、剩余财产分配等资料，前四种为证明形式要件的证据，主要对外部第三人起证明作用；后四种为证明实质要件的证据，主要对内部股东之间，股东与公司之间起证明作用。其中，公司章程的效力最高，兼具实质要件和形式要件的特征，对外公示于众，对内表明各股东互相确认的意思表示。各类证据对股东资格的证明效力各不相同，对于形式证据来讲，公司章程>股东名册>工商登记>出资证明书；对实质证据来讲，实际出资证明>股权转让等协议>经营管理资料>利润分配资料。对实际出资人来讲，一般情况下，仅有实际出资证明，也有可能拥有参与经营管理和分红的证据。由此可得，实际出资证明并不一定能证明股东身份。

第三，从立法精神上看，《公司法》第四十六条、第五十五条、第五十六条均强调股东资格确认的形式要件，要求进行工商登记，记载于股东名册并出具出资证明书，这均表明公司法坚持商事外观主义，保护交易安全的立法精神，但实际出资人恰好不满足这些要件。另外，公司法将法定资本制变更为认缴资本制，允许实际出资与股东资格的分离，股东只要认缴出资即可获得股东资格，也反证了实际出资并非获得股东资格的唯一条件。

008 隐名股东是否有权转让股权

裁判要旨

1. 公司向股东出具的确认股东身份及份额的文件有效。即使该股东非工商登记的股东，也可据此享有以隐名股东身份持有的股权。

2. 隐名股东可以依法转让股权。如股权转让的受让人明知其系隐名股东，且公司及其他登记股东均未对股权转让提出异议，则《股权转让合同》合法有效。

案情简介①

石某图煤炭公司的法定代表人为焦某某，主要股东为焦某某、恒某公司。恒某公司的法定代表人为焦某，焦某、焦某某系亲属关系。

2008年，毛某某与石某图煤炭公司签订协议，向石某图煤炭公司投资3000万元建设费用，承包公司某工段的生产和经营。2008年3月，焦某某、焦某分别以生产用款为由向毛某某借款400万元、500万元。

2009年，毛某某与石某图煤炭公司签订《股权认购协议书》，约定："毛某某占该公司总股份35200万元12%的股权""由焦某、毛某某及原其他股东组成股东会""现公司股权以本协议为准，与工商注册无关"。协议同时还约定毛某某与石某图煤炭公司原来的协议全部终止作废。

《股权认购协议书》签订后，双方未办理工商注册变更登记。

2013年，毛某某与焦某某签订《股权转让合同》，约定将毛某某拥有的石某图煤炭公司12%的股权作价1亿元人民币转让给焦某某。2014年12月6日，毛某某与焦某某、焦某、石某图煤炭公司签订《补充协议书》，约定焦某与石某图煤炭公司为焦某某的全部债务提供连带责任保证。

毛某某向法院提起诉讼，请求判令：焦某某给付股权转让价款1亿元及违约金；焦某、石某图煤炭公司承担连带保证责任。焦某某等抗辩称：毛某某不具有股东资格，无权转让12%股权。辽宁省高级人民法院支持了毛某某的诉讼请求。

焦某某等不服一审判决，向最高人民法院提起上诉，最高人民法院认为毛某

---

① 最高人民法院，毛某某与焦某某、焦某等股权转让纠纷案 [（2016）最高法民终18号]。

某作为隐名股东有权转让股权,判决驳回上诉、维持原判。

裁判要点精要

首先,虽毛某某非石某图煤炭公司工商登记的股东,但石某图煤炭公司以签订《股权认购协议书》的形式确认了毛某某股东之身份及份额,系石某图煤炭公司的隐名股东。《股权认购协议书》确认了毛某某享有12%的股权,明确了其投资份额,无论此协议的签订是基于其他实际出资人股权之转让抑或其他原因,该协议所确定之内容均不违反法律法规的效力性强制性规定,应当依法确认其合法性。因此,就本案纠纷而言,毛某某依据《股权认购协议书》享有以隐名股东身份持有12%的股权。

其次,毛某某作为隐名股东,在满足一定条件下,可以依法转让该股权。本案股权转让的受让人焦某某作为公司时任法定代表人,明知毛某某系隐名股东。因此焦某某与毛某某之间转让该12%股权的行为依法成立。且石某图煤炭公司及其他时任登记股东均未对此次转让提出任何异议,因此《股权转让合同》合法有效。焦某某应按《股权转让合同》的约定履行支付股权转让款的义务。

实务经验总结

为避免未来发生类似纷争,提出如下建议:

第一,公司应谨慎出具"确认某某为公司股东"的文件。一旦出具,就有法律效力,股东可以依据此文件要求行使股东权利,甚至转让股权,公司不得再否认该文件的效力。正如本案中最高人民法院指出的,"无论此协议的签订是基于其他实际出资人股权之转让抑或其他原因,该协议所确定之内容均不违反法律法规的效力性强制性规定,应当依法确认其合法性"。

第二,股权受让人在签订股权转让协议前应充分了解情况,尤其是工商登记的股东及其他股东对此次转让是否知情及同意。股权受让人应同时与股权的实际出资人(隐名股东)、工商登记的股东(显名股东)签订股权转让协议,并取得其他登记股东放弃优先购买权、同意转让的书面文件,避免日后产生争议。这是因为,虽然实际出资人对外签订的股权转让协议有效,但股权受让人能否顺利地完成工商登记及公司内部股东名册的登记,尚依赖于显名股东的配合;显名股东不配合的,还取决于其他股东是否同意。

第三,在无法完成股东变更登记的情况下,双方可以约定仅转让实际出资者的隐名股东地位以及由此产生的投资权利和义务。

法规链接

《最高人民法院关于适用〈中华人民共和国公司法〉若干问题的规定（三）》（2020年修正）

第二十四条 有限责任公司的实际出资人与名义出资人订立合同，约定由实际出资人出资并享有投资权益，以名义出资人为名义股东，实际出资人与名义股东对该合同效力发生争议的，如无法律规定的无效情形，人民法院应当认定该合同有效。

前款规定的实际出资人与名义股东因投资权益的归属发生争议，实际出资人以其实际履行了出资义务为由向名义股东主张权利的，人民法院应予支持。名义股东以公司股东名册记载、公司登记机关登记为由否认实际出资人权利的，人民法院不予支持。

实际出资人未经公司其他股东半数以上同意，请求公司变更股东、签发出资证明书、记载于股东名册、记载于公司章程并办理公司登记机关登记的，人民法院不予支持。

本案链接

以下为该案在法院审理阶段，判决书中"本院认为"就该问题的论述：

一、关于《股权认购协议书》的效力以及毛某某是否享有石某图煤炭公司合法有效股权的问题

根据本案已经查明的事实，毛某某与石某图煤炭公司于2009年1月12日签订了《股权认购协议书》，并盖有石某图煤炭公司印章，焦某及毛某某亦均签字捺印。根据该协议书中首部的内容可以认定，石某图煤炭公司已经确认焦某与毛某某享受石某图煤炭公司股东的权利及义务。在该认购协议书的具体条款中，石某图煤炭公司进一步确认毛某某的股份占该公司总股份的12%，还明确了"现公司股权以本协议为准，与工商注册无关"以及"此协议是确认股东身份的唯一依据"等内容。

第一，对于焦某某、焦某上诉认为该《股权认购协议书》实质为"增资扩股"的主张，本院认为，依据《公司法》及相关司法解释的规定，所谓有限责任公司的"增资扩股"应当是公司基于增加注册资本金之目的而增加新股东或

原股东增持股份的行为。但从《股权认购协议书》的首部及具体条款的内容看，该认购协议书的目的在于确认焦某、毛某某为石某图煤炭公司股东的身份，并确定毛某某持股之比例，而并未有增加注册资本金的约定。至于是否存在焦某某、焦某所称的"债转股"的行为，单凭《股权认购协议书》的内容尚不足以确认，且其对此也未能进一步提供证据予以证明。因此，焦某某、焦某关于《股权认购协议书》实质为"增资扩股"并认为非经法定程序的"增资扩股"依法无效的主张缺乏事实依据，本院不予支持。

第二，对于毛某某是否具备股东资格的问题，从《股权认购协议书》首部内容看，焦某于2008年3月19日与石某图煤炭公司全体股东签订了《准格尔旗川掌镇石某图煤炭有限责任公司股权转让协议书》，但依据石某图煤炭公司的工商登记材料，焦某始终未出现在石某图煤炭公司工商登记的股东名册中。据此，可以认定石某图煤炭公司存在登记股东与实际股东不一致的情形。因此，不能仅依据工商登记之有无而断定毛某某是否为石某图煤炭公司的股东。本院认为，在公司内部涉及股东之间的纠纷中，法律并未明确规定未经登记的股东不具备股东资格，而是应当结合其他证据综合认定。石某图煤炭公司以签订《股权认购协议书》的形式，确认了焦某及毛某某股东之身份，并认可该二人享有公司股东的权利及义务，据此，可以确认毛某某系石某图煤炭公司隐名股东这一身份，其股东资格不因未工商登记而被否定。

第三，对于《股权认购协议书》中确定毛某某持有12%的股权是否有效的问题。本院认为，对公司外部而言，公司的股权应当以对外公示的工商登记为准；而在公司内部，有关隐名股东身份及持股份额之约定等属于公司与实际出资人或名义股东与实际出资人之间形成的债权债务的合意，除隐名股东要求变更为显名股东外，该约定不会引起外界其他法律关系的变化，亦不会破坏有限责任公司的人合性，故一般应当认可其有效性。在案涉的《股权认购协议书》中，石某图煤炭公司确认了毛某某享有12%的股权，明确了其投资份额，无论此协议的签订是基于其他实际出资人股权之转让抑或其他原因，该协议所确定之内容均不违反法律法规的效力性强制性规定，应当依法确认其合法性。因此，就本案纠纷而言，毛某某依据《股权认购协议书》享有以隐名股东身份持有12%的股权。

第四，对于焦某某上诉认为《股权认购协议书》系焦某无权代理签订故不应当认定其效力的问题。本院认为，尽管在石某图煤炭公司的工商登记信息中并未反映出焦某与该公司之间的关系，但从2008年2月26日焦某以石某图煤炭公司法定代表人的身份与毛某某签订《石某图煤炭公司露天煤矿第一工段生产责任制协议》以及在石某图煤炭公司为毛某某出具的3000万元收款收据上签字的行为可见，石某图煤炭公司对于焦某以该公司名义与毛某某所从事的行为是认可的，加之焦某与石某图煤炭公司的法定代表人焦某某之间系同胞兄弟之关系，再考虑到焦某系石某图煤炭公司对外公示的法人股东内蒙古恒某煤炭（集团）有限公司的法定代表人之身份，可以看出焦某与石某图煤炭公司之间存在明显而紧密的利益关系。焦某某主张焦某无权代表石某图煤炭公司签字，进而否认《股权认购协议书》的效力的上诉主张是不能成立的。

综合上述分析，一审法院作出的《股权认购协议书》合法有效的认定正确，毛某某享有石某图煤炭公司12%的股权合法有效，其有权转让该股权。

二、关于焦某某是否应当向毛某某支付转让款并承担违约金的问题

2013年12月28日毛某某与焦某某签订了《股权转让合同》，约定将毛某某持有的石某图煤炭公司12%的股份转让给焦某某。本院认为，该转让合同涉及隐名股东即实际出资人转让股权的效力问题。前已分析，毛某某在石某图煤炭公司内部享有的隐名投资人地位以及12%的股权依法应当得到确认和保护。因此，毛某某在满足一定条件下，可以依法转让该股权。毛某某拟转让之股权，系来源于石某图煤炭公司《股权认购协议书》之确认，作为时任法定代表人的焦某某应当知晓该事实。在明知毛某某为隐名股东的情形下，焦某某与毛某某之间转让该12%股权的行为依法成立。根据本案的实际，石某图煤炭公司就该转让行为不但未提出异议，而且在2014年12月6日的《补充协议书》中承诺承担连带保证责任，并出具了《担保书》，此外，亦未见石某图煤炭公司的其他时任登记股东提出任何异议。因此，焦某某与毛某某之间签订的《股权转让合同》合法有效，焦某某、毛某某、焦某、石某图煤炭公司四方基于此而签订的《补充协议书》亦合法有效，各方均应当依约履行合同。基于已经查明的事实，在《股权转让合同》及《补充协议书》签订后，焦某某未能如约履行支付股权转让款的义务，毛某某主张焦某某继续履行付款义务并承担违约责任的主张符合约定和法律规定。

延伸阅读

隐名股东对外签订股权转让协议的效力如何？

我国法律并未对隐名股东签订的股权转让协议的效力作出明确规定，根据笔

者检索和梳理的四个相关司法案例，相关司法案例的裁判观点与本案最高人民法院的裁判观点相同，均认为隐名股东对外签订的股权转让协议有效，隐名股东有权转让其股权（或转让其隐名股东身份）。

案例1：青海省高级人民法院审理的陈某某、郑某某与张某某、陶某某股权转让合同纠纷案［（2015）青民二初26号］认为，陈某某、郑某某作为景丰矿业公司的实际出资人，对其持有的公司股份，在其他股东均同意的情况下，享有依法转让的权利。张某某应当依据2013年12月25日双方签订的《协议书》偿还剩余股权转让款2330万元。

案例2：广东省深圳市中级人民法院审理的李某某与卫某股权转让纠纷案［（2012）深中法商终996号］认为，李某某作为通某网络公司的实际出资人，有权对由李某某实际出资而登记在叶某某、黄某某名下的股权进行处分，只是此种处分行为需要名义股东叶某某、黄某某配合。在本案中并无善意第三人对通某网络公司股权主张权利，在一审时叶某某已出庭作证声明其名下通某网络公司75%股权的实际出资人是李某某并同意李某某将通某网络公司股权转让给卫某。李某某向卫某出让通某网络公司2%股权，系合法处分实质上属于李某某的财产权利，不损害他人利益，本案亦不存在标的股权不能转移的法律障碍，且卫某已分取通某网络公司利润实际享有了股东权益，故李某某的处分行为应属于有权处分行为。原审法院认为李某某不是通某网络公司登记股东故李某某无权处分通某网络公司股权，是不当的。原审法院以李某某无权处分通某网络公司股权为由认定本案股权转让协议无效并判令李某某退还股权转让款，卫某以李某某无权处分通某网络公司股权为由请求解除本案股权转让协议并由李某某赔偿股权转让款损失，均不符合法律规定。

案例3：安徽省高级人民法院审理的王某某与刘某某股权转让纠纷案［（2015）皖民二终01025号］认为，王某某与刘某某签订的《股份转让协议》，实乃实际出资人与名义股东之间的股份转让，是双方当事人的真实意思表示，也不违反法律、行政法规的强制性规定，合法有效，刘某某是否登记为三某房地产公司的股东，不影响协议的履行，且王某某已经支付了股份转让款170万元，故对刘某某要求王某某支付尚欠的股份转让资金及逾期付款利息的诉讼请求予以支持，逾期付款利息酌情自履行期限届满之日起按中国人民银行同期贷款基准利率计算。

案例4：江苏省高级人民法院审理的蔡某某与林某某股权转让纠纷案

[（2012）苏商外终0008号]认为，根据本案查明的事实，林某某与蔡某某签订涉案股权转让协议时，张某某、李某某系长某公司的名义股东，林某某是长某公司的隐名股东、实际投资者。首先，蔡某某作为涉案股权转让协议的受让方，事先必定会对长某公司的股权状况进行了解，因此其对上述事实应是明知的。其次，从涉案股权转让协议的内容来看，该股权转让协议对办理股权变更登记事项没有任何约定。最后，蔡某某在签订涉案股权转让协议后实际参与了长某公司的经营，但直至本案诉讼前其从未对股东登记问题提出异议。在此情况下，一审法院认定林某某与蔡某某签订涉案股权转让协议所转让的并非法律意义上的股权而是林某某作为隐名股东、实际出资者的隐名股东地位以及由此产生的投资权利和义务并无不当。

009 隐名股东伪造名义股东签章直接将股权转让给自己是否有效

裁判要旨

未经显名股东同意，隐名股东伪造显名股东签章订立股权转让合同将公司股权转让给自己的，该合同并不当然无效。显名股东知情后未对合同内容提出异议，并以行为实际履行该合同的，股权转让合同对其发生法律效力。

案情简介①

2002年11月22日，东某株式会社和新某途公司合资设立锦某公司，注册资本465万美元，其中东某株式会社出资456万美元，持股98.06%，新某途公司出资9万美元，持股1.94%。新某途的法定代表人韩某某担任锦某公司的法定代表人。

2006年9月1日，新某途公司与东某株式会社签订《终止协议》，载明因东某株式会社不再投资，锦某公司终止。9月8日，韩某某作为乙方与甲方东某株式会社签订《协议书》一份，约定东某株式会社将其持有的锦某公司98.06%股

---

① 江苏省高级人民法院，东某株式会社与韩某某、锦某公司股权转让纠纷案[（2015）苏商外终00026号]；最高人民法院，东某株式会社与韩某某、锦某公司股权转让纠纷申诉、申请案[（2016）最高法民申1474号]。

权、应缴出资额456万美元一次性全额等价转让给韩某某。上述两份协议均有东某株式会社的盖章，后查明所盖印章系伪造。

2006年年底，锦某公司完成工商变更登记，由合资企业变更为内资公司。2007年11月8日，东某株式会社又与锦某公司就合资成立锦甲公司，并通过了外商投资主管部门的批准。事实上，东某株式会社仅是韩某某在锦某公司的名义股东，韩某某为实际出资人。

2009年6月4日，东某株式会社法定代表人郭某某在发给韩某某的邮件中认可东某株式会社仅为韩某某的名义股东，其原注资由韩某某提供，并同意韩某某将合资公司变更为个人独资公司。

2014年3月11日，东某株式会社以韩某某伪造其签章为由提起诉讼，请求认定股权转让的《协议书》无效并恢复其在锦某公司的股东身份。本案经苏州市中级人民法院一审，江苏省高级人民法院二审，最高人民法院再审，最终认定股权转让协议有效。

裁判要点精要

东某株式会社与韩某某之间存在名义股东与实际股东的关系，韩某某为实际出资人，东某株式会社仅为名义股东。即使涉案股权转让协议等文件上的签字印章系伪造，郭某某作为东某株式会社法定代表人在2008年明确知道锦某公司股权登记已作变更，但东某株式会社在此后五年时间内未对涉案股权转让协议提出异议，并继续与股权登记变更后的锦某公司共同投资经营锦甲公司，故应当视为东某株式会社履行了涉案股权转让协议的内容，以其实际行为对涉案股权转让协议进行了追认，故涉案股权转让协议合法有效。

另外，由于东某株式会社仅为名义股东，并未实际出资锦某公司，其权益亦未因涉案股权转让行为受到实际损害。因此，东某株式会社要求确认其仍为锦某公司股东并办理股权登记手续的主张未能得到法院的支持。

实务经验总结

为避免未来发生类似纷争，提出如下建议：

第一，对于隐名股东来讲，在选择显名股东之初务必与显名股东签订代持股协议，在协议中特别约定隐名股东显名化的具体方法与途径以及各自在公司中的权利义务和责任。另外，隐名股东要保留好将出资转给显名股东的相应记录，以便证明自己实际出资。隐名股东在显名的过程中尽量取得显名股东的配合，不要通过伪造公章的方式自行操作，以免事后显名股东不认可，徒增麻烦。按照笔者在本书其他章节中提出的建议，应该提前要求名义持股人签署《股权转让协议》。约定在委托持股期限内，隐名股东有权在条件具备时，将相关股东权益转移到自己名下或自己指定的任何第三人名下，届时涉及的相关法律文件，显名股东须无条件同意。

第二，对于显名股东来讲，其务必要按照代持股协议的约定行使自己的权利，在发现隐名股东采取伪造公章此类不诚信的手段侵犯自己的合法权益时，需要及时声明并拒绝履行，否则在认可且实际履行的情况下，再向法院主张协议无效，恢复股东资格将不会得到法院的支持。

法规链接

《公司法》（2023年修订）

第五十六条 有限责任公司应当置备股东名册，记载下列事项：

（一）股东的姓名或者名称及住所；

（二）股东认缴和实缴的出资额、出资方式和出资日期；

（三）出资证明书编号；

（四）取得和丧失股东资格的日期。

记载于股东名册的股东，可以依股东名册主张行使股东权利。

《最高人民法院关于适用〈中华人民共和国公司法〉若干问题的规定（三）》（2020年修正）

第二十四条 有限责任公司的实际出资人与名义出资人订立合同，约定由实际出资人出资并享有投资权益，以名义出资人为名义股东，实际出资人与名义股东对该合同效力发生争议的，如无法律规定的无效情形，人民法院应当认定该合同有效。

前款规定的实际出资人与名义股东因投资权益的归属发生争议，实际出资人以其实际履行了出资义务为由向名义股东主张权利的，人民法院应予支持。名义股东以公司股东名册记载、公司登记机关登记为由否认实际出资人权利的，人民法院不予支持。

实际出资人未经公司其他股东半数以上同意，请求公司变更股东、签发出资证明书、记载于股东名册、记载于公司章程并办理公司登记机关登记的，人民法院不予支持。

本案链接

以下为该案在法院审理阶段，判决书中"本院认为"就该问题的论述：

本院认为：涉案股权转让协议合法有效，东某株式会社无权要求确认其股东身份。理由如下：

一、东某株式会社与韩某某之间存在名义股东与实际股东的关系

本案中，韩某某主张其与东某株式会社之间是实际股东与名义股东的关系，东某株式会社并非锦某公司的实际股东，并提供了东某株式会社法定代表人郭某某在2009年6月4日发送给韩某某儿子韩某涛的电子邮件。郭某某在邮件中称，其仅是给予合资的名义，并未真实出资，其出资是由韩某某提供。对此，东某株式会社主张其已实际出资，并提交了中国建设银行汇入汇票通知书和进账单等证据，用以证明锦某公司的出资系由其从境外汇入。本院认为，东某株式会社从境外汇入资金的行为，与郭某某后来在邮件中关于汇入的出资系由韩某某事先提供的陈述并不矛盾。因此，东某株式会社提供的证据并不能推翻郭某某自己在邮件中对东某株式会社仅是锦某公司名义股东的认可。故东某株式会社并没有对锦某公司实际出资。本院对韩某某的主张予以支持。

二、东某株式会社以其行为对涉案股权转让协议进行了追认

本案中，东某株式会社主张，涉案《协议书》《合同终止协议书》《董事会决议》上的郭某某签名及私章、东某株式会社公章系伪造，并提供了2002年东某株式会社在中国境内使用其真实公章的样品，用以证明涉案股权转让协议并非其真实意思。本院认为，郭某某在上述邮件同时提到："你是在去年（2008年），我又向你提起时，你告知，已经办妥东方在锦新刺绣的撤资了。"故郭某某确认其在2008年就知道其名下的股权已经被转让，锦某公司成为个人独资企业。因此，即使涉案股权转让协议等文件上的签字印章系伪造，郭某某作为东某株式会社法定代表人在2008年明确知道锦某公司股权登记已作变更，但东某株式会社在此后五年时间内未对涉案股权转让协议提出异议，并继续与股权登记变更后的锦某公司共同投资经营锦甲公司，故应当视为东某株式会社履行了涉案股权转让协议的内容，以其实际行为对涉案股权转让协议进行了追认，故涉案股权转让协议合法有效。并且，由于东某株式会社仅为名义股东，并未实际出资锦某公司，其权益亦未因涉案股权转让行为受到实际损害，故本院对东某株式会社要求确认

其仍为锦某公司股东并办理股权登记手续的主张不予支持。

010 隐名股东可否以自己名义提起公司决议效力诉讼

一、关于公司决议效力诉讼原告资格的立法现状

《公司法》第二十六条规定，有权提起公司决议撤销之诉的主体为公司股东，但未对有权提起请求确认公司决议无效之诉的主体作出规定。

《公司法司法解释（四）》对公司决议效力诉讼的原告资格予以明确：其中，第一条规定，公司股东、董事、监事等请求确认股东会或者股东大会、董事会决议无效或者不成立的，人民法院应当依法予以受理。第二条规定，依据民法典第八十五条、公司法第二十二条第二款请求撤销股东会或者股东大会、董事会决议的原告，应当在起诉时具有公司股东资格。第三条第一款规定，原告请求确认股东会或者股东大会、董事会决议不成立、无效或者撤销决议的案件，应当列公司为被告。对决议涉及的其他利害关系人，可以依法列为第三人。据此可知，公司决议效力诉讼可分为三个类型：决议不成立、决议无效、决议撤销；其中决议不成立及决议无效的原告为公司股东、董事、监事等与本决议具有利害关系的人，决议撤销的原告只能为股东；该三类诉讼的被告均为公司，其他利害关系人可列为第三人。

但是《公司法司法解释（四）》未对司法实践中经常出现争议的名义股东、隐名股东可否提起公司决议效力诉讼的问题作出规定，也未对未履行出资义务的股东能否提起公司决议效力诉讼作出规定。我们认为这是一个遗憾，也是留待更新的司法解释或立法来解决的问题。虽然法律无具体规定，但是现实的司法判例却必须面对这个问题：名义股东、隐名股东提起公司决议效力诉讼，法院是否应予以支持？

二、关于隐名股东（实际出资人）能否提起公司决议效力诉讼的裁判观点

根据相关案例，隐名股东有权提起公司决议诉讼。理由是就公司内部而言，隐名股东具有与名义股东相同的权利义务。

案例1：云南省高级人民法院审理的游某某开发公司股权确认纠纷案[（2008）云高民二终197号]认为，游某某系因国有企业改制而形成的隐名股东，是因政策而形成的产物，不存在恶意规避法律的动机和目的，其股东地位依

法应予保护。虽然不能突破现行公司法关于有限责任公司人数限制的硬性规定认定其为显名股东，但本案系公司内部纠纷，对公司内部而言，隐名股东享有与正常股东相同的权利义务。故游某某作为开发集团的隐名股东，可就开发集团内部与其相关的纠纷提起诉讼，依法具备本案的主体资格。

三、关于名义股东能否提起公司决议效力诉讼的裁判观点

名义股东是否有权提起公司决议诉讼，各地法院有不同认识。肯定的裁判观点认为，名义股东为登记在册的股东，有权依据公司法行使股东权；否定的裁判观点则认为，名义股东并未实际出资，对公司决议的内容没有直接利害关系，因此不能提起公司决议效力之诉。

（一）支持名义股东可以提起决议诉讼的案例

案例2：福建省厦门市中级人民法院审理的叶某某与泰某公司纠纷案〔（2015）厦民终4546号〕认为，经查证事实，叶某某是泰某公司4.965%股权的名义出资人。虽该股权实际出资人并非叶某某本人，但叶某某提起本案诉讼时，其仍是泰某公司的在册股东，故叶某某有权依据《公司法》规定行使其股东权利，其起诉主张撤销泰某公司相关公司决议，程序上并无不当。泰某公司上诉主张叶某某并不具备起诉资格的理由不能成立，本院不予支持。

（二）不支持名义股东可以提起决议诉讼的案例

案例3：陕西省延安市中级人民法院审理的甘某县城关镇关家沟村民委员会与汽车联某公司公司决议效力确认纠纷案〔（2016）陕06民终1197号〕认为，根据法律规定，主张公司股东大会决议无效之诉的当事人应当是与股东大会决议内容有直接利害关系的公司股东。现上诉人主张被上诉人于2004年1月2日作出的股东大会决议无效。经查明，甘某县关家沟汽车联某公司成立之初的公司资产即11辆运油车，该车辆均是由个人出资购买，个人向上诉人处缴纳一定的管理费，故上诉人并未实际出资，仅为名义股东，由此可知，股东大会决议的内容对上诉人并无直接利害关系，上诉人作为名义股东起诉请求确认股东大会决议无效的上诉理由不能成立。

四、关于未履行出资义务的股东能否提起公司决议效力诉讼的裁判观点

根据相关案例，股东未履行出资义务或者出资不实不影响其股东资格的取得，因此其有权提起公司决议诉讼。

案例4：内蒙古自治区阿拉善盟中级人民法院审理的鑫某公司与续某、王某某、曹某某公司决议效力确认纠纷案〔（2016）内29民终287号〕认为，根据

法律规定，股东出资情况及是否具有股东资格，应当以工商登记档案为准，验资报告及审级报告的作用系为工商行政机关审查及人民法院审理之用，本身并不能直接认定公司股东未如实出资，进而撤销其股东资格。检察机关非审判机关，其认定王某某未如实出资并未根据新的事实或证据，故出具的法律文书不具有认定事实的效力。经查，本案鑫某公司工商登记显示王某某系公司股东，续某、曹某某起诉王某某请求确认未如实出资的诉讼亦经阿拉善盟中级人民法院（2010）阿民一终51号民事判决书驳回诉讼请求，故上诉人（原审被告）鑫某矿业有限责任公司于2012年召开的股东会提起事由未经依法认定，作出决议的依据不符合法律规定，其内容违法，应认定无效。

案例5：新疆生产建设兵团第六师中级人民法院审理的刘某某与孙某公司决议效力确认纠纷案［（2016）兵06民终406号］认为，股东未履行出资义务，并不改变其已有的股东资格，这种资格取决于公司章程和股东名册的记载，更重要的则是工商行政管理部门注册登记的确认，这些文件虽不能证明该股东已履行出资义务，却是证明其股东资格的基本依据。本案中，刘某某、孙某是目前登记于华某公司工商登记信息栏里的股东，也是华某公司设立时出资的股东。2014年4月23日，鉴于刘某某伪造变更工商登记所需材料，将股东变更为他人的事实存在，因而引发了2014年12月3日工商部门查证并认定刘某某变更材料系虚假，遂撤销了变更登记。工商部门撤销变更登记后，刘某某仍为华某公司的股东，故对孙某主张刘某某没有本案诉讼主体资格的上诉理由，本院不予采纳。

案例6：宁夏回族自治区银川市中级人民法院审理的创某景观公司与侯某某、张某公司决议效力确认纠纷案［（2016）宁01民终920号］认为，上诉人与被上诉人侯某某是创某景观公司登记的股东，其股东身份非经法定程序不能被任意否定。现上诉人认为公司设立时的相关文书并非被上诉人本人所签、被上诉人没有履行出资义务，故无权提起公司决议效力确认纠纷之诉，其该理由无法律依据。

011 "挂名股东"到底算不算股东、有无股东权利

裁判要旨

挂名股东是一方与他方约定，同意仅以其名义参与设立公司，实际上并不出

资，公司注册资本由他方投入的不出资一方股东。从形式上看，挂名股东在公司章程、股东名册、工商登记中记载其姓名或名称，符合股东的形式要件；从实质上看，挂名股东没有实际出资，认缴的出资由实际出资人出资，挂名股东不符合股东的实质要件；另外，挂名股东具有不参与公司重大决策，分红，不实际行使股东权利，不亲笔在决议、协议等文件上签字等表象特征。具备以上三点，没有实际出资的股东可以被认定为挂名股东。

案情简介①

东某鑫业公司原股东为李某革和王某某，其中李某革出资800万元，占80%股权；王某某出资200万元，占20%股权。

李某革系王某某的女婿，王某某并未向公司实际出资，其名下出资均系李某革的出资，公司章程及股东会决议、董事会决议、合同及各种文件上"王某某"的签字均非王某某本人签署。王某某亦未在公司行使过任何股东权利及承担过任何股东义务。

2007年3月9日，李某革、王某某与恒某盛世公司签订《转让协议》约定：李某革将其持有的东某鑫业公司31%的股权转让给恒某盛世公司；王某某将其持有的东某鑫业公司20%的股权转让给恒某盛世公司，上述51%股权的转让款为510万元。

此后，王某某、李某革又将股权转让给他人，恒某盛世公司起诉至法院，要求确认王某某、李某革再次转让股权无效。该案经北京市第一中级人民法院一审，北京市高级人民法院二审，案件的一个焦点问题为王某某是不是东某鑫业公司的挂名股东。北京市高级人民法院最终在判决书中认定王某某为挂名股东，李某革是东某鑫业公司的唯一股东。

裁判要点精要

北京市高级人民法院认定王某某只是东某鑫业公司的挂名股东，理由如下：（1）王某某并未向东某鑫业公司实际出资。出资是股东的最基本义务，股东如果不履行出资义务，就不能取得公司股东资格。王某某的出资均是由李某革所出。由于当时一人公司还是法律所禁止的，李某革将其岳母王某某列为股东，其目的是符合公司成立必须具备至少两人的条件，虽然银行付款单据上显示王某某

---

① 北京市高级人民法院，王某某、卡某特贸易有限公司与恒某盛世公司、李某革、东某鑫业公司、李某股权转让纠纷案［（2009）高民终516号］。

出资，并不能说明其实际履行了出资义务。（2）从形式要件来看，签署公司章程反映出行为人成为股东的真实意思表示，其效力优于其他形式要件。东某鑫业公司成立之时的章程上"王某某"的签字并非其本人所签，表明王某某在东某鑫业公司成立之时就无成为该公司股东的真实意思表示。（3）东某鑫业公司的一系列章程、变更文件及《转让协议》上"王某某"的签名均非其本人所签，且王某某从未参加过公司的任何经营决策活动，从未行使过任何股东权利，亦未参加公司分红。综上，王某某只是东某鑫业公司的挂名股东，其并不具有东某鑫业公司的股东资格。

实务经验总结

为避免未来发生类似纷争，提出如下建议：

第一，股东资格需要在形式要件、实质要件、表象特征三个方面综合判定，具备某种特征并不意味着股东资格的必然成立。在一般情况下，股东资格的确认应根据工商登记文件记载的资料来确认，但是如果根据公司章程的签署、实际出资情况以及股东权利的实际行使等事实可以作出相反认定的除外。股东资格的确认，应当根据出资数额、公司章程、股东名册、出资证明书、工商登记等多种因素综合审查确定，其中签署公司章程、股东名册、工商登记是确认股东资格的形式要件，出资是确认股东资格的实质要件，参与公司重大决策是股东资格的表象特征。

第二，挂名股东仅满足在公司章程、股东名册、工商信息上显名的形式要件，但不满足出资的实质要件，也不满足参与公司决策、分红、行使股东权利、签署各类文件的表象特征。在认定挂名股东的情形下，实际出资人拥有真正的股东资格，有权处分相应的股权。但是，挂名股东擅自处分股权的，实际出资人不得对抗善意第三人。

法规链接

《公司法》（2023 年修订）

第五十七条 股东有权查阅、复制公司章程、股东名册、股东会会议记录、董事会会议决议、监事会会议决议和财务会计报告。

股东可以要求查阅公司会计账簿、会计凭证。股东要求查阅公司会计账簿、会计凭证的，应当向公司提出书面请求，说明目的。公司有合理根据认为股东查阅会计账簿、会计凭证有不正当目的，可能损害公司合法利益的，可以拒绝提供查阅，并应当自股东提出书面请求之日起十五日内书面答复股东并说明理由。公司拒绝提供查阅的，股东可以向人民法院提起诉讼。

股东查阅前款规定的材料，可以委托会计师事务所、律师事务所等中介机构进行。

股东及其委托的会计师事务所、律师事务所等中介机构查阅、复制有关材料，应当遵守有关保护国家秘密、商业秘密、个人隐私、个人信息等法律、行政法规的规定。

股东要求查阅、复制公司全资子公司相关材料的，适用前四款的规定。

《最高人民法院关于适用〈中华人民共和国公司法〉若干问题的规定（三）》（2020 年修正）

第二十四条　有限责任公司的实际出资人与名义出资人订立合同，约定由实际出资人出资并享有投资权益，以名义出资人为名义股东，实际出资人与名义股东对该合同效力发生争议的，如无法律规定的无效情形，人民法院应当认定该合同有效。

前款规定的实际出资人与名义股东因投资权益的归属发生争议，实际出资人以其实际履行了出资义务为由向名义股东主张权利的，人民法院应予支持。名义股东以公司股东名册记载、公司登记机关登记为由否认实际出资人权利的，人民法院不予支持。

实际出资人未经公司其他股东半数以上同意，请求公司变更股东、签发出资证明书、记载于股东名册、记载于公司章程并办理公司登记机关登记的，人民法院不予支持。

第二十五条　名义股东将登记于其名下的股权转让、质押或者以其他方式处分，实际出资人以其对于股权享有实际权利为由，请求认定处分股权行为无效的，人民法院可以参照民法典第三百一十一条的规定处理。

名义股东处分股权造成实际出资人损失，实际出资人请求名义股东承担赔偿责任的，人民法院应予支持。

第二十六条　公司债权人以登记于公司登记机关的股东未履行出资义务为由，请求其对公司债务不能清偿的部分在未出资本息范围内承担补充赔偿责任，股东以其仅为名义股东而非实际出资人为由进行抗辩的，人民法院不予支持。

名义股东根据前款规定承担赔偿责任后，向实际出资人追偿的，人民法院应予支持。

本案链接

以下为该案在法院审理阶段,判决书中"本院认为"就该问题的论述:

本院认为:本案需要解决的首要问题是王某某是否实际具备东某鑫业公司的股东资格。一审法院认为,王某某并不实际具备东某鑫业公司的股东资格,王某某只是东某鑫业公司的挂名股东。在一般情况下,股东资格的确认应根据工商登记文件记载的资料来确认,但是如果根据公司章程的签署、实际出资情况以及股东权利的实际行使等事实可以作出相反认定的除外。有限责任公司股东资格的确认,应当根据出资数额、公司章程、股东名册、出资证明书、工商登记等多种因素综合审查确定,其中签署公司章程、股东名册、工商登记是确认股东资格的形式要件,出资是确认股东资格的实质要件,参与公司重大决策是股东资格的表象特征。上述要件或特征必须综合起来分析判断股东资格具备与否,具备某种特征并不意味着股东资格的必然成立。结合本案实际案情,王某某只是东某鑫业公司的挂名股东,理由如下:(1)王某某并未向东某鑫业公司实际出资。出资是股东的最基本义务,股东如果不履行出资义务,就不能取得公司股东资格。虽然从工商登记资料及银行付款单据上显示王某某在公司成立之时出资20万元,表面上符合了股东履行出资义务的实质要件,但是王某某没有证据证明银行付款单据上的款项是其缴纳的。事实上,根据李某革的陈述,王某某的出资均是由李某革所出。由于当时一人公司还是法律所禁止的,李某革将其岳母王某某列为股东,其目的是符合公司成立必须具备至少两人的条件,虽然银行付款单据上显示王某某出资,并不能说明其实际履行了出资义务。(2)从形式要件来看,签署公司章程反映出行为人成为股东的真实意思表示,其效力优于其他形式要件。东某鑫业公司成立之时的章程上"王某某"的签字并非其本人所签,表明王某某在东某鑫业公司成立之时就无成为该公司股东的真实意思表示。(3)东某鑫业公司的一系列章程、变更文件及《转让协议》上"王某某"的签名均非其本人所签,且王某某从未参加过公司的任何经营决策活动,从未行使过任何股东权利,亦未参加公司分红。综合以上分析,王某某只是东某鑫业公司的挂名股东,其并不具有东某鑫业公司的股东资格。李某革对东某鑫业公司的全部股权拥有占有、使用、收益、处分的权利,王某某对其名下拥有的东某鑫业公司的股权无权进行处分,为无权处分人。

（八）股权投资误区之"股权让与担保"

001 股权投资中的"先让与担保"是否应当被认定为无效

阅读提示

在股权融资活动中，除正常的股权抵押融资外，经常出现"股权让与担保""股权回购"等集中股权融资方式，特别是"股权让与担保"的方式以"操作简洁"的特点颇受投资者的青睐。股权让与担保又分为"股权先让与担保"和"股权后让与担保"，这种新型的股权担保形式如何约定才不至于被认定为"股权流质"进而被认定无效？本节将通过一系列案例来揭示"股权让与担保"的司法实践状态。

裁判要旨

"以让渡股权的方式设定担保"作为一种新型的担保方式，并没有违反法律的禁止性规定，且该种让与型担保灵活便捷可以方便当事人融资、有利于市场经济的繁荣，应视为当事人在商业实践中的创新活动，属于商业活力的体现，不应以担保法未规定该担保方式来否定其存在的价值。

但是，不论何种担保，其本意在于实现担保债权受偿的经济目的，法律基于公平原则禁止双方当事人直接约定债权无法受偿而直接获取担保标的所有权。同理，让与担保也并非为了帮助债权人因无法受偿而直接获得所有权从而变相获取暴利。因此，当事双方应经过股权回购或变价清算受偿的方式处置股权，禁止债权人直接取得股权。

案情简介①

明达亿某集团、深圳亿某公司原为珠海亿某公司股东，分别持有14.29%和

---

① 珠海市中级人民法院，亿某集团、深圳亿某公司等与安某公司、曹某某股权转让纠纷案〔（2013）珠中法民二终400号〕

85.71%的股权；珠海亿某公司注册资本为人民币14000万元，名下拥有411751.80平方米土地使用权。无锡亿某公司同为亿某集团关联企业。

2009年9月26日，无锡亿某公司通过委托贷款方式向安某公司贷款6000万元。珠海亿某公司以其名下房地产抵押为无锡亿某公司提供担保，但是其与安某公司签订《抵押合同》后，并未成功办理抵押登记手续。

此后，亿某集团方面负责人孙某与安某方面负责人曹某某，通过书面函件的方式协商同意将珠海亿某公司100%股权以转让形式为无锡亿某公司借款提供担保，关于回购问题双方后续具体协商。

2009年10月9日，亿某集团和深圳亿某公司二者分别与曹某某和安某公司签订《股权转让协议书》，约定各自将14.29%和85.71%的股权，均以1元的价格转让给曹某某和安某公司。合同签订后，各方向工商局办理了股东变更登记手续，珠海亿某公司的股东变更为安某公司和曹某某，珠海亿某公司的印鉴、证照等资料也移交给安某公司。

无锡亿某公司未能依约偿还贷款本息，珠海亿某公司也未承担担保还款义务。安某公司和曹某某又将各自股权协议转让给了禾某公司和匠某公司，其中禾某公司办理工商变更登记，而匠某公司并没有完成工商变更登记，其中安某公司与禾某公司为关联公司。

此后，亿某集团和珠海亿某公司向法院主张《股权转让协议》无效，安某公司和曹某某则辩称《股权转让协议》有效。本案经珠海香洲法院一审、珠海市中级人民法院二审最终判定《股权转让协议》有效。

裁判要点精要

一、为实现担保目的的《股权转让合同》有效

本案中，珠海亿某公司作为担保方因土地抵押无法设立，遂以便函方式协商变通为以股权转让的方式来担保债的履行。双方签订的《股权转让合同》是在特定情形下为担保债权履行而签订的，并非当事人最初形成的以买卖股权为直接目的的意思表示。虽然双方当事人本意为债权设立担保，但并不等于订立该合同的目的就是设立股权质押。在便函中深圳亿某公司同意以股权转让的方式外加回购方式来担保债的履行，意思表达清楚，且在合同签订后珠海亿某公司的印鉴、证照等资料移交给安某公司，这完全不同于股权质押合同，表明双方并非要设定质押担保。涉案合同虽名为股权转让，但本意在于担保，因此双方应当是以让渡

股权的方式来设定担保，该担保形式不同于普通典型担保，属于一种新型的担保方式。当事人这一真实意思表示并没有违反法律的禁止性规定，且该种让与型担保灵活便捷，可以方便当事人融资，有利于市场经济的繁荣，应视为当事人在商业实践中的创新活动，属于商业活力的体现，不应以担保法未规定该担保方式来否定其存在的价值。

二、双方应当就股权回购或变价清算受偿事宜继续协商，而不应当单方处置股权

不论何种担保，其本意在于实现担保债权受偿的经济目的，法律基于公平原则禁止双方当事人直接约定债权无法受偿而直接获取担保标的所有权。同理，让与担保也并非为了帮助债权人因无法受偿而直接获得所有权从而变相获取暴利。因此，双方当事人应在理顺债务的前提下，再行协商回购或变价清算受偿事宜。本案中，安某公司与曹某某否认股权转让合同的担保真实意图，单方将股权转让给其关联公司，已超出担保权利的目的范围，属于恶意串通损害他人利益的行为，该转让行为无效。

实务经验总结

1. 对债权人来讲，在抵押、质押等法定的担保方式不能实现时，其可以要求担保人以签署《股权转让协议》并办理过户的方式，以"让渡股权"的方式设定担保。但是，要注意以下四个问题：（1）双方务必要对到期债务已清偿或不能清偿时，担保人回购股权或以变卖股权进行债务清偿的方式进行约定；（2）双方应约定其持有股权时的股东权利；（3）禁止在"股权转让协议"中直接约定未按期还款则直接以股权抵偿之类的条款，该类约定很可能因违反"禁止流质"的条款而被认定为无效进而不能起到担保债权的作用；（4）为了避免出现无法清偿时担保人不配合处置股权清偿债务，可以约定在未按期还款且书面形式商请处置股权偿还债务无果的情况下，则担保人授权担保权人单方以合理和善意的方式处置股权。而且此时不应排除担保人处置该股权的权利，只是在担保人不配合处置该股权时给予担保权人自救的权利和机会。双方可以协议以质押股权折价，也可以就拍卖、变卖质押股权所得的价款优先受偿。质押股权折价或者变卖的，应当参照市场价格。质押股权折价或者拍卖、变卖后，其价款超过债权数额的部分归出质人所有，不足部分由债务人清偿。

2. 对于债务人或担保人来讲，如果债权人通过股东变更登记被登记为股东

后，未与担保人协商回购即直接处置股权转让给第三人的，担保人可要求法院以其之前签订的《股权转让合同》真实意思表示是担保而不是转让股权为由，要求确认债权人处置股权所签订的合同无效。但是如果善意第三人取得股权的，则适用善意取得原则由第三人取得股权、由担保人给予赔偿。

法规链接

《民法典》

第四百零一条 抵押权人在债务履行期限届满前，与抵押人约定债务人不履行到期债务时抵押财产归债权人所有的，只能依法就抵押财产优先受偿。

第四百二十八条 质权人在债务履行期限届满前，与出质人约定债务人不履行到期债务时质押财产归债权人所有的，只能依法就质押财产优先受偿。

第四百三十六条 债务人履行债务或者出质人提前清偿所担保的债权的，质权人应当返还质押财产。

债务人不履行到期债务或者发生当事人约定的实现质权的情形，质权人可以与出质人协议以质押财产折价，也可以就拍卖、变卖质押财产所得的价款优先受偿。

质押财产折价或者变卖的，应当参照市场价格。

第四百三十七条 出质人可以请求质权人在债务履行期限届满后及时行使质权；质权人不行使的，出质人可以请求人民法院拍卖、变卖质押财产。

出质人请求质权人及时行使质权，因质权人怠于行使权利造成出质人损害的，由质权人承担赔偿责任。

第四百三十八条 质押财产折价或者拍卖、变卖后，其价款超过债权数额的部分归出质人所有，不足部分由债务人清偿。

本案链接

以下为该案在法庭审理阶段，判决书中"本院认为"就该问题的论述：

本院认为：双方争议的焦点是两份股权转让合同的目的及效力。从本案股权转让合同形成的过程来看，安某公司与无锡亿某公司在2009年9月28日签订委托贷款合同，珠海亿某公司作为担保方最初的意思表示是提供公司土地抵押以作为债权履行的保障，但因其他因素导致土地抵押无法设立，遂双方以便函方式协商新的担保方式即变通为以股权转让的方式来担保债的履行。故本案双方当事人签订的《股权转让合同》是在特定情形下为担保债权履行而签订的,并非当事人最初形成的以买卖股权为直接目的的意思表示。这也与公司注册资本达1.4亿元,名下存有大幅土地,而未采取评估程序确定价值仅象征性约定售价1元、股东权益评估价值1800余万元及受让股权后取走公章、证照却未变更法定代表人,也不开始经营以及便函中提及回购股权事项相互印证。

虽然双方当事人本意为债权设立担保,但并不等于订立该合同的目的就是设立股权质押。在签订股权转让合同之前,深圳亿某公司已经签署过济南亿某公司股权质押合同并成功办理质押登记,表明双方明确知晓股权质押的操作方式,被上诉人声称不了解股权质押与股权转让的区别并不可信。而便函上深圳亿某公司同意以股权转让的方式外加回购方式来担保债的履行,意思表达清楚,且在合同签订后珠海亿某公司的印鉴、证照等资料移交给安某公司,这完全不同于股权质押合同,表明双方并非要设定质押担保。涉案合同名称为股权转让,但当事人本意在于担保,因此本案双方当事人是以让渡股权的方式来设定担保,该担保形式不同于普通典型担保,属于一种新型的担保方式。当事人这一真实意思表示并没有违反法律的禁止性规定,且该种让与型担保灵活便捷可以方便当事人融资,有利于市场经济的繁荣,应视为当事人在商业实践中的创新活动,属于商业活力的体现,不应以担保法未规定该担保方式来否定其存在的价值。本院对《股权转让合同》效力予以认可。

本案便函上提及了股权回购事项,但本案当事人未就回购事项继续协商,因此双方当事人的意思表示并不完整。股权转让合同是涉案债权采取让与担保的重要组成部分,双方未就让与担保的实现也即债权未履行如何实现担保债权作出约定从而引发本案纠纷。本院认为,不论何种担保,其本意在于实现担保债权受偿的经济目的,法律基于公平原则禁止双方当事人直接约定债权无法受偿而直接获取担保标的所有权。同理,让与担保也并非为了帮助债权人因无法受偿而直接获得所有权从而变相获取暴利。因此本案双方当事人应在理顺债务的前提下再行协商回购或变价清算受偿事宜。安某公司否认本案股权转让合同的担保真实意图,单方将股权转让给其关联公司,已超出担保权利的目的范围。禾某公司与安某公司的法定代表人为同一人,曹某某与安某公司及禾某公司皆属于关联方,各方对珠海亿某公司是用于担保债权的用途不可能不知晓,曹某某超出担保目的直接转让股权的行为,属于当事人恶意串通损害亿某集团利益的行为,该转让行为无效。原审法院判决曹某某与浙江禾某公司签订的《股权转让协议书》无效,实体处理并无不当，本院予以维持。

双方当事人皆确认，主债务人无锡亿某公司和各担保方没有按期偿还债务。在主债务尚未清偿的前提下，亿某集团及深圳亿某公司要求宣告2009年10月9日签订的两份股权转让合同无效没有任何法律和事实依据。原审法院错误判断股权转让合同的性质为股权质押合同进而宣告合同无效，属于认定事实和适用法律错误，本院予以纠正。

延伸阅读

股权让与担保融资的三则裁判规则

裁判规则一：事前约定"以股抵债"的股权质押条款违法无效。

案例1：浙江省高级人民法院审理的吴某与信用担保公司民事纠纷案[（2010）浙商终74号]认为，以协议人所收购的新公司60%股权作为向乙萍、林甲借款的偿还担保，若到期未能足额偿还，则新公司60%股权以该借款的价格转让归吴某、林甲所有；协议第七条约定，杜某某以新公司30%股权作为向乙萍的借款抵押，该股权杜某某可在约定期间内回购，具体回购事宜另行约定。上述条款中关于以股权作为借款抵押的约定，其性质属于股权质押，而其中关于在借款不能归还时吴某、林甲直接取得相应股权的约定，因违反《物权法》第二百一十一条之规定，依法应确认无效。

案例2：云南省昆明市中级人民法院审理的商某公司诉云南高某公司、昆明高某公司、赵某某股权转让纠纷案[（2016）云01民初107号]认为，本案中，原告已于2015年5月13日对被告昆明高某公司35%的股权享有了担保物权，后又于2015年7月1日与被告云南高某公司签订《股权转让协议》受让其已经享有担保物权的该35%的股权，转让价款的支付方式系以原告对被告云南高某公司享有的债权进行冲抵，担保物权法律关系及股权转让法律关系均发生在原告与被告云南高某公司之间，原告以获取其已享有担保物权的股权所有权来冲抵被告云南高某公司对原告所负的债务，属于法律明确禁止的流质、流押情形。虽然原告抗辩认为质权设立及股权转让发生在不同时段系不同的法律关系，对此本院认为，虽然双方的行为并不是在同一份协议中既约定设立担保物权，又约定以获取担保物所有权来冲抵双方之前的债权债务的形式，但原告与被告云南高某公司签订的两份协议履行的实质就是以获取担保物所有权来冲抵双方之前形成的债权债务关系，原告对于双方以不同步骤、不同形式签订协议的抗辩并不能改变合同履行结果上的流质、流押性质，故本院对原告的该项抗辩主张不予支持。根据《合同法》第五十二条第（五）项之规定，原告与被告云南高某公司在《股权转让协议》对转让昆明高某公司35%股权的约定当属无效。

案例3：江西省宜春市中级人民法院审理的席某某与丁某某股权转让纠纷案［（2014）宜中民二终244号］认为，席某某与丁某某于2013年8月16日签订的《股权抵押借款协议书》第五条、第六条关于席某某以其在鑫某公司40%股权为借款提供质押，如到期未还将该40%股权转让给丁某某的约定，是以股权出质担保条款。根据《物权法》第二百二十六条之规定，应当到工商行政管理部门办理出质登记方才设立，而该协议并未到工商部门办理出质登记，故本案质权并未设立。由于质物的价格随时间的变动而变动，故在实现质权时，可能质物价格已远远高于其担保的债权的价格，故类似该协议第五条、第六条的约定易损害出质债务人的权益，也很可能损害对出质债务人享有债权的其他债权人的合法权益，为此《担保法》①第六十六条明确规定"出质人和质权人在合同中不得约定在债务履行期届满质权人未受清偿时，质物的所有权转移为质权人所有"，《物权法》第二百一十一条也规定"质权人在债务履行期届满前，不得与出质人约定债务人不履行到期债务时质押财产归债权人所有"，该协议第五条、第六条违反了上述法律规定，属于无效条款。

案例4：浙江省温州市中级人民法院审理的银某公司与辉某公司、新某公司股权确认纠纷案［（2010）浙温商初11号］认为，五方协议第七条明确约定杜某某以30%股权向吴某某为3500万元借款提供"抵押"担保。该种担保方式实质也属于股权质押担保。基于权利质押这一法定担保形式的法律特征，质权人只能在债权不能得到清偿时主张质权而非直接变动物权。五方协议在未约定3500万元借款的具体偿还期限的情形下，即在不考虑该3500万元借款届期是否能够得到清偿的情形下事先直接约定将该30%股权变更登记至吴某某名下，同样违反了《物权法》第二百一十一条有关禁止流质的规定，五方协议中涉及该30%股权变更登记的条款亦应无效。

案例5：河北省承德县人民法院审理的白某某与泰某矿业公司、鑫某矿业公司、李某某、赵某某、韩某某公司决议纠纷案［（2014）承民初1702号］认为，根据《物权法》第二百一十一条"质权人在债务履行期届满前，不得与出质人约定债务人不履行到期债务时质押财产归债权人所有"之规定，原告白某某与第

---

① 已失效。

三人鑫某矿业公司所签订的借款担保合同虽未约定债务人不履行到期债务时，质押财产归债权人所有，却约定债权人单方面处分质押财产，行使了所有权人的权利，是变相约定债务人不履行到期债务时，质押财产归债权人所有，因其约定违反《物权法》的上述原则而无效。

裁判规则二："先让与担保"被认定为股权质押条款的，被判无效。

案例6：江苏省徐州市中级人民法院审理的通某公司与吴某、胡某某等股权转让纠纷案［（2016）苏03民终6281号］认为，通某公司与吴某签订的协议虽名为股权转让协议，但该协议的主要条款对双方间借款金额、借款利息、借款期限等进行了约定，符合借款合同的构成要件。协议虽约定通某公司将其持有的令天下公司99%的股权过户至吴某名下，但同时约定了当通某公司偿还70万元借款后，吴某应将该股权返还予通某公司，应当认定双方的真实意思表示系通某公司以其持有的令天下公司的股权出质于吴某，从而担保上述借款的履行，双方不存在股权转让的合意。因此，通某公司与吴某间涉案法律关系性质系民间借贷法律关系，而非股权转让法律关系。《物权法》第二百一十一条规定："质权人在债务履行期届满前，不得与出质人约定债务人不履行到期债务时质押财产归债权人所有"，双方间协议关于股权过户的约定违反了上述法律规定，应属无效，吴某仅享受该部分股权的质权，不享有所有权。

裁判规则三："先让与担保"被认定为股权回购的，被判有效。

案例7：最高人民法院审理的联某集团与高某公路公司股权转让纠纷案［（2013）民二终33号］认为，关于《股权转让协议书》是否名为股权转让，实为企业间借贷的协议。股权协议转让、股权回购等作为企业之间资本运作形式，已成为企业之间常见的融资方式。如果并非以长期年利为目的，而是出于短期融资的需要产生的融资，其合法性应予承认。

案例8：最高人民法院审理的中某公司与铭某公司股权转让纠纷案［（2015）民二终204号］认为，本案系股权转让及回购纠纷，股东一旦注资成为公司股东，即应承担相应的投资风险，即便此类由股东予以回购的协议并不违反法律禁止性规定，但回购实质上是在双赢目标不能达成之后对投资方权益的一种补足，而非获利，故其回购条件亦应遵循公平原则，在合理的股权市场价值及资金损失范围之内，不能因此鼓励投资方促成融资方违约从而获取高额赔偿。

002 股权投资中约定"股权流质"条款无效

裁判要旨

在履行期限届满前已约定由质权人以固定价款处分质物（股权），相当于未届清偿期即已固定了对质物（股权）的处分方式和处分价格，此种事先约定实质上违反了《民法典》第四百零一条关于禁止流质的强制性规定，应属无效。

案情简介①

2012年11月29日，朱某某作为出借人与铭某公司作为借款人签订《借款协议》约定：铭某公司向朱某某借款7000万元，并将其持有的桂某公司32.1510%股权（对应出资额9785万元）质押给朱某某，随后双方办理了股权质押登记。

《借款协议》还约定：若铭某公司届时未能及时清偿欠款的，朱某某有权要求铭某公司将其持有的桂某公司32.1510%股权以约定的价格（7000万元）转让给朱某某指定的第三方，由朱某某指定的第三方将股权转让款直接支付朱某某以偿还欠款。

铭某公司在借款放款前就股权转让事宜事先出具股权受让人和签署时间均为空白的《股权转让协议》，并承诺该协议生效时，铭某公司同意由朱某某指定的第三方作为受让主体并由朱某某填补上述空白，铭某公司对此表示认可；该协议各方签字或盖章在铭某公司未按时还款时生效。

后因铭某公司未能如约还款，朱某某指定中某公司收购铭某公司持有的桂某公司的股权，并在股权转让协议的受让方处填上了中某公司的名称，中某公司也签章确认。中某公司原就属于桂某公司股东。

因铭某公司拒绝办理股权转让变更登记手续，中某公司向安徽省高级人民法院提起诉讼，请求判令：铭某公司立即将其所持有的桂某公司32.1510%股权（对应出资额9785万元）转让至其名下并办理股权变更登记手续。

本案经安徽省高级人民法院一审、最高人民法院二审，最终判定：借款协议中指定第三人以固定价格受让股权的条款无效，股权转让协议无效，驳回中某公司的诉讼请求。

---

① 最高人民法院，中某公司与铭某公司、桂某公司股权转让纠纷案〔(2015)民二终384号〕。

裁判要点精要

事前约定"股权流质"条款无效。《借款协议》中约定在未能及时清偿债务时，朱某某有权要求铭某公司将其持有的桂某公司32.1510%（对应出资额9785万元）股权以7000万元价格转让给其指定的任意第三人，铭某公司不得拒绝，且该第三人亦无须向铭某公司支付股权转让款，而是直接支付给朱某某以偿还欠款。其实质为在铭某公司不能如约偿还借款时，朱某某可将质押的股权以事先约定的固定价格转让给第三方以清偿债务，即在履行期限届满前已约定由质权人朱某某以固定价款处分质物，相当于未届清偿期即已固定了对质物的处分方式和处分价格，显然与法律规定的质权实现方式不符。此种事先约定质物的归属和价款之情形实质上违反了《民法典》第四百零一条禁止流质的强制性规定，故该约定条款应属无效。

虽然，朱某某确定中某公司为收购第三人，并填补了事先出具的空白《股权转让协议》的内容。但因该协议是基于《借款协议》中违反"禁止流质"的无效约定所形成，并非铭某公司与中某公司在债务到期后自愿协商达成。在借款协议中涉及股权处置的内容已被确认无效的情况下，《股权转让协议》亦为无效。

实务经验总结

为避免未来发生类似纷争，提出如下建议：

第一，对于出借人而言，不要在借款协议中直接约定未按期还款直接以股权抵偿之类的条款，也不要变相约定未按期还款则单方处分股权之类的条款，该类约定可能因违反"禁止流质"的条款而被认定为无效进而不能起到担保债权的作用。另外，如果采取股权质押的方式担保债权，务必要到工商部门办理质押登记，未经登记，并不能取得质权，到时候无权就处置股权的价款获得优先受偿权。

第二，对于借款人而言，如果出借人欲依据双方签订的以股权抵债的流质条款侵夺公司股权，其可以向法院提出确认合同无效之诉，以维护自己的合法权益。

法规链接

《民法典》

第四百零一条　抵押权人在债务履行期限届满前，与抵押人约定债务人不履行到期债务时抵押财产归债权人所有的，只能依法就抵押财产优先受偿。

第四百二十八条 质权人在债务履行期限届满前，与出质人约定债务人不履行到期债务时质押财产归债权人所有的，只能依法就质押财产优先受偿。

第四百三十六条 债务人履行债务或者出质人提前清偿所担保的债权的，质权人应当返还质押财产。

债务人不履行到期债务或者发生当事人约定的实现质权的情形，质权人可以与出质人协议以质押财产折价，也可以就拍卖、变卖质押财产所得的价款优先受偿。

质押财产折价或者变卖的，应当参照市场价格。

第四百三十七条 出质人可以请求质权人在债务履行期限届满后及时行使质权；质权人不行使的，出质人可以请求人民法院拍卖、变卖质押财产。

出质人请求质权人及时行使质权，因质权人怠于行使权利造成出质人损害的，由质权人承担赔偿责任。

第四百三十八条 质押财产折价或者拍卖、变卖后，其价款超过债权数额的部分归出质人所有，不足部分由债务人清偿。

本案链接

以下为最高人民法院在法院审理阶段，判决书中"本院认为"就该问题的论述：

本院认为：本案双方的争议焦点为中某公司能否取得案涉铭某公司在桂某公司32.1510%股权的问题。

中某公司提出受让股权的依据为铭某公司与朱某某签订的《融资借款协议》及其项下的《股权质押合同》及《股权转让协议》，从协议相关条款内容来看，双方约定在铭某公司未能及时清偿债务时，朱某某有权要求铭某公司将其持有的桂某公司32.1510%（对应出资额9785万元）股权以7000万元价格转让给朱某某指定的任意第三人，铭某公司不得拒绝，且该第三人亦无须向铭某公司支付股权转让款，而是直接支付给朱某某以偿还欠款。其实质为在铭某公司不能如约偿还朱某某借款时，朱某某可将铭某公司质押的股权以事先约定的固定价格转让给第三方以清偿铭某公司所负债务，即在履行期限届满前已约定由质权人朱某某以固定价款处分质物，相当于未届清偿期即已固定了对质物的处分方式和处分价格，显然与法律规定的质权实现方式不符。此种事先约定质物的归属和价款之情形实质上违反了《物权法》第二百一十一条禁止流质的强制性规定，故该约定条款应属无效。

在铭某公司未按期还款的情况下，朱某某将《融资借款协议》中的第三人确定为中某公司，并填补了铭某公司事先出具的空白《股权转让协议》的部分内容。因《股权转让协议》是基于《融资借款协议》《股权质押合同》中质权人朱某某在债务人铭某公司不能清偿到期债务时，有权单方以固定方式处置质物，将案涉股权转给其指定的第三人的约定所形成，除股权受让人及签署时间外的其他内容的形成时间与上述两份协议的形成时间一致，并非铭某公司与中某公司在债务到期后自愿协商达成。故从实质上而言，尽管受让主体是在不能如期还款时明确的，但受让方式和价款均为事先约定。在上述两份协议中涉及股权处置的内容已被确认无效的情况下，《股权转让协议》亦为无效。在此情况下，中某公司要求据此受让铭某公司持有的桂某公司 32.1510% 股权即失去了事实基础，本院不予支持。

经安徽省高级人民法院释明后，中某公司提出按照评估价值确定的公允价格受让股权。本院认为，该诉请仍系建立在质权人在履行期限届满前以固有方式决定质物归属之基础上，因朱某某的该处分行为于法无据，中某公司的诉请也就失去了基础法律关系支撑。在本案债务履行期限届满后，质权人朱某某可依据《物权法》第二百一十九条实现质权，可以与出质人协议以质押财产折价，也可以就拍卖、变卖质押财产所得的价款优先受偿，但此时并非为直接履行案涉《股权转让协议》，而是质权人在债务履行期限届满后的质权实现方式。中某公司并非本案质权人，其依据事先约定的《股权转让协议》要求以公允价格受让铭某公司持有的股权于法无据，本院不予支持。

003 借款协议无效，为其提供担保而签订的股权转让合同是否有效

裁判要旨

借款协议即使已被生效判决确认为无效，但股权转让协议显然属于另一法律关系，其目的与宗旨不同于借款协议，其内容亦不为我国法律法规所禁止。因

此，借款协议的无效不能必然地导致股权转让协议无效，股权转让协议的效力应当依据其本身的效力要素进行审查和认定。

案情简介[①]

2005年5月31日，托某公司与含某公司、赵某某等共同签订《借款协议》，约定托某公司借款500万元给含某公司；赵某某以其持有的托某公司股权对上述借款提供担保；如含某公司不能按时还款，则赵某某的股权转让款应首先用于归还含某公司欠托某公司的款项。赵某某全权委托托某公司转让上述股份，并事先签订空白股权转让协议书。

借款到期后，含某公司仅向托某公司偿还了10万元，余款未还。

2007年6月20日，托某公司将赵某某所持股权转让给张某某，张某某支付了股权转让款。

2007年6月22日，托某公司向济南市中级人民法院起诉，请求判令含某公司偿还借款500万元及利息，赵某某等履行担保责任。2007年11月15日，济南市中级人民法院作出判决，认定该借款行为无效。

由于各方对案涉股权转让协议产生争议，张某某提起诉讼，请求判令股权转让协议有效。本案历经济南市中级人民法院一审、山东省高级人民法院二审、最高人民法院再审，判决该股权转让协议有效。

裁判要点精要

本案争议的焦点在于借款协议无效后，因履行担保义务而签订的股权转让合同的效力应当如何认定。

对此最高人民法院认为，尽管本案借款协议已被生效判决确认为无效，但股权转让协议显然属于另一法律关系，其目的与宗旨不同于借款协议，其内容亦不为我国法律法规所禁止。因此，借款协议的无效不能必然地导致股权转让协议无效，股权转让协议的效力应当依据其本身的效力要素进行审查和认定。

托某公司在转让案涉股权时已获得赵某某、海某发公司的明确授权，并按照公司的章程规定事先向公司其他所有股东发出了购买股份的通知，同时也办理了解除股份质押手续。因此，托某公司在办理转让赵某某股份事宜时履行了公司内

[①] 最高人民法院，张某某与赵某某、托某公司股权转让纠纷案［最高人民法院（2012）民提117号］。

部程序，符合公司章程及相关法律的规定，本案股权转让在程序上没有瑕疵。股权转让协议的主体、客体及内容也均未违反法律、法规的相关规定，应当认定为合法有效。

实务经验总结

为避免未来发生类似纷争，提出如下建议：

第一，借款协议无效，为借款提供担保而预先签订的受让人未知的股权转让协议的效力应当依据其本身的效力要素进行审查和认定。股权转让协议虽因借款协议而派生，两者之间存在一定的关联性，但股权转让协议显然属于另一法律关系。因此，借款协议的无效不能必然地导致股权转让协议无效。

第二，对股权转让的效力涉及多方面的因素应当综合认定。首先，股权转让程序应当符合公司章程以及相关法律的规定。其次，应当从股权转让协议的主体、客体及内容等方面出发判断其效力。最后，股权转让协议价格合理与否也是判断其效力的一项重要内容。

法规链接

《公司法》（2023年修订）

第八十四条 有限责任公司的股东之间可以相互转让其全部或者部分股权。

股东向股东以外的人转让股权的，应当将股权转让的数量、价格、支付方式和期限等事项书面通知其他股东，其他股东在同等条件下有优先购买权。股东自接到书面通知之日起三十日内未答复的，视为放弃优先购买权。两个以上股东行使优先购买权的，协商确定各自的购买比例；协商不成的，按照转让时各自的出资比例行使优先购买权。

公司章程对股权转让另有规定的，从其规定。

本案链接

以下为该案在法院审理阶段，判决书中"本院认为"就该问题的论述：

本案股权转让协议的合法性、有效性涉及诸多方面，包括赵某某对托某公司的授权是否合法存在、股权转让程序是否合法、借款协议无效是否必然导致股权转让协议无效以及股权转让协议本身的效力问题：（1）关于赵某某的授权。根据本案查明的事实，赵某某在借款协议中明确授权托某公司在含某公司不能按时归还借款时转让其公司股份并优先用于归还借款，相关各方还事先签订了股权转让协议以便执行。至托某公司实际办理转让股份时，赵某某不仅未承担担保责任，而且从未撤回对托某公司的上述授权。2007年6月19日的会议纪要虽记载了赵某某不再继续提供担保的事实，但不能构成对托某公司转让赵某某股份授权的撤回。赵某某在本院再审查期间声称忘记了股权转让协议一事，在本院提审期间又主张交付给托某公司的股权转让协议为空白协议，无论从哪一角度看，均不能证明赵某某撤销了对托某公司的授权。因此，托某公司在办理本案股权转让事宜时，赵某某的授权依然合法存在。海某发公司、赵某某于2007年6月24日、25日在《齐鲁晚报》上刊登声明称"自本声明之日起，现在不委托托某公司以每股1.26元或任何价格转让上述股权"，该声明发生在股权转让行为发生之后，不能影响此前已经发生的股权转让行为的效力。（2）关于股权转让程序。托某公司的章程规定了公司股东转让公司股份时其他股东享有的优先购买权，托某公司在办理转让赵某某股份事宜时，事先向公司其他所有股东发出了购买股份的通知，同时也办理了解除股份质押手续，因此，托某公司在办理转让赵某某股份事宜时履行了公司内部程序，符合公司章程及相关法律的规定，本案股权转让在程序上没有瑕疵。（3）关于借款协议与股权转让协议的关联性。本案借款协议属于企业之间的借贷，已被生效判决确认为无效。本案股权转让协议系因借款协议而派生，两者之间存在一定的关联性，但股权转让协议显然属于另一法律关系，其目的与宗旨不同于借款协议，其内容亦不为我国法律法规所禁止。因此，借款协议的无效不能必然地导致股权转让协议无效，股权转让协议的效力应当依据其本身的效力要素进行审查和认定。（4）关于股权转让协议的效力。股权转让协议的效力涉及协议主体、客体及内容三个方面。从主体看，赵某某合法拥有托某公司股份，有权依照法律和公司章程的规定以特定价格转让其股份；托某公司作为目标公司和受托方，有权亦有义务依据公司章程和委托人的委托办理股权转让事宜；张某某作为受托人，在公司其他股东未行使优先购买权时，有权依照公司章程的规定购买转让方拟转让的股份。本案并无证据证明其受让股份存在恶意，张某某受让股份的资金来源于公司其他股东本身并不为法律法规或者公司章程所禁止。从客体看，本案股权转让方所转让的股份并非为法律所禁止的转让物。从内容看，赵某某在股权转让协议中事先填好了转让方、拟转让的股份数额、转让价格、违约责任、争议解决方式，承诺拟转让的股份未设定任何抵押、质押等担保物权，并在转让方处签字、盖章，构成了确定的要约，一旦受让人承诺，股权转让协议即告成立。本案股权转让协议之内容，正是因受让方张某某的合法、有效承诺而确定的。由于协议内容系转让方和受让方的真实意思表示，亦不为我国法律法规所禁止，股权转让协议第八条还明确约定"本协议自三方签字盖章之日起生效"，故本案股权转让协议已于2007年6月22日发生法律效力。一审、二审判决认定本案股权转让协议无效缺乏事实和法律依据，依法应予纠正。

此外，股权转让的价格是否合理也是衡量股权转让协议效力的因素之一。但因无评估机构对股权转让时的股份价值进行评估，本院目前尚难以认定本案股权转让价格是否合理。何况，价格是否合理，是否存在差价损失的争议不是本案审理范围，本院对此节事实不予审理。双方对此存在争议，可另循法律途径解决。

（九）股权投资误区之"对赌协议"

001 投资人与目标公司对赌并非一律无效

裁判要旨

本案发生在《全国法院民商事审判工作会议纪要》颁布之前，当时法院的裁判观点为：投资者与目标公司的对赌条款因可能损害公司及公司债权人的利益而无效。但投资者与目标公司控股股东之间的对赌条款有效。

在《全国法院民商事审判工作会议纪要》颁布之前，对于投资方与目标公司的股东或者实际控制人订立的"对赌协议"，如无其他无效事由，认定有效并支持实际履行，实践中并无争议。但投资方与目标公司订立的"对赌协议"是否有效以及能否实际履行，存在争议。

《全国法院民商事审判工作会议纪要》颁布之后，关于对赌协议的法律效力问题，裁判观点发生了比较大的改变，具体介绍如下：

在投资方与目标公司订立的"对赌协议"不存在法定无效事由的情况下，目标公司仅以存在股权回购或者金钱补偿约定为由，主张"对赌协议"无效的，人民法院不予支持，但投资方主张实际履行的，人民法院应当审查是否符合公司法关于"股东不得抽逃出资"及股份回购的强制性规定,判决是否支持其诉讼请求。

投资方请求目标公司回购股权的,人民法院应当依据《公司法》第五十三条关于"股东不得抽逃出资"或者第一百六十二条关于股份回购的强制性规定进行审查。经审查,目标公司未完成减资程序的,人民法院应当驳回其诉讼请求。

投资方请求目标公司承担金钱补偿义务的,人民法院应当依据《公司法》第五十三条关于"股东不得抽逃出资"和第二百一十条关于利润分配的强制性规定进行审查。经审查,目标公司没有利润或者虽有利润但不足以补偿投资方的,人民法院应当驳回或者部分支持其诉讼请求。今后目标公司有利润时,投资方还可以依据该事实另行提起诉讼。

案情简介[①]

众某公司原注册资本 384 万美元,迪某公司持有众某公司全部股权。

2007 年,海某公司与众某公司、迪某公司签订《增资协议书》,约定:海某公司向众某公司投资 2000 万元人民币,其中新增注册资本 114 万元,资本公积金 1885 万元。增资后,海某公司、迪某公司持有的众某公司股权分别为 3.85%、96.15%。

《增资协议书》中约定了对赌条款:如果众某公司 2008 年实际净利润不足 3000 万元,海某公司有权要求众某公司予以补偿,如果众某公司未能履行补偿义务,海某公司有权要求迪某公司履行补偿义务。

海某公司履行了向众某公司投资 2000 万元的义务,后众某公司更名为世某公司。

世某公司 2008 年实际净利润为 26858 元,未达到《增资协议书》约定的 3000 万元目标。

海某公司向法院诉请判令:世某公司、迪某公司向其支付协议补偿款 1998 万元。

兰州市中级人民法院驳回海某公司的全部诉讼请求,甘肃省高级人民法院判决世某公司、迪某公司共同返还海某公司 1885 万元资本公积金及利息。

世某公司、迪某公司不服二审判决,向最高人民法院申请再审。最高人民法院判决迪某公司向海某公司支付协议补偿款 1998 万元,世某公司不承担还款责任。

[①] 最高人民法院,海某公司与世某公司、迪某公司、陆某增资纠纷再审案〔(2012)民提 11 号〕。

裁判要点精要

一、目标公司与投资人签署业绩对赌协议并不一律无效

《全国法院民商事审判工作会议纪要》颁布之前，法院普遍认为目标公司与投资人签署业绩对赌协议损害公司和债权人利益而无效。例如，本案认为：《增资协议书》中约定，目标公司实际净利润低于一定金额，则投资人有权从目标公司处获得补偿。该业绩对赌协议使投资人可以取得相对固定的收益，损害了公司利益和公司债权人利益，法院不予支持。法院认为，在《增资协议书》中约定，如果世某公司实际净利润低于3000万元，则海某公司有权从世某公司处获得补偿，并约定了计算公式。这一约定使得海某公司的投资可以取得相对固定的收益，该收益脱离了世某公司的经营业绩，损害了公司利益和公司债权人利益，一审法院、二审法院根据《公司法》（2005年修订）第二十条和《中外合资经营企业法》①第八条的规定认定《增资协议书》中的这部分条款无效是正确的。

《全国法院民商事审判工作会议纪要》颁布之后，对于该问题进行重新架构和认识，认为投资方与目标公司订立的"对赌协议"在不存在法定无效事由的情况下，目标公司仅以存在股权回购或者金钱补偿约定为由，主张"对赌协议"无效的，人民法院不予支持。但投资方主张实际履行的，人民法院应当审查是否符合公司法关于"股东不得抽逃出资"及股份回购的强制性规定，判决是否支持其诉讼请求。并具体规定如下：

（1）投资方请求目标公司回购股权的，人民法院应当依据《公司法》第五十三条关于"股东不得抽逃出资"或者第一百六十二条关于股份回购的强制性规定进行审查。经审查，目标公司未完成减资程序的，人民法院应当驳回其诉讼请求。

（2）投资方请求目标公司承担金钱补偿义务的，人民法院应当依据《公司法》第五十三条关于"股东不得抽逃出资"和第二百一十条关于利润分配的强制性规定进行审查。经审查，目标公司没有利润或者虽有利润但不足以补偿投资方的，人民法院应当驳回或者部分支持其诉讼请求。今后目标公司有利润时，投资方还可以依据该事实另行提起诉讼。

---

① 已失效。

二、法律不禁止控股股东与投资人签署业绩对赌协议，这种对赌协议不损害目标公司和目标公司债权人利益

无论是《全国法院民商事审判工作会议纪要》颁布之前还是颁布之后，对于投资方与目标公司的股东或者实际控制人订立的"对赌协议"，如无其他无效事由，认定有效并支持实际履行，实践中并无争议。

例如，在本案中，法院认为，在《增资协议书》中，迪某公司对于海某公司的补偿承诺并不损害公司及公司债权人的利益，不违反法律法规的禁止性规定，是当事人的真实意思表示，是有效的。迪某公司对海某公司承诺了众某公司2008年的净利润目标并约定了补偿金额的计算方法。在众某公司2008年的利润未达到约定目标的情况下，迪某公司应当依约应海某公司的请求对其进行补偿。

实务经验总结

为避免未来发生类似纷争，提出如下建议：

第一，投资者希望进行业绩对赌时，可以选择与目标公司的控股股东对赌。对于投资方与目标公司的股东或者实际控制人订立的"对赌协议"，如无其他无效事由，认定有效并支持实际履行，实践中并无争议。

第二，投资者也可以与目标公司对赌。但是要注意投资方与目标公司订立的"对赌协议"是否有效以及能否实际履行，存在争议。虽然《全国法院民商事审判工作会议纪要》规定，投资方与目标公司订立的"对赌协议"在不存在法定无效事由的情况下，目标公司不能仅以存在股权回购或者金钱补偿约定为由，而主张"对赌协议"无效。但是在实际履行中，往往会遇到一些意想不到的阻碍。例如：（1）投资方主张实际履行的，人民法院要审查是否符合公司法关于"股东不得抽逃出资"及股份回购的强制性规定，判决是否支持诉讼请求。投资方请求目标公司回购股权的，法院要审查目标公司是否完成减资程序，如果目标公司不配合进行减资程序，法院就会驳回诉讼请求。（2）投资方请求目标公司承担金钱补偿义务的，法院应审查目标公司有无利润，如果没有利润或者虽有利润但不足以补偿投资方的，法院将驳回或者只能部分支持其诉讼请求。

第三，为避免对赌失败时目标公司的控股股东不具有偿还债务能力，投资者签订对赌协议前，在对目标公司进行尽职调查的同时，还应对目标公司控股股东进行尽职调查。

第四，目标公司的大股东在签订对赌协议时，应设定切实可行的业绩指标。

除业绩指标外，投资者还可以要求在对赌协议中加入更多柔性条款，如财务绩效、赎回补偿、企业行为、股票发行和管理层等多方面指标，让对赌协议更加均衡可控。

第五，如对赌协议中约定，未达到约定的目标时公司股东需向投资者赔偿股权，公司控股股东应设定对赌失败时赔偿股权份额的上限，避免对赌失败失去公司控制权（股权层面的公司控制）。

法规链接

《公司法》（2023年修订）

第二十一条 公司股东应当遵守法律、行政法规和公司章程，依法行使股东权利，不得滥用股东权利损害公司或者其他股东的利益。

公司股东滥用股东权利给公司或者其他股东造成损失的，应当承担赔偿责任。

第二十三条 公司股东滥用公司法人独立地位和股东有限责任，逃避债务，严重损害公司债权人利益的，应当对公司债务承担连带责任。

股东利用其控制的两个以上公司实施前款规定行为的，各公司应当对任一公司的债务承担连带责任。

只有一个股东的公司，股东不能证明公司财产独立于股东自己的财产的，应当对公司债务承担连带责任。

《民法典》

第五百零九条 当事人应当按照约定全面履行自己的义务。

当事人应当遵循诚信原则，根据合同的性质、目的和交易习惯履行通知、协助、保密等义务。

当事人在履行合同过程中，应当避免浪费资源、污染环境和破坏生态。

《全国法院民商事审判工作会议纪要》（法〔2019〕254号）

（一）关于"对赌协议"的效力及履行

实践中俗称的"对赌协议"，又称估值调整协议，是指投资方与融资方在达成股权性融资协议时，为解决交易双方对目标公司未来发展的不确定性、信息不对称以及代理成本而设计的包含了股权回购、金钱补偿等对未来目标公司的估值进行调整的协议。从订立"对赌协议"的主体来看，有投资方与目标公司的股东或者实际控制人"对赌"、投资方与目标公司"对赌"、投资方与目标公司的股东、目标公司"对赌"等形式。人民法院在审理"对赌协议"纠纷案件时，不仅应当适用合同法的相关规定，还应当适用公司法的相关规定；既要坚持鼓励投资方对实体企业特别是科技创新企业投资原则，从而在一定程度上缓解企业融资难问题，又要贯彻资本维持原则和保护债权人合法权益原则，依法平衡投资方、公司债权人、公司之间的利益。对于投资方与目标公司的股东或者实际控制人订立的"对赌协议"，如无其他无效事由，认定有效并支持实际履行，实践中并无争议。但投资方与目标公司订立的"对赌协议"是否有效以及能否实际履行，存在争议。对此，应当把握如下处理规则：

5.【与目标公司"对赌"】投资方与目标公司订立的"对赌协议"在不存在法定无效事由的情况下，目标公司仅以存在股权回购或者金钱补偿约定为由，主张"对赌协议"无效的，人民法院不予支持，但投资方主张实际履行的，人民法院应当审查是否符合公司法关于"股东不得抽逃出资"及股份回购的强制性规定，判决是否支持其诉讼请求。

投资方请求目标公司回购股权的，人民法院应当依据《公司法》第35条关于"股东不得抽逃出资"或者第142条关于股份回购的强制性规定进行审查。经审查，目标公司未完成减资程序的，人民法院应当驳回其诉讼请求。

投资方请求目标公司承担金钱补偿义务的，人民法院应当依据《公司法》第35条关于"股东不得抽逃出资"和第166条关于利润分配的强制性规定进行审查。经审查，目标公司没有利润或者虽有利润但不足以补偿投资方的，人民法院应当驳回或者部分支持其诉讼请求。今后目标公司有利润时，投资方还可以依据该事实另行提起诉讼。

本案链接

以下为该案在法院审理阶段，判决书中"本院认为"就该问题的论述：

本院认为：2009年12月，海某公司向一审法院提起的诉讼请求是请求判令世某公司、迪某公司、陆某向其支付协议补偿款19982095元并承担本案诉讼费用及其他费用，没有请求返还投资款。因此，二审判决判令世某公司、迪某公司共同返还投资款及利息超出了海某公司的诉讼请求，是错误的。

海某公司作为企业法人，向世某公司投资后与迪某公司合资经营，故世某公司为合资企业。世某公司、海某公司、迪某公司、陆某在《增资协议书》中约定，如果2008年世某公司实际净利润低于3000万元，则海某公司有权从世某公司处获得补偿，并约定了计算公式。这一约定使得海某公司的投资可以取得相对固定的收益，该收益脱离了世某公司的经营业绩，损害了公司利益和公司债权人利益，一审法院、二审法院根据《公司法》第二十条和《中外合资经营企业法》第八条的规定认定《增资协议书》中的这部分条款无效是正确的。但二审法院认定海某公司18852283元的投资名为联营实为借贷，并判决世某公司和迪某公司向海某公司返还该笔投资款，没有法律依据，本院予以纠正。

《增资协议书》中并无由陆某对海某公司进行补偿的约定，海某公司请求陆某进行补偿，没有合同依据。此外，海某公司称陆某涉嫌犯罪，没有证据证明，本院对该主张亦不予支持。

但是，在《增资协议书》中，迪某公司对于海某公司的补偿承诺并不损害公司及公司债权人的利益，不违反法律法规的禁止性规定，是当事人的真实意思表示，是有效的。迪某公司对海某公司承诺了众某公司2008年的净利润目标并约定了补偿金额的计算方法。在众某公司2008年的利润未达到约定目标的情况下，迪某公司应当依约应海某公司的请求对其进行补偿。迪某公司对海某公司请求的补偿金额及计算方法没有提出异议，本院予以确认。

根据海某公司的诉讼请求及本案《增资协议书》中部分条款无效的事实，本院依照《合同法》第六十条、《民事诉讼法》第一百五十三条第一款第（二）项、第一百八十五条的规定，判决如下：撤销甘肃省高级人民法院（2011）甘民二终96号民事判决；本判决生效后30日内，迪某公司向海某公司支付协议补偿款19982095元。驳回海某公司的其他诉讼请求。

002 对赌IPO失败后由股东和公司共同向投资方承担连带责任的条款是否有效

裁判要旨

本案发生在《全国法院民商事审判工作会议纪要》颁布之前，当时法院的裁判观点为：投资者与目标公司的对赌条款因可能损害公司及公司债权人的利益而无效。但投资者与目标公司控股股东之间的对赌条款有效。当时法院判决认为：投资方与原股东约定"目标公司若未能在指定期限内完成合格IPO，则公司原股东应当按照约定的回购价格回购投资方持有的目标公司股份"的对赌条款合法有效，但是约定目标公司为原股东的回购义务向投资方承担连带担保责任，会使得投资方的投资可以取得相对固定的收益，该收益脱离了目标公司的经营业绩，损害了公司利益和公司债权人利益，应属无效。

在《全国法院民商事审判工作会议纪要》颁布之前，对于投资方与目标公司的股东或者实际控制人订立的"对赌协议"，如无其他无效事由，认定有效并支持实际履行，实践中并无争议。但投资方与目标公司订立的"对赌协议"是否有效以及能否实际履行，存在争议。

《全国法院民商事审判工作会议纪要》颁布之后，关于对赌协议的法律效力问题，裁判观点发生了比较大的改变，具体如下：

1. 投资方与目标公司订立的"对赌协议"在不存在法定无效事由的情况下，目标公司仅以存在股权回购或者金钱补偿约定为由，主张"对赌协议"无效的，人民法院不予支持，但投资方主张实际履行的，人民法院应当审查是否符合公司法关于"股东不得抽逃出资"及股份回购的强制性规定，判决是否支持其诉讼请求。

2. 投资方请求目标公司回购股权的，人民法院应当依据《公司法》第五十三条关于"股东不得抽逃出资"或者第一百六十二条关于股份回购的强制性规定进行审查。经审查，目标公司未完成减资程序的，人民法院应当驳回其诉讼请求。

3. 投资方请求目标公司承担金钱补偿义务的，人民法院应当依据《公司法》第五十三条关于"股东不得抽逃出资"和第二百一十条关于利润分配的强制性规定进行审查。经审查，目标公司没有利润或者虽有利润但不足以补偿投资方的，人民法院应当驳回或者部分支持其诉讼请求。今后目标公司有利润时，投资方还可以依据该事实另行提起诉讼。

案情简介[①]

碧某舟公司成立于1995年，性质为股份有限公司，控股股东为邱某某、李某某。雷某企业为专业的股权投资公司。

2011年4月29日，雷某企业作为投资方（甲方）与碧某舟公司（乙方），

[①] 北京市第二中级人民法院，碧某舟公司等与雷某企业（有限合伙）股权转让纠纷案［（2015）二中民（商）终12699号］。

邱某某、李某某（丙方）签订《增资协议》，约定：乙方向甲方定向增资，雷某企业以现金22496750元认购乙方本次非公开发行的310.3万股股票，占公司总股本的4.0829%。

同日，雷某企业（甲方）与邱某某、李某某（乙方），碧某舟公司（丙方）签订《对赌协议》，约定：如果丙方未能在增资后24个月内成功完成IPO，则甲方有权参照以下价格，要求乙方全部或部分回购甲方在丙方中持有的股份。回购价格为：甲方投资额再加上每年10%的收益率溢价，计算公式为：$P = M \times N \times (1+10\% \times T)$；其中，P为回购价格，M为甲方已认缴的增资额，N为甲方有权回购的股权比例占其总持股比例的百分比，T为自甲方实际增资款到位之日至乙方及丙方实际支付全部回购价格之日的自然人天数除以365。乙方确保在90日内将回购价格全额支付到甲方指定账户内，丙方向甲方承担连带保证责任。

上述协议签订后，雷某企业履行了出资义务，碧某舟公司亦变更了相应股权工商登记。2013年6月1日，碧某舟公司召开临时股东大会决议公司IPO并在上交所上市；此后向证监会提交了IPO申请，但于2014年7月1日被终止审查，直至本案发生争议时仍未上市。

2014年7月7日，雷某企业要求邱某某、李某某按照对赌协议约定价格回购股权，并要求碧某舟公司承担连带责任，但邱某某、李某某及碧某舟公司则认为对赌协议无效，拒绝履行回购义务。

本案经北京市丰台区人民法院一审、北京市第二中级人民法院二审，均认定雷某企业与股东邱某某、李某某的对赌协议合法有效，但要求碧某舟公司承担连带责任的约定无效。

裁判要点精要

投资方与原股东约定"目标公司若未能在指定期限内完成合格IPO，则公司原股东应当按照约定的回购价格回购投资方持有的目标公司股份"的对赌条款合法有效。首先，在商业实践中，股权投资估值调整协议在直接融资领域中存在颇为普遍，其实质是对商业经营中资本价值风险判断的合意行为，该条款的效力认定应当以《民法典》第一百四十三条至第一百五十七条的规定为审查依据。本案中，该股份回购条款未违反法律及行政法规的规定，亦未损害公司、其他股东以及公司债权人的利益，应当认定为合法有效。其次，该对赌条款不会产生不公平或损害股东及公司利益的情形。一方为专业的投资企业，对商业风险和法律规范有着充分的认识；另一方为融资企业及控股股东或者原始股东，对公司的实际情况及盈利能力有着充分的了解，并对融资后企业的利益获得、价值目标作过详尽调查和理性预估。双方均为平等理性的商业行为主体，并不存在主体地位的优劣，所约定的回购条款亦非格式条款，不存在排除他方权利、免除己方义务的情形。从双方风险负担情况来看，雷某企业作为投资方投入大额资金入股，并不参与碧某舟公司的经营管理，本身承担了较高的投资风险；雷某企业等投资方入股后，碧某舟公司实现了融资，获得了企业生存和发展的机遇，邸某某等控股股东或者原始股东亦能享有企业成长所带来的股份增值等收益。因此，在碧某舟公司未能按期上市后，回购条款的履行是雷某企业等投资方正当的风险规避方式，对邸某某、李某某亦未造成不可预见的风险和重大责任，其所支付的溢价应视为系根据事前自主商业判断所自愿负担的责任后果。

约定目标公司为原股东的回购义务向投资方承担连带担保责任的约定无效。雷某企业以股东身份与公司签订上述条款，从而在邸某某、李某某不履行相应义务时成为公司债权人，会使得投资方的投资可以取得相对固定的收益，该收益脱离了目标公司的经营业绩，获得与公司其他正常商业活动中外部债权人同等的地位，既会损害公司以及公司其他股东的利益，也会损害公司外部债权人的利益。笔者需要提醒读者注意的是，《全国法院民商事审判工作会议纪要》颁布之后，关于投资者与目标公司对赌协议的法律效力问题，裁判观点发生了比较大的改变，不再一律视为无效。

实务经验总结

为避免未来发生类似纷争，提出如下建议：

第一，慎重选择对赌的相对方。投资方与目标公司的对赌条款，因为会损害公司及债权人的利益而无效，但投资方与目标公司控股股东之间的对赌条款有效。

第二，要注意推敲对方的风险规避条款。当事人在引入对赌协议时，需要有效估计企业真实的增长潜力，并充分了解博弈对手的经营管理能力。在签订对赌协议时，要注意设定合理的业绩增长幅度，最好将对赌协议设为重复博弈结构，降低当事人在博弈中的不确定性。

第三，对于准备签订对赌协议的企业，建议合理设置对赌筹码，确定恰当的期权行权价格。对于融资企业来说，设定对赌筹码时，不能只看到赢得筹码获得的丰厚收益，更要考虑输掉筹码是否在自己的风险承受范围之内。

法规链接

《公司法》（2023 年修订）

第二十二条　公司的控股股东、实际控制人、董事、监事、高级管理人员不得利用关联关系损害公司利益。

违反前款规定，给公司造成损失的，应当承担赔偿责任。

第一百五十七条　股份有限公司的股东持有的股份可以向其他股东转让，也可以向股东以外的人转让；公司章程对股份转让有限制的，其转让按照公司章程的规定进行。

《民法典》

第一百四十六条　行为人与相对人以虚假的意思表示实施的民事法律行为无效。

以虚假的意思表示隐藏的民事法律行为的效力，依照有关法律规定处理。

第一百五十三条　违反法律、行政法规的强制性规定的民事法律行为无效。但是，该强制性规定不导致该民事法律行为无效的除外。

违背公序良俗的民事法律行为无效。

第一百五十四条　行为人与相对人恶意串通，损害他人合法权益的民事法律行为无效。

本案链接

以下为该案在法院审理阶段，判决书中"本院认为"就该问题的论述：

本院认为：关于《补充协议》《协议书》中约定回购雷某企业持有的碧某舟公司股份条款的效力问题。根据查明的事实，《补充协议》约定碧某舟公司未能在指定期限内完成合格 IPO，则碧某舟公司、邱某某、李某某应当按照约定的回购价格回购投资方持有的碧某舟公司股份。《协议书》约定碧某舟公司未能在指定期限内完成其首次公开发行并上市，则邱某某、李某某应当按照约定的回购价格回购雷某企业持有的碧某舟公司股份，碧某舟公司对邱某某、李某某的回购义务向雷某企业承担连带担保责任。对此，本院认为，《公司法》第一百三十七条规定了股份有限公司股东持有的股份可以依法转让，《补充协议》《协议书》中关于邱某某、李某某回购雷某企业持有的碧某舟公司股份的约定，符合《公司法》的规定，并未损害公司、其他股东以及公司债权人的利益，应属合法有效。

《补充协议》中关于碧某舟公司回购雷某企业持有的碧某舟公司股份的约定、《协议书》中关于碧某舟公司为邱某某、李某某的回购义务向雷某企业承担连带担保责任的约定，均会使得雷某企业的投资可以取得相对固定的收益，该收益脱离了碧某舟公司的经营业绩，损害了公司利益和公司债权人利益，应属无效[①]。根据《合同法》第五十六条的规定，合同部分无效，不影响其他部分效力的，其他部分仍然有效。本案中，《补充协议》及《协议书》约定碧某舟公司义务条款的效力不影响约定邱某某、李某某回购义务条款的效力。

003 对赌协议应具备哪些必备条款

裁判要旨

实践中俗称的"对赌协议"，又称估值调整协议，是指投资方与融资方在达成股权性融资协议时，为解决交易双方对目标公司未来发展的不确定性、信息不对称以及代理成本而设计的包含了股权回购、金钱补偿等对未来目标公司的估值进行调整的协议。

股权投资估值调整协议是投资公司在向目标公司投资时为合理控制风险而拟定的估值调整条款。订约双方一般会约定在一个固定期限内要达成的经营目标，在该期限内如果企业不能完成经营目标，则一方应当向另一方进行支付或者补偿。

案情简介[②]

2010年10月，华某公司与埃某凯公司的股东LKE公司（系一家新加坡公司）签订《增资扩股协议》，华某公司对埃某凯公司投资人民币2000万元，华某公司和LKE公司增资扩股，并约定如果LKE公司违反协议任何条款并使协议目的无法实现，华某公司有权终止协议并收回增资扩股投资款项。

为履行上述协议，2010年12月6日，双方又签订一份《股权转让协议》，

[①] 笔者需要提醒读者注意的是，《全国法院民商事审判工作会议纪要》颁布之后，关于投资者与目标公司对赌协议的法律效力问题，裁判观点发生了比较大的改变，不再一律视为无效。

[②] 最高人民法院"一带一路"建设典型案例第二批案例七：华某公司与新加坡LKE公司股权转让合同纠纷上诉案。

约定：埃某凯公司改制为股份有限公司后，华某公司有权向 LKE 公司提出转让所持埃某凯公司股份，LKE 公司承诺无条件以自身名义或指定第三方收购华某公司提出的拟转让股份。

2011 年 1 月 27 日，埃某凯公司的各方股东签订《增资扩股协议》，华某公司溢价认购埃某凯公司增资，并占 10% 股权。该协议经主管部门批准后各方办理股权变更登记，华某公司持有埃某凯公司 10.001% 股权，LKE 公司拥有 76.499% 股权。后 LKE 公司未能如期改制为股份有限公司。

华某公司以 LKE 公司拒不依约履行增资义务，又不及时履行回购股份担保责任为由，请求判令 LKE 公司收购华某公司所持有的埃某凯公司股权并支付款项人民币 2000 万元及利息。珠海市中级人民法院判决驳回华某公司的全部诉讼请求。

华某公司以双方协议实为股权投资估值调整协议，故其有权在融股公司不能按期上市时以请求回购股权为由提起上诉。广东省高级人民法院二审认为，《股权转让协议》的内容是附事实条件的股权转让，而非对赌协议，所附条件即埃某凯公司改制成为股份有限公司并未成就，据此驳回华某公司的上诉，维持原判。

裁判要点精要

本案系涉外股权转让合同性质而引发的纠纷，争议的焦点为《股权转让协议》属于对赌协议，还是附事实条件的股权转让协议？

对此，广东省高级人民法院认为，对赌协议的双方一般会约定在一个固定期限内要达成的经营目标，在该期限内如果企业不能完成经营目标，则一方应当向另一方进行支付或者补偿。但案涉《股权转让协议》并没有将埃某凯公司改制成为股份有限公司作为双方预先设定的经营目标，且协议中也没有约定作为股东的 LKE 公司在目标公司埃某凯公司无法完成股份制改造情况下应承担股权回购的责任。《股权转让协议》的内容是附事实条件的股权转让，即只有在埃某凯公司改制成为股份有限公司后，华某公司才能将其所持有的埃某凯公司的股权转让给 LKE 公司。

实务经验总结

为避免未来发生类似纷争，提出如下建议：

第一，慎重选择对赌和回购的主体。最高人民法院确立了司法实践中有关对赌协议效力认定的原则：与股东对赌有效。亦即，对于投资方与目标公司的股东或者实际控制人订立的"对赌协议"，如无其他无效事由，认定有效并支持实际履行，实践中并无争议。因此，若采取对赌方式进行投资，约定承担回购义务的主体为股东的，基本上不用担心法院判决无效。

第二，投资者与目标公司的股东签订对赌协议时，应当在合同中明确约定经营目标，经营目标无法实现时股权回购的责任支付、补偿等。若合同中未对上述事项做出明确约定将不被认定为对赌协议，而是普通的股权转让协议。

第三，对赌和回购的对象也可以是目标公司。《全国法院民商事审判工作会议纪要》颁布之前，法院普遍认为目标公司与投资人签署业绩对赌协议因损害公司和债权人利益而无效。该纪要颁布后，认为投资方与目标公司订立的"对赌协议"在不存在法定无效事由的情况下，目标公司仅以存在股权回购或者金钱补偿约定为由，主张"对赌协议"无效的，人民法院不予支持。但投资方主张实际履行的，人民法院应当审查是否符合公司法关于"股东不得抽逃出资"及股份回购的强制性规定，判决是否支持其诉讼请求。并具体规定如下：

1. 投资方请求目标公司回购股权的，人民法院应当依据《公司法》第五十三条关于"股东不得抽逃出资"或者第一百六十二条关于股份回购的强制性规定进行审查。经审查，目标公司未完成减资程序的，人民法院应当驳回其诉讼请求。

2. 投资方请求目标公司承担金钱补偿义务的，人民法院应当依据《公司法》第五十三条关于"股东不得抽逃出资"和第二百一十条关于利润分配的强制性规定进行审查。经审查，目标公司没有利润或者虽有利润但不足以补偿投资方的，人民法院应当驳回或者部分支持其诉讼请求。今后目标公司有利润时，投资方还可以依据该事实另行提起诉讼。

法规链接

《公司法》（2023年修订）

第一百六十二条 公司不得收购本公司股份。但是，有下列情形之一的除外：

（一）减少公司注册资本；

（二）与持有本公司股份的其他公司合并；

（三）将股份用于员工持股计划或者股权激励；

（四）股东因对股东会作出的公司合并、分立决议持异议，要求公司收购其股份；

（五）将股份用于转换公司发行的可转换为股票的公司债券；

（六）上市公司为维护公司价值及股东权益所必需。

公司因前款第一项、第二项规定的情形收购本公司股份的，应当经股东会决议；公司因前款第三项、第五项、第六项规定的情形收购本公司股份的，可以按照公司章程或者股东会的授权，经三分之二以上董事出席的董事会会议决议。

公司依照本条第一款规定收购本公司股份后，属于第一项情形的，应当自收购之日起十日内注销；属于第二项、第四项情形的，应当在六个月内转让或者注销；属于第三项、第五项、第六项情形的，公司合计持有的本公司股份数不得超过本公司已发行股份总数的百分之十，并应当在三年内转让或者注销。

上市公司收购本公司股份的，应当依照《中华人民共和国证券法》的规定履行信息披露义务。上市公司因本条第一款第三项、第五项、第六项规定的情形收购本公司股份的，应当通过公开的集中交易方式进行。

公司不得接受本公司的股份作为质权的标的。

本案链接

以下为该案在法院审理阶段，判决书中"本院认为"就该问题的论述：

广东省高级人民法院二审认为，《股权转让协议》的内容是附事实条件的股权转让，即只有在埃某凯公司改制成为股份有限公司后，华某公司才能将其所持有的埃某凯公司的股权转让给LKE公司。该协议对将来发生事实的约定未违反法律、行政法规的强制性规定，依法应认定有效。股权投资估值调整协议是投资公司在向目标公司投资时为合理控制风险而拟定的估值调整条款。订约双方一般会约定在一个固定期限内要达成的经营目标，在该期限内如果企业不能完成经营目标，则一方应当向另一方进行支付或者补偿。但《股权转让协议》并没有将埃某凯公司改制成为股份有限公司作为双方预先设定的经营目标，且协议中也没有约定作为股东的LKE公司在目标公司埃某凯公司无法完成股份制改造情况下应承担股权回购的责任。双方在履行协议过程中，既没有出现违约行为导致协议终止的情形，华某公司业已于2011年6月9日取得埃某凯公司的股权，故华某公司依据《股权转让协议》和《增资扩股协议》请求收回增资扩股投资款的理由缺乏事实和法律依据。据此，广东省高级人民法院判决驳回上诉，维持原判。

(十) 股权投资误区之"善意取得"

001 一股三卖，花落谁家？股权善意取得的裁判规则

裁判要旨

股权既非动产也非不动产，但可类推适用《民法典》第三百一十一条之善意取得制度，以维护善意第三人对权利公示之信赖，保证交易秩序的稳定与安全。

案情简介①

三某湖公司、刘某某首先与京某公司签订《股权转让协议一》，约定：三某湖公司、刘某某将持有锦甲公司、思某公司各100%的股权转让给京某公司，股权转让总价款1.7亿元。京某公司依约交付5400万元转让款后，因故未能及时交付剩余款项，但是三某湖公司与刘某某均未行使解除权解除合同，也未办理工商变更登记。

三某湖公司、刘某某又与合某公司签订《股权转让协议二》，约定：三某湖公司、刘某某将持有锦甲公司、思某公司各100%的股权转让给合某公司，股权转让总价款仅为1.41亿元。其中合某公司股东刘某甲，也是锦甲公司和思某公司的高管，其知道该股权在合某公司受让前已由京某公司受让的事实；后合某公司办理了工商变更登记。

合某公司又与华某公司签订《股权转让协议三》，约定：合某公司将其持有的锦甲公司、思某公司各100%的股权转让给华某公司，股权转让总价为3.17亿元。华某公司依约交付全部款项后，合某公司分别将锦甲公司、思某公司各100%的股权转让给华某公司，并修改了锦甲公司、思某公司章程，办理了工商变更登记。

京某公司在知道刘某某、三某湖公司再次转让锦甲公司、思某公司股权后，

---

① 最高人民法院，京某公司与三某湖公司及合某公司等股权确认纠纷案 [（2013）民二终29号]。

向四川省高级人民法院提起诉讼，请求：（1）三某湖公司、刘某某继续履行《股权转让协议一》；（2）确认《股权转让协议二》和《股权转让协议三》无效，判决该转让股权恢复至刘某某和三某湖公司持有。同时，三某湖公司、刘某某向该院提出反诉，请求确认其与京某公司签订的《股权转让协议一》已经解除。

四川省高级人民法院判定：《股权转让协议二》合法有效，驳回京某公司将锦甲公司、思某公司100%的股权恢复至三某湖公司、刘某某持有的请求。

最高人民法院经审理判定：《股权转让协议二》无效，《股权转让协议三》合法有效，华某公司善意取得锦甲公司与思某公司股权。

裁判要点精要

首先，合某公司与三某湖公司、刘某某签订的《股权转让协议二》属于无效合同。合某公司在知道三某湖公司、刘某某与京某公司的股权转让合同尚未解除的情况下，又就该股权与二者达成股权转让协议，且受让价格均显著低于京某公司的受让价格，并将受让公司过户到合某公司名下，而三某湖公司、刘某某在未解除与京某公司之间的合同的情形下将目标公司股权低价转让给关联公司，损害了京某公司根据股权转让协议可以获取的利益，根据《民法典》第一百五十四条有关"行为人与相对人恶意串通，损害他人合法权益"的合同属于无效合同之规定，该合同无效。

其次，华某公司因善意而取得股权。（1）合某公司与华某公司签订的《股权转让协议三》，主体合格、意思表示真实，亦不违反法律、行政法规的强制性规定，合法有效；（2）合某公司因合同无效不能取得股权，故其将股权转让给华某公司的行为属于无权处分行为；（3）因股权登记在合某公司名下，华某公司业已委托会计师事务所、律师事务所对二公司的财务状况、资产状况、负债情况、所有者权益情况、银行查询情况等事项进行尽职调查并提供尽职调查报告，故其在取得股权时系善意；（4）华某公司已支付了合理对价，且将股权由合某公司过户到华某公司名下，并实际行使了股东权利，满足了《民法典》有关善意取得的条件。

实务经验总结

为避免未来发生类似纠纷，我们建议：

第一，确保股权转让协议合法有效。股权转让协议在满足主体合格、意思表示真实，亦不违反法律、行政法规的强制性规定的一般要件，特殊情况下还需满足评估报批等手续才能合法有效，签字盖章前需请专业法律人士审查。

第二，聘请专业团队做尽职调查。客户应委托会计师事务所、律师事务所对目标公司的财务状况、资产状况、负债情况、所有者权益情况、银行查询情况等事项进行尽职调查并提供尽职调查报告，法律意见书等资料，以确保股权的价值，并且证明自己满足了善意标准。

第三，不要贪图便宜，以明显不合理的低价买入。股权善意取得需满足无权处分、善意、合理价格买入、交付或登记等要件，其中价格是否合理是最易衡量的一个标准，故一定要合理定价。

第四，股权转让协议设计分批支付条款，倒逼对方配合完成过户手续。股权的善意取得也需满足股权已变更登记在自己名下的条件。但在实践中，经常遇到出卖人在签订股权转让协议且收到全部转让款后，仍迟迟不配合变更登记、待价而沽的情况，所以在股权转让协议中务必将变更登记约定为股权转让款的支付条件。

法规链接

《民法典》

第三百一十一条 无处分权人将不动产或者动产转让给受让人的，所有权人有权追回；除法律另有规定外，符合下列情形的，受让人取得该不动产或者动产的所有权：

（一）受让人受让该不动产或者动产时是善意；

（二）以合理的价格转让；

（三）转让的不动产或者动产依照法律规定应当登记的已经登记，不需要登记的已经交付给受让人。

受让人依据前款规定取得不动产或者动产的所有权的，原所有权人有权向无处分权人请求损害赔偿。

当事人善意取得其他物权的，参照适用前两款规定。

《公司法》（2023 年修订）

第五十七条 股东有权查阅、复制公司章程、股东名册、股东会会议记录、董事会会议决议、监事会会议决议和财务会计报告。

股东可以要求查阅公司会计账簿、会计凭证。股东要求查阅公司会计账簿、会计凭证的，应当向公司提出书面请求，说明目的。公司有合理根据认为股东查阅会计账簿、会计凭证有不正当目的，可能损害公司合法利益的，可以拒绝提供查阅，并应当自股东提出书面请求之日起十五日内书面答复股东并说明理由。公司拒绝提供查阅的，股东可以向人民法院提起诉讼。

股东查阅前款规定的材料，可以委托会计师事务所、律师事务所等中介机构进行。

股东及其委托的会计师事务所、律师事务所等中介机构查阅、复制有关材料，应当遵守有关保护国家秘密、商业秘密、个人隐私、个人信息等法律、行政法规的规定。

股东要求查阅、复制公司全资子公司相关材料的，适用前四款的规定。

《最高人民法院关于适用〈中华人民共和国公司法〉若干问题的规定（三）》（2020年修正）

第二十七条 股权转让后尚未向公司登记机关办理变更登记，原股东将仍登记于其名下的股权转让、质押或者以其他方式处分，受让股东以其对于股权享有实际权利为由，请求认定处分股权行为无效的，人民法院可以参照民法典第三百一十一条的规定处理。

原股东处分股权造成受让股东损失，受让股东请求原股东承担赔偿责任、对于未及时办理变更登记有过错的董事、高级管理人员或者实际控制人承担相应责任的，人民法院应予支持；受让股东对于未及时办理变更登记也有过错的，可以适当减轻上述董事、高级管理人员或者实际控制人的责任。

本案链接

以下为该案在法院审理阶段，判决书中"本院认为"就该问题的论述：

一、关于鼎某公司、合某公司能否取得案涉目标公司股权的问题

鼎某公司与三某湖公司签订的《锦乙和星某公司股权转让协议》，合某公司与三某湖公司、刘某某签订的《锦甲公司和思某公司股权转让协议》，此两份合同均系当事人之间的真实意思表示。因刘某甲系鼎某公司的股东及法定代表人、合某公司股东，同时也是受让目标公司星某公司监事、锦乙公司总经理、思某公司执行董事和法定代表人；刘某乙系合某公司的股东及法定代表人、鼎某公司股东；刘某乙、刘某甲共同持有鼎某公司、合某公司100%的股权，且三某湖公司、

刘某某系将天某公司、星某公司、锦乙公司、锦甲公司、思某公司的股权整体转让给京某公司，一审判决根据《公司法》第五十条、第五十一条、第五十四条的规定及星某公司、锦乙公司、思某公司的公司章程所载明的执行董事、总经理、监事的职权的规定，认定刘某甲作为目标公司的高管人员，知道或应当知道三某湖公司、刘某某已将案涉五家目标公司的股权转让给京某公司，鼎某公司、合某公司在作出受让案涉转让股权决议之时，刘某甲应当参与了鼎某公司、合某公司的股东会议及对决议的表决，故认定鼎某公司和合某公司在受让案涉股权时，就已经知道或应当知道该股权在其受让前已由京某公司受让的事实，并无不当。

鼎某公司受让星某公司、锦乙公司各10%股权的价格1000万元显著低于京某公司受让同比股权的价格24713145元；合某公司受让锦甲公司、思某公司全部股权的价格141901125元显著低于京某公司受让全部股权的价格170281350元。因鼎某公司和合某公司在知道三某湖公司、刘某某与京某公司的股权转让合同尚未解除的情况下，分别就星某公司和锦乙公司、锦甲公司和思某公司与三某湖公司、刘某某达成股权转让协议，且受让价格均显著低于京某公司的受让价格，并将受让公司过户到鼎某公司、合某公司名下，而三某湖公司、刘某某在未解除与京某公司之间的合同的情形下将目标公司股权低价转让给关联公司，损害了京某公司根据《股权转让协议》及其《补充协议》可以获取的利益，根据《合同法》第五十二条第（二）项有关"恶意串通，损害国家、集体或者第三人利益"的合同属于无效合同之规定，鼎某公司与三某湖公司签订的《锦乙和星某公司股权转让协议》，合某公司与三某湖公司、刘某某签订的《锦甲公司和思某公司股权转让协议》属于无效合同。

三某湖公司、刘某某以低价转让目标公司股权系为解决资金紧缺问题为由，主张鼎某公司、合某公司受让目标公司股权不构成恶意，但三某湖公司、刘某某在接受京某公司逾期支付的股权转让款后，既未催促京某公司交纳合同所涉全部价款，也未行使合同解除权，而在其与鼎某公司的股权交易中，在2010年11月24日即为鼎某公司办理了工商变更登记，但直至本案一审诉讼开始后的2011年4月20日才支付股权转让价款，与三某湖公司、刘某某所主张的系为解决资金紧缺问题而提供的低价转让优惠的主张相矛盾，故对鼎某公司、合某公司低价受让目标公司股权系为解决资金紧缺问题而提供的优惠，不构成恶意的主张，本院不予支持。

根据《合同法》第五十八条"合同无效或者被撤销后，因该合同取得的财产，应当予以返还"之规定，鼎某公司应当将受让的星某公司、锦乙公司各10%的股权返还给三某湖公司，合某公司亦应将受让的锦甲公司、思某公司的股权分别返还给三某湖公司、刘某某。鼎某公司、合某公司明知京某公司受让目标公司股权在先，且未支付合理对价，故亦不能依据有关善意取得的法律规定取得目标公司股权。

二、关于华某公司能否善意取得案涉目标公司股权的问题

合某公司与华某公司于2010年9月8日签订的《锦甲和思某公司股权转让协议》，主体合格、意思表示真实，亦不违反法律、行政法规的强制性规定，属合法有效的合同。京某公司主张该合同因恶意串通损害其利益而无效，但华某公司受让目标公司的股权价格高于京某公司受让价格、华某公司的付款方式及付款凭证、目标公司股权变更的时间及次数的事实并不能证明华某公司有与合某公司串通、损害京某公司利益的恶意，京某公司亦未能提供其他证据证明华某公司存在此恶意，故对京某公司有关合某公司与华某公司于2010年9月8日签订的《锦甲和思某公司股权转让协议》因恶意串通损害第三人利益而无效的主张，本院不予支持。

因合某公司与三某湖公司、刘某某所签订的《锦甲公司和思某公司股权转让协议》无效，合某公司不能依法取得锦甲公司、思某公司的股权，其受让的锦甲公司、思某公司的股权应当返还给三某湖公司、刘某某。故合某公司将锦甲公司、思某公司的股权转让给华某公司的行为属于无权处分行为。

对华某公司能否依据善意取得制度取得锦甲公司、思某公司的全部股权问题，根据本院《公司法司法解释（三）》第二十八条第一款有关"股权转让后尚未向公司登记机关办理变更登记，原股东将仍登记于其名下的股权转让、质押或者以其他方式处分，受让股东以其对于股权享有实际权利为由，请求认定处分股权行为无效的，人民法院可以参照物权法第一百零六条的规定处理"的规定，受让股东主张原股东处分股权的行为无效应当以支付股权转让价款并享有实际股东权利为前提。但本案中，京某公司既未向三某湖公司、刘某某支付锦甲公司、思某公司的股权转让价款，也未对锦甲公司、思某公司享有实际股东权利，且合某公司系在京某公司之后的股权受让人，而非原股东，故本案情形并不适用该条规定。我国《公司法》并未就股权的善意取得制度作出明确的法律规定，但《物权法》第一百零六条规定了动产及不动产的善意取得制度，其立法意旨在于

维护善意第三人对权利公示之信赖，以保障交易秩序的稳定及安全。股权既非动产也非不动产，故股权的善意取得并不能直接适用《物权法》第一百零六条之规定。股权的变动与动产的交付公示及不动产的登记公示均有不同。根据《公司法》第三十三条第三款有关"公司应当将股东的姓名或者名称及其出资额向公司登记机关登记；登记事项发生变更的，应当办理变更登记。未经登记或者变更登记的，不得对抗第三人"之规定，股权在登记机关的登记具有公示公信的效力。本案中锦甲公司及思某公司的股权已变更登记在合某公司名下，华某公司基于公司股权登记的公示方式而产生对合某公司合法持有锦甲公司及思某公司股权之信赖，符合《物权法》第一百零六条所规定的维护善意第三人对权利公示之信赖，以保障交易秩序的稳定及安全之意旨。故本案可类推适用《物权法》第一百零六条有关善意取得之规定。

因华某公司与合某公司进行股权交易时，锦甲公司、思某公司均登记在合某公司名下，且华某公司已委托会计师事务所、律师事务所对锦甲公司、思某公司的财务状况、资产状况、负债情况、所有者权益情况、银行查询情况等事项进行尽职调查并提供尽职调查报告，京某公司亦无证据证明华某公司在交易时明知其与三某湖公司、刘某某之间的股权交易关系的存在，故可以认定华某公司在受让锦甲公司、思某公司股权时系善意。京某公司以目标公司股权在一个月内两次转手、华某公司对股权交易项下所涉土地缺乏指标的事实属于明知、华某公司在明知目标公司的债权人无合法票据证明的情况下仍为目标公司偿还59480830.42元债务、华某公司委托的会计师事务所及律师事务所所作的尽职调查存在明显虚假和瑕疵为由，主张华某公司不构成善意。但股权转让的次数与频率、目标公司财产权益存在的瑕疵、华某公司为目标公司代偿债务的行为，均不能证明华某公司明知京某公司与三某湖公司、刘某某的交易情况。京某公司虽主张此两份尽职调查报告存在明显虚假和瑕疵，但亦未提供证据证明，故对京某公司有关华某公司受让目标公司股权不构成善意的主张，本院不予支持。

京某公司认为华某公司受让目标公司股权的价格既高于京某公司的受让价格，也远高于同期同一地域位置的地价，且交易仅有手写的普通收据，开具时间是2010年9月13日，而银行付款时间是2010年9月14日，内容为业务往来款而非股权转让款，无有效的付款凭证，故不符合以合理价格受让的条件。但对善意取得受让价格是否合理的认定，系为防止受让人以显著低价受让，而高于前手的交易价格，则常为出卖人一物再卖之动因，并不因此而当然构成受让人的恶意。华某公司的付款时间与付款形式并不影响对华某公司支付股权转让价款的事实认定，故对京某公司有关华某公司未以合理价格受让目标公司股权的主张，本院不予支持。

因京某公司无证据证明华某公司在受让目标公司股权时系恶意，且华某公司已支付了合理对价，锦甲公司、思某公司的股权业已由合某公司实际过户到华某公司名下，华某公司实际行使了对锦甲公司、思某公司的股东权利，符合《物权法》第一百零六条有关善意取得的条件，故应当认定华某公司已经合法取得了锦甲公司、思某公司的股权。对京某公司有关确认合某公司转让锦甲公司、思某公司股权的行为无效，并判决将锦甲公司、思某公司股权恢复至三某湖公司、刘某某名下的诉讼请求，本院不予支持。

综上，一审判决三某湖公司将其持有的星某公司、锦乙公司各10%的股权转让给鼎某公司的处分行为无效，鼎某公司应将受让股权返还给三某湖公司，驳回京某公司将锦甲公司、思某公司100%的股权恢复至三某湖公司、刘某某持有的请求并无不当，但判决认定鼎某公司与三某湖公司签订的《锦乙和星某公司股权转让协议》合法有效、合某公司与三某湖公司及刘某某签订的《锦甲公司和思某公司股权转让协议》合法有效有误，本院予以纠正。本院依照《民事诉讼法》第一百七十条第一款第（一）项之规定，判决如下：驳回上诉，维持原判决。

002 他人伪造签名转让股权，受让人能否善意取得该股权

裁判要旨

他人伪造签名转让股权，属于无权处分，受让人尽到合理的审查义务，支付股权转让款并办理工商变更登记的，受让人可善意取得该部分股权。

案情简介[①]

2003年5月，荣某公司与崔某某、俞某某共同出资设立世某公司。

2003年9月25日，荣某公司、燕某等四人伪造崔某某、俞某某的签名，制

[①] 最高人民法院，崔某某、俞某某与荣某公司、燕某等股权转让纠纷上诉案［（2006）民二终1号］。

作虚假的《股东会决议》《股权转让协议》，将崔某某、俞某某在世某公司60%的股权，变更到荣某公司、燕某等四人名下。

2003年12月17日，荣某公司、燕某等四人与孙某某等五人签订《股权转让协议》，约定荣某公司、燕某等四人将其在世某公司的股份转让给孙某某等五人。在签订协议前，孙某某等到工商管理部门核实，荣某公司、燕某等四人确实拥有世某公司全部股份。随后，合同当事人支付了股权转让款，并办理了工商变更登记手续。

崔某某、俞某某请求判令上述股权转让协议无效、确认二人在世某公司中拥有的股权。本案历经江苏省高级人民法院一审、最高人民法院二审，最终判令孙某某等五人已基于善意取得受让世某公司的股份，崔某某、俞某某丧失股权和股东身份，可向荣某公司、燕某等无权处分人主张承担民事责任。

裁判要点精要

本案争议的焦点在于孙某某等人能否基于善意取得制度受让涉案股权。

荣某公司、燕某等四人伪造股东崔某某、俞某某的签名，制作虚假的《股东会决议》《股权转让协议》，并到工商行政管理机关办理了股权变更登记手续，将崔某某、俞某某在世某公司60%的股权，变更到荣某公司、燕某等四人名下。随后，又将案涉股权转让给孙某某等人。孙某某等人在签订协议前，已到工商管理部门对案涉股权的归属情况进行了核实。并在协议签订后，支付了股权转让价款，办理了工商变更登记。

最高人民法院认为，孙某某等五人在与荣某公司、燕某等四人进行股权受让行为时，尽到了充分的注意义务，并依据协议支付了部分股权转让款，完成股权变更登记。为维护社会经济秩序的稳定，应适用善意取得制度，认定其取得世某公司的相应股权。

实务经验总结

为避免未来发生类似纷争，提出如下建议：

第一，受让人在进行股权转让的交易过程中，应当尽到谨慎审查的义务，如查询工商登记中股权的情况等。若尽到调查义务之后，仍未发现股权转让存在瑕疵，并支付了合理价款、完成工商变更登记，则可以根据"善意取得原则"合法取得案涉股权。原股权所有人不得基于无权处分主张股权转让无效。

第二，当事人的股权被无权处分之后，应当向相关侵权人即无权处分人主张承担相应的责任。特别是在第三人已经善意受让该股权的情况下，若直接向法院起诉确认股权归其所有，难以获得支持。

法规链接

《民法典》

第三百一十一条 无处分权人将不动产或者动产转让给受让人的，所有权人有权追回；除法律另有规定外，符合下列情形的，受让人取得该不动产或者动产的所有权：

（一）受让人受让该不动产或者动产时是善意；

（二）以合理的价格转让；

（三）转让的不动产或者动产依照法律规定应当登记的已经登记，不需要登记的已经交付给受让人。

受让人依据前款规定取得不动产或者动产的所有权的，原所有权人有权向无处分权人请求损害赔偿。

当事人善意取得其他物权的，参照适用前两款规定。

《最高人民法院关于适用〈中华人民共和国公司法〉若干问题的规定（三）》（2020年修正）

第二十五条 名义股东将登记于其名下的股权转让、质押或者以其他方式处分，实际出资人以其对于股权享有实际权利为由，请求认定处分股权行为无效的，人民法院可以参照民法典第三百一十一条的规定处理。

名义股东处分股权造成实际出资人损失，实际出资人请求名义股东承担赔偿责任的，人民法院应予支持。

本案链接

以下为该案在法院审理阶段，判决书中"本院认为"就该问题的论述：

本院认为：根据本案一审、二审查明的事实，荣某公司、燕某等四人伪造崔某某、俞某某的签名，制作虚假的《股东会决议》《股权转让协议》，并到工商行政管理机关办理了股权变更登记手续，将崔某某、俞某某在世某公司60%的股权，变更到荣某公司、燕某等四人名下。此后，荣某公司、燕某等四人通过与孙某某等五人签订《股权转让协议》，将已经在工商行政管理机关登记于其名下的世某公司60%的股权转让给孙某某等五人。上述荣某公司、燕某等四人伪造签名制作的《股东会决议》《股权转让协议》载明的股权转让法律关系应不成立。荣某公司、燕某等四人与孙某某等五人签订的《股权转让协议》，因荣某公司、燕某等四人并非股权所有人，该协议处分的部分股权，应属于崔某某、俞某某所有，而崔某某、俞某某并不追认荣某公司、燕某等四人的股权转让行为，根据《合同法》第五十一条的规定，上述《股权转让协议》属于无权处分他人财产的合同。然而，孙某某等五人与荣某公司、燕某等四人在签订本案《股权转让协议》时，曾经到工商行政管理机关查阅过世某公司的股权登记，对于荣某公司和燕某等四人是否享有该公司股权尽了审慎审查的义务。在协议签订后，孙某某等五人履行了合同规定的主要义务，已经向对方支付了部分股权转让款，并于2003年12月29日在工商行政管理机关办理了股权变更登记。此后，孙某某开始进入公司担任该公司法定代表人，参加公司的经营和管理。上述事实表明，孙某某等五人在与荣某公司、燕某等四人进行股权受让行为时，尽到了充分的注意义务，并依据协议支付了部分股权转让款，股权变更登记已经过多年。根据本案现有证据，不能证明孙某某等五人在股权受让过程中存在恶意，以及协议约定的股权受让价格不合理等情况，可以认定孙某某等五人受让股权系善意。虽然孙某某等五人系从无权处分股权的荣某公司、燕某等四人处受让股权，但孙某某等五人在本案涉及的股权交易中没有过错，为维护社会经济秩序的稳定，应认定其取得世某公司的相应股权。孙某某等五人在二审中答辩认为本案应当适用善意取得制度的理由成立，本院予以采纳。上诉人崔某某、俞某某主张确认其享有世某公司股权、恢复其股东身份的请求，本院难以支持。在本判决生效后，本案争议的股权原权利人崔某某、俞某某因丧失股权和股东身份，可以向相关侵权人主张承担民事责任，如果发生争议，可以另行起诉。

图书在版编目（CIP）数据

公司控制权争夺战：公司治理与诉讼实战指引 / 唐青林，李舒主编；张德荣，李斌副主编 .—2 版 .—北京：中国法制出版社，2024.3
ISBN 978-7-5216-4254-4

Ⅰ. ①公… Ⅱ. ①唐… ②李… ③张… ④李… Ⅲ. ①公司-控制权-公司法-研究-中国 Ⅳ. ①D922.291.914

中国国家版本馆 CIP 数据核字（2024）第 015160 号

责任编辑　陈晓冉　　　　　　　　　　　　封面设计　汪要军

公司控制权争夺战：公司治理与诉讼实战指引
GONGSI KONGZHIQUAN ZHENGDUOZHAN：GONGSI ZHILI YU SUSONG SHIZHAN ZHIYIN

主编/唐青林　李舒
副主编/张德荣　李斌
经销/新华书店
印刷/三河市紫恒印装有限公司
开本/710 毫米×1000 毫米　16 开　　　　　印张/ 56.5　字数/ 837 千
版次/2024 年 3 月第 2 版　　　　　　　　　2024 年 3 月第 1 次印刷

中国法制出版社出版
书号 ISBN 978-7-5216-4254-4　　　　　　　定价：228.00 元

北京市西城区西便门西里甲 16 号西便门办公区
邮政编码：100053　　　　　　　　　　　　传真：010-63141600
网址：http：//www.zgfzs.com　　　　　　　编辑部电话：010-63141835
市场营销部电话：010-63141612　　　　　　印务部电话：010-63141606

（如有印装质量问题，请与本社印务部联系。）